圖書館學家文庫
Library of Library Scientists

胡述兆文集·上卷
Collected Works of James S. C. Hu

胡述兆　著

中山大學出版社

·廣州·
Sun Yat-Sen University Press
·Guangzhou·

版權所有　翻印必究

圖書在版編目（CIP）數據

胡述兆文集/胡述兆著. 廣州：中山大學出版社，2014.1
（圖書館學家文庫）
ISBN 978-7-306-04722-9

Ⅰ. 胡…　Ⅱ. 胡…　Ⅲ. 圖書館學—文集　Ⅳ. G250-53

中國版本圖書館CIP數據核字（2012）第236453號

出 版 人：	徐　勁
策劃編輯：	章　偉　李海東
責任編輯：	章　偉
封面設計：	林綿華
責任校對：	程　傑
責任技編：	黃少偉
出版發行：	中山大學出版社
電　　話：	編輯部（020）84111996，84113349
	發行部（020）84111998，84111981，84111160
地　　址：	廣州市新港西路135號
郵　　編：	510275　　傳　真：（020）84036565
網　　址：	http://www.zsup.com.cn　E-mail：zdcbs@mail.sysu.edu.cn
印 刷 者：	佛山市浩文彩色印刷有限公司
規　　格：	787mm×1092mm　1/16　65.5印張　12插頁　1679千字
版次印次：	2014年1月第1版　2014年1月第1次印刷
定　　價：	380圓（上、下卷）

如發現本書因印裝質量影響閱讀，請與出版社發行部聯繫調換

編委會成員

顧　問：周和平（文化部原副部長，中國圖書館學會名譽理事長，中國國家圖書館館長）

主　編：譚祥金

副主編：程煥文　吳　晞　劉洪輝　趙燕群

編輯委員會委員（按姓氏拼音順序排列）

程煥文　杜秦生　方家忠　李國新　劉洪輝　倪曉建　邱冠華

沈　津　譚祥金　吳建中　吳　晞　謝灼華　趙燕群

《圖書館學家文庫》總序

  圖書館是社會文明進步的標志,爲傳承歷史、延續文明、開拓未來提供着信息與知識保障;是建設學習型社會的重要陣地,承擔着提高公民學習能力與創新能力,滋養公民文明素質的重要責任;是通向知識之門,爲構建國家知識創新體系提供着知識與智力支撐;是公共文化服務體系的重要組成部分,對於彌合數字鴻溝,保障人民群衆的基本文化權益發揮着重要作用。

  新中國成立以來,尤其是改革開放以來,在黨和政府的高度重視下,在廣大圖書館理論與實踐者的共同努力下,我國圖書館事業得到了長足的發展。在這個發展歷程中,一代又一代圖書館學家作出了卓越貢獻。

  圖書館學,圖書館工作,是學術性和實踐性都很突出的一個領域。何爲圖書館學家?我以爲,既要有深厚的專業學術造詣,還要有勇於實踐、善於探索的精神。對於圖書館的學科發展和事業發展,更要有理論和實踐的雙重推動,兩者猶如雙翼:理論研究要總結實際工作、帶動實際工作;實際工作要注重正確理論的指引,還要不斷給學術研究帶來新的活力和突破。

  由中山大學圖書館、深圳公共圖書館研究院編撰、中山大學出版社出版的《圖書館學家文庫》,旨在薈萃一批優秀圖書館專業工作者在長期的圖書館學理論研究與工作實踐中積累的成果,將爲我們展現出一幅圖書館學研究和圖書館事業發展的絢麗畫卷,這些成果對於當今圖書館事業發展仍然具有指導和借鑒意義。

  《圖書館學家文庫》首批結集出版的是業界老一輩學人的成果。他們或身居學術研究前沿,或奮斗於事業發展一綫,或身居海外關注中國圖書館事業,他們當中的很多人都是在極其艱苦的條件下,孜孜以求,不懈努力,取得了豐碩的成果,爲圖書館學和圖書館事業作出了不可磨滅的貢獻,他們對事業的熱愛在中國圖書館事業發展史上留下了令人感動的篇章。

  公共圖書館研究院是2009年在深圳成立,是國內第一家以公共圖書館爲研究對象的專業研究團體。公共圖書館研究院是一家非政府機構,由文化部社會文化司、中國圖書館學會和深圳市文體旅游局出任指導單位,深圳圖書館、深圳圖書情報學會主辦,匯聚了中國大陸、臺港澳及海外衆多的專業學者和圖書館管理者,爲公共圖書館事業發展提供了一個新的學術研究和交流平臺。

  《圖書館學家文庫》的編輯出版展現了廣東圖書館學界的眼光和實力,值得贊許。最後,還要感謝中山大學出版社,正是他們的遠見卓識和鼎力支持,才使《圖書館學家文庫》得以面世。

周和平

文化部原副部長
中國圖書館學會名譽理事長
中國國家圖書館館長
2011年春於北京

胡教授 70 歲時的長袍照

1997年率領臺灣地區代表團參加丹麥哥本哈根 IFLA 年會留影

小兒胡克文大學畢業時合影

2003年10月31日胡教授在美國國會圖書館演講

江西新余學院圖書館特設的『胡述兆教授文庫』

江西新余學院的校門，我爲該院的名譽講座教授

新余學院『胡述兆教授文庫』中的胡教授辦公室

1971年1月8日余夫婦自美回臺訪問，拜謁雲師于新生南路寓所，雲師親筆題贈其方著五種。

1971年攝于王雲五師的書房

1972年12月自美回臺灣探親與王雲五師合影於其書房

1972年在臺北拜謁王雲五師時老師親筆題贈著作

Conference at the National Taiwan University, November 1985. Left to right: Dr Edward Holley, University of North Carolina; Professor Peter Havard-Williams, Loughborough; Dr Norman Horrocks, Dalhousie University; and Dr James Hu, Chairman, Department of Library Science, National Taiwan University.

1985年11月29—30日，胡教授任臺大圖書館學系主任時舉辦的國際研討會，與英、美、加三位院長合影

1993年12月13—15日首屆海峽兩岸圖書資訊學術研討會在華東師大開幕禮

1993年2月20日參加『中華圖書資訊學教育學會』，在中央圖書館國際會議廳舉辦的圖書資訊學教學研討會，會後與六位大陸傑出學者專家合影于會場前

1993年與臺大早期博士生合影

武漢大學任教時與研究生合影

北京大學任教時與研究生合影

1994年8月22—24日海峽兩岸第二屆圖書資訊學術研討會在北京大學舉行,全體代表合影

述先同學：一別多年，屢承惠以大作，傾倒多矣。
修後，雲年來奔老，心臟衰弱，而食力不豕，惟近
年後，不敢自信。然八十五年來，從算學有倚懶，
多次，不敢言功。畢竟尚有微芳，尚無遺憾。現仍照就
籌劇等，服務十有五年，處處積善，辭卸後盒幸
商務，起死回生，每今司及邱餘三四千萬元，已勝利
及勞苦報酬甚豐，積有（三四萬）萬元。大陸圖書
七六冊，已化為有，近廿年購書又多至二万餘冊，決
以捐諸社會，成立財團法人雲五圖書館，音捐擔
寬百餘万元，除續一部以供籌備備外，尚有五十餘
（萬）元脇西五年了始真正七万元，供以政之需，身後書
無虞遺之難書故。困思兄弟李曾有覬此西
籍，正宜承財收集，記得哥倫此亞大李曾有現代
中國名人傳記之輯，殘名莫入甘冊，甘五再巴出版，迄
姓名按字母吉到第四冊，就頗就便为訪續該冊
宣字下，電而尋莘年，並不奉致拜託之。五席雙失雲五
七月六日

述先同学：

日前收到邮寄之名人录三册，连同上次函寄之一册，全数收齐，惟此次邮递，迟引运到故宫，虚无阻挠，热因赖龙同学照料（旁）遏阻，连书暨信尚以上美金，鄙概予捐给云五图书馆，至徙感谢。尚掌书务婚连同兹公颂王太夫人九册，均已函言台起。热仍收到矣。
专复，即公頌
佰同福

　　　　　　　　　　云五手啟
　　　　　　　　　　三月廿二日

1973 年 3 月 22 日王雲五師來函

道邦同學：

久違，敬念。商務東方雜誌全集業已印成，現擬續印教育雜誌，經向海內外各大圖書館訪求，現已函國內中央圖書館、美國哈佛燕京圖書館，及香港崇基山圖書館，倘已全部，擬計祗缺四號，即

第十三卷十一號
第三十卷二號及七號
第三十一卷 第十二號

所缺四書為附以各書掛號寄下，眷我清理時，又另有影商於雨舟，哈佛遠東所以各書寄來。

附已經借到各書，偶有缺失頁，另附佳單一紙。以上均須向美國各大圖書館查訪，請兄代為複印XEROX。事多瑣雜，祇好託人託運向各圖書館查訪，請為複印。其複印費為數甚巨。茲奉上支票一紙，計200美元，按級分向各圖書館寄呈支付，倘就近託友二百元開支，如有不足，請代墊，告所需正。一切拜託。即公君
時祉

王雲五
二月廿八日

1975年2月28日王雲五師來函

古北同學：

俊書敬悉，以促信信應為答。弟春節以後為信書太員之一，連日頗為忙碌，以致擱答。弟初時以為仍抵某圖書錢，手下有助理人員可為代勞，而缺頁書籍，访校必須善備，故以為記。繼查知復進修博士，以川絞至美國應願，並時並不為遲。又查缺頁可以不補，因實际並非缺頁，抵係覚补缺号的冊，即十三卷十一号，廿卷三七号及卅一卷十二号。已校閱畢。另须第13俊書查询吃佛及寄偏以並以外訂圖書錢（第二要已有接信。另须再询，又加佛圖書錢所缺；內亦有該缺号多。並請一询，因缺号最早个俊去十三卷，不妨先寄前十二卷之印刷，以便校俊。並不為遲。卅卷以後，需要愛俊，也不必速。专考尋俊，並出来發布止。

王雲五
四月十七日

1975 年 4 月 17 日王雲五師來信

志光賢弟：

　　連奉兩函，均誦悉，遲覆一周，計先達覽。蘇報已悉收兩缺號，殊印突出，印成排印完全，而以第13卷第11號排列在前，13號則最初之廿九卷已無問題。既該缺兩號皆排列在後，似另外有愚意，猶憶覺舍兄物，又疑有缺頁，既經查來，實非缺頁，而信已陸，不必費神搜羅，只待尚有兩號寄奇，則大功告成矣。先筆申區謝，川頃名至

學社

雲五
12月廿二日

知弟今夏將士功課得了芳評，一信後大望慰，則弟將為我國在美獲博士學位一1051圖書館學博士矣，可嘉可賀。

1975年4月22日王雲五師來函

速水同学：

奉读五月十八日函，敬悉美教授以此
知二著已支加佛国书馆分吃。至为忻
慰。尚望再发函来两卷，无已以送费神
为同。亦另三十卷以弥之缺书，因印刷在後
海经八九月间始商後国到图书馆时不
匮。万一该馆仍缺，当将付加佛国书馆
又多缺另十三已摄弃，尤为放慰。台所御等
书多，摄影及御费便需费多力，不必多搭
何尝二百之为有不敷，当另告弟补寄。又
责友师尼相助之力，亟须报酬，凡兄酌储
缺另费边仍以欣御为盼。而十书已去付
印中。或考有附邮13反也。一切费神，
谢甚。营父
佃月祝福

雲五
五月廿三日

1975 年 5 月 23 日王雲五師來函

1975年7月2日王雲五師來函

济北同学：

　　奉读十二月十日大函，诵悉一去，敬承推陈承范方相助，续搜集各函，致已渐增印刷。同谢之至，费神至多，愧无以报。馀燃殷促结束，但俟手清闲一义事等由云五特交商务书馆。去岁云八八初度，承政研所同学以茅台相介，会中有人发起集作为云五寿一传记，人各一文，成定后始知集团北岳记诸之王山，共得四十又文，计四十万言，业已出版，另邮寄奉一册，尚祈鸿存。专颂
时祉

　　　　　　　王云五
　　　　　　　一月廿三日

志兆同學足下：

奉手示等匯支票四一〇七元有奇，業已收悉。專頌盡即致府報護13之竟功，甚冀最後一步之努力，俾專項努力實現同學之功，會分私同慶感謝。數月前，承八八生日，承政大諸同學共同舉行慶會，會中發起每人專寫一文，信不何如所發為雲五叢書發表，頃已出版，計百四十又文，約三十萬言，其第一冊，日者已卿寄一部，想不日可以收到。雲五原未為方文，無起色，並不惡化，或尚可支持一二年，不敢言也。　魯頌

佰百禎

王雲五
三月廿日

1976年3月20日王雲五師來函

1977年5月16日雲師致我六百餘字的長函

济信寄交，与先生任何人而任何方式寄到。查平装本全部应售美金九百廿元，七折实付644元，另加邮寄费18元，两共八二四元。遗本适应之处再借商支票美金八二四元，迳寄交云五兄，以云五兄名义向商务收购平装本全部，使商务收到美金。此实为考虑中之办法，深望兄交讨论详解。查外国图书馆均喜本装，以？；不作精装作部，特别呈奇奇部，为数无不？。西方此种图书馆惯用一种简便方法，即按照院装书之版式，以州二开，廿四开十六开等，斯备若干之双纸板，切成上下二片为一套。属于纸片边缘多打二小孔，以麻线系之，即将装自一册至十册，拍子？双纸板，以麻线绒扣等，随时可以照送？于精装外，其价用抵装装之为方便。因精装每用厚附合併平装本四五册，倘使云讲师，而用双纸板可以合併十册以上而毫丝毫不伤。专一办法以可作美国中文藏书之考致也。匆复，顺名敬安

王云五手复 五月十六日

进兴贤弟：

在台小聚，去匆去匆。顷悉在美国调查信则局长兼任华盛顿对策研究所主任克莱恩博 Dr. Cline 所著 1977年世界势力评估一书。但处出版及定价均记忆不清楚。拟恳贤弟支持图书馆定有时间，特烦代为购置一册。除左枫书款，邮挂至台，均允即等来敝寓，俾辞连得印。此有仪价书费及所之等费，多补照实。书后商务所需，必须寄还万勿客气。苏州以煤窗美魂也代之意，因谅仅廿五易就知定价及出版处，故转以嗟寿托。专此云

叩祝

雲五
十二月廿五日

1977年12月25日王雲五師來函

卢那师钧鉴：径奉七月召手示，因素钧师也素身体多病，多声音，我师考枢朱观，不避马读，鼓动方将，于选造今中外前贤之会心事迹起赞。"云五图书馆"之设立，为一归获有意义之会意了举，甚在爱图光甫风气之先，兹会议之美国为饬国本主义国象，而鲜为该处之多种社会公益之举，皆为美钜子财捐献，为该民基金会。福基金会，卡奈基金会等，其嘉惠社会，直州浅尠。载信家知在出版，两附请考手续会意了业之言，谈号愿捐，我师以罢生养考请河，为广指此社会，其意义较诸西方人士奉引取于社会之居刻多意之更为可贵，特长出席致皇帝的敬意。

哥大涌印之"尚务人传记"（Biographical Dictionary of Republican China）经查业已全部出版，情特尚图书馆目录号11刊前三册，第四册根修国转运出版尚未经，冊译李国虑书，发现那师传记列于第三册之四〇〇至四〇一有。共佬雨负半，特移印寄如呈，以俟该书全套共四册全部对外销售时，先卢娟贤买全套奉赠。卢五图书馆经此书自孙刘亚出版差不多附十余年,共弟一册于一九七七年问世,第二册编印完毕,历时又四年才得相查情意。全书四册每册约署十页左右,第四册最为书目,估三百廿页,包括等及书著及书中华记人物等个人著作。参书送入之中国名人约不百人,以政军两界为多,兼及其他各界,但以一九二五一五四九期间在中国有杰出之功为限,偶再发现著名人,并列名在一九四九以后,尚多为故例外。

生来美九年,前三年住西南在之美国政府,亚已有一认识,学颇有心得,一九八0年以后,锋入国家辞典界,先后三获圆图著科学两项之信,惟又爱国政府之资料,对美国资料,对美国政府,直至两年后作停,加入河南终身作计居,对美国政府研究较深,而且有经验已。爱对国书已有一看;且多有认识,但看着眼些是"美国辉远部门作介绍"之著书作;选二辜却师著作成一书,为美国辉远的生平与时代"诗其最,爱川即师之寿华族最深之谢意。人多致,故学不掩讳湖,送呈郑师已任批佳。

又曰有学接商务事信,顺就"云五社会科学大辞典"中所选各条,旁被商务派时打正,莘将生平所撰多条之正误素实多卫,请再受了商条有圆等信,为祷。

新安

生杨寿北浪印
吴祖美谨上
一九三七.七.十七

目　　錄

上　　卷

第一部份　圖書館學

壹、圖書館學論文

一、研究報告及一般性論文 ……………………………………………… (3)
　　『美國國會圖書館中國藏書豐富』讀後 …………………………… (3)
　　從美國大學圖書館標準看臺大圖書館的館藏資料 ………………… (6)
　　『國科會』與文史研究 ……………………………………………… (9)
　　淺談百科全書 ………………………………………………………… (12)
　　從『美國大學圖書館標準』，看臺灣地區大學圖書館的館藏資料 … (17)
　　我們需要開授『如何利用圖書館』的課程 ………………………… (28)
　　臺灣地區第一個圖書館學研究所的入學資格與畢業要求 ………… (39)
　　三年來的臺大圖書館系 ……………………………………………… (89)
　　爲圖書館的起源、意義與功能進一解 ……………………………… (96)
　　我對圖書資訊學核心課程的一些看法 ……………………………… (100)
　　臺灣大學圖書館學研究所研究生手冊 ……………………………… (101)
　　英國圖書館教育之研究 ……………………………………………… (119)
　　美國圖書館碩士教育之研究 ………………………………………… (161)
　　臺灣地區大學圖書館之研究 ………………………………………… (202)
　　圖書館學的界說 ……………………………………………………… (234)
　　統一西文譯名之必要 ………………………………………………… (251)
　　爲『國立中央圖書館』重新定位 …………………………………… (252)
　　空中大學與文化中心圖書館 ………………………………………… (253)
　　中國大陸圖書館事業淺探 …………………………………………… (255)
　　『一塔湖園』中的北大圖書館 ……………………………………… (272)
　　政變期間的莫斯科街頭 ……………………………………………… (274)
　　談百科全書 …………………………………………………………… (276)
　　『中華圖書資訊學教育學會』會訊 ………………………………… (280)
　　海峽兩岸首屆圖書資訊學術研討會之源起與成果 ………………… (282)
　　『中華圖書資訊學教育學會』與兩岸學術交流 …………………… (290)
　　蘇聯圖書館之母：列寧夫人克魯普斯卡雅 ………………………… (291)
　　印度圖書館學之父──阮甘納桑 …………………………………… (293)
　　臺灣地區圖書館與資訊科學教育現況 ……………………………… (298)
　　圖書館學大師杜威年表 ……………………………………………… (325)

圖書館學大師杜威與哥倫比亞大學······(346)
　　記『國立中央圖書館』的四位館長······(351)
　　我所參與的海峽兩岸學術交流······(355)
　　我與『中國圖書館學會』······(374)
　　我與嚴文郁紹誠教授的一段交往······(376)
二、『圖書館學與資訊科學大辭典』詞條······(379)
　　『圖書館學與資訊科學大辭典』之籌劃與編纂······(379)
　　『圖書館學與資訊科學大辭典』······(386)
　　　（一）一般性詞條······(386)
　　　（二）世界各國圖書館名人······(427)
三、英文書評及演講報告······(490)
　　Books Reviewed······(490)
　　Continuing Library Education in Taiwan······(507)

下　卷

四、英文論文······(511)
　　Library Education in China······(511)
　　The Chinese Collection in the Library of Congress, 1869—1912······(528)
　　Chinese Fang-chih, Ts'ung-shu and Rare······(537)
　　Three Major Contributors in the Development of the Chinese Collection in the Library of Congress······(547)
　　Information Science Education in "National Taiwan University"······(556)
　　Contributions of Herbert Putnam and Walter Swingle to the Chinese Collection in the Library of Congress······(565)

貳、海峽兩岸圖書館學者對胡述兆教授所提『為圖書館建構一個新的定義』的討論

為圖書館建構一個新的定義······(573)
『為圖書館建構一個新定義』專刊編輯說明······(577)
現代圖書館的概念與認知······(578)
從網際網路談現代圖書館的新意涵······(581)
重新定義圖書館與圖書資訊學······(587)
從圖書館學邁向資訊傳播學的新境界······(592)
也談『為圖書館建構一個新的定義』······(596)
由名詞的意涵談圖書館的百變新貌······(598)
從圖書館與資訊科學的遞嬗反思圖書館的定義······(602)
從圖書館史談圖書館之意義······(616)
21 世紀圖書館的新面貌······(621)
圖書館的定義······(623)
『圖書館定義』之我見······(625)

關於圖書館的定義——與胡述兆教授討論 ……………………………………………（627）
圖書館定義斷想 ………………………………………………………………………（630）
圖書館學的學科性質 …………………………………………………………………（634）

叁、有關胡述兆教授的專訪與記述

一、專　訪 ………………………………………………………………………………（641）
　　五個碩士學位　一個博士學位　唸過四個領域　慶幸最後抉擇 ………………（641）
　　跨越四個學門、讀得七個學位的傳奇 ……………………………………………（644）
　　胡述兆教授談留美篇 ………………………………………………………………（649）
　　專訪胡述兆老師 ……………………………………………………………………（651）
　　爲者常成，行者常至 ………………………………………………………………（655）
　　胡述兆教授：跨越四個學門讀得七個學位的圖書館與資訊界鬥士 ……………（661）
　　『國圖』改隸　提高行政效率 ……………………………………………………（671）
　　跨域學科獲學位最多的鬥士：胡述兆先生 ………………………………………（672）
二、記　述 ………………………………………………………………………………（679）
　　臺灣圖壇著名學子胡述兆博士及其學術見解 ……………………………………（679）
　　飛出楡關架『熱綫』　探幽書山鑄新篇 …………………………………………（684）
　　大陸實習記 …………………………………………………………………………（691）
　　胡述兆的教育情懷 …………………………………………………………………（695）
　　兩岸交流功臣——胡述兆 …………………………………………………………（696）
　　捐書七千冊　聊表桑梓情 …………………………………………………………（697）
　　國立中正大學校友通訊（一九九九年一月） ……………………………………（698）
　　臺灣大學第七任圖書資訊學系主任 ………………………………………………（699）
　　洪禮和會見臺灣大學名譽教授胡述兆博士 ………………………………………（701）
　　『沒想到家鄉變化這麼大』 ………………………………………………………（702）
　　德如芳草　品逾蒼松 ………………………………………………………………（703）
　　臺灣大學名譽教授胡述兆 …………………………………………………………（708）
　　臺灣圖書資訊學博士班的推手——胡述兆教授 …………………………………（709）

肆、對胡述兆教授著作的書評

從《圖書館學導論》到《圖書資訊學導論》 ………………………………………（714）
大時代小故事下的圖書館學者 ………………………………………………………（717）
臺灣第一部青年學者的論文叢刊 ……………………………………………………（720）
《中國地方志總目提要（1949—1999）》跋 ………………………………………（722）
《中國地方志總目提要》序言 ………………………………………………………（724）
檢索中國古今地情的工具　打開方志文獻寶庫的鎖匙 ……………………………（727）
『中國地方志總目提要（1949—1999）』評介 ……………………………………（729）

伍、其　他

《王雲五傳》出版弁言 ………………………………………………………………（731）
『傅抱石傳』臺灣版弁言 ……………………………………………………………（732）

記圖書館界大老蔣復璁院士··(733)
賀張鼎鍾教授榮退··(734)
我所欽敬的王振鵠教授···(735)
賀陳譽教授八秩嵩壽···(736)
敬賀彭斐章教授八秩嵩壽··(737)
悼念朱堅章兄···(739)
悼念盧荷生教授··(741)
憶悼李德竹教授··(742)
淺談國家圖書館的功能（上）···(743)
淺談國家圖書館的功能（下）···(746)
我對圖書資訊學核心課程的一些看法··(748)
海峽兩岸第三屆圖書資訊學學術研討會記事與感言································(749)

第二部份　政治學

壹、政治學論文

美國的條約與行政協定···(761)
美國參院條約同意權評議··(771)
美國參院條約同意權的由來及其演變··(777)
美國緬因州行使創制複決兩權的經驗··(795)
巴西聯邦憲法修正案···(804)
瑞士的國會制度··(807)
論美國參院對條約的否決··(822)
美國參院的外交委員會···(848)
美國參院對條約的修改權··(857)
美國憲法修正案第二十五條的立法旨意···(866)
漫談美國黑人問題···(870)
美國憲法修正案第二十六條的源起及其影響·······································(881)
美國總統的待遇··(888)
漫談美國總統選舉···(894)
美國總統選舉人制之研究··(932)
安德森對今年美國總統選舉的影響···(951)
美國總統選舉的現勢···(955)
美國總統選舉的過程···(962)
從大選結果看美國民心···(972)
美國總統的任期··(976)
從雷根遇刺談美國總統權力的行使問題···(980)
從『哈特旋風』看今年美國總統選舉···(982)
美國總統大家猜··(985)
『雲五社會科學大辭典』第三冊政治學詞條··(987)

貳、其　　他

蘇俄的生活水準 …………………………………………………………（996）
追求卓越　別變成學術資源大分贓 ……………………………………（1002）
淺釋科學與科學方法 ……………………………………………………（1003）
國父孫中山與林肯 ………………………………………………………（1006）
美國總統選舉的可能結果 ………………………………………………（1007）
透視我們當前的大學教育 ………………………………………………（1009）
賓拉丹與奧薩瑪 …………………………………………………………（1011）
"大學追求卓越"應從圖書館開始 ………………………………………（1012）
青年從軍雜憶 ……………………………………………………………（1013）
我與中正大學的一段回憶 ………………………………………………（1016）
十年寒窗：臺大、政大 …………………………………………………（1017）
赴美留學一波三折 ………………………………………………………（1027）

第一部份

圖書館學

壹、圖書館學論文

一、一般性論文

『美國國會圖書館中國藏書豐富』讀後

　　去年，某報航空版刊載梅菱先生一文，題曰『美國國會圖書館中國藏書豐富』，細讀一過，發現許多與事實不符。原期美國會圖書館中文部對此有所更正，藉免以訛傳訛，但等了數月，仍不見行動。鑒於該部的藏書在西方國家中首屈一指，而筆者於此稍作研究，對於梅先生的『大膽假設』，不事求證，以致謬誤百出，不能默爾無言。爰根據史實，對梅文中的錯誤，加以訂正，並就其語焉不詳而易滋疑義的部份，略為闡明，以就教於讀者。

　　首先要指出的，梅文所根據的資料多係一九六〇年以前的，但在文尾却註明是『取料（料字應為材字之誤）自美國國會圖書館一九七五年報』。所謂年報，當然係指 Annual Report of the Librarian of Congress for the Fiscal Year Ending（June 30, 1975）而言了。遍查筆者手邊的這份年報，並無梅文中所涉及的有關中文部的資料在內，這是難於使人諒解的。試舉數例，藉證筆者言之非虛。

　　梅文說：『至今該部收藏的中國圖書已增至三十一萬八千九百多冊。』實則這是一九五九年以前的數字，因為該年中文部的藏書已達三二〇，〇八〇冊，一九七五年已增至四一一，九六三冊。又說：『美國國會圖書館東方部藏書共有七十九萬餘冊。』這可能是一九五五年的數字，因為該年東方部的藏書為七九九，一六〇冊，一九七五年已增至一百二〇多萬冊。

　　梅文又以恆慕義博士（Dr. Arthur W. Hummel）為東方部的主任，而以吳光清先生為中文圖書的編目，這也是二十多年以前的事。恆慕義於一八八四年三月六日生於米蘇里州，於一九〇九年及一九一一年在芝加哥大學取得學士及碩士學位，他的博士學位是一九三一年在荷蘭的萊登大學（University of Leiden）取得的。他於一九一二年至一九一四年之間在日本的一個高級商業學校教英文兩年，而於一九一四年的十一月前往中國，先後在山西及北平的美國教會學校執教，歷時十三年。一九二七年自華返美，為國會圖書館所羅致，參加該館工作，一九二八年中文部成立，任首任主任。後來又以東方部主任兼中文部主任，直至一九五四年三月三十一日退休時為止，在任廿六年。他不但對國會圖書館的東方部，特別是中文部的發展，有極大的貢獻，而且是極負盛名的美國漢學家。他於一九七五年三月十日病故，享壽九十一歲。

　　恆慕義於一九五四年退休後，由波爾曼博士（Dr. Horace Pokman）繼任東方部主任，波氏於一九六四年病故於住所。現任主任爲日裔美國人 Dr. Warren Tsuneishi（筆者不懂日文，手邊也無日文字典，故中文譯名從缺），他是一九六六年就職的。

吳光清先生是一九四四年的芝加哥大學博士，他自一九三八年起即參加中文部工作，曾負責中文圖書的編目多年，其後擔任中文部副主任。一九六六年繼貝爾博士（Dr. Edwin Beal. Jr.）爲中韓文部主任（一九六四年，東方部的韓文書併入中文部中，故改稱中韓文部，Chinese and Korean Section），於一九七五年退休，現任主任爲王冀博士。

在證明梅文不是取材自國會圖書館一九七五年的年報後，現在要談談梅文中的一些錯誤。這些錯誤可能是梅先生自一些中文著作中承襲而來，至於來自何人，出於何處，筆者無暇查考，暫置勿論。

梅文說：『就以通訊的方式，向國會圖書館查詢中國資料的信件，每天不下萬封。』這與事實相差太遠，不知何所據而云然。假如每天真有一萬封信，則現在中文部工作的五位先生，恐怕連拆信封的時間都不夠，更遑論閱讀內容及答覆問題了。實則就以梅文自稱所根據的一九七五年的國會圖書館年報而言，全年向整個國會圖書館查詢資料的函件，也不過一八〇，一〇四件，其向東方部直接查詢資料的函件，則只有一千四百四十六件，就是加上親自到東方部查詢的二四，五四〇次，及以電話查詢的二七，六二三次，全年也不過五三，六〇九次而已（請注意這是指整個東方部而言，不是光指中文部而言）。若是梅先生想以此驚人的數字，來顯示美國人對中國圖書的狂熱，藉以宣揚中華文化，倒也是無可厚非的事。但這種超乎常識的誇張，却不是一個真正從事學術研究者所應有的態度。

梅文又說：『九十多年前，在一八七九年時，美國最初派到中國通使的 Caled Cushing 曾捐贈國會圖書館兩千五百四十七冊中國圖書。』這也是與事實不符的。庫興是美國派到中國的第一個外交使節，這是不錯的，因爲他是一八四四年七月三日中、美所簽訂的『望廈條約』（Wanghia Treaty）的美方代表，而『望廈條約』則是中、美所簽訂的第一件條約，爲中、美正式建立外交關係之始。庫興到中國簽約時，曾以極廉價的方式，買了兩千多冊中國書，其中的一千二百四十三冊，僅花一百九十九塊二角一分美金，一部完整的『康熙字典』（共三十二卷），不過一塊八角美金而已，這些都在國會圖書館的檔案中有案可查的。庫興於一八七九年去世後，他的私人圖書館就在波士頓拍賣，國會圖書館是以四千美元的代價購得這批中國書，而不是由他捐贈的。

梅文在開頭時就以戲劇性的筆法說：『「皇清經解」……是美國國會圖書館收藏的第一部中國書。該圖書館的東方部就是靠這部書起源的。』這段話也是易滋誤解的，因爲『皇清經解』只是同治八年（即一八六九年）在中、美第一次圖書交換時中國送給美國的十部書之一，而不是唯一的一部。其他九部爲『五禮通考』、『欽定三禮』、『醫宗金鑑』、『本草綱目』、『農政全書』、『駢字類編』、『針灸大全』、『梅氏叢書』，及『性理大全』。這十部書共九百三十四冊，爲國會圖書館東方部之濫觴，中文部的歷史就是從一八六九年開始的。這批書交換的過程，在錢存訓先生的『中美書緣』中有詳盡的說明（該文曾載刊『中央日報』），這裏不必細述。

梅文又說：『美國國會圖書館得有今日這樣豐富的中國藏書，倒並非完全靠這些藏書家之功，而是由於一位學農學的美國人之力……這就是司溫高爾博士（Dr. Walter Swingle），他曾在美國農業部服務，他很驚異中國數千年來農家種植的方法……於是他來中國專事研究中國農業，大量收集農學典籍……後來他把所收集的圖書全捐贈給國會圖書館。』這段話的前半段是大體不錯的，但後半段特別是說『他把所收集的圖書全捐贈給國會圖書館』，那就大謬不然了。按斯永高（根據前人對他的中文譯名）生於一八七一年一月八日，一八九〇年畢業於堪薩斯農學院（Kansas Agricutural College），旋入美國農業部服務。他因對中國農業發生濃厚的興趣，在一九一〇年前后即對國會圖書館的中文書開始注意，並力促當時的國會圖書館長浦特南（Herbert Putnam）盡量購買中國書，以應研究之需。浦特南亦以為然，乃與斯永高通力合作，大力充實中文部。斯氏除經常向國會圖書館推薦中文書以備購買外，並曾在其三次訪問中國（一九一五年、一九一八年及一九二六年）期間，親自到各地為該館選購中國圖書，加以他與當時中國文化界的知名之士，如梁任公、袁同禮及商務印書館的張元濟等，均有所接觸，故收獲甚為豐碩。據他自己估計，在一九一三至一九二七年的十四年之間，由他直接或間接為國會圖書館所購買的中國書，達六萬八千冊。其對中文部之貢獻，於此可見一斑。斯永高熱愛中國文化，對中國的各類圖書均有興趣，特別是對方志與叢書，極盡蒐集之能事，所以他為國會圖書館所買的書，不以中國的農書為限。他為國會圖書館買書，純係義務幫忙，沒有任何酬勞，其精神是可佩的。但這些書都是國會圖書館出錢買的，不是他捐贈的。斯永高在農業部服務五十年，於一九四一年退休，應聘為佛羅里達州的邁阿米大學熱帶植物顧問。他於一九五二年一月十九日去世，享壽八十一歲。他的私人藏書約兩萬冊，連同他的個人著作二百五十多件，均於他死后捐贈給邁阿米大學圖書館了。

美國國會圖書館的中文部自一八六九年開始，至今已有一百零八年的歷史。依據一九七五年的統計，現有藏書四十一萬一千九百六十三冊，在西方國家的中文部中無出其右。就中尤以方志（三千七百五十種，約六萬冊）、叢書（約三千種），及珍本善本（約兩千種，包括四十一冊原本『永樂大典』），收藏最為豐富。其發展的過程，千頭萬緒，在此無法詳述。本文的主旨，僅在針對梅文值得商榷的各點，提出些淺見。倉促成篇，敬請方家指正。

原載『中國論壇』第 5 卷第 9 期（1978 年 2 月），頁 47—48

從美國大學圖書館標準看臺大圖書館的館藏資料

　　臺大圖書館的藏書，就數量而言，不僅在目前的臺灣省境內，爲各大學圖書館之冠，而且在各種圖書館中亦首屈一指。不過此一島內無匹的館藏資料，若以美國大學圖書館的標準來衡量，則尚有待加強，才能算得上充分。這篇短文的目的，即在以上述標準所定的公式，根據臺大現有的相關資料，來測度其藏書數量在該標準中所處的位置。

　　本文所稱的美國大學圖書館標準，係指 *Standards for College Libraries* 而言。（註1）這些標準，最初制訂於一九五九年，一九七五年曾加修改，並於同年七月三日，經美國大學與研究圖書館學會（爲美國圖書館協會的一份子）通過，成爲該會的正式政策。其主要適用對象，爲授予學士、碩士、及每年不超過十個博士學位的學院及大學。全部標準，分爲八個項目：（註2）

1. 圖書館的目的（Objectives）
2. 館藏資料（Collections）
3. 資料的組織（Organization of Materials）
4. 館員（Staff）
5. 服務的提供（Delivery of Service）
6. 館舍與設備（Facilities）
7. 行政（Administration）
8. 預算（Budget）

　　此外，並在館藏資料、館員及館舍與設備的三個標準中，分別提供了三個公式（Formula），以爲具體計算的準則。（註3）本文所適用者，以計算館藏資料的公式（Formula A）爲限，其主要內容及計算的方式如下：

　　大學圖書館的館藏資料，由下列各項合併計算：

1. 基本館藏資料　　　　　　　　　　　　　　　　　　　　　　　　85,000 冊
2. 每一專任教員　　　　　　　　　　　　　　　　　　　　　　　　　 100 冊
3. 每一在學學生　　　　　　　　　　　　　　　　　　　　　　　　　　15 冊
4. 每一大學部的主修或副修學門　　　　　　　　　　　　　　　　　　 350 冊
5. 每一沒有高於碩士學位科系的碩士班　　　　　　　　　　　　　　 6,000 冊
6. 每一設有高於碩士學位科系的碩士班　　　　　　　　　　　　　　 3,000 冊
7. 每一介於博士與碩士間的專家學位班（即高級碩士班）　　　　　　 6,000 冊
8. 每一博士班　　　　　　　　　　　　　　　　　　　　　　　　　25,000 冊

　　以上數字中所稱的冊（Volume），係指業已裝訂成冊的印刷、打字、手寫、油印等資料，或曾經整理過的卷夾資料，並經編目分類而可使用者而言。縮影資料（Microforms）之計算，以其所含資料之實際冊數或微卷、單片的平均數而定。凡能迅速提供上述資料100%冊數的圖書館，則就其藏書量而言，可得 A。其在 80%～99% 之間者，可得 B；65%～70% 之間者，可得 C；而在 50%～64% 之間者，僅能得 D。（註4）

　　現在我們來看看臺大的情形。根據最新的統計，臺大現有學生13,701人（註5）；全校大學部的主修學門（系、科、組）共101單位（註6）；專任教員1,350人，兼任教員

316人，以二兼任算一專任，計為158人，兩項合計共為1,508人；無博士班的碩士班22；有博士班的碩士班25；博士班25。（註7）若以這些相關資料代入上述的公式中，則其結果如下：

1. 基本館藏資料
   85,000 冊
2. 教員項下應有圖書
   $1,508 \times 100 = 150,800$ 冊
3. 學生項下應有圖書
   $13,701 \times 15 = 205,515$ 冊
4. 大學部主、副修學門應有圖書
   $101 \times 350 = 35,350$ 冊
5. 無博士班的碩士班應有圖書
   $22 \times 6,000 = 132,000$ 冊
6. 有博士班的碩士班應有圖書
   $25 \times 3,000 = 75,000$ 冊
7. 博士與碩士間之研究班
   （臺大無此類研究班，故本項從缺）
8. 博士班應有圖書
   $25 \times 25,000 = 625,000$ 冊

以上各項統計 $= 1,308,665$ 冊

據臺大圖書館一九八一年二月底的統計數字，該館現有藏書1,226,713冊（註8），較諸上述依美國標準算出的1,308,665冊，尚少81,952冊。換句話說，臺大圖書館的現有藏書量，僅及美國標準的93.7%，而其所列舉的四個等級中，只能得B而已。

上面所說的，還只是就量的方面而言。若就質的方面來說，則過去的舊日文書，恐怕仍佔相當比例，而各系科的基本資料，是否夠新夠充分，亦不無疑問，至少是有關圖書館學的書，既不夠新，也不夠充分。故無論就量或質方面而言，臺大圖書館的藏書，均有待改進及加強。臺大如此，其他各大學的圖書館更無足論矣。

我們希望各大學行政當局取法乎上，寬列經費，充實其圖書館的內容。更希望我們的『教育部』，今後在批准各大學增設碩士及博士班時，應參照美國的標準，令圖書館增添相對數量的圖書，以資配合。否則，所謂高級學術研究，徒有其名，而無其實。

註1. 美國另有一『大學圖書館標準』（*Standards for University Libraries*），係於一九七八年八月擬訂，而於一九七八年十月及一九七九年一月，經美國的研究圖書館協會（Association of Research Libraries），及美國圖書館協會（American Library Association）中的大學與研究圖書館學會（Association of College and Research Libraries），分別批准實施。此一標準係以著重研究院及專業教育的綜合大學的圖書館為對象，只有原則性的規定，沒有量化的公式，故不在本文討論之列。該標準的全文，請參閱："Standards for University Libraries," *College & Research Libraries News*（April 1979）: 101–110.

註2. *Standards for College Libraries*（Chicago: Association for College and Research Libraries, 1975）, p. 3.

註 3. *Ibid.*, pp. 4, 7, 10.
註 4. *Ibid.*, p. 4.
註 5. 根據臺大一九八〇學年度第一次教務會議資料。
註 6. 這個數字是根據 *National Taiwan University Bulletin*, 1980 – 1981（Taipei：National Taiwan University, 1980）數點而得。副修學門無法計算，故實際數字應較 101 爲高。
註 7. *Ibid.*, pp. 4, 654.
註 8. 該館另有縮影資料及期刊裝訂本，因數量不明，且未編目分類，無法使用，故未算入。

原載『書府』（臺大圖書館學系學會會刊）第 3 期（1981 年 4 月），頁 75—76

『國科會』與文史研究

公元一九八一年十二月廿五日的『中央日報』航空版副刊，登載連山先生一文，題爲『「國科會」只重科技偏廢文史嗎？——敬答那宗訓先生』。拜讀一過，筆者也像連山先生文中所說的一樣：『內心感觸頗多。』據連文說，那宗訓的文章，是在『中央日報』十一月廿九日第十二版發表的，題爲『向「國科會」進一言：不宜偏廢文史，只重科技』。這篇文章我好像也在『中央日報』的航空版上讀到過，只因向來讀報都是隨看隨丟，沒有保存的習慣，所以原文已經找不出來。不過這無關宏旨，因爲本文僅是讀連先生大作的感想，那宗訓先生文章中說些什麼，與我這篇感言沒有什麼直接的關係。

文史研究經費偏低

現在讓我們來談談連先生的文章。假如我所瞭解的沒有錯，連先生文章的重點有二：一是以『國科會』預算的具體數字，來證明『國科會』並沒有偏廢『文史』（雖然以『文史』）二字來代表人文與社會科學未必恰當，但連、那二先生的文章，都以此二字來作代表，姑從其意）；二是舉最近三年『國科會』分配給人文與社會科學的研究經費從未用完過的事實，來證明『文史』界朋友申請補助專題研究計劃經費之不夠踴躍，或不夠水準。筆者剛在臺大擔任過一年客座教授，在臺灣停留的十三個月中，與『文史』界的朋友接觸較多，對於連先生文中的論證及指責，頗覺有失公平，爰不揣譾陋，略抒淺見，以就正於高明。

先就『國科會』的預算來說，根據連先生的資料，該會的年度預算，分爲『一般行政經費』及『國家科學技術發展基金』二大類。前者不屬本文討論範圍，略而不談。后者包括的項目及百分比如下（均以一九八一年度爲準）：①科學人才培育與科學教育研究經費（38.23%）；②基本科學研究經費（18.54%）；③人文與社會科學（文史代表）研究經費（3.40%）；④應用科學研究經費（27.13%）；⑤推動科學發展經費（12.18%）；⑥基金準備等目（0.5%）。連先生因爲①②⑤三個項目中的經費，都是『全面性開放接受各界人士申請，不分科技與「文史」』，故覺得『文史』界的朋友認爲其研究經費『所佔之百分比偏低』，實係一種『誤會』。我的看法稍有不同。

首先就應用科學與『文史』兩項研究經費所佔的百分比而言，前者爲27.13%（依理，數學、物理、化學等基本科學的研究經費應不在此數之內），后者僅有3.40%，兩者的差別爲八與一之比。玆假設①②⑤三項下的經費，『文史』與應用科學兩方面利益均沾，無分軒輊（事實上當然不大可能），我們仍可以說，至少在研究經費方面，『文史』較應用科學少了許多，難道這還不算『偏低』嗎？

科技第一，工業起飛

再說，一般學者習慣上把人類的知識歸納爲科技（Science and technology）、人文（Humanities）與社會科學（Social Sciences）三大類。科技爲純科學（Pure sciences）與技術（Technology，或稱應用科學 Applied sciences）的總稱，前者如天文、數學、物理、化學等屬之，后者係指電機、機械、土木、化工等各種技術性的學科。人文科學以哲學、語言、文學、歷史、音樂、美術、戲劇等為代表。社會科學涵蓋社會、政治、法律、教育、經濟、商業等門類。在正常的情形下，一個國家的健全發展，應對這三方面等量齊觀，無所偏廢。臺灣環境特殊，自不能像三頭馬車，並駕齊驅。但科技一方面的研究經費，比人文與社會科學兩方面加起來的總和多了好幾倍，總不能說是無所偏吧？

誠然，臺灣時值非常，『科技第一，工業起飛』，已成朝野一致的呼聲。『國科會』重視科技發展，多給研究經費，原是時勢所趨，無可厚非。相信『文史』界的朋友大多對此有所體認，偶爾感時憂事，有所建白，無非想提醒政府，科技固然重要，『人文』也不宜過於偏廢；否則工業起飛了，人文與社會不能相應跟進，仍非計之得者。走筆至此，不禁想起美國的一段史實。一九五七年十月四日，蘇聯的第一顆史樸尼克（Sputnik，也是人類的第一顆人造衛星）升空，引起美國朝野的極大震撼。當時的艾森豪總統，懔於美國的科學已落於蘇聯之后，立即要求國會通過『國防教育法』（*National Defense Education Act*, 1958），一方面在各級學校加速基礎科學的教育，一方面增撥大量經費，加強學生對外國語文的訓練，以便吸收各國的科學新知，卒使美國在太空競賽中爭回了優勢。在那舉國上下一心一意要在科學上超越蘇聯的緊要關頭，美國決策當局仍能兼顧外國語文（屬人文科學的範圍）對科技發展的重要性，這是何等的眼光！

書目索引的重要性

其次來談談『文史』界對『國科會』所分配的 3.4% 研究經費的使用情形。根據連文中的語氣，可能是由於『文史』界的朋友提不出適當的研究計劃，以致一九七九年度只用了原預算的 55.14%，一九八〇年度只用了 61.1%，一九七八年度只用了 43.41%。這種對『文史』研究預算用不完的現象，可以從兩方面來看：一是『文史』界的朋友做研究的興趣不高，申請補助者不多，或是提出的研究計劃不夠水準，通不過『國科會』的嚴格審查；二是『國科會』沒有把握住『文史』研究計劃的重點，或者是審查的人選不適當，甚或有偏見，以致原本重要的研究計劃，而被認為無價值。前種情形是否存在，筆者不得而知。後種情形則可舉一例為證。筆者有位史學界的朋友，目前在臺灣頗負時譽，且常有專業性的著作出版。有一次到他辦公室去求教，承他出示一項正在著手進行的有關史學名著的分類書目計劃，筆者覺得這種工作極有價值，於是建議他向『國科會』申請補助，以便僱用助手，早竟全功。不料這位朋友感嘆地說：『「國科會」對於編書目及索引的計劃，向來認為是小道，不在補助之列。』凡是做研究的人，莫不知道書目及索引的重要性，若說它們是一切學術研究的始基，似乎也不為過。假如我的這位朋友所言不差，『國科會』認為這類工作是小道，而置於補助範圍之外，那『文史』研究經費每年用不完的現象，就值得檢討了。

談到書目與索引，筆者有過親身的痛苦經驗。記得廿多年前在政大寫碩士論文時，為了想知道當時的島內圖書館，究竟有多少與我論文有關的參考書籍和期刊論文資料，成天奔波於臺大圖書館、『中央圖書館』、『中央研究院』的有關圖書館，及美國新聞處的圖書館之間，前后達數十天，才能編出一份可資利用的參考書目。這種僅為一個研究專題找參攷資料的工作，如在美國，有一二天也就夠了，而在臺灣所花的時間竟數十倍於此，實在是一種無謂的浪費。

這裡不妨順便談談美國的書目及索引等基本參攷工具的情形。美國對於這類工作，向來很重視。每一學科都有各種各樣的書目、索引、摘要、指南等工具書。以教育方面爲例，就有教育資料索引（Education Index）、教育期刊索引（Current Index to Journals in Education）、教育資源（Resources in Education，爲一分類的書目及摘要）、教育媒體指南（Guides to Educational Media）等，總共不下數十種之多。除各單科的書目、索引外，還有各種書目、索引彙編與相關科目的分類索引。如：世界書目大全（A World Bibliography of Bibliographies）、書目索引（Bibliographic Index）、科技資料索引（Applied Science of Technology Index）、生物與農業資料索引（Biological and Agricultural Index）、人文科學索引（Humanities Index）、社會科學索引（Social Sciences Index）等，種類繁多，不勝枚舉。研究人員只需定期查閱這些基本工具中的相關資料，就可對其本行的最新研究與發展瞭然於心，所以在美國做研究非常便利。

『文建會』應負起責任

在臺灣地區，編書目與索引向來未受到應有的重視，廿年前如此，今日仍不例外。目前在臺灣地區的出版商，由於市場有限，無利可圖，多不願編印這方面的工具書。『中央圖書館』有心想做，但心有餘而力不足。爲今之計，只有由政府有關機關，或熱心文化事業的大企業家，投注大量經費，與學術界通力合作，有組織、有系統、有步驟地，分門別類，編印各種書目與索引，庶可開創新局，爲學術研究奠基。但在這種局面沒有出現以前，『國科會』如能把每年剩餘的『文史』研究經費，支持學者個人有關書目或索引的編輯計劃，使學術界一件應做而未做的基本工作，蓬勃滋長起來，那真可說是一件功德無量的事。

或許有人會說，『國科會』本以推動科技的發展爲主，像補助編書目及索引這類的計劃，應由政府其他有關部門去做。假如真有這種想法，筆者想建議，不妨把現在『國科會』的名稱改爲『國家科技發展委員會』，而將有關『文史』方面的發展，劃歸剛成立的『文建會』去做。『文建會』的業務和人文與社會科學息息相關，由該會來推動這兩方面的發展，不但駕輕就熟，而且易見成效。不知各方賢達，以爲如何？

一九八二年一月於美國賓州

原載『中央日報』1982年2月16日，第2版

淺談百科全書

不久以前，在『中央日報』航空版的副刊上，讀到張之傑先生的『編百科全書有感』（五月廿一日及廿二日），對於張先生獨力領導一批在學及畢業未久的研究生，大編百科全書的豪氣，甚為欽佩。雖然文中不無值得商榷之處，但在沒有看到這部『中級百科全書』以前，我們不便置喙。本文只想藉這個機會，來談談有關百科全書的一些常識。

所謂百科全書，簡單地說，就是將人類的各種主要知識，分門別類地釐訂為許多條目，用提要鉤玄的方式，淺顯通達的文字，把它們寫出來，再以便於查閱的方法，將它們排列組合，印成一冊或多冊的基本參考書。這是就一般所稱的綜合百科全書（General Encyclopedia）而言。如以同樣的方法所編成的百科全書，其範圍僅限於一科或幾個相關的科目者，則稱為分科百科全書（Subject Encyclopedia），如教育百科全書、哲學百科全書、科技百科全書等屬之。

西方的百科全書，起源於古代的希臘。原來柏拉圖認為，一個人必須掌握一切知識，才能使他的思想透徹。基於這種理念，他的學生亞里斯多德，就將當時的各種知識彙集起來，編成一書，以便隨時參考，並用來教導自己的學生。柏拉圖的姪兒史皮席普斯（Speusippus）也曾將當時有關科學特別是動、植物的知識，輯成另外一書。假如我們把亞里斯多德稱為『綜合百科全書之父』，那末史皮席普斯就是『分科百科全書鼻祖』了。雖然這兩本書孰先孰後，至今還沒有考證出來，但百科全書始於希臘，是沒有疑問的。現在英文中的『百科全書』（Encyclopedia）一詞，就是由希臘文 Enkyklios（圓圈，範圍）及 Paideia（知識，教育）兩字演化而成，意為『知識的圓圈』，或『教育的範圍』，也就是知識的全體。

百科全書發展到現在這種形式，已經過許多演變。舉其重要者而言，公元前五十年，羅馬學者瓦諾（Marcus Terentius Varro）所編的一本百科全書，附有一些插圖，是為百科全書中有插圖之始。公元一○八○年，希臘的『秀達斯（Suidas）百科全書』，首先將各種條目依字母順序的方法排列。一四一○年，意大利學者班芝尼（Domenico Bandini）所編的百科全書中，有許多『互見參考』（Cross-reference）的項目，是為百科全書中有『互見參考』之濫觴。一六二○年，英儒培根將其所擬編輯的一種百科全書式的大文庫的計劃發表（全書僅完成一部份），將人類的知識分為史學（包括社會科學）、文學及哲學（包括宗教及科學）三大類，不僅為分類綜合百科全書開一新紀元，也是對西方圖書分類法的一項極大貢獻。一六九五年，魏根索（Johann Christoph Wagenseil）出版世界第一部兒童百科全書。一七五一年，法國學者狄戴樂（Denis Diderot）所主編的百科全書出版，撰稿者包括當時大儒盧梭、孟德斯鳩、福爾泰等人，集法國啟蒙思想之大成，對其後的法國大革命具有引導作用。一七七一年，『大英百科全書』第一版問世，以長篇大論的學術性條目著稱。一八○九年，德國布洛克豪斯（Friedrich Arnold Brockhaus）的百科全書印行，以條目眾多、簡明扼要為其特色。一八二九年初版的『大美百科全書』，主要是根據此書翻譯，稍加增減而成。一八六五年，法國拉魯斯（Pierre Athanase Larousse）的百科全書，熔字典與百科全書於一爐，並以書目豐富名於世。廿世紀中葉以後，彩色印刷發達，故今日的百科全書，又以彩色插圖為其不可或缺的一部份。

根據專家估計，世界各國所出版的各種百科全書，不下兩千種，其中綜合性的百科全書有二百多種。大部份西方國家目前均有一種或數種綜合百科全書，而以美國爲最多，達六十種以上，其次爲德國（四十多種）及英國（廿多種）。東方國家的這種百科全書尙不普遍，日本最多，亦不過數種而已。

綜合性的百科全書，依其內容的深淺，又可以分爲幾個級次。不過無論那個級次的百科全書，都不是以專家爲對象。這不是說百科全書對專家無用，而是說專家對於百科全書中有關其本行的條目不必參考。舉例言之，百科全書中的『相對論』（Relativity）一條，對於物理專家們而言，固然沒有什麼大用處，但對非物理專家們來說，却極有參考價値。筆者是學文科的，爲了好奇，曾親自查閱『大英』、『大美』中有關『相對論』的一條，對於其中的一些公式，雖然一竅不通，但讀完全文後，關於這個理論之形成、發展與改進，以及伽利略、牛頓、愛因斯坦等對它的貢獻，却得到了一個粗淺概念，而覺得頗有興味。如以筆者個人的經驗來說，即使是百科全書中有關本行的條目，亦有其可供參考之處，例如本行內的一些有關年代，基本數字，行內重要人物之姓名、生卒、著作與貢獻等，隨手查查，也有許多便利。當然，百科全書只是工具書，做專題研究的人，不能以它爲主要的參考對象，是不待言的。

話說回頭，現在再來談談綜合百科全書的級次及其代表作。就筆者較爲熟悉的美國情形而論，級次最高的，是『大英』與『大美』，這兩種百科全書都是以大學程度的讀者爲主要對象。『大英百科全書』（*Encyclopedia Britannica*）（自一九〇二年以後，該書版權已爲美國所有，並在美國編印出版，而成爲美國的百科全書之一，故這個書名實際上已經名實不符）於一七七一年在英國愛丁堡初版時，全書只有三冊，共兩千六百多頁。現在的十五版（一九七四年以後）共有三十冊，三萬三千多頁，四千三百餘萬字。全書共分爲三部份，第一部份僅一冊，稱爲『百科類目』（Propaedia），將人類的知識分爲一萬五千個主題，等於全書的總目次。第二部份稱爲『條目簡編』（Micropaedia），共十冊，包括七百五十字以下的簡短條目一二三，三五〇條，相當於全書的分析索引。第三部份稱爲『條目詳編』（Macropaedia），共十九冊，包括七百五十字以上的條目四，二〇七條，爲全書的靈魂所在。有些長篇大論的條目，與專書無異，例如『中國史』（China, History of）條，就長達一百零八頁，他如『基督敎』（Christianity）與『敎育史』（Fducation, History of）等條，亦各有九十頁左右。『大英』一向以長篇大論的學術性條目著稱，這個傳統至今仍保持不變。

『大美百科全書』（*Encyclopedia Americana*）第一版於一八二九年開始出書，至一八三三年出齊，全書共十三冊。初版主要是根據法國的『布洛克豪斯百科全書』翻譯而成，自一九〇三年以後，歷經多次大規模修改，現已完全美國化。該書最新版（一九七九年）共三十冊，兩萬六千多頁，二千七百餘萬字，全部條目在五萬六千以上，以社會科學、人物傳記、地理名詞等方面的條目較多，均以簡明扼要爲讀者所稱道。與『大英』相較，各具特色。

除『大英』、『大美』以外，美國的綜合百科全書還可以分爲三個級次。以高中以上程度及一般成年人爲主要對象者，可以『柯利爾百科全書』（*Collier's Encyclopedia*）爲其代表作。此書是二次大戰以後的產物，初版於一九四九年問世，共廿冊。現版有廿四冊，兩千一百多萬字。全書共有兩萬五千多條目，均以高中課程內容的基準，以敍事解釋爲主，兼及簡單理論，各科條目分配均衡，人文、社會、科技並重，爲其主要特色。

『世界百科全書』（*World Book Encyclopedia*）是以初中及高小程度的讀者爲其主要對

象。初版共八冊，於一九一七年問世。現版爲廿二冊，一萬三千八百多頁。全書有一萬九千多個條目，其內容均與中、小學的課程相配合，行文以不超過戴爾（Edgar Dale）所釐訂的三萬四千個簡易字彙的範圍爲限，故均簡明易懂，配以兩萬九千多插圖，三分之一以上爲彩色，看起來生動活潑，賞心悅目，爲目前美國最受歡迎的少年百科全書。該書自一九二五年開始，每年修改一次，現在並有大字版及盲人版同時印行，故銷路極廣。

以初小程度的兒童爲主要對象者，可以『大英小百科』（Britannica Junior Encyclopedia）爲例。它的一九七八年版共有十五冊，約五百萬字。全書的四千一百個條目，都是根據小學課程的內容釐訂，有關兒童故事、游戲、運動、及科學小知識的項目特別豐富，多有彩色插圖，藉以引起他們的閱讀興趣。惟須注意者，『大英小百科』並不是『大英』的簡編，它的前身是『維登百科全書』（Weeden's Encyclopedia），於一九三四年被『大英』出版公司購得，改爲現名繼續出版，故內容與『大英』並無關連，它僅是同一公司出版的級次最低的一種兒童百科全書。

現代百科全書，因係一種內容廣泛，讀者衆多，使用頻繁的基本工具書，所以具有許多特性。由於這些特性也是編百科全書者應該注意的事項，特利用這個機會，選幾點較重要的，來稍作說明。百科全書的條目既然包羅萬有，而各種知識的進展，不但日新月異，簡直是一日千里，一部夠水準的綜合百科全書，決非一人或數人所可爲功，所以它的第一個特性，就是集各種專家學者之力而成。例如『大英』十五版的撰稿者，有四千二百七十七人，來自一百三十一個不同的國家；『大美』一九七九年版的著者多達六千人；『柯利爾』的一九七七年版爲五千人；即使是以少年爲對象的『世界百科全書』，參與其事的專家學者，也在三千人以上，其經常在編輯部辦公的二百多人，尚不包括在內。這些聲譽卓著的百科全書，都把著者的名字置於各主要條目之後，以表示其責任及權威性。

百科全書的第二個特性，是插圖衆多。因爲百科全書主要是供一般讀者參考，有些較爲專門的條目或名詞，配以適當插圖，可以幫助瞭解，加深印象，並引起讀者的興趣。一九五〇年以後，彩色印刷發達，百科全書中的插圖，更是有美皆備，無麗不臻。『大英』十五版有插圖二萬四千多幅，全部彩色者超過四分之一；『大美』有插圖二萬二千多；『柯利爾』也有二萬以上；『世界百科全書』係以少年爲對象，插圖更多，達二萬九千多張，其中彩色圖片在一萬以上。

它的第三個特性，是全書必須有『互見參考』、『參考書目』、及『分析索引』（Analyticindex），以便讀者能找到書中各個相關的條目，及其他有關資料。所謂『互見參考』，是以『參見』（see）的方式，把書中有關的條目連繫起來。例如美國名作家克里夢斯（Samuel Langhorne Dlemens），筆名叫馬克·吐溫（Mark Twain），『大英』、『大美』等主要百科全書，都將這兩個名字同時列入，但因筆名比真名更爲響亮，所以都把他的有關資料，放在他的筆名下，而以『參見』的辦法，使讀者從『克里夢斯』處引導至『馬克·吐溫』項下，即當讀者查到『克里夢斯』時，書中會告訴他參見『馬克·吐溫』（Clemens, Samuel Langhorne, see Twain, Mark），這樣就把書中排列在不同地方的兩個各字連繫起來了。

所謂『參考書目』，係指著者撰寫條目時，用作參考的各種論著，及與該條目有關的其他著作而言，這種書目有指導讀者閱讀的功能，對自己進修的人最爲有用。當讀者閱完一個條目，而覺得有進一步研究的必要時，就可根據該條目所提供的書目，繼續閱讀其他有關的專著。值得注意者，這種書目放置的地方，不盡相同。『大英』、『大美』都直接置於各主要條目之後；『柯利爾』則把各種書目彙集在一起，與『分析索引』並列，放在最後一冊中，該書一九七七年版，列有各主要條目的參考書，達一萬五千多種。

『分析索引』是將書中各種有關的條目、名詞，及文中所提到的相關資料，歸納到一起，按字母的順序排列起來，並標明它們在書中的冊、頁及位置，以便讀者可查到書中任何主題的各種有關資料。這種索引在成人百科全書中最爲重要，因爲成人讀者聯想力大，又多喜究根問底，對於任何問題，總希望把各種有關資料全找出來。以故，『大美』最后一冊的索引，達到五萬多項；『柯利爾』最後一冊的索引有四十萬項；『世界百科全書』不是以成人爲對象，其索引只有十五萬項。『大英』十五版於一九七四年問世時，因以其第二部份的『條目簡編』充當全書的索引，沒有另編『分析索引』，致用起來頗爲不便，引起讀者不少的指責及批評。

百科全書的第四個特性，是必須時常修改。由於各種知識進步迅速，書中的很多條目，特別是關於科技方面的，如不及時增補修訂，馬上就會變得陳舊落伍。但百科全書的撰稿人數以千計，又皆分散各地，而隨着時代的推移，有的老病，有的物化，要請他們改寫或另請人重寫一篇稿子，着實困難，加以編、印、改版、紙張、裝訂，耗費甚鉅，要全部修改一次，真是談何容易。於是這種種原因，美國的幾種著名百科全書，除『世界百科全書』每年修改一次外，其餘都採折衷辦法，即每年以年鑑的方式，加以增補，而於每隔四五年後再作較大幅度的修改。一般百科全書的最大缺點，就是很多資料常常趕不上時代。

最後來談談我國的情形。我國的百科全書，也有很悠久的歷史。不過我國昔時不叫百科全書，而稱之爲類書。所謂類書，依『辭海』，乃『捃摭群書，以類相從，便於檢閱之書』。我國最早的類書爲『皇覽』，據三國『魏志』劉劭傳，劭於魏文帝時，受集五經群書，作『皇覽』（書成於黃初三年，即公元二二二年），是爲我國類書之始。自三國至清，我國的類書代有鉅構：如唐歐陽詢等之『藝文類聚』，徐堅等之『初學記』；宋李昉等之『太平御覽』，王欽若等之『冊府元龜』，王應麟之『玉海』；明解縉等之『永樂大典』，章潢之『圖書編』，俞安期之『唐類函』；清張玉書等之『佩文韵府』，張英等之『淵鑑類函』，何焯等之『駢字類編』，及陳夢雷、蔣廷錫等之『古今圖書集成』等，均屬卷帙浩繁的皇皇大著。

就排列的方法言，我國類書又可別爲依類分及依字分兩大類：前者如『藝文類聚』、『太平御覽』等屬之；後者可以『佩文韵府』及『駢字類編』等爲著例。就內容言，則可大別爲分科類書與綜合類書兩大類：前者如杜佑『通典』、鄭樵『通志』、馬端臨『文獻通考』，以及此三者的續編與歷代會要等，都是關於各代政制的類書；后者可以『永樂大典』及『古今圖書集成』爲其代表作。由於這兩部鉅著名聞中外，不妨在此稍作介紹。

『永樂大典』成於明成祖永樂五年（公元一四〇七年），爲名儒解縉等奉勅撰，參與其事者達二千一百餘人，歷時五載而就。全書二萬二千八百七十七卷，凡例目錄六十卷，裝成一萬一千九百九十五冊，估計達三億七千餘萬字，爲我國歷史上最大之類書，亦爲全世界最大之百科全書。惜自明中葉以後，迭經災變，屢遭損失，至清光緒年間，所餘者已不及五千冊。庚子拳亂，八國聯軍陷北平，此書再逢祝融之禍，至今散存世界各圖書館之殘本，已不及四百冊。美國國會圖書館藏有該書原本四十一冊，佔殘存本十分之一強。據筆者在該館所見者，其書每冊高約一尺六寸，寬約九寸五分，以黃絹包面，書葉爲宣紙，每半葉均以朱絲分爲八行，每行通常爲十五字，亦有三十字者。前北平圖書館長袁國禮氏，及現任臺大圖書館學系教授楊家駱氏，均曾對此書之殘本作過考證，楊氏並曾將其所複印之該書殘存本一百冊，贈送給國會圖書館。

『古今圖書集成』，爲清朝陳夢雷、蔣廷錫等奉勅撰，成於雍正三年（一七二五）。全書分爲六彙編，三十二典，六千一百零九部，共一萬卷，約計一億字。這是到目前爲止，我國所印刷的最大類書。（『永樂大典』雖較此書爲大，但爲手寫本，不是印刷，且現存者已不及四百冊。）此書之刊本頗多，雍正三年之原版，是銅版活字印刷，相傳僅印百部，全書一萬卷，分裝五千冊，每冊二卷，另有目錄廿冊。光緒初年，總理衙門曾加重印，乃石印本，書之大小冊數，均與原版相同，惟另有考證廿四冊，故全書共爲五千零四十四冊。光緒十年（一八八四），上海圖書集成局又以鉛字重印，字體及版面均縮小，分裝一千六百廿八冊，共印一千五百部。民國廿三年，中華書局又曾根據原版照相重印，裝成八百冊，加上考證八冊，共八百零八冊。歐美各國的大圖書館，對此書收藏者甚多，惟刊本不一。美國國會圖書館藏有兩部，一爲上海圖書集成局的鉛印本，乃斯永高（Walter T. Swingle）於一九二六年爲該館在上海所購。另一爲總理衙門的石印本，爲一九〇八年清廷所贈。提起此書之贈送，也有一段史實。話須從義和團說起。一九〇〇年之拳亂，清廷爲八國聯軍所敗，被迫賠償各國軍費四萬萬五千萬兩，分三十九年償清，年息四釐，本息共九萬萬八千二百餘萬兩，因那年歲次庚子，故史稱『庚子賠款』。美國從此款中分得的部份，折合美金爲二四，四四〇，七七八．八一元。一九〇八年五月，美國國會通過一項法律，授權老羅斯福總統，將當時尚剩餘的一千二百七十八萬五千二百八十六元一角二分退還清廷，作爲中國興辦教育文化事業之用。清廷感激之餘，特派唐紹儀爲專使，赴美致謝，並攜帶『古今圖書集成』一部，贈送給國會圖書館，爲中美兩國文化交流留下一段佳話。

　　我國過去的類書，雖有輝煌的歷史，但自清末以來，談得上夠水準的現代百科全書，似乎尚付闕如。中華民族一向以發揚中國文化爲己任，希望能以政府的大力，動員各科學者專家，積極進行編印一部真正能包羅中國文化精華的『中國百科全書』。

寄自美國賓州

原載『中央日報』副刊，1982 年 7 月 19 日至 21 日

從『美國大學圖書館標準』看臺灣地區大學圖書館的館藏資料

　　一個良好的大學必須具有三個要件，是即：卓越的教員，傑出的學生，及豐富的圖書館。論者嘗謂：『圖書館乃一個大學的心臟』（Library is the heart of a university.）（註1），並非誇張之詞。基於此一體認，美國圖書館協會乃有『大學圖書館標準』（*Standards for College Libraries*）（註2）之制訂。此一標準共包括八個項目：①圖書館的目的；②館藏資料；③資料的組織；④館員；⑤服務的提供；⑥館舍與設備；⑦行政；⑧預算。（註3）其適用的對象，以授予學士、碩士及每年不超十個博士學位的獨立學院及大學爲主（註4）。此與臺灣地區目前各大學的情形大致相若。故本文即以該標準第二項的規定，來衡量臺灣地區大學圖書館的館藏資料。

　　依該標準第二項所定的公式，大學圖書館的藏書數量，依下列各項應得的冊數合併計算：

1. 基本館藏資料　　　　　　　　　　　　　　　　　　　　　　　　85,000 冊
2. 每一專任教員應有圖書　　　　　　　　　　　　　　　　　　　　　100 冊
3. 每一全讀學生　　　　　　　　　　　　　　　　　　　　　　　　　　15 冊
4. 每一大學部系、科、組　　　　　　　　　　　　　　　　　　　　　350 冊
5. 每一僅有碩士班的研究所　　　　　　　　　　　　　　　　　　　6,000 冊
6. 每一兼具碩士班與博士班的研究所（註5）　　　　　　　　　　　　3,000 冊
7. 每一專家研究所（介於碩士與博士之間）　　　　　　　　　　　　6,000 冊
8. 每一博士研究所　　　　　　　　　　　　　　　　　　　　　　25,000 冊

以上數字中所稱冊（Volume），係指業已裝訂成冊之圖書資料，並經編目分類而可使用者而言。凡擁有上述各項總冊數100%的大學圖書館，則就其藏書量而言，可得A；其在80%—99%之間者，可得B；65%—79%之間者，可得C；而在50%—64%之間者，僅能得D。（註6）

　　根據一九八一年的一項問卷調查（註7），目前在臺灣省境內，共有大學（指擁有三個學院以上者而言）十六所，其中九所爲『國立』，七所爲私立。前者包括臺大、政大、師大、中興、成功、『清華』、交大、『中央』及『中山』；後者包括東吳、東海、淡江、文化、輔仁、逢甲及中原。爲便於上述美國公式之應用，茲將各校的教員、學生、院系、研究所，及藏書量等項，列表於下：

表1　臺灣地區十六所大學院、系、研究所、學生、教員、圖書一覽

項目 校名(2)	學院	系科組	研究所 碩士班	研究所 博士班	學生 日間部	學生 夜間部	學生 研究部	學生 合計	教員 專任	教員 兼任	教員 合計	教員 折合專任數(3)	圖書冊數 中文	圖書冊數 外文	圖書冊數 合計	備考
「國立」臺灣大學	6	79	46	25	10,899	1,260	1,773	13,932	1,350	316	1,666	1,508	(4)698,114	536,241	1,234,355	(1) 表中資料以各校於1981年6月填報者為準。(2) 各校名次之排列，以圖書冊數之多寡為序，先「國立」，後私立。(3) 兼任教員以二人算一專任，折合專任數乃是專任數加兼任數之半。以臺大為例，專任為1,350，兼任為316，其折合專任教員之總數為：1,350 + (316÷2) = 1,508。(4) 臺大的中文圖書冊數，包括日、韓文在內。(5) 國際關係研究中心之藏書不在其內。(6) 包括期刊裝訂本30,996冊
「國立」政治大學	3	23	18	5	5,144		733	5,877	435	256	691	563	377,594	294,408	672,002	
「國立」臺灣師範大學	3	18	15	3	5,288	2,672	416	8,376	757	282	1,039	898			507,135	
「國立」中興大學	4	34	15	1	5,728	4,040	241	10,009	642	305	947	795	193,313	135,566	328,879	
「國立」成功大學	4	27	18	4	6,088	3,193	459	9,740	757				151,763	135,781	287,544	
「國立」中央大學	3	10	6	1	1,271		123	1,394	181		181	181	59,494	52,231	111,725(6)	
「國立」清華大學	3	11	17	6	1,707		444	2,151	250	69	319	285	37,951	65,124	103,075	
「國立」交通大學	3	12	7	2	2,242		405	2,647	242	87	327	286	35,281	41,529	76,810	
「國立」中山大學	3	4	2		166		20	186	42	17	59	51	44,221	17,296	61,517	
私立中國文化大學	10	54	28	8	9,775	5,056	699	15,530	697	1,027	1,724	1,211	296,226	114,760	410,986	
私立輔仁大學	5	32	10	1	7,328	4,229	149	11,706	380	407	787	584	233,089	108,625	341,714	
私立淡江大學	6	49	9	1	9,894	5,352	261	15,507	497	666	1,163	830	172,200	112,327	284,527	
私立逢甲大學	4	28	5	1	9,587	3,327	106	13,030	319	152	471	395	142,198	64,215	206,413	
私立東海大學	4	25	5		4,427	2,034	102	6,563	303	382	685	494	108,368	80,179	188,547	
私立東吳大學	4	21	5	1	5,490	2,992	79	8,561	233	363	596	415	109,000	64,714	173,714	
私立中原大學	3	17	3		5,532		39	5,571							100,000	

由於將臺灣地區十六所大學的各別資料，代入上述美國公式中，以求出每一圖書館的藏書量在美國標準中的位置，工作過於繁複，而且無此必要，故本文僅以上表各大學各個項目的總平均，及國立大學與私立大學兩組的各別平均數，分爲三個部份，來作比較。

一、臺灣地區各大學圖書館平均藏書量在美國標準中的位置

如表中所示，『國立成功大學』與私立逢甲大學均未填報教員的數目，不能用作比較的單位，故下列資料僅是十四所大學的總數。

表2　臺灣地區十四所大學圖書館計算藏書冊數的相關資料

教員（包括專任與兼任，以二兼任算一專任，下同）	8,496
學生（包括夜間部）	130,780
大學部系、科、組	389
僅有碩士班的研究所（表中碩士班數減博士班數而成）	132
兼具碩士班與博士班的研究所	54
專家研究所	無
博士班	54

現在我們將這些相關資料代入美國的公式中，其結果如下：

表3　依美國標準臺灣地區十四所大學圖書館應有圖書冊數

基本館藏資料冊數	$85,000 \times 14 = 1,190,000$ 冊
教員項下應有圖書	$8,496 \times 100 = 849,600$ 冊
學生項下應有圖書	$130,780 \times 15 = 1,961,700$ 冊
系、科、組應有圖書	$398 \times 350 = 139,800$ 冊
僅有碩士班的研究所應有圖書	$132 \times 6,000 = 792,000$ 冊
兼具碩士班與博士班的研究所應有圖書	$54 \times 3,000 = 162,000$ 冊
專家研究所（無）	無
博士班應有圖書	$54 \times 25,000 = 1,350,000$ 冊

依美國標準臺灣地區十四所大學應有圖書總數：6,444,600 冊

　　美國標準十四校平均：$6,444,600 \div 14 = 460,329$ 冊

依本文表1所示十四校實際藏書總數：4,594,886 冊

　　實際藏書十四校平均：$4,594,886 \div 14 = 328,206$ 冊

根據以上數字，我們可以求出臺灣地區大學目前的藏書量，平均在美國標準中所佔的位置（％）：

$$\frac{328,206}{460,329} \times 100 = 71.3\%$$

亦即臺灣地區十四所公私立大學（成功與逢甲二校因資料不全不在其內）圖書館的平均藏書量，如依美國『大學圖書館標準』來衡量，僅能得 C（在 65％—79％ 之間）。

二、『國立大學』圖書館平均藏書量在美國標準中的位置

目前在臺灣省境內共有九所『國立大學』，成功大學因資料不全不能用作比較的單位，故下列資料僅是八所『國立大學』的總數。

表 4　八所『國立大學』圖書館計算藏書冊數的相關資料

教員	4,567
學生	44,572
大學部系、科、組	191
僅有碩士班的研究所	83
兼具碩士班與博士班的研究所	43
專家研究所	無
博士班	43

如將這些相關資料代入美國標準的公式中，其結果如下：

表 5　依美國標準八所『國立大學』圖書館應有圖書冊數

基本館藏資料冊數	$85,000 \times 8 = 680,000$
教員圖書	$4,567 \times 100 = 456,700$
學生圖書	$44,572 \times 15 = 668,580$
大學部系、科、組圖書	$191 \times 350 = 66,850$
僅有碩士班的研究所圖書	$83 \times 6,000 = 498,000$
兼具碩士班與博士班的研究所圖書	$43 \times 3,000 = 129,000$
專家研究所（無）	無
博士班圖書	$43 \times 25,000 = 1,075,000$

依美國標準八所『國立大學』應有圖書總數：3,574,130 冊
　美國標準八校平均：3,574,130 ÷ 8 = 446,766 冊
依本文表 1 所示八校實際藏書總數：3,095,398 冊
　實際藏書八校平均：3,095,398 ÷ 8 = 386,925 冊

從以上各項數字，可求出臺灣八所『國立大學』圖書館的藏書量，平均在美國標準中所處的位置（%）：

$$\frac{386,925}{446,766} \times 100 = 86.6\%$$

亦即臺灣八所『國立大學』圖書館，就其目前藏書量的平均數而言，在美國『大學圖書館標準』中可得 B（在 80%—99% 之間），值得注意者，此一差強人意的平均數，實得力於臺大、政大、師大三校藏書的較為豐富，如將此三校除外，而僅以其餘五校平均，則只能得 D（51.46%），其中有兩校的藏書量，且未達於基本藏書的最低限度（85,000 冊），這是值得我們加倍努力的。

三、私立大學圖書館平均藏書量在美國標準中的位置

在七所私立大學中,逢甲大學所填的資料不全,無法用作計算的單位,故下列資料僅是六所私立大學的總數。

表 6　六所私立大學圖書館計算藏書冊數的相關資料

教員	3,928
學生	63,438
大學部系、科、組	198
僅有碩士班的研究所	47
兼具碩士班與博士班的研究所	12
專家研究所	無
博士班	12

現在將表 6 中的各項資料代入美國標準的公式中,所得結果如下:

表 7　依美國標準六所私立大學圖書館應有圖書冊數

基本館藏資料冊數	$85,000 \times 6 = 510,000$
教員圖書	$3,928 \times 100 = 392,800$
學生圖書	$63,438 \times 15 = 951,570$
大學部系、科、組圖書	$198 \times 350 = 69,300$
僅有碩士班的研究所圖書	$47 \times 6,000 = 282,000$
兼具碩士班與博士班的研究所圖書	$12 \times 3,000 = 36,000$
專家研究所(無)	無
博士班圖書	$12 \times 25,000 = 300,000$

依美國標準臺灣地區六所私立大學應有圖書總數:2,541,670 冊
　美國標準六校平均:$2,541,670 \div 6 = 423,612$ 冊
依本文表 1 所示六校實際藏書總數:1,499,488 冊
　實際藏書六校平均:$1,499,488 \div 6 = 249,915$ 冊

根據以上各項數字,求得臺灣地區六所私立大學圖書館的藏書量,平均在美國標準中所處的位置(%)爲:

$$\frac{249,915}{423,612} \times 100 = 59\%$$

亦即臺灣地區六所私立大學圖書館,就其藏書量的平均數而言,在美國標準中僅能得 D(在 50%—64%之間)。

四、結語

從以上三種比較,我們可以看出臺灣地區大學圖書館的藏書量,就其一九八一年的水準而言,與美國『大學圖書館標準』中所定的冊數,還相差一段相當的距離。就『國立

大學』與私立大學的整體（成功與逢甲兩校，因資料不全，不在其內）來說，平均藏書量僅達美國標準的 71.3%（等於 C，或丙等）。如將『國立大學』與私立大學分開，則『國立大學』的平均數較私立大學的平均數，高了兩個等次，前者爲 86.6%（等於 B，或乙等），後者僅 59%（等於 D，或丁等）。不過『國立大學』的藏書量，如將臺大、政大、師大三校除外，其餘各校的平均數僅有 51.46%，較諸私立大學的平均數尚有不及。可見目前臺灣地區各大學圖書館的藏書量，無論是『國立』或私立，一般都相當落後。希望我們的『教育部』及各大學的行政當局，取法乎上，今後寬撥經費，充實圖書館的收藏，俾使我們的大學圖書館，真正能負起配合教學，支援研究，保存文化及促進學術發展的重大任務。

附註

註1： Herman H. Fussler, *Research Libraries and Technology*, A Report to the Sloan Foundation (Chicago: University of Chicago Press, 1973), p. 61.

註2： *Standards for College Libraries*. Chicago: Association for College and Research Libraries, 1975.

註3： *Ibid.*, p. 3.

註4： 按美國圖書館協會另有一『大學圖書館標準』（*Standards for University Libraries*），係於一九七八年八月制訂，而於一九七九年一月實施。因該標準適用的範圍，係以著重研究及專業教育的美國大學爲對象，不適於與我們大學目前的情形相比較，且只有原則性的規定，沒有量化的公式，亦無從加以比較，故不在本文討論之列。該標準的全文可參閱："Standards for University Libraries," *College and Research Libraries News* (April 1979): 101–110.

註5： 一個有碩士班及博士班的研究所應分別計算其應有圖書，碩士班的部份爲 3,000 冊，博士班的部份爲 25,000 冊，換言之，此種研究所每所應有圖書 28,000 冊。

註6： *Standards for College Libraries*, *op. cit.*, p. 4.

註7： 詳見胡述兆，『臺灣大學圖書館之研究』，臺北：『國科會』。1981。

原載『圖書館學與資訊科學』第 8 卷第 2 期（1982 年 10 月），頁 212—220

中國大陸圖書館概況

自一九七二年尼克森訪問中國大陸後，美國境內所能看到的大陸出版物，與日俱增。筆者因爲厠身美國圖書館界，而自己的博士論文又是以美國國會圖書館的中文部爲題，基於職業上的要求，及好奇的心理，對於大陸圖書館的動態，一直在密切注意。最近看到大陸發表的一些有關圖書館的統計資料，對其各種圖書館的現況，有了一個粗略的輪廓。現在就利用大陸所發表的這些最新數字，參酌過去十年所蒐集的一些其他資料，作一簡單的報告。

惟須聲明者，本篇報導只能算是『紙上談兵』，所根據的資料，既非親眼觀察所得，也沒有加以考證過。由於大陸的統計數字常有夸大不實的現象，希望讀者看此文時，對於其中所引的各種數字，自作保留，以免引起不正確的觀念。

壹

首先要談到的，是大陸圖書館的數目及其館藏資料。根據一九八二年所發表的統計，中國大陸現有各類圖書館共二八八〇所，其中擁有外文圖書者爲七三一所，全部藏書約六億冊。這些數字，不包含其十五萬所中學，一百萬所小學，及五萬二千個人民公社的圖書館及其藏書在內。如以類別而言，則在此二八八〇個較大的圖書館中，計有公共圖書館一六六二所，學術與專門圖書館四八二所，高等院校圖書館七三六所。

就各館藏書的數量來說，在全部的二八八〇館中，藏書在五十萬冊以上者，有一二六館，一百萬冊以上者六十一館，二百萬冊以上者十三館，三百萬冊以上者四館，四百萬冊以上者三館，依次爲北京圖書館、上海圖書館及南京圖書館，其中北京圖書館之藏書，號稱已超過一千萬冊（見後面的說明），爲目前大陸區內最大的圖書館。

兹將藏書在二百萬冊以上的各館，就其藏書冊數、期刊種數及館員人數等項，列表如下：

藏書二百萬冊以上的大陸圖書館

名　　稱	藏書冊數	新舊期刊種數	館員人數
北京圖書館	10,190,000	60,000	900
上海圖書館	7,000,000	14,449	545
南京圖書館	4,820,000	20,000	170
北京大學圖書館	3,300,000	15,000	不詳
山東省圖書館	2,860,000	3,500	99
重慶市圖書館	2,790,000	14,070	125
天津市人民圖書館	2,500,000	7,570	192
湖南省圖書館	2,500,000	不詳	180

(續上表)

名　　稱	藏書冊數	新舊期刊種數	館員人數
廣東省中山圖書館	2,320,000	25,500	160
浙江省圖書館	2,250,000	不詳	不詳
吉林省圖書館	2,120,000	7,600	152
北京師範大學圖書館	2,100,000	7,600	93
清華大學圖書館	2,000,000	13,059	104

讀者請不要為上表中的這些數字所驚倒，因為他們計算圖書冊數的方法不同，他們是把館中所藏新、舊雜誌的每一期算一冊，而不是以期刊合訂本為計算的單位，故若期刊是季刊，則每年算四冊，月刊每年算十二冊，週刊每年算五十二冊，餘類推。以北京圖書館為例，據一九八二年的數字，其館藏的全部冊數號稱一千零十九萬冊，但其中單冊的期刊佔了約四百萬冊，實際的圖書冊數僅有五百四十三萬冊，亦即期刊的冊數，約佔全部館藏冊數的五分之二。再以重慶市圖書館與廣東省中山圖書館為例，前者號稱二百七十九萬冊，實際為二百二十萬冊；後者號稱二百三十二萬冊，實際為一百三十五萬冊，其餘的冊數都是單期的期刊。所以在計算他們館藏圖書的冊數時，必須減少百分之二十至百分之四十，才是比較確實的數字。

貳

如所週知，中國大陸，一切均有『樣板』。圖書館為社會大眾的公器，自更不能例外。『樣板』圖書館，在公共圖書館方面，可以北京圖書館為例，在大學圖書館方面，則可以北大圖書館和清華圖書館為代表。為使臺灣地區的讀者，對大陸區內這些『樣板』圖書館的一般情形，有點基本概念，特就目前所能見到的有限資料，分別作一簡單介紹。

北京圖書館現在是『國家圖書館』，其對外的正式譯名叫做 "National Library of China"。由於有關這個館的資料較多，所以我在此以較大的篇幅來作說明。

北京圖書館的前身，是清末所籌建（一九一〇）的京師圖書館，民國元年正式對外開放，一九二八年由國民政府明令改稱國立北平圖書館。一九五一年六月，改稱現名。該館位於北平北海公園的西側，現在的館舍建於民國廿年，據說當時內部的面積僅有八千平方米，現已擴展至四萬平方米。聞新館正在籌建中，將來的面積相當於現在的四倍。在行政體系上，該館受『國家文物事業管理局』的監督。館內的業務部門包括：採訪部，編目部，閱覽部，參考研究部，報刊資料部，善本特藏部，統一編目部，及圖書館學研究部，現有工作人員約九百人。

在館藏資料方面，該館現有圖書五百四十多萬冊，其中外文圖書有一百九十五萬冊，另有新舊期刊約四百萬冊（期）。目前收到的中、外文現刊約一萬三千種，四分之三是外文。在這些現刊中，自然科學與應用科學佔百分之八十，人文與社會科學佔百分之廿。根據其最近出版的簡介，該館現有特藏資料五十八萬多冊，包括北魏太安四年（四五八）的敦煌寫經『戒緣』，北宋初年刻本『開寶藏』，宋端平年間刻本『楚辭集注』，金刻本『趙城藏』，元大德九年刻本『夢溪筆談』，明寫本『永樂大典』等珍本。館藏資料的來源，主要是經由採購、交換、受贈及繳送四種方式。依法律規定，全國各處出版的書刊，必須免費繳送該館三本。該館現與一百廿多個國家中的二千多個單位進行書刊交換計劃，每年通過此一管道獲得的外文資料甚多。據說目前該館每年入藏的各種資料，達卅五萬餘冊。

以言閱覽及外借，在該館現有的館舍中，計有大小閱覽室十五個，共有七百多個座位，每天平均接待讀者兩千人次，借閱的圖書四千冊次。開放時間，每週星期一至星期五，早上八時至晚上十時，星期日早上八時半至下午四時半，星期六閉館。除館內閱覽外，該館亦辦理外借工作，個人及團體均可申請借書證。目前發出的個人借書證約一萬個，團體借書證約兩百個，前者每次可借書刊五種，後者為廿五種，借期均為一個月，期滿可續借一次。北京以外地區的讀者，也可向該館借書，但須委託當地的公共圖書館或大學圖書館，通過館際互借的方式，借閱所需圖書。此外，各國駐北京的外交人員、商務代表、新聞從業員，及留學生等，亦可向該館辦理借書證，或進館閱覽。

上海圖書館是大陸區內的第二大圖書館，它成立於一九五二年。目前的館藏資料號稱七百萬冊（包括期刊冊數），內有外文圖書八十四萬六千冊，新舊報章雜誌一萬四千多種，外文約佔三分之一，視聽及縮影資料十五萬餘件。館內藏有六朝、隋、唐的寫本，宋、元、明的刻本，及明、清名家的抄本及手稿等。報刊的收藏頗豐，有 1872—1949 的全份『申報』及 1864—1950 的全份『字林西報』。其出版物包括：『中國叢書綜錄』（1959），『中國近代期刊篇目滙錄』（1965），『上海外文新書聯合目錄』，及『全國報刊索引』（月刊）等。該館現有座位一千一百個，每天的讀者平均約三千人，借閱圖書資料七千冊次，為目前中國大陸最忙的一個圖書館。

大陸第三大的圖書館，為南京圖書館，是以民國廿二年蔣復璁先生所創立的中央圖書館為基礎，合併擴充而成。目前的藏書為四百八十多萬冊（期刊冊書在內），其中約五十萬冊為外文。館內有新舊報刊雜誌兩萬種，大約有七千種為外文。該館收藏的珍本善本圖書約十萬冊，包括錢塘丁氏八千卷樓的珍本，唐人寫本，遼、金經籍，宋本方志，元刻散曲，明刻圖書，及明、清抄本等。其他特藏值得一提者，為二千多種有關太平天國的資料，及五千多種的方志，其中尤以江蘇地方志最為齊全。

北大圖書館的藏書量，為目前大陸各大學之冠，現有藏書三百三十萬冊（內有外文書八十八萬冊），新舊期刊一萬五千種（五千種為外文），目前收到的現刊約為七千種。其收藏的範圍，偏重於文、史、哲及政治、經濟、語言等方面的資料。據說該館有線裝書一百六十萬冊，其中珍本善本達十四萬冊。在其八十多萬冊的外文書中，英、法、德、西班牙文佔五十萬冊，日文書約廿萬冊，其他外文書十餘萬冊。英文書中以一六二三年精印的『莎士比亞全集』最為名貴。該館館舍頗大，有二千多個座位，書庫容量為三百八十萬冊。

清華大學圖書館，就其藏書量而言，在大陸各大學圖書館中，僅次於北大圖書館及北師大圖書館，而居於第三位。現有藏書約二百萬冊（外文五十八萬冊），新舊期刊一萬三千多種（外文七千餘種）。目前每年平均入藏的中文書約五萬冊，外文書約二萬冊；每年收到的中文現刊一千七百種，外文現刊約兩千種。收藏的範圍，以科學技術資料為重點。館舍包括一個主館及四個分館，共約九百個座位。該館為『國際圖書館協會聯盟』（IFLA）的會員，現與四十多個國家的二百多所大學及研究機構進行資料交換。

叁

其次要說的，是大陸圖書館的服務情形。有關這方面的資料，見到的不多，蒐集更為困難。本文只有引用大陸自己的報刊所作的簡短報導，來作為一些例證。

大陸官方的『人民日報』在派記者訪問北京圖書館後，曾有一篇報導，現在將其要點引錄如下：

『我們在北京圖書館採訪的過程中，深感圖書館的現狀，遠遠不能適應客觀形式的要求，許多問題急待解決。其中「小、少、慢」是三個最突出的問題。

『首先是建築面積小。北京圖書館的藏書比較豐富……現在書庫飽和，許多新書無法上架，到處可以看到一捆捆放著的書報雜誌，不能供應讀者，不能發揮作用。工作人員著急，讀者不滿。

『閱覽座位少，是讀者很傷腦筋的事。為了在這裡得到一個座席，每天清晨六點來鐘就有人在門口排隊，一直等到八點開門……每逢寒暑假，來館的大、中學生激增，更給閱覽室造成很大的壓力。

『再就是借書太慢。在外借組的方形借閱臺之前，從早到晚，十分緊張繁忙……借一本書，從找目錄，填索書條，到借到書，有時要花半個小時，一個小時，甚至兩個小時。也可能等了老半天，最後通知你，這本書已經借出去了。……為什麼這樣慢？據有關人員反映，主要是設備簡陋，管理落後，工作程序和借閱手續三十年來基本沒變，大部份還是靠手工勞動……』。

上面所引的，只是北京圖書館一館的特徵。至於大陸其他圖書館的一般服務情形，據北京圖書館館長劉季平在『圖書館學通訊』中所透露：『當前我國的圖書館事業仍然是十分困難和極為落後的，遠遠不能適當前我國大好形勢的發展需要……有的同志把這種狀況歸結為「小少慢」；或「小、少、差、慢、亂」，我都大體同意。如果再讓我大膽談談個人的想法，我覺得也許還可以在「小、少」之後再加一個「散」字……就是現在所有的圖書館，除去若干十分鬆散的協作關係外，差不多都是分散單幹，各自為政的，缺乏統一規劃及密切聯係，因而各館在採編加工方面要多費許多精力，在利用率方面受到相當限制，不能充分發揮應有的作用，更談不上什麼資源共享，變館藏為國藏了。

『另外，在這幾個字中，似乎還可以突出一個「差」字，這里所說的「差」，主要是說管理水平、服務能力等都太差。因為到現在為止，所有各個環節在基本上都依然依靠傳統的手工操作方式來工作，除個別單位在進行初步摸索外，幾乎全部都沒有採用電子計算機、機械傳送設備等現代化新技術。大多數館連複印機都沒有，至於房屋設備等等條件，那就更差了。因為如此，就不能不反映到其他方面，越差，基礎工作就越亂，越差越亂，查找借閱圖書就越慢。好些讀者為此不知要浪費多少時間精力，有的讀者東跑西跑，左等右等，還只能空跑一趟。』

總結來說，目前中國大陸圖書館的服務情形，可用『小、少、差、慢、散、亂』六個字來加以概括，即：館舍建築小，閱覽座位少，服務能力差，借書手續慢，合作協調散，管理經營亂。

肆

最後來談談他們圖書館界的組織——『中國圖書館學會』。這個名稱，與我們臺灣地區圖書館界的組織，完全雷同。不過兩者的英文譯名有所不同，我們的叫作『Library Association of China』，他們的稱為『China Society of Library Science』。

早在一九五○年代，大陸區內的圖書館界即有組織圖書館學會的倡議，但由於種種原因，特別是所謂『文化大革命』，遲到一九七九年七月，才在山西的太原召開代表大會，通過會章，正式宣告成立。依其會章第三條的規定，該會的主要任務有以下四項：

①組織學術研究和各種形式的學術活動；

②編輯圖書館學刊物和專業圖書資料；

③普及圖書館學基礎知識，介紹和推廣國內外圖書館學研究成果；

④開展國際學術交流活動，發展同國內外圖書館工作者的友好聯繫。

又依該會章第四條的規定，其會員分爲團體與個人兩種。凡省、市、自治區和專業系統的圖書館學會，爲其當然團體會員。個人會員則須具備下列資格之一：

①講師以上的教學人員，助理研究員以上的研究人員和圖書館工作者。

②大專院校圖書館學和其他專業畢業，從事圖書館學教育、研究或圖書館工作三年以上，具有一定研究能力和學術水平者；

③從事圖書館工作五年以上，有獨立工作能力和一定學術水平者；

④對圖書館學和圖書館事業有重要貢獻者；

⑤熱心於學會工作並積極支持學會活動的有關部門的領導幹部；從事其他專業工作，熱心於圖書館學研究且有成績者。

大陸圖書館專業人員的職級，均此照教員的待遇。以大學圖書館爲例，其專業館員分爲五級，即：研究員（相當於教授），副研究員（相當於副教授），助理研究員（相當於講師），研究助理（相當於助教），及技術員。

該會目前的主要活動有二，一是培訓在職圖書館員，二是出版『圖書館學通訊』。前者是以短期訓練班、函授、學習班、研討會等方式，對各類圖書館的在職人員，特別是未受過圖書館專業教育的青年館員，提供學習進修的機會。據說每年參加這種培訓的人數，在兩千人以上。後者是『全國性圖書館學、目錄學、圖書情報學、文獻學綜合性季刊』，自一九七九年該會成立以來，已出版了十四期。就筆者所見到者而言，該刊多爲報導或譯述，極少夠深度的專業論著，與西方的水準相比，堪稱貧乏落後之至。（寄自美國賓州）（轉載自『中國論壇』第十六卷第九期，一九八三年八月十日）

原載『中國圖書館學會會報』第 35 期（1983 年 12 月 18 日），頁 325—329

我們需要開授『如何利用圖書館』的課程

要導引學生有效的利用圖書館，我建議大學開授如何利用圖書館或圖書館簡介的課程。

每個大學生剛進來的時侯，給他開一門課，一個學分，每個星期講一個小時，這是第一個。第二個也是同樣的開這麼一門課，但是沒有學分，可是却爲能否畢業的一個要件。第三是學校印發圖書館簡介的小冊子，新生人手一冊，學生自認已經研究很好了，可參加學校的測驗，及格後方可畢業。我想這個觀念我們是否也可以在國內提倡一下呢？

假如說要解決如何讀書問題的話，如何找資料是最重要的。如何找資料？那應該到圖書館，到圖書館就應知道圖書館的組織，如何運用，其功能何在？所以我建議這門課應包括以下的內容。

如何找目錄櫃

目錄櫃的功用，它是整個圖書館資料的一個索引、總滙。你假如要找什麼資料的話，先找目錄櫃，瞭解目錄是照書名排，或是按作者排，或者其他。有很多人不會用目錄櫃，到了圖書館，問服務員說，我要找這樣一本書，從那裡可以找到。這館員說好，我把你帶到目錄櫃那裡去，這個知道作者是誰，找作者部分，書名是什麼就找書名部分，假如兩個都不知道，找組的部分。照這種現象，就很花時間，所以如何利用目錄櫃是使用圖書館的第一個要件。

瞭解基本資料的類型及使用

假如說一個人跑到圖書館去。我現在以新聞爲例，假如說要用百科全書，要找資料，有些是用字形排，有些是用年代排法，有些是按分類來排，這個也是在這門課中要向讀者介紹的一個主題。

希望『國科會』重視索引工作

我們談到這個問題，剛剛王教授提過要講書目、索引，這個我本人非常的有同感。不但有同感，我還曾經爲這件事在一個『國科會』國際會議中批評『國科會』不懂作研究，沒有注重作研究這方面之補助計劃。當時我去訪問壽南兄（王壽南教授），當時他正在編印一本歷史論文的書目，我說你爲什麼不申請『國科會』補助？他說這個你不知道，書目索引『國科會』是不補助的。

書目索引不重要？

因此在一次國際會議上我就提這個問題：假如任何人認爲書目索引不重要，那麼他就是沒有腦筋。只要會研究的人,都認為書目索引是非常重要的。沒有書目索引,如何使學術起飛,臺灣的學術之所以還停留在這個階段,和這個工具很有關係。比如說,二十多年前我在政大寫碩士論文的時候,我要找臺灣有多少有關的論文,我花了三個月的時間。每天跑臺大圖書館、『中央研究院』圖書館、『中央圖書館』、美國新聞處圖書館,都跑到了。花三個月的時間,才找到這些論文是否存在。假如這些問題在美國,兩個小時便可辦到,這時間是不是浪費了呢?因此我認為作書目索引是很重要的。

除了每本書作索引重要外,我認為還有一個作期刊索引也是很重要的。每個月把臺灣所有在報章雜誌發表的文章,分主題,分門別類的把他列起來。假如說我研究某一方面,我把期刊的索引拿出來,便可知道我需要的文章有多少,這些文章在那裡可以找到。這樣子的話,我花五分鐘的時間,統統知道了。假如沒有這東西的話,若臺灣有一千種雜誌,你又如何找起呢?因此要節省時間,應該都編書目索引。

圖書館的編目制度

到圖書館找資料,假如你知道圖書館編目的制度,你就不用問人家。因此我們要瞭解幾個基本分類法的要件。我們為什麼要作卡片,作卡片是整理資料的一個基本方法,一張卡片裡面,介紹一本書的索引號碼、作者、書名、出版者、頁數、主題等。所有一本書的基本要件都放在卡片上,因此圖書館一定要作編目的工作。其目的就是使讀者能很快的找到他所需要的資料。另外一個需要瞭解的是,圖書館的管理規定:比如說每人每次可借幾本書,借期多少,逾期之處理法,若本館找不到的書,可介紹到他館去借,其手續如何等等。這些都是便於讀者到圖書館找資料的方法。

因此我建議在臺灣大學中,應開一門課,如何有效的利用圖書館,至於如何開,這是一個技術上的問題。

『研究方法』從大一開始

第二是研究方法的問題,我也從形式方面來著眼,從教育方面來著眼。楊教授(楊孝濚)是研究法方法的專家,楊教授的書我也讀過,我教研究方法的時候,也用楊教授的書。我以為楊教授今天會講這個問題,既然今天沒提的話,我就來提這個問題,怎麼作研究?這就牽涉到訓練的問題,怎麼訓練學生作研究?因此我也建議開一門課,在大學部大一的時候,就開授研究方法的課。現在研究所都有了,大學部還沒有。現在就我系裡面,將研究方法列為必修科目,兩學分。為什麼要定必修課呢?你假如不知道研究方法,如何作研究呢?我們沒有出國以前,沒有這門課,研究方法都是自己摸索出來的,花了很多時間,才摸得一點路子,事倍功半。因此我們要把我們的痛苦經驗來告訴我們的同學們,使他們避免浪費時間。因此我建議從大學一年級開始就授研究方法的課。研究方法教的是什麼東西呢?

一、如何選擇問題。
二、如何建立假設。
三、如何找資料,方法當然有很多,比如說告訴他們什麼叫做問卷法,什麼叫觀察法,什麼叫訪問法,什麼叫取樣法,什麼叫試驗法等等基本的觀念。
四、分析和綜合。

五、作結論。

　　這個課程裏面假若把這五個部分包括進去，兩個學分的話，學生對如何研究當會有基本的概念。比如說我現在隨便在大學部抓一個學生，問他什麼叫假設，什麼叫編項，我想十個有九個不知道。假如這些基本常識都不懂的話，你如何要求他作研究呢？如何要求他的研究很有系統呢？如何把他的研究成果寫出來呢？這是不可能的，因此我希望在大學部裡面要開這門課。

　　總結我的講法都是形式的問題，沒有談到實質的問題。第一個我是建議開一門如何利用圖書館，大學部新生都應選這門課，給不給學分是學校技術上的問題。第二個希望在大學都開一門課，研究方法，教授他們有關研究方法有關注意的事情。他們選了這兩門課以後，相信對他們讀書也好，研究也好都有很大的幫助。

　　　　　　　　　原載『自由青年』第 71 卷第 1 期（1984 年 1 月 1 日），頁 34—36

臺大圖書館學系一九八三年課程修訂要點

　　本系遵照『教育部』一九八三年所頒『最新修訂大學必修科目表』及其實施要點，於一九八三學年度第一學期開學前，將大學部四年課程全部重新修訂。新修課程的基本結構分爲五部份：
1. 『部定』各學院共同必修科目（28 學分）
2. 『部定』本系核心必修科目（50 學分）
3. 系定必修科目（35 學分）
4. 系定系內及校內重點選修科目（15 學分）
5. 外系副主修或輔系科目（20 學分）

以上五類科目共 148 學分，爲本系學生之畢業學分數。
　　即：畢業學分數 = 28 + 50 + 35 + 15 + 20 = 148
　　這 148 學分分四年修習完畢，各年級應修學分配置如下表：

臺大文學院圖書館學系各年級應修學分配置表
（一九八三學年度起實施）

年級	學期	各年級每學期修習學分限制	系訂標準學分 必修	系訂標準學分 選修	備註
一年級	第一學期	16—25	19		*包括『部定』必修 78 學分，及系定必修 35 學分。 **包括系內及校內重點選修 15 學分，及輔系或外系副主修 20 學分
一年級	第二學期	16—25	19		
二年級	第一學期	16—22	18	4	
二年級	第二學期	16—22	18	4	
三年級	第一學期	16—22	15	7	
三年級	第二學期	16—22	12	5	
四年級	第一學期	9—22	6	8	
四年級	第二學期	9—22	6	7	
合　　　計			113*	35**	
畢業學生應修最低學分總數			148		

　　依據『教育部』規定，新修課程自一九八三學年度入學新生開始實施。在一九八三年以前入學之學生（亦即在一九八四年九月開始之三、四年級），仍依本系一九八〇年印發的『圖書館學系選課參考手冊』中之各項規定辦理。如因新舊課程之各科學分有差別，致引起應修學分之疑難時，由系主任商請導師及助教，視各人的特殊情形，分別加以解決。
　　爲便於同學選課，並使大家對本系課程之基本結構有所認識，茲將以上五類科目之名稱及其學分數，分別列舉，並對其中易起疑問之部分，稍加說明，以助瞭解。

1. 『部定』各學院共同必修科目及學分：

科目名稱	學分
國父思想	4
國　　文	8
英　　文	8
中國通史	4
中國現代史	2
哲學概論	2
合計	28

2. 『部定』本系核心必修科目及學分：

科目名稱	學分
圖書館學導論	2
資訊科學導論	2
中文參攷資料	4
中文圖書分類編目	6
非書資料	2
電子計算機概論	4
目錄學	4
西文圖書分類編目	6
圖書資料徵集	4
視聽資料	4
西文參攷資料	4
圖書館管理	4
圖書館自動化	4
圖書館實習	0
合計	50

3. 系定必修科目及學分：

科目名稱	學分
普通心理學	3
理則學	3
圖書館史	2
第二外國語（德、法、西、日擇一）	12
大眾傳播	2
研究方法與論文寫作	2
三類主要文獻之一（人文、社會、科技）	4
各型圖書館之一（大學、公共、學校、專門等）	3
圖書館作業評估	2

| 圖書館學專題 | 2 |
| 合計 | 35 |

4. 系定系內及校內重點選修科目及學分（15 學分）

本項共為 15 個學分，分為校內重點選修（4 學分）及系內重點選修（11 學分）兩部分。

所謂校內重點選修，係指『自然科學大意』而言。這門課分為上、下各二學分，一年授完，由校方指定理學院物理系負責主持。這是本校為實施通才教育，提供文、法兩學院二、三年級學生選修之科目。（另有『社會科學大意』，由法學院社會學系主持，供理、工、農、醫二、三年級學生選修。）本系學生因選修自然科學課程的機會不多，故特將其列為校內重點選修，以補不足。

系內重點選修分為圖書館管理、讀者服務、技術服務，及資訊科學四組，學生可任擇其中之一組，選修 11 個學分，以便集中精力與興趣，攻讀互相關聯的四至五門課，作為將來就業的指向。

為使同學瞭解重點選修分組的情形，茲將本系所開設的選修科目，依其相關性，分別列於以上四組之中。其中有些科目頗有重複，如『微電腦在圖書館中之應用』，同時在四組中出現，這是因為在資訊時代這門課與四組均有關係之故。再者，這四組的劃分，只是原則性，如確有必要，經向系主任或導師，證明了其相關性，並得到其允許，亦可跨組選修。

（1）圖書館管理

科目名稱	學分
各類型圖書館	3
圖書館趨勢	2
系統分析	3
館藏規劃	2
視聽教育	3
參攷服務導論	2
分類法研究	2
圖書館與社會	2
圖書館實用英文	2
電子計算機在圖書館之應用	3
微電腦在圖書館之應用	3
圖書館統計學	4
比較圖書館學	3
圖書館哲學	3
文化中心管理	2

（2）讀者服務

科目名稱	學分
參攷服務導論	2
人文科學文獻	3

科目名稱	學分
社會科學文獻	3
科技文獻	3
各類型圖書館	3
線上資訊檢索	3
青少年及兒童讀物	2
日文參攷資料	2
特殊讀者服務	3
古書導讀	3
政府出版品	2
視聽教育	3
圖書館學實用英文	2
圖書館統計學	4
電子計算機在圖書館之應用	3
微電腦在圖書館之應用	3

(3) 技術服務

科目名稱	學分
圖書館技術服務	2
分類法研究	2
索引及摘要	2
檔案管理法	2
視聽教材製作	3
線上資料檢索	3
兒童圖書館資料	2
政府出版品	2
中國版本學	2
古書源流	2
叢書學	3
日語文獻處理法	2
圖書資料保存	2
印刷與出版	2
連續出版品管理	2
圖書館學實用英文	2
圖書館統計學	4
電子計算機在圖書館之應用	3
微電腦在圖書館之應用	3
電子計算機檔案設計原理	2

(4) 資訊科學

科目名稱	學分
系統分析	3

資訊儲存與檢索	3
線上資訊檢索	3
資訊庫概論	2
電算中心管理	2
電子計算機資料結構	4
電子計算機專題研究	2
索引及摘要	3
電子計算機檔案設計原理	2
電子計算機在圖書館之應用	3
微電腦在圖書館之應用	3
資訊管理	2
資訊系統	2
資訊網	2

5. 外系副主修或輔系（20 學分）

外系副主修與輔系之目的，均在擴展學生的知識領域，增加其將來的就業機會。不過兩者的要求與範圍，都有差別，有加說明的必要。

所謂外系副主修，係要求學生在本系的必修與選修課程之外，再根據自己的興趣與性向，到外系去選修 20 個學分。外系副主修的範圍，係以本校的學院為單位，區分為六組，依其性質又可稱為人文科學、社會科學、自然科學、工學、農學，及醫學六類。學生可集中於任何一系選修 20 個學分，亦可將其分散於數系選修，但不得跨院選修。舉例言之，某生可在法學院的商學系選修其專業科目 20 學分，亦可將其分散於法學院內的各系選修，如在商學系選國際貿易與國際貨幣銀行，在法律系選商事法，在政治系選國際私法，在經濟系選國際經濟，但不能跨院再選文學院的遼、金、元史，理學院的化學，工學院的力學，農學院的土壤學，或醫學院的解剖學。因為後面這些課程，與他在法學院所選的課程，都沒有連帶關係，假如不加限制，那就失去副主修的意義了。

輔系的要求比外系副主修為嚴。依據本校『各院系設置輔系辦法實施細例』，選修輔系應依下列規定辦理：

（1）選修輔系應自二年級開始，不得自四年級開始。

（2）選修輔系，應於每一學年第一學期註冊後一週內向本系提出申請，經所選輔系主任同意後，送請教務長批准。

（3）輔系課程應以『教育部』所定該系必修科目表為依據，至少修習其專門科目 20 學分。

（4）輔系學分應在主系規定最低畢業分數以外加修之。

（5）主系與輔系共同必修科目學分，不得兼充為輔系科目學分。

（6）選修輔系之學生轉學時，其轉學證書或成績單均予加註輔系名稱；修完輔系規定科目畢業者，其畢業證書加蓋輔系名稱。

（7）凡修滿輔系所規定之學分畢業者，得以其報攷高等攷試或相當於高等攷試的特種攷試性質相同或相近之類科。

根據以上對外系副主修與輔系的說明，兩者的主要差別如下：

（1）副主修可在一個學院中各系選課，輔系科目僅限於一系。
（2）副主修多不以必修科目爲限，輔系以必修的專門科目爲限。
（3）輔系名稱加注於畢業證、轉學證及成績單，副主修則否。
（4）修畢輔系者，得報效性質相同或相近的高攷或特攷，副主修則否。

總括一句話：輔系較難，但益處較多；副主修較易，但益處較少。

附　　錄

『國立臺灣大學』文學院圖書館學系必修科目及學分表

（自一九八三學年度一年級學生起實施）

課程編號		科　目　名　稱	學分數		區分
系所編號	課號		第一學期	第二學期	
001	10101	國父思想（上）	2		『部定』
001	10102	國父思想（下）		2	『部定』
002	10110	體育（一）	0		『部定』
002	10120	體育（二）		0	『部定』
003	10110	軍訓（一）	0		『部定』
003	10120	軍訓（二）		0	『部定』
101	10101	國文（上）	4		『部定』
101	10102	國文（下）		4	『部定』
102	10101	英文（上）	4		『部定』
102	10102	英文（下）		4	『部定』
103	10101	中國通史（上）	2		『部定』
103	10102	中國通史（下）		2	『部定』
104	101co	哲學概論（丙）		2	『部定』
106	13100	圖書館學導論	2		『部定』
106	13400	資訊科學導論		2	『部定』
102	10301	英語聽講實習（上）	0		校　定
102	10302	英語聽講實習（下）		0	校　定
104	103BO	理則學（乙）		3	系　定
106	14111	圖書館實習（一）（上）	0		系　定
106	14112	圖書館實習（一）（下）		0	系　定
106	48900	圖書館史	2		系　定
207	101co	普通心理學（丙）	3		系　定

二年級					
課程編號		科 目 名 稱	學分數		區分
系所編號	課號		第一學期	第二學期	
002	20130	體育（三）	0		『部定』
002	20140	體育（四）		0	『部定』
003	20130	軍訓（三）	0		『部定』
003	20140	軍訓（四）		0	『部定』
103	20100	中國現代史	2		『部定』
106	121A1	中文參攷資料（甲）（上）	2		『部定』
106	121A2	中文參攷資料（甲）（下）		2	『部定』
106	211A1	中文圖書分類編目（甲）（上）	3		『部定』
106	211A2	中文圖書分類編目（甲）（下）		3	『部定』
106	26101	電子計算機概論（上）	2		『部定』
106	26102	電子計算機概論（下）		2	『部定』
106	28401	目錄學（上）	2		『部定』
106	28402	目錄學（下）		2	『部定』
106	29100	非書資料		2	『部定』
106	34901	圖書資料徵集（上）	2		『部定』
106	34902	圖書資料徵集（下）		2	『部定』
102	22111	法文（一）（上）	3		系　定
102	22112	法文（一）（下）		3	系　定
102	22211	德文（一）（上）	3		系　定
102	22212	德文（一）（下）		3	系　定
102	22311	西班牙文（一）（上）（任擇一科）	3		系　定
102	22312	西班牙文（一）（下）		3	系　定
102	22511	日文（一）（上）	3		系　定
102	22512	日文（一）（下）		3	系　定
106	14121	圖書館實習（二）（上）	0		系　定
106	14122	圖書館實習（二）（下）		0	系　定
106	37100	大眾傳播	2		系　定
106	47500	研究方法與論文寫作		2	系　定

三年級					
課程編號		科 目 名 稱	學分數		區分
系所編號	課號		第一學期	第二學期	
002	30150	體育（五）	0		『部定』
002	30160	體育（六）		0	『部定』
106	22101	西文參攷資料（上）	2		『部定』
106	22102	西文參攷資料（下）		2	『部定』
106	31101	西文圖書分類編目（上）	3		『部定』
106	31102	西文圖書分類編目（下）		3	『部定』
106	398A1	視聽資料（上）	2		『部定』
106	398A2	視聽資料（下）		2	『部定』
102	32121	法文（二）（上）	3		系　定
102	32122	法文（二）（下）		3	系　定
102	32221	德文（二）（上）	3		系　定
102	32222	德文（二）（下）		3	系　定
102	32321	西班牙文（二）（上）	3		系　定
102	32322	西班牙文（二）（下）		3	系　定
102	32521	日文（二）（上）	3		系　定
102	32522	日文（二）（下）		3	系　定
106	14131	圖書館實習（三）（上）	0		系　定
106	14132	圖書館實習（三）（下）		0	系　定
106	35101	人文科學文獻（上）	2		系　定
106	35102	人文科學文獻（下）		2	系　定
106	352A1	社會科學文獻（甲）（上）	2		系　定
106	352A2	社會科學文獻（甲）（下）		2	系　定
106	353B1	科技文獻（乙）（上）	2		系　定
106	353B2	科技文獻（乙）（下）		2	系　定
106		各型圖書館（一科）（科目任選）	3		系　定

語文科目說明：修習一科，應與二年級修習語文科目一致
文獻說明：三類文獻任擇其一

四年級					
課程編號		科 目 名 稱	學分數		區分
系所編號	課號		第一學期	第二學期	
002	40170	體育（七）	0		『部定』
002	40180	體育（八）		0	『部定』
106	14141	圖書館實習（四）（上）	0		『部定』
106	14142	圖書館實習（四）（下）		0	『部定』
106	36101	圖書館自動化（上）	2		『部定』
106	36102	圖書館自動化（下）		2	『部定』
106	42101	圖書館管理（上）	2		『部定』
106	42102	圖書館管理（下）		2	『部定』
106	42200	圖書館作業評估	2		系　定
106	47100	圖書館學專題		2	系　定

原載『書府』第五期（一九八四年六月十一日），頁三二─三九

臺灣地區第一個圖書館學研究所的入學資格與畢業要求

　　一九八〇年,『國立臺灣大學』圖書館學系, 奉『教育部』核准, 設立研究所。這是臺灣地區第一個圖書館學研究所, 也是到目前(1985年)為止臺灣地區唯一的此類研究所。

　　本所設立的目的, 在培養臺灣地區圖書館的高級專業人才, 改善圖書館的服務品質, 增進圖書館學的研究與發展, 提高臺灣地區圖書館員的地位, 使我們這個專業, 具有充分的學識與技能, 接受資訊時代(information age)的挑戰, 並在所處的資訊社會(information society)中, 扮演積極而重要的角色。惟本所之設立, 為時尚暫, 外界對其入學資格與畢業要求, 不盡明瞭, 時有以電話或書簡相詢者。爰草此文, 對此兩項, 分別說明, 藉供參閱。

壹、入學資格

　　在一個現代社會中, 無處不需要圖書館, 也就無處不需要圖書館員。大至機關團體, 小至公司行號, 莫不依賴資料, 來作有效運作。而圖書館的資料, 種類繁多, 包羅萬有, 須有各種專門知識來加以處理, 始能發揮應有的功效, 故任何學科的人才, 都在圖書館有用武之地。基於此種體認, 本所的報攷資格, 在科系方面不加任何限制。依臺大各研究所招生簡章的規定, 凡『公立或已立案之私立大學或獨立學院, 或經「教育部」認可之國外大學或獨立學院, 任何學系畢業得有學士學位者』, 均可報攷本所。

　　由於報攷資格未加限制, 而攷生修習的科系不同, 如對他們攷以同樣科目, 不僅命題為難, 而且有欠公平, 故除國文、英文兩個共同科目外, 其餘攷試科目酌分為四組:

甲組——限圖書館學相關科系畢業生報攷。

應攷的三個專門科目為:

(1) 圖書館學概論(甲)

(2) 參攷資料

(3) 圖書分類及編目

乙組——限文學院圖書館學系以外其他各系或相關科系畢業生報攷。

應攷的三個專門科目為:

(1) 圖書館學概論(乙)

(2) 中國通史、中國文學史、西洋文學概論、哲學概論、人類學, 五科擇二。其中, 中國通史雖係大一的共同科目, 但對歷史系的畢業生較易為力, 其餘四科係分別針對中文系、外文系、哲學系及人類系的攷生而設, 旨在使圖書館學系以外的其他文學院各系畢業生, 有報攷本所的同樣機會, 並使入學攷試盡量符合客觀而公正的原則。

丙組——限法學院各系或相關科系畢業生報攷。

應攷的三個專門科目為:

(1) 圖書館學概論(乙)

(2) 法學緒論、政治學、經濟學、社會學、統計學、企業管理, 六科擇二。這些專門科目係分別針對法學院各系畢業攷生而設，其理由與有關乙組的專科說明相同，不贅。

丁組——限理、工、農、醫各學院畢業生報攷。

應攷的三個專門科目為：

（1）圖書館學概論（乙）
（2）微積分
（3）普通化學、普通物理學，二科擇一。微積分、普通化學及普通物理學，均為理、工、農、醫四院的共同科目，故這四院畢業生應試的機會相同。

圖書館學概論所以分為（甲）（乙）兩類，係針對實際需要：（甲）類題目較深，因攷生係圖書館學系畢業生；（乙）類題目較淺，因攷生係非圖書館學系畢業生。

又依『教育部』所頒『報攷大學及獨立學院研究所同等學力之標準及辦法』（詳見附件一）第二條之規定，凡具有下列資格之一者，亦得以同等學力報攷本所：

1. 修滿大學或獨立學院各學系規定年限，因故未能畢業，持有修業證明書者。

2. 大學或獨立學院各學系肄業學生，未修習最後一年課程，持有修業證明書，並經自學或從事與所習學科相關職業二年以上。

3. 專科學校畢業，持有畢業證書。其為三年制者應經自學或從事與所習學科相關職業二年以上；二年制或五年制者應經自學或從事與所習學科相關職業三年以上；專科進修補習學校結業經資格攷試及格者，比照二年制專科辦理。

4. 高等攷試或相當於高等攷試之特種攷試相關類科及格，持有及格證書者。

由於報攷本所之資格未限制科系，所以同等學力攷生，得依其主修之系科或攷試及格之類科，報攷本所入學攷試的相關組別。例如世界新聞專科學校的圖書資料科的畢業生，可以報攷甲組；高攷文書組人員及格者，可以報攷乙組；高攷外交官及格者，可以報攷丙組；臺北工專畢業者可以報攷丁組；餘類推。

再依同一辦法第五條之規定：『以同等學力報攷研究所者，學校應視實際需要，加攷一科或二科專業或專門科目。』據此，本所規定，凡以同等學力報攷本所者，應加攷『圖書館行政』一科，亦即報攷本所的同等學力攷生，應攷四個專門科目。

除本國學生外，本所亦招收外籍學生。外籍生的入學係採用審查的方式為之，不必經過入學攷試，但須符合下列要件：（詳見附件二之『申請人注意事項』）

1. 申請人限於友邦大學或獨立學院畢業生。

2. 申請人必須品學兼優，並通曉中文，如業經核准入學之外籍生，其中國語文程度較差，無法隨班聽課者，抵臺後應自費補習中國語文。

3. 申請人須於每年二月一日至五月卅一日，檢附申請表二份，畢業證書，全部成績單，連同中國語文教授推薦書，健康證明書各一份及二寸半身相片二張，送達申請學校審查。

4. 上述申請案須經所申請學校之研究所主任與教務長審查通過，始得發給入學許可證。

為確保外籍學生的中國語文能力，足以隨班聽課並撰寫研究報告，除上面所要求之中國語文教授推薦書外，申請人尚須通過本所的中文測驗，始准正式入學。例如1984年有四位外籍學生向本所申請入學，但經本所中文測驗後，發現其中兩人中文能力不夠，結果僅錄取兩人。

本所自成立至今（一九八五年五月），已歷五年，共招收研究生四十人，其中三十七人為本國學生，三人為外籍學生，其教育程度與國別分佈如下表：

臺大圖書館學研究所歷屆錄取學生背景統計表

年度	國別 本國	國別 外國	錄取人數	大學系別 圖館	大學系別 中文	大學系別 經濟	大學系別 物理	大學系別 地質	大學系別 農推	大學系別 法律	大學系別 外交	報到人數	備攷
1980	5		5	5*								4	*一人未報到
1981	5	1*	6	6**								5	*一韓籍 **一人未報到
1982	8		8	4	2	1					1*	7	*一人休學
1983	8		8	5*	1		2**					7	*一人休學 **一人同等學力錄取
1984	11	2*	13	8**	2			1	1	1		11	*一美籍，一韓籍 **一人休學，一人未報到

貳、畢業要求

根據『教育部』的有關規定，碩士研究生的畢業要求，可以歸納為六項：（1）修業二至四年；（2）各種攷試（包括平時攷試、學科攷試及論文攷試）的成績，在七十分以上（七十分為及格，一百分為滿分）；（3）修畢所規定的學分；（4）滿足第二外國語要求；（5）通過學科攷試；（6）通過論文攷試。除第（1）（2）兩項無須解釋外，其餘各項說明如下：

1. 應修學分

本所規定的應修學分為廿四學分，其中十學分為必修，十四學分為選修，各個科目的名稱與學分數如下表：

臺大圖書館學研究所課程一覽表

科目名稱	學分	必修	選修	備攷
研究方法	2	√		
圖書館行政研討	2	√		
讀者服務研討	2	√		
技術服務研討	2	√		
資訊科學研討	2	√		
圖書館哲學	2		√	
圖書館教育	2		√	
資訊科學教育	2		√	

(續上表)

科　目　名　稱	學分	必修	選修	備　　攷
視聽教育	2		√	
圖書館建築	2		√	
比較圖書館學	2		√	
論文寫作	2		√	
中國目錄學專題研究	2		√	
中國版本學研究	2		√	
中國印刷史研究	2		√	
大學圖書館研討	2		√	
公共圖書館研討	2		√	
中國古典參攷工具書	2		√	
古書整校	2		√	
中國傳記文獻	2		√	
古籍編目	2		√	
分類理論研究	2		√	
中國電子計算機研究	2		√	
作業研究	4 上下		√	
中國圖書館史	2		√	與大學部合開
圖書史	2		√	與大學部合開
館藏規劃	2		√	與大學部合開
圖書館作業評估	2		√	與大學部合開
系統分析	2		√	與大學部合開
資訊管理	2		√	與大學部合開
資訊儲存與檢索	3		√	與大學部合開
線上資訊查詢	2		√	與大學部合開
索引與摘要	3		√	與大學部合開
索引典結構	2		√	與大學部合開
圖書館資源分享	3		√	與大學部合開
電腦中心管理	2		√	與大學部合開

　　由於非圖書館學系畢業的研究生，缺乏圖書館的基本知識，而上面這些科目多數是較高級的圖書館學課程，假如驟然讓他們選讀，勢將不能跟班。本所有鑑於此，乃規定他們在選讀這些較高級的專業課程前，必須先補修六門有關圖書館學的基本課程（廿學分），它們是：

中文圖書分類及編目	（四學分）
西文圖書分類及編目	（四學分）
中文參攷資料	（四學分）
西文參攷資料	（四學分）
圖書資料徵集	（二學分）
圖書館行政	（二學分）

　　這些補修學分，均屬大學部的課程範圍，所以均以六十分為及格。不過它們雖屬必修性質，但不能算入碩士學位應修的廿四學分內，則不待言。

2. 第二外語

　　所謂第二外語，係指英文以外的外國語，本所目前限於法、德、日、西班牙文四種。圖書館的資料，不但種類繁多，而且包括各種語文，館員如有適當外語常識，對於這些資料的處理，當有助益，這是本所要求第二外國語的最重要理由。研究生滿足此一要求有二種方法，一是通過本校所舉辦的第二外國語攷試，二是選修一門第二外國語連讀兩年，共十二學分，並經隨堂攷試及格，但不需再參加本校所舉辦的第二外國語攷試。

3. 學科攷試

　　依『教育部』一九八四年十一月十七日臺（84）文字第48066號函准修訂之『「國立臺灣大學」研究所博士暨碩士學位攷試規則』（詳見附件三）第三條的規定，研究生符合下列各項規定者，得申請碩士學位攷試：
（1）修業滿二年。
（2）修畢各該所規定之應修科目與學分；碩士班至少修畢廿四學分。
（3）已完成論文初稿者。
　　這條的規定相當含混，嚴格解釋，沒有一位研究生能在兩年內參加學科攷試，因為必須『修業滿兩年』，始得提出申請。從另一方面來說，即使修業滿兩年，並修畢所規定的廿四學分，如未完成論文初稿，仍不得參加學科攷試。事實上，本校各研究所的碩士研究生，於通過學科攷試後，再寫論文者，所在多有。但因各研究所對本條之適用互不相同，遂使碩士研究生對於學科攷試的時間，感到迷惑。為避免這種現象，本所特規定：『研究生修業滿一年以上，並修畢本所所規定的廿四學分，得申請參加學科攷試。』

　　本所學科攷試的科目分為三組：
（1）圖書館行政或讀者服務（二科擇一）
（2）技術服務
（3）資訊科學
　　申請學科攷試之研究生，得就上列三組科目中任擇兩組應試。

　　學科攷試每學期舉行一次。如攷試不及格，則依前引攷試規則第七條第三、四兩項之規辦理：

　　『學科攷試無論一科或二科成績不及格，其延長修業年限尚未屆滿者，得於次學期或次學年重攷；重攷以一次為限；重攷成績仍不及格者，應令退學。』（第三項）

　　『重攷時，仍以原攷科目為準，但因論文研究方向或重點之修正，經指導教授之建議

及所屬研究所之同意，得予變更之。』（第四項）

4. 碩士論文

學科攷試通過後，始得申請論文攷試，但『論文攷試得於學科攷試同一學期內舉行』（前引攷試規則第九條第二項前段）。論文攷試（包括博士與碩士）方式，以口試行之。攷試委員會由委員三至五人組成，其中校外委員須逾半數，由校長指定委員一人爲召集人，但指導教授不得擔任召集人（第六條第一項後段）。

其他有關碩士論文攷試的規則包括：

『論文攷試成績，以出席委員無記名投票之平均分數決定之；投票以一次爲限；……如有逾半數（含）委員評定爲不及格者，即以不及格論。』（第八條第二項）

『論文攷試成績不及格，其延長修業年限尚未屆滿者，得於次學期或次學年重攷，重攷以一次爲限，重攷成績如仍不及格者，應令退學。』（第八條第四項）

『學位論文，除外國語文學研究所外，均須以中文撰寫，曾經取得學位之論文，不得再行提出，以外國文撰寫之論文，其提要仍須以中文撰寫。』（第八條第七項）

『論文攷試每學期舉行一次。』（第九條第一項）

兹將『報攷大學及獨立學院研究所同等學力之標準及辦法』，外籍學生『入學申請表』（Application for Admission），及『「國立臺灣大學」研究所博士暨碩士學位攷試規則』，附錄於后，以爲本文之結束。

附件1

●報攷大學及獨立學院研究所同等學力之標準及辦法

（公元一九八三年四月二十一日『教育部』臺（83）高字第一四二〇三號頒布）

（公元一九八五年四月一日奉『教育部』臺（85）高字第一一八一九號函延事一年）

第一條　『教育部』爲鼓勵自學研究俾有志深造者有接受大學研究所教育之機會，依『大學法』第三十二條之規定訂定本辦法。

第二條　以同等學力報攷公私立大學及獨立學院研究所碩士班者，須具有下列資格之一。

一、修滿大學或獨立學院各學系規定年限，因故未能畢業，持有修業證明書者。

二、大學或獨立學院各學系肄業學生，未修習最後一年課程，持有修業證明書，並經自學或從事與所習學科相關職業二年以上。

三、專科學校畢業，持有畢業證書。其爲三年制者應經自學或從事與所習學科相關職業二年以上；二年制或五年制者應經自學或從事與所習學科相關職業三年以上，專科進修補習學校結業經資格攷驗及格者，比照二年制專科辦理。

四、高等攷試或相當於高等攷試之特種攷試相關類科及格，持有及格證書者。

第三條　經『教育部』認可之國外專科以上學校學歷，可比照前條第三款之規定辦理。軍警院校學歷依『教育部』核準比敍之規定辦理。

第四條　前二條同等學力，均以報攷與修習學科相關之研究所（組）爲限，其規定範圍由各校自訂。

第五條　以同等學力報攷研究所者，學校應視實際需要，加攷一或二科專業或專門科目。

第六條　以同等學力攷入各研究所後，所應補修之基礎學科與學分，得由各校院視實際需要自訂，列爲必修。但不列入研究所學分計算。

第七條　以同等學力報攷研究所，除志願役現役軍人須由軍方依規定核準外，役男應已服滿預備軍官、預備士官、常備兵義務役期或無兵役義務者為限。惟服義務役時間，不得抵充第二條中規定自學或從事於相關職業或訓練之年限。

第八條　本辦法自發佈日實施，施行期間暫定為二年。

附註：以同等學力資格報攷本校相關研究所者，其相關與否須經各該所所長核可。

附件 2
● 外籍學生入學申請表

入　學　申　請　表
APPLICATION FOR ADMISSION

此處貼最近相片
Attach recent bust photograph here

申請人須以正楷詳細逐項填寫一式兩份
TO THE APPLICANT: Read carefully and complete in DUPLICATE, type or print.

姓名（中文）　　　　　　　　（外文）
Full name (In Chinese) ＿＿＿＿ (In own Language) ＿＿＿＿ ＿＿＿＿ ＿＿＿＿
　　　　　　　　　　　　　　　　　　　　　　　(Last)　(First)　(Middle)

住址
Home address ＿＿＿＿＿＿＿＿＿＿＿＿＿＿＿＿＿＿＿＿＿＿

現在通訊處
Mailing address ＿＿＿＿＿＿＿＿＿＿＿＿＿＿＿＿＿＿＿＿

出生地點　　　　　　　　　　　　出生日期
Place of birth ＿＿＿＿＿＿＿　Date of birth ＿＿＿＿＿＿
　　　　　　　　　　　　　　　　(month)　(day)　(year)

國籍　　　　　　性別　　　　　　婚姻狀況　　　　　　子　女
Nationality ＿＿　Sex ＿＿　Marital status ＿＿　Children ＿＿

監護人姓名及住址
Name and address of legal guardian ＿＿＿＿＿＿＿＿＿＿＿＿

| 父親姓名
Father's name ＿＿＿＿
地址
Address ＿＿＿＿
出生地點
Place of birth ＿＿＿＿
職業
Occupation ＿＿＿＿ | 母親姓名
Mother's name ＿＿＿＿
地址
Address ＿＿＿＿
出生地點
Place of birth ＿＿＿＿
職業
Occupation ＿＿＿＿ |

中等學校　　　　　　　　　　　　　　　文憑　　　　　日期
Secondary School ＿＿＿＿＿＿＿＿　Diploma ＿＿　Date ＿＿
　　　　　名稱（name）　　　地址（address）

學院或大學　　　　　　　　　　　　　　　　　　　　　　學位　　　　　日期
College or University _____ Degree _____ Date _____
　　　　　　　　名稱（name）　　　　地址（address）
　　　　　　　　主修科目　　　　　　副修科目
　　　　　　　　Minor _____ Major _____

大學研究部　　　　　　　　　　　　　　　　　　　　　　學位　　　　　日期
Graduate school _____ Degree _____ Date _____
　　　　　　　（name）名稱　　　（address）地址

其他　　　　　　　　　　　　　　　　　　　　　　　　　　　　日期
Other Training _____ Degree _____

擬入何校研習　　　　　　　　　　　　　　　　　　　預定何時入學
Which university do you intend to enter? _____ When? _____

擬研習何科
What major course of study do you expect to follow at the university? _____

擬攻讀何種學位
What degree do you desire? _____

如不擬攻讀學位則研習目的為何？
What are your educational objectives if you do not with to follow a degree program? _____

敘明在臺研習期間各項費用來源
State your plans for financing your education in Taiwan _____

健康情形
Are you physically sound and well? _____
如有疾病或缺陷請敘明之
If not, describe any defect or health problem _____

課外活動
Extra-curricular activities _____

著作　　　　　　　　　　　　　　　　出版日期
Publications _____ Date _____

經歷
Previous employment _____

曾研究中文幾年　　　　　　　　　　　受何人指導（講授）
How long have you studied Chinese? ____ Under whose guidance and where? ____

中國語文程度　　　　　　　　　說
How do you rate your knowledge of Chinese　speaking
　　　　　　　　　　　　　　　　　　（good）（佳）　　　（average）（尚可）
　　　　　　　　　　　　　　　　　　（poor）（尚差）　　（not at all）（不會）
　　　　　　　　　　　　　　　讀
　　　　　　　　　　　　　　　Reading
　　　　　　　　　　　　　　　　　　（good）（佳）　　　（average）（尚可）
　　　　　　　　　　　　　　　　　　（poor）（尚差）　　（not at all）（不會）

另用紙張以中文英文略述來臺留學志願及計劃（約三百字）

Attach a statement of about 300 words either in Chnese or in English (If you apply to study Chinese only) stating your reasons for and your plans of study in Taiwan

申請人簽名　Applicant's signature

申請日期　Date of application

申請人注意事項
Instructions

1. 申請人限於友邦大學或獨立學院之畢業生肄業生及高級中等學校畢業生。

Applicants must be graduates or under-graduates of accredited universities or colleges or senior high school graduates from friendly countries.

2. 申請人須通曉中文且品學優良者，經本部核准入學之學生，如中國語文程度較差無法隨班聽課者，抵臺後應自費補習中國語文。

Applicants must have a reasonable command of the Chinese language and a good record of conduct. Qualified candidates who are deficient in the Chinese language are required after their arrival to participate in a language training course at their own expense.

3. 申請人須於每年二月一日至五月三十一日檢附申請表二份，畢業證書，全部成績單，連同中國語文教授推薦書，健康證明書各壹份及二寸半身相片二張，送達申請學校審查。

Applicants are required to submit (between February I and May 31 each year) two copies of application form, one photostatic copy of their diploma, transcript of academic records, letters of recommendation including one by a professor of Chinese language, record of medical examination (issued by a practicing physician, stating the general condition of health of the applicant) and two recent bust photographs, to the University for consideration.

4. 申請來臺專門學習國語文者，暫不受時間限制。

There is no deadline for application for those who apply only to study the Chinese language.

審查意見：

有關科系　　系主任　　日期

教務處　　教務長　　日期

附件3

● 『國立臺灣大學』研究所博士暨碩士學位攷試規則（『教育部』1984. 11. 17. 臺（84）高字第四八〇六六號函准修訂）

第一條　本規則依據『學位授予法』暨其施行細則之規定訂定之。
第二條　學位攷試分左列二種：
1. 學科攷試
2. 論文攷試
第三條　研究生符合下列各項規定者，得申請碩士或博士學位攷試：

1. 修業滿二年。其係逕行修讀博士學位者，其在碩士班修業滿一年，在博士班修業滿二年，合計三年。

2. 修畢各該所規定之應修科目與學分；碩士班至少修畢二十四學分、博士班至少修畢十八學分，逕行修讀博士學位者，至少修畢三十學分。

3. 已完成論文初稿者。

第四條　研究生申請碩士或博士學位攷試，應依下列規定辦理：

1. 依照校曆規定時間內申請。

2. 申請時，應填具申請書，並檢齊下列各項文件：

（1）歷年成績表一份。

（2）論文初稿及其提要各一份。

（3）指導教授推薦函。

3. 經所屬研究所所長之同意後，報請學校於學位攷試前二個月呈報『教育部』核備。

第五條　學位攷試依下列程序進行：

1. 組織碩士或博士學位攷試委員會。

2. 辦理學科攷試。

3. 辦理論文攷試。

第六條　組織碩士或博士學位攷試委員會，應依下列規定辦理：

1. 碩士學位攷試委員三至五人，博士學位攷試委員五至九人，其中校外委員均須逾半數，由校長指定委員一人為召集人，但指導教授不得擔任召集人。

2. 博士學位之校內外委員應具備下列資格之一：

（1）曾任教授五年以上（其五年年資得以取得教授證書前後年資累計之），擔任與博士學位候選人所提研究論文之有關學科教學者。

（2）中央研究院院士或曾任中央研究院研究所研究員五年以上，對博士學位候選人所提研究論文學科有專門研究者。

（3）在學術上有卓越成就（應詳述其學經歷、著作、從事學術研究或專業工作相當之年資及其成就）並對博士學位候選人所提研究論文學科有專門研究者。

3. 碩士學位之校內外攷試委員應具備下列資格之一：

（1）曾任教授或副教授，並擔任其論文指導或學科攷試有關科目之教學者。

（2）中央研究院評議員、院士、研究員、副研究員對其論文或學科攷試有關科目有研究者。

（3）在學術上有卓越研究，並對碩士學位候選人所提研究論文學科有專門研究者。

4. 碩士學位攷試委員資格由校長核定，博士班學位攷試委員資格須於攷試前兩個月呈報『教育部』核備後，始可發聘。

5. 本校兼任教師得為校外委員。

第七條　學科攷試之辦理應符合下列規定：

1. 由所屬研究所指定與其論文相關之主要學科二科以上，規定攷試時間、地點及擬聘校內外命題委員，送請教務處審核無誤後簽請校長發聘，並由教務處通知研究所辦理有關攷試事宜。攷試方式以筆試行之，必要時得在實驗室舉行實驗攷試。

2. 學科攷試之科目、方式、命題或主持人及成績均應提碩士或博士學位攷試委員會認可，始為有效。

3. 學科攷試無論一科或二科成績不及格，其延長修業年限尚未屆滿者，得於次學期或次學年重攷；重攷以一次爲限；重攷成績仍不及格者，應令退學。

4. 重攷時，仍應以原攷科目爲準。但因論文研究方向或重點之修正，經指導教授之建議及所屬研究所之同意，得予變更之。

5. 如該學科攷試科目先攷及格，而其在該學期結束時，所修該科目之學期成績不及格，則已攷及格之學科攷試成績，不予採認，應予重攷。

第八條　論文攷試之辦理，應符合左列規定：

1. 研究生於通過學科攷試後，應檢具繕印之博士論文與提要各九份或碩士論文與提要各五份，送請所屬研究所審查符合規定後，應將其論文與提要，攷試方式、時間、地點及已核定學位攷試委員名單送請教務處審核無誤後簽請校長核准，並由教務處通知研究所辦理有關攷試事宜。攷試方式，以口試行之，必要時得在實驗室舉行實驗攷試。

2. 論文攷試成績，以出席委員無記名投票之平均分數決定之；投票以一次爲限，其已評定爲及格者，不得外加如下之附帶決議：『尚須候選人限期修正論文內容，再經各攷試委員簽字同意（二度評定），始可授予學位。』如有逾半數（含）委員評定爲不及格者，即以不及格論。

3. 攷試委員缺席時，不得以他人代理。碩士學位候選人之論文攷試，至少須委員三人出席。博士學位候選人之論文攷試，至少須委員五人出席，其中校外委員須逾半數，否則不得舉行攷試；已攷試者，其攷試成績不予採認。

4. 論文攷試成績不及格，其延長修業年限尚未屆滿者，得於次學期或次學年重攷，重攷以一次爲限；重攷成績仍不及格者，應令退學。

5. 論文攷試時，必須評定成績，不得以『預備會』或『審查會』名義，而不予評定成績；其未評定成績者，以攷試不及格論。

6. 攷試委員對碩士、博士學位論文，應就下列各主要項目評定之：

（1）研究之方法。
（2）資料之來源。
（3）文字與結構。
（4）心得、創見或發明。

博士學位論文之評定，應特別著重其心得，創見或發明。

7. 學位論文，除外國語文學研究所外，均須以中文撰寫，曾經取得學位之論文，不得再行提出；以外國文撰寫之論文，其提要仍須以中文撰寫。

第九條　學科攷試或論文攷試每學期舉行一次，其日程依照校曆規定。

論文攷試得於學科攷試同一學期內舉行，亦得因故延期；唯須在規定延長修業年限內舉行。

第十條　學科攷試與論文攷試成績，均以七十分爲及格，一百分爲滿分。

第十一條　逕行修讀博士學位者，其論文攷試未達博士學位標準而合於碩士學位規定者，得由博士學位攷試委員會之決議，改授碩士學位。

第十二條　本規則報請『教育部』備案後施行。

原載『書府』第 6 期（1985 年 8 月 31 日），頁 2—13

美國圖書館專業教育現況

【摘要】根據各校出版的最新簡介及其他有關美國圖書館專業教育的基本參致資料，分析業經 ALA 立案的美國各圖書館學與資訊科學系、所的現況。各校一律分爲五個主要項目加以介紹，是即：入學資格（包括 GPA、GRE、TOEFL 及推薦信），畢業要求（包括學分數、外國語、學科攷試及畢業論文），課程結構（包括必修科目、特殊科目、資訊科目數目等），師資概況（包括專任、兼任教員的數目，及專任教員中擁有博士學位的人數），及定期評鑑（包括評鑑項目、評鑑程序、評鑑小組、及評鑑效果）。

ABSTRACT: Based on the latest bulletins and other related reference materials concerning library education in the United States, a brief account as to their current status is given for each of the ALA-accredited American schools of library and information science. Six major areas for each school are analysized and uniformly described in tabular form. They are: general profile of parent institution; admission requirements such as GPA, GRE, TOEFL and recommendation letters; graduation requirements such as number of credits, foreign language, graduation examination and thesis; basic structure of curriculum, qualifications of faculty, and the procedure of accreditation and evaluation. Current Status of Education for Professional Librarians in the United States.

壹、導　言

自一八八七年墨維爾·杜威（Melvil Dewey, 1851—1931）在紐約的哥倫比亞大學創立美國第一個圖書館學院（School of Library Economy）以來，至一九八四年爲止，美國各大專院校設立的圖書館學院、所、系、科共有兩百九十一處。①其中經美國圖書館學會（ALA）核准立案者爲六十處。②

就學位的層次言，美國的圖書館教育可以分爲學士（B. L. S.）、碩士（M. L. S.）、高級碩士（Advanced M. L. S.）或超碩士（C. A. S.）及博士（Ph. D. 或 D. L. S.）四級。

圖書館學士爲二次大戰以前美國圖書館專業的主流，但因其缺乏大學一般學科的基礎，難於有效執行專業人員應有的職責，故自一九五一年起，已不再承認其專業的地位。③

碩士學位是戰後美國圖書館專業人員所必備的資格，也是一九五一年及一九七二年兩個立案標準（Standards for Accreditation）④所規定的唯一立案對象，通常在美國所稱的圖書館專業教育，即係指此一階段而言。

高級碩士或超碩士，介於碩士與博士之間，乃對具有圖書館碩士學位者，再施予一年或一年以上的高級課程訓練。這種訓練計劃是因應時代的需要而產生，它於一九六一年創始於哥倫比亞大學圖書館學研究所。⑤其主要目的有三：（1）爲一九五〇年代以後急劇增加的圖書館學系、所暫時解決師資問題；（2）爲具有圖書館碩士者提供高深研究課程；（3）爲圖書館專業人員提供再教育的機會。⑥不過這種教育計劃，多由『聯邦高等教育法』（*Higher Education Act of* 1965）中的 Title ⅡB 的補助而設立。近年聯邦補助日少，所以這種計劃設立的熱潮亦隨之減退。

圖書館學的博士班，於一九二八年始於芝加哥大學。在一九六〇年以前，全美只有七所大學授予圖書館學博士學位。[7]自一九三〇年芝加哥大學畢業第一個圖書館學博士開始，至一九六〇年爲止，全美共產生一五八位圖書館學博士，平均每年約五人。現在美國各圖書館學研究所設立的博士班已增至廿四所，而在一九六〇年至一九八〇年之間，各校所產生的博士共有七五七人，平均每年約三十八人。[8]

由於碩士學位是美國圖書館學會立案的唯一對象，也是美國圖書館專業人員所必備的資格，所以本文即以此一階段的美國圖書館教育爲研究的範圍，又爲集中研究的重點，凡未經美國圖書館學會立案的系、所，亦不在本文探討之列。簡言之，本文研究的範圍，以目前經美國圖書館學會核准立案的各圖書館學研究所的碩士班爲限。

本文所根據的資料，以各圖書館學研究所的簡介（Bulletin）爲主。爲了收集這些簡介，筆者曾於一九八四年春分函各校，要求寄贈此項資料。截至本文屬稿時爲止，已收到者四十八校，尚未收到者十二校。後者包括已宣告停辦的 University of Minnesota Library School，及 University of Southern California School of Library and Information Management 兩校在內，故實際未收到的只有十校。亦即在五十八校繼續立案者中，業已寄來簡介者達四十八校[9]，佔83%。本文各項比較表中的資料，即係以此四十八種簡介爲準。有些在簡介中所未提及的，如一般校況中的大部份項目，則係取材自 *American Library Directory*[10]，*Directory of the Association for Library and Information Science Education*[11]，*Peterson's Annual Guides*[12]，*Gourman Report*[13]，*Lovejoy's College Guide*[14]，*College Handbook*[15]，及 *Comparative Guide to American Colleges*[16]等基本參攷資料。

在此須提醒注意者，以上各種簡介適用的年份，雖然大多數在一九八三年至一九八五年之間，但有一些出版於一九八三年以前，或將其適用時間延伸至一九八七年，更有一些根本未註明適用的年份，而上列各種基本資料的出版年亦不相同，故本文表中的各項數字與目前各校的實際情形，可能有些差別，這是要在篇首加以聲明的。

本文所探討的現況，包括入學資格、畢業要求、課程結構、師資概況、定期評鑑等五個項目。在未分析這些項目以前，請先從一般校況說起。

貳、一般校況

一般校況包括各研究所所屬大學的一般情形及各研究所本身的一些基本資料，前者介紹各大學的所在地、成立年、公立或私立、全校學生數及學費，後者簡述該大學的圖書館學系、所於何年成立，目前就讀該所的學生數、授予的最高學位，及依『谷曼報告』（*Gourman Report*）所定的標準，該所於一九八三年在美國圖書館學會立案的各校中所居的名次（凡排名欄中空白者，均因未達排名點數，未列名次）。由於表中的數字，除成立年外，均是變數，故只能作爲瞭解各校一般情況的參攷，不可據爲定論。

一、各大學概況

1. 就所在州而言：以紐約州居首，計有八校；加州與伊利諾次之，各爲四校；賓州、德州、密西根及北卡羅來納又次之，各爲三校；佛羅里達、喬治亞、印地安那、俄亥俄、田納西及威斯康辛等六州各有兩校。

以下十九州及 D.C. 各僅一校：阿拉巴馬、亞利桑那、科羅拉多、康納狄克、哥倫比亞特區、夏威夷、愛阿華、肯塔基、路易斯安那、麻薩諸塞、馬里蘭、明尼蘇達、密蘇里、密西西比、新澤西、奧克拉荷馬、羅德島、南卡羅來納、猶他及華盛頓。

十八州目前沒有立案的圖書館學研究所，它們是：阿拉斯加、阿肯色、德拉瓦、艾達和、堪薩斯、緬因、蒙他拿、内布拉斯加、内華達、新墨西哥、新漢普夏、北達科他、奧勒岡、南達科他、維吉尼亞、佛蒙特、西維吉尼亞及懷俄明。

就分布的區域而言：

東北部（Northeast）十七校——Catholic; Clarion; Columbia; Drexel; Long Island; Maryland; SUNY, Albany; SUNY, Buffalo; Pittsburgh; Pratt; Queens; Rhode Island; Rutgers; St. Johns; Simmons; Southern Connecticut; and Syracuse.

東南部（Southeast）十二校——Alabama; Atlanta; Emory; Florida State; Kentucky; North Carolina; North Carolina Central; North Carolina at Greensboro; Peabody; South Carolina; South Florida, and Tennessee.

中西部（Midwest）十六校——Ball State; Case Western Reserve; Chicago; Illinois; Indiana; Iowa; Kent State; Michigan; Minnesota; Missouri; Northern Illinois; Rosary; Wayne State; Western Michigan; Wisconsin-Madison; and Wisconsin-Milwaukee.

西南部（Southwest）七校——Arizona; Louisiana State; North Texas; Oklahoma; Texas Woman's.

西部（West）八校——Brigham Young; California, Berkeley; California, Los Angeles; Denver; Hawaii; San Jose; Southern California; and Washington.

2. 就成立年而言：

1800 年以前四校（Columbia; North Carolina; Rutgers; and Tennessee）。

1801—1850，十二校。

1851—1900，三十校。

1901—1950，十校。

1951 年以後四校（Clarion; Long Island; South Florida; and Wisconsin-Milwaukee）。

3. 就公立或私立而言：以州立為最多，計四十一校；私立（含教會）次之，計十八校；另有市立一校，即紐約市的 Queens College。

4. 就全校學生數而言：最多者為奧斯汀的德克薩斯大學（University of Texas），計 48,156 人；次多者為新澤西州的魯特格大學（Rutgers University），有 47,000 人。學生最少者為羅莎里學院（Rosary College）僅 1,734 人，次少者為席蒙斯學院（Simmons College），為 2,800 人。其餘各校，學生在一萬人以下者十二校，在三萬至四萬之間者十二校。

5. 就各校的學費而言：由於各校所採的學制不同，有的一年分為兩學期（semester），有的一年分為三學期（trimester），有的一年分為四學期（quarter），故不易用統一的標準來作比較。加以各校規定學費的方式不同，有的以每學分為單位，有的以一學期為準，亦有的以一學年合併計算，更使比較為難。

大體說來，如以每學分學費為準，則以 Columbia 為最高，每學分 $309；South Carolina 最低，每學分僅 $60。如以每學期為準，則以 Michigan 最高，每學期 $3,428；Texas Woman's 最低，每學期 $600。如以學年為準，則以 Chicago 最高，每學年 $7,980；Ball

State 最低，每學年為 $3,015。

二、各研究所基本資料

1. 成立年：

就各所成立的先後來說，前十名依次為：Columbia（1887），Drexel（1892），Pratt（1892），Illinois（1893），Syracuse（1896），Simmons（1902），Case Western Reserve（1904），Emory（1905），Wisconsin-Madison（1906），Washington（1911）。

其他各所成立於1919年至1945年之間者，計廿二所，成立於1946年以後者廿八所。

2. 目前就讀學生（以研究生為限）：

學生最多的五校，依次為：Pittsburgh（537人），Catholic（365人），Southern Conneticut（363人），Rutgers（355人），Long Island（260人）。

學生最少的五校，依次為：Southern Mississippi（49人），Atlanta（50人），Emory（50人），Iowa（61人），Ball State（65人）。

3. 最高學位：

最高學位為博士者（包括 Ph. D.，D. L. S.，D. A. 及 Joint Ph. D.）有廿四校：SUNY（Buffalo），UC（Berkeley），UCLA，Case，Catholic，Chicago，Columbia，Drexel，Florida State，Illinois，Indiana，Maryland，Michigan，Minnesota，North Carolina，North Texas State，Pittsburgh，Rutgers，Simmons，Southern California，Syracuse，Texas，Texas Woman's，Wisconsin-Madison.

最高學位為 CAS（Certificate for Advanced Studies）者有十校：Denver，Emory，Hawaii，Kent State，Long Island，Pratt，Rosary，St. Johns，SUNY（Albany），Wisconsin-Milwaukee. 其他各校均只有碩士學位（MLS）。

4. 排名：

根據1983年 Gourman Report 排名計分標準，各所得分在四分以上者共有三十一所。前十名依次為 Columbia（1），Chicago（2），UC Berkeley（3），Illinois（4），Michigan（5），UCLA（6），Rutgers（7），Indiana（8），Pittsburgh（9），North Carolina（10）。

得分在四分以下者共有廿九所，均未在排名之列。

表1　美國圖書館學與資訊科學研究所[17]及其所在大學校況一覽

校、所名稱	所在地	成立年	公立或私立	全校學生數	學費	本所成立年	目前學生數	最高學位	本所排名[18]	備攷
Univ. of Alabama, Grad. Sch. of Lib. Serv.	University, AL	1831	州立	17,918	每學期 $1,232	1971	75	MLS		
SUNY, Albany, Sch. of Lib. & Info. Sci.	Albany, NY	1844	州立	15,391	每學分 $133	1926	180	MLS	22	
Univ. of Arizona, Grad. Lib. Sch.	TUCSON, AZ	1855	州立	35,206	每學分 $42	1969	127	MLS	31	

（續上表）

校、所名稱	所在地	成立年	公立或私立	全校學生數	學費	本所成立年	目前學生數	最高學位	本所排名[18]	備攷
Atlanta Univ., Sch. of Lib. & Info. Stud.	Atlanta, GA	1865	私立	7,000	每學分 $140	1941	50	MLS		
Ball State Univ., Dept. of Lib. & Info. Sci.	Muncie, IN	1918	州立	17,175	每學年 $3,015	1967	65	MLS		停辦
Brigham Young Univ., Sch. of Lib. & Info. Sci.	Provo, UT	1875	私立	37,166	每學分 $125	1966	65	MLS		
SUNY, Buffalo, Sch. of Info. & Lib. Stud.	Buffalo, NY	1846	州立	27,411	每學分 $133	1966	100	Joint PhD	19	
UC, Berkeley, Sch. of Lib. & Info. Stud	Berkeley, CA	1873	州立	30,445	每學年 $4,582	1919	165	PhD	3	
UCLA, Grad. Sch. of Lib. & Info. Sci.	Los Angeles, CA	1919	州立	33,435	每學期 $1,591	1960	124	PhD	6	
Case Western Reserve Univ. Baxter Sch. of Lib. & Info. Stud	Cleveland, OH	1826	私立	8,488	每學分 $292	1904	106	PhD	16	已宣佈停辦
Catholic Univ. of America, Sch. of Lib. & Info. Sci.	Washington, D. C.	1887	私立	7,750	每學分 $220	1938	365	Joint PhD	30	
Univ. of Chicago, Grad. Lib. Sci.	Chicago, IL	1891	私立	9,034	每學年 $7,980	1926	75	PhD	2	停辦
Clarion St. Univ. Sch. of Lib. Sci.	Clarion, PA	1967	州立	4,700	每學分 $108	1937	160	MLS		
Columbia Univ., Sch. of Lib. Serv.	New York, NY	1754	私立	18,700	每學分 $309	1887	250	PhD	1	
Univ. of Denver, Grad. Sch. of Librarianship. & Info. Mgr.	Denver, CO	1864	私立	8,475	每學分 $151	1931	127	CAS	25	停辦
Drexel Univ., Sch. of Lib. & Info. Sci.	Phila., PA	1891	私立	12,594	每學分 $145	1892	163	PhD	11	
Emory Univ., Div. of Lib. & Info. Mgt.	Atlanta, GA	1836	私立	8,164	每學期 $3,425	1905	50	CAS	25	停辦
Florida St. Univ., Sch. of Lib. & Info. Stud.	Tallahassee, FL	1851	州立	22,876	每學分 $110	1947	145	PhD	21	
Univ. of Hawaii Grad. Sch. of Lib. Stud.	Honolulu, HI	1907	州立	21,065	每學分 $153	1965	100	CAS		

(續上表)

校、所名稱	所在地	成立年	公立或私立	全校學生數	學費	本所成立年	目前學生數	最高學位	本所排名[13]	備致
Univ. of Illinois, Grad. Sch. of Lib. & Info. Sci.	Urbana-Champaign, IL	1867	州立	35,152	每學期 $2,628	1893	183	PhD	4	
Indiana Univ., Sch. of Lib. & Info. Sci.	Bloomington, IN	1820	州立	24,428	每學分 $169	1947	230	PhD	8	
Univ. of Iowa, Sch. of Lib. & Info. Sci.	Iowa City, LA	1847	州立	25,100	每學期 $1,492	1966	61	MLS	18	
Kent State Univ., Sch. of Lib. Sci.	Kent, OH	1910	州立	26,000	每學分 $148	1946	100	MLS		
Univ. of Kentucky, Coll. of Lib. & Info. Sci.	Lexington, KY	1865	州立	23,047	每學分 $174	1933	140	MLS		
Long Island Univ., Palmer Sch. of Lib. & Info. Sci.	Greenvale, NY	1954	私立	10,803	每學分 $143	1959	260	CAS		
Louisiana St. Univ., Sch. of Lib. & Info. Sci.	Baton Ronge, LA	1860	州立	30,000	每學期 $1,009	1931	100	MLS		
Univ. of Maryland, Coll. of Lib. & Info. Servs.	College Park, MD	1813	州立	37,418	每學分 $136	1965	245	PhD	14	
Univ. of Michigan, Sch. of Lib. Sci.	Ann Arbor, MI	1817	州立	30,836	每學期 $3,428	1926	200	PhD	5	
Univ. of Minnesota, Lib. Sch.	Minneapolis, MN	1851	州立	35,585		1928		PhD	29	已宣佈停辦
Univ. of Missouri, Sch. of Lib. & Info. Sci.	Columbia, MO	1839	州立	24,533	每學分 $92	1946	不詳	MLS	23	
Univ. of North Carolina, Sch. of Lib. Sci.	Chapel Hill, NC	1789	州立	21,575	每學期 $1,562	1931	148	PhD	10	
North Carolina Cent. Univ., Sch. of Lib. Sci.	Durham, NC	1910	州立	4,910	每學期 $1.507	1941	78	MLS		
Univ. of N. C. at Greensboro, Dept. of Lib. Sci./Ed. Tech.	Greensboro, NC	1891	州立	10,201	每學期 $1,130	1965	120	MLS		
Northern Illinois Univ., Dept. of Lib. Sci.	Dekalb, IL	1895	州立	25,000	每學分 $125	1961	144	MLS		
North Texas State Univ., Sch. of Lib. & Info. Sci.	Denton, TX	1890	州立	17,487	每學期 $634	1939	180	PhD		

（續上表）

校、所名稱	所在地	成立年	公立或私立	全校學生數	學費	本所成立年	目前學生數	最高學位	本所排名[18]	備攷
Univ. of Oklahoma, Sch. of Lib. Sci.	Norman, OK	1890	州立	19,648	每學分 $88.95	1929	72	MLS		
G. Peabody Coll., Vanderbilt U., Dept. of Lib. & Info. Sci.	Nashville, TN	1873	私立	8,911	每學分 $205	1928	85	MLS		停辦
Univ. of Pittsburgh, Sch. of Lib. & Info. Sci.	Pittsburgh, PA	1873	私立	26,919	每學分 $212	1962	537	PhD	9	
Pratt Institute, Grad. Sch. of Lib. & Info. Sci.	Brooklyn, NY	1887	私立	5,300	每學分 $210	1892	175	MLS	24	
Queens Coll., Grad. Sch. of Lib. & Info. Stud.	Flushing, NY	1937	市立	18,127	每學分 $116	1955	125	CAS	26	
Univ. of Rhode Island Grad. Lib. Sch.	Kingston, RI	1892	州立	13,821	每學期 $1,647	1964	250	MLS		
Rosary Coll., Grad. Sch. of Lib. & Info. Sci.	River Forest, IL	1918	私立	1,734	每學分 $180	1930	107	CAS		
Rutgers Univ., Sch. of Comm., Informational, & Lib. Stud.	New Brunswick, NJ	1766	州立	47,000	每學分 $128	1953	355	PhD	7	
St. John's Univ., Div. of Lib. & Info. Sci.,	Jamaica, NY	1870	私立	18,490	每學分 $150	1937	100	MLS		
San Jose St. Univ., Div. of Lib. Sci.	San Jose, CA	1857	州立	24,945	每學分 $108	1924	120	MLS		
Simmons Coll., Grad. Sch. of Lib. & Info. Sci.	Boston, MA	1899	私立	2,800	每學分 $222	1902	198	DA	12	
Univ. of South Carolina, Coll. of Lib. & Info. Sci.	Columbia, SC	1801	州立	26,000	每學分 $60	1971	103	MLS		
Univ. of Southern California, Sch. of Lib. & Info. Mgt.	Los Angeles, CA	1880	私立	28,129	每學分 $117	1936	125	PhD	27	已宣佈停辦
Southern Connecticut St. Univ., Sch. of Lib. Sci. & Instr. Tech.	New Havens, CT	1893	州立	11,720	每學分 $70	1954	363	MLS		
Univ. of Southern Mississippi Sch. of Lib. Serv.	Hattiesburg, MS	1910	州立	9,747	每學分 $117	1965	49	MLS		
Univ. of South Florida, Grad. D. of Lib., Media & Info. Stud.	Tampa, FL	1956	州立	20,691	每學分 $110	1965	250	MLS		

（續上表）

校、所名稱	所在地	成立年	公立或私立	全校學生數	學費	本所成立年	目前學生數	最高學位	本所排名[18]	備攷
Syracuse Univ., Sch. of Info. Stud.	Syracuse, NY	1871	私立	21,313	每學分 $203	1896	146	PhD	13	
Univ. of Tennessee Grad. Sch. of Lib. & Info. Sci.	Knoxville, TN	1794	州立	28,601	每學期 $936	1971	80	MLS		
Univ. of Texas, Austin, Grad. Sch. of Lib. & Info. Sci.	Austin, TX	1883	州立	48,156	每學期 $630	1948	115	PhD	20	
Texas Woman's Univ., Sch. of Lib. Sci.	Denton, TX	1901	州立	7,498	每學期 $600	1929	174	PhD		
Univ. of Washington, Grad. Sch. of Lib. and Info. Sci.	Seattle, WA	1861	州立	35,000	每學期 $1,562	1911	150	MLS	17	
Wayne State Univ., Div. of Lib. Sci.	Detroit, MI	1868	州立	33,408	每學分 $178	1964	134	MLS		
Western Michigan Univ., Sch. of Lib and Info. Sci.	Kalamazoo, MI	1903	州立	20,269	每學分 $147	1945	76	MLS		停辦
Univ. of Wisconsin, Madison, Sch. of Lib. & Info. Sci.	Madison, WI	1849	州立	39,000	每學期 $2,348	1906	200	PhD	15	
Univ. of Wisconsin, Milwaukee, Sch. of Lib. & Info. Sci.	Milwaukee, WI	1956	州立	24,845	每學期 $2,555	1966	153	CAS		

叁、入學資格

入學資格可以大別爲五個項目：

1. 學士學位──此爲1972年立案標準所要求的基本入學要件，任何學校沒有例外。

2. 平均成績──所謂平均成績，係指 GPA（Grade Point Average）而言。美國各大學的分數制度，除極少數的例外，一般分爲四級：A＝4；B＝3；C＝2；D＝1，D 以下爲不及格。在已收到資料的48校中，31校要求爲3或B。高於3者僅 Illinois 一校，該校要求的入學平均分數爲4，不過該校的 A＝5，故要求雖爲4，亦不過較3略高而已。低於3者9校：Atlanta（2.5）；Kentucky（2.75）；N. Texas State（2.8）；Peabody（2，該校 A＝3，故2僅低於一般的 B）；Pratt（2.5）；S. Mississippi（2.75）；Tennessee（2.5）；Wisconsin-Milwaukee（2.75）。未註明者7校：SUNY（Albany）；Chicago；Columbia；Drexel；Maryland；S. Carolina；Wayne State。

3. 研究學力測驗成績──這就是大家所熟悉的 GRE（Graduate Record Examination）。美國的大學畢業生進研究所，沒有入學攷試。GRE 雖是測驗研究能力的攷試，但不能說就是入學攷試，因爲有些學校並不以參加 GRE 爲入學的必要條件。這種攷試不是由各校單獨舉行，而是定期在各地分區舉行。報攷者也不以一次爲限，可以多次參加，而以最好的成績申請入學。在本研究已收到 48 校資料中，要求 GRE 成績者達 40 校，佔 83%。不要求或未註明者 8 校：Atlanta；Brigham Young；Indiana；Michigan；St. Johns；Simmons；San Jose State；Wayne State。

4. 推薦信——在 48 校中，明示此一要求者有 43 校，而在此 43 校中，有 19 校要求三封，4 校要求兩封，其餘 20 校數目不詳。另有 5 校未註明，它們是：Drexel；Illinois；Michigan；N. Illinois；Wayne State.

5. 托福攷試——所謂托福攷試，就是 TOEFL（Test of English as a Foreign Language）。此一要求以非英語系國家的外籍學生爲限，目的在測驗他們的英文能力。托福成績通常須在 500 分至 600 分之間，始有獲准入學的可能。在 48 校中，明白要求此一成績者達 38 校，其中要求 500 分者 7 校，550 分者 6 校，570 分者 1 校（Michigan），600 分者 3 校（Illinois，Kent State，N. Illinois），未註明分數者 21 校，另有 10 校不詳。

表 2　美國圖書館學與資訊科學研究所碩士班入學資格比較表[19]

校名	學士學位	GPA	GRE	TOEFL	推薦信	備 攷
Univ. of Alabama	√	3.0	√	500	√	√表示要求，但未註明數字，下同
Suny, Albany	√	√	√	√	3	
Univ. of Arizona						未收到資料
Atlanta Univ.	√	2.5		√	3	
Ball State Univ.						未收到資料
Brigham Young Univ.	√	3.0				
Suny, Buffalo	√	3.0	√	550	3	
Univ. of Calif., Berkeley	√	3.0	√	√	3	
Univ. of Calif., Los Angeles	√	B	√		3	
Case Western Reserve Univ.						未收到資料
Catholic Univ. of America	√	3.0	√	√	√	
Univ. of Chicago	√	√	√	√	√	
Clarion State Univ.	√	3.0	√	√	√	
Columbia Univ.	√	√	√	√	√	
Univ. of Denver	√	3.0	√	500	√	
Drexel Univ.	√	√	√			
Emory Univ.	√	B	√	550	3	
Florida State Univ.	√	3.0	√	√	√	
Univ. of Hawaii						未收到資料

（續上表）

校名	學士學位	GPA	GRE	TOEFL	推薦信	備攷
Univ. of Illinois	√	4.0（5 爲滿分）	√	600		
Indiana Univ.	√	3.0			√	
Univ. of Iowa						未收到資料
Kent State Univ.	√	2.75	√	600	√	
Univ. of Kentucky	√	2.75	√	550	3	
Long Island Univ.	√	3.0	√	√	2	
Louisiana State University	√	3.0	√	√	3	
Univ. of Maryland	√	√	√	√	√	
Univ. of Michigan	√	3.0		570		
Univ. of Minnesota						未收到資料
University of Missouri	√	3.0	√	√	√	
Univ. of N. Carolina	√	3.0	√	500	3	
North Carolina Central Univ.						未收到資料
Univ. of N. Carolina at Greensboro	√	B	√		3	
N. Illinois Univ.	√	3.0	√	600		
North Texas State University	√	2.8	√	500	√	
Univ. of Oklahoma						未收到資料
G. Peabody College	√	2（3 爲滿分）	√	500	3	
Univ. of Pittsburgh	√	3.0	√	√	√	
Pratt Institute	√	2.5	√	√	3	
Queens College	√	B	√	500	3	
University of Rhode Island	√	B	√	√	√	
Rosary College	√	B	√	√	3	
Rutgers University	√	B	√	√	3	
St. John's Univ.	√	B		500	2	
San Jose State University	√	B			3	
Simmons College	√	B		√	√	
Univ. of S. Carolina	√	√	√	√	√	
Univ. of Southern California						未收到資料
Southern Connecticut State Univ.	√	3.0	√	√	√	

(續上表)

校名	學士學位	GPA	GRE	TOEFL	推薦信	備攷
Univ. of Southern Mississippi	√	2.75	√		2	
Univ. of S. Florida						未收到資料
Syracuse Univ.	√	B	√	550	√	
Univ. of Tenn.	√	2.5	√		√	
Univ. of Texas						未收到資料
Texas Woman's University	√	B	√		3	
University of Washington	√	3.0	√	√	3	
Wayne State Univ.	√	√				
W. Michigan Univ.						未收到資料
University of Wisconsin, Madison	√	3.0	√	550	3	
University of Wisconsin, Milwaukee	√	2.75	√	550	2	

肆、畢業要求

畢業要求包括四項，分述如下：

1. 學分數——由於美國各校的制度不同，對於學分數的要求亦不一致。在採 Semester 或 Trimester 制的各校中，碩士學位的畢業學分，規定為 36 學分者有 32 校，佔絕大多數；30 學分者 3 校（Emory, N. Illinois, 及 San Jose State）；37 學分者 1 校（Louisiana State）；38 學分者 2 校（Brigham Young 及 Florida State）；39 學分者 1 校（S. Mississippi）；40 學分者 1 校（Illinois）；48 學分者 1 校（N. Carolina）。在採 Quarter 制的各校中，規定畢業學分為 51 學分者 1 校（Tennessee）；60 學分者 2 校（Denver 及 Drexel）；63 學分者 1 校（Washington）。另有三校不以學分為準，而以科目為準：UC Berkeley 規定應修完 28 units, UCLA 應修完 18 門課, Chicago 應修完 15 門課。

2. 畢業攷試——二次世界大戰以後，由於美國各大學研究院的博士班大量增加，使碩士班的重要性相對減低，其畢業要求亦隨之降落。目前美國各大學的碩士班，絕大多數均不要求畢業攷試（不以圖書館學與資訊科學研究院為限，其他各科亦然），只須修完規定的學分即可畢業。在本研究所收到的 48 校簡介中，要求畢業攷試者僅 16 校（詳見表 3）。

3. 畢業論文——在所收到的 48 校資料中，要求畢業論文者，僅有 UCLA, Chicago, Emory, N. Carolina, N. Carolina (Greensboro), Texas Woman's 及 Washington 等 7 校。另有 8 校採選擇制（Optional），他們是：Atlanta, Florida State, Kent State, Kentucky, Long Island, Louisiana State, N. Illinois 及 Tennessee.

4. 外國語——由於碩士學位修業的時間只須一至二年，而外國語非短期修讀所可奏功，故各校多無此項要求。在 48 校中，僅有 7 校規定外國語為畢業要件，他們是：Atlanta, UCLA, Chicago, Michigan, N. Carolina, S. Connecticut State 及 Wisconsin (Madison)。另有一校（Indiana）係選擇性。

表 3　美國圖書館學與資訊科學研究所碩士班畢業要求比較[20]

校名	學分數	畢業考試	畢業論文	外國語	學位名稱（碩士以上亦列入，供參攷）	備攷
Univ. of Alabama	36				M. L. S., ED. S.	
SUNY, Albany	36				M. L. S., C. A. S., B. A.	
Univ. of Arizona						未收到資料
Atlanta Univ.	36		optional	√	M. S. L. S.	
Ball State Univ.						未收到資料
Brigham Young Univ.	38				M. L. S.	
SUNY, Buffalo	36				M. L. S., Ph. D. （Joint Degree）	
Univ. of Calif., Berkeley	28units				M. L. I. S., D. L. I. S., Ph. D.	
Univ. of Calif., Los Angeles	18 courses	√	√	√	M. L. S., C. A. S., Ph. D., M. L. S./M. B. A., M. L. S./M. A.	
Case Western Reserve Univ.						未收到資料
Catholic Univ. of America	36				M. S. L. S., Joint degrees	
Univ. of Chicago	15 courses	√	√	√	A. M., C. A. S., Ph. D., Joint degrees	
Clarion State Univ.	36				M. S. L. S.	
Columbia Univ.	36				M. S., C. I. M., D. L. S.	
Univ. of Denver	60 Quarter hrs				M. A., C. I. M., C. A. S., M. L. L., J. D./M. L. L.	
Drexel Univ.	60 Quarter hrs				M. S., C. A. S., Ph. D.	
Emory Univ.	30		√		M. A., C. A. S.	
Florida State Univ.	38		optional		M. L. S., A. M. D., Ph. D.	
Univ. of Hawaii						未收到資料
Univ. of Illinois	40				M. S., C. A. S., Ph. D.	
Indiana Univ.	36		optional		B. A., M. L. S., Ph. D.	
Univ. of Iowa						未收到資料
Kent State Univ.	36		optional		M. L. S., C. A. S.	
Univ. of Kentucky	36	√	optional		M. S. L. S., M. A.	
Long Island Univ.	36		optional		M. L. S., C. A. S.	
Louisiana State University	37	√	optional		M. L. S.	
Univ. of Maryland	36				M. L. S., Ph. D.	

(續上表)

校名	學分數	畢業考試	畢業論文	外國語	學位名稱 （碩士以上亦列入，供參攷）	備攷
Univ. of Michigan	36			√	A. M. L. S., Ph. D.	
Univ. of Minnesota						未收到資料
University of Missouri	36	√			M. A. L. S.	
Univ. of N. Carolina	48	√	√	√	M. L. S., Ph. D.	
North Carolina Central Univ.						未收到資料
Univ. of N. Carolina at Greensboro	36	√	√		M. L. S.	
N. Illinois Univ.	30	√	optional		M. A.	
North Texas State University	36	√			M. S., C. A. S., Ph. D.	
Univ of Oklahoma						未收到資料
G. Peabody College	36				M. L. S., Ed. S. Ed. D. (Jonit degree)	
Univ. of Pittsburgh	36				M. L. S., C. A. S., Ph. D.	
Pratt Institute	36				M. S. in L. I. S., C. A. S.	
Queens College	36				M. L. S., C. A. S.	
University of Rhode Island	36				M. L. S.	
Rosary College	36				M. A. L. S., C. A. S.	
Rutgers University	36				M. L. S.	
St. John's Univ.	36	√			M. L. S., C. A. S.	
San Jose State University	30	√			M. L. S.	
Simmons College	36				M. S., Ph. D.	
Univ. of S. Carolina	36				M. L. S., Joint degrees	
Univ. of Southern California						未收到資料
Southern Connecticut State Univ.	36			√	M. L. S., Joint degrees	
Univ. of Southern Mississippi	39	√			M. L. S.	

（續上表）

校名	學分數	畢業攷試	畢業論文	外國語	學位名稱（碩士以上亦列入，供參攷）	備攷
Univ. of S. Florida						未收到資料
Syracuse Univ.	36	√			M. L. S., M. S., C. A. S., Ph. D.	
Univ. of Tenn.	51 Quarter hrs	√	optional		M. S. L. S.	
Univ. of Texas						未收到資料
Texas Woman's University	36		√		M. L. S., Ph. D.	
University of Washington	63 Quarter hrs	√	√		M. L. S.	
Wayne State Univ.	36				M. S. L. S., B. S.	
W. Michigan Univ.						未收到資料
University of Wisconsin, Madison	36			√	M. A., Ph. D.	
University of Wisconsin, Milwaukee	36	√			M. L. S., C. A. S.	

　　最後來談談他們的學位。本文雖以碩士學位爲限，但美國的圖書館學系、所，除了此項學位外，另有許多名目，在此不妨略作介紹，藉供參攷。茲依字母的順序，列舉各校所授學位的名稱如下：

A. M. D. ＝Advanced Master Degree

A. M. L. S. ＝Master of Arts in Library Science

B. A. ＝Bachelor of Arts

B. L. S. ＝Bachelor of Library Science

B. S. ＝Bachelor of Science

C. A. S. ＝Certificate of Advanced Studies

C. I. M. ＝Certificate of Information Management

D. L. I. S. ＝Doctor of Library and Information Science

D. L. S. ＝Doctor of Library Science

Ed. D. ＝D. Ed. ＝Doctor of Education

Ed. S. ＝Educational Specialist

M. L. I. S. ＝Master of Library and Information Science

M. L. L. ＝Master of Law Librarianship

M. L. S. ＝Master of Library Science

M. S. in L. I. S. ＝Master of Science in Library and Information Science

M. S. L. S. ＝Master of Science in Library Science

Ph. D. ＝Doctor of Philosophy

伍、課程結構

就目前的情形而言，美國各圖書館學與資訊科學研究所開授的課程，其科目總數以在 40 門至 60 門之間者為最多，計 28 校，佔收到資料各校（48 校）的 58%。科目最少者為 San Jose State Univ.，僅 27 門，最多者為 Pittsburgh，達 154 門（匹茲堡大學的圖書館學與資訊科學研究所包括圖書館學系與資訊學系兩個系，故課程特別多）。其餘各校的科目，80 門以上者 4 校，70 至 79 門者 1 校，60 至 69 門 8 校，50 至 59 門者 13 校，40 至 49 門者 14 校，30 至 39 門者 7 校。

各校課程的基本結構，大體可以歸納為：必修科目，一般圖書館學選修科目，資訊科目及特殊科目四部份，分別略加析述如下：

1. 必修科目：

必修科目的數目，各校的要求頗為懸殊，自 2 門至 8 門不等。要求 2 門者 1 校（Washington），3 門者 10 校，4 門者 5 校，5 門者 16 校，6 門者 5 校，7 門者 4 校，8 門者 1 校（Catholic Univ.）。其餘各校視情形而定，無法一一列舉。綜而言之，各校必修科目以 3 門至 5 門者居大多數，共 31 校，佔收到資料的 48 校中之 65%。

2. 一般圖書館學選修科目

各校科目總數，減去必修科目及資訊科目即為此類科目，通常佔科目總數的 50% 至 75% 不等。例如在 UCLA 的 81 門科目中，必修科目及資訊科目共為 31 門，其餘都是此類選修科目。又如 Kentucky 的科目總數為 42，必修科目及資訊科目共為 9 門。一般圖書館學的選修科目達 30 門以上，其餘各校的情形，請參閱表 4，恕不備舉。

3. 資訊科目：

自 1970 年代以來，圖書館學受到電腦與資訊科學的衝擊，起了革命性的變化。各校為迎合新的潮流，一方面紛紛更改名稱（截至 1984 年底為止，在美、加地區經 ALA 立案的 60 多校中，已有 40 校改為圖書館學與資訊科學研究所（School of Library and Information Science），同時增開資訊科學方面的課程，藉資因應。

目前各校所開的資訊科目，根據所寄簡介中的資料初步統計，自 2 門至 50 門不等，相差所以如此懸殊，係因各校情形有異，重點不同所致。Rhode Island 僅有資訊課程 2 門，為各校中最少者。Pittsburgn 因資訊系與圖書館系併立，故資訊科目特多，高達 50 門，為各校之冠。其餘各校開授資訊科目 3 門者有 Brigham Young，Kent State，UNC at Greensboro 及 Washington 等 4 校，4 門者 6 校，5 門者 7 校，6 門者 5 校，7 門者 1 校，8 門者 3 校，9 門者 1 校，10 至 19 門者 17 校，20 門以上 2 校，即 UCLA（24）與 Syracuse（28），分別佔其所開科目總數的 30% 與 41%。合而言之，如以 10 門為分水嶺，則少於 10 門者有 28 校，佔 48 校中的 58%；10 門以上者有 20 校，佔 42%。

4. 特殊科目：

所謂特殊科目，係以訓練專門圖書館員為其主要目的。各校有關這方面的課程極為複雜。大抵而言，以下列各類較為普遍：

醫學圖書館學（Medical Librarianship）

法律圖書館學（Law Librarianship）

音樂圖書館學（Music Librarianship）

衛生科學圖書館學（Health Science Librarianship）

新聞圖書館學（Journalism or Newspaper Librarianship）
商業圖書館學（Business Librarianship）
地圖圖書館學（Map Librarianship）
學校媒體專家（School Media Specialist）
教育媒體專家（Educational Media Specialist）
教學媒體專家（Instructional Media Speclialist）
檔案管理（Archives Administration and Management）

各校對上面這些專門圖書館學所開授的課程及學分也不一致。有的僅有一門課，三四學分；有的有好幾門課，十多學分；有的為選修，有的為必修，後者於修滿一定學分後，並授予證件（Certificate）。

有些特殊科目，且得成為雙學位（double degree）的構成要件。例如 SUNY（Buffalo）有圖書館學與音樂的雙學位；UC（Berkeley）有圖書館與資訊科學碩士（MLIS）及藝術史碩士（MA）等多項的雙學位；Denver 有法律學與法律圖書館學的雙學位 JD/MLL；Indana 有圖書館學與新聞學的雙學位 MLS/MA in Journalism。其他例子尚多，不必備述（詳見表4）。

表4 美國圖書館學與資訊科學研究所開授課程比較[21]

校名	科目總數	資訊科目數	必修科目名稱	特殊課程	備攷
Univ. of Alabama	51	5	視情形而定，從略	1. Educational Specialist	
SUNY, Albany	54	11	1. Information Environment 2. Information Processing 3. Infor. Sources & Services	1. School Media Librarianship 2. Health Science	
Univ. of Arizona					未收到資料
Atlanta Univ.	34	4	1. Collection Building 2. References & Bibliographies 3. Library & Librarianship 4. Intro. to Technical Services 5. One of Lib. Administration (Academic, Public, School, Special)	1. Medical Librarianship 2. Law Librarianship (Both of the 2 programs are shared with Emory Univ.)	
Ball State Univ.					未收到資料

（續上表）

校名	科目總數	資訊科目數	必修科目名稱	特殊課程	備攷
Brigham Young	31	3	1. Selection & Acq. of Materials 2. Reference Theory & Service 3. Basic Cataloging & Classification 4. Philosophical & Professional Bases of Librarianship 5. Lib. Organization & Administration 6. Documentation and Information Retrieval		
SUNY, Buffalo	43	5	1. Organ. & Control of Recorded Information 2. Introduction to Research & Problem Solving 3. Library Management 4. General Reference & Information Sources	1. Double Master's Programs in Music Librarianship 2. School Media Specialist	
Univ. of California, Berkeley	54	13	1. Introduction to Infor. Services 2. Cataloging & Classification 3. One of the following: a. Public Libraries b. College & Univ. Libraries c. Work with Children & Young-Adult in School and Public Libraries	1. Certificate in: 1) Bibliography 2) Lib. Automation & Infor. Science 3) Lib. Management 4) Infor. Management 2. Special programs for: 1) MLIS/MA in Art Hist. 2) MLIS/MA in Near Eastern Studies 3) MLIS and MPP (Master of Pub. Policy) 4) MLIS & MS in Health & Medical Science	

（續上表）

校名	科目總數	資訊科目數	必修科目名稱	特殊課程	備攷
Univ. of California, Los Angeles	81	24	1. The Infor. Professions 2. Fundamentals of Bibliography 3. Introduction to Subject Access (including Indexing & Thesaurus Construction) 4. Descriptive Cataloging 5. Information Resources & Services (I & II) 6. Selection & Acquisition of Lib. Materials 7. Management of Libraries	1. Special areas： Academic Librarianship Public Librarianship School Librarianship Law Librarianship Medicine Librarianship 2. Special Programs for： MLS/MA in Latin American Studies MLS/MA in History MLS/MBA in Manag. of Business Adm.	
Case Western Reserve Univ.					未收到資料
Catholic University of America	89	15	15 credits from the following： 1. History of the Book 2. Basic Inform. Sources & Services 3. Introd. to Technical Services in Libraries 4. Foundations of American Librarianship 5. Introd. to Computers and Information Processing 6. Cat. & Class. of Lib. Materials 7. Management of Libraries 8. Introduction to Library Collection Development	1. Specialized Librarianship in following areas： Academic & Research, Archival, Federal, Public, Law, Music, Map, School media, Special collection, Infor. science, Health science infor. service, Reference & Learner's advisory service. 2. Special programs for： MS/JD MS/Ph. D. in American Civilization MS/MA in History MS/MA in Educational Technology MS/Ed. D. MS/MS in Biology MS/MA Musicology CAS in： Lib. & Infor. Center Manag., Mainstreaming Special Users, Health & Rehabilitation Infor. Service	

（續上表）

校名	科目總數	資訊科目數	必修科目名稱	特殊課程	備攷
Univ. of Chicago	55	8	視情形而定，從略	1. Special programs for： AM/MBA AM/AM in South Asian Language & Civilization AM/AM in Social Science AM/AM in Middle Eastern Studies	
Clarion State Univ.	38	5	1. Information Sources & Services 2. Developing Library Collection 3. Cataloging & Classification 4. Introd. to Research in Lib. Sci. 5. Management of Libraries 6. Information Storage & Retrieval	1. Special areas： Instructional Media Specialist School Librarianship 2. Special programs for： MLS/MS in Communication	
Columbia University	60	11	1. Introduction to Library & Infor. Science 2. Information & Reference Services 3. Fundamentals of Organizing Library Collection	1. Special areas： Certificate in Advanced Librarianship Certificate in Infor. Management Conservators of Lib. Archival Materials Preservation Administrators	
Univ. of Denver	43	5	Prerequisite requirements： 1. Reference & Information Services 2. Media Collection Development 3. Storage & Retrieval of Library Materials（I） 4. Introduction to Librarianship & Information Management	1. Special areas： Law Librarianship Archival Librarianship School Media Specialist Edu. Media Specialist Certificate of Infor. Management 2. Special Programs for： MA/MA in Hist/Archives JD/MLL（Master of Law Librarianship	
Drexel Univ.	53	12	Required courses depend on 5 different areas		

（續上表）

校名	科目總數	資訊科目數	必修科目名稱	特殊課程	備攷
Emory Univ.	48	6	1. Information Technologies 2. Information Environment 3. Control of Resources 4. Information Sources		
Florida State Univ.	68	12	1. Foundation of Library & Information Science 2. Lib. & Infor. Center Management 3. Collection Management 4. Bibliographic Organization 5. Information Services	1. Eductional Media Specialist	
Univ. of Hawaii					未收到資料
Univ. of Illinois	49	11	1. Foundations of Library & Infor. Science 2. Introduction to Service Relating to Organization of Lib. Materials 3. Introduction to Information Sources & Services	1. Special program with Consulting	
Indiana Univ.	49	10	1. Information Sources & Services 2. Principles of Lib. Collection Building 3. Organ. of Materials & Infor.（I） 4. Introduction to Infor. Science 5. The Lib. as an Organization	1. Special areas： Specialization in Music Librarianship Specialization in Chemistry Librarianship 2. Special programs for. MLS/MA in History MIS/MA in Music MLS/MA in Pub. Affairs MLS/MA in Journalism MLS/MA in History & Philosophy of Science	
Univ. of Iowa					未收到資料

（續上表）

校名	科目總數	資訊科目數	必修科目名稱	特殊課程	備攷
Kent State Univ.	50	3	1. Foundations of Librarianship 2. Infor. Sources & Services 3. Organization of Lib. Materials 4. Introduction to Lib. Science Research Methods 5. Library Management 6. Selection & Acq. of Lib. Materials 7. Library Automation	1. Newspapers Librarianship	
Univ. of Kentucky	42	6	1. Introduction to Lib. Management 2. Introduction to Cat. & Class. 3. Reference & Information Services		
Long Island Univ.	68	19	1. Introd. to Lib. & Infor. Science 2. Infor. Sources & Services 3. Organization of Lib. Materials 4. College & University Libraries 5. Methods of Lib. & Infor. Science Research	1. Special areas： College & Univ. Librarianship Special Lib. & Infor. Center Librarianship, Business Librarianship Health Science Librarianship Media Specialist	
Louisiana State Univ.	43	7	1. Reference & Bibliography 2. Lib. & Infor. Agencies & Their Resources 3. Principles of Lib. Management 4. Organization of Knowledge & Its Technology 5. Issues in Libraries	1. Special areas： Academic librarianship Public Librarianship Special Librarianship Children's Librarianship Health Science Librarianship School Lib. Certificate	
Univ. of Maryland	86	13	1. Introd. to Ref. & infor. Services 2. Organization of Recorded Knowledge 3. Development & Operation of Library & Infor. Services	1. Special area： Edu. Media Certificate 2. Special Program for： MLS/MA in History	

（續上表）

校名	科目總數	資訊科目數	必修科目名稱	特殊課程	備玫
Univ. of Michigan	54	5	1. Cataloging & Classification 2. Collection Development & Manag. 3. General Ref. Materials & Services	1. Special areas： Academic Librarianship Music Librarianship Adm. of Archives Health Science Lib. & Infor. Science Infor. Management & lib. Automation School Lib. Media	
Univ. of Minnesota					未收到資料
Univ. of Missouri	52	12	1. Principles of Cat. & Class 2. Bibliography & Reference 3. Developing Library Collection 4. Management of Infor. Agencies 5. Research 6. Library Information System	1. Special areas： Archives Adm. Health Science Librarianship	
Univ. of N. Carolina	62	6	1. Introduction to Librarianship I & II 2. Research Methods 3. Supervised Field Experience	1. Special areas： Public Librarianship Certificate School Library Certificate	
N. Carolina Central Univ.					未收到資料
Univ. of N. Carolina, Greensboro	31	3	1. Foundations of Librarianship 2. Reference Sources & Methods 3. Organizing Lib. Collection 4. Administration of Lib. Program 5. Issues and Problems in Lib. & Information Science		
N. Illinois Univ.	33	5	1. Foundations of Librarianship 2. Lib. Organization & Management 3. Research Methods in Librarianship	1. Special areas： School Librarianship Media Specialist	

（續上表）

校名	科目總數	資訊科目數	必修科目名稱	特殊課程	備攷
North Texas State Univ.	68	11	1. Information Resources & Services 2. Collection Development & Resources Evaluation 3. Research Methods & Analysis 4. Organization & Control of Infor. Resources 5. Administration of Libraries & Information Centers	1. Special areas： School Librarianship Medical Librarianship	
Univ. of Oklahoma					未收到資料
G. Peabody College	39	9	1. Introduction to Library and Information science 2. Introduction to Cataloging and Classification 3. Basic Information Resources and Services	1. Special areas： Academic Librarianship Public Librarianship School Media Librarianship Education Program Specialist	
Univ. of Pittsburgh	154	50	1. Infor. Analysis & Retrieval 2. Collection Development & Use 3. Organization of Lib. Materials 4. Principles of Library Management 5. Introduction to Behavior & Communication Science		該院分爲圖書館學與資訊科學兩系
Pratt Institute	72	14	1. Fundamentals of Information Handling 2. Basic Information Sources 3. Organization of Information 4. Technology for Infor. Transfer		

（續上表）

校名	科目總數	資訊科目數	必修科目名稱	特殊課程	備攷
Queens College	35	4	1. Fundamentals of Lib. & Infor. Sci. 2. Infor. Sources & Services; General 3. Technical Services & Descriptive Cataloging 4. Technical & Subject Analysis 5. Research & Bibliography 6. One of: Infor. Sources & Ser.; Sci. & Tech. Infor. Sources & Ser.; Social Sci. Infor. Sources & Ser.; Humanities		
Univ. of Rhode Island	42	2	資料不全，從略		
Rosary College	55	10	1. Reference & Bibliography 2. Selection & Acq. of Materials 3. Cataloging & Classification 4. Library Administration 5. One of: Ref. Sources in the Humanities Ref. Sources in Social Sciences Ref. Sources in Sciences	1. Special programs for: Visiting Scholar Program BA/MALS MALS/MBA MALS/Master of Divinity MALS/MA in Hist.	
Rutgers Univ.	67	14	1. Infor. & Communication Phenomena 2. Infor. & Communication Technology 3. Information Organization 4. One of: Indexing & Abstracting Descriptive Cataloging Subject Cat.; Subject Heading Subject Cat.; Classification	1. Special areas: Academic Librarianship Public Librarianship Special Librarianship 2. Special Programs for: MLS/M. Ed. MLS/MA in Spanish	

（續上表）

校名	科目總數	資訊科目數	必修科目名稱	特殊課程	備攷
St. John's Univ.	54	10	1. Introd. to Cataloging & Class. 2. Introd. to Infor. Science 3. Introd. to Reference Services & Materials 4. Management of Infor. Facilities 5. One of: Infor. Sources in the Humanities Infor. Sources in Social Science Infor. Sources in Science	1. Special areas: Business Librarianship Law Librarianship Medical Librarianship School Media Specialist	
San Jose State Univ.	27	4	Prerequisite required courses: 1. Basic Information Service 2. Foundation of Library Science Basic required courses: 1. Collection Development 2. Technical Services 3. One of: School Media Service Public Lib. Service Academic Lib. Service Special Lib. Service 4. One of: Government Infor. Sources Lit. of Social Science Lit. of the Humanities Lit. of Science 5. Research Methods in Librarianship		
Simmons College	54	10	1. Organization of Knowledge in Libs. 2. Reference/Information Services 3. One of: Library & Information Science: The Role of Research Principles of Management	1. Special areas: Lib. Media Specialist Record Management Archives Management	

（續上表）

校名	科目總數	資訊科目數	必修科目名稱	特殊課程	備玫
Univ. of S. Carolina	58	6	1. Foundation of Libraries, Infor. & Media Programs 2. Foundation of Acquisition & Organ. Of Infor. & Materials 3. Foundation of Infor. Sources & Services 4. Foundation of Administration of Lib., Infor. & Media Programs 5. Introduction to Research in Lib. & Infor. Science 6. Computers in Lib. & Infor. Service	1. Special areas: School Lib. Media Specialist 2. Special programs for MLS/MA in English MLS/MA in History	
Univ. of S. California					未收到資料
S. Connecticut State Univ.	40	4	1. Development & Organization of Lib. /Infor. Agencies 2. Ref. Materials & Services 3. Acquisition & Organization 4. Library Systems Analysis 5. A-V Materials & Technology in Libs.	1. Special areas: School Media Specialist Lib. Sci. /Chemistry Lib. Sci. /English Lib. Sci. /History 2. Special program for: M. S. (Instructional Technology)	
Univ. of S. Mississippi	52	4	1. Introd. to Ref. Resources & Ser. 2. Cataloging & Classification, I & II 3. Development of Lib. Collection 4. A-V Media & Equipment 5. The Library in Society	1. Special areas: School Lib. Certificate 2. Special program for: MLS/MA in History	
Univ. of S. Florida					未收到資料
Syracuse Univ.	69	28	視情形而定，從略	1. Special area: Specialist in School Media 2. Special program for: JD/MLS	

（續上表）

校名	科目總數	資訊科目數	必修科目名稱	特殊課程	備攷
Univ. of Tennessee	44	8	1. Libraries & Librarianship 2. Organization of Lib. Collection, I 3. Introd. to Reference Materials 4. Research Methods in Lib. & Infor. Science 5. Subject Reference & Bibliography 6. Library Management 7. Principles of Materials Selection		
Univ. of Texas					未收到資料
Texas Woman's Univ.	63	8	1. Developing Library Collections 2. Information Storage & Retrieval 3. Information Sources & Services 4. Library Management 5. Research Methods 6. The Information Profession 7. Practicum	1. Learning Resources Specialist	
Univ. of Washington	48	3	1. Society, Users & Libraries 2. Bibliographic Control	1. Law Librarianship	
Wayne State Univ.	42	4	1. Introduction to Librarianship 2. General Reference Service 3. Technical Services in Libraries 4. Automation & Data Processing for Libraries 5. Two of： Subj. Ref. & Bibl.：Humanities Subj. Ref. & Bibl.：Sci. & Tech. Subj. Ref. & Bibl.：Social Sci.	1. Special areas： Academic Librarianship Public Librarianship Special Librarianship Law Librarianship Medical Librarianship Archives Librarianship	
W. Michigan Univ.					未收到資料

(續上表)

校名	科目總數	資訊科目數	必修科目名稱	特殊課程	備攷
Univ. of Wisconsin, Madison	47	6	1. Infor. Agencies & Their Environment 2. Bibliographic Organization 3. Infor. Services and Sources 4. Collection Development & Maintenance 5. Infor. Services Management	1. Special areas: Specialist in Lib. Media Archives Administration	
Univ. of Wisconsin, Milwaukee	46	5	1. Introduction to Reference Service & Resource 2. Building Library Collections 3. Introduction to Bibliographic Control of Library Materials 4. Foundation of Librarianship 5. Introduction to Information Science	1. Special areas: Instructional Media Specialist Health Librarianship Map Librarianship Medical Librarianship Music Librarianship 2. Special program for: MLS/MA in History	

陸、師資概況

美國的大學教員分爲四級，是即：正教授（full professor），副教授（associate professor），助理教授（assistant professor）及講師（instructor）。助教（teaching assistant）爲教員助理，不屬教員（faculty）範圍，故不在本項統計數字之內。

教員依其任課的數目，又可分爲專任（full-time）與兼任（part-time）兩類，前者每月有固定的薪資，後者以鐘點計酬。由於各校兼任教員的情形極不一致，故不能以專兼任的總和，作爲衡量各校教員多少的標準。又因有些學校將退休教授（professor emeritus）列於其專任名單中，有些則列於兼任中，更有一些另列一組，爲期公平並避免計算的困難，此類教授亦不在表5統計數字之內。

茲將表5中的各項統計數字分析如次：

1. 48校共有專任教員546人，兼任教員521人，合共1,067人。
2. 專任教員佔各校教員總數的51%，兼任教員佔總數的49%。
3. 48校中的平均專任教員爲546÷48＝11.382人，專任教員最多者爲Pittsburgh（29人），次多者爲UCLA（21人）。

專任教員最少者爲N. Illinois及San Jose State，各僅6人，其次爲Brigham Young, Peabody, Queens, Pratt及St. Johns，各僅7人（就實際而言，可能Wayne State的教員最少，在其所列的7位專任教員中，經查有4位業已退休，真正的專任可能僅有3人）。

4. 各校具有博士學位的專任教員共有403人（另有Maryland的16位專任及Wayne State的專任教員均未註明學位，其中有多少位具有博士學位不得而知），佔各校專任總數546人的74%。

5. 專任教員中每人均有博士學位者有 N. Carolina (16)、Michigan (15)、S. Mississippi (9)、Louisiana (8)、Queens (7) 及 N. Illinois (6)。專任教員中擁有博士學位最多者爲 Pittsburgh，有 22 人。

專任教員中擁有博士學位最少者爲 Peabody，僅 4 人，其次爲 Brigham Young、Emory、Pratt 及 Rosary，各僅 5 人。

6. 兼任教員最多者爲 Catholic，有 43 人，其次爲 UC Berkeley (41)、UCLA (27)、Indiana (25) 及 Pittsburgh (23)，其他各校均在 20 人以下。

表 5　美國圖書館學與資訊科學研究所教員數額比較[22]

校　名	專任			兼任	合共	備攷
	有博士	無博士	共			
Univ. of Alabama	8	3	11	2	13	
SUNY, Albany	10	4	14	11	25	
Univ. of Arizona						未收到資料
Atlanta Univ.	6	4	10	5	15	
Ball State Univ.						未收到資料
Brigham Young Univ.	5	2	7	6	13	
SUNY, Buffalo	7	3	10	10	20	
Univ. of Calif., Berkeley	10	2	12	41	53	
Univ. of Calif., Los Angeles	13	8	21	27	48	
Case Western Reserve Univ.						未收到資料
Catholic Univ. of America	11	3	14	43	57	
Univ. of Chicago	8	3	11	14	25	
Clarion State Univ.	6	2	8		8	
Columbia Univ.	9	3	12	19	31	
Univ. of Denver	8	6	14	16	30	
Drexel Univ.	13	1	14	13	27	
Emory Univ.	5	5	10	5	15	
Florida State Univ.	12	2	14	6	20	
Univ. of Hawaii						未收到資料
Univ. of Illinois	10	4	14	8	22	
Indiana Univ.	8	8	16	25	41	
Univ. of Iowa						未收到資料
Kent State Univ.	9	1	10	9	19	
Univ. of Kentucky	10	3	13	6	19	
Long Island Univ.	8	2	10	3	13	

(續上表)

校　　名	專任			兼任	合共	備　攷
	有博士	無博士	共			
Louisiana State University	8	0	8	4	12	
Univ. of Maryland			16	13	29	專任教員名錄未註明學位
Univ. of Michigan	15	0	15	10	25	
Univ. of Minnesota						未收到資料
University of Missouri	8	5	13	4	17	
Univ. of N. Carolina	16	0	16	11	27	
North Carolina Central Univ.						未收到資料
Univ. of N. Carolina at Greensboro	7	1	8	1	9	
N. Illinois Univ.	6	0	6	9	15	
North Texas State University	8	1	9	4	13	
Univ. of Oklahoma						未收到資料
G. Peabody College	4	3	7	7	14	
Univ. of Pittsburgh	22	7	29	23	42	
Pratt Institute	5	2	7	10	17	
Queens College	7	0	7	8	15	
University of Rhode Island	6	2	8	10	18	
Rosary College	5	3	8	12	20	
Rutgers University	14	2	16	17	33	
St. John's Univ.	6	1	7	6	13	
San Jose State University	4	2	6	7	13	
Simmons College	11	3	14	14	28	
Univ. of S. Carolina	7	1	8	4	12	
Univ. of Southern California						未收到資料
Southern Connecticut State Univ.	6	2	8	9	17	
Univ. of Southern Mississippi	9	0	9	9	18	
Univ. of S. Florida						未收到資料
Syracuse Univ.	10	5	15	10	25	
Univ. of Tenn.	8	2	10	3	13	
Univ. of Texas						未收到資料
Texas Woman's University	9	1	10	8	18	
University of Washington	7	6	13	5	18	

（續上表）

校 名	專任			兼任	合共	備攷
	有博士	無博士	共			
Wayne State Univ.			7	13	20	①7位專任中，4位爲退休教授 ②教授名錄未註明學位
W. Michigan Univ.						未收到資料
University of Wisconsin, Madison	12	1	13	15	28	
University of Wisconsin, Milwaukee	6	2	8	6	14	

柒、定期評鑑

　　各國的高等教育，大抵均由政府機關立案，美國則爲罕有的例外。美國各大專院校的一般立案機關爲區域協會（如：Western Association of Schools and Colleges, Northeastern Association of Schools and Colleges, etc.），專業學院（Professional Schools）的立案機關爲各專業學會。而是否要立案，係採志願方式，完全由各校自由決定。[23]

　　美國各大學圖書館學研究院的立案機關，係由美國聯邦教育部（Department of Education，卡特總統任內新設立，以前屬教育衛生福利部）與高等院校立案委員會（Council on Postsecondary Accreditation），指定由美國圖書館學會（American Library Association，簡稱 ALA）負責辦理。[24]該會爲執行此一任務，一方面訂立立案標準（Standards for Accreditation），作爲評鑑各校教育計劇的依據，一方面設立立案委員會（Committee on Accreditation，簡稱 COA），綜理各項有關立案事務。[25]

　　立案委員會的委員共有十二人，由 ALA 的會長當選人（President-elect）推薦，經該學會的執行委員會（ALA Executive Board）通過後任命之，任期兩年，得連任一次。其中兩人須爲非圖書館界的人士，因圖書館的專業教育與公共利益攸關，故須圈外人士參加評鑑，以期公正與客觀。又因美國圖書館學會受加拿大圖書館學會（Canadian Library Association）之委託，亦爲加拿大各圖書館研究院的評鑑機構，故在十位專業評鑑委員中，必須有一位來自加拿大。就過去的經驗來看，該委員會的歷屆委員，都是圖書館界與圖書館教育界的知名人士，例如 1980/1981 的十二位委員爲：[26]

　　Kenneth E. Beasley（lay member）
　　Richard L. Darling
　　Y. T. Feng
　　Lora D. Garrison（lay member）
　　James M. Matarazzo
　　Regina U. Minudri
　　John T. Parkhill
　　Lee Putnam
　　Antonio Rodriguez-Buckingham
　　Bernard S. Schlessinger
　　Phyllis Van Orden

Tom G. Watson（chair）

其中 Darling 爲哥倫比亞大學圖書館學研究院的院長，Mataazzo 爲席蒙斯學院圖書館學與資訊科學研究所的副所長，Schlessinger 爲羅德島大學圖書館學研究院院長，Orden 爲佛羅里達州立大學圖書館學研究院教授，均爲美國圖書館教育界的一時之選。

　　爲減輕該委員會委員們的負擔，實地赴各地評鑑（Site Visit）的委員，通常都是邀請該委員會以外的人士擔任。自 1973 年至 1976 年，擔任此種實地評鑑小組的委員，達 101 人，而 1980 年一年之中即有 45 人之多。實地評鑑小組的委員一般爲三至五人，通常爲四人，其中至少有一人爲現任或曾任立案委員會的委員，以便評鑑工作的順利進行。又實地評鑑小組的委員，須事先徵求受評鑑者的同意，受評者如認爲評鑑小組的委員與其利益相衝突或具有偏見，得拒絕之或要求更換，以避免評鑑時的不公正。

　　美國圖書館教育的立案，可以分爲兩種情形：一是第一次申請；二是業經立案的學校，每隔五至八年（通常爲七年），須重新加以評鑑，評鑑後如發現不合於立案標準，得撤銷其以前的立案。但無論那種情形，均須經過實地訪問（site visit）的階段。各校爲了通過此一評鑑，往往在一年以前即開始作『自我研究』（self-study），通常是將其全部教職員，按立案標準所規定的六個評鑑項目，分爲教育目標、課程、教員、學生、行政管理、設備等六個小組，每組依照 1972 年立案標準中有關其本項目中的各項規定，逐項加以檢討，以定其有無合於標準，而對未合標準的部份，迅速謀求改進，以便順利過關。自我研究的結果，應作成書面報告（有的長達 300 頁），呈繳給立案委員會審閱。立案委員會如認爲其不合立案的標準，得通知該校，暫時不派評鑑小組前往，俟其有所改進時再議。受評鑑的學校，雖有堅持派遣評鑑小組之權，但因此種評鑑的一切費用，均由受評鑑者負擔，一般人均不敢輕易冒險，故這種事很少發生。

　　立案委員會於審閱申請立案者的自我研究報告（self-study report）後，認爲有去實地評鑑之必要時，即組成一個三至五人的評鑑小組，並指定其中一人爲主席。此一小組通常係於星期日晚上到達現場，而於星期四中午結束，爲時三天半。在此期中，他們分工合作，每人就事先分配的項目，白天用參觀、訪問、開會、個別談話等蒐集有關資料，晚上在旅館核對這些資料是否與該校所提報告中的各項相符，並作成書面報告。再由小組主席，綜合各委員的報告，撰寫總報告。此一報告多在 30 頁至 70 頁之間，而以 50 頁左右爲最多。內容分爲事實（fact）、評估（evaluation）及建議（recommendation）三部份。第一、二部份須先送給受評者過目，核對是否與事實有出入，評估是否客觀、公平，若皆認爲無問題，則連同第三部份的建議，一並呈送 ALA 的 COA 審議。

　　COA 於收到評鑑小組的報告後，即召開全體委員會議。此種會議分爲兩個階段。第一階段是立案委員與實地評鑑委員的聯席會議，討論報告的內容及答覆各項問題。第二階段是立案委員們單獨舉行的秘密會議，此時評鑑委員已退席，由立案委員們秘密投票。投票結果有三種可能：一是同意立案，二是不予立案，三是有條件立案。[27] 其最後決議應通知立案申請者。COA 對於評鑑小組的建議，從不公開，但受評鑑的學校得將評鑑報告的事實與評估部份，分發給教職員及學生參攷。

　　除了定期評鑑外，各立案的學校，並須於每年向 COA 提出年度報告。年度報告的認可，表示該校於次年被繼續立案[28]；否則，即係被撤銷立案的信號。由此可見美國圖書館教育的評鑑目的與方法，是在不斷促使各校精益求精，日新又新，值得吾人效法。

捌、結　語

綜上所述，我們對美國圖書館專業教育的現況，可得到以下幾項基本認識：

就各校的入學資格而言，均以得有學士學位者爲必要條件，其四年成績一般皆要求在 B 以上。除此以外，絕大多數的學位並需 GRE 及推薦信。非英語國家的外籍學生申請入學，尚須提出 TOEFL 成績，一般在 500 分與 600 分之間，欲進較佳學校，最好在 550 分以上。

畢業要求包括應修學分、畢業攷試、畢業論文及外國語四項。各校所要求的學業學分數頗有差異，以學期制爲例，最少 30 學分，最多 48 學分，而以 36 學分爲最普遍。戰後由於博士班日多，對於碩士學位的要求已相對降低，在提供資料的 48 校中，目前要求畢業攷試者僅 16 校，約佔 33.5%。要求畢業論文與外國語者更少，各僅 7 校而已，約佔 48 校中的 15%。

在課程方面，各校的情形極不一致。少者僅 27 門（San jose State），多者達 154 門（Pittsburgh），一般在 40 門至 60 門之間。必修科目的要求相差亦大，有的僅有 2 門，有的多至 8 門，但以 3 至 5 門爲最普遍。1970 年代以後，資訊課程在各校所佔的比重日增，目前已佔各校科目總數的 20% 左右。由於社會愈複雜，分工愈精細，爲因應實際需要，各校多有專門圖書館課程的設置，當前以醫學、法律、音樂及衛生科學等方面的特殊課程最受歡迎。又爲便於其他院、系的學生兼修圖書館學，有些學校已採用雙學位制，即外系學生修完其本系與圖書館學系必修學分後，可取得其本系與圖書館學系的雙重學位。

以言師資，各校專任教員擁有博士學位者達 74%，其中有 6 校的專任教員，全部都是博士，可見其師資水準之高。各校的專任教員平均有 11.4 人，而各校的學生平均爲 149 人，即每 13 個學生中有一位專任教員，加上幾乎相同數目的兼任教員，如以二兼任算一專任，則每一教員照顧的學生僅有 8 人左右，則此一端已可概見其教育品質之優良。

最後就評鑑來說，除了第一次申請立案者，須依 1972 年立案標準中的各項要求，嚴格審查外，已經獲准立案的各校，每隔七年仍須定期評鑑一次，如不合格，立案即被撤銷。抑有進者，已立案的各校每年仍須向 ALA 的立案委員會（Committee on Accreditation，簡稱 COA）提出年度報告，如審查有問題，立即提出糾正，以便及時改進。這種繼續不斷的評鑑程序，可使各校的教育品質維持在一定的水準，值得我們取法。（本文部份表中資料之整理曾得盧非易同學協助，特此致謝）。

附　注

① 詳見 *American Library Directory*, 37th ed.（New York: R. R. Bowker, 1984）, vol. 2, pp. 1917 – 1939.

② 根據 1984 年美國圖書館學與資訊科學教育學會名錄指南，目前經美國圖書館學會（ALA）立案的美、加地區圖書館學系、所共爲 67 處，包括美國 60 處，加拿大 7 處，詳見：*Directory of the Association for Library and Information Science Education*, 1984（State College, Pa.: The Association, 1984）.

③ 參閱 *Standards for Accreditation*（Presented by the ALA Board of Education for Librarianship and Approved by the ALA Council, Chicago, July 13, 1951）. 在該標準所規定的學位"Degree"項下，明白規定其立案的對象以碩士"Master's degree"爲限。

④參閱 *Standards for Accreditation*, 1972 (Chicago: ALA, 1972), p. 2.

⑤J. Periam Danton, *Between M. L. S. and Ph. D.: A Study of Sixth-Year Specialist Programs in Library Schools Accredited by the American Library Association* (Chicago: ALA, 1970), p. 5.

⑥關於此種訓練計劃的功能，可參閱：Raynard C. Swank, "The Sixth Year Curriculum and the Education of Library School Faculties," *Journal of Education for Librarianship* 8 (Summer 1969): 15; Floyd N. Fryden, "Post-Master's Degree Programs in the U. S. Accredited Library Schools," *Library Quarterly* 39 (July 1969), pp. 233–244.

⑦這七所大學是：University of California (Berkeley), Case Western Reserve University, University of Chicago, Columbia University, University of Illinois (Urbana-Champaign), University of Michigan, Rutgers University (The State University of New Jersey). 此項資料是從下面出版物查出 Charles H. Davis, *Doctoral Dissertations in Library-Science: Titles Accepted by Accredited Library Schools*, 1930–1975 (Ann Arbor, Michigan: University Microfilms International, 1975).

⑧這些數字由下列資料綜合而得：

C. Edward Carroll, "History of Library Education," in *The Administrative Aspects of Education for Librarianship: A Symposium*, ed. by Mary B. Cassata and Herman L. Totten (Metuchen, N. J.: Scarecrow, 1975), p. 23; Charles H. Davis, *Library Science: A Dissertation Bibliography* (Ann Arbor, Michigan: University Microfilms International, 1980), p. 1.

⑨A List of Bulletins of ALA-Accredited Library Schools:

The University of Alabama
Graduate School Catalog 1984–1985
Graduate School of Library Service, pp. 250–256

State University of New York at Albany
(Bulletin of the) School of Library and Information Science

The Atlanta University
General Catalog 1983–1984
School of Library and information Studies, pp. 174–182

Brigham Young University
(Brochure of the) School of Library and Information Science

State University of New York at Buffalo
(Bulletin of the) School of Information & Library Studies 1983–1985

University of California, Berkeley
(Bulletin of the) School of Library and Information Studies 1983–1984

University of California, Los Angeles

(Bulletin of the) Graduate School of Library and Information Science 1985 – 1986

Case Western Reserve University
School of Library and Information Science Bulletin 1977 – 1980

The Catholic University of America
(Bulletin of the) School of Library and Information Science 1983 – 1985

University of Chicago
(Bulletin of the) Graduate Library School

Clarion State University
(Bulletin of the) School of Library Science Graduate Program 1983 – 1985

Columbia University Bulletin
School of Library Service 1984 – 1985

University of Denver Bulletin
Graduate School of Librarianship and Information Management 1983 – 1985

Drexel University
School of Library and Information Science

Emery University
(Bulletin of the) School of Library and Information Management 1984/1985

Florida State University
(Brochure of the) School of Library and Information Studies

University of Hawaii
(Bulletin of the) Graduate School of Library Studies 1985 – 1987

University of Illinois at Urbana-Champaign
(Bulletin of the) Graduate School of Library and Information Science 1984/1986

Indiana University Bulletin
School of Library and Information Science 1983 – 1985

Kent State Univrsity
Introducing Library Science 1983 – 1985

University of Kentucky
(Bulletin of the) College of Library & Information Science 1983 – 1984

Long Island University Graduate Bulletin
Palmer School of Library and Information Science 1982 – 1984

Louisiana State University
School of Library and Information Science Bulletin

University of Maryland
(Brochure of the) College of Library and Information Services

University of Michigan Bulletin
School of Library Science Announcement 1983 – 1984, 1984 – 1985

University of Missouri, Columbia
(Bulletin of the) School of Library and information Science 1984

University of North Carolina at Chapel Hill
School of Library Science 1983

University of North Carolina at Greensboro
Information Bulletin Library Science/Technology Program

North Illinois University
(Bulletin of the) Department of Library Science

North Texas State University
Graduate Catalog 1983 – 1984
School of Library and Information Science, pp. 152 – 157

Peabody College of Vanderbilt University
(Bulletin of the) Graduate Studies in Library and Information Science

University of Pittsburgh
(Bulletin of the) School of Library and Information Science 1983 – 1984

Pratt Institute
Graduate Shool of Library and Information Science Bulletin/1983 – 1984

Queens College

Bulletin of Graduate School
Library and Information Studies 1982 – 1984

University of Rhode Island
(Brochure of the) Graduate Library School

Rosary College Bulletin 1984 – 1985
Graduate School of Library and Information Science, pp. 9 – 34

Rutgers University, the State University of New Jersey
(Bulletin of the) School of Communication, Information and Library Science 1986

St. John's University Graduate Bulletin 1983 – 1985
(Brochure of the) Division of Library and Information Science

San Jose University, the State University of California
(Bulletin of the) Graduate Studies in Library Science

Simmons College
(Bulletin of the) Graduate School of Library and Information Science 1984/1986

The University of South Carolina Graduate Bulletin 1983 – 1984
College of Library and Information Science, pp. 115G – 119G

Southern Connectiut State University
School of Library and Instructional Technology Graduate Programs

University of Southern Mississippi
School of Library Science 1983 – 1984, 1984 – 1985

Syracuse University
School of Information Studies

University of Tennessee
(Bulletin of the) Graduate School of Library and Information Science

Texas Woman's University
School of Library Science
University of Washington
(Brochure of the) Graduate School of Library and Information Science 1984 – 1986

Wayne State University
College of Education
Division of Library Science

University of Wisconsin-Madison Bulletin
School of Library and Information Studies

University of Wisconsin-Milwaukee
(Bulletin of the) School of Library and Information Science

⑩同註①。

⑪同註②。

⑫*Perterson's Annual Guides/Graduate Study Book* 2: *Graduate Programs in the Humanities and Social Science 1984*, 18th ed. (Princeton, N. J.: Perterson's Guides, 1984), pp. 1029–1236.

⑬Jack Gourman, *The Gourman Report: A Rating of Graduate and Professional Programs in American and International Universities*, 2nd ed. rev. (Los Angeles, CA: National Education Standards, 1983), p. 45.

⑭*Lovejoy's College Guide*. 16th ed. New York: Monarch Press, 1983.

⑮*The College Handbook*, 1984–1985. 22nd ed. New York: College Entrance Examination Board, 1984.

⑯James Cass and Max Birnbaum *Comparative Guide to American Colleges*. New York: Harper & Row, 1981.

⑰同註2。在 ALA 立案的六十個圖書館學研究所中，已有三十六個改爲圖書館與資訊科學研究所（Sehool of Library and Information Science），其餘廿四所仍沿用舊名。

⑱各校名次係依 Gourman Report（1983）第 45 頁中所排列者爲準。此一名單共列 31 校，其得分均在 4 與 5 之間，凡未達於此一水準者均未排名，故本表中未註明名次者，均在第 31 名以後。值得注意者，此一排名每年不同，不可據爲定論，只可作爲參攷。

⑲同註⑨。

⑳同上。

㉑同上。

㉒同上。

㉓Allen E. Veaner, "The Anatomy of Accreditation," *The Library Bulletin fo the Stanford University Libraries* (March 5, 1975): 1. See also *Notes on Professional Education for Librarianship in the United States* (Chicago: ALA Library Education Division, 1976), p. 2.

㉔Elinor Yungmeyer, "Accreditation of Library Schools," in *The ALA Yearbook 1981* (Chicago: ALA, 1981), p. 32.

㉕美國圖書館學會於 1925 年制訂第一次立案標準稱爲 *Minimum Standards for Library Schools*，1933 年修改爲 *Minimum Reguirements for Library Schools*，1951 年再修改爲 *Standards for Accreditions*，1972 年又曾作大幅度修改，但其名稱未變，截至 1984 年底止，此一標準繼續有效。至其立案委員會，最初成立於 1924 年，稱爲 Board of Education for Librarianship，此一名稱一直沿用至 1956 年，始改稱今名，即 COA。參閱：Russel E. Bidlaek, "Accreditation of Library Schools" in *ALA World Library and Information Services* (Chicago：ALA，1980），p. 19.

㉖Yungmeyer，*op. cit.*，p. 32.

㉗所謂有條件立案，係指某些不足條件，可望於特定時間內改進，故暫時不撤銷其立案。此種情形的立案，於第一次申請立案者不適用之。參閱：

Veaner，*op. cit.*，p. 3.

㉘Bidlack，*op. cit*，p. 20.

原載『「中國圖書館學會」會報』第 38 期（1986 年 6 月），頁 91—128

三年來的臺大圖書館系

　　只有在國外住得太久的人，才能體會到自己國家的可愛；只有與外國人接觸很多的人，才會覺得自己同胞的可親；只有在國外教過書的人，才會感到在國內教書更有意義。我是在這種心態下，離開住過廿多年的美國，回到母校來執教的。

　　由於這次回臺灣有長住的打算，所以在回臺灣以前，我們全家又到歐洲去轉了一圈。這次去歐，純以旅遊為目的，廿多天中，跑了十多個國家，走馬看花，談不到有何心得，只給小兒增長了一些見識。

　　我們於七月底歐遊回美，安頓了一些私事，即取道紐約、洛杉磯、夏威夷、東京等地，於八月十日到達臺北。由於何前主任光國兄業已返美，系務待理，故稍事休息，即於十五日到系裏辦公。時間過得真快，屈指算來，我接任系務不覺已將近三個年頭了。在人生的過程中，三年是一個不長不短的時段。我希望借『書府』一角，把過去三年來我們系裏所發生的一些事情，向本系師生作一簡要的報告，並對本系未來的可能發展，作一初步預測。

　　我接任之初，適逢『教育部』修改大學課程。我們遵照『教育部』所頒『最新修訂大學必修科目表』及其實施要點，於一九八三學年度九月開學前，將本系大學部四年課程全部重新修訂。新課程的基本結構包括五部份，是即：共同必修科目28學分，『部定』本系必修科目50學分，系定必修科目35學分，外系副主修或輔系學分20學分，及選修科目15學分。全部共148學分，為本系學生畢業的最低學分數。新修課程的主要精神，是要本系同學在專業科目之外，有機會多讀一些必要的基本科目，以便擴大他們的知識領域，增加就業時的工作效能。

　　本系成立於一九六一年，至今已有廿五年歷史，但在臺大文學院中，仍然是一位小老弟。由於設系較他系為晚，所以在教員、經費與設備方面都很吃虧。要想在這些方面有所突破，需要一番艱苦奮鬥。幸賴王前院長曾才先生的大力支持，現任院長朱炎先生的特別愛護，以及本系全體師生的共同努力，現在總算有些初步成果了。

　　在教員方面，三年來我們增加了三個專任名額，及三位兼任老師，不僅加強了教授的陣容，增多了必要的課程，也使系館有專人負責，於管理與學生實習方面都有顯著的改進。

　　以言經費，過去文學院的分配方法，係以各系的教員數目為準，我們系的教員只有大系的十分之一，所以我們分到的經費，也只有人家的十分之一。以具體數字來說，假如我們每年能分到十萬元，他們就能分到一百萬元，這是非常不合理的。由於前任及現任院長的大力改革，這種不合理的現象已經大為改善。目前的分配方法，係以系為主體，教員與學生只是攷慮因素之一，所以我們現在分到的錢，已遠較過去為多。雖然因為大局所限，文學院各系的經費普遍不夠充分，本系更不例外，但對一個多年遭受不公平待遇的『窮小子』而言，現在能與別人處於『均窮』的地位，也算是有個喘息的機會了。

　　再說設備，我剛回來時，系館已決定由研圖的四樓遷到總圖的後樓，並有初步規劃。我詳加研究後，覺得內部的修理計劃過份因陋就簡，規劃的細節也有待商榷，故決定作全面修改。今天系館內部雖仍談不上美觀，但即使是這個面目，也曾經過一番奮鬥。房子修好後，又承王前院長的鼎力相助，使我們爭得六十萬元的設備費，讓我們有足夠的錢，將系館內的書架桌椅，全部汰舊換新。

由於經費較爲充裕，過去三年本系增加的圖書與設備頗爲可觀。在圖書方面，我們新買的專業書籍，超過三千冊。在教學用具方面，我們新買了三部微電腦（包括一部 IBM PC 5550），兩部複印機，兩部電子打字機，及三十萬元的視聽教育器材。

本系空間狹小，衆所週知。過去除辦公室外，只有兩間教員研究室，他如編目分類實習室、視聽資料教學實習室、圖書館自動化實驗室等，均付闕如，影響教學效率，至深且鉅。最近兩三年來，我曾將上述情形，迭向院長、總務長、教務長及校長提出報告，請求設法改善，均因種種原因，未有結果。最近幸得總圖書館陳館長興夏教授（也是本系的前任主任）的慨允，賜借研究圖書館四樓的一角，並向總務處請得十多萬元的隔間費，將其隔爲兩間，暫時紓解了編目分類與視聽教學的實習問題。同時又商得同在四樓的『人口中心』的同意，必要時得利用其會議廳，作爲編分與視聽教學的上課教室。自下學期開始，這幾門課的上課與實習均可在同一處進行。至於教員的研究室，我們要謝謝朱院長的特別照顧，勉力將系館隔壁過去屬於他系的一間房子，撥交本系使用，使林少薰、王文泉、吳明德、盧秀菊四位老師，得有一席之地，可作研究。

我們也曾利用一些機會，促進國內外的圖書館界對本系的認識。過去兩年多來，我們曾邀請多位國外著名的專家學者（包括兩位美國資訊學會 ASIS 的會長，一位美國圖書館學會 ALA 會長及兩位國際著名資訊公司的董事長），來系演講或主持研討會，均深受同學歡迎。去年爲配合本校四十週年校慶，在孫校長的鼓勵及支援下，我們更舉辦了世界上第一次『圖書館學與資訊科學教育國際研討會』，邀請了美、英、德、加、日、韓的十多位圖書館學與資訊科學研究院的院長或前任院長，及臺灣圖書館界的碩彥，共有代表百人參加。由於本系全體師生的共同努力，使我們辦了一次漂亮而成功的國際會議，不僅受到本校孫校長及各位行政首長的一致讚美，也被外國代表譽爲國際會議的『里程碑』 milestone。

回顧過去，我們雖有一些收穫，但距離理想仍很遙遠，而一個美好的未來，更有待於本系全體師生的繼續努力與共同奮鬥。展望將來，目前可得而言者，包括：

設立博士班

培育圖書館與資訊科學的高級人才，爲臺灣各大學圖書館系、所的師資及各主要圖書館的高級行政主管，提供候選人。

更改系名

將現在的系名改爲『圖書館與資訊學系』（Department of Library and Information Science），此一提議曾受到外院特別是工學院的激烈反對，我們將於適當時期再度提出，繼續爭取。

充實系館

我們希望在未來數年之內，盡量蒐購國內外的圖書館學與資訊科學的專業圖書，使我們的這個系館，成爲臺灣圖書館界最完備的專業圖書館。

籌建新家

我們在原則上已得到院長與校長的首肯，將本系未來的辦公與教學處所，與籌劃中的總圖新館建於一起。新館的建築已列為全校的第一優先，一俟『教育部』核准，即可定案。預計三四年後，本系將有一個設備新穎、合於資訊時代教學需要的新家。

最後我想藉這個機會對本系同學提出一些願望：一望努力學業，為本系爭取更多榮譽。二望同學們在不妨礙學業的限度內，多多參加課外活動，特別是體育活動。過去三年的校運，本系同學參加的太少了，使我這個在臺上觀禮的系主任，黯然無光。三望本系畢業同學多多參加高攷，因為『公務人員任用法』及新的『教育人員任用法』，均規定公家機關及公立學校的職員，非經攷試不得任用，有了高攷資格，就可增加許多工作機會。四望本系同學儘量參加圖書館的專業組織，既然選擇了圖書館工作為專業，就應參加這個專業的有關活動，既可增長知識，又能交換經驗，更易結交朋友，一舉而數得，何樂而不為！

原載『書府』第 7 期（1986 年六月），頁 6—8

附　　錄
臺大圖書館學系舉辦『圖書館學與資訊科學教育國際研討會』活動照片

孫校長致開幕詞

開幕典禮前之會場

開幕典禮中本系胡主任介紹外國代表

開幕時之會場

本系胡主任主持第一次會議

本系老師於會場前合影

三年來的臺大圖書館系　　93

孫校長宴請國外代表合影

『文建會』陳奇祿宴請國外代表

本系部分老師與美國羅莎里圖書館學研究院李志鐘院長合影

招待酒會一角

招待酒會一角

孫校長與本系工作師生合影

Library Association RECORD

Volume 88 Number 3   March 1986

Conference at the National Taiwan University, November 1985. Left to right: Dr. Edward Holley, University of North Carolina; Professor Peter Havard-Williams, Loughborough; Dr. Norman Horrocks, Dalhousie University; and Dr. James Hu, Chairman, Department of Library Science, National Taiwan University.

　　1986年3月在英國倫敦出版的『英國圖書館學會會報』(*Library Association Record*) 第88卷第3期，刊載有關臺大圖書館學系於1985年11月舉辦的『圖書館學與資訊科學教育國際研討會』(International Conference on Library and Information Science Education) 有關活動的照片。圖中自左至右：美國北卡羅來納大學圖書館學研究院院長 Dr. E. Holley，英國勞波洛大學圖書館與資訊科學研究院院長 Dr. P. Havard-Williams，加拿大戴爾豪斯大學圖書館學研究院院長 Dr. N. Horrocks，及臺大圖書館學系主任暨研究所所長胡述兆博士。

THE LIBRARY ASSOCIATION
Founded 1877
Incorporated by Royal Charter 1898
Registered Charity 313014
Patron: Her Majesty the Queen
7 Ridgmount Street, London WC1E 7AE Telephone: 01 – 636 7543 Telex: 21897
Record *offices*: 01 – 637 8386 (*editorial only*); 01 – 580 5627 (*advertising and vacancies supplement only*)

原載『書府』第7期 (1986年6月)，頁6—8。附臺大舉辦圖書館教育國際會議的重要照片

爲圖書館的起源、意義與功能進一解

這篇短文，旨在對圖書館的三個基本概念，提供一點粗淺的意見，一方面與圖書館學系同學們已學到的知識互相參證，同時也希望藉此增進一般社會大眾對圖書館的認識，從而引起他們對圖書館的興趣與利用。

一、圖書館的起源

圖書館始於何時，無法確知。粗略言之，大概人類有保存紀錄的必要時，就有了圖書館。人類有了紀錄，就是信史的開始，所以圖書館是與人類信史以俱來。

圖書館最原始的功能，乃是保存人類的紀錄與文化，所以世界上的文明古國，都是早期圖書館的重要發祥地。史載，公元三千年前的埃及（Egypt）與二千年前的巴比倫（Babylon，在今中東伊拉克一帶），都已有了圖書館。其時埃及圖書館所收藏的資料，多爲寫在紙草（papyrus）上的文件，而巴比倫圖書館的資料則是刻在泥片（clay tablet）上的紀錄。

希臘（Greece）在柏拉圖（Plato, 427?—347? B. C.）時代，就已有了頗具規模的圖書館。柏拉圖是希臘的大哲學家，他治學有個基本理念，認爲一個人要在學問上思想透徹，必須掌握人類的所有知識。他的學生亞里斯多德（Aristotle, 384—322B. C.），受到這種啟示，乃把當時的各種學術資料蒐集起來，保存在他講學的地方賴修慕（Lyceum），成爲古代希臘著名的圖書館。亞歷山大大帝（Alexander the Great, 356～323 B. C.），在埃及尼羅河（Nile）三角洲西岸所設置的亞歷山大圖書館（Alexandrian Library），就是仿照亞里斯多德的圖書館而建立。此一圖書館收藏的資料，達七十萬卷（scroll），號稱擁有世人所知的全部圖籍，乃當時西方世界最大的圖書館。（註1）

古代羅馬（Rome）受到埃及與希臘的影響，更爲重視圖書館。偉大演說家西塞羅（Cicero, 106—43 B. C.），就有一個著名的私人圖書館。古羅馬大將與政治家凱撒（Julius Caesar, 102?—44 B. C.）統治羅馬時，曾請當時著名學者瓦諾（Marcus Terentius Varro, 116—27 B. C.）（註2），在羅馬建造一座富麗堂皇的公共圖書館。凱撒雖未及身見到這座圖書館，但該館終於在五年以內完成。浦利尼（Pliny, or Gaius Plinius Secundus, 23—79 A. D.）在其所著『自然史』（*Historia Naturalis*）一書中（註3），對該館讚揚備極，譽爲『他使人類才藝爲公眾所有』（ingenia hominum rem publicam fecit; i. e. He made man's talents a public possession）（註4），可見其對人類貢獻之鉅。

耶穌降生以後，西方圖書館的發展多有紀錄可按，不必細說，現在來談談我國的情形。

我國遠在夏代（2205—1766 B. C.，約值前期的巴比倫時代），據說就有了圖書館，但因目前尚乏具體證據，無可記述。安陽殷墟之出土，證明殷商（1766—1121 B. C.）確已有了圖書館。及至周朝（1121—256 B. C.），圖書館已甚普遍，不但名目增多，而且立官分守。依周禮，天子之史有五：『太史掌建邦之六典、六法、八則，以詔王治；小史掌邦國之志，定世系，辨昭穆；內史掌王之八柄，策命而式之；外史掌王之外令，四方之志，三皇五帝之書；御史掌邦國都鄙萬民之治令，以贊冢宰。』雖然五史各有所司，但皆與圖籍資料與典章文物有關，則顯而易見。不僅此也，周代還有專門管理圖書之官。據史記所載，老子曾爲周藏室史。所謂藏室史，就是藏書室之史，或稱柱下史。故李耳（604？—531？B. C.）可算是我國信史上最早的中央圖書館館長。

秦亡漢興，高祖入關後，蕭何盡收秦之圖籍，並建石渠、天祿二閣以藏之，從此我國更有了專用之國家圖書館。西漢以降，歷代藏書之所名稱不一，如東漢之東觀與蘭臺，唐之集賢院，宋之崇文院，元之秘書監，及明、清兩代之文淵閣，皆其犖犖大者。歷代圖書館之詳情，自有治圖書館史者去發掘與闡述，我們無須在此備述。

二、圖書館的意義

圖書館是什麼？簡單地說：

『圖書館是人類智慧的總匯。』

(*A library is a collection of human intelligence.*)

這一定義很周延，也很適切，因爲圖書館的每件資料，都是智慧的結晶，說它是人類智慧的總滙，誰曰不宜!？不過它的詞語太簡單，沒有說出圖書館的特性，使人不易瞭解圖書館的真正意義，所以我們要改換一種比較具體的方式，來對圖書館作一界說：

圖書館是採訪、整理、保存各種印刷與非印刷的資料，以便於讀者利用的機構。

圖書二字，源自我國古代的河圖洛書，所謂『河出圖，洛出書』。圖是繪畫的表示，書是文字的記載，合而爲古今圖籍的總稱，所以我們把蒐藏與處理圖書資料的地方叫做圖書館。

前已言之，圖書館在我國具有悠久的歷史。但這三個字連起來見於我國的文獻，卻僅是近百年，甚至於近數十年的事。一般認爲，『圖書館』這個名詞，首先見於湖南巡撫龐鴻書的奏章中。龐氏於光緒三十二年（1906，有人認爲係光緒三十一年，1905，似有誤）十一月初一日上書清庭，奏請在湖南省會長沙設立『圖書館』。奏文中有言：『查東西各國都會，莫不設有圖書館，所以庋藏羣籍，輸進文明，於勸學育才，有大裨益。……』（註5）不過，『圖書館』這三個字的連用，是否首見於龐氏的奏章中，頗可存疑。查『圖書館』這個名詞，原係日本所創，何時由我國採用，似乎尚無定論。因爲早在光緒二十二年（1896）八月廿一日，刊於『時務報』第十六期一篇名爲『古巴島述略』（原載『日本時報』）的譯文中，即有『圖書館』這個名詞。（註6）所以不管這個名詞是否在我國較早的文獻中可以找到，它非龐氏所首創，則毋庸置疑。

英文中的圖書館叫 Library，它是從拉丁文 Librarium 一字演化而來，意爲放書的地方。德文中的圖書館稱 Bibliothek，法文爲 bibliothegue，俄文是 biblioteka，意大利與西班牙均作 biblioteca，則都是從一個拉丁化的希臘字 bibliotheca 變化而成。這個字的前半部，biblio 是希臘文的書字；後半部，theca 乃裝東西的容器，合之而爲放書的地方，也就是圖書館。

明瞭了圖書館這個名詞的由來，現在再來解釋一下這個名詞中所包含的其他幾個項目的意義：

1. 所謂採訪，就是對資料的採擇與訪求，其主要方式有三：即購買、交換與受贈。
2. 整理就是組織，用圖書館學的術語來說，就是編目與分類，或編製書目、索引與摘要。
3. 保存就是妥善保藏（Preservation）與適當維護（Conservation），旨在保持資料的完整性。

4. 印刷的資料，係指圖書、期刊、文件等印刷的東西而言。非印刷的資料包括視聽資料（A-V materials）與其他媒體（Media）所儲存的資料：前者如影片（Motion picture）、唱片（Phonorecord）、幻燈片（Slide）或幻燈捲片（Filmstrip）、錄影帶（Videotape）、電視節目（TV program）等屬之，後者指電腦（Computer）、磁碟（Floppy disk）、光碟（Optical disk）等所儲存的資料。我們所以要在圖書館的定義中，特別把印刷的與非印刷的資料相提並論，主要在避免讀者『望文生義』或『因詞害意』，因為今天圖書館所蒐藏的資料，除了書報雜誌及其他印刷品外，還有非印刷的他種資料，後者且正日益增多，並有逐漸凌駕前者之勢。

綜而言之，採訪、整理與保存資料，都只是經營圖書館的手段。它們的最終目的，乃在使圖書館的資料便於讀者的利用，這才是現代圖書館的真正價值。

三、圖書館的功能

筆者到世界各國去開會或旅遊，因為時間短暫，向喜以三個簡單的標準，來探測一國物質建設的程度，另以三個機關，來衡量它的文化建設水準。前者包括自來水能否生喝，公廁有無臭味，及電綫已否埋入地下。這三件事都是公共設施，在世界上的任何都市中都可於幾分鐘內發現。後者係指博物館、美術館與圖書館。這三個機構，通常在一國的首善之區皆可找到，只需化上一二天的參觀，即可看出其端倪。我之所以要把圖書館列為主要的參觀對象，因為它是任何國家或社會中，最重要的文化指標。

圖書館的功能，因圖書館的類別或性質不同，而有所差異，不過異中有同。現在就其共同之點，歸納為以下三項：

（一）保守文化

保存文化為圖書館的最原始功能，所謂文化（culture）乃人類為求生存，改善環境，由野蠻進於文明的過程中，所作努力而得到的各種成果。其表現於人文方面的，如文學、藝術、宗教、哲學、倫理道德，形之於社會科學方面的，如政治、法律、經濟、社會、教育、風俗習慣，見之於科技方面的，如飛機、大炮、衛星、電腦、醫學農業等，均為文化的具體表徵。圖書館每一件資料，皆為人類運用心智所得的結果，都是文化的結晶，所以圖書館是文化的保存者。

（二）提供資訊

資訊又稱消息或情報，都是從知識資料而來。提供資訊是圖書館對讀者積極而主動的服務。我們在前面已經說過，現代圖書館的最高目標，就是要將其所蒐藏的資料讓讀者加以利用。圖書館應使用各種方法與管道，對一般民眾提供進德修業或休閒旅遊的書，對學生提供課內與課外的讀物，對老師提供教材與研究資料，對專家學者提供專門而高深的學術資料。

圖書館不但擁有各種知識資料，也是提供這些資料的最佳場所，因為它：(1) 有地方存放資料；(2) 有預算購置資料；(3) 有專業知識處理資料；(4) 有專門人員提供服務。圖書館為善盡其提供資訊的服務，必須設法購置各種資料。凡一般人買不起，不必買或不願買的資料，圖書館均應具備，其因經費有限，不能購置的資料，亦應利用館際合作的辦法，互通有無，以滿足讀者的需要。

(三) 教育讀者

圖書館教育讀者的方式很多，舉其要者如下：

(1) 利用館藏資料，幫助讀者自修。
(2) 舉辦圖書展覽，增進讀者知識。
(3) 舉行演講座談，交換經驗新知。
(4) 提供咨詢服務，解決讀者疑難。
(5) 教讀者如何有效利用圖書館，包括：

    a. 尋找資料的步驟與方法。
    b. 本館分類制度的基本結構。
    c. 本館目片櫃的排列方法。
    d. 編目卡片上的要項及其意義。
    e. 書目、期刊索引及其他基本參攷書的用法。
    f. 各種視聽資料的使用及其有關設備的操作方法。
    g. 檢索資料的終端機或微電腦之用法。
    h. 利用資料庫查詢資料之方法
    i. 館際互借的程序與方法。
    j. 本館的有關規則。

四、結　語

圖書館是人類社會中最重要的學術文化機構之一，它的產生是與人類歷史以俱來。古代的圖書館以保存人類的文化紀錄爲其首要任務。現代的圖書館已成爲一個有機體，除對讀者負有相當程度的教育責任外，並須以科學的方法，採訪、處理與保存資料，以便讀者利用。更要以主動而積極的方式，溫和與熱忱的態度，對讀者提供資訊服務，及利用館際合作的辦法，與他館互通有無，以滿足讀者的需要。

附　注

註1　詳見 Edward Alexander Parsons, *The Alexandrian Library* (New York：Elsevlier Press, 1952).

註2　瓦諾曾於公元前50年左右編著世界上第一本具有插圖的百科全書；並曾著『論圖書館』(*De bibliothecis*; *On Libraries*) 一書，可能是西方最早的圖書館學著作，惜未留傳下來。有關瓦諾的百科全書參閱：Josephine Metcalfe Smith, *A Chronology of Librarianship* (Metuchen, N. J.：Scarecrow, 1968), p.25; Robert Collison, Encyclopa edias：*Their History Throughout the Ages* (New York：Hafner Publishing Co., 1966), pp. 23 – 24.

註3　該書共有 37 Books, 2,500 chapters，爲西方最早最著名的自然百科全書之一，詳見：Collison, Op. cit; cit, pp. 25 – 26.

註4　*Encyclopaedia Britannica*, 15th ed. (1974), Macropaedia, V. 10, S. V. "*Library.*"

註5　秦章全文請參閱：李希泌、張椒華編，『中國古代藏書與近代圖書館史料』（春秋至五四前後）（北京，1982），頁151—152。

註6　參閱張錦郎、黃淵泉編，『中國近六十年來圖書館事業大事記』（臺北：臺灣商務印書館，1974年），頁15。

原載『書府』第8期（1987年6月），頁2—6

我對圖書資訊學核心課程的一些看法

1997年3月30日至4月2日，海峽兩岸第三屆圖書資訊學術研討會在武漢大學舉行，大會安排我在開幕典禮中代表臺灣地區代表團講話。由於這次會議的主題是圖書資訊學的核心課程，所以我就針對這個問題講了一些我個人的看法，在會中並曾引起大陸的譚祥金、謝灼華、金恩輝等教授的共鳴。現在我把這次講話的要點寫出來，提供大家參攷。

圖書資訊學的核心課程，在我看來，應從下列六個方面去思攷與規劃：

一、圖書資訊學導論
二、圖書資訊的採訪與徵集
三、圖書資訊的組織與整理
四、圖書資訊的利用與讀者研究
五、現代資訊科技之介紹及其在圖書館的應用
六、圖書館或資訊中心管理

這六個方面的課程名稱，可能因時因地而有不同，但每一方面課程的內容均有一定的範圍，在此分別略作說明。

圖書資訊學導論主要是導引學生進入圖書館學的領域。因此什麼叫圖書館，其功能為何，圖書館的內部工作類別與館外合作途徑，以及圖書館學的意義及其研究的範圍等等，均屬這方面核心課程不可或缺的內涵。

圖書資訊的採訪與徵集，就是通常所稱的『圖書資料採訪』、『館藏發展』，或『館藏建設』。不論其名稱為何，均須探討購買、交換、贈送三種採訪與徵集資料的途徑，採訪資料的政策與必要工具及其他有關事項，而且要兼顧圖書與非書資料。

圖書資訊的組織與整理，包括編目、分類、編書目與目錄、做索引與摘要等，這些工作均須利用現代資訊科技為之，自不待言。

圖書資訊的利用與讀者研究，是圖書館的首要任務，也是圖書館能成為現代社會主要文化指標的基本要件，如何能使其館藏資料達到阮甘納桑（S. R. Ranganathan）的『每一讀者有其書，每一書有其讀者』的理想，是此方面核心課程的探討課題。

現代資訊科技的介紹及其在圖書館的應用，包括資訊科學導論、電子計算機概論、資訊儲存與檢索、網路資源之利用等。這些科目都是因應資訊社會的需要，乃當前圖書資訊系學生必須具備的基本知識。

圖書館或資訊中心管理，是將圖書館開門六件事——人員、經費、館舍與設備、館藏、讀者服務與館際合作，加以最適當的配置，使其發揮最大的效能。

以上這六方面的課程，由圖導開其端，管理總其成，如能加以妥善規劃，不難形成一套合於需要的圖書資訊學核心課程體系。

原載『中華圖書資訊學教育學會』會訊（1987年6月），No. 8，頁3—5

臺灣大學圖書館學研究所
研究生手冊

　　臺大圖書館學研究所成立於 1980 年，它不僅是臺灣第一個圖書館學研究所，也是迄今爲止臺灣唯一的此類研究所。

　　本所自成立以來，發展極爲迅速。每年招生的人數，自第一屆的 4 人，增至 1986 年的 11 人，報攷的人數，自第一屆的 50 多人，增至去年的 149 人（該年投攷人數爲臺大文學院各研究所之冠）。抑有進者，本所歷屆畢業生已超過 30 人，目前不但已充分就業，且有供不應求之勢。這些簡單事實，至少證明兩點：①可說明臺灣有志於圖書館事業的後起之秀，對本所有增無減的興趣與重視；②可表示社會大眾特別是圖書館界，對本所的教育設施與畢業生素質的肯定。爲使外界對本所有更清楚的認識，並使本所研究生對本所的基本要求與規定有所瞭解，特編印本手冊，藉資參閱。

　　本手冊包括四部份：（1）入學資格；（2）畢業要求；（3）論文規格；（4）有關規則。第（1）、（2）、（4）三項，係根據本人所撰的『臺灣第一個圖書館研究所的入學資格與畢業要求』（參見『書府』第 6 期）濃縮而成。第（3）項的論文規格則係以本人所授研究所之『論文寫作』研討過程中，與同學們共同得到的結論爲基礎，並由李淑玲、嚴倚帆、黃莉玲、林佩慧四位同學，就論文註釋的細則部分，參酌其他相關資料，比較研訂而成。全文係由本所湯絢助教總其成。

　　最後值得一提者，本所設立博士班之計劃，經全所同仁歷時年餘之規劃，已在臺大通過，並經『教育部』初審同意，預計於 1988 年或 1989 年開始招生，屆時爲因應新情勢，本手冊須作適當修訂，自不待言。

胡述兆　謹識
1987 年仲秋於臺大圖書館學研究所

壹、入學資格

　　本所的報攷資格，在科系方面不加任何限制。依臺大各研究所招生簡章的規定，凡『公立或已立案之私立大學或獨立學院，或經「教育部」認可之國外大學或獨立學院，任何學系畢業得有學士學位者』，均可報攷本所。

　　本所應攷科目，除國文、英文兩個共同科目外，其餘攷試科目酌分爲四組：

□甲組/限圖書館學相關科系畢業生報攷。

應攷的三個專門科目爲：

（1）圖書館學概論（甲）
（2）參攷資料
（3）圖書分類及編目

□乙組/限文學院圖書館學系以外其他各系或相關科系畢業生報攷。

應攷的三個專門科目爲：

(1) 圖書館學概論（乙）
(2) 中國通史、中國文學史、西洋文學概論、哲學概論、人類學（五科擇二）。
□丙組/限法商學院各系或相關科系畢業生報攷。
應攷的三個專門科目爲：
(1) 圖書館學概論（乙）
(2) 法學緒論、政治學、經濟學、社會學、統計學、企業管理（六科擇二）。
□丁組/限理、工、農、醫各學院畢業生報攷。
應攷的三個專門科目爲：
(1) 圖書館學概論（乙）
(2) 微積分
(3) 普通化學、普通物理學（二科擇一）。

又依『教育部』所頒『報攷大學及獨立學院研究所同等學力之標準及辦法』第二條之規定，凡具有下列資格之一者，亦得以同等學力報攷本所：

1. 修滿大學或獨立學院各學系規定年限，因故未能畢業，持有修業證明書者。
2. 大學或獨立學院各學系肄業學生，未修習最後一年課程，持有修業證明書，並經自學或從事與所習學科相關職業二年以上。
3. 專科學校畢業，持有畢業證書。其爲三年制者應經自學或從事與所習學科相關職業二年以上；二年制或五年制者應經自學或從事與所習學科相關職業三年以上；專科進修補習學校結業經資格攷試及格者，比照二年制專科辦理。
4. 高等攷試或相當於高等攷試之特種攷試相關類科及格，持有及格證書者。

由於報攷本所之資格未限制科系，所以同等學力攷生，得依其主修之系科或攷試及格之類科，報攷本所入學攷試的相關組別。

再依同一辦法第五條之規定：『以同等學力報攷研究所者，學校應視實際需要，加攷一科或二科專業或專門科目。』據此，本所規定，凡以同等學力報攷本所者，應加攷『圖書館行政』一科，亦即報攷本所的同等學力攷生，應攷四個專門科目。

除本國學生外，本所亦招收外籍學生。外籍生的入學係採用審查的方式爲之，不必經過入學攷試，但須符合下列要件：

1. 申請人限於友邦大學或獨立學院畢業生。
2. 申請人必須品學兼優，並通曉中文，如業經核准入學之外籍生，其中國語文程度較差，無法隨班聽課者，抵臺後應自費補習中國語文。
3. 申請人須於每年二月一日至五月卅一日，檢附申請表二份，畢業證書，全部成績單，連同中國語文教授推薦書，健康證明書各一份及二寸半身相片二張，送達申請學校審查。
4. 上述申請案須經所申請學校之研究所主任與教務長審查通過，始得發給入學許可證。

爲確保外籍學生的中國語文能力，足以隨班聽課並撰寫研究報告，除上面所要求之中國語文教授推薦書外，申請人尚須通過本所的中文測驗，始准正式入學。

貳、畢業要求

根據『教育部』的有關規定，碩士研究生的畢業要求，可以歸納爲六項：（1）修業二至四年；（2）各種攷試（包括平時攷試、學科攷試及論文攷試）的成績，在七十分以上（七十分爲及格，一百分爲滿分）；（3）修畢所規定的學分；（4）滿足第二外國語要求；（5）通過學科攷試；（6）通過論文攷試。除第（1）、（2）兩項無須解釋外，其餘各項說明如下：

一、應修學分

本所規定的應修學分爲廿四學分，其中十學分爲必修，十四學分爲選修，各個科目的名稱與學分數如下表：

臺大圖書館學研究所課程一覽表

科目名稱	學分	必修	選修	備攷
研究方法	2	√		
圖書館行政研討	2	√		
讀者服務研討	2	√		
技術服務研討	2	√		
資訊科學研討	2	√		
實習	0	√		
圖書館哲學	2		√	
圖書館教育	2		√	
資訊科學教育	2		√	
視聽教育	2		√	
圖書館建築	2		√	
比較圖書館學	2		√	
論文寫作	2		√	
中國目錄學專題研究	2		√	
中國版本學研究	2		√	
中國印刷史研究	2		√	
大學圖書館研討	2		√	
公共圖書館研討	2		√	
中國古典參攷工具書	2		√	
古書整校	2		√	
中國傳記文獻	2		√	
古籍編目	2		√	
分類理論研究	2		√	
中國電子計算機研究	2		√	
作業研究	4（上下）		√	

（續上表）

科目名稱	學分	必修	選修	備攷
中國圖書館史	2		√	與大學部合開
圖書史	2		√	與大學部合開
館藏規劃	2		√	與大學部合開
圖書館作業評估	2		√	與大學部合開
系統分析	2		√	與大學部合開
資訊管理	2		√	與大學部合開
資訊儲存與檢索	3		√	與大學部合開
線上資訊查詢	2		√	與大學部合開
索引與摘要	3		√	與大學部合開
索引典結構	2		√	與大學部合開
圖書館資源分享	3		√	與大學部合開
電腦中心管理	2		√	與大學部合開
管理資訊系統	2		√	與大學部合開
決策支援系統	2		√	與大學部合開
資料與檔案結構	2		√	與大學部合開
圖書館資訊系統專題	2		√	與大學部合開

由於非圖書館學系畢業的研究生，缺乏圖書館的基本知識，在選讀這些較高級的專業課程前，必須先補修六門有關圖書館學的基本課程（共廿學分），它們是：

中文圖書分類及編目	（四學分）
西文圖書分類及編目	（四學分）
中文參攷資料	（四學分）
西文參攷資料	（四學分）
圖書資料徵集	（二學分）
圖書館行政	（二學分）

這些補修學分，均屬大學部的課程範圍，所以均以六十分為及格。不過它們雖屬必修性質，但不能算入碩士學位應修的廿四學分內，則不待言。

二、第二外語

所謂第二外語，係指英文以外的外國語，本所目前限於法、德、日、西班牙文四種。研究生滿足此一要求有二種方法：一是通過本校所舉辦的第二外國語攷試，二是選修一門第二外國語連續兩年，共十二學分，並經隨堂攷試及格，但不需再參加本校所舉辦的第二外國語攷試。

三、學科攷試

依『教育部』一九八四年十一月十七日臺（84）文字第 48066 號函准修訂之『國立臺灣大學研究所博士暨碩士學位攷試規則』第三條的規定，研究生符合下列各項規定者，得申請碩士學位攷試：
(1) 修業滿二年。
(2) 修畢各該所規定之應修科目與學分；碩士班至少修畢廿四學分。
(3) 已完成論文初稿者。

本校各研究所對本條之適用互不相同，本所特別規定：『研究生修業滿一年以上，並修畢本所所規定的廿四學分，得申請參加學科攷試。』

本所學科攷試的科目分為三組：
(1) 圖書館行政或讀者服務（二科擇一）
(2) 技術服務
(3) 資訊科學

申請學科攷試之研究生，得就上列三組科目中任擇兩組應試。

學科攷試每學期舉行一次。如攷試不及格，則依前引攷試規則第七條第三、四兩項之規定辦理：

『學科攷試無論一種或二科成績不及格，其延長修業年限尚未屆滿者，得於次學期或次學年重攷；重攷以一次為限；重攷成績仍不及格者，應令退學。』（第三項）

『重攷時，仍以原攷科目為準，但因論文研究方向或重點之修正，經指導教授之建議及所屬研究所之同意，得予變更之。』（第四項）

四、碩士論文

學科攷試通過後，始得申請論文攷試，但『論文攷試得於學科攷試同一學期內舉行』（前引攷試規則第九條第二項前段）。論文攷試（包括博士與碩士）方式，以口試行之。攷試委員會由委員三至五人組成，『其中校外委員須逾半數，由校長指定委員一人為召集人，但指導教授不得擔任召集人。』（第六條第一項後段）

其他有關碩士論文攷試的規則包括：

『論文攷試成績，以出席委員無記名投票之平均分數決定之；投票以一次為限；……如有逾半數（含）委員評定為不及格者，即以不及格論。』（第八條第二項）

『論文攷試成績不及格，其延長修業年限尚未屆滿者，得於次學期或次學年重攷，重攷以一次為限，重攷成績如仍不及格者，應令退學。』（第八條第四項）

『學位論文，除外國語文學研究所外，均須以中文撰寫，曾經取得學位之論文，不得再行提出，以外國文撰寫之論文，其提要仍須以中文撰寫。』（第八條第七項）

『論文攷試每學期舉行一次。』（第九條第一項）

叁、論文規格

一篇完整的碩士論文，應包括三個主要部份：一、篇首部份；二、正文部份；三、參證部份。各部份均有其構成的要件，一定的規格，以及排列的次序。參閱孫正豐，『論文的形式規格』，呂亞力等著，論文寫作研究（臺北：三民，1983 年），頁 369—521。

本所茲就封面、標題頁、註釋與參攷書目等項,作一統一規定。

一、封面（Cover）

碩士論文的封面,不論縱式（附件一）抑或橫式（附件二）,其面積大小均爲十六開型,長寬度爲 26 公分×19 公分。封面色調以樸實典雅爲宜。封面的內容,中文通常約有下列各項:
1. 大學院校研究所名稱
2. 論文類別
3. 指導教授
4. 論文標題
5. 作者姓名
6. 論文完成時間

二、標題頁（Title page）

標題頁於論文口試通過,並經攷試委員、指導教授、所主任簽章證明攷試合格後,由本所發給,印於論文篇首部份的第一頁。（附件三）

三、註釋與參攷書目（Footnotes and Bibliography）

註釋的部位,置於每章之後;參攷書目則置於正文完成之後,中文部份在前,西文部份在後。註釋的排列次序,以正文中所徵引的資料先後次序爲準;參攷書目的排列次序,中文按著者姓氏的筆畫順序爲準,西文則依著者姓名的字順排列。

□註釋與參攷書目的標準格式如下:

一、中文部份

N. 表示註釋
B. 表示參攷書目
1. 單一作者
N. 胡述兆,<u>美國總統論叢</u>（臺北:商務,1981 年）,頁 76。
B. 胡述兆。<u>美國總統論叢</u>。臺北:商務,1981 年。
2. 二人合著
N. 張春興、林清山合著,<u>教育心理學</u>（臺北:東華,1981 年）,頁 82。
B. 張春興、林清山合著。<u>教育心理學</u>。臺北:東華,1981 年。
3. 三人合著
N. 楊吉仁、柯維俊與王鴻年合著,<u>國民小學行政</u>（臺北:商務,1972 年）,頁 50。
B. 楊吉仁、柯維俊與王鴻年合著。<u>國民小學行政</u>。臺北:商務,1972 年。
4. 三人以上合著
N. 呂亞力等著,論文寫作研究（臺北:三民,1983 年）,頁 201。
B. 呂亞力等著。論文寫作研究。臺北:三民,1983 年。
5. 未著明作者
（說明）:未著明作者時,直接以書名著錄。
N. <u>中國古典文獻學</u>（臺北:木鐸,1983 年）,頁 20。
B. <u>中國古典文獻學</u>。臺北:木鐸,1983 年。

6. 筆名為著者
（說明）：作者以筆名或別號發表作品時，若不知其真名，逕以書名頁上所記載的著錄；若知真名，則於筆名或別號之后，以方括弧標示。
　N. 彭歌〔姚朋〕，書與讀書（臺北：純文學，1979 年），頁 67。
　B. 彭歌〔姚朋〕。書與讀書。臺北：純文學，1979 年。
7. 以機關、團體為作者
（說明）：（1）概以其首字為排列之順序。
（2）臺灣地區機關以正式名稱著錄之，如：
□『行政院國家科學委員會』
□『行政院青年輔導委員會』
□『教育部』
（3）外國機構須知國名，以資辨別，如：
□美國國防部科學技術資料中心
（4）學校名稱，須用全名，如
□『國立臺灣大學』圖書館學系
□輔仁大學法律學系
（5）部會內各單位之出版品，概以部會為名，如：
□『教育部』
　N.『交通部電信總局』，電傳視訊業務試用作業處理要點（臺北：著者，1985 年），頁 8。
　B.『交通部電信總局』。電傳視訊業務試用作業處理要點。臺北：著者，1985 年。
8. 編者或輯者為著者
（說明）：沒有列出各篇（章）之作者時，以編者為著者。
　N. 楊國樞等編，社會及行為科學研究法，上冊（臺北：東華，1981 年），頁 30。
　B. 楊國樞等編。社會及行為科學研究法。上冊。臺北：東華，1981 年。
（說明）：有列出各篇（章）之作者時，以該篇（章）之作者為著者。
　N. 沈寶環，『圖書館學的趨勢』，『中國圖書館學會』出版委員會編，圖書館學（臺北：學生書局，1980 年），頁 15。
　B. 沈寶環。『圖書館學的趨勢』。『中國圖書館學會』出版委員會編。圖書館學。臺北：學生書局，1980 年。
9. 翻譯著作
（說明）：（1）翻譯作品的原著者譯名、原名均出現在書上，則將譯名列於前，原名加國，圓括弧列於後。
（2）翻譯作品原書名若未標於書上，則不著錄；若標於書上，則以圓括弧列於譯名之后，且括號內的書名不標書名號。
　N. 戴維斯（Chares H. Davis）、魯斯（James E. Rush）合著；張鼎鍾編譯，資訊科學導論（*Gudie to Information Science*）（臺北：學生書局，1984 年），頁 122。
　B. 戴維斯（Chares H. Davis）、魯斯（James E. Rush）合著；張鼎鍾編譯。資訊科學導論（*Gudie to Information Science*）。臺北：學生書局，1984 年。
10. 同一作者，由他人編成的文集
（說明）：著錄作者之名字及文章之標題，再於其後標出編者與書名。

N. 嚴文郁,『比較圖書館學』,嚴文郁先生八秩華誕慶祝委員會編,<u>嚴文郁先生圖書館學論文集</u>（臺北：輔仁大學圖書館學系,1983年）,頁241。

B. 嚴文郁。『比較圖書館學』。嚴文郁先生八秩華誕慶祝委員會編。<u>嚴文郁先生圖書館學論文集</u>。臺北：輔仁大學圖書館學系,1983年。

11. 多卷書

（1）多卷,同一作者,同一著作標題

（說明）：於書名後記分卷或分冊之編次

N. 何爾伯（William Hoerber）著；祁登荃譯,<u>哲學之科學基礎</u>（*Scientific Foundation of Philosophy*）,第1冊（出版地不詳：大聖書局,1972年）,頁65。

B. 何爾伯（William Hoerber）著；祁登荃譯。<u>哲學之科學基礎</u>（*Scientific Foundation of Philosophy*）。出版地不詳：大聖書局,1972年。

（2）多卷,同一作者,不同著作標題

（說明）：於書名后記分卷或分冊之編次,及該分卷或分冊之書名。

N. 張其昀,<u>中華五千年史</u>,第8冊,<u>秦代史</u>（臺北：中國文化大學出版部,1981年）,頁24。

B. 張其昀。<u>中華五千年史</u>。第8冊,<u>秦代史</u>。臺北：中國文化大學出版部,1981年。

（3）多卷,一個編者,但分卷之作者及書名均不相同

N. 林慶彰主編,<u>學術篇——浩瀚的學海</u>,<u>中國文化新論</u>,第3冊（臺北：聯經,1981年）,頁70。

B. 林慶彰主編。<u>學術篇——浩瀚的學海</u>。<u>中國文化新論</u>,第3冊。臺北：聯經,1981年。

N. （宋）王應麟,<u>四明文獻集</u>,<u>欽定四庫全書</u>,第1187冊別集類（臺北：商務複印本,1983年）,頁1187-1189。

B. （宋）王應麟。<u>四明文獻集</u>。<u>欽定四庫全書</u>。第1187冊別集類。臺北：商務複印本,1983年。

12. 叢書

（說明）：徵引的資料為叢書的一部分時,必須註明叢書名稱及編號。

N. 林美和,<u>小學圖書館的管理與應用</u>,國民小學叢書23（臺北：『臺北市政府教育局』,1981年）,頁20。

B. 林美和。<u>小學圖書館的管理與應用</u>。國民小學叢書23。臺北：『臺北市政府教育局』,1981年。

13. 第二次以上出版者

N. 藍乾章,<u>圖書館經營法</u>,增訂第四版（臺北：書藝,1978年）,頁21。

B. 藍乾章。<u>圖書館經營法</u>。增訂第四版。臺北：書藝,1978年。

14. 自印本

N. 方同生,<u>非書資料管理</u>（臺北：著者自印,1984年）,頁25—29。

B. 方同生。<u>非書資料管理</u>。臺北：著者自印,1984年。

15. 期刊中的著作

N. 王振鵠,『文化中心圖書館之規劃』,『中國圖書館學會』會報30期（1978年12月）,頁1。

B. 王振鵠。『文化中心圖書館之規劃』。『中國圖書館學會』會報30期（1978年12

月），頁1—3。

16. 報紙上之專文

（說明）：有署作者名時，以作者名為排列之順序。未署作者名時，則不必寫作者，以該專文之標題首字為排列之順序。

N. 陳浩，『以創新、突破、超越作法辦法本次選舉』，『中國時報』，1986年6月20日，第2版。

B. 陳浩。『以創新、突破、超越作法辦法本次選舉』。『中國時報』。1986年6月20日，第2版。

17. 博、碩士論文未出版者

（說明）：已出版者，則視為圖書處理。

N. 彭慰，『臺灣聯合目錄編製之研究』（臺灣大學圖書館學研究所，碩士論文，1985年6月），頁139。

B. 彭慰。『臺灣聯合目錄編製之研究』。臺灣大學圖書館學研究所，碩士論文，1985年6月。

18. 引一書之序言、引言

N. 沈翰之，<u>史學論叢</u>，劉松培序（臺北：正中，1963年），序頁5。

B. 沈翰之。<u>史學論叢</u>。劉松培序。臺北：正中，1963年。

19. 公共文件

（說明）：（1）若屬法律性文件，必須註明法律性文件的名稱、字號以及生效時間等。（2）如係轉引其所頒布的公報期刊，則需另加公報期刊的標題、發行事項、頁碼等。（3）該文件若係未出版者，則註明其典藏處所，以便尋檢。

N. 『行政院』（六十八）交字第4747號函。

B. （同上）

N. 臺灣省政府新聞處，『土地改革』，<u>臺灣省基本省政資料</u>（1982年6月），頁30。

B. 臺灣省政府新聞處。『土地改革』。<u>臺灣省基本省政資料</u>（1982年6月），頁30。

20. 書評

（說明）：應註明所評文獻之原作者

N. 胡秀春，『生命的答案——評山上的靈魂』，史作檉著，<u>書評書目</u>99期（1981年8月），頁110—111。

N. 胡秀春。『生命的答案——評山上的靈魂』。史作檉著，<u>書評書目</u>99期（1981年8月），頁110—111。

21. 廣播與電視節目

（說明）：廣播與電視臺名稱用簡稱，所引節目加引號；如係特別節目，須註明確切時間，如其內容關係重大，尤須註明資料出處。

N. 華視，『華視新聞雜誌』，1986年6月17日，21：30～23：00。

B. 華視。『華視新聞雜誌』。1986年6月17日。21：30～23：00。

22. 微卷

（說明）：微卷資料應注意最原始之出版事項，並再加上微卷版本的出版地、出版者，或其編號，僅是微卷方式的出版品，則仿印刷品格式，加上出版編號。

N. 岑仲勉，『漢書西夜傳校釋』（微卷，M9）<u>輔仁學誌</u>6卷1、2合期（華盛頓：美國國會圖書館製作，1937年），頁49—64。

B. 岑仲勉。『漢書西夜傳校釋』（微卷，M9）輔仁學誌 6 卷 1、2 合期。華盛頓：美國國會圖書館製作，1937 年。

23. 手稿

（說明）：須註明典藏處所、標題名稱、編號；日記、函件、電報、回憶錄等其標題不用引號，亦不必劃綫。

N. 陳世結，『大學集解』，東海陳氏手稿本 1 卷 1 冊，清初（臺北：國立臺灣大學圖書館）。

B. 陳世結。『大學集解』。東海陳氏手稿本 1 卷 1 冊。清初。臺北：國立臺臺灣大學圖書館。

24. 訪問紀錄

（說明）：須包括被訪人之姓名或團體名稱、時間。

N. 胡述兆，『訪問有關圖書館課程問題』，1983 年 9 月 16 日。

B. 胡述兆。『訪問有關圖書館課程問題』。1983 年 9 月 16 日。

二、西文部份

依據 Kate L. Turabian 所著 *A Manual for Writers* 一書第四版之格式。

肆、相關規則

一、『國立臺灣大學』學則

第一篇　大學部（略）
第二篇　夜間部（略）　　　　　　　　　『教育部』一九八六年七月三十一日
第三篇　研究所　　　　　　　　　　　　臺（86）高字第三二九三二號函准備查

第一章　入　學

第六十一條　在公立或已立案之私立大學或獨立學院或經『教育部』認可之國外大學畢業得有學士學位，或研究所畢業得有碩士學位，或具備同等學力資格與證件，經本校研究所碩士班入學攷試錄取或經申請核准之外國籍研究生，得入本校研究所碩士班肄業。

外國籍研究生逾第一學期三分之一抵校者，得隨班聽講，如其有能力選課經所長同意者，得於第二學期註冊入學，但照規定至少須修讀二年半，始得畢業。

第六十二條　在公立或已立案之私立大學或獨立學院或經『教育部』認可之國外大學研究所畢業得有碩士或博士學位，或得有醫學士學位，並具備醫學專業訓練二年以上之證明與專業論文，經本校研究所博士班入學攷試錄取者，得入本校研究所博士班肄業。

第六十三條　碩士班研究生修業一年成績特優，經研究所所長推薦並由校長報經『教育部』核定得逕行修讀博士學位。

第二章　註冊、選課

第六十四條　研究生應商承所長認定指導教授，其選課、應修課程及研究論文，須依『教育部』核定各該研究所規定之科目表辦理，並須經指導教授及所長之核准。

第六十五條　研究生每學期所選學分數，由各研究所核定之。

第六十六條　研究生加退選科目，均應於每學期規定期限內，經所長及指導教授之核準，向教務處辦理加退選手續。

第三章　修業年限、學分、成績

第六十七條　碩士班修業年限二年，得延長二年，擔任本校專任教師者為修業三年，得延長一年。

博士班修業年限二年，得延長四年；擔任本校專任教師者為修業三年，得延長三年。

逕行修讀博士學位者，自轉入博士班起，其修業年限依照前項規定辦理。

第六十八條　碩士班研究生至少須滿二十四學分，博士班研究生至少須修滿十八學分；逕行修讀博士學位研究生至少須修滿三十學分。

上述學分均不包括畢業論文。

第六十九條　研究生各科畢業成績以一百分為滿分，七十分為及格；不及格者，不得補攷，必修科目應令重修。

第七十條　研究生學業成績有下列情形之一者，應令退學：

一、必修科目重修一次，仍不及格，或全學期所修科目學期攷試全部（含一科）曠攷，或攷試成績全部零分者。

二、碩士班修業二學年屆滿，經延長二學年，博士班修業二學年屆滿，經延長四學年，而仍未修足應修科目與學分者。

三、學科攷試不及格，不合重攷規定或合於重攷規定，經重攷不及格者。

四、論文攷試不及格，不合重攷規定或合於重攷規定，經重攷不及格者。

第七十一條　研究生學位攷試，依本校博士班、碩士班學位攷試細則規定辦理。

第四章　轉　所

第七十二條　研究生除因特殊情形，經原肄業研究所暨擬轉入之研究所雙方所長認可，並得教務長之同意，報請『教育部』核准者外，不得轉所（組）。轉所（組）應於第二學年開始前申請，並以一次為限。

第五章　畢業、學位

第七十三條　研究生合於下列各項之規定者，准予畢業。

一、在規定年限內修滿規定科目與學分。

二、通過本校博士暨碩士學位攷試規則規定之各項攷試。

三、操行成績各學期均及格。

第七十四條　合於前條規定之碩士班研究生，經報請『教育部』核准應屆畢業資格者，由本校發給學位證書，授予碩士學位。

合於前條規定之博士班研究生，經報請『教育部』核准博士學位候選人資格及其攷試委員資格者，由本校發給學位證書，授予博士學位。

逕行修讀博士學位者，其論文攷試未達博士學位標準而合於碩士學位規定者，得由博士學位攷試委員會之決議改授碩士學位。

第七十五條　研究生中途退學者，不發給肄業證明書。

第六章　其　他

第七十六條　本篇無特別規定者，准用第一篇有關之規定。

二、報攷大學及獨立學院研究所同等學力之標準及辦法

『教育部』臺（83）高字第一四二〇三號頒布　　一九八三年四月二十一日
臺（85）高字第一一八一九號函延事一年　　一九八五年四月一日奉『教育部』

第一條　『教育部』爲鼓勵自學研究俾有志深造者有接受大學研究所教育之機會，依『大學法』第三十二條之規定訂定本辦法。

第二條　以同等學力報攷公私立大學及獨立學院研究所碩士班者，須具有下列資格之一。

一、修滿大學或獨立學院各學系規定年限，因故未能畢業，持有修業證明書者。

二、大學或獨立學院各學系肄業學生，未修習最後一年課程，持有修業證明書，並經自學或從事與所習學科相關職業二年以上。

三、專科學校畢業，持有畢業證書。其爲三年制者應經自學或從事與所習學科相關職業二年以上；二年制或五年制者應經自學或從事與所習學科相關職業三年以上，專科進修補習學校結業經資格攷驗及格者，比照二年制專科辦理。

四、高等攷試或相當於高等攷試之特種攷試相關類科及格，持有及格證書者。

第三條　經『教育部』認可之國外專科以上學校學歷，可比照前條第三款之規定辦理。

軍警院校學歷依『教育部』核准比攷之規定辦理。

第四條　前二條同等學力，均以報攷與修習學科相關之研究所（組）爲限，其規定範圍由各校自訂。

第五條　以同等學力報攷研究所者，學校應視實際需要，加攷一或二科專業或專門科目。

第六條　以同等學力攷入各研究所者，所應補修之基礎學科與學分，得由各校院視實際需要自訂，列爲必修。但不列入研究所學分計算。

第七條　以同等學力報攷研究所，除志願役現役軍人須由軍方依規定核准外，役男應已服滿預備軍官、預備士官、常備兵義務役期或無兵役義務者爲限。惟服義務役時間，不得抵充第二條中規定自學或從事於相關職業或訓練之年限。

第八條　本辦法自發佈日實施，施行期間暫定爲二年。

附註：以同等學力資格報攷本校相關研究所者，其相關與否須經各該所所長核可。

三、外籍學生入學申請表

入學申請表
APPLICATION FOR ADMISSION

> 此處貼最近相片
> Attach recent bust photograph here

申請人須以正楷詳細逐項填寫一式兩份
TO THE APPLICANT: Read carefully and complete in DUPLICATE, type or print.

姓　　名（中文）
Full name (In Chinese) _____

　　　（外文）
　　　(In own Language) _____　_____　_____
　　　　　　　　　　　　　　（Last）　　　　　（First）　　　　　（Middle）

住址
Home address _____

現在通訊處
Mailing address _____

出生地點　　　　　　　　　　　　　　　出生日期
Place of birth _____ Date of birth _____
　　　　　　　　　　　　　　　　　　　　　　　（month）　（day）　（year）

國籍　　　　　　　性別　　　　　　婚姻狀況　　　　　　　子　女
Nationality _____ Sex _____ Marital status _____ Children _____

監護人姓名及住址
Name and address of legal guardian _____

父親姓名	母親姓名
Father's name _____	Mother's name _____
地址	地址
Address _____	Address _____
出生地點	出生地點
Place of birth _____	Place of birth _____
職業	職業
Occupation _____	Occupation _____

中等學校　　　　　　　　　　　　　　　　文憑　　　　　　　日期
Secondary School _____ Diploma _____ Date _____
　　　　　　名稱（name）　　地址（address）

學院或大學　　　　　　　　　　　　　　　學位　　　　　　　日期
College or University _____ Degree _____ Date _____
　　　　　　名稱（name）　　地址（address）
　　　　　　主修科目　　　　副修科目
　　　　　　Minor _____　　Major _____

大學研究部　　　　　　　　　　　　　　　學位　　　　　　　日期
Graduate school _____ Degree _____ Date _____
　　　　　　名稱（name）　　地址（address）

其他　　　　　　　　　　　　　　　　　　　　　　　　　　日期
Other Training _____ Degree _____

擬入何校研習
Which university do you intend to enter? _____

預定何時入學
When? _____

擬研習何科
What major course of study do you expect to follow at the university?
_____
_____

擬攻讀何種學位
What degree do you desire? _____

如不擬攻讀學位則研習目的為何?
What are your educational objectives if you do not wish to follow a degree program? _____
_____

敘明在臺研習期間各項費用來源
State your plans for financing your education in the Taiwan
_____
_____

健康情形
Are you physically sound and well? _____

如有疾病或缺陷請敘明之
If not, describe any defect or health problem _____
_____

課外活動
Extra-curricular activities _____

著作　　　　　　　　　　　　　　　　　　　出版日期
Publications _____ Date _____

經歷
Previous employment _____
_____

曾研究中文幾年
How long have you studied Chinese? _____

受何人指導（講授）
Under whose guidance and where? _____

中國語文程度
How do you rate your knowledge of Chinese

說
Speaking _____
　　　　　（good）（佳）　　（average）（尚可）　　（poor）（尚差）　　（not at all）（不會）

讀
Reading _____
　　　　　（good）（佳）　　（average）（尚可）　　（poor）（尚差）　　（not at all）（不會）

另用紙張以中文英文略述來臺留學志願及計劃（約三百字）
Attach a statement of about 300 words either in Chnese or in English (If you apply to study Chinese only) stating your reasons for and your plans of study in the Taiwan.

　　　　　　　　　　　　　　　　　申請人簽名　　Applicant's signature
　　　　　　　　　　　　　　　　　申請日期　　　Date of application

申請人注意事項
Instructions

1. 申請人限於友邦大學或獨立學院之畢業生肄業生及高級中等學校畢業生。

Applicants must be graduates or under-graduates of accredited universities or colleges or senior high school graduates from friendly countries.

2. 申請人須通曉中文且品學優良者，經本部核准入學之學生，如中國語文程度較差無法隨班聽課者，抵臺後應自費補習中國語文。

Applicants must have a reasonable command of the Chinese language and a good record of conduct. Qualified candidates who are deficient in the Chinese language are required after their arrival to participate in a language training course at their own expense.

3. 申請人須於每年二月一日至五月三十一日檢附申請表二份，畢業證書，全部成績單，連同中國語文教授推薦書，健康證明書各壹份及二寸半身相片二張，送達申請學校審查。

Applicants are required to submit (between February 1 and May 31 each year) two copies of application form, one photostatic copy of their diploma, transcript of academic records, letters of recommendation including one by a professor of Chinese language, record of medical examination (issued by a practicing physician, stating the general condition of health of the applicant) and two recent bust photographs, to the University for consideration.

4. 申請來臺專門學習國語文者，暫不受時間限制。

There is no deadline for application for those who apply only to study the Chinese language.

審查意見：
　　有關科系＿＿＿＿＿＿　系主任＿＿＿＿＿＿　日期＿＿＿＿＿＿
　　教　務　處＿＿＿＿＿＿　教務長＿＿＿＿＿＿　日期＿＿＿＿＿＿

四、研究生修習第二外國文有關規定要點

　　　　　　　　　　『教育部』一九八一年二月十八日
　　　　　　　　　　臺（81）高字第四六〇九號函准備查

1. 博、碩士班之第二外國文以德文、法文及日文三種為原則，由各研究所自行決定為必修或選修，均不計學分，研究生以第二外國文為必修科目者，應就上項所定三種中擇一修習，至少須修畢二年（每週至少二小時），成績及格，必要時得經所長院長及教務長之同意，以其他外國文代替之。其攷試（包括免試甄試）由教務處每學期舉辦一次。命題閱卷及評分事宜，由教務長會商有關研究所所長及外國語文學研究所所長辦理之。

2. 外國留學生其本國文不得作為第二外國文，但所研究之學科與該生本國文字有重要關係，經所長、院長及教務長之同意，而以其本國文字作為第二外國文者，不在此限。

3. 研究所如特定某種文字為第二外國文或認為有加強修讀某種第二外國文之必要時，得由各研究所開設專班予以修習。

4. 凡以第二外國文為必修課程之研究生，如認為自修程度已達規定水準者，可申請免修甄試，甄試以七十分為及格，不及格者，即應依規定修習，其攷試成績仍以七十分為及格。

5. 各研究所以第二外國文為必修課程者，應先報請『教育部』核備。
6. 本要點經本校教務會議通過後實施，並報請『教育部』核備。

五、研究所博士暨碩士學位攷試規則

　　　　　　『教育部』一九八四年十一月十七日臺（84）高字第四八○六六號函准修訂
第一條　規則依據學位授予法暨其施行細則之規定訂定之。
第二條　學位攷試分下列二種：
一、學科攷試。
二、論文攷試。
第三條　研究生符合下列各項規定者，得申請碩士或博士學位攷試：
一、修業滿二年。其係逕行修讀博士學位者，其在碩士班修業滿一年，在博士班修業滿二年，合計三年。
二、修畢各該所規定之應修科目與學分；碩士班至少修畢二十四學分，博士班至少修畢十八學分，逕行修讀博士學位者，至少修畢三十學分。
三、已完成論文初稿者。
第四條　研究生申請碩士或博士學位攷試，應依左列規定辦理：
一、依照行事曆規定時間內申請。
二、申請時，應填具申請書，並檢齊下列各項文件：
（一）歷年成績表一份。
（二）論文初稿及其提要各一份。
（三）指導教授推薦函。
三、經所屬研究所所長之同意後，報請學校於學位攷試前二個月呈報『教育部』核備。
第五條　學位攷試依下列程序進行：
一、組織碩士或博士學位攷試委員會。
二、辦理學科攷試。
三、辦理論文攷試。
第六條　組織碩士或博士學位攷試委員會，應依下列規定辦理：
一、碩士學位攷試委員三至五人，博士學位攷試委員五至九人，其中校外委員均須逾半數，由校長指定委員一人為召集人，但指導教授不得擔任召集人。
二、博士學位之校內外委員應具備下列資格之一：
（一）曾任教授五年以上（其五年年資得以取得教授證書前後年資累計之），擔任與博士學位候選人所提研究論文之有關學科教學者。
（二）『中央研究院』院士或曾任『中央研究院』研究所研究員五年以上，對博士學位候選人所提研究論文學科有專門研究者。
（三）在學術上有卓越成就（應詳述其學經歷、著作、從事學術研究或專業工作相當之年資及其成就）並對博士學位候選人所提研究論文學科有專門研究者。
三、碩士學位之校內外攷試委員應具備下列資格之一：
（一）曾任教授或副教授，並擔任其論文指導或學科攷試有關科目之教學者。
（二）『中央研究院』評議員、院士、研究員、副研究員，對其論文或學科攷試有關科目有研究者。

（三）在學術上有卓越研究，並對碩士學位候選人所提研究論文學科有專門研究者。

四、碩士學位攷試委員資格由校長核定，博士學位攷試委員資格須於攷試前兩個月呈報『教育部』核備後，始可發聘。

五、本校兼任教師得為校外委員。

第七條 學科攷試之辦理應符合下列規定：

一、由所屬研究所指定所修與其論文相關之主要學科二科以上，規定攷試時間、地點及擬聘校內外命題委員，送請教務處審核無誤後簽請校長發聘，並由教務處通知研究所辦理有關攷試事宜。攷試方式以筆試行之，必要時得在實驗室舉行實驗攷試。

二、學科攷試之科目、方式、命題或主持人及成績均應經碩士或博士學位攷試委員會認可，始為有效。

三、學科攷試無論一種或二科成績不及格，其延長修業年限尚未屆滿者，得於次學期或次學年重攷；重攷以一次為限；重攷成績仍不及格者，應令退學。

四、重攷時，仍應以原攷科目為準。但因論文研究方向或重點之修正，經指導教授之建議及所屬研究所之同意，得予變更之。

五、如該學科攷試科目先攷及格，而其在該學期結束時，所修該科目之學期成績不及格，則已攷及格之學科攷試成績，不予採認，應予重攷。

第八條 論文攷試之辦理，應符合下列規定：

一、研究生於通過學科攷試後，應檢具繕印之博士論文與提要各九份或碩士論文與提要各五份，送請所屬研究所審查符合規定後，應將其論文與提要，攷試方式、時間、地點及已核定學位攷試委員名單送請教務處審核無誤後簽請校長核准，並由教務處通知研究所辦理有關攷試事宜。攷試方式以口試行之，必要時得在實驗室舉行實驗攷試。

二、論文攷試成績，以出席委員無記名投票之平均分數決定之；投票以一次為限，其已評定為及格者，不得外加如下之附帶決議：『尚須候選人限期修正論文內容，再經各攷試委員簽字同意（二度評定），始可授予學位。』如有逾半數（含）委員評定為不及格者，即以不及格論。

三、攷試委員缺席時，不得以他人代理。碩士學位候選人之論文攷試，至少須委員三人出席。博士學位候選人之論文攷試，至少須委員五人出席。其中校外委員須逾半數，否則不得舉行攷試；已攷試者，其攷試成績不予採認。

四、論文攷試成績不及格，其延長修業年限尚未屆滿者，得於次學期或次學年重攷，重攷以一次為限；重攷成績仍不及格者，應令退學。

五、論文攷試時，必須評定成績，不得以『預備會』或『審查會』名義，而不予評定成績；其未評定成績者，以攷試不及格論。

六、攷試委員對碩士、博士學位論文，應就下列各主要項目評定之：

（一）研究之方法。
（二）資料之來源。
（三）文字與結構。
（四）心得、創見或發明。

博士學位論文之評定，應特別著重其心得、創見或發明。

七、學位論文，除外國語文學研究所外，均須以中文書寫，曾經取得學位之論文，不得再行提出；以外國文撰寫之論文，其提要仍須以中文撰寫。

第九條 學科攷試或論文攷試每學期舉行一次，其日程依照行事曆規定。

論文攷試得於學科攷試同一學期內舉行，亦得因故延期；唯須在延長修業年限內舉行。

第十條　學科攷試與論文成績，均以七十分爲及格，一百分爲滿分。

第十一條　逕行修讀博士學位者，其論文攷試未達博士學位標準而合於碩士學位規定者，得由博士學位攷試委員會之決議，改授碩士學位。

第十二條　本規則報請『教育部』備案後施行。

原載『國立臺灣大學圖書館學刊』第 5 期（1987 年 11 月），頁 153—186

英國圖書館教育之研究
A Study of Library Education in the United Kingdom

壹、導　言

　　十九世紀以前，英國的專業教育，大抵採用『學徒制』（apprentice method），亦即一般所説的『從工作中學習』（learning by doing）。學徒制的産生，與英國大學教育觀念的改變有關。原來自中世紀以來，英國的主要專業人員如醫師、律師、牧師（Clergyman）等，均由大學負責訓練。這種現象，到了『工業革命』（Industrial Revolution, ca. 1750—1850）前後，已有所改變。從此1867年米爾（John Stuart Mill, 1806—1873）接任聖安德魯大學（University of St. Andrews）校長的就職演說中，看得最爲清楚，他説：『我們有一個共識，即大學不是提供職業教育的地方。大學的目的不是傳授人們謀生的能力，不是訓練有技巧的律師、醫師或工程師，而是要啓迪與培養人類的知識。』（註1）大學既不訓練專業人員，人們要學習專業技術，就祇有去當學徒了。

　　工業革命以后，英國各種專業之興起，有如雨後春筍。由於專業技能是生活的最大保障，使當時的學徒制大行其道。據説其時英國有聲望的律師與建築師接受學徒，其學費高達一千英鎊，使得一些主要的專業，成爲富家子弟進身的專利品。爲了改進這種不合理的現象，英國政府一方面開辦文官攷試（civil service examination，1854年開始實施），使欲進入政府機關從事專業工作者，必須通過此項攷試，始得任職。同時對聲譽卓著的專業學會（professional association）頒發『皇家特許狀』（Royal Charter），使它們對通過其本會所舉辦的專業攷試者，具有授予『合格會員』（chartered member）的權力。所謂『合格會員』就是具有專業資格的會員，憑此資格，即可合法執行專業職務。

　　在上述客觀環境的影響下，1877年成立的『英國圖書館學會』（The Library Association）具有兩大任務：一是聯合所有圖書館員及對圖書館工作有興趣者，共同努力，來改進圖書館的管理及其服務品質；二是提供一套攷試與頒授證件的制度，使有志於圖書館事業者，具有取得合格專業人員的正常途徑。這兩種功能維持了將近80年，直至1960年代中期，英國的教育制度發生重大革新，使圖書館教育亦隨之丕變。此後英國的圖書館教育，以各大學院校的圖書館系所爲主，而學會的攷試功能則日益式微。時至今日，且有以前者代替後者之勢。

　　本研究之主要目的，在探討英國圖書館教育的發展過程，目前狀況及未來趨勢，期以英國的經驗作爲改進臺灣圖書館教育之參攷。

貳、英國圖書館教育的發展過程

一、英國圖書館學會的攷試制度

　　英國圖書館學會對圖書館員具有教育責任的觀念，始於1880年。那年亨利・泰德（Henry Richard Tedder）向在蘇格蘭的Edinburgh舉行的該會年會提出一項提議，但因自己無法參加，而請勞勃・哈里遜（Robert Harrison）代向大會宣讀，其中有下面一句話：

『……學會理事會應攷慮如何幫助訓練圖書館員認識他們自己專業一般原則的最佳方法。』（註2）此一提議具有兩項意義，一是圖書館學會對於圖書館員具有教育的責任，二是認爲圖書館員已達到一個專業的地位。

本案在大會經簡短討論后，即獲無異議通過。學會理事會於是年10月設立一個『圖書館訓練委員會』（Committee on Library Training），由大英博物館閱覽室主任加納特（Richard Garnett）擔任主席，其餘委員六人皆一時之選，包括原提案人泰德及倫敦大學圖書館長尼科森（Edward Nichoson）在內。該委員會於1881年8月向理事會提出一項報告。要點包括：（註3）

1. 凡欲在圖書館任職者，必須通過一項初試，攷試科目包括算術，英文文法與作文，英國史地及英國文學。

2. 第二級證件（Second Class Certificate）的候選人，除須通過英國近百年文學及至少一種其他歐洲文學的攷試外，並須加攷科學分類原則，目錄與編目要點，圖書館管理與行政及兩種外國語的編目知識。

3. 第一級證件（First Class Certificate，即高級）的候選人，除須通過第二級中的五門高級課程外，並須至少具有兩年經驗及三種編目知識的外國語。

由於該委員會與會員大會缺乏溝通，故於是年九月在London舉行的年會中，該報告以19票贊成24票反對被否決。10月委員會改組，由學會理事長布雷蕭（Henry Bradshaw）親自擔任主席，委員則由七人減爲四人。1882年8月理事會將其報告於在劍橋舉行的年會上提出，並由原提案人泰德親自向大會說明，率獲通過。惟遲至1884年底始根據報告要點，擬訂攷試綱要（examination syllabus）。第一次攷試於1885夏舉行，報攷者三人，錄取二人。大家對於第一次攷試感到很失望。其后數年，也沒有改善。據勞勃茲（Henry D. Roberts）報導：『攷試時間宣佈了又改期，即使舉行，不是無人報攷，就是無人被錄取。』（註4）

1894年，英國圖書館學會第十七屆年會在北愛爾蘭的Belfast舉行，會中通過決議，大規模修改examination syllabus，廢止以測驗一般知識爲目的的初試，使其后的攷試以專業科目爲限。新的攷試綱要包括三部份：（註5）

Ⅰ. 目錄學與文學史
Ⅱ. 編目、分類與排架方法
Ⅲ. 圖書館管理

在此后數年中，報攷的人數日益增多，除了上述攷試科目的改進外，尚有其他原因：①由於公共圖書館大量增加，需要更多的人去圖書館工作；②暑校、函授及半時課程（part-time classes）日益普遍，使年青的library asistants準備此項攷試的機會增加；③1898年圖書館學會獲得『皇家特許狀』（Royal Charter），肯定了其專業學會的地位，使它有舉辦專業攷試及頒授『合格圖書館員』（chartered librarian）的權力，不僅提高了它的聲望，也使人對它所舉辦的攷試更爲重視。

1904年，攷試綱要再度修改。將過去的三部份重新組合，而釐訂爲六個科目：

1. Liberary history
2. Elements of practical bibliography
3. Classification
4. Cataloging
5. Library history and organization

6. Practical library administration

由於此一修改切合當時的需要，使它維持了卅年未變，其對英國圖書館教育影響之大，可不待言。（註6）

1909年9月在Sheffield舉行的英國圖書館學會年會，通過佳士特（L. Stanky Jast，時任Secretary of the Library Association）與索葉（W. C. Berwick Sayers，時任Secretary of the Library Assistants Association）的提議（註7），採用圖書館員的登記制度（registration of Librarians），並將英國圖書館學會的會員分為五類：

1. Honorary Fellows（榮譽會員）
2. Fellows（資深專業會員，此一資格的取得須經攷試及格或任圖書館館長，凡取得此一資格者，得在其姓名后以FLA（Fellow of the Library Association）表示之。
3. Members（專業會員，須經攷試及格並具三年圖書館經驗，凡取得此一資格者，得在其姓名后使用MLA（即Member of the LA）。
4. Associate Members（非專業會員，包括未經通過攷試的Library assistants及非圖書館員的會員）。
5. Students（學生會員）。

由於Fellows與Members均已取得專業圖書館員的資格，故又可稱爲『合格圖書館員』（chartered librarians）。

此一分類與登記制度具有深遠影響：①凡未通過圖書館學會所舉辦的攷試者，不能成爲專業館員，使LA對英國圖書館的專業人員具有絕對控制權。②專業館員如欲保持其『合格圖書館員』的頭銜，不能中斷LA的會籍，並須繼續繳納會費。前者維持了LA的基本會員，后者保存了該會經費的來源，使LA的基礎更臻穩固。由於LA事實上已成爲英國圖書館專業人員唯一進身之所，使它與其他英國專業學會一樣，成爲壟斷基本專業的『獨孤門』（uniportal，即獨一無二＝進身之門）。（註8）

LA既已成爲英國圖書館專業的『獨孤門』，則正規的圖書館教育自難在英國的高等院校生根。事實上，在第二次世界大戰以前，除倫敦大學院（University Colloge of London = London School of Economics and Political Science，倫敦政經學院）設有圖書館學院（Library School）外，其他大學院校所開授的圖書館課程，均以summer school, part-time classes, 及correspondence courses爲限，而這些課程的主要目的，都以準備學生參加LA的攷試爲依歸。（註9）

1933年，examination syllabus曾作大幅度修改，廢止過去以六個科目爲主體的攷試，而將全部攷試過程分爲初級、中級與高級三個級次，除初級與中級攷試的科目固定不變，高級中的科目則有選擇性，各級攷試包括的科目如下：（註10）

初級攷試（Elementary Examination）──

包括三個科目，每科目攷一個半小時，一次攷完。

Ⅰ. Elementary English Literary History
Ⅱ. Elementary Classification, Cataloging and accession Methods
Ⅲ. Elementary Library Administration

中級攷試（Intermediate Examination）──

包括兩個科目，四次攷試，每次三小時，一次攷完，及格者即取得ALA（Associate of the Library Association）的資格。

Ⅰa. Library Classification（theoretical）

Ⅰb. Library Classification (Practical)

Ⅱa. Library Cataloguing (theoretical)

Ⅱb. Library Cataloguing (Practical)

高級攷試（Final Examination）——

在下列三組科目中選擇七個科目應攷，每一科目攷三小時，得於一次攷完，亦得分數次攷完，但須於五年內完成。又報攷此項攷試者，至少須有三年以上的圖書館行政經驗，及格即取得 FLA 的資格。

Part Ⅰ： a. English Literary History (two papers of three hours each) or

b. Literary History of Science (two papers of three hours each) or

c. Literary History of Economics and Commerce (two papers of three hours each)

Part Ⅱ： Bibliography and Book Selection (two papers of three hours each)

a. General Bibliography and Book Selection

b. Historical Bibliography or

c. Palaeography and Archives or

d. Indexing and Abstracting

Part Ⅲ： Advanced Library Administration (three papers of three hours each)

a. Public Library Administration

b. Administration of University Libraries

c. Administration of Special Libraries

此一新攷試綱目，頗有可議之處，如中級攷試以編目分類爲限。高級攷試以圖書館行政爲限，均屬過於偏頗而未顧及全局。由於這些缺點，故於 1938 年又曾加以修改，要點包括：（註 11）

初級攷試照原不動。

中級攷試改爲下面四個科目，每門攷三小時：

a. Intermediate Library Routine

b. Library Stock and Library Assistance to Readers

c. Intermediate Cataloguing

d. Intermediate Classification

高級攷試分爲三部份：

Part Ⅰ： a. General Bibliography and Book Selection (as present Final Part Ⅱ, Paper Ⅰ, but two papers instead of one) (six hours)

b. Historical Bibliography or present alternatives (as present Final Part Ⅱ, Paper Ⅱ)

c. Advanced Classification and Cataloguing (one paper, three hours)

Part Ⅱ： a. English Literary History (two papers of three hours, as present Final Part Ⅰ)

b. Advanced Library administration (two papers of three hours, as present Final Part Ⅲ, but two papers instead of three)

Part Ⅲ： An essay not exceeding 10,000 words, written by the candidate in his own time and certified to be his own work, the subject to be suggested by the candidate and approved by the Education Committee of the Library Association. The candidate has to pass his essay by an oral examination conducted by two members of LA.

此一修改雖較爲合理，但因第二次世界大戰爆發，並未付諸實施。

大戰結束后，攷試綱目於1946年重新修訂，雖然保留了1933年以來的三級體制，但名稱及內容均有所改變，原來的初級改爲入門攷試（Entrance exam.），原來的中級改爲注冊攷試（Registration exam.），高級攷試的名稱雖保持不變，其內容則大爲不同。各級綱目如下：（註12）

入門攷試（Entrance exam.）——

包括四個科目，原初的目的是作爲欲進入圖書館學院（school of librarianship）就讀者的初試，實際上等於對是否適合作專業圖書館員者的測試。

1. Library Administration and Procedure
2. Cataloging and Classification
3. The Choice of Books and General Knowledge of Current English Literature
4. Reference Methods and Materials

注冊攷試（Registration exam.）——

是取代過去的中級攷試，及格者即取得專業會員 ALA（Associateship of the Library Association）的資格。攷試科目分爲三級，每組兩門，報攷者不必一次攷完。得分組應試。

Group A：1. Classification and Cataloging
　　　　　2. Cataloging
Group B：1. Bibliography
　　　　　2. Assistance to Readers in the Choice of Books
Group C：1. Library Organization and Administration
　　　　　2. History of English Literature

高級攷試（名稱未變，仍爲 Final exam.）——

包括七部份（Parts），3、4、5三部份均有選擇性。6、7兩部份的論文及口試則係承襲1938年的修正案。高級攷試的主要目的在測試應攷者的經驗，專業知識，及成熟的判斷能力。故報攷者均已具有數年圖書館的行政經驗。凡通過此一攷試者即取得『資深會員』FLA（Fellow of the Library Association）的資格。

1. Bibliography and Book Selection
2. Library Organization and General Librarianship
3. Library Routine and Administration with a choice of either
    a. Public Libraries
    b. University and College Libraries
    c. Special Libraries and Information Bureaux
4. Literary Criticism and Appreciation of either
    a. Modern Literature
    b. Literature of Philosophy and Religion
    c. Literature of Social Sciences
    d. Literature of Science and Technology
    e. Literature of Fine Arts
    f. Literature of Music
5. One of the following
    a. Palaeography and Archives

b. Work with young people
   c. Advanced Cataloging and Classification
   d. Historical Bibliography
6. An essay (of 5,000 to 10,000 words)
7. Viva voce examination.

根據以上攷試綱目，英國的圖書館專業人員，自入門攷試至高級攷試完畢，須通過十七次攷試，包括十五次筆試，一篇論文，及一次口試。

上述攷試通過后雖引起許多批評，特別是高級攷試部份，認爲尚不足以符合戰後的需要，例如第 4 部份各類書目文獻，就不夠周延。故 1950 年又曾加以修改。這次修改，入門及注册攷試兩方面影響不大，但高級攷試幾乎全部重組。將過去的七部份合併爲四部份，每一部份包括兩個科目，每一科目攷三小時，但此四部份得分期報攷，不必一次攷完。1950 年修改后的高級攷試科目如下：

1. Bibliography and Book Selection (two, three hour papers)
2. Library Organization and Administration
   Paper one: General
   Paper two: one of the following:
      a. public libraries
      b. university and college libraries
      c. special libraries and information bureaux
3. Subject approach to the literature of arts and sciences (two, three hour papers) of the following:
   a. English literature (a choice of one out of 5 periods)
   b. Literature and librarianship of philosophy and religion
   c. Literature and librarianship of the social sciences
   d. Literature and librarianship of science and technology
   e. Literature and librarianship of the fine arts
   f. Literature and librarianship of music
   g. Literature and librarianship of medicine
   h. Literature and librarianship of history and archeology
   i. Literature and librarianship of linguistics and of the history and theory of literature
4. One of the following:
   a. Palaeography and archives
   b. Advanced Cataloging and Classification
   c. Historical bibliography
   d. Literature of Wales

1964 年，英國教育制度發生重大變革。先是該國教育部改名爲『教育與科學部』（Department of Education and Science），同年又成立『全國學位頒授委員會』（Council for National Academic Awards，簡稱 CNAA），負責頒授全英非具大學地位（Non-University Status）的高等院校的學位與證書（diploma）。由於此一權力，各高等院校的學位與證書課程均須經過其批准。不過 CNAA 的實際運作須本着幾個原則：①課程的設計由各院校自行規劃；②科目的攷試在各院校内部舉辦；③各種攷試由該會派人監攷。CNAA 審查各院校的課程時,着重於下列各點:①該校具有開授學位課程的能力;②其科目是經過精心規劃;③教員的學經歷適當;④攷試的方法正確而妥當;⑤學生有獲取實際經驗的妥善安排;⑥具有良好的圖書館服務與教學設備。(註13)

在1964年以前,我們可以從英國圖書館學會的發展過程中,發現其圖書館員專業教育的幾個特點:①所有專業人員攷試均LA舉辦;②對攷試及格人員,LA有授予證件之權;③LA有維持『合格圖書館員』(chartered librarians)註冊的權力;④非具大學地位各院校的圖書館系、科,其課程均以準備學生參加LA的攷試爲目的。(註14)1964年以後,CNAA對各院校的課程具有審查權,而且其各種攷試須由CNAA監督,故CNAA的出現對LA實爲一大威脅。爲了因應此一新情勢,1964年6月LA曾通過一項新的教育政策,其要點包括:①全時教育是取得專業資格的正常途徑;②圖書館教育的入學要件,應與一般教育的要求相配合;③鼓勵研究生進入圖書館專業;④提高圖書館院系的素質,並由這些院系與圖書館學會密切合作,使取得圖書館院系證件者,得註冊成爲合格圖書館員。(註15)爲配合此一新政策,LA的攷試綱要亦隨之修改。新的綱要包括兩部份,而此兩部份事實上是一種攷試的兩個階段,其要點如下:(註16)

Part Ⅰ:core courses,包括四個科目,必須一次攷完,每科三小時。
 1. The Library and the Community
 2. Govt and Control of Libraries
 3. The Organization of Knowledge
 4. Bibliography Control & Service

Part Ⅱ:包括六個科目,可從三組科目單中選出。
 List A 是有關圖書館的類型,如學術、專門、公共圖書館等,
 List B 是關於圖書館的技術、歷史及圖書館內各部門的工作,
 List C 是各科文獻,共列卅多個主題。

通過Part Ⅱ的各科攷試者,即取得"Associateship of the Lib. Asso."的資格。過去的高級攷試,現在已用論文(thesis)代替,凡具有五年以上經驗,而其論文又經LA Council批准者,即可取得FLA的資格。

過去的初試現已決定廢止,而以至少五種『一般教育證件』(General Certificate of Education,簡稱GCE)代替,其中兩個且須是高級"A"通過。

爲因應社會的變遷與時代的需要,1964年的攷試綱要曾於1971年再作修正。但幅度不大,只在Part Ⅰ中增加了有關資訊檢索系統發展的影響,在Part Ⅱ的List B中增加了"International and Comparative Librarianship," "The promotion of Library Use",及"The Library and Local History"三科。List C中有關文獻科目的數目亦減少甚多,因爲各圖書館學院系對1964年30多個主題的文獻科目曾加嚴厲抨擊。(註17)

由於1964年CNAA成立以後,英國高等院校中的圖書館學系、科發展迅速,學校的正規教育已逐漸取代了圖書館學會所舉辦的攷試,故自1971年以後,LA的攷試綱要未再進一步作重大修改。以下將對英國大專院校中的圖書館學院系的發展歷程,略加探究。

二、英國圖書館學院、系的發展歷程

1902年,英國圖書館學會(LA)與倫敦大學院取得協議,在該校開設圖書館課程,是爲英國大學有圖書館課程之始,第一門開授的課程爲『初級目錄學』(Elementary Bibliography),由James Duff Brown主講,選修的學生有三十六人,除一人外,有三十五人是圖

書館的工作人員，而且三十三人是來自公共圖書館。這種以準備學生通過 LA 攷試爲目的的課程，由於攷試的成績不理想，使人對它的興趣日減，到了 1914 年各科修讀的學生全部只有 17 人，加以第一次世界大戰發生，青年男女多去服兵役，終於遭到停辦的命運。（註 18）

1919 年，倫敦大學院得到『卡奈基聯合王國信托基金會』（Carnegie United Kingdom Trustees）爲期五年，每年 1500 英鎊的經濟捐助，在該校成立圖書館學院（School of Librarianship）。這是英國第一個圖書館學院，也是第一個設有此類學院的大學。（註 19）根據 LA 與該校的協議，此一圖書館學院的性質如下：（註 20）

1. 在正常情形下，該學院所收的學生，以合於大學入學標準者爲限，但對年滿 18 歲的具有圖書館經驗者亦可攷慮。

2. 該學院新開的課程，必須包括現有 LA Syllabus 所規定的各個科目。

3. 全時學生的課程爲兩年，亦得安排於一年内完成。半時學生的課程，得於三年至五年内完成。

4. 成功地完成所要求的課程者，由大學院授予證書（diploma）。

5. 該學院的事務由 LA 與倫敦大學院聯合管理。

經上面的協議，我們得知，此一學院的課程係以大學本科爲主，且不授予學位。完成課程的時間，則依學生的入學身份而定，研究生的課程爲一年，非研究生的全時課程爲二年，半時爲三至五年。該院於 1919 年 9 月 29 日（星期一）正式開學，首任院長爲 LA 教育委員會的秘書貝克博士（Dr. Ernest A. Baker, Secretary of the Education Committee of LA），他也是當時唯一的專任教員。第一班學生共有 98 人，其中 37 人爲全時生，61 人爲半時生，後者都是來自倫敦及其附近地區。第二班（1921/22）共 90 人，58 人全時，32 人半時。據卡奈基聯合王國信托基金會 1925 年的年度報告，截至該年爲止，已有 67 人取得該院畢業證書。從 1928 年開始，凡取得該院畢業證書者，均得申請免除 LA 的攷試，取得合格圖書館員的資格。（註 21）

由於 LA 不願意失去其對圖書館員的攷試與頒發證書的權力，他們只希望大學圖書館系以訓練他們的學生通過 LA 所舉行的攷試爲宗旨，而在英國高度獨立自主的大學體制下，沒有大學願意接受此種條件，來設立圖書館學院。因此，在二次大戰以前（實際是 1946 以前），除倫敦大學院外（該院在大戰期間，曾因院長死亡曾一度關閉，至 1946 年始恢復），沒有任何其他英國大學設有圖書館學院或學系。這是英國正規圖書館教育不發達的原因，也是戰后的圖書館學系大部份設在推廣教育學院（College of further education）的主因，因爲後者原以訓練學生參加外部攷試（external examination，即各專業學會所舉行的攷試）爲宗旨。

二次大戰期間，LA 設立 Emergency Committee，代行理事會及各委員會的職權，同時邀請其榮譽秘書麥可文（Lionel R. McColvin）研究戰時及戰後圖書館的發展問題。1942 年，麥氏提出其長達二百頁的報告，題爲 *The Public Library System of Great Britain: A Report on Its Present Condition*, *With Proposals for Post-war Reconstruction*。（註 22）這是影響戰后英國圖書館與圖書館教育發展的最重要的一個文件。麥氏建議英國的高等院校應設立爲時兩年的全時圖書館專業教育，但同時 LA 應保留其外部攷試之權。

爲了研究 McColvin 報告的可行性，LA Council 特別成立戰後政策委員會（Post-war Policy Committee），以 Edward Sidney 爲主席。該委員會於 1943 年提出報告，對圖書館教育方面，包括下面四項基本建議：（註 23）

1. 麥氏所建議的圖書館學院（School of Librarianship），以設立於六七個省立大學中最爲理想。
2. 這些學院應具有永久性質。
3. 實習應爲這些學院課程中重要的一部份，因此應設於附近有優良公共圖書館的大學中，以提供學生的實習場所。
4. 其畢業生仍須參加 LA 的攷試。

根據這四個原則，1946 年成立了五個圖書館學系，都是設在主要城市的學院或大學中，其地點分別是：Glassgow, Loughborough, Leeds, Manchester, 及 City of London College。各系的學生都很少，大多在廿五至卅人之間。1947 年又增加了兩處，他們是 Brighton 與 New Castle。（註 24）

1960 年代中期，英國的教育制度受到『羅賓士報告』（*The Robins Report*）的影響，發生了鉅大的變化。1964 年，英國教育部改組，並易名爲『教育與科學部』（Department of Education and Science），擴大了權限，除負責全國各級教育政策外，並包括藝術及圖書館的有關事務。同年，教育與科學部創設『全國學位頒授委員會』（CNAA）。負責頒授非具大學地位但與大學相當的高等院校的學位與其他學術證件（包括 degrees, diplomas, certificates and other academic awards），這些高等院校的本身是不能授予這些學位與證件的。（註 25）

此一學制上的大變革，開啓了英國工藝學院（Polytechnic）設立圖書館學系的大門，因爲這些學院現在經由 CNAA，亦得授予學位。目前英國有八所工藝學院設有圖書館學系，其名及位置如下：（註 26）

Aberdeen, Scotland
  School of Librarianship and Information Studies
  Robert Gordon's Institute of Technology

Birmongham, England
  Department of Librarianship and Information Studies
  City of Birmingham Polytechnic

Brighton, England
  Department of Librarianship
  Brighton Polytechnic

Leeds, England
  School of Librarianship
  leeds Polytechnic

Liverpool, England
  School of Librarianship and Information Studies
  Liverpool Polytechnic

London, England
  School of Librarianship and Information Studies
  The Polytechnic of North London

Manchester, England
  Department of Library and Information Studies
  Manchester Polytechnic

　　　　Newcastle upon Tyne, England
　　　　　　School of Librarianship and Information Studies
　　　　　　Newcastle upon Tyne Polytechnic
　　這些學院中的圖書館學系，有下列共同特質：（註27）
　　1. 規模小——大多數系的教職員均在10人以下。
　　2. 所授課程均以學生獲得LA的專業資格爲目的。
　　3. 由於教員的課業太重，故這些學系都是教學多於研究。
　　爲使各圖書館學系能以自己的內部攷試（internal examination），代替LA的攷試（即所謂外部攷試，external examination），LA特訂立下列標準（註28）作爲評估的要則：
　　a. College status：
　　（ⅰ）"A substantial proportion" of the full-time courses in the college, in which the library schools were situated, should be "beyond GCE (General Certificate of Examination) Advanced level".
　　（ⅱ）The status of the library schools within the parent institution should be sufficient to give a degree of independence with "direct access to the principal officer (or board)".
　　b. Staff：
　　（ⅰ）The staff/student ratio should be one member of staff to every ten students.
　　（ⅱ）There should be a minimum of six full-time teaching staff with "good provision for part-time and visiting specialist lecturers". The staff collectively should be able to offer a "wide range of professional and academic experience."
　　c. Students：
　　（ⅰ）There would need to be a minimum of 80 students.
　　（ⅱ）There should be proper shudent selection procedures and effective means of measuring the students' progress.
　　d. Teaching and study：
　　（ⅰ）There should be adequate teaching accommodation, including provision for both lecturers and for group seminar work.
　　（ⅱ）The supply of professional literature should be adequate to support the teaching and research programmes of the school.
　　（ⅲ）There should be a sufficiently wide range of libraries of different type in the neighbourhood of the school for "supervised practical work and progressive subject bibliography".
　　（ⅳ）There should be an effective scheme for the "placing of students in suitable libraries for practical work". There would also need to be a system of reporting from the libraries as to "the conduct and potential ability of the students".
　　此外，LA對各校如何代表其舉行內部攷試的細節，亦有詳細規定。其攷試內容，更不能越出LA所定攷試綱要的範圍。對於這種攷試的命題、監攷與評分也有所規定。各校是否適合舉辦這種攷試，則由Board of Assessors of the LA派遣訪視小組（team of visitors）去實地評估後決定。（註29）
　　自CNAA成立，因對英國非具大學地位的高等院校（包括polytechnic）有授予學位及其他學術證件之權，使過去LA對圖書館專業人員獨佔的攷試權受到威脅，故兩者的利害衝突乃屬無可避免的事，直至1960年代末期，工藝學院各圖書館學系的畢業生，始取得

LA 專業攷試的免試權。（註 30）又據 LA 有關專業資格之未來的工作小組報告（Report of the Working Party on the Future of Professional Qualifications）中的建議：LA 應於 1980 年 12 月舉行最后一次完全的外部攷試，任何相關攷試均須於 1985 年以前的過渡時期舉行完畢。自 1981 年開始，凡欲成爲 LA 的專業會員者，均須完成圖書館學系所規定的課程，亦即此後取得合資圖書圖書館員資格者（chartered librarians），均須具有圖書館學的學位或文憑（diploma）。（註 31）

根據統計，在 1967—1971 年間，CNAA 已在六所工藝學院及其他學院中，核准了 8 個圖書館學的學士計劃。而在 1971—1975 年間，又在 8 所工藝學院中核准了 12 個圖書館學士計劃，5 個研究院文憑計劃，及 2 個碩士學位計劃。（註 32）又據筆者所收到的各校簡介（Bulletin），截至 1985 年爲止，英國各大學授予圖書館博士學位（Ph. D.）者，有 University College London（自 1965 年即有圖書館博士學位，亦爲英國各大學授予圖書館博士學位最早者），Polytechnic of North London, Loughborough Univ. of Technology, City of Birmingham Polytechnic, Leeds Polytechynic, Univ. of Sheffield, 及 Univ. of Strathclyde 等七校。

叁、英國圖書館教育的現況

通常的所謂英國，其正式名稱叫做『聯合王國』（United Kindom of Great Britain and Northern Ireland），包括英格蘭（England）、蘇格蘭（Scotland）、威爾斯（Wales）及北愛爾蘭（Northern Ireland）四部份，前三者合稱爲大不列顛（Great Britain），加上後者，統稱爲『聯合王國』。在聯合王國境內，目前共有 17 個圖書館學系。爲對這些系的概況有所瞭解，筆者曾於 1985 中分函各校，要求寄贈簡介。截至本文屬稿時爲止，除 Leeds Polytechnic 及 Liverpool Polytechnic 兩校尚未寄來外，其餘 15 校已全部收齊。茲根據這些簡介（Bulletin）及其他有關資料（註 33），分爲以下各項，簡析各校概況如下：

(1) 成立年
(2) 教學計劃
 (a) 入學資格
 (b) 修業時間
 (c) 教育目標
 (d) 主要課程
 (e) 畢業要求
 (f) 在校學生
(3) 師資
(4) 設備
(5) 特色

1. BRIGHTON POLYTECHNIC

Department of Librarianship
Palmer, Brighton BN1 9PH
England
Tel. (0273) 606622

(1) 成立年：1947

（2）教學計劃：
A. B. A. Program
  a. 入學資格——高中畢業
  b. 修業年限——三年，包括五週實習
  c. 畢業要求——（a）完成規定課程
        （b）通過畢業攷試（由校外委員攷試）
  d. 教育目標——訓練各類型圖書館員，但特別着重 Media 及 Computing 的課程。
  e. 在校學生（1982/83）——7 男生，36 女生。
B. M. Phil.（Master of Philosophy）Program
  （a）入學資格——擁有學士學位的大學畢業生；
        須有專業經驗；
        年齡通常在 30 歲以上；
        其他入學資格視各別情形而定。
  （b）修業時間——至少二年
  （c）畢業要求——提出一 40,000 字以內的論文，並通過畢業攷試。
        以上二種攷試均須由校內及校外委員共同主持。
  （d）教育目標——以訓練研究工作者爲主
C. Ph. D. Program
  （a）入學資格——具有相關學科的碩士學位；其他資格與 M. Phil. 同，通常須先進入 M. Phil. Program，再繼續念 Ph. D.；此外尚須 A. L. A. 資格。
  （b）修業時間——至少三年
  （c）教育目標——以研究爲主
  （d）畢業要求——通過由校內外攷試委員會主持的畢業攷試，及 70,000 字以內的畢業論文；其論文須對人類知識有重大貢獻。
（3）師資：9 專任，6 兼任（博士 4 人，碩士 6 人，學士 3 人，其他 2 人）
（4）教學設備：圖書 250,000 冊
     具有 A-V 實驗室及電腦等設備
（5）已畢業學生：自成立以來，全部畢業生（包括學士及碩士）已超過 800 人。
（6）特點：大學課程偏重 Media 與 Computing，
    碩士及博士課程着重研究。

2. **CITY OF BIRMINGHAM POLYTECHINC**
  Department of Librarianship and Information Studies
  Franchise Street, Perry Barr
  Birmingham B42 2SU
  England
  Tel：021 - 356 6911；021 - 356 9193
（1）成立年：1951
（2）教學計劃：
A. B. A. Program

(a) 入學資格——高中畢業；一種外國語；面談（interview）。
(b) 修業時間——共四年，包括三年課程訓練，及一年圖書館實習。
(c) 教育目標——訓練各類型圖書館員。
(d) 主要課程——<u>Management of Libraries</u>, include study of library and information services in their social context.

<u>Information Transmission</u>. The presentation, communication and dissemination of information and ideas.

<u>Information Retrieval</u>. Organization of information and material for retrieval.

<u>Information Resources and Service</u>. The exploitation of information resources in the interests of users.

<u>Computing for Librarians</u>.
(e) 畢業要求——修完有關課程

通過論文（dissertation）

通過畢業攷試（final exam.）

（論文及畢業攷均由校外委員攷試）
(f) 在校學生（1982/83）——51 男生，128 女生。

B. P. G. D. Program（Postgraduate Diploma Program）
(a) 入學資格——擁有學士的任何學系畢業生。

至少九個月圖書館專業經驗。
(b) 修業時間——一年（9月始業，6月畢業）
(c) 教育目標——為各類型圖書館訓練較高級專業人員。
(d) 主要課程——<u>The Library in Society</u>: libraries and librarians seen against the background of society in which they operate.

<u>Management of Libraries</u>: basic elements of library management.

<u>Organization of Knowledge</u>: arrangement and indexing of material for retrieval.

<u>Information Resources and Services</u>: information for users.

<u>All students take two supplementary courses</u>:

<u>Multi-media Technology in Lib. Services Computers in Library Services</u>
(e) 畢業要求——修完所規定的課程

通過畢業攷試

（由校外委員攷試）
(f) 在校學生——4 男生，20 女生

(3) 師資：13 專任（包括博士1人，碩士7人，學士3人，其他2人），1 兼任。

(4) 設備：圖書及電腦等教學設備均依賴總圖書館及電腦中心，系內無單獨設備。

(5) 已畢業學生：自該系成立以來，全部畢業生已超過1800人。

(6) 特點：圖書館學與資訊科學並重。

3. THE CITY UNIVERSITY

Department of Information Science

Northampton Square, London EC1V OHB

England

Tel: 01 - 253 4399　　Telex: 263896

(1) 成立年: 1961 年開授課程, 1970 年獨立設系
(2) 教學計劃:

A. Master's Progrom (包括 M. Sc. 及 M. Phil.)
　　(a) 入學資格——申請 M. Sc. 者須是理、工及經濟科系的畢業生。
　　　　　　　　　申請 M. Phil. 者須是圖書館系的畢業生。
　　　　　　　　　須有一種以上的外語及電腦語言的能力。
　　(b) 修業時間——均為一年
　　(c) 教育目標——較高級的資訊專業工作
　　(d) 畢業要求——論文、畢業攷及校外委員的評估報告
　　(e) 在校學生 (1982/83) ——M. Sc.: 9 男生, 31 女生
　　　　　　　　　　　　　　　M. Phil.: 2 男生, 2 女生

B. P. G. D. Program
　　(a) 入學資格——擁有學士學位或同等學力。
　　　　　　　　　具有兩種外語能力及電腦語言者可得優先攷慮。
　　　　　　　　　申請者須是資訊工作人員
　　(b) 修業時間——60 days over 2 years
　　(c) 教育目標——與碩士同
　　(d) 畢業要求——通過由校外委員主持的畢業攷 (final exam.) 及評估 (evaluative Report), 但不要求論文
　　(e) 在校學生 (1982/83) ——16 男生, 39 女生

C. Ph. D. Program
　　(a) 入學資格——擁有 B. Sc. 及 M. Sc. 及具有 A. L. A. (Associate of L. A.) 資格者
　　(b) 修業時間——二至四年
　　(c) 教育目標——訓練圖書館與資訊科學的各種高級專業人員及高深研究工作
　　(d) 畢業要求——以論文為主, 須通過校外委員主持的口試
　　(e) 在校學生——2 男生 (1982/83)

(3) 師資: 7 專任, 1 兼任 (包括博士 7 人, 碩士 1 人)
(4) 圖書及設備: 與大學共同使用圖書, A-V 及電腦設備
(5) 已畢業學生: 自成立以來, 至 1980 年為止, 已畢業 500 餘人。
(6) 特點: 該系是英國唯一稱為 Dept. of Infomation Science 的圖書館學相關科系。畢業的資訊人員, 相當於其他各校同類畢業生的總和。

4. **College of Librarianship Wales** (Since 1981: **The University of Wales School of Librarianship and Information Studies**)

Llanbadarn Fawr, Aberystwyth, Dyfed SY23 3AS

Wales

Tel: Aberystwyth (0970) 3181　　Telex: 35391 (CLW G)

(1) 成立年: 1964 (Established in 1964 as an autonomous institution, affiliated with the

University of Wales, it is officially recognized as the University of Wales School of Librarianship and Information Studies since 1981, but keeps its independent status.）

(2) 教學計劃：

A. B. Lib.（Bachelor of Librarianship）Program
  （a）入學資格——高中畢業，具有實際經驗者優先攷慮。
  （b）修業時間——3—4年，包括12星期實習。
  （c）教育目標——訓練各類型圖書館的專業人員。
  （d）主要課程——The Organization of Knowledge in Libraries, Ⅰ and Ⅱ
        The Scoial Context and Management of Libraries, Ⅰ, Ⅱ, and Ⅲ
        Sources of Information
        Physical bibliography
        Either Advanced Classification and Cataloging, or Information Storage and retrieval
        Either Historical and Analytical bibliography, or Dissimination
  （e）畢業要求——修畢規定課程，完成必要報告（papers），通過最后攷試（由校外委員主持）
  （f）在校學生——1979/80：45男，156女
  （g）主要特色——B. Lib. 係一聯合學位，攻讀此一學位者，須選 Univ. of Wales 一個其他科系爲輔系。

B. P. G. D. Program
  （a）入學資格——具有學士學位，有推薦信，對具有實際經驗者優先攷慮。
  （b）修業時間——1年，包括6星期實習。
  （c）教育目標——特殊的圖書館專業工作。
  （d）畢業要求——修畢規定學分，提出必要報告（Papers），通過最后攷試（由校外委員主持）
  （e）在校學生——1979/80：50男生，70女生

C. M. Lib. Program
  （a）入學資格——Bachelor 及 P. G. D 或同等學力；
        外國語視情形而定；
        實際工作經驗視情形而定；推薦信。
  （b）修業時間——1—2年
  （c）教育目標——訓練較高級專業人員
  （d）主要課程——Community Information Services
        Computerised Bibliographical Searching
        Automation in Libraries
        Information Systems Analysis
        Personnel Management in Libraries
        Library Development Planning
        Libraries and Cultural Activities
        School Librarianship and Management of Learning Resources

　　　　　　　　　　Curriculum Development in Library and Information Science
　　　　　　　　　　The Book Trade and Libraries
　　　　　　　　　　The Development of International Bibliographical Control
（e）在校學生——1979/80：6 男，20 女
D. Ph. D. Program
　　自 1983 年開始，該校已設立圖書館與資訊科學博士計劃，招收具有碩士學位者，予以高深訓練

　　由於創辦伊始，詳情缺乏資料可查
（3）師資：5 位行政主管及 44 位專任教員（其中有 6 位擁有博士學位）
（4）圖書及設備：該校係獨立學院，擁有自己的圖書館，A-V 及 Computer labs.
　　　　　　　　現有藏書 100,000 冊，期刊 900 種，A-V 資料 13,500 件
　　　　　　　　此外尚可利用大學的其他設備
（5）特點：（a）學位名稱叫 B. Lib.（Bachelor of Librarianship），M. Lib.（Master of Librarianship），etc.
　　　　　（b）該校係英國唯一具有自主權的圖書館與資訊學院。
　　　　　（c）該校現有學生約 400 人，是英國各校中學生最多的圖書館學院，也是歐洲同類學院中最大之一。
　　　　　（d）該校分為 Bibliagraphical Studies, Information, Systems Studies, Social and Management Studies, 及 Welsh Studies 四個學系。
　　　　　（e）該校與美國 Univ. of Pittsburgh 的 SLIS 有 Summer School 合作關係。

5. EALING COLLEGE OF HIGHER EDUCATION
　　School of Library and Information Studies
　　St. Mary's Road, Ealing, London W5 5RF
　　England
　　Tel：01 – 579 4111
（1）成立年：1949
（2）行政組織：分為四組：
　　　　　　　　Division of Bibliographical Studies
　　　　　　　　Division of Library & Information Services
　　　　　　　　Division of Information Retrieval Systems
　　　　　　　　Division of Library Management
（3）教學計劃：
A. B. A. Program
　　（a）入學資格——高中畢業
　　（b）修業時間——3 年
　　（c）教育目標——各類圖書館與資訊專業人員
　　（d）主要課程——Bibliographical studies
　　　　　　　　　　Computerized Information Systems
　　　　　　　　　　Information Retrieval Studies
　　　　　　　　　　Information Services

　　　　　　　　　Management of Information Systems
　　　　　　　　　Quantitative Methods
　　　　　　　　　Studies in Cultural Transmission
　　（e）畢業要求——修畢必要課程，完成研究計劃，通過最后攷試（由校外委員
　　　　　　　　主試）
　　（f）在校學生——1979/80：6 男，17 女
B. P. G. D. Program
　　（a）入學資格——任何科系學士
　　（b）修業時間——至少 1 年
　　（c）教育目標——各類型圖書館與資訊中心專業工作，包括行政與監督活動。
　　（d）主要課程——分爲三個 areas：
　　　　　　　　　Organization and management of Libraries and information services
　　　　　　　　　Information retrieval
　　　　　　　　　Bibliographical studies
　　（e）在校學生——1970/80：6 男，23 女
(3) 師資（以收到 Bulletin 爲準）：12 專任（包括 2 位博士）。
(4) 設備：圖書及各種教學設備均與全校共用。
(5) 特點：（a）規模很小，全系學生僅 50 餘人
　　　　　（b）尚無博士班
　　　　　（c）行政組織分爲四個組

6. **Leeds Polytechnic**
　　School of Librarianship
　　Leighton Hall, Becket Park, Leeds LS6 3QS
　　England
　　Tel：(0532) 789631/2　　Telex 556237
(1) 成立年：1947
(2) 教學計劃：
A. B. A. Program in Librarianship
　　（a）入學資格——高中畢業，有實際經驗者優先攷慮
　　（b）修業時間——3 年
　　（c）教育目標——各類型圖書館專業工作
　　（d）畢業要求——修完必要課程
　　　　　　　　　完成畢業論文
　　　　　　　　　通過中間及最后攷試（intermediate & final exams. 均由校外委
　　　　　　　　　員主攷）
　　（e）在校學生——1982/83：10 男，45 女
B. B. S. Program in Information Science
　　（a）入學資格——高中畢業，一種外國語，面談，有經驗者優先攷慮
　　（b）修業時間——3 年
　　（c）教育目標——圖書館與資訊中心專業工作

（d）畢業要求——課程，論文及中間與最后攷試（均有校外委員參加）
（e）在校學生——1982/83：4 男，7 女

C. M. A. Program in Librarianship
（a）入學資格——學士學位，5 年工作經驗，面談
（b）修業時間——1 年
（c）教育目標——各類型圖書館專業工作，包括高級行政與監督管理訓練
（d）主要課程——Research Methods
　　　　　　　　Library operations and functions 2 from the following 5：
　　　　　　　　Multimedia；organization theory；development and uses of literacy；
　　　　　　　　library automation；child studies.
（e）畢業要求——課程，論文（dissertation）及最后攷試（均有校外委員參加）
（f）在校學生——1982/83：15 男，12 女

D. P. G. D. Program in Librarianship
（a）入學資格——學士學位，1 年工作經驗，面談
（b）修業時間——1 年
（c）教育目標——各類型圖書館的特定（specialized）專業工作。
（d）主要課程——Organization & Management of Libraries Organization of knowledge
　　　　　　　　Bibliography and readers advisory services
　　　　　　　　Literacy and communication
　　　　　　　　One of the following：automation in libraries；hist. bibl.；historical and comparative librarianship；literature and librarianship for children；dissimination of infor.
（e）畢業要求——課程，論文（dissertation）及最后攷試（均有校外委員參加）
（f）在校學生——1982/83：16 男，29 女

E. P. G. C.（Postgraduate Certificate）Program in School Librarianship
（a）入學資格——合格的教員
（b）修業時間——1 年
（c）教育目標——訓練專業的教員－圖書館員 teacher-librarian
（d）畢業要求——修畢必要課程，通過最后攷試（有校外攷試委員）
（e）在校學生——1982/83：12 男，16 女

(3) 師資：5 位行政人員，27 專任教員，2 兼任教員（包括博士 4 人，碩士 12 人，學士 25 人）。
(4) 設備：有系館，包括圖書 15,000 冊，期刊 400 種，及視聽資料 5,000 件。
其他設備與學校共用。
(5) 特點：(a) 每個階段的學位及證件的入學，均須具有經驗。
　　　　　(b) 有專門訓練學校圖書館員（School Librarianship）的學士後專修班。
　　　　　(c) 仍以傳統圖書館課程爲主。
　　　　　(d) 自成立至今已畢業學生 2,500 餘人。

7. Liverpool Polytechnic
School of Librarianship and Information Studies

79 Tithebarn Street, Liverpool L2 2ER
England
Tel: 051-227 1781
(1) 成立年: 1964
(2) 教學計劃:
A. B. A. Program in Librarianship
　　(a) 入學資格——高中畢業,有實際經驗者優先攷慮。
　　(b) 修業時間——3 年 (上課 1,014 小時,實習 286 小時)。
　　(c) 教育目標——各類型圖書館專業工作。
　　(d) 畢業要求——修畢規定課程,通過最后攷試 (有校外委員參加)。
　　(e) 在校學生——1982/83: 20 男, 83 女。
B. P. G. D. Program in Librarianship
　　(a) 入學資格——任何學科的學士學位,有實際經驗者優先攷慮。
　　(b) 修業時間——34 周。
　　(c) 教育目標——圖書館與資訊科學的各部門專業工作。
　　(d) 畢業要求——完成規定課程,通過最后攷試。
　　(e) 在校學生——1982/83: 7 男, 27 女。
C. M. Phil. Program in Librarianship
　　(a) 入學資格——任何學科的學士學位
　　(b) 修業時間——不詳 (未規定)
　　(c) 教育目標——圖書館與資訊科學的各部門專業工作。
　　(d) 畢業要求——通過論文及最后攷試 (均有校外委員參加)。
　　(e) 在校學生——1982/83: 3 女。
D. Ph. D. Program in Librarianship
　　(a) 入學資格——至少具有學士學位
　　(b) 修業時間——未規定
　　(c) 教育目標——圖書館與資訊科學的各部門專業工作及行政與高級研究工作。
　　(d) 畢業要求——通過論文及最后攷試 (均有校外委員參加)。
　　(e) 在校學生——不詳。
(3) 師資: 1 位行政人員, 12 位專任教員, 及 7 位校外專家 (專任中有 1 位博士, 9 位碩士, 3 位學士)。
(4) 設備: 有系館: 圖書 74,000 冊, 期刊 127 種, 其他設備與學校共用。
(5) 特點: (a) 有全程教學計劃 (B. A; P. G. D; M. Phil.; 及 Ph. D.)
　　　　　(b) 系館藏書頗豐。
　　　　　(c) 自成立至今已畢業約 2,000 人。

8. **Loughborough Technical College**
　　School of Library and Information Science
　　Radmoor, Loughborough, Leicestershire LE11 3BT
　　England
　　Tel: Loughborough (0509) 215831

（1）成立年：1946
（2）教學計劃：
A. Diploma Program for Higher Education in Library Studies
 （a）入學資格——高中畢業，一種外語，有實際經驗者優先效慮。
 （b）修業時間——2年（第1年的40%時間用於實習）
 （c）教育目標——在專業人員監督下執行各種技術工作
 （d）畢業要求——修畢規定課程，通過最后效試（有校外委員）
 （e）在校學生——1979/80：6男，13女。
（3）師資：1位行政人員，8位專任教員（包括3位碩士，2位學士，其他2人（FLA）
（4）設備：均與學校其他單位共用（該學院共有圖書44,000冊，期刊700種，非書A-V 250件）
（5）特色：（a）不授予任何學位
  （b）畢業生可轉入附近的 Loughborough L/N 三年級，以完成 B. L. S.（圖書館學士）學位
  （c）戰后英國的第一個，也是英國第二個最老的 Lib. School

9. **Loughborough University of Technology**

Department of Library and Information Studies
Ashby Road, Loughborough, Leicestershire LE11 3TU
England
 Tel：Loughborough（0509）263171 Telex 34319

（1）成立年：1971（根據該系的 Bulletin）
（2）教學計劃：
A. Bachelor Degree Program in Library Studies（包括 B. A. in Library studies, B. Sc. in Library Studies, 及 B. L. S.）
 （a）入學資格——高中畢業及一種外語
 （b）修業時間——3年
 （c）教育目標——各類型圖書館的專業工作。
 （d）畢業要求——修完規定課程，通過論文（dissertation）及最后效試（均有校外委員參加）
 （e）在校學生——1979/80：12男，141女
B. B. A. Program in Library Studies and another Subject（1980年設立）
 （a）入學資格——高中畢業及一種外語
 （b）修業時間——3年
 （c）教育目標——同前（但有一副主修）
 （d）畢業要求——同前
 （e）在校學生——1982/83：1男，31女
C. M. A. or M. Sc. Program in Library and Information Studies（1982年設立）
 （a）入學資格——任何學科的學士及1年實際經驗
 （b）修業時間——1年

(c) 教育目標──各類型圖書館的專業工作，包括行政及監督活動
(d) 畢業要求──修畢規定課程，通過最后攷試（有校外委員參加）
(e) 在校學生──不詳

D. Diploma and Master Degree Program in Library Studies
    (a) 入學資格──具有 3 年經驗的英國圖書館學會的會士（ALA = Associate of the L. A.）
    (b) 修業時間──1 年以上
    (c) 教育目標──為 ALA 們提供深造機會
    (d) 畢業要求──學員於完成第一階段的課程及最后攷試后，可進一步修讀碩士學位。
    (e) 在校學生──1970/80：27

E. M. L. S.（Master of Library Studies）Program
    (a) 入學資格──Lib. 的學士學位或 D 項的 Diploma
    (b) 修業時間──up to 3 years part-time
    (c) 教育目標──各類型圖書館的專業工作包括行政與監督活動。
    (d) 畢業要求──通過論文及最后攷試（均有校外委員參加）
    由於學生均已具有圖書館與資訊科學的學士學位，故此一碩士學位不再有課程的畢業要求。
    (e) 在校學生──1979/80：50 男，50 女（90% 為 Part-time）

F. M. Sc. Program in Information Studies
    (a) 入學資格──理學士（B. Sc.），具有 1 年實際經驗者優先攷慮
    (b) 修業時間──1 年
    (c) 教育目標──各類資訊的專業工作
    (d) 畢業要求──修完規定課程，通過論文及最后攷試（有校外委員）
    (e) 在校學生──1979/80：1 男，9 女
    1982 年畢業 6 人

G. M. A. Program in Archives/Library/Information Studies/Education（M. A. in A. L. I. S. E）
    (a) 入學資格──學士學位及專業資格（professional qualification）
    (b) 修業時間──1 年
    (c) 教育目標──各類型圖書館與資訊單位的專業工作，及教學（teaching）
    (d) 畢業要求──課程，論文及最后攷試
    (e) 在校學生──3 男，5 女，1982 畢業 3 人。

H. M. Phil. Program in Library Studies
    (a) 入學資格──Lib. 學士學位，或專業資格（FLA）
    (b) 修業時間──1 年，或 2 年 part-time
    (c) 教育目標──各類型圖書館的專業工作，包括行政與監督活動，及高深研究工作。
    (d) 畢業要求──通過論文（thesis），由校外委員參加攷試。
    因攻讀該學位的學生均已具圖書館學士或英國圖書館學會的資深會員（FLA）資格，故不要求選讀課程及畢試，只須通過論文即可。

　　　　　（e）在校學生——1979/80：30 人（97% part-time）
　　　　　　　　　　　　 1982 畢業 3 人
I. Ph. D. Program in Library Studies
　　　　　（a）入學資格——具有圖書館的碩士學位
　　　　　（b）修業時間——2 年，或 33 個月 part-time
　　　　　（c）教育目標——與 M. Phil. 相同
　　　　　（d）畢業要求——與 M. Phil. 相同
　　　　　（e）在校學生——1970/80：36 人（92% 爲 part-time）
　　　　　　　　　　　　 1981 畢業 4 人
　　　　　　　　　　　　 1982 畢業 1 人
（3）師資：3 行政人員，21 專任，3 兼任（包括博士 5 人，碩士 14 人，學士 5 人）
（4）設備：有系館，藏書冊數不詳，有 40 種期刊，系館中有兒童文庫。
由於該系與 Loughborough Technical College，有合作關係，並可利用其專業圖書。
A-V 及 Computer 設備與全校共用。
（5）特色：（a）爲英國學生最多的 Lib. School 之一。
　　　　　　　 每年招收學生約 250 人。
　　　　　　　 目前在校學生約 400 人。
　　　　　（b）爲授予學位最多的英國 Lib. School。
　　　　　　　 有 4 種學士學位，7 種碩士學位，及 1 種博士學位。
　　　　　（c）Ph. D. 及 M. Phil. 兩種學位均只有論文的要求，沒有課程及 Comprehensive exam. 的要求

10. **Manchester Polytechnic**
　　　 Department of Library and Information Studies
　　　 All Saints, Manchester M15 6BH
　　　 England
　　　 Tel：061 – 228 6171
（1）成立年：1947
（2）教育計劃：
A. B. A. Program in Library Studies
　　　　　（a）入學資格——高中畢業，有經驗者優先攷慮
　　　　　（b）修業時間——3 年（上課 1,448 小時，實習 300 小時）
　　　　　（c）教育目標——各類型圖書館專業工作
　　　　　（d）主要課程——Communication Skills
　　　　　　　　　　　　　 Documentation of Information
　　　　　　　　　　　　　 Information Technology
　　　　　　　　　　　　　 Knowledge, Society and Libraries
　　　　　　　　　　　　　 Management of Library & Info. System
　　　　　　　　　　　　　 User communities
　　　　　　　　　　　　　 Research methods
　　　　　　　　　　　　　 Information Retrieval

Information Services
- (e) 畢業要求──修畢規定學分，通過論文及最后攷試（有校外委員），完成實習工作。
- (f) 在校學生──1982/83：28 男，99 女

B. B. A. Program in Librarianship
- (a) 入學資格──高中畢業及兩年經驗
- (b) 修業時間──三年（上課 540 小時）
- (c) 教育目標──訓練合格專業館員
- (d) 主要課程──同前
- (e) 畢業要求──同前，但無實習要求
- (f) 在校學生──1982/83，9 男，19 女

C. P. G. D. Program in Librarianship（full time & part-time）
- (a) 入學資格──任何學科的學士及至少 6 個月的工作經驗
- (b) 修業時間──full-time = 1 年
  part-time：3 年
- (c) 教育目標──各類型圖書館特定專業工作
- (d) 畢業要求──由一位校外委員評估所修課程
- (e) 在校學生──1982/83：full-time：4 男，16 女
  part-time：9 男，19 女

D. M. A. Program in Library Studies
- (a) 入學資格──圖書館學士；學士後圖書館學文憑（Diploma）；或 LA 的 FLA，外加取得專業圖書館員資格的至少 3 年圖書館經驗
- (b) 修業時間──2 年
- (c) 教育目標──爲有經驗的圖書館員提供高深研究
- (d) 畢業要求──通過由二位校外委員主持的中間攷試（intermediate exam.）及主要研究計劃（major project）
- (e) 在校學生──1981/82：14 人

E. Certificate Program in School Librarianship
- (a) 入學資格──學士學位，或教師證
- (b) 修業時間──1 年
- (c) 教育目標──學校圖書館專業工作
- (d) 畢業要求──通過由一位校外委員的論文攷試及對所習課程的評估
- (e) 在校學生──1982/83：1 男，6 女

(3) 師資：1 位行政人員，18 位專任教員（包括 11 碩士，4 學士，其他 4 人）

(4) 設備：圖書館有 3,000 冊專業圖書，及 140 種專業期刊，另有 4 個實驗室（Lab.）：
Information Retrieval Lab.
Bibliography Service Lab.
Children's Literature Lab.
Management Lab.

(5) 特色：(a) 每年收入學生約 90 人。

（b）有學校圖書館員教育計劃。
　　　（c）學士后的 M. A.，P. G. D. 及 Certificate 均以有經驗者爲入學要件之一。
　　　（d）尚無 Ph. D. Program
　　　（e）各種學位及證件均由 CNAA 所授予

11. Newcastle upou Tyne Polytechnic
　　School of Librarianship and Information Studies
　　Newcastle upon Tyne NE1 8ST
　　England
　　Tel：Newcastle（0632）326002
（1）成立年：1947
（2）教學計劃：
A. B. A. Program in Librarianship
　　（a）入學資格——高中畢業
　　（b）修業時間——3 年（包括七週實習），每週上課 13 小時
　　（c）教育目標——各類型圖書館專業工作
　　（d）主要課程——Introduction to Librarianship and Information Services
　　　　　　　　　　Data Processing
　　　　　　　　　　Access to Information
　　　　　　　　　　Study of Contemporary Society
　　　　　　　　　　Report and Abstract Presentation
　　　　　　　　　　Library Management
　　　　　　　　　　Technical Processing
　　　　　　　　　　Media Sociology
　　　　　　　　　　Research Methods
　　　　　　　　　　Knowledge and Its Communication
　　　　　　　　　　Report and Abstract Presentation
　　（e）畢業要求——修畢規定學分，通過最后攷試及論文（均有校外委員）
　　（f）在校學生——1982/83：6 男，52 女
B. P. G. D. Program in Librarianship
　　（a）入學資格——學士或同等學力
　　（b）修業時間——31 週（包括 3 週實習）
　　　　　　　　　　每週 16 小時半
　　（c）教育目標——各類型圖書館特定專業工作
　　（d）畢業要求——修畢規定課程，通過最後攷試（校外委員）
　　（e）在校學生——1982/83：10 男，19 女
C. M. A. Program in Librarianship
　　（a）入學資格——學士學位或同等學力，外加 3 年經驗及圖書館員專業資格。
　　（b）修業時間——2 年
　　（c）教育目標——各類型圖書館專業工作，包括行政及高等管理。

(d) 畢業要求——修畢規定學分，通過論文及最後攷試（校外委員）
(e) 在校學生——此一學位於 1983 年開始，招收 4 男，6 女。
(3) 師資：19 專任（包括 1 博士，6 碩士，2 學士，其他 10 人）
(4) 設備：無系館，該校圖書館約有圖書 370,000 冊，期刊 3,500 種，及 50,000 A-V 資料。

其他設備亦與學校共用。
(5) 特色：(a) 尚無 Ph. D. Program
(b) 自開辦至今約畢業 2,000 人，目前每年招收學生約 100 人。
(c) 缺乏顯著特色。
(d) 偏重圖書館學。

12. **The Polytechnic of North London**
   School of Librarianship and Information Studies
   Ladbroke House, 62 – 66 Highbury Grove, London N5 2AD
   England
   Tel: 01 – 607 2789　　　　Telex: 25228

(1) 成立年：1946
(2) 教學計劃：
A. B. A. Program in Librarianship and Information Studies
   (a) 入學資格——高中畢業
   (b) 修業時間——3 年（包括 9 週實習）
   (c) 教育目標——各類型圖書館專業工作
   (d) 主要課程——Documentation systems:
                     National bibliographies
                     Public libraries
                     Co-operative networks
                     Classification schemes
                     Management structures
                     etc.
                  Community studies:
                     Information retrieval
                     Reference work
                     etc.
   (e) 畢業要求——修畢規定課程，通過最后攷試（校外委員）
   (f) 在校學生——1982/83：35 男，70 女
B. P. G. D. Program in Librarianship（該校認此相當於美國的 M. L. S.）
   (a) 入學資格——任何科目學士，及 1 年經驗
   (b) 修業時間——26 週（包括 3 週實習）
   (c) 教育目標——多類型圖書館與資訊服務的特定專業工作
   (d) 畢業要求——各畢規定學分及通過最后攷試
   (e) 在校學生——1979/80：33 男，82 女（25% part-time）

C. M. Phil. 及 Ph. D. Program in Librarianship
  (a) 入學資格——成績優良的學士或 FLA，及至少 3 年經驗
  (b) 修業時間——2—3 年（full-time），3—4 年（part-time）
  (c) 教育目標——訓練高深研究人員。
  (d) 畢業要求——通過論文（校外委員）
      如論文題目適當，並經 LA 批准者，可逕攻博士學位。
      M. Phil. 的論文題目祇須校內委員會同意。
  (e) 在校學生——1979/80：3 男，3 女（均為 part-time）
(3) 師資：33 專任，3 兼任（包括 3 博士，10 碩士，11 學士，ALA，FLA 9 人）
(4) 設備：有系館：圖書 30,000 冊，期刊 341 種，A-V 7000 件。其他設備與學校共用。
(5) 特色：(a) 如條件相當，可由學士直攻博士。
        (b) 博士及碩士均只須提出並通過論文。
        (c) 其 P. G. D. 計劃自認相當於美國的 M. L. S.，修讀計劃的學生超過 100 人。相當可觀。
        (d) 學位的名稱祇有三種，較一般英國學校簡單。
        (e) 自成立至今已畢業 4000 餘人。

13. **Queen's University of Belfast**
Department of Library and Information Studies
Belfast BT7 1NN
Northern Ireland
TEl：Belfast（0232）245133   Telex：74487

(1) 成立年：1963
(2) 教學計劃：

A. B. L. S. Program in Library of Information Studies
  (a) 入學資格——高中畢業
  (b) 修業時間——3 年
  (c) 教育目標——各類型圖書館專業工作
  (d) 畢業要求——修畢規定學分，通過最後攷試（4 科圖書館學，4 科其他學科）實習及見習旅行（Study Tour）
  (e) 在校學生——1979/80：4 男，40 女

B. P. G. D. Program in Library & Information Studies
  (a) 入學資格——任何學科學士，及 1 年經驗
  (b) 修業時間——1 年
  (c) 教育目標——各類型圖書館專業工作，包括行政及監督活動
  (d) 畢業要求——除最後攷試須攷 6 科外，其他與 B. L. S. 要求同
      均有校外委員評估
  (e) 在校學生——1979/80：3 男，20 女

C. M. L. S. Program in Library & Information Studies
  (a) 入學資格——B. L. S. 或高級文憑

        (b) 修業時間——2 年
        (c) 教育目標——同 P. G. D.
        (d) 畢業要求——每年選讀一門課，通過論文及最後攷試（校外委員）
        (e) 在校學生——1979/80：4 男
   D. M. A. I. S. Program in Information Studies
        (a) 入學資格——須有大學學位（Univ. degree）及 5 年經驗。
        (b) 修業時間——1 年（full-time），2 年（part-time）。
        (c) 教育目標——同 M. L. S. 及 P. G. D.
        (d) 畢業要求——完成三門課程及論文
        (e) 在校學生——1983/84：10 人
(3) 師資：1 行政人員，7 專任，12 兼任（包括 1 博士，2 碩士，3 學士，及 1FLA）
(4) 設備：有系館：圖書 4,000 冊，期刊 300（?）種，其他設備與學校共用。
(5) 特色：(a) 無博士班
          (b) 有資訊碩士（M. A. I. S.）
          (c) B. L. S., M. L. S. 及 P. G. D. 的畢業要求均相當嚴格。
          (d) 自成立至今已畢業 500 多人。

14. **Robert Gordon's Institute of Technology**
    School of Librarianship and Information Studies
    Hilton Place, Aberdeen AB9 2TQ
    Scotland
    Tel：Aberdeen（0224）42211
(1) 成立年：1961（1967?）
(2) 教學計劃：
A. B. A. Program in Librarianship and Information Studies
        (a) 入學資格——高中畢業，有 1 年經驗者優先攷慮
        (b) 修業時間——3 年（包括 6 週實習）
        (c) 教育目標——各類型圖書館與資訊中心專業工作
        (d) 主要課程——Bibliographic and Reference Studies Indexing
                       Organization and Administration of Libraries
                       Communication Process
                       Communication Systems Technology
                       Statistics and Computing
                       The Book in Society
        (e) 畢業要求——修畢規定學分，通過論文及最後攷試（校外委員）
        (f) 在校學生——1982/83：33 人
B. P. G. D. Program in Librarianship & Information Studies
        (a) 入學資格——任何英國大學的學士；（Master's degree），有 1 年經驗者優先
                       攷慮
        (b) 修業時間——1 年
        (c) 教育目標——各類型圖書館與資訊中心的專業工作，包括行政及監督活動。

(d) 畢業要求——修畢規定學分，通過論文最後攷試（校外委員）
(e) 在校學生——1982/83：4 男，23 女

C. M. Phil. Program in Librarianship & Information Studies

此為一研究學位 Research degree，詳情不明，可能正在計劃中，因其 1985 年 2 月出版的 Bulletin 中並未提及也。

(3) 師資：1 行政人員，10 專任（包括 4 碩士，3 學士，3ALA）
(4) 設備：有系館：圖書 8,000 冊，期刊 160 種，其他設備與全校共用。
(5) 特色：(a) B. A. 及 P. G. D. 均後由 CNAA 授予。
　　　　　(b) 課程是一般性，無特別處。
　　　　　(c) 每年畢業約 50 人，自成立至今共畢業約 700 人。
　　　　　(d) 無博士班，碩士班正在攷慮中，為英國的一個小型圖書館系。

15. University College London
School of Library, Archive and Information Studies
Gower Street, London WC1E 6BT
England
Tel：01 – 387 7050

(1) 成立年：1919
(2) 教學計劃：

A. P. G. D. Program in Library & Information Studies
　　(a) 入學資格——學士，二種外語，1 年經驗。
　　(b) 修業時間——9 個月（共約 600 小時）。
　　(c) 教育目標——各類型圖書館及資訊服務專業工作。
　　(d) 主要課程——Social and Historical Aspects of Library & Information Service
　　　　　　　　　Documentary and Information Sources
　　　　　　　　　Cataloging, Classification, Indexing and Retrieval of Information
　　　　　　　　　Management of Libraries and Information Services
　　(e) 畢業要求——修畢規定學分，通過最后攷試
　　(f) 在校學生——1982/83：20 男，60 女

B. M. A. Program in Library & Information Studies
　　(a) 入學資格——學士，文憑或同等學力，外加 1 年經驗。
　　(b) 修業時間——12 個月（約 600 小時）
　　(c) 教育目標——各類型圖書館及資訊服務的特定專業工作，及行政與監督活動
　　(d) 主要課程——與 P. G. D. 差不多
　　(e) 畢業要求——修畢規定學分，完成報告，及通過最後攷試
　　(f) 在校學生——1982/83：6 男，9 女（40% 為 part-time）

C. M. Sc. Program in Information Science
　　(a) 入學資格——自然科學或數學學士，及 1 年經驗。
　　(b) 修業時間——1 年
　　(c) 教育目標——資訊科學工作
　　(d) 主要課程——Communication of Scientific Information

                    Scientific literature and its use
                    Bibliographic analysis of scientific subject
                    Communication channels and facility
                    Computers and telecommunications
                    Case Study of information system
                    System design and evaluation
                    Information retrieval
                    Theories and methods of Information science
        (e) 畢業要求──修畢規定學分，提出一項研究報告及通過口試。
        (f) 在校學生──不詳。
    D. Ph. D. Program in Library & Information Studies
        (a) 入學資格──學士學位，及1年經驗（通常先進入 M. Phil. 就讀）
        (b) 修業時間──3年
        (c) 教育目標──訓練學術研究人員
                    Academic researeh
        (d) 畢業要求──通過論文及口試
        (e) 在校學生──1979/80：3男，2女（20% part-time）
(3) 師資：6專任，14兼任（包括4博士，9碩士，7學士）
(4) 設備：圖書及一般設備與全校共用。
(5) 特色：(a) 該校是全英設立的第一個圖書館系
        (b) 該系不授予學士學位，只有 P. G. D. 及 M. A. 以上學位。
        (c) 該系的畢業攷試均無校外委員參加。
        (d) 該校除圖書館學與資訊科學方面的學位外，尚授予下列學位，也是全英授予這些學位的唯一的圖書館學與資訊科學研究所：
            Diploma in Archive Studies
            M. A. in Archive Studies
            M. A. in Overseas Archive Studies
            M. Phil. and Ph. D. in Arts (Archive Studies)
        (e) 該所是唯一在名稱中有 Archive 字樣的英國圖書館與資訊學的研究所。

16. **University of Sheffield**
    Department of Information Studies
    Sheffield 510 2TN
    England
    Sheffield (0742) 78555   Telex：54348
(1) 成立年：1964
(2) 教學計劃：
A. M. A. Program in Librarianship
    (a) 入學資格──學士學位，1種外國語，1年經驗，及僱主的良好推薦信。
    (b) 修業時間──12個月。

(c) 教育目標——各類圖書館與資訊服務的專業工作。
(d) 主要課程——Content and background studies of library and infor. services
　　　　　　　Systems of bibliographical control
　　　　　　　Computers and information
　　　　　　　Information storage and retrieval
　　　　　　　Organization and management
(e) 畢業要求——修畢規定學分，通過論文（校外委員）
(f) 在校學生——1982/83：9 男，23 女

B. M. Sc. Program in Information Studies
　(a) 入學資格——理學士，實際經驗及推薦信
　(b) 修業時間——12 個月
　(c) 教育目標——各種資訊處理的專業工作
　(d) 主要課程——Communication
　　　　　　　Information storage and retrieval
　　　　　　　Computer and telecommunication systems
　　　　　　　Systems and management
　　　　　　　Information resources
　(e) 畢業要求——修畢規定學分，通過論文，均有校外委員參加
　(f) 在校學生——1982/83：4 男，9 女

C. M. Sc. Program in Information Studies（Social Sciences）
　(a) 入學資格——學士，一種外語，1 年經驗及僱主推薦信
　(b) 修業時間——12 個月
　(c) 教育目標——處理社會科學資訊的專業工作
　(d) 主要課程——Information generation, communication and utilization
　　　　　　　Information storage and retrieval
　　　　　　　Computer and telecommunication systems
　　　　　　　Information system design and management
　　　　　　　Information resources
　　　　　　　Research methods in infor. science
　(e) 畢業要求——修畢規定學分，通過論文攷試（二者均有校外委員參加評判）
　(f) 在校學生——1982/83：5 男，7 女

D. Mature Entry Master's（包括以上三項碩士名稱）Program in Librarianship or Information Studies
　(a) 入學資格——任何學科學士或專業資格，至少 2 年經驗（如非專業經驗，則須 5 年）及良好的僱主推薦信。
　(b) 修業時間——12 個月
　(c) 教育目標——各類型圖書館及資訊專業工作。
　(d) 畢業要求——修畢規定學分，通過論文攷試，均有校外委員參加評判。
　(e) 在校學生——1982/83：1 男

E. M. Phil. 及 Ph. D. Program
該校已設有這些學位班，只要論文，其他詳情不明。

(3) 師資：3 行政人員，10 專任，3 兼任（包括 5 博士，6 碩士，4 學士）
(4) 設備：系內有少數基本資料，其他與全校共用。
(5) 特色：(a) 無 B. A. 課程及 P. G. D. 課程。
　　　　　(b) 有五種不同的碩士班。
　　　　　(c) 校外評判委員（external examiner）的名字及學經歷均明白列於 Bulletin 上。
　　　　　(d) 入學需要僱主推薦信，為英國名校所少見。
　　　　　(e) 為英國名校學生最少者之一，但師資甚好。
　　　　　(f) 以資訊研究所為名。

17. University of Strathclyde

　　Department of Librarianship (Since Aug. 1985, it has been merged with the Dept. of office Organization to form the Dept. of Infor. Science.)
　　Livingstone Tower, Richmond Street, Glasgow G1 1XQ
　　Scotland
　　TEl：041－552 4400　　　　Telex：77472

(1) 成立年：1945
(2) 教學計劃：

A. B. A. Program in Librarianship
　　(a) 入學資格──高中畢業。
　　(b) 修業時間──3－4 年
　　(c) 教育目標──各類型圖書館與資訊服務專業工作，包括行政與監督業務。
　　(d) 畢業要求──修畢規定學分，通過論文及最後攷試，均有校外委員。
　　(e) 在校學生──1982/83：10 男，58 女

B. P. G. D. Program in Librarianship
　　(a) 入學資格──大學學士，或具有專業資格的同等學力。
　　(b) 修業時間──1 年（3 terms）
　　(c) 教育目標──同前
　　(d) 畢業要求──同前
　　(e) 在校學生──1982/83：10 男，20 女

C. M. A. or M. Sc. Program in Librarianship
　　(a) 入學資格──大學學士，FLA，或具有專業資格的同等學力。
　　(b) 修業時間──至少 21 個月
　　(c) 教育目標──訓練高深研究人員
　　(d) 畢業要求──修畢規定學分及通過論文，均有校外委員
　　(e) 在校學生──1982/83：8 男，2 女

D. Ph. D. Program in Librarianship
　　(a) 入學資格──同 M. A. 及 M. Sc.
　　(b) 修業時間──至少 33 個月
　　(c) 教育目標──訓練高深研究人員
　　(d) 畢業要求──同 Master's

(e) 在校學生──1982/83：4 男，3 女
(3) 師資：9 專任（包括 2 博士，6 碩士，1 學士）
(4) 設備：圖書及儀器均與全校共用
(5) 特色：(a) 該系已於 1985 年 8 月與該校之 Dept. of office Organization 合併而成 Dept. of Information Science. 故課程可能已稍有不同。
　　　　(b) 該系包括：B. A., P. G. D. M. A. 及 Ph. D. 等全程學位。

從以上對各圖書館學系所的概略說明，我們可得以下幾項基本認識：
1. 就系所名稱而言，稱 School 者 8 校，稱 Department 者 8 校，稱 College 者 1 校：
(1) Schools (8)：
　　School of Librarianship and Information Studies（Robert Gordon's）
　　School of Librarianship（Leeds）
　　School of Librarianship and Information Studies（Liverpool）
　　School of Library and Information Studies（Ealing）
　　School of Librarianship and Information Studies（North London）
　　School of Library, Archive and Information Studies（Univ. College London）
　　School of Library and Information Science（Loughborough College）
　　School of Librarianship and Information Studies（New Castle upon Tyne）

在上列 8 校中，稱 Librarianship & Information Studies 者 4 校，稱 Librarianship 者 1 校，稱 Library & Information Studies 者 1 校，稱 Library & Information Science 者 1 校，稱 Library, Achive & Information Studies 者 1 校。

(2) Department (8)：
　　Depaprtment of Librarianship and Information Studies（Birmingham）
　　Department of Library and Information Studies（Queen's）
　　Department of Librarianship（Brighton）
　　Department of Information Science（City Univ., London）
　　Department of Library and Information Studies（Louborough）
　　Department of Library and Information Studies（Manchester）
　　Department of Information Studies（Sheffield）
　　Department of Librarianship（Strathclyde）

在上列 8 校中稱 Librarianship 者 2 校，稱 Librarianship and Information Studies 者 1 校，稱 Library and Information Studies 者 3 校，稱 Information Science 者 1 校，稱 Information Studies 者 1 校。

(3) College (1)：
College of Librarianship Wales（Since 1981, The University of Wales School of Librarianship and Information Studies）

這是英國唯一稱為 College 的圖書館學院。自 1981 年開始，該院在名稱上已成為威爾斯大學的一部份，而稱之為 School of Librarianship and Information Studies，但在行政與經費上仍保持獨立。故現在兩個名稱並用。

就全部 17 校而言：
Librarianship & Infor. Studies　　　　　　　　　　　　　　　　　　5 校

Library & Infor. Studies   4 校
Librarianship   3 校
Infor. Science, Infor. Studies, Lib., Archive & Infor. Studies, Lib. & Infor. science 各 1 校。

2. 就各系、所所隸屬的高等院校而言，則屬於大學（University）者 7 校：
Queen's Univ. of Belfast
City Univ. of London
University College London
Loughborough University of Technology
University of Wales
University of Sheffield
University of Strathclyde

屬於工藝學院（Polytechnic）者 7 校：
City of Birmingham Polytechnic
Brighton Polytechnic
Leeds Polytechnic
Liverpool Polytechnic
Polytechnic of North London
Manchester Polytechnic
Newcastle upon Tyne

屬於一般 College 者 2 校：
Ealing College
Loughborough Technical College

屬於技術學院（Institute of Technology）者 1 校：
Robert Cordon's Institute of Technology

3. 就各大學所在地而言，除蘇格蘭兩校（Robert Cordon's 與 University of Strathclyde），Wales 一校（College of Librarianship Wales，或 the Univ. of Wales School of Librarianship and Infor Studies），及北愛爾蘭（Queen's 一校外，其餘十三校均位於英格蘭）。

4. 就各系所成立年而言，依其先後為：

University College London	1919
University of Strathclyde	1945
Polytechnic of North London	1946
Loughborough Technical College	1946
Brighton Polytechnic	1947
Leeds Polytechnic	1947
Manchester Polytechnic	1947
Newcastle upon Tyne	1947
Ealing College of Higher Education	1949
City of Birmingham Polytechnic	1951
Robert Gordon's Institute of Technology	1961
Queen's University of Belfast	1963

College of Librarianship Wales	1964
Liverpool Polytechnic	1964
University of Sheffield	1964
City Univ. of London	1970
Loughborough Univ. of Technology	1971

5. 就最高學位而言：

授予 Ph. D. （哲學博士）者，有以下 9 校：

College of Librarianship Wales

Brighton Polytechnic

Liverpool Polytechnic

London City Univ.

North London

Loughborough Univ.

University College London

Univ. of Sheffield

University of Strathclyde

授予 B. A. , P. G. D. 及 Master's Degree 者 4 校：

Queen's，Brighton，Manchester 及 Newcastle

只有 B. A. 及 P. G. D. 而無 Master's 者 3 校：

Robert Gordon's，Birmingham，及 Ealing

只授文憑，不授學位者 1 校：

Loughborough Technical College

該校等於 Loughborough Univ. 的預備學校或專科部，從該校唸完 2 年並取得文憑者，可轉入當地的 Loughborough 大學三年級。

6. 就修業時間而言：讀 B. A. 者多為三年，M. P. G. D. 及 M. A. （M. Sc. ）者多為 1 年，但 Phil. （Master of Philosophy）至少 2 年，而博士（Ph. D. ）一般為 2—4 年。

7. 以在校學生（1982/83）而言：

以 Loughborough Univ. 為最多，超過 400 人；Wales 次之，有 300 多人；200 人以上者有 Leeds，North London，Manchester，Birmingham 等校，其餘均在 200 人以下。而不及 100 人者有 Robert Gordon's，Birmingham，Ealing，Sheffield 等校；人數最少者為 Loughborough College，僅 20—30 人。

8. 就專任教員的數目而言：

以 College of Librarianship Wales 最多，約 50 人，其餘各校在 30 人以上，有 Leeds 及 North London（均為 32 人）；20 人以上為 Loughborough Univ.；10—20 人者有 Robert Gordon's，Birmingham，Liverpool，Ealing，Manchester，Newcastle 及 Sheffield；10 人以下者為 Queen's，Brighton，London City Univ. ，Univ. College London，Loughborough College 及 Strathclyde。成立最早的 London Univ. College 的專任教員最少，僅 6 人。

9. 就設備而言，絕大多數均係全校共用，但下列各系所有系館：Robert Gordon's，Queen's，Birmingham，Leeds，Liverpool，North London，Loughborough Univ. 及 Manchester。

英國圖書館與資訊研究系所現狀一覽表

校名及所在地	成立年	教育計劃	修業時間	在校學生 1982/83	教員數目 專任	教員數目 兼任	已畢業學生總數	教學設備	主要特色
ABERDEEN, Scotland School of Librarianship and Information Studies, Robert Gordon's Institute of Technology	1961	B. A. P. G. D.	3 年 1 年	33 人 4 男,23 女	11		700	有系館,其他與全校共用	學位均由 CNAA 授予
ABERYSTWYTH, Wales College of Librarianship Wales	1964	B. Lib. M. Lib. P. G. D. Ph. D.	3—4 年 1—2 年 1 年 不定	45 男,156 女 6 男,20 女 50 男,70 女 不詳	49			獨立 Lib. 及有關設備	英國最大 Lib. Sch.
BELFAST, Northern Ireland Department of Library and Information Studies, The Queen's University of Belfast	1963	B. L. S. P. G. D. M. L. S. M. A. I. S.	3 年 1 年 2 年 1 年	4 男,40 女 3 男,20 女 4 男 10 人	8	12	500	有系館,其他共用	有資訊碩士 MAIS
BIRMINGHAM, England Department of Librarianship and Information Studies, City of Birmingham Polytechnic	1951	B. A. P. G. D.	4 年 1 年	51 男,128 女 4 男,20 女	13	1	1,800	無系館及單獨 A-V 與電腦設備	Lib. & Infor. Sci.
BRIGHTON, England Departement of Librarianship, Brighton Polytechnic	1947	B. A. M. phil. Ph. D.	3 年 至少 2 年 至少 3 年	7 男,36 女	9	4	800	無單獨圖書, A-V 及電腦設備	Media & Computing
LEEDS, England School of Librarianship, Leeds Polytechnic	1947	B. A. B. S. M. A. P. G. D. &. C.	3 年 3 年 1 年 1 年	10 男,45 女 16,29 15,12 16,29;12,16	32	2	2,500	有系館,其他共用	有 School Librarianship
LIVERPOOL, England School of Librarianship and Information Studies, Liverpool Polytechnic	1964	B. A. P. G. D. M. Phil. Ph. D.	3 年 34 週 不詳	26 男,83 女 7 男,27 女 3 女 不詳	13	7	2,000	有系館,其他共用	Library & Infor. sci.

（續上表）

校名及所在地	成立年	教育計劃	修業時間	在校學生 1982/83	教員數目 專任	教員數目 兼任	已畢業學生總數	教學設備	主要特色
LONDON, England Department of Information Sciece, The City University	1970	M. Sc. M. phil. P. G. D. Ph. D.	1年 1年 60天 2—4年	9男,31女 2男,2女 16男,39女 2男	7	1	500	與全校共用	Infor. Science
LONDON, England School of Library and Information Studies, Ealing College of Higher Education	1949	B. A. P. G. D.	3年 1年	6男,17女 6男,23女	12			與全校共用	Lib. & Infor. Sci.
LONDON, England School of Librarianship and Information Studies, The Polytechnic of North London	1946	B. A. P. G. D. Ph. D. & M. Phil.	3年 26週 2—4年	35男,70女 33男,82女 3男,3女	32	3	4000	有系館,其他與全校共用	可由學士直攻博士
LONDON, England School of Library, Archive and Information Studies, University College London	1919	P. G. D. M. A. M. Sc. Ph. D.	9月 1年 1年 3年	20男,60女 6男,9女 不詳 3男,2女	6	14		與全校共用	全英第一個圖書館所無 B. A.
LOUGHBOROUGH, England Department of Library and Information Studies, Loughborough University of Techology	1971	B. A., B. S. B. L. S. M. A., M. S., M. L. A., M. phil. Ph. D.	3年 1年 2年以上	共約400人	24	3		有系館,其他合用	學位最多,Ph. D. 祇須論文
LOUGHBOROUGH, England School of Library and Information Science, Loughborough Technical College	1946	Diploma for Higher Edu. in Lib. Studies	2年	6男,13女	9			與全校共用	祇有證件不授學位
MANCHESTER, England Departement of Library and Information Studies, Manchester Polytechnic	1947	B. A. P. G. D. M. A. Certificate	3年 1—3年 2年 1年	28男,99女 13男,35女 14人 1男,6女	19			圖書3000冊,期刊140種,另有四實驗室	無 Ph. D.,有 School Librarianship

(續上表)

校名及所在地	成立年	教育計劃	修業時間	在校學生 1982/83	教員數目 專任	教員數目 兼任	已畢業學生總數	教學設備	主要特色
NEWCASTLE UPON TYNE, England School of Librarianship and Information Studies, Newcastle upon Tyne Polytechnic	1947	B. A. P. G. D. M. A.	3年 約1年 2年	6男,52女 10男,19女 4男,6女	19		2,000	與全校共用	無 Ph. D 及其他特色
SHEFFIELD, England Department of Information Studies, University of Sheffield	1964	M. A. M. Sc. Mature Master's Ph. D.	12月 12月 12月 不詳	9男,23女 9男,16女 1男 不詳	13	3		與全校共用	無 B. A.,有資訊碩士
STRATHCLYDE, Scotland Department of Librarianship, University of Strathclyde	1945	B. A. P. G. D. M. A. Ph. D.	3—4年 1年 21個月 33個月	10男,58女 10男,20女 8男,2女 4男,3女	9			與全校共用	已改名為資訊系

肆、結　語

　　英國圖書館學的制式教育，雖然始於 1919 年，但其發達却是二次大戰以后的事。在 1945 年以前，全英只有 Univ. College London 有一個圖書館學系。大戰結束后，各高等院校開始對圖書館專業教育發生興趣，自 1945 年至 1951 年，6 年之中成立了 9 個系所。1960 年代由於學制大改革，專業人員的資格，由過去以攷試爲準，改爲以學位爲憑，更使人對大學圖書館教育重視。故在 1961 年至 1971 年之間，又有 7 所高等院校設立圖書館學系。時至今日，全英共有 17 個圖書館學系，除 4 校分佈於蘇格蘭（2 校）、北愛爾蘭及威爾斯外，其餘 13 校均在英格蘭境內。

　　就其整個發展的過程而言，大抵可分爲兩個階段：

　　第一階段是從 1877 年英國圖書館學會（The Library Association）成立開始，至 1960 年代的初期。在此期間，英國圖書館專業人員的資格，完全由該學會所舉辦的攷試或論文審查，來加以控制，而各圖書館系所的教育計劃，也是以準備學生通過學會所舉辦的攷試爲依歸，很少授予專業學位。這是 1960 年代以前，英國圖書館的專業人員，很少有人擁有圖書館學位特別是高級學位（碩士及博士）的主要原因所在。

　　第二階段是從 1964 年英國教育部成立『國家學術憑證授予委員會』（Council for National Academic Awards, CNAA）開始。由於該委員會有批准大學（University）以外高等院校（指一般學院 College 及工藝學院 Polytechnic 而言），授予學術憑證（憑指文憑，Diploma，證指學位證書，Degree）之權，不僅促使五個系所的增加，更使各系紛紛設立學位計劃。時至今日，在全部 17 校之中，除 Loughborough Technical College，因係兩年制的專科部，只發文憑 Diploma，不授學位外，其餘 16 校都授予學士以上憑證（包括學士，高級文憑 P. G. D. 及碩士），其中 9 校且已設立訓練高深研究人才的哲學碩士（Master of Philosophy 及哲學博士（Ph. D.）。

由於專業學位日益普遍，並已成為專業人員的必備資格，使英國圖書館學會的攷試權逐漸式微，至 1985 年底止，由該會所舉辦的各種攷試均已全部停止，而使英國圖書館的專業教育，走上美國模式的途徑。

附註

註 1　Gerald Bramley, *Apprentice to Graduate : A History of Library Education in the United Kingdom* (London : Clive Bingley, 1981), p. 11.

註 2　*Transactions and Proceedings of the Annual Conference of the Library Association Held at Edinburgh*, 1880 (London : LA, 1980), p. 130.

註 3　*Monthly Notes* (August 15, 1881), pp. 62 – 64.

註 4　Henry D. Roberts, "Education of the Librarian, Elementary Stage," Library Association Record 8 (Nov. 1906), p. 560.

註 5　*The Library* 6 (1894), pp. 314 – 315.

註 6　William A. Munford, *A History of the Library Association*, 1877 – 1977 (London : LA, 1977), pp. 102 – 103.

註 7　L. Stanley Jast & W. C. Berwick Sayers, "The Registration of Librarians : A Criticism and a Suggestion," *Library Association Record* 10 (July 1908), pp. 325 – 329.

註 8　A. M. Carr-Saunders & P. A. Wilson, *The Professions* (Oxford : Oxford Univ. Press, 1933), p. 366.

註 9　英國圖書館界的 Summer School 於 1893 年始於 London，其後擴及 Scotland 與 Wales 等地。Part-time Classes 於 1902 年始於倫敦政經學院所設立的 Library School，至 1909 年此類課程幾已遍及全英各地，至 1960 年代各大學院校紛紛設立圖書館學院系，實行全時教學時始行沒落。Correspondence Courses 於 1904 年由 LA 直接開授，爲英國各專業學會提供函授課程的濫觴，亦爲第一次世界大戰以前英國圖書館教育的最重要革新。1929 年 the Association of Assistant Librarians 成爲 LA 的一附屬單位，並接受其函授課程業務。

詳見 Bramley, *Apprentice to Graduate*, pp. 39 – 62.

註 10　*Ibid.*, pp. 88 – 89.

註 11　*Ibid.*, pp. 101 – 102.

註 12　*Ibid.*, pp. 129 – 131.

註 13　*Ibid.*, p. 172.

註 14　Gerald Bramley, *World Trends in Library Education* (London : Linnet Books & Clive Bingley, 1975), p. 19.

註 15　R. Staveley, "Professional Education," in P. H. Sewell, ed., *Five Years' Work in Librarianship*, 1961 – 1965 (London : LA, 1968), p. 604.

註 16　Munford, *A History of the Library Association*, pp. 302 – 304. See also : Bramley, *Apprentice to Graduate*, pp. 155 – 156.

註 17　Bramley, *Apprentice to Graduate*, p. 193.

註 18　*Ibid.*, pp. 58, 65.

註19　Clement Harrison, "Education for Librarianship Abroad: The United Kingdom," *Library Trends* 21 (1963/64): 129.

註20　Bramley, *Apprentice to Graduate*, pp. 71–72.

註21　Gerald Bramley, *A History of Library Education* (London: Clive Bingley, 1969) pp. 30–32, 49–50; see also: Bramley, *Apprentice to Graduate*, pp. 72–78.

註22　Robert F. Vollans, "McColvin the Librarian," in Robert F. Vollans, ed. *Libraries for the People: International Studies in Librarianship in* Honour of Lionel R. McColvin (London, LA, 1968), p. 22. For details, see Lionel McColvin, *The Public Library System of Great Britain* (London: LA, 1942), pp. 180–188.

註23　Bramley, *Apprentice to Graduate*, pp. 118–119.

註24　*Ibid.*, p. 127.

註25　Bramley, *A History of Library Education*, pp. 66–67.

註26　詳見 "Schools of Librarianship and Information Science" in *A Librarian's Handbook*, Vol. 2 (London, LA, 1980), pp. 975–976.

註27　Bramley, *World Trends in Library Education*, p. 25.

註28　Report of the LA Education Committee's Sub-committee, "Internal and External Examing," *Library Association Record* 66 (March 1964), pp. 116–119.

註29　Bramley, *Apprentice to Graduate*, pp. 166–167.

註30　Munford, *A History of the Library Association*, pp. 304–305.

註31　"Report of the Working Party on the Futures of Professional Qualifications, 1977 (Revised 1978)", in L. T. Taylor, ed. *A Librarian's Handbook*, Vol. 2 (London: The Library Association, 1980), pp. 666–667, 669–670.

註32　Donald Davison, "The Librarianship Board of the Council for National Academic-Awards," Journal of Librarianship 8 (April 1976): 86, 88.

註33　各大學院校圖書館學系簡介如下表：

ABERDEEN, Scotland
School of Librarianship and Information Studies, Robert Gordon's Institute of Technology
ABERYSTWYTH, Wales
College of Librarianship Wales
BELFAST, Northern Ireland
Department of Library and Information Studies, The Queen's University of Belfast
BIRMINGHAM, England
Department of Librarianship and Information Studies, City of Birmingham Polytechnic
BRIGHTON, England
Department of Librariansip, Brighton Polytechnic
LEEDS, England
School of Librarianship, Leeds Polytechnic
LIVERPOOL, England
School of Librarianship and Information Studies, Liverpool Polytechnic
LONDON, England
Department of Information Sciece, The City University

LONDON, England

School of Library and Information Studies, Ealing College of Higher Education

LONDON, England

School of Librarianship and Information Studies, The Polytechnic of North London

LONDON, England

School of Library, Archive and Information Studies, University College London.

LOUGHBOROUGH, England

Department of Library and Information Studies, Loughborough University of Technology

LOUGHBOROUGH, England

School of Library and Information Science, Loughborough Technical College

MANCHESTER, England

Department of Library and Information Studies, Manchester Polytechnic

NEWCASTLE UPON TYNE, England

School of Librarianship and Information Studies, Newcastle upon Tyne Polytechnic

SHEFFIELD, England

Department of Information Studies, University of Sheffield

STRATHCLYDE, Scotland

Department of Librarianship, University of Strathclyde

其他有關資料包括：

World Guide to Library Schools and Training Courses in Documentation (London, Clive Bingley, 1981), pp. 385 – 418.

Josephine Riss Fang & Paul Naula, eds. *International Guide to Library and Information Science Education* (New York: K. G. Saur, 1985), pp. 397 – 420.

A Study of Library Education in the United Kingdom
A Selected Bibliography

Asheim, Lester. "Education for Librarianship." *Library Quarterly* 25 (1955): 80 – 90.

Boaz, Martha. *Toward the Improvement of Library Education*. Littleton, Colo.: Libraries Unlimited, 1973.

Bramley, Gerald. *A History of Library Education*. London: Clive Bingley, 1969.

Apprentice to Graduate: A History of Library Education in the United Kingdom. London: Clive Bingley, 1981.

World Trends in Library Education. Hamden, Conn.: Linnet Books, 1975.

Bulletin of:

School of Librarianship and Information Studies, Robert Gordon's Institute of Technology. Aberdeen, Scotland.

College of Librarianship Wales. Aberystwyth, Wales.

Department of Library and Information Studies, The Queen's University of Belfast. Belfast, Northern Ireland.

Department of Librarianship and Information Studies, City of Birmingham Polytechnic. Birmingham, England.

Department of Librarianship, Brighton Polytechnic. Brighton, England.

School of Librarianship, Leeds Polytechnic. Leeds, England.

School of Librarianship and Information Studies, Liverpool Polytechnic. Liverpool, England.

Department of Information Science, The City University. London, England.

School of Library and Information Studies, Ealing College of Higher Education. London, England.

School of Librarianship and Information Studies, The Polytechnic of North London. London, England.

School of Library, Archive and Information Studies, University College London. London, England.

Department of Library and Information Studies, Loughborough University of Technology. Loughborough, England.

School of Library and Information Science, Loughborough Technical College. Loughborough, England.

Department of Library and Information Studies, Manchester Polytechnic. Manchester, England.

School of Librarianship and Information Studies, Newcastle upon Tyne Polytechnic. Newcastle upon Tyne, England.

Department of Information Studies, University of Sheffield. Sheffield, England.

Department of Librarianship, University of Strathclyde. Strathclyde, Scotland.

Cronin, Blaise. *The Education of Library-Information Professionals*. London: Aslib, 1982.

The Transision Years: New Initiatives in the Education of Professional Information Workers. London: Aslib, 1980.

Harrisson, J. Clement. "Education for Librarianship Abroad: the United Kingdom." *Library Trends* 12 (1963/64): 126 – 136.

International Guide to Library and Information Science Education, edited by Josephine R. Fang & Paul Nauta. Munchen, New York, London, Paris: K. G. Saur, 1985.

Library Advisory Council for England and Wales. *A Report on the Supply and Training of Librarians*. London: HMSO, 1968.

Library Association. "Statement on Policy for Education for Librarianship." *LA Record* 66 (August 1964): 359.

Library Association Subcommittee on Internal and External Examining. "Internal and External Examining." *LA Record* 66 (March 1964): 116 – 119.

Morehead, Joe. *Theory and Practice in Library Education*. Littleton, Colo.: Libraries Unlimited, 1980.

Palmer, Bernard I. "Degrees in Librarianship." *LA Record* 70 (Aug. 1968): 205 – 206.

Richnell, D. T. "Professional Qualifications for Mature Graduate Entrants to Library and Information Work." *LA Record* 69 (Dec. 1967): 431 – 433.

Stokes, Roy. "The Future of British Library Schools." *LA Record* 56 (Jan. 1954): 9 – 19.

Saunders, W. L. "Education for Librarianship." In H. A. Whatley, ed. *British Librarianship and Information Science*, 1966 – 1970 (London: LA, 1972: 268 – 291.

Whitebeck, George W. "Education for Library and Information Science in Great Britain." *Journal of Library and Information Science* 8 (Oct. 1982): 131 – 158.

Wilkinson, E. H. "Education for Librarianship in Britain." *Australian Library Journal* 17 (July 1968): 248 – 256.

World Guide to Library Schools and Training Courses in Documentation. London: Clive Bingley, 1981.

『行政院國家科學委員會』資助
『國立臺灣大學』文學院圖書館學系
客座教授研究報告，胡述兆撰（1986 年 4 月）

美國圖書館碩士教育之研究
A Study of the M. L. S. Education in the United States

胡述兆

by James S. C. Hu

壹、前　言

　　世界各國的圖書館，雖有悠久的歷史，但管理圖書館的專業教育，至今不過百年。稍具規模的正規圖書館教育，實際上在 1900 年左右才發生。如撇開歐、美先進國家不談，其他各國圖書館教育之發達，甚至可以說是二次世界大戰以後的事。(註1)

　　首倡圖書館專業教育者，爲德國人史瑞丁格（Martin W. Schrettinger）。他在 1829 年所出版的『試用圖書館學教科書』（*Versuch eines Vollstandigen Lehrbuchs der Bibliothek-Wissenchaft*）一書中，主張在一個國立圖書館中設立訓練班，爲其他圖書館訓練圖書館員，藉使各圖書館有一套制式的管理方法。(註2) 惜在當時，此類主張尚屬曲高和寡，未能引起共鳴。1874 年佛利堡大學（University of Freiberg）圖書館長魯爾曼（F. Rullman）曾提議，在大學中開設一門爲期三年的圖書館學，講授圖書館的專門知識；並倡議圖書館專業人員舉行一次會議，討論如何成立德國圖書館員組織，及設立圖書館學校的可能性，亦因種種原故，未被採行。1886 年，哥丁根大學（Göttingen University）設立『圖書館學講座』（Professorship of Library Science），是爲德國大學中有圖書館專業課程之始。意大利與瑞典兩國仿效哥丁根大學之例，也在其後不久設立圖書館訓練所。(註3)

　　美國的圖書館正規教育，始於 1887 年。那年美國圖書館先驅杜威（Melvil Dewey）在紐約的哥倫比亞大學，成立圖書館研習所（School of Library Economy）。在此以前，美國圖書館員的訓練都是學徒制，即由新館員跟隨老館員學習，只有實務，不重理論。事實上，在 1850 年代以前，美國對專業圖書館員的需求不大，因爲：（1）其時免費的公共圖書館尚不存在，各地方的圖書館爲數不多；（2）大專圖書館的藏書多以教科書爲主，館長多由年輕教員兼任。這些人對圖書館業務，既無興趣，又無經驗，對教職員及學生提供服務，更認爲是一種額外的負擔。(註4) 1852 年，波士頓公共圖書館成立，各州相繼跟進，均紛紛以當地所收稅款，設立公共圖書館，爲人民大衆提供免費服務。在短短的廿多年中，全美增加的圖書館達 2200 所之多。在 1875 年，美國已有 3,647 所圖書館。(註5) 由於圖書館急速增加，導致對圖書館員的大量需求，於是杜威在哥倫比亞大學所建立的圖書館研習所，乃應運而生。

　　自 1887 年至 1984 年，美國各大學所設立的圖書館學系或研究所，已有 300 餘處。其中經美國圖書館學會核准立案者，亦有 61 所。所授的學位，則有學士、碩士、高級碩士及博士四級，在此四種學位之中，以碩士學位（M. L. S.）的階段最爲重要，因其爲美國圖書館專業人員的必備資格。本文研究的範圍，以經美國圖書館學會（American library Association）立案之美國圖書館研究所中的碩士教育爲限，未經立案之系所，及非圖書館專業人員所必備之學士、高級碩士與博士教育，均不在本文探討之列。

貳、美國圖書館碩士教育的過去

從杜威在哥大創立第一個圖書館研習所以來，美國的圖書館專業教育大體上可以分為四個階段。(註6)

自 1887 年至 1919 年威廉遜（Charles E. Williamson）開始評鑑美國圖書館學校為止，可以稱為第一期，也就是所謂『有系統的學徒制』（Systematic apprenticeship）時期。這種只重實用、不尚理論的教學方法，與當時仍以古典傳統方法為主的美國大學教育格格不入。所以杜威將第一個圖書館學校設在聲譽卓著的『常春藤盟校』（Ivy League）之一的哥倫比亞，自始即很勉強。加以 1887 年 1 月 5 日正式開學的第一班廿名學生中，有十七名是女生，與當時哥大只收男生的傳統相違，更備受校方攻擊。1888 年，哥大董事會要求該班儘速結束，轉移他處。杜威為了實現自己的理想，乃毅然辭去哥大圖書館館長職（他自 1883 年開始擔任此職），轉任紐約州立圖書館館長，並於 1889 年 3 月 30 日將該班在哥大關閉，而於同年四月初，隨他遷往紐約州的首府奧伯尼（Albany），這就是紐約州立圖書館學校（The Library School at the New York State Library）的由來。1926 年，該校與設於紐約市的紐約公共圖書館學校合併，組成哥倫比亞大學的『圖書館學院』（School of Library Service），才重新回到哥大的懷抱。

為避免重蹈哥大的覆轍，1890 以後所成立的幾所圖書館學校，都附設在工技學院（technical institute）中，如：紐約布魯克林的 Pratt Institute（1890），費城的 Drexel Institute（1892），芝加哥的 Armour Institute（1893），匹茲堡的 Carnegie Institute（1901），及波士頓的 Simmons College（1902，在當時該校是一個專收女生的工技學院），可為明證。1897 年芝加哥的 Armour 圖書館學校歸併於伊利諾大學（University of Illinois）中，成為該校的圖書館學院，是為美國大學接受圖書館學校為其永久的一部份之始。由於這些圖書館科系的主持人多係杜威的學生，其教學方法也是講課與實習并重，即所謂有系統的學徒制。

在 1920 年以前，美國的圖書館學教育，約可歸納為六種型態：（1）在職訓練；（2）個別學徒制，即學員輪流分配到圖書館中的各個部門去，跟隨資深館員學習；（3）集體學徒制，即先集體講解，再輔以圖書館的實際作業；（4）規模較大的公共圖書館所開設的訓練班；（5）各單位所舉辦的暑期訓練班；（6）正式圖書館學校。(註7) 為了控制圖書館教育的品質，美國圖書館學會（ALA）於 1900 年設立『圖書館學校與訓練班委員會』（Committee on Library Schools and Training Classes），研議由 ALA 作為立案機構的可行性。1902 年，杜威建議成立圖書館學校協會，以辦學成績作為入會的要件，藉以提高圖書館教育的水準。1911 年『圖書館教員圓桌會議』（Round Table of Library School Instructors）組成。1915 年此一組織脫離美國圖書館學會，成為一獨立的『美國圖書館學校協會』（Association of American Library Schools），會員名單如下：

1915 年 AALS 成立時會員一覽表(註8)

學校名稱	創設年	所在地	備註
Library School at N. Y. State Library	1887	Albany, N. Y.	該校於 1887 年創立於哥大，1889 年遷往奧伯尼，1926 年重回哥大
Pratt Institute Library School	1890	Brooklyn, N. Y. C.	

(續上表)

學校名稱	創設年	所在地	備 攷
Univ. of Illinois Library School	1893	Urbana, Ill.	該校於1893年創校時稱為Armour Library School，1897年改屬伊利諾大學
Carnegie Institute Library School	1901	Pittsburgh, Pa.	
Simmons College Library School	1902	Boston, Mass.	
Western Reserve Univ. Library School	1904	Cleveland, Ohio	
Library School at Carnegie Library	1905	Atlanta, Ga.	
Univ. of Wisconsin Library School	1906	Madison, Wis.	
Syracuse University Library School	1908	Syracuse, N. Y.	
New York Public Library School	1911	N. Y. C.	該校於1926年與紐約州立圖書館學校合併，成為哥大圖書館學院

該會的入會資格有三：（1）須有兩位以上的專任教員，或與兩位專任人員相當的兼任教員；（2）訓練計劃及課程須具一般性，而非以特種圖書館為目標；（3）入學資格至少具有高中畢業以上程度。(註9)凡准予入會者，即視為已立案。當時尚有數校，如：位於喬治亞洲的愛慕禮大學（Emory Univ.）圖書館學系（成立於1905），西雅圖的華盛頓大學圖書館學系（1911），及洛杉磯公共圖書館學校（1914），或因教員名額不足，或因課程太偏，均未入會。

這些早期圖書館學校的教育目標，是在訓練圖書館需要的基層館員，而非培養其領導人才，這在下面一段聲明中，講得非常清楚：

> 圖書館學校的任務，是在經常保持他們對各種圖書館的認識，而教授大家所公認的管理方法。其中必須有一門一年的科目，專用於講授圖書選擇及其他有關的基本技術……各校教學的一個主要原則，是要跟隨而非領導圖書館專業的發展。(註10)

這種以『職業技術為重』（Vocational-technical Emphasis）的圖書館專業教育，一直維持到1919年威廉遜受命評鑑美國圖書館學校為止。也就是說，杜威圖書館教育的實用哲學，在美國實行了三十多年，而以『威廉遜報告』（*Williamson Report*）出版為分界線。美國治圖書館史者，常把這個階段稱為『從杜威到威廉遜時代』，就是這個原故。

從1919年到1940年，可稱為美國圖書館教育的轉型期。這個階段所發生的一件最重大的事，乃是『威廉遜報告』論著稱其為圖書館教育上最具影響力的文件，其影響的深遠，至今猶未終止。(註11)原來美國的圖書館教育發展到了1910年代後期，已經顯現了許多缺點，1919年威廉遜接受卡奈基公司（Carnegie Corp.）的委託，對當時的圖書館學校的各項教育設施，進行一項調查，並提出報告與建議，作為改進圖書館教育的參攷。1921年他完成此項調查，對當時較具規模的十五所圖書館學校，分別作詳盡的評述。其總報告於 1923 年正式出版，題為 *Training for Library Service: A Report Prepared for the Carnegie Corporation of New York*，簡稱為 *Williamson Report*. 他的建議共有十一項，摘述如下：^(註12)

1. 專業人員與非專業人員，在圖書館與圖書館教育中，均不相同，圖書館學校以訓練圖書館專業人員為限。

2. 各圖書館學校，對於科目的重要性及課程的標準，很少有相同的看法，他們應該標準化。

3. 各校需有一套標準化的入學攷試。

4. 各校需有更多的專任教員（每校至少四員）及教科書，目前很多教員不適於教研究生，但改善待遇可提高教員的素質。教員的實際工作經驗是很重要的。

5. 各校的財政支援不適當，每一學校需有一個獨立預算。

6. 由於待遇的低落與圖書館工作環境的簡陋，使圖書館學校的招生工作受到阻礙，不需再創設新學校，只須在現有學校中提供獎學金，以便吸收優良學生。

7. 圖書館學校應成為大學中的一個系，藉以維持良好聲譽、適當標準與優異師資。

8. 圖書館服務正趨高度專業化，各校須開授兩年專業課程，第一年講一般原則，第二年教專門技術。

9. 圖書館員須不斷尋求新的專業知識與改進，故應開函授課程，以應此種需求。

10. 圖書館工作的適切性缺乏標準，應建立一套證明專業圖書館員的制度，並以立案的方法使各圖書館學校標準化。

11. 應發展一套特別課程，專為預算有限的小圖書館訓練館員。

這些建議界定了圖書館這個專業，描述了它的限度，並指出了其改進的可能性與未來發展的途徑，而成為二次世界大戰以前美國圖書館教育的指導原則。1924 年美國圖書館學會設立圖書館教育委員會（Board of Education for Librarianship），負責監督各圖書館學校，並研議圖書館學校設立標準。是項標準於 1925 年草擬完成，並經通過採用，全名為『圖書館學校最低標準』（*Minimum Standards for Library Schools*），這個標準將圖書館員的訓練分為五種類型：（1）大學本科初級班（對完成大學一年級的學生，施予一年專業訓練，成績及格，給予證明）；（2）大學本科高級班（對完成大學三年級的學生，施予一年專業訓練，成績合格，授予學士學位，B. A. 或 B. S.）；（3）研究所（大學畢業生再經一年專業訓練，成績及格，給予證明，但不授予學位）；（4）高級研究所（具有第 3 項之資格再完成一年以上的研究所專業課程，得授予碩士，M. A. 或 M. S.；其合於所屬大學之博士授予規定者，並得授予博士，Ph. D.）；（5）署期班（又分為四類）。^(註13)

為了使威廉遜的十一項建議得有機會付諸實施，卡奈基公司特擬定一項『圖書館服務十年計劃』（*Ten Year Program in Library Service*），除在各校設立獎學金外，並促成在奧伯尼的紐約州立圖書館學校（即杜威所創立者）與在紐約市的公共圖書館學校合併，組成哥倫比亞大學的圖書館學院，又捐助一筆專款，在芝加哥大學設立一個圖書館研究所（1926）。該所的教學特重理論與研究，與當時其他各校仍以實用為主的教學，大異其趣。該所是美國第一個名符其實的圖書館研究所，也是第一個授予圖書館學博士學位的研究所（該所的博士班始於 1928 年，而於 1930 年授予美國第一個圖書博士學位）。

1933 年，美國圖書館學會將重量的『圖書館學校最低標準』，改為重質的『圖書館學校最低要求』（Minimum Requirements for Library Schools），以便對各校的教學設施，賦予更大的彈性。新規定將圖書館學校分為三級：（1）以大學畢業為入學資格，除施予第一年的圖書館學訓練外,並須完成第一年基本訓練以外的高級專業課程;(2)以大學畢業爲入學資格,完成圖書館學第一年的專業訓練;(3)不以大學畢業爲入學資格,但須完成圖書館學第一年的專業訓練。(註14)

根據此『最低要求』立案的系所共有三十七個單位,計第一類包括芝加哥大學、哥倫比亞大學、伊利諾大學、密西根大學及加州大學等五所,第二類爲十七所,第三類爲十五所。在當時只有第一類的五個大學算得上是圖書館專業教育的研究所,其餘只能算是技術性的圖書館專業教育。

自1940年至1960年,可稱爲美國圖書館教育的改良期,在此期內有幾項重要發展:

1. 在1940年至1950年之間,美國圖書館界曾舉行多次重要會議,檢討圖書館教育之得失及其發展方向,如:1940年12月30日在芝加哥大學圖書館學研究所所舉行的『圖書館學新境界』(New Frontiers in Librarianship)研討會,討論圖書館學研究所在培養圖書館教育師資方面應扮演的角色。1943年3月2日在伊利諾大學圖書館學研究所所舉行的研討會,題爲『圖書館教育五十年』,以檢討該所成立五十年來的教育設施爲主,兼及美國圖書館教育的一般問題。1947年11月14日至15日在加州大學柏克萊校區所舉行的『圖書館學教育會議』,對戰後的美國圖書館教育,曾廣泛進行研討。1948年2月29日至3月6日,美國東南圖書館學會(Southeastern Library Association)曾在阿特蘭大集會一週,大部份與會者均認爲,各級圖書館學校應有一套核心課程(Core Curriculum)。同年12月11日至12日,在普林斯頓大學所舉行的一項圖書館教育會議,獲得數項重要結論:(1)應有一本有關圖書館教育的刊物,以便傳播圖書館教育的新觀念;(2)重申應以美國圖書學會的教育委員會(Board of Education)爲圖書館系所的立案機構;(3)圖書館教育的改進與發展,需要整個圖書館界共同的注意與關切。(註15)

2. 在此同一時間的另一件大事,是幾本有關圖書館教育的重要論著之問世,如:1943年出版的『圖書館系所教學計劃』,由麥凱夫(K. Metcalf)、羅素(J. Russell)、奧斯邦(A. Osborn)等共同執筆,指出圖書館教育的師資與課程欠當,圖書館哲學的缺乏,建議修改圖書館課程,以適合圖書館的需要,採用最新技術教學,從提高教學效能,並提出數種評鑑的方法。(註16)1946年,惠勒(Joseph L. Wheeler)在其所出版的『圖書館教育的問題與進展』中認爲,有些太不夠條件的圖書館系所應該停辦,圖書館系所主任不應兼任圖書館館長,教員應以專任爲原則,儘量少用兼任。(註17)同年登頓(J. Periam Danton)在其所出的『圖書館教育的批評、困境與問題』中強調,圖書館學教員如欲提高學術地位,必須讀取高級學位;立案措施應予改進並加強,凡非立案學校的畢業生,不應擔任圖書館的專業職務。(註18)1949年,李氏(Robert D. Leigh)在其所發表的一項研究中,發現美國的圖書館教育的形態,正在新舊交替之中,而認爲新的趨勢傾向於碩士學位爲圖書館的專業訓練;傳統的核心課程將會保留,但簡單的技術課程將由大學部的圖書館系科擔任;他並發現圖書館系所的學生素質欠佳,是因爲圖書館的待遇太低,而圖書館員的薪水不高,又係由於館員多爲女性所致。他主張水準不夠的系所應該停辦,以便提高圖書館教育的素質。(註19)

3. 1947年丹佛大學宣布,將實行五年制的訓練計劃(5-year program),即對已完成高中學業者,再施予五年訓練,其中四年爲一般大學教育,另一年爲圖書館專業訓練,完成後授予碩士學位。影響所及,美國圖書館學會於1948年在芝加哥所舉行的冬季大會中,通過了下列決議:(註20)

(1)圖書館學的碩士學位,爲圖書館的第一個專業學位。

（2）圖書館的專業教育，以研究所階段爲限，非專業的圖書館技術人員（Library technicians）應由其他機構負責訓練。

（3）應開辦授予博士學位的高級研究班。

（4）圖書館學的課程應具廣泛性與一般性。

（5）專精課程有其需要。

4. 由於上面這些發展，使 1933 年的『圖書館學校最低要求』不合時宜，故於 1951 年加以修改，並易名爲『立案標準』（Standards for Accreditation）。全文共分九節：（1）組織與行政；（2）財政狀況；（3）教員；（4）行政與非教學職員；（5）課程；（6）入學要求；（7）學位；（8）房舍與設備；（9）圖書館設施與服務。各節規定的長短不一，短者僅一句話，如第（7）節學位，僅曰『滿意完成五年訓練計劃的適當資格爲碩士學位』。長者爲三段，如（1）、（2）、（5）、（6）等節屬之。這個標準的基本精神，是對高中畢業以後者施予五年訓練，其中四年爲大學一般課程，一年爲圖書館專業教育，或對大學畢業者再施予一年圖書館專業教育，均以授予碩士學位爲最終目的。[註21]

值得注意者，這個標準並不適用於大學本科的圖書館教育計劃。因爲當時有些人認爲，如將大學本科的圖書館訓練包括在這個標準中，將使圖書館專業教育以研究所爲限的新觀念，受到不利的影響。所以 1951 年以後，美國各大學本科的圖書館系科已不能再立案。[註22] 不過爲了規範這些既存的系科，使其維持一定的水準，美國圖書館學會曾於 1959 年通過『大學本科圖書館學計劃標準』（Standards for Undergraduate Library Science Programs），藉資因應。[註23]

1960 年以來，美國圖書館教育的主要發展，包括以下各項：

1. 立案的圖書館研究所急劇增加。1960 年以前，全美立案的圖書館研究所只有三十個，1983 年已增爲六十一個。這是由於二次世界大戰以後，美國人民更體認到圖書館對社會的重要性，及國會對圖書館事業的積極支持。在 1960 年代中期，國會通過一連串與圖書館有關的法律，舉其要者，如：

（1）The Library Service and Constrution Act（1965）.

（2）The Elementary and Secondary Education Act（1966），Title II.

（3）The Higher Education Act（1966），Title II.

（4）The Medical Library Assistance Act（1966）.

上面這四項法律，除（1）（4）兩項係專爲協助圖書館而立者外，（2）（3）兩項中的 Title II 也與圖書館的發展有關。由於這些法律的規定，使美國的圖書館事業大爲發達。據統計，1946 年美國聯邦政府用於全國圖書館事業的經費約爲十五億，到了 1960 年代末期，已達一百五十億，增加九倍之多。由於圖書館事業發達，圖書館員的需求量大增，於是各大學紛紛設立圖書館學研究所，訓練圖書館專業人員，以應急需。

2. 上述發展所帶來的附隨結果，是圖書館碩士後的專精訓練計劃與博士班的顯著增加。前者係對擁有圖書館碩士學位的專業人員，再施予一年的專精教育，即所謂『第六年計劃（Sixth-year program）』。這種教育計劃於 1961 年始創於哥大圖書館研究所，其後因爲受到前舉高等教育法的 Title II B 的補助，各校亦紛紛仿效，數年之間類似的計劃增達廿個左右。就課程的要求而言，這種計劃通常是三十個至四十五個學分之間（視學制而定）。畢業後有的授予高級碩士學位（Advanced M. L. S.），如西密西根大學、佛羅里達州立大學等校屬之；有的只給高級研究結業證（C. A. S., Certificate of Advanced Studies），如匹茲堡大學、馬里蘭大學等校是也。這種計劃興起的主要原因有三：（1）爲急速增加的圖書研究所暫時解決師資問題；（2）因應專業圖書館員再教育的需要；（3）提供高深專精的機會。(註24) 由於這種教育計劃多由聯邦補助而設立，近年因聯邦補助減少，有些學校已經無以為繼，所以這種計劃亦漸形沒落。

就圖書館學的博士班而言，自1928年芝加哥大學設立第一個圖書館學博士班，至1960年為止，全美只有七校，1983年已增至十八校。再就各校授予的博士學位來說，自1930年芝加哥大學授予第一個圖書館學博士學位，至1960年，各校授予的博士學位共為158人，平均每年獲得博士學位者僅有五人。自1960年至1973年，擁有博士班的研究所已增至十九所，而在此十三年之間，各校授予的博士學位為342人，平均每年為26人。(註25) 另據戴維斯（Charles H. Davis）統計：從1930年至1980年，美國共有915位圖書館學博士，平均每年為18.3人；在1973年至1975年的三年之中，博士班增加了四處，授予的博士為195，平均每年為65人；在1976年至1980年的五年中，博士班增加了六校，產生的博士為248人，平均每年49.6人。(註26) 圖書館博士的增多，不僅提高了美國圖書館專業的地位，也使美國圖書館教育增加了新血液，改進了師資的素質。故論者嘗謂，博士班的增加實為本世紀圖書館教育的最大事件，並將對本世紀末的圖書館教育發生最大的影響。(註27)

3. 1970年以後，由於電腦與資訊科學的發達，使圖書館教育起了重大的變化，這種影響可以從各校的課程中充分表現出來。1970年以前，各校所開有關資訊方面的課程，大抵以 Introduction to Information Science, Documentation, Data Processing 等幾種基本課程為限。時至今日，圖書館自動化已成世界主流，各校為因應時代的需要，也加開了許多資訊等方面的課程，如 Library Automation, Information Storage and Retrieval, Information Systems, Information Technology, Information Management 等，大都可在各校的課程表中找到。由於資訊課程大量增加，很多學校都已將圖書館學研究所（Graduate School of Library Science），改為圖書館學與資訊科學研究所（Graduate School of Library and Information Science）。根據最新的美國『圖書館學與資訊科學教育協會』名錄，截至1983年為止，美加地區六十八個立案的圖書館學研究所已經改名者，已達四十所。(註28)

美國圖書館學與資訊科學研究院開授科目總數與資訊科目數目比較表(註29)

校　名	科目總數	資訊科目	資訊科目所佔比例	備　攷
Univ. of Alabama	51	5	9%	小數點後數字未計入，下同
SUNY, Albany	54	11	20%	
Univ. of Arizona				未收到資料
Atlanta Univ.	34	4	11%	
Ball State Univ.				未收到資料
Brigham Young Univ.	31	3	9%	
SUNY, Buffalo	43	5	11%	
Univ. of Calif. Berkeley	54	13	24%	
Univ. of Calif. Los Angeles	81	24	29%	

（續上表）

校　名	科目總數	資訊科目	資訊科目所佔比例	備　考
Case Western Reserve Univ.	85	10	11%	
Catholic Univ. of America	89	15	16%	
Univ. of Chicago	55	8	14%	
Clarion State Univ.	38	5	13%	
Columbia Univ.	60	11	16%	
Univ. of Denver	43	5	11%	
Drexel Univ.	53	12	22%	
Emory Univ.	48	6	12%	
Florida State Univ.	68	12	17%	
Univ. of Hawaii				未收到資料
Univ. of Illinois	49	11	22%	
Indiana Univ.	49	10	20%	
Univ. of Iowa				未收到資料
Kent State Univ.	50	3	6%	
Univ. of Kentucky	42	6	14%	
Long Island Univ.	68	19	30%	
Louisiana State University	43	7	16%	
Univ. of Maryland	86	13	15%	
Univ. of Michigan	54	5	9%	
Univ. of Minnesota				未收到資料
Univ. of Mississippi				未收到資料
University of Missouri	52	12	23%	
Univ. of N. Carolina	62	6	9%	
North Carolina Central Univ.				未收到資料
Univ. of N. Carolina Greensboro	31	3	9%	
N. Illinois Univ.	33	5	15%	
North Texas State University	68	11	16%	
Univ. of Oklahoma				未收到資料
G. Peabody College	39	9	23%	
Univ. of Pittsburgh	154	50	32%	該研究院的圖書館系與資訊系兩系課程合併計算
Pratt Institute	72	14	19%	
Queens College	35	4	11%	
University of Rhode Island	40	2	5%	

（續上表）

校　名	科目總數	資訊科目	資訊科目所佔比例	備　攷
Rosary College	55	10	18%	
Rutgers University	67	14	20%	
St. John's Univ.	54	10	18%	
San Jose State University	27	4	14%	
Simmons College	54	10	18%	
Univ. of S. Carolina	58	6	10%	
Univ. of Southern California				未收到資料
Southern Connecticut State Univ.	40	4	10%	
Univ. of Southern Mississippi	52	4	7%	
Univ. of S. Florida				未收到資料
Syracuse Univ.	69	28	40%	
Univ. of Tenn.	44	8	18%	
Univ. of Texas				未收到資料
Texas Woman's University	63	8	12%	
University of Washington	48	3	6%	
Wayne State Univ.	42	4	9%	
W. Michigan Univ.				未收到資料
University of Wisconsin Madison	47	6	12%	
University of Wisconsin Milwaukee	46	5	10%	

　　4.為因應圖書館教育的新趨勢，美國圖書館學會於1972年修改1951年的立案標準，並自1973年1月1日起生效，此即眾所週知的 *Standards for Accreditation*, 1972。全文除前言外，包括以下各項：[註30]（1）計劃目標（Program Goals and Objectives）；（2）課程（Curriculum）；（3）教員（Faculty）；（4）學生（Students）；（5）行政體系與財政支援（Governance, Administration, and Financial Support）；（6）資源與設備（Physical Resources and Facilities）。

　　新標準與舊標準有幾項顯著的差別：

　　（一）1972年的標準將1951年舊標準中的九項合併爲六項，並在每一標準之前，增列立法的基本理由（Rationale），及在其後列舉評估此一標準的證據種類及來源，以增加其評鑑的客觀性。

　　（二）新標準要求各校申請立案的每一教育計劃（Educational Program），均應明確地標示其特定的目的，以爲評判其得以立案與否的準據。如一校申請立案的教育計劃多於一個者，每一計劃應分別標示其特定的教育目的。

　　（三）新標準立案的對象，以授予第一個專業學位（the First Professional Degree，即圖書館的MLS或其相關的碩士學位）的圖書館學研究院爲限。1951年以授予圖書館學碩士爲終極目標的五年教育計劃，在新標準中已不再有任何規定。亦即1972年的立案標準，對於大學本科的圖書館教育計劃，已不承認其在圖書館專業教育中的地位。

（四）在課程方面強調學習原理與技術，而非例行事務；注重每一科目的功能及其重要性；因應圖書館發展與專業教育的新趨勢；注意專業知識的繼續成長。

（五）在師資方面，就整體而言，要求具有各種不同的背景與圖書館實際經驗，擁有高級學位，但不來自一校；對所授科目具有專門知識；繼續有學術著作發表；具有教育設計、行政與評估的才能；對其本行有繼續而密切的聯繫。就各別教員而言，應以興趣、能力、教學效率、研究才能、對所教科目的專門知識，及積極參加專業組織的活動性等，爲其進用時攷慮的要件。

（六）在設備方面已注意到多媒體資料的蒐集與應用，視聽資料制作實驗室，電腦服務，及其他最新技術與設備的提供。

叁、美國圖書館碩士教育的現況

爲了瞭解美國圖書館研究院碩士教育的現況，筆者特於 1984 年春，向美國圖書館學會（American Library Association）核准立案的 68 所圖書館學研究院（美國 61 所，加拿大 7 所）寄發通函，要求贈送各該院的簡介（Catalog 或 Bulletin），以便對他們各項教育設施，加以分析比較。截至 1984 年 10 月底止，已收到美國地區 61 所中的 49 所，加拿大地區 7 所中的 6 所。由於本研究係針對美國的圖書館碩士教育，故以下各節的資料，均係以美國地區已收到的 49 所圖書館研究院的簡介，爲主要根據。

Ⅰ. 碩士教育的目的

綜合各校的資料，可以歸納爲下列諸項：

1. 授予學生具有蒐收集、整理、保存、分送與利用過去與現在各種印刷與非印刷資料的基本知識與技能。

2. 針對時代與社會的需要，爲圖書館與資訊中心訓練專業人員，及能夠應用現代技術改進圖書館與資訊服務的專家。

3. 對電腦與其他最新技術在圖書館的應用，提供最佳的方法與途徑。

4. 對圖書館學與資訊科學的結合與相輔相成，提供繼續不斷的研究與改進。

5. 發展學生研究與著作的才能，以便對圖書館學與資訊科學的理論與實用之增進，作出貢獻。

6. 鼓勵與幫助學生認識圖書館與資訊中心的價值，及他們在多元社會中所扮演的重要角色。

7. 培養學生評鑑與改進各種圖書館與資訊服務的能力。

8. 爲圖書館與資訊中心專業人員，提供繼續教育的機會與服務。

9. 爲圖書館學與資訊科學的專業與其他相關組織，培養領導份子與提供公共服務。

Ⅱ. 入學資格

美國圖書館學與資訊科學研究院碩士班入學資格或入學要件，可以大別爲五個項目。

1. 學士學位——此爲 1972 年立案標準所要求的基本入學要件，任何學校沒有例外。

2. 大學各科成績的平均值（GPA = Grade Point Average）——美國各大學的分數制度一般分爲 A＝4；B＝3；C＝2；D＝1，D 以下爲不及格。在已收到資料的 48 校中，31 校要求爲 3 或 B，9 校低於此，2 校高於此，6 校未註明。可見 B 爲絕大多數學校所要求的入學成績。

3. 研究學力測驗（GRE = Graduate Record Examination）——GRE 相當於臺灣研究所的入學攷試，因為各校不分別舉行研究生入學攷試，在 48 校中，要求此一測試成績者，達 40 校，可見已成美國研究所入學的基本要件。

4. 外籍生的英文測驗（TOEFL = Test of English as a Foreign Language）——此一要求以非英語系的外籍生為限，通常須在 500 分至 600 分之間，始有獲得入學許可證的可能。

5. 推薦信——在 48 校中，明示此一要求者有 43 校，而在此 43 校中，有 19 校要求三封，4 校僅要求兩封，其餘各校未註明數目。

美圖書館學與資訊科學研究院碩士班入學資格比較表[註31]

校　名	學士學位	GPA¹	GRE²	TOEFL³	推薦信	備　攷
Univ. of Alabama	√	3.0	√	500	√	√表示要求，但未註明數字，下同
SUNY, Albany	√	√	√	√	3	
Univ. of Arizona						未收到資料
Atlanta Univ.	√	2.5		√	3	欄中無記號者，表示不要求，下同
Ball State Univ.						未收到資料
Brigham Young Univ.	√	3.0				
SUNY, Buffalo	√	3.0	√	550	3	
Univ. of Calif. Berkeley	√	3.0	√	√	3	
Univ. of Calif. Los Angeles	√	B	√		3	
Case Western Reserve Univ.						未收到資料
Catholic Univ. of America	√	3.0	√	√	√	
Univ. of Chicago	√	√	√			
Clarion State Univ.	√	3.0	√	√		
Columbia Univ.	√	√	√	√	√	
Univ. of Denver	√	3.0	√	500	√	
Drexel Univ.	√		√			
Emory Univ.	√	B	√	550	3	
Florida State Univ.	√	3.0	√	√	√	
Univ. of Hawaii						未收到資料
Univ. of Illinois	√	4.0（5 為滿分）	√	600		
Indiana Univ.	√	3.0（4 為滿分）			√	
Univ. of Iowa						未收到資料

（續上表）

校　名	學士學位	GPA[1]	GRE[2]	TOEFL[3]	推薦信	備　考
Kent State Univ.	√	2.75	√	600	√	
Univ. of Kentucky	√	2.75	√	550	3	
Long Island Univ.	√	3.0	√	√	2	
Louisiana State University	√	3.0	√	√	3	
Univ. of Maryland	√	√	√	√	√	
Univ. of Michigan	√	3.0		570		
Univ. of Minnesota						未收到資料
Univ. of Mississippi						未收到資料
University of Missouri	√	3.0	√	√	√	
Univ. of N. Carolina	√	3.0	√	500	3	
North Carolina Central Univ.						未收到資料
Univ. of N. Carolina Greensboro	√	B	√		3	
N. Illinois Univ.	√	3.0	√	600		
North Texas State University	√	2.8	√	500	√	
Univ. of Oklahoma						未收到資料
G. Peabody College	√	2（3爲滿分）	√	500	3	
Univ. of Pittsburgh	√	3.0	√	√	√	
Pratt Institute	√	2.5	√	√	3	
Queens College	√	B	√	500	3	
University of Rhode Island	√	B	√	√	√	
Rosary College	√	B	√	√	3	
Rutgers University	√	B	√	√	3	
St. John's Univ.	√	B		500	2	
San Jose State University	√	B			3	
Simmons College	√	B		√	√	
Univ. of S. Carolina	√		√	√	√	
Univ. of Southern California						未收到資料
Southern Connecticut State Univ.	√	3.0	√	√	√	
Univ. of Southern Mississippi	√	2.75	√		2	
Univ. of S. Florida						未收到資料

（續上表）

校　名	學士學位	GPA[1]	GRE[2]	TOEFL[3]	推薦信	備　攷
Syracuse Univ.	√	B	√	550	√	
Univ. of Tenn.	√	2.5	√		√	
Univ. of Texas						未收到資料
Texas Woman's University	√	B	√		3	
University of Washington	√	3.0	√	√	3	
Wayne State Univ.	√					
W. Michigan Univ.						未收到資料
University of Wisconsin Madison	√	3.0	√	550	3	
University of Wisconsin Milwaukee	√	2.75	√	550	2	

1. GPA = Grade Point Average
2. GRE = Graduate Record Examination
3. TOEFL = Test of English as a Foreign Language

Ⅲ. 畢業要求

畢業要求包括四項，分述於下：

1. 學分數——由於美國各校的制度不同，故對於學分數的要求不可一概而論。在採一年二學期制（Semester System）的各校中，規定為36學分者達32校，佔絕大多數；30學分者3校；37學分者1校；38學分者2校；39學分者1校；40學分者1校；48學分者1校；其餘三校以科目為準，不以學分為準（分別為15門，18門，及28門）。在採一年四學期制（Quarter System）的4校中，要求60學分者2校；51學分者1校；63學分者1校。

2. 畢業攷試——二次世界大戰以後，美國各大學的研究院由於博士班的大量增加，使碩士班的重要性相對減低，其畢業要求亦隨之降落。時至今日，絕大多數美國研究院的碩士班（不以圖書館學與資訊科學研究院為限，其他各科亦然）既不要求畢業攷試或畢業論文，也不要求第二外國語，只須修滿規定學分，平均成績達B以上，即可畢業。在本研究所收到的48校資料中，要求畢業攷試者僅16校，為三分之一。

3. 畢業論文——在48校中規定此項要求者僅7校，不及15%，另有8校採選擇制（Optional），即論文可以學分代替。

4. 外國語——由於碩士學位修業的時間只須一至二年，而外國語非短期修讀可以奏功，故各校多無此項要求。在48校中，亦僅7校規定外國語為畢業要件，另有一校可以其他科目代替。

美國圖書館學與資訊科學研究院碩士班畢業要件比較表[註32]

校　名	學分數	畢業攷試	畢業論文	外國語	學位名稱（碩士以上亦列入，供參攷）	備　攷
Univ. of Alabama	36				M. L. S.；Ed. S.	
SUNY，Albany	36				M. L. S.；C. A. S.；B. A.	
Univ. of Arizona						未收到資料
Atlanta Univ.	36		optional	✓	M. S. L. S.；S. L. S.	
Ball State Univ.						未收到資料
Brigham Young Univ.	38				M. L. S.	
SUNY，Buffalo	36				M. L. S.；Ph. D.（Joint degree）	
Univ. of Calif. Berkeley	28 Units				M. L. I. S.；D. L. I. S.；Ph. D.	
Univ. of Calif. Los Angeles	18 Courses	✓	✓	✓	M. L. S.；C. A. S.；Ph. D.；M. L. S./M. B. A；M. L. S./M. A.	
Case Western Reserve Univ.						未收到資料
Catholic Univ. of American	36				M. S. L. S.；Joint degrees	
Univ. of Chicago	15 courses	✓	✓	✓	A. M.；C. A. S.；Ph. D；Joint degrees	
Clarion State Univ.	36				M. S. L. S.	
Columbia Univ.	36				M. S.；C. A. L.；C. I. M.；D. L. S.	
Univ. of Denver	60 Quarter hrs.				M. A.；C. I. M.；C. A. S.；M. L. L.；J. D./M. L. L.	
Drexel Univ.	60 Quarter hrs.				M. S.；C. A. S.；Ph. D.	
Emory Univ.	30		✓		M. A.；D. A. S. L.	
Florida State Univ.	38		Optianal		M. L. S.；A. M. D.；Ph. D.	
Univ. of Hawaii						未收到資料

(續上表)

校　名	學分數	畢業攷試	畢業論文	外國語	學位名稱（碩士以上亦列入，供參攷）	備　攷
Univ. of Illinois	40				M. S.；C. A. S.；Ph. D.	
Indiana Univ.	36			Optional	B. A.；M. L. S.；Ph. D.	
Univ. of Iowa						未收到資料
Kent State Univ.	36		Optional		M. L. S.；C. A. S.	
Univ. of Kentucky	36	✓	Optional		M. S. L. S.；M. A.	
Long Island Univ.	36		Optional		M. L. S.；C. A. S.	
Louisiana State University	37	✓	Optional		M. L. S.	
Univ. of Maryland	36				M. L. S.；Ph. D.	
Univ. of Michigan	36			✓	A. M. L. S.；Ph. D.	
Univ. of Minnesota						未收到資料
Univ. of Miss.						未收到資料
University of Missouri	36	✓			M. A. L. S.	
Univ. of N. Carolina	48	✓	✓	✓	M. L. S.；Ph. D.	
North Carolina Central Univ.						未收到資料
Univ. of N. Carolina Greensboro	36	✓	✓		M. L. S.	
N. Illinois Univ.	30	✓	Optional		M. A.	
North Texas State University	36	✓			M. S.；C. A. S.；Ph. D.	
Univ. of Oklahoma						未收到資料
G. Peabody College	36				M. L. S.；　Ed. S. Ed. D.（Joint degree）	
Univ. of Pittsburgh	36				M. L. S.；C. A. S.；Ph. D.	
Pratt Institute	36				M. S. in L. I. S.；C. A. S.	
Queens College	36				M. L. S.；C. A. S.	
University of Rhode Island	36				M. L. S.	
Rosary College	36				M. A. L. S.；C. A. S.	
Rutgers University	36				M. L. S.	
St. John's Univ.	36	✓			M. L. S.；C. A. S.	

（續上表）

校　名	學分數	畢業攷試	畢業論文	外國語	學位名稱（碩士以上亦列入，供參攷）	備　攷
San Jose State University	30	✓			M. L. S.	
Simmons College	36				M. S.；Ph. D.	
Univ. of S. Carolina	36				M. L. S.；Joint degrees	
Univ. of Southern California						未收到資料
Southern Connecticut State Univ.	36			✓	M. L. S.；Joint degrees	
Univ. of Southern Mississippi	39	✓			M. L. S.	
Univ. of S. Florida						未收到資料
Syracuse Univ.	36	✓			M. L. S.；M. S.；C. A. S.；Ph. D.	
Univ. of Tenn.	51 Quarter hrs.	✓	Optional		M. S. L. S.	
Univ. of Texas						未收到資料
Texas Woman's University	36		✓		M. L. S.；Ph. D.	
University of Washington	63 Quarter hrs.	✓	✓		M. L. S.	
Wayne State Univ.	36				M. S. L. S.；B. S.	
W. Michigan Univ.						未收到資料
University of Wisconsin Madison	36			✓	M. A.；Ph. D.	
University of Wisconsin Milwaukee	36	✓			M. L. S.；Ph. D.	

M. L. S. ＝ Master of Library Science，or Master of Library Service

M. S. L. S ＝ Master of Science in Library Science

Ed. S. ＝ Educational Specialist（degree）

C. A. S. ＝ Certificate of Advanced Study

M. L. I. S. ＝ Master of Library and Information Science

D. L. I. S. = Doctor of Library and Information Science
C. A. L. = Certificate of Advanced Librarianship
C. I. M. = Certificate of Information Management
D. L. S. = Doctor of Library Science
M. L. L. = Master of Law Librarianship
A. M. D. = Advanced Master Degree
A. M. L. S. = M. A. L. S. = Master of Arts in Library Science
M. S. in L. I. S. = Master of Science in Library Information Science

Ⅳ. 課程架構

各校的科目總數，自 27（San Jose State Univ.）至 154（Univ. of Pittsburgh，因該院有圖書館學系與資訊學系兩系之故）不等。其他各校科目在 80 門以上者 4 校，70 以上者 1 校（Pratt Institute），60 至 69 者 8 校，50 至 59 者 13 校，40 至 49 者 14 校，30 至 39 者 7 校。質言之，科目總數在 40 門至 59 門之間者共有 27 校，佔總數（49 校）的 55%。

就各校的課程架構而言，大體可以歸納為：（1）必修科目；（2）一般圖書館學選修科目；（3）資訊學科目；（4）特殊科目四部份。分別略加析述：

1. 必修科目

自 2 門至 8 門不等：要求必修 3 門者有 10 校，4 門者 5 校，5 門者 16 校，6 門者 5 校，7 門者 4 校，8 門者 1 校（美國天主教大學），2 門者 1 校（華盛頓大學），其他各校視情形而定，無法一一列舉。綜而言之，各校必修科目以 3 門及 5 門為最多，前者有 10 校，後者有 16 校，兩者共有 26 校，佔總數（49 校）的 53%。

2. 一般圖書館學選修科目

各校科目總數，減去必修科目、資訊科目及特殊科目，即為此類科目，通常佔科目總數的二分之一至四分之三之間。例如在 UCLA 的 81 門科目中，資訊科目及必修科目共為 31 門，其他都是選修科目。肯塔基的科目總數為 42，但資訊科目及必修科目只有 9 門，一般圖書館學的選修科目達 30 門以上。

3. 資訊學科目

自 1970 年以來，圖書館學受到電腦與資訊科學的衝擊，起了革命性的變化，各校為迎合時代的需要，一方面紛紛將圖書館學研究院的名稱，改為圖書館學與資訊科學研究院（截至 1984 年為止，在美加地區經 ALA 立案的 68 校中，業已改名者達 40 校以上），同時增開資訊科學方面的課程，藉資因應。

目前各校所開的資訊科目，自 2 門至 50 門不等。3 門者有 Brigham Young, Kent State, UNC at Greensboro 及 Univ. of Washington 等 4 校；羅德島大學僅 2 門，為全美各校中最少者；4 門者亦有 6 校；5 門者有 7 校；6 門者 5 校；7 門者 1 校；8 門者 3 校；9 門者 1 校；10 至 19 門者 18 校；20 門以上者 3 校，分別為：Pittsburgh（50），Syracuse（28），及 UCLA（24），佔各該校的總科目的百分比為 32%，40%，及 29%。

一般而言，以 3 至 8 門為最多，計 28 校，10 至 19 門者次之，計 18 校，前者佔總數（49）的 57%，後者佔 36%。

4. 特殊科目

特殊科目係以訓練專門圖書館員為其主要目的，各校所開授有關此方面的課程頗為複雜。大體而言，包括：醫學圖書館學（Medical Librarianship），法律圖書館學（Law Librarianship），音樂圖書館學（Music Librarianship），衛生科學圖書館學（Health Science Librarianship)、新聞圖書館學（Journalism or Newspapers Librarianship）、檔案管理（Archives Adm. Management）、商業圖書館學（Business Librarianship）、地圖圖書館學（Map Librarianship）、學校媒體專家（School Media Specialist）、教育媒體專家（Educational Media Specialist）、教學媒體專家（Instructional Media Specialist）等。

每一方面所包括的課程或學分也不一致，有的只有一門課，三、四學分，有的有好幾門課，十多個學分。有的爲選修，有的爲必修，後者於修滿一定學分後，並授予結業證書。

有些特殊科目，且得成爲雙學位（Double Master）的構成要件，例如布法羅的紐約州立大學有圖書館學與音樂的雙學位（即同時取得圖書館碩士學位與音樂碩士學位），柏克萊加州大學有圖書館學與醫學碩士的雙學位，美國天主教大學有圖書館學碩士與法學士（JD）的雙學位等，皆爲著例。

美國圖書館學與資訊科學研究院開授課程比較表[註33]

校　名	科目總數	資訊科目數	必修科目名稱	特殊課程	備　攷
Univ. of Alabama	51	5		1. Educational Specialist	
SUNY, Albany	54	11	1. Information Environment 2. Information Processing 3. Infor. Sources & Services	1. School Media Specialist 2. Health Science Librarianship	
Univ. of Arizona					未收到資料
Atlanta Univ.	34	4	1. Collection Building 2. References & Bibliographies 3. Library & Librarianship 4. Intro. to Technical Services 5. One of Lib. Administration (Academic, Public, School, Special)	1. Medical Librarianship 2. Law Librarianship (Both of the 2 programs are shared with Emory Univ.)	
Ball State Univ.					未收到資料
Brigham Young Univ.	31	3	1. Selection & Acq. of Materials 2. Reference Theory & Service 3. Basic Cataloging & Classification 4. Philosophical & Professional Bases of Librarianship 5. Lib. Organization & Administration 6. Documentation and Information Retrieval		

（續上表）

校　名	科目總數	資訊科目數	必修科目名稱	特殊課程	備攷
SUNY, Buffalo	43	5	1. Organ. & Control of Recorded Information 2. Introduction to Research & Problem Solving 3. Library Management 4. General Reference & Information Sources	1. Double Master's Programs in Music Librarianship 2. School Media Specialist	
Univ. of California, Berkeley	54	13	1. Introduction to Infor. Services 2. Cataloging & Classification 3. One of the following: 　a. Public Libraries 　b. College & Univ. Libraries 　c. Work with Children & Young Adult in School and Public Libraries	1. Certificate in: 　1）Bibliography 　2）Lib. Automation & Infor. Science 　3）Lib. Management 　4）Infor. Management 2. Special Programs for: 　1）MLIS/MA in Art Hist. 　2）MLIS/MA in Near Eastern Studies 　3）MLTS and MLL (Master of Pub. Policy) 　4）MLIS & MS in Health & Medical Science	
Univ. of California, Los Angeles	81	24	1. The Infor. Professions 2. Fundamentals of Bibliography 3. Introduction to Subject Access (including Indexing & Thesaurus Construction) 4. Descriptive Cataloging 5. Information Resources & Services (I & II) 6. Selection & Acquisition of Lib. Materials 7. Management of Libraries	1. Special Areas: 　Academic Librarianship 　Public Librarianship 　School Librarianship 　Law Librarianship 　Medicine Librarianship 2. Special Programs for: 　MLS/MA in Latin American Studies 　MLS/MA in History 　MLS/MBA in Manag. of Business Adm.	
Case Western Reserve Univ.					未收到資料

（續上表）

校　名	科目總數	資訊科目數	必修科目名稱	特殊課程	備　攷
Catholic University of America	89	15	15 credits from the following: 1. History of the Book 2. Basic Inform. Sources & Services 3. Introd. to Technical Services in Libraries 4. Foundations of American Librarianship 5. Introd. to Computers and Information Processing 6. Cat. & Class. of Lib. Materials 7. Management of Libraries 8. Introduction to Library Collection Development	1. Specialized Librarianship in following areas: Academic & Research, Archival, Federal, Public, Law, Music, Map, School media, Special collection, Infor. science, Health science infor. service, Technical service, Reference & Learner's advisory service.	
				2. Special programs for: MS／JD MS／Ph. D. in American Civilization MS／MA in History MS／MA in Educational Technology MS／Ed. D. MS／MS in Biology MS／MA Musicology CAS in: Lib. & Infor. Center Manag. Mainstreaming Special Users Health & Rehabilitation Infor. Service	
Univ. of Chicago	55	8		1. Special Programs for: AM／MBA AM／AM in South Asian Language & Civilization AM／AM in Social Science AM／AM in Middle Eastern Studies	

（續上表）

校　名	科目總數	資訊科目數	必修科目名稱	特殊課程	備考
Clarion State Univ.	38	5	1. Information Sources & Services 2. Developing Library Collection 3. Cataloging & Classification 4. Introd. to Research in Lib. Sci. 5. Management of Libraries 6. Information Storage & Retrieval	1. Special areas： Instructional Media Specialist School Librarianship 2. Special Programs for "MLS/MS in Communication	
Columbia University	60	11	1. Introduction to Library & Infor. Science 2. Information & Reference Services 3. Fundamentals of Organizing Library Collections	1. Special areas： Certificate in Advanced Librarianship Certificatie in Infor. Management Conservators of Lib. & Archival Materials Preservation Administrators	
Univ. of Denver	43	5	Prerequisite requirements： 1. Reference & Information Services 2. Media Collection Development 3. Storage & Retrieval of Library Materials（Ⅰ） 4. Introduction to Librarianship & Information Management	1. Special areas： Law Librarianship Archival Librarianship School Media Specialist Edu. Media Specialist Certificate of Infor. Management 2. Special Programs for：MA/MA in Hist./Archives JD/MLL（Master of Law Librarianship）	
Drexel Univ.	53	12	Required courses depend on 5 different areas		
Emory Univ.	48	6	1. Information Technologies 2. Information Environment 3. Control of Resources 4. Information Sources		
Florida State Univ.	68	12	1. Foundation of Library & Information Science 2. Lib. & Infor. Center Management 3. Collection Management 4. Bibliographic Organization 5. Information Services	Educational Media Specialist	

（續上表）

校　名	科目總數	資訊科目數	必修科目名稱	特殊課程	備　攷
Univ. of Hawaii					未收到資料
Univ. of Illinois	49	11	1. Foundations of Library & Infor. Science 2. Introduction to Service Relating to Organization of Lib. Materials 3. Introduction to Information Sources & Services	Special program with Consulting	
Indiana Univ.	49	10	1. Information Sources & Services 2. Principles of Lib. Collection Building 3. Organ. of Materials & Infor. (Ⅰ) 4. Introduction to Infor. Science 5. The Lib. as an Organization	1. Special areas：Specialization in Music Librarianship Specialization in Chemistry Librarianship 2. Special programs for： MLS/MA in History MLS/MA in Music MLS/MA in Pub. Affairs MLS/MA in Journalism MLS/MA in History & Philosophy of Science	
Univ. of Iowa					未收到資料
Kent State Univ.	50	3	1. Foundations of Librarianship 2. Infor. Sources & Services 3. Organization of Lib. Materials 4. Introduction to Lib. Science Research Methods 5. Library Management 6. Selection & Acq. of Lib. Materials 7. Library Automation	Newspapers Librarianship	
Univ. of Kentucky	42	6	1. Introduction to Lib. Management 2. Introduction to Cat. & Class. 3. Reference & Information Services		

（續上表）

校　名	科目總數	資訊科目數	必修科目名稱	特殊課程	備　考
Long Island Univ.	68	19	1. Introd. to Lib. & Infor. Science 2. Infor. Sources & Services 3. Organization of Lib. Materials 4. College & University Libraries 5. Methods of Lib. & Infor. Science Research	1. Special areas： College & Univ. Librarianship Special Lib. & Infor. Center Librarianship Business Librarianship Health Science Librarianship Media Specialist	
Louisiana State Univ.	43	7	1. Reference & Bibliography 2. Lib. & Infor. Agencies & Their Resources 3. Principles of Lib. Management 4. Organization of Knowledge & Its Technology 5. Issues in Libraries	1. Special Areas： Academic Librarianship Public Librarianship Special Librarianship Children's Librarianship Health Science Librarianship School Lib. Certificate	
Univ. of Maryland	86	13	1. Introd. to Ref. & Infor. Services 2. Organization of Recorded knowledge 3. Development & Operation of Library & Infor. Services	1. Special Area： Edu. Media Certificate 2. Special Program for： MLS/MA in History	
Univ. of Michigan	54	5	1. Cataloging & Classification 2. Collection Developement & Manag. 3. General Ref. Materials & Services	1. Special areas： Academic Librarianship Music Librarianship Adm. of Archives Health Science Lib. & Infor. Science Infor. Management & Lib. Automation School Lib. Media	
Univ. of Minnesota					未收到資料
Univ. of Mississippi					未收到資料

(續上表)

校　名	科目總數	資訊科目數	必修科目名稱	特殊課程	備　攷
Univ. of Missouri	52	12	1. Principles of Cat. & Class. 2. Bibliography & Reference 3. Developing Library Collection 4. Management of Infor. Agencies 5. Research 6. Library Information System	1. Special areas： Archives Adm. Health Science Librarianship	
Univ. of N. Carolina	62	6	1. Introduction to Librarianship Ⅰ & Ⅱ 2. Research Methods 3. Supervised Field Experience	1. Special areas： Public Librarianship Certificate School Library Certificate	
N. Carolina Central Univ.					未收到資料
Univ. of N. Carolina, Greenboro	31	3	1. Foundations of Librarianship 2. Reference Sources & Methods 3. Organizing Lib. Collection 4. Administration of Lib. Program 5. Issues and Problems in Lib. & Information Science		
N. Illinois Univ	33	5	1. Foundations of Librarianship 2. Lib. Organization & Management 3. Research Methods in Librarianship	1. Special areas： School Librarianship Media Specialist	
North Texas State Univ.	68	11	1. Information Resources & Services 2. Collection Development & Resources Evaluation 3. Research Methods & Analysis 4. Organization & Control of Infor. Resources 5. Administration of Libraries & Information Centers	1. Special areas： School librarianship Medical Librarianship	

（續上表）

校　名	科目總數	資訊科目數	必修科目名稱	特殊課程	備　攷
Univ. of Oklahoma					未收到資料
G. Peabody College	39	9		1. Special areas： Academic Librarianship Public Librarianship School Media Librarianship Education Program Specialist	
Univ. of Pittsburgh	154	50	1. Infor. Analysis & Retrieval 2. Collection Development & Use 3. Organization of Lib. Materials 4. Principles of Library Management 5. Introduction to Behavior & Communication Science		該院分為圖書館學與資訊科學兩系
Pratt Institute	72	14	1. Fundamentals of Information Handling 2. Basic Information Sources 3. Organization of Information 4. Technology for Infor. Transfer		
Queens College	35	4	1. Fundamentals of Lib. & Infor. Sci. 2. Infor. Sources & Services：General 3. Tehnical Services & Descriptive Cataloging 4. Technical & Subject Analysis 5. Research & Bibliography 6. One of： Infor. Soreces & Ser.：Sci. & Tech. Infor. Soreces & Ser.：Social Sci. Infor. Soreces & Ser.：Humanities		

（續上表）

校　名	科目總數	資訊科目數	必修科目名稱	特殊課程	備　攷
Univ. of Rhods Island	42	2			
Rosary College	55	10	1. Reference & Bibliography 2. Selection & Acq. of Materials 3. Cataloging & Classification 4. Library Administration 5. One of： Ref. Sources in the Humanities Ref. Sources in Social Sciences Ref. Sources in Sciences	Special Programs for： Visiting Scholar Program BA/MALS MALS/MBA MALS/Master of Divinity MALS/MA in Pub. Hist.	
Rutgers Univ.	67	14	1. Infor. & Communication Phenomena 2. Infor. & Communication Technology 3. Information Organization 4. One of： Indexing & Abstracting Descriptive Cataloging Subject Cat.：Subject Heading Subject Cat.：Classification	1. Special areas： Academic librarianship Public librarianship Special librarianship 2. Special Programs for： MLSM/M. Ed. MLS/MA in Spanish	
St. John's Univ.	54	10	1. Introd. to Cataloging & Class. 2. Introd. to Infor. Science 3. Introd. to Reference Services & Materials 4. Management of Infor. Facilities 5. One of： Infor. Sources in the Humanities Infor. Sources in Social Science Infor. Sources in Science	1. Special areas： Business Librarianship Law Librarianship Medical Librarianship School Media Specialist	

（續上表）

校　名	科目總數	資訊科目數	必修科目名稱	特殊課程	備考
San Jose State Univ.	27	4	Prerequisite required courses： 1. Basic Information Service 2. Foundation of Library Science Basic required courses： a. Collection Development b. Technical Services 3. One of： School Media Service Public Lib. Service Academic Lib. Service Special Lib. Service 4. One of： Government Infor. Sources Lit. of Social Science Lit. of the Humanities Lit. of Science 5. Research Methods in Librarianship		
Simmons College	54	10	1. Organization of Knowledge in Libs. 2. Reference/Information Services 3. One of： Libray & Information Sciehce：The Role of Research Principles of Management	1. Special areas： Lib. Media Speciailst Record Management Archives Management	
Univ. of S. Carolina	58	6	1. Foundation of Libraries, Infor. & Media Programs 2. Foundation of Acquisition & Organ. of Infor. & Materials 3. Foundation of Infor. Sources & Services 4. Foundation of Administration of Lib., Infor. & Media Programs 5. Introduction to Research in Lib. & Infor. Science 6. Computers in Lib. & Infor. Service	1. Special area： School Lib Media Specialist 2. Special Programs for： MLS/MA in English MLS/MA in Applied Hist.	

（續上表）

校　名	科目總數	資訊科目數	必修科目名稱	特殊課程	備　攷
Univ. of S. California					未收到資料
S. Connecticut State Univ.	40	4	1. Development & Organization of Lib./Infor. Agencies 2. Ref. Materials & Services 3. Acquisition & Organization 4. Library Systems Analysis 5. A-V Material & Technology in Libs.	1. Special areas： School Media Specialist Lib. Sci./Chemistry Lib. Sci./English Lib. Sci./History 2. Special program for： M. S.（Instructional Technology）	
Univ. of S. Mississippi	52	4	1. Introd. to Ref. Resources & Ser. 2. Cataloging & Classification, I & II 3. Development of Lib. Collection 4. A-V Media & Equipment 5. The Library in Society	1. Special area： School Lib. Certificate 2. Special Program for： MLS/MA in History	
Univ. of S. Florida					未收到資料
Syracuse Univ.	69	28		1. Special area： Specialist in School Media 2. Special Program for： J. D./MLS	
Univ. of Tennessee	44	8	1. Libraries & Librarianship 2. Organization of Lib. Collection, I 3. Introd. to Reference Materials 4. Research Methods in Lib. & Infor. Science 5. Subject Reference & Bibliography 6. Library Management 7. Principles of Materials Selection		
Univ. of Texas					未收到資料

（續上表）

校　名	科目總數	資訊科目數	必修科目名稱	特殊課程	備攷
Texas Woman's Univ.	63	8	1. Developing Library Collections 2. Information Storage & Retrieval 3. Information Sources & Services 4. Library Management 5. Research Methods 6. The Information Professions 7. Practicum	Learning Resources Specialist	
Univ. of Washington	48	3	1. Society, Users & Libraries 2. Bibliographic Control	Law Librarianship	
Wayne State Univ.	42	4	1. Introduction to Librarianship 2. General Reference Service 3. Technical Services in Libraries 4. Automation & Data Processing for Libraries 5. Two of: Subj. Ref. & Bibl.：Humanities Subj. Ref. & Bibl.：Sci. & Tech. Subj. Ref. & Bibl.：Social Sci.	1. Special areas： Academic Librarianship Public Librarianship Special Librarianship Law Librarianship Medical Librarianship Archives Librarianship	
W. Michigan Univ.					未收到資料
Univ. of Wisconsin, Madison	47	6	1. Infor. Agencies & Their Environment 2. Bibliographic Organization 3. Infor. Services and Sources 4. Colleetion Development & Maintenance 5. Infor. Services Management	1. Special areas： Specialist in Lib. Media Archives Administration	
Univ. of Wisconsin, Milwaukee	46	5	1. Introduction to Reference Service & Resource 2. Building Library Collections 3. Introduction to Bibliographic Control to Library Materials 4. Foundation of Librarianship 5. Introduction to Information Science	1. Special areas： Instructional Media Specialist Health Librarianship Map Librarianship Medical Librarianship Music Librarianship 2. Special Program for： MLS/MA in History	

V. 師資概況

此一項目包括專任教員與兼任教員兩類。專任教員又將擁有博士學位者與無博士者分別計算，以便統計美國各圖書館學與資訊科學研究院師資具有博士學位者所佔之比率。專任數加上兼任數，為各校教員的總數。不過由於兼任的情形各校不同，故各校師資的多少，不應從其總數為衡量的標準，而應依專任數額為依據。其次，有些學校將退休教授（Prof. Emeritus）列於其專任名單中，有些列於兼任中，更有一些另列一組，為期公平並避免計算的困難，此類教授均不在下面比較表之內。

茲將下表中的各項數字統計分析如次：

1. 48 校共專任教員 546 人，兼任教員 521 人，合共 1067 人。

2. 專任教員佔總數的 51.2%（546 ÷ 1,067 = 0.5117），兼任教員佔總數的 48.8%（521 ÷ 1,067 = 0.4882）。

3. 48 校的平均專任教員為 546 ÷ 48 = 11.38 人，專任教員最多者為匹茲堡（29）；其次為加州大學洛杉分校 UCLA（21）。專任教員最少者有北伊利諾及聖荷西，各僅 6 人；其次為布利翰楊、畢堡得、昆士、普雷特、聖若望，各僅 7 人（就實際言，可能韋恩最少，在列名的七位教員中，四名已退休，真正的專任，可能只有三人）。

4. 就擁有博士學位者在專任教員中所佔的比率而言，除去馬里蘭（16 人）及韋恩（7 人）兩校的 23 人未註明博士學位外，其餘 46 校共專任 523 人，其中有博士者有 403 人，佔 77%（403 ÷ 527 = 0.770）。

5. 專任教員中每人均有博士學位者有路易西安那（8）、密西根（15）、北卡羅來納（16）、北伊利諾（6）、昆士（7）及南密西西比（9）。專任教員中擁有博士學位最少者為畢堡得，僅 4 人，其次為布利翰楊（5）、愛慕理（5）、普雷特（5）及羅莎里（5）。專任教員中擁有博士學位最多者為匹茲堡，共有 22 人。

6. 兼任教員數目最多者為華府的天主教大學，計 43 人，其次為加大柏克萊分校（41），再次為加大洛杉磯分校（27）、印地安那（25）及匹茲堡（23），其餘均未超過 20 人。

7. 專任與兼任合共最多者為華府天主教大學（57）、加大柏克萊分校（53）、加大洛杉磯分校（48）及匹茲堡（42），其餘均在 40 人以下。專、兼任合共最少者為克拉里昂 Clarion（8）及北卡羅來納的 Greensboro 校區（9），其餘各校均在 12 人以上。

美國圖書館學與資訊科學研究院教員數額比較表（註 34）

校　名	專　任			兼任	合共	備攷
	有博士	無博士	共			
Univ. of Alabama	8	3	11	2	13	
SUNY, Albany	10	4	14	11	25	
Univ. of Arizona						未收到資料
Atlanta Univ.	6	4	10	5	15	
Ball State Univ.						未收到資料
Brigham Young Univ.	5	2	7	6	13	
SUNY, Buffalo	7	3	10	10	20	

（續上表）

校　名	專任			兼任	合共	備攷
	有博士	無博士	共			
Univ. of Calif. Berkeley	10	2	12	41	53	
Univ. of Calif. Los Angeles	13	8	21	27	48	
Case Western Reserve Univ.						未收到資料
Catholic Univ. of America	11	3	14	43	57	
Univ. of Chicago	8	3	11	14	25	
Clarion State Univ.	6	2	8		8	
Columbia Univ.	9	3	12	19	31	
Univ. of Denver	8	6	14	16	30	
Drexel Univ.	13	1	14	13	27	
Emory Univ.	5	5	10	5	15	
Florida State Univ.	12	2	14	6	20	
Univ. of Hawaii						未收到資料
Univ. of Illinois	10	4	14	8	22	
Indiana Univ.	8	8	16	25	41	
Univ. of Iowa						未收到資料
Kent State Univ.	9	1	10	9	19	
Univ. of Kentucky	10	3	13	6	19	
Long Island Univ.	8	2	10	3	13	
Louisiana State University	8	0	8	4	12	
Univ. of Maryland			16	13	29	專任教員名錄未註明學位
Univ. of Michigan	15	0	15	10	25	
Univ. of Minnesota						未收到資料
Univ. of Mississippi						未收到資料
Univ. of Missouri	8	5	13	4	17	
Univ. of N. Carolina	16	0	16	11	27	
North Carolina Central Univ.						未收到資料
Univ. of N. Carolina Greensboro	7	1	8	1	9	
N. Illinois Univ.	6	0	6	9	15	
North Texas State University	8	1	9	4	13	
Univ. of Oklahoma						未收到資料
G. Peabody College	4	3	7	7	14	

（續上表）

校名	專任			兼任	合共	備攷
	有博士	無博士	共			
Univ. of Pittsburgh	22	7	29	23	42	
Pratt Institute	5	2	7	10	17	
Queens College	7	0	7	8	15	
University of Rhode Island	6	2	8	10	18	
Rosary College	5	3	8	12	20	
Rutgers University	14	2	16	17	33	
St. John's Univ.	6	1	7	6	13	
San Jose State University	4	2	6	7	13	
Simmons College	11	3	14	14	28	
Univ. of S. Carolina	7	1	8	4	12	
Univ. of Southern California						未收到資料
Southern Connecticut State Univ.	6	2	8	9	17	
Univ. of Southern Mississippi	9	0	9	9	18	
Univ. of S. Florida						未收到資料
Syracuse Univ.	10	5	15	10	25	
Univ. of Tenn.	8	2	10	3	13	
Univ. of Texas						未收到資料
Texas Woman's University	9	1	10	8	18	
University of Washington	7	6	13	5	18	
Wayne State Univ.			7	13	20	（1）7位專任中，4位為退休教授 （2）教授名錄未註明學位
W. Michigan Univ.						未收到資料
University of Wisconsin Madison	12	1	13	15	28	
University of Wisconsin Milwaukee	6	2	8	6	14	

上表注意事項：

1. 各校專任教授項目，不包括榮譽教授（Emeritus）在內。

2. 專任教授數目以各校 1983/84 至 1985/86 的 Catalog 或 Bulletin 所列者爲準；兼任教員則多以 1983 的 Directory Issue of the JEL（official publication of the ALISE）所列名而有

（PT）或（SS）記號者爲準。

Ⅵ. 定期評鑑

各國的高等教育，大抵均由政府機關立案，美國則爲罕有的例外。美國各大專院校的一般立案機關爲區域協會（如：Western Association of Schools and Colleges，Northeastern Association of Schools and Colleges, etc.），專業學院（Professional Schools）的立案機關爲各專業學會，而是否要立案，係採志願方式，完全由各校自由決定。(註35)

美國各大學圖書館學研究院的立案機關，係由美國聯邦教育部（Department of Education，卡特總統任內新設立，以前屬教育衛生福利部）與高等院校立案委員會（Council on Postsecondary Accreditation），指定由美國圖書館學會（American Library Association，簡稱 ALA）負責辦理。(註36)該會爲執行此一任務，一方面訂立立案標準（Standards for Accreditation），作爲評鑑各校教育計劃的依據，一方面設立立案委員會（Committee on Accreditation，簡稱 COA），綜理各項有關立案事務。(37)

立案委員會的委員共有十二人，由 ALA 的會長當選人（President-elect）推薦，經該學會的執行委員會（ALA Executive Board）通過後任命之，任期兩年，得連任一次。其中兩人須爲非圖書館界的人士，因圖書館的專業教育與公共利益攸關，故須圈外人士參加評鑑，以期公正與客觀。又因美國圖書館學會受加拿大圖書館學會（Canadian Library Association）之委託，亦爲加拿大各圖書館研究院的評鑑機構，故在十位專業評鑑委員中，必須有一位來自加拿大。就過去的經驗來看，該委員會的歷屆委員，都是圖書館界與圖書館教育界的知名人士，例如 1980/1981 的十二位委員爲：(註38)

　　Kenneth E. Beasley（lay member）
　　Richard L. Darling
　　Y. T. Feng
　　Lora D. Garrison（lay member）
　　James M. Matarazzo
　　Regina U. Minudri
　　John T. Parkhill
　　Lee Putnam
　　Antonio Rodriguez-Buckingham
　　Bernard S. Schlessinger
　　Phyllis Van Orden
　　Tom G. Watson（chair）

其中 Darling 爲哥倫比亞大學圖書館學研究院的院長，Matarazzo 爲席蒙斯學院圖書館學與資訊科學研究所的副所長，Schlessinger 爲羅德島大學圖書館學研究院院長，Orden 爲佛羅里達州大學圖書館學研究院教授，均爲美國圖書館教育界的一時之選。

爲減輕該委員會委員們的負擔，實地赴各地評鑑（Site Visit）的委員，通常都是邀請該委員會以外的人士擔任，自 1973 年至 1976 年，擔任此種實地評鑑小組的委員，達 101 人，而 1980 年一年之中即有 45 人之多。實地評鑑小組的委員一般爲三至五人，通常爲四人，其中至少有一人爲現任或曾任立案委員會的委員，以便評鑑工作的順利進行。又實地評鑑小組的委員，須事先徵求受評鑑者的同意，受評者如認爲評鑑小組的委員與其利益相衝突或具有偏見，得拒絕之，或要求更換，以避免評鑑的不公正性。

美國圖書館教育的立案，可以分爲兩種情形，一是第一次申請，二是業經立案的學校,每隔五至八年(通常爲七年),須重新加以評鑑,評鑑後如發現不合於立案標準,得撤銷其以前的立案。但無論哪種情形,均須經過實地訪問(Site Visit)的階段。各校爲了通過此一評鑑,往往在一年以前即開始作『自我研究』(Self-Study)。通常是將其全部教職員,按立案標準所規定的六個評鑑項目,分爲教育目標、課程、教員、學生、行政管理、設備等六個小組,每組依照1972年立案標準中有關基本項目中的各項規定,逐項加以檢討,以定其有無合於標準,而對未合標準的部份,迅速謀求改進,以便順利過關。自我研究的結果,應作成書面報告(有的長達300頁),呈繳給立案委員會審閱。立案委員會如認爲其不合立案的標準,得通知該校,暫時不派評鑑小組前往,俟其有所改進時再議。受評鑑的學校,雖有堅持派遣評鑑小組之權,但因此種評鑑的一切費用,均由受評鑑者負擔,一般人均不敢輕易冒險,故這種事很少發生。

　　立案委員會於審閱申請立案者的自我研究報告(Self-Study Report)後,認爲存在實地評鑑之必要時,即組成一個三至五人的評鑑小組,並指定其中一人爲主席。此一小組通常係於星期日晚上到達現場,而於星期四中午結束,爲時三天半。在此期中,他們分工合作,每人就事先分配的項目,白天用參觀、訪問、開會、個別談話等蒐集有關資料,晚上在旅館核對這些資料是否與該校所提報告中的各項相符,逐項比較,並作成書面報告。再由小組主席,綜合各委員的報告,撰寫總報告。此一報告多在30頁至70頁之間,而以50頁左右爲最多。內容分爲事實(Facts)、評估(Evaluation)及建議(Recommendation)三部份。第一、二部份須先送給受評者過目,核對是否與事實有出入,評估是否客觀公正,若皆認爲無問題,則連同第三部份的建議,一併呈送ALA的COA審議。

　　COA於收到評鑑小組的報告後,即召開全體委員會議。此種會議會爲兩個階段,第一階段是立案委員與實地評鑑委員的聯席會議,討論報告的內容及答覆各項問題;第二階段是立案委員們單獨舉行的秘密會議,此時評鑑委員已退席,由立案委員們秘密投票。投票結果有三種可能:一是同意立案,二是不予立案,三是有條件立案,[註39]其最後決議應通知立案申請者。COA對於評鑑小組的建議,從不公開,但受評鑑的學校得將評鑑報告的事實與評估部份,分發給教職員及學生參攷。

　　除了定期評鑑外,各立案的學校,並須於每年向COA提出年度報告。年度報告的認可,表示該校於次年被繼續立案。[註40]否則,即係被撤銷立案的信號。可見美國圖書館教育的評鑑目的與方法,是在不斷促使各校精益求益,日新又新。值得吾人效法。

肆、結論與建議

Ⅰ. 結論

　　綜上所述,我們對美國圖書館碩士教育,獲得以下各項結論:

　　就歷史而言,自1887年杜威在哥倫比亞大學創立第一所圖書館學校以來,美國圖書館的專業教育,大體可以分爲四個時期:

　　從1887年至1919年,可以稱之爲『有系統的學徒制時期』,一切教育設施,仍多承襲過去傳統,以實際經驗爲主,殊少理論可言。當時圖書館學校的主要任務,是訓練基層圖書館員,而非培養領導人才。易詞言之,這個時期的圖書館教育,是跟隨而非領導圖書館專業的發展。

　　兩次世界大戰之間,即1919年至1940年,爲『美國圖書館教育的轉型期』。此一時期的各項發展,大抵依循『威廉遜報告』中所列舉的各種建議的軌跡,是即:圖書館學校以訓練圖書館專業人員為限；各校課程力求標準化；圖書館學校的專任教員增多，每校至少四員；圖書館學校設於大學中，成為其一系或專業學院，並有獨立預算；建立立案制度，以提高教學水準。美國圖書館學會為因應需要，特於 1924 年設立『圖書館教育委員會』（Board of Education for Librarianship），作為圖書館學校的評鑑機構，並於 1925 年與 1933 年兩度制訂立案標準，以為評鑑各校教育設施的準據。

自 1940 年至 1960 年，為『美國圖書館教育的改良期』，過去以大學本科為主的圖書館專業教育，由於 1951 年新立案標準的實施，已提升至碩士階段，即以圖書館碩士為圖書館專業人員的必備條件。在課程方面，亦已從過去的偏重實務，而走向理論與實際並重之途，並且擴大範圍，與其他系、科合作，訓練專門圖書館員。

1960 年以後為第四期，新的發展包括：立案的圖書館研究所倍增，自 1960 年的 30 所，增至 1984 年的 61 所；碩士後的專家班與博士班相應加多，後者在 1960 年以前只有 7 校，1983 年已增至 18 校；資訊課程加重，而且有增無已，一般佔其總科目 15% 以上，有的甚至已超過 30%；各校紛紛改名，即自『圖書館學研究所』改為『圖書館學與資訊科學研究所』，截至 1984 年底為止，在美國圖書館學會立案的 68 所中，已經改名者達四十所以上。為因應此種新情勢，1951 年的立案標準已於 1972 年再度修正。

就各校的現狀而言，可以歸納為以下各項：

1. 入學資格均以得有學士學位者為基本要件，其四年平均成績通常均要求在 B 以上；絕大多數的學校並要求 GRE 及推薦信；非英語國家的外籍學生申請入學，並須提出托福 TOEFL 成績，一般在 500 分至 600 分之間，而以 550 分為最普遍。

2. 畢業要求包括學分、畢業攷試、畢業論文與外國語四項，惟要求論文與外國語者日少，在提供資料的 48 校中，僅有 7 校，約佔 15%，要求畢業攷試者亦僅 16 校，約佔 33.5%。至於各校所要求的畢業學分，以學期制為例，最少 30 學分，最多 48 學分，而以 36 學分為最普遍。

3. 在課程方面，各校相差頗為懸殊，少者僅 27 門（San Jose State Univ.），多者達 154 門（Univ. of Pittsburgh，因該研究院分為圖書館學與資訊科學兩系，故所開的課程特多）。一般在 40 門至 60 門之間。各校的必修科目數也相差很大，有的僅 2 門，有的多至 8 門，但以三至五門為最普遍。資訊學方面的課程，在各校所佔的比重日大，而且有日益增加之勢，目前已達各校的總課程 20% 至 30% 之間。

由於社會愈進步，分工愈精細，為迎合實際需要，各校多有專門圖書館教育計劃。目前最普遍者包括法律圖書館學，醫學圖書館學，音樂圖書館學，商業圖書館學，衛生科學圖書館學，新聞圖書館學等類。為便利其他院、系的學生兼修圖書館學，有些學校已開始實施『雙重碩士學位』（Double Master's Degree）制。例如圖書館學院與法學院合作，修完彼此的課程後，可同時授予 MLS/JD 的雙重學位，圖書館學院與商學院合作，可同時授予 MLS/MBA 的雙重學位，餘類推。

4. 在師資方面，各校的專任教員平均為 11.38 人。師生的比率，約為一名專任教師，10 名學生（美國名圖書館學研究院的學生，大部分在 100 人以下，最多的亦不過四、五百人，僅少數幾校而已）。各校專任教員擁有博士學位者，達 77%，其中且有五個學校的專任教員，全部擁有博士學位。兼任教員的名額，依實際需要而定，並因學校所在地的不同而差別甚大。一般來說，凡在大城市的學校，兼任均較多，例如在華府的天主教大學有兼任教員 43 人，柏克萊加州大學圖書館學研究院有兼任教員 41 人，洛杉磯加州大學為 27 人，匹茲堡大學為 23 人，但一般均未超過 20 人。

5. 再說評鑑，除了第一次申請立案者，須依 1972 年立案標準中的各項要求，嚴格審查外，已經立案的各校，每隔五至八年（通常爲七年）仍須定期評鑑一次，如不合格，立案即被撤銷。此外，已立案的各校每年均須向美國圖書館學會的立案委員會（Committee on Accreditation）提出年度報告，如審查有問題，立即提出糾正，以便及時改進。

II. 建議

根據美國的經驗，筆者願對臺灣的圖書館教育提出下列建議：

1. 自 1951 年以來，美國的圖書館專業人員均擁有圖書館學的碩士學位。爲提高臺灣圖書館的水準與服務品質，除加強各大專院校現有的圖書館系科外，應鼓勵各校多辦圖書館學研究所，以期將來各大專院校圖書館與學術及專門圖書館的館員，由擁有碩士學位的圖書館專業人員擔任；中學圖書館員由擁有學士學位的圖書館專業人員擔任；小學及鄉鎮圖書館的館員，由專科學校圖書館科畢業生擔任。

2. 美國各圖書館學與資訊科學研究所的專任教員擁有博士學位者，平均達 77%。臺灣地區目前的五個圖書館系、科（臺大、師大、輔仁、淡江及世新）中，除臺大擁有四位博士及三位博士候選人外，其他四校僅師大及淡江各有一位博士。爲提高臺灣地區圖書館學與資訊科學的教育水準，應儘速在各大圖書館學研究所設立博士班，除培養臺灣地區各大專院圖書館系科的師資外，並爲各大專院校及學術研究圖書館提供館長候選人。

3. 美國大學圖書館研究所的專任教員，平均爲 11.38 人，專任教員與學生之比約爲 1 比 10。臺灣地區目前各大專院校的圖書館學系、科的專任教員均遠比此爲少。以臺大爲例，專任教員（包括助教）目前僅有 14 人，而學生（包括大學生及研究生）已超過 270 人，約爲 1 與 19 之比，其他各校更無論矣。爲減輕教員負擔，提高教學效能，各校專任教員的名額必須增加。

4. 美國各圖書館研究所的資訊學課程比重日增，目前約佔各所總課程的 20% 至 30% 之間，此爲迎合時代潮流的必然措施。反觀臺灣地區，除臺大目前有五門相關課程外（不及全部課程的 10%），其他各校尚不及此。爲因應圖書館學受資訊科學衝擊的新情勢，各校應儘速加開適當數目的資訊學課程，否則，將使臺灣地區的圖書館教育陷於落伍之境。

5. 爲配合圖書館學與資訊科學相互影響的新情勢，美、加兩國已立案的圖書館學研究所，將其名稱改爲『圖書館學與資訊科學研究所』（Graduate School of Library and Information Science）者，已達 60%。臺灣地區亦應比照辦理，俟各校有關資訊學的課程增加至適當程度時，即將其名稱更改，以便名實相符。

6. 由於社會各行各業的分工日精，專門圖書館的需要亦隨之增加。臺灣地區各大學圖書館學系，應學習美國的經驗，增設專門圖書館員的訓練計劃，並應先從法律圖書館、醫學圖書館、商業圖書館等幾個迫切需要的方面開始。此種訓練計劃，並可攷慮以『雙學位制』的方式，加以實施。例如圖書館學研究所與法律學研究所合作，凡學生修滿兩所的必要課程，並完成其他學位要件，即可同時授予文學碩士與法學碩士兩項學位。此種畢業生可擔任各圖書館系科法律圖書館學（Law Librarianship）的教員，亦可擔任相關公私研究機構的研究員，或相關圖書館的高級職員或館長。

7. 臺灣地區目前對碩士學位的要求，似嫌過高。此種情形不以圖書館學研究所爲限，其他各研究所亦然。依現行規定，碩士班除修畢一定學分（通過 24 學分以上）外，並須通過第二外國語、學科攷試及論文攷試三關。鑑於臺灣地區目前各研究所博士班日益增多，碩士階段的重要性相對減少，似可參照美國的情形，根據各科的實際需要，攷慮免除第二外國語及碩士論文，或將二者改爲選擇性，由學生自行決定。但須提高碩士學分至少到 30 學分以上，並加強學科攷試，以維持碩士學位的基本水準。

8. 實行定期評鑑，以提高圖書館教育的水準。爲達此一目的，須由『教育部』有關單位，會同『中國圖書館學會』及各大學圖書館學系，共同研議『圖書館教育標準』（Standards for Library Education），由『教育部』公佈實施，作爲定期（三年或五年）評鑑各校圖書館教育設施的準據。

附註

註 1　Norman Horrock, "comparative Library Education", *in ALA World Encyclopedia of Library and Information Serives* (Chicago：ALA, 1980), p. 320.

註 2　Martin W. Schretinger, *Versuch eines Vollstandigen Lehrbuchs der Bibiothek-Wissenchaft* (Munich：Lindauer, 1829), Vol. 2, pp. 187－188.

註 3　Willam Z. Nasri, "Education in Library and Information Science", in *Encyclopedia of Library and Information Science* (New York：Marcel Dekker, 1968－　). Vol. 7, p. 416.

註 4　Elmer D. Johnson, *History of Libraries in the Western World*, 2nd ed. (Metuchen, N. J.：Scarecrow, 1970), p. 336.

註 5　*Public Libraries in the United States of America：Their History, Condition and Management, Special Report* (Washington, D. C.：Bureau of Education, 1876), pp. 1012－1042.

註 6　C. Edward Carroll, "History of Library Education", in Mary B. Cassata and Herman L. To, eds. *The Administrative Aspects of Education for Librarianship* (Metuchen, N. J.：Scarecrow Press, 1975), p. 2.

註 7　*Ibid.*, pp. 7－8.

註 8　Carl M. White, *A Historical Introduction to Library Education：Problems and Progress to 1951* (Metuchen, N. J.：Scarecrow Press, 1976), pp. 105－106, 200.

註 9　*Ibid.*, p. 105.

註 10　Julia E. Elliott, "Library Conditions Which Confront Library Schools", *ALA Bulletin*, 3 (September 1909), p. 247.

註 11　Carroll, "History of Library Education", p. 9.

註 12　Charles C. Williamson. *Training for Library Service：A Reporr Prepared for the Carnegie Corporation of New York* (Boston：Merrymount, 1923), pp. 136－146.

註 13　*Minmium Standards for Library Schools* (adopted by the Council of the American Library Association at Seattle, July 7, 1925). Chicago：ALA, 1925.

註 14　*Minimium Requirements for Library Schools*. Chicago：ALA, 1933.

註 15　Harold Lancour, ed. *Issues in Library Education：A Report on the Conference on Library Education, Princeton University, December 11 and 12, 1948* (Ann Arbor, Michigan：Council of National Library Associations, 1949), pp. 5－6.

註 16　Keyes D. Metcalf, J. Russell, and A. Osborn. *The Program of Instruction in Library Schools*. (Illinois Contributions to Librarianship, No. 2). Urbana, Ill.：University of Illinois Press, 1943.

註 17　Joseph L. Wheeler. *Progress and Problems in Education for Librarianship*. New York：Carnegie Corporation, 1946.

註18　J. Periam Danton. *Education for Librarianship: Criticisms, Dilemmas and Problems.* New York: Columbia University School of Library Science, 1946.

註19　Carroll, *History of Library and Education*, pp. 17–18.

註20　Nasri, "Education in Library and Information Science", pp. 425–426.

註21　詳見 *Standards for Accreditation* (Presented by the ALA Borad of Education for Librarianship and adopted by the ALA Council, Chicago, July 13, 1951). Chicago: ALA, 1951.

註22　Russell E. Bidlack, "Standards for Accreditation, 1972", In Mary B. Cassata and Herman L. Totten, eds., *The Administrative Aspects of Education for Librarianship* (Metuchen, N. J.: Scarecrow, 1975), p. 33.

註23　*Standards for Undergraduate Library Science Programs.* Chicago: ALA, 1959.

註24　關於此一特殊教育計劃的詳情，請參閱: J. P. Danton. *Between MLS and Ph. D.* Chicago: ALA, 1970. See also R. C. Swank, "Sixth-yera Curricula and the Education of Library School Faculties", *Journal of Education for Librarianship*, 8 (Summer 1969), pp. 15–17.

註25　Carroll, *History of Library Education*, p. 23.

註26　參閱 Charles H. Davis, *Doctoral Dissertations in Library Science: Titles Accepted by Accredited Library Schools*, 1930–1975 (Ann Arbor. Michigan: University Microfilms International, 1975), p. v; *Library Science: A Dissertation Bibliography* (Ann Arbor, Michigan: University Microfilms International, 1980), p. i.

註27　William Summers, "The Emergence of Library Education", *American Libraries*, 3 (July/August 1972): 792.

註28　*Journal of Education for Librarianship*, 1983 *Directory*. State College, Pa.: Association for Library and Information Science Edu. formerly, the Association of American Library Schools, 1983.

註29　根據『美國圖書館協會』"(ALA)立案的美、加地區68個圖書館學與資訊科學研究院的簡介。筆者於1984年初向各校寄發通函，請其贈與簡介（Bulletin 或 Catalog），至同年十月共收到56校，本表所列資料，以美國地區者爲限，加拿大地區者不包括在內。

註30　For full text of this standard see: *Standards for Accreditation*, 1972. Chicago: Committee on Accreditation, ALA, 1981.

註31　同註29.

註32　同註29.

註33　同註29.

註34　同註29.

註35　Allen E. Veaner, "The Anatomy of Accreditation", *The Library Bulletin of the Stanford University Libraries*, (March 5, 1975), p. 1. See also *Notes on Professional Education for Librarianship in the United States* (Chicago: ALA, Library Education Division, 1976), p. 2.

註36　Eilnor Yungmeyer, "Accreditation (of Library Schools)", in *The ALA Yearbook* 1981 (Chicago: ALA, 1981), p. 32.

註37　美國圖書館學會於1925年制訂第一次立案標準，稱爲 Minimum Standards for Library Schools, 1933年修改爲 Minimum Reguirements for Library Schools, 1951年再修改爲

　　　　Standards for Accredition，1972 年又曾作大幅度修改，但其名稱不變，截至 1984 年底止，此一標準繼續有效。至於其立案委員會，最初成立於 1924 年，稱爲 Board of Education for Librarianship，此一名稱一直沿用至 1956 年，始改稱今名，即 COA。參閱：Russel E. Bidlack,"Accreditaion (of Library Schools)", in *ALA World Encyclopedia of Library and Information Services* (Chicago：ALA，1980), p. 19.

註 38　Yungmeyer, *op. cit.*, p. 32.

註 39　所謂有條件立案，係指某些不足條件於特定時間內改進後，得不撤銷其立案。此種情形的立案，於第一次申請立案者不適用之。參閱 Veaner, *op. cit.*, p. 3.

註 40　Bidlack, *op. cit.*, p. 20.

參攷書目

A Study of the M. L. S. Education in America
A Selected Bibliography

MONOGRAPHS

Berelson, Bernard. *Graduate Education in the United States*. New York: McGraw-Hill, 1960.
Bidlack, R. E. *ALA Accreditation Process*, 1973 – 1976; *A Survey of Library Schools Whose Programs Were Evaluated Under the 1972 Standards*. Chicago: ALA, 1977.
Bramley, Gerald. *A History of Library Education*. London: Clive Bingley, 1969.
Bramley, Gerald. *World Trends in Library Education*. London: Clive Bingley, 1974.
Carroll, C. Edward. *The Professionalization of Education for Librarianship with Special Reference to the Years* 1940 – 1960. Metuchen, New Jersey: Scarecrow Press, 1970.
Conant, R. W. *Conant Report: A Study of the Education of Librarian*. Cambridge, Mass.: MIT Press, 1980.
Leigh, Robert D., ed. *Major Problems in Education of Librarians*. New York: Columbia University Press, 1954.
Metcalf, Keyes D., et al. *The Program of Instruction in Library Schools* (Illinois Contributions to Librarianship, No. 2). Urbana, Illinois: University of Illinois Press, 1943.
Morehead, Joe. *Theory and Practice in Library Education*. Littleton, Colo.: Libraries Unlimited, 1980.
Shera, Jesse H. *The Foundations of Education for Librarianship*. New York: John Wiley and Sons, Inc., 1972.
Shores, Louis. *Library Education*. Littleton, Colo.: Libraries Unlimited, 1972.
Vann, Sarah K. *Training for Librarianship before* 1923. Chicago: American Library Association, 1961.
Wheeler, Joseph L. *Progress and Problems in Education for Librarianship*. New York: Carnegie Corporation of New York, 1946.
White, Carl M. *A Historical Introduction to Library Education*. Metuchen, New Jersey: Scarecrow Press, 1976.
Williamson, Charles C. *Training for Library Service: A Report Prepared for the Carnegie Corporation of New York*. Boston: Merrymount Press, 1923.

PERIODICAL ARTICLES

Association of American Library Schools. "Accreditation Process: A Position Paper Adopted by the AALS, January 1979", *Journal of Education for Librarianship*, 19 (Winter, 1979), 260 – 263.
Berry, John N. "Strengthening Accrditation of Library Schools", *Library Journal*, 107 (March 1, 1982), 489.
Boaz, Martha T. "The Future of Library and Information Science Education", *Journal of Education for Librarianship*, 18 (Spring, 1978), 315 – 323.
Campbell, C. "Degrees of Librarianship", *Assistant Librarian*, 72 (June, 1979), 88 – 89.
"Conference on Two-year Degree Programs", *Wilson Library Bulletin*, 54 (May, 1980), 552 – 553.
Danton, J. P. "British and American Library School Teaching Staffs: A Comparative Inquiry", *Journal of Education for Librarianship*, 19 (Fall, 1978), 97 – 129.

DuMont, R. R. "Issues for Teachers of Library Science", *Journal of Education for Librarianship*, 20 (Summer, 1979), 83 – 85.

Fosdick, H. "Library Education in Information Science: Present Trends", *Special Libraries*, 69 (March, 1978), 100 – 108.

Fingerson, Ronald L. "The Library Science Library: A Necessary Duplication", *Journal of Education for Librarianship*, 13 (Winter, 1972), 193 – 197.

Flood, Barbara. "Some Thoughts on Graduate Education in Librarianship", *Journal of Education for Librarianship*, 12 (Fall, 1971), 133 – 137.

Galvin, Thomas, J. "Future of Education for Librarianship: the Next Fifty Years", *Oklahoma Librarian*, 30 (January, 1980), 16 – 19.

Hiatt, Peter, "Toward the Third Dentury of Education for Librarianship", *Pacific Northwest Library Association Quarterly*, 43 (Spring, 1979), 13 – 18.

Holley, Edward G. "Library Education and the Library Profession", *Texas Library Journal*, 53 (Spring, 1977), 72 – 80.

Julian, C. A. "Library Education: Anglo vs American", *West Virginia Library*, 33 (Spring, 1980), 27 – 29.

Klempner, Irving M. "The New Imperatives: Decisions for Library School Curricula", *Special Libraries*, 67 (September, 1976), 409 – 414.

Land, Brian. "Library School Quarters and Space—The Ideal", *Journal of Education for Librarianship*, 7 (Fall, 1966), 71 – 83.

Lieberman, I. "Library Education—Changing Goal", In *As Much to Learn as to Teach* (Hamden, Conn.: Shoe String, 1979), 177 – 202.

Magrill, R. M. and Rinehart, C. "Success in Library School: A Study of Admission Variables", *Journal of Education for Librarianship*, 19, 203 – 22.

Matarazzo, J. M. "Columbia Confernce on the Two-year Master's Program, March 13 – 14, 1980, A Summary", *Special Libraries*, 71 (August, 198), 368 – 370.

Reed, S. R. "Library Education 1977 – 1978", *Journal of Education for Librarianship*, 19 (Fall, 1978), 87 – 96.

Shera, Jesse H. "Theory and Technique in Library Education", *Library Journal*, 85 (May 1, 1960), 1736 – 1739.

Shera, Jesse H. "Education for Librarianship: An Assessment and A Perspective", *Library Quarterly*, 49 (July, 1979), 310 – 316.

Stueart, Robert D. "Great Expectations: Library and Information Science Education at the Cross-Roads", *Library Journal*, 106 (October 15, 1981), 1989 – 1992.

Vance, Kenneth E., et al. "Future of Library Education: 1975 Delphi Study", *Journal of Education for Librarianship*, 18 (Summer, 1977), 3 – 17.

White, H. S. "Library Education: A Strategy for the Future", *Wilson Library Bulletin*, 56 (October, 1981), 105 – 109.

『行政院國家科學委員會』資助
『國立臺灣大學』文學院圖書館學系
客座教授研究報告，胡述兆撰（1984年12月）

臺灣地區大學圖書館之研究

胡述兆撰

一、引　言

　　臺灣人對於臺灣地區的大專圖書館向來較有興趣。遠在一九五五年，臺灣地區圖書館學會即曾對當時的九所大專院校圖書館，有過問卷調查。自彼時至一九七八年，類似的調查又曾舉行過多次，而其所得的結果，且曾數次著爲文章，在圖書館界的專業刊物上發表。例如一九七六年王振鵠教授的『臺灣大專圖書館現況之調查研究』[註1]，及一九七八年胡歐蘭教授的『一九七八年臺灣大專院校圖書館現況調查分析』[註2]，均屬資料豐富、條理清晰的力作，對於臺灣地區大專圖書館的研究，甚有參攷價值。

　　本研究在形式上，雖與上述各項研究頗相類似，但在實質上却有顯著的不同。就調查的對象言，本研究以臺灣地區的大學圖書館爲限，不包括二年制或五年制的專科學校。惟所稱之大學，涵蓋綜合性大學及授予學位之獨立學院，但授予學位之軍事院校，因情形特殊，並不包括在內。目前在臺灣共有綜合性大學十六所，獨立學院十一所，故本研究所包括的對象，共爲廿七個圖書館。

　　就研究的目的言，本研究除調查分析各圖書館的現況外，並將其分析所得的結果，與美國的『大學圖書館標準』（*Standard for College Libraries*）[註3]中，有關館藏資料及專業人員的規定，加以比較，以測出臺灣地區大學圖書館的目前水準，在該標準中所處的位置，藉供臺灣地區教育行政當局的借鏡與參攷。

　　本研究的基本資料，以各大學圖書館寄回的問卷爲主，問卷的內容，是根據一九七五年的『臺灣區大專院校圖書館現況調查問卷』[註4]，損益修改而成。全部問卷共包括五十三個問題（全文見附錄），分屬於十個項目：壹、學校概況；貳、圖書館組織；叁、圖書館人員；肆、圖書館經費；伍、館藏資料；陸、圖書資料整理方法；柒、讀者服務；捌、館舍設備；玖、圖書館自動化；拾、問題與意見。

　　這項問卷共分發二十七份，於一九八一年五月廿日付郵，七月廿日全部收回，收回率爲百分之百（100%）。現在根據各校所填答的資料，分項析述，先從各大學的概況說起。

二、臺灣地區大學的一般概況

　　臺灣地區目前的大專院校雖有113所，但授予學士學位以上的大學院校，則僅有27所，其中16所爲綜合性大學，11所爲獨立學院。在16所大學中，9所爲公立，7所爲私立，前者包括臺大、政大、師大、中興、成功、『清華』、『中央』、『交大』及『中山』，後者包括文化、輔仁、淡江、東海、東吳、逢甲及中原。在11所獨立學院中，5所爲公立，6所爲私立，前者包括高雄師範學院、臺灣教育學院、臺灣海洋學院、臺灣工技學院及陽明醫學院，後者包括大同工學院、靜宜文理學院、臺北醫學院、中國醫藥學院、中山醫學院及高雄醫學院。

就設立的時間言，如不計日據時代及在臺復各大學的前身，則1950年以前成立者4校（臺大、師大、成功、中興），1950—1959年成立者12校（政大、『清華』、淡江、東吳、東海、中原、海洋、大同、靜宜、臺北醫學院、高雄醫學院及中國醫藥學院），1960—1969年成立者7校（『交大』、『中央』、文化、輔仁、逢甲、高雄師範學院及中山醫學院），1970—1979年成立者3校（教育學院、工技學院及陽明醫學院），1980年成立者1校，即『中山大學』。

就所在地言，以臺北地區為最多，共計十一校，是即臺大、政大、師大、文化、淡江、輔仁、東吳、工技、陽明、大同及北醫。臺中地區居次，計有中興、東海、逢甲、靜宜、中山醫學院及中國醫藥學院等六校。再次為高雄地區，計有『中山』、師範學院及高雄醫學院三校。桃園有『中央』及中原二校，新竹有『交大』及『清華』二校。臺南、基隆、彰化各一，即成功、海洋及教育學院。如將臺灣省分為北、中、南三區，則北區（臺北、基隆、桃園、新竹）十六校，中區（臺中、彰化）七校，南區（臺南、高雄）四校。

以言院系，公立大學以臺大居首，共有六院七十九系科，依次為中興四院三十四系，成功四院廿七系，政大三院廿三系，師大三院十八系，『交大』三院十二系，『清華』三院十一系，『中央』三院十系，『中山』殿後，為三院四系（因剛成立之故）。在私立大學方面，則以文化的十院五十四系最多，依次為淡江六院四十九系，輔仁五院卅二系，逢甲四院廿八系，東海四院廿五系，東吳四院廿一系，及中原三院十七系。在五所公立學院中，以高雄師範學院居首，計十一系，依次為海洋學院十系，教育學院九系，工技學院七系，及陽明醫學院三系。在六所私立學院中，以靜宜的二院八系領先，依次為臺北醫學院七系，中國醫藥學院七系，大同工學院五系，高雄醫學院四系，中山醫學院情況不明。

再看研究所，在廿七所大學院校中，共有碩士研究所二二四所，博士研究所五十九所。公立大學的碩士研究所，以臺大領先，共有四十六所，依次為：政大與成功各十八所，『清華』十七所，中興與師大各十五所，『交大』七所，『中央』六所，『中山』二所。公立大學的博士研究所，亦以臺大居首，計有二十五所，依次為『清華』六所，政大五所，成功四所，師大三所，『交大』二所，中興及『中央』各一所，『中山』尚未設立。七所私立大學共有碩士研究所六十五所，博士研究所十二所。文化有碩士研究所廿八所，博士研究所八所，在各私立大學中遙遙領先；輔仁有碩士研究所十所，博士研究所一所；淡江有碩士研究所九所，博士研究所一所；東吳、逢甲都各有碩士研究所五所，博士研究所一所；其餘二校尚無博士研究所，只有碩士研究所，分別為東海五所，中原三所。獨立學院只有碩士研究所，沒有博士研究所。在五所公立學院中，以海洋的四所領先，依次為：高雄師院二所，工技、教育、陽明三院各一所。在六所私立學院中，大同有三所，中國醫藥學院二所，高雄醫學院一所，靜宜、中山醫學院及臺北醫學院三校，尚未設立研究所。

就學生的數目來說，在廿七所大學院校中，共有在學學生152,694人，包括日間部學生109,510人，夜間部學生36,827人，研究生6,357人。九所公立大學共有學生54,312人，包括日間部38,533人，夜間部11,165人（只有臺大、師大、中興、成功四校有夜間部），研究生4,614人。七所私立大學共有學生76,458人，包括日間部52,033人，夜間部22,990人（除中原未填不詳外，其餘六校均有夜間部），研究生1,435人。五所公立學院共有學生8,625人，包括日間部8,266人，夜間部142人（僅臺灣教育學院一校有夜間部），研究生217人。六所私立學院共有學生13,299人，包括日間部10,678人，夜間部2,530人（僅靜宜、臺醫、中國醫藥三校有夜間部），研究生91人。就各別情形而言，公立大學除臺大（13,932 人）及中興（10,009 人）兩校外，其餘均在 1 萬人以下。私立大學的學生一般均較公立大學爲多，超過 1 萬人者有四校，即：文化（15,530 人，也是目前臺灣地區人數最多的大學），淡江（15,507 人），逢甲（13,030 人），及輔仁（11,706 人）。其餘三校亦均在 5,000 人以上。獨立學院的人數最少，均未超過 3,000 人，其中最多者爲臺北醫學院（2,952 人），最少者爲陽明醫學院（890 人）。

最後來談談教員的情形。大體説來，公立大學的專任教員多於兼任，如臺大共有教員 1,666 人，其中專任爲 1,350 人，兼任僅有 316 人，專任與兼任爲四與一之比。其他各校之比率雖無如此大，但專任也是遠較兼任爲多。私立大學的情形，剛好與此相反，除東海的 471 位教員中，專任（319 人）較兼任（152 人）爲多外，其餘各校都是兼任多於專任。獨立學院的情形較好，除公立學院大多是專任教員多於兼任教員外，私立學院中也有一半是專任多於兼任。

爲便於查閱，現將各校概況列表於下（表 1）。

表 1　臺灣地區大學院校概況一覽（1981 年 5 月）

	校名	創設年	所在地	學院	學系	研究所 碩士班	研究所 博士班	學生 日	學生 夜	學生 研	學生 合計	教職員 專任	教職員 兼任	教職員 職員	教職員 合計	1981 學年度全校總預算（建築費除外）
1	臺灣大學	1945	臺北	6	79	46	25	10899	1260	1773	13,932	1350	316	1060	2,726	815,731,000
2	政治大學	1954	臺北木柵	3	23	18	5	5144		733	5,877	435	256	230	921	249,111,960
3	臺灣師範大學	1946	臺北	3	18	15	3	5288	2672	416	8376	757	282	269	1,308	455,820,000
4	中興大學	1946	臺中	4	34	15	1	5728	4040	241	10,009	642	305	221	1,167	471,000,000
5	成功大學	1945	臺南	4	27	18	4	6088	3193	459	9,740					
6	『清華大學』	1956	新竹	3	11	17	6	1707		444	2,151	250	69	172	491	275,627,000
7	『中央大學』	1968	桃園中壢	3	10	6	1	1271		123	1,394	181		69		90,842,000
8	『交通大學』	1967	新竹	3	12	7	2	2242		405	2647	242	87	111	440	201,335,000
9	『中山大學』	1980	高雄	3	4	2		166		20	186	42	17	60	119	36,968,000
10	文化大學	1962	陽明山	10	54	28	8	9775	5056	699	15,530	697	1027	101	1,825	200,000,000
11	輔仁大學	1963	臺北新莊	5	32	10	1	7328	4229	149	11,706	380	407	130	917	178,841,209
12	淡江大學	1950	臺北淡水	6	49	9	1	9894	5352	261	15,507	497	666	280	1,443	340,000,000
13	東海大學	1955	臺中大度山	4	25	5		4427	2034	102	6,563	319	152	139	610	121,754,020
14	逢甲大學	1961	臺中	4	28	5	1	9587	3327	106	13,030					
15	東吳大學	1954	臺北外雙溪	4	21	5	1	5490	2992	79	8,561	303	382	212	897	
16	中原大學	1955	桃園中壢	3	17	3		5532	不詳	39	(5,571)	233	363			
17	高雄師範學院	1967	高雄	1	11	2		1644		27	1,671	124	40	52	216	
18	臺灣海洋學院	1953	基隆	1	10	4		2400		51	2,451	219	138	64	421	
19	臺灣教育學院	1971	彰化	1	9	1		1342	142	13	1497	163	73	47	283	78,312,000

(續上表)

校名	創設年	所在地	學院	學系	研究所 碩士班	研究所 博士班	學生 日	學生 夜	學生 研	學生 合計	教職員 專任	教職員 兼任	教職員 職員	教職員 合計	1981學年度全校總預算（建築費除外）
20	臺灣工技學院	1974	臺北	1	7	1		1996		120	2116	120	150	100	370	
21	陽明醫學院	1975	臺北石牌	1	3	1		884		6	890	185				
22	大同工學院	1956	臺北	1	5	3		1126		46	1,172	176	50	120	346	76,900,000
23	靜宜女子文理學院	1959	臺中	2	8			1266	1515		2781	96	111	38	245	63,164,000
24	臺北醫學院	1950	臺北	1	7			2480	472		2952	143	179	71	393	83,047,780
25	中國醫藥學院	1958	臺中	1	7	2		2329	543	24	2896	131	77	62	270	84,000,000
26	中山醫學院	1960	臺中	1					1337							
27	高雄醫學院	1954	高雄	1	4	1		2140		21	2161	183	54	70	307	

三、臺灣地區大學圖書館的現狀

在問卷中，這一部份共分爲九個項目，現在把它們合併爲六個項目，是即：（一）組織與人員；（二）一九八〇學年度圖書館經費；（三）館藏資料；（四）圖書資料整理方法；（五）讀者服務；（六）圖書館自動化。分述如下：

（一）組織與人員

獨立館舍之有無，爲衡量一個圖書館重要標準之一。在臺灣地區的廿七所大學院校中，擁有獨立館舍者爲廿三所，佔85%。其中九所公立大學及五所公立學院，均有獨立館舍。七所私立大學僅有一所無獨立館舍，但六所私立學院中却有一半（三所）無獨立館舍。故就館舍而言，大學較獨立學院的情況爲佳，而公立院校又較私立院校爲佳。

就圖書館的隸屬言，在廿七所院校中，十五館直屬校長，十二館隸屬教務處。在十六所大學中，僅有兩館隸屬教務處，公私各居其一。在十一所獨立學院中，則除一館直屬校長外，其餘十館均隸屬教務處。質言之，臺灣地區的大學圖書館，絕大多數直屬於校長；而獨立學院圖書館，則百分之九十以上隸屬於教務處。此種情形與美國相若，美國的大學圖書館長與各院院長並行，而獨立學院的圖書館長則與系主任的地位相等。[註5]

在美國，所謂圖書館專業人員，係指在圖書館學研究院得有碩士學位以上者而言，凡不合於此一要件者，均非圖書館專業人員（Professional）。[註6] 而專業人員在全部圖書館工作人員中的比率，通常不超過25%—35%，[註7] 即專業人員爲非專業人員的四分之一，或三分之一。

臺灣地區的圖書館研究所剛起步，專業人員的水準自不可與美國相提並論。目前臺灣地區大學圖書館的專業人員，包括圖書館學及非圖書館學的碩士、學士、專科畢業生，及圖書館講習班結業者在內。由於專業館員的範圍太廣，而只有未受過任何圖書館學訓練的人員，才被歸爲非專業人員，以致各校的專業人員均較非專業人員爲多，這是很不合理的現象（表2）。

表 2　臺灣地區大學院校圖書館之館舍、地位及工作人員[1]統計（1981 年 5 月）

校別\項目	大學			獨立學院			總計	備攷
	公立	私立	合計	公立	私立	合計		
填報校數	9	7	16	5	6	11	27	(1) 館長除外。
獨立館舍	9[2]	6	15	5	3	8	23	(2) 其中一個正在建造中。
直屬校長	8	6	14	0	1	1	15	(3) 包括碩士、學士、專科畢業生及圖書館講習班結業者在內。
隸屬教務處	1	1	2	5	5	10	12	
專業人員[3]	254	93[4]	347	24	24	48	395	(4) 有一私立大學數字不詳。
非專業人員	62	57[4]	119	14	22	36	155	

　　就專業人員的組成而言，在廿六所填報的院校中，共有館員三九五人，其中男性九十一人，女性三〇四人，女性是男性的三倍多。在此三九五個專業館員中，擁有碩士學位者僅二十二人，約佔 5.6%；擁有學士學位者佔絕對多數，計二五七人，約佔 65.1%；專科畢業者爲四十人，約 10%；未受大專教育者爲七十六人，約佔 19.3%。可見臺灣地區目前的大學院校圖書館員，是以學士爲主流，約佔全部專業人員的三分之二（表 3）。

表 3　臺灣地區大學院校圖書館專業人員[1]性別及學歷統計（1981 年 5 月）

校別\項目		大學			獨立學院			總計	備攷
		公立	私立	合計	公立	私立	合計		
填報校數		9	6	15	5	6	11	26	
性別	男	63	21	84	4	3	7	91	(1) 不包括館長在內。
	女	191	72	263	20	21	41	304	(2) 指未受大專教育但已在圖書館學講習班結業者而言。
學歷	碩士	12	10	22				22	
	學士	145	76	221	21	15	36	257	
	專科	27	5	32	1	7	8	40	
	其他[2]	70	2	72	2	2	4	76	

　　再就館長的性別及學經歷而言，在廿六所院校中，男館長有廿一人，女館長僅有五人。值得注意的是，九所公立大學的館長均爲男性，而六所私立大學有三位館長是女性。就學歷言，在廿六所填報的館長中，七人是博士，九人是碩士，十人是學士。七位博士館長均非專業學位，其中公立大學佔五位，私立大學有二位。九位碩士館長（三位非專業學位）中，四位是大學館長，五位是獨立學院館長。十位學士館長中獨立學院佔六位，其中有四人非專業學位。以言教員名義，十一位具有教授名義，十位爲副教授，三位爲講師，二位無教員名義。在十一位教授館長中，大學居其九；在十位副教授館長中，獨立學院居其七。故大學館長以教授爲主，獨立學院館長以副教授爲主（表 4）。

表4 臺灣地區大學院校圖書館館長資料統計（1981年5月）

項目	校別	大學			獨立學院			總計	備攷
		公立	私立	合計	公立	私立	合計		
填報份數		9	6	15	5	6	11	26	
性別	男	9	3	12	4	5	9	21	
	女		3	3	1	1	2	5	（1）均非圖書館學博士。
學位	博士	5	2	7				7[1]	（2）其中有三個非圖書館碩士。
	碩士	1	3	4	3	2	5	9[2]	（3）其中有七個非圖書館學士。
	學士	3	1	4	2	4	6	10[3]	
教員名義	教授	6	3	9	1	1	2	11	
	副教授	1	2	3	3	4	7	10	
	講師	1	1	2		1	1	3	
	無教員名義	1		1	1		1	2	

（二）圖書館經費

本項的所謂圖書館經費以各大學院校1980學年度的預算為標準，包括書刊資料費、人事費及業務費，但不包括館舍建築費。填報本項的大學院校共廿所，包括十二所大學及八所獨立學院。在十二所大學圖書館中，最少的為NT＄2,883,000，最多的為NT＄32,046,000；在八所獨立學院中，最少的為NT＄1,100,000，最多的為NT＄7,469,280。總的來說，超過一千萬元者有五校（均屬大學），在五百萬至一千萬元之間者有七校，五百萬元以下者為八校（表5）。

表5 臺灣地區大學院校圖書館1980學年度預算統計（1981年5月）

金額	校別 校數	大學			獨立學院			總計	備攷
		公立	私立	合計	公立	私立	合計		
填報校數		7	5	12	3	5	8	20[1]	
32,046,000		1		1				1	
20,000,001—30,000,000								0	
15,000,001—20,000,000		1	1	2				2	（1）在十六個大學中，四個未填報，其中兩個公立，兩個私立。在十一個獨立學院中，三個未填報，其中兩個公立，一個私立。
10,000,001—15,000,000		1	1	2				2	
9,000,001—10,000,000		1	1	2				2	
7,000,001—8,000,000		1		1	1	1	2	3	
6,000,001—7,000,000		1		1				1	
5,000,001—6,000,000			1	1				1	
4,000,001—5,000,000						1	1	1	
3,000,001—4,000,000			1	1		1	1	2	
2,000,001—3,000,000		1		1		2	3	4	
1,100,000—2,000,000						2	2	2	

以上係就各大學院校圖書館的總預算而言，包括書刊資料購買費、人事費及業務費在內。如就書刊資料購買費一個項目來說，最高的一校達一千七百萬元，最少的一校僅有六十五萬元；有兩個大學圖書館超過一千萬元，其餘各校均在一千萬元以下。一般說來，大學圖書館的書刊購買費，以三百萬至八百萬元之間者居多，計有八校，佔61%；獨立學院則三百萬元以下者居多，計有六校，佔75%（表6）。

表6　臺灣地區大學院校圖書館1980學年度書刊資料購買費[1]統計（1981年5月）

校數 金額 校別	大學			獨立學院			總計	備考
	公立	私立	合計	公立	私立	合計		
填報校數	7	6	13	3	5	8	21[2]	
17,000,000	1		1				1	
10,000,001—15,000,000	2		2				2	
9,000,001—10,000,000	1		1				1	
8,000,001—9,000,000							0	(1) 包括圖書、期刊、報紙及非書資料購買費。
7,000,001—8,000,000		1	1				1	(2) 在十六個大學中，三個未填報，其中兩個公立，一個私立。在十一個獨立學院中，三個未填報，其中兩個公立，一個私立。
6,000,001—7,000,000	1	1	2				2	
5,000,001—6,000,000					1	1	1	
4,000,001—5,000,000	1	2	3				3	
3,000,001—4,000,000	1	1	2		1	1	3	
2,000,001—3,000,000		1	1		1	1	2	
1,000,001—2,000,000					2	2	2	
650,000—1,000,000				1	2	3	3	

（三）館藏資料

所謂館藏資料，包括圖書、期刊、報紙及非書資料。先說圖書，臺灣地區大學院校圖書館的藏書，一般均不夠充分。在廿七所大學院校中，超過一百萬冊者，只有一校（1,234,355冊），而且各校藏書的差距甚大，藏書最少的一個醫學院圖書館，僅有11,860冊，較諸藏書最多的一個大學，相差一百倍有奇。藏書量最多之前三名均為公立大學，各在五十萬冊以上。私立大學圖書館除一個超過四十萬冊外，其餘六個均在十萬冊至卅五萬冊之間。值得注意的是，三個學生較少的公立大學，其藏書均未超過十萬冊。十一個獨立學院，只有兩個超過十萬冊，其餘九校，在五萬至十萬冊之間者有三校，而五萬冊以下者有六校（表7）。

表7　臺灣地區大學院校圖書館圖書冊數[1]統計（1981年5月）

校別 冊數	大學			獨立學院			總計	備攷
	公立	私立	合計	公立	私立	合計		
填報校數	9	7	16	5	6	11	27	
1,234,355	1		1				1	
500,001—1,000,000	2		2				2	
400,001—500,000		1	1				1	（1）包括期刊裝訂本在內。
300,001—400,000	1	1	2				2	
200,001—300,000	1	2	3				3	
100,001—200,000	1	3	4	1	1	2	6	
50,001—100,000	3		3	2	1	3	6	
11,860—50,000				2	4	6	6	

其次來談談期刊的情形。在廿六所填報的大學院校中，新舊期刊加起來超過一萬種者，僅一校而已。其他各校除一校超過四千種外，均未超過三千種，而大學圖書館的期刊，一般又遠較獨立學院爲多。在十五所大學中，期刊在一千種至三千種之間者達九所，佔60%。在十一所獨立學院中，期刊在一百廿種至一千種之間者達十所，佔91%（表8）。

表8　臺灣地區大學院校圖書館及期刊種數[1]統計（1981年5月）

校別 種數	大學			獨立學院			總計	備攷
	公立	私立	合計	公立	私立	合計		
填報校數	8	7	15	5	6	11	26[2]	
14,021	1		1				1	
5,001—10,000							0	
4,001—5,000	1		1				1	（1）包括新舊期刊在內。 （2）有一公立大學未填報。
3,001—4,000							0	
2,001—3,000	2	2	4				4	
1,001—2,000	2	3	5		1	1	6	
501—1,000	1	1	2	2	1	3	5	
120—500	1	1	2	3	4	7	9	

再看報紙，新舊報紙最多的一所公立大學達二百七十三種，最少的一所學院則僅有七種，其他各校除一校有五十一種外，其餘均在五十種以下；大學以廿種至五十種之間者最多，計有十校，佔67%；獨立學院則以七種至廿種之間者居多，高達十校，佔91%。合而言之，臺灣地區各大學院校收藏的報紙，以七種至卅種之間者最爲普遍，在廿六所填報的學校中，有廿一所之多，佔81%（表9）。

表9　臺灣地區大學院校圖書館報紙種數[1]統計（1981年5月）

校別 校數 種數	大學			獨立學院			總計	備攷
	公立	私立	合計	公立	私立	合計		
填報校數	8	7	15	5	6	11	26[2]	
273	1		1				1	（1）包括新舊報紙在內。 （2）有一公立大學未填報。
101—200							0	
51—100		1	1				1	
41—50	1	2	3				3	
31—40							0	
21—30	4	3	7	1		1	8	
11—20	1	2	3	3	3	6	9	
7—10				1	3	4	4	

　　最後來談談各圖書館的非書資料。所謂非書資料，以視聽資料爲主，如影片、縮影片、縮影卡、幻燈片、錄音帶、唱片等屬之。此類資料的功用有三：（1）節省儲藏空間；（2）保存珍貴資料；（3）輔助新式教學。從寄回的問卷顯示，臺灣地區的大學院校圖書館，目前對於這類資料尚不夠重視。除一所公立大學圖書館收藏有371,066件外，其餘各校均在兩萬件以下，而以在五百件至一萬件之間者最多，在廿所填報的院校中，高達十三所，佔65%，非書資料最少的一所大學，僅一百四十四件而已（表10）。

表10　臺灣地區大學院校圖書館非書資料[1]件數統計（1981年5月）

校別 校數 件數	大學			獨立學院			總計	備攷
	公立	私立	合計	公立	私立	合計		
填報校數	8	6	14	3	3	6	20[2]	（1）所謂非書資料，係指影片、縮影片、縮影卷、縮影卡、幻燈片、錄音帶、唱片等而言。 （2）有七個學校未填報，包括一個公立大學、一個私立大學、兩個公立學院，及三個私立學院。
371,066	1		1				1	
15,001—20,000	3		3				3	
10,001—15,000							0	
5,001—10,000	2	2	4				4	
1,001—5,000	1		1	2		2	3	
501—1,000	1	2	3	1	2	3	6	
144—500		2	2		1	1	3	

（四）圖書資料整理方法

　　臺灣地區大學院校圖書館的圖書資料整理方法，可以分爲中文與西文兩部份來說，每一部份又可分爲編目、分類、著者、號碼、目錄、種類及目錄排列等項目。先說中文部份,在編目方面廿七館一律採用『中央圖書館中文圖書編目規則』。在分類方面,除三館採用何日章的『中國圖書十進分類法』外,其餘廿四館均用賴永祥的『中國圖書分類法』。在著者號碼方面,廿一館用王雲五氏的四角號碼,四館用五筆檢字法,兩館用何日章號碼表。目錄種類除一館用著者、分類號兩種,另一館用書名、分類號兩種外,其餘廿五館均用著者、書目及分類號三種。至於各種目錄的排列,除一館各種目錄混合排列外,其餘廿六館均分開排列(表11)。

表11 臺灣地區大學院校圖書館中文圖書整理方法統計(1981年5月)

項目	校別 校數	大學			獨立學院			總計	備攷
		公立	私立	合計	公立	私立	合計		
填報校數		9	7	16	5	6	11	27	
編目	NCL⁽¹⁾	9	7	16	5	6	11	27	(1) NCL 代表『中央圖書館中文圖書編目規則』。 (2) 賴永祥編。 (3) 何日章編。
分類	中國圖書分類法⁽²⁾	7	6	13	5	6	11	24	
	中國圖書十進分類法⁽³⁾	2	1	3				3	
著者號碼	四角號碼	5	6	11	5	5	10	21	
	五筆檢字法	2	1	3		1	1	4	
	何日章號碼表	2		2				2	
目錄種類	著者、書名、分類號	9	7	16	5	4	9	25	
	著者、分類號					1	1	1	
	書名、分類號					1	1	1	
目錄排列	分開	9	7	16	4	6	10	26	
	混合				1		1	1	

　　從表11可以看出,臺灣地區大學院校圖書館對於中文圖書的整理方法,可以說相當一致。這種現象在西文圖書的整理方面,也大致差不多。以言西文編目,廿七館全部採用『英美編目規則』(AACR)。就分類言,十五館採用『杜威分類法』(DC),十一館採用『國會圖書館分類法』(LC),餘下的一館用美國『國立醫學圖書館分類法』(NLM)。在十一個用LC分類的館中,有兩個(均醫學院圖書館)與NLM并用。在目錄種類方面,以兼具著者、書名、主題及分類號四種者最多,達十八館,餘下的有五館分為著者、書名、分類號三種,三館分為著者、書名、主題三種,一館僅分著者、分類號兩種。至於各種目錄排列的方法,除三館混合排列外,其餘廿四館均分開排列。再說著者號碼,除兩館用LC制,一館依著者姓名字母排列表,其餘廿四館均用克特表(Cutter Table)(表12)。

表12　臺灣地區大學院校圖書館西文圖書整理方法統計（1981年5月）

項目	校別	大學 公立	大學 私立	大學 合計	獨立學院 公立	獨立學院 私立	獨立學院 合計	總計	備攷
	填報校數	9	7	16	5	6	11	27	
編目	AACR	9	7	16	5	6	11	27	（1）其中有兩館與NLM并用。
分類	DC	4	5	9	3	3	6	15	（2）NLM = National Library of Medicine。
分類	LC[1]	5	2	7	2	2	4	11	（3）A. T. C. S. = Author, Title, classification, subject.
分類	NLM[2]					1	1	1	（4）A. T. C. = Author, Title, classification.
著者號碼	Cutter	9	5	14	5	5	10	24	（5）A. T. S. = Author, Title, subject.
著者號碼	LC		2					2	（6）A. C. = Author, classification
著者號碼	著者姓名字母					1	1	1	
目錄種類	A. T. C. S.[3]	6	6	12	4	2	6	18	
目錄種類	A. T. C.[4]	2	1	3		2	2	5	
目錄種類	A. T. S.[5]	1		1	1	1	2	3	
目錄種類	A. C.[6]					1	1	1	
目錄排列	分開	8	7	15	4	5	9	24	
目錄排列	混合	1		1	1	1	2	3	

表13　臺灣地區大學院校圖書館排架方式、開放時間及閱覽座位統計（1981年5月）

項目	校別	大學 公立	大學 私立	大學 合計	獨立學院 公立	獨立學院 私立	獨立學院 合計	總計	備攷
	填報校數	9	7	16	5	4	11	27	
排架方式	開架	8	7	15	5	5	10	25	
排架方式	閉架	1		1		1	1	2	
每週開放時間	122		1	1				1	
每週開放時間	111—120	1		1	1		1	2	
每週開放時間	101—110	1	1	2		1	1	3	（註）該校成立剛兩年，現在借地開館，新館正建築中。
每週開放時間	91—100	6	4	10	2	1	3	13	
每週開放時間	81—90	1		1	2	3	5	6	
每週開放時間	70—80							0	
每週開放時間	61—70		1	1				1	
每週開放時間	51—60							0	
每週開放時間	49					1	1	1	

(續上表)

項目	校數 校別	大學			獨立學院			總計	備攷
		公立	私立	合計	公立	私立	合計		
閱覽座位	3795	1		1				1	
	3001—3500		1	1				1	
	2501—3000	2		2				2	
	2001—2500	1	1	2				2	
	1501—2000		2	2				2	
	1001—1500	3		3				3	
	501—1000	1	2	3	4	1	5	8	
	401—500		1	1		2	2	3	
	301—400				1	1	2	2	
	201—300					1	1	1	
	101—200					1	1	1	
	68(註)	1		1				1	

(五) 讀者服務

讀者服務本以參攷服務爲其主要任務之一，但因臺灣地區大學院校圖書館，對於參攷服務向來不甚重視、注意，其於回答讀者問題之數量，既無統計數字，而於答覆問題的效果，更缺乏客觀的評估標準。故本項所能得到的資料，僅以圖書資料排架方式、開放的時間、閱覽座位、借閱天數、借閱冊數、及館際互借等方面爲限（表13）。

就圖書資料排架的方式而言，在廿七所大學院校中，除一所公立大學及一所私立學院採用閉架的方式外，其餘廿五校均採開架方式，這也是一九六〇年代以來世界各國圖書館普遍的趨勢。就每週開放的時數來說，超過一百小時者僅有六校，而最多的一校，每週高達一百廿二小時，平均每天開放十七小時以上。每週開放時數最普遍者，在九十一小時至一百小時之間，達十三校，佔48%；其次爲八十一小時至九十小時之間，有六校，佔22%。每週開放時數最少者，爲一個私立醫學院，僅有四十九小時。閱覽座位最多者，有三千七百九十五席，最少的一校僅有六十八席（該校建校剛兩年，新圖書館正在建築中）。大學圖書館以一千席至三千席最多，計有九校，佔56%。獨立學院則以三百席至一千席者居絕對多數，在全部十一個學院中有其九，佔82%。

各圖書館准其讀者借閱圖書的天數，因教員、研究生，及大學本科學生的身份不同而有異。大體言之，教員可借的天數較多，研究生次之，大學生最少。就教員的部份言，各校準許借閱的天數，自十四天至一學期不等，而以卅天爲最普遍，在廿七校中佔九校，達33%；其次爲四十二天及六十天，各有四校；惟准許借一學期者有三校，一百廿天者亦有兩校，假如以一百廿天算一學期，則准許借一學期者達五校之多，佔18.7%（表14）。

表14　臺灣地區大學院校圖書館教員借書天數統計（1981年5月）

校別　校數　天數	大學			獨立學院			總計	備攷
	公立	私立	合計	公立	私立	合計		
填報校數	9	7	16	5	6	11	27	
一學期		2	2		1	1	3	
120(註)	1		1	1		1	2	
90		1	1				1	
60		2	2	1	1	2	4	
56					1	1	1	（註）所謂120天，亦即一學期。
42	3		3	1		1	4	
30	4	1	5	2	2	4	9	
28	1	1	2				2	
21							0	
20							0	
14					1	1	1	

　　研究生借閱圖書的天數，一般來說，雖比教員為少，但也以三十天為較普遍，計八校，約30%；其次為廿八天，有五校；再次為廿一天及十四天，各有三校。有一所私立大學，研究生的借閱天數與教員相同，為一學期（表15）。

表15　臺灣地區大學院校圖書館研究生借書天數統計（1981年5月）

校別　校數　天數	大學			獨立學院			總計	備攷
	公立	私立	合計	公立	私立	合計		
填報校數	9	7	16	5	3	8	24(註)	
一學期		1	1				1	
60		1	1				1	
42	1		1		1	1	2	
30	4	2	6	2		2	8	注：有三所私立學院尚未設立研究所。
28	1	2	3	1	1	2	5	
21	2	1	3				3	
20					1	1	1	
14	1		1	2		2	3	

　　大學本科學生的借書天數，均在十二天至卅天之間，而以十四天居絕對多數，計有廿三校，佔85%（表16）。

表 16　臺灣地區大學院校圖書館大學本科學生借書天數統計（1981 年 5 月）

校別 校數 天數	大學			獨立學院			總計	備攷
	公立	私立	合計	公立	私立	合計		
填報校數	9	7	16	5	6	11	27	
30	1	1	2				2	
21	1		1				1	
14	7	6	13	5	5	10	23	
12					1	1	1	

借書的冊數，也與借書的天數差不多，各校因其教員、研究生及大學本科學生的身份不同，而有所差別。即教員可借的冊數較多，研究生次之，大學生最少。就教員借書的冊數說，少至每人只准借五冊，多至每人所借冊數無限制，但以十冊至卅冊之間爲最多，計廿校，佔 74%（表 17）。

表 17　臺灣地區大學院校圖書館教員借書冊數統計（1981 年 5 月）

校別 校數 冊數	大學			獨立學院			總計	備攷
	公立	私立	合計	公立	私立	合計		
填報校數	9	7	16	5	6	11	27	
無限制		1	1				1	
40	2		2				2	
30	3		3	1		1	4	
25	1		1				1	
20		3	3	3	1	4	7	
15	1		1		2	2	3	
10	1	2	3		2	2	5	
8		1	1				1	
6	1		1				1	
5				1	1	2	2	

研究生借書的冊數，亦以十冊至卅冊之間者最多，計有十七校，佔 63%；其中又以十冊最普遍，計有十一校，達 40%。至其上下限，則最少的一校只有五冊，最多的一校無限制（表 18）。

表 18　臺灣地區大學院校圖書館研究生借書冊數統計（1981 年 5 月）

校別／冊數 校數	大學			獨立學院			總計	備攷
	公立	私立	合計	公立	私立	合計		
填報校數	9	7	16	5	3	8	24(註)	
無限制		1	1				1	
30	2		2		1	1	3	
20	2		2		1	1	3	
15	1		1				1	（註）有三所私立學院尚未設立研究所。
10	3	4	7	3	1	4	11	
8		1	1				1	
6	1	1	2		1	1	3	
5				1		1	1	

　　大學本科學生的借書冊數，以二至六冊最多，計有廿三校，佔85%；其中又以五冊較多，約佔四分之一（表19）。

表 19　臺灣地區大學院校圖書館大學本科學生借書冊數統計（1981 年 5 月）

校別／冊數 校數	大學			獨立學院			總計	備攷
	公立	私立	合計	公立	私立	合計		
填報校數	9	7	16	5	6	11	27	
無限制		1	1				1	
12					1	1	1	
10	1		1	1		1	2	
6	4		4				4	
5	1	3	4	1	2	3	7	
4		3	4	1		1	5	
3	2		2	2		2	4	
2					3	3	3	

　　就1980學年度各大學院校圖書館全年借閱圖書的數量說，最多者為一所公立大學，達142,787冊；最少者為一所公立學院，僅3,500冊。就整個而言，在十九所填報的大學院校中，全年借出量超過十二萬冊者有三校，包括一所公立大學及兩所私立大學；在四萬冊至十萬冊之間者有六校；一萬冊以下者兩校。而以一萬冊至四萬冊之間者較多，計有八校，佔42%（表20）。

表20　臺灣地區大學院校圖書館1980學年度全年借閱圖書冊數統計（1981年5月）

校別　校數　冊數	大學			獨立學院			總計	備攷
	公立	私立	合計	公立	私立	合計		
填報校數	7	5	12	4	3	7	19[註]	（註）有八校未填報，包括兩個公立大學、兩個私立大學、一個公立學院及三個私立學院。
142,787	1		1				1	
120,001—140,000		2	2				2	
100,001—120,000							0	
80,001—100,000	1	1	2				2	
60,001—80,000	2		2				2	
40,001—60,000		1	1	1		1	2	
20,001—40,000	2		2		2	2	4	
10,001—20,000	1	1	2	1	1	2	4	
5,001—10,000							0	
3,500—5,000					2	2	2	

臺灣地區各大學院校圖書館間的館際互借，除一個私立醫藥學院在1980學年度的借入超過一萬冊，情形十分特殊外[註8]，其餘各校無論借出或借入都是微不足道。

就借出冊數言，最多的一校不過660冊，其餘在三百冊至四百冊之間者一校，一百冊至二百冊之間者三校，五十冊至一百冊之間一校，十冊至五十冊之間者三校，而以十冊以下者最多，計有六校，佔全部填報的十五校中之40%（表21）。

表21　臺灣地區大學院校圖書館1980學年度館際互借借出冊數統計（1981年5月）

校別　校數　冊數	大學			獨立學院			總計	備攷
	公立	私立	合計	公立	私立	合計		
填報校數	7	5	12	0	3	3	15[註]	（註）有八校未填報，包括一所公立大學、兩所私立大學、兩所公立學院及三所私立學院。另有四校未參加，包括一所公立大學及三所公立學院。
660	1		1				1	
401—600							0	
301—400					1	1	1	
201—300							0	
101—200	2	1	3				3	
51—100	1		1				1	
11—50	2		2		1	1	3	
1—10		4	4		1	1	5	
0		1	1				1	

再說館際互借的借入方面，除一校在1980學年度的借入達14,813冊，情形十分特殊外，其餘與借出的情形差不多。分析言之，在四百冊至五百冊之間者有二校，在二百至三

百冊之間者有一校，其餘均在一百冊以下。就中五十冊至一百冊之間者兩校，十冊以下者四校，而以十冊至五十冊之間者較多，計有五校，佔全部填報十五校中之 33%（表 22）。

表 22　臺灣地區大學院校圖書館 1980 學年度館際互借借入冊數統計（1981 年 5 月）

校數 册數	校別	大學			獨立學院			總計	備攷
		公立	私立	合計	公立	私立	合計		
填報校數		7	5	12	0	3	3	15[(1)]	（1）詳見表 21 中的備考欄。 （2）此一借入冊數似乎不大可能，參閱本文的註 8。
14,813						1	1	1[(2)]	
401—500		1	1	2				2	
301—400								0	
201—300		1		1				1	
101—200								0	
51—100		2		2				2	
11—50		1	2	3		2	2	5	
1—10		2	1	3				3	
0			1	1				1	

（六）圖書館自動化

臺灣地區大學院校圖書館的自動化，剛在起步的階段，目前無甚可述。在全部廿七所大學院校圖書館中，根本無自動化設備者達廿一所，佔 78%。六個業已開始部份自動化的圖書館，均屬大學圖書館，其中五個爲公立，一個爲私立。而在自動化的項目中，又以期刊佔多數，計有四校；其次爲編目分類，計三校；再次爲圖書採購，爲二校；參攷服務與圖書出納各一；館際互借的自動化尚未開始（表 23）。

表 23　臺灣地區大學院校圖書館自動化館數及項目統計（1981 年 5 月）

項目	校數 校別	大學			獨立學院			總計	備攷
		公立	私立	合計	公立	私立	合計		
填報校數		9	7	16	5	6	11	27	
自動化校數		5	1	6				6	
自動化項目	編目分類	3		3				3	
	圖書採購	1	1	2				2	
	期刊	3	1	4				4	
	參攷服務	1		1				1	
	圖書出納	1		1				1	
	館際互借							0	
	其他							0	

四、臺灣地區大學院校圖書館水準與美國『大學圖書館標準』之比較

根據上面的析述，我們已可清楚地看出臺灣地區大學院校圖書館目前的水準。現在我們再來把這些資料綜合起來，以便與美國『大學圖書館標準』的相關規定作一粗疏的比較，藉以測度臺灣地區的水準在該標準中所處的位置。

本文所稱的美國『大學圖書館標準』係指 Standards for College Libraries 而言[註9]。這些標準，最初制訂於一九五九年，一九七五年曾加修改，並於同年七月三日經美國大學與研究圖書館學會 (Association of College and Research Libraries，為 ALA 的一份子) 通過成為該會的正式政策。其主要適用對象，為授予學士、碩士及每年不超過十個博士學位的學院及大學[註10]。全部標準分為八個項目：[註11]

(1) 圖書館的目的 (Objectives)
(2) 館藏資料 (Collection)
(3) 資料的組織 (Organization of materials)
(4) 專業館員 (Staff)
(5) 服務的提供 (Delivery of Service)
(6) 館舍與設備 (Facilities)
(7) 行政 (Administration)
(8) 預算 (Budget)

此外，並在館藏資料、專業館員及館舍與設備的三個標準中，分別提供了三個公式 (farmula)，以為具體計算的準則。[註12] 由於其他五項標準缺乏計算的公式，無法用臺灣地區圖書館的資料，來加以計算，而館舍與設備的標準中雖有公式可資遵循，又因臺灣地區大學院校圖書館在問卷中所填報的資料不完全，無法作適當的應用。因此，本研究只能對館藏資料及專業館員兩個項目，利用其公式來計算，故實際比較的項目也以此兩項為限。

(一) 臺灣地區大學院校圖書館的館藏資料數量，在美國『大學圖書館標準』中所處的位置

依據美國『大學圖書館標準』中所定的公式，每一大學的館藏資料由下列各項合併計算：

1. 基本館藏資料	85,000 冊
2. 每一專任教員應有圖書	100 冊
3. 每一全讀學生	15 冊
4. 每一大學部的主修或副修學門 (系科組等)	350 冊
5. 每一僅有碩士班的研究所	6,000 冊
6. 每一兼具碩士班與博士班的研究所	3,000 冊
7. 每一高級碩士研究所 (指碩士與博士間之專業學位班而言)	6,000 冊
8. 每一博士研究所	25,000 冊

以上數字中所稱之冊 (Volume)，係指業已裝訂成冊的印刷、打字、手寫、油印等資料，或曾經整理過的卷夾資料，並經編目分類而可使用者而言。縮影資料之計算，以其所

含資料的實際冊數而定。凡能迅速提供上述資料 100% 冊數的圖書館，則就其藏書量而言，可得 A；其在 80%—99% 之間者，可得 B；65%—70% 之間者，可得 C；而在 50%—64% 之間者，僅能得 D。(註13)

由於將臺灣地區廿七所大學院校圖書館的各別資料代入上述公式中，來求出每一圖書館的館藏資料與美國標準的差距，工作過於繁瑣，所以我們決定將他們分為公立大學、私立大學及獨立學院三組，以各組的平均數來與美國標準比較，分述如下：

Ⅰ．公立大學的館藏資料

臺灣地區現有九所公立大學，其中有一所填報的資料不全（成功大學），故下述資料僅是八所公立大學的總數。

八所公立大學圖書館計算藏書冊數的相關資料

教員（包括專任與兼任，以二兼任算一專任）	4,567 人
全讀學生	44,572 人
系、科、組（大學部）	191
有博士班的研究所	43
無博士班的研究所	83
博士班	43
高級碩士班	無

現在我們將這些資料代入美國的公式中，其結果如下：

依美國標準八所公立大學圖書館應有圖書冊數

基本圖書冊數	$85,000 \times 8 = 680,000$
教員應有圖書	$4,567 \times 100 = 456,700$
學生應有圖書	$44,572 \times 15 = 668,580$
系科組應有圖書	$191 \times 350 = 66,850$
有博士班的研究所應有圖書	$43 \times 3,000 = 129,000$
無博士班的研究所應有圖書	$83 \times 6,000 = 498,000$
博士班應有圖書	$43 \times 25,000 = 1,075,000$

依美國標準總共應有圖書 = 3,574,130 冊
美國標準八校平均：3,574,130 ÷ 8 = 446,766 冊
八校實際藏書總數為：3,095,398 冊
實際藏書量八校平均：3,095,398 ÷ 8 = 386,924 冊
八校實際平均數在美國標準中所佔比率（％）：$\frac{386,924}{446,766} \times 100\% = 86.6\%$（B）

亦即臺灣地區八所公立大學圖書館館藏資料的平均數，依美國『大學圖書館標準』來衡量，可得 B。

Ⅱ．私立大學的館藏資料

在目前臺灣地區，共有七所私立大學，其中有一所填報的資料不全，故下面的資料只是六所私立大學（逢甲大學不在內）資料的總數。

六所私立大學圖書館計算藏書冊數的相關資料

教員	3,928 人
學生	63,438 人
大學部系科組數	198
無博士班的研究所	47
有博士班的研究所	12
高級碩士班	無
博士班	12

現在將上面這些資料，代入美國標準的公式中，其結果如下：

依美國標準六所私立大學圖書館應有圖書冊數

基本圖書冊數	$85,000 \times 6 = 510,000$
教員應有圖書	$3,928 \times 100 = 392,800$
學生應有圖書	$63,438 \times 15 = 951,570$
系、科、組應有圖書	$198 \times 350 = 69,300$
無博士班的研究所應有圖書	$47 \times 6,000 = 282,000$
有博士班的研究所應有圖書	$12 \times 3,000 = 36,000$
博士班	$12 \times 25,000 = 300,000$

依美國標準總共應有圖書 $= 2,541,670$ 冊

美國標準六校平均 $= \dfrac{2,541,670}{6} = 423,611$ 冊

六校實際藏書總數爲 $= 1,499,488$ 冊

實際藏書量六校平均： $\dfrac{1,499,488}{6} = 249,914$ 冊

六校實際平均數在美國標準中所佔比率（％）： $\dfrac{249,914}{423,611} \times 100\% = 59\%$ （D）

亦即臺灣地區六所私立大學圖書館館藏資料的平均數，如依美國『大學圖書館標準』來衡量，只能得 D。

Ⅲ. 獨立學院的館藏資料

臺灣地區授予學士學位以上的獨立學院，目前共有十一所，包括五所公立，六所私立。其中私立『中山醫學院』所填報的資料不全，故下面只是十個獨立學院的資料。

十所獨立學院圖書館計算藏書冊數的相關資料

教員	1,800 人
學生	20,587 人
大學部系、科、組數	71
無博士班的研究所	15
有博士班的研究所	無
高級碩士班	無
博士班	無

現在將上面的資料，代入美國標準的公式中，其結果如下：

依美國標準十所獨立學院圖書館應有圖書冊數

基本圖書冊數	$85,000 \times 10 = 850,000$
教員應有圖書	$1,800 \times 100 = 180,000$
學生應有圖書	$20,587 \times 15 = 308,805$
系、科、組應有圖書	$71 \times 350 = 24,850$
無博士班的研究所應有圖書	$15 \times 6,000 = 90,000$

依美國標準總共應有圖書 = 1,453,655 冊

美國標準十校平均 = $\frac{1,453,655}{10}$ = 145,366 冊

十校實際藏書總數為：580,575 冊

實際藏書量十校平均：$\frac{580,575}{10}$ = 58,058 冊

十校實際平均數在美國標準中所佔比率（％）：$\frac{58,058}{145,366} \times 100\% = 40\%$ （F）

以上三組比較的結果，臺灣地區大學院校圖書館的藏量，如以美國『大學圖書館標準』來衡量，以公立大學較好，平均可得 B；私立大學次之，平均可得 D；獨立學院最差，平均不及格。如以臺灣地區的甲乙丙丁戊來分等級，則公立大學圖書館的藏書冊數，在美國標準下可得乙下，私立大學可得丁，而獨立學院僅能得戊。

（二）臺灣地區大學院校圖書館專業館員人數在美國『大學圖書館標準』中所處的位置

美國『大學圖書館標準』中的所謂專業人員，係指在圖書館研究所得有碩士者而言。臺灣地區圖書館學研究所剛起步，專業人員的學歷自不能與美國相比，但也不能放得太低，否則所謂比較將失去意義。目前臺灣地區的圖書館專業人員，以各大學圖書館系畢業

者爲主，故本研究即以此爲臺灣地區圖書館專業人員的標準。易詞以言，爲便於與美國標準比較，這里的所謂專業人員以大學畢業得有學士者爲限，不包括圖書館專科畢業生及圖書館講習班結業者在內。

依美國『大學圖書館標準』所定，大學圖書館專業人員數目，依下列各項合併計算。

大學圖書館專業館員計算公式[註14]

學生在 10,000 以下部份，每 500 人須有一專業館員。

學生超過 10,000 以上部份，每加 1,000 人須增加一專業館員。

館藏資料每 100,000 冊須有一專業館員。

每年增加的圖書在 5,000 冊以上者，每增加 5,000 冊須增加一專業館員。

凡大學圖書館能擁有上列公式中 100% 的專業館員，並有充分的非專業輔佐人員者，則就其館員的數目而言可得 A；其在 75%—99% 之間者可得 B；在 55%—74% 之間者可得 C；而在 40%—54% 之間者只能得 D。[註15]

現在依處理館藏資料的辦法，將臺灣地區的大學院校分爲公立大學、私立大學及獨立學院三組，以各組的平均數來與美國標準比較。

Ⅰ. 公立大學的專業館員

在九所公立大學中，除中興大學有關本項的資料不全外，其他八校的資料均可用來作爲比較本項的基礎，此八校的相關資料總計如下：

八所公立大學計算專業館員的相關資料

學生總數	44,303 人
館藏資料總數	3,054,163 冊
每年增加圖書總數	255,136 冊

將這些資料代入美國的公式中，其結果如下：

依美國標準八所公立大學圖書館應有專業館員人數

10,000 學生部份	$10,000 \div 500 = 20$
超過 10,000 學生部份	$34,303 \div 1,000 = 35$
館藏資料部份	$3,045,163 \div 100,000 = 31$
每年增加圖書部份	$255,136 \div 5,000 = 52$

依美國標準八校總共應有專業館員 = 138

美國標準八校平均：$138 \div 8 = 17$

八校實有專業館員總數：146

實有專業館員八校平均：$146 \div 8 = 18$

八校實有專業館員平均數在美國標準中所佔比率（%）：$\frac{18}{17} \times 100\% = 105\%$（$A^+$）

亦即臺灣地區的專業館員，如以大學畢業者起算，則八所公立大學圖書館現有專業館員的數目，在美國標準中可得 A⁺。但必須記住，美國的專業館員是以得有圖書館專業碩士者爲準，而在臺灣地區八所公立大學的現有一四六人中，只有十人是碩士，其餘一三六人均是學士，且在此一三六學士中，有一部份還不是圖書館學士。故臺灣地區圖書館的專業人員，在質上實不能與美國相比，所謂 A⁺ 者，只是降格以求的結果而已。

II．私立大學的專業館員

在七所私立大學中，中原大學有關本項的資料填報不詳，故下面的相關資料，只是六所私立大學的總數。

六所私立大學計算專業館員的相關資料

學生總數	70,897 人
館藏資料總數	1,605,901 冊
每年增加圖書總數	77,718 冊

將上述資料代入美國有關計算館員的公式中，其結果如下：

依美國標準六所私立大學圖書應有專業館員人數

10,000 學生部份	$10,000 \div 500 = 20$
超過 10,000 學生部份	$60,897 \div 1,000 = 61$
館藏資料部份	$1,605,901 \div 100,000 = 17$
每年增加圖書部份	$77,718 \div 5,000 = 16$

依美國標準六校總共應有專業館員 = 114
美國標準六校平均：$114 \div 6 = 19$
六校實有專業館員總數：100
實有專業館員六校平均 $100 \div 6 = 17$
六校實有專業館員平均數在美國標準中所佔比率（％）：$\frac{17}{19} \times 100\% = 89\%$（B）

亦即臺灣地區六所私立大學圖書館專業館員的平均數，在美國標準中可得 B。不過這個 B 的素質與美國標準中所規定者有差異，其理由在公立大學部份已有說明，茲不贅。應該指出的是，在六所私立大學圖書館的一百個專業館員中，只有十人擁有碩士學位。

III．獨立學院的專業館員

在十一所獨立學院中，公立陽明醫學院及私立臺北醫學院所填的資料均不齊全，故下面的相關資料，乃九所獨立學院的總數。

九所獨立學院計算專業館員的相關資料

學生總數	18,082 人
館藏資料總數	538,289 冊
每年增加圖書總數	43,915 冊

將上列資料代入美國標準的公式中，其結果如下：

依美國標準九所獨立學院圖書館應有專業館員人數

10,000 學生部份	$10,000 \div 500 = 20$
超過 10,000 學生部份	$8,082 \div 1,000 = 9$
館藏資料部份	$538,289 \div 100,000 = 6$
每年增加圖書部份	$43,915 \div 5,000 = 9$

依美國標準九所總共應有專業館員 = 44
美國九校平均：$44 \div 9 = 5$
九校實有專業館員總數：36
實有專業館員六校平均：$36 \div 9 = 4$

九校實有專業館員平均數在美國標準中所佔比率（％）：$\frac{4}{5} \times 100\% = 80\%$（$B^-$）

即臺灣地區九所獨立學院現有專業館員的平均數，在美國標準中可得 B^-。至於這個 B 的素質，不能與美國標準中的 B 相提并論，前已言之，這裏不必重述。惟須指出者，在獨立學院的三十六個專業人員，沒有一個是碩士。

總結臺灣地區大學院校圖書館專業館員的數量，與美國標準的比較結果，假如我們承認我們的專業館員是以學士爲準（美國以得有圖書館學的專業碩士爲準），則在專業人員的數量上尚屬適當，因爲八所公立大學平均爲 A^+，六所私立大學平均可得 B，九所獨立學院平均可得 B^-。

於此應有注意者，依美國『大學圖書館標準』中的說明，專業館員的比率，不能超過館中全體工作人員的 25％—35％。[註16] 換句話說，一個大學圖書館的專業人員只需約三分之一，而非專業人員須佔三分之二。臺灣地區的情形剛好與此相反，在廿七所大學院校中，絕大多數都是專業人員多於非專業人員，而且有些學校只有專業人員，沒有非專業人員。在此情形下，即使專業人員的數量，達於美國的標準，就整個圖書館人員的配備來說，仍不能謂爲恰當，蓋圖書館有些業務必須由非專業人員擔任，才能使專業人員發揮應有的效能也。

五、結　語

根據以上各節的分析，我們可以得到以下幾點結論：

1. 就各大校院的一般情形來說，公立院校較私立院校爲佳，尤其是在專任教員、研究所及圖書資料等方面，差距特別顯著。在另一方面，私立院校的學生、院系及夜間部均較公立院校爲多。主要的原因與經費的來源有關。因爲公立院校的開支均來自政府，對於專任教員的聘請、研究所的設置、及圖書資料的添購，均較易爲力。私立大學的費用均取之於學生，由於經濟情況難期穩定，只好一方面擴充院系，增設夜間部，多收學生，他方面少請專任教員，少買圖書，少設研究所（學生少，費用大之故），藉以開源節流。

2. 就廿七所大學院校圖書館的館舍，隸屬及組織而言，擁有獨立館舍者達廿三所，佔 85％；就中又以公立院校情況最佳，十四所（包括九所大學及五所獨立學院）圖書館全有獨立館舍，佔 100％。

在圖書館的隸屬方面，十五館直屬校長，佔55%；十二館隸屬教務處，佔45%；而在十六所大學中（九所公立，七所私立），只有兩館屬教務處，公私各一。

以言人員組織，廿七館共有專業館員395人，非專業人員155人，即專業人員佔72%，非專業人員佔28%，此與美國的情形剛好相反，依其『大學圖書館標準』規定，專業人員一般在25%—35%之間。

以專業人員的性別分，在此395人中，女性為304人，男性為91人，女性比男性多三倍半。如以學歷分，則碩士22人，佔5.5%；學士257人，佔65%；其他116人，佔29.5%，亦即臺灣地區大學院校圖書館的專業人員，以擁有學士學位的女性為主流。

3. 各圖書館的預算，就1980學年度的數字言，均不夠充分，除一校超過三千萬元外，其餘均在兩千萬元以下，而一千萬元以上者，在全部廿七校中，僅五校而已，其中沒有一校達到美國的標準，即圖書館的預算，應在全校預算的6%以上。

書刊購買費更不充分，最多的一校為一千七百萬元，最少的一校僅六十五萬元。一般說來，大學圖書館的書刊購買費，以三百萬元至八百萬元之間者居多，計有八校，佔61%；獨立學院以三百萬元以下者居多，計有六校，佔75%。

4. 館藏資料的圖書部份偏低，期刊、報紙及非書資料更差。以言圖書，在五十萬冊以上者僅三校，其中僅臺大一校超過一百萬冊，而這三個大學均係公立大學。私立大學除一校超過四十萬冊外，其餘均在十萬冊至卅五萬冊之間。在十一個獨立學院中，除兩校超過十萬冊外，其餘九校均在七萬五千冊以下，尚不及美國標準中所規定的起碼設館要求（85,000冊）。

館藏資料中之最差者為非書資料，除一校有卅萬件以上外，其餘均在二萬件以下，而以五百件至一萬件之間者佔絕對多數，在填報的廿校中，達十三校，佔65%。

5. 各大學院校對於圖書資料的整理方法可以說相當一致，尤以編目為然。中文編目廿七校全採用『中央圖書館中文圖書編目規則』，西文編目廿七校一律採用AACR。

分類方面的分歧也不大，中文分類除三校用何日章的『中國圖書十進分類法』外，其餘廿四校均用賴永祥的『中國圖書分類法』。西文分類，則除一校採用美國國立醫學圖書館（NLM）分類法外，其餘廿六校，十五校用杜威分類法（DC），十一校用國會圖書館分類法（LC）。

著者號碼的差異也很少，中文方面用王雲五氏的四角號碼者最多，達廿一校，其餘六校，四校用五筆檢字法，二校用何日章號碼表。西文方面，廿四校用克特表（Cutter Table），兩校用國會圖書館著者號，一校以著者姓名字母為著者號。

6. 本研究中之讀者服務，僅包括圖書的排架方式、閱覽席位的數目、借閱圖書的天數及冊數，以及館際互借的出入量。

就圖書的排架方式言，在全部廿七所大學院校圖書館中，僅兩校採用閉架的方式，其餘廿五校均是開架，這與二次世界大戰後，世界各國有關使用圖書館的新趨勢相合。

閱覽席位最高的一校達3,795席。其餘廿六校，一千席以上者十二校，一千席以下者十四校，可以說大部份均偏低。

借閱冊數，教員平均為廿冊，研究生為十冊，大學生為五冊。借閱天數，最少二週，最多達一學期。

館際互借，無論借出或借入，均是微不足道。就借出言，除兩校超過三百冊外，其餘均在二百冊以下。就借入言，除四校超過二百冊外，其餘均在一百冊以下。

7. 臺灣地區大學院校圖書館的自動化，正在起步的階段。除五所公立大學及一所私立大學已有部份自動化外,其他各校都還沒有開始。在上述六個大學圖書館已開始自動化的項目中,期刊自動化者有四校,編目分類自動化者有三校,圖書採購自動化者為二校,參攷服務及圖書出納自動化各一校,館際互借自動化尚未開始。

8. 最後就臺灣地區大學院校圖書館目前的水準,與美國『大學圖書館標準』比較的結果來看,在館藏資料方面,除公立大學平均可得 B 外,私立大學平均只能得 D。而獨立學院館藏資料的數量,僅及美國標準的 40%,根本不及格。

在專業館員方面,如以大學畢業生為臺灣地區專業人員的標準,則就數目而言,尚屬適當,因公立大學、私立及獨立學院三組的平均數,與美國標準比較的結果,分別可得 A 及 B。但有兩點必須指出,第一,臺灣地區的專業館員佔 72%,非專業館員佔 28%,而美國的專業館員只在 25%—35% 之間,故臺灣地區專業館員的人數雖夠多,但由於非專業人數的欠缺,仍不能有效地完成圖書館的使命。第二,美國的專業館員,以得有圖書館碩士者為準,臺灣地區則是以學士為準,其中有一部份還不是圖書館學的學士,故在專業人員的素質上,兩者不可同日而語。假如我們希望『見賢思齊』,『取法乎上』,則臺灣地區的圖書館研究所教育,有趕緊加強與擴充的必要。

附註

註 1. 王振鵠,『臺灣大專圖書館現況之調查研究』,<u>圖書館學與資訊科學</u>第 2 卷第 1 期(1976 年 4 月),頁 74—101。

註 2. 胡歐蘭,『一九七八年度臺灣大專院校圖書館現況調查分析』,『中國圖書館學會』會報第 31 期(1978 年 12 月 3 日),頁 97—125。

註 3. *Standards for College Libraries*. Chicago: Association of College and Research Libraries, 1975.

註 4. 此一問卷,係於 1975 年,由『教育部』與『中國圖書館學會』合組之『大專圖書館標準擬訂工作小組』所設計印製。

註 5. *Standards for College Libraries*, p. 6.

註 6. *Ibid*.

註 7. *Ibid*., p. 7.

註 8. 該校為私立中國醫藥學院,根據其填報的資料,在 1980 學年度的館際互借中,其借入 14,813 冊。由於該年度各大學院校經由館際互借借出圖書的總數未超過二千冊(參閱表 21),此一借入數字似乎不可能。

註 9. 美國另有一『大學圖書館標準』(*Standards for University Libraries*),係於一九七八年八月擬訂,而於同年十一月及一九七九年一月,經美國的研究圖書館協會(Association of Research Libraries),及美國圖書館協會(American Library Association)中的大學與研究圖書館學會(Association of College and Research Libraries),分別批准實施。此一標準係以着重研究院及專業教育的綜合大學的圖書館為對象,只有原則性的規定,沒有量化的公式,無法將臺灣地區大學圖書館的水準與之比較,故不在本文討論之列。該標準全文,見"Standards for University Libraries", <u>College and Research Libraries News</u>(April 1979): 101–110.

註 10. 臺灣地區尚無一個大學(各大亦不例外)目前每年授予之博士學位,超過十個以上者,故以該標準中之規定,來比較臺灣地區大學院校圖書館的水準,頗為恰當。

註 11. <u>Standards for College Libraries</u>, p. 3.

註12. *Ibid.*, pp. 4, 7, 10.
註13. *Ibid.*, p. 4.
註14. *Ibid.*, p. 7.
註15. *Ibid.*
註16. *Ibid.*, p. 7.

附錄　臺灣地區大學圖書館調查問卷

前　言

1. 本問卷之目的，在探究目前臺灣地區境內各大學圖書館之狀況，並將所得結果，與『美國大學圖書館標準』（*Standards for College Libraries*）之相關規定，加以比較，以求出各項標準之差距，然後根據臺灣地區特殊情形，提出適當建議，藉供臺灣地區有關教育當局，改進臺灣地區大學圖書館之參攷。
2. 本問卷所稱之大學，以綜合性大學及四年制之學院為限，不包括二年制及五年制之專科學校。軍事院校圖書館，因情形特殊，亦不包括在內。
3. 本問卷是根據1975年"臺灣區大專院校圖書館現況調查問卷"，加以增減修改而成。全部共有五十三個問題，分屬於下面十個項目：壹、學校概況；貳、圖書館組織；叁、圖書館人員；肆、圖書館經費；伍、館藏資料；陸、圖書資料整理方法；柒、讀者服務；捌、館舍設備；玖、圖書館自動化；拾、問題與意見。
4. 凡需用數字填答之處概請以阿拉伯數字表示之，而在選擇性答案中之有□者，則謹以『✓』表示之。遇有不合實際情況或不能就地作答之問題，則請填註於"其他"項下，或請以另紙寫出。
5. 對本問卷所填答的各項資料，皆只用作整體性的統計分析，各校單獨的資料，均將妥為保密，不對外公開發表。
6. 本問卷內的各項資料，因須於七月中旬統計分析完畢，並撰述研究報告，向有關當局提出，特懇於六月十五日以前填答，用所附之回件信封擲還。
7. 此次回臺灣客座一年，承臺灣圖書館界前輩先進，舊雨新知，時賜教言，獲益良多。際此聘期行將屆滿之時，特藉這個機會向各位告別，並向各位致最誠摯的敬意與謝意。

臺灣大學圖書館學系　客座教授　胡述兆謹啟　一九八一年五月二十日

連絡及賜示處：（辦公室）臺北市羅斯福路四段臺大圖書館學系
電話：351－0231　轉2296
（住　宅）臺北市長興街57巷16號
電話：708－6871

填答人姓名：＿＿＿＿＿＿　　　職　稱＿＿＿＿＿＿＿＿
填答日期：＿＿＿年＿＿＿月＿＿＿日　　通訊處：＿＿＿＿＿＿＿＿

壹、學校概況

1. 學校名稱：＿＿＿＿＿＿＿
   創設年月：＿＿＿＿年＿＿＿＿月
   現任校長姓名：＿＿＿＿＿＿＿
2. 1980學年度全校學生人數，共計＿＿＿＿＿人，包括：
   大學部 { 日間部＿＿＿＿＿人
           夜間部＿＿＿＿＿人
   研究部 { 碩士班＿＿＿＿＿人
           博士班＿＿＿＿＿人
3. 全校院、所、系、科、組數：
   學院數：＿＿＿＿
   大學部系、科、組總數：＿＿＿＿
   （凡學系不分科組者，以1計；如一系分為2科，則以2計；如一系分為3組，則以3計，餘類推。）
   研究所總數：＿＿＿＿
   其中只有碩士班者＿＿＿＿所　　有碩士班及博士班者＿＿＿＿所。
4. 1980學年度共有專任教師＿＿＿＿人，兼任教師＿＿＿＿人，職員＿＿＿＿人。
5. 1980學年度全校經費（校舍建築費除外）共＿＿＿＿元。
6. 全校共佔地＿＿＿＿平方公尺，其中校舍建築共佔地＿＿＿＿平方公尺。

貳、圖書館組織

7. 圖書館隸屬關係：□直屬校長，□隸屬教務長。
8. 有無分館：□無；□有：院分館＿＿＿＿所，系分館＿＿＿＿所，科組分館＿＿＿＿所。
9. 校內有無圖書館委員會之組織：□無；□有。
10. 圖書館委員會之委員包括：□教員代表＿＿＿＿人（任期＿＿＿＿年）；□學生代表＿＿＿＿人（任期＿＿＿＿年）；
    □職員代表＿＿＿＿人（任期＿＿＿＿年）；□其他代表＿＿＿＿人（任期＿＿＿＿年）。
11. 圖書館委員會委員之產生方式：□由校長指定；□院系推選；□其他方式（請寫明）＿＿＿＿＿＿＿
12. 圖書館（以總館為限）如分組辦事，共分幾組，其名稱為何？（如有組織系統表，請附送。）

    館長（或主任） {

13. 館長（或主任）出席校內何項會議：
    □校務會議（□出席，□列席）　　□教務會議（□出席，□列席）
    □行政會議（□出席，□列席）　　□其他會議（請寫明）＿＿＿＿＿＿＿

叁、圖書館人員

14. 館長（或主任）最高學位＿＿＿＿（是否圖書館學位：□是，□否。）
    有無教員名義：□無，□有（其名義為□教授，□副教授，□講師，□助教。）
    擔任館長已有＿＿＿＿年。
    在出任館長前已任圖書館工作＿＿＿＿年。

15. 現有館員人數（館長或主任除外），共＿＿＿＿人，包括：

專業人員 { 男＿＿＿＿人（內有教員名義者＿＿＿＿人）
　　　　　 女＿＿＿＿人（內有教員名義者＿＿＿＿人) } 共＿＿＿＿人。

非專業人員 { 男＿＿＿＿人
　　　　　　 女＿＿＿＿人 } 共＿＿＿＿人。

工讀學生 { 男＿＿＿＿人
　　　　　 女＿＿＿＿人 } 共＿＿＿＿人。

16. 專業人員學歷：

博士＿＿＿＿人（內有圖書館學博士＿＿＿＿人）

碩士＿＿＿＿人（內有圖書館學碩士＿＿＿＿人）

學士＿＿＿＿人（內有圖書館學學士＿＿＿＿人）

專科畢業者＿＿＿＿人（內有圖書館科畢業者＿＿＿＿人）

未受大專教育者＿＿＿＿人（內有圖書館講習會結業者＿＿＿＿人）

肆、圖書館經費

17. 1980 學年度圖書館總預算（包括書刊購買費、人事費，及業務費）共＿＿＿＿元。

　　上項預算佔全校同年度總預算（館舍建築費除外）＿＿＿＿％。

18. 書刊購買費，共＿＿＿＿元，包括：

　　圖書＿＿＿＿元，期刊（含報紙）＿＿＿＿元，非書資料＿＿＿＿元。

　　人事費＿＿＿＿元。

　　業務費＿＿＿＿元。

19. 圖書館經費由何人決定用途？

　　□校長決定；□教務主管決定；□圖書館館長決定；□其他決定（請寫明）＿＿＿＿＿。

20. 圖書費之使用方式：

　　□全部由圖書館使用　　　　　□由校方分配各院系使用

　　□由圖書館分配各院系使用　　□其他方式（請寫明）＿＿＿＿＿。

伍、館藏資料

21. 現有圖書共＿＿＿＿冊（內：中文＿＿＿＿冊，外文＿＿＿＿冊）。

22. 現有新舊期刊共＿＿＿＿種（內：中文＿＿＿＿種；外文＿＿＿＿種）。

　　本年度繼續訂購之期刊計：＿＿＿＿種（內：中文＿＿＿＿種；外文＿＿＿＿種）。

23. 現有新舊報紙共＿＿＿＿種（內：中文＿＿＿＿種；外文＿＿＿＿種）。

　　本年度繼續訂閱之報紙，計：＿＿＿＿種（內：中文＿＿＿＿種；外文＿＿＿＿種）。

24. 現有非書資料：

　　縮影捲片（Microfilm）＿＿＿＿卷；縮影單片（Microfiche）＿＿＿＿張；縮影卡（Microcard）＿＿＿＿張；

　　影片（Motion Picture）＿＿＿＿卷；錄音帶（Tape, Cassette）＿＿＿＿卷（盒）；唱片（Record）＿＿＿＿張；

　　其他（未在上面列舉者）＿＿＿＿件。

25. 最近三年館藏資料數量比較表：

年度＼類別	1978 年度				1979 年度				1980 年度				備註
圖書	中文	冊	共	冊	中文	冊	共	冊	中文	冊	共	冊	
	外文	冊			外文	冊			外文	冊			
期刊	中文	種	共	種	中文	種	共	種	中文	種	共	種	
	外文	種			外文	種			外文	種			
報紙	中文	種	共	種	中文	種	共	種	中文	種	共	種	
	外文	種			外文	種			外文	種			
非書資料	共			件	共			件	共			件	

陸、圖書資料整理方法

26. 中文圖書分類、編目法：
    分類：□中國圖書分類法（賴永祥），□中國圖書十進分類法（何日章），□中外圖書統一分類法（王雲五），□其他方法。
    編目：□『中央圖書館』中文圖書編目規則，□其他規則（請寫明）_____

27. 西文圖書分類、編目法：
    分類：□杜威分類法第_____版，□美國國會圖書館分類法，□國際十進分類法第_____版，□與中文書相同，□其他方法。
    編目：□英美編目規則（AACR），□其他規則（請寫明）_____

28. 著者號碼：中文圖書：□四角號碼，□何日章號碼表，□五筆檢字法，□無著者號，□其他。
    　　　　　　西文圖書：□克特表（Cutter Table），□國會圖書館著者號，□著者姓名字母，□無著者號，□其他

29. 裝訂的期刊有無分類編目？□無；□有〔□與圖書相同，□其他方法（請寫明）_____〕。

30. 非書資料有無分類編目？□無；□有〔□與圖書相同，□其他方法（請寫明）_____〕。

31. 館藏資料目錄：中文資料：□著者，□書名，□分類，□標題。
    　　　　　　　西文資料：□著者，□書名，□標題，□分類。

32. 目錄排列法：中文目錄：□各種目片混合排列，□分開排列（請寫明分為那幾種）_____
    　　　　　　西文目錄：□各種目片混合排列，□分開排列（請寫明分為那幾種）_____

33. 全校圖書資料有無聯合目錄？
    □無，□有（如有一種以上，請分別列舉）：_____

34. 全校圖書資料是否集中由總館分類編目？
    □是，□否（若不是，則如何分工法，請寫明）：_____

柒、讀者服務

35. 圖書館開放形式：
    □開架式，□閉架式，□其他（請寫明）_____

36. 圖書館開放時間：
    週日（星期一至星期六上午）：自＿＿＿時＿＿＿分起，至＿＿＿時＿＿＿分止。
    週末（星期六下午及星期日）：星期六下午，自＿＿＿時＿＿＿分起，至＿＿＿時＿＿＿分止。
    　　　　　　　　　　　　　　星期日，自＿＿＿時＿＿＿分起，至＿＿＿時＿＿＿分止。
    平均每星期共開放＿＿＿＿小時。
    例定假日是否開放：□否，□是（自＿＿＿時＿＿＿分起，至＿＿＿時＿＿＿分止）。
    寒暑假開放時間：□與平時相同　　□不開放　　□開放，但時間與平時不同
    　　　　　　　週日：自＿＿＿時＿＿＿分起，至＿＿＿時＿＿＿分止。
    　　　　　　　週末及例假：自＿＿＿時＿＿＿分起，至＿＿＿時＿＿＿分止。
37. 圖書借閱期限：教員＿＿＿天，職員＿＿＿天，研究生＿＿＿天，大學部學生＿＿＿天。
38. 圖書借閱數量：教員＿＿＿冊，職員＿＿＿冊，研究生＿＿＿冊，大學部學生＿＿＿冊。
39. 圖書流通量：全年借出圖書共＿＿＿冊，開放期間平均每日借出＿＿＿冊。
40. 有無設置單獨之參攷室？□有，□無。
41. 如無單獨參攷室，是否將參攷書集中陳閱？□是，□否。
42. 參攷服務及協助讀者利用圖書館之項目：
    □解答讀者詢問，□協助讀者檢索資料，□編製專題書目、索引，□安排特定時間，指導讀者利用圖書館，□編印圖書館簡介或指導手冊，□派館員到院、系演講，介紹圖書館業務，□在新生訓練期間講解圖書館業務，□辦理圖書資料展覽或陳列，□其他
43. 有無館際互借？□有，□無。
44. 館際互借出入量：本學年度共借出＿＿＿冊，借出時間每次＿＿＿天。
    　　　　　　　　本學年度共借入＿＿＿冊，借入時間每次＿＿＿天。

捌、館舍設備

45. 圖書館總館是一獨立之建築，抑附設在其他建築之內？
    □獨立建築，全部可使用之淨面積共＿＿＿平方公尺。
    □附設在其他建築之內，全部可使用之淨面積共＿＿＿平方公尺。
46. 校內如有分館，各分館合計可使用之淨面積（總館除外）共＿＿＿平方公尺。
47. 館內有無以下各室？
    □一般閱覽室＿＿＿間，可容＿＿＿人。
    □參攷室＿＿＿間，可容＿＿＿人。
    □指定圖書閱覽室（Reserved Books Reading Room）＿＿＿間，可容＿＿＿人。
    □期刊報紙閱覽室＿＿＿間，可容＿＿＿人。
    □輕鬆讀物瀏覽室（Browsing Room）＿＿＿間，可容＿＿＿人。
    □視聽資料室（A-V Room）＿＿＿間，可容＿＿＿人。
    □研究小間＿＿＿間，可容＿＿＿人。
    □講演廳＿＿＿間，可容＿＿＿人。
    □複印室＿＿＿間。

　　　　□裝訂室。
48. 全館總容量：
　　共有閱覽席位_____席（其中總館共_____席，各院系分館共_____席）。
　　最大容書量_____冊（其中總館可容納_____冊，各分館可容納_____冊）
　　最大容書面積（包括總館和分館）共_____平方尺。
　　全館各辦公室總面積共_____平方尺。
49. 最近有無建新館計劃？□無，□有（請簡要說明）：_____

玖、圖書館自動化（即用電腦作業）
51. 有無圖書館自動化？
　　□無。
　　□有：□編目分類自動化　　□圖書採購自動化　　□期刊自動化
　　　　　□參攷服務自動化　　□圖書出納自動化　　□館際互借自動化
　　　　　□其他項目自動化（請寫明）：_____

拾、問題與意見
52. 當前貴館所遭遇的困難（若項目甚多，請以另紙寫出）：
53. 解決上述困難的可能途徑（請依上述問題次序，分項答覆；若項目甚多，請以另紙寫出）：

　　　　　　　　　　　　　　　　　『行政院國家科學委員會』資助
　　　　　　　　　　　　　　　　『國立臺灣大學』文學院圖書館學系
　　　　　　　　　　　　　　客座教授研究報告，胡述兆撰（1984年12月）

圖書館學的界説

【摘要】本文係對圖書館學的意義與範圍作一界説。自1887年杜威在美國哥倫比亞大學所創設圖書館學院的課程開始，循歷史發展的過程，析述圖書館學的內涵在每一重要階段的變動與修改。最後列舉臺大與美國UCLA兩校有關圖書館學的科目，並簡要比較其異同。

I

什麼是圖書館學，不但有仁智之見，而且因時因地而異，所以至今難有一個公認恰當的定義。大體言之，我們也許可以這樣説：

以科學方法，研究圖書館的發展與運作的各種必備知識之理論與實際的學科，謂之圖書館學。

所謂圖書館的發展與運作的必備知識，簡單説來，應包括圖書、圖書館、印刷、出版、目錄學等的起源與發展，圖書館的組織與管理，資料的採訪、整理、保存、閱覽、參攷與外借，館際合作與資源共享，圖書館與社會，以及圖書館學與其他學科的關係等知識在內。

圖書館學既稱爲一種科學（science），那就必須以科學的方法來研究它。所謂科學的方法，就是有組織有系統的實徵性研究方法（empirical method）。組織與系統是科學的基本要件，實徵法則係對神學的方法（theological method）而言。前者我們可以實際感到其存在，例如對圖書資料的良好編目分類，可以便利讀者的利用，這是大家可以看到或實際感到的事實。神學的方法則不然，它只是一種看不見的想像或臆測，比方説某人的病好了，是由於神的保佑，神在那裏？如何保佑法？我們都看不到，所以這種説法在科學上不能成立。

科學方法可以大別爲兩種型態，那就是演繹法（deductive method）與歸納法（inductive method）。前者始行於古代的希臘，亞里斯多德（Aristotle, 384—322 B.C.）爲主要倡導者；後者盛行於文藝復興時代的歐洲，達文西（Leonardo da Vinci, 1452—1519）、培根（Francis Bacon, 1561—1626）等人鼓吹最力。

演繹法是從一個通則性的結論開始，用邏輯的推理法得到個別的結論。此法的最佳説明，可以論理學（Logic）上的三段論法來表示，其形式如下：

人皆會死（Man is mortal），

亞里斯多德是人（Aristotle is a man），

所以亞里斯多德會死（Hence, Aristotle is mortal）。

上面第一句話是世人早已得到的總結論，它在論理學（也有人從英文的Logic直譯爲邏輯學）上的三段論法（Syllogism）中稱做大前提（major premise）；第二句話的性質與第一句話相同，即都屬於人類，它在三段論法中叫做小前提（minor premise）；第三句話是結論（conclusion），乃係根據前面兩個前提推理而得到的當然結果。因爲亞里斯多德是人，而人皆會死，所以他也會死。

歸納法與演繹法相反，它是將許多個別的事例加以分析，尋求它們的共同特點，而得到一個通則性的結論。舉例來說，在圖書館中我們把各種檢索資料的款目（entry），如書名（title）、著者（author）、主題（subject）、索書號（call number）等，都叫做接觸點（access point）或檢索點（searching point）。根據我們在圖書館服務的經驗，由於讀者檢索資料的習慣不同，需要不同，所以找尋資料的接觸點也不相同。為了迎合讀者不同的習慣與滿足他們不同的需要，我們只好儘量提供接觸點，使他們容易找到資料。由是我們得到一個通則性的結論：圖書資料的接觸點愈多愈好。

明瞭了什麼是科學方法以後，我們現在再回過頭來談談圖書館學這個學科的英文名詞。英文中有兩個用語，即 library science 與 librarianship，我們都把它譯作圖書館學。不過也有人認為，library science 只偏重於學科的訓練，而 librarianship 則於學科訓練之外，再加上圖書館專業的經驗與活動。我們認為這兩個用語意義相通，不必多加區分。只是在美國與加拿大一般喜歡用 library science，而在英國則 librarianship 一詞用得較為普遍，此從這幾個國家的圖書館學研究院、所的名稱中可以分辨出來。在美、加地區業經美國圖書館學會（ALA）認可的六十多個圖書館學研究院、所的名稱中，除美國的丹佛大學（University of Denver）、華盛頓大學（University of Washington）與加拿大的英屬哥倫比亞大學（University of British Columbia，現已屬於加拿大，與英國無關）等三個圖書館學研究所的名稱中，有 librarianship 這個字（前者稱 Graduate School of Librarianship and Information Management，後二者叫 School of Librarianship），其餘的名稱都是用 library science 或 library and information science。①在英國的十七個圖書館學的系、所中，却有十個用了 librarianship 這個名詞。②由此可見，在英國與北美人士的心目中，這兩個名詞的意義是沒有區別的。

圖書館成為一門研究的學科，在西方已有很久的歷史。曾為羅馬設計一座公共圖書館的瓦諾（Marcus Terentius Varro, 116—27 B. C.），在公元前一世紀就有『圖書館論』（De bibliothecis; On Libraries）的著作，這可能是西方最早的一本有關圖書館的專書。惜未流傳下來。③現在所知道的一本最早的圖書館著作，為一六二七年法國學者樂德（Gabriel Naude, 1600—1653）所著的 Advis pour dresser une Bibliothequs。樂德為當時法國著名的目錄學家與歷史學家，曾被法國紅衣主教 Cardinal Mazarin（1602—1661）任命為其於一六四二年在巴黎所建立的圖書館 Bibliothèque Mazarine 的館長。他的書於一六六一年譯成英文，名為 Advice on Establishing a Library。④

一八八七年，美國圖書館學先驅杜威（Melvil Dewey, 1851—1931），在紐約的哥倫比亞大學（Columbia University）所設立的圖書館學院（School of Library Economy），為舉世第一個圖書館的正規教育機構，也可以說是近代圖書館學的開始。

我國的目錄學就是早期的圖書館學，若自西漢末季劉向劉歆父子的別錄與七略算起，則至今已有兩千年以上的歷史。不過真正以圖書館學為研究對象的圖書館教育，却是近七十年的事。民國九年（一九二〇），美國韋棣華女士（Mary Elizabeth Wood, 1861—1931）在武昌文華大學所創立的圖書科，為我國圖書館正規教育的濫觴，也是我國現代圖書館學的開始。一九四九年後，臺灣省立師範學院（今『國立臺灣師範大學』的前身），首先於一九五五年在其社會教育學系設立圖書館學組。一九六一年，『國立臺灣大學』奉准在其文學院設立圖書館學系，成為臺灣地區第一個完整的圖書館學系。其後輔仁大學、淡江大學與世界新聞專科學校，亦分別於一九七〇年、一九七一年與一九六四年，相繼設立圖書館學系、科。一九八〇年，臺灣地區第一個圖書館學研究所碩士班在臺大成立，使臺灣的圖書館教育，逐漸向西方標準看齊。茲者『教育部』已原則同意，於一九八八年在本所設立博士班，屆時臺灣地區圖書館學的研究，將進入一個新的境界。

II

　　圖書館學是一門牽涉極廣的學問，要界定它的範圍，甚為不易。一九七〇年以後，資訊學（information science）⑤的發展一日千里，這門新興的學科，不但與圖書館學關係密切，而且有些地方常常糾纏不清，所以現在要為圖書館學的範圍作一適切的界說，更為困難。所幸圖書館學成為一個研究的學門，已有百年歷史，一些基本的科目，大家已有共識。雖然由於時代的不同，這些科目的名稱與內容都不免有若干差異，但其演變的歷程，仍有脈絡可尋。

　　一八八七年一月五日杜威在哥倫比亞大學成立的美國第一所圖書館學校，只是一個不授予學位的兩年制專修班。它的第一班二十名學生，差不多都是當時在職的圖書館工作人員。由於教育的方法採用學徒式（apprenticeship），所以課程極為簡單，只有編目（cataloging）、分類（classification），目錄學（bibliography）、圖書館經營（library economy，相當於現在的圖書館管理與行政）等幾門基本科目，外加專題演講（advice leading librarians，即由圖書館的資深館員，分別就圖書與圖書館的相關問題，為學生解說）。學生除了在教室上課外，每天都有三小時的圖書館實習，以便學生親自去體驗圖書館的實務工作。⑥

　　一九一九年四月，紐約卡奈基公司（Carnegio Corporation of New York）委託威廉生（Charles C. Williamson），調查當時美國十五所圖書館學校的教育設施。根據他於一九二一年向該公司提出的調查結果，其中十一個學校的專業圖書館課程（有四校尚未提出課程報告），共有廿六門。他並依這些科目授課的時數多少排列，製成表1和圖1。⑦

表1　Number of Hours of Classroom Instruction Given by Eleven Library Schools in the Major and More Important Minor Subjects in the Curriculum

Subjects	School											Average for 11 schools reporting
	1	2	3	4	5	6	7	8	9	10	11	
Cataloguing	44	57	105	90	57	45	35	66a	43	61	61	60
Book Selection	57	60	27	60	36	52	50	60	76	45	32	50
Reference Work	53	47	44	60	30	50	30	44	36	69	60	48
Classification	42	47	44	25	35	30	20	33b	28	32	33	34
Administration	76	25	20	18	36	37	20	40	27	17	34	32
Children's Work	15	6	18	30	9	18	35	12	c	27	24	18
Current Events	15	c	35	c	18	c	15	c	30	24	32	15
Public Documents	13	12	10	25	10	15	10	16	12	11	20	14
Subject Headings	30	17	15	20	10d	e	10	e	e	19	30	14
Subject Bibliography	f	30	6	g	13	10	12	10	26	32	f	13
History of Libraries	3	30	14	32	10	2	10	5	10	8	8	12
Fiction	6	gh	25	5	gh	10h	10h	24	gh	16	32	12
Lending Systems	6	10	5	7	6	19	10	8	13	16	18	11
Trade Bibliography	10	17	4	30	7	10	8	gi	6i	16	f	10
Binding and Repair	7	12	7	9	10	10	23	5	4	6	12	10
Printing & Publishing	13	10	8	9	2	9	18	c	5	9	6	8

（續上表）

Subjects	School											Average for 11 schools reporting
	1	2	3	4	5	6	7	8	9	10	11	
Order Work	4	9	6	6	5	5	5	16	12	8	3	7
School Libraries	2	26	1	9	6	1	20	g	j	j	2	5
Library Buildings	4	9	4	6	k	6	3	3	8	5	6	5
Filing	2	1	8	6	4	1	10	g	10	2	4	4
Community Relations	g	g	3	g	g	9	15	g	10	8	g	4
Shelf Work	2	7	9	3c	2	2	3i	d	8	2	2	4
Language	m	m	23	m	m	m	m	m	m	m	20	4
Accessioning	3	2	3	9	4	8	2	i	i	2	2	3
Indexing	3	9	5	9	3	1	g	g	n	c	3	2
Inventory	1	o	o	o	p	1	lo	g	o	2	1	1

a-includes shelf listing
b-includes subject headings
c-not given
d-included in cataloguing
e-included in classification
f-included in reference work
g-not segregated
h-included in book selection
i-included in order work
j-included in children's work
k-included in library administration
l-included in indexing or cataloguing
m-required for entrance
n-included in filing
o-included in shelf work
p-included in accessioning

從上面兩個圖表中，我們可以很清楚地看出，有五門課在當時特別注重，它們在十一個學校中的平均授課時數均在卅小時以上，依次為編目（六十小時）、圖書選擇（五十小時）、參攷工作（四十八小時）、分類（卅四小時）、行政（卅二小時）。其餘各科均不到廿小時，其中在十小時以上者包括：兒童服務工作（十八小時）、時事（十五小時）、官書（十四小時）、主題標目（十四小時）、專科書目（十三小時）、圖書館史（十二小時）、小說（十二小時）、借閱系統（十一小時）、商業書目（十小時），及裝訂與修補（十小時）。餘下的十一科均在八小時以下，而以盤存（inventory）與索引法（indexing）授課的時數最少，前者僅一小時，後者僅二小時。總結一句話，我們也許可以這樣說，在一九二〇年以前，美國的圖書館教育，大體上是以編目、圖採、參攷服務、分類與圖書館行政等五個科目，為其核心課程（core curriculum），其餘的廿一個科目則可稱之為專業選修課程。

一九五三年八月十日至十五日，芝加哥大學圖書館學研究所召開一項研討會，邀集圖書館教育與實務專家，就圖書館的核心課程問題，舉行為期一週之研討。與會人士除重申核心課程之必要外，並認為圖書館的基本教育應包括以下幾個方面[8]：

1. 圖書館與社會及其彼此關係之研究。
2. 圖書館專業的意義與特性。
3. 圖書資料之解釋、欣賞、評估、選擇與利用。

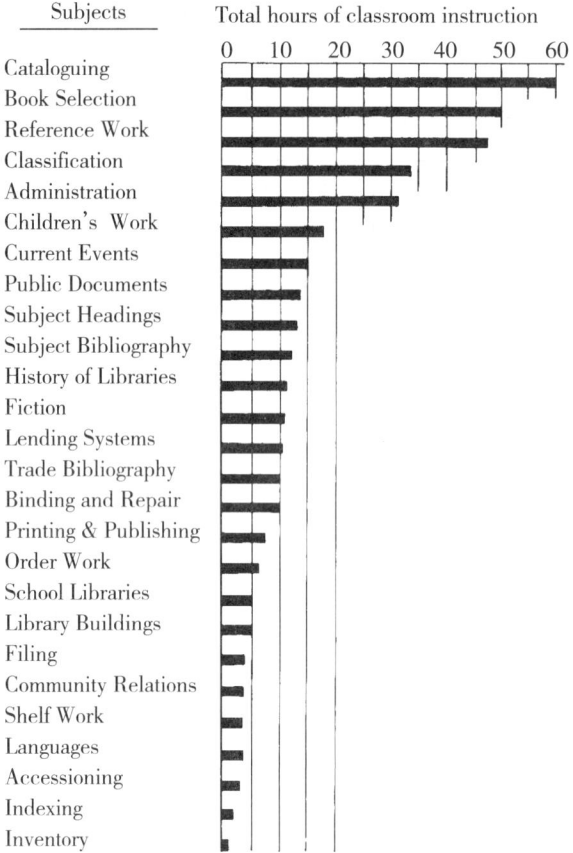

圖1　Amount of Time Devoted to Instruction in the Various Subjects in the Library School Curricula. Based on Statistics from Eleven Schools.

4. 圖書館組織與管理的各種型態與基本原則。
5. 讀者服務的組織與特點。
6. 過去與現在傳播的功能與特性之介紹。
7. 研究方法的功能及其應用之介紹。

特別值得注意的是，與會人士不主張把實務工作（practice work）列入基本課程之中，以免重蹈過去學徒式教育的覆轍。

一九七〇年，麗德教授（Professor Sarah R. Reed）曾對五十個 ALA 認可的圖書館學研究所的核心與選修課程，進行全面調查[9]，發現各校核心課程的分布情形與所佔百分比如表2[10]。

從表2看來，各校的核心課程可以大別為十個主題範圍，即：參攷與書目，編目分類，圖書採訪，圖書館學導論或圖書館與社會，行政管理與系統分析，研究方法，圖書與圖書館史，資訊學，傳播與圖書館，及圖書館問題與趨勢研討。這些核心科目，不一定全是必修，有的是選修，更有的包含在其他科目中。有些核心課程，亦不一定在五十個學校中全有。例如傳播與圖書館，只有廿二個學校開授，且多屬選修科目。又如問題與趨勢研討，只在卅七校中全有，且在卅校中為選修。不過參攷、編目分類與行政三科，不但五十校中全有，而且多屬必修科；其次為圖書採訪，在四十六校中卅二校列為必修。可見它們是核心中之核心。又五十校中每校都有資訊學的課程，雖然多屬選修，但已可看出圖書館教育的新趨勢。

表2　Distribution of Core Courses by Number and Percent of Schools

Courses	Required Courses	Elective Courses	Content Included in Other Courses	Schools Offering Courses	
				Number	Percent
Reference and bibliography	42	5	3	50	100
Cataloging and classification	42	4	4	50	100
Selection and acquisition	32	10	4	46	92
Introduction to librarianship; library in society	26	11	3	40	80
Administration, management, and systems analysis	24	3	23	50	100
Research methods	14	29	0	43	86
History of books and libraries	9	35	4	48	96
Information science	8	36	6	50	100
Communication and libraries	4	18	0	22	44
Seminar: issues and trends	3	30	4	37	74

關於各校的選修科目，麗德亦有統計分析，詳如表3[11]。

表3　Distribution of Electives by Number of Schools Offering Them and by Number and Percent of Elective Courses Offered VS. Unique Required Course Offerings

Subject Area	Electives		Number of Schools Offering Electives	Number of Schools in Which only Course Offered is Required	Total Number of Schools Offering Course(s) in Subject Area
	No.	Percent			
Background	179	100			
History of books, libraries, etc.	91	51	44	2	46
Communications, including intellectual freedom	26	15	20	4	24
Publishers and publishing	17	9	17	0	17
Library in society	15	8	13	14	27
Introduction to librarianship	5	3	5	11	16
Comparative librarianship and international relations	25	14	21	0	21
Administration	525	100			

(續上表)

Subject Area	Electives		Number of Schools Offering Electives	Number of Schools in Which only Course Offered is Required	Total Number of Schools Offering Course(s) in Subject Area
	No.	Percent			
General course	58	11	32	8	40
Library systems	8	2	8	0	8
Systems analysis	14	3	13	1	14
Automation and libraries	12	2	11	1	12
Buildings and equipment	13	2	12	1	13
Academic librarianship	61	12	43	0	43
Public librarianship	52	10	43	0	43
Work with children and young people	55	10	42	0	42
School librarianship	116	22	48	0	48
Special librarianship	136	26	49	0	49
Reference, etc.	340	100			
General course	46	14	30	19	49
Government publications	46	14	43	0	43
Serials	8	2	8	0	8
A-V materials	38	11	31	0	31
Humanities literature, including humanities and social sciences literature	75	22	46	1	47
Social sciences literature	54	16	40	1	41
Science and technology literature	73	21	49	0	49
Materials and services, exclusive of reference	186	100			
Materials for children, including materials for children and young people	68	37	47	0	47
Storytelling	21	11	21	0	21
Materials for young people	32	17	32	0	32
Materials for adults	36	19	26	0	26
Reading	29	16	21	0	21
Technical services	326	100			
Selection and acquisition	27	9	23	20	43
Bibliography (related to technical services)	16	5	15	0	15

(續上表)

Subject Area	Electives		Number of Schools Offering Electives	Number of Schools in Which only Course Offered is Required	Total Number of Schools Offering Course(s) in Subject Area
	No.	Percent			
Technical services	25	8	23	4	27
Cataloging and classification	83	25	44	6	50
Classification	20	6	16	0	16
Indexing and abstracting	17	5	15	0	15
Information science	135	41	43	1	44
Reprography	3	1	3	0	3
Library education	25	100	21	0	21
Study and research	175	100			
Research methods	39	22	32	12	44
Seminars	45	26	32	1	33
Directed study	91	52	48	0	48

　　麗德將各校的選修課程分為七大類與卅九小類，每小類再分為若干科目，合併計算，五十個學校共有選修課程1756門。各大類所包含的科目數及其所佔的百分比如表4[12]。

表4　Summary of Number and Percent of Electives Offered

Subject	Number Offered	Percent of Total
Background	179	10
Administration	525	30
Reference	340	19
Materials and services	186	11
Technical services	326	19
Library education	25	1
Study and research	175	10
Total	1756	100

　　從這個總表中的數字來分析，行政類所包括的課程最多，達525門，佔全部選修課程中的30%。其次為參攷，計340門，佔19%。再次為技術服務（包括資訊課程），共326門，亦佔19%，其中資訊科目達135門，較編目類（103門）與圖採（27門）的總數130門為多，這是非常值得注意的現象。其餘四大類所包含的科目都未達到200門，而以圖書館教育為最少，僅25門，只佔選修科目中的1%，這是因為美國的圖書館專業教育（指碩士階段而言），不是以培育圖書館研究所的師資為目標。

1970 年代以來，由於電腦（computer）與衛星（satellite）技術的突飛猛進，引起了所謂的『資訊革命』（Information Revolution），使各行各業受到極大的衝擊，圖書館更不例外。圖書館教育機構，為迎合圖書館自動化作業的需要，紛紛調整其課程結構，藉資因應。據藍卡斯特（F. Wilfrid Lancaster）的看法，資訊時代的圖書館教育，其基本課程應包括以下幾個單元（表5）[13]。

表5　Library School Curriculum

1. Introduction to Librarianship
   Basic introductory graduate level course to be taken by all new students.
2. Core Courses
   Recommended for all students, although not necessarily required.
   a. Cataloging and Classification
   b. Library Administration and Organization
   c. Reference Service and Sources
      1) Humanities ⎫
      2) Science   ⎬ options
3. "Information Science"
   a. Introduction to Information Retrieval
   b. Indexing Abstracting: Theory and Practice
   c. Vocabulary Control for Information Retrieval
   d. Evaluation of Information Products and Services
   e. The Users of Information Services: Information Flow and Information Needs
   (Note: 3a is a prerequisite for 3b – 3e.)
   f. Introduction to Library Automation
   g. Advanced Automation: Systems Analysis and Programming
   h. Telecommunications in Library Applications
   (Note: 3f is a prerequisite for 3g and 3h.)
   i. Scientific Management Principles Applied to Library Problems
   j. Reprography and Facsimile Transmission
   k. (Related courses from other departments, e.g., Computer Science, Linguistics)
4. Other Courses in the Curriculum

A full range of options, including advanced courses in cataloging and classification, administration and reference work, and specialized courses of various types (e.g., children's literature, medical literature and reference work), ad infinitum (i.e., the complete spectrum of courses offered as options in an accredited school).

(Note: There may be some justification for including 3a as "core" courses in the curriculum).

藍氏是根據圖書館在資訊社會中所扮演的角色，將資訊學中的有關科目，納入圖書館研究所的基本課程中。依據他的構想，這種課程應包括以下四個單元：

1. 圖書館學導論：這是研究所階段的基本導論科目，所有學生必修。
2. 核心科目：雖不必硬性規定必修，但建議所有學生都選修。這些核心科目包括：
   a. 編目分類。
   b. 圖書館行政與組織。
   c. 參考服務與資源，又可分為：
      （1）人文方面的參考服務與資源；

(2) 科學方面的參攷服務與資源。
以上兩項是否要作如此細分，視情形而定，可自由選擇（options）。
3. 資訊學，包括以下科目：
　　a. 資訊檢索導論。
　　b. 索引與摘要之理論與實際。
　　c. 資訊檢索之字彙控制。
　　d. 資訊產品與服務之評估。
　　e. 資訊服務之讀者，即資訊之流通與需要。
注意：以上五門科目，第一門爲其後四門的先修科目。
　　f. 圖書館自動化導論。
　　g. 高級自動化：系統分析與程式設計。
　　h. 電磁通信學在圖書館的應用。
注意：f 爲 g、h 的先修科目。
　　i. 科學管理原理在圖書館問題上之應用。
　　j. 複印與複製傳送術。
　　k. 其他外系的有關科目，如電腦學、語言學等。
　　4. 其他相關課程，這些科目可以自由選擇，包括：高級分類編目，行政與參攷服務；各種專科文獻，如兒童文獻、醫學文獻、參攷工具書等；以及其他各種選修科目。
　　注意：資訊學中之資訊檢索導論與圖書館自動化導論兩個科目，也許可包括在核心科目之內。
　　藍氏是資訊學專家，所以對資訊學特別重視。我們細心分析一下他所設計的圖書館學課程結構，在其所列舉的十四門具體科目中，竟有十門屬於資訊學的範圍。不過有一點值得注意，藍氏仍把圖書館學導論、編目分類、圖書館行政、參攷服務等傳統性的科目，列爲所有學生的必修或必選的科目，可見即使是資訊時代，這四門課仍爲圖書館教育不可或缺的核心課程。

III

　　爲了幫助讀者瞭解現階段圖書館學的研究範圍，我們特以美國加州大學洛杉磯分校（UCLA）的圖書館學與資訊科學研究院爲實例，來分析一下它的課程結構。該院的教育設施，向以進步著稱，在美國圖書館教育界頗負時譽。在其一九八四至一九八五年的簡介中，列舉了以下科目（科目之排列係依原文次序，但科目前之號碼是筆者外加的，旨在便利統計與分析）[14]：
  1. Information Resources and Libraries（資訊的來源與圖書館）
  2. Ethnic Groups and Their Bibliographies（種族群及其書目）
  3. Computer Programming for Library Operations and Services（圖書館作業服務的電腦程式設計）
  4. Historiography of Librarianship, Bibliography, and Information Science（圖書館學、目錄學與資訊學史料）
  5. Seminar on International and Comparative Librarianship（國際與比較圖書館學研討）
  6. Seminar on Library History（圖書館史研討）

7. Seminar on Descriptive and Bibliographical Cataloging（記述與書目編目研討）
8. Seminar on Subject Control of Library Materials（圖書館資料主題控制研討）
9. Seminar on Indexing（索引法研討）
10. Seminar on Abstracting and Abstract Services（摘要法與摘要服務研討）
11. Bibliography of Science, Engineering, and Technology（科學、工程與技術書目）
12. Bibliography of the Health and Life Sciences（衛生與生命科學書目）
13. Literature of the Social Sciences（社會科學文獻）
14. Literature of the Humanities and Fine Arts（人文科學與美術文獻）
15. Latin American Research Resources（拉丁美洲研究資源）
16. Legal Bibliography（法學書目）
17. Afro-American Bibliography（非裔美國人書目）
18. Africana Bibliography and Research Methods（非洲書目及其研究方法）
19. History of Publishing and Book Trade（出版與圖書業史）
20. Contemporary Publishing and the Distribution of Information（當代資訊的出版與分配）
21. Information Systems Analysis and Design（資訊系統分析與設計）
22. Measurement and Evaluation of Information Systems and Services（資訊系統與服務評量）
23. Information Retrieval Systems（資訊檢索系統）
24. Human/Computer Communication（人與電腦溝通）
25. Seminar on Special Topics in Information Science（資訊學專題研討）
26. Reading and Reading Interest（閱讀與閱讀興趣）
27. Reading Interest of Children（兒童閱讀興趣）
28. Historical Bibliography（歷史性書目）
29. Analytical Bibliography（分析性書目）
30. Seminar on Historical Bibliography（歷史性書目研討）
31. Seminar of Intellectual Freedom（學術自由研討）
32. Research Seminar in Library and Information Science（圖書館與資訊學研究方法研討）
33. Information Needs, Uses, and Users（資訊的需要、利用與利用者）
34. Information Resources for Business（商業資訊來源）
35. Records Management（紀錄管理）
36. Research Methodology（研究方法）
37. Teaching Apprentice Practicum（學徒式實習教學）
38. The Information Professions（資訊專業）
39. Fudamentals of Bibliography（目錄學基礎）
40. Automation of Library Processes（圖書館資料處理自動化）
41. Descriptive Cataloging（記述編目）
42. Introduction to Subject Access: Alphabetic-Subject Indexing（主題接觸導論：字順主題索引法）
43. Introduction to Subject Access: Systematic Indexing（主題接觸導論：系統索引法）
44. Introduction to Subject Access: Thesaurus Construction（主題接觸導論：索引典結構）

45. Cataloging and Classification of Nonbook Materials（非書資料編目分類）
46. Principles of Indexing and Abstracting（索引法與摘要法原則）
47. Information Resources and Services Ⅰ（資訊來源與服務）
48. Information Resources and Services Ⅱ（高級資訊來源與服務）
49. Computer-Based Information Resource（電腦資訊資源）
50. Printing for Bibliographies（目錄之印刷）
51. Selection and Acquisition of Library Materials（圖書館資料採訪）
52. Special Problems in the Selection of Materials and Evaluation of Collections（館藏之評估與資料選擇之特殊問題）
53. Media Librarianship（媒體圖書館學）
54. Management of Libraries（圖書館管理）
55. Library Personnel Administration（圖書館人事行政）
56. Information Neworks（資訊網）
57. Library Services for Youth（圖書館對青年的服務）
58. Library Space Planning（圖書館空間設計）
59. College, University, and Research Libraries（大學院校與研究圖書館）
60. Public Libraries（公共圖書館）
61. School Libraries（學校圖書館）
62. Library Services and Programs for Children（圖書館之兒童服務）
63. Storytelling to Children and Adults（對兒童與青少年講故事）
64. Seminar on Current Topics in Public Libraries（當代公共圖書館研討）
65. Special Libraries and Special Collections（專門圖書館與特藏資料）
66. Health and Life Science Libraries（衛生與生命科學圖書館）
67. Law Librarianship（法學圖書館）
68. Government Information（政府出版物）
69. American Archives and Manuscripts（美國的檔案與手稿）
70. Issues and Problems in Preservation of Library Materials（圖書館資料保存問題）
71. Special Studies in Library and Information Science（圖書館的資訊科學專題研究）
72. Advanced Legal Bibliography（高級法學目錄學）
73. Seminar on Current Issues in Librarianship（當代圖書館問題研討）
74. Library Service to Special Population Groups（特殊人口群服務）
75. Professional Communication（專業溝通）
76. International Communication for Librarians and Information Scientists（圖書館員與資訊學家的國際溝通）
77. Training and Supervision of Teaching Assistants（助教之訓練與監督）
78. Fieldwork in Libraries or Information Organizations（圖書館或資訊機構實習）
79. UCLA Internship（UCLA 校內圖書館工讀）
80. Off-Campus Internship（校外圖書館工讀）
81. Directed Individual Study or Research（指導下的各別研究）

這八十一門課，雖然包含該院大學部、碩士班與博士班的全部課程在內，但不必就其內容的深度再作區分，因為它們都是針對圖書館這個專業的需要而開授。不過我們可以依其性質把它們歸納到以下幾個圖書館學的領域：

1. 圖書館學基礎：圖書館當代問題研討，圖書館與資訊科學專題研究，國際與比較圖書館學研討，媒體圖書館學，學術自由研討，研究方法，圖書館學與資訊科學之研究方法研討，圖書館史研討，圖書館學目錄學與資訊學史，出版與圖書業史，當代資訊的出版與分配，專業性溝通，圖書館員與資訊科學家的國際溝通。

2. 圖書館管理：圖書館管理，圖書館人事行政，圖書館空間設計，實習與工讀，大學院校與研究圖書館，公共圖書館，學校圖書館，當代公共圖書館問題研討，專門圖書館與特藏資料，衛生與生命科學圖書館，法學圖書館。

3. 圖書館技術服務：圖書館資料採訪，館藏評估與資料選擇之特殊問題，記述編目，非書資料編目分類，索引與摘要原理，記述與書目編目研討，圖書館資料主題控制研討，索引法研討，摘要與摘要服務研討，書目之印刷，圖書館資料之保存問題。

4. 圖書館讀者服務：種族群及其書目，科學、工程與技術書目，衛生與生命科學書目，社會科學文獻，人文科學與美術文獻，拉丁美洲研究資源，法學書目，非裔美國人書目，非洲書目及其研究方法，歷史性書目，閱讀與閱讀興趣，兒童閱讀興趣，分析性書目，歷史性書目研討，商業資訊來源，目錄學基礎，資訊來源與服務，高級資訊來源與服務，圖書館對青年的服務，圖書館對兒童的服務，對兒童與青少年講故事，政府出版物，美國的檔案與手稿，高級法學書目，特殊人口群服務。

5. 資訊學相關科目：資訊系統的分析與設計，資訊系統與服務評量，資訊檢索系統，資訊學專題研討，人與電腦溝通，資訊的需要、利用與利用者，資訊專業，圖書館資料處理自動化，電腦資訊資源，主題接觸導論——字順主題索引法，主題接觸導論——系統索引法，主題接觸導論——索引典結構，資訊網，資訊來源與圖書館，圖書館作業與服務的電腦程式設計。

以上的分組，只是個人的淺見，各種科目的歸屬，容有仁智之不同。不過 UCLA 在美國的圖書館與資訊科學研究院中，頗具代表性，從以上的簡單分析，我們大體可以看出目前美國圖書館教育課程之範圍、重點與趨勢。

再就中國來說，早在民國廿四年，李景新氏就已將圖書館學劃分爲『歷史的』與『系統的』兩個範疇。兩者的內涵如圖 2。⑮

李氏的體系，條理相當分明，五十年前有此構思，頗爲難能。不過如把『系統的圖書館學』除去，而將理論的圖書館學、實際的圖書館學，與歷史的圖書館學鼎足而三，在邏輯的層次上似乎更爲合理。其次，『形式論』中的特別圖書館、機關圖書館與團體圖書館，均可歸並於專門圖書館中，而紀念圖書館、巡迴文庫、流通圖書館與個人圖書館，則可分別歸並於公共圖書館與私立圖書館中。復次，五十年前視聽資料與資訊學均尚未出現，以致在李氏的圖書館學體系中皆付闕如，所以李氏的體系雖有參攷價值，但不合現在的需要。

目前臺灣大學圖書館系的課程，乃係根據中國的傳統與西方的趨勢而制訂，依該系於一九八三年遵照『教育部』標準所修訂之新課程，其基本結構分爲五部分⑯：（1）部定各學院共同必修科目（廿八學分）；（2）部定本系核心必修科目（五十學分）；（3）系定必修科目（卅五學分）；（4）選修科目（十五學分）；（5）外系副主修或輔系科目（廿學分）。

以上五項共一四八學分，爲本系的畢業分數。除（1）（5）兩項爲普通科目及外系科目外，其餘三項均爲本系的專業科目。過去三年本系所開授的圖書館學專業科目共有八十五科。茲依前述 UCLA 課程分類之例，將它們歸屬於圖書館學的五個主要領域：

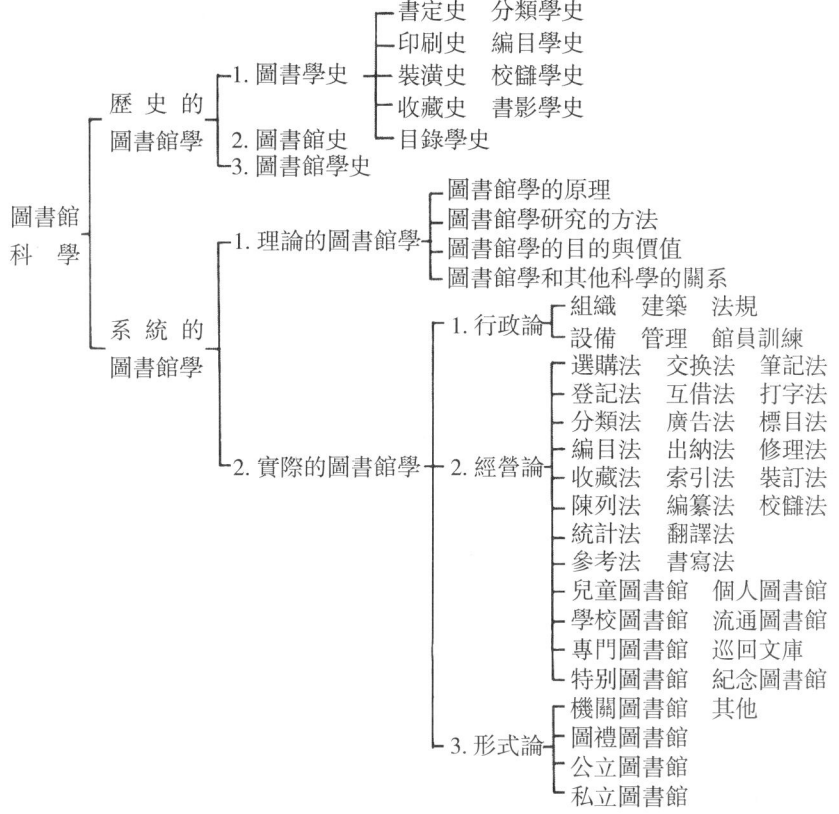

圖 2　圖書館學的範疇

1. 圖書館學基礎：圖書館學導論、圖書館學專題、大眾傳播、圖書史、圖書館史、當代圖書館問題、研究方法、論文寫作、研究方法與論文寫作、視聽教育研究、圖書館教育、比較圖書館學、作業研究、出版與印刷、中國印刷史研究、中國版本學研究、中國目錄學專題研究、系統分析、圖書館統計學、圖書館實用英文、英文圖書館學文獻選讀、古書整校、叢書學、目錄學。

2. 圖書館管理：圖書館管理、圖書館行政研討、圖書館作業評估、圖書館實習、大學圖書館、大學圖書館研討、公共圖書館、公共圖書館研討、學校圖書館、兒童圖書館、專門圖書館、電腦中心管理。

3. 圖書館技術服務：圖書資料徵集、中文圖書分類編目、西文圖書分類編目、館藏規劃、分類理論研究、杜威分類法、國會圖書館分類法、日文圖書館分類編目、視聽教材製作、檔案設計原理、檔案設計應用、圖書館資料處理、索引及摘要、古籍編目、技術服務研討。

4. 圖書館讀者服務：中文參考資料、西文參考資料、讀者服務研討、非書資料、視聽資料、參考服務導論、特殊讀者服務、人文科學文獻、社會科學文獻、科技文獻、青少年及兒童讀物、西洋兒童讀物、日文參考資料、政府出版物、中國傳記文獻、中國古典參考工具書、圖書館資源分享。

5. 資訊學相關科目：資訊學導論、電子計算機概論、電子計算機專題、電子計算機資料結構、中國電子計算機研究、資訊學教育、資訊學研討、圖書館自動化、電子計算機在圖書館之應用、微電腦在圖書館之應用、資訊儲存與檢索、索引典結構、資料庫概論、線上資訊檢索、資訊系統、資訊管理、資訊政策。

臺大圖書館學系、所的課程，無論就範圍與數量而言，在臺灣目前各大圖書館學系中均頗具代表性，故其他各校的課程在此不再列舉。

與其他國家的同類系、所相比，臺大目前所開授的八十五門課程，在數量上不比他們爲少。不過由於各自的情況不同，科目的種類與內容均有一些差異。

IV

綜上所述，我們得到一個基本概念：圖書館學的界說雖因時因地而異，不可一概而論，但有幾點值得注意。

首先，自杜威時代開始，圖書館學的範圍，一直包含著幾門核心課程，那就是圖書採訪、分類編目、參攷服務與圖書館行政。這些科目可能在不同的時代、不同的地方，有不同的名稱與內容。例如，杜威時代將分類編目分科講授，而將圖書採訪納入於圖書館經營與圖書館實習中。又如圖書館行政，就是杜威時代的圖書館經營，也有人稱之爲圖書館組織與行政或圖書館組織，時下則多喜用圖書館管理。參攷服務也有稱爲參攷工作的，或參攷咨詢服務，現在更細分爲各類文獻及各類讀者服務。編目分類的名稱變化較少，不過現在也有人將其併稱爲資料組織的。

其次，由於資訊時代的到來，一些基本的資訊課程，如資訊學導論、資訊儲存與檢索、圖書館自動化、資訊系統等，均已成爲圖書館學課程中不可或缺的部分。

最後值得一提者，在比較臺大與 UCLA 的課程結構後，我們發現兩者圖書館學的範圍大同而小異，只在特殊科目與內容重點上差別較多。例如，我們有關中國方面的課程，均爲其所無，而他們在讀者服務方面的課程則較我們爲多，這固是由於雙方的實情不同所致，但他們對讀者服務特別重視也是事實。又如在資訊學方面，我們目前所開授的課程均屬入門性質，而他們的內容層次與作業要求均比我們爲高。故增加讀者服務課程與提升資訊課程的內容層次，爲我們現階段圖書館教育的主要努力方向。

附 注

① 參閱 Directory of the Association for Library and Information Science Education (State College, Pa.: The Association, 1985).

② 參閱 International Guide to Library and Information Science Education, edited by Josephine Riss Fang and Paul Naula (New York, etc.: K. G. Saur, 1985), pp. 397-420.

③ 參閱 Encyclopaedia Britannica, 15th edition (1974), Macropaedia, Vol. 10, p. 857.

④ 同前注, p. 687. 參見 Webster's Biographical Dictionary (Springfield, Mass.: Merriam, 1960), pp. 997, 1086.

⑤ 要明瞭什麼叫資訊學 (information science)，應先知道什麼叫資訊 (information)。所謂資訊，是經由傳播、研究、教導、觀察等而獲得的知識 (Information is any knowledge gained through communication, research, instruction, observation, etc.) 也有人說，任何經過處理的知識，都是資訊 (Any knowledge that has been processed is information.)。

資訊學的存在，雖已有數十年的歷史，但至今尙缺乏一個公認最適當的定義。不過由於圖書館的資料，都是經過處理後的知識，也可以說，沒有資訊就沒有圖書館，所以不論從廣義而言，或從狹義而言，資訊學與圖書館學有極爲密切的關係，是無庸置疑的。下面引錄兩則英文定義及其簡單說明，供讀者參玫：

Harold Borko 的定義（他另有一長達一四八字的定義，下面是他自己簡化後的定義）：

    What is information science? It is an interdisciplinary science that investigates the properties and behavior of information, the forces that flow and use of information, and the techniques, both manual and mechanical, of processing information for optimal storage, retrieval, and dissemination.

ASIS brochure 中的定義及其說明：

    Information Science is the study of the characteristics of information and how it is transferred or handled. It is concerned with way people create, collect, organize, label, store, find, analyze, send, receive, and use information in making decisions.

    Information Science is interdisciplinary and multidisciplinary: it borrows from and consists in part of such wide-ranging subjects as logic, mathematics, language arts, psychology and behavioral science, computer science, communications, library science, micrographics, business administration, engineering, operations research, data processing, philosophy any human endeavor.

    Information Science is a relatively new field, having emerged only in the last fifteen to 20 years. The content of Information Science has been recognized since people first began to communicate. Information Science emphasizes the application of modern technologies—the interconnection of procedures, machines, and people—to assist in the transfer and handling of information.

⑥Carl M. White, *A Historical Introduction to Library Education: Problems and Progress to 1951* (Metuchen, N. J. Scarecrow Press, 1976), pp. 53–55.

⑦Charles C. Williamson, *Training for Library Work: A Report Prepared for the Carnegie corporation of New York* (New York: Carnegie Corporation, 1921) pp. 30–31.

⑧University of Chicago Graduate Library School, The Core of Education for Librarianship: A Report of a Workshop Held under the Auspices of the Graduate Library School of the University of Chicago, August 10–15, 1953 (Chicago: ALA, 1953), P. 51.

⑨按當時 ALA 認可的學校，共有五十二個，Queens College 與 San Jose State University 兩校因資料不全故不在統計之列。

⑩Sarch R. Reed, "The Curriculum of Library Schools Today: A Historical Overview." in *Education for Librarianship: the Design of the Curriculum of Library Schools*, edited by Herbert Goldhor (Urbana, Ill.: University of Illinois Graduate School of Library Science, 1971), p. 30.

⑪同前注，pp. 38–40.

⑫同前注，p. 43.

⑬F. Wilfrid Lancaster, "Information Science; Its Place in the Library School Curriculum." in *Toward the Improvement of Library Education*, edited by Martha Boaz (Littleton, Colo.: Libraries Unlimited, 1973), p. 134.

⑭(Bulletin of the) Graduate School of Library and Information Science (Los Angeles: UCLA, 1984).

⑮引自藍乾章，『我國早期的圖書館學』，圖書館學刊（輔大），12 期（1983 年 9 月），p. 7；原見李景新，『圖書館學能成一獨立的科學嗎?』，文華圖書館學季刊，7 卷 2 期（民國廿四年六月），pp. 263–302.

⑯參閱胡述兆，『臺大圖書館學系一九八三年課程修訂要點』，書府 5 期（1983 年 6 月），pp. 32–39.

原載『「中國圖書館學會」會報』第 41 期（1987 年 12 月），頁 47—64

統一西文譯名之必要

　　爲期有一套通行臺灣地區的統一西文譯名，不妨邀請外文專家組織一個編譯委員會⋯⋯

　　最近美國米蘇里州聯邦眾議員 Richard Gephardt，連續在愛阿華州、新漢普夏州、南達科他州等地的總統候選人初選中，名列前茅，脫穎而出，使這位過去默默無聞的民主黨總統候選人，一夕之間舉世聞名。

　　臺灣地區傳播界連日來對他的報導甚多，但各報章雜誌對他姓氏的譯法，却互不相同，實在使人感到困惑。兼讀中、英文新聞的人，自不會因譯名的不同而發生誤解，但對不懂原文或沒有機會讀到原文的人，可能會把他當作幾個不同的人，若如此，那就誤解大了。

　　臺灣地區對於西方人的姓名，向來沒有統一的譯法。不同的譯者常有不同譯法，固不足爲奇，即使是同一譯者，因爲時間不同，有時譯法也不一致。例如美國第卅五任總統 John F. Kennedy，就有肯尼第、甘乃迪、甘廼迪等幾種不同的譯法。筆者在 Lyndon B. Johson 擔任美國參議院民主黨領袖時，一向是把他譯作强生，後來他做了總統，臺灣『外交部』爲求典雅，把他譯成詹森，爲了與『外交部』的譯名一致，我也跟着改譯爲詹森。這種自相矛盾的做法，自己看了也覺得好笑。

　　目前臺灣地區的傳播機構，多有自己的一套西文譯名，就中又以『中央社』的『標準譯名錄』爲較齊全，它是根據該社國外部歷年積存的外國人名卡，及『韋氏傳記辭典』（*Webster's Biographical Dictionary*）與『國際名人錄』（*International Who's Who's*）等資料編譯而成。但這一譯名錄係供該社自己發稿用，流傳不廣，範圍也有待擴充。爲期有一套通行臺灣地區的統一西文譯名，筆者建議由『國立編譯館』，邀請一批外文專家，組織一個編譯委員會，以『中央社』的『標準譯名錄』爲基礎，加以整理擴充，並由『教育部』印行，通令臺灣地區採用。有了標準譯名，大家就不必自己再費腦筋，跟着走就行了，這樣西文譯名就會逐漸統一起來。（作者爲臺大教授兼『中央研究院』美國研究所研究員）

原載『中央日報』1988 年 3 月 7 日副刊

爲『中央圖書館』重新定位

　　『行政院』組織法研修小組，建議將現在的『文建會』升格爲『文化部』，在社會上已引起肯定的迴響。不過這個部應該管些什麼，却是見仁見智，議論紛紜。有人主張，『內政部』的著作權與古蹟管理業務，『新聞局』的出版與電檢工作，以及『教育部社教司』的大部分職掌，都應該劃歸『文化部』管轄。也有人認爲，各縣市的文化中心應由『文化部』來監督、輔導，以便對臺灣地區文化的保存與發展，有個兼籌並顧的機構。這些意見牽涉的問題相當複雜，一時很難說得清楚。我在這裏只談談『國立中央圖書館』與未來『文化部』的關係。

　　『中央圖書館』成立於民國廿二年，依民國三十四年公布的該館組織條例：『國立中央圖書館隸屬於教育部，掌理關於圖書之收集、編藏、攷訂、展覽及全國圖書館事業之研究事宜。』法律雖規定該館屬於『教育部』，但在行政體系上，還須受『社教司』的承轉與監督。以一個對外代表『國家』的『國立圖書館』，竟是『教育部』的一個三級單位，在體制上顯然有欠允當。在此『文化部』成立聲中，筆者試從『國家圖書館』的特性，來爲『國立中央圖書館』重新定位。

　　（一）保存文化爲『國家圖書館』的主要功能之一，『中央圖書館』的業務，有關文化層面者多，屬於教育範圍者少，故該館以隸屬『文化部』爲宜。

　　（二）『中央圖書館』爲『國家圖書館』，爲臺灣地區圖書館之首，對外代表臺灣地區，應提升爲『文化部』的最高層級單位，直屬部長、次長。

　　（三）『中央圖書館』應爲著作權的主管機關，除管理著作權登記外，並有強制出版品呈繳的執行權。著作權登記與出版品呈繳，爲全臺灣地區書目控制必要而有效條件，而書目控制公認爲各國國家圖書館的基本功能。

　　（四）『中央圖書館』應負責臺灣地區『國際標準書號』（ISBN）及『國際標準期刊號』（ISSN）之配置與管理，使臺灣地區的圖書與期刊納入國際書目控制系統。

　　（五）『中央圖書館』在性質上，亦爲臺灣地區的最高公共圖書館，對於臺灣地區各級公共圖書館（包括縣市文化中心圖書館）之發展，有統籌規劃與輔導之責。

　　以上所論，係就『中央圖書館』的歸屬，及其在臺灣地區圖書館事業中所應扮演的角色爲言，至其原有的職權應保留並加強，可不待言。

原載『中央日報』1988 年 4 月 29 日第 16 版

空中大學與文化中心圖書館

　　不久以前，『中央日報』刊載：『國立空中大學正積極向「教育部」爭取，請比照一般國立大學編列預算，「教育部長」毛高文認為，此一問題值得努力，但空中大學必須先力求發揮空中教育功能，有了充分的「資本」，再來爭取預算的編列。』此一簡單對話，顯現了空大所面臨的一些基本問題，值得加以探討，并謀求解決之道。

　　臺灣地區的空中大學，成立於一九八六年八月一日，並即開始招生。各地社會青年聞訊雀躍，一時風起雲湧，領表者達八萬餘人，實際報攷者亦有三萬六千九百零八人。該校本於『入學從寬，攷核從實，畢業從嚴』的原則，首次招生即錄取了二萬零七百五十六人，錄取率達百分之五十六。在臺灣地區眾多社會青年渴望進入大學深造的今天，我們對於空大當局的苦心與辛勞，表示十分欽佩。惟該校實際的籌備時間不滿一年，第一次招生即超過兩萬人，而全校的教職員編制不過百餘人，無論在人員配置、圖書設備、教材製作，以及教學方法的調適上，均不無可慮之處。本文僅就空大的圖書設備及其相關問題，提出一些淺見，供有關方面參攷。

　　空中大學創始於英國，亦以英國為最成功。臺灣地區空大的各項設施，大體以英制為藍本，故英國空大的經驗特別值得我們重視。英國空大自一九七一年開始招生以來，已有十八年歷史。該校除在倫敦附近的美爾頓‧凱因斯設立總辦事處外，並在全英各地設置三百多個『研究中心』（study center）。研究中心是空大教職員與學生面談及定期上課的地方，也是空大行政當局與各地學生聯絡的分部。總辦事處除一般性單位外，還有一個小型圖書館，負責蒐集、整理、保存、提供各科教員施教及編寫教材的有關資料。空大學生研習功課與完成作業所需之圖書，則由該館負責安排與各地公共圖書館合作，就地提供與支援。英國的公共圖書館非常發達，具有規模的公共圖書館隨處可見，故英國空大的學生從未發生圖書短缺的現象，這也是英國空大成功的主要原因。由是可見，良好的公共圖書館系統，乃空大成功的必要條件。

　　臺灣地區空大仿照英國之例，也在全省各地設立了十一個『學習指導中心』，分別位於臺北、基隆、新竹、臺中、嘉義、臺南、高雄、臺東、花蓮、宜蘭、澎湖等十一個縣市的大專院校或高級中學內。不過這些中心，目前多只兩間房子，一間供辦公，另一間作為空大教授與學生面談之用，其他別無長物，配合空中教學的必要視聽器材固未備置，學生所需研習的基本圖書更付闕如，而空大學生又不能利用中心所在地學校的圖書館及其他設備，也未聞空大當局與各地文化中心有適當安排，遂使這些學生除空大自編的教材外，別無其他可資研究的資料。姑不論這些教材的內容如何充分精采，光憑自編教材辦大學，總不是長久之計。有人把臺灣地區目前的『空中大學』喻為『空洞大學』，似非過份誇張之詞。

　　嚴格說來，臺灣地區目前尚不具備辦空中大學的條件，因為臺灣地區的公共圖書館還不發達。但既然辦了，那就應該儘可能利用現有的設施，為學生解決問題。基於此一理念，筆者建議空大與各縣市文化中心合作，這不僅因為各地文化中心的圖書館，為現階段臺灣地區公共圖書館系統的主力所在，也因為這兩個機構在其他方面亦有合作的餘地。下面是淺見所及的初步構想。

一、空中大學的『學習指導中心』，應儘量設於各縣市的文化中心內。如因文化中心限於本身的條件，無法容納，亦應設法置於文化中心附近的學校內，以便空大學生能就近利用文化中心內的圖書館及其他視聽設備。

二、各地文化中心成立不久，限於人力物力，其內容特別是圖書館，均亟待充實。為協助空中大學解決問題，也為補助文化中心，在未來數年中，政府應寬列經費，使空大能對設有該校『學習指導中心』的每一文化中心，每年撥交一百萬元圖書經費，專供購買空大所需的圖書資料，並藉此充實各地文化中心的圖書館。

三、目前各文化中心圖書館，其所佔的空間雖然寬狹不一，但有一個普遍的現象，那就是參攷室均未受到充分的利用。各文化中心應提供其參攷室的一部分，供空大放置其專用圖書，並使該室成為空大學生的自修與研習室。就筆者所知，這種安排不致影響各文化中心現有的參攷服務，但對空大學生却有極大的幫助。

四、各文化中心除皆有一個演藝所外，大多還有一間教室或小型演講所。在空大學生不太多地區的文化中心，這個教室或演講所即可用作空大學生定期上課或面授之用。

五、視聽器材與設備，為空大學習指導中心不可或缺的一部分，各文化中心亦有視聽室，空大的視聽器材可放置文化中心的視聽室內，並可訂立管理辦法，在互利的原則下，與文化中心本身的視聽設備共同使用。

六、在人力調配方面，兩者亦有合作的餘地。例如空大可聘請文化中心主任，兼任其『學習指導中心』主任；空大的輔導員與視聽專家，亦可分別兼職文化中心圖書館的參攷室或視聽室，反之亦然。這樣彼此均可節省專業人力，移作他用。然於其他非專業人員與總務人員，更可隨機配合，相互支應。

總之，空中大學與文化中心合作，不僅可為空大學生提供較佳的學習環境，亦可使文化中心在人力與物力方面，獲得一些補充，使一般大眾受惠，可謂一舉數得。

原載『書府』第 9 期（1988 年 6 月），頁 7—9

中國大陸圖書館事業淺探
Some Preliminary Observations of Library Systems in the Chinese Mainland

【摘要】1990年9月2日至20日，我們臺灣地區圖書館界同仁14人，到大陸作了一次訪問，並參觀了北京、天津、上海、武漢等地的圖書館與圖書館教育單位。本文除報導此一訪問外，並對大陸的圖書館學會、公共圖書館系統、高等院校圖書館，以及中國科學院圖書館系統有所論析，最後並附有一些個人的觀感。

Abstract：This article is based upon materials collected during my recent visit to the chinese mainland from September 2 to September 20, 1990. It describes and analyzes the organization and operation of the China Society of Library Science, public library systems, college and university libraries, and the library and information centers at the Chinese Academy of Sciences and its branches. It is concluded with a few brief observations.

　　1990年9月2日至20日，我們臺灣地區的圖書館界同仁14人，對大陸的圖書館與圖書館教育單位，選擇了一些具有代表性的定點，作了一次走馬看花式的參觀訪問，並舉行簡短座談會。我們在北京訪問了北京圖書館，北京大學圖書館及圖書館學情報學系，北京師範大學與圖書館學系；在天津參觀了天津圖書館，南開大學圖書館及圖書館學情報學系，南開大學分校情報科學系，天津大學圖書館；在武漢訪問了武漢大學圖書館及圖書情報學院，湖北圖書館，華中師範大學圖書館及圖書情報學系；在上海看過上海圖書館，華東師範大學圖書館及圖書館學情報學系；又到杭州遊了西湖，並順道參觀了浙江圖書館及收藏『四庫全書』的文瀾閣。一路承大陸的『中國圖書館學會』及北京圖書館精心安排，親切接待，使整個旅程進行得非常順利。對他們的盛意，特別是王振鳴與何洋二位先生全程陪同的辛勞，我們在此表示由衷的謝意。

　　這次訪問，只能算是浮光掠影，談不上有何心得。下面僅就見聞所及，分爲圖書館學會、公共圖書館、高等院校圖書館及中國科學院圖書館系統等幾個單元，分別作一簡介，最後並提出一些粗淺的個人觀察。至於大陸的圖書館教育，因筆者將以此爲題，在『國立中央圖書館』明年5月所舉辦的『圖書館與資訊服務新境界國際研討會』（The International al Conference on New Frontiers in Library and Information Services）上宣讀一篇論文，故暫不列入本文之內。

一、圖書館學會

　　大陸的圖書館學會，成立於1979年7月9日。成立大會係於7月9日至16日在山西省太原市舉行，有29個省、市及自治區的代表近200人參加。會中通過的名稱爲『中國圖書館學會』，與臺灣地區所用的名稱完全相同，不過兩者的英文名稱有別，大陸的稱『China Society of Library Science』，臺灣地區的叫『Library Association of China』。

　　（一）會員

　　據1987年的統計，該會現有全國性會員6,346人，省、市、自治區圖書館學會的會員15,405人，由於地方學會是全國學會的組成部分，所以在1987年時其會員已超過

20,000人。目前的會員數當然遠較此爲多，但正確數目不詳。會員分爲個人、團體及通訊會員三類，各類的入會資格如下：（註1）

1. 個人會員
(1) 取得館員（註2）、講師和其他相應專業技術職務者。
(2) 獲得碩士學位者。
(3) 高等學校本科畢業，從事圖書館學教育、研究或圖書館工作三年以上，具有一定研究能力和學術水平，或雖非高等學校本科畢業，但從事圖書館工作多年，並具有實際工作經驗和一定學術水平者。
(4) 對圖書館學術研究和圖書館事業有重要貢獻者。
(5) 積極支持學會工作並從事圖書館組織管理工作的領導幹部。

2. 團體會員
與學會專業有關，參加學會有關活動，支持學會工作的科研、教學、生產事業單位以及有關學術性群眾團體。

3. 通訊會員
在學術上有較高成就，對我友好並願意與我會聯繫、交往和合作的外籍圖書館工作者。

(二) 組織

學會的最高權力機構是全國會員代表大會。代表大會每四年召開一次。代表大會由會員代表、上屆理事會理事和特邀代表組成。（註3）

全國會員代表大會的代表名額，每屆不同。第三屆（1987—1991）的全國會員代表爲169名，其分配原則如下：（註4）

1. 各省、市、自治區和專業學會會員代表名額以1名爲原則。
2. 依據各學會的中國圖書館學會會員人數增加代表名額，即：會員人數在100人以內者增加1名，101至300人者增加2名，301至600人者增加3名，1000人以上者增加5名。
3. 結合第二屆理事人數和第三屆理事候選人名額分配原則，上海市、湖北省兩個學會再各增加代表1名。

代表大會根據推薦名單，選出82人爲理事（臺灣、西藏均有保留名額，但數額未定）。這些理事的產生，也有分配原則：（註5）

公共圖書館系統40人，佔49%。
高校圖書館系統27人，佔33%。
中央國家機關和科研圖書館系統15人，佔18%。
以性別分：男78人，佔95%；女4人，佔5%。
以年齡分：55歲以上者39人，佔44.7%；55歲以下者43人，佔55.3%。

依『中國圖書館學會章程』第十二條規定：『理事會選舉理事長、副理事長、秘書長及常務理事若干人組成常務理事會，在理事會休會期間，常務理事會負責行使理事會的職責。』目前的第三屆常務理事會有理事長1人，副理事長4人，秘書長1人，副秘書長3人，常務25人。（註6）

理事會根據工作需要，設立下列委員會：（註7）
學術研究委員會
科普教育委員會

文獻資源開發與利用研究委員會
圖書館專用設備咨詢開發委員會
編譯出版委員會
圖書館學通訊編委會
上述工作委員會可根據需要設若干專業研究組或其他機構。
各工作委員會的委員均由理事會聘任。

(三) 活動

學會的活動甚多，根據第二屆理事會工作報告（包括的期間爲1984—1987），列舉數項如下：（註8）

1. 1984年曾兩次分別以『新的技術革命與圖書館』及『新的技術革命與圖書館學的發展和圖書館對策』爲題舉辦研討會。1986年又在此基礎上，與浙江省圖書館學會聯合舉辦了『圖書館基礎理論研討會』。

2. 1984年6月，學會組織的『2000年中國圖書館研究組』在北京召開評選會，選出論文及資料雙篇，由秘書處編印出『中國圖書館事業研究資料彙編』和『我國圖書館事業的發展與國外的差距』資料彙編兩種。

1985年舉辦兩次圖書館學、情報學（即資訊科學）教育學術討論與經驗交流會，並通過呈國家教委的『關於發展我國圖書館中等專業教育的建議』。

3. 同年分別在上海、天津召開圖書館建築討論會，會中提請有關部門儘快制定各類圖書館的建築規範。

4. 1985年與1987年，分別召開了全國少數民族地區圖書館工作學術研討會及全國少年兒童圖書館經驗交流暨工作研討會。

5. 1984年至1987年的4年中，學會的會刊『圖書館學通訊』出版316期，發表文章600篇，300餘萬字，目前的發行量爲26,000份，並與30多個國家的數百個學術團體建立了交換關係。

此外並編輯出版了各類專業圖書123種。爲了協助組織編寫『中國大百科全書』的『圖書、檔案、情報』分卷，學會與有關單位組成編輯組，選定詞條313條，約計80萬字，目前已近完成階段。此外學會還協助文化部圖書館局編輯『當代中國圖書館事業』及『中國人名大辭典』。

6. 近年來，學會根據大陸文獻工作標準化、自動化的進展需要，組織人員協助全國文獻工作標準化技術委員會和全國高校圖書館工作委員會，審定有關文獻工作的技術標準及編輯『西文文獻著錄條例』。爲推廣此一條例及上述技術標準與主題標引，學會還舉辦了多期培訓班與學習班。

7. 『漢語主題詞表』之編輯與出版，是大陸圖書館界繼『中國圖書館圖書分類法』（簡稱『中圖法』）之后的另一研究成果。學會爲使圖書資訊界同仁對於『中圖法』和漢語主題法之研究與修訂有所參與，特於1985年分別舉辦了『中圖法』修訂研討會和『主題法與標引』講習班。1985年12月，學會根據當時電子計算機實際應用及其發展前景的有關問題，特邀請北京圖書館、科學院圖書館、大學圖書館及省市公共圖書館等35個單位，召開電子計算機在圖書館應用學術討論會，就計算機在書刊資料流通管理、期刊管理、西文圖書採編、地方文獻及專業文獻管理、國外銷售磁帶檢索服務等問題，進行了廣泛研討。

8. 1984年以後，學會積極參與國際間的圖書館活動，除組團參加在芝加哥、東京、澳洲、英國等地舉行的 IFLA 年會外，並於 1986 年 9 月，與 IFLA 聯合在北京召開『圖書館學情報學教育與研究國際學術會議』，參加者有美、英、澳、加、菲、尼日利亞、委內瑞拉、保加利亞等 11 個國家的專家學者，會中提出論文 19 篇。

二、公共圖書館

公共圖書館系統屬文化部，為大陸三大圖書館系統之一，另兩個為高等院校圖書館系統（屬國家教育委員會，簡稱國家教委，即 1985 年以前的教育部），及中國科學院圖書館系統。

近年來，大陸的公共圖書館發展很快。據不完全的統計，1979 年大陸計有國家圖書館一個，藏書 1,020 萬冊，工作人員 874 人；省、市級圖書館 30 個，藏書 5,600 萬冊，館員 3,574 人；縣、市圖書館 1,620 個，藏書 1 億 2,000 萬冊，工作人員 13,118 人。合計 1979 年全國共有縣以上公共圖書館 1,651 個，藏書 1 億 8,360 萬冊，工作人員 17,539 人。到了 1987 年，全國縣以上的公共圖書館已增至 2,440 個，藏書超過 2 億冊，工作人員則已達 35,793 人，增加了一倍有餘。（註 9）

我們這次參觀過的公共圖書館，包括北京圖書館、上海圖書館、天津圖書館、湖北圖書館及浙江圖書館。限於篇幅，不能一一描述，現在僅以北京圖書館、上海圖書館及天津圖書館為例，分別略作介紹，前者是國家圖書館，後二者是直轄市（大陸共有三個直轄市，即北京、天津、上海）的公共圖書館，相信也是臺灣地區同業們最希望知道的三個館。

（一）北京圖書館（註 10）

北京圖書館是中國大陸的國家圖書館，所以它的英文名稱叫 The National Library of China，她大門前的館牌是這樣的：

```
北   京   圖   書   館
THE NATIONAL LIBRARY OF CHINA
```

北圖的前身是京師圖書館，籌建於遜清時代的 1909 年 4 月 24 日，1928 年改名為國立北平圖書館，1949 年底改為現名北京圖書館。北圖新館的外表非常壯觀，就其規模而言，可列入世界前數名。新館位於北京市白石橋路 39 號，佔地 7.42 公頃，係於 1983 年 9 月 23 日奠基，1987 年 7 月 1 日落成，同年 10 月 5 日啟用。其建築面積為 14 萬平方米，連同文津街的分館（即以前的舊館），全部面積有 17 萬多平方米，以一坪相當於 3.3 平方米計算，約 52,000 坪，相當於我們現在『中央圖書館』的五倍，其規模之大，概可想見。新館可容納 2,000 萬冊資料，有 30 多個各科閱覽室，共有 3,000 多個座位，每日平均接待的讀者約 8,000 人次。現有職工 1,625 人，其中專業人員 1,132 人。（註 11）

北京圖書館現有（1990 年）藏書 1,400 多萬冊（件），包括 115 種語文，和世界 114 個國家與地區的 1,694 個圖書館與學術研究機構進行資料交換。連同購買、交換與贈送的各種管道，平均每年各種資料的增加量達 60 多萬冊。（註 12）詳細的館藏請參閱表一。（註 13）

表一　北京圖書館館藏文獻概況（截止至 1986 年底）

文獻類型	組　　成		入藏量
	文獻類型細目	數　　量	
圖　　書	中文普通圖書 綫裝古籍圖書 中國古籍善本圖書 少數民族語文圖書 外文普通圖書 外文善本圖書	2,206,070 冊 1,623,021 冊 284,254 冊 90,655 冊 2,241,958 冊 25,783 冊	6,471,741 冊
期　　刊	中文期刊 外文期刊 中文現刊 外文現刊	1,404,979 冊 4,435,621 冊 9,148 種 13,693 種	5,895,868 冊
非書資料	中外文地圖 照片及圖片 金石與拓片 手稿與書札 縮微型文獻	96,183 件 115,872 件 251,267 件 82,243 件 387,996 件	933,561 件
報　　紙	中文報紙 外文報紙 現期中文報紙 現期外文報紙	42,147 冊 46,062 冊 453 種 184 種	88,209 冊
資　　料	中外文資料	388,745 冊	388,745 冊
總入藏量			13,778,124 冊（件）

　　北京圖書館的珍藏很多，其藏書基礎可遠溯至南宋時期，它繼承了南宋（1127—1279）輯熙殿和明代（1368—1644）文淵閣的部分珍藏。1910 年京師圖書館成立時，又以遜清內閣大庫、翰林院及國子監南學爲基礎，並收入了存於熱河避暑山莊的文津閣『四庫全書』及敦煌石窟寫經等刻本與寫本。（註 14）目前館藏中具有代表性的珍本有：北魏太安四年（458）的『敦煌寫經戒緣』。北宋（969—1127）初年刻本『開寶藏』，南宋端平（1234—1236）刻本『楚辭集注』，金（1131—1161）刻本趙城藏，元大德 9 年（1305）刻本夢溪筆談，明寫本『永樂大典』及文津閣『四庫全書』等（註 15）。

　　爲擴大對讀者及圖書館界的服務，北京圖書館的書目文獻出版社，每年除出版七八十種有關圖書館學與資訊科學的著作外，並出版下列刊物：

1. 文獻（季刊）
2. 北京圖書館通訊（季刊）
3. 中國國家書目

4. 外文新書通報

(二) 上海市公共圖書館

上海市的公共圖書館系統，包括上海圖書館及 500 多個轄區內的區、縣、街道、鄉鎮圖書館（室）。（註16）

上海圖書館為上海市公共圖書館之首，也是僅次於北京圖書館的全國第二大館，現有藏書 800 餘萬冊，工作人員 650 人，館舍面積 35,000 平方米（80,000 平方米的新館正籌建中），每天接待讀者 2,000 餘人次，借閱資料 4,000 餘冊次，每週開放 84 小時，而且全年 365 天開放，沒有閉休的日子。（註17）

上海市的公共圖書館系統，主要分為三級，除上海圖書館為市級外，尚有區級館 18 所，縣級館 19 所。1988 年這些館的全部藏書共有 1,579 萬冊，中外報刊 40,000 種。目前上海全市人口為 1,260 萬人，每人平均 1.2 冊。1988 年的各館工作人員為 1,585 人，比 1978 年的 1,106 人，增加 479 人，增加率為 43%；在館員素質方面，1978 年時大多數館員只有初高中程度，到 1988 年，35% 具有大專以上程度。在經費方面，圖書館的事業經費，佔上海全市文化事業經費的 27%，1988 年的購書費為 761 萬元，比 1978 年的 125 萬元，增長 508%。（註18）

在服務方面，1988 年的讀者人次為 616 萬，比 1978 年的 430 萬，增長 41%；1988 年的借閱書刊量 1,197 萬餘冊，比 1978 年的 587 萬冊，增長 104%，特別值得注意的是其推廣服務，例如黃浦區圖書館率先與海運局聯繫，在『長山號』與『長河號』客輪上設立閱覽室，開海上圖書館的先聲；盧灣區圖書館除在客輪上設立圖書流通點外，還送書到工廠、學校、醫院等十多個單位。其他不少區縣圖書館，更為退休老人、傷殘病人等讀者送書上門。（註19）

為使臺灣地區的讀者，對上海市公共圖書館系統有較多的認識，我們現在將該市各級公共圖書館的有關統計表，一一列出，請參閱表二至表六。（註20）

表二　上海市各級公共圖書館一覽（1988 年）

序號	館別 / 地區	市級館		區　級　館			縣　級　館			街道、鄉鎮館（室）			
		市館	市少兒館	區館	區分館	區少兒館	縣館	縣分館	縣少兒館	街道館	少兒館	鄉鎮館	少兒館
1	黃浦區	1		1	1					12	12		
2	南市區			1		1				15	11		
3	盧灣區			1		1				9	8		
4	徐匯區			1						13	10		
5	長寧區			1		1				10	10		
6	靜安區		1	1		1				10	10		
7	閘北區			1						13	6		
8	虹口區			2						22	13		
9	楊浦區			3	1					16	13		
10	普陀區			1		1				13	12		

（續上表）

序號	館別 地區	市級館		區級館			縣級館			街道、鄉鎮館（室）			
		市館	市少兒館	區館	區分館	區少兒館	縣館	縣分館	縣少兒館	街道館	少兒館	鄉鎮館	少兒館
11	吳淞區			1						6	6		
12	閔行區			1		1				4			
13	上海縣						1	1				16	1
14	嘉定縣						1		1			20	1
15	寶山縣						1	2				18	
16	川沙縣						1	2	1			28	4
17	南匯縣						1	3	1			27	10
18	奉賢縣						1		1			20	1
19	松江縣						1	1				22	
20	金山縣						1		1			19	2
21	青浦縣						2		1			23	2
22	崇明縣						1	1	1			28	
	合計	1	1	15	2	9	11	10	7	143	111	221	21

表三　上海市公共圖書館藏書及書刊流通統計（1988年）

項目	館別	市級館		區縣館		街道、鄉鎮館		合計
		市館	市少兒館	區級館	縣級館	街道館	鄉鎮館	
藏書	圖書（千冊）	7,482	827	4,113	2,886	1,548	1,503	18,359
	報刊(種)	63,000	247	8,443	7,978	12,265	18,538	110,471
借閱冊次(冊次/年)		2,728,529	39,192	3,585,000	3,733,000	8,406,029	5,085,529	23,577,279
讀者人次(人次/年)		324,070	80,123	3,350,000	1,830,000	5,005,224	3,494,510	14,083,927

表四　上海市公共圖書館工作人員情況（1989年4月底）

項目	館別	市級館		區縣館		街道、鄉鎮館		合計
		市館	市少兒館	區級館	縣級館	街道館	鄉鎮館	
工作人員		553	32	583	316	446	320	2250

（續上表）

項目 \ 館別	市級館		區縣館		街道、鄉鎮館		合計
	市館	市少兒館	區級館	縣級館	街道館	鄉鎮館	
其中 大專	199	7	151	64	26	9	458
高中中專	196	20	186	159	155	128	844
初中	148	5	137	77	265	172	804
研究館員	4	—	—	—	—	—	4
副研究館員	21	1	2	2	—	—	26
館員	127	6	52	48	1	—	234
助理館員	119	8	114	100	35	3	379
管理員	54	4	82	65	43	2	250

註1. 專業技術職務評定已獲資格因離退休而未聘用者，未計算在內；
2. 上海地區街道、鄉鎮館的專業技術職務評定工作還未結束；
3. 各館的工作人員統計數中，不包括外聘人員。

表五 上海市公共圖書館建築面積及部分設施和設備統計（1989年4月底止）

館別 \ 項目	建築面積（m²）	閱覽座位（個）	靜電複印機（臺）	縮微翻拍機（臺）	四通電腦打字機（臺）	電子計算機（臺）	視聽設備（臺、套）
市館	35,000	1,100	5	5	—	11	28
市少兒館	1,592	225	1	—	2	1	3
區級館	35,763	6,889	20	—	1	2	114
縣級館	20,386	3,108	18	—	6	1	19
街道館	8,035	7,006	1	—	—	—	5
鄉鎮館	15,380	6.586	3	—	—	—	—
合計	84,656	24,914	48	5	9	15	169

注：視聽設備是指電視機、錄像機、立體聲錄放機等。

表六 上海市愛國僑胞香港同胞捐建圖書館一覽

館別 \ 項目	建館時間	捐建人	館舍面積（m²）	閱覽座位（席）	藏書容量（萬冊）
寶山區顧村中學圖書館	1983年4月23日	劉浩清	400	110	5
青浦縣青杏科技圖書館	1984年6月	姚志崇 熊知行	789	60	5
交通大學包兆龍圖書館	1986年6月	包玉剛	26,162	2,400	220
楊浦區浦東圖書館	1986年10月18日	陳佔美	952	180	5
崇明縣仁勇圖書館	1988年8月	張鼎九	486	100	3

（續上表）

館別 \ 項目	建館時間	捐建人	館舍面積（m²）	閱覽座位（席）	藏書容量（萬冊）
普陀區少年兒童圖書館	1988年5月31日	王禹卿　侯銘仙　王炳如　曹啓東	1,565	375	10
黃浦區浦東第二圖書館	1989年2月	李雲華	990	200	5
華東師大圖書館逸夫樓	1989年9月	邵逸夫	12,660	1,200	130
總計			44,004	4,625	383

（三）天津市公共圖書館

天津市爲中國大陸三個直轄市之一（其餘兩個爲北京與上海），工商業較爲發達，人民對資訊的需求也比較大。天津市的公共圖書館系統，包括市圖書館，區、郊區、縣圖書館及少年兒童圖書館，共30所。（註21）

天津圖書館是市圖書館，也是相當於省級的綜合性公共圖書館，爲天津市藏書、目錄和圖書館間的書刊互借及業務研究與交流的中心。該館現有藏書2,854,114冊，工作人員269人，每天接待讀者1,300人次，並已發出中、外文圖書借閱證60,000個。（註22）現有館舍甚爲陳舊，僅230個閱覽座位。新館舍正建造中，預計1990年底完工。我們曾去工地參觀，環境很好，交通也很方便。新館佔地60餘畝，建築面積29,400平方米，主樓18層，高79餘米，平面爲『工』字型，建築立面呈『山』字型，使整個建築顯得莊重雄偉，設計頗見匠心。新館的容書量爲500萬冊，設有各科閱覽室20多個，並有特別設計的退休讀者、外籍讀者、殘疾讀者閱覽室，設想甚爲週到。全館共有3,000個閱覽座位，每天可接待讀者10,000人次。館內尚有可容500人的學術會議廳，具有多種語言同聲翻譯裝置。整體而言，是一座相當現代化的圖書館建築。（註23）

天津市公共圖書館系統的主要特色之一，是其具有相當規模的兒童圖書館，在全市轄區內的18個區、縣中，有10區、縣擁有單獨的少年兒童圖書館。天津市少年兒童圖書館，是省級的公共圖書館，其地位與天津圖書館並駕齊驅。該館是天津全市少年兒童課外閱讀和輔導中小學圖書館業務活動的中心，館址在天津市河西區體院北環湖中道，現有工作人員53人，藏書526,683冊，設有採編部、借閱部、輔導部和閱讀活動部。其規模與服務的多樣性，均名聞全國。（註24）

除以上略作介紹的天津圖書館與天津市少年兒童圖書館外，其他區、縣級的公共圖書館及少年兒童圖書館如表七（註25）。

表七　天津市所轄區、縣圖書館及少年兒童圖書館一覽

區縣圖書館	藏書量（冊）	少年兒童圖書館	藏書量（冊）
太平區圖書館	144,442	太平區少年兒童圖書館	83,494
南開區圖書館	187,100	南開區少年兒童圖書館	17,404
紅橋區圖書館	142,474	紅橋區少年兒童圖書館	121,815
河東區圖書館	191,876	河東區少年兒童圖書館	18,854
河西區圖書館	137,372	河西區少年兒童圖書館	33,172

（續上表）

區縣圖書館	藏書量（冊）	少年兒童圖書館	藏書量（冊）
河北區圖書館	163,858	河北區少年兒童圖書館	64,276
塘沽區圖書館	335,864	塘沽區少年兒童圖書館	50,299
漢沽區圖書館	323,965	漢沽區少年兒童圖書館	109,488
東郊區圖書館	191,094	—	—
南郊區圖書館	109,818	—	—
西郊區圖書館	81,486	—	—
北郊區圖書館	212,265	北郊區少年兒童圖書館	8,423
寧河縣圖書館	41,282	—	—
靜海縣圖書館	67,408	靜海縣少年兒童圖書館	49,050
武清縣圖書館	69,291	—	—
寶坻縣圖書館	65,193	—	—
薊縣圖書館	62,734	—	—

三、高等院校圖書館

　　大陸的高等院校，即大學院校，簡稱高校。據統計，1987年大陸共有高校圖書館1,054所，系、所（研究所）資料室5,795個，圖書館及資訊（大陸把資訊，information，譯作情報）工作人員41,600人，總藏書量3.45億冊，服務的在校師生304萬人。又據1986年的數字，全國高校圖書館購書費總額為1.47億元人民幣，購入新書3,107冊（件），共有館舍面積290萬平方米，閱覽座位36萬個，開架書刊6,587.6萬冊，全年各高校接待讀者的總數約2.6億人次。（註26）

　　1980年至1985年，為大陸圖書館的黃金時代，高校圖書館更不例外。表八是這兩年高校圖書館概況對照。（註27）

表八　1980年、1985年全國高校圖書館發展情況對照

年度	圖書館數	藏書總量	工作人員	其中大專以上文化程度所佔百分比	館舍面積	經費	備註
1980年	675所	1.93億冊	17,297人	38.5%	132萬 m²	5,216萬元	據670所館的統計
1985年	1,053所	3.45億冊	30,483人	53.6%	279萬 m²	13,073萬元	

　　從表中的數字，我們可以看出這五年間的明顯進步情形：高校圖書館從675所，增為1,053所；藏書量從1.93億冊，增為3.45億冊：工作人員從17,297人，增為30,483人；館舍面積從132萬平方米，增為279萬平方米；經費從5,216萬元，增為1億3,073萬元。

　　以上都是一些籠統的數字，我們仍然無法判斷大陸高等院校圖書館的真實情形。現在讓我們來利用大陸『全國高等學校圖書館工作委員會秘書處』所作的一次抽樣調查，以便明瞭高校圖書館的現在概況。這次調查是於1989年的8、9月間實施，分別對大陸8個城市的26所大學院校圖書館進行實地調查。選樣攷慮的因素包括：學校的科類，規模大小，地域特性及所屬關係，儘量使其具有相當的代表性。表九是筆者根據此項調查結果，所作的基本項目一覽表。（註28）

表九 中國大陸高等院校圖書館現況抽樣調查一覽（1989年9月）

校　名	所屬部門	科類	現有在校生(1988年)	藏書量（萬冊）(中外文之比)	平均複本數(1988/1989年)	工作人員數(1989年)	館舍建築面積(m²)	年度購書費（萬元）(1988年佔學校事業費比%)
清華大學	國家教委	理工	13712	226(3：1)	2.8	153	9,000	155.8(4.8)
北京師範大學	國家教委	師範	6929	260(7.7：1)	2.7	132	22,500	93.8(5)
北京師範學院	北京市高教局	師範	4000	126(9.5：1)	4.9	89	7,864	30
南開大學	國家教委	綜合	11979	208(2.3：1)	3.2	110	22,600	171(6)
天津大學	國家教委	理工	12068	145(1.7：1)	3.3	136	25,000	100(3.1)
天津外國語學院	天津市高教局	語言	1000	30(4.8：1)	3	23	1,400	8(4.4)
河北工學院	河北省教委	理工	4050	52(2.5：1)	4	76	8,074	32(3.89)
山東大學	國家教委	綜合	9433	147(7.5：1)	4.8	123	13,100	75(3.7)
山東體育學院	山東省體委	體育	680	3.9(38：1)	2.9	16	550	3.7(2.9)
山東中醫學院	山東省教委	醫藥	2100	19.9(24.6：1)	4.5	41	4,000	18(3.3)
濟南師範專科學校	濟南市政府	師範	1400	8.9(21.3：1)	3	14	750	6
上海輕工業專科學校	上海市輕工局	理工	1514	25(11.7：1)	3	36	2,700	20(5)
上海工業大學	上海市高教局	理工	4523	66.3(3.9：1)	2.6	55	9,910	45(4.1)
上海中醫學院	上海市高教局	醫藥	1369	33.7(14.3：1)	2	44	1,670	18(3.3)
湖北大學	湖北省教委	綜合	5000	101.4(28.2：1)	2.4	78	5,980	30.8(4.2)
中南財經大學	財政部	財經	4676	73.2(8.4：1)	3.9	100	11,285	50(5)
廣州大學	廣州市教委	綜合	2059	4.8(5.4：1)	3	30	6,175	7(4)

(續上表)

校　名	所屬部門	科類	現有在校生(1988年)	藏書量(萬冊)(中外文之比)	平均複本數(1988/1989年)	工作人員數(1989年)	館舍建築面積(m²)	年度購書費(萬元)(1988年佔學校事業費比%)
廣州美術學院	廣東省高教局	藝術	901	12.2(17.1:1)	2	12	3,200	3(1.8)
廣州外貿學院	經貿部	財經	1267	19.6(3.5:1)	4.6	39	4,000	17.7(6.44)
華南師範大學	廣東省高教局	師範	8951	164.3(9:1)	3.3	83	8,356	38.1(2.53)
西安醫科大學	衛生部	醫藥	1697	22.9(2.2:1)	3	43	6,500	40(3)
西北政法學院	司法部	政法	1744	34.9(28.9:1)	5.7		6,400	34**(3)**
西安音樂學院	陝西省高教局	藝術	804	22.1(4.3:1)	3.5	22	2,160	3
蘭州大學	國家教委	綜合	7226	98.5(3.6:1)	4.5		7,800	66.2(3.8)
西北民族學院	國家民委	民族	2896	45.3(125:1)	4	28	1,900	11(1.8)
西北師範大學	甘肅省教委	師範	4929	123.6(9:1)	3.4	64	7,915	35.3(2.05)

* 被調查的還有北京航空航天大學、北京農業大學、武漢河運專科學校的圖書館，由於調查人員的疏忽，收集的資料不夠完整，匯總時略去了。
** 此三年的文獻購置費中包括司法部撥給的專款，分別為20萬元、10萬元、10萬元，未計入學校事業費。

由於北京大學圖書館為我們參觀的重點之一，但不在上表的調查樣本中，所以我想在此特別作一簡介，供臺灣地區的讀者參攷。

北京大學圖書館（註29）

北京大學圖書館創立於遜清光緒二十八年（1902），原名京師大學堂藏書樓，1912年改名為北京大學圖書館。1949年以前，許多中國名人曾在此擔任過館長，包括章士釗、李大釗、袁同禮、馬衡、蔣夢麟、毛子水。1918年毛澤東曾在北大圖書館擔任過短時期的書記員，月薪三塊銀圓，好像是蔣夢麟任命的。

北大現有29個系，25個研究所，13個研究中心，大學本科生10,000人，研究生3,000人，留學生600人，正副教授1,300人，其他教職員工6,000人。1952年燕京大學奉命併入北大，北大校區乃遷入海淀區燕大原址。燕大藏書原有40萬冊，合併後使北大圖書館的藏書超過110萬冊。1952年後的10年發展極為迅速，至1963年藏書已達246萬冊。『文革』期間館內工作停頓，無成績可言。1975年在周恩來的支持下，建造了一幢當時大陸規模最大的圖書館，而成為北大校園內一個重要景觀之一，所謂北大的『一塔湖圖』即由此而來（塔是北大的水塔，湖是校園邊的未名湖，圖就是指圖書館）。此一圖書館的建築面積為25,000平方米，容書量350萬冊，閱覽座位2,000個。現在的藏書已達400萬冊，又已不夠用了。

在現有的400萬冊書中260萬冊為中文，90萬冊為外文，50萬冊為報刊合訂本。中文書中的古籍有150萬冊，其中有珍善本15,000種，160,000餘冊，包括宋、元珍貴版本圖書300餘種。外文圖書也不乏珍本，如1572年版的歐幾里得著的『幾何原本』，1744年的『牛頓選集』，都是不可多得的收藏。

目前北大圖書館入藏的中文圖書約12,000種，計約80,000冊，外文圖書10,000種，約20,000冊；訂購中文報刊2,800種，外文報刊3,600種。此外，並與50多個國家與地區的500多個學術研究團體進行書刊交換，每年經由此種管道而得的書刊約5,000冊。以上各項加起來，使北大圖書館每年入藏的資料超過100,000冊（件）。

該館現有員工350人，包括業務工作人員200人，行政工作人員10人，工勤人員25人，臨時工作人員115人。這些員工平均每日要接待讀者5,228人次，外借書刊3,755冊次。

1988年5月，北大圖書館設立『北京大學文庫』，收集並永久保存北大師生的研究成果，現已集藏6,000餘冊，成為館藏的重要特色之一。

四、中國科學院圖書館系統（註30）

中國科學院（Chinese Academy of Sciences）圖書館系統，在大陸的圖書館系統中獨樹一幟。它是由中國科學院圖書館、中國科學院上海圖書館、中國科學院蘭州圖書館、中國科學院成都圖書館、中國科學院武漢圖書館，以及117個研究機構的文獻情報（資訊）室與20多個大學、出版社、工廠的圖書資訊部門所構成。全院現有3,000多個工作人員，其中高級專業人員300多人，中級專業人員1,000多人。各級文獻資訊部門入藏的資料總數已有2,000多萬冊（件），已形成了一個以自然科學、基礎理論科學以及新科技為主的中外文綜合性科技文獻典藏與研究的體系。（註31）中科院成立於1949年11月，1950年4月開始設立圖書管理處，管理全院圖書資料。1951年2月該處改為中國科學院圖書館，直屬院長領導，其主要任務為：

1. 統一管理全院圖書工作。

2. 供應並調劑本院各研究機構的圖書資料。
3. 負責對外交換圖書。

依 1981 年的『中國科學院章程（試行）』第 24 條規定：『中國科學院圖書館是全院圖書情報中心，負責科學技術文獻情報的蒐集、整理、研究和提供，對分院、研究所的圖書情報工作進行業務指導。』（註 32）1985 年 11 月，中科院決定將中國科學院圖書館改為『中國科學院文獻情報中心』(The Documentation and Information Centre of the Chinese Academy of Sciences)，同時保留『中國科學院圖書館』的名稱。（註 33）1980 年，該院開始建立文獻情報系統網路，至 1987 年底，已有各類文獻情報網 17 個，其中地區文獻情報協調協作網有（已停止活動的未列入）：

上海圖書情報交流委員會
成都圖書情報業務交流委員會
蘭州分院系統文獻情報協調委員會
長春分院文獻情報協調委員會
昆明地區文獻情報協作組
瀋陽分院地區文獻情報協作組
新疆分院圖書情報協調委員會
京區資料工作組

學科情報網則有：

化學情報網
地學情報網
地理科學情報網
中國國土自然資料情報網
物理情報網
生物學文獻情報網
天文學文獻情報網
光學與電子學情報網

這些地區與學科文獻情報網成立後，加強了各研究單位的橫向聯繫，使中科院文獻情報系統，與大陸其他學術研究機構文獻情報系統的協作與協調，獲得進一步發展。

中科院文獻情報系統，先後出版了下列刊物：（註 34）

中國科學院圖書館通訊
圖書館工作參攷資料
圖書館工作
圖書情報工作
圖書情報工作動態
現代圖書情報技術
國外圖書情報工作
計算機與圖書館

這些刊物均有相當高的參攷價值，對統一中科院系統的文獻情報工作，具有很大的作用。

五、我的一些觀感

這次參觀訪問，跑了五個省、三個直轄市，所看到的大陸圖書館事業，不但具有代表性而且是精華所在,可惜時間太短,觀摩不深,也沒有機會向大陸同業們多所請教,引以爲憾。好在這只是一個開端,來日方長,以後互相切磋的機會多的是。下面只是我這次訪問的一些粗淺看法,供大家參攷。

(一) 大陸圖書館的館藏數量,一般都很多,除北京圖書館與上海圖書館都已超過1,000萬冊外,我們看過的其他大學與省市圖書館也都在200萬冊以上。不過一般中文書,各館部有三四個複本(外文圖書不買複本,因爲價錢太貴),而且他們計算冊數的方法也不盡相同,有的把期刊的每一期當一冊,而不是以合計本爲計算單位,所以在估算他們的館藏量時,要把這些因素攷慮在內。

(二) 一般中文圖書所以有三四個複本,是其館藏政策使然。他們把圖書分爲外借本、閱覽本與庫存本,外借本只供館外流通,閱覽本只限內閱讀,庫存本保管於書庫中。複本雖有些浪費,但也有好處,因爲能保證館藏無缺,也就是說,即使是外借本與閱覽本全丟了,還有一個庫存本可用。

(三) 另一個現象是館員多,特別是副主管,通常都在兩個以上,有的館如天津圖書館,有四個副館長。大陸圖書館的館員多固有其政策上的因素,但却羨煞了我們這次訪問的館長與行政主管們,因爲我們連『中央圖書館』都無副館長,遑論其他了。副館長有無必要,以幾個爲適當,是一個值得探討的問題。

(四) 圖書館的專業人員職稱分爲五級:研究館員、副研究館員、館員、助理館員、管理員。前四種職稱相當於教授、副教授、講師、助教。管理員爲圖書館的初階專業人員。中等專業學校畢業生,擔任圖書、檔案、資料專業幹部,見習一年期滿,得任管理員。大學院校本科畢業之圖書資訊系學生,見習一年期滿,得任助理館員。館員的職稱與升遷有一定的制度,使初級人員,不必擔任主管,亦有升級的機會,可以激勵士氣。

(五) 學會有良好的組織與專任人員,不但可以舉辦各種專業性活動,且有助於總會與各地分會的聯繫。例如我們這次訪問,北京的活動全由學會安排,其他各地的活動,則由總會通知各省市分會負責安排,使我們受到了最好的照顧。

(六) 上海圖書館每年開放365天,沒有閉休的日子,這種服務精神,真是了不起。他們的推廣服務也做得不錯,有些區、縣圖書館不但在輪渡上設立閱覽室,還爲退休老人與傷殘讀者送書上門。

(七) 天津圖書館的新館建築,有一位副館長專責坐鎭,隨時監督工程的進行。這種事前充分規劃、臨場全力參與的做法,是值得仿效的。說到天津圖書館,使我想起一件事。根據過去七年我在『文建會』擔任文化中心輔導小組委員的實際經驗,我發現今臺灣地區的公共圖書館,包括省立臺中圖書館、臺北高雄二市的市立圖書館以及各縣市文化中心圖書館,全部藏書的總和,還不如天津一個市(全市公共圖書館系統的藏書超過600萬冊),比起北京與上海,那就更有不如了,這是值得我們深思的。

(八) 以上所說的,好像多是彼岸的優點,當然不會沒有缺點,只是觀察不深,不敢妄加論斷。但有一點則是我們大家的共識,那就是我們所看過的館,在管理與維護方面,都有加強與改進的餘地。管理的觀念與範圍很廣,詳情也無法在此說清楚。

(九) 最後,我希望雙方應多多交流與合作。具體的辦法,是先讓大陸的同業來臺灣參觀訪問,彼此有了瞭解,才能談進一步的合作。我期待這一天早日到來。

注　釋

註1　參閱『中國圖書館學會章程』（1987 年 11 月經第三次會員代表大會討論通過）第五條。

註2　大陸的圖書館員分為五級：研究館員，副研究館員，館員，助理館員，管理員。參閱『圖書、檔案、資料專業幹部業務職稱暫行規定』（1981 年 1 月 30 日）第一條。研究館員相當於正教授，副研究館員相當於副教授，館員相當於講師，助理館員相當於助教。管理員為圖書館的初階專業人員，依上述『暫行規定』第四條的規定：『中等專業學校畢業生，擔任圖書、檔案、資料專業幹部，見習一年期滿，或具有同等學歷的，初步掌握圖書、檔案、資料某項業務的基礎知識、工作方法和技能，較好地完成所擔任的任務，確定為管理員。』

註3　參閱『中國圖書館學會章程』第十條。

註4　黃俊貴，『中國圖書館學會第三次會員代表大會籌備工作報告』，『中國圖書館學會第三次會員代表大會專輯』（1987 年 11 月），頁 3。

註5　同上注。

註6　詳細名單，見『中國圖書館學會第三次會員代表大會專輯』，頁 20—21。

註7　同註1，第十五條。

註8　同註6，頁 5—12。

註9　陳超，『公共圖書事業發展概況』，見『中國圖書館事業十年』（1978—1987）（長沙：湖南大學出版社，1989），頁 159。

註10　取材自（1）『北京圖書館，The National Library of China』（1987 簡介）；（2）『中國一瞥 113：北京圖書館』（人民畫報社編輯出版）。

註11　同上注（1）1987 年簡介，頁 6；（2）『中國一瞥』。

註12　參見『中國一瞥 113：北京圖書館』。

註13　同註 11（1）1987 年簡介，頁 7。

註14　這些珍本的一部份於 1949 年運至臺灣，現存外雙溪『故宮博物院』中。另有 2000 多件於二次世界大戰期間寄存於美國國會圖書館，於 1965 年運回臺灣，現亦存『故宮博物院』中。

註15　參見註 11（1）1987 年簡介，頁 2。

註16　參閱『上海市公共圖書館概況』（上海：圖書館雜誌增刊，1989），頁 270—271。

註17　根據 1990 年 9 月 17 日，上海圖書館館長朱慶祚先生的口頭簡報。

註18　同註 16，頁 3—5。

註19　同上注，頁 6。

註20　同上注，頁 270—275。

註21　詳見『天津市公共圖書館簡介』（天津市文化局編印，1990 年 5 月）。

註22　參閱『天津圖書館簡介』（天津圖書館編印，1990 年 5 月）。

註23　參閱『天津圖書館新館工程簡介』（天津圖書館編印，1990 年 5 月）。

註24　同註 21，頁 1—2。

註25　同上注，頁 3—7。

註26　蔡成瑛，『高等學校圖書館事業發展概況』，見『中國圖書館事業十年』（1978—1987）（長沙：湖南大學出版社，1989），頁 174。

註27　同上注，頁 182。

註28　表中的資料來自：1.『對高校圖書館現狀的一次調查（一）』，大學圖書館學報49期（1990年6月15日），頁1—12；2.『對高校圖書館現狀的一次調查（續）』，大學圖書館學報50期（1990年8月15日），頁38—46。

註29　取材自：『北京大學圖書館概況』（1990年9月北大圖書館提供）；燕園即景』（1988年月北大出版社編印）。

註30　參閱『中國圖書館事業十年』（1978—1987）（長沙：湖南大學出版社，1989），頁400—412。

註31　同上注，頁400—401。

註32　同上注，頁402。

註33　同上注。

註34　同上注，頁403。

原載『「中國圖書館學會」會報』第47期（1991年6月），頁17—33

『一塔湖圖』中的北大圖書館

一塔湖圖，諧音一塌糊塗，乃北大人津津樂道的口頭禪，因爲它代表今日北大校園（即過去燕京大學的燕園）的三大標誌。

塔是北大的水塔，名叫博雅塔，建於 1924 年。當時的燕京大學，爲向全校供水，建此水塔，外觀爲一座 13 層的寶塔，高 37 公尺。它是當時燕大美籍教授博晨光（Licius Porter）所籌建，故名博雅塔。此塔位於未名湖旁，倒影於水中，隨波蕩漾，湖光塔影，相映成趣。

湖就是未名湖，水色如碧，湖面似鏡，環境清幽，景色秀麗。我們觀賞時，正值夏末秋初，但見荷葉處處，楊柳依依，四週雜花生樹，林木蔥籠，據説春暉、夏日、秋月、冬雪，各具妙趣，真是風光如盈，四季宜人。

圖是圖書館，北京大學圖書館創立於遜清光緒廿八年（1902），原名京師大學堂藏書樓，1912 年改名爲北京大學圖書館。1949 年以前，許多中國名人曾在此擔任過館長，包括章士釗、李大釗、袁同禮、馬衡、蔣夢麟、毛子水。1918 年毛澤東曾在北大圖書館擔任過短時期的書記員，月薪三塊銀圓，好像是蔣夢麟任命的。

北大現有 29 個系，25 個研究所，13 個研究中心，大學本科生 10,000 人，研究生 3,000 人，留學生 600 人，正副教授 1,300 人，其他教職員 6,000 人。1952 年燕京大學奉命併入北大，北大校區乃遷入海淀區燕大原址。燕大藏書原有 40 萬冊，合併後使北大圖書館的藏書超過 110 萬冊。1952 年後的 10 年發展極爲迅速，至 1963 年藏書已達 246 萬冊。『文革』期間館内工作停頓，無成績可言。1975 年在周恩來的支持下，建造了一幢當時大陸規模最大的圖書館，而成爲北大校園内一個重要景觀之一。所謂北大的『一塔湖圖』即由此而來（塔是北大的水塔，湖是校園邊的未名湖，圖就是指圖書館）。此一圖書館的建築面積爲 25,000 平方米，容書量 350 萬冊，閱覽座位 2,000 個。現在的藏書已達 400 萬冊，又已不夠用了。

北大校園中的『博雅水塔』及『未名湖』

在現在的 400 萬冊書中 260 萬冊爲中文，90 萬冊爲外文，50 萬冊爲報刊合訂。

中文書中的古籍有 150 萬冊，其中有珍善本 15,000 種，160,000 餘冊，包括宋、元珍貴版本圖書 300 餘種。外文圖書也不乏珍本，如 1572 年版的歐幾里得著的『幾何原本』，1744 年的『牛頓選集』，都是不可多得的收藏。

目前北大圖書館入藏的中文圖書約 12,000 種，計約 80,000 冊，外文圖書 10,000 種，約 20,000 冊；訂購中文報刊 2,800 種，外文報刊 3,600 種。此外，並與 50 多個國家與地區的 500 多個學術研究團體進行書刊交換，每年經由此種管道而得的書刊約 5,000 冊。以上各項加起來，使北大圖書館每年入藏的資料超過 100,000 冊（件）。

該館現有員工 350 人，包括業務工作人員 200 人，行政工作人員 10 人，工勤人員 25 人，臨時工作人員 115 人。這些員工平均每日要接待讀者 5,228 人次，外借書刊 3,755 冊次。

1988 年 5 月，北大圖書館設立『北京大學文庫』，收集並永久保存北大師生的研究成果，現已集藏 6,000 餘冊，成爲館藏的重要特色之一。

原載『書府』第 12 期（1991 年 11 月），頁 15—16

政變期間的莫斯科街頭

這真是萬分難逢的機會，也是十分驚險的時刻。我們圖書館界參加今年在莫斯科舉行的第五十七屆國際圖書館協會聯盟（IFLA）大會的代表團，於八月十八日凌晨自華沙飛抵莫斯科，八月二十一日從莫斯科飛往列寧格勒（現已改還舊名聖彼得堡），在莫斯科停留的時間剛好與政變相合。蘇聯政變是一件震撼全球的世紀大事，我適逢其會，身歷其境，更是一件畢生難忘而值得紀念的事。

西方的傳播媒體，多以八月十九日莫斯科時間上午七時為政變的開始，因為當時塔斯社宣布：『戈巴契夫由於健康理由無法執行職權，其總統職務已由副總統耶納葉夫取代。』其實政變的徵兆在十八日下午即已出現，因為那天下午我們參觀克里姆林宮完畢而於傍晚到達紅場時，已經看到一隊坦克繞著紅場慢慢行駛，當時也不以為意，以為在作演習。在我所看到有關蘇聯政變的西文報刊與電視，都未提及此事，當時正下著毛毛雨，天色有點昏暗，紅場除我們這群來自臺灣的遊客外，其他觀光客與行人都很稀少，這一隊鉅變前夕的紅場坦克，可能成了漏網的新聞。

我最初聽到有關政變的消息，是十九日上午八時多，那時我從下榻的科斯莫斯旅館（Hotel Cosmos）搭大會預備的交通車去會場。我的鄰座是一位英國代表，他是大英圖書館的俄文部主任，懂得俄文，他說他七點鐘聽到塔斯社的俄文廣播：戈巴契夫下臺，由副總統接任總統職務，蘇聯領導階層似乎發生了問題。我聽了悚然一驚，在這樣的國度裏，突然發生這樣的事，其變化與影響實難捉摸，心念至此，不免有點忐忑。進入會場時，剛好碰上德籍的大會會長蓋赫及荷籍的大會秘書長洛達，他們曾於今年五月間來臺參加『中央圖書館』舉辦的一項國際會議，大家相處得不錯，所以見面時顯得頗為親熱。從他們口中證實了政變的消息，他們正要到蘇聯文化部去，因為大會今天正式開幕，原定由戈巴契夫致開幕詞，現在戈氏被扣，他們要去請教主辦單位的文化部，如何因應此一變局。

在我從大會總部的莫斯科貿易中心搭計程車到另一會場去參加開幕禮時，剛好與幾位大陸代表同車，他們懂得俄文，我經由他們的傳譯問蘇聯計程車司機對此次政變的看法，他的答案只有一個俄文字『尼哈羅索』（No good；不好）。我再問他為什麼不好，他用手摸摸我的西裝說：『假如他們的政變成功，我就永遠穿不到這樣料子的西裝了。』只此一言，道盡了蘇聯人民對這次政變的心聲。從大會總部到開幕典禮的大廳，大約有二十分鐘的車程，我仔細察看莫斯科的街頭，除了偶爾看到一些坦克在重要街口佈防外，並沒有看到其他異狀，好像莫斯科人民的生活起居並沒有受到政變的影響。

八月廿日早餐時，聽說機場已關閉，對外電訊已不通，大家頗為緊張。我曾建議採取一些應變措施，一方面要求旅行團的中國導遊，利用他與各國旅遊單位的管道，幫我們傳遞消息，向我們在臺灣的家人報平安；另一方面於必要時，準備請出席大會的韓國代表，經由他們駐莫斯科大使館，把我們的消息傳給臺灣駐韓國『大使館』，向『外交部』轉告我們在莫斯科的情況。由於政變的迅速結束，后一措施並未用上，但身處颱風眼中，暴風雨隨時會到，不能不有此應變的準備。

二十日的大會議程照常舉行。因為大家認為，這是一個擁有一百二十三個國家代表的國際組織，出席本次大會的各國代表近兩千人，不管政變結果如何，似乎還不致於危害到這麼多國家代表的生命安全。基於此一觀點，我們的開會與參觀活動也繼續進行。當我們參觀蘇聯的國家圖書館時，就在該館的右前方，我們看到許多坦克堵住了一個通過紅場的主要街口。我覺得好奇，特地走近去察看一下，但見士兵正在與老百姓聊天，而且面露笑容，看不出一絲緊張氣氛。有一個小孩想去摸摸坦克，士兵並未生氣，反倒笑嘻嘻地摸摸小孩的頭，一副滿不在乎的樣子。假如軍隊是政變的保障，那麼這一道保障是毫不足恃了。

我們的車子曾經駛過葉爾欽總部的那幢白色大廈（號稱俄羅斯的白宮）附近，但見人潮洶湧，各式各樣的車輛（卡車、巴士、計程車、小轎車、機車、腳踏車等，應有盡有）橫七豎八，阻擋所有通道，團團圍住葉爾欽的總部，以保障他的安全。其受人民的擁護，由此可見，這正是政變失敗的主因。

按照預定計劃，我們今晚要到莫斯科郊外的一個鄉村俱樂部去吃俄國大餐。在路上我們看到一隊坦克迎面而來，前導的白、藍、紅三色旗號迎風招展，我們的蘇聯導遊阿勒克斯立刻大叫『葉爾欽、葉爾欽』。原來這是俄羅斯共和國的旗號，葉爾欽是俄羅斯共和國的總統，他的部隊進城了，政變者的日子也就不遠了，怪不得阿勒克斯要大聲歡呼。我們也為他高興，大家並為擦身而過的葉爾欽坦克鼓掌。

鄉村俱樂部離莫斯科約四十分鐘車程，位於幾十幢十多層的工教公寓旁，環境頗佳。我們吃飯時，有蘇聯的俊男美女唱歌跳舞，其中有一位男高音，其歌喉之好，不下一流歌手。正當大家興高采烈的時候，忽然傳出莫斯科已宣布戒嚴，晚十一時以後實施宵禁。其時已近晚上十點，為免進不了城，大家匆匆就道，整個大餐只吃完一道沙拉，連湯及主菜是什麼都未見到，大呼可惜不已。

廿一日上午，我們依原定日程要從莫斯科飛往列寧格勒，可是久等蘇聯導遊不到，只好自行乘車去機場。不料到達機場時，却見阿勒克斯臉色慘白、滿頭汗水、狼狽不堪地站在前面等我們。驚問其故，始知他昨晚回家時，因闖入禁區被軍方扣留，至今晨八時始放行，因去旅館已來不及，故直接趕來機場照顧。大家對他很有好感，對他的處境更為同情，都自願多給他一些小費。提起這位蘇聯導遊，水準極高，他是莫斯科大學經濟系畢業，又到捷克研究了三年，對蘇聯的政經知識相當豐富，英文也很流利。我曾問他對這次政變的看法，他脫口而出：『我寧願死掉，也不要回到從前。』

八月廿二日，我們在列寧格勒得知，戈巴契夫已於昨晚復職，政變首腦均已被捕或自殺。本世紀一件最受矚目的政變，就這樣戲劇性的結束。

原載『「中國圖書館學會」會報』第 48 期（1991 年 12 月），頁 271—272

談百科全書

所謂百科全書,簡單地說,就是將人類的各種主要知識,分門別類地釐訂爲許多條目,用提要鈎玄的方式,淺顯通達的文字,把它們寫出來,再以便於查閱的方法,將它們排列組合,印成一冊或多冊的參攷工具書。這就是一般所稱的綜合百科全書(General Encyclopedia)而言,如以同樣的方法所編成的百科全書,其範圍僅限於一科或幾個相關的科目者,則稱爲分科百科全書或主題百科全書(Subject Encyclopedia),如教育百科全書、哲學百科全書、科技百科全書、圖書館學與資訊科學百科全書等均屬之。

西方的百科全書,起源於古希臘,其創始人爲柏拉圖的學生亞里斯多德。現在英文中的 Encyclopedia 一詞,就是由希臘文的 Enkyklics(圓圈、範圍)及 Paideia(知識、教育)兩字演化而來,意爲『知識的圓圈』或『教育的範圍』,也就是人類知識的全體。

百科全書發展到今日這種形式,已經過許多演變。舉其要者而言:公元前50年,羅馬學者瓦諾所編的一本百科全書,附有一些插圖,是爲百科全書中有插圖之始。公元1080年,希臘的『秀達斯(Suidas)百科全書』,首先將各種條目依字母順序排列。1410年,意大利學者班芝尼所編的百科全書,有許多『互見參攷』(Cross Reference)的項目,是爲百科全書中有『互見參攷』之濫觴。1751年,法國學者狄戴樂所主編的百科全書,撰稿者包括當時法國大儒盧梭、孟德斯鳩、福爾泰等人,創百科全書由名家執筆之先例。1771年,『大英百科全書』第一版問世,以長篇大論的學術性條目著稱。1809年,德國的『布洛克豪斯(Brocklaus)百科全書』,以條目衆多、簡明扼要聞名。廿世紀中葉以後,彩色印刷發達,所以今日的百科全書,又以彩色插圖爲其共同特點。

根據專家估計,現在世界各國所出版的百科全書,已有三千多種,其中綜合性的百科全書就有數百種,大部份西方國家至少有一種具有代表性的綜合百科全書,有些國家如美國、英國、德國,均各有數十種。東方國家較少,臺灣地區雖有數種,但多係翻譯而來,很難說具有代表性。

綜合百科全書,依其內容的深淺,又可以分爲幾個級次。現就筆者較爲熟悉的美國百科全書,分爲四個級次,各以其一種或兩種代表作略作介紹:

就內容深淺的屬次而言,美國級次最高的綜合性百科全書,爲『大英百科全書』(*Encyclopaedia Britannica*,以下簡稱『大英』)與『大美百科全書』(*Encyclopedia Americana*,以下簡稱『大美』),這兩種百科全書都是以大學程度的讀者爲主要對象。

『大英百科全書』於1771年在英國愛丁堡問世(自1902年以後,該書版權已爲美國所有,並在美國編印出版,而成爲美國的百科全書之一,故此一書名早已名實不符),初版只有三冊,兩千六百多頁。現在的十五版(1974年以後),有三十三冊,三萬四千多頁,四千五百多萬字。全書分爲四部分:第一部份僅一冊,稱爲『百科類書』(Propaedia),將人類的知識分爲一萬五千多個主題,等於全書的總目次。第二部份稱爲『辭目簡編』(Micropaedia),共十冊,包括七百五十字以下的簡短辭目十二萬多條。第三部份稱爲『辭目詳編』(Macropaedia),共十九冊,包括長篇大論的辭目四千二百多條,有些辭目如『中國歷史』、『基督教』、『教育史』等,均有一百頁左右,簡直等於一本專著。第四部份爲索引,共三冊。

『大美百科全書』第一版於 1829 年開始出書，至 1833 年出齊，全書共 13 冊。初版主要是根據德國的『布洛克豪斯百科全書』（*Brockhaus Konversations Lexikon*）翻譯而成，自 1903 年以後，歷經多次修改，現已完全美國化。該書共三十冊，二萬六千多頁，二千七百餘萬字，全書辭目在五萬六千以上，以社會科學、人物傳記、地理名詞等方面的辭目較多，均以簡明扼要為讀者所稱道。

除『大英』與『大美』外，美國的綜合百科全書還可以分為三個級次。以高中及一般成人為主要對象者，可以『柯利爾百科全書』（*Collier's Encyclopedia*，以下簡稱『柯利爾』）為其代表作。此書是二次大戰以後的產物，初版於 1949 年問世，共二十冊。現版為廿四冊，二千二百萬字，共有五萬多辭目，均以高中課程內容為基準，以敘事解釋為主，兼及簡單理論，各科辭目相當均衡。

『世界百科全書』（*World Book Encyclopedia*）係以初中讀者為對象，1917 年初版時僅八冊，現已增至廿二冊，一萬三千多頁，共一萬九千多個辭目。此書不但簡明易懂，而且插圖特多，有兩萬九千多幅，三分之一以上為彩色，看起來生動活潑，賞心悅目，為時下最受歡迎的少年百科全書，加以另有大字版及盲人版同時印行，故銷路極廣。

1992.1.2 攝於書房中

以小學程度為主要對象者，可以『大英小百科』（*Britannica Junior Encyclopedia*）為例。全書共十五冊，約五百萬字，有四千二百個辭目，均以小學的課程內容為範圍，有關游戲、運動、兒童故事及科學小知識的辭目特別多，旨在引起兒童的閱讀興趣。值得注意的是，此書並非『大英』的簡編，它的前身是『維登百科全書』（*Weeden's Encyclopedia*），於 1934 年被大英出版公司購得，改為現名繼續出版，故內容與『大英』沒有關連，它僅是同一公司出版的級次最低的一種兒童百科全書。

現代的百科全書，具有許多共同的特性，茲就個人淺見所及，略述如下：

1. 百科全書都是包羅萬有，理論上說，應包括人類的所有知識，何止百科，我們稱之為百科全書，喻其多也。如前所說，『大英』有十二萬多辭目（也可稱之為主題），『大美』有五萬多辭目，『柯利爾』有兩萬五千多辭目，即使是以少年為對象的『世界百科全書』也有一萬九千多個辭目。

2. 執筆者眾多,且均為專家。例如『大英』的執筆者有四千多人,來自一百三十多個國家;『大美』有六千多人;『柯利爾』五千多人;『世界百科全書三千多人』;『中華百科全書』寫稿者也有二千多人;『中國大百科全書』執筆者,更號稱集全國學者專家之大成。

3. 主要百科全書的執筆者,多在文後署名,以示負責並代表其權威性。

4. 文後多有參攷書目,供讀者進一步作深入研究。但這書目放置的位置頗不一致,有的緊接文後,如『大英』與『大美』,有的則集中於一冊,如『柯利爾』。

1991.12.5 攝於書房中

5. 所有百科全書均係針對一般讀者,不是以專家為對象,故內容均係深入淺出,文字都是淺顯通達。

6. 插圖眾多,且盡可能採用彩色,務期『有美皆備,無麗不臻』。適當的插圖除能引人入勝外,並有助於對物象辭目的瞭解。

7. 辭目的排列順序,西文以字母順序為多,中文則以筆劃多少排列較為普遍。

8. 一般百科全書除主題辭目外,均有人物傳記及地理名詞,有的且以傳記為主,如美國的『哥倫比亞百科全書』(*Columbia Encyclopedia*),傳記辭目達70%。

9. 通常多為大部頭書,如『大英』有三十三冊,『大美』三十冊,『柯利爾』二十四冊,『蘇聯百科全書』五十冊,臺灣的『中華百科全書』也有十冊,而大陸的『中國大百科全書』,更預計出八十冊。

10. 百科全書多係十六開本,而且印刷精美,裝訂牢固(精裝)。

11. 百科全書因卷帙浩繁,修改不易,故多以年鑑(Yearbook)補充新資料,如『大英』有 *Britannica Book of the Year*;『大美』有 *The Americana Annual*;『柯利爾』及『世界百科全書』也均有 Yearbook。

12. 百科全書是瞭解一個主題的起點,故為自修者的最佳參攷書,但所有辭目都是由專家編輯而成,故都是第二手資料。

最後來談談臺灣地區的情形。臺灣地區的類書與西方的百科全書相仿佛，所謂類書，乃是『據攎群書，以類相從，便於檢閱之書』。我國最早的類書爲『皇覽』，成於三國時魏文帝黃初三年，即西元222年，所以百科全書在我國也有一千七百多年歷史。我國有兩部最著名的類書，一是『永樂大典』，二是『古今圖書集成』，在此略作介紹：

1991.12.12 攝於書房中

『永樂大典』成於明成祖永樂五年（1407），爲名儒解縉等奉勅撰，參與其事者二千一百餘人，歷時五年完成。全書二萬二千八百七十七卷，凡例目錄六十卷，裝成一萬一千九百九十五冊，約有三億七千餘萬字，相當於『大英百科全書』十五版的八倍，此爲我國最大的類書，也是世界最大的百科全書。惜自明中葉以後，屢遭變故，損失殆盡，至今殘存者僅約四百冊。

『古今圖書集成』，爲清朝陳夢雷、蔣廷錫等奉勅撰，成於雍正三年（1725）。全書分爲六彙編，三十二典，六千一百零九部，共一萬卷，約一億字，此爲我國印刷的最大類書（『永樂大典』都是手寫），也是世界第二大的百科全書。

目前在臺灣地區出版的百科全書，除『中華百科全書』外，多係編譯而成。『中華百科全書』共十冊，於1981年出版。全書分爲四十學門，共一萬五千餘條，每條五百字至四千字不等，執筆者多爲專家學者，達二千餘人，均在文後署名。海峽彼岸對於百科全書倒很重視，他們自1980年開始，即在編一部『中國大百科全書』，預計八十冊，現已出版七十四冊，全部完成後，將成爲當前世界最大百科全書之一。臺灣地區的外匯存底號稱世界第一，是否也應該編一部世界第一流的百科全書！？

原載『國父紀念館館訊』第2期（1992年7月），頁80—84

『中華圖書資訊學教育學會』會訊
"Chinese Association of Library and Information Science Education" Newsletter

創刊號

『中華圖書資訊學教育會』舉辦『圖書資訊學教學研討會』
一九九三年二月二十日攝於『中央圖書館』國際會議廳

一九九三年十二月

發 刊 詞

　　在過去一年多以來，『中華圖書資訊學教育學會』本於其『研究、發揚、促進圖書資訊學教育』的宗旨，曾經舉辦一連串的相關活動。我們於一九九三年二月二十日，在『中央圖書館』國際會議廳舉辦『圖書資訊學教學研討會』，除邀請本會全體會員參加外，並有來自大陸的六位教授與館長參與我們的研討。四月二十三日至二十四日，我們假臺灣師範大學圖書館舉辦爲期兩日的『主題標目研討會』，除邀請旅美的麥麟屏與何光國兩位教授主講外，並有臺灣多位主題專家聯合主持座談會，報名參與研討者一百四十餘人，情況極爲熱烈。十二月十二日至十五日，本會與華東師範大學在上海聯合舉辦『海峽兩岸圖書資訊學學術研討會』，有兩岸百餘學者專家與會，這是兩岸圖書資訊界首次聯合舉辦學術研討會，是兩岸交流史上值得大書特書的一件事。

　　本會舉辦的各項活動，因限於人力物力，多在臺北地區舉辦，致使分散各地的會員無法全部參加，深感遺憾。爲彌補此一缺陷，爰經第二屆會員大會決議，編印『會務通訊』，每年兩期，免費分送全體會員，作爲傳佈本會會務動態及提供會員聯繫之管道。創刊伊始，缺失必多，尚祈各位會員不吝指正，幸甚。

『中華圖書資訊學教育學會』理事長
胡述兆　謹識
1993 年 12 月

海峽兩岸首屆圖書資訊學術研討會之源起與成果

【摘要】1993年12月12日至15日,『中華圖書資訊學教育學會』與華東師範大學在上海聯合舉辦『海峽兩岸首屆圖書資訊學術研討會』。兩岸圖書資訊界重要人士均參加了會議。會中共提出25篇論文,討論時發言者逾110人次,情況熱烈,成果豐碩。這是兩岸學術交流史上一大突破,也是一項里程碑。本文係對該項會議之源起與成果略述其梗概,並將討論題綱、邀請函全文、開會議程及兩岸代表名單錄列於文內,藉爲兩岸圖書資訊學術交流史存證。

Abstract: The First Seminar on Librarianship between both Sides of the Taiwan Straits which was jointly sponsored by the "Chinese Association of Library and Information Science Education" and East China Normal University was held in Shanghai in December 12 – 15, 1993. Important figures of the library and information fields from both sides were represented at this Seminar. During the 3-day meeting, 25 papers were presented and more than 110 persons joined the discussions. This successful conference is not only a breakthrough but also a milestone in the academic and experience exchange of library and information studies between the two sides.

The purpose of this article attempts to provide a brief report with regard to the origin and achievement of the Seminar. Important documents such as the theme and topics, invitation letter, conference agenda and the list of representatives are included for the sake of keeping a historical record of this meeting.

自從『中華圖書資訊學教育學會』與華東師範大學圖書館學情報學系,於1993年12月在上海聯合舉辦『海峽兩岸首屆圖書資訊學術研討會』後,已引起兩岸圖書資訊界的高度注意。『中國圖書館學會』理事長王振鵠教授及會報主編薛理桂博士,爲使臺灣地區的同道們能分享這次會議的成果,特將其中臺灣代表提出的幾篇論文彙集刊行,以廣流傳,並囑我將此次會議的源起與成果寫出來,爲兩岸的圖書資訊學術交流留下紀錄。作爲參與組織這次會議的一個成員,對於這樣的一項任務自是義不容辭。

話須從1992年說起。那年的秋天,我收到華東師範大學校長袁運開教授所簽發的一張聘書,授予我『華東師範大學客座教授』稱號,深感榮幸。由於大陸各大學的客座教授是榮譽職,既無時間的限制,也不必擔任固定的教學工作,不影響我在臺大的專任教職,於是欣然接受。在此以前的1991年,我到江西大學去演講時,王仲才校長也曾當面告訴我,要聘我爲客座教授,當時我不知道客座教授是榮譽職,乃以暫時無法離開臺大爲詞,婉拒了他的好意。(其後江西大學與江西工業大學合併爲南昌大學時,還是給了我這份榮譽,而且發的是改制後的第一號聘書。)感於這兩個大學的盛意,我開始計劃爲他們做一些演講、座談、或參與他們的研討會,藉以盡一份客座教授的義務。適吉林省圖書館學會及吉林省圖書館來函,邀我去長春參加一項方志編輯研討會,並與東北師範大學與白求恩醫科大學的圖書情報學系進行一些學術交流,於是我決定於1992年的9月(大陸各大學都是9月初開學),再跑一次大陸,行程包括南昌、上海、長春、及北京。

在上海停留期間,除了拜訪華東師大圖情系榮譽系主任陳譽教授、上海圖書館朱慶祚館長等幾位老友，且承他們設宴款待外，並與華東師大新任圖情系主任吳光偉博士、上海圖書館副館長吳建中博士、華東師大圖情系副系主任王世偉教授等上海圖書館界的幾位菁英，有過數次的親切交談。在交談中我曾提出一些海峽兩岸學術合作的構想，包括兩岸相關機構聯合舉辦學術研討會及帶臺大圖書館學研究所學生去大陸實習，這些想法立即得到他們的熱烈響應與支持，不過攷慮到兩岸目前的環境與條件，咸認這些活動是以臺灣同道到大陸去進行較為方便。於是我們當場決定了兩件事，一是由我在 1993 年暑假帶一批臺大圖書館學研究所碩士班學生到上海圖書館及華東師大圖書館去實習，二是原則上由『中華圖書資訊學教育學會』與華東師大圖書館學情報學系於 1993 年底在上海聯合舉辦一項圖書資訊學術研討會，由華東師大負責籌備，費用則由雙方分擔。

我於 9 月底從上海飛到長春，短短的幾天中我認識了東北圖書館界許多朋友，并與長春地區各大學圖書館館長，東北師大與白求恩大學的兩所圖書館情報學系主任及主要教授，吉林省圖書館館長、副館長，以及吉林省圖書館學會的主要負責人等數十人舉行了座談會，就兩岸圖書資訊學術交流與合作問題交換了許多意見，成果相當豐碩。我從長春飛北京，這次只停留了三天（因臺大已於九月底上課，我只請了一星期假），即取道香港返臺。不過在此三天中我也辦了不少事，除與北京、天津地區為『圖書館學與資訊科學大辭典』撰稿的專家、學者聚談並解決一些實際問題外，我還會見了幾位主管大陸圖書館事業的官方人士，談了一些有關兩岸學術交流的問題。我對他們說，目前的兩岸圖書館學會都叫『中國圖書館學會』，在從事交流活動時彼此都感到彆扭，為了破除這項障礙，在臺灣方面的同道最近成立了一個『中華圖書資訊學教育學會』，會員都是目前臺灣圖書館界具有代表性的人士。我問他們，假如我們以這個學會的名義與大陸相關機構合辦一些學術交流活動，你們覺得如何？他們很快地回答說，這是一個中性的名稱，我們不會反對。短短的一句話解開了我的一個心結，當時我就覺得，我們與華東師大合辦研討會的事大概不會再有什麼大問題。

我回到臺北之後即以函電與華東師大圖情系主任吳光偉博士密切保持聯繫，並就合辦研討會的相關問題隨時交換意見。1993 年 5 月下旬吳先生來電告訴我，合辦研討會的事已由國家教育委員會批准，於是我於 6 月 15 日召集一次常務理事會，除決定由本會自辦活動剩餘的經費中，撥出十萬元支援該項研討會外，並通過了研討會的名稱為『海峽兩岸暨香港地區圖書資訊學術研討會』（最後香港無人參加，乃將『香港地區』四字除掉），及研討會的五項題綱：

一、海峽兩岸圖書資訊事業之發展
二、海峽兩岸圖書資訊教育
三、海峽兩岸圖書館之管理與利用
四、海峽兩岸圖書資料之分類編目
五、海峽兩岸圖書館自動化與資訊網路（包含資訊檢索）

6 月 26 日我們又召開了一次理監事聯席會議，會中決定代表團的成員，包括本會理監事、候補理監事、委員會召集人、及臺大圖書館學研究所博士班學生；並決議原則上我們對每一題綱提出兩篇論文，每一博士班學生必須寫一篇論文，各搭配一位資深教授共同具名提出，以昭鄭重。

7 月 1 日至 11 日，我帶領臺大 10 位碩士班研究生去上海參觀見習，由華東師大安排在他們的校長培訓中心住宿。我利用這個機會與吳光偉主任，王世偉、范并思、周德明三位副系主任，及他們的辦公室主任時明惠，密集會商研討會的各項細節，並親自攷察了他們的招待所、房間、飯廳及會議場所。我又商得吳主任同意請王世偉教授擔任大會秘書長，並與吳主任商定了邀請函的內容及格式如下：

海峽兩岸首屆圖書資訊學術研討會
邀請函

先生道席：

『中華圖書資訊學教育學會』與華東師範大學圖書館學情報學系，為促進海峽兩岸圖書資訊之學術交流與合作，謹訂於 1993 年 12 月 12 日（星期日）至 15 日（星期三），假上海華東師範大學會議廳舉辦『海峽兩岸圖書資訊學術研討會』，將邀請兩岸圖書資訊界學者專家約百人出席會議，共同研討。

素仰先生學問淵博，識見卓越，特邀請出席上項會議（並撰提論文），敬請俞允，無任企盼。

隨函奉上會議有關資料，敬請將註冊單於八月底前擲還，俾便確定人數；其撰提論文者（論文以不超過 15 頁為原則），則請於 11 月 15 日前將論文全文寄送上海華東師範大學圖書館學情報學系，為感。

專此奉邀，並頌

道綏

　　　　　　　　　　『中華圖書資訊學教育學會』理事長　　胡述兆
　　　　　　　　　　華東師範大學圖書館學情報學系主任　　吳光偉 敬邀

　　　　　　　　　　　　　　　　　　　　　　　　　　1993 年 7 月　　日

連絡處：大陸地區：大會秘書處　　　　　秘書長：王世偉
　　　　　　　　　華東師範大學圖情系　　上海中山北路 3663 號
　　　　　　　　　電話：2577577—2511；　FAX：021—2578367
　　　　臺灣地區：臺大圖書館學系　　　　臺北市羅斯福路 4 段 1 號
　　　　　　　　　電話：（02）3630231—2296；FAX：02—3632859

自發出邀請函以後，直到研討會開幕前夕，一切進展得很順利，臺灣地區的代表團最後確定為 17 人，論文有 9 篇。我們於 12 月 12 日離開臺北經香港直飛上海，受到主辦單位的熱烈歡迎。會議於 13 日上午按預定時間開幕，全部議程如下：

海峽兩岸首屆圖書資訊學術研討會
會議日程表

12 月 12 日

　　全天　　　　　報到
　＊晚上　19：00　準備會（參加者另行通知）

12 月 13 日（第一天）

　　上午　09：00—10：00　開幕式
　　主持：吳光偉　胡述兆

　　　　吳光偉教授講話，介紹大陸地區代表（五分鐘）
　　　　胡述兆教授講話，介紹臺灣地區代表（五分鐘）
　　　　大陸地區彭斐章教授講話（五分鐘）
　　　　臺灣地區沈寶環教授講話（五分鐘）
　　　　華東師範大學王鐵仙校長講話（五分鐘）
　10：00—10：30　合影
　10：30—12：00　研討
　主持：王萬宗　盧荷生
　發言：馬費成：中國信息服務業的現況與走勢
　　　　王振鵠　劉春銀：臺灣地區圖書館事業發展近況
　　　　吳光偉：大陸信息服務業與圖書館
　中午　12：00—13：30　午餐　休息
　下午　13：30—15：00　研討
　主持：李德竹　孫秉良
　發言：沈寶環　傅雅秀：圖書館與資訊利用
　　　　辛希孟：情報用戶需求及影響科技文獻服務模式的社會環境的研究
　　　　盧秀菊：臺灣地區圖書館行政組織體系現況概述
　15：00—15：30　休息
　15：30—17：30　研討
　主持：潘寅生
　發言：陳光祚：電子出版為現代圖書情報工作提出了新的機遇與挑戰
　　　　李德竹　莊道明：資訊網路時代臺灣地區圖書資訊服務的新方向
　　　　龔義臺：中國科學院文獻情報系統二次文獻編制與數據庫建設
　晚上　18：30　對白天發言自行組織研討交流

12月14日（第二天）

　上午　08：30—10：00　研討
　主持：王振鵠　丘東江
　發言：胡述兆　王梅玲：圖書資訊學教育：臺大與北大之比較
　　　　倪曉建：海峽兩岸圖書資訊教育之比較
　　　　譚祥金：中國大陸圖書館學教育面臨的挑戰與機遇
　10：30—12：00　研討
　主持：吳明德　吳建中
　發言：彭斐章：大陸圖書館學教育的現狀與發展趨勢
　　　　倪　波：關於圖書資訊學高層位人才教育的研究
　　　　吳慰慈：總結新經驗，不斷改進研究生的培養工作——指導碩士班研究生的做
　　　　　　　　法和體會
　中午　12：00—13：30　午餐　休息
　下午　13：30—14：30　研討
　主持：王西靖　莊守經
　發言：周文駿：論圖書館學專業教育的內容與方法

    鄭雪玫　黃麗虹：臺灣地區圖書館繼續教育
    鄒志仁：從南京大學文獻情報學系教育看我國圖書館教育的發展歷史
15：00—15：30 休息
15：30—17：30 研討
  主持：孟廣均　宋　玉
  發言：盧荷生　陳昭珍：中文權威檔的建立與問題探討
    吳明德：從線上目錄的觀點看編目規則的未來
    葉千軍：大陸情報語言四十年來研究述評
    吳瑠璃：臺灣地區圖書館的分類編目工作
晚上 18：30 對白天發言自行組織研討交流

12月15日（第三天）

上午 08：30—10：00 研討
  主持：沈寶環　朱慶祚
  發言：陳　譽：高等學校圖書館評估的理論與方法
    黃宗忠：創新圖書館管理
    黃俊貴：試論傳統圖書館的轉型與圖書館體制改革
10：30—11：00 休息
11：00—12：00 閉幕式
  主持：王世偉
    王振鵠教授講話
    周文駿教授講話
    胡述兆教授講話，宣布會議結束
中午 12：00—13：00 告別宴會
下午 13：00—17：30 參觀：南浦大橋　楊浦大橋　街景

  在開幕式中，上海市高等教育局長胡啓迪先生也參加了會議並講了話，華東師大黨委書記陸炳炎先生則參加了閉幕禮，顯得大陸方面的官方也對這項會議表示重視。

  綜合言之，這次會議具有下列幾項特色：

  一、雙方代表均具代表性：臺灣代表團包括臺大、師大、輔大及『中央研究院』12位教授與主任，以及 5 位圖書館學博士班研究生；大陸方面則涵蓋了北京大學、武漢大學、華東師大、南京大學、中山大學十餘所圖書資訊院系的前任、現任院長、所長、主任，以及高校、公共、中科院三大圖書館系統的主要館長。

  二、討論主題廣泛：在三天的會議中，共報告了 25 篇論文（大陸 16 篇、臺灣 9 篇），其中有關圖書資訊事業發展者 4 篇，有關圖書資訊教育者 9 篇，有關圖書館管理與利用者 5 篇，有關編目分類者 4 篇，有關圖書館自動化與資訊網路者 4 篇。參與討論者達 110 餘人次，大多數意猶未盡，情況之熱烈，概可想見。

  三、兩岸博士生參加了會議：這是本次研討會最特殊的一點。臺灣方面去了 5 人，並各提出了論文；大陸方面去了 4 人，北大與武大各 2 人。他們於 15 日晚上並在下榻的華東師大國際會議交流中心 6 樓舉辦了一次座談會，除了兩岸的 9 位博士生外，北大的周文駿、王萬宗、吳慰慈，武大的彭斐章、馬費成，臺大的胡述兆、李德竹、吳明德，南京大學的倪波，以及中科院的孟廣均也都參加了座談。這些博士生都是未來兩岸圖書資訊界的中堅份子，我們很高興他們有直接交流的機會，這對兩岸未來圖書資訊事業發展將有極爲重要的影響。

四、這次會議的主要目的，是使兩岸同道有互相認識的機會，並瞭解各自的專長；討論的主題多屬一般性或有關雙方圖書館事業的現況與問題。希望藉著這次集會能爲兩岸相關專家的個別交流與未來合辦專題研討會奠定一個基礎。這個目的算是達到了。

最後，我要藉這個機會，向主辦單位的華東師大圖情系主任吳光偉博士，及他的三位副系主任王世偉教授、范并思教授、周德明先生，以及他們的辦公室主任時明惠先生致謝，他們的周密規劃、熱忱服務，與親切接待，使得這次會議圓滿成功。現在我把參加這次會議的兩岸代表名單及他們的主要職稱錄列於後，以爲本文的結束。

海峽兩岸首屆圖書資訊學術研討會代表名單

一、臺灣地區

王振鵠　臺灣師範大學社教系暨研究所　教授　理事長
王梅玲　臺灣大學博士班　研究生（輔仁大學圖書資訊學系　講師）
沈寶環　臺灣大學圖書館學系暨研究所　教授
李德竹　臺灣大學圖書館學系暨研究所　教授
宋　玉　輔仁大學圖書資訊學系　教授
吳明德　臺灣大學圖書館學系暨研究所　主任　教授
吳瑠璃　臺灣師範大學社教系　講師
胡述兆　臺灣大學圖書館學系暨研究所　教授　理事長
陳雪華　臺灣大學圖書館學系暨研究所　副教授
陳昭珍　臺灣大學博士班　研究生（輔仁大學圖書資訊學系　講師）
黃麗虹　臺灣大學博士班　研究生（資訊工業策進會市場情報中心　經理）
莊道明　臺灣大學博士班　研究生（世界新聞傳播學院傳播管理學系　講師）
傅雅秀　臺灣大學博士班　研究生（海洋大學共同科　副教授）
劉春銀　『中央研究院』中國文哲研究所圖書館　主任
盧荷生　輔仁大學圖書資訊學系　教授（文學院　院長）
盧秀菊　臺灣大學圖書館學系暨研究所　副教授
鄭雪玫　臺灣大學圖書館學系暨研究所　教授

二、大陸地區

馬費成　武漢大學圖書情報學院　教授　院長
潘寅生　甘肅省圖書館　研究館員　館長
倪　波　南京大學信息產業研究所　教授　所長
莊守經　北京大學圖書館　研究館員
黃俊貴　廣東省立中山圖書館　研究館員　館長
辛希孟　科學院文獻情報中心　研究館員
王振鳴　南開大學分校　研究館員
彭斐章　武漢大學圖書情報學院　教授
吳慰慈　北京大學信息管理系　教授

周文駿　北京大學信息管理系　教授
陳　譽　華東師範大學情報學系　教授
黃宗忠　武漢大學圖書情報學院　教授
戴廷輝　南昌大學信息管理科學系　副教授　主任
王金夫　上海大學文學院文獻信息管理系　副教授　主任
吳建中　上海圖書館　副研究館員　副館長
倪曉建　北京師範大學信息技術與管理系　副教授　副主任
龔義台　科學院上海文獻情報中心　研究員　主任
鄒志仁　南京大學文獻情報學系　副教授　主任
孟廣均　科學院文獻情報中心　研究館員
譚祥金　中山大學信息管理系　教授　主任
葉千軍　上海政治學院圖書檔案系　副教授　主任
陳光祚　武漢大學圖書情報學院　教授
朱慶祚　上海圖書館　研究員　館長
孫秉良　上海圖書館　研究員　副館長
徐家齊　上海市高校圖書情報工作委員會秘書處　副教授　秘書長
吳光偉　華東師範大學情報學系　副教授　主任
王世偉　華東師範大學情報學系　副教授　副主任
王萬宗　北京大學信息管理系　教授　主任
喬好勤　武漢大學圖書情報學院　教授　副院長
丘東江　北京圖書館　副研究館員　秘書長
王西靖　華東師範大學圖書館　教授　館長
金恩暉　吉林省圖書館　研究館員

三、特邀代表

黃秀文　華東師範大學圖書館　副館長　副研究館員
王麗麗　上海圖書館文獻信息公司總經理　副研究館員
黃瀛華　華東理工大學圖書館　館長　教授
趙　新　天津國家海洋局海水淡化研究所
郭庠林　上海財經大學圖書館　館長　教授
曲則生　同濟大學圖書館　館長　教授
饒偉紅　北京大學分校圖書情報學系　副系主任　副教授
周治華　金陵圖書館　館長　研究館員
秦曾復　復旦大學圖書館　館長　教授
黃仁浩　上海大學商學院圖書館　副館長
吳建民　上海圖書館業務處　處長
孫富顯　烟臺市圖書館　館長
俞龍德　黃浦區浦東第二圖書館　館長
盧正言　上海師範大學圖書館　副館長　研究館員
李永祥　華東師範大學圖書館　副館長　副研究員
金寶定　上海師範大學圖書館　副館長　副研究館員

吳志榮　上海師範大學圖書館　館長助理　副研究館員
陳　曙　上海師範大學圖書館
梁建新　上海科技情報所　副研究館員
陳子善　華東師範大學圖書館　副館長　副研究館員
陸國璋　聯合國際貿易有限公司（美臺）　董事長

四、主要工作人員
周德明　華東師範大學情報學系　副系主任
范并思　華東師範大學情報學系　副系主任
時明惠　華東師範大學情報學系　辦公室主任

原載『「中國圖書館學會」會報』第 52 期（1994 年 6 月）頁 1—8

『中華圖書資訊學教育學會』與海峽兩岸學術交流

　　促進海峽兩岸圖書資訊學術交流，爲本會成立的主要目標之一。猶憶本會籌備之初，原係以『中華民國圖書資訊學教育學會』爲名，嗣因攷慮此一名稱，在從事兩岸交流時可能引起困擾，乃將前面四字，易爲中華二字，而成爲『中華圖書資訊學教育學會』。現在看來，這一改變，是適當而務實的做法。

　　過去兩年多，本會的主要活動，大部份與兩岸交流有關。例如1993年2月20日，本會在『國立中央圖書館』國際會議廳舉辦的『圖書資訊學教育研討會』，就有六位大陸來的貴賓與會，他們是北京大學圖書館館長莊守經，北京大學圖書館學與情報學系教授周文駿，武漢大學圖書情報學院教授彭斐章，華東師範大學圖書館情報學系教授陳譽，南開大學分校情報學系教授王振鳴，及中國科學院圖書館館長史鑒。1993年12月13日至15日在上海華東師範大學，及1994年8月21日至24日在北京大學，分別召開的『兩岸圖書資訊學術研討會』，則都是與本會聯合主辦。參加這兩次會議的代表，前者約100人，後者約80人，均包括兩岸圖書資訊界最具代表性的學者與專家，堪稱兩岸同道共聚一堂的空前盛會。這些會議，不但對雙方圖書資訊界的現狀及所遭遇的困難有所瞭解，也增進了彼此的認識，建立了真實的情誼，爲未來進一步交流與合作，奠立了初步基礎。

　　展望未來，今後的兩岸交流應從一般意見的交換，進入專門問題的研討，針對實際問題，提出解決方案。在諸多的共同問題中，目前似應以圖書館自動化的實施、資訊網路的建設、編目規則的適應性、圖書館資訊教育的改進等方面，爲優先探討的課題。希望這些領域的雙方專家，分別組成專題小組，針對彼此關切的問題，作最深入的研討，並在『存異求同』及『互補互助』的原則下，謀求問題的解決，及具體合作的途徑。

　　本會在兩岸圖書資訊學術交流中所扮演的角色，已爲雙方同道所接受與支持，合作交流的管道業已暢通。今後應順勢而爲，對於相關活動，不但要繼續展開，而且應積極促成，並盡量在能力範圍內，給予經濟上的支援。『爲者常成，行者常至』，我對兩岸圖書資訊學界交流合作的前景，極爲樂觀，深具信心。

原載『中華圖書資訊學教育學會會訊』第3期（1994年12月），頁1

蘇聯圖書館之母：列寧夫人克魯普斯卡雅

克魯普斯卡雅（Nadeshda Krupskaya）是俄國共產黨領袖及蘇維埃政府創立者列寧（Nikolai Lenin，1870—1924）的夫人，她畢生追隨列寧，奔走革命，是蘇聯的革命家、教育家，也是圖書館的拓荒者。自蘇聯（Union of Soviet Socialist Republics，簡稱USSR，已於1991年解體）成立，至她1939年去世的20年間，她致力於蘇聯圖書館事業建設，成就輝煌，貢獻之大，無人能出其右，堪稱為『蘇聯圖書館之母』。

克魯普斯卡雅於1869年2月26日生於俄羅斯的聖彼德堡（St. Petersburg）。1887年中學畢業後，進入聖彼德堡的女子學院就讀，在校期間，極為活躍，尤醉心於馬克斯主義之研究。畢業後曾在工人夜校教書，極力宣揚馬克斯主義及革命思潮。

Printed courtesy of Soviet Life
Nadezhda Krupskaya
World Encyclopedia of Library & Information Services, 1993, p. 429

1894年與列寧結婚，並正式參加俄國革命組織。1896年8月因革命罪被捕，與列寧同被放逐至烏發（Ufa）。在此她完成其第一本著作『婦女工作者』（*The Woman-Worker*）。1901年至1905年，她與列寧流亡西歐，先後寄住德國、英國及瑞士，除繼續從事革命運動外，並發行馬克斯報刊。1905年11月返回俄國，出任布爾雪維克黨（Bolshevik Party）中央委員會秘書。自1907年底至1917年4月，她再度與列寧過著流亡生活。就在此一時期，她開始研究俄國與西歐及美國的平民教育，並出版一書，題為『人民教育與民主』（*People's Education and Democracy*），是一本討論美國平民教育發展的論著，該書成為她日後改革蘇聯教育制度的張本。

蘇聯革命成功後，她成為人民教育委員會的主要領導人之一，並自1929年起擔任人民教育部的副部長。在任期間，她不但是全國文化教育工作的首腦，也是許多教育法規的催生者。她在掃除文盲、建立蘇維埃學制、加強兒童教育等方面的成就，更為卓著。為了宣導她的教育理念，她創立了『公共教育』（*Public Education*）、『人民教師』（*People's Teacher*）、『成人學校』（*School for Adults*）等刊物，並自任主編。她在這些刊物發表的長篇短論文章，達數百篇，堪稱多產作家。

在圖書館學方面，她是蘇聯著名的目錄學專家，對西歐及美國的圖書館尤有深刻研究。她對蘇聯的圖書館事業極為重視，在她的努力下，蘇聯最高黨政機構在1920年至1934年之間，通過了一連串發展圖書館事業的法規與決議，包括1920年聯邦政府發佈的指令『論蘇聯圖書館事業之集中制』（*On the Centralization of Librarianship in the USSR*），及1934年俄共中央委員會通過的決議『論蘇聯的圖書館事業』（*On Librarianship in the USSR*）。在此期間，她曾舉辦多次全國性的圖書館會議，並到處演講，闡釋圖書館的重要性。她創辦的有關圖書館的刊物包括：『紅色圖書館員』（*The Red Librarian*），『圖書通訊』（*Book Bulletin*），『人們應閱讀什麼』（*What One Should Read*）。她在這些刊物上所發表有關圖書館學、目錄學、終身教育、自我教育及出版方面的論文，數以百計。

綜觀克魯普斯卡雅的一生，她對蘇聯圖書館事業的貢獻，可以分爲三方面：

（一）她是列寧理念的忠實傳播者。列寧認爲圖書館的建立與發展，與社會主義國家的文化建設密不可分。克魯普斯卡雅對這些極爲認同。她於 1929 年將列寧有關圖書館的演講與文章輯成一書，題爲『列寧對圖書館的所寫與所説』（*What Lenin Wrote and Said About Libraries*）。此書之出版，對於蘇聯圖書館地位之提升，大有助益。

（二）在蘇聯建國的最初二十年中，她是全國圖書館事業的實際領導人。她對圖書館各方面的發展都很關切，尤重視兒童文學，及兒童圖書館與學校圖書館的設立。她對圖書館教育也極爲重視，早在 1918 年就創設了圖書館學校，她認爲良好的訓練與合格的圖書館員，是提高圖書館服務品質的必要條件，而對一般民衆施以對圖書館的利用教育，則是圖書館發揮功能的主要因素。

（三）她非常重視圖書館理論之建立。著名的蘇聯圖書館學研究機構『圖書館學與推薦目錄研究所』（Research Institute of Library Science and Recommendatory Bibliography），就是她所創立，許多大學的高級圖書館學研究所之設置，都是受到她的鼓勵與支持，其中有些還是以她的名字命名。

她於 1939 年 2 月 27 日病逝莫斯科，享壽 70 歲。蘇聯政府爲紀念這位畢生奉獻於教育與圖書館的杰出婦女，特設立『克魯普斯卡雅獎章』（Krupskaya Medal），每年頒授蘇聯境內最佳的教員與圖書館員。

原載『書府』第 6 期（1995 年 6 月），頁 4—5

印度圖書館學之父——阮甘納桑
S. R. Ranganathan: The Father of Library Science in India

【摘要】阮甘納桑是世界圖書館學名著『圖書館學五律』與『冒號分類法』的著者，他的成就卓越，被印度前總統譽之爲『印度圖書館學之父』。

本文旨在對阮氏的生平與志事作一簡略的介紹與評估，包括其主要著作，在圖書館學方面的成就，專業活動，獲得獎勵與譽銜，以及對印度及世界圖書館事業的貢獻。

【關鍵詞】圖書館學；圖書館事業；圖書館教育

Abstract: The author of the "*Five Laws of Library Science*," the "*Colon Classification*," and many other important works on librarianship, S. R. Ranganathan was honored by former Indian President V. V. Giri as "the Father of Library Science in India."

This article attempts to provide a brief biographical sketch about his life, professional career, major professional works, achievements in library education, offices and honors, and his contributions to world librarianship in general and to Indian librarianship in particular.

Keyword: Library science; Librarianship; Library education

阮甘納桑（Shiyali Ramamrita Ranganathan）是印度圖書館學大師，以所著『圖書館學五律』（*Five Laws of Library Science*）及『冒號分類法』（*Colon Classification*）聞名於世，印度總統吉理（V. V. Giri）譽之爲『印度圖書館學之父』（The Father of Library Science in India）。

他於1892年8月9日生於印度Madras省Tanjavoor區的Shiyali。1909年入馬德拉基督學院（Madras Christian College）就讀，專攻數學，1913年得學士學位，1916年得碩士學位。旋入該省師範學院進修，於1917年通過教師資格攷試。同年受聘爲政府學院（Government College，後改爲Presidency College）數學系助理講師，1921年升任助理教授。

1924年阮甘納桑被任爲馬德拉大學（University of Madras）首任圖書館館長，從此投入圖書館界，終生不渝，對印度圖書館事業及世界圖書館學做出重大貢獻。由於工作上的需要，他接任館長不久，即被校方送往英國的倫敦大學院（University College，London）研習圖書館學，1925年以優異成績畢業，並被選爲英國圖書館學會的正會員（Fellow of the Library Association，簡稱FLA）。在英留學期間，受到業師塞耶斯（Sayers, William Charles Berwick, 1881—1960）的薰陶，對圖書分類學極有興趣，也最有心得。塞耶斯是當時英國最負盛譽的圖書館學家，更是最具權威的分類學家，他的『圖書館分類導論』（*An Introduction to Library Classification*）與『分類手冊』（*Manual of Classification*），不但是英國圖書館學校最重要的教科書，也是各類型圖書館用作分類的寶典。阮甘納桑日後在分類學方面的成就，受到塞耶斯影響甚大，誠所謂名師出高徒。阮氏在倫敦大學院圖書館學系求學時及畢業後，均利用時間訪問英國的圖書館，行跡遍及一百多所，對英國圖書館系統的印象極爲深刻，也堅定他以圖書館事業爲畢生職志的信念。

在英學成回國後，仍任馬德拉大學圖書館館長，直至1944年受聘爲巴納拉印度大學（Banaras Hindu University）圖書館學教授兼圖書館館長爲止，在任18年。1947年至1954年任德里大學（University of Delhi）圖書館學教授。其後曾任維克倫大學（Vikram University）客座教授（1957—1959），及自創的文獻研究與訓練中心（Documentation Research and Training Centre）主任及榮譽教授。1965 年印度政府禮聘他爲圖書館學國家研究講座教授（National Research Professor of Library Science），以酬庸他對印度圖書館事業的貢獻。

阮甘納桑的成就是多方面的，茲分項簡述如下：

一、在著作方面

出版的專書及編著共有 60 多種，其中 53 種係有關圖書館學的專業圖書。發表的期刊論文達 1,500 多篇，其中有關圖書館與圖書館教育者約 1,200 篇。在圖書館的專業論著中，以下列各書最具代表性：

『圖書館學五律』（*Five Laws of Library Science*，1931 年初版）
『冒號分類法』（*Colon Classification*，1933 年初版）
『分類目錄規則』（*Classfied Catalogue Code*，1934 年初版）
『圖書館行政』（*Library Administration*，1935 年初版）
『圖書館分類初探』（*Prolegomena to Library Classification*，1937 年初版）
『圖書館目錄理論』（*Theory of Library Catalogue*，1938 年初版）
『參攷服務與目錄學』（*Reference Service and Bibliography*，1940 年初版）
『圖書館手冊』（*Library Manual*，1950 年初版）
『圖書館分類哲學』（*Philosophy of Library Classification*，1951 年初版）
『圖書館圖書選擇』（*Library Book Selection*，1952 年初版）
『標題與規則』（*Heading and Canons*，1955 年初版）

在以上這些專著中，又以『圖書館學五律』及『冒號分類法』兩書最爲有名。所謂『圖書館學五律』，是阮甘納桑在圖書館學方面的五個理念，即：『圖書是爲讀者使用的』（Books are for use），『每一位讀者有其書』（Every reader, his book），『每一本書有其讀者』（Every book, its reader），『爲讀者節省時間』（Save the time of the reader），『圖書館是一個不斷成長的有機體』（A Library is a growing organism）。由於這短短的五句話可以把圖書館的特質與功能，解釋得面面俱到，絲絲入扣，所以世界的圖書館界同道奉其爲『圖書館學五律』。阮氏自稱，他的所有著作都是導源於這個『圖書館學五律』，每一本書都可以說是這個『五律』的一章。平心而論，他的話並未過份，因爲 60 多年後的今天，這五句話對圖書館仍然適用。若將其中的"book"一字改爲"information"，"reader"一字改爲"user"，即使在此資訊時代（Information age），這個『五律』仍很貼切。

『冒號分類法』係阮氏於 1933 年首創，在 1963 年已發行第 6 版。該分類法係以 26 個英文字母代表 26 大類，並以大寫字母表示之；以阿拉伯數字代表小類，而以小寫字母代表複分。每一類通常區分爲五個基元，即：性質（personality，簡稱 P），物質（matter，簡稱 M），能力（energy，簡稱 E），空間（space，簡稱 S），及時間（time，簡稱 T），而五個基元的整體簡稱則以 PMEST 五個字母連起來表示之。在各小類之間均以不同標點符號表示，例如"M"之前用（;）號，"E"之前用（:）號，"S"之前用（·）號等。此法基本構想甚好，惜乎不易應用，故至今除在印度境內外，很少其他國家的圖書館採用。

二、在圖書館教育方面

早在 1929 年，阮甘納桑即在印度的馬德拉省創辦一所圖書館學校（School of Library Science），最初附屬他所創設的馬德拉圖書館學會（Madaras Library Association），其後轉至他所服務的馬德拉大學。他兼任該校的主任達 15 年，直至他於 1944 年離開馬德拉大學時爲止。1957 年馬德拉大學創校百週年時，阮氏特將其部分積蓄，在該校設立一圖書館學講座，即在印度圖書館教育界極具權威的"Sarada Ranganathan Professorship for Library Science"。此一圖書館學校所培養的圖書館專業人員，至今仍在印度圖書館界位居要津，阮氏之功不可没，其影響亦不言可喻。1945—1947 年期間，他在巴納拉印度大學擔任圖書館長及圖書館學教授，負責該校圖書館專業課程之教學。1947 年下半年，他轉往德里大學執教，翌年（1948）即在該校創辦圖書館學教育學程，並設立碩士班，而成爲當時大英國協內各國第一個授予碩士學位的圖書館學校。此外，他曾應邀在英、美、加、日各國圖書館學系所講學，擔任客座教授，闡揚他的『圖書館學五律』及『冒號分類法』。

三、在圖書館專業活動方面

除著述與教學外，阮氏對於圖書館專業活動之參與，亦極爲積極。就國內而言，早在他擔任馬德拉大學圖書館館長時，即於 1928 年組建馬德拉省圖書館學會，並擔任該學會秘書長，長達 17 年（1928—1945）。在其後數十年間，舉凡在印度境內舉辦的圖書館會議，幾乎無役不興。此外，他擔任的圖書館重要會議的主席與委員會的召集人，更是不可勝計。1944 年他當選印度圖書館學會（Indian Library Association）會長，乃是眾望所歸，他擔任此一職務達 10 年（1944—1953），在此以前曾任該會副會長 7 年（1937—1944）。

就國際而言，他於 1925 年在英國留學時即被選爲英國圖書館學會的正會員（FLA）。1948 年代表印度出席在倫敦召開的國際圖書館協會聯盟（International Federation of Library Association，簡稱 IFLA）大會，及在海牙舉行的國際文獻學聯盟（Federation of International Documentation，簡稱 FID）大會，同年當選聯合國圖書館專家委員會委員。1949 年，代表印度與聯合國教科文組織（UNESCO）談判，在德里公共圖書館設立一項服務實驗計劃。1950 年，出席美國專門圖書館學會年會，並應邀在美國圖書學會的分類編目委員會擔任首席演講人。1951—1961 年間擔任 FID 分類理論委員會主任報告員。1951—1953 年間擔任 UNESCO 國際目錄學顧問委員會委員。1954—1960 年間代表印度參加歷屆 IFLA 及 FID 年會。1961 年參加巴黎編目原則會議，並爲特別主講人。1963 年膺選國際文獻聯盟分類研究委員會（FID/CR）榮譽主席。1964 年出席在美國羅格斯大學（Rutgers University）舉行的冒號分類國際研討會，並爲首席主講人。

四、對印度圖書館事業的特殊貢獻

阮甘納桑被奉爲『印度圖書館學之父』，自有其獨特貢獻。除其著述、專業活動及提倡圖書館教育，有助於建立印度圖書館事業的基礎與發展外，尚有下列兩項重大貢獻。

1. 推動圖書館立法及研訂全國圖書館發展計劃，列舉其重要者如下：

1931 年　模範圖書館法（*Model Library Act*）
1941 年　模範公共圖書館法（*Model Public Library Bill*）
1944 年　印度戰後圖書館重建計劃（*Post-War Reconstruction Plan of Libraries in India*）
1946 年　印度全國圖書館系統計劃（*National Library System: A Plan for India*）
1950 年　印度圖書館發展計劃（*Library Development Plan for India*）
1971 年　全國教育與圖書館系統（*Education and Library System of the Nation*）

2. 制訂印度圖書館事業標準：在 1947—1967 的 20 年期間，阮氏擔任印度標準研究院文獻委員會主席（Chairman, Documentation Committee of the Indian Standards Institution），在他主持下，該委員會爲印度的圖書館事業制訂了 23 種標準，包括：分類標準 1 種，編目標準5種,摘要標準1種,索引標準1種,圖書製作標準8種,縮影資料標準2種,圖書資料包裝標準1種,以及圖書館建築、設計與傢俱標準4種。

這些法規、計劃與標準,對印度圖書館事業之發展,具有規範與指導作用。今日印度圖書館事業頗為發達者,可以說是拜阮氏之賜。

五、學術獎與榮銜

阮甘納桑畢生所獲的學術獎與榮銜甚多,主要的有:

1948年　印度德里大學(Delhi University)榮譽文學博士學位(D. Litt.),與他同時獲得此項殊榮者,有當時印度總理尼赫魯(Jawaharlal Nehru)及英國爵士克萊斯南(Sir K. S. Krishnan)。

1951年　美國維吉尼亞目錄學社(Virginia Bibliographic Society)榮譽研究員。

1957年　英國圖書館學會(The Library Association)榮譽副會長。

國際文獻學聯盟(International Federation for Documentation,簡稱FID)榮譽研究員。

1962年　國際圖書館界為慶祝他的71歲生日,特出紀念論文集(Festschrift)為其祝壽,上冊題為 Library Science Today,均為圖書館界同道所寫的論文;下冊題為 Essay in Persoanl Bibliography,包括阮氏自己的著作及他人有關阮氏的著作目錄。這套論文集均於1965年由印度孟買(Bombay)的亞洲出版社(Asia Publishing House)出版,為研究阮甘納桑的最重要參攷資料。

1964年　美國匹茲堡大學(University of Pittsburgh)榮譽文學博士學位(D. Litt.),與他同時獲得此項榮譽者,尚有當時的美國國會圖書館長滿福德(Lawrence Quincy Mumford)。

1965年　印度政府頒授圖書館學國家研究講座教授(National Research Professor of Library Science)榮銜,此不僅是印度圖書界至高無上的榮譽,也是當時印度全國第五位獲得此一榮銜者,在他之前的四位為物理學方面的雷曼博士(Dr. C. V. Raman)與波史博士(Dr. S. N. Bose)、法律學方面的肯恩博士(Dr. P. V. Kane),以及文學語言方面的查德基博士(Dr. S. K. Chatterjee)。

1967年　印度標準研究院(Indian Standards Institution)榮譽研究員。

1970年　美國圖書館學會(American Library Association,簡稱ALA)編目分類最高榮譽的曼茵獎(Margaret Mann Award)。

1971年　美國馬克·吐溫學社(Mark Twain Society)和平大騎士獎(Grand Knight of Peace)。

特別值得稱道的,是阮氏對得獎的態度,他說:『上帝選擇我為祂的工具,所有給我的榮譽,都是對那些為圖書館學與圖書館服務全心全力奉獻的年青一代的一種鼓勵。』

阮氏律己甚嚴,自奉極儉,1957年聽從他的後妻(他於1907年結婚,1928年前妻病故,1929年再與Sarada結婚)莎娜達的建議,將其全部財產捐贈給馬德拉大學,在該校設立『莎娜達·阮甘納桑圖書館學講座』(Sarada Ranganathan Chair of Library Science),並於1961年設立『莎娜達·阮甘納桑圖書館學基金會』(Sarada Ranganathan Endowment for Library Science)。他是一位具有工作狂熱的學者,曾有20年未休假一天的紀錄。晚年體力日衰,但仍工作不輟,直到死前為止。他嘗對朋友說:『我的身體不合作,而且日益衰弱,但是我的思想與精神老而彌新,仍能工作如年青人』,可見他對工作的熱愛。他於1972年9月27日病逝於班加諾(Bangalore),享壽80歲。

阮氏對世界圖書館學及印度圖書館事業之貢獻有目共睹，深獲舉世圖書館同道讚揚。1992年適逢阮氏百歲冥壽，世界圖書館協會聯盟（IFLA）第58屆年會，特在印度舉行，藉資紀念，可見世人對他的崇敬。

參攷書目

Bakewell, K. G. B. "Ranganathan, S. R." In *ALA Encyclopedia of Library Science*. (Chicago: American Library Association), pp. 697-698.

Das Gupla, A. K. *Essay in Personal Bibliography: Ranganathan Festschrift*. Vol. 2. Bibliography of Writings on and by Dr. S. R. Rangarathan. (Bombay: Asia Publishing House, 1965).

Gopinaath, M. A. "Ranganathan, Shiyali Ramamrita". In *Encyclopedia of Library and Information Science*. Vol. 25. (New York: Marcel Dekker, 1978), pp. 58-86.

Kaula, P. N., ed. *Library Science Today: Ranganathan Festschrift*, Vol. 1. Papers Contributed on 71st Birthday of Dr. S. R. Ranganathan (12 August, 1962). (Bombay: Asia Publishing House, 1965).

Ranganathan, S. R. *Colon Classification*. 6th ed. (Bombay: Asia Publishing House, 1960).

Ranganathan, S. R. *Five Laws of Library Science*. 2nd ed. (Bombay: Asia Publishing House, 1957).

Sayers, W. C. Berwick. "Foreword." In S. R. Ranganathan, *Prolegomena to Library Classification*. 2nd ed. (London: The Library Association, 1957).

原載『圖書與資訊學刊』第18期（1996年8月），頁1—6

臺灣地區圖書館與資訊科學教育現況

臺灣大學圖書館學系教授　胡述兆
輔仁大學圖書資訊學系兼任副教授　王梅玲

【摘要】 本文主要探討臺灣地區圖書館與資訊科學教育的現況，以臺灣大學圖書館學系所、輔仁大學圖書館資訊學系所、淡江大學教育資料科學系所、世界新聞傳播學院圖書資訊學系、師範大學社會教育學系圖書館學組，與政治大學圖書資訊學研究所6校爲研究對象。首先描述臺灣地區圖書館與資訊科學教育的發展歷史；其次，分析6校的現況，包括：各系所基本資料、教師、學生、入學資格、畢業要求與課程。最後歸納6校的特色及其所面臨的問題。

關鍵詞　圖書館與資訊科學教育（臺灣地區）

Abstract: The article is to discuss the library and information science education in Taiwan, especially with regard to the six schools including "National Taiwan University", Fu-Jen Catholic University, Tankang University, World College of Journalism and Communications, "National Taiwan Normal University" and "National Chengchi University". At first this article provides a historical description on library and information education in Taiwan. In the following part, the current state of the six schools is reported, covering aims and objectives of programs, degrees providing, teaching staffs, students, entrance requirement, graduation requirement and curriculum. At last, the article explores the issues facing the six schools, and makes suggestions.

Keywords: Library and Information Science Education (Taiwan)

一、前言

圖書館的正規教育始於1887年杜威（Melvil Dewey）在美國哥倫比亞大學設立的圖書館學校（School of Library Economy），迄今已有百餘年。其后，圖書館教育在各國逐漸萌芽孳長，開花結果。1970年代起，由於受到資訊科技發展與資訊科學興起的影響，圖書館學與資訊科學發生密切的關聯，並逐漸發展成爲圖書館與資訊科學（Library and Information Science）。中國圖書館教育始於1913年南京金陵大學在其文科開設之圖書館課程，而第一所圖書館學校則是1920年成立的武昌文華圖書館專科學校，其後有上海國民大學圖書館學系、金陵大學圖書館學科、江蘇省立教育學院民衆教育系圖書館組、上海圖書館學校、國立社會教育學院圖書博物館系，及國立北京大學圖書館專修科等（註1），爲中國的圖書館事業奠定良好基礎。1949年以後，圖書館與資訊科學教育在兩岸分別發展，各具特色。

臺灣地區目前有6所圖書館學校：臺灣大學圖書館學系所，輔仁大學圖書資訊學系所，淡江大學教育資料科學系所，世界新聞傳播學院圖書資訊學系，師範大學社會教育學系圖書館學組，與政治大學圖書資訊學研究所。本文旨在探討臺灣地區圖書館與資訊科學教育的現況，以此6校爲主要研究對象。首先，描述臺灣地區圖書館與資訊科學教育的發展歷史；其次，分析6校現況，包括：各系所基本資料、教師、學生、入學資格、畢業要求與課程。最後歸納6校特色及其所面臨的問題。

二、發展歷史（註2）

臺灣地區的圖書館教育始於 1954 年，其發展過程簡述如下：

1954 年臺灣大學外國語文學系由奧崗女士（Marian Orgain）開授一門 1 年 6 個學分的『圖書館學』課程，這是臺灣地區第一個圖書館學的課程。

1955 年臺灣師範大學社會教育學系成立，以培育社會教育工作專才為目的，下分三組：社會工作組、圖書館學組及新聞學組，其中圖書館學組注重圖書資料管理方法之研究，這是臺灣最早創立的圖書館教育的學校。然而該校為師範教育，以培養中學師資及研究高深學術為宗旨，與一般大學有異。

1957 年至 1960 年間臺灣師範大學與『中央圖書館』合作，於國文研究所下設目錄組，實際研習圖書館學。招收大學文史學系畢業生 6 名，在校作為期三年的專門研究，研究重點以目錄版本和圖書館為主。但僅辦理一屆即停止。

1961 年臺灣大學圖書館學系成立，該校早於 1957 年即申請設立圖書館學系，直至 1961 年 6 月才奉『教育令』設立。招收高中畢業生，修業 4 年，授予文學士學位。這是臺灣地區設置於普通綜合大學的第一所圖書館學校。

1964 年世界新聞專科學校有鑑於各機關學校亟需設置圖書館或資料室，與圖書資料對新聞事業發展之重要性，乃設置圖書資料科。這是臺灣地區唯一設於專科的圖書館學校，分三年制和五年制兩種，前者招收高中畢業生，修業 3 年；後者係招收初中畢業生，修業 5 年，1969 年又在夜間部增設圖書資料科，修業 4 年。均不授學位。1991 年學校改制為世界新聞傳播學院，翌年該科停辦，1995 年該校又重新設立圖書資訊學系。

1968 年中國文化大學史學研究所設置圖書文物組，以培養史學之研究與教育人才為宗旨，該所分 4 組：斷代史組、近代史組、圖書文物組（原名圖書博物組）、美術史組。圖書文物組除首屆錄取 1 名外，其後每年招收研究生 1 至 4 名，研究 2 至 4 年，授予碩士學位。

輔仁大學於 1970 年奉准在文學院內設置圖書館學系，旨在培植專業圖書館員，增強圖書館員之人文、社會及自然科學基礎，藉資提高學術研究之水準。同年，夜間部亦設立圖書館學系，為相關科系中，迄今僅有之兼設日夜二部者。該系自 1992 年起經『教育部』核准，改名為『圖書資訊學系』。

淡江大學鑑於資訊科學與資訊服務日趨重要，資料檢索與傳播技術日益更新，乃於 1971 年成立教育資料科學系。該系在名稱上雖有差異，但實質上卻屬於圖書館學之範疇，強調教育資料處理、視聽資料與資訊科學，並且特別提供許多教育方面的課程，此為與其他圖書館學系不同之處。該系自 1986 年起，增設輔系及增開選修課程，採形式分組制，分為圖書館組、視聽資料組與資訊科學組，學生可就其興趣選修各組科目，也可跨組選修兩組以上之分組課程。

1971 年『中央圖書館』為培養大學及研究圖書館管理人才，提高館員素質，以加強發展圖書館事業，乃在亞洲協會資助下，設立圖書館學研究班，以大學畢業以上，本科非圖書館學者為招生對象。研究時間自 1971 年 10 月至 1972 年 6 月底止，共 9 個月，分 3 學期，每學期各 12 週，經審查，甄試後錄取公費生 11 名，自費生 5 名。其中，文史科系畢業生較多，並有 4 位學員具碩士資格。其課程相當於大學部圖書館學系的課程，除上課實習外，每學期有兩次實習觀摩及專題演講等活動。學員研究期滿，頒發結業證書，但不授予學位。

1971 年政治大學與『中央圖書館』合作在該校成立中國文學研究所目錄組。1972 年

6月，增招5名研究生，從事目錄版本研究，課程重點在目錄、版本及中國古籍之研究整理。後因『中央圖書館』無法為學生安排實習與工作，僅辦一屆即取消。

臺灣大學於1971年學校教務會議通過設置圖書館學研究所的計劃書，但延至1980年始經『教育部』核可，正式成立圖書館學研究所碩士班，亦為臺灣第一個圖書館學碩士學程。其教學目標有四：提高圖書館學研究之水準，培養圖書館學有關科目所需師資，造就圖書館界中堅人才，藉高深研究活動以建立和推廣圖書館學之學術及獨特性。

1985年臺灣師範大學成立社會教育研究所，其基本目標是培養社會教育與文化建設之行政人員，專業人才與研究人員，並培養社會教育方面的專業師資。其教育內容以社會教育及成人教育的理論探討為主，並側重研究方法的訓練，下分二組：社會教育行政組與成人及繼續教育組。此外，與社會教育密切相關的社會工作，圖書館學及大眾傳播理論等有關課程亦列為選修，以利學生依個人興趣選擇研究方向。

1986年，臺大圖書館學研究所為因應時代的需要，開始籌設臺灣第一個博士班。1988年臺大圖書館學博士班奉『教育部』核准成立，並於1989年開始招生，招收具有碩士學位，與2年圖書館專業經驗者進修研究。博士班學生修業期限2至6年，修畢30學分（含論文12學分），通過學科及論文攷試，授予博士學位。臺灣大學開設的博士班是臺灣的第一個圖書館學博士教育學程，為臺灣圖書館與資訊科學教育從大學部、碩士班至博士班，建立了完整的教育體系，也提升了臺灣圖書館與資訊科學教育的層級與水準。

其後有幾所大學陸續開辦研究所。1991年淡江大學成立教育資料科學研究所，教學目標是培養圖書館學、資訊科學以及教育科技的專業研究、教學與行政人員。該所依教學與研究方向分設A、B兩組，分別招生。A組為圖書館學與資訊科學組，B組為教育科技組。1994年輔仁大學成立圖書資訊學研究所碩士班，旨在培育圖書館、文化中心、資訊服務等機構的管理人才，研討圖書館學與資訊科學理論，融合海內外相關學說以建立臺灣的圖書資訊學（註3）。

此外，政治大學申請成立圖書資訊學研究所，經『教育部』核准通過，已於1996年招收新生。該所成立的宗旨在配合臺灣地區建設計劃，充實文化措施，培育圖書館、文化中心、資訊中心、博物館、檔案館等機構所需專門學科背景之圖書資訊、博物館及檔案管理專業人才。該所將提供圖書館學、資訊科學與相關科目之整合性課程，以彌補目前相關研究所課程之不足，而落實圖書資訊、博物館及檔案館行政管理與服務理論及實務之教學。每年擬招收10人，以具有學科基礎、受過通才教育及語言訓練之大學畢業生為招收對象（註4）。該所將整合圖書資訊學、博物館學與檔案管理於一爐，在目前臺灣圖書館與資訊科學教育中頗具特色，也正好彌補臺灣檔案管理與博物館教育的欠缺。

臺灣地區圖書館與資訊科學教育經過了40餘年的奮鬥與努力，如今已建立了6所圖書館學校：臺灣大學、輔仁大學、淡江大學、師範大學、世界新聞傳播學院與政治大學。並且提供從大學部、研究所碩士班至博士班的完整教育體系。另外，在隔空教育方面，空中大學自1991年起已在人文學系開設圖書館學相關課程（註5）。在繼續教育方面，『中國圖書館學會』與各圖書館與資訊科學系所合作，根據圖書館與資訊服務單位之需求每年開設各類相關研習班，以提供在職圖書館人員再教育的機會。

三、圖書館與資訊科學系所現況（註6）

(一) 系所簡介

臺灣地區圖書館與資訊科學教育體系完整，涵蓋大學部、研究所碩士班與博士班各種學程。開設大學部學程的學校有5校：臺灣大學、輔仁大學、淡江大學、師範大學與世界新聞傳播學院。其中以師範大學成立於 1955 年最早；臺灣大學成立於 1961 年，是第一所設置於綜合大學的圖書館學系；世界新聞傳播學院，其前身世界新聞專科學校早年曾設立圖書資料科，後因學校改制而告停辦，1995 年又重新成立圖書資訊學系，於 5 校之中為最年輕的學系。詳見表一。

表一　臺灣地區圖書館與資訊科學系所基本資料

學校名稱	系所名稱	大學部成立年	碩士班成立年	博士班成立年	系所分組	研究主題
臺灣大學	圖書館學系所	1961 年	1980 年	1988 年		圖書館學、資訊科學
輔仁大學	圖書資訊學系所（原名圖書館學系，自 1992 年改為現名）	1970 年並增設夜間部	1994 年			圖書館學、資訊科學
淡江大學	教育資料科學系所	1971 年	1991 年		一、大學部分 3 組：圖書館組、視聽資料組、資訊科學組 二、研究所分 2 組：A 組、圖書館學與資訊科學組；B 組，教育科技組	圖書館學、資訊科學、視聽資料、教學科技
師範大學	社會教育學系所圖書館學組	1955 年	1985 年		一、大學部分 3 組：社會工作組、新聞學組、圖書館學組 二、研究所分 2 組：社會教育行政組、成人及繼續教育組	社會教育、圖書館學、社會工作、新聞學
世界新聞傳播學院		1995 年				圖書館學、資訊科學、傳播學
政治大學	圖書資訊學研究所		1996 年			圖書資訊學、博物館學、檔案管理

　　就研究所層級而言，開設碩士班學程共有 4 校：臺灣大學、淡江大學、輔仁大學與政治大學，其中臺灣大學於 1980 年開辦，為臺灣最早的圖書館學碩士班。政治大學於 1986 年成立圖書資訊學碩士班，為最新的研究所。雖然師範大學社會教育系於 1985 年設立碩士班，但僅分社會教育行政組與成人及繼續教育組二組，並未設置圖書館學組，故本研究未列入分析。博士班目前只有臺灣大學 1 所，於 1988 年設立，也是臺灣最早成立的博士班。

　　從學校名稱來看，採用圖書資訊學者最多，有 3 校：輔仁大學、世界新聞傳播學院與政治大學；採用圖書館學者有 1 校，臺灣大學；其餘，淡江大學稱為教育資料科學系，師範大學於社會教育學系下設圖書館學組。從 6 校名稱可反映出臺灣圖書館學校已受到資訊科學與資訊科技發展的影響。

各校多不分組，只有淡江大學分 3 組：圖書館組、視聽資料組與資訊科學組；師範大學於社會教育學系下分 3 組：社會工作組、新聞學組與圖書館學組。各校研究主題多以圖書館學與資訊科學為主。唯淡江大學則另增加視聽資料與教育科技 2 項特色。世界新聞傳播學院由於學校以傳播為主，其課程兼具傳播、出版與媒體等特色。

（二）教學目標

教學目標是各校課程與教學活動的最高指導方針。就大學部而言，臺灣圖書館與資訊科學學校的教學目標多為培養學生具備圖書館與資訊科學專業知識，圖書館利用與服務的技能。師範大學則以培養社會行政人才，與各類型社會教育工作專才為主，圖書館學組主要培育圖書館專業人才，並以中學圖書館為主。詳見表二。

表二　臺灣地區圖書館與資訊科學系所教學目標比較

學校名稱	大學部	碩士班	博士班
臺灣大學	1. 健全學生本國與外國語文及文化的基本素養；2. 輔導修習專門學科知識；3. 培養對圖書館一般認識及服務精神；4. 訓練各類圖書資料使用與服務之技巧；5. 研習推廣圖書館服務之技術、方法；6. 利用圖書館為橋樑，以促進文化、科學、研究與休閒活動之普及	1. 提高圖書館學研究之水準；2. 培育圖書館學有關科目所需師資；3. 造就圖書館中堅人才；4. 藉高深研究活動來建立和推廣圖書館學之學術性與獨特性	1. 為配合臺灣地區資訊工業發展及文化建設政策，培育圖書與資訊服務的領導人才；2. 為臺灣圖書館學系培育優秀的教學研究人才；3. 為大專院校圖書館及其他資訊單位培育主要行政人才；4. 為圖書館學與資訊科學培育科際整合的高級研究人才
輔仁大學	1. 培植圖書館與資訊服務單位工作人員；2. 增強圖書館員之人文、社會及自然科學基礎，藉資提高學術研究之水準	1. 研討圖書館學學理、圖書館學與資訊科學的關係；2. 融合古今中外學說，建立中國的圖書資訊學；3. 培養資訊仲介者、資訊處理者、資訊經理者、資訊處方者；4. 培養圖書資訊界管理人才	

（續上表）

學校名稱	大學部	碩士班	博士班
淡江大學	1. 在教學、研究及行政方面，力求造就手腦並用，理論與實用並重的優秀人才；2. 培養學生科學化、系統化的徵集、整理、製作及運用各類型資料；3. 啟發學生的創造力，使其善於獨立思攷、判斷和表達意見	1. 探討新的資訊、傳播科技在圖書館資訊服務，以及教育訓練上之運用；2. A組爲圖書館學與資訊科學組，以圖書館學學理爲基礎，配合資訊科技相關課程的訓練，期能培養具有整體前瞻理念及豐富專業知識與能力的現代化圖書館資訊服務人員；3. B組爲教育科技組，以教育及傳播學理爲基礎，探討電子傳播科技媒體在教育及訓練上的運用，期能培養現代化的教學設計或訓練規劃專業人員	
師範大學	1. 培養社會教育行政人才；2. 養成各類社會教育工作專才；3. 社會工作組培育社會服務及社會工作人才；4. 圖書館學組培育各類型圖書館專業人才；5. 新聞組培育新聞專業人才	該所碩士班無圖書館組，故不列入研究	該所博士班無圖書館組，故不列入研究
世界新聞傳播學院	1. 培養全方位的資訊技術及服務專業人才，以因應資訊社會的發展；2. 培養學生具有圖書館與資訊科學知識且能運用現代化資訊科技		
政治大學		1. 招收已具有專門學科基礎，受過通才教育及語言訓練之大專畢業生，教授圖書資訊、博物館及檔案管理等專業教育；2. 教授圖書資訊學、博物館學及檔案管理學之高深理論與實務；3. 培育專門學科圖書館、資訊中心、博物館與檔案管理機構之師資、高級行政人員和資訊管理人才	

　　就碩士班而言，臺灣大學主要培育圖書館與資訊服務界的中堅人才，提高圖書館與資訊科學研究水準，與圖書館與資訊學科相關科目之師資。輔仁大學的教學目標則以培養資訊仲介者、資訊處理者、資訊經理者、資訊顧問，與圖書館資訊界管理人才爲主。淡江大學主要探討新的資訊、傳播科技在圖書館資訊服務，以及教育訓練上之應用，該校碩士班分A、B兩組。A組爲圖書館學與資訊科學組，是以圖書館學理論爲基礎，配合資訊科技

相關課程的訓練，期能培養具有整體性與前瞻性理念及豐富專業知識與能力的現代化圖書館資訊服務人員；B 組為教育科技組，是以教育及傳播學理為基礎，探討電子傳播科技與媒體在教育及訓練上的運用，期能培養教學設計或規劃專業人員。政治大學主要培育專門學科圖書館、資訊中心、博物館、檔案管理機構之師資、高級行政人員和資訊管理人才。

臺灣大學圖書館學研究所博士班的教學目標，主要在培育圖書館界與資訊單位的領導人才，圖書館與資訊科學學校的師資，以及圖書館與資訊科學的高級研究人才。

（三）教師

教師是學校教育中的靈魂人物，學生經由教師之傳授而獲得專門知識與技能。學校應依據教學目標，聘請足夠的專任教師以提供本學科基本課程，也需要覓求適當專家擔任兼任教師以補專任教師之不足。目前各大學十分重視任教者資格，逐漸提升至博士學位水準，所以博士資格的教師需求日大。臺灣目前 6 所圖書館與資訊科學學校共有 116 位教師，其中 51 位專任，65 位兼任，博士學位教師有 47 位，佔全部專兼任教師之 40.5%。詳見表三。

表三　臺灣地區圖書館與資訊科學系所教師員額比較

學校名稱	專任教師人數	兼任教師人數	合計	博士學位教師
臺灣大學	11	12	23	14
輔仁大學	9	20	29	7
淡江大學	17	13	30	13
師範大學（社會教育系圖書館學組）	7	4	11	3
世界新聞傳播學院	4	9	13	5
政治大學	3	7	10	5
合計	51	65	116	47

各校中以淡江大學與輔仁大學教師員額較多，各有 29 位、30 位，這是由於淡江大學每屆大學部均招生 2 班，而輔仁大學兼設日、夜間部，需要較多的師資。其次是臺灣大學 23 位，最少為剛成立的政治大學 10 位。專任教師人數最多為淡江大學 17 位，其次是臺灣大學 11 位，最少為政大 3 位。兼任教師最多為輔仁大學 20 位，其次是淡江、臺大，分別 13 位、12 位，最少為師大 4 位。博士學位教師以臺大最多 14 位，其次是淡江 13 位，最少是師大社教系圖書館學組，僅 3 位。

四、學生

（一）大學部

臺灣 6 所圖書館與資訊科學學校大學部學生共有 1,330 人，其中男生 267 人佔 20.08%，女生 1,063 人佔 79.92%，與歐美圖書館與資訊科學系所以女生為主相似，無怪乎有人稱此為女性的行業。各校以淡江學生 500 人居首位，其次是輔大 498 人，師大最少僅 37 人。詳見表四之一。

（二）碩士班

臺灣 4 所圖書館與資訊科學研究所碩士班學生共有 142 人，其中男生 39 人佔

27.46%，女生 103 人佔 72.54%，亦是以女生居多。各校以淡江學生 68 人居首位，其次是臺大 38 人，政大最少，5 人。詳見表四之二。

（三）博士班

臺灣目前僅有臺灣大學圖書館學研究所博士班一所，現有學生 8 人，其中男生 3 人，女生 5 人，仍以女生居多。已有 3 位畢業生。

表四之一　臺灣地區圖書館與資訊科學系大學部學生數額比較

學校名稱	男生	女生	合計
臺灣大學	24	183	207
輔仁大學	日 49，夜 82（合 131）	日 210，夜 157（合 367）	日 259，夜 239（合 498）
淡江大學	80	420	500
師範大學社會教育學系圖書館學組	10	27	37
世界新聞傳播學院	22	66	88（一、二年級）
合計	267	1063	1330

表四之二　臺灣地區圖書館與資訊科學研究所碩士班學生數額比較

學校名稱	男生	女生	合計
臺灣大學	8	30	38
輔仁大學	13	18	31
淡江大學	14	54	68
政治大學	4	1	5
合計	39	103	142

五、入學資格

（一）大學部

臺灣地區圖書館與資訊科學系所大學部學生入學資格，均係高中畢業生參加大學聯攷依志願與分數錄取分發。

（二）碩士班

臺灣 4 所圖書館與資訊科學研究所碩士班入學報攷資格相同，均需要具備公私立大學或獨立學院或經『教育部』認可之國外大學或獨立學院任何學系畢業得有學士學位者，或具有同等學歷資格者。4 校招攷時多採分組招生，臺大分 4 組，輔大與淡大均分 2 組。以筆試方式進行，共同科目 2 科，包括：中文、英文；專業科目 2 至 3 科，各組攷試科目不同，詳見表五。

表五　臺灣地區圖書館與資訊科學研究所碩士班入學資格比較

學校名稱	報攷資格	分組招攷	攷試方式
臺灣大學	公立或已立案之私立大學或獨立學院或經『教育部』認可之國外大學或獨立學院任何學系畢業得有學士學位者；具有同等學歷資格者	分四組招攷：甲組，限圖書館學相關科系畢業生；乙組，限文學院圖書館學系以外其他各系或相關科系畢業生；丙組，限法、商學院各系畢業生；丁組，限理醫工農學院各系畢業生	以筆試方式進行，攷試科目包括共同科目二科：國文、英文；與專業科目：圖書館學概論與其他各組指定之二專業科目
輔仁大學	同上	分二組招攷：甲組，招收本科系學生；乙組，招收非本科系學生	以筆試方式進行，攷試科目包括共同科目二科：國文、英文；與專業科目二科：甲組為圖書資訊讀者服務、圖書資訊技術服務，乙組為圖書館學導論、資訊科學導論
淡江大學	同上	分二組招攷：A組，圖書館學與資訊科學組；B組，教育科技組	以筆試方式進行，攷試科目包括共同科目二科：國文、英文；與專業科目三科：A組為資訊科學導論（含圖書館學導論）、分類與編目、參攷資料，B組為資訊科學導論、視聽教育、視聽教材製作
政治大學	同上	未分組	一、筆試（佔80%）（一）共同科目：國文、英文（二）專業科目：1. 電子計算機概論；2. 圖書館學、博物館學、檔案管理學3科選1；中國通史、中國文學史等16科任選1科。二、口試（佔20%）

（三）博士班

臺灣地區目前僅臺灣大學圖書館學研究所設有博士班，其入學資格包括：1. 國內外大學院校之相關研究所畢業得有碩士學位者；2. 兩年以上之圖書館專業經驗；3. 大學本科中、英文成績平均70分以上；4. 大學畢業總成績平均75分以上；5. 研究所碩士班畢業總成績平均80分以上；國外碩士學位者GPA達3.33以上。具備上述條件始准參加入學攷試，攷試包括筆試與口試，筆試科目有三：圖書館學與資訊科學、圖書館讀者服務與圖書館技術服務。筆試任何一科在50分以下者即不予錄取。

六、畢業要求

（一）大學部

『教育部』要求大學畢業最低學分為128學分，5校中以師大畢業要求學分最多，達154學分，除本系畢業的130學分外，另加輔系24—32學分。其次，是臺大149學分，含輔系或外系副主修20學分；再次，是淡大138學分；最少是輔大與世新，各128學分。

必修學分數以師大最多130學分，其次是淡大116學分，最少是世新87學分。5個系組均對畢業學生授予學士，其中臺大、輔大、淡大、世新4校授予文學士，師大授予教育學士。大學畢業年限均為4年，師大為5年（含實習1年）。詳見表六之一。

表六之一　臺灣地區圖書館與資訊科學學系大學部畢業要求比較

學校名稱	畢業學分數	必修學分數	授予學位	畢業年限
臺灣大學	149學分（1.各學院共同必修科目28學分；2.部定圖書館必修核心科目48學分；3.系定必修科目38學分；4.輔系或外系副主修科目20學分；5.選修科目15學分）	114學分	文學士	4年
輔仁大學	128學分（1.各學院共同必修科目28學分；2.部定圖書館必修核心科目46學分；3.系定必修科目24學分；4.校定必修10學分；5.選修科目20學分）	112學分	文學士	4年
淡江大學	138學分（1.各學院共同必修科目28學分；2.部定圖書館必修核心科目48學分；3.系定必修科目50學分；4.選修科目12學分）	116學分	文學士	4年
師範大學	154學分（1.大學共同必修20學分；2.通識教育8學分；3.師範院校共同必修學分30學分；4.全系共同必修22學分；5.圖書館組必修36學分；6.選修課程18學分；7.輔系24—32學分）	130學分	教育學士	5年（包括實習1年）
世界新聞傳播學院	128學分（1.大學共同必修20學分；2.校定必修8學分；3.系定必修59學分；4.選修41學分）	87學分	文學士	4年

（二）碩士班

4校以淡大畢業學分數最多，32學分；其次是政大28學分，輔大26學分，臺大最少24學分；臺大、政大與淡大A組均要求要有第二外國語文；此外，4校均要求畢業攷試與碩士論文一篇；均授予文碩士學位；畢業年限均是2—4年。詳見表六之二。

表六之二　臺灣地區圖書館與資訊科學研究所碩士班畢業要求比較

學校名稱	畢業學分數	第二外國語文	資格攷試	論文	授予學位	畢業年限
臺灣大學	24 學分（1. 10 學分必修，2. 14 學分選修，3. 大學部非圖書館學畢業研究生補修專業基礎課程 17 學分）	×	×	×（論文須經口試通過）	文碩士	2—4 年
淡江大學	32 學分（1. 必修課程 20 學分，2. 選修課程 12 學分，3. 大學部非圖書館學畢業研究生補修專業基礎課程 8 學分）		×	×（論文須經口試通過）	文碩士	2—4 年
輔仁大學	26 學分（11—12 學分必修，14—15 學分選修）	×（A 組必）	×	×（論文須經口試通過）	文碩士	2—4 年
政治大學	28 學分（1. 10—16 學分必修；2. 12—18 學分進修；3. 統計學 0 學分；4. 大學部非圖書館學畢業研究生補修專業基礎課程）	×	×	×（論文須經口試通過）	文碩士	2—4 年

（三）博士班

臺灣大學圖書館學研究所博士班畢業學分要求 30 學分，含選修課程 9 門 18 學分與碩士論文 12 學分。尚有第二外國語文的要求，可以自外國語文、高級統計課程、高階電腦程式語言或資料庫管理相關課程選修一學年。資格攷試從 5 科（含圖書館學、資訊科學、技術服務、讀者服務、目錄學）選 4 科筆試。資格攷試通過後，可申請論文計劃書審查，經論文計劃書委員會口試通過後，開始撰寫論文。論文初稿完成，送交論文委員會審查，經口試通過後獲得哲學博士，畢業年限 2—6 年。

七、課程

（一）大學部

目前 5 所圖書館與資訊科學系大學部課程結構包括：1. 各學院共同必修科目 20—28 學分；2.『部定』圖書館學必修核心科目 48 學分；3. 系定必修科目 24—50 學分不等；4. 輔系或外系副主修科目；5. 通識教育科目。各學院共同必修科目，包括：國文、英文、本國史、中國憲法與立國精神、體育、軍訓等。

有關『教育部』訂定圖書館學系必修科目係開始於 1965 年，當時『教育部』為改進大專院校課程，配合現代高深學術之研究及發展高等教育，成立大學課程修訂委員會，修訂大學部院系之必修課程，規定文學院圖書館學系必修課程共有必修科目 17 科，另有副主修 20 學分以上，後經 1977 年、1983 年、1990 年 3 次修訂。1990 年修訂之『文學院圖書館學系、教育資料科學系必修課程』，共計 13 科 48 學分，含：圖書館學導論（2 學分)、資訊科學導論（2 學分）、中文參攷資料（4 學分）、西文參攷資料（4 學分）、圖書分類編目（一）（6 學分）、圖書分類編目（二）（6 學分）、電子計算機概論（6 學分）、目錄學（4 學分）、非書資料（4 學分）、圖書資料採訪（4 學分）、圖書館管理（4 學分）、圖書館實習（0 學分）、圖書館自動化（4 學分）（註 7）。這些必修課程也是圖書館與資訊科學大學部之核心課程，代表本學科之基礎知識與技能，最為重要。近年來『教育部』為尊重大學學術自由與建立各校特色，自 1995 學年度取消『部定』必修科目之要求，由各學系自行訂定必修課程。然而目前 5 個學系仍大致遵循 1990 年『部定』必修課程之方向。

　　至少有 3 所學校開設的共同課程有：心理學、研究方法與論文寫作、圖書館統計學、各類型圖書館、各科文獻、系統分析、計算機程式、多媒體概論、資訊儲存與檢索、索引與摘要、兒童與青少年讀物、檔案管理、綫上檢索、美國國會圖書館分類法、圖書館史、個人電腦與圖書館等、圖書館學文獻選讀、企業資訊服務（或稱工商資訊、商情資訊系統）、媒體中心經營與管理（或稱視聽中心管理）。詳見表七之一。

　　各校均開授圖書館學、資訊科學相關課程，其中臺大以特殊讀者攷慮，而開設兒童讀物、法學資料、官書資料與企業資訊服務等課程；輔大則以電腦、通訊、網路等課程為特色；淡大由於分設 3 組，除圖書館學與資訊科學以外，另以視聽資料、教育科技、媒體管理為課程之特色；師大社會教育學系圖書館學組以社會教育與學校圖書館為主要課程重點；另外新成立之世新由於學校以傳播學、社會學與媒體等為發展重點，使得該系提供社會學、傳播與媒體製作、電腦與管理等相關課程。

（二）碩士班

　　臺大、輔大與政大對於大學部非圖書館科系之學生均要求先修課程，以迅速獲得本科核心知識，為進級研修奠下基礎。臺大非圖書館學系畢業之研究生先修課程計 17 學分，包括圖書分類編目 6 學分，中文參攷資料 3 學分，西文參攷資料 4 學分，圖書資料徵集 2 學分，與圖書館行政 2 學分。輔大要求必修技術服務 4 學分，與讀者服務 4 學分。政大要求補修圖書館分類與編目、圖書資料選擇與採訪、參攷資料與圖書資訊自動化四門課。

　　各校課程分必修課與選修課，4 校必修課程略有不同。臺大要求 16 學分，包括：碩士論文、研究方法、技術服務研討、讀者服務研討、圖書館行政研討、資訊科學研討、實習與第二外國語文；輔大要求 20 學分，含：碩士論文、研究方法、圖書館實務研究、圖書資訊統計學與個別研究；淡大要求 16—19 學分，含：碩士論文、研究方法、教育資料統計，A 組必修第二外國語文、圖書館學與資訊科學研究課題，B 組必修教育傳播與科技、教學設計。政大要求必修 14—20 學分，包括：論文、研究方法、圖書資訊學研究、博物館學研究、檔案管理學研究（前三者擇二）、圖書館管理研究、博物館管理研究、檔案管理研究（前三者擇一）。詳見表七之二。

　　3 校選修課程中有 2 校相同者包括：資訊儲存與檢索專題、管理資訊系統、技術服務專題研究、比較圖書館學、圖書館自動化系統專題與書目計量學。

　　各校課程仍以圖書館學與資訊科學為主，就各校課程特色而言，臺大開設有關目錄學、版本學課程；輔大為培養資訊專家、資訊仲介者與資訊處理者，開授許多以資訊為主題的課程；淡大仍以視聽教育、教育科技、與教育媒體為主要特色。政大另以博物館學與檔案管理為特色。

表七之一　臺灣地區圖書館與資訊科學學系大學部課程比較

課程名稱（學分數）	臺灣大學	輔仁大學	淡江大學	師範大學	世界新聞傳播學院	備註
圖書館學導論 (2)	必	必	必	必	必 (6)（圖書資訊學概論）	
資訊科學導論 (2)	必	必	必	必		
中文參考資料 (4)	必	必	必	必 (3)	必 (4)（中西文參考資料）	
西文參考資料 (4)	必	必	必	必 (3)		
圖書分類編目（一）(6)	必	必	必	必 (3)	必 (4)（分類編目學）	
圖書分類編目（二）(6)	必	必	必	必 (3)		
電子計算機概論 (6)	必	必	必	選 (3)	必 (2)	世新校定必修
目錄學 (4)	必	必	必	必 (2)		
非書資料 (4)	必	必	必	必 (3)	必 (2)	
圖書館資料採訪 (4)	必	必	必	必 (2)	必 (4)（出版與資料採訪）	
圖書館管理 (4)	必 (0)	必 (2)	必 (2)	必 (2)	必 (3)	
圖書館實習	必	必	必	必 (2)	必 (0)	
圖書館自動化 (4)	必 (3)	必 (4)	必 (4)（社會心理學/社會教育，二選一）	必 (2)（心理學）	選 (2)（教育心理學）	
普通心理						

(續上表)

課程名稱（學分數）	臺灣大學	輔仁大學	淡江大學	師範大學	世界新聞傳播學院	備註
邏輯 (3)	必	必 (2)（理則學）				
社會學 (3)	必					
第二外國語	必 (12)	必 (4)	必 (6)		選 (2)	
傳播學概論 (2)	必				必 (2)（大眾傳播理論）	
研究方法與論文寫作 (2)	必	選 (4)（研究與報告）	必	選 (2)（圖書館學研究法）	必 (2)（研究報告寫作）	
圖書館統計學 (3)	必	選	必 (2)（教育資料統計）		選	
圖書館學專題 (2)	必					
文書處理 (1)	必					
各類型圖書館	選 (2) (6)	必選 選 (2) (4)	必 A（選 2）(4) BC (2)	必（必修學校圖書館）(2)（選修公共圖書館）(2)		
人文科學文獻 (2)	必（人文、社會、科技文獻三者擇一）	必（人文與社會科學文獻）	A 必 (6)（人文與社會文獻合併）	選 (3)		
社會科學文獻 (2)	必（人文、社會、科技文獻三者擇一）		必 (4)	選 (3)		

（續上表）

課程名稱（學分數）	臺灣大學	輔仁大學	淡江大學	師範大學	世界新聞傳播學院	備注
科技文獻（2）	必（人文、社會、科技文獻三者擇一）	必（自然與應用科學文獻）		選（3）（自然科學文獻）		
社會科學概論/自然科學概論（4）	二選一	必				
應用系統分析（4）	選（系統分析）	必	選（系統分析與系統管理）（2）	選（系統分析與系統管理）（2）	選（系統分析）（2）	
標題法（2）		必		選（2）		
圖書館學文獻選讀（4）	選（3）（英文圖書館學文獻選讀）	必				
電子計算機程式寫作（4）			必	選（程式語言）	選（3）（程式設計）	
攝影學（2）			C必			
資訊中心與服務（4）			AB必	選（2）	選（2）（資訊中心管理）	
資料庫概論（2）			B必			
管理資訊系統（4）			B必			
音響學（2）			C必			
電視學（2）			C必			
事業攝影（2）			C必			

臺灣地區圖書館與資訊科學教育現況　　313

(續上表)

課程名稱（學分數）	臺灣大學	輔仁大學	淡江大學	師範大學	世界新聞傳播學院	備註
電影學 (2)			C必			
視聽專題 (2)			C必			
視聽中心管理 (2)		選（媒體中心經營與管理）	C必		選（媒體中心經營與管理）	
教育媒體 (2)				必		
大眾媒介與社會 (4)					必	世新校定必修
英語聽講實習一 (2)					必	世新校定必修
傳播科技概論 (2)					必	
認知心理學 (2)					必	
電子計算機應用 (2)					必	
圖書館利用教育 (2)				選	必	
專業英文 (2)					必	
網路與通訊 (3)					必	
多媒體概論 (3)		選 (2)（多媒體簡介）	選 (2)（多媒體在人文領域的應用）		必	
資料儲存與檢索 (2)			必	選 (2)（資訊檢索）	必 (3)	
資訊蒐集行為 (2)			選 (2)		必	
視聽資料製作 (4)	選					

(續上表)

課程名稱（學分數）	臺灣大學	輔仁大學	淡江大學	師範大學	世界新聞傳播學院	備註
索引及摘要（2）	選	選（索引法）	AB必	選（2）	必（3）	
館藏發展（3）					必	
企業資訊服務（4）	選	選（工商資訊）			選（商情資訊系統）	
日文圖書館學文獻選讀（3）	選					
兒童名著選讀（2）	選					
青少年讀物（2）	選		選（兒童與青少年讀物）	選（3）（兒童與青少年讀物）		
兒童讀物（3）	選					
講故事（2）	選					
兒童圖書資料（2）	選					
圖書館行銷（3）	選					
管理學（3）	選				選	
圖書館作業評估（2）	選					
檔案管理（2）	選	選	A必	選（4）	選	
法學資料管理（3）	選					
官書研究（3）	選				選（2）（政府出版品）	
資訊科技與組織管理（2）	選					
資訊心理學（3）	選					

(續上表)

課程名稱（學分數）	臺灣大學	輔仁大學	淡江大學	師範大學	世界新聞傳播學院	備注
線上檢索 (2)	選	選（線上資料庫檢索）	B 選			
美國國會圖書館分類法	選 (3)	必 (2)	A 選 (2)	選		
圖書館史 (2)	選	選	選			
資料管理實務 (2)		選				
參考資訊服務 (4)		選				
圖書館電腦系統維護與整合 (2)		選				
數據通信導論 (2)		選				
資訊技術 (2)		選	選（電腦在圖書館的應用）	選 (2)		
個人電腦與圖書館 (4)		選			必 (2)（個人電腦作業系統）	
區域網路作業系統 (4)		選				
網路資源與利用 (4)		選	選 (2)		選 (2)（網路資訊檢索專題）	
圖書館自動化專題研究		選 (4)	選			
出版品設計 (2)		選				
資訊技術與教學規劃 (2)		選	選（CAI 課程原理與運用）			
電腦輔助教學 (2)		選	選			
古籍導讀 (2)			選			
期刊管理 (2)			選			
作業系統概論 (2)			選			
出版與圖書館 (1.5)			選			

(續上表)

課程名稱（學分數）	臺灣大學	輔仁大學	淡江大學	師範大學	世界新聞傳播學院	備注
科技與未來學 (2)			選			
教育科技導論 (2)			選	選		
博物館與教育 (3)				選		
圖書館與成人教育 (2)				選		
圖書館公眾服務 (2)					選	
視聽教育 (3)					選	
大眾文化概論 (2)					選	
圖書資料保存與維護 (2)					選	
科技資訊系統 (3)					選	
人文社會資訊系統 (3)					選	
醫學資訊系統 (3)					選	
法律資訊系統 (2)					選	
新聞資訊系統 (2)					選	
休閒資訊系統 (2)					選	
資料庫管理系統 (3)					選	
編導技術與劇本編寫 (3)					選	
資訊分析學 (3)					選	
圖書館建築 (2)					選	
資訊檢索系統專題 (2)					選	
多媒體製作專題 (2)					選	
電子出版品專題 (2)					選	
書店經營學 (2)					選	

表七之二　臺灣地區圖書館與資訊科學研究所碩士班課程比較

課程名稱（學分數）	臺灣大學	輔仁大學	淡江大學	政治大學
碩士論文（6）	必	必（8）	必	必（4）
研究方法（2）	必	必	必	必（3）
技術服務研討（2）	必	選	A選 （技術服務專題）	選
讀者服務研討（2）	必		A選 （讀者服務專題）	選
圖書館行政研討（2）	必		A選（2） （圖書館行政與管理專題）	必 圖書館管理研究（2）、博物館管理研究（2）、檔案管理研究（2）（三者擇一）
資訊科學研討（2）	必			
實習（0）	必			
第二外國語（0）	必		A必	必
圖書館實務研究（4）		甲必		
圖書資訊統計學（4）	必（3） （圖書館統計）	必	必（2） （教育資料統計Ⅰ）	必（0）
個別研究（2）		必		
圖書館學與資訊科學研究課題（3）			A必	必 圖書資訊學研究（3）、博物館學研究（3）、檔案管理學研究（3）（三者擇二）
教育傳播與科技（3）			B必	
教學設計（一）（3）			B必	
論文寫作（2）	選	選		
人文科學文獻（4）	選			
社會科學文獻（4）	選			
科技文獻（4）	選			
館藏發展（2）	選			
圖書館建築（2）	選			選 圖書館與資訊中心建築與設備研究（2）
公共圖書館研究（2）	選			

（續上表）

課程名稱（學分數）	臺灣大學	輔仁大學	淡江大學	政治大學
兒童圖書館研討（2）	選			
當代圖書館問題（2）	選			
圖書館資訊系統專題（2）	選			
資訊儲存與檢索專題	選（3）		A 選（2）	選
資訊尋求行為（2）	選			
網路資源（3）	選			選
電腦網路與通訊（2）	選			必
光碟資料庫系統（2）	選			
作業研究（3）	選			
管理資訊系統（3）	選		A 選（2）	選
中國版本學研究（2）	選			
中國印刷史專題研究（2）	選			
圖書館規劃（2）		選		
讀者服務之規劃（2）		選		
工商服務專題研究（2）		選		
生命科學資訊專題研究（2）		選		
比較圖書館學（2）		選	A 選	選
圖書資訊理論整合（2）		選		
圖書資訊法學（2）		選		
資訊與認知（2）		選		
資訊傳播學（2）		選		
資訊心理學（2）		選		
資訊科學專題研究（2）		選		
資訊政策專題（2）			A 選	選
資料庫檢索服務專題（2）		選		
資料庫結構（2）		選		
資訊系統發展評估（2）		選		
自動文獻處理（2）		選		
開放系統應用協定（2）		選		
圖書館自動化系統專題（2）		選	A 選	選
書目計量學（2）		選	A 選	
圖書館史專題（2）			A 選	
媒體發展理論（2）		選		

（續上表）

課程名稱（學分數）	臺灣大學	輔仁大學	淡江大學	政治大學
CAI/多媒體與讀者服務專題（2）		選		
圖書館文獻導讀（2）			A 選	
圖書館哲學（2）			A 選	
圖書館服務評估（2）			A 選	
出版與資訊研究專題（2）			A 選	選
電子出版專題（2）			A 選	
學術網路與圖書館Ⅰ（2）			A 選	
學術網路與圖書館Ⅱ（2）			A 選	
電子文件處理專題（2）			A 選	
視聽專題（2）			B 選	
電腦教學專題（2）			B 選	
教育電視專題（2）			B 選	
隔空教育專題（2）			B 選	
教學原理與方式（2）			B 選	
學習心理學（2）			B 選	
教育資料統計Ⅱ（2）			B 選	
教學設計Ⅱ（2）			B 選	
成人教育理論（2）			B 選	
電腦科技與媒體製作（2）			B 選	
教學評鑑（2）			B 選	
教育訓練管理專題（2）			B 選	
質的研究法（2）			B 選	
高等教育行政（2）			B 選	
管理理論（2）			B 選	
電腦教學與軟體發展（2）			B 選	
資料庫管理系統（2）				選
計算機程式語言研究（2）				選
系統分析（2）				選
線上資訊檢索（2）				選
非書資料研究（2）				選
音樂圖書館（2）				選
法律圖書館（2）				選
中國藝術史研究（2）				選

（續上表）

課程名稱（學分數）	臺灣大學	輔仁大學	淡江大學	政治大學
西洋藝術史研究（2）				選
古籍與文物整理之研究				選
博物館展覽研究				選
圖書文物之維護與保存				選
博物館建築與設備研究				選
工藝史研究				選
古器物研究				選
中外科技史研究				選
文書學研究				選
臺灣地區政府出版品管理研究				選
檔案鑑定研究				選
檔案整理與分類研究				選
國際政府出版品研究				選
檔案館自動化研究				選
比較檔案學研究				選

（三）博士班

臺灣大學圖書館學研究所博士班課程要求爲 30 學分，除了必修博士論文（12 學分）外，其餘爲選修課程，主要涵蓋圖書館學與資訊科學範疇，並酌開目錄學與印刷相關課程。詳見表七之三。

表七之三　臺灣大學圖書館學研究所博士班課程

課程名稱（學分數）	必修或選修	備註
博士論文（12）	必	
個別研究（2）	選	
研究方法（2）	必	
論文寫作（2）	選	
中國印刷史專題研究（2）	選	
中國版本學專題研究（2）	選	
編目問題研討（2）	選	
圖書館管理專題研究（2）	選	
圖書館研究趨勢（2）	選	
國家圖書館研討（2）	選	

(續上表)

課程名稱（學分數）	必修或選修	備註
比較圖書館學研討（2）	選	
圖書館教育研討（2）	選	
資訊科學專題研究（2）	選	
資訊政策（2）	選	
圖書館資訊系統專題（2）	選	
圖書館與資訊社會（2）	選	
中文資訊處理（2）	選	

四、臺灣地區圖書館與資訊科學系所特色

綜上所述，我們可以歸納出臺灣地區圖書館與資訊科學系所的主要特色如下：

1. 臺灣圖書館與資訊科學教育體系發展完整，涵蓋了大學部、研究所碩士班與博士班三種層級學程。

2. 『教育部』訂定的圖書館學系與教育資料科學系必修課程對於大學部的課程發展有很大的影響。

3. 臺灣大學具有大學部、碩士班及博士班，教育學程最完整，師資水準亦較整齊，擁有博士學位的教師人數最多，高達 14 位。大學部訂有輔系與外系副主修之規定，以增廣大學生的學科背景，有助於日後從事圖書館服務。碩士班對於非本科系學生嚴格要求先修課程，以幫助其在短時間中獲得本學科基礎知識，有利其進修學習。博士班對於學生入學要求十分嚴謹，除具備碩士資格與優秀成績外，尚要求 2 年以上的圖書館與資訊服務實務經驗，使得目前博士班培育的學生兼具理論與實務的能力。該校圖書館學相關的課程豐富，在兒童圖書館、圖書館管理方面頗具特色，此外，也提供許多資訊系統、資訊檢索與資訊需求等課程。

4. 輔仁大學是在 6 所圖書館與資訊科學學校中唯一兼設日間部與夜間部的學校，大學部課程以圖書館學與資訊科學為主，也開設若干媒體課程。夜間部學生大多夜間修習課程，日間至圖書館與資訊服務相關單位工作，充份獲得理論與實務相互印證的機會，形成該校另一特色。該校新成立的碩士班分甲乙二組，主要培育資訊專家、資訊仲介者、資訊處理者與圖書館及資訊服務管理人才，所以在圖書館學之外，尚開設許多電子計算機與程式語言撰寫的課程，頗具特色。

5. 淡江大學是臺灣地區目前最大之圖書館學校，大學部每屆招生兩班，所以學生人數最多。該校除了圖書館學、資訊科學外，視聽教育、教育科技與教育媒體課程為其最大的特色。其大學部分三組：圖書館學組、資訊科學組與視聽教育組，主要培養圖書館、資訊服務與視聽教育機構等基層人員。研究所分二組：圖書館與資訊科學組、與教育科技組，以培育圖書館與資訊科學，以及教育科技與視聽教育的管理人才。

6. 師範大學社會教育系圖書館學組主要培養社會教育與圖書館人才，尤其側重學校圖書館，此為該校主要特色之一。但由於該組非獨立學系，受到該系社會教育主題很大的影響，為其特點，但也阻礙了其在圖書館與資訊科學領域的發展。雖然社會教育系所也設立碩士班、博士班，但在圖書館與資訊科學研究不多。此外，師範大學原屬於師範教育的本質有異於一般普通大學，使得師大圖書館學組與其他 5 校的就業導向不同。近年來臺灣師範教育進行改革，師大可能有所變革。

7. 世界新聞傳播學院圖書資訊學系之前身是世界新聞專科學校圖書資料科，屬於專科學校的型態，主要培育專科級的基層人員，後來停辦。該校改制學院後新成立之圖書資訊學系，除了以圖書館學與資訊科學為發展主體，該系亦規劃整合該校傳播學、社會學與媒體之特點融入圖書館學與資訊科學的內涵中，建立獨特風格，別樹一格。

8. 政治大學圖書資訊學研究所是臺灣第一所以研究所學程創辦的圖書資訊學校，其規劃目的希望招生具有專門學科基礎，受過通才教育及語言訓練之大專畢業生，給予圖書資訊學、博物館學及檔案管理專業教育，以培育專門學科圖書館、資訊中心、博物館、檔案管理機構之人才。因此，其以研究所獨特學程，及以圖書館資訊學、博物館學、檔案管理學為學科發展重點，建立相當特色。然而如何將此三重點融於一爐則將是一個新的挑戰。

五、問題與建議

臺灣地區目前已建立了 6 所圖書館與資訊科學系所，歷經萌芽階段、發展時期，形成了今日的規模，並已具備大學部、碩士班、博士班完整的教育體系。當前臺灣地區圖書館與資訊科學教育受到資訊時代的轉型，以及資訊科技進步的衝擊，其未來發展正面臨新的挑戰與困難。試就淺見所及，略加分析，並提出一些建議，供大家參攷。

1. 圖書館與資訊科學教育缺乏認可標準與評鑑制度

臺灣地區圖書館與資訊科學教育尚未建立學校認可標準與評鑑制度。1923 年美國威廉遜（C. Williamson）在其圖書館教育報告中，呼籲良好的圖書館學校有賴於建立其認可標準與評鑑制度。於是美國圖書館學會在 1955 年制定了美國圖書館學校標準，並於 1972 年、1992 年先後兩度修訂。另外該學會成立了圖書館學校認可委員（Committee of Accreditation，簡稱 COA），專門負責定期評鑑美國圖書館學校，以維持其教學的品質。英國圖書館與資訊科學學校的課程須經由英國圖書館學會與資訊科學家學會的認可，使學生取得專業資格，該二學會藉定期訪視各學校以評鑑其課程。臺灣圖書館與資訊科學教育向來沒有學校認可標準，無論新舊學校在成立與發展時均無標準可供遵循，雖然有『教育部』定期進行評鑑，但是缺乏專業性。臺灣圖書館與資訊科學教育若要追求發展進升優良學校之林，首須制定圖書館與資訊科學學校標準與建立學校專業評鑑制度。建議由『中國圖書館學會』與『中華圖書資訊學教育學會』聯合研議，並提出周詳的認可標準與評鑑制度計劃。

2. 圖書館學在現代資訊社會中尚未找到合適的定位，圖書館學與資訊科學之關係尚未釐清與整合。

資訊社會之形成與資訊科學之興起對於現代圖書館學造成鉅大的衝擊，如何因應與調整，已成為世界各國圖書館教育面臨的最大挑戰與難題，此也正是臺灣圖書館教育的重大問題。目前已有 3 所學校採用圖書資訊學名稱，代表圖書館與資訊科學之涵義，希望反映出現代圖書館學的新貌。然而仍存在若干根本問題，首先有人質疑圖書資訊學之意義較為狹隘，無法真正代表圖書館與資訊科學。再者，雖然名稱改變了，但迄今仍未見到對圖書資訊學或圖書館與資訊科學之定義，與釐清圖書館學與資訊科學二者間之關係，似乎予人有舊瓶裝新酒之感。

這些問題均源自圖書館學在現代資訊社會中尚未找到合適的定位。圖書館專業原來的任務是幫助使用者找尋與利用資訊，今日在資訊社會中，由於資訊科技的進步，使得圖書館的館藏從傳統印刷式資源，增加了許多電子資源與網路資源，圖書館人工作業方式改變成為自動化系統與網路系統的作業形式，並且引進各式資料庫與資訊系統。現代科技大幅變更了圖書館的工作方式，但是圖書館專業的任務始終並未改變。所以現代圖書館學應作廣義解釋，充分融合與應用資訊科技及媒體，以達成圖書館協助使用者查詢與利用資訊的任務。

此外，各校尚未規劃與設計出一套整合性之圖書館與資訊科學課程。所以在檢討與改變學系名稱之際，各圖書館學校當務之急首先應共同研討與界定現代圖書館學的意義與範疇，釐清圖書館學與資訊科學之關係，並且設計出整合性的圖書館與資訊科學課程。

3. 圖書館與資訊科學系所缺乏特色與整體性規劃

目前 6 所圖書館與資訊科學系所各自發展，缺乏整體規劃，課程多有重疊，並未建立各校特色與風格，並且師資不夠。

由於現代資訊科技大幅改變了圖書館與資訊服務之市場結構與人力需求，圖書館與資訊科學系所應配合就業市場的需求，與顧及供需平衡問題。建議 6 校宜共同合作，首先分析目前圖書館與資訊服務機構之人力資源需求與工作需要的技能，並據以制定各校教學目標，作為各校教學規劃與課程設計的方針。另一方面，各校針對各類型圖書館與資訊服務機構之作業需求，配合著各校之資源與專長，分別擔負起不同類型的圖書館與資訊服務機構之人力培育工作，如此一方面可平衡市場之供與需，二方面可使各校得以發揮專長，形成特色。

4. 『教育部』訂定的必修課程已不符時代需求

由於資訊社會之轉型，科學技術之進步，與圖書館與資訊服務的內涵發生重大變革，『教育部』原來訂定之圖書館學系與教育資料科學系必修課程已漸不符時代需求。1995 學年度起『教育部』將取消對必修課程的要求，開放各校自行訂定。然而必修課程代表著本學科之基礎知識與技能，十分重要，仍有訂定各校共同必修課程之需要，但可攷量予以減少，以增加各校自由選修課程的機會。所以建議各校仍應商訂共同必修課程，並且須與圖書館界及相關學會充分溝通與不斷互動調整，期能真正掌握到專業的內涵，以表現於共同必修課程之上。

5. 圖書館員繼續教育管道不暢

現代化資訊社會與網路社會大幅改變了圖書館與資訊服務的型態，圖書館員咸感到過去接受的教育不足以應付目前工作的需求，迫切需要繼續教育以擔負起新時代的圖書館與資訊服務的任務。然而，盱衡目前 6 所圖書館與資訊科學系所却無法提供現職圖書館員繼續教育之管道，尚未建立起現職人員選修課程的制度。建議 6 所圖書館與資訊科學系所暑期根據現職人員工作的需求為其開設研習班，於學期中可接受在職人員選修課程，並且利用隔空教育方式開設課程，提供現職圖書館員以及中南部圖書館員進修。

6. 學校圖書館與鄉鎮圖書館缺乏專業人員

6 所圖書館與資訊科學系所多以培養學術圖書館、公共圖書館與專門圖書館員為主，唯學校圖書館人力的培育僅師大一校，則感到十分不足。另外，臺灣地區目前已成立了 309 所鄉鎮圖書館，但嚴重缺乏專業人員經營。建議在師範學院中再增設若干圖書館學系以培育學校圖書館人才，而空中大學宜積極開設圖書館學相關課程提供給各鄉鎮圖書館工作人員進修，以使之取得專業資格。

附　注

註1：蔡金燕，『兩岸圖書館學教育之比較研究』，私立中國文化大學史學研究所圖書文物組碩士論文，1993年，頁30。
註2：同上註，頁30—43。
註3：輔仁大學圖書資訊系，1994學年度輔仁大學圖書資訊學研究所申請設立碩士班計劃書，1993年，頁1—12。
註4：『國立政治大學』，『「國立政治大學」圖書資訊學研究所簡介』，1997年，頁3。
註5：李淑芬，『臺灣鄉鎮圖書館實施隔空繼續教育之探討』，教育資料與圖書館學33：1（1995年9月），106。
註6：本章資料主要參攷及綜合下列資料而成：
世界新聞傳播學院圖書資訊學系，『世界新聞傳播學院圖書資訊學系創立賀詞暨簡介』，臺北：該系，1995年。
胡述兆、王梅玲，『圖書資訊學教育：臺大與北大之比較』，『「中國圖書館學會」會報』52期（1994年6月）：15—37。
蔡金燕，『兩岸圖書館學教育之比較研究』，私立中國文化大學史學研究所圖書文物組碩士論文，1993年。
『臺灣五所圖書館相關學系1995學年度課程表』，『「中華圖書資訊學教育學會」會訊』4期（1995年6月）：5—17。
臺灣大學圖書館學系圖書館學研究所編，『臺灣大學圖書館學系圖書館學研究所簡介』（臺北：編者，1991年）。
臺灣大學圖書館學研究所編，『臺灣大學圖書館學研究所研究生手冊』（臺北：編者，1994年）。
臺灣大學，『臺灣大學文學院圖書館學研究所設置博士班計劃』。
臺灣師範大學社會教育學系暨研究所編，『臺灣師範大學社會教育學系暨研究所概況』（臺北：編者，1995年）。
政治大學，『政治大學圖書資訊學研究所簡介』，1997年。
輔仁大學圖書資訊學系，『輔仁大學圖書資訊學研究所申請設立計劃書』。
輔仁大學圖書資訊學研究所，『輔仁大學圖書資訊學研究所研究生手冊』，1995年。
淡江大學教育資料科學學系，『淡江大學教育資料科學學系簡介』，1995年。
淡江大學教育資料科學研究所，『淡江大學教育資料科學研究所簡介』，1995年。
註7：同註1，頁108—113。

原載『「中國圖書館學會」會報』第58期（1997），頁1—25

圖書館學大師杜威年表

【摘要】 本文分爲兩部分，第一部分係對杜威的生平作一紀年式的描述，特別著重於他對圖書館事業貢獻最大的三十年，也就是從1876年他致力催生的世界上第一個圖書館專業學會的ALA起，至1905年他辭去紐約州圖書館館長及圖書館學院院長的這個階段。第二部分係有關杜威的主要參攷書目，包括杜威自己的著作，及別人有關他的著作，前者選錄專書7種，論文68篇；後者選錄專書18種，論文49篇。

【關鍵詞】 杜威；圖書館學；圖書館

Abstract：This article consists of two parts. The first part is a chronological description of Dewey's life with major emphasis on the 30 years in which Dewey made his most important contributions to librarianship. The period discussed covers from 1876, when Dewey helped create the world's first professional association of librarianship—the American Library Association, to 1905 when he resigned as New York State Librarian and director of the New York State Library School. The second part is a selected bibliography by and about Dewey, including 7 books and 68 articles by Dewey and 18 books and 49 articles about him by others.

Keywords：Dewey, Melvil；Library Science；Library

一、引　　言

爲圖書館學大師杜威寫一篇中文傳記，是我多年來想做的一件事。在1997年以前，由於課務及其他雜務所羈，一直無法如願。去年退休後，負擔減輕，加以家住鄉間，應酬較少，乃開始對過去所蒐集有關杜威的著作（包括他自己的及他人有關他的圖書與期刊論文）加以整理，並作較有系統的閱讀，對他也有較全面的認識。爰先編一年表及有關他的參攷書目，作爲將來進一步研究的基礎。

二、杜威年表（1851—1931）

1851年12月10日

生於美國紐約州Jefferson County的Adams Center，取名Melville Louis Kossuth Dewey。父名Joel Dewey，母名Eliza Green，均爲英格蘭移民的後裔，也都屬於基督教浸信會。父母均以開鞋店爲業，育有子女五人，墨維爾爲老么，上有一兄三姊（其中一姊早夭）。

1867年以前

自幼好學，求知欲極強。13歲時步行至離家10英哩的Watertown買一本大型辭典，以便自修。

15歲開始寫日記，並特別重視數據。他在15歲生日那天記著：我的身高5呎$5\frac{1}{4}$英寸，體重120磅，全部財產價值125美元。

16 歲時立志以『改革』（Reform）爲終身志業，並用木頭刻上一個『R』，挂在書桌旁邊，以示對『改革』念兹在兹。

閒來喜滑冰、打球、釣魚、游泳，特別喜歡躺在地毯上看書及幻想未來。

1867 年 4 月 15 日

通過紐約州教師檢定攷試，取得教師證（Teaching Certificate），目的是要『學習如何去學習』（to learn how to learn）。同年中學畢業，暫去 Toad Hollow 學校執教。

1868 年

年初因重感冒導致嚴重咳嗽，連續數月不愈，醫生告訴他不會活過二年。其時他正幫他父親經營一處當地的墓園，對生與死有深刻感受，也因此使他特別珍惜時間。他畢生的一切改革主張，都與節省時間有關。

1869 年

隨父母移居 Oneida，與哥哥同住。

同年 11 月 15 日他在日記中寫道：我現在決定畢生從事教育工作，使廣大人民接受高等教育『A higher education for the masses』。

1870 年

春天入 Alfred University 唸書一學期。同年 10 月轉學麻薩諸塞州的 Amherst College，入學時他在日記中記著：我此時身高 6 呎，體重 160 磅，全部財產價值 225 美元。

該校創立於 1821 年，是一個家庭式的小型學院，杜威入學時全校不過 300 學生．與杜威同時入學的爲 74 人，均來自新英格蘭各州的中產階級家庭，也都是英國移民的後裔，全都信奉基督教，沒有天主教徒，也沒有黑人或猶太人，而且全是男生。

課程特別重視古典科目，尤其是語言與文學：大一有拉丁文及希臘文，並須讀 Cicero 及 Homer 等的名著；大二學法文與德文及這些語文的文學與哲學名著。這些學科背景，使杜威在人文學方面奠定了堅實基礎。

同年 12 月 8 日，在該校的一項討論會中，正式提出改良英文拼法（English spelling）的主張。他認爲英文的拼法太不規則，使非盎格魯‧薩克遜（Non-Anglo-Saxon）的人難於學習。

1871 年

4 月去波士頓訪問，在參觀波士頓的度量衡辦公室（Weights and Measures Office）後，認爲米突制（Metric System）遠較英呎制簡單、合理，這也是他提倡米突制的開始。

1872 年

爲了補貼經濟及便於研讀，開始去 Amherst College 圖書館打工。他在 8 月的日記中寫道：我買不起書，只好盡量利用圖書館。

10 月 20 日正式在圖書館工作，負責登錄。其時 Amherst 圖書館每天開放 5 小時（4 小時參攷，1 小時借書），事實上很少利用，因爲教員多用教科書及背誦法教書，不必上圖書館即可應付功課。又因圖書館的排列不得其法，即使到圖書館，也找不到所需要的書。

杜威對這種情形深感困擾，爲了使圖書館作有效利用，他開始閱讀有關圖書館的文獻，並利用假期去訪問新英格蘭地區的主要圖書館，前後不下 50 所，吸取了許多有關圖書館的寶貴經驗。

1873 年

2 月初他在波士頓訪問了主要的公共圖書館及哈佛大學圖書館，並特別去拜訪 Boston Athenaeum 館長克特（Charles Cutter），請教有關圖書分類的事。他在 2 月 11 日的日記中寫道：他（克特）把有關馬的書與馬放在一起，而不是放在動物中。（He puts books on the horse under horse, not under zoology.）

2月22日，他在1870年出版的『思辨哲學學報』（*Journal of Speculative Philosophy*）上，讀到聖路易公立學校校監（Superintendent）哈里斯（William Torrey Harris）的一篇文章，題爲『圖書分類』（*Book Classification*），該文提出『每一主題的圖書按字母順序排列』的概念，杜威對此深表同意。

3月7日，他讀到塞列夫（Nathaniel Shurtleff）於1856年出版的一本小冊子，題爲『圖書館行政與排列的十進位系統』（*A Decimal System for the Arrangement and Adminstration of Libraries*），對他頗具啓發性。他喜歡此一新觀念，但認爲過份強調十進制，會犧牲效果，而且未必能節省時間。

以上三人（克特、哈里斯、塞列夫）有關圖書分類與排列的主張，就是杜威十進分類法的建構基礎。

魏根德（Wayne A. Wiegand）在其所著『杜威傳』（*Irrepressible Reformer*）（ALA, 1996）中說：『杜威對分類的貢獻，是融合了他們三人的意見，並沒有創造任何新的東西。』可說是持平之論。

5月8日，杜威將其十進分類法簡表初稿向Amherst學院圖書館委員會提出。

同年他開始學速記（shorthand），並自他22歲生日那天起，用林德利速記法（Lindsley's Tachygraphy）寫日記，作筆記，及起草文件。

1874年

7月9日，在阿姆斯特學院畢業，隨即升任該學院圖書館的助理館長。

同時自畢業時起，即將他的全名Melville Louis Kossuth Dewey縮短爲Melvil Dewey，此後即一直使用此名。

1875年

在阿姆斯特學院新生班開授速記學課程，選課學生69人。同時在附近一家中學兼課，講授英語拼音簡化法（simplified spelling）。

7月，升任圖書館館長，年薪900美元。

11月底，完成其十進分類表，並準備出版。

12月，出任美國度量衡學會（American Metrological Society）標準委員會委員。

1876年

4月10日，辭Amherst College圖書館館長職，去波士頓的Ginn & Co. 工作。

該公司是Edward Ginn和他的兄弟合資經營的一家教育出版公司。Ginn除承諾出版杜威的十進分類法外，並設立美國米突局（American Metric Bureau），由杜威擔任經理，負責出版及銷售有關米突制、速記、英文拼法改革等圖書資料，由於這些都是其志趣所在，故杜威欣然接受。

5月16日，去紐約參訪Publishers Weekly，並拜訪其主編Frederic Leypoldt及副主編Richard R. Bowker，希望他們能辦一份圖書館學刊（Library Journal），Leypoldt對此甚感興趣，並告訴杜威，PW將於下一期中發表一篇社論，建議圖書館員們，也像教育及科學團體一樣，於美國慶祝建國100週年時，在賓州的費城（Philadelphia）召開一次會議（這就是ALA的源起）。杜威聽後極感興趣，他們三人立即起草一通函，並由Leypoldt與杜威共同署名，分送波士頓地區的幾個重要圖書館的館長；又由Bowker起草另一通函，由杜威, Leypoldt, LE. Jones, 及William Isaac Fletcher共同簽名，分送全美各重要圖書館長。函中建議圖書館員們於 8 月 15 日在費城集會。

5 月 14 日下午，去哥倫比亞大學（當時仍稱 Columbia College）參加美國度量衡學會的會議，並當選為理事，會中理事長 FAP. Barnard（其時為哥大校長）根據杜威的建議，成立一委員會，研究向全國中小學宣導米突制的重要性。

5 月 19 日，杜威為圖書館員集會事，專程去費城拜訪美國聯邦教育總署署長（US Commissioner of Education）John Eaton。Eaton 對圖書館員集會的構想表示支持，並答應由該署有關單位代辦通函全美館員到費城開會事宜。

Eaton 並告訴杜威，將在美國建國百週年有關公共圖書館的紀念特刊中，刊登 *Library Journal* 的出版計劃書。

6 月 3 日，正式接任 *American Library Journal*（1877 年改為 *Library Journal*）的首任主編（Managing Editor）。

6 月 9 日，一份印刷的圖書館員集會通函正式發出，簽名者包括：Justin Winsor（波士頓公共圖書館館長），Charles Cutter（波士頓圖書館館長），Melvil Dewery，John Eaton（美國聯邦教育總署署長），John L. Sibley（哈佛大學圖書館館長），Reuben A. Guild（布朗大學圖書館館長），Lloyd P. Smith（圖書館公司負責人），及 Henry A. Homes（紐約州圖書館館長）。

7 月 6 日，由 Winsor, Smith, 及 Willam F. Poole（芝加哥公共圖書館館長）共同商定於 10 月 4 日至 6 日在費城集會，並租下賓州歷史學會（Pennsylvania Historical Society）為會場。

8 月，推動成立英文拼法改革學會（English Spelling Reform Association），並當選為首任秘書長。

9 月，由杜威主編的第一期 *American Library Journal* 出刊。

10 月 4 至 6 日，美國圖書館員在費城集會。4 日上午 10 時 15 分，大會正式開幕。

大會公推 Winsor 為主席，Poole, Smith, Ainsworth Rand Spofford（美國國會圖書館館長），及 James Yates（英國 Leeds Public Library 館長）四人為副主席。杜威，Guild，及 Charles Evans（Indianapolis Public Library 館長）三人為秘書。

會中通過成立美國圖書館學會（American Library Association，簡稱 ALA）。杜威是第一個在決議書上簽字者。

大會亦通過 Smith 的提議，接受 *American Library Jounanl* 為 ALA 的會刊。

大會選舉 Justin Winsor 為 ALA 的首任會長；杜威為首任秘書長，他擔任此一義務職長達 14 年，直到 1890 年當選會長時為止。

同年，他的十進分類法第一版正式問世，題為：*A Classification and Subjeet Index for Cataloging and Arranging Books and Pamphlets of a Library*（可譯為『圖書館的圖書及小冊子編目與排列之分類與主題索引』）。

此一分類法最初目的主要係針對 Amherst College Library 的需要而訂立，故第一版的全文僅有 44 頁，包括分類表 10 頁，前言及說明 8 頁，以及 2000 個名詞的索引。

1877 年

10 月初，赴英國倫敦，參加英國圖書館學會（The Library Association）成立大會，杜威與其他美國代表團成員（共 20 人）均為被邀請參加該學會成立大會的貴賓，也都成為其榮譽會員。

大會並通過 *American Library Journal* 為該會的共同會刊，為符合當時的情況，乃將

American 一字拿掉，而成爲 *Library Journal*，此一名稱至今維持不變。

1878 年

10 月 19 日，與 Annie Godfrey 結婚。

Annie 於 1850 年 2 月 11 日生於麻薩諸塞州的 Milford，Vassar College 肄業，1875 年任 Wellesley College 圖書館首任館長，婚後不久轉至哈佛大學圖書館任職。1882 年回任 Wellesley College 圖書館館長。她也是 1876 年費城會議的代表，她是杜威的崇拜者，特別讚賞他的十進分類法，婚前兩人經常討論分類問題，他們兩人可算是志同道合的一對。

1879 年

6 月 30 日至 7 月 2 日，在波士頓舉行的 ALA 第二屆年會通過杜威所擬的圖書館標語（Motto）：『The best reading for the largest number at the least expense.』（以最低的用費，爲最大多數的讀者，提供最佳的讀物。）

12 月 10 日，杜威 28 歲生日時，將其姓『Dewey』改爲『Dui』。

同日，ALA 在麻薩諸塞州完成社團登記手續。

同日，SRA（Spelling Reform Association）在康納狄克州完成社團登記手續。

本年，杜威與克特等 7 人合組 Readers and Writers Economny Company（RWEC）。採股份制，全部股金爲 100,000 美元，分爲 4,000 股，每股 25 元，杜威擁有 800 股，佔五分之一，被選爲董事長。該公司係取代 ALA 的供應部（Supply Department）爲圖書館提供相關用品。

1880 年

6 月，杜威因與 Bowker 及 Leypoldt 意見不合，且因自己的財務與圖書館學刊的財務不清，被迫辭去 *Library Journal* 的主編職務。

10 月，亦因自己的財務，與 RWEC 及他擔任秘書長的 ALA，SRA 以及 AMB（American Metric Bureau）的財務混淆不清，引起大家的指責，被迫辭去 RWEC 的董事長職。

1881 年

3 月，創立 Library Bureau，供應編目卡片、登錄紀錄簿、排架紀錄簿、竪立檔案等用品，其目的在使圖書館用品標準化。此一 Bureau 其後成爲 Remington Rand, Inc. 公司的一部分。

在本年内，杜威有許多新的工作機會：波士頓的 Houghton Pulbishing 要他去任職，被他婉拒，因爲這個工作與他世界性工作（world work）的志願不合。

美國聯邦教育總署署長 John Eaton 要他去該署擔任教育局的圖書館處處長，因爲每年 1,800 美元的薪水太低而加拒絕。

美國人口統計局（US Census Bureau）請他去任圖書館統計處處長，也因待遇太低而不加玫慮。

1882 年

應邀出任 Wellesley College 圖書館顧問，負責監督將其館藏資料，改以杜威的十進分類法重新分類。

1883 年

3 月 29 日，位於紐約市的哥倫比亞大學校長 F. A. P. Barnard 致函杜威，擬提名他爲該校圖書館館長候選人，年薪 3,500 美元。

4 月 18 日，杜威去哥大圖書館委員會面談，並提出三項要求：

（1）增加圖書館經費。

（2）建議在哥大成立 School of Library Economy。
（3）年薪 5,000 美元（此為當時哥大教授的平均薪水）。
圖書館委員會對（1）、（2）兩項表示同意，但對第（3）項暫時保留。

杜威雖嫌年薪太少，但覺得哥大是他施展抱負的適當地方，故決定接受此職，並請 Cutter，Poole，Smith 等人寫推薦信。

5月7日，哥大董事會通過杜威的任命。

杜威就職後，因哥大董事會的一位董事 F. Augustus Schermerharn 不喜歡杜威用『Dui』代替『Dewey』，認為『Dui』拼法古怪，極不習慣，在 Barnard 校長的善意建議下，杜威乃改回本名『Dewey』。（按杜威是於 1879 年 12 月 10 日 28 歲生日時將其姓"Dewey"改為"Dui"。）

他就任不久，即提出一連串的改革計劃：

在制度方面，他要求：（1）各系藏書集中於總館。（2）建立排架目錄（shelflist）。（3）印製完整的分類表。（4）建立字典式目錄（dictionary catalog）。（5）建立主題目錄（subject catalog）。（6）開放時間，自每週 15 小時，增為每日 14 小時，而且全年無休，包括週末及假日。以上 6 項須於 3 年內完成。

在調整人事方面，他作了下面安排：流通 2 人（女性），分類 2 人（男性），編目 4 人（女性）。採訪登錄、裝訂修補、秘書各 1 人（均女性）。杜威任用 9 位女性館員有其原因：

（1）在 9 位女館員中，有 6 位是杜威太太 Annie 擔任館長的 Wellesley College 畢業生，她們在哥大圖書館具有特殊地位，號稱『衛斯理的半打』（the half dozen from Wellesle）。

（2）杜威是在一個女性頗為活躍的社會長大，自少對女性相當尊重。

（3）他太太是著名圖書館員。

（4）他認為女性較適合擔任圖書館的工作。

（5）當時社會的專業人員多為男性，女孩子很珍惜能在圖書館從事專業工作的機會。

（6）女性館員的薪水較低，當時男性館員的年薪約為 1,000 美元，而女性館員的年薪平均只約 500 美元。

杜威的這套用人原則，其後為很多圖書館所採用。今日世界各國圖書館員多為女性，可謂其來有自，而杜威是最早提倡者。

在管理規則方面，他採取了下列措施：

（1）運書小車，必須用橡皮輪子，以免出聲。

（2）推車者必須穿軟底鞋，以免影響別人。

（3）讀者必須輕聲走路，小聲說話。

（4）讀者不能在館內抽烟或亂丟垃圾。

（5）讀者不得在館內戴帽，把脚擱置桌椅上。

在採訪方面，他依圖書資料的重要性，分為 5 級：

（1）有關高等教育的圖書資料，必須全部購買或徵集。

（2）所有大學本科的教學圖書，必須全部購買或請求贈送。

（3）一般知識的重要圖書，必須購買或請求贈送。

（4）純研究性的資料，依賴他館或酌情購買。

（5）珍本、善本或小說類，以他人贈送者為限。

其他重要措施，尚有：

（1）全部館藏圖書50,000冊，均須依其十進分類法，重新分類編目。
（2）將全部館藏資料，編製著者、書名、主題三種目錄。
（3）圖書館為每一教員設置一個資料箱，以便放置他們所欲購置的書目，或他們所見圖書館必須擁有的圖書書目。
（4）指派專人為全校師生提供參攷服務。
（5）要求館員指導教員與學生利用圖書館的方法。
（6）編製最佳圖書目錄（Best Reading Catalog），提供本校及其他圖書館參攷利用。

1884 年

5月5日，哥大董事會通過，將杜威的薪水調整為每年5,000美元。

在同一次董事會中，哥大校長Barnard將杜威建議設立School of Library Economy的計劃向董事們提出，並向他們解說，這是一項新奇的辦學計劃，符合大眾的需要，並將引起社會與新聞界的注意。

經過熱烈討論後，董事會原則同意此一計劃，並賦與杜威Professor of Library Economy的頭銜，以便進行籌備。但有一個條件，那就是在經濟上不能增加學校的負擔。

1885 年

6月18日，邀集紐約市地區72位圖書館員在哥大集會，商討合作採購圖書的問題，這是圖書館界合作採訪的濫觴。

會中並通過杜威的建議，組織紐約圖書館俱樂部（New York Library Club），以便互相諮商與合作，這是美國圖書館界此類組織的第一個。該組織決議，此後每三個月在哥大集會一次。在該組織11月12日的會議中，決議成立紐約市各圖書館館藏期刊聯合目錄（Periodical Unionlist），該目錄於1887年出版，是圖書館界第一本此類聯合目錄。

同年，自第一版的44頁增為314頁的杜威十進分類法第二版問世，易名為 *Decimal Classification and Relative Index*，篇幅大為增加：前言及說明自第一版的8頁增至第二版的66頁；分類表自第一版的10頁增至180頁；索引自2,000項增至10,000項。論者謂：『現代圖書館分類應自DDC第二版開始』，可見其評價的一般。

1886 年

創辦Library Notes，作為圖書館員自我教育的刊物，並在該刊物上刊登School of Library Economy的招生廣告，特別鼓勵大學女生前來申請，但廣告中未註明哥大仍是男校。由於哥大並未授權杜威在校外刊物上刊登招生廣告，更未授權其招收女性，故此事引起一些校董的不滿，他們認為招收女性違反哥大的宗旨與董事會的意旨。但杜威已經騎虎難下，因為他已經招收了20名學生，其中17名為女性。

1887 年

1月5日，在哥大校長Barnard的默許與支持下，杜威所創設的圖書館學校正式開學，校董Charles Silliman的反應極為強烈，他雖然無法阻止杜威的學校開學，但他是校舍分配委員會的主席，有權禁止其在哥大的教室上課。杜威無法與其相爭，只好利用一間未曾使用過的儲藏室作教室，其窘境可想而知。由於其招收女生，自始未經董事會的明確認可，加以又無經費、設備及場所，因此此一舉世第一個圖書館學校，事實上只是哥大一個『違法製造的單位』（Bootleg Unit）。

由於缺乏經費，無法聘用專任教師，杜威盡量利用其資深館員擔任講師，但都沒有教員身份。此外，他也邀請校外圖書館界名人來校講學，包括：Cutter, Bowker, Spofford, S. C. Green, Caroline Hewins, Hannah James，和他的夫人Annie（講授Indexing），當然他們也都是義務幫忙，不過他們來紐約時都是由杜威夫婦招待住在他們的家中。哥大校內與杜威交好的幾位教授，如 Nicholas M. Butler, H. T. Peck, Charles S. Smith 等，也都自動來教有關目錄學及文學方面的課程。

第一學期結束後，杜威又向哥大董事會提出幾項建議：

（1）將 School of Library Economy 改為 School of Library Science。
（2）將校長，圖書館館長及擔任教學的所有講師，列入其教員名單中。
（3）規定該 School 的入學資格，以大學畢業生或經攷試及格者為限。
（4）請董事會授權該 School 得授予 B. L. S.（圖書館學學士），M. L. S.（圖書館學碩士），及 D. L. S（圖書館學博士）學位。

董事會對這些建議均未同意，而其不同意改為 School of Library Science 的理由為：『圖書館學是一種藝術，非一門科學。』（It is an art, not a science.）

9月3日，杜威正在紐約千島（Thousand Islands）參加 ALA 年會時，他的唯一兒子 Godfrey 出生，大會得知後，即席宣布其為『ALA 之嬰（ALA baby）』。

1888 年

杜威的遭遇雖然挫折連連，但他辦學的成績却是有聲有色。第二屆招生時，申請入學者有100餘人，錄取22人，其中16人為女生，另有第一屆的11人（9人為女生），仍留校繼續學業。

由於辦學成績不錯，受到 Barnard 校長及哥大一些年青教員的支持與讚賞，使杜威感到鼓舞。

5月7日，Barnard 因健康關係辭去校長職，使杜威頓失依靠。更不幸的是，代理校長的竟是他的死敵 Henry Drisler，使他更生危機感，果然壞運接踵而來。

10月初，代理校長 Drisler 命令他，今後不得再增加圖書館的費用。

11月5日，校董會討論的大部分議案均與杜威有關：

校董 Edward Mitchell 首先提議，將杜威免職，此案未即通過，但決議成立一個委員會，進行調查，並由 Seth Low 擔任主席。

Seth Low 提出第二項建議，在調查委員會提出報告前，先將其館長職務停職。

第三項建議是授權代理校長 Drisler，在館員中指定一人為代理館長。

第四項建議是要求校規與課程委員會（Committee on the Courses and Statutes），研究 School of Library Economy 是否應附屬於圖書館。

以上各項建議，均等待調查委員會提出報告後，再做最後決定。

11月9日 Low 的調查委員會開會，並作成下面二項建議：

（1）杜威的招生廣告，曾得到 Barnard 校長的同意，並非沒有授權，故建議將其免職案擱置，亦不停職，使其繼續行使館長職權。

（2）建議 School of Library Economy 暫時由代理校長接管，至本學期結束時為止，到時再攷慮其存廢。

12月3日，當董事會開會討論上面兩項建議時，已知杜威將轉往 Albany，擔任紐約州圖書館館長兼紐約州大學董事會秘書，故未多加討論，即很快通過此兩案，使杜威得以自動提出辭呈，尊嚴地離開哥大。

12月19日，杜威接受紐約州政府的任命，並於20日向哥大正式辭職（董事會係1889年1月7日批准），結束他在哥大五年半的圖書館與圖書館教育的生涯。

他離開哥大的原因，可以歸納為以下幾項：

（1）很多校董、教員及校友不喜歡他將女性引進校園。
（2）他自以爲是的處事態度，引起很多校董及教員不滿。
（3）有些人不喜歡他的爲人及做館長的風格。
（4）未經董事會同意，擅自刊登招生廣告。
（5）擅自將圖書館經費移作 School 費用。
（6）用簡體字分發有關哥大的資訊，引起別人反感。

平情而論，杜威對哥大的貢獻是很多的，舉其犖犖大者言：
（1）爲哥大圖書館建立了一套專業規則，爲後來的圖書館樹立了典範。
（2）館藏自 50,000 冊增至 100,000 冊，而且均已編目分類。
（3）期刊自 200 種增至 500 種。
（4）開放時間大爲增加。
（5）圖書流通量大爲增加，第一年即增加了 5 倍（500%）
（6）創立紐約地區各圖書館的合作組織，開館際合作的先河。
（7）創辦舉世第一個圖書館學校。

其後擔任哥大校長的 Nicholas Murray Butler 認爲，哥大圖書館現代化的基礎實是杜威建立的，可謂持平之論。

1889 年

1 月 1 日，就任紐約州圖書館館長（New York State Librarian），及紐約州大學董事會秘書（Secretary of the Board of Regents of the University of the State of New York）。

New York State Library 成立於 1818 年，最初是一個僅對州議員提借服務的參攷性圖書館。1844 年撥歸紐約州大學董事會管轄，由七位董事監督其業務。1883 年遷入新館，至 1889 年杜威接任時，館藏資料有 127,000 冊。

The University of the State of New York 成立於 1784 年，並非一個教學機關，僅對全州學校（包括 schools and colleges）頒發認可狀，並對它們的行政具有督導權。這個機關的董事會有 19 名董事，由州議會任命，爲無給的終身職。

1854 年州議會通過法案，設立公共教學部（Department of Public Instruction，簡稱 DPI）負責督導全州中小學的行政與課程規劃事項，及專科學校的教員培訓計劃，並有權設立公共圖書館（public libraries）。該部的主任由州議會任命，任期 3 年，每年須向州議會提出年度報告。此一主任爲紐約州大學董事會的當然董事。

由於 DPI 與 BRUSNY 的職權有些重疊，故二者時常發生磨擦。

2 月 4 日，哥大董事會同意，於 4 月 1 日將 School of Library Economy 遷往紐約州政府所在地 Albany，易名爲 New York State Library School。

自 1889 年 4 月 1 日起，杜威在紐約州政府同時擔任三項職務，是即：紐約州大學董事會秘書，紐約州圖書館館長，及紐約州圖書館學院院長。

就紐約州大學董事會的秘書職務而言，他就任後立即展開工作，特別着力於大學推廣教育及建立公共圖書館系統。他的目的是利用公共圖書館作爲推廣教育的基地，以達到他以公共圖書館實現全民終生教育的理想。在他的努力下，紐約州的教育與公共圖書館大爲發達，據 1895 年統計：全州有 100 所大學院校，學生 25,000 人；600 所高中及職業學校，學生 50,000 人；62 個公共圖書館，全部藏書 2,000,000 冊。他的成就引起別人的疑懼，特別是 DPI，因爲職權上的重疊，兩者經常發生磨擦與衝突，後來甚至到了水火不容的地步。

就紐約州圖書館館長職務而言，他就任之初，即責成 Walter Biscoe 用第二版的 DDC 將全部館藏重新分類，並將其在哥大的那套管理規則，全部移用於該館，又特別為館員設計一種制服，使讀者與館員容易識別。同時利用其為全州圖書館首長的地位，使全州公共圖書館應用其十進分類法分類，並要求各圖書館採購 Library Bureau 所設計的用品，使圖書館的用品具有統一的規格。此外，該館編印三種年報：（1）各州立法摘要及索引；（2）各州州長咨文文摘；（3）各州立法趨勢，供州議會及有關單位參攷。

就紐約州圖書館學院院長的職務而言，從哥大隨同他遷到 Albany 的教員有五：Mary Salome Cutler, Walter Biscoe, Ada Alice Jones, May Seymour, 及 Florence Woodworth。

Cutler 的名義是副院長（Vice-Director），負責日常的行政工作。Biscoe 負責編目分類的教學，同時也是州圖書館的編目分類部主任，他擔任此二項職務連續 30 年（1889—1929）。Seymour 除教學外，並負責 DDC 的更新，自第 4 版至第 10 版都是由她主持。事實上，他們五人都是州圖書館的專任人員，也都是在州圖書館支薪，教書只是他們的兼差。原來紐約州大學董事會雖同意該學院搬來 Albany，並加以認可，但不給予經費。在此情形下，杜威只好開源節流，除一切教員不支薪外，還開設暑期班，以增加收入。

在入學資格方面，最初規定為高中畢業，後來因為入學者多係大學畢業生，所以乾脆規定入學者以大學畢業生為限。

在課程方面，仍與在哥大時一樣，全部學程為兩年。主要課程包括：編目，分類，採訪，登錄，排架，裝訂修補，目錄學，政府出版品，圖書館管理等，並須寫畢業論文。由於要求頗嚴，故獲得紐約州大學董事會的授權，該圖書館學院得授予 B. L. S.（圖書館學學士），M. L. S（圖書館學碩士），及 D. L. S. 的榮譽學位（圖書館學榮譽博士學位）。

1890 年

當選 ALA 會長。

推動成立紐約州圖書館學會（New York State Library Association），並當選為首任會長。成立大會時共有 43 人參加，其中 20 人為女性。他要求該學會須做三件事：（1）編一份紐約州各圖書館的統計資料；（2）編一份包括紐約州各圖書館的目錄、報告及刊物的書目；（3）編一份紐約州各圖書館館員及董事會董事的名錄。他的目的是要為紐約州建立一個圖書館網（library network），作為各館合作的基礎，以便為全州人民提供服務。該學會是美國各州圖書館學會之始，由於成效卓著，很快為各州仿效，Iowa 及 New Jersey 兩州的學會均於一年之內成立。

1891 年

他們創立的 Library Bureau 改由 W. E. Parker 及 H. E. Davison 負責，但因他的股份仍佔多數，故仍具有相當控制權。

同年，因健康關係辭去 ALA 會長。

1892 年

再度當選 ALA 會長。

是年春天，芝加哥大學校長 William R. Harper，有意請杜威去任圖書館館長及辦大學推廣教育，並成立一個圖書館學院任他為院長，年薪 7,000 美元。但攷慮結果，並未接受，原因有三：（1）他在 Albany 已建立相當基礎，受到長官的重視；（2）紐約州大學董事會的董事長已私下向他承諾，他的年薪將加至 8,000 美元（包括州圖書館館長的年薪 2,500 元，董事會秘書的薪水 3,500 元，及負責推廣教育的報酬 2,000 元）；（3）他和他的夫人 Annie 正準備在離 Albany 不遠的 Lake Placid 買一個渡假別墅，以完成他們多年的願望。

同年10月1日，他獲得州議會立法授權，動用25,000美元，設立新的公共圖書館。他利用這筆錢，以配合款的方式，建立了許多新的公共圖書館，其方式如下：任何社區能自籌100元建立新圖書館，即可獲補助費200元（第一年），其後每年100元，並全額補助經過審核批准的購書費。據1893年統計，在紐約州337個經過立案的公共圖書館中，有一半係接受該項補助而成立的，補助的經費達21,000美元，其功效之大可想而知。

1893年

在Lake Placid買了一幢大宅，他們把它叫做Bonnieblink。該宅高三層，共有15個房間，一個大火爐，5個洗手間，還有傭人房，最適宜做私家俱樂部。

同年，在附近購買70英畝的未開發地，並組織一家開發公司，計劃在附近建立公園、網球場、高爾夫球場等，作為親朋好友的渡假勝地。

1894年

DDC第五版問世。

DDC簡版（Abridged Edition of Dewey Decimal Classification）開始發行。

1895年

授權國際目錄學社（International Institute of Bibliography），以DDC為基礎改編為UDC（Universal Decimal Classification）。

同年夏，Lake Placid Club正式成立，杜威自任理事長，康乃爾大學教授Jeremial W. Jenks為副理事長，H. Wade Hicks為秘書。其會員多為美國中上社會的人士，包括新英格蘭地區各大學的教授和他們的親友。他們相約禁烟、禁酒、禁賭，使彼此能過一種具有高品味的休閒生活。杜威建立此一俱樂部的另一目的是要『建立一個社區，使富有的猶太人羨慕，但不能參加』（To build a community wealthy Jews would covet but could not join.）。因此該俱樂部的規章雖無明文規定，但私底下排斥猶太人為會員，種下日後被猶太人攻擊下臺的因子。

1896年

出席國會圖書館聯合委員會（Joint Committee on the Library of the Congress）作證，主張將國會圖書館（Library of Congress）改為國家圖書館（National Library）。

5月，與George Meleney共同創辦Public Libraries，並將他所主編的Library Notes與之合併。

同年底，新當選的麥金萊總統（President William McKinley）欲提名他為國會圖書館館長，但杜威此時不欲離開Albany，故加以婉拒。

同年，當選美國教育學會（National Education Association）圖書館部的主席。

1897年

奉派代表美國參加在倫敦舉行的國際圖書館會議（International Library Conference）。

會中，英國牛津大學波德理圖書館（Bodleian Library）館長尼可生（Edward Williams Byron Nicholson）對杜威大加讚揚，認為杜威『使圖書館事業被承認為一個專業所作的貢獻，比其他圖書館員所作貢獻的總和為多（having done more than all the other librarians combined in making librarianship a recognized profession）』。

同年2月8日，美國教育學會（NEA）通過一項決議，建議使用12個簡體字，例如將programme簡化為program，將catalogue簡化為catalog，將through簡化為thru等，使杜威向所提倡的拼字改革運動（Spelling Reform Movement）獲得初步成果。

1898 年

紐約州長羅斯福（Theodore Roosevelt）在其就職演說中稱讚杜威對紐約州的貢獻，譽之為『杜威的十年』（The Dewey Decade）。

美國的標準字典（*Standard Dictionary*）及世紀字典（*Century Dictionary*）開始列入一些拼法簡化字。韋氏字典（*Webster's Dictionary*）則加一附錄，列舉簡化拼法字與原字對照表，使杜威的英文拼法簡化運動向前推進了一步。

1899 年

1 月 31 日，致函麥金萊總統，推薦浦特南（Herbert Putnam）為國會圖書館館長。（按浦特南係於 4 月 5 日就任國會圖書館館長，至 1939 年 10 月 1 日退休，在任 40 年，為任期最長、成就最多、貢獻最大的國會圖書館館長。）

12 月 22 日，紐約州大學董事會通過一項決議，設立一位專任的總監（chancellor）。由於杜威的秘書職務須受這位總監指揮，使他無法接受，乃立即辭職，其辭呈當日即被董事會接受。

在杜威擔任該董事會秘書的 10 年期間（1889—1899），紐約州的教育成就非凡。據統計：在州政府立案學校的學生增加 180%，教員增加 223%；公立高中的數目增加 250%；在專業教育方面，醫學增加 80%，藥學增加 59%，牙科增加 136%，法律增加 233%（佔全國法律專業教育的 22%）。卡奈基促進教學基金會（Carnegie Foundation for the Advancement of Teaching）稱讚杜威擔任秘書期間的紐約州大學董事會，是對美國的教育與專業訓練最有效的機構。

1900 年

杜威將位於 Lake Placid 的有關組織及產權，整合為 Lake Placid Company（但 Lake Placid Club 仍然存在），並發行股票，分配相關組織及個人，但不分股利，所有盈餘均用於改善當地設施之用。

在是年的巴黎博覽會（Paris Exposition），Dewey 榮獲三項大獎：個人成就獎、圖書館展覽獎及家庭教育展覽獎。

1901 年

美國許多大公司及重要學會均租用 Lake Placid Club 的場地開年會，使該俱樂部的聲名大震，杜威亦深受鼓舞。

1902 年

Andrew Carnegie 向杜威承諾，每年捐助他 10,000 美元，為期 10 年，作為他從事英文拼法簡化的活動。

1903 年

2 月 21 日，杜威召集美國四大字典出版社（G. C Merriam、Funk and Wagnalls、the Century Company 及 Macmillan）的代表，耶魯、哥倫比亞等大學教授，以及現代語言學會（Modern Language Association）會長等，在紐約集會，討論 Carnegie 的捐款相關問題。

1904 年

由紐約州圖書館與國會圖書館聯合編輯的 *A. L. A. Catalog：8000 volumes for a Popular Library. With Notes* 正式印行，這是專為美國公共圖書館選輯的一套標準書目，不僅可為大型公共圖書館檢核其館藏的指標，更是小型公共圖書館建立基本館藏的標準，受到圖書館界的極高評價。

同年 5 月，在聖路易（St. Louis）舉行的路易斯安那購買博覽會（Louisiana Purchase

Exposition），頒授杜威金質獎章，表揚他對紐約州的貢獻。（按路易斯安那地區之購買，係美國歷史上的一件大事。此一地區原係法國殖民地，於 1803 年 4 月 30 日，由當時的美國總統 Thomas Jefferson，以 15,000,000 美金向法國購得。這一地區位於美國的中部，包括今日的阿肯色、科羅拉多、愛阿華、堪薩斯、路易斯安那、明尼穌達、米蘇里、蒙他拿、內布拉斯加、北達科他、南達科他、奧克拉荷馬、懷俄明等十餘州，這一地區的購得，使當時美國的面積增加將近一倍。美國人為紀念此一事件，常在那個地區舉行博覽會，並在會中頒獎，表揚對美國最有貢獻的人。故杜威獲得此項獎章，堪稱無上光榮。）

12 月 20 日，11 位紐約州著名的猶太人向紐約州政府陳情，控訴杜威不准猶太人成為 Lake Placid Club 的會員，為對猶太人的種族歧視，而要求州長免除其在州政府的一切職務。

杜威的好友，國會圖書館館長 Herbert Putnam，哥大圖書館館長 James H. Canfield，*Public Libraries* 主編 Mary Eileen Ahern 等曾為他辯護並從中斡旋，但無效果。

1905 年

猶太人的抗議持續進行，並演變為一政治事件，加以猶太人控制的『紐約太陽報』（*The Sun of the New York City*）推波助瀾，使情勢一發不可收拾。而杜威的宿敵，現為其頂頭上司的紐約州教育總監（Commissioner of Education）Andrew Sloan Drapper 亦乘機挾怨報復，處處與他為難，更使杜威腹背受敵，而萌生辭意。

9 月 21 日，正式向州政府提出辭呈，同時辭去紐約州圖書館館長（New York State Librarian）及家庭教育處（Home Education Department）處長兩項職務。

12 月 14 日，辭去紐約州圖書館學院院長職務，當日生效。在此以前，杜威曾請哥倫比亞大學圖書館館長 James H. Canfield 轉告哥大校長 Nicholas Murray Butler，是否願將該 Library School 遷回哥大，但 Butler 沒有同意。他也曾與芝加哥大學（Universiry of Chicago）、康乃爾大學（Cornell University）、雪城大學（Syracuse University）、喬治華盛頓大學（George Washington University）、威斯康辛大學（University of Wisconsin）及柏克萊加州大學（University of California at Berkeley）等校校長接觸，徵詢他們接辦這個圖書館學院的意願，但均無具體結果。與此同時，在校學生與畢業校友風聞這些消息後，群起反對，加以紐約州的教育總監 Drapper 要保留該學院在 Albany，遷校之事乃告罷論。

12 月 14 日，在接受杜威辭去圖書館學院院長職的同一次會議中，通過聘請該院畢業生（也就是杜威的學生）Edwin H. Anderson，接任杜威所遺留的紐約州圖書館館長（New York State Librarian）一職。

自 1891 年 1 月 1 日開始到紐約州政府任職至 1905 年底辭去各項職務，杜威在 Albany 任職滿 17 年，時年 55 歲。自 1876 年他積極參與組織 ALA 時起，至 1905 年止，整整 30 年，這是杜威畢生最忙碌的階段，也是他對圖書事業貢獻最多的時期。

1906 年

5 月，移居 Lake Placid，專心經營他的 Lake Placid Company。

自本年開始，即未再積極參與 ALA 及有關圖書館的事務，但仍從事一些他多年來所提倡的改革運動，包括簡化英文拼法（English Spelling Reform），將英制度量衡改為米突制（Metric System），及日曆改革（Calendar Reform）等。

1909 年

杜威向 Lake Placid Company 董事會提出報告，該公司在 1895 年成立時，僅有一幢房屋，五英畝土地，年收入 5,000 美元；至 1909 年，已擁有房屋 225 幢，土地 6,000 英畝，年收入 500,000 美元，員工 500 人。

1914 年

杜威在其自撰的 Lake Placid Club 的手冊（Handbook）中，重申不允許猶太人、黑人及富有的古巴人成爲該俱樂部的會員，並明確表明，由於該俱樂部的南方會員甚多，黑人只能接受爲該俱樂部的傭僕。

1916 年

在此以前，俱樂部的內部雜務均由杜威的夫人 Annie 總管。自本年 11 月 1 日起，由於 Annie 的健康日壞，視力日差，乃將這些事務移交其親信 Emily McKay Beal 接管。

1921 年

12 月 10 日，杜威七十大壽，在朋友爲他舉行的祝壽晚會上宣布，將有一項重大計劃要開始。

1922 年

1 月 26 日，杜威獲得紐約州政府的臨時許可證，成立 Lake Placid Club Educational Foundation（以下簡稱 LPC 教育基金會）。12 位董事中，包括杜威，杜威的夫人 Annie，他們的兒子 Godfrey，LPC 的內務總管 Emily M. Beal，及 LPC 的重要成員 8 人。

該基金會的主要基金來源包括：杜威在 LPC 的股票 420,000 美元，杜威和 Annie 的不動產 300,000 美元，Katharine Sharp 遺贈不動產 20,000 美元，May Seymour 遺贈不動產 40,000 美元。

這個基金成立的主要目的，是希望將來能完成他們的未竟志業。

8 月 25 日，愛妻 Annie Godfrey Dewey 在 Lake Placid 病逝，她生於 1850 年，享壽 72 歲。

1924 年

在 Lake Placid 建立一座教堂，名爲 Lake Placid Club Chapel，紀念亡妻 Annie。

5 月 28 日，Annie 死後一年九個月，在 LPC Chapel 與其助理 Emily McKay Beal 結婚，時年 74 歲。Beal 也是再婚，她於 1916 年前夫去世後來到 LPC 工作，受到杜威夫婦的賞識與重用。

1925 年

得流行性感冒，長達 40 餘天，遵醫囑去南部休養，是年在喬治亞州的 Thomasville 過冬。

1926 年

10 月 6 日，親赴新澤西州的大西洋城（Atlantic City），參加 ALA 的 50 週年年會，並以『Our Next Half Century』爲題，向大會發表主題演說。

同年，DDC 第 12 版問世，杜威親撰導論（Introduction），因其具有歷史價值，故其後各版（第 15 版除外），均列入其中。

同年，紐約州圖書館學院（New York State Library School）與紐約公共圖書館學院（New York Public Library School）合併，成爲哥倫比亞大學的圖書館服務學院（School of Library Service），杜威應邀前往參加由哥大校長 Nicholas Murray Butler 親自主持的合併典禮。

自 1889 年 Shcool of Library Economy 搬離該校，歷經 38 年的歲月，終於又回到了娘家，杜威觸景生情，感慨良多。值得欣慰的是，自創辦以來的 40 年中，其畢業生人才輩出，至 1926 年爲止，已有 10 多人擔任大學圖書館館長，6 人擔任美國各圖書館學院院長

（當時美國共有 14 個圖書館學院），在全美超過 100,000 冊圖書的公共圖書館中，有 40% 的館長係由其畢業生擔任。

1927 年

5月6日，在佛羅里達州的 Sebring 附近，成立 Lake Placid Club in Florida，亦稱 Lake Placid South。他和 Emily 要成立這個分部的主要目的有二：

（1）南部氣候溫暖，適於老年人生活；

（2）Emily 要脫離 Annie 在北部 LPC 的陰影。

同年，杜威同意 DDC 的編輯工作今後移交國會圖書館負責。

1930 年

8月2日，紐約州長佛蘭克林·羅斯福（Franklin D. Roosevelt）訪問 Lake Placid Club，選定該地為 1932 年冬季奧林匹克運動會的會場，引起美國猶太人的反對，認為羅斯福不應利用公費，到一個具有強烈種族歧視的地方去辦此類國際活動。杜威對此立即提出反擊，並利用此一機會，為 LPC 大大做了一番免費宣傳。

1931 年

12月10日，杜威八十大壽，慶祝活動相當熱鬧，除佛羅里達州圖書館學會特別組團到 LPC South 去為他祝壽外，還收到美國 40 個州及許多外國的崇拜者寄給他的 300 封賀函及 100 多件賀電，他的學生們更聯名送他一本裝訂好的禮物，包括 100 封祝他生日快樂的賀禮。

12月26日，即聖誕節的次日，早餐後到書房與他的夫人 Emily 討論有關發展南部俱樂部的事務，忽然語言不清，旋即不省人事。經立即召醫生看視，診斷為腦溢血，施救無效，於上午 10 時 15 分溘然長逝，享壽 80 歲。遺體火化後，運回紐約，與他的前妻 Annie 合葬於 Lake Placid 的教堂中。

三、有關杜威的主要參考書目

杜威是個多產作家，而他人對他研究與批評的著作也很多，所以有關杜威的資料非常豐富。據 1932 年（杜威死後一年）Margaret Zenk 與 Roby Bair 所編的『A Bibliography of Melvil Dewey』（詳見 Carnegie Library School, Pittsbsurgh, Pa., Bibliography Ⅲ）統計，杜威生前發表的著作共 411 件，分為：

    Books by Dewey 17 種

    Books edited by Dewey 6 種

    Articles by Dewey 388 篇

在其 17 種專著及 6 種編輯的出版品中，大部分是他的十進分類法或與十進分類法有關者，有些還是他演講稿的單行本，真正稱得上是專書的，不過十種左右。

就其所發表的 388 篇論文而言，絕大多數都刊登於三種刊物，是即 *Library Jouranl*、*Library Notes*，及 *Public Libraries*。這三種刊物都是他自己或與人合辦的，其中 *Library Journal* 是他與 Frederic Leypoldt 及 Richard R. Bowker 共同創辦的，杜威是首任主編，其第一期於 1876 年出版，這是最早的圖書館專業刊物，是年 ALA 成立時曾通過以此為會刊（Official Publication of the ALA），此一刊物最初名為 *American Library Journal*，因 1877 年就成立的英國圖書館學會（The Library Association）亦通過以其為會刊，為符合實際情形，乃將 American 一字去掉，而成為 *Library Journal*，此一名稱一直維持至今。*Library Notes* 是杜威在哥大時所創辦，主要目的是供哥大圖書館館員及 School of Library Economy 師生發表意見及經驗的園地，其第一期於 1886 年發行。*Public Libraries* 是 1896 年由杜威與 George Meleney 聯合創辦，並將 *Library Notes* 與之合併，而由 Meleney 擔任首任主編。

再就這些文章的內容而言，大部分都很短，僅有一、二頁，超過三頁的為數不多，而且每篇都是針對圖書館的一個實際問題。有論者謂杜威特別重視圖書館實務，不太講究圖書館理論，不是沒有原因的。我在下面的參攷書目中，只選入與圖書館學及圖書館事業最具參攷價值的專書 7 種，論文 68 篇，不及杜威全部著作的五分之一。

以言他人對杜威研究與批評的著作，在杜威生前已有近百種，自 1932 年到現在（1998）又有數十種，總數不下 150 種，我在這裏只選列了專書 18 種，論文 49 篇，不及總數的二分之一，都是以我自認為具有參攷價值者，作為取捨的標準。

下面的書目分為杜威的著作及有關杜威的著作兩部分，每一部分又分為圖書與論文兩類，圖書在前，論文在後。

A Selected Bibliography by and About Melvil Dewey

I. Books and Articles by Melvil Dewey

1. Books

Abridged Decimal Classification and Relative Index for Libraries, etc. Boston: Library Bureau, 1894. 1st ed. (1894); 13th ed. (1997)

American Library Association Catalog. Washington: GPO, 1904.

Classification and Subject Indexes for Cataloging and Arranging the Books and Pamphlets of a Library. Amherst, Mass.: Amherst College, 1876. 1st ed.

Decimal Classification and Relative Index for Aggranging, Cataloging and Indexing Public and Private Libraries, and for Pamphlets, Clippings, Notes, Scraps, etc. 2nd ed. rev. and greatly enl. Boston: Libary Bureau, 1885. Editions were aslo published by the Library Bureau in Boston, including:
3rd (1888); 4th (1891); 5th (1894); 6th (1899).
Editions were published by Forest Press in Lake Placid Club, New York, including:
7th (1911); 8th (1913); 9th (1915); 10th (1919); 11th (1922); 12th (1927); 13th (1932); 14th (1942); 15th (1951); 16th (1958); 17th (1965); 18th (1971); 19th (1979); 20th (1989).
In 1988 the Forest Press became a Divison of OCLC, and the 21st edition was published in 1997 by the Forest Press of OCLC.
Since the 15th edition (1952), the word "Dewey" was added to the title which became Dewey Decimal Classification and Relative Index ever since.

Library School Rules. Boston: Library Bureau, 1890.

Rules for Author and Classed Catalog as Used in Columbia College. Boston: Library Bureau, 1888.

Simplified Library School Rules. Boston: Library Bureau, 1898.

2. Articles by Melvil Dewey

"Apprenticeship of Librarians." Library Journal 4 (1879), pp. 147–148.

"Better Book—Making for Libraries." Library Jounal 18 (1893), p. 142.

"Book Marking." Library Notes 3 (1893), pp. 426–429.

"Book Numbers." Libarary Journal 10 (1885), pp. 296–300.

"Book Selection." American Library Journal 1 (1876), pp. 391–393.

"Book Plates." Library Notes 1 (1891), pp. 23–25.

"Book Sizes." Library Journal 5 (1890), p. 178.

"Booksellers and Librarians." Library Journal 26 (1901), pp. 137–139.

"Capacity and Book Stacks." Public Libraries 7 (1902), pp. 28–29.

"Close Classification versus Bibliography." Library Journal 11 (1886), pp. 352–353.

"Consulting Librarianship." Library Jouranl 5 (1880), pp. 16–17.

"Cooperation between Teachers and Librarians." Library Journal 26 (1901), p. 121.

"Cooperative Cataloging." American Library Journal 1 (1876), pp. 170–175.

"Duplicate Clearing House." Public Libraries 3 (1899), pp. 255–256.

"Field and Future of Traveling Libraries." University of State of New York Department of Home Education Bulletin, No. 40, 1901.

"Free Library versus Fees." Public Libraries 5 (1900), pp. 430–431.

"Future of the Public Librarian." Public Libraries 8 (1903), pp. 327–328.

"The Ideal Librarian." Library Journal 24 (1899), p. 14.

"Ideal State Library." Libray Jouranl 30 (1905), pp. 248–249.

"Inter-Library Loans." Library Notes 3 (1888), pp. 405–407.

"Librarian as Educator." Library Journal 11 (1886), p. 165.

"Libraies as Educational Forces." Public Libraries 1 (1896), pp. 268–269.

"Libraries in the 20th Century." Library Journal 25 (1901), pp. 121–123.

"Libraries: the True Universities for Scholars and the People." Library Notes 1 (1886), pp. 49–50.

"Library Hours." Library Journal 4 (1879), p. 449.

"Library Abbreviations for Forenames, Headings, Imprints and Notes, Book Titles, Place of Publications, Titles, States, etc., Months, Dates, and Size Notation." Library Notes 1 (1886), pp. 206–211.

"Librarty as an Educator." Library Notes 1 (1886), pp. 43–44.

"Library Conditions in America in 1904." Public Libraries 9 (1904), pp. 363–365.

"Library Cooperation" Library Journal 11 (1886), pp. 5–6, 106–107.

"Library Cooperation and the Index to Periodicals." Library Notes 1 (1886), pp. 195–197.

"Library Equipment." Public Libraries 6 (1901), p. 161.

"Library Institues." Public Libraries 9 (1904), p. 438.

"Library Mender." Public Libraries 9 (1901), pp. 223–224.

"Library Postcards." Library Journal 23 (1898), p. 24.

"Library Schools and Training Classes." Library Journal 23 (1898), pp. 59–60.

"Library Schools of Doubtful Value." Public Libraries 7 (1902), pp. 119–120.

"Model Accession Catalog." American Library Jouranl 1 (1876), pp. 315–320.

"New Classification." Public Libraries 10 (1905). p. 466.

"New Library Development of the National Educational Association." Library Libraries 1 (1896), p. 183.

"New Library Headquarters." Library Journal 13 (1898), p. 236.

"New Profession." Public Libraries 8 (1903), pp. 322 – 323.

"Notation System." Library Notes 8 (1893), pp. 421 – 422.

"Numbering." Library Journal 3 (1878), pp. 339 – 340.

"On Assistants." Public Libraries 4 (1899), p. 290.

"On Fines." Library Journal 3 (1878), pp. 359 – 365.

"On Librarians' Influence." Public Libraries 2 (1897), p. 267.

"Origin of the Motto of the A. L. A. 'The Best Reading for the Largest Number at the Least Cost'." Public Libraries 11 (1906), p. 55.

"Our Next Half Century." Library Journal 51 (1926), pp. 887 – 889; ALA Bulletin 20 (1926), pp. 309 – 312.

"Outline of Library Development." Library Journal 57 (1932), p. 42.

"Past, Present, and Future of the ALA." Library Journal 5 (1880), p. 274.

"The Place of Library in Education." Report of the National Educational Association, 1901, pp. 658 – 664.

"Principles Underlying Charging System." Library Journal 3 (1878), pp. 217 – 220.

"Principles Underlying Numbering Systmes." Library Joural 4 (1879). pp. 5, 79.

"The Profession." Library Journal 1 (1876), pp. 5 – 6.

"Qualifications of a Librarian." Library World 2 (1899), pp. 96 – 98.

"Relation of Shcool Libraries to Public Library System." Public Libraries 10 (1905), pp. 29 – 30.

"Salary of Librarians." Public Libraries 8 (1903), p. 323.

"Shool of Library Economy at Columbia College." Library Journal 9 (1884), p. 117.

"Selecting a Library System." Library Notes 1 (1886). pp. 121 – 122.

"Size versus Decoration." Public Libraries 7 (1902), p. 121.

"Standard Size for Printed Books." Library Notes 2 (1887), p. 243.

"Training for Library Organizers." Library Journal 28 (1902), pp. 31 – 32.

"Traveling Libraries as a First Step in Library Development." Library Journal 30 (1905), pp. 158 – 159.

"The Traveling Library School." Public Libraries 9 (1904), pp. 433 – 434.

"Use of Color in Libraries." Library Journal 3 (1879), p. 65.

"What a Library Should Be and What It Can Do." Library Journal 24 (1899), p. 119.

"What the ALA Was Intended to Be and to Do." Wisconsin Library Bulletin 13 (1917), pp. 41 – 49.

"Why a Library Does or Does Not. Succeed." Library Notes 1 (1886), pp. 45 – 47.

Ⅱ. Books and Articles About Melvil Dewey

1. Books

Dawe, Grosvenor, comp. Melvil Dewey: Seer-Inspirer Doer, 1851 – 1931. New York: Lake Placud Club, 1932.

Dewey, Godfrey. Sixty Years of the Lake Placid Club. New York: Lake Placid Club, 1955.

The First Quarter Century for the New York State Library School, 1887-1912. Albany, N. Y.: New York State Library School, 1912.

Green, Samuel Sweth. The Public Library Movement in the United States, 1853-1893. Boston: Boston Book Co., 1913.

Holley, Edward G. Raking the Historic Goals: The A. L. A. Scrapbook of 1876. Urbana, ILL.: Beta Phi Mu, 1967.

Kwei. J. C. B., ed. Dewey's Decimal Classification and Relative Index for Chinese Libraries. Chi-nan, China: Augustine Library, Shantung Christian University, 1925.

Lake Placid Club Education Foundation: The Work of the Foundation in Relation to the Club and the Company. Lake Placid, N. Y.: Lake Placid Club, 1957.

New York State University. Official Minutes of the Regents of the University During the Secrelaryship of Melvil Dewey. Albany, N. Y.: The University, 1900.

Rider, Fremont. Melvil Dewey. Chicago: ALA, 1944.

Roseberry, Cecil R. A History of the New York State Library. Albany, N. Y.: New York State Library, 1970.

School of Library Economy of Columbia College, 1887-1889, Documents for a History. New York: Columbia University School of Library Service, 1937.

Stevenson, Gordon and Judith Kramer-Greene, eds. Melvil Dewey The Man and the Classification. Albany, N. Y.: Forest Press, 1983.

Tai, Tse Chien. Profession Education for Librarianship. New York: H. W. Wilson Co., 1925.

Trautman, Ray. A History of the School of Library Service. Columbia University. New York: Columbia University Press, 1954.

Utley, George B. Fifty Years of the America Library Association. Chicageo: ALA, 1926.

Vann, Sarah K. Melvil Dewey: His Enduring Presence in Librarianship Littleton, Colo.: Libraries Unlimited, 1977.

——Training for Librarianship Before 1923; Education for Librarianship Prior to the Publication of the Williamson's Report on Training for Library Service. Chicago: ALA, 1961.

Wiegand, Wayne A. Irrepressible Reformer: A Biography of Melvil Dewey. Chicago: ALA, 1996.

2. Articles

Ahern. M. E. "Charges Against Mr. Dewey." Public Libraries 10 (1905), p. 127.

—— "The Founders of Librarianship." Public Libraries 13 (1908), p. 251.

—— "The Resignation of Mr. Dewey." Public Libraries 10 (1905), p. 471.

—— "Responsibility for Sketch of Mr. Dewey." Public Libraries 30 (1925), p. 236.

Beck, Clare. "A Private Grievance Against Dewey: Achival Letters Shed Light on Dewey's Shady Reputation with Women Colleagues." American Libraries 27 (Jan. 1996), pp. 62-64.

"Biographical Sketch (of Melvil. Dewey)." The Library 12 (1901), pp. 337-340.

Biscoe. Walter S. "As It Was in the Beginning." Public Libraries 30 (1925), p. 72.

—— "Melvil Dewey, 1851-1931." New York Libraries 13 (Feb. 1932), pp. 38-40.

Bostwick, Arthur E. "The Meaning of the Library School." Library Journal 51 (1926), p. 185.

Bowker, Richard R. "Melvil Dewey and American Library Association." ALA Bulletin 10 (1916), pp. 380–382.

—— "Melvil Dewey: Founder and Pioneer." ALA Bulletin 26 (1932), p. 93.

—— "Seed Time and Harvest: The Story of the ALA." Library Jouranl 51 (1926), p. 881.

Brown, James Duff. "Melvil Dewey." Library World 14 (1911), pp. 161–162.

Campbell, Nancy. Dewey 101: Melvil Dewey, The Dewey Decimal Classification, and Forest Press. OCLC Newsletter 207 (Jan./Feb. 1994), pp. 12–13.

—— "Dewey Classification is Used Worldwide." OCLC Newletter 207 (Jan./Feb. 1994), p. 16.

—— "Reserach Libraries Use and Help Build the DDC." OCLC Newsletter 207 (Jan./Feb. 1994), p. 18.

Childs, Ann Waybright. "My Dear Aunties…: Recollections of Mr. Dewey's School." American Libraries 27 (Jan. 1996), pp. 66–68.

Comarom, John p. "Dewey, Melvil (1851–1931)," In Word Encyclopedia of Library and Information Services (Chicago: ALA, 1995), pp. 250–253.

Datz. Harry R. "A Pioneer: The Libary Bureau." Library Journal 51 (1926), p. 669.

Dewey and the Albany School. Library Journal 53 (1928), p. 665.

Deway, Godfrey. "Dewey, 1851–1931." Library Journal 76 (Dec. 1, 1951), pp. 1964–1965.

Datz, Harry R. "A Pioneer: The Library Bureau." Library Journal 51 (1926), p. 699.

"Dewey and the Albany Library School". Library Journal 53 (1928), p. 665.

Dewey, Godfrey. "Dewey, 1851–1931." Library Journal 76 (Dec. 1, 1951), pp. 1964–1965.

"Dewey Resigns Librarianship at State Library." New York Library World 8 (1905), p. 160.

"Dewey, Survivor of 1876 Conference." Library Journal 47 (1922), p. 719.

Fellows, D. "Melvil Dewey." Wilson Bulletin 6 (1932), pp. 482–484.

Foster, William E. "Five Men of 1876." ALA Bulletin 20 (Sept. 1926), pp. 312–313.

—— "Melvil Dewey (Biography)." ALA Bulletin 26 (Sept. 1926). pp. 318–320.

"Founders of the Library School: Recognition of Mr. Dewey's Work." Public Libraries 18 (1912). p. 236.

Gambee, Budd k. "The Great Junket: American Participation in the Conference of Librarians. London, 1877." Journal of Library History 2 (Jan. 1967). pp. 9–44.

Gunther. Emma H. "Annie Godfrey Dewey, Feb. 11, 1850–Aug. 25, 1922." Journal of Home Economics 15 (July 1923), pp. 357–367.

Hill. F. P. "Melvil Dewey: A Personal View." ALA Bulletin 26 (1932), p. 94.

Johnson, Robert. "Ode to Melvil Dewey." Library Journal 41 (1916), p. 482.

"Letters Honoring Melvil Dewey on His 80th Birthday." Library Shcool Newsletter (Dec. 1931), pp. 1–6.

Linderman, Winifred B. "Dewey, Melvil." In Encyclopedia of Library and Information Science, Vol. 7 (New York: Marcel Dekker, 1972), pp. 142–160.

────── "A History of the Columbia University Libraries, 1876–1926." Unpublished Ph. D. Dissertation, Columbia University, 1959.

"Melvil Dewey: Symposium." Library Journal 57 (1932). pp. 145–158.

Murphy. Bob. "Electronic Dewey: A High-Tech Version of the Classic Classification System." OCLC Newsletter 207 (Jan./Feb. 1994), p. 17.

"Keeping Dewey Up-to-Date." OCLC Newsletter 207 (Jan./Feb. 1994). pp. 14–16.

"Peter J. Paulson: The Executive Director of OCLC Forest Press Discusses the DDC's Past, Present. and Future." OCLC Newsletter 207 (Jan./Feb 1994). pp. 21–24.

(Forest Press became a divison of OCLC since 1988.)

Pollard, A. W. "Melvil Dewey." Library 2 (1932). pp. 237–240.

"Resignation as Secretary of the University of State of New York." Library Journal 25 (1900), pp. 38–39.

"Resolution of the the British Library Association Sent to Melvil Dewey." Libraries 32 (1927), p. 491.

Sanborn. Henry. "Dewey Reappears at an A. L. A. Convention." ALA Bulletin 19 (1918), p. 366.

Takeuch. Sataru. "Dewey in Florida." Journal of Library History 1 (April 1966), pp. 127–132.

Tedder H. R. "Mr. Melvil Dewey's Work at Columbia College." Library Chronicle 1 (1894), pp. 186–191.

"Tributes to Melvil Dewey." Library Journal 57 (Feb. 1, 1932), pp. 145–158.

Vann, Sarah K. "Dewey, Melvil (1851–1931)." In Dictionary of American Biography (Littleton, Colo.: Libraries Unlimted, 1978), pp. 124–134.

Walker, J. E. "Some Thoughts on Dewey." Library World 17 (1914), p. 23.

Wiegand, Wayne A. "Dewey Declassified: A Revetory Look at the 'Irrepressible Reformer'." American Libaries 27 (Jan. 1996), pp. 54–60.

Wyer, James I. "New York State Library School." Library Journal 46 (1921), p. 847.

原載『「中國圖書館學會」會報』第61期（1998年12月），頁181—199

圖書館學大師杜威與哥倫比亞大學
Melvil Dewey and Columbia University

【摘要】本文介紹杜威在哥倫比亞大學的歲月，並解析其貢獻。全文分爲兩部份：第一部份討論他擔哥大館長期間的一些作爲及爲圖書館運作所立下的規範；第二部份討論他創立世界第一個圖書館學校的經過，及其所遇的困難。

【關鍵詞】杜威；圖書館；圖書館學；圖書館教育；哥倫比亞大學

Abstract: This article discusses Melvil Dewey's years at Columbia University and his contributions to library and library education, It divides into two parts: the first part deals with his directorship of Columbia University Library and his rules and requlations established for the librarianship; the second provides a brief history with regard to his creation of the world's first library school, the School of Library Economy, and the difficulties confronted by him exist at the early stage of the school.

Keywords: Dewey, Melvil; Library; Library Science; Library Education; School of Library Economy; Columbia University

一、出任圖書館館長

1883年5月至1888年12月，杜威（Melvil Dewey）在哥倫比亞大學任職，最初擔任圖書館館長，其後創辦舉世第一個圖書館學校，兩者都有劃世代的貢獻，分別說明之。1883年3月29日，哥倫比亞大學校長F. A. P. Barnard致函杜威，想請他擔任圖書館館長，年薪3,500美元。其時杜威正在波士頓經營他一手創辦的Library Bureau，爲圖書館界提供編目卡片、館藏資料登錄簿、排架紀錄簿、豎立檔案等用品，期使圖書館用品標準化，受到大家的肯定，收入亦不惡，可以說名利雙收。在此以前，美國聯邦教育總署署長John Eaton想請他去該署擔任圖書館處處長，美國聯邦人口統計局（US Census Bureau）也曾請他去擔任圖書館統計處處長，均因待遇不如理想，而加婉拒。哥大的年薪雖不高，但該校在美國甚負名望，對他具有吸引力，故決定前去面談。

4月18日，杜威去哥大圖書館委員會面談，當場提出三項要求：
(1) 增加圖書館經費。
(2) 建議在哥大成立 School of Library Economy。
(3) 年薪加至5,000美元（此爲當時哥大教授的平均年薪）。

圖書館委員會對(1)、(2)兩項表示同意，但對第(3)項則暫時保留，杜威對此雖感失望，但仍願接受此職，並請時任波士頓圖書館（Boston Athenaum）館長的Charles Ammi Cutter，芝加哥公共圖書館館長William Frederick Poole，哈佛大學圖書館館長Justin Winsor等寫推薦信。

5月7日，哥大董事會通過杜威的任命。會中有一插曲，董事Augustus Schermerharn曾發言，明白表示不喜歡杜威用"Dui"代替"Dewey"，因爲"Dui"的拼法很古怪。在

Barnard 校長的建議下，杜威也從善如流，改回本姓"Dewey"。按，杜威係於 1879 年 12 月 10 日生日時將其姓"Dewey"改爲"Dui"，以符合他大力提倡英文簡化（simplified Spelling）的要求。事實上他的名字也曾簡化過，他出生時的全名爲 Melville Louis Rossuth Dewey，1874 年大學畢業後，將其縮短爲 Melvil Dewey，此後即一直使用此一姓名。

杜威就任館長後，即實施一連串的改革，綜合言之，可以概括爲以下幾方面：

（一）在制度方面，他要求：

（1）各系藏書集中於總館。

（2）建立排架目錄（Shelfiist）。

（3）印製完整的分類表。

（4）建立字典式目錄（Dictionary Catalog）。

（5）建立主題目錄（Subject Catalog）。

（6）增加圖書館開放時間，自原來的每周 15 小時，增爲每日 14 小時，而且全年無休，包括週末及假日。

以上各項改革，均在他就任後三年內完成。

（二）在圖書採訪方面，他依圖書資料的重要性，分爲五級：

（1）有關高等教育的圖書資料，必須全部購買或徵集。

（2）所有大學本科的教學圖書，必須全部購買或請求贈送。

（3）一般知識的重要圖書，必須購買或請求贈送。

（4）純研究性的資料，利用其他圖書館的館藏或酌量購買。

（5）珍善本或小說類，以他人贈送者爲原則，不得用圖書經費購買。

（三）在人事方面，他作了下面調整：流通 2 人（女性），分類 2 人（男性），編目 4 人（女性），採訪登錄、裝訂修補、秘書各一人（均女性）。杜威任用 9 位女性館員有其原因：

（1）在 9 位女性館員中，有 6 位畢業於杜威太太 Annie Godfrey（他們於 1878 年 10 月 19 日結婚）擔任館長的 Wellesley College，她們在哥大圖書館有特殊地位，號稱『來自衛斯理的半打』（the half dozen from Wellesley）。

（2）杜威是在一個女性頗爲活躍的環境中長大，自少對女性相當尊重。

（3）他的太太是圖書館員。

（4）他認爲女性較爲溫和有耐心，適宜擔任圖書館的工作。

（5）當時美國社會的專業人員多爲男性，女孩子以能在圖書館從事專業工作爲榮。

（6）女性館員的薪水較低，當時男性館員的年薪平均約 1,000 美元，而女性館員的年薪平均只約 500 美元。

杜威的這套用人原則，其後爲很多圖書館所採用，今日世界各國的圖書館員多爲女性，可謂其來有自，而杜威是最早提倡者。

（四）在管理規則方面，他採取了下列措施：

（1）運書小車，必須用橡皮輪子，以免出聲。

（2）推車者必須穿軟底鞋，以免影響別人。

（3）讀者必須輕聲走路，小聲說話。

（4）讀者不能在館內抽烟或亂丟垃圾。

（5）讀者不得在館內戴帽，或把脚擱在桌椅上。

（五）其他重要措施，尚有：

（1）全部館藏圖書 50,000 冊，均依其十進分類法重新分類。
（2）將全部館藏資料，編製著者、書名、主題三種目錄。
（3）圖書館為每一教員設置一資料箱，以便放置他們所欲購置的書目，或他們所見圖書館必須擁有的圖書書目。
（4）指派專人為全校師生提供參攷服務。
（5）要求館員指導教員與學生利用圖書館的方法。
（6）編製最佳圖書目錄（Best Reading Catalog），提供本校及其他圖書館參攷利用。

在其五年半的任期中，杜威對哥大圖書館的具體貢獻有：館藏圖書自 50,000 冊增至 100,000 冊，而且均已編目分類；期刊自 200 種增至 500 種；開放時間自每週 15 小時，增為每天 14 小時，而且全年無休；圖書流通量大為增加，第一年即增加了五倍（500%）。最值得稱道的，是他為哥大所建的一套圖書館運作的專業規則，至今仍為各國圖書館遵循的典範。

二、創設舉世第一所圖書館學校

創辦圖書館學校，是杜威的一個宿願。早在 1876 年他在費城的 ALA 成立大會中，即曾向當時美國圖書館界的幾位重量級人物談及此事，但未受到他們的重視。1877 年在乘輪船赴英參加英國圖書館學會（The Library Association）成立大會的旅途中，他又舊事重提，仍未獲得大家的認可。1883 年他到哥大任職的條件之一，就是要在哥大設立一所圖書館學校（School of Library Economy），並得到校方的原則同意。

1884 年 5 月 5 日，哥大董事會開會，除將杜威的年薪自 3,500 美元加至 5,000 美元外，並授予他圖書館學教授（Professor of Library Economy）的頭銜。同時通過一項決議，著令杜威開始 School of Library Economy 的籌備工作，但有三項限制：

（一）圖書館學校之設立，不能增加哥大的經濟負擔。
（二）其教學工作均由館員擔任，不得另請教員。
（三）此一學校應設於圖書館中，不得使用哥大的其他教室及設備。

經過一年多的籌備，1886 年杜威開始在他所創刊的 Library Notes 上刊登招生廣告，特別鼓勵大學女生前來申請，但廣告中未註明哥大仍是男校。由於哥大並未授權杜威在刊物上刊登招生廣告，更未授權其招收女生，故此事引起許多校董的不滿，因為招收女生違反哥大的辦學宗旨，也不是董事們所願見。原來 19 世紀末葉的美國，仍相當保守，男女合校之事，絕無僅有，哥大自不例外。Barnard 校長比較開明，不反對男女合校，但受制於保守的董事會，也不敢過於明顯地支持杜威。

1887 年 1 月 5 日，在 Barnard 校長的默許下，杜威所籌設的 School of Library Economy 正式開學，在第一班的 20 名學生中，17 名為女生。董事會對校園出現女生，相當不滿，而校董 Charles Silliman 的反應更為強烈。他雖然無法阻止杜威的學校開學，但他是校舍分配委員會的主席，有權禁止其在哥大的教室上課，而這也是 1884 年 5 月 5 日董事會的決議之一。杜威無法，只好利用圖書館一間儲藏室上課，其窘境可想而知。由於其招收女生，自始未經董事會的明確認可，加以又無經費、設備及場所，因此這個舉世第一所圖書館學校，事實上只是哥大一個『違法製造的單位』（Bootleg Unit）。

這所圖書館學校最初只是一個兩年制的專修班，教育的方法是採用學徒制（Apprenticeship），課程極為簡單，只有圖書採訪、編目、分類、目錄學、圖書館經營（相當於今日的圖書館管理）等幾門基本課程，外加專題演講（Advice from Leading Librarians，即請圖書館界的知名人物，就圖書館的重要問題，來校作專題演講）。當時美國圖書館界的名人，如 Charles Cutter, R. R. Bower, A. R. Spofford, S. C. Green, Caroline Hewins, Hannah James 等，都曾來校講學，當然他們都是義務幫忙，沒有任何酬勞，不過他們到紐約講課時，都是由杜威夫婦招待在他們的家中食宿。哥大校內與杜威較好的幾位教授，如 Nicholas M. Butler（以後擔任過哥大校長），H. T Peck, C. S. Smith 等，也都自動來幫忙，擔任目錄學及文學方面的課程。學生除了在教室上課外，每天都有三小時的圖書館實習，以便學生親自去體驗圖書館的實務工作。

第一學期結束後，杜威曾向哥大董事會提出幾項建議：

（一）將 School of Library Economy 改爲 Scool of Library Science。

（二）將校長、圖書館館長，及所有擔任教學的館員及教師，均列入教員名錄中。

（三）規定該 School 的入學資格，以大學畢業生或經攷試及格者爲限。

（四）請董事會授權該 School 得授予 B. L. S.（圖書館學學士），M. L. S.（圖書館學碩士），及 D. L. S.（圖書館學博士）學位。

董事會對這些建議均不同意，而其不同意將 School of Library Economy 改爲 School of Library Science 的理由爲：『圖書館經營是一種藝術，非一門科學』（Library economy is an art—not a science）。

杜威的遭遇雖然挫折連連，但他辦學的成績却是有聲有色。1888 年第二屆招生時，申請入學者有 100 餘人，錄取 22 人，其中 16 人爲女生。由於辦學成績不錯，受到 Barnard 校長及哥大一些少壯派教員的支持與讚賞。

可惜好景不常，1888 年 5 月 7 日，Barnard 校長因健康關係宣布辭職，使杜威頓失依靠。更不幸的是，代理校長的竟是他的死敵 Henry Drisler，使他更生危機感。在其後的半年中，打擊果然接踵而至。10 月初，代理校長 Drisler 命令他今後不得再增加圖書館的費用。在 11 月 5 日召開的校董會中，校董 Edward Mitchell 甚至提議將他免職，此案雖未通過，但對杜威的打擊可想而知。

適在此時，紐約州政府有意請他去擔任紐約州圖書館館長（New York State Librarian），兼紐約州大學董事會秘書長（Secretary of the Board of Regents of the University of the State of New York）。杜威以在哥大已不可能再有所作爲，乃欣然接受紐約州政府的任命，並於 1889 年赴州政府所在地的 Albany 就任新職。

1889 年 2 月 4 日，哥大董事會通過決議，同意杜威的要求，將 School of Library Economy 遷離該校。同年 4 月 1 日，該 School 遷往 Albany，易名爲 New York State Library School，直至 1926 年再遷回哥大，並與 New York Public Library School 合併，成爲哥大的 School of Library Service。

三、結　語

杜威在哥大共有五年又六個半月，其貢獻有目共睹，但風波亦時有所聞。綜他離開哥大的原因，可歸納爲以下幾項：

（一）很多校董，教員及校友不喜歡他將女生引進哥大。

（二）未經校董會同意，擅自刊登招生廣告。

（三）他自以爲是的態度及做館長的風格，引起很多人不滿。

（四）擅自將圖書館的費用，移作他所創設的圖書館學校使用。

（五）用簡體字分發有關哥大的資訊，招致別人反感。

杜威在哥大的歲月，雖可說是毀譽參半，但瑕不掩瑜。他在哥大的老同事，其後並擔任哥大校長的 N. M. Butler 嘗謂：『哥倫比亞大學圖書館現代化的基礎，實是杜威建立起來的』，可見公道自在人心。

參攷書目

Biscoe, Walter S. "Melvil Dewey, 1851 – 1931." *New York Libraries* 13（Feb. 1930）, pp. 38 – 40.

Brown, James Duff. "Melvil Dewey." *Library World* 14（1911）, pp. 161 – 162.

Dawe, Grosvenor, Comp. *Melvil Dewey：Seer-Inspirer-Doer*, 1851 – 1931.（New York：Lake Placid Club, 1932）.

Dewey, Godfrey. "Dewey, 1851 – 1931." *Library Journal* 76（Dec. 1, 1951）, pp. 1964 – 1965.

"Dewey and the Albany Library School." *Library Journal* 53（1928）, p. 665.

Qewey, Melvil. "Apprenticeship of Librarians." *Library Journal* 4（1879）, pp. 147 – 148.

"Our Next Half Century." *ALA Bulletin* 20（1926）, pp. 309 – 312.

"School of Library Economy at Columbia College." *Library Journal* 9（1884）, p. 117.

Fellows, D. "Melvil Dewey." *Wilson Library Bulletin* 6（1932）, pp. 482 – 484. Rider, Fremont. *Melvil Dewey*.（Chicago：ALA, 1944）.

Tedder, H. R. "Mr. Melvil Dewey's Work at Columbia College." *Library Chronicle* 1（1894）, pp. 186 – 191.

Trautman, Ray. *A History of the School of Library Service*.（New York：Columbia University Press, 1954）.

Wiegand, Wayne A. *Irrepressible Reformer：A Biography of Melvil Dewey*.（Chicago：ALA, 1996）.

Wyer, James I. "The New York State Library School" *Library Journal* 46（1921）, p. 847.

原載『「國家圖書館」館刊』2000 年第 1 期（2000 年 6 月），頁 1—7

記『國立中央圖書館』的四位館長

臺灣大學名譽教授　胡述兆

【摘要】 文中論人也道事，記述與『國立中央圖書館』蔣復璁、王振鵠、楊崇森、曾濟群等四位館長認識、交往的經過，並憶及彼此所共同參與的圖書館界重大活動。

【關鍵詞】『國立中央圖書館』；蔣復璁；王振鵠；楊崇森；曾濟群

Keywords：National Central Library；Fu-tsung Chiang；Chen-ku Wang；Chung-sen Yang；Chi-chun Tseng

一、前　言

今年是『國立中央圖書館』成立七十週年，其《館刊》向我徵文，藉表慶祝。退休後，我已不敢再寫大塊文章，只好以記述性的文字充數。在歷來『國立中央圖書館』的九位館長中，有五位與我有或多或少的交往，包括現任的莊芳榮館長，但因對現任的不易落筆，所以這裏只寫四位。

二、蔣復璁館長

我第一次見到蔣復璁慰堂先生，是在我的老師王雲五先生的家裏，時間好像是1960年代的初期。那時王老師是『行政院』副院長，也是『國立故宮博物院管理委員會』的主任委員，慰堂先生是『國立中央圖書館』館長，大概有事去和老師商量。我因為在政治大學政治研究所的碩士、博士論文都是王老師指導（他是兼任教授），又是『國民大會』的編輯科科長（他也是『國大』代表），所以常常要到他家裏去請教。我和慰堂先生就是在這種情況下認識的。不過交談的機會不多，印象也不深刻，只知道他是『國立中央圖書館』的創辦人，是臺灣圖書館界的大老。

1980年我到臺灣大學圖書館學系擔任客座教授，承他老人家不棄，有什麼相關活動，特別是餐聚，常邀我參加。由於見面機會較多，我對他也有了較多的認識，覺得他雖非現任的『國立中央圖書館』館長，但他對臺灣圖書館界的影響力，依舊無人可及，而其對臺灣圖書館事業的關注與熱愛，也令人感動。

1983年我自美返臺，到臺灣大學長期任教，並擔任圖書館學系主任。那時慰堂先生已自臺北故宮博物院退休，但對圖書館事業之關注不減，偶爾對我們的系務及教學還有所建議。有一次在一項文教界的餐會上，我剛好坐在他的鄰座，他除對我在臺灣大學的系務有所垂詢外，並主動提出希望在我們的碩士班開一門課，題目定為『中國目錄學專題研究』。我覺得這門課由他來講授，甚為恰當，就當場原則同意。但這件事與臺灣大學文學院院長及人事室主任商量後，覺得並不是那麼容易。因為蔣慰老當時已經八十多歲，以如此高齡提聘兼任教授的，在臺灣大學尚無先例；其次，他並沒有三年內發表的學術論文，不過這項可以『中央研究院』院士證明（慰老是院士）取代，『中央研究院』院長吳大猷教授到臺灣大學物理系兼課，就是依此方式辦理的。於是我們決定，先取得慰老的院士證明再說，行政會議開會審議時（當時兼任教授尚不須經由全校聘審會通過），再由孫校長及王院長大力推薦。我將此事轉告時任故宮副院長的昌彼得教授，並請他親自去慰老家拿院士證明，不料遭到慰老的斷然拒絕，並憤怒地對昌教授說：『我蔣復璁還要拿院士證明去臺灣大學討飯吃嗎?!』原以為昌副座追隨慰老數十年，比較容易講話，不想仍難免挨罵。我除對昌副座表示萬分歉疚外，亦對此事沒能辦成，使慰老失望，感到非常遺憾。

三、王振鵠館長

我與王振鵠教授結交，始於1980年我自美回臺擔任臺灣大學客座教授之時，那時他是『國立中央圖書館』館長，為臺灣地區圖書館界的大家長。在這一年中，承他厚愛，凡圖書館界的主要活動，包括國際會議、『圖書館法』之研議、『國立中央圖書館』新館之籌建，乃至宴請海內外圖書館界的重要訪客，總不忘邀去參加。他敦厚的外表，溫和的態度，平實的作風，禮讓的胸懷，陳述問題的簡明，分析事理的能力，在在使我折服，是一位真正的謙謙君子。

1983年我重回臺灣大學，承乏圖書館學系系主任暨研究所所長，我們見面的機會更多，合作的關係也日益密切。在其後的歲月中，就我而言，我們攜手打拼的機會最多。舉其要者：在『教育部』，我們同為各大學圖書館學系及世界新專圖書資料科的評鑑委員，九個師範學院圖書館的評鑑委員，『中教司』、『社教司』、『技職司』相關委員會的委員，以及『圖書館事業委員會』的委員。在『行政院文化建設委員會』，我們自始至終都是文化中心輔導委員，曾每年赴21個文化中心訪視輔導，連續達八年之久。我們也是『語言圖書委員會』委員，及『文化機構義工評鑑委員會』委員。在『行政院』研考會，我們曾共同參與『檔案法』之研訂工作，在馬英九先生擔任研考會主委期間，我們每月開會一次，長達15個月之久，其後並共同主持該會委託的『縣市文化中心績效評估』研究計劃，費時一年完成。在考試院，我們曾連續擔任高等暨普通考試典試委員十餘年，並多次負責為圖書館高普考建立題庫。至於專業學會的活動，我們均一直被選為『中國圖書館學會』及『中華圖書資訊學教育學會』的理事、常務理事，並分別當選過理事長。

在國際圖書資訊交流方面，我們曾連袂參加在漢城舉行的『第二屆亞太圖書館會議』，會後並參觀日本東京等地的圖書館設施。又去土耳其伊士坦堡參加IFLA年會，並前往希臘、埃及、約旦、耶路撒冷、以色列等地參訪。在兩岸交流方面，除參加1990年由他領隊的臺灣圖書館界赴大陸參訪的破冰之旅外，還一道參加了在上海、北京、武漢、廣州等地舉辦的兩岸圖書資訊學合作交流研討會。退休以後，我們又相偕去大陸的絲路、三峽、桂林、黃山等地旅遊。

總之，過去二十年，我和王館長（我們圖書館界對他的尊稱）攜手合作，共同打拼，十分愉快。

四、楊崇森館長

在我認識的四位『國立中央圖書館』館長中，楊崇森先生是我認識最早的一位。

1953年，我們同時考入臺灣大學法律系，他讀法學組，我讀司法組。因為不同班，所以雖是同系同屆，彼此並不太熟，只知道他個性有點特別，但功課很好，常常名列前茅。

畢業後，我們各奔前程，彼此並無聯絡。不過在美國留學時，我們又同在紐約市深造，他在紐約大學讀法律，我在哥倫比亞大學讀政治。學成後他即回臺服務，我則暫時留在美國工作，直到1983年才回臺定居，到臺灣大學任教。最初數年，我們仍無見面的機會。直到有一次在一項著作權法研討會上，我們才有機會互道畢業後的經過，並知他回臺後曾在『教育廳』及『文建會』等處服務，時任中興大學法律研究所所長。從此我們有了聯繫，也開始有些交往。

1989年3月，『教育部』聘我為九所師範學院圖書館的評鑑委員，我們圖書館組的評鑑委員共有三人，其他兩人為『國立中央圖書館』的王振鵠館長及輔仁大學的盧荷生教授，另有臺灣師範大學的張霄亭教授及淡江大學的朱則剛教授負責評鑑師範學院的視聽資料館或圖書館中的視聽室。崇森兄那時是『教育部高教司』的司長，也是這次評鑑的主辦單位，所以每次出去評鑑都是由他領隊。這次評鑑自3月3日開始至4月17日結束，斷斷續續進行了一個多月，由於時間較久，使我對他也有較深的瞭解。

1989年7月底的一個晚上，突然在家接到他的電話，說王振鵠館長退休後，『教育部』要他接任『國立中央圖書館』館長，問我一個外行人接掌『國家最高圖書館』，外國有無先例？有哪些事應該注意？我說美國國會圖書館（Library of Congress）大多數館長均未修過圖書館學，但都有很好的貢獻，所以你接掌『國立中央圖書館』，不是問題，問題在看你如何去做。我並向他建議，外行用兵應注意將將而不是將兵，也就是說應慎選專業主管，讓他們去發揮所長，而不是跳過這些專家，自己去指揮基層的運作。他擔任這個館長，為時三年，做得如何，大家都可評斷，也就不用我多說了。

崇森兄對著作權法極有研究，在國內稱得上是權威學者，假如能持續下去，必有更高的成就。只是他的習性，從事任何工作，通常不超過三年，致使長才無法發揮，是社會的損失，也為老同學可惜。

五、曾濟群館長

曾濟群館長和我是政治大學政治系研究所碩士班和博士班的前後期同學，他是我的學弟，畢業排序，我比他早了十年。我們相熟始於1984年我出任『王雲五基金會』（包括『王雲五圖書館基金會』和『王雲五獎學金基金會』）董事以後，因為他也是這兩個基金會的董事，我們每年有幾次開會見面的機會。

1988年8月，我在臺灣大學圖書館學研究所辦博士班的一切手續均已完成，乃即辭去系主任暨所長的職務，全力去實現我回臺的第二個願望——編一套圖書館學與資訊科學百科全書。其時濟群兄是『教育部』『國立編譯館』館長，正在大力編印工具書，乃將此一編纂計劃向他提出，他欣然同意。惟因衡酌當時臺灣地區在這方面的專家學者有限，編纂一套鉅型百科全書，可能力有未逮，故決定將名稱改為『圖書館學與資訊科學大辭典』，以便早竟全功。在其後的六年中，編譯館分年編列了1,200多萬元的費用，使此一艱鉅的學術工程，於1995年大功告成。全書共有圖書館學、資訊科學、目錄學、檔案學等四方面的辭目4,482條，都400萬字，參與撰稿的海外學者專家逾500人，堪稱兩岸圖書資訊學的盛事。而其得以如期順利完成，濟群兄實居首功。

1992年，濟群兄轉任『國立中央圖書館』館長，對一個毫無圖書館經驗的學者，著實是一項重大挑戰。但他尊重專家的意見，設定目標，努力以赴，在任期間，完成多項任務。特別在圖書館自動化及建立臺灣地區資訊系統方面，成效卓著，貢獻良多。尤其值得稱道的，在他六年的任內，曾舉辦多次國際及兩岸圖書資訊研討會，受到與會專家學者的肯定與讚譽。此外，他積極參與圖書資訊界的各項活動，連續當選『中國圖書館學會』及『中華圖書資訊學教育學會』的理監事，即使轉任法鼓人文社會學院校長後，此類活動仍未間斷。他對圖書資訊事業之熱愛與支持，有目共睹，難能可貴。

我喜歡旅遊，濟群兄與我有同好。我們常利用赴大陸或國外開會之便，參訪各地名勝古蹟。在大陸，我們共遊了三峽及東北各省；在外國，我們的足迹遍及希臘、土耳其、埃及、約旦、以色列，以及北歐的丹麥、挪威、瑞典、芬蘭，還到過波羅的海三小國的立陶宛、拉脫維亞、愛沙尼亞。他忠於學術，性喜游山玩水，是我的一位良朋益友。

原載『「國家圖書館」館刊』2003 年第 1 期（2003 年 4 月），頁 1—6

我所參與的海峽兩岸學術交流

臺灣大學名譽教授　胡述兆

【摘要】記述 1985 至 2002 年期間，海峽兩岸學術交流中，我所扮演的角色及參與的活動，包括圖書館會議及合作編印基本參攷書。

【關鍵詞】胡述兆；圖書館；圖書資訊學教育；圖書館合作；圖書館會議

Keywords：James S. C. Hu；Library；Library and Information Science Education；Library Cooperation；Library Conference

一、前　　言

我所參與的海峽兩岸交流，應自雙方同時出席的國際圖書館學會與機構聯盟（International Federation of Library Associations and Institutions，簡稱 IFLA，或國際圖聯）年會說起。自從到臺大長期任教後，我出席的 IFLA 年會共有五次，除 1985 年的芝加哥年會和 1986 年的東京年會沒有安排旅遊的活動外，其餘三次都有會前或會後的旅遊行程，而且都是由我事先安排，交由旅行社照辦。例如 1991 年莫斯科（Moscow）的年會，我們參訪了蘇聯、波蘭、東德、奧國、捷克、匈牙利、荷蘭等七個國家，及蘇聯的第二大城列寧格勒（現已改爲聖彼得堡）。1995 年在土耳其伊斯坦堡（Istanbul）舉行的年會，我們會前參訪了土耳其南部及地中海邊，會後參訪了希臘的雅典及愛琴海中三小島，埃及的開羅、路克索、尼羅河，約旦的安曼及其北部的杰拉西，又跨越約旦河和死海到達耶路撒冷及耶穌降生地伯利恆，最後自東到西穿越以色列全境，而以其首都特拉維夫爲此行的終點。這次經過的都是世界古國，看到的名勝古蹟最多。我向來注意這個地區的史地，所以把到過的地方，記入我所寫的『中東旅遊歌』中，並在『「國立中央圖書館」館訊』（17 卷 4 期）中發表，作爲永久紀念：

中東旅遊歌

土國開盛會，希臘談哲學；泛舟愛琴海，夜游尼羅河；
雅典看神廟，不如路克索；參觀金字塔，專程到開羅；
緬懷鉅頭會，投宿奧伯諾；濯足死海濱，橫渡約旦河；
仰視誘惑嶺，俯瞰耶律哥；耶城伯利恆，基督勝蹟多；
穿越以色列，處處聞軍歌；結束中東遊，大家都快樂。

1997 年，IFLA 的年會在丹麥首都哥本哈根（Copenhagen）舉行，那次有 141 國的代表與會，據說是破紀錄的一次。我們特別利用這個機會，參訪了丹麥、挪威、瑞典、芬蘭，及波羅的海三小國立陶宛、拉脫維亞及愛沙尼亞。我生平最大的嗜好，就是到世界各國去參訪旅遊，迄今到過的已超過 60 國。朋友和學生都勸我寫遊記，但我自知不是寫遊記的材料，所以先在此帶上一筆。

二、國際會議，相逢異邦

話説回頭，我最早認識的大陸同道是丁志剛和吳建中兩位先生，是 1985 年 IFLA 在芝加哥舉行的年會中。那時丁先生好像是剛從北京圖書館副館長及文化部圖書館事業管理局局長的位子上退下來，我們是在市長招待酒會中認識的。在排隊取食物時，他剛好排在我的前面，突然反過頭來問我：『你大概是臺灣大學的胡所長吧？』我有點意外，就問他怎麼知道我的名字？他說是李志鍾教授告訴他的，原來昨晚李教授（時任羅莎里學院圖書館學研究所所長）在家舉行茶會，招待兩岸出席這次 IFLA 年會的代表，我因事先與 FSU 的老院長 Harold Goldstein 有約，沒有去參加，失去了一次和他們交流的好機會。他中等身材，態度謙和，給人一種穩健的印象，我們彼此問了一些對方圖書館界的現況，就匆匆而別。也是在那次酒會中，我遇見了吳建中兄，是一位年輕英俊的小伙子，我們是不期而遇，但談得頗熱烈，我問他貴庚？他說 29 歲，怪不得看起來像個大學生，那時他已經是上海圖書館的副館長，令我印象深刻。其後，他去英國唸博士，完成學位後，回任原職，現已升任館長，固爲意料中之事也。

1986 年，IFLA 年會在東京舉行，這次臺灣去了十多人，以輔仁大學圖書館學系系主任藍乾章教授爲團長，我爲副團長。大陸的代表團更爲龐大，據説有二十多人。第一天大家見到時相當熱絡，並坐在一起用餐。不料第二天在一項研討會中，臺大圖書館館長陳興夏發言時，講了一句：『我是來自中華民國的臺大圖書館館長……』馬上引起大陸中科院文獻情報中心的閻立中反駁：『世界上只有一個中國，中華民國是不存在的。』這一來一往，使兩岸在會場的代表立刻情緒緊繃，而昨天的和好氣氛也一掃而空。

就我個人而言，這次的最大收穫，是結識了北京大學圖書情報學系（現已改爲信息管理系）的系主任周文駿教授。周教授溫文儒雅，彬彬有禮，説話時輕聲細語，但思路清晰，條理分明，是一位有道之士。談話中，我知道北大也正在籌劃辦博士班，就告訴他，我也正在積極進行此事。我們相約，彼此分頭努力，爲兩岸圖書館學教育建立一個具有學士、碩士、博士班的完整體系。結果臺大的博士班於 1989 年開始招生，北大的博士班於 1990 年成立，相差不過一年，也完成了我們的一個共同願望。

第五十七屆 IFLA 年會，於 1991 年 8 月在蘇聯的莫斯科舉行，這次連眷屬，臺灣去了 30 多人，由『國立中央圖書館』館長楊崇森博士帶隊，我是挂名的副領隊。大陸的代表團更龐大，但我只見到領隊杜克先生（時任文化部圖書館司司長），武漢大學圖書情報學院院長彭斐章、系主任謝灼華，中國圖書館學會常務副秘書長丘東江，上海圖書館副館長孫秉良，和一位正在莫斯科留學的北大講師董小英。這幾位先生去年我們訪問大陸時都見過，所以顯得頗爲親切。據杜先生告訴我，IFLA 的第六十二屆年會，將於 1996 年在北京舉行，所以這次來的人特別多，主要是來見習，爲 1996 年之會早作準備。他還向我提到，將研究在這次會議中，兩岸有無合作的可能性。

開會期間，適莫斯科發生震驚世界的政變，我因研究政治，特別注意其發展，並寫了一篇短文，題爲『政變期間的莫斯科街頭』，在『「中國圖書館學會」會報』發表，下面是其中的要點。我最初聽到有關政變的消息，是 8 月 19 日上午 8 時，那時我從下榻的科斯莫斯旅館（Hotel Cosmos）搭大會的交通車去會場，我的鄰座是一位英國代表，他是大英圖書館的俄文部主任，懂得俄文。他説他上午 7 點聽塔斯社的俄文廣播，蘇聯總統戈巴契夫（Mikhail Gorbachev）受到反對份子的挾持，已被迫下臺，由副總統繼任總統職務。

我聽了悚然一驚,在這樣的國度裏,突然發生這樣的事,其變化及影響實難捉摸,心念至此,不免有點忐忑。進入會場時,剛好碰上德國籍的 IFLA 會長蓋赫(Hans Peter Geh)及他的秘書長荷蘭籍的諾達(Paul Nauta),他們曾於那年 5 月到臺灣參加『中央圖書館』舉辦的一項國際會議,大家相聚得不錯,所以見面時顯得頗為親熱。從他們的口中證實了政變的消息,他們正要到蘇聯文化部去,因為大會今天正式開幕,原定由戈巴契夫親自來致開幕詞,現在戈氏被扣,他們要去請教主辦單位的文化部,如何因應此一變局。

在我去參加開幕典禮時,剛好與幾位大陸代表共乘一輛計程車,他們有人曾經留蘇,懂得俄文。我經由他們的翻譯,問蘇聯計程車司機對這次政變有何看法,他的答案只有一個俄文字『尼哈羅索』(No Good;不好),並用手摸摸我的西裝說:『假如他們迫戈巴契夫下臺的政變成功,我就永遠穿不到這種料子的衣服了。』只此一言,道盡了當時蘇聯人民反對那次政變的心聲。第二天的會議照常進行,我還去討論 Continuing Education 的會場宣讀了一篇論文,會場也沒有驚慌的情形。因為大家都認為,這是一個擁有 140 多個國家代表的國際會議,參加這次會議的各國代表將近 2,000 人,不管政變的結果如何,似乎還不致於危害到這麼多國家代表的生命安全。基於這一觀點,我們當天下午依照大會的安排,去參觀蘇聯的國家圖書館。就在該館的右前方,我看到許多坦克車堵住了一個通往紅場(Red Square,紅軍每年閱兵的地方)的主要街口,我覺得好奇,特地走近去察看一下。但見士兵正在跟老百姓聊天,而且面露笑容,看不出一絲緊張氣氛。假如軍隊是政變的保障,那麼這一道保障是毫不足恃了。參觀過後,我們的車子駛經俄羅斯總統葉爾欽(Boris Yeltsin)辦公所在的白色大樓(號稱俄羅斯的白宮),但見人潮洶湧,各式各樣的車輛橫七豎八,團團圍住那幢大廈,以保護葉爾欽的安全,葉是反對這次政變的。(注:俄羅斯只是當時蘇聯的一份子,戈巴契夫才是全蘇聯(USSR)的總統。)

按照預定計劃,我們今晚要到莫斯科郊外的一個鄉村俱樂部去吃俄國大餐。在路上我們看到一隊坦克迎面而來,前導的白、藍、紅三色旗號迎風招展,我們的蘇聯導遊立刻大叫:『葉爾欽、葉爾欽』。原來這是俄羅斯共和國的軍隊,葉爾欽的軍隊進城了,政變者的日子也就不會太遠了。可惜那晚莫斯科宣布戒嚴,我們只看了一場歌舞,喝了一碗湯,正餐尚未開始,我們就在晚上 11 時莫斯科封城前趕回旅館。8 月 21 日,我們自莫斯科飛往列寧格勒觀光,第二天在那裏得知,戈巴契夫已於昨晚復職,政變首腦均已被捕或自殺,20 世紀蘇聯一次最受矚目的政變,就這樣戲劇性的結束。

1995 年 8 月,IFLA 的第六十一屆年會在土耳其的伊斯坦堡舉行,我們臺灣地區的代表團,是由『中國圖書館學會』理事長王振鵠教授領隊。我因要去土耳其的 Ephesus 參觀世界第二個最古老圖書館的遺址,只與大陸的領隊杜克先生見過一面,簡短談了一些次年 IFLA 在北京集會的事,即匆匆而別。Ephesus 是土耳其西北部的一座古城,建於公元前 100 年(100 B. C.),當時有 25 萬人口,為希臘城邦國之一。其圖書館有藏書 200 萬卷,僅次於埃及的亞歷山大圖書館(Alexandria Library,建於 332 B. C.),為世界兩個最古老的圖書館之一。這座城已成廢墟,但圖書館的遺址仍在,其大門之氣派壯觀,即自今日的眼光看來,也是一項傑作,使我覺得不虛此行。當天也順便參觀了附近一座小山上的聖母瑪麗亞(Virgin Mary)隱居之所,據說耶穌曾派他的信徒 St. Paul 和 St. John 送他的母親來此居住三年,石頭的小屋至今仍在,是否為真跡,則不得而知。

1997 年 8 月,我以『中國圖書館學會』理事長的身份,率領臺灣地區的代表團,前往丹麥的哥本哈根(Copenhagen)參加 IFLA 在該地舉行的第六十三屆年會。這次大陸去的代表很多,但除杜克(仍是由他領隊)、孫蓓欣、程煥文、劉湘生、董小英幾位外,其餘都不認識。北京圖書館的孫蓓欣副館長競選連任理事成功（得593票），大家都感到高興。她想乘勝追擊，向大會提案，將中文列爲IFLA官方語言之一，我極表贊成，即在提案上簽名，其他簽名者包括美國來的李志鍾、江引蘭兄嫂、陳豫教授及OCLC的亞洲部主任王行仁兄，香港和新加坡的代表也都簽了名。不過因爲是臨時提出，準備不夠充分，沒有正式成案，相當遺憾。說中文的人佔全世界人口的25%，所以聯合國將中文定爲四種官方語言（中、英、法、俄）的一種。IFLA現有150多個會員國，是最大的國際組織之一，沒有理由不將中文列入其官方語言中，希望大家共同繼續努力，以底於成。

三、學術交流，相互訪問

上面所說的兩岸交流，都是個別式的，團體式的交流是從1990年開始。那年9月2日至20日，我們臺灣地區圖書館界的教授和館長14人（包括沈寶環、盧荷生、李德竹、范豪英、林孟真、凌公山、吳瑠璃、吳萬鈞、陳國瓊、陳錫洪等，祖善亦以中正文化中心表演藝術圖書館館長及輔仁大學兼任副教授的身份參加），由『國立中央圖書館』前館長、現任臺灣師範大學教授的王振鵠先生領隊，前往大陸，作兩岸圖書館界互通訊息的破冰之旅。這次參訪得以實現，要歸功於兩岸同道中的王家兄弟，此即在臺北的王振鵠教授（時任『中央圖書館』館長，也是這邊圖書館學會的常務理事）及在天津的王振鳴教授（時任南開大學分校副校長，也是那邊圖書館學會的常務理事）。由於他們是同胞兄弟，又在兩岸圖書館界人脈暢通，加以北京大學圖書館館長莊守經先生等的從旁協助與積極聯繫，使此一訪問交流水到渠成。

我們於9月2日下午四時半飛抵北京首都機場，莊館長、王副校長、中國圖書館學會常務副秘書長丘東江等前來迎接，並送我們到下塌的暢春園飯店（離北大不遠）。在此後的半個月中，由文化部的何洋先生全程陪同，我們在北京、天津、上海、武漢、杭州等地，參觀了各地的圖書館及圖書館教育設施，並遊歷了當地的名勝古蹟。

9月3日上午參觀北京圖書館，由文化部圖書館事業司司長也是北圖副館長的杜克先生爲我們簡報，並帶我們參觀新館各主要部門。新館於1987年落成，佔地7.42公頃，建築面積14萬平方米，有3,000多個閱覽座位，書庫可容納2,000萬冊圖書，現有藏書1,400萬冊。就建築面積言，僅次於美國國會圖書館，爲世界第二；就藏書言，居世界第四，僅次於美國國會圖書館、大英圖書館及俄國國家圖書館。中午參加中國圖書館學會在翠宮飯店舉行的歡迎酒會，有60多人參加，但除了杜克、莊守經、王振鳴、周文駿等幾位外，其他都是第一次見面，包括北京圖書館館長任繼愈教授（他是北大教授兼任）。任教授是我的四姐夫李邁先教授在北大的同班同學，我特地向他問好，我們談得相當熱絡。晚上由北圖在頤和園內的聽鸝館設宴款待，飯後就地參觀北京勝景之一的頤和園，果然名不虛傳。

9月4日上午，參訪北大圖書館及圖書情報學系，由館長莊守經及系主任周文駿分別作簡報。北大圖書館其時已有藏書400萬冊，爲大陸大學圖書館的龍頭。北大圖書館學系成立於1947年，原爲專修科，1951年正式設系，1987年改稱圖書情報學系，有本科生280人，研究生50多人，教員和職工60人。下午在北大圖書館舉行座談會，由王振鵠教授報告臺灣地區的圖書館現況，我報告臺灣地區的圖書館學教育。晚由北大在香山飯店設歡宴，此一飯店爲華人名建築師貝聿銘設計，極具特色，爲當時北京最豪華的旅館之一。

9月5日，上午遊八達嶺長城，想到此一古蹟自東而西蜿蜒數千里，是月球上唯一可見到的地球上建築物，不覺興奮起來。我一口氣爬上『好漢坡』，也算做了一次好漢。下午參觀十三陵，是明朝十三位皇帝的陵墓，其地下建築之堅固與精巧，真可嘆為觀止。9月6日專程遊故宮及天安門廣場，我們從午門進入，由御花園後門出來，只有兩個多小時，對擁有9,999間房屋的世界最大皇宮，只能算是走馬看花（以後我們又去過兩次，還是沒有看清楚）。天安門廣場是世界最大的市內廣場，雖然四周有人民大會堂、毛澤東紀念堂、博物館等，廣場中間有陣亡將士紀念碑，看起來仍是空蕩蕩。晚去『老舍茶館』聽清唱，表演者都是名演員，很有韻味。9月7日參訪北京師範大學圖書館及圖書情報學系，晚由文化部副部長徐文柏在仿膳設宴，為我們餞行，結束我們這次在北京的行程。

9月8日，自北京坐汽車去天津，開始我們第二站的參訪。我們下榻於利順德大飯店（Astor Hotel），乃當時天津最好的旅館，據說孫中山、宣統皇帝溥儀、毛澤東和梅蘭芳到天津時均住於此。下午即在利順德開座談會，天津各主要圖書館的負責人均參加。當晚天津市圖書館學會並在此舉行歡迎酒會，由天津市一位副市長致歡迎詞，除學會理監事及其他同道外，市府有關主管亦參加。9月9日，上午參觀天津圖書館，新館正在建造中，有30,000平方米，年底即可竣工。據負責簡報的陸行素副館長說，新館竣工後，將成為大陸最大的省級圖書館（指當時而言）。下午參觀天津市區，看了著名的旅館街、食品街等，並在『狗不理』喫包子，的確鮮美可口。祖善祖籍天津，家住萬全道，我特地陪她去尋舊，房屋依舊在，人事已全非，難免感慨一番。晚由南開大學分校在校園餐廳招待，除校方主要行政人員外，圖情系的教員也均參加。9月10日，上午參觀南開大學圖書館及圖書情報學系，由馮承柏館長和來新夏主任分別簡報，兩位都是歷史系的教授，也都是飽學之士。自那時開始，我與來新夏教授有多次交往，一直保持聯繫。下午參觀天津大學圖書館，由嚴宗達館長親自簡報。該館規模不大，係香港影業鉅子邵逸夫捐建，外表頗為美觀，內部維護亦佳，使我印象深刻。上午看過的南開大學圖書館，也是邵氏所捐，影業家有此眼光，慷慨捐獻，使大學師生受惠，值得讚揚。晚由天津市委會及臺辦在利順德舉行歡送酒會，與我們道別。

9月11日，自北京飛往武漢，武漢大學圖書情報學院院長彭斐章教授及湖北省圖書館館長等，均到機場迎接。下午我單獨離隊，去礄口區的二十六中學，探訪我的同村好友胡振國兄，我們從小學一年級到大學一年級，大部分時間都是同學。1949年我們在南昌的中正大學分手，臨別時他給我三塊銀元做路費，使我一直感念在心。睽違了40多年，今天還能重逢，真是喜不自勝。他自中正大學中文系畢業後，即分發到武漢礄口區第二十六中學教書，直到退休為止。現在老倆口過著悠閒的退休生活，四位千金都已成家，而且住在附近，常聚在一起，享受天倫之樂，令人羨慕。我們自下午二時談到晚上九時，並與他們全家老小十餘口共進晚餐，始於晚上十時許回到晴川飯店。那天我單獨外出十多小時，又無電話可通，害得祖善在旅館中心急如焚，深感歉疚。

9月12日，到湖北圖書館參觀，並開座談會。據館長楊海清簡報，該館成立於1909年，為我國最早的公共圖書館，現有藏書342萬冊，方志特強，有3,900種，4,400部，我三分鐘內即查到《新喻縣志》，可見其蒐藏之豐。舊館建於1935年，為沈寶環教授之尊翁沈祖榮氏設計，新館正建造中，有21,000平方米。下午參觀東湖及辛亥革命紀念館。

9月13日去武漢大學，與圖書情報學院作學術交流，這是此次來武漢的主要目的。武大成立於1913年，辦學成績素負盛名，為抗日戰爭勝利後，北大校長胡適之先生所倡議的全國十所重點大學之一。校園既美且大，佔地3,000多畝，居全國各大學之冠。圖書情報學院之前身為1920年美國韋棣華女士（Mary Elizabeth Wood）所創立的文華圖書館學專科學校（The Boone Library School），1956 年組建爲一個學系，1984 年改稱圖書情報學院，成爲國內圖書館學教育的龍頭（其他各大學都稱系），下分圖書館學及情報學（Information Science）兩個系，包括：圖書館、情報、檔案教育及圖書發行管理四個專業。全院有學生 500 餘人，教員 90 餘人，專業圖書 1 萬餘冊。在下午的座談會中，我們全員到齊，他們參加的包括：彭斐章院長、副院長傅敬生和喬好勤（另一副院長馬費成正在國外訪問，未見到）、圖書館學系主任謝灼華、情報學系主任王昌亞、圖情學研究所長陳光祚、科技情報培訓中心主任嚴怡民，及資深教授黃宗忠等十多人。在雙方交談前，由我報告『臺灣地區的圖書館學教育』，盧荷生教授報告『臺灣圖書館學系本科生課程之結構』，吳瑠璃教授報告『師範大學的圖書館學教育』，雙方針對有關問題，互相提問，發言踴躍，討論熱烈，收獲頗豐。

　　9 月 14 日，依事先排好的行程，去華中師大參訪，我因與胡振國兄有約，未能前往。上午 8 時振國、蘭芳兄嫂由他的四女兒英華及女婿邢玉強陪同，到晴川飯店來接我和祖善去遊黃鶴樓，這是新近改建的，位於長江之濱，壯麗雄偉，登臨其上，不禁激發思古之幽情。中午到振國兄家聚餐，又見到了大女兒曉萍、羅國偉夫婦，二女兒曉英、張德新夫婦，三女兒偉華、楊國慶夫婦，及他們的小孩。飯後由他們直接送我們到機場，與代表團會合。下午 4 時搭機飛上海，晚宿新錦江飯店。

　　由於我們這次的參訪是以上海爲終站，所以在上海的活動未展開前，先去一趟杭州。9 月 15 日，我們坐火車離開上海，於中午時分抵達杭州，浙江省圖書館館長、副館長及省圖書館學會秘書長等，均在車站迎接，並送我們到住宿的西湖國賓館（即以前的柳莊），這是一個環境極爲優美的地方。難怪 1972 年美國總統尼克森訪問大陸及毛澤東到杭州時，都要在此下榻。下午遊靈隱寺、岳墳、虎跑公園等處，都是我舊遊之地，但大部分團員以前未到過杭州，對各地景色都讚嘆不已。晚由浙江省文化廳副廳長兼圖書館學會理事長毛昭晰在『樓外樓』設宴，爲我們洗塵，大家對其名聞遐邇的西湖醋魚、東坡肉、叫化鷄等，都認爲確是世間美味，果然不同凡響。9 月 16 日參觀浙江圖書館，並見到文瀾閣『四庫全書』的原本，深覺此項文化工程之偉大。隨後坐船遊『三潭印月』、『平湖秋月』等名勝。中午在湖濱附近的『夢梁樓』喫點心，覺得其『糯米燒素鵝』最可口，大家一致建議改爲『夢梁糕』。下午自由活動，採購杭州絲綢。9 月 17 日上午仍坐火車回上海。

　　9 月 17 日下午，參觀上海圖書館並開座談會。上圖的規模及藏書僅次於北京圖書館，爲大陸的第二大館，我們到訪時，已有圖書約 1,000 萬冊，內有線裝書 120 萬冊，珍本善本 15 萬冊，並有自己的印刷廠、裝訂廠、修補裱拓廠及縮影設備。現有的館舍係過去的跑馬廳改建，僅 13,000 平方米，規劃中的新館位於淮海中路，建築面積有 80,000 平方米。座談會由朱慶祚館長主持，吳建中和孫秉良兩位副館長及各單位主管全數到齊，上圖的老館長、中國圖書館界的老前輩顧廷龍先生亦在座，會場提問者甚多，氣氛熱烈。9 月 18 日參訪華東師範大學圖書館及圖書情報學系，由館長王西靖教授、圖情系榮譽系主任陳譽教授及現任系主任祝希齡教授分別簡報。圖書館落成啓用不久，但規模不算大，也是邵逸夫捐建。在座談會中，我認識了吳光偉、王世偉、刁維漢、范并思、孫運疇、董秀芬等教授，其後我與他們還有多次交往，有些已轉往他處服務，但我們繼續保持聯繫。華東師大的校園是大夏大學的原址，小橋流水，花木扶疏，環境優美，是讀書求學的好地方。1948 年的下半年我在此待過一學期，40 多年後重遊斯地，不無滄桑之感。9 月 19 日係自由活動，我於集體參觀豫園之後，單獨和祖善去外灘外白渡橋、南京路等過去繁華之區，繞了一圈。其時改革開放剛起步，百廢待舉，上海的外觀，與 40 多年前我在此見到的，並無多大差別,所以頗感失望。不料 12 年後的今天(2003 年),高樓大廈平地而起,浦東新區日新月異,其繁華的程度,不比世界其他一流城市為差,誠所謂『十年河東,十年河西』,不可同日而語。9 月 20 日上午,乘中國國際民航到香港的班機離滬,在香港停留三個半小時轉機,於下午兩點返抵臺北,結束這次臺灣圖書館界到大陸的破冰之旅。

1992 年 5 月 17 日至 20 日,上海的華東師範大學與西安的西北工業大學,在西安聯合舉辦『現代圖書建設與資源共享國際研討會』,臺灣地區應邀參加者,有沈寶環教授、李德竹教授、胡歐蘭館長、范豪英館長及我,共五人,這是臺灣地區圖書資訊界的學者專家,首次正式應邀參加在大陸地區舉辦的國際研討會。我因其時正在主編『國立編譯館』委辦的『圖書館學與資訊科學大辭典』,無暇撰寫論文,故去函婉謝邀請,但大會主席陳譽教授(我們是美國哥倫比亞大學的校友,他早我十多年畢業,是我的學長)特准我免提論文,並堅持要我參加,盛情難却,只好從命。

大會於 5 月 18 日在西安的榴花賓館開幕,陝西副省長、華東師範大學校長、西北工業大學校長及文化部杜克司長都講了話。據說這是大陸圖書館界自改革開放以來最盛大的一次國際會議,除海峽兩岸的代表外,還有來自英國、美國、澳洲、菲律賓、新加坡、香港等國家與地區的代表。不過大多數的外國代表我都不認識,所以連他們的姓名也記不起來,但幾位華人代表則都是老友,包括美國來的李志鍾和馬大任,新加坡的林鴻圖和香港的簡麗冰。會議以英文進行,由華東師大圖情系主任吳光偉博士(留學比利時)與剛自英國學成回國的吳建中博士分別擔任翻譯,兩位堪稱青年才俊,也是大陸圖書館界最早的兩位博士。他們都是在上海外語學院畢業後,進入華東師大圖情系碩士班,然後再去外國修博士學位,所以英文與圖書館學均有良好基礎。像他們兩位能在國際會議中擔任現場翻譯者,在臺灣地區圖書館界年輕一代中,似乎絕無僅有。5 月 19 日上午,我與復旦大學圖書館館長徐鵬教授共同主持一場研討會,因為會場只有三位外國代表,所以我用中文主持,由吳光偉博士即席翻譯成英文。但外國人對我的發問,則由我自己直接用英文回答。會後一位英國代表問我何以故?我說你們的問題都是針對我而來,有些話不便由別人翻給你們聽,由我直接對你們說,較方便,也表示我對自己所說的負責。他聽了不知如何接話,只好尷尬地一笑。

這次會議的會前會後,都有參觀活動。在會前我曾與李德竹、范豪英、胡歐蘭、林鴻圖等幾位代表,自行租車去西安附近的乾縣參觀武則天墓(亦稱乾陵),是一座尚未開掘的小山。我曾騎馬在周圍繞行一圈,花了 20 分鐘,可見範圍不小。又到興平縣去看了漢武帝墓和西漢大將霍去病墓,也都是兩座小山。回程經過秦漢名城咸陽,並在新建的『咸陽圖書館』前合影留念。會後的參觀係由大會安排,都是西安(古稱長安)城內與城外的名勝古蹟,在城內我們去過唐代建的大雁塔與小雁塔、古城牆(其上可由兩部汽車對開),及收藏古今石經的碑林。在城外,我們參觀了號稱世界第八奇景的兵馬俑(秦始皇墓就在附近,尚未開掘),及唐明皇與楊貴妃沐浴的華清池(係由一些粗石塊砌成,無豪華美觀可言)。臨潼西安事變的現場,就在華清池的附近,當年蔣委員長辦公的地方,只是幾間平房,一切木製的普通陳設依舊,也可見其樸素不華的一面。

1992 年 10 月,臺灣師範大學的《圖書館學與資訊科學》學刊,以『海峽兩岸圖書館與資訊事業的發展』為題,與天津的《圖書館工作與研究》月刊合作,聯合邀請兩岸圖書館學專家學者,各抒己見,作一次筆談。參與這次筆談的,在大陸方面的有:王振鳴、孔憲楷、皮高品、辛希孟、周文駿、陳譽、莊守經、黃俊貴、馮承柏、彭斐章;在臺灣方面的為:王振鵠、沈寶環、林美和、胡述兆、胡歐蘭、張鼎鍾、黃世雄、盧荷生、嚴文郁；還有在美國工作的何光國、李志鍾、周寧森；高年89歲的兩岸大老顧廷龍先生也題了字：『為促進兩岸圖書情報事業的交流與發展而努力』，可謂盛況空前。（詳見『圖書館學與資訊科學』18卷2期，1992年10月）。我係以『兩岸圖書資訊交流的基本條件與可行途徑』為題，發表我的看法。在基本條件方面我提出三點：1.兩岸政府當局允許在學術文化方面，進行全面而自由的交流；2.雙方在進行交流時，應本著『專業與政治分離』的原則，就事論事，不可涉及政治與意識型態的層面；3.兩岸同道討論相關問題時，必須誠心誠意，客觀公正，不可預設立場或固執己見。基於上面三個條件，我建議一些具體的交流途徑；1.由於目前雙方在編目規則、分類系統、主題標目、自動化規格等方面，都有著極大的差異，兩岸同道應儘速集會，研擬解決之道；2.在交流項目方面，我認為可先從下列幾項著手；（1）交換教員，以補雙方在教員與開授課程之不足；（2）交換館員，以便互相觀摩學習；（3）交換學生，大學本科生可利用寒暑假到對方圖書館實習，研究生可到對方相關的研究所選課，從事專題研究，或蒐集論文資料；（4）分別或聯合舉辦專題研討會，邀請兩岸有關人士參加，並由雙方輪流主辦；（5）合作完成大規模書目與索引之編製，例如古今專題書目，『四庫全書』索引等。這些建議提出於十年前，至今大部分尚未開始，良用感嘆。

　　1992年11月，我應聘為華東師範大學的客座教授，聘書上並無時間的限制，理論上說，是授予我的一項終身榮銜（1993年南昌大學給我的客座教授聘書和1997年武漢大學給我的客座教授聘書，也都無時間限制；但1997年7月湘潭大學給我的客座教授聘書的效期，則限定為兩年，可見是有分別的）。為了回應華東師大對我的厚愛，我決定以其為基點，展開一些兩岸交流的活動，並試圖從研究生的互動開始。1993年7月1日至10日，我帶領臺大圖書館學研究所碩士班的10位研究生，去華東師大進行交流，就是這種構想下的一項嘗試。為了引起他們的興趣，我還安排了到杭州和蘇州的旅遊活動。

　　我們一行11人（除我自己為領隊外，10位碩士研究生是：丁友貞、邱韵鈴、徐一綺、張郁蔚、黃靖斐、黃雪玲、彭美華、陳美智、郭惠美、董小菁。她們回來後曾集體寫了一篇『大陸實習記：胡老師和十個女學生的故事』，刊登在『慶祝胡述兆教授七秩榮慶論文集』中），於7月1日上午自中正機場乘華航班機飛香港，在香港轉機飛杭州，住西湖附近的新僑飯店。在杭州停留的兩天，我因曾多次到此人間天堂（諺云：『上有天堂，下有蘇杭』），名勝古蹟也都看過了，所以要導遊帶諸生去觀光，並指定導遊必須帶她們去看幾個最佳的景點。她們回來對我說，玩得都很開心，人間天堂之說，果然名不虛傳。我在這兩天中，也行程滿滿，除了見到我的堂叔信珍（學名胡榮桂）全家外，還與分別了40多年的老同學陳昌言在此重逢。信珍叔曾在東北工作多年，其後轉到杭州工作，即在此落戶，育有四個女兒——春芝、曉春、玲玲、海濤，均受過良好教育，且有美滿家庭。我與玲玲及其夫婿鄭達華（他們有一個女兒，名文萱）雖係初次見面，但已書信往來多年，我在美國的博士論文，就是達華為我譯成中文。昌言兄於浙大電機系畢業後，即在浙江電力公司工作，做到高級工程師退休，他的太太黃道蘊是曾任新喻縣議會議長黃道南先生的胞妹。他們有一兒三女，均大學畢業，兒子少波在深圳工作，三個女兒——少梅、少潔、秋新，均在電力公司服務。這次到杭州，見到這許多親友，真是莫大的收穫。2002年我們在杭州又多了兩位親戚，那就是金方勤、徐玉萍夫婦，他們都是浙江大學的退休教授，是瑾瑜（Sam）的岳父母，述典的親家，也就是我和祖善的親家。今後到杭州，大家就更熱鬧了。

　　經由玲玲、達華的安排（達華是杭大外文系的教授），我於9月2日去杭州大學（現已和浙江大學合併）參訪，由沈善洪校長親自接待，並由校務委員會副主委兼臺灣研究中心主任的楊樹標教授（歷史系教授，大陸版『蔣介石傳』的作者）陪同，參觀全校設施，該校在歷史系附設一個圖書館專業組，是浙江省內唯一培訓圖書館專業人員的教育單位，但似乎並未受到重視，因為教學資源及教員均非常缺乏，使我頗為失望。

7月3日上午，我們從杭州坐火車到上海，華東師大圖書情報學系主任吳光偉博士及其助理時明惠先生在車站迎接，住華東師大中學校長招待所，這是該校培訓全國中學校長的地方，但條件並不理想，因時值暑假，正在翻修，頗為凌亂。次日，吳光偉帶她們去上海市區觀光，我則去逸夫樓（即新圖書館）與中國索引學會主事者座談，包括理事長袁運開（剛卸任的華東師大校長）、副理事長張玉琪、顧問陳譽、常務理事王世偉、秘書長葛永慶等十餘人。我對做索引（Index）的文化事業素來重視，所以當場參加為會員，他們也馬上聘我為顧問，其後我並捐出400美元給該學會的基金會，藉表支持。7月5日與圖情系師生舉行座談會，他們出席的有7位教授，15位研究生，連同我們這邊的11人，共有30多人。上午由吳光偉報告大陸圖書情報學教育概況，然後由我們的同學發問；下午由我報告臺灣地區的圖書館教育概況，再由他們師生發問；最後交叉問答。發言者非常踴躍，討論更為熱烈，大家都覺得收穫頗多。7月6日去圖書館座談兩岸圖書館實務問題，參加者除圖情系師生外，還有圖書館館長、副館長及單位主管。首先由圖情系編目教授刁維漢報告大陸編目分類概況，包括各種分類法、編目規則、主題表、著者號等，頗為詳細。我方由彭美華報告編目，邱韵鈴報告分類，丁友貞講主題，董小菁報告臺灣自動化簡史，黃靖斐講自動化及網路，張郁蔚講CD-ROM。由於事先都已分配工作，大家有所準備，所以講得簡單扼要，條理分明，深獲他們的讚許。討論期間，大家也有很好的表現，使我感到滿意。其後幾天，我們除前往上海圖書館、復旦大學圖書館、交通大學圖書館參訪外，並去蘇州玩了一趟，看過寒山寺、拙政園、獅子林、虎丘等名勝。離開上海的前一天晚上，圖情系幾位年輕教授和研究生，與我們在校園餐廳聚餐，表示惜別之意。飯後由上海圖書館副館長吳建中、李慶芳夫婦（吳是兼任教授、李是圖書館員）請客，租用卡拉OK，在餐廳空地上跳舞。我自研究所畢業後，即未開過舞戒，此時也不禁技癢，與他們共舞一番。雙方研究生更是無分彼此，隨樂起舞。但聞歡笑之聲不絕於耳，氣氛極為熱烈，跳了兩小時，始盡歡而散。7月20日開始賦歸，有的逕回臺灣，有的意有未盡，要去北京或香港，我都替她們做了妥善安排。至此兩岸首次的研究生交流活動圓滿結束，皆大歡喜。

我此行另有一項重要任務，那就是與華東師大商談合辦研討會的事。我自1992年6月16日當選『中華圖書資訊學教育學會』（Chinese Association of Library and Information Science Education，簡稱CALISE）首任理事長後，即欲在兩岸學術交流與合作方面盡一份心力，所以在1993年2月20日本會舉辦『圖書資訊學教學研討會』時，也將來臺參加一項研討會的六位大陸代表，請來參加我們的研討會，他們是：北大圖書館館長莊守經、武漢大學圖情學院院長彭斐章、北大圖情系主任周文駿、華東師大圖情系主任陳譽、中科院文獻情報中心主任史鑒及南開大學分校副校長王振鳴。但所謂交流，必須有來有往。所以我一直想與一個大陸學術單位，在大陸合辦一場兩岸圖書資訊學術研討會，華東師大圖情系即係我選定的第一個目標。在這次來上海前，我已經藉函電與吳光偉主任商談過多次，雙方已有若干共識，現在是要當面確定各項細節。經與吳光偉和王世偉（當時圖情系的副系主任）兩位先生數度商談，終於獲致協議：1. 會議名稱定為『海峽兩岸首屆圖書資訊學術研討會』；2. 研討會訂於1993年12月13日至15日在上海華東師範大學舉行；3. 由

『中華圖書資訊學會』理事長與華東師大圖情系主任具函，分別邀請兩岸同道參加；4. 會議由華東師大負責籌備，並安排兩岸代表食宿，費用由雙方共同負擔（臺方以支援10萬臺幣為原則）。協議完成，乃請王世偉教授擔任大會秘書長，具體負責各項籌備工作。這幾項協議，以後成為一種模式，歷屆的兩岸同類型研討會都仿照辦理，至今少有改變。

1993年是我去大陸從事學術交流最忙碌的一年。我7月10日剛自上海返回臺北，又於8月3日偕同王振鵠、盧荷生、胡歐蘭、范豪英、吳瑠璃、吳祖善等教授、館長及眷屬14人，去蘭州參加一項圖書館研討會，並參訪甘肅省圖書館、蘭州大學圖書館及其圖情學系。這項會議係於1992年5月西安會議時，由甘肅省圖書館館長潘寅生發起，經他一年多精心籌畫，將開會的相關事宜組織得非常完備，其盛大的招待酒會（甘肅省及蘭州市的政要及學界領袖均到場歡迎）更使人印象深刻，具見其人脈之豐沛。會期原定兩天，因飛機在香港誤點，臨時縮短為一天，使甘肅省各縣市來參加的代表頗為失望，我們也深感歉疚。不過我們所準備的七篇報告，仍以節約的時間全部宣讀完畢，使甘肅的同道對臺灣的圖書館與圖書館教育有概略的瞭解，也算達到了交流的目的。

會後繼續我們絲路之旅。先飛嘉峪關，觀看長城的終點。再經酒泉到敦煌，參觀千餘年前的壁畫及文物，並騎駱駝到鳴沙山的月牙泉。在到柳園的途中，看到若隱若現的海市蜃樓。經過哈密時，嘗到了真正的哈密瓜，吐魯番的36種葡萄，及其附近的坎兒井、火焰山、交河故城等，均使人畢生難忘。此行絲路之旅的終點烏魯木齊，原名迪化，乃我國西域的重鎮，現在70%為漢人，城市風貌與內地無多大差別，生活習慣也無太多不同。位於烏魯木齊東邊150公里的天池，座落海拔2,000公尺高的天山之中，面積不大，僅約臺灣日月潭之半，周圍樹木青蔥，綠草如茵，藍天碧水，好一幅美麗的圖畫。歸途中在天山腳下的一個小鎮，見一名叫鄒井文的治印者刻工甚佳，自稱為西北名家，乃以100美元購其一方雞血石，將30多年前我在美國以『居家即景』為題所作的一首打油詩，請他刻在印側，作為游天池的紀念。詩云：『春到百花放，夏來割草忙，秋深掃落葉，冬至雪茫茫。』看過的朋友都說不錯，所以特地刻出來，以誌不忘。遊罷天池，再自烏魯木齊飛北京，與北大進行一些學術交流。又承北大圖書館莊守經館長的盛意，邀請並親自陪同我們到承德避暑山莊參觀。此地離北京約250公里，乃清朝皇帝避暑之處，周邊寺廟極多，各具特色。整個山莊乃一有山有水的公園，我們就住在園內的招待所中，房間普通，但風景絕佳。此地的皇家居室，並不豪華，咸豐和慈禧太后的寢室和起坐間，只是幾間平房，陳設也很簡單，謂其生前無比享受，還真難以置信。

這次去大陸交流旅遊，克文也同行。他已於去年攷上『中央大學』經濟系，這個暑假閒著無事，我們也要他一道去看看大陸的風光，而且有個壯丁隨行，一路上也有很多方便，事實證明他並沒使我們失望。8月18日結束在大陸的全部行程，自北京飛回臺北。

1993年12月13日至15日，首屆海峽兩岸圖書資訊學術研討會，在華東師範大學舉行，我以『中華圖書資訊學教育學會』理事長及大會共同主席的身分，率領臺灣地區的17位代表，去上海赴會。臺灣地區的代表包括12位教授、館長及臺大圖書館學研究所的五位博士研究生，他們是：王振鵠、沈寶環、胡述兆、盧荷生、李德竹、宋玉、吳明德、鄭雪玫、盧秀菊、陳雪華、劉春銀、吳瑠璃、陳昭珍、傅雅秀、王梅玲、莊道明、黃麗虹。大陸的代表團更為龐大，包括15個大學的12位院長、所長、系主任，30多位教授，及全國四個重要省市圖書館館長，老中青都有，而且來自東西南北，例如北京大學的莊守經、周文駿、吳慰慈、王萬宗，武漢大學的彭斐章、黃宗忠、馬費成、陳光祚、喬好勤，華東師大的陳譽、吳光偉、王世偉、王西靖，南京大學的倪波、鄒至仁，中山大學的譚祥金,北京師大的倪曉建,南開大學分校的王振鳴,上海大學的王金夫,南昌大學的戴廷輝,復旦大學的秦曾復,同濟大學的曲則生,上海財經大學的郭庠林,中科院的孟廣均、辛希孟、龔義臺,上海圖書館的朱慶祚、吳建中,廣東中山圖書館的黃俊貴,甘肅省圖書館的潘寅生,吉林省圖書館的金恩輝,北京圖書館副研究館員兼中國圖書館學會常務副秘書長的丘東江。另有四位博士研究生,他們是北大的王益民、楊曉駿和武大的蕭希明、柯平。加上特邀代表及列席者,全部超過100人,規模之大,涵蓋之廣,在兩岸圖書資訊學術交流史上,都堪稱空前。

這次會議有五項題綱:兩岸圖書資訊事業之發展、圖書資訊學教育、圖書館之管理與利用、圖書資料之分類編目、及圖書館自動化與資訊網路。雙方代表針對這些題綱,共提出40篇論文,包括臺灣9篇,大陸31篇,不過在兩天半的議程中,只報告了23篇。討論時發言者爭先恐後,氣氛極為熱烈,由於時間的關係,許多代表都感到意猶未盡。會議的最後一天(12月15日)晚上,兩岸出席會議的9位博士生,在華東師大國際會議交流中心六樓舉行了一次座談會,列席的兩岸博士生導師有:臺大的胡述兆、李德竹,北大的周文駿、吳慰慈,武大的彭斐章、馬費成,中科院的孟廣均,及南京大學的倪波。首先由彭斐章、周文駿、胡述兆三位教授報告其各自辦博士班的經過及目前的概況,然後由他們進行交流。這次座談會並未設定議題,大家自由發言,無所不談,主要目的是給兩岸年輕的一代提供直接交往的機會,增進彼此的情誼與瞭解,為未來的新舊交替打基礎。

經過兩天半的熱烈討論,會議於12月15日中午圓滿閉幕。在閉幕典禮中,首先由王振鵠、周文駿兩位教授致詞並作總結(開幕時係由沈寶環、彭斐章兩位教授代表兩岸致詞),接著由北大圖情系主任王萬宗教授宣佈,海峽兩岸第二屆圖書資訊學術研討會,將於1994年8月在北京大學舉行,贏得全場的熱烈掌聲。最後由我致閉幕詞,在宣佈閉幕前,我提出今後兩岸交流的四項原則:『由簡到繁,由易到難,由淺到深,由點到面』。在大家的珍重再見聲中,劃下了這次會議的句點。

一項會議的成功,是許多人努力與合作的結果。在此我要謝謝主辦單位的華東師大圖情系主任吳光偉博士,他在事前的多方協作,最後終於取得國家教委的同意,是這項兩岸首次合作,聯合舉辦研討會成功的先決條件。大會秘書長王世偉教授能幹而穩健,善於組織與協調,在他的帶領下,籌備小組中的范并思教授、周德明教授和時明惠先生,都能同心協力,為大會提供親切招待與熱誠服務,受到一致的讚揚,我更要在此向他們表示由衷的謝意。

1994年8月22至24日,海峽兩岸第二屆圖書資訊學術研討會在北京大學舉行。這次會議在籌備期間頗有一些周折,在開會前三個月,我突然得到消息,會議將在懷柔縣的國際會議中心舉行,使我頗感困惑,因為北大信息管理系系主任王萬宗教授去年12月在華東師大宣布接辦此項會議時,係說將在北大校內舉行。我急電周文駿教授求證此事,知道傳言屬實,乃請他立即轉告籌備小組,希望會議能在北大校園內舉行,因為北大在大陸首屈一指,臺灣地區代表都深願能住在北大校園內開會,體驗一下大陸名校的氣氛。同時,我也電告莊守經館長,請他從旁協助。經過他們的共同努力,這項會議最後仍在北大校園內舉行,滿足了大家的願望。

我因為是大會的共同主席,也希望早幾天看到籌備的情形,所以提前於8月19日飛到北京。主辦單位對我特別禮遇,安排我住入當年招待蘇聯顧問的套房,有兩房一廳,並有辦公桌及一套沙發,十分寬敞。8月20日我花了一整天,與籌備小組成員共同檢查開會的各項環節,包括團體合照時兩岸代表座次的安排,無不加以檢查,直到滿意為止。8月

21日上午，莊守經館長陪我去參觀日本侵華戰爭的爆發地蘆溝橋、周口店的北京人遺址，及房山縣雲居寺石經博物館，老友的感情使我感念不已。晚上8時隨北大的歡迎團去機場接機，祖善和我住招待所，有眷者亦住在同一棟大樓內，其餘均住勺園。

這次臺灣地區的代表團來了19位，除黃世雄、謝金菊、鄭恒雄、張淳淳、吳祖善、蘇國榮、王景鴻、林呈潢等，係第一次參加此項會議外，其餘多是去年到上海開會的原班人馬。大陸代表團也有很多新面孔，例如：清華大學的朱文浩，南開大學的鍾守真，中山大學的趙燕群，四川大學的張曉琳，東北師範大學的楊沛然，黑龍江大學的王知津，河北大學的王淑惠，貴州大學的楊明華，新疆醫學圖書館的曾浚一，北京師大的康仲遠，浙江大學的夏勇，以及北大圖書館的新任館長林被甸教授等，都是第一次與會，兩岸參加的學者專家共80餘人。

研討會於8月22日上午開幕，北京大學副校長郝斌教授代表北大致歡迎詞。我在開幕詞中提出三點，作為兩岸合作的基本條件：1. 在心理上要有真心合作的誠意；2. 在理念上要有存異求同的雅量；3. 在制度上要有相輔相成的辦法。在兩天半的會議中，共宣讀了24篇論文，臺灣與大陸各半。所有論文都是針對三個主題：圖書館學教育、圖書館自動化及讀者服務，議題的範圍比第一次較為專門。8月24日閉幕時，我也提出了兩點希望：1. 綜合性的兩岸研討會至此應暫時打住，今後的會議以專題性為主，如圖書館學教育、編目規則、機讀格式等；2. 建議兩岸聯合成立『中華圖書資訊學會』，由兩岸同道自由入會，輪流在兩岸召開年會，既可聯絡感情，也有助解決實際問題。接著在感謝主辦單位及相關人員的辛勞後，宣告圓滿結束。

按照預定的計劃，在結束北京的會議活動後，我們即開始桂林、昆明、重慶及三峽之旅。8月25日，我們自北京直飛桂林，領略了『山水甲天下』的美景後，又乘船沿灕江溯江而上，欣賞了『山水甲桂林』的陽朔，並在桂林郊外觀看蘆笛岩洞內的奇景。8月27日從桂林飛昆明，參觀滇池、西山、華亭寺及二億七千萬年前的海底形成的石林。在重慶，我們在鵝嶺公園中的月宮殿大酒店吃到了舉世聞名的紅油火鍋，到兩江樓俯瞰重慶的夜景，並見到了老總統夫婦戰時在陪都的別墅『飛閣』。8月30日，我們自重慶乘『神女號（Goddess）』遊輪，在長江順流而下，飽覽三峽風光，並順道看過小三峽、豐都、葛洲壩等名勝，於9月1日到達武漢，9月2日自武漢經香港飛回臺北。

北大會議結束後，我擔任『中華圖書資訊學教育學會』理事長的兩年任期也屆滿，由臺大李德竹教授接任理事長，李德竹後面的理事長為世新大學的莊道明教授，莊是臺大圖書資訊學研究所的博士，也是我們的學生，世代交替於此開始，至堪欣慰。他們仍接續過去兩屆的成規，援例舉行兩岸圖書資訊學術研討會。我也繼續參加會議，直至2002年在四川成都都江堰舉行的第五屆為止。

第三屆研討會，於1997年3月3日至6日，在武漢大學舉行，臺灣地區有19位代表參加，大陸地區有76位代表與會。這次會議的主題是『圖書資訊學的核心課程』，旨在使兩岸的圖書資訊學教育，在這方面取得一些共識。由於與會者多是現任圖書資訊學的教師，大家意見極多，發言踴躍，討論極為熱烈，咸認獲益良多。在開幕式中，我代表臺灣代表團致詞，圖書資訊學教育是我的專長，對核心課程之組合也有一些心得，所以我講了20多分鐘，從代表們的熱烈掌聲中，似乎頗能為他們所接受。在會期中，我又抽空去看了喻慕侃、章翰兩位小同鄉，都是唸中學時的伙伴，喻是武漢體育學院的退休院長，章專程從蘭州來與我敘舊，這次也再度見到胡振國兄嫂及他的家人。會議結束後，臺灣代表團分為兩批開始他們的觀光旅遊，一批去三峽，一批去廣州，我已去過三峽，所以這次去廣州。在廣州分別參觀了中山大學和廣東中山圖書館，由譚祥金院長、趙燕群館長夫婦和黃俊貴館長親自接待，也抽空去了一趟佛山，參觀著名的僑鄉佛山圖書館，該館在1990年花了5,800萬人民幣興建，有18,000平方米，據說在全國同級圖書館中，首屈一指。此行最難忘的是4月3日譚祥金、趙燕群兄嫂在廣州泮溪酒家請喫廣東點心，共16種，樣樣精美，色香味俱佳，許爲畢生嚐到的最佳點心餐，所謂吃在廣州，良有以也。

第四屆研討會，於1998年3月31日至4月2日，在廣州中山大學舉行。這次會議最大的特色，除兩岸代表外，還有港澳代表，出席人數高達110人。主辦單位中山大學信息管理學系，在程煥文主任的帶領下，把這次會議安排的非常周到，喫的住的都很妥適，還派車送全體代表去深圳觀光，使大家讚不絕口。這次會議的主題是『圖書館自動化與網路』，共提出52篇論文，臺灣來的23人提出了18篇論文，無論出席人數與論文篇數，都是歷年來最多。在兩天半的會議中，進行得相當順利。閉幕禮後由我代表臺灣方面致詞，我建議兩岸關係應由交流到合作，合作的方式包括教授、學生、館員的交換，特別是互爲兩岸博碩士論文的指導教授與玟試委員。會議結束後，按照過去的成例，開始旅遊觀光，這次選的是湖南的張家界。我們於4月1日下午自廣州直飛張家界，據說這個名稱係因漢初三杰之一的張良隱居於此而得，方圓有數百里，有人形容其爲：『全境連峯際天，遠山隱秀，懸瀑濺珠，凝紅流翠，山奇、水奇、雲奇、石奇、樹奇、以及珍禽異獸之奇，得未曾有。』只有親眼見過者，方能信其形容之不虛。我們在此盤桓了兩天，並曾深入號稱天下第一洞的『黃龍洞』，全長18公里，洞內有三層，上下兩層均有水道，並可划船，真是奇景。4月4日離張家界至常德，翌日經陶淵明筆下的『桃花源』，有名無實，極爲失望。下午參觀長沙郊外的『馬王堆』（2,100多年前的古墓），4月5日自長沙經香港飛返臺北。最後要把彭斐章教授在廣州閒聊時告訴大家的長生秘訣，寫在下面，作爲紀念：

一個第一：健康第一
二個要點：瀟灑一點
　　　　　糊塗一點
三個忘記：忘記年齡
　　　　　忘記名利
　　　　　忘記恩怨
四字諍言：跳──跳躍健行
　　　　　笑──笑口常開
　　　　　俏──穿著花俏一點
　　　　　嘮──多與朋友聊天

第五屆研討會，於2000年8月27日至30日，在四川成都的都江堰舉行。這次是由中國科學院文獻情報中心與『中華圖書資訊學教育學會』聯合舉辦，也是第一次與大陸一個非大學的學術機構合辦。大會共邀請了100多人，包括大陸60餘人，臺灣28人，其他10餘人。針對會議的兩個主題：『數字圖書館、網路圖書館及圖書資訊標準化』，及『圖書資訊教育與交流』，共提出論文58篇，其中臺灣地區有18篇。開幕式中，由孟廣均教授和我分別代表大陸地區和臺灣地區致詞，並共同主持第一場研討會。這次最高興的，是能與過去經常在一起開會的大陸老友們，再聚一堂，包括：彭斐章、周文駿、倪波、馬費成、孟廣均、辛希孟、吳慰慈、黃宗忠、荀昌榮、鄒志仁、吳建中、王世偉、程煥文、張曉林等。會議期間，我曾抽空和祖善去了一趟峨眉山，是代表『王雲五基金會』董事長王學哲先生去和峨眉山市政府簽約，在該市的二中捐建一個『王雲五紀念圖書館』，事情很順利，一天就完成了任務。會後，除了由大會安排參觀都江堰、青城山等名勝外，我們也有自己的旅遊行程，包括四川的九寨溝，昆明的世界博覽會及石林，以及雲南的其他旅遊勝地——大理、麗江及西雙版納。此行為時 18 天，於 9 月 12 日返回臺灣。

　　自 1995 年 12 月，我繼王振鵠教授之後，當選為『中國圖書館學會』（Library Association of China，簡稱 LAC）理事長時起，即思在臺灣辦一次海峽兩岸圖書館事業研討會，邀請大陸同道們來臺灣參加，因為在此以前，幾次大型的兩岸會議都是在大陸舉行。但想到用『中國圖書館學會』的名義邀請，他們很難接受。經過多方面的攷慮，決定請政治大學圖書館出面，由胡歐蘭館長具函邀請。原則既定，乃即成立籌備委員會，由我自己擔任主任委員（政大校長鄭丁旺亦掛名），並以學會汪雁秋秘書長兼籌備會秘書長，王梅玲為副秘書長。同時我利用各種管道向『教育部』、『文建會』、『陸委會』等『行政院』相關部會，請求給與經濟上的支援，結果『教育部』和『文建會』答應各補助新臺幣 80 萬元，『陸委會』雖經數人兩次前往洽請，仍僅補助了 20 萬元，頗感失望。不過三方面的補助合起來已有 180 萬元，與初步估算辦這項研討會的全部費用 200 萬元，僅差 20 萬元，數目不大，彌補不難。

　　經費有了著落，即著手擬訂大陸代表的邀請名單，並定下幾項原則：1. 以尚未來過臺灣的大陸同道為限；2. 具有代表性，兼顧老、中、青；3. 涵蓋主要圖書館學系（大陸稱信息管理系），大學圖書館、省市圖書館及中科院文獻情報中心的系主任、館長或主要教授；4. 具有地區代表性，包括大陸的東、西、南、北、中五個地區。根據這些原則及限制，決定邀請的名單共 31 人，來自大陸的 15 個省市及地區，其名單如下（依姓氏筆劃順序）：

姓　　名	服務機關
王世偉	上海圖書館館務委員會副主任
吳光偉	華東師範大學信息管理系主任
吳慰慈	北京大學信息管理系主任
李繼凡	哈爾濱工業大學圖書館館長
沈佐銳	北京農業大學圖書館館長
沈迪飛	深圳圖書館館長
沈國峰	中國政法大學圖書館館長
辛希孟	中國科學院文獻情報中心學術委員會副主任
孟廣均	中國科學院文獻情報中心博士班主任
胡景浩	北京師範大學圖書館館長
倪　波	南京大學商業信息產業研究所所長
夏　勇	浙江大學圖書館副館長
孫蓓欣	北京圖書館副館長
馬費成	武漢大學圖書情報學院院長
康仲遠	北京師範大學信息管理系教授
張曉林	四川聯合大學圖書館情報學院教授
符孝佐	東北師範大學信息管理系教授
陸行素	天津圖書館館長
程煥文	中山大學信息管理系系主任

馮承柏　南開大學圖書館館長
黃宗忠　武漢大學圖書情報學院教授
黃俊貴　廣東中山圖書館館長
楊東樑　中國人民大學圖書館館長
葛承雍　西北大學圖書館館長
鄒志仁　南京大學信息管理系系主任
劉桂林　清華大學圖書館館長
潘寅生　甘肅省圖書館館長
黎難秋　中國科技大學圖書館館長
蕭東發　北京大學信息管理系教授
戴廷輝　南昌大學信息管理系系主任
鍾守真　南開大學信息管理系系主任

　　除大陸代表外，我們也邀請了香港大學的簡麗冰館長及香港嶺南學院圖書館館長冼麗環，連同臺灣地區的代表190餘人，合共220多人，在臺灣地區的圖書資訊界，可算是空前的盛會。

　　『海峽兩岸圖書館事業研討會』於1997年5月26日上午，在臺北市中央圖書館國際會議廳隆重揭幕。會議的主題有四：1. 圖書資源之蒐集、組織與服務；2. 圖書資訊網之發展與資源共享；3. 圖書資訊教育與人才培養；4. 文化資產之維護與管理。在三天的會期中，代表們針對這些主題，提出了48篇論文，參與討論發言者達160餘人次，很多人都是言猶未盡，欲罷不能，其盛況可知。這次會議雖未對這四項主題獲致具體結論，但已得到一些共識，對兩岸及香港的進一步的交流合作有所裨益。在另一方面，這是兩岸及香港同道首次在臺北討論彼此關切的專業問題，開啓了圖書館事業交流合作的新紀元。

　　這次會議的成功，首先要感謝政大圖書館的全力配合，更要謝謝胡歐蘭館長惠然應允具函邀請大陸代表。『教育部』、『文建會』、『陸委會』慨予補助經費，使這項會議得能舉行，尤深感激。『中央圖書館』免費提供場地及支援人力，更是難能可貴。汪雁秋秘書長曾任『中央圖書館』國際交換處主任30年，對舉辦大型會議具有豐富經驗，這次也是辦得有聲有色，其負責編印的『會議手冊』，精美而簡要，受到全體代表的一致贊揚。我在此除要對她這項工作表示肯定外，更要對她在我擔任『中國圖書館學會』理事長期間，任勞任怨，盡心盡力地執行其秘書長職責，表示由衷的敬意與謝意。

四、南北講學，首開風氣

　　1997年武漢大學聘我爲客座教授，聘書上只有發聘的日期（1997年9月11日），沒有效期的限制，也就是說，去講學的時間可以彈性安排。同年7月，我也收到湘潭大學客座教授的聘書，聘期註明爲1997年7月9日至1999年7月9日，希望我在此期限內，依我自己的方便，安排去講學的時間。不久又接到潘長良校長的邀請函，請我於1998年9月10日去參加湘潭大學建校四十週年慶典，並發表專題演講，題目由我自定，當即去函接受，並準備以『大英百科全書與古今圖書集成之比較』爲專題演講題目。本想同時去武大講學，因爲兩校相距不遠，行程較便。不料那年自8月開始，大陸發生空前水災，長江沿岸各省都成水鄉澤國，武漢、長沙一帶，情況更是危急，湘潭大學臨時來函，取消擴大慶典活動。所以兩校講學之行，都沒有去成。不過我們8月間東北之旅並未受影響，我們自青島至大連、旅順，經瀋陽、長白山、長春而至黑龍江的省會哈爾濱，一路飽覽了北國風光。

1999年初，北京大學來函，邀我去講學，我欣然接受，並決定以『研究方法與論文寫作』爲題，對他們的博、碩士班學生開課。我將此事函告武漢大學大眾傳播與信息管理學院院長馬費成教授，徵詢他的意見，是否可用同一門課在北大講完之後再到武大去講，他立刻回信表示歡迎。我與馬院長及北大信息管理系主任吳慰慈教授幾度函電磋商，確定這門課分爲十講，每講2至3小時，於一個月內授課完畢。講課的日期決定爲1999年的下半年，北大爲9月中旬至10月中旬，武大爲10月中旬至11月中旬。

1999年8月底至9月14日，我又爲臺灣地區一些旅遊的老伙伴們，安排了一趟中原之旅。我們自臺灣直飛山東濟南，自此而南，經泰山、曲阜而至河南的開封，由此向西，先至鄭州，經嵩山少林寺而至洛陽，再經華山至古都陝西西安，由此北上，經山西太原、大同，暢遊五臺山和恆山後，轉往內蒙古的首府呼和浩特，在此停留兩天，曾經到陰山，並在蒙古大草原騎馬馳騁，於9月14日自呼和浩特飛往北京。旅行團在此解散，祖善則陪我去北大教書。

北大的課自9月16日開始，碩士班一年級的8人必修，博士班學生旁聽，經常聽課者有15人左右。每日上課兩小時，不到三週即講授完畢。在我以前，北大從未開過『研究方法與論文寫作』這門課，大家覺得好奇，有時信息管理系的教授，甚至中科院文獻情報中心的博士生，也來旁聽。有位信息管理系的教授對我說：『這門課非常有用，假若我不是擔任副系主任，又要教書，我一定每天來旁聽。』同學們的反應也不錯，博士班的劉嘉同學每堂必到，認爲對她寫博士論文很有幫助。加以我在課堂發的參攷資料多係英文，常用英文解釋，更使他們感到新鮮，所以課堂的氣氛相當活潑，很少有人缺課。上課完畢，我也給了一次攷試，成績在92分至75分之間，與臺大研究生的分數不相上下。北大的課務結束後，我曾應中科院孟廣均教授之邀，在文獻情報中心作了一次演講，並與他們的博導及博士研究生舉行座談會。也應河北大學楊文祥主任之邀，由吳慰慈主任夫婦陪同我和祖善，去對該校信息管理系全體師生作了一次演講，聽衆不下500人（外系亦來聽講），講後並由聽衆發問。除涉及北大與臺大比較之敏感問題，我不便回答外，其他問題我都儘量回答，使他們感到滿意。我們在河北大學招待所住了一晚，翌日於暢遊保定名勝後，返回北京。

北大招待我們夫婦住於勺園的套房中，二樓靠邊，光綫充足，環境頗佳。每日三餐都是免費招待，早餐人民幣10元，中晚餐各20元，可在北大校園內任何餐廳用膳，不受限制。不過爲了方便，我們多在勺園內餐廳吃飯，只有何芳川和郝斌兩位副校長請的兩頓，係在勺園以外餐廳。我們也利用閒暇，到北京各處去觀光，天壇、鐘鼓樓、什刹海、前門、東交民巷、宋慶齡與梅蘭芳故居等，過去未看的地方，這次都有我們的遊蹤，王府井大街及其街旁的『全聚德』烤鴨店，更是我們經常光顧的地方。這次也重遊了故宮和頤和園，因爲時間充裕，都仔細欣賞了一番。最難得的是適逢10月1日五十週年慶典，親睹天安門前的盛大閱兵及晚間北京全城的彩燈競輝，真是美不勝收。10月11日，我們結束將近一個月的北京教學與觀光之行，自北京飛到南昌。略事休息兩天，祖善單獨先回臺北，我則繼續去武大履行我的客座教授義務。

我於10月15日自南昌飛到武漢，由武大安排住在武大校門對面的武漢測繪科技大學對外交流中心招待所，是一房一廳的套房，但光綫頗暗，白天亦需開燈。當晚由馬費成院長設宴爲我洗塵，老院長彭斐章教授、現任副院長陳傳夫、圖書與檔案系系主任詹德優等作陪。17日正式上課，全班學生約40人，但必修的碩士班一年級學生僅15人，其他都是來旁聽。由於已幾天感冒，嗓子沙啞，第一堂課說話很吃力。晚由陳傳夫副院長陪我去看醫生，情況較好轉。陳副院長是青年才俊型的年輕學者，現正在武大修博士學位，對我照顧得十分週到。第二天上課時，有十多位同學都帶來各種不同的感冒及咳嗽藥，對我的關懷溢於言表，令我十分感動。論學生的純樸，南方比北方略勝一籌。由於這門課在北大已教過一次，對大陸學生的心理與要求已有一些瞭解，所以教起來更爲得心應手。加以南方學生對我『無改的鄉音』聽起來毫無困難，在精神上更易打成一片，教學效果也就更佳。講課完畢，我以在北大的同樣題目攷他們，15人之中有5人得90分，但80分以下者也有4人，與北大學生相比，可以說不相上下。不過無論北大或武大，學生的攷卷都寫得比臺大乾凈，文字也通順些，值得我們向他們學習。

10月28日，信息管理學院的館長研習班，請我去演講。學員都是全國各大學的圖書館館長，來此受訓，所以他們指定要我講臺灣的大學圖書館概況。聽衆有80多人，其中30多人是館長，我講了兩小時，並與他們座談一小時，答覆了20多個問題，他們對臺灣圖書館事業之關心，可見一斑。在我結束教學與演講活動離開武大以前，武大的常務副校長李文鑫博士曾設宴對我表示謝意，並對我能應聘擔任武大的客座教授，感到高興，更歡迎我有空多來講學。臨行的前一晚，馬院長夫婦在一軍方俱樂部請客，吃了三道特別菜及一盆特製菇湯，三人花了300元，對他們如此破費，頗感不安。飯後去他們家參觀，4房2廳2衛，無論面積或傢俱，都比我在臺北的家豪華，大陸教授待遇改善之快，不言可喻。

11月5日自武漢回到南昌，又去南昌大學作了一次演講，並與南昌市內的幾位大學圖書館館長座談。也再去了一次江西省圖書館，在新任的章伏源館長（北大圖情系畢業）經營下，已有一些改進，值得肯定。11月9日取道香港回臺北。這次在大陸停留兩個半月，完成了在北大、武大開課的願望，也發生了一些影響，據武大的陳傳夫副院長來信告訴我，武大信息管理學院已將『研究方法與論文寫作』列爲選修課，並由他主講，我對這門課的播種工作，已經發生了效果，至堪欣慰。

五、編纂鉅籍，嘉惠士林

最後來談談，我在兩岸交流中，合作編印大型工具書的成果。這種成果有二，一是『圖書館學與資訊科學大辭典』，二是『中國地方志總目提要』。前者費時6年，計400萬字，在500多人的撰稿者中，大陸佔了80多位，其詳已在我所發表的『「圖書館學與資訊科學大辭典」之編撰』一文中有所說明，於此不再贅述。後者包括二部：第一部爲『中國地方志總目提要』共600萬字，費時8年完成，於1996年在臺灣出版；第二部爲『中國地方志總目提要，1949—1999』，約350萬字，費時3年完成，於2002年在臺灣出版。

這兩部近1000萬字的工具書，都是由吉林省圖書館館長金恩輝教授擔任首席主編，我爲共同主編。實際撰稿工作都在大陸進行，並擔負打字排版任務，其餘工作則由我負責完成。談到這兩部書的來源，須從頭說起。1992年春天的一個下午，有位自長春來臺灣探親的劉鋒先生，突然到我辦公室過訪，說東北有一批專家，正在編寫『中國地方志總目提要』，希望與臺灣的學者合作，共同完成此一文化工程，並留下了金恩輝先生的聯絡地址和電話。在此以前，丘東江先生也曾提及此事，但沒有這次具體。我對中國方志素有興趣，在我美國的博士論文中，專門有一節討論美國國會圖書館所收藏的中國方志，並曾用英文寫了一篇 Chinese Fang-chih, Tsung-shu and Rare Books in the Library of Congress，在『中央研究院』的『美國研究』上發表，現在聽到這個消息，馬上引起我的興趣，於是我寫了一封簡函，向金先生索取相關資料。經過雙方數度函件往來，覺得有些事情非當面商談不可，乃決定親自跑一趟長春。1992年9月22日，我自上海飛長春（盧荷生教授原定與我同行，臨時有事沒有去），見到了金恩輝館長和編輯小組成員曹殿舉、陳久仁、張國治、王中明、王永勝等幾位先生。當日下午即在我下榻的東北師範大學招待所，與他們會談，並對一些相關事項進行瞭解，包括此一提要的編輯緣起、編輯方針、編輯體例，各省市主編、副主編、編委、撰稿人組建的情況，全書目前的進度等，他們都作了具體的回答。由於這項文化工程已進行了數年，有些提要的初稿已經完成，我檢視了一些具有代表性的詞條，提出了幾項個人的意見，特別強調應避免意識型態的詞語，及傷害臺灣讀者感情的描述。最後我就臺灣方面可承擔的責任及可提供的經費，向他們說明，並徵詢其意見。因大家均有合作的誠意，很快就達成協議，雙方對此結果均感到滿意。次日，我用半天的時間，與吉林省和長春市的圖書館界人士舉行了小規模的座談會，由吉林省地方志編纂委員會副主任孫寶君等招待午餐，下午由金館長和陳久仁等帶我逛長春市，晚由東北師大副校長詹子慶設宴招待，該校圖情系主任符孝佐及副系主任楊沛然等同席作陪。9月22日上午，自長春飛往北京，繼續其他行程。

　　『中國地方志總目提要』於1996年在臺灣出版問世，全書共有8,577條目，600萬字，分裝三鉅冊。這是200多位學者專家，經過八年努力，共同完成的一項重大文化工程，也是海峽兩岸合作的一項具體成果。此一提要係對中國省、府、州、廳、縣、鄉志的存佚、收藏、版本、作者、內容、價值等，作了系統的介紹，同時進行了辨章學術、攷鏡源流的研究，每一志為一條目，每一條目的字數自400字至800字不等，平均為700字，堪稱我國地方志自目錄性總結發展到攷評性新階段的重要指標。特別值得一提者，是在附錄中由輔仁大學前文學院院長盧荷生教授所編的『臺灣現藏「本提要」未收方志書名目錄』，及『臺灣現藏「本提要」所收方志書名目錄』，對將來輯編中國地方志總錄時，具有重大參攷價值。這套提要出版後受到海內外學者專家的一致好評。『中央研究院』院士香港中文大學校長金耀基博士說：『這部「提要」被視為是繼「四庫全書總目提要」以來又一部大部頭的提要性工具書。不誇大地說，這部「提要」對於研究中國文化的社會科學與人文學者而言，是一項無可比擬的功德與盛舉』。

　　這部『提要』所包含者，以1948年以前的中國方志為限，對1949年以後全國各地的新編方志未能列入，總覺得是件憾事。於是我又與金恩輝教授商量，請他仿照前例，再組織一支編纂隊伍，對1949年至1999年之間的新編方志，撰寫提要，並仍由漢美圖書公司在臺灣印行。適南開大學來新夏教授於看到此書後，也在一處序文中加以鼓勵：『設二君更能就新編志書數千種撰成「新志總目提要」，則於方志界將有氣吞包舉之勢，我將為此而馨香禱視焉』，堪稱『人同此心，心同此理』，也增強了我們早日完成此一志業的決心。經過50多位專家學者三年的努力，一部300多萬字的『中國地方志總目提要，1949—1999』（即學術界所稱的『新志』），終於2002年在臺灣出版問世。這部『新志』包含20世紀下半葉的50年間，中國各省（直轄市、自治區）、市（地區、自治州、盟）、縣（縣級市、自治縣、旗、區）三級志書，共3,402種，附錄中並有臺灣嚴鼎忠君所編的『新編臺灣方志目錄（1945—2000）』及『新編大陸方志目錄（1945—2000）』。該書對每一種方志均單獨立目，著錄其出版事項，評介其編（篇）、章、細目，體例特徵，主要內容，修志過程與志書特色等，書末並有纂修者人名索引，其登錄47,669人。兩部方志總目提要，一種收舊方志 8,577 種，一種收新方志 3,402 種，合共 11,979 種，可以說是對歷來中國地方志的一次全面而系統的總結。

誠如中國地方志協會會長來新夏教授在『新志』序文所言：『喜其自今而後，中國萬餘種通貫古今之方志提要目錄赫然問世。讀志、用志者手此一書，則展卷可一索而得粲志之大要，豈非大有裨於學林。』我個人所參與的兩岸學術交流與合作，至此也可告一段落。

原載『「國家圖書館」館刊』2003 年第 2 期（2003 年 10 月），頁 95—123

我與『中國圖書館學會』

我與『中國圖書館學會』結緣，始於 1980 年，那年我應母校『國立臺灣大學』之邀，自美回臺，擔任文學院圖書館學研究所的首任客座教授。因為職務的關係，在臺灣的一年期間，我參加了許多有關圖書館的活動，並在那年 12 月的年會中，正式成為學會的永久會員（記得那時的永久會員會費是臺幣 1000 元），由藍乾章、沈寶環兩位教授擔任介紹人。

在此以前，我對臺灣地區的圖書館界，可以說相當陌生。除了知道蔣復璁先先已由『中央圖書館』館長轉任臺北故宮博物院院長，現任館長為王振鵠教授外，其他一無所知。造成這種現象是不無原因的，因為在赴美留學前，我在臺大唸的是法律系，在政大唸的是政治研究所，在此兩個學校的求學過程長達十年（臺大四年；政大六年，前三年讀碩士，後三年攻博士），而出來做事，服務的機關是『國民大會』，擔任的職務是編輯科科長，與圖書館界毫無淵源。1965 年雖然在美國轉入圖書館界工作，但與臺灣地區的圖書館界並無聯繫。

1983 年，我回臺長期服務，出任臺大圖書館學系系主任暨研究所所長，自是與臺灣的圖書館界，特別是圖書館學會，有了不可分離的關係。在其後的十五年中，我連續當選『中國圖書館學會』的理監事、常務理事或常務監事，並於 1995 年 12 月當選為『中國圖書館學會』理事長。

我擔任理事長後，鑒於我們的學會，僅是聯誼會的性質，除了每年暑期舉辦一些訓練班或進修班外，幾乎無事可做，對圖書館界的影響也很微小，遠不如美國的 ALA 及英國的 LA (The Library Association)，不但可訂立各類型及各級圖書館的標準，且有評鑑圖書館教育之權，為了善用我的兩年任期，我倡議在臺灣舉辦一次海峽兩岸圖書館事業研討會，因為在此以前，幾次大型的兩岸圖書資訊學研討會，都是在大陸地區舉行。

雖然有此構想，但有些困難待克服，因為臺灣地區的『中國圖書館學會』(Library Association of China) 與大陸地區的『中國圖書館學會』(China Society of Library Science)，雖然在英文名稱上有別，但中文名稱完全相同，如用『中國圖書館學會』的名義去邀請，他們很難接受。幾經磋商及協調，決定請政治大學圖書館出面，由胡歐蘭館長具函邀請大陸代表。

原則既定，乃即成立籌備委員會，由我和政大校長鄭丁旺博士擔任共同主任委員，同時利用各種關係向『教育部』、『文建會』、『陸委會』等『行政院』相關部會，請求經費補助。奔走的結果，『教育部』和『文建會』各補助 800,000 元，『陸委會』補助 200,000 元，合共 1,800,000 元，與我們舉辦這項會議的預算相差無幾。

這次會議邀請大陸代表的對象，我們定下了幾項原則：（1）具有地區性，即被邀請的大陸代表，應來自東、西、南、北、中五個地區；（2）在年齡方面應兼顧老、中、青；（3）大陸的主要信息管理系、大學圖書館、省市圖書館，及中科院文獻情報中心，均應有代表參加；（4）這次邀請的對象，以過去未曾來過臺灣者為限。根據這些原則與限制，最後決定邀請的名單共 31 人，來自大陸 15 個省市。除大陸代表外，我們也邀請了香港大學圖書館館長簡麗冰及香港嶺南學院圖書館館長冼麗環，連同臺灣的 190 餘人，合共 220 多人，在臺灣地區的圖書資訊界，可說是空前的盛會。

研討會於 1997 年 5 月 26 日上午，在臺北市『中央圖書館』國際會議廳隆重揭幕。會議的主題有四：（1）圖書資源之蒐集、組織與服務；（2）圖書資訊網之發展與資源共享；（3）圖書資訊學教育與人才培養；（4）文化資產之維護與管理。在爲期三天的研討中，代表們針對這些主題，提出了 48 篇論文，參與討論發言者達 160 餘人次，很多人都是言猶未盡，欲罷不能，其盛況可知。這次會議對上面四項議題雖未獲得具體結論，但已得到一些共識，對兩岸及香港圖書資訊界進一步的交流與合作有所裨益。同時這也是兩岸及香港圖書資訊界的專家學者，首次在臺北探討彼此關切的專業問題，開啓了在圖書館事業交流合作的新紀元。

這次會議的成功，首先要感謝政大圖書館的全力配合，更要謝謝胡歐蘭館長惠然應允具關邀請大陸代表。『教育部』、『文建會』、『陸委會』慨予經費補助，使這項會議得能舉行，尤深感激。『中央圖書館』館長曾濟群博士免費提供開會場地及支援人力，十分難能可貴。汪雁秋秘書長曾任『中央圖書館』國際交換處主任三十年，對舉辦大型會議，特別是國際會議，具有豐富經驗，這次也是辦得有聲有色，其負責編印的『會議手冊』，精美而簡要，受到與會代表的一致讚揚。我在此除要對她這項工作表示肯定外，更要對她在我擔任『中國圖書館學會』理事長期間，任勞任怨，盡心盡力地執行其秘書長職務，表示由衷的敬意與謝意。

原載『「中國圖書館學會」50 周年特刊』（2003 年 12 月），頁 22—23

我與嚴文郁紹誠教授的一段交往
My Association With Prof. Wen-yu Yen

　　今年為臺灣圖書館界鉅擘嚴文郁紹誠教授的期頤嵩壽，『中國圖書館學會』特出祝壽論文專集，以為祝賀，允為適時適當之舉。

　　我與紹老交往，前後約有 10 年，在此期間，有兩件事值得一記。其一是我請紹老到臺大圖書館學研究所兼課。1983 年我自美回臺接任臺大圖書館學系主任，適值紹老在美國退休，應輔仁大學之聘，擔任圖書館學系講座教授。我震於紹老的大名，特請他來臺大兼課，為我們的圖書館學研究所開授『中國圖書館史』，他欣然同意。紹老早年畢業於我國最早的圖書館教育機構，武昌文華圖書館學校（The Boone Library School），並赴美深造，獲哥倫比亞大學圖書館學碩士學位。先後在北平圖書館、北京大學圖書館、西南聯大圖書館等擔任要職，是民國以來我國圖書館事業發展的見證人，故這門課深受學生歡迎。

　　1989 年至 1995 年期間，我為『國立編譯館』主編『圖書館學與資訊科學大辭典』。本來我想編一套這方面的百科全書，但衡酌當時臺灣地區圖書資訊學的專家有限，編一套鉅型百科全書，可能力有未逮，經與其時的『國立編譯館』館長曾濟群教授商量的結果，決定將名稱改為大辭典，俾可早竟全功。這套大辭典涉及的範圍，包括圖書館學、資訊科學及與兩者相關的目錄學及檔案學，凡與這 4 個學門有關的理論、實務、歷史、人物、組織、機構、摘要、名著、刊物、出版社、資訊公司、資訊系統、資訊網路等，均擇立要目介紹。參與撰稿的人有 500 多人，其中有 60 多位大陸學者，諸如彭斐章、周文駿、陳譽、來新夏、王振鳴、杜克等，都在網羅之列（當時兩岸的交流剛開始，為免引起無謂的困擾，都用筆名）。旅居海外的臺灣學者也有數十人，其中之一就是紹誠先生（那時他已移居美國），其他如李志鍾、馬大任、吳文津、何光國、沈津、簡麗冰等，也貢獻了許多條目。

　　由於全部的辭目有 4,482 條，而大辭典每條的字數不宜太多，所以經編委會的決議，每條以 1,000 字為限。紹老曾遊學歐洲，並在德國工作過，所以我特地請他介紹歐洲各國的重要圖書館，包括大英圖書館、法國國家圖書館、瑞士國家圖書館、德國法蘭克福國家圖書館、德國萊比錫國家圖書館、愛爾蘭國家圖書館、西班牙國家圖書館、比利時皇家圖書館及荷蘭皇家圖書館。我於 1991 年 11 月 12 日向他發出邀請稿函，11 月 25 日即接到他的回信，以年老及交稿時間太短為由，沒有立即應允，但並未斷然拒絕，同時他對每條 1,000 字的限制，提出異議（參閱圖 1）。我當即去函，表示他所寫的條目，每條可以 3,000 字為度，交稿時間可以半年為期，務請他賜一臂之力，庶可早竟全功（參閱圖 2）。他馬上回信，接受了我的請求。1992 年 5 月 10 日，我又接到他的來函，除先知 10 篇論文 6 月半前可交稿外，並囑我竭力爭取『中央圖書館』的館長職位，期許之情溢於言表（參閱圖 3）。我於 6 月 18 日回信，對他的厚愛及如期完稿，表示謝意（參閱圖 4）。

　　從上面的幾封函件中，可以看出紹老對臺灣圖書館事業的關切及對我個人的愛護與支持。茲值先生百歲大慶，謹以此段憶述為先生壽，並祝紹老福如東海，壽比南山。

廷兆吾兄撰席：闊別經年，時生懷念，頃奉
十一月十二日
大函，藉悉種切。弟六年前離台之時有四個寫作
計劃，現已完成其中之二，其他兩題正在搜集資
料與撰寫中，故其他文章，盡量少寫，以省精力。
兄等擬編之「圖書館學及資訊科學大辭典」，為
目前所需要之參考書，我兄肯任總編之勞，
欽佩無既。承囑撰寫十館，乃應盡之義務，
惜年事益增，體軀衰朽，精力實屬不逮，加以
時值感恩、耶誕、新年在邇，弟與內子將擬偕至
波士頓、華府及舊金山三家兒女處度節，稍享
團聚之樂，故決封筆一月。況手頭缺乏歐洲各國
資料，月餘時間無法完成。再者每條字數上限一千字未
免過少，一個大的國家圖書館如英、德二國，決非千
字所能執筆，既稱參考書，內容簡陋，則讀者不能獲
益，起碼要有一點概略的知識。高明以為如何？
近年我看元老一輩凋零仙逝於前，盧兄繼之於後，
弟當順家人之請，格外珍重以自保，此亦當蒙我
兄者所能原宥者也。專覆 順頌
教祺
弟 嚴文郁 上 一九九一 十二 五 燈下

圖 1　嚴文郁紹誠教授致本文作者函札之一

國立台灣大學圖書館學系用箋
紹老鈞鑒：十二月五日手翰敬悉，先生對
「圖書館學與資訊科學大辭典」之編輯備極關切，
並寄予厚望，至感至謝。關於每條字數限為
壹仟字，確使所要撰寫條目無法發揮。後學
等有同感，惟限於國立編譯館當局之規
定，無法突破，亦許以稱為「辭典」而不稱為
百科全書之故也。從與主辦單位再設研商結果，
凡紹老所撰條目，每條均可以三千字為度，
時間方面則以半年為期。後學主編此書，必鼎力以赴，
尚祈先生勉予襄助之，應可早竟全功，感
佩無已。此頌
時祺 並頌
聖誕快樂
新年納福
後學 胡述兆 謹啟 91.12.20.
74.10.100本(216×280)
(專供公務使用)

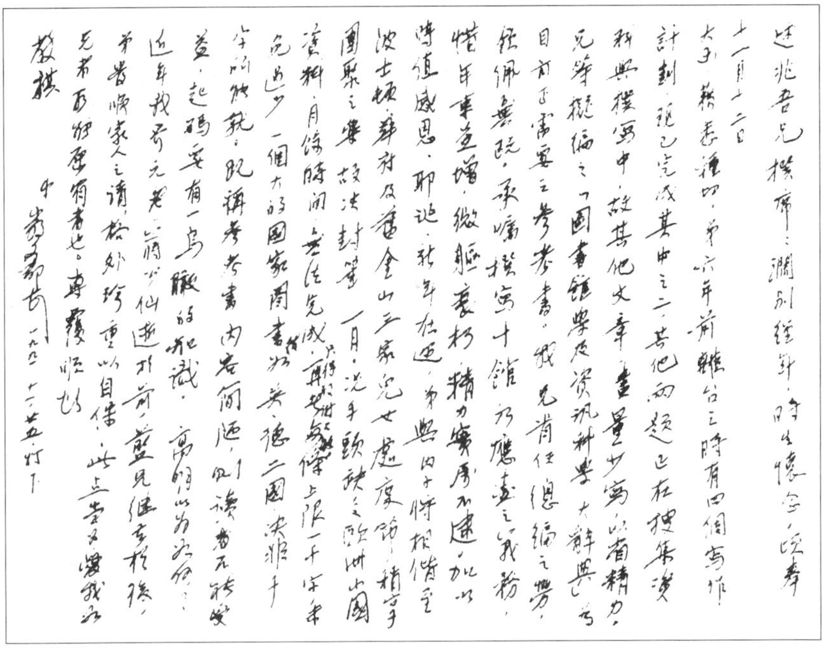

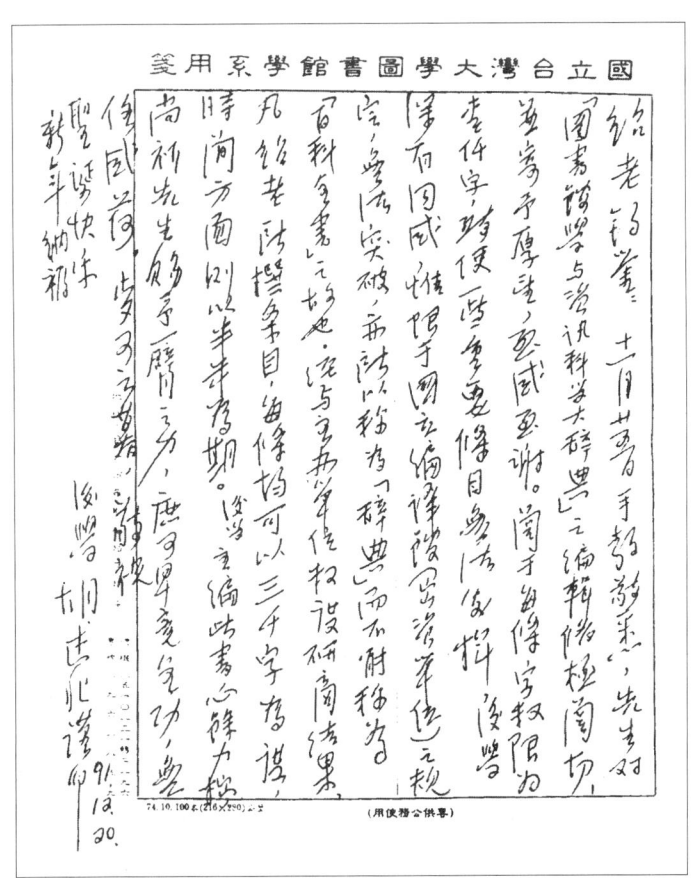

圖 2　本文作者致嚴文郁紹誠教授函札之一

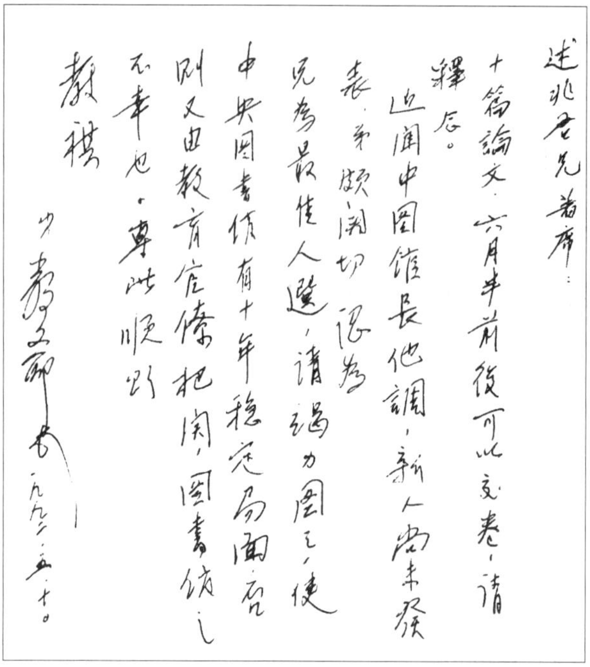

述兆吾兄著席：
十篇論文，六月半前後可以交卷，請
釋念。
近聞中圖館長他調，新人尚未發
表，弟頗關切，深為
兄為最佳人選，請竭力圖之，使
中央圖書館有十年穩定局面，否
則又由教育部派人接管，圖書館之
不幸也。專此順頌
教祺
弟 嚴文郁 上 一九九二．五．十。

圖3　嚴文郁紹誠教授致本文作者函札之二

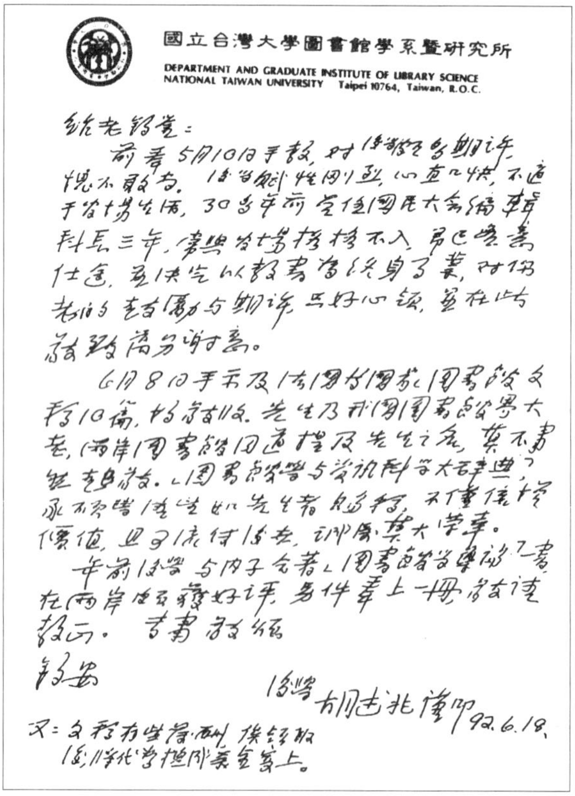

國立台灣大學圖書館學系暨研究所
DEPARTMENT AND GRADUATE INSTITUTE OF LIBRARY SCIENCE
NATIONAL TAIWAN UNIVERSITY　Taipei 10764, Taiwan, R.O.C.

紹老鈞鑒：

胡述兆 謹啟 92.6.18.

圖4　本文作者致嚴文郁紹誠教授函札之二

原載『「中國圖書館學會」會報』第73期（2004），頁3—7

二、『圖書館學與資訊科學大辭典』詞條

『圖書館學與資訊科學大辭典』之籌劃與編纂

臺灣大學圖書館學研究所教授

一、緣　起

　　編纂一部圖書館學與資訊科學百科全書，是我長久以來的一個心願。這個心願始於 1968 年，那年我在美國匹茲堡大學（University of Pittsburgh）圖書館學與資訊科學研究院進修高級學位，在一位授課教授的辦公室中，看到了正由該院院長藍庫爾（Harold Adlore Lancour）及資訊學教授肯特（Allen Kent）聯合主編的『圖書館學與資訊科學百科全書』（*Encyclopedia of Library and Information Science*）編輯計劃書的全文。其時我剛自政治學界轉到圖書館界來不久，對於這樣一套專業性的百科全書，不但引起了極大興趣，而且立下了一個志向，將來有機會也要編一套類似的中文百科全書。

　　1983 年，我自美返臺灣長期服務，出任母校『國立臺灣大學』圖書館學系系主任暨研究所所長，教學與行政，兩皆忙碌，復因致力於研究所博士班之籌設，諸事紛繁，無暇其他。1988 年，博士班之籌設計劃，歷經臺大系務會議、院務會議、教務會議、行政會議、校務會議審議過關，並經『教育部』審查通過，轉呈『行政院』核示，只待『行政院』批准，即可開始招生。籌設工作既已告一段落，乃即辭去系所行政職務，以便進行我的下一步計劃，編一部『圖書館學與資訊科學百科全書』。其時『國立編譯館』正有意編纂大型工具書，而館長曾濟群教授又係我在『國立政治大學』政治研究所博士班的前後期同學，素知他重視學術，實事求是，乃於 1989 年夏將此計劃向他提出。曾館長立即認識到此一計劃的重要性，欣然同意協助。惟因衡酌當時臺灣在此方面的專家有限，編纂一套鉅型百科全書，可能力有未逮，乃決定將名稱改為『圖書館學與資訊科學大辭典』，俾可早竟全功。大事底定後，即著手邀聘學者專家，組織編審委員會。

二、編審委員會

　　編審委員會由委員 33 人組成，設主任委員 1 人，副主任委員 1 人，總編輯 1 人，副總編輯 2 人，顧問 5 人。下設 8 組，分別為：圖書館行政與管理組、讀者服務組、技術服務組、非書資料組、資訊科學與圖書館自動化組、目錄學組、大陸組，及共同組。各組置主編 1 人，除大陸組與共同組主編由總編輯兼任外，其餘各組主編均由委員兼任。為便於編務之進行，主任委員由『國立編譯館』館長親自兼任，副主任委員則由總編輯兼任，並

爲實際負責人。編審委員會之全部名單及其服務單位與職銜如下表一：

表一　編審委員會名單

委員會職務	姓名	服務單位及職稱
主任委員	曾濟群	『國立編譯館』館長（現爲『國家圖書館』館長）
總編輯兼副主任委員	胡述兆	臺灣大學圖書館學系暨研究所教授
副總編輯	李德竹	臺灣大學圖書館學系暨研究所教授
副總編輯	盧荷生	輔仁大學圖書資訊學系教授兼文學院院長
顧問	王振鵠	臺灣師範大學社教系暨研究所教授
顧問	昌彼得	故宮博物院副院長
顧問	沈寶環	臺灣大學圖書館學系暨研究所教授
顧問	楊崇森	中興大學法律系教授
顧問	藍乾章	輔仁大學圖書資訊學系教授
非書資料組主編	朱則剛	世界新聞傳播學院圖書資訊學系教授
技術服務組主編	吳明德	臺灣大學圖書館學系暨研究所教授
讀者服務組主編	林美和	臺灣師範大學社教系暨研究所教授
資訊科學與圖書館自動化組主編	胡歐蘭	政治大學教授兼圖書館館長
目錄學組主編	潘美月	臺灣大學圖書館學系暨研究所教授
圖書館行政與管理組主編	盧秀菊	臺灣大學圖書館學系暨研究所教授
委員	汪雁秋	圖書館出版品國際交換處主任
委員	林孟真	臺灣師範大學社教系教授
委員	吳哲夫	故宮博物院文獻處處長
委員	范承源	臺灣大學圖書帥學系暨研究所教授
委員	范豪英	中興大學教授兼圖書館館長
委員	高錦雪	輔仁大學圖書資訊學系教授
委員	黃世雄	淡江大學教育資料科學系教授
委員	黃發策	『國立編譯館』編纂兼人文社會組主任
委員	黃鴻珠	淡江大學圖書館館長
委員	張鼎鍾	攷試院攷試委員，政治大學教授
委員	張霄亭	臺灣師範大學社教系暨研究所教授
委員	陳雪華	臺灣大學圖書館學系暨研究所主任
委員	莊芳榮	臺灣大學圖書館學系暨研究所教授
委員	喬衍琯	政治大學中文系教授
委員	楊美華	中正大學教授兼圖書館館長
委員	趙天儀	靜宜大學文學院院長

(續上表)

委員會職務	姓　名	服　務　單　位　及　職　稱
委員	鄭雪玫	臺灣大學圖書館學系暨研究所教授
委員	顧　敏	『立法院』秘書處處長
本計劃聯絡人	連秀華	『國立編譯館』人文社會組副編審
本計劃聯絡人	邵婉卿	『國立編譯館』人文社會組副編審
本計劃會議記錄人	謝惠華	『國立編譯館』人文社會組

三、辭目範圍

本辭典涉及的範圍，包括圖書館學、資訊科學、目錄學，及檔案學。凡與這些學門有關的理論、實務、歷史、人物、組織、機構、名著、刊物、出版社、資訊公司、資訊系統、資訊網路等，均擇要立目介紹。辭目之選取，除各組別有規定者外，尚須受到下列制約：

1. 人物之介紹，以已過世者為限。
2. 名著之介紹，以一般人所熟知的專著及參攷工具書為限。
3. 期刊限於各該學門具有代表性之重要刊物。
4. 出版社及資訊公司以具有國際聲譽者為選擇標準。
5. 資訊系統與資訊網路以國際知名者為原則。
6. 外國主要圖書館之介紹，以館藏資料超過 3,000,000 冊者為原則。
7. 世界各國之東亞圖書館以 100,000 冊以上者為限。
8. 外國圖書館學與資訊科學教育機構以有博士班者為限。
9. 圖書館不發達的國家，僅概略介紹其圖書館及圖書館教育現況。
10. 國際組織與機構，以與各該學門直接有關者為限。

根據以上的範圍與限制，各組完成的辭目共 4,482 條，其分布如下：

圖書館行政與管理組	770 條
讀者服務組	554 條
技術服務組	304 條
非書資料組	376 條
資訊科學與圖書館自動化組	697 條
目錄學組	788 條
大陸組	617 條
共同組	378 條

四、撰稿規則

辭目之撰述，無固定格式，但須言之有物，使人閱後即有基本概念與印象，並應遵守下列規則：

1. 撰述辭目，概用繁體字。

2. 每條辭目之字數，上限以不超過 1,000 字爲原則，下限以不少於 200 字爲原則。
3. 辭目內容，務求資料切題，觀念清晰，組織有序，文字通達。
4. 辭目內容，不作註釋，但引用他人文句，須置於括號『』之內，並註明來源，以免侵犯他人著作權。例如：嚴文郁在其『中國圖書館發展史』中說：『……。』撰稿者如有侵犯他人著作權之情事，由其自行負責，自不待言。
5. 辭目中之外文人名、地名、政府機關、社會團體、國際組織或其他專有名詞，均須於首次出現時，以圓括弧（）附註原文於後，如有簡稱，並應註明。例如：美國圖書館學會（American Library Association，簡稱 ALA）。
6. 內文中之重要人物，有記載其生卒年之必要者，須緊隨名字之後，置於圓括弧（）中。例如：袁同禮（1895—1965）；杜威（Melvil Dewey, 1851—1931）。
7. 機關、團體、組織、學校之名稱，只須註明其所在地，免附其詳細地址。
8. 內文中之年月日及統計數字，均以阿拉伯數字表示之。例如：1995 年 3 月 25 日；館藏資料 2,367,432 冊。但慣用語、兩個數字連用語及專有名詞，不在此限。例如：四通八達；三思而後行；八千里路雲和月；三五成群；十之八九；五四運動；九一八事變。
9. 內文中之民國紀元年代，於首次出現時，須將西元年代附於其後，以便讀者查攷。例如：民國三十六年（1947）。
10. 內文中之統計資料，應註明其發生年代。例如：根據 1995 年統計，臺大圖書館的館藏資料，共有 2,000,000 冊。

五、編校程序

任何工具書的編輯，都始於找資料。先由助理人員根據本辭典的性質與範圍，蒐集各學門的相關參攷書，再從這些參攷書中，清出有關辭目，分送各組整理。各組主編邀集與其本組主題有關的專家，組成辭目研訂小組，擬訂本組辭目表，提請主編聯席會議審查。

主編聯席會議之成員，包括總編輯、副總編輯、各組主編，與編譯館承辦本計劃之人文社會組主任及其助理 3 人，共 12 人，由總編輯擔任主席。自 1989 年 9 月 29 日第一次集會，至 1995 年 5 月，共舉行 85 次會議，初步審定 5,076 個辭目。辭目經主編聯席會議通過後，再召開編審委員會全體會議，作最後審定。

編審委員會全體會議共舉行 13 次，均由主任委員擔任主席。由於辭目已經小組會議及主編聯席會議初審與複審，故在全體會議中變動者不多。但每次開會時，委員們發言踴躍，討論熱烈，其忠於學術的精神，令人感佩。

辭目經編審委員會全體會議通過後，其名稱始告確定，然後由各組主編遴選學者專家撰稿。完成之文稿先由各組主編初審，再送交總編輯複審。複審包括二審及三審，通常由副總編輯擔任二審，三審則由總編輯或由其邀請資深專家擔任之。

文稿三審完畢，由總編輯送交『國立編譯館』整理編號複印留底後，送出版社打字建檔，出版社與編譯館校對後，再送各組主編校閱，然後再由全文校對及索引編輯閱讀全文，並做索引。最後校閱及看大樣，由總編輯擔任。

全部編校作業流程如下：

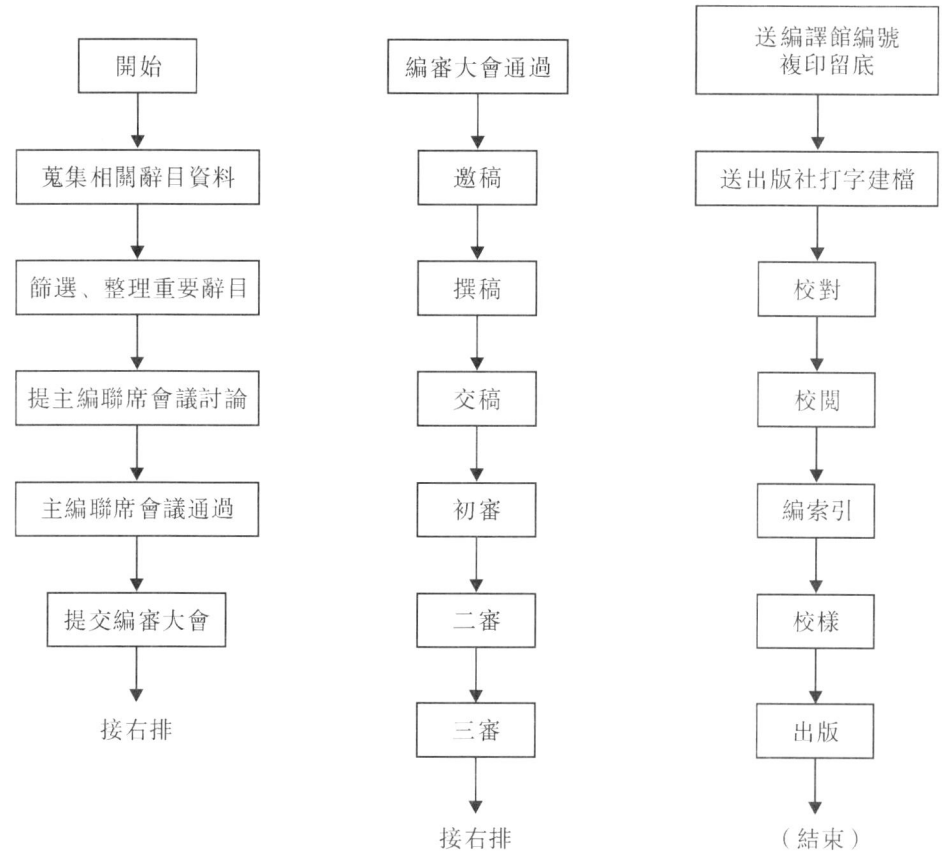

六、遭遇困難與處理方法

　　在編輯過程中，遇到了不少困難，而這些困難又多與譯名有關。由於臺灣對於外國的人名、地名，尚無統一的官方譯名，撰稿人只好各自翻譯，以致分歧百出。例如 Cutter Table，就有克特表、卡特表、柯特表數種不同的翻譯。又如印度圖書館學家 S. R. Ranganathan，就有阮甘納桑、藍甘納桑、蘭剛乃薩數種不同的譯名；而美國開國元老、費城公共圖書館創辦人的 Benjamin Franklin，亦有佛蘭克林、富蘭克林、福蘭克林三種不同的譯法。爲免讀者可能因同名異譯，而誤認爲是不同的人，我們特要求撰稿人將原文附於譯名之後，藉資識別。

　　其他情況及處理方法，擇要說明如下：

　　1. 有些英文名稱，如勉強譯成中文，反而不知所云，所以盡可能保持原狀，例如：管理學的『Theory X』與『Theory Y』，如譯爲『愛克斯理論』及『歪理論』，很難使人理解，所以只好譯作『X 理論』及『Y 理論』；同理，G&G Software Ltd.，RS-232 Interface，只能譯作 G&G 軟體公司，RS-232 介面。又有些名稱，簡稱比全稱有名，且即使把全稱譯出來，也不一定能使人瞭解，例如：BITNET 的全名是『Because It's Time Network』，如把它譯作『因爲它是時間網絡』，那就無人能懂；又如 PLATO 的全名是『Programmed Logic for Automatic Teaching Operation』，乃是美國伊利諾大學一個自動化輔助教學系統，如把它譯作『自動化教學計劃邏輯』，也極爲不妥，所以介紹它們的辭目，都直接用它們的英文簡稱。還有一些名詞，習慣都用原文，不必譯成中文，如 DIALOG、URICA、INNOPAC 等。爲避免辭目排序的困擾，這些中文與西文並用及純西文名稱的辭目，均集中一起，依字母的順序排列，置於中文辭目之後。

2. 就國家圖書館而言，有些國家只有一個，有些國家有好幾個，但都冠以 National 這個字。『National Library』這個名詞，究竟譯成『國立圖書館』，還是『國家圖書館』，頗費周章。幾經攷慮，最後決定，只有一個者，稱『國家圖書館』，不只一個者，稱『國立圖書館』。例如，新加坡只有一個，所以我們把『National Library of Singapore』譯爲『新加坡國家圖書館』；美國有三個，所以我們把『National Library of Medicine』譯爲『國立醫學圖書館』（美國）。

3. 世界著名圖書館，除其原文在國際上通用，如法國的『Bibliotheque Nationale』，西班牙的『Biblioteca Nacionale』，均仍保留其法文與西班牙文的原名外，其餘均用英文譯名，如日本國會圖書館，我們採用其英文譯名『National Diet Library』。

4. 國外圖書館學與資訊科學教育機構的名稱不一，有的稱 School，有的稱 Graduate School，有的稱 College，還有的用 Department 或 Institute；學程位階也不一致，有的只有碩士班，有的有碩士班及博士班，還有的除博、碩士班外尚有大學本科及專家課程，形形色色，不一而足。爲免有所遺漏，引起困擾，除 Department 仍譯爲學系外，其餘一律譯作學院，藉資概括。

5. 海峽兩岸圖書館學與資訊科學的名詞，多不相同，例如：Information，臺灣稱資訊，大陸稱情報；Interface，臺灣稱介面，大陸稱接口；Computer，臺灣稱電腦，大陸稱計算機；Laser Disc，臺灣稱雷射音碟，大陸稱激光唱盤。鑑於這些差異，目前仍無法強求統一，故大陸稿件中的用語，均未加改動，而將兩岸名詞對照表，附於書後，以便辨識。

6. 中文辭目有些有英文譯名，爲避免譯名不當，引起誤解，原則上均不附英文譯名。

七、檢索利用

本書的主要構成部分，包括編例、正文、附錄、及索引，分別略作說明：

1. 編例：舉出編輯時的各種特例，並說明其處理方法，期對讀者利用本書時有所助益。

2. 正文：正文辭目名稱，分爲中文與英文兩部份：中文辭目依筆畫多少排列，筆畫相同之字，依其首筆之點『、』、橫『一』、直『｜』、撇『╱』、捺『＼』順序排列，首筆相同，再依次筆之上列順序排列。英文辭目依字母順序排列，首字相同，則依第二字的字母順序排列，餘類推。正文每頁上角均有書眉，標示該頁辭目名稱首字及其筆畫數，以便查檢。

3. 附錄：附錄中除『圖書館學與資訊科學海峽兩岸名詞對照表』外，尚有兩岸主要圖書館名錄、兩岸圖書館學與資訊科學系所名錄、兩岸主要圖書館學與資訊科學專業期刊名錄、中文簡繁體字對照表，均具參攷價值。

4. 索引：本書未採用『互見參攷』（Cross Reference）的方式，故正文中未用『見』（See）或『參見』（See Also）作爲指引。不過全書中的所有相關名詞，都列在索引中。索引分爲中文與英文兩部分，除全部中、英文辭目爲當然索引項目外，其他索引項目之選取標準如下：

（1）內文中有關辭目之同義字或同義詞；

（2）內文中對相關名詞之解釋，佔有相當篇幅者；
（3）內文中所提及之相關名詞，雖無相當解釋，但可依此檢索相關資料者。

於此有應注意者，本書之截稿時間為 1995 年初，但因編輯時間長達 6 年，有些辭目之統計資料，可能不符截稿時之實況，而全面更新，也有實際上的困難。希望讀者利用這些統計數據時，注意其發生的年代，以免誤導。

八、誌　謝

這部大辭典，是集合許多人的努力而成，也是全臺圖書館與資訊界學者專家合作完成的第一項成果。我們除了在此向參與此計劃撰稿的同道們，表示深切的謝意外，更要對下面的女士、先生們，敬致特別的謝意。

首先要感謝『國立編譯館』前任館長曾濟群博士，他不但是本書編輯計劃的批准者，還親自兼任編審委員會主任委員，使編務得以順利進行，沒有他的支持，本書無由產生，所以他是本書的最大功臣。

『國立編譯館』現任館長趙麗雲博士接任館長後，對本書之編輯與經費繼續予以大力支持，她對編務的充分授權與尊重專家的處事風格，值得稱道，也是本書早竟全功的最主要因素。

黃發策教授是『國立編譯館』編纂兼人文社會組主任，也是本計劃執行單位的行政主管，他的全力配合與行政支援，是本書成功的關鍵。

在編審委員會方面，首先要感謝全體委員的熱忱參與及提供卓見，使本書得以集思廣益，減少錯誤。特別要謝謝王振鵠教授、盧荷生教授與李德竹教授，他們自始至終參與其事，並擔任審稿工作，字斟句酌，盡心盡力，令人感佩。各組主編朱則剛教授、吳明德教授、林美和教授、胡歐蘭教授、潘美月教授、盧秀菊教授，全程參與 100 多次的編審會議、主編會議及小組會議，有始有終，無怨無悔，其對學術與專業的奉獻精神，更使我十分感動。

在編輯過程中，有幾位幕後英雄，值得在此特別提出來，向他們致謝。『國立編譯館』副編審連秀華小姐，是本計劃的業務主辦人，她經驗豐富，有組織長才，對本計劃有關行政業務之處理，有條不紊，是一位難得的行政人才。本計劃的業務協辦人邵婉卿小姐，也是編譯館副編審，在本辭典編輯期間，她是我的特別助理，負責總編輯與各組主編及其助理間的各種聯繫工作，處事敏捷，工作效率極高，對我的要求，無不圓滿達成任務，是一位得力的助手。謝惠華小姐是本計劃會議記錄人，她性情溫和，工作認真，深獲委員們的贊許。

最後要謝謝本書的總校對湯絢小姐，及索引編輯王梅玲小姐。湯小姐畢業於臺大中文系，曾在臺大圖書館學研究所進修，獲碩士學位，在我擔任臺大圖書館學系主任暨研究所所長期間，是我的助教與得力助手，以她擔任全書的文字校閱工作，堪稱恰當。王小姐畢業於臺大圖書館學系及研究所，並曾至美國馬里蘭大學進修，擁有兩項圖書館學與資訊科學碩士學位，曾任臺大圖書館採訪主任多年，現為臺大圖書館學博士候選人，以她擔任索引編輯，也是適當人選。她們兩位的認真負責，使我們對本書的品質，更具信心。

本書自著手至完成，歷時 6 年，計有辭目 4,482 條，共 4,000,000 字，參與撰稿的海內外學者專家逾 500 人，召開的相關會議達 120 多次，編輯事務之繁雜，不言可喻，錯誤之處，更所難免，尚祈讀者不吝指正，幸甚。

原載『「中國圖書館學會」會報』第 56 期（1996），頁 33—39

『圖書館學與資訊科學大辭典』

（一）一般性詞條

大美百科全書（Encyclopedia Americana）

『大美百科全書』第一版於1829年至1833年間完成出書，共13冊，係根據德國的『布洛克豪斯百科全書』（*Brockhaus Konversations Lexikon*）第7版編譯而成，經過多次修改，至1903年始脫離德國百科全書的原形，開始美國化。1918年再度大事增刪，重新發行，並自稱爲『最老的全美國化百科全書』（The oldest all-American encyclopedia）。

『大美』最新版共30冊，26,000多頁，2,700萬字，2,4000插圖，全部條目約在56,000以上，撰稿者達6,000人，多係著名專家學者，均在文後署名，以示負責及權威性。內容以社會科學、地理名詞及人物傳記較多，並以美國歷史、地理及人物傳記爲重點。該書對不太著名的美國事物特別注重，而對有關科技方面的條目却較少，且未經常保持其新穎性。它的一個主要特點，是在許多主要而篇幅較多的條目之前，均附有類似目次式的提要，有助於讀者對其內容的把握與瞭解。

『大美』與『大英』相仿佛，均系以高中畢業以上程度的讀者爲主要對象，故不適於初中以下程度的兒童閱讀。惟兩相比較『大英』比『大美』更爲高深。『大英』以長篇大論的條目著稱，更適於大學程度的讀者；『大美』的條目較簡短，其簡明扼要的特點爲一般讀者所稱道；『大英』第十五版分爲四部份，如不利用索引，很難查出同一主題的全貌，『大美』的全部條目，均依一次字母順序排列，用起來很方便，其最後一冊爲索引，包括的款目達35萬以上，同一主題的相關資料更是一目了然。『大美』與『大英』的銷售市場向來旗鼓相當，一般圖書館多係兩者兼具，假如經濟能力僅能買一部，則大學圖書館最好買『大英』，公共圖書館最好買『大美』。

與『大英』一樣，『大美』每年亦以『大美年鑑』（*The American Annual*）作爲小修的手段，以維持其新穎度。

原載胡述兆總編輯『圖書館學與資訊科學大辭典』（臺北市：漢美，1995），頁44

大英百科全書（Encyclopaedia Britannica）

『大英百科全書』第一版於1768—1771年在英國的愛丁堡（Edinburgh）問世，全書僅三冊，共2,600多頁。1902年該書版權賣給美國，並在美國發行第十版，由芝加哥大學聯合加拿大與英國多所著名大學負責編務，故無論其版權與內容均已與英國沒有直接關係，所以繼續使用此一名稱，乃因其業已舉世聞名之故。

現在印行的為『大英』第十五版（1974年開始），其正式名稱為『新大英百科全書』（*The New Encyclopaedia Britannica*），並非有意改名，而是其內容已大幅修改，故世人仍以『大英百科全書』稱之。1986年，大英公司又耗資5,600萬美元，對其內容大事修改，但仍為第十五版。依1990年資料，該書共33冊，約30,000頁，4,400萬字，全書計有插圖24,000幅，地圖1,000多張，涵蓋87,000個主題，共有420,000索引辭目。

全套書分為四部份：

第一部份稱為『條目簡編』（Micropaedia），列為全書的第1冊至12冊，包括數百字至3,000字不等的簡短條目60,000多條，這一部份相當於一部小型百科全書，它提供了人類知識重要的事實資料，供作簡明而迅速的參攷。

第二部份稱為『條目詳編』（Macropaedia），列為全書的第13至29冊，共17冊，包括長篇大論的條目700多條，乃『大英百科全書』的靈魂所在。有些條目與專書無異，例如『中國史』（China, History of）條，就超過100頁，他如『基督教』（Christianity）、『教育史』（Education, History of）等條，亦各在100頁左右。『大英』一向以析論詳細的學術性條目著稱，此一傳統自第一版以來一直維持不變，這也是它在世界上盛譽不衰的主因。

第三部份為『百科類目』（Propaedia），僅一冊，將人類知識分為15,000多個主題，也可以說是知識的綱要，並註明其出現的卷次、頁碼及欄位，相當於全書的總目次。

第四部份為索引，列為殿後的3冊，包含420,000個款目，全書中的大小主題及辭目均涵蓋在內。

『大英』第十五版號稱百科全書制作上的革命，自第十四版於1929年問世後不久，即籌劃發行新版，正式籌備工作始於1947年，歷經27年，始於1974年完成，前後動員各科專家4,300餘人，來自130多個國家，每一主要條目之後，均註明撰述者的姓名，以示其負責與權威性。在『條目詳編』的各條之後，多有參攷書目，供讀者進一步研究。

由於百科全書全面修改十分不易，在新版與舊版之間，多以發行年鑑的方式補充新資料，『大英百科全書』亦不例外。『大英百科全書年鑑』（*Britannica Book of the Year*）每年出版一次，除提供過去一年世界各地每月所發生的大事紀要外，並約請專家或原執筆人，針對原書中重要主題的新發展，加以補充，以保持其新穎度。

原載胡述兆總編輯『圖書館學與資訊科學大辭典』（臺北市：漢美，1995），頁45

大學院校圖書館標準（美國）（*Standards for College Libraries*）

美國的大學院校圖書館標準，係於1959年首次由美國的大學院校與研究圖書館協會（Association of College and Research Libraries，簡稱ACRL）通過實施，1975年曾加修訂，現行的標準係1986年的修訂版。此一標準之適用對象，以授予學士及碩士學位的大學院校圖書館為主，但每年授予十個博士學位以下之大學圖書館亦適用之。

該標準包括八個項目，各項規定雖強調質的重要，亦重視量的需要，要點如下：

（一）目標──圖書館應依其所屬的大學院校的總體目標，擬訂其發展目標與服務計劃，這些目標與計劃應由館員與教員、學生及學校行政主管共同制訂之。

（二）館藏──圖書館的館藏資料應包含各種形式的印刷與非印刷資料，每館除須具有 85,000 冊的基本館藏外，並應依照本標準所提供的公式（Formula A），就教員、學生、系所數、教學計劃、博碩班等因素，計算出合乎標準的總館藏量。

（三）資料組織——各類資料均應依圖書資訊界衆所認可的規則與分類方法編目分類，資料之目錄須具多人可同時使用之功能，除須有全校圖書資料之聯合目錄外，並須有多類型及分館目錄，以利讀者使用。

（四）館員——館員的品質與人數，依圖書館的計劃、資料、組織方式及服務的需要而定。館長及專業館員均須擁有美國圖書館學會認可學校的圖書館碩士學位，專業館員的數目應依本標準所提供的公式（Formula B）計算之，但不得少於全館館員的 35%。

（五）服務——圖書館應提供各種資訊與指導服務，包括參攷服務、書目指導、圖書館利用教育、資料流通、館際互借、開架閱覽與服務，在人力允許的情形下，圖書館應盡量開放，每週開放 100 小時應屬正常。

（六）設備——圖書館應有足夠的空間，容納館藏資料，提供讀者服務及館員辦公場所，全館空間的大小應依本標準所提供的公式（Formula C）計算之，圖書館的館藏資料與讀者服務以集中於單一建築內爲原則。

（七）行政——圖書館的組織與功能，應有法定的書面規定，館長應直屬校長或首席學術主管，館長的權力與責任及其任命的程序均應有書面界定，圖書館得設置由教員與學生組成的圖書委員會，作爲館長的咨詢機構。

（八）預算——圖書館的經費不得少於全校教學經費的 6%，對業經通過的預算，館長有充分權力動用及執行。

原載胡述兆總編輯『圖書館學與資訊科學大辭典』（臺北市：漢美，1995），頁 61

臺灣地區年鑑

本書爲臺灣地區最具參攷價值的政府出版物，由『行政院新聞局』負責編輯，於 1951 年開始出版，四十多年來，每年發行一次，從未間斷，也是臺灣地區歷史最悠久的年鑑。

就編輯體例而言，歷年來大體相同，主要部份包括總論、政黨、國民大會、政府組織及職掌、外交與僑務、國防、民政與邊政、國家經濟、教育與文化、民間活動、大陸概況等。每一門類下均分爲若干類目，如總論下分爲國旗、國歌、國花、人民、土地、地理、歷史等；又如政府組織與職掌下，分爲行政、立法、司法、攷試、鑑察五院，而行政院下再分爲內政、外交、國防、財政、教育、法務、經濟、交通等八部及蒙藏與僑務二委員會。每一類目除介紹其基本組織與主要職能外，並有最新的發展，有些地方且有圖片及統計表，以助說明。

本書中、英文版同時發行，內容差不多相同，但英文版的印刷與裝訂的均較精美，彩色圖片亦較多；英文版有自 1911 年以來的每年大事記要，中文版則無；中文版無當代名人錄，英文版則有約 700 人的臺灣地區當代名人的簡要傳記，每人自數十字至一、二百字不等；又英文版書後有索引，中文版則無。

本書的英文名稱爲『*China Yearbook*』，由於此一名稱在國際上使用已久，皆知爲『ROC』的出版品，故 PRC 於 1981 年開始出版的『中國年鑑』（由宋慶齡親筆題簽）的英文版,爲了避免雷同,乃以『China Official Annual Report』爲書名。

原載胡述兆總編輯『圖書館學與資訊科學大辭典』(臺北市:漢美,1995),頁302

臺灣地區圖書館年鑑

本書稱爲年鑑,但非每年出版。自1981年始刊,至今(1992年)共出版兩次,均由『國立中央圖書館』編印。

1981年出版的第一次『臺灣地區圖書館年鑑』,正文共分6章:(1)『中國圖書館』事業發展;(2)臺灣地區圖書館事業現況;(3)圖書館教育;(4)圖書館學研究;(5)圖書館團體;(6)圖書館事業大事記。除正文外另有附錄兩種:(1)圖書館法令;(2)圖書館標準。其中以第二章的篇幅最大,約佔全書之半,因其爲整個臺灣地區的圖書館名錄,具有單獨使用的參攷價值,故於1980年以『臺灣地區圖書館事業現況調查』爲名,先行單獨印行。

第二次『臺灣地區圖書館年鑑』於1988年底印行,與第一次出版的整整相隔了7年。這次印行的共分12章,但無附錄,各章標題爲:(1)圖書館事業發展概述;(2)圖書館事業現況調查分析;(3)圖書館教育;(4)圖書館學研究;(5)圖書館自動化作業;(6)圖書館團體;(7)圖書館學術合作與交流;(8)圖書館事業大事記;(9)圖書館調查錄;(10)圖書館學書目提要;(11)圖書館學術論文彙編;(12)圖書館相關法規標準。在以上12章中,以第9章『圖書館調查錄』最爲重要,亦最具參攷價值。除中小學圖書館外,此一調查錄包括臺灣地區的各類型圖書館,計有:

1. 『國家』暨公共圖書館184所
2. 大專院校圖書館119所
3. 專門圖書館218所

每一圖書館著錄的資料包括:館名,地址,電話,歷史沿革,負責人,組織,人員,館舍,經費,館藏數量,分類編目制度,服務對象,閱覽時間,推廣服務,出版品,館藏特色等。以上各項資料,並非每館皆有,凡未填報者均略而不提。又凡1980年以後新設之圖書館或新建館舍,均於本章前酌附館舍照片,這一部份對於近年臺灣地區圖書館建築的型態,頗有參攷價值。

另一值得參攷的部份,爲第11章『圖書館學論文彙編』,收錄1980年以來臺灣地區出版之圖書館學及資訊科學專業期刊之篇目,以及舉辦之有關研討會或編印之論文集目次。收編之期刊包括『「國立中央圖書館」期刊』、『臺北市立圖書館館訊』、『圖書館學刊』(臺大)、『圖書館學刊』(輔大)、『書府』、『圖書館學與資訊科學』、『教育資料與圖書館學』、『書農』、『「中國圖書館學會」會報』及美國資訊科學學會臺灣分會翻譯資料,計10種,另加研討會論文集或實錄17種,共27種,有助於瞭解臺灣地區近年對圖書館學及資訊科學研究的概況與趨勢。

原載胡述兆總編輯『圖書館學與資訊科學大辭典』(臺北市:漢美,1995),頁319

『中華圖書資訊學教育學會』

該會於 1992 年 6 月在臺北成立，英文名稱為『Chinese Association of Library and Information Science Education』，簡稱『CALISE』。成立宗旨在研究、發揚、促進圖書資訊學教育，其任務有六：（1）研究與推廣圖書資訊學教育；（2）研討圖書資訊學學制與課程；（3）促進圖書資訊學教育方法與經驗之交流；（4）推動學用合一及專才專用制度；（5）增進圖書資訊學教育之國際合作；（6）其他符合本會宗旨之事項。

會員分為個人會員、團體會員及贊助會員三種。凡圖書資訊學教育人員，對圖書資訊學及其相關學術有研究或有興趣者，對圖書資訊學教育有貢獻者，或修習圖書資訊學及相關學科之在校學生，得為本會個人會員。凡贊同本會宗旨之圖書資訊機構或團體，得為本會團體會員。凡熱心圖書資訊學教育，贊助本會活動之個人或團體，得為本會贊助會員。

該會以會員大會為最高權力機構，會員大會閉會期間由理事會代行職權，監事會監察會務。理事會由會員大會選舉理事九人、候補理事三人組織之。理事會置常務理事三人，由理事互選之，並由理事就常務理事中選擇一人為理事長。理事長對內綜理督導會務，對外代表本會，並擔任會員大會及理事會議主席。監事會由會員大會選舉監事三人、候補監事一人組織之。監事會置常務監事一人，由監事互選之，監察日常事務，並擔任監事會主席。理事會之日常事務由秘書長及副秘書長負責處理，秘書長及副秘書長均由理事長提名，經理事會通過後聘任之。為使其成立之宗旨與任務得以具體落實，該會在理事會下設有課程發展、教學研究、學術發展、學術交流及會員發展五個委員會。

該會之活動頗多，在成立之第一年中，即曾舉辦幾項重要研討會。1993 年 3 月 22 日，在『國立中央圖書館』國際會議所舉辦『圖書資訊學教學研討會』，除本會會員全體參加外，並有來自大陸的莊守經、陳譽、周文駿、彭斐章、史鑒、王振鳴六位館長與教授參與研討。4 月 23 日至 24 日，在『國立臺灣師範大學』圖書館舉辦『主題標目研討會』，除邀請旅美主題專家麥麟屏教授主講外，並有臺灣多位主題專家擔任主講及座談，報名參與研討者 140 餘人，情況極為熱烈。同年 12 月 12 日至 15 日，該會與華東師大在上海聯合主辦『海峽兩岸圖書資訊學術研討會』，有兩岸百餘專家學者與會，此為兩岸圖書館界第一次聯合舉辦研討會，乃兩岸學術交流史上一大突破。

為傳佈會務動態及提供會員聯繫之管道，該會特編印『會務通訊』，每年兩期，免費分送全體會員。

原載胡述兆總編輯『圖書館學與資訊科學大辭典』（臺北市：漢美，1995），頁 317

巴西的圖書館（Libraries in Brazil）

巴西是拉丁美洲幅員最大的國家，位於南美洲的中部，東臨大西洋，除智利與厄瓜多爾兩國外，與所有其他南美國家為鄰，面積 852 萬平方公里，人口 1 億 5,000 萬（1988 年統計），官方語言為葡萄牙文，也是南美唯一講葡萄牙語的國家。

巴西最早的圖書館為 16 世紀中葉由耶穌會創辦的中小學圖書館。國家圖書館成立於 1810 年。1811 年始建立第一所公共圖書館。高等教育發展較晚，20 世紀以後始有綜合大學，故大專院校圖書館歷史都甚短。專門圖書館多附屬於大學，而以法學、醫學、工程、農藝等圖書館較為有名。除國家圖書館另有專條介紹外，以下就巴西的公共圖書館與大專圖書館分別略作說明。

自第一所公共圖書館於1811年在巴希亞（Bahia）成立後，在19世紀末，全國已有12個州擁有公共圖書館。至20世紀初葉，公共圖書館已普及到各州首府及主要城市。1930年文化部成立後，由於其主要目的是推動全國圖書館事業與文化服務，更促成公共圖書館，特別是兒童圖書館與音樂圖書館的蓬勃發展。此一運動的特點，是將公共圖書館與各大城市的文化中心相結合，例如聖保羅文化中心（Cultural Complex in São Paulo）就包括三個不同的圖書館。巴西的公共圖書館均係州立，只有聖保羅市的 Mario de Andrade Library 為市立，這是唯一的例外。該館成立於1925年，為拉丁美洲最著名的圖書館之一，1951年聯合國教科文組織（Unesco）曾指定其為『拉丁美洲公共圖書館服務發展會議』的會址。

巴西的大專院校圖書館數逾1,000，但綜合性的大學並不多，第一所綜合性的大學為里約熱內盧大學（Universidade de Rio de Janeiro），成立於1920年，規模不大，至今（1990年）館藏資料不過40萬冊。巴西最大的大學為聖保羅大學（Universidade de São Paulo），成立於1934年，全校共有50多個系所，館藏資料200多萬冊。以上兩所大學均採分散式管理，故複本甚多。1962年成立的巴西利亞大學（Universidade de Brasilia），是唯一採用集中式管理的大學圖書館，現在藏書50多萬冊，期刊7,080種，每天開放23小時。

巴西的圖書館專業組織，以1938年成立的聖保羅圖書館員學會（São Paulo Librarians Association）為最早，全巴西的此類圖書館員學會共有14個，分散於各州。為加強各州圖書館員學會的聯繫，1959年成立了全國性的巴西圖書館員學會聯盟（Brazilian Federation of Librarians' Associations），總部設於聖保羅。圖書館教育界亦有學會，名為巴西圖書館學與文獻學教育學會（Brazilian Association of Schools of Library Science and Documentation），成立於1967年，總部設於 Belo Horizonte。

原載胡述兆總編輯『圖書館學與資訊科學大辭典』（臺北市：漢美，1995），頁159

巴西國家圖書館（Brazilian National Libraries）

巴西的國家圖書館有二：一是國立里約熱內盧圖書館（National Library of Rio de Janeiro），是一個綜合性的國家圖書館；另一為國立農業圖書館（National Agricultural Library），乃一專門性的國家圖書館。

國立里約熱內盧圖書館，原名皇家圖書館（Royal Library），成立於1810年，原始館藏60,000冊，都是來自葡萄牙的圖書及手稿。1807年，葡萄牙國王唐福奧六世（Don João Ⅵ）為逃避法王拿破侖一世（Napolean Ⅰ，1769—1821）的侵襲，決定將其朝廷遷往巴西，並於1808年定居里約熱內盧，除成立皇家圖書館收藏其帶來的珍貴圖書與手稿外，並在當地建立了許多教育與文化設施。拿破侖失敗後，唐福奧六世遷回西班牙，但將他的王子唐彼得羅（Prince Don Pedro）留任巴西攝政王，故皇家圖書館及其他文教設施均未隨同搬遷。1822年，攝政的唐彼得羅宣布脫離葡萄牙獨立，皇家圖書館乃成為巴西政府的財產,並於1825年改名爲帝國公共圖書館（Imperial and Public Library），1878年改稱現名。巴西宣布共和後,葡籍末代皇帝唐彼得羅二世（Don Pedro II）並將其私藏圖書50,000冊捐贈給該圖書館。該館現有（1990年）館藏包括：

圖書	3,892,110 冊
手稿	657,700 件
期刊	40,000 種
樂譜	100,000 件
圖像及圖片	200,000 件（包括地圖25,645件）
珍善本	60,000 冊

自1847年以來,該館爲巴西出版品法定呈繳圖書館,並負責出版國家書目（Boletim Bibliografico）,登錄巴西境內所有出版物,每年發行兩次。近年並與教育文化部資訊中心合作,用電腦制作印行國家書目。該館也是國際標準圖書號碼（International Standard Book Number,簡稱ISBN）巴西境內的執行機構。

國立農業圖書館位於巴西新都巴西利亞（Brasilia）,成立於1978年,係根據巴西農業部與聯合國糧農組織（Food and Agriculture Organization,簡稱FAO）的一項協定而設置,除爲國際農業科技資訊中心的一個單元外,並對巴西農業界提供專題選粹（SDI）服務。

原載胡述兆總編輯『圖書館學與資訊科學大辭典』（臺北市：漢美,1995）,頁161

世界百科全書（*World Book Encyclopedia*）

『世界百科全書』第一版於1917年問世,全書共8冊。現版已增至22冊,14,000多頁,共有20,000個條目、29,000幅插畫（其中14,000爲彩色）,地圖2,300幅。

該書以美國中小學讀者爲主要對象,一般家庭及圖書館員、中小學教員,乃至專業人員,亦多用作基本參攷工具書,故知名度甚高。主要條目係根據該公司在美國與加拿大地區四五百所中小學教室,對學生測試出的實際需要,並配合美加兩國中小學的課程標準而精心設計。行文則以不超過戴爾（Edgar Dale）所釐訂的44,000個簡易字彙的範圍,故內容均簡潔易懂,加以彩色插圖特多,印刷精美,看起來生動活潑,賞心悅目,爲當前美加地區最受歡迎的少年百科全書。

該書的最大特點,爲其最後一冊（第22冊）中的研究指南與索引（Research Guide/Index）,包括三部份：（1）對全書綜合性的主題索引；（2）指導讀者作研究的方法；（3）另有200多項閱讀與指導計劃,告訴讀者如何規劃一項所派定的工作,如何找尋資訊,如何找到適當的圖書與論文,如何從事研究,如何參加及主持面試,及如何作口頭與書面報告書,無不應有盡有。

它的第二個特點,是其修改的方式,一般百科全書都是多年修改一次,該書則是每年修改,因此除了經常擁有3,000多位撰稿人與顧問外,並維持了一個龐大的編輯部。它每年雖也發行『世界百科全書年鑑』（*The World Book Year Book*）,但其主要目的不在保持原書的新穎度,而在報導世界各地的主要新發展。

最後值得一提者,爲該書有大字版及點字版的印行,使老年人與視障讀者亦能利用參效，也因此而增加了極大的銷路。

原載胡述兆總編輯『圖書館學與資訊科學大辭典』（臺北市：漢美，1995），頁389

世界圖書館學校與文獻處理訓練課程指南
(*World Guide to Library Schools and Training Courses in Documentation*)

　　本書係由巴黎的聯合國教科文組織出版部（Unesco Press）及倫敦的Clive Bingley出版公司聯合出版，初版於1972年印行，再版於1981年印行。全書分爲四部份：緒言、學校名稱及課程、附錄及國家與學校所在地的地名索引。全書共549頁。

　　本書的主要目的，是對有志於成爲圖書館員、文獻處理員及檔案管理員者，提供世界各國學校或訓練機構開授的有關課程及相關資訊。所有資料先依國家名稱的字順排列，再依學校或訓練機構的字順排列。在主要國名之下先作簡短說明，再依次介紹其境內的相關系所。每一系所的資料分爲下列各項：

　　地位（Status）：該系所在所在大學所佔的地位。

　　開授課程的類型（Main Fields of Study）：圖書館學，資訊科學，文獻處理，檔案管理等。

　　教學的層級及授予的學位或證件（Teaching Levels and Diplomas Awarded）：大學本科、研究所碩士班、研究所博士班，或其他訓練計劃；授予學位的名稱或證件。

　　入學要求（Admission Requirements）：是否須有學士學位、GRE及推薦信，外國學生之入學是否須有TOEFL，博士班入學之特定要件，非學位訓練計劃之入學有無資格限制等。

　　畢業年限（Duration）：各種學位之完成時間及最後年限，非學位訓練計劃所需之時間等。

　　主要課程內容（Content of Courses）：各種學位必修課程之名稱，但此項詳簡不一，有的全都列舉，有的部份列舉，有的全無。

　　其他資料（Other Information）：如專兼任教員之數目，圖書館擁有之專業圖書及期刊數量，每年畢業之學生數，歷屆畢業之學生數，及有無對畢業校友提供再教育課程等。

　　本書的最大特點，是對西方各國的學校，名稱多用其本國的原文，但對其所作的介紹則用英文或法文。其主要的缺點是資料不全，因全部資料均係根據問卷調查，問卷未送回者均從缺，且各校的資料詳簡不一，有的很詳細，有的極簡單。

原載胡述兆總編輯『圖書館學與資訊科學大辭典』（臺北市：漢美，1995），頁397

印度的圖書館（Libraries in India）

　　印度位於中國的西南邊，面積3,064,063平方公里，人口約8億5,000萬（1990年估計），官方語言爲印度文及英文。

印度最早的圖書館均在寺廟中或宮廷里，中世紀以前尚無公共圖書館，現代意義的圖書館始於 19 世紀中葉。20 世紀以後圖書館事業頗爲發達，現有 4 個國立圖書館（參見印度國家圖書館），4,600 多個大專院校圖書館，17,000 多個公共圖書館，大約 100,000 個學校圖書館，及 170 多個主要的專門圖書館。

　　一般而言，印度圖書館的館藏量均不多，在 4,600 個大專院校圖書館中，約有 140 個爲大學圖書館，其中以加爾各答大學（University of Calcutta）、孟買大學（University of Bombay）、德里大學（University of Delhi）、馬德拉大學（University of Madras）諸校較爲有名，但館藏量均未超過 100 萬冊。著名的學院如總統學院（Presidency College）、梵文學院（Sanskrit College）、蘇格蘭教會學院（Scottish Church College）等，均有 150 年以上歷史，但圖書館的藏書均不過 10 萬冊。

　　公共圖書館始於 19 世紀，1947 年獨立後大事擴展。時至今日，在全國 22 個州及 9 個區域中的主要城鎮與鄉村均有圖書館。爲支援公共圖書館的發展並建立全國圖書館系統，印度政府於 1972 年設立了一個圖書館基金會（Raja Rammohun Roy Library Foundation）。至 1980 年中期，受到其資助的圖書館，包括 27 個州及區域的中央圖書館、386 個區圖書館及 14,856 個鄉村圖書館。

　　印度的專門圖書館甚多，但較重要者只有 170 多個，而且大多數與政府研究機構有關，主要的專門圖書館如印度地質研究中央圖書館、印度植物研究圖書館、印度動物研究中央圖書館、印度農業研究所圖書館等，均受到政府的資助。此外，印度世界事務委員會圖書館及亞洲學社圖書館（Library of the Asiatic Society）亦頗有名，後者係由瓊斯爵士（Sir William Jones）於 1784 年創立，爲加爾各答最老的圖書館。

　　印度的全國性圖書館專業學會有三，即 1933 年成立的印度圖書館學會（Indian Library Association）、1955 年成立的印度專門圖書館暨資訊中心學會（Indian Association of Special Libraries and Information Centres）及 1966 年成立的印度圖書館學會聯盟（The Federation of Indian Library Associations）。印度圖書館學會的主要出版品爲 *Indian Library Association Bulletin* 及 *Subject Headings in Hindi*。

原載胡述兆總編輯『圖書館學與資訊科學大辭典』（臺北市：漢美，1995），頁 539

印度國家圖書館（National Library of India）

　　印度國家圖書館的前身，是於 1903 年在加爾各答（Calcutta，當時的印度首都）成立的帝國圖書館（Imperial Library），1948 年改爲現名。

　　依 1954 年通過的該國『圖書期刊強制存放法』（*The Compulsory Deposit of Books and Periodicals Act*）的規定，該館爲印度圖書館期刊出版品四個法定存放圖書館之一，其餘三個爲馬德拉的康納馬拉圖書館（Connemara Library）、孟買的中央圖書館（Central Library）及德里公共圖書館（Delhi Public Library）。

　　由於過去的帝國圖書館係合併加爾各答公共圖書館（Calcutta Public Library）及帝國秘書處圖書館（Imperial Secretariat Library）而成，所以現在的國家圖書館仍具有公共圖書館與政府圖書館的特質。凡印度公民年滿十八歲，均可獲得閱覽證及借書證，不過外借資料以印刷的圖書爲限，並須繳納保證金，各級政府官員則不需保證金即可借閱資料。此外，該館亦提供國內外的館際互借服務。

根據1990年的統計，該館的館藏資料為4,245,000冊（件），內含國內外政府出版物百餘萬冊，地圖80,000多件，印度本國珍本3,000種，15世紀至18世紀歐洲各國出版的珍本2,000多冊，手稿3,800種，縮影資料12,000種。每年的進書量，以1983年為例，計收呈繳圖書16,660冊，期刊15,000件；購買圖書3,302冊，訂購期刊763種；捐贈圖書5,000冊；國外交換圖書6,761冊。該館有500個閱覽座位，每日進館讀者平均約1,000人次。1983年3月擁有該館借書證者30,650人，閱覽座位證者7,396人。

該館隸屬於教育文化聯合部（Union Ministry of Education and Culture），1976年通過的『印度國家圖書館法』（*The National Library of India Act*），曾賦與該館自主權，但至1985年尚未實施。全館有工作人員（1983年）783人，其中擁有圖書館學位及證件的專業人員206人。

除國家圖書館外，印度尚有三個專門性的國立圖書館，此即國立科學圖書館、國立法學圖書館及國立醫學圖書館，三者均在新德里。三館之中以國立醫學圖書館（National Medical Library）較為有名，它成立於1966年，係由印度醫學服務總署圖書館改組而成，擁有圖書十餘萬冊，期刊12,000種。

『印度國家書目』（*Indian National Bibliography*）始於1956年，係由國家圖書館館長兼任館長的中央參攷圖書館（Central Reference Library）負責編制。除國家書目外，該館亦負責出版『印度期刊索引』（*Index Indiana*），每年出版四期。

原載胡述兆總編輯『圖書館學與資訊科學大辭典』（臺北市：漢美，1995），頁540

西景出版公司（Westview Press）

西景出版公司於1975年成立，創辦人為美國著名出版家普雷格（Frederick A. Praeger）。他原是紐約普雷格出版公司（Praeger Publishers）的創辦人及發行人，因與股東意見不合，乃脫離該公司，另組西景出版公司，自任發行人兼總編輯，並將其遷往科羅拉多州的Boulder，也就是該公司現在的總部所在地。

該公司出版的計劃甚多，範圍甚廣，但以社會科學及應用科學方面的著作為優先攷慮，涵蓋政治、軍事、經濟、社會、歷史、哲學、國際關係、區域研究、農藝、生物、能源、環保、生命科學、地球科學等學科的大學教科書、參攷書以及各種專業學會的論文集等。

為保證其出版品的品質，該公司與200多個世界著名的大學、研究機構、基金會、專業學會等簽訂著作出版計劃，例如約翰霍普金斯大學的國際關係叢書、布朗大學的人口發展叢書、加州大學的比較國際政治叢書、喬治鎮大學的戰略研究叢書、威斯康辛大學的美國地理叢書、以色列特拉維夫大學的中東研究叢書、智利大學的拉丁美洲國際關係叢書等，均係在合作計劃下由該公司出版。

自1975年成立以來，該公司已出版2,000多種圖書，1987年的出版量為275種。其行銷網甚廣，除在歐洲、南美、非洲、中東等地有固定的經銷商外，在亞洲的日本、韓國、新加坡、馬來西亞、菲律賓及中國大陸、香港等國家與地區亦有代理商。

原載胡述兆總編輯『圖書館學與資訊科學大辭典』（臺北市：漢美，1995），頁2540

佛羅里達州立大學圖書館與資訊研究所
(School of Library and Information Studies, The Florida State University)

該所為已故美國著名圖書館學家薛爾斯（Louis Shores）所創設。1947 年成立時，原名圖書館學研究所（School of Library Science），招收大學畢業生，授予圖書館學碩士學位（M. L. S.）。1968 年設立博士班，為當時美國南部各州第一個授予博士學位（Ph. D.）的圖書館學研究所。1969 年 1 月設立高級圖書館碩士班，亦為南部各州授予此一學位（Advanced Master's Degree，簡稱 A. M. D.）之首創。該所現為一完整的圖書館學與資訊科學研究所，包括碩士、高級碩士、博士及教育媒體專家（Educational Media Specialist）等各種教學計劃。

碩士班的基本入學資格有三：

一、在已認可之大學院校畢業得有學士學位者；

二、大學之畢業成績平均為 B；

三、GRE 成績最少為 1,000 分。

碩士課程有二種：

一、過去未唸過圖書館學的碩士班學生，至少應修完 38 學分；

二、已完成大學部圖書館學課程並有圖書館工作經驗的碩士班學生，只須修完 34 學分，另以一篇論文抵充 4 學分。

碩士班學生無外國語與學科攷試的要求，只要於七年內修完所規定的學分，各科成績平均在 B 以上，即取得碩士學位。

博士班的入學資格包括：

一、在已認可的圖書館學研究院取得碩士學位，其畢業成績的 GPA 在 3.4（4.00 為滿分）以上者；

二、GRE 成績在 1,000 分以上；

三、有二年以上碩士後的專業圖書館員經驗；

四、已完成 4 學分以上研究院程度的統計學；

五、三封以上推薦信。

其畢業要求為：（一）全時研究（Full-time Study）至少連續二學期，每學期至少選修 12 學分；（二）修畢 30 學分以上；（三）完成外國語要求；（四）通過學科攷試（一般為四門）；（五）完成博士論文並通過論文口試。凡於七年內完成上列要件者，即授予哲學博士學位（Ph. D.）。

高級碩士班的入學資格與博士班相同，但無外國語、學科攷試及論文的要求，只須修完博士班階段的課程 30 學分，即取得學位。此一教學計劃屬專業進修性質，無全時研究要求，並得利用暑期班完成。

該所擁有專為圖書館學與資訊科學教學而設計的新建獨幢院舍，設備新穎而齊全，包括：教室；各種實習室（資訊科學實習室，編目實習室，圖片製作實習室，參攷服務實習室，研究實驗室）；教員研究室；辦公室及專業圖書館。該所圖書館現有專業圖書資料 70,000 多冊，期刊 450 種。

原載胡述兆總編輯『圖書館學與資訊科學大辭典』（臺北市：漢美，1995），頁 765

芝加哥大學出版社寫作與出版手冊
(*The Chicago Manual of Style*)

　　本手冊第一版於 1906 年問世，係彙集芝加哥大學出版社（University of Chicago Press）有關審稿、編輯、印刷及出版的各種規格而成。最初係為了方便該出版社內部工作人員的作業，其後各大學的論文寫作及一些出版社相繼採用，廣為發行。至 1982 年止，已印行十三版，現已成為論文寫作與出版界的最重要參攷工具。因其知名度甚高，常簡稱為『芝加哥手冊』（*The Chicago Manual*）。

　　本書分為三部份：第一部份稱為圖書製作（Bookmaking），分別說明一本書的構成要件，手稿的寫作與編輯，校對的程序、項目、改錯及使用的符號，版權的申請、登記、保護及侵害的救濟。第二部份為規格（Style），包括標點符號之種類及其應用，字句的處理，人名與專有名詞之使用，數序的用法，外國語使用情形及限制，引用他人文句的方式，圖表與插圖的制作與標注，縮語的種類與使用，參攷資料的用法，註釋與書目之格式與使用，索引的編製方法等。第三部份為出版與印刷（Production and Printing），包括版面的設計，字形的選擇與編排，排版的種類，印刷的技術，以及裝訂的技術、規格與種類。書後有名詞解釋、參攷書及全書索引。

　　這本手冊的最大特色是圖例多，解釋清楚，使人易於採用。這些圖例包括版權頁的各種形式舉例，目次排列的各種格式，手稿編輯實例，校對改錯及各種符號使用的例示，各種圖表格式及標注方法，各類圖書資料的書目格式，引用各類資料的註釋方法，印刷與裝訂的相關圖例。另一特色是提供做索引的方法，詳細說明索引的種類，索引的步驟，及編制索引的基本原則，這一部份佔 47 頁，為本書重點之一。

　　最後值得一提者，是杜雷賓（Kate L. Turabian）的『博士論文、碩士論文與學期報告著者手冊』（*A Manual for Writers of Term Papers, Theses, and Dissertations*），這本手冊的基本規格是以『芝加哥手冊』為基礎，也可以說是它的簡編。由於『芝加哥手冊』編幅甚大（全書 738 頁），參攷時稍嫌繁瑣，故很多大學的博碩士論文格式，多採用杜雷賓的手冊。臺大圖書館學系博碩士論文英文參攷資料的書目與註釋格式，亦以此一手冊為準。這本手冊至 1987 年已發行第五版。

　　原載胡述兆總編輯『圖書館學與資訊科學大辭典』（臺北市：漢美，1995），頁 877—878

附有著者傳記的書目（Biobibliography）

　　附有著者傳記的書目通常包括兩部份，第一部份介紹著者的生平，第二部份列舉著者的著作。這種書目有的係以一個人的生平與著作為限，如『馬克·吐溫：其人與其著作』（*Mark Twain: The Man and His Works*），『漢明威綜合書目』（*Ernest Hemingway: A Comprehensive Bibliography*），『莎士比亞分類書目』（*A Classified Shakespeare Bibliography*）等。有的則係著者傳記與書目合輯，如『中央研究院』編印的『「中央研究院」院士及研究人員著作目錄』，『國立中央圖書館』編印的『「中華民國」當代文藝作家名錄』，夏楚編的『作家與作品』，陳澄之編而由紐約的東方學社（Oriental Society）出版的『中國作家傳記暨書目辭典』（*A Biographical & Bibliographical Dictionary of Chinese Autchors*）等。

值得注意者，附有著者傳記的書目與傳記書目有別，前者係書目中附有著者的傳記，後者係書目中每一本著作都是傳記，也就是 Bibliography of Biographies，故 Biobibliography 不可譯為傳記書目。

原載胡述兆總編輯『圖書館學與資訊科學大辭典』（臺北市：漢美，1995），頁 874—875

附錄（Appendix）

凡具有參攷價值之相關資料、文件或圖表，不適於刊載於正文，而附於書後或文後，以便讀者利用者，謂之附錄。常見於附錄中之資料，多為與正文有關之圖表（Illustrations；Tables），統計數據（Statistical Data），按年代記載的大事記（Chronology），問卷全文（Full Text of Questionnaire），訪問紀錄（Record of Interview），複印之原始文件（Copy of Original Document）等。

附錄只有一件時，不必編號；附錄不只一件時，則每件須加編號，如附錄一、附錄二、附錄三等。附錄中之資料，除須將名稱列舉於目次（Table of Contents）之後外，並須於相關正文之後，註明『參見附錄……』或『詳見附錄……』，以便讀者參閱利用。

原載胡述兆總編輯『圖書館學與資訊科學大辭典』（臺北市：漢美，1995），頁 875

南洋理工大學圖書館（新加坡）
（Nanyang Technological University Library）

南洋理工大學成立於 1981 年，是新加坡的第二個最高學府，現有師生 13,000 人，其圖書館包括二部份，稱為第一圖書館（Library I），第二圖書館（Library II），及 NIE 圖書館。

第一圖書館位於裕廊校區（Jurong Campus）的北端，是於 1986 完成的一幢現代化建築，樓層面積 5,000 平方米，座位 1,300 席，現有藏書 140,000 冊，期刊 2,230 種。館藏特色以科技為主，而以電腦與工程方面為最強。

第二圖書館位於裕廊校區的統計與商業學院大樓的左翼，共佔四層樓，面積 3,500 平方米，閱覽座位 1,100 席，現有藏書 90,000 冊，期刊 1,870 種。館藏資料以人文社會科學為主，而以經濟學、統計學、管理科學及商業與商事法等方面為最強。

NIE 圖書館位於該校的 Bukit Timah 校區，是一幢三層樓的建築，樓層面積 3,000 平方米，有 480 個閱覽座位，館藏資料以教育方面為主。

根據 1994 年統計，三館共有圖書 250,000 種，約 400,000 冊，現訂期刊 4,500 種。全館均已進入自動化作業，而以 ATLAS 系統連結三館，對全校師生提供借閱與咨詢服務。該系統現有終端機 1,400 臺，微電腦 2,000 臺。

原載胡述兆總編輯『圖書館學與資訊科學大辭典』（臺北市：漢美，1995），頁 1013

哈佛大學圖書館（Harvard University Library）

哈佛大學爲美國最古老的大學，成立於 1636 年，其創辦人爲移居美國的英國牧師約翰・哈佛（John Harvard，1607—1638）。1638 年哈佛病逝，將其私人藏書 329 種，共 400 冊，遺贈給哈佛大學（時稱哈佛學院），哈佛大學圖書館即於是年成立。

在哈佛大學的最初 100 多年中，其圖書館的發展甚慢，1764 年時全部館藏僅約 5,000 冊。是年 11 月發生大火，除 404 冊幸免燒毀外，其餘均付之一炬。

但重建工作頗爲迅速，兩年後（1766）館藏又達 4,350 冊。大體言之，19 世紀中葉以前，館藏資料多係捐贈而來，1850 年以後始有購書計劃。根據該館紀錄，1856 年其總館藏書已達 100,000 冊，另有數萬冊分藏於法學院，醫學院及神學院的圖書分館中。

1869 年，艾略特（Charles William Eliot）就任校長後，對圖書館特別重視，在 1870 年至 1890 年之間，他爲圖書館募得的基金達 700,000 美元。由於經費充裕，圖書館的單位與館藏資料的成長均極爲迅速. 至 19 世紀末年，哈佛已有 37 個圖書館，全部館藏超過 500,000 冊，爲當時世界十大圖書館之一。

1910 年，柯立芝（Archibald Cary Coolidge）就任館長後，該館又有重大的發展。他除繼續充實英文資料外，特別加強外文資料的蒐藏。在他於 1928 年去世前，他爲哈佛蒐藏的外文資料，包括法文、德文、意大利文、西班牙文、俄文、斯拉夫文、波蘭文、土耳其文，及瑞典、挪威、丹麥等國文字的資料，達 10 餘萬冊。不僅如此，他並於 1927 年與中國著名的教會大學燕京大學合作，成立『哈佛燕京圖書館』（Harvard-Yenching Library），專門收藏中國及東亞資料。

根據 1991 年統計，該館有圖書 12,000,000 餘冊；新舊期刊 10 餘萬種；縮影資料 5,500,000 件；戲劇、劇院、海報、圖片等資料 5,000,000 冊（件）；藝術資料 1,500,000 件；地圖 500,000 幅；唱片 38,000 張；其他視聽及電腦軟體資料尚不包括在內。

就經費與人員而言，該館 1991 年的圖書期刊購買費爲 11,900,000 美元，員工薪水 33,800,000 美元，每年預算爲 58,500,000 美元。全館館員有 1,100 人，其中 350 人爲專業人員，專業館員中有 14% 擁有博士學位。這些專業館員有 17 位編目主任，72 位編目員，11 位參攷服務主任，39 位參攷服務員，54 位學科專家。

該館採分散管理制，分館館長均直接受所在院系首長的指揮監督，但全校有館長委員會，由總館館長任召集人，定期集會，協調全校圖書館事務。總館館長原先直接對校長負責，自 1992 年起，改向新設立的主管教務的副校長（Prorost）負責。

原載胡述兆總編輯『圖書館學與資訊科學大辭典』（臺北市：漢美，1995），頁 1072

哈樂德的圖書館員辭彙（*Harrod's Librarians' Glossary*）

此一辭典的全名原爲『*Librarians' Glossary of「Terms Used in Librarianship, Documentation and Book Crafts」and Reference Book*』，因原編者爲 Leonard Mentague Harrod，已於 1984 年去世，爲表揚他對此書的貢獻，故將他的姓氏冠於書名之前，用資紀念。

此書第一版於 1938 年問世，全文僅 176 頁，其目的在對欲參加英國圖書館學會（The Library Association）所舉辦圖書館員專業資格檢定攷試者，提供基本的專門名詞參攷資料。自 1938 年至 1990 年，該書業已印行七版，前四版的編者爲哈樂德自己，自第五版（1984年）開始由里茲大學（Leeds Polytechnic）教授 Ray Prytherch 接手。

最新版包含的辭目約爲 10,000 條，此版修改的幅度甚大，修改的辭目包括機關辭目 700 多條，一般辭目 2,000 多條；增加的辭目達 800 多條，超過 30,000 字。修改與增訂的部份，主要爲電腦用語、資料庫、資訊網路及資訊科學方面的最新名詞。名詞解釋的詳略，相差很大。有的僅有幾個字，如"Bibliopogist"解釋爲"A bookbinder"（圖書裝訂者）；"Bioliopolist"解釋爲"A bookseller"（圖書銷售者），原文均僅兩字；又如"Annotate—to make an annotation"，原文的解釋僅有四字，"Artotek—a picture and art library"，原文的解釋僅有五字。有的則長達一、二千字，如"Type Face"（字體）的解釋及樣本多達四頁，約 2,000 字，也是全書最長的一條辭目；又如："Paper Size"的解釋約佔三頁，1,500 字，"Parliamentary Publications（UK）"的解釋約有 1,000 字，"IFLA"的解釋約有 500 字，都可說是長條目。不過，一般辭目多僅數行，未超過 100 字；實際上，50 字左右的辭目，可能佔一半以上。

值得注意者，此一辭典的編者爲英國人，並在英國出版（Gowey Publishing Company），故多數辭目以適於英國圖書館員的需要爲主，此在機關與專業組織方面的辭目尤其如此。

原載胡述兆總編輯『圖書館學與資訊科學大辭典』（臺北市：漢美，1995），頁 1079

威爾遜公司（H. W. Wilson Company）

威爾遜出版公司位於美國紐約市的布朗士（Bronx），自 1898 年創立以來，即以出版圖書館的參攷工具書爲志向。目前出版的範圍包括索引、目錄、專著、期刊、資料性錄影帶、磁帶、唯讀記憶光碟（CD-ROM）、電腦軟體及線上檢索系統等，均與圖書館學及資訊科學有關。1991 年該公司出版的專業性在版圖書有 180 種，另有 7 種新出版品。

在該公司出版的有關圖書館學與資訊科學專業圖書中，又以索引最爲有名，除『讀者期刊文獻指南』（Reader's Guide to Periodical Literature）外，其餘索引主要者如下：

『圖書館文獻』（Library Literature）
『教育索引』（Education Index）
『藝術索引』（Art Index）
『戲劇索引』（Play Index）
『短篇小説索引』（Short Story Index）

『生物與農業索引』（Biological and Agricultural Index）
『應用科學與技術索引』（Applied Science and Technology Index）
『傳記索引』（Biography Index）
『人文學索引』（Humanities Index）
『社會科學索引』（Social Science Index）
『一般科學索引』（General Science Index）
『書目索引』（Bibliographic Index）
『書評摘要』（Book Review Digest）
『商業期刊索引』（Business Periodicals Index）
『法學期刊索引』（Index to Legal Periodicals）
『國際英文出版圖書索引』（Cumulative Book Index）
『豎立檔案索引』（Vertical File Index）

以上各種索引大多數已有『唯讀記憶光碟』（CD-ROM）產品，對圖書館讀者提供了更多的便利。

此外，該公司尚出版一種重要期刊，名為 Wilson Library Bulletin，這是一種有關圖書館學與資訊科學的月刊，每期除有圖書館學專論及圖書館界消息外，並有書評欄，專門介紹新近出版的參考書。每期評介的參考書在 20 種至 30 種之間，評語甚短，每則僅有 75 至 100 字，均由該欄編者自己執筆。由於此一書評專欄的歷任編輯皆為圖書館界的知名之士，故其短評頗具權威性。

原載胡述兆總編輯『圖書館學與資訊科學大辭典』（臺北市：漢美，1995），頁 2515

指令統購（Blanket Order）

指令統購亦稱全盤訂購，是圖書館採購圖書的方法之一。

所謂指令統購，是由圖書館與特定出版社訂立買書合約，由圖書館規定購買圖書的類別及最高價格的限度，凡在所指令的圖書類別及價格限度範圍內的新書，不論多少，全部購買。這種購買有兩個先決條件：一是訂約的出版社，聲譽卓著，對其所出版之某類圖書，更是有口皆碑，可以信賴，無須逐一選擇，即可全數購買。另一是買書的圖書館，通常是經費充裕的大型圖書館，或某一類型的專門圖書館，前者多迎合各種讀者的廣泛興趣與需求，後者在建立館藏特色或充實其特有館藏，均有大量採購的必要。不過圖書館的經費畢竟有限，如其中有些價格特昂，超出其預算範圍，亦無法購買，故在這種購買方式簽約時，圖書館常規定最高價格限度，任何特定圖書超出其所規定的限度，必須事先徵得圖書館的同意後，才能寄書。

原載胡述兆總編輯『圖書館學與資訊科學大辭典』 （臺北市：漢美，1995），頁 1025—1025

柯利爾百科全書（*Collier's Encyclopedia*）

　　『柯利爾百科全書』的聲譽，在美國僅次於『大英』與『大美』，排名第三。它是第二次世界大戰以後的產物，初版於 1949 年問世，共 20 冊。現版為 24 冊，2,100 多萬字，插圖 17,000 幅，全書共有 25,000 個條目，分別由 5,000 多位著名專家學者執筆。

　　該書的內容與文字，均係以高中程度及一般成年人為主要對象，並以美國高中課程範圍以內的知識為基準，以敘事與解釋為主，兼及簡單理論。由於美國的義務教育為高中畢業，此書甚合一般成年人的需要，故銷路甚好，甚至可與『大英』、『大美』分庭抗禮。全書的各科條目分配均衡，其中有關人文學與社會科學的條目各佔 20%，自然科學與應用科學方面的條目約佔 15%，地理與區域研究方面的條目約佔 35%，其餘佔 10%。

　　本書的一個重大特色，為其索引與參攷書目，均列於最後一冊，其編輯之細密與周到，較之『大英』與『大美』有過之無不及。索引的款目超過 40 萬條，全書各條目之參攷書目有 12,000 多種，分隸於 31 個大主題。此一列舉參攷書目的方式，與『大英』及『大美』之分別置於每一主要條目之後者，大異其趣，雖各有其特定的功能與價值，但就其方便與實用而言，柯利爾的方式略勝一籌。

　　該書的最大缺點為插圖，不但數量與彩色均較同類型百科全書為少，而且黑、白插圖品質不佳，有些還不十分恰當，此一現象在近年的版本中已有改善，但仍待繼續努力。

　　與其他同類型百科全書一樣，柯利爾也發行年鑑，名為『柯利爾年鑑』（*Collier's Year Book*）。不過此一年鑑多係有關每年最新新聞事件的報導，對許多應加補充的資料，如人物傳記、小鎮變遷、各國一般經濟發展趨勢等反被忽略，所幸對原書主要條目新穎度之維持，仍係其重點所在。

原載胡述兆總編輯『圖書館學與資訊科學大辭典』（臺北市：漢美，1995），頁 1021

美國政府出版品（U. S. Government Publications）

　　在美國，政府出版品亦稱政府文件（Government Documents）。所謂政府出版品，係指經政府授權或用政府費用印行之出版品。就出版品的性質而言，可以分為行政機關出版品，如國務院的白皮書；立法機關出版品，如國會通過的條約；司法機關出版品，如法院的判決書。就出版品的形式而言，可以分為圖書，如『美國聯邦政府手冊』（*United States Government Manual*）；期刊，如『美國聯邦政府出版品目錄月刊』（*Monthly Catalog of the United States Government Publications*）；小冊子，如總統致送國會的『國情咨文』（*State of Union Message*）；文件，如美國對外國的『宣戰書』（*Declaration of War*）；法案，如國會通過的『民權法案』（*Civil Rights Act*）；報告，如中央情報局（Central Intelligent Agency，簡稱 CIA）上呈總統的報告（*CIA Report to the President*）；以及其他形式的出版品。

　　美國聯邦政府出版品，均由美國聯邦政府印務局（U. S. Government Printing Office，簡稱 GPO）印行。據統計，自 1895 年該局成立以來，其所印行的出版品，已有 200 多萬種，現在仍在印行的亦有 2 萬多種，故被公認為世界最大的出版者。

由於美國政府出版品未列入鮑克公司（R. R. Bowker Co.）出版的『在印圖書』（Books in Print）中，讀者欲對此類出版品作有效利用，必須參攷 GPO 出版的『美國聯邦政府出版品目錄月刊』。月刊包括的出版品，以屬於聯邦政府各機關者爲限。各出版品係依發行機關的字母順序排列，同一機關的出版品則依 GPO 獨有的文件分類號排列。這種排列方式，查閱時頗爲不便，故有著者、書名、主題及叢刊（Series）等索引，以助檢索。使用時最好先查索引，找出著者或書名後，再依 GPO 的分類號按號索書，找出其他書目資料。

值得注意者，此一月刊所包含者並非政府出版品之全部，例如中央情報局、國防部及國務院等機關的機密文件（Classified Documents），即不包括在內，而各機關出刊的期刊亦不在其內。

原載胡述兆總編輯『圖書館學與資訊科學大辭典』（臺北市：漢美，1995），頁 997—998

美國國會名錄（*Congressional Directory*）

本書爲年刊，自 1809 年開始，每年由美國政府印務局（Government Printing Office，簡稱 GPO）印行一次，從未間斷。本書主要是美國國會議員的名錄，包含國會 100 位參議員及 435 位衆議員的傳記，兩院議員參加國會各委員會的名單及這些委員會的辦公處所及電話，國會兩院的組織、議事程序，兩院議員在原籍及華府居所的地址及電話等資料。其他資料尚有：（1）總統、副總統、白宮及行政系統各部會與獨立機關的首長與高級主管名單。（2）最高法院及聯邦司法體系的主要法官名單。（3）美國駐外使領館及外國駐華府使領館的館址、電話及大使、公使、總領事、外交代表的名錄。（4）國會山莊辦公處所之分布與建築規劃圖。（5）國會選區劃分圖。（6）美國各報刊、通訊社、電視臺、廣播電臺等大眾傳播媒體派駐國會記者的名錄及其所代表的機構名稱等。本書與『美國聯邦政府手冊』（*United States Government Manual*）合併使用，可查出美國聯邦政府各部門的組織與主要人事資料，爲學術圖書館與公共圖書館不可或缺的參攷書。

原載胡述兆總編輯『圖書館學與資訊科學大辭典』（臺北市：漢美，1995），頁 1513—1514

美國國會紀錄（*Congressional Record*）

『國會紀錄』爲美國國會參眾兩院的議事實錄。自 1789 年第一屆國會成立以來，國會紀錄曾數度易名：從 1789 年第一屆國會第一會期至 1824 年第十八屆國會第一會期，稱爲『*Annals of Congress*』；自 1824 年第十八屆國會第二會期至 1837 年第廿五屆國會第一會期，叫做『*Register of Debates*』；自 1837 年至 1873 年第四十二屆國會，又改稱『*Congressional Globe*』；自 1873 年第四十三屆國會第一會期起，再改爲『*Congressional Record*』，此一名稱至今未變。

在國會開會期間，每週的星期一至星期五，『國會紀錄』每日出版一次，主要的內容包括：

一、新法案、舊法案修正案及各種議決案之提出紀錄。
二、議員對各種提案之意見及言詞辯論。
三、法案與聯合決議提出時與通過后之全文。
四、條約之辯論與通過。
五、總統發送國會之咨文。
六、政府各部門對其相關法案所提出之文件或書面意見。
七、議員要求列入國會紀錄的文件或其他資料。

就理論上言，『國會紀錄』似在議場所發表的言論或所提出的書面文件為限。但事實上並不盡然，因議員在議場之發言，於紀錄印出前可以隨時修改，故有些紀錄根本未在議場提及；不僅如此，議員要求列入『國會紀錄』的資料，更是無奇不有，大至外國政要的重要談話，小至選區人民對美國的期望，甚至修橋補路的要求，都可在『國會紀錄』中發現。

由於『國會記錄』卷帙浩繁，內容細瑣，查閱頗為不便。為便於參攷利用，每天又印了一種摘要（Daily Digest of the Congressional Record），簡單記載各種法案與議案之提出，討論與通過，投票紀錄，委員會的重要聽證（Hearings）及主要議案的處理過程等。此一摘要與『國會紀錄』分別出版，並於每一會期結束時，單獨彙集成冊，為查閱國會重要議案最簡約的原始資料。

在國會開會期間，除上述的『國會紀錄』外，參眾兩院另各有其議事公報，稱『參議院公報』（Senate Journal）與『眾議院公報』（House Journal），這兩個公報，是憲法所要求的兩院正式議事紀錄（Official Minute），與『國會紀錄』的主要差別是不包括演說在內，故『國會紀錄』可以說是綜合兩院公報之主要內容而成。

原載胡述兆總編輯『圖書館學與資訊科學大辭典』（臺北市：漢美，1995），頁1514—1515

美國國會圖書館（Library of Congress）

美國國會圖書館成立於 1800 年，開館時僅有圖書 740 冊，現已成為全世界館藏資料最多的圖書館，全部超過 9,000 萬件，排列起來可達 530 多英哩，目前進館的資料，平均每分鐘有 10 件。重要館藏包括：圖書 2,000 萬冊（含 60 種不同語言），手稿 3,700 萬件，地圖 400 萬張，音樂資料 600 萬件，照片 1,000 萬張，錄音資料 130 萬件，影片 35 萬捲，縮影資料 800 萬件，報紙 1,200 種，每年收到的期刊 75,000 種。該館現有職員 5000 餘人，每年預算約 3 億美元。每年進館的讀者 250 萬人，流通的圖書 350 萬冊。

國會圖書館的館舍共有三幢大樓，分別以三個不同的總統命名。第一幢大樓為傑佛遜館（Thomas Jefferson Building），位於國會大廈的左後方，於 1897 年啟用，造型莊嚴美觀，為全世界最豪華的圖書館建築物。第二幢大樓為亞當斯館（John Adams Building），位於傑佛遜館後面，於 1939 年完成。第三幢大樓為麥迪遜館（James Madison Buildin），位於國會大廈的左側，於 1980 年 4 月 24 日正式使用，內部空間等於前面兩幢大樓的總和。

國會圖書館組織龐大，體系複雜，除直屬館長室的數十個行政單位外，主要的業務單位可以歸納為六大部門：

1. 國會研究服務部（Congressional Research Service，簡稱 CRS），負責提供國會立法所需的各種資料及參攷咨詢服務，現有職員 850 人，每年答覆的問題達 30 萬件。

2. 版權局（Copyright Office），為美國版權法的執行機構，掌管各種圖書資料之版權登記，每年登記之圖書、期刊、音樂、地圖等之版權案件，超過 50 萬件。

3. 法律圖書館（Law Library），蒐集美國以外的其他各國的法律資料，並為國會提供 32 種不同語言的法律咨詢服務。

4. 全國性計劃部，包括美國民俗物出版中心、兒童文學中心、盲人與殘障圖書館、出版處等單位。

5. 採編部，負責各類資料之徵集、編目分類、自動化與網路之規劃、MARC 標準研訂、書目產品之出版與分發等事務。

6. 研究服務部，包括一般參攷服務，區域研究資料（如亞洲部、歐洲部等）之典藏與服務，特種資料（如珍本善本、手稿、地圖、樂譜、影片等）之典藏與服務等。

美國國會圖書館的性質甚為特別，它是國會圖書館，也是國家圖書館。因為具有前種身份，所以要特設一個國會研究服務部，並維持一個法律圖書館。因為具有後種身份，所以它又負責全國出版物的版權登記，並設立了一些全國性的服務計劃，如 DDC 之研究修改、NUC 之編印發行、MARC 之研訂、編目卡片之印行等。一般圖書館專業工作，則集中於採編與研究服務兩部，也就是技術服務部與讀者服務部。這種組織型態，其他圖書館很難仿效。

原載胡述兆總編輯『圖書館學與資訊科學大辭典』（臺北市：漢美，1995），頁 1519—1522

美國國會圖書館中文部

(The Chinese Collection in the Library of Congress)

1869 年（清同治八年）6 月 7 日，中美舉行第一次圖書交換，中國送給美國的圖書『皇清經解』、『五經通攷』、『欽定三禮』、『醫學金鑑』、『本草綱目』、『農政全書』、『駢字類編』、『針灸大成』、『梅氏叢書』及『性理大全』等 10 種，共 947 冊。這批圖書由美國政府交給國會圖書館保存，是為國會圖書館有中文藏書之始，也是該館中文部歷史的起點。

1912 年，國會圖書館的中文藏書已達 16,000 冊，不過除庫興（Caleb Cushing）個人收藏的中文圖書 2,547 冊，係於 1879 年購買者外，其餘均係受贈。1913 年以後始有系統的買書計劃。而 1913 年至 1954 年為中文部的黃金時代，此時期的藏書，自 1913 年的 17,000 冊增至 1954 年的 300,000 冊。其間兩人的貢獻最大，一是熱愛中國文化的美國農業專家斯永高（Walter T. Swingle），他在 1913 年至 1927 年之間，直接間接為中文部購買的圖書達 68,000 冊。另一為恆慕義（Arthur W. Hummel），他於 1928 年中文部正式成立時出任首任主任，至 1954 年在東方部（Division of Orientalia）主任任內退休，主管國會圖書館的中文藏書部達 26 年，其館藏則自 1928 年就任時的 100,000 冊，增至 1954 年退休時的 300,000 冊，成爲西方國家圖書館中最大的中文部。

根據 1992 年的統計：國會圖書館現有中文圖書 600,000 冊；新舊期刊 12,000 種；新舊報紙 1,200 種，其中 45 種爲現刊；另有縮影資料數萬件。館藏資料以人文及社會科學方面爲主，其中 40% 爲人文科學，40% 爲社會科學，其餘爲科技圖書及一般圖書。

著名的館藏甚多，舉其最重要者如下：（1）珍本善本：約有 2,000 種，根據王重民編、袁同禮修訂的 A Descriptive Catalog of Rare Chinese Books in the Library of Congress，計有宋版書 11 種，金版 1 種，元版 14 種，明版 1,518 種（包括 41 冊『永樂大典』），清初版及其他珍本約 300 種。最早的一件藏品爲西元 950 年印刷的『一切如來心秘密全身舍利寶篋印陀羅尼經』。（2）中國方志：超過 4,000 種，共 60,000 餘冊，其中 2,939 種列於朱士嘉編的 A Catalog of Chinese Local Histories in the Library of Congress 中，這些方志多爲清版，而以河北、山東、江蘇、四川爲最多。（3）叢書：1954 年統計已達 1,500 部，現已超過 2,000 部，爲西方圖書館收藏叢書最多者之一，商務印書館影印的文淵閣『四庫全書』（1,500 冊）、『四部叢刊』（2,100 冊）等著名叢書，均在其館藏之列。

原載胡述兆總編輯『圖書館學與資訊科學大辭典』（臺北市：漢美，1995），頁 1516—1517

美國國會圖書館國會研究服務部
（Library of Congress Congressional Research Service）

對國會提供立法資訊服務，乃美國國會圖書館（U. S. Library of Congress，簡稱 LC）最主要的原始功能，故國會研究服務部（Congressional Research Service，簡稱 CRS）自來即爲該館最重要的單位。CRS 現有職員 850 多人，其中十分之九爲各科專家，僅十分之一爲專業圖書館員。這些人爲國會參衆兩院 535 位議員及 22,000 多位職員所提供的參攷與咨詢服務，每年多達 450,000 件，平均每一工作天約 1,500 件。此外，並經常爲國會兩院及其委員會，提供書面的法案提要及立法資料文摘。

爲對國會提供充分而有效的服務，CRS 分爲七個組：（1）美國法律組，（2）經濟組，（3）教育與公共福利組，（4）環境與自然資源政策組，（5）外交與國防組，（6）政府組及（7）科學政策研究組。各單位分工合作，它們對國會所提供的參攷與咨詢服務，具有四項共同特色：

1. 所提供的答案，不管口頭或書面，除須找出答案的確實所在外，並須將各種可能的答案加以列舉，供詢問者比較選擇。

2. 答覆問題的時間，通常都很急迫，有些問題發生於全院委員會的表決時或委員會的聽證中，如不及時找出答案，會議即無法繼續進行。

3. 爲增進服務效能，CRS 必須根據國會的立法議程及法案討論的進度，事先準備各種立法資料的研究與報告，並隨法案的進度加以更新與修改。

4. CRS 所提供的答案必須客觀公正，對於具有爭論性的問題，不可表示自己的贊成或反對，只能將正反兩方的意見及解決問題的各種可能方案列舉，供國會採擇。

爲了爭取時效，CRS 所提供的所有答案均直接輸入電腦，以便分散於國會五幢大廈的該部參攷服務中心（CRS Reference Center），能經由數以千計的終端機，直接檢索到所需要的資訊。

除了提供資訊服務外，CRS 也擔負著訓練國會新進職員認識國會運作及立法程序的任務。訓練計劃包括研討會、專題演講及觀看錄影帶等活動。研討會與專題演講通常是每週一次，錄影帶則係利用國會的閉路電視，每小時重播一次，讓分散於國會各處辦公的新進職員，就地自由收看。新進國會職員不僅可利用此一管道，學習國會事務，並可藉此獲得國內外時事要聞。

原載胡述兆總編輯『圖書館學與資訊科學大辭典』（臺北市：漢美，1995），頁 1521

哥本哈根皇家圖書館學院
(Royal School of Librarianship, Copenhagen)

1918 年，丹麥的政府公共圖書館委員會（Government Public Library Committee），在哥本哈根開授一門專為訓練公共圖書館員的圖書館學課程，此為一門為期三個月的基本課程，僅有十五位學員，這是丹麥圖書館教育之始。1920 年，國家圖書館學院（State Library School）正式成立，訓練的計劃為兩個階段，前半部在學校上課，後面的時間在公共圖書館實習，其培訓目的是以公共圖書館員為限。這種教育方式一直維持到二次大戰以後，沒有多大改變。

1956 年，丹麥政府通過法案，在哥本哈根設立皇家圖書館學院（Royal School of Librarianship），直屬於教育部（現已改為文化部）。該學院分為兩個組（Section），第一組負責培訓公共圖書館員，第二組負責訓練大學、研究及專門圖書館員。1973 年該院在 Aalborg 成立一個分部，但以開授公共圖書館相關課程為主要任務。

該院之入學資格相當嚴格，申請入學者必須具有大學畢業的一般學位或技術學院畢業的工程學位，在入學前並須具有三種外國語（通常為英語、德語及法語）的知識。換言之，通識教育的基本學科背景及語文能力，為接受專業圖書館教育的必備要件。

該院的學制為四年，兩組的共同必修課程有：目錄學、參攷服務、文獻學、編目、分類、圖書採訪、圖書館史、圖書館行政、視聽媒體、電子資料處理、電腦在圖書館的應用等。此外，第一組的必修課程尚有文化傳佈、圖書館社會學、兒童圖書館等，第二組的必修課程尚有俄文、專科主題文獻學等。教學進程分為三階段：第一階段是先作兩個學期的一般理論研究，接著是為期五個月在圖書館的實習；第二階段是各專科性科目的理論研究，接著是另一為期五個月的圖書館實習，此一階段的實習多係擔任專業工作；第三階段是讓學生每人選擇一個主題作研究，並撰寫報告，在此期間學生須同時修習圖書館行政、圖書館立法及圖書館史三門課程，第三階段的最後是對學生報告的口試。

該院每年招生三四百人，第一組（即公共圖書館組）每年招收 300 人，在哥本哈根本校者 200 人，在 Aalborg 分校者 100 人；第二組（即大學、研究、專門圖書館組）每年招收 60—70 人，均在哥本哈根本校，該組另有研究班，係招收為研究圖書館的在職專業人員，施以為期十四週的高級訓練，其人數每年不等。該院的在校學生約 1,500 人，專任教員66人，兼任教員約400人，師資充分而堅強。

原載胡述兆總編輯『圖書館學與資訊科學大辭典』（臺北市：漢美，1995），頁1182—1183

哥倫比亞大學圖書館（Columbia University Library）

哥倫比亞大學成立於1754年，為美國獨立戰爭前五個最早的大學之一。1754年成立時，原名國王學院（King's College），1784年改稱哥倫比亞學院，1912年改為『紐約市哥倫比亞大學』（Columbia University in the City of New York），簡稱哥倫比亞大學，此一名稱沿用至今。

哥大成立時，並無圖書館這個單位，至1763年哈普（Robert Harpur）出任第一任館長時始正式成立。早期的藏書，在獨立戰爭中損失殆盡，據說有些名貴圖書被大兵用來換酒喝。戰後重整，進展亦不理想，至1882年圖書尚未達10萬冊。1883年以後，發展極為迅速，至1925年館藏資料已達100萬冊，20年後（1946）到達200萬冊，又14年（1960）增為300萬冊，再10年（1970）達到400萬冊，在當時的美國，僅次於哈佛、耶魯，排名第三。時至今日（1991），館藏圖書已超過600萬冊，新舊期刊65,000種，各種縮影、視聽及其他媒體資料300餘萬件。近年該館預算平均約為2,400萬美元，圖書期刊等資料購置費約佔1/3，每年進書量約20萬冊（件）。

該館為一分散式圖書館系統，共有40多個分館，主要館藏在巴特勒圖書館（Butler Library），亦即哥大圖書館的總館，館長室及採訪、編目、期刊、交換、資訊系統、館際互借等單位辦公室，均集中於此。全館現有職員600餘人，包括專業館員163人，非專業館員328人，學生助理約150人。館長地位甚高，擁有副校長頭銜，其地位在各學院院長（Dean）之上。

哥大圖書館系統擁有幾個舉世聞名的專門圖書館：如東亞圖書館，收藏中、日、韓文資料550,000冊；法律圖書館，藏書700,000冊；衛生科學圖書館，藏書430,000冊；建築與美術圖書館，藏書250,000冊；珍善本及手稿圖書館，資料420,000冊件。

最後值得一提者，為哥大的兩個附屬學院：師範學院（Teachers College, Columbia Univ.），成立於1887年，現有學生4,500人，圖書440,000冊；巴納德女子學院（Barnard College, Columbia Univ.），成立於1889年，現有學生2,500人，藏書170,000冊。這兩個學院名義上雖屬哥大一部份，但人事、經費與圖書館均各自獨立。

原載胡述兆總編輯『圖書館學與資訊科學大辭典』（臺北市：漢美，1995），頁1184—1185

書商（Book Agent, Book Dealer, Book Jobber）

所謂書商，廣義地說，包括出版社（Publisher）、代理商（Book Agent），及經銷商（Book Dealer, Book Jobber）。出版社是直接出版圖書的機構，以銷售本身出版的圖書為主。代理商是代理別人銷售圖書，很多出版社都互爲代理商，以便擴大銷售的範圍，外國出版社也常常委託本國出版社代爲銷售其圖書。經銷商常與代理商通用，其本身不出版圖書，而是與出版社訂立合約，代爲經銷其出版的圖書。

選擇書商是一門很大的學問，有的規模大，有的折扣多，有的速度快，有的服務周到，求其能同時滿足此四項要件者，可以說絶無僅有。如何取捨，依經驗與需要而定。

規模的大小，是選擇書商的主要致慮因素之一，經銷商代理的出版社愈多，愈容易滿足圖書館的購書需求。圖書館買書，除爲讀者所急需或因其他特殊情形，直接向出版社採購外，應盡量委託經銷商爲之，以便減少文書作業，提高採購效率。目前臺灣地區圖書館購買圖書，仍以直接向出版社採購居多，因爲它們可獲得較高的折扣。此與國外的情形有所不同，以美國爲例，向經銷商購書所享受的折扣，通常比直接向出版社買書所得的折扣還高。

所謂圖書折扣，係指對定價（List Price）減少的程度。折扣多少的説法，中外表示的方式不同。例如臺灣地區的八折優待，在國外稱之爲20%的折扣（20% Discount），但意義完全相同，即照原價減少20%。同理，七折優待，就是他們的30%折扣。餘類推。決定折扣多少的因素包括：（1）圖書館的買書量；（2）圖書的種類；（3）服務的多少等。一般而言，臺灣地區出版社本版圖書的折扣，以九折者居多，書局互爲寄賣的書爲八折或七折，並有高達六折者。美國出版社直接出售其本版圖書的折扣，自零到25%不等，但批發給經銷商的折扣，則可高達40%或更高。

就速度言，自寄出書單到收到書，在臺灣地區通常須等四至六週，如經銷商的庫存沒有所訂購的書，而須向出版社採購時，則須等二三個月或更久。向國外買書，還須加上運送的時間，所以時間更長。爲了早日收到所購買的書，大圖書館應分散市場，同時與數家經銷商訂約。如直接向出版社訂購，速度雖較快，但文書作業太多，未必適當。

服務的種類與是否週到，也是選擇經銷商的主要因素，它們包括：（1）所供應的書是否完好無缺；（2）所供應的書是否與訂單相符；（3）本身如無庫存是否立即通知；（4）交易的紀錄及手續是否清楚完整；（5）是否提供編目卡片、書袋、書卡等附件；（6）有無詳細經銷書單及出版社名錄；（7）供應的平裝本可否代爲精裝；（8）可否代爲蒐購絶版圖書。

原載胡述兆總編輯『圖書館學與資訊科學大辭典』（臺北市：漢美，1995），頁1227—1228

袁同禮（1895—1965）

袁同禮，字守和，1895年生於河北省徐水縣。畢生從事圖書館事業，享譽中外。1965年2月6日在美國去世，享壽70歲。

袁同禮於1916年畢業於北京大學後，即入清華學院（清華大學前身）圖書館任館員，不久奉命代理館長，並負責新圖書館之籌建。1920年赴美留學，1922年畢業於哥倫比亞大學，獲學士學位，翌年又獲紐約州立圖書館學院（New York State Library School at Albany）學士（B. L. S.），旋入英國倫敦大學歷史研究所研究一年。在美留學期間，曾利用三個暑假到美國國會圖書館擔任短期工作，協助中文編目業務。

袁氏於1924年學成回國,出任廣東大學圖書館館長。1925年轉任北京大學圖書館館長兼目錄學教授。1926年國立北京圖書館成立,梁啓超任館長,袁同禮爲副館長。1929年國立北京圖書館改組,易名爲國立北平圖書館,蔡元培任館長,袁氏爲副館長。袁同禮在國立北平圖書館任職多年,自副館長而代理館長而館長,此段期間爲其畢生事業的巔峯。在他的精心策劃下,該館不僅成爲中國的最大圖書館,亦爲世界的大館之一。

抗戰軍興,袁氏先將該館所藏的2,900多種珍善本移往上海法租界,並於1940年與時任中國駐美大使的胡適密切合作,運往美國國會圖書館保管,直至1965年始歸還中國,現存臺北的故宮博物院。抗戰期間,袁氏除在重慶設立國立北平圖書館辦事處外,並經常代表政府與英美從事文化交流工作。1945年,他奉派爲舊金山聯合國成立大會中國代表團的顧問,同年並獲美國匹兹堡大學榮譽法學博士學位。

1949年,袁氏舉家赴美,最初在史丹福研究所(Stanford Research Institute)擔任主任書目員,1957年後轉入國會圖書館服務,從事編目工作,直至他1965年1月15日退休時爲止。退休未及一個月即病逝。

袁同禮爲圖書館學家,對目錄學尤有研究。他對『永樂大典』的現存卷目,曾作詳細調查,並將調查結果作成一系列報告,在著名刊物發表。其他重要著作尚有:『西方文獻中的中國』(1958年),『美國圖書館藏關於中國的俄文著作,1918—1960』,及1961年出版的『1906—1960年中國留美學生博士論文目錄』。

原載胡述兆總編輯『圖書館學與資訊科學大辭典』(臺北市:漢美,1995),頁1177—1178

國立新加坡大學圖書館
(National University of Singapore Library)

新加坡大學的前身爲1929年成立的雷佛斯學院(Raffles College),及1949年成立的馬來亞大學(University of Malaya)。新加坡與馬來西亞分治後,於1962年改稱新加坡大學。1980年8月,新加坡大學與南洋大學(Nanyang University)合併,改稱國立新加坡大學。

該校圖書館包括下列各部份:

(一)中央圖書館(The Central Library),相當於該校的總圖書館,館藏資料以人文、社會科學及建築、工程方面爲主,1993年統計共有841,330冊。

(二)中文圖書館(The Chinese Library),位於中央圖書館中,現有館藏資料366,75冊。

(三)醫學圖書館(The Medical Library),收藏醫學、牙科、藥學資料147,139冊。

(四)法學圖書館(The Law Library),位於法學院大樓,收藏相關資料143,927冊。

(五)科學圖書館(The Science Library),收藏生物及物理相關科學資料159,690冊。

(六)韓瑞生紀念圖書館(The Hou Sui Sen Memorial Library),收藏商業、經濟、財政及管理科學資料,共56,026冊。

根據1993年該校的書面資料,該館全部館藏圖書約1,800,000冊,期刊9,850種,主要館藏特色有:(1)新加坡與馬來西亞相關資料48,480冊;(2)新加坡與馬來西亞博碩士論文 11,820 冊；（3）新、馬主要公司行號年度報告；（4）新、馬及其他南洋地區新聞剪報及小冊子；（5）日文資料 24,360 冊。

該館圖書資料有兩種分類制度，過去南洋大學圖書館的資料保留其杜威分類號，其餘資料均用美國國會圖書館分類法，但全部資料均採開架式，並提供線上目錄（OPAC）檢索服務，使用並無不便。

原載胡述兆總編輯『圖書館學與資訊科學大辭典』（臺北市：漢美，1995），頁 1467—1468

『國立臺灣大學』圖書館

臺大圖書館的前身，是日據時代的『臺北帝國大學附屬圖書館』，創設於民國 17 年（1928）3 月。民國 34 年（1945）8 月，日本戰敗投降，臺灣光復，重回中國懷抱，政府於是年 11 月 15 日自日本人手中接收『臺北帝國大學』，易名為『國立臺灣大學』，圖書館亦隨同改隸，此即今日的『國立臺灣大學』圖書館。

接收之初，該館全部館藏資料約有 47 萬 4,000 冊（件），且多為日文書，現已發展為全臺灣地區規模最大的圖書館。根據 1990 年的統計，其館藏資料共有圖書 150 餘萬冊，期刊合訂本 30 餘萬冊，報紙合訂本萬餘冊；新舊期刊兩萬多種（其中一半為現刊），報紙 97 種；各種視聽資料數萬件。主要館藏以通識性及大學部圖書為主。特藏資料包括：宋、元、明版圖書 420 多種，7,300 多冊；西洋搖籃本（Incunabula）7 部；Aristoteles 全集（1550 年刊本）；耶穌會書翰集（1585—1631 刊）；Valentyn 新舊東印度誌 5 冊（1724—1726 刊）；淡新檔案 19,000 餘件（約為 1789—1895 年間）；臺灣關係荷蘭檔案照片 210 冊，鈔本 24 冊；琉球歷代寶案鈔本 249 冊；日本書紀；岸裡大社文書；北京故宮各殿花罩抱框圖樣（清雷永榮繪）等。

該館為一分散式的圖書館系統，除總館外，另有文學院、工學院、法學院、醫學院四個院分館及 50 餘個系、所圖書室。總館之下設採訪、期刊、編目、閱覽、特藏、系統資訊六組及行政與企劃二股。館長室設有資訊委員會、館藏規劃委員會、人事暨福利委員會及財務委員會，均以會議方式，襄助館長處理相關業務。另有與館長平行的全校圖書委員會，由文、理、法、醫、工、農及管理七個學院各指派教授代表一人組成，掌理全校圖書期刊經費之分配及圖書館重要政策與規則之審議。組織方面雖採分散制，但圖書資料的採訪與編目均集中於總館辦理，院系分館僅負責其特定資料之典藏、閱覽、流通與參考服務。該館現有館員 120 餘人，圖書館學系所畢業之專業人員約佔一半，其中擁有碩士學位者十餘人。

在讀者服務方面，雖然大部份作業尚未自動化，但有各種資訊檢索服務，包括 DIALOG 資料庫（1982 年開始）、STICNET 資料庫（1989 年開始）、BITNET（國際學術網路）；另有各種光碟資料庫，如 SOCIOFILE（社會學資料庫）、PSYCLIT（心理學資料庫）、AGRICOLA（農業資料庫）、MEDLINE（醫學資料庫）等。

該館現有的總館，仍為日據時代的舊館舍，新館正在建築中，預計 1994 年完成啓用。新館建築費達 14 億新臺幣（約合 5,000 萬美元），基地面積 7,000 多坪，總樓地板面積 10,000 多坪，為一地上五層、地下一層之建築。全部容書量 300 萬冊，閱讀座位 2,000 餘個,並有可容 200 人開會之國際會議廳,落成後將成為臺灣地區最大的大學圖書館建築。

原載胡述兆總編輯『圖書館學與資訊科學大辭典』 (臺北市:漢美,1995),頁 1474—1475

『國立臺灣大學』圖書館學系

臺大圖書館學系成立於 1961 年,最初僅有大學部,1980 年設立研究所碩士班,1989 年又奉『教育部』核准,設立臺灣第一個圖書館學研究所博士班,而成為臺灣圖書館教育最完整的學系。該系現有大學本科學生 230 餘人,碩士班學生 40 餘人及博士班學生 4 人。圖書設備相當充實,現有專業圖書近 20,000 冊,期刊 280 種(中文 80 種,西文 200 種);另有專用之電腦資訊室、視聽教育室及編目分類實習室。全系現有專兼任教員 30 人,其中 21 人留學美國,11 人擁有博士學位。

大學部招收高中畢業生,修業四年,成績合格,授予文學士學位(B. A.)。教育目標係培養各類型圖書館之專業人員,全部課程共 149 學分,包括:『教育部』所規定之各大學院校共同必修科目 28 學分,『部定』圖書館學系核心必修科目 50 學分,本系系定必修科目 36 學分,進修科目 15 學分,另加輔系或外系副主修科目 20 學分(非圖書館學專業課程)。凡修完上列全部課程並攷試及格者,即取得學士學位,不須經過畢業攷試,亦無學士論文。

碩士班以培育圖書館及資訊中心高級專業人才為主。入所就讀者,須經攷試及格(外籍學生不須攷試,但須符合『教育部』所規定之要件,並通過本所之審查及中文攷試)。報攷資格,在科系方面無任何限制,凡經『教育部』認可之海內外大學院校畢業得有學士學位或合於『教育部』規定之同等學力者,均得報攷。畢業要求有五:

一、修業期間 2 至 4 年。

二、修畢 24 學分(其中 10 學分為必修:研究方法、圖書館行政研討、讀者服務研討、技術服務研討、資訊科學研討等五科,各 2 學分。)

三、滿足第二外國語要求。

四、通過學科攷試。

五、通過論文攷試。

博士班之教學目標,在培育大學院校圖書館學系教員、圖書館學與資訊科學高級研究人才及大學院校圖書館館長候選人。入學資格甚嚴,除須具有 2 年以上專業工作經驗外,並須經學業成績及博士學位研究計劃審查通過,始得參加筆試,筆試及格始得參加口試。畢業要求包括:

一、修業 2 至 4 年,得延長 2 年,其中 2 年為全時學生,不得兼職。

二、修業所規定之 18 學分(博士論文 12 學分不包括在內)。

三、滿足第二外國語要求。

四、通過學科攷試。

五、通過論文攷試。

博士班課程無必修學分,旨在使研究生根據自己需求與興趣選課。現階段主要課程包括：圖書館哲學、圖書館教育研討、比較圖書館學研討、國家圖書館研討、圖書館與資訊社會、圖書資訊法規研討、圖書館學研究趨勢、中國目錄學專題研究、中國版本學專題研究等 20 餘門。

該系自成立以來，已有大學本科畢業生 1,600 餘人，碩士班畢業生近百人，博士班成立未久，尚無畢業生。粗略估計，大學本科畢業生約有 3/4 在臺灣地區就業，1/4 散居世界各地；碩士班畢業生多在臺灣地區服務，並已充分就業，出路甚佳。

原載胡述兆總編輯『圖書館學與資訊科學大辭典』（臺北市：漢美，1995），頁 1476—1477

國際圖書館與資訊科學教育指南
(*International Guide to Library and Information Science Education*)

該指南係由美國席蒙斯學院（Simmons College）圖書館學與資訊科學研究所教授 Josephine Riss Fang 與國際圖書館協會聯盟（IFLA）秘書長 Paul Nauta 聯合主編，於 1985 年由 K. G. Saur 公司出版，全書共 537 頁，列為國際圖書館協會聯盟出版物第 32 號（IFLA Publications 32）。

此一指南編印的目的，在對世界各國的圖書館與資訊科學教育系所的教學設施，作一全面性的調查，比較、分析其異同，期能凝聚共識，為圖書館的專業資格，建立一項國際標準。

該指南共含 540 個教學計劃（多為系、所），均依各國字母順序排列，在每一國家之前，先簡要介紹該國的一般教育制度（General Educational System），包括教育的層級（小學、中學、大學本科、研究院），每一層級的修業年限，及學士、碩士、博士教育的入學資格等。每一國家的圖書館系、所，則依學校字母順序排列，每一系所之前並編有阿拉伯數字序號，以便識別與查檢。

每一系、所的資料，包括：名稱、地址、系所主管姓名、成立日期、行政結構及歸屬、經費來源、教員數目及其擁有的學位、教員出版數量、圖書儀器設備（包括專業圖書期刊數量、電腦及視聽設備等）、繼續教育的種類及授課時間、教育計劃是否已經該國主管教育行政機關認可，以及教學計劃的級次。最後一項包括每一級次（學士、碩士、博士）的入學資格、修業年限、畢業要求、學位名稱、在校及畢業學生數目、課程範圍以及教育目標，對圖書館與資訊科學系所的師生，特別是欲赴國外留學者，極具參攷價值。

原載胡述兆總編輯『圖書館學與資訊科學大辭典』（臺北市：漢美，1995），頁 1548

採訪政策（Acquisition Policy）

購書經費有限，而資料無窮，為使購買的圖書資料，符合讀者的需要，每個圖書館均應有採訪政策。採訪政策因圖書館的性質不同而有差異，但有些基本原則，可適應於各類型圖書館。以下分爲指導原則與一般攷慮，略加說明：

一、指導原則——（1）『以最低的代價，爲最多的讀者，提供最佳的讀物。』（The best reading for the largest number at the least cost.）這是美國圖書館學大師杜威（Melvil Dewey）所提出的一項準則，我們用來作爲圖書採購的指導原則，最爲恰當。（2）『圖書選擇的最高目標，是在適當的時候，爲適當的讀者，提供適當的圖書。』（The high purpose of book selection is to provide the right book for the right reader at the right time.）這是美國圖書館學家杜魯瑞（Francis K. W. Drury）所提出的一句名言，也可作爲圖書採訪的圭臬。

二、一般攷慮——（1）採訪資料應有通盤計劃，在經費預算的範圍內，依本館的特性及讀者的需要，保持各種資料的適當比例，以免顧此失彼。（2）採訪資料應以客觀的態度、開放的胸懷，以讀者的真正需要爲取捨標準，不應有種族、宗教、政治、國別、性別、職業等的偏見。（3）讀者的需要不應超越於道德規範與善良風俗之外，故凡違反道德及傷風敗俗，特別是傷害兒童身心的資料，均應避免購買。（4）除公共圖書館外，應儘量避免購買複本，即使是公共圖書館，複本亦不應太多，因爲多買一冊複本，即減少購買一本新書的機會。（5）基本參攷書，如年鑑、手冊、名錄、指南、目錄、書目、索引、摘要、字典、百科全書等，應注意適時補充與換新。（6）採購期刊雜誌，應注意其必要性與持續性，不必要的期刊雜誌，最好不買，必要的則必須繼續購買，不能中斷，以保持其完整性。不完整的期刊雜誌，用途受到限制。（7）雖屬名著，如非本館讀者所急需，得暫時不買，偶有所需，可以館際互借的方式，向他館借用。（8）以互惠的方式，與鄰近的圖書館合作，依各館的特性與需要，分配買書重點，既可避免重複，又可互補不足。（9）爲使館藏資料真正合於讀者的需要，應鼓勵讀者推薦購書單，作爲採訪的參攷。

原載胡述兆總編輯『圖書館學與資訊科學大辭典』（臺北市：漢美，1995），頁1390

註釋（Notes）

註釋又稱註解或附註，係對文中引用他人著作中之片段或論點，加以說明。其主要作用有四：（1）表明原著者的責任；（2）表示引用者不掠他人之美；（3）註明出處，以便查攷；（4）對正文中涉及之事實或論點作進一步解釋。註釋之排列位置有三種，置於每頁之末、置於各章之後或全文之後。其著錄之方式如下：

（一）連續註釋

此法係將註釋號碼以圓括弧或上標置於引文之後，註釋之排列則依正文中註釋號碼依次列出，同一註釋得引用一種以上之著作。同一著作於第二次引用時，應用不同註釋號碼，但得將前引書目資料簡化成『同注××』，如頁碼不同時，應加註其頁碼。

（二）編序式參攷書目之註釋

此法首將參攷書目依第一資料項（著者或題名）之字順排列後依序編號，以圓括弧或上標方式將其參攷書目編號置於引文後，局部引用時應在參攷書目之編號后加注其頁碼。

（三）著者（或題名）與出版年並例之註釋

此法係以圓括弧將引用文獻之第一資料項與出版年同時置於引文之後。正文中已出現被引用著者（或題名）時，則僅將出版年以圓括弧附於其後，局部引用時應加註頁碼。二個以上著者之著作，得僅列第一位著者，而於其後加上『等』或『et al.』之字樣。如參攷書目清單中，同一作者在同一年出版不只一種作品，應在註釋與參攷書目之出版年後附加英文字母（a，b，c，等）互別之。

原載胡述兆總編輯『圖書館學與資訊科學大辭典』（臺北市：漢美，1995），頁1600—1601

雲五社會科學大辭典

此一大辭典係由劉季洪等主編，於1970—1971年由臺灣商務印書館出版，全書共12冊。

本書雖名爲大辭典，實際爲一社會科學百科全書，而且是臺灣地區『所編最具水準的專科百科全書』。全書分爲12部門，每一部門均爲社會科學的一個學門，各自成爲一冊，每冊有一主編，各冊名稱及主編如下：

第一冊社會學，龍冠海主編；第二冊統計學，張果爲主編；第三冊政治學，羅志淵主編；第四冊國際關係，張彝鼎主編；第五冊經濟學，施建生主編；第六冊法律學，何孝元主編；第七冊行政學，張金鑑主編；第八冊教育學，楊亮功主編：第九冊心理學，陳雪屛主編；第十冊人類學，芮逸夫主編；第十一冊地理學，沙學浚主編；第十二冊歷史學，方豪主編。

全部條目均由臺灣地區著名學者專家及海外學人執筆，並於每條後註明撰者姓名，以示負責及其權威性。每條之字數相差頗大，自數百字至數千字不等，但以一千字至兩千字的條目爲最多。條目之排列，各冊頗不一致，有分類排列者，亦有依筆劃多少次序排列者，但各冊均附有單獨的中、英文索引，查閱時並無不便。

原載胡述兆總編輯『圖書館學與資訊科學大辭典』（臺北市：漢美，1995），頁1618

新加坡國家圖書館（National Library of Singapore）

新加坡國家圖書館包括兩部份，其一爲中央借閱圖書館（Central Lending Library），其二爲參攷服務部（Reference Services Division）。總館之外另有8個分館，依設立時間先後爲：（1）女皇鎭圖書分館（1970）；（2）大巴窰圖書分館（1974）；（3）馬林百列圖書分館（1978）；（4）紅山圖書分館（1982）；（5）勿洛圖書分館（1985）；（6）宏茂橋圖書分館（1985）；（7）芽籠東圖書分館（1988）；及（8）裕廊東圖書分館（1988）。

根據1994年統計，該館共有圖書、期刊、視聽及其他資料共3,133,846冊（件）。重要的館藏特色有東南亞資料、亞洲兒童讀物、聯合國資料、地圖資料、及藝術與音樂資料。館內大部份資料均已自動化，並建立了國家圖書館網路（National Library Network，簡稱NALINET），對總館及8個分館提供自動化採訪、期刊控制、編目、出版品呈繳、借閱及參攷咨詢服務。該館每週開放7天，除週末開放時間較短外，其餘5天每天均開放10小時以上。借閱服務甚爲方便，除一般讀者可憑讀者卡辦理圖書外借外，並對機關團體提供整批圖書借閱服務。截至1994年，該館發出的圖書卡達874,471人及單位，佔新加坡全部人口的31.33%。擁有讀者卡的分佈情形如下：

成年人	454,525 人	51.98%
青少年	255,356 人	29.20%
兒童	164,034 人	18.76%
機關團體	142 個	0.01%
本館職員	414 人	0.05%
合共	874,471 人（單位）	100%

在館員及經費方面，該館現有館員 415 人，包括專業館員 102 人，專家 6 人，非專業館員 116 人，其他 191 人。1994 年的正常預算為 20,800,000 元新幣，另有發展經費 6,000,000 元新幣，合共 26,800,000 元新幣，約合美金 13,000,000 元。

該館的主要出版品有：『新加坡國家書目』（*Singapore National Bibliography*），『新加坡期刊索引』（*Singapore Periodicals Index*），『新加坡整合圖書館自動化服務聯合目錄』（*Singapore Integrated Library Automation Service（SILAS）Union Catalogues*），『國家圖書館期刊聯合目錄』（*National Library Union List of Serials*），『新書目錄』（*Accession Lists*）。

原載胡述兆總編輯『圖書館學與資訊科學大辭典』（臺北市：漢美，1995），頁 1740—1741

資訊科學博士班教育（臺灣地區）

1989 年，『國立臺灣大學』圖書館學系奉『教育部』核准，設立博士班，這是海峽兩岸圖書館學與資訊科學教育所設立的第一個博士班，也是迄今（1993 年）為止臺灣地區圖書館學與資訊科學教育唯一的博士班。

此一博士班設立的目的有四：（1）為配合臺灣地區資訊工業發展及文化建設政策，培育圖書館與資訊服務的領導人才。（2）為臺灣地區圖書館學與資訊科學系、所培育優秀的教學人才。（3）為大學院校圖書館及其他資訊單位培育主要行政人才。（4）為圖書館學與資訊科學之整合培育高級研究人才。

博士班的報考資格為：（1）獲有公立或已立案之私立大學院校或經『教育部』認可之海外大學院校圖書館學碩士學位者；（2）獲有前項大學院校相關研究所碩士學位，經所長核准者；（3）具有兩年以上圖書館專業經驗；（4）大學本科國文、英文之學年成績平均達 70 分以上；（5）大學畢業總平均成績達 75 分；（6）研究所碩士班畢業總平均成績至少 80 分。上述各項報考資格審查合格，並經碩士論文及攻讀博士學位研究計劃審查通過後，始准參加筆試。筆試分三科：圖書館讀者服務，圖書館技術服務，及圖書館學與資訊科學。筆試及格者（至少 60 分），始准參加口試，有一科不及格，即不得參加口試。也就是說，未通過入學考試。外籍學生之入學係以審查方式為之，但須符合『教育部』所規定的要件，參加本所舉辦的中文考試並經本所博士班招生委員會通過。

博士班的畢業要求包括五項：（1）修業 2 至 4 年，得延長兩年，即修業時間最多 6 年，但因故中途休學者不在此限；（2）修畢 18 學分（博士論文 12 學分不在其內），各科成績均在 70 分以上；（3）滿足第二外國語要求；（4）通過學科考試，考試科目在讀者服務、技術服務、資訊科學、圖書館管理、目錄學五科中挑選四科應攷；（5）通過論文答辯攷試。

博士班之主要課程有：圖書館哲學，比較圖書館學，圖書館教育研討，圖書館管理專題研究，圖書館與資訊社會，圖書館與資訊工作專題研究，圖書資訊法規研討，國家圖書館研討，資訊科學專題研究，資訊政策，資訊管理研討，大眾傳播與圖書館服務，中國目錄學專題研究，中國版本學專題研究，中國印刷史專題研究，智能財產權專題研究，中文電腦專題研討，印刷與出版研討，書目計量學，研究方法等。

原載胡述兆總編輯『圖書館學與資訊科學大辭典』（臺北市：漢美，1995），頁2104—2105

圖書交換（Book Exchange）

圖書交換，是圖書館資料採訪的重要途徑之一，尤以國家圖書館、大學圖書館及專門圖書館爲然。代表國家辦理出版品國際交換，爲國家圖書館主要功能之一，故『國立中央圖書館』組織條例明定：『國立中央圖書館設出版品國際交換處，辦理出版品國際交換事宜。』美國國會圖書館也設有『交換與贈送部』（Exchange and Gift Division），辦理資料交換與贈送事務。大學圖書館的圖書交換工作也很重要，在1990年臺大現有的10,118種期刊中，4,579種係來自交換或贈送。學術或專業機構的出版物，多屬非賣品，只能作爲交換之用，故交換也成爲專門圖書館的一項重要業務。

在圖書館中，用以作爲交換資料的主要來源有三：

一、由贈送而來的複本：贈送的圖書，除附有限制條件，必須由本館保存，不得作其他處置外，其多餘的複本，均可作交換之用。

二、因整批購買而出現的複本：圖書館基於需要，有時將別人所藏的圖書整批購買，這種購買常會出現一些複本，亦可用來作爲交換用。

三、本機構的出版品：大學或其他學術研究機構，本身有許多出版品，常會送一部分給圖書館，以便與相關的國內外機構，交換同類的資料。例如臺灣大學規定，凡受該校教務處補助出版的各院系出版物，均應送圖書館五冊，作爲交換之用。

圖書交換的媒介，多由資料交換中心擔任。這種中心在臺灣尚未設置，目前臺灣的交換多係將本館複本的書單，與他館互相傳閱，選定本館所需的圖書，再協商交換的方式。這樣的交換，既不方便，也不經濟。美國的圖書交換，多由專業學會爲中介機構，例如美國的『醫學圖書館學會』（Medical Library Association）、『法律圖書館學會』（American Association of Law Libraries），及『神學圖書館學會』（American Theological Library Association），均對各該學會會員圖書館提供資料交換服務，而且行之有年，成效卓著。美國『醫學圖書館學會』並有專人負責交換工作，效果尤佳。

實行圖書交換時應注意以下各項：

一、圖書交換應根據本館的需要，本館讀者不需要的出版物，以不交換爲宜，否則，徒增處理上的負擔。

二、期刊或長期性的交換，必須訂立交換合約，以免突然中斷，影響交換資料的完整性。

三、交換資料時，應確立交換方式。交換的方式有二，等量交換及計值交換。前者最為簡便，後者較為麻煩，因交換的資料須事先估價，手續相當繁瑣。

四、交換的資料，無論為圖書或期刊，均應有適當紀錄，註明交換的方式或交換品的價值，以便查攷。

五、交換的圖書或期刊，應與本館同類的資料一起分類編目，以便讀者利用。

原載胡述兆總編輯『圖書館學與資訊科學大辭典』（臺北市：漢美，1995），頁2016—2017

圖書選擇（Book Selection）

選擇圖書，除須注意本館的特性與讀者的需要外，尚須注意其著作者、出版者、內容、製作、特色與價值，分述於後：

一、著作者——著者的學歷如何？經歷如何？聲名如何？學術地位如何？寫作能力如何？處世態度與人格如何？過去著作的品質如何？

二、出版者——出版者是否在同業界聲譽卓著？是否守信用？是否負責任？作風是否嚴謹？價格是否公道？服務是否週到？品質是否優良？

三、內容——內容是否引人入勝？主題是否正確？資料是否確實？取材是否恰當？方法是否妥適？組織是否有條理？分析是否清楚？討論是否充分？立論是否客觀？品味是否高尚？觀念是否新穎？文字是否通順？對象是否明確？是否適合本館讀者的閱讀能力？

四、製作——質料是否良好？編排是否美觀？圖表是否配合？設計是否活潑？畫面是否生動？封面是否雅緻？版面是否大方？字體是否好看？裝訂是否牢固？

五、特色——整體作品是否與眾不同？閱讀是否舒服？檢索是否容易？是否有註釋？是否有參攷書目？是否有索引？是否有名詞解釋？是否有附錄或其他附隨資料？

六、價值——對人類是否有價值？對文化是否有貢獻？對世道人心是否有助益？對社會是否有正面影響？對讀者是否有幫助？是否有助進德修業？是否有增益教學的功能？是否能發生學習的效果？是否能盡到傳播文化的責任？是否能達到娛樂或消遣的目的？

以上各項，都是選擇圖書時值得攷慮的因素，沒有任何一本書能滿足上面所列舉的全部要求，如何取捨，有賴於圖書採訪館員在選書時的明智決定。

原載胡述兆總編輯『圖書館學與資訊科學大辭典』（臺北市：漢美，1995），頁2023

圖書館（Library）

圖書館是什麼？簡單地說：『圖書館是人類智慧的總匯。』（A library is collection of human intelligence.）這一定義頗為適切，因為圖書館的每件資料都是智慧的結晶，說它是人類智慧的總匯，自無不可。不過它的詞語太簡單，沒有說出圖書館的特性，使人不易瞭解圖書館的真正意義，所以我們要改換一種比較具體的方式，來對圖書館作一界說：

圖書館是用科學方式，採訪、整理、保存各種印刷與非印刷的資料，以便讀者利用的機構。

　　圖書二字，源自我國古代的河圖洛書，所謂『河出圖，洛出書。』圖是繪圖的表示，書是文字的記載，合而爲古今圖籍的總稱。所以我們把蒐藏與利用圖書資料的地方叫做圖書館。

　　『圖書館』這個名詞，原係日本所創，何時由我國採用，目前尚無定論。就現在所見的資料而言，早在光緒二十二年（1896）8月21日，刊於『時務報』第16期一篇名爲『古巴島述略』（原載『日本時報』）的譯文中，即出現了『圖書館』這個名詞。英文中的圖書館叫Library，它是從拉丁文的Librarium一字演化而來，意爲放書的地方。德文中的圖書館稱bibliothek，法文爲Bibliotheque，俄文是Bibllioteka，意大利文與西班牙文均作Biblioteca，它們都是從一個拉丁化的希臘字Bibliotheca演化而成。這個字的前半部，Biblio，是希臘文的書字；後半部，Theca，乃裝東西的容器，合之而成爲放書的地方，也就是圖書館。

　　明瞭了圖書館這個名詞的由來，現在再來解釋一下這個名詞所包含的意義：（1）所謂採訪，就是對資料的採擇與訪求，其主要方式有三，即購買、交換與受贈。（2）整理就是組織，用圖書館的術語來說，就是編目分類，或編製書目、索引與摘要。（3）保存就是妥善保藏與適度維護，以保持資料的完整性。（4）印刷的資料，係指圖書期刊、文件等印刷的東西而言；非印刷的資料，包括視聽資料（A-V Materials）及其他媒體所儲存的資料，前者如影片、唱片、幻燈片、錄影帶、電視節目（TV Program）等屬之，後者指電腦、磁碟（Floppy Disk）、光碟（Optical Disk）等所儲存的資料。我們所以要在圖書館的定義中，特別把印刷的與非印刷的資料相提并論，主要在避免讀者『望文生義』或『因詞害意』，因爲今天圖書館所蒐藏的資料，除了書報雜誌及其他印刷品外，還有非印刷的他種資料；後者的重要性且日益增加。

　　綜而言之，採訪、整理與保存資料，都只是經營圖書館的手段，它們的最終目的，乃在使圖書館的資料便於讀者的利用，這才是現代圖書館的真正功能。

　　原載胡述兆總編輯『圖書館學與資訊科學大辭典』（臺北市：漢美，1995），頁2024

圖書館法

　　圖書館法，乃各國經營圖書館的基本法律。日本於1950年通過圖書館法，歷經多次修訂，最近一次的修改爲1985年，共3章29條。韓國於1963年通過圖書館法，亦經多次修訂，最近一次爲1988年，共7章47條。中國大陸雖無圖書館法，但有多項關於圖書營運的相關法規，舉其要者，如：1981年1月30日國務院批准的『圖書、檔案、資料專業幹部業務職稱暫行規定』（共14條）；1982年12月文化部頒發的『省（自治區、市）圖書館工作條例』（共8章30條）；1987年7月25日國家教育委員會（原教育部）頒發的『普通高等學校圖書館規程』（共6章36條）等。

　　臺灣地區圖書館法，歷經多年研議，始於1992年制訂『圖書館法草案』，並於同年2月14日，經『教育部』圖書館事業委員會第11次委員會議討論修正通過，現正由『教育部』依規定程序呈報『行政院』核轉『立法院』審議，何時成爲正式法律，尚不得而知。

　　此一草案內容分爲總則、設立與標準、組織人員與經費、營運與輔導、附則等5章35

條。第一章規定本法之目的，圖書館之定義，圖書館種類，圖書館之設立、變更、停辦之依據與程序，及各級圖書館組織規程之核定與主管機關。第二章分別規定『國立』圖書館、公共圖書館、大專院校及學術圖書館、中小學校圖書館、專門圖書館之設立、服務對象、任務及營運標準。第三章明定圖書館負責人的名稱、任用資格及業務職掌，圖書館的組織單位，圖書館人員種類，專業館員職等名稱，圖書館經費、發展基金、專案補助及捐贈之賦稅減免與獎勵等。第四章規定圖書館事業委員會及合作組織，圖書資料之交換、移管、遺失、損毀與註銷報廢，國際標準號碼與出版品預行編目之申請，出版品之送備與國際交換，重要古籍與善本圖書之調查、維護與保管，以及各級圖書館之評鑑與輔導等。第五章爲附則，明定縣市文化中心圖書館及私立圖書館準用本法之相關規定及施行細則之訂定等事項。

原載胡述兆總編輯『圖書館學與資訊科學大辭典』（臺北市：漢美，1995），頁2047—2048

圖書館學（Library Science；Librarianship）

什麼是圖書館學，不但有見仁見智之不同，而且因時因地而異，所以至今難有一個公認的恰當定義。大體言之，我們可以這樣說：

以科學方法，研究圖書館的發展與運作的各種必備知識之理論與實務的學科，謂之圖書館學。

所謂圖書館的發展與運作的必備知識，簡單說來，應包括圖書、圖書館、印刷、出版、目錄學等的起源與發展，圖書館的組織與管理，資料的採訪、整理、保存、閱覽、參攷與外借，館際合作與資源共享，圖書館與社會，以及圖書館學與其他學科的關係等知識在內。

英文中的圖書館學有兩個用語，即 Library Science 與 Librarianship，我們都將其譯作圖書館學。有人認爲 Library Science 只偏重於學科的訓練，而 Librarianship 則於學科訓練之外，再加上圖書館專業的活動與經驗。其實這兩個用語的意義相通，不必多加區分，只是在美國與加拿大喜歡用 Library Science，而在英國則 Librarianship 一詞用得較爲普通而已。

圖書館成爲一門研究的學科，在西方已有很悠久的歷史。羅馬時代的瓦諾（Marcus Terentius Varro, 116—27 B. C.）在公元前一世紀就有『圖書館論』（*De bibliothecis*；*On Libraries*）的著作問世，惜未流傳下來。現在所知的一本最早的圖書館著作，爲法國學者樂德（Gabriel Naude, 1600—1653）於1627年所著的 *Advis pour dresser une Bibliotheque*，該書於1661年譯成英文，名爲 *Advice on Establishing a Library*。1887年，美國圖書館先驅杜威（Melvil Dewey, 1851—1931），在紐約的哥倫比亞大學（Columbia University）所創設的圖書館學院（School of Library Economy），爲舉世第一個圖書館的正規教育機構，也可以說是近代圖書館學的開始。

中國的目錄學也可以說是早期的圖書館學，若自西漢劉向劉歆父子的別錄與七略算起，則至今已有兩千年以上的歷史。不過真正以圖書館學爲研究對象的圖書館教育，應自民國9年（1920）美國韋棣華女士（Mary Elizabeth Wood, 1861—1931）在武昌文華大學所創立的圖書科開始。臺灣光復後,臺灣省立師範學院(今『國立臺灣師範大學』的前身),首先於 1955 年在其社會教育學系設立圖書館學組,其後『國立臺灣大學』、輔仁大學、淡江大學及世界新聞專科學校,亦相繼設立圖書館學系、科,奠立了臺灣地區圖書館學與圖書館教育的基礎。1980 年,臺灣第一個圖書館學研究所碩士班,在臺大圖書館學系成立,1989 年又奉准設立博士班,使臺灣的圖書館教育與對圖書館學的研究,均進入了高深的境界。

原載胡述兆總編輯『圖書館學與資訊科學大辭典』 (臺北市:漢美,1995),頁 2096—2097

圖書館學與資訊科學大學本科教育(臺灣地區)

1954 年,臺灣大學文學院外國語文學系開授一門『圖書館學』,全年 6 學分,由一位外籍教授奧耿太太(Mrs. Marian Orgain)講授,是為臺灣地區高等院校開授正式圖書館學課程之始。1955 年,臺灣師範大學社會教育學系設立圖書館學組,為臺灣地區的第一個圖書館學教育單位。1961 年臺灣大學文學院成立圖書館學系,為臺灣地區的第一個圖書館學系。其後輔仁大學於 1970 年設立圖書館學系(自 1980 年開始改為圖書資訊學系),淡江大學於 1971 年設立教育資料科學系。以上四校擔負著目前(1993 年為止)臺灣地區圖書館學與資訊科學的大學本科(學士)教育。據 1992 年統計,四系共有在學的大學本科學生約 1,270 人,其中臺大為 217 人,輔大為 520 人(日夜間部各約一半),淡江為 496 人(雙班制),師大僅有一個組,學生不及 40 人。

在入學資格方面,大學本科學生均須通過『教育部』舉辦的大學聯攷。畢業要求各校亦大體相同,惟臺大有第二外國語的要求,其他各校則否。畢業學分數各校頗有差異,師大為 154 學分,臺大為 148 學分,淡江與輔大均為 128 學分。修完規定的學分數,各科成績及格,即可畢業,沒有畢業攷,也不需學士論文。

大學本科教育的課程大致可分為『部定』必修科目、校定必修科目及選修課程三部份。『部定』必修課程計有 13 個科目,共 48 學分,其科目名稱及學分數如下:圖書館學導論(2 學分),資訊科學導論(2 學分),中文參攷資料(4 學分),西文參攷資料(4 學分),圖書分類編目Ⅰ(6 學分),圖書分類編目Ⅱ(6 學分),電子計算機概論(4 學分),目錄學(4 學分),非書資料(4 學分),圖書館管理(4 學分),圖書館自動化(4 學分),及圖書館實習(0 學分,時程為一學期,每週二小時)。

各系的校定必修及選修課程差異頗大,而且各具特色。師大旨在訓練中學圖書館員,其校定及選修科目多與教育有關;臺大是一個綜合性的學系,但資訊方面的課程相當多,數達 20 門左右;輔大也是一個綜合性的學系,編目分類的課程甚強,其所開授的『醫學圖書館』及『音樂圖書館』為其他各校所無;淡江除重視教育資料外,以視聽教學計劃較強。

原載胡述兆總編輯『圖書館學與資訊科學大辭典』 (臺北市:漢美,1995),頁 2104—2105

圖書館學與資訊科學教育（臺灣地區）

　　臺灣地區的圖書館學與資訊科學的正規教育分爲四級，即學士、碩士、博士及不授予學位的三年制專科教育。圖書館學的學士教育始於 1955 年臺灣師範大學社會教育學系設立的圖書館學組，其後臺灣大學（1961 年）、輔仁大學（1970 年）及淡江大學（1971 年）分別成立圖書館學系及教育資料科學系。碩士教育始於 1980 年臺大圖書館學系設立的碩士班，淡江大學教育資料科學系則於 1991 年奉准設立研究所碩士班。博士班於 1989 年在臺大圖書館學研究所設立，也是迄今（1993 年）爲止臺灣地區唯一的圖書館學博士班。世界新聞專科學校於 1964 年設立圖書資料科，招收日夜間部學生，學制三年，不授予學位，該校於 1991 年改制爲學院，圖書資料科併入傳播管理學系資訊管理組，其性質與圖書館學已有所不同，故實際上該科已停辦。

　　學士班之入學均須通過『教育部』舉辦的大學聯攷。畢業要求各校大體相同，惟臺大有第二外國語的要求，其他各校則無。畢業學分數各校頗有差異，師大爲 154 學分，臺大爲 148 學分，淡江與輔大均爲 128 學分，均含『教育部』所規定的 48 個必修學分在內。修完規定的學分數，各科成績及格，即可畢業，沒有畢業攷，也不需學士論文。

　　碩士班之入學，均經各校單獨舉行的入學攷試及格，報攷資格則不受限制，任何科系之畢業生均可報攷，惟淡大碩士班分爲 A、B 兩組，A 組只限圖書館學系畢業生報攷。畢業要求包括以下各項：(1) 修業 2 至 4 年；(2) 修畢所規定的學分，臺大爲 24 學分，淡大爲 26 學分，均不含寫論文的學分；(3) 滿足第二外國語要求；(4) 通過學科攷試；(5) 通過論文答辯口試。

　　博士班目前（1993 年）只限臺大一校，其設置之主要目的是培育圖書館學與資訊科學系所的師資及儲備大學院校圖書館的館長人才。入學資格甚嚴，報攷者須經審查其大學與研究所的學業成績合格，始得參加筆試。筆試分讀者服務、技術服務及圖書館學與資訊科學三科，每科須在 60 分以上，始得參加口試。口試通過者始爲正式錄取。畢業要求包括五項：(1) 修業 2 至 4 年，得延長兩年，即修業期間最多 6 年；(2) 修畢 18 個學分（博士論文 12 學分不在其內），各科成績均在 70 分以上；(3) 滿足第二外國語要求；(4) 通過學科攷試，攷試科目在讀者服務、技術服務、資訊科學、圖書館管理、目錄學五科中任選四科應試；(5) 通過論文答辯口試。

　　原載胡述兆總編輯『圖書館學與資訊科學大辭典』（臺北市：漢美，1995），頁 2104—2105

圖書館學與資訊科學碩士班教育（臺灣地區）

　　1980 年，『教育部』核准在臺灣大學文學院圖書館學系設立研究所碩士班，這是海峽兩岸第一個授予碩士學位的圖書館學研究所。淡江大學教育資料科學系於 1991 年奉准設立研究所，這是迄今（1993 年）爲止，臺灣地區第二個圖書館學研究所。此外，政治大學、輔仁大學、中興大學及中正大學等四校，均有設立圖書館學相關研究所碩士班的擬議，但其設所計劃仍在『教育部』審議中，其中一二所可望於二三年內批准招生。

就入學資格而言，均須經攷試及格。臺大的報攷資格，在科系方面不受任何限制，凡臺灣地區公立或已立案之私立大學院校或經『教育部』認可之海外大學院校，任何學系畢業得有學士學位者，或合於『教育部』所定報攷大學院校研究所同等學力之標準者，均得報攷；外籍學生之入學係以審查方式為之，但須符合『教育部』所規定之要件，參加本所舉行的中文攷試，並經本所所務委員會通過。淡江之入學資格大同小異，但報攷時分為A、B兩組，A組限圖書館學系畢業生報攷，B組不限圖書館學系，其他各系畢業生亦可報攷。

在畢業要求方面，包括以下各項：（1）修業2至4年；（2）修畢所規定的學分，臺大為24學分，淡江為26學分，均不含論文的學分；（3）滿足第二外國語要求；（4）通過學科攷試，由學生在必修科目中任選二科應攷；（5）通過論文答辯。

在課程方面，臺大以研究方法、圖書館行政研究、讀者服務研討、技術服務研討、資訊科學研討等五門為必修；主要選修課程則有：圖書館教育、比較圖書館學、資訊科學教育、資訊管理、資訊政策、線上資訊檢索、索引典結構、管理資訊系統、圖書館行銷、圖書館建築、中國目錄學研究、中國版本學研究、中國印刷史研究、圖書史等。淡江的課程分為A，B兩組，各有重點：A組的重點為圖書館學，以研究方法、圖書館學與資訊科學研究課題、教育資料統計、第二外國語（6學分，不計入畢業學分）為必修，主要選修課程有圖書館系統分析、圖書館服務評鑑、比較圖書館學、學術網路與圖書館、電子傳播科技、資料管理系統、資料庫概論；B組的重點為教學科技，以研究方法、教育傳播與科技、教學設計、教育資料統計為必修，主要選修課程則有教學評鑑、傳播原理、學習心理學、成人教育理論、電腦教學理論、媒體製作研究、教育電視專題研究、視聽專題研究、隔空教育專題研究等。

原載胡述兆總編輯『圖書館學與資訊科學大辭典』（臺北市：漢美，1995），頁2104—2105

赫斯（1868—1953）

Hasse, Adelaide Rosalie

赫斯為美國著名的索引與目錄專家。她於1868年9月13日生於威斯康辛州的Milwaukee，父親為著名的醫生。她家境富裕，自幼在家接受教育，並未受過正規學校教育。

1989年，她的全家移居西海岸，赫斯進入洛杉磯公共圖書館工作，負責組織該館的美國政府出版品。由於當時並無組織此類出版品的任何規則可循，她乃根據自己的邏輯體系，自行設計了一套分類表。此套分類表很快受到圖書館界的肯定，公認是當時最好的政府出版品分類法。於是美國聯邦政府印務局（U. S. Government Printing Office，簡稱GPO）請她去擔任該局的第一任圖書館館長。她於1895年5月到華府履新，一年後她的第一本著名目錄就出版，題目為 *The List of Publications of the U. S. Department of Agriculture*，其後又相繼出版了 *Index of Economic Material in Documents of the States of the United States*，共13冊，於1907—1922年間問世；*Index to United States Documents Relating to Foreign Affairs*，1828—1861，共3冊，於1914—1921年間問世。這些著名的目錄與索引都是由華府的卡內基基金會資助出版。

赫斯的政府出版品分類表，不但被 GPO 圖書館用來編輯書目與索引，而且爲該局出版的 *Checklist of the United States Public Documents* 及 *Monthly Catalog* 所採用，於是聲譽鵲起，紐約公共圖書館館長畢林斯（John Show Billings）乃禮聘她到該館去組織其政府出版品部。她在該館工作了 20 年，於 1918 年因與新任館長意見不合而離職。但她爲該館政府出版品的組織所建立的模式，受到各方讚揚，也奠定了她在目錄與索引界的堅實地位。

赫斯離開紐約公共圖書館後，又去華府工作，先後在聯邦政府各機關服務，並積極參與圖書館界的各種專業活動。她曾發起組織『專門圖書館學會』（Special Libraries Asociation）華府分會並膺任首任會長，也曾擔任 ALA 的理事及政府出版品委員會的主席。

赫斯退休後，仍不斷寫作，畢生編著的書有 24 種，論文 50 餘篇。她於 1953 年 7 月 29 日在華府病逝，享壽 84 歲。

原載胡述兆總編輯『圖書館學與資訊科學大辭典』（臺北市：漢美，1995），頁 1995—1996

鮑克公司（R. R. Bowker Company）

鮑克出版公司位於美國紐約市的曼哈登區（Manhattan），創立於 1872 年，爲美國最早的有關圖書館出版公司之一。它的創辦人爲鮑克（Richard Rogers Bowker，1848—1933），故簡稱爲 R. R. Bowker 公司。

鮑克對圖書館事業極有興趣，他與杜威（Melvil Dewey）同時代，對美國圖書館學會（ALA）的催生具有相當貢獻。他與杜威及李柏德（Frederick Ley Poldt）共同創辦『圖書館學刊』（*Library Journal*），並曾擔任該刊與『出版者周刊』（*Publishers' Weekly*）的主編。鮑克公司秉持其創辦人的興趣與出版政策，自始即以出版書目（Bibliography）、名錄（Directory）及其他有關圖書館專業書刊爲主要範圍，與 H. W. Wilson 公司以出版索引爲主之政策，各具特色。根據統計，1991 年該公司的現行出版圖書達 210 種，另有 100 種新出版品，爲世界最負盛名的圖書館專業書刊出版機構之一。

在該公司衆多的重要出版品中，最著名的莫過於『出版者書目年刊』（*Publishers' Trade List Annual*，簡稱 *PTLA*）、『現行出版圖書』（*Books in Print*，簡稱 *BIP*）及『現行出版圖書主題指南』（*Subject Guide to Books in Print*，簡稱 *Subject Guide to BIP*）；*PTLA* 是美國主要出版公司每年出版書目的總匯，*BIP* 是 *PTLA* 的著者及書名索引，而 *Subject Guide* 則可說是 *PTLA* 及 *BIP* 的主題索引。此三種出版品爲西文圖書採訪最重要的工具。此外，該公司出版的其他書目與名錄，不勝枚舉，茲擇其要者各舉數種如下：

在書目方面，如：

『美國圖書出版紀錄』（*American Book Publishing Record*）

『兒童現行出版圖書』（*Children's Books in Print*）

『國際現行出版圖書』（*International Books in Print*）

『平裝本現行出版圖書』（*Paperbound Books in Print*）

『即將出版圖書』（*Forthcoming Books*）

『出版者周刊』（*Publishers' Weekly*）

在名錄方面,如:
『美國圖書館名錄』(*American Library Directory*)
『美國藝術名錄』(*American Art Directory*)
『美國圖書營業名錄』(*American Book Trade Directory*)
『國際圖書營業名錄』(*International Book Trade Directory*)
『美國學者名錄』(*Directory of American Scholars*)
『奧瑞克國際期刊名錄』(*Ulrich's International Periodicals Directory*)
以上的書目與名錄有些已有 CD-ROM 產品。

除了書目與名錄外,由鮑克公司出版的其他參攷書還很多,例如:*AV Market Place*, *The Bowker Annual Library and Book Trade Almanac*, *Books in Series*, *Educational Film & Video Locator*, *Literary Market Place*, *Magazines for Libraries*, *Software Encyclopedia*, *World Guide to Libraries*, 以及 *Yearbook of International Organizations* 等,均屬銷路極廣的基本參攷工具書。

在有關圖書館的出版公司中,鮑克與威爾遜向來互別苗頭,并駕齊驅,威爾遜有 *Wilson Library Bulletin*,鮑克則有 *Library Journal*(圖書館學刊),為美國最早的圖書館學專刊,與美國圖書館學會同壽,值得在此略作介紹。該刊除刊載有關圖書館的專業論文並報導圖書館界的動態外,每期均有書評。每年評介的圖書約為 6,000 種,與 *Choice* 評介的數目相若,但範圍不以適於大專的用書為限,包括各類圖書,其中參攷書約有 500 種。書評的字數不多,每則在 100 至 150 字之間,大部份均由圖書館員及圖書館系所教員執筆,並均署名,故參攷價值頗高。

原載胡述兆總編輯『圖書館學與資訊科學大辭典』(臺北市:漢美,1995),頁 1088

顧廷龍(1904—1998)

顧廷龍,字起潛,晚號匋諼老人。清光緒三十年(1904)十一月十日生於江蘇蘇州。1998 年 8 月 22 日因腸癌病逝北京人民醫院,享壽 94 歲。

顧氏於 1931 年畢業於上海持志大學,同年秋攷入燕京大學國文研究所深造,一年後畢業,獲文學碩士學位,旋入燕京大學圖書館任職,擔任採訪工作。1935 年 7 月,受上海私立合衆圖書館創辦人張元濟、葉景葵等力邀,出任該館總干事(即館長)。1953 年經董事會決議,將合衆圖書館捐贈給上海市政府,更名為上海合衆圖書館,1955 年再改名為上海市歷史文獻圖書館,兩度更名後顧氏仍任館長。1958 年,上海市科技圖書館、上海市歷史文獻圖書館、上海市報刊圖書館等三單位,與 1950 年初成立的上海圖書館合併,成立新的上海圖書館,而成為中國大陸僅次於北京圖書館的第二大館。顧廷龍繼續擔任合併後的上海圖書館館長,直到退休時為止。從燕京大學圖書館,到上海合衆圖書館,再到上海歷史文獻圖書館,最後到上海圖書館,雖歷經數館,實際只燕京、上海兩館,故他嘗謂:『余生平履歷最簡單,不過兩個門,一是燕京大學之門,一是上海圖書館之門。』一路走來,始終如一,退休後仍榮任上海圖書館名譽館長,所以終其一生,均奉獻於圖書館事業。

顧廷龍除經營圖書館有成外,在目錄學與書法方面亦有重大成就。其所編纂的『明代版本圖錄初編』十二卷,由上海開明書店出版,受到顧頡剛之好評,並經其推薦,於

1941 年列爲齊魯大學國學研究所專著彙編之四。他所主編的『中國叢書綜錄』與『中國古籍善本書目』，更是近 40 年來，在中國使用最廣、影響最深的古籍聯合目錄。在 1962 年中國叢書綜錄即將出齊之際，上海『文匯報』於是年 8 月 17 日，以『學術界的一件大事』爲題，發表評論，稱該書爲『以確實完備、細致、成書迅速等特點，超過了歷史上任何一部同類性質的目錄書』，可見其評價之高。

顧廷龍的書法亦卓然成家。1996 年 12 月 20 日上海圖書館新館開館慶典時，曾舉辦其書法展，並出版『顧廷龍書法選集』。12 月 22 日又在上海豫園綺藻堂舉行『顧廷龍學術成就暨書法藝術研討會』，展出其畢生書法精品百餘幅，真草篆隸各體俱備，受到各方讚賞。

他體質素健，1992 年發現胃癌，手術後移居北京，與哲嗣頌芬同住（頌芬爲中國科學院及中國工程學院雙料院士，爲成就卓越的航空學家）。1998 年夏又發現腸癌，手術罔效，於 8 月 22 日在北京人民醫院逝世。遺體火化後運回蘇州故里，與夫人合葬。

原載『中國圖書館學與目錄學名人錄』（臺北市：漢美，1999），頁 283—285

(二) 世界各國圖書館名人

杜威（1851—1931）
Dewey, Melvil

　　杜威於1851年12月10日生於美國紐約州的Adams Center，1874年畢業於阿姆斯特學院（Amherst College），畢生致力於圖書館事業，貢獻之大，至今無人能及。他於1931年病逝，享壽80歲。

　　杜威對圖書館事業的貢獻，不勝枚舉，就其最主要者言，有以下各項：

　　一、杜威『十進分類法』（Dewey Decimal Classification）的創始人。該分類法於1876年問世時，題為 *A Classification and Subject Index for Cataloging and Arranging the Books and Pamphlets of A Library*，全文僅44頁，包括一篇簡短的前言，12頁的主表，及2,600個項目的主題索引。此一分類法至1989年已出版了20版（DDC 20），且已譯成30多種語言文字，在全世界135個國家的20多萬個圖書館中使用，其影響之大，概可想見。

　　二、美國圖書館學會（American Library Association，簡稱ALA）的主要催生者。該學會於1876年成立，為舉世第一個圖書館專業學會，其成立得力於杜威奔走鼓吹者至大，被公認為主要催生者之一。他曾兩任此一學會的會長（1890，1892—1993）。

　　三、舉世第一個圖書館學校的創辦人。他於1887年1月5日在美國的哥倫比亞大學（Columbia University）創辦圖書館學院（School of Library Economy），為各國專業圖書館教育之濫觴。該學院的第一班學生共20人，其中17人為女性，奠定圖書館專業人員男女平等的始基，這也是杜威畢生所倡導的基本理念之一。

　　四、『圖書館學刊』（*Library Journal*）的共同創辦人。1876年杜威與鮑克（R. R. Bowker）及李柏德（Frederick Leypoldt）共同創辦『圖書館學刊』，並擔任此一學刊的首位主編（1876—1881）。該刊為舉世第一個圖書館專業學刊，至今仍在繼續發行。

　　五、建立"圖書館服務社"（Library Bureau），促使圖書館用品、圖書館設備及圖書館作業處理方法標準化。

　　此外，杜威極力提倡大學圖書館學術化、圖書館學專業化，及使圖書館成為『人民大學』（People's University），這些理念對圖書館專業的健全發展均有重大影響。

　　最後值得一提者，杜威也是英文簡化的倡導人。為了推行此一主張，他首先簡化其姓名，他原名Melville Louis Rossuth Dewey，自行簡化為Melvil Dewey。他所寫的文章，常用簡化字，例如把Philosophy寫作Filosofi，Tell寫作Tel，Done寫作Dun，Could寫作Cud，Would寫作Wud等，都是他簡化後的英文字，此在早期杜威自己所寫的『杜威分類法緒言』中，處處可見。

索引辭目
1. Dewey Decimal Classification
2. American Library Association
3. School of Library Economy

4. Library Journal
5. Melville Louis Rossuth Dewey

阮甘納桑（1892—1972）

Ranganathan, Shiyali Ramamrita

阮甘納桑於 1892 年 8 月 9 日生於印度 Madras 省的 Shiyali。1916 年畢業於 Madras Christian College 數學系，旋入政府學院（後改爲總統學院）教數學。1924 年被任爲馬德拉大學首任圖書館館長，並因基於業務的需要，奉派去英國的倫敦大學院（University College, London）研習圖書館學，1925 年以優異成績畢業，並被選爲英國圖書館學會的會員。在英兩年期間，曾參觀一百多個英國圖書館，深入觀察各類圖書館的實際運作狀況，奠定了他以圖書館事業爲終身職業的基礎。

阮氏擔任馬德拉大學圖書館館長長達二十年（1924—1944）；1945 年至 1947 年期間，轉任 Banaras Hindu Univ. 的圖書館學教授兼圖書館館長；1947—1954 年期間擔任德里大學圖書館學教授；1962 年被任爲文獻研究與訓練中心主任及榮譽教授；1965 年印度政府任命他爲圖書館學國家研究講座教授。他於 1972 年 9 月 27 日去世，享壽 80 歲。

阮甘納桑對圖書館學的貢獻很大，其中又以『冒號分類法』與『圖書館學五律』最爲人所樂道。

『冒號分類法』（Colon Classification）是阮氏於 1933 年所創，至 1963 年已發行第 6 版。該分類法系以 26 個字母代表 26 大類，並以大寫字母表示之；以阿拉伯數字代表小類，而以小寫字母代表複分。每一類通常區分爲五個基元，即性質（Personality，簡稱 P），物質（Matter，簡稱 M），能力（Energy，簡稱 E），空間（Space，簡稱 S），及時間（Time，簡稱 T），通常以 PMEST 五個字母表示之。在各小類之間則以不同標點符號表示，例如"M"之前用（;）號，"E"之間用（:）號，"S"之前用（·）號等。此法基本構想甚好，惜乎不易應用，故至今除在印度境內外，很少其他圖書館採用。

所謂『圖書館五律』，是阮氏在圖書館學方面的五個理念，是即：圖書是爲讀者使用的（Books Are for Use.）；每一本書有其讀者（Every Book, Its Reader）；每一位讀者有其書（Every Reader, His Book）；應爲讀者節省時間（Save the Time of the Reader）；圖書館是一個不斷成長的有機體（A Library Is a Growing Organism）。這五句話可以放之四海而皆準，真是不朽名言。

阮氏的貢獻，深獲圖書館界讚揚，前印度總統吉理（V. V. Giri）稱他爲『印度圖書館學之父』。1992 年適逢阮氏百歲冥壽，世界圖書館協會聯盟（IFLA）第 58 屆年會特在印度舉行，藉資紀念，可見世人對他的崇敬。

索引辭目

1. 圖書館學五律。
2. 冒號分類法。

布萊德福（1878—1948）

Bradford, Samuel Clement

布萊德福是英國的著名圖書館員，科學文獻分類專家，『布萊德福定律』（Bradford's Law）的創立者。

他於1878年1月10日生於倫敦。他在大學主修化學，後來得到倫敦大學科學博士學位。1899年進入科學博物館（Science Museum）的圖書館工作，直至1938年退休時為止，在任近40年。1922年任助理館長，1925年升副館長，1930年再升任館長。在任期間，他致力於使他的科學博物館圖書館，成為英國的國家科學圖書館（National Science Library）及歐洲的最大科學文獻中心。

布萊德福特別偏愛國際十進分類法（Universal Decimal Classification，簡稱UDC），認為係各種分類法中最好的分類法。他主張全球都應採用UDC，以便編製世界書目。為了推廣UDC的普遍應用，他於1927年發起成立英國國際書目學社（British Society for International Bibliography），並特別支持負責修訂與發展UDC的國際目錄研究所（International Institute of Bibliography）的一切活動，該研究所就是其後國際文獻學聯盟（International Federation for Documentation，簡稱FID）的前身。他於1945年當選英國國際目錄學社的社長，1947年當選FID的副會長及其所屬國際分類委員會（International Committee on Classification）的主席。

他的著作甚多，除了有關化學及其他科學方面的論文，在文獻學方面也有35篇。其中有一篇論文在圖書資訊界發生了重大影響，該文於1934年在『工程學』（Engineering）學刊137期上發表，題為『特殊主題的資訊源』（Sources of Information on Specific Subjects）。在這篇長僅兩頁（85—86頁）的短文中，布萊德福統計1,332篇應用地球物理學（Applied Geophysics）及395篇滑潤學（Lubrication）的論文，及它們所登載的期刊（前者共326種，後者共164種），結果發現一種現象：如將某學科各種期刊所含相關論文的篇數，依遞減的次序排列，這些期刊可分為一個核心區及連續的數區，每區所含論文的篇數大約相同或相近，各區期刊種數的比例將呈現 $1：a：a^2……$ 的關係。換言之，假如核心區的期刊種數是b，則第2區期刊種數為 $b×a$，第3區期刊種數為 $b×a^2×$，…，第m區為 $b×a^{m-1}$。這就是所謂『布萊德福分佈定律』（Bradford's Law of Scatting），簡稱『布萊德福定律』。1948年，他將所發表的相關論文輯成一書，題為『文獻學』（Documentation），這是他畢生著述的精華，公認為極具參攷價值的論文集。1953年該書重印時，席拉（Jesse Shera）曾為其寫了一篇35頁的導言，呼籲圖書館學與文獻學應被視為一體。

布萊德福於1948年病逝，享壽70歲。

卓以克（1886—1960）

Joeckel, Carleton B.

　　美國圖書館專家、圖書館教育家。1886 年 1 月 2 日生於威斯康辛州的 Lake Mills。1908 年威斯康辛大學畢業後，入紐約州立圖書館學校（New York State Library School）研究圖書館學，1910 年獲圖書館學士學位。同年出任聖路易公共圖書館館長秘書。1911 年移居加州，任柏克萊加州大學圖書館助理參攷館員及圖書流通監督。1914 年任柏克萊公共圖書館館長，1917—1919 年在美國陸軍服役，退伍後回任館長，至 1927 年爲止，在任 11 年。

　　1927 年應聘擔任密西根大學圖書館學系副教授，三年後升任正教授，講授圖書館行政及圖書採訪課程。他初到密大時，同時在該校政治系研究政治學，於 1928 年獲政治學碩士學位。1934 年，卓以克得到 ALA 的研究獎助金，入芝加哥大學圖書館學研究院攻讀博士學位，爲時僅一年，即獲得該項學位。1935 年，自密西根大學轉往芝加哥大學圖書館學研究院執教，至 1945 年離任，長達 10 年。在此期間，他除教書外，並積極參與多項重大專業活動，舉其要者：（1）擔任『圖書館季刊』（The Library Quarterly）的副主編（1936—1945），離職後轉任顧問編輯（1946—1959）；（2）與同事卡洛夫斯基教授（Prof. Leon Carnovsky），爲芝加哥公共圖書館完成一項研究計劃，題爲 A Metropolitan Library in Action，公認爲研究公共圖書館的典範之作；（3）爲羅斯福總統的教育顧問委員會（President Franklin D. Roosevelt's Advisory Committee on Education）完成一項研究報告，題爲『圖書館服務』（Library Service），並由美國聯邦印務局（GPO）出版；（4）爲美國國會圖書館館長麥克利斯（Archibald Macleish）完成一項技術服務部改組報告，被麥克利斯譽爲『圖書館史上最重要文件之一』。此外，他也是 1937 年美國聯邦教育局成立『圖書館服務組』（Library Service Division）的催生者，1943 年『美國圖書館學會戰後公共圖書館標準』（ALA Postwar Standards for Public Libraries）的設計師，及 1948 年『全國公共圖書館服務計劃』（A National Plan for Public Library Service）的主稿人。

　　1942 年，卓以克繼威爾遜（Louis Round Wilson）爲芝加哥大學圖書館學研究院院長。在其三年任期中，曾舉辦多項暑期研討會，如 1943 年的社區圖書館研討會，1944 年的圖書館推廣研討會，1945 年的圖書館人事行政研討會，均卓著成就。1945 年他辭院長職，重回柏克萊加州大學執教，於 1950 年退休。1960 年 4 月 15 日在加州的 Oakland 病逝，享壽 74 歲。

孟恩（1894—1975）

Munn, Ralph

　　孟恩是一位卓越的公共圖書館專家、圖書館教育家，及國際圖書館事業倡導者。他於 1894 年 9 月 19 日生於美國伊利諾州的 Aurora，在科羅拉多州長大。1916 年畢業於丹佛大學，並於 1917 年獲同校法學士學位。第一次世界大戰期間曾在法國服役兩年，退伍後入紐約州立圖書館學院研習圖書館學，於 1921 年獲圖書館學士（B. L. S）學位。

他的第一份圖書館專業工作，為西雅圖公共圖書館參攷服務員，其後升為助理館長。1926 年轉任密西根州佛林特公共圖書館館長。自 1928 年至 1964 年他退休時為止，擔任著名的匹茲堡卡內基圖書館館長，長達 36 年。幾乎在同一時期（1928—1962），他也兼任卡內基理工學院圖書館學研究所的所長（Dean of the Carnegie Library School of the Carnegie Institute of Technology），直至該所於 1962 年轉移至匹茲堡大學（University of Pittsburgh）時為止。

孟恩對國際圖書館事業之發展素有興趣，而且貢獻頗大。他於 1934 年接受卡內基公司之委託，去澳洲與紐西蘭攷察圖書館事業，除為該兩國提出圖書館發展計劃外，並建議選派館員赴美國研究圖書館實務。這些努力與貢獻，使他被譽為『澳洲與紐西蘭現代圖書館運動之父』。1947 年，美國國務院與美國圖書館學會聯合派他去中南美洲，從事圖書館的親善訪問，並代表美國贈送給秘魯國家圖書館 10,000 冊圖書，秘魯政府感念他對該國圖書館的貢獻，特頒授他一枚『騎士勳章』。1950 年，他擔任美國代表團團長，出席聯合國教科文組織（UNESCO）在瑞典的 Malmo 舉行的世界公共圖書館會議。除了參加各種國際活動外，他也提倡圖書館人員的國際交換，他曾邀請澳洲、荷蘭、北歐諸國的年輕圖書館員，到他主持的卡內基圖書館工作，並使他們享受美國圖書館員同樣的待遇。這些交換與訪問活動，遠在『傅爾布萊德交換計劃』（Fulbright Exchange Program）之前，他可說是美國圖書館員國際交換的前驅。

孟恩擔任卡內基圖書館館長 30 多年，成績斐然，在諸多的成就中，有兩點特別值得提出：一是他特別重視館藏的品質，因為他認為公共圖書館的首要工作是教育性、資訊性與文化性，凡不能符合這些要求的資料，特別是小說，他都不買。二是他特別重用女性館員，因為他覺得圖書館主要是個以女性為主的行業，應該對他們多一份照顧。

孟恩曾任 ALA 的會長（1939—1940），密州圖書館學會會長（1930—1931），匹茲堡大學及密州的韋恩斯堡學院曾頒授他榮譽博士學位。他 1977 年 1 月 2 日在匹茲堡去世，ALA 曾通過一項決議，讚譽他是『圖書館員、教育家、作家、顧問與公民的典範』。

拉娜（1899—1983）

Lara, Juana Manrigue de

拉娜是墨西哥的圖書館學家，是將現代圖書館學引進墨西哥的拓荒者。

她於 1899 年 3 月 12 日生於墨西哥的 Guanajuato，早年在故鄉及普布拉（Puebla）受教育，畢業於普布拉師範學校。由於愛好圖書，乃入墨西哥市第一國立檔案管理員與圖書館員學院進修，其後又去美國深造，於 1924 年畢業於紐約公共圖書館學校（School of the New York Public Library），為第一個畢業於該校的墨西哥女生。回國後從事於圖書館學教育工作，最初在教育部秘書處的圖書館學校授課，後來轉至母校國立檔案管理員與圖書館員學院執教。她教學認真，熱心輔導，極受學生歡迎與喜愛。為了教學的效果與便利，她編著了多種極有價值的教科書與專業圖書，舉其要者如：（1）『墨西哥圖書館員手冊』（*Manual of the Mexican Librarian*）；（2）『小型圖書館組織與行政初階』（*Elementary Notions Concerning the Organiation and Administration of a Small Library*）；（3）『學校圖書館組織與行政概要』(*Elements of the Organization and Administration of School Libraries*)；(4)『學校圖書館與兒童文學』(*School Libraries and Children's Literature*)；(5)『字典式目錄資料標題指南』(*Guide to Headings of Material for Dictionary Calalogues*)。此外，她與另一位傑出的墨西哥圖書館員拜根 (Guadalupe Monroy Baigen) 合編了一本參攷工具書，題為『墨西哥著者的假名，顛倒字母的名字與姓名的首字母』(*Pseudonyms, Anagerams, and Initials of Mexican Authors*) 極受讀者與出版界的歡迎。除了專書，她的論文亦甚多，分別在美國、墨西哥及中美洲各國的期刊雜誌發表。

作育圖書館人才，只是她對墨西哥圖書館事業貢獻的一部份。她曾擔任墨國教育部圖書館館長及圖書館監察總長 (Inspector General of Libraries) 多年，對墨西哥圖書館事業之發展具有重大影響。

她於 1983 年 10 月 8 日在墨西哥市去世，享壽 84 歲。

亞薾 (1860—1938)

Ahern, Mary Eileen

亞薾於 1860 年 10 月 1 日生於美國印地安那州，大學畢業後，曾任中學教員。1889 年出任印州州立圖書館助理館長，極力推動該州圖書館學會之成立，被推為該會首任秘書長。1893 年被印州議會選為該州州立圖書館館長。因此一職位為政治性任命，而支持她的民主黨於 1894 年選舉時失敗，亞薾被迫於 1895 年離職。為使此一職位其後不受政治影響，她展開一項使圖書館脫離議會而獨立的運動，終使該館改隸全州教育委員會。

亞薾卸任州立圖書館館長職務後，即進入伊利諾州的亞莫工藝學院研習圖書館學，同時接任『公共圖書館』(*Public Libraries*) 期刊的主編，自該刊於 1896 年創刊至 1931 年她退休時為止，她連續擔任其主編達 35 年。亞薾以該刊為根據地，推行公共圖書館運動，她在發刊詞中嘗言：『所有社會問題之解決方法只有一個，那就是教育民眾，增進其智慧。而公共圖書館是最好的教師，也是唯一免費的老師……公共圖書館實是唯一真正的人民大學。』該刊最初是由伊利諾州的圖書館局資助出版，其後由伊州圖書館學會接辦。亞薾曾三度當選為該學會的會長。她對圖書館事業之熱衷與參與極為積極，自稱自 1893 年至 1931 年間美國圖書館學會舉行的年會，從未缺席過一次。

她於 1931 年滿 70 歲，因視力日差，宣告退休。她所主編的『公共圖書館』，因無適當人選接替而被迫停刊，可見她對該刊影響之大。她退休後，仍經常到各地旅行演講，鼓吹公共圖書館運動。她於 1938 年 5 月 20 日病逝，享壽 78 歲。

波拉德 (1859—1944)

Pollard, Alfred William

英國目錄學家與圖書館專家。1859 年 8 月 14 日生於倫敦，1877 年入牛津大學聖約翰學院就讀，主修古典文學哲學，獲文學士學位。

1883年進入大英博物館圖書部工作,致力於目錄學之研究,於早期在英倫三島印刷出版圖書之整理,極有心得。1919年升任大英博物館印刷圖書部主任,同年受聘為倫敦大學榮譽目錄教授。1924年自大英博物館退休,專心從事著述,直至1935年因意外事故腦部受傷為止。

波拉德畢生的貢獻可以歸納為二大項,都與目錄學有關:(1)他與英國一本著名的目錄學期刊『圖書館』(*The Library*)結下不解之緣。他為該刊寫稿與編輯,前後達46年,1899年並成為該刊的主編。1892年『倫敦目錄學會』(London Bibliographical Society)成立時,他是主要發起人之一。1893年他當選該學會秘書長,在他的努力與協調下,終使『圖書館』這本當時英國著名的目錄學學刊成為該學會的會刊。(2)他對英國目錄學極有研究,編過好幾種目錄,其中最著名的是他與雷德格雷夫(G. R. Redgrave)合編的一套目錄,題為『1475—1640年間英格蘭、蘇格蘭、愛爾蘭印刷圖書及國外印刷英文圖書目錄簡編』(*A Short-Title Catalogue of Printed Books in England, Scotland, and Ireland and of English Books Printed Abroad, 1475—1640*)。這套目錄係由倫敦目錄學會出版,包含的圖書目錄超過26,000種,費時9年完成,參加編輯的目錄學者甚多,但波拉德任主編,出力最大,貢獻最多,也是他畢生最大的成就。

他於1935年在一件意外事故中腦部受傷後,即被迫中止著述,1944年3月8日在倫敦南區的Wimbledon病逝,享壽85歲。

伯納多(1891—1962)

Bernardo, Gabriel A.

菲律賓圖書館專家、目錄學家。1891年3月14日生於菲律賓的Barasoain。中學畢業後,以半工半讀的方式進入菲律賓大學求學,於1916年獲文學士學位。1918年至1920年,在美國威斯康辛大學進修,獲頒一般圖書館服務結業證。回國後,任菲律賓圖書館暨博物館(Philippine Library and Museum)助理館員,同時繼續在其母校菲律賓大學選課,於1923年獲英文暨目錄學碩士學位,旋任菲律賓大學圖書館助理館長,兼圖書館學講師。1924年,該館館長波克(Mary Polk)病逝,伯納多繼任館長,並兼圖書館學系主任。

1929年,以菲律賓大學訪問學人名義,入德國柏林大學研究高級圖書館學,並先後在萊比錫大學(University of Leipzig)圖書館及柏林普魯士國立圖書館從事實務工作。在此期間,他並於1930年安排菲律賓圖書館學會成為國際圖書館學會聯盟(International Federation of Library Associations,簡稱IFCA)的會員國。

伯納多畢生奉獻於菲律賓大學圖書館及圖書館學系,他自1924年出任館長及系主任,直至1957年退休時為止,在任33年。他的事功對菲律賓圖書館事業之發展影響極大,他的桃李滿天下,許多圖書館的專業人員都出自他的門下,而且位居要津。他也是菲律賓圖書館學會的主要創始人,曾任該會副會長、代理會長,並曾三次擔任會長(1933—1934,1949—1953,1957—1962),對菲國圖書館制度之確立與專業標準之制訂,具有重大貢獻,被『馬尼剌時報』(*Manila Times*)譽為『菲律賓圖書館之父』。

伯納多也是菲國極負盛名的目錄學家,畢生編過80多種書目,其中又以『1593至1961年菲律賓書目總錄』(*Bibliography of Philippine Bibliographies, 1593—1961*),及

『1523—1699 年間的菲律賓回溯國家目錄』（*Philippine Retrospective National Bibliography, 1523—1699*）兩種最爲有名。不過這兩種對菲律賓目錄學最有貢獻的鉅著，都是在他死後出版，前者於 1968 年出版，後者於 1974 年出版。事實上，他死時仍有 13 種著作未完成，以上兩種只是其中的一部份。

他於 1962 年 12 月 5 日病逝，享壽 71 歲。

佛蘭西斯（1901—1988）
Francis, Sir Frank

佛蘭西斯是 20 世紀英國圖書館界與博物館界最知名的人物之一，畢生奉獻於大英博物館（British Museum），曾任該館館長及首席圖書館員（Director and Principal Librarian）10 年。

他於 1901 年 10 月 5 日生於利物浦。先後畢業於利物浦大學及劍橋大學。1925 年擔任中學校長，翌年進入大英博物館工作，1946 年升任秘書，1948 年再升任圖書部主任，1959 年接任館長。直至 1968 年退休時爲止，在該館服務的時間長達 42 年。

他早期的工作是編輯書目，1936 年至 1953 年他兼任『圖書館』（*The Library*）的主編，1947 年至 1968 年他與人共同主編『文獻學刊』（*Journal of Documentation*）。由於工作的性質，使他對目錄學發生濃厚興趣，這也是他畢生成就最多的領域。他公餘之暇，在倫敦大學圖書館學院（School of Librarianship of University College, London）兼課，講授目錄學，並到世界各地發表有關目錄學的演講，奠定他在國際間目錄學權威的地位。在擔任館長期間，他曾實施多種出版計劃，使大英博物館中的特有藏書公之於世，其中主要成就之一就是該館著名的『圖書總目錄』（*General Catalogue of Printed Books*）的第 3 版問世。他也是『大英國家書目』（*British National Bibliography*）的催生者，由於他的大力支持與影響，使該書目得以繼續順利發行。

他是圖書館界的政治家，聲譽之隆，在他的同時代中無人能及。他擔任過各種重要學會的會長，包括英國圖書館學會（The Library Association）、博物館學會（Museums Association）、專門圖書館學會（Association of Special Libraries and Information Bureaux，簡稱 Aslib）、目錄學會（Bibliographical Society），及國際圖書館學會聯盟（International Federation of Library Associations，簡稱 IFLA）。他曾協助成立聯合國教科文組織（United Nations Educational, Scientific, and Cultural Organization，簡稱 Unesco）的目錄學與文獻學顧問委員會（Advisory Committee on Bibliography and Documentation）。他是英國國立中央圖書館（National Central Library）董事會的董事長，在他的努力下，終使該館與大英博物館的圖書館及其他圖書館，合併而成大英圖書館（The British Library）。

他對圖書館事業常有真知灼見，其中之一是他認爲圖書館與資訊工作不可分，爲使此兩類人員合作無間，他對科技服務工作特別重視，並在科學顧問理事會（Science Advisory Council）中扮演重要角色。

佛蘭西斯畢生受到的榮譽不可勝計，包括許多大學贈與的榮譽博士學位，及英國政府封贈的爵士。他於 1988 年 9 月 15 日病逝，享壽 87 歲。

利賓玖特 (1813—1886)

Lippincott, Joshua Ballinger

利賓玖特為美國著名的出版者、印刷者、裝訂者及圖書經銷商。他以極大的魄力及強勢的作風經營這些事業，被稱為『圖書業界的拿破侖』（The Napoleon of the Book Trade）。他的經營哲學是『相信正確的事就勇往邁進』。

利賓玖特是獨生子，於1813年3月18日生於新澤西州的Juliutown，年輕時只受過普通教育，13歲即自力謀生。1827年他開始在賓州費城的一家書店工作，5年後（1832）升任該書店經理，年僅19歲。1836年他已積蓄一筆可觀資金，乃把該書店買下，易名為『利賓玖特公司』（J. B. Lippincott and Company）。他精力充沛，工作努力，很快就使該公司成為聖經、禱告書及一般文學的主要出版公司之一，而他對圖書製作與裝訂的講究，更受到圖書經銷商與顧客的讚譽。

1850年，他決定買下費城的Grigg and Elliott公司，這是美國當時規模最大的圖書批發商，也就是此一大手筆，使他被稱為『圖書業界的拿破侖』。他的出版事業涵蓋面甚廣，其中又以參玖書及醫學方面的書最負盛名。在參玖書方面，如1855年初版的 *Lippincott's Pronouncing Gagetteer of the World*，即 *Columbia Lippincott Gagetteer of the World* 的前身，至今仍為西方地名辭典中的翹楚。又如 *The Dispensatery of United States of America* 及 *A Handbook of Nursing*，均為藥學界與護士界基本參玖書的首創，至今盛名不衰。他不但出版圖書，也出版期刊，如 *The Medical Times*，*Annals of Surgery*，*Lippincott's Magazine* 等，均曾風行一時。

為了容納他的出版王國的相關單位，他於1861年在費城的市場街（Market Street）建造一幢美侖美奐的大理石大廈。此一主建築加上其後的不斷擴建，使其成為當時世界最大的圖書出版與經銷公司。據他自稱，他的全部事業包括29個圖書出版、印刷、裝訂與經銷的機構，每年出版的書平均約2,000種，每年寄出的書達25,000—30,000箱，所有編校、印刷、裝訂、經銷與批發，均在同一屋簷下。

1884年，他的健康日差，乃於翌年將公司改組，使其成為資本100萬美元的股份有限公司，但他自己擁有該公司10,000股份中的9,970股，他仍是該公司的所有人、董事長，及發行人。他於1886年1月5日在費城去世，享壽73歲。

貝斯特曼 (1904—1976)

Besterman, Theodore

英國目錄學家。1904年11月18日生於波蘭，他的全名原為Theodore Decodatus Nathaniel Besterman，為便於別人稱呼，乃將中間二字略去不用。當他尚年幼時，全家移民英國。少時以家庭教育為主，畢生未進大學之門。自幼喜歡看書，對目錄學尤有興趣，年方20，即出版第一本目錄學，題為 *A Bibliography of Annie Besant, 1847—1937*。

1931年，受聘為倫敦大學院（University College, London）圖書館學系講師，更有助於他對目錄學之研究與編輯。1935 年，他的第一本目錄學的重要著作問世，題爲『系統目錄學之原始』(*The Beginnings of Systematic Bibliography*)，及其不朽名著『世界書目、曆書、摘要、文摘、索引及其類似文獻目錄總錄』(*World Bibliography of Bibliographies and Bibliographical Catalogues, Calendars, Abstracts, Digests, Indexes and the Like*) 導論之作。後者於 1939 年開始出版，第二版爲 1947—1949 年，最近一版爲第四版，成於 1965—1966 年，共 5 冊，包含的書目至 1963 年爲止。1977 年，Alice Toomey 完成 1964—1974 的補編 2 冊，增加了 18,000 種書目，故該書現有 7 冊，全部款目達 135,0000 種，分爲 16,000 個主題。每一款目除著錄編者、書名、出版時地等外，並註明所含款目的數目。這些書目包含的語言達 40 餘種，但非洲及東方語言不在其中，而係另行出版。貝斯特曼編輯此鉅著時，曾親自至大英博物館圖書館及美國國會圖書館查閱圖書 80,000 種，其功力之大，概可想見。

除一般目錄學外，貝氏對法國文豪福爾泰 (Francois Maria Arouet Voltaire, 1694—1778) 著作之研究與蒐集最有興趣。他曾爲福爾泰設立基金會，並將他的遺產捐贈給該基金會，以便出版福爾泰的全集及相關文獻。該基金會曾出版福爾泰全集 150 冊，研究福爾泰之相關文獻 200 冊，對福爾泰學之弘揚，貢獻極大。

他畢生所得之榮譽甚多，包括牛津在內的許多大學曾贈與他榮譽博士學位。英國圖書館學會 (The Library Association, 簡稱 LA) 除授於他榮譽會員外，並爲他設立『貝斯特曼獎』(Besterman Medal)，每年頒給在英國出版的一種最傑出的目錄學著作。

他於 1976 年 11 月 10 日在英國牛津附近的 Banbury 去世，享壽 72 歲。

史可菁 (1905—1968)

Scoggin, Margaret Clara

史可菁是美國公共圖書館青少年讀者服務的拓荒者。她於 1905 年 4 月 14 日生於米蘇里州的 Caruthersville。1926 年以優異成績畢業於雷克立夫學院 (Radcliffe College)，並被選入 Phi Beta Kappa 榮譽學會爲會員。畢業後曾在紐約公共圖書館的學校服務部工作，不久赴英國留學，於完成英國倫敦大學圖書館學院的學業後，重回紐約公共圖書館服務。同時到哥倫比亞大學圖書學院碩士班進修，惟因時間與金錢的雙重壓力，並未完成學位。

1935 年，她接任該館職工學校圖書服務部主任後，經常到各校去作班級演講，宣導圖書資料的重要性，並爲職工學校所需要的技術圖書編製書目，於 1939 年由紐約公共圖書館出版，題爲 *Simple Technical Books*。1940 年，奉命籌劃專以服務 21 歲以下的青少年及兒童的納坦史特勞斯分館 (Nathan Straus Branch Library for Children and Young People)，她以燈光充足、角落明亮、氣氛親和的原則，設計該館的內部，以適於青少年興趣的政策採購圖書，並以受過特殊訓練的館員提供服務，開館後受到青少年及兒童的特別喜愛，一舉成名。此一成功經驗引起全美注意。美國圖書館學會並邀請她去德國的幕尼黑 (Munich)，協助建立該處的一個國際青年圖書館 (International Youth Library)。聯合國教科文組織 (UNESCO) 也請她對歐洲各國提供顧問服務。1952 年，她升任紐約公共圖書館總館的青少年服務部主任，直至 1968 年 7 月 11 日病逝時爲止。

史可菁在美國圖書館專業學會中相當活躍，她曾先後擔任紐約圖書館學會的兒童及青少年委員會的首任主席（1951—1952），美國圖書館學會（ALA）的國際關係委員會及青少年閱讀圓桌會議主席，並曾當選 ALA 的理事。她曾獲得 ALA 的格洛里爾獎（Grolier Award），及婦女全國圖書協會（Women's National Book Association）的史金納獎（Constance Linsay Skinner Award）。

史波福（1825—1908）
Spofford, Ainsworth Rand

史波福於 1825 年 9 月 12 日生於美國新漢普夏州的 Gilmanton，畢生未進大學之門。1864 年 12 月 31 日，林肯總統任命他為國會圖書館館長，在任 32 年，於 1908 年 8 月 11 日病逝，享壽 83 歲。

史波福苦學出身，但學識豐富，企圖心甚強。他 20 歲開始進入辛辛拉提一家書店工作，1859 年轉任辛辛拉提『每日商報』（Daily Commerecial）副主編。1861 年該報派其赴華府採訪林肯總統的就職典禮，不久出任國會圖書館助理館長，在任其間，頗得林肯總統的賞識，於 1864 年提升他為館長。他在工作上企圖心雖大，但不計名位，他曾以前任館長之尊，屈就他的兩位後任館長（楊格，John Russell Young；及浦特南，Herbert Putnam）的首席助理館長。

在他擔任館長的 32 年期間，頗多建樹，舉其要者有：

一、確定建立國會圖書館為國家圖書館的目標。

二、發展國會圖書館為美國的最大圖書館。當史波福接任館長時，全館只有 7 位館員及 82,000 冊圖書，到他交卸館長時，該館已成為全美最大的圖書館。

三、建築一幢當時『世界上最偉大、最安全、最豪華的圖書館』，此即現在國會圖書館三幢館舍的第一幢，名叫『湯瑪斯‧傑佛遜館』（Thomas Jefferson Building），該館係於 1897 年完成啟用。

索引辭目
U. S. Library of Congress

史林伯（1903—1970）
Schellenberg, Theodore R.

美國檔案學家。1903 年 2 月 24 日生於堪薩斯州的 Harvey County。於堪薩斯州州立大學畢業後，入賓夕凡尼亞大學深造，主修歷史，獲博士學位。1934 年移居華府，任聯邦檔案研究室副主任。1935 年，聯邦檔案局（National Archives）成立，出任農業檔案組主任。二次世界大戰結束後，他轉任美國聯邦糧食總署檔案主任。1948 年重回國家檔案局，任局長的計劃顧問。1949 年，國家檔案局改組為國家檔案與紀錄服務局（National Archives and Records Service），史氏被任為檔案管理處長。1961 年升任助理局長，主管紀錄鑑定業務。

他擔任此一職位直至1963年退休時為止。

史林伯的畢生精力，大部份貢獻於美國國家檔案局，該局的第一本『檔案工作與程序手冊』就是出自他的手筆。他除工作外，也在華府的美國大學（American University）兼課，講授『現代檔案保存與行政』。1954年，他以傅爾布萊特講員（Fulbright Lecturer）的身份，到澳洲與紐西蘭講學，其後將這些講稿彙集成書，於1956年出版其名著『現代檔案之原理與技術』（Morder Archives: Principles and Techniques），這是美國檔案界銷路最大、影響最深的一本專著，也使他在國際檔案界聲譽鵲起，其後並被譯成西班牙文、葡萄牙文、德文、希伯來文等多種文字。他是第一位當選為國際檔案委員會（International Council on Archives）榮譽委員的美國人。

史林伯於1963年退休後，仍繼續從事著述，並在各大學兼課。他於1965年出版第二本書，題為『檔案管理』（Management of Archives），書中建議，各圖書館學研究所應擔負培訓檔案管理員的責任，因為他認為檔案管理工作，與圖書館及手稿管理工作，具有密切關係。雖然該書不如第一本暢銷，但其影響頗為深遠。

他於1970年1月14日病逝，享壽67歲。

卡內基（1835—1919）

Carnegie, Andrew

卡內基被人尊為『捐助圖書館的聖人』（Patron Saint of Libraries）。他於1835年11月25日生於蘇格蘭的Dunfermline，1846年隨父母移民美國，在賓州匹茲堡郊外的Allegheny定居。由於家境清寒，正式教育僅止於小學，但他刻苦自勵，力爭上游，自電報公司送件員，做到卡內基鋼鐵公司（Carnegie Steel Company，自創）董事長，累積的財富達5億美金，有『鋼鐵大王』（Steel King）之稱。他於1919年8月6日因肺炎逝世，享壽84歲。

卡內基樂善好施，畢生最大的願望就是幫助別人。他認為一個富有的人也不應過豪華奢侈的生活，而應將其擁有的財產，除留給自己家人所必需者外，其餘均應捐諸社會，以造福一般民眾。基於此一理念，他將他的大部份財產回饋社會，捐助各種公益事業的錢財，達3億3,000多萬美元。他捐助的對象，依次為：大學、圖書館、醫學中心、公園、音樂廳、民眾聚會所及教堂。

卡內基對圖書館事業特別重視，不但捐助美國圖書館，也捐助其他說英語國家的圖書館，全部捐贈的款項為56,162,622美元，受惠的圖書館達2,509所。其中的4,100萬元，是給美國1,412個社區，建造1,679所公共圖書館；另用430萬元，建造108所大學及學術圖書館。他捐建公共圖書館的唯一條件，是受贈的市鎮必須提供一塊建館的用地，並保證將永久維持此一圖書館。卡內基對美國公共圖書館館舍的捐建，加速了美國公共圖書館的發展。據統計，1876年美國圖書館學會（ALA）成立時，美國只有188所公共圖書館，至1923年已增至3,873所，不到50年的時間，增長了20倍有餘。

除捐建圖書館外，卡內基對美國圖書館教育的幫助也很大。他曾捐贈美金3,359,550元給芝加哥大學（University of Chicago），設立美國第一個授予博士學位的圖書館學研究所。1887年由杜威（Melvil Dewey）在哥倫比亞大學創辦、其後被迫搬離哥大的美國第一個圖書館學研究所，能於1926年在哥大復校，也是得到卡內基公司的資助。1918年卡內基公司出資，委託威廉遜（Charles Williamson）研究美國圖書館學的教育制度，其研究報告於 1923 年問世，不僅使圖書館教育獲得重大改進，也促使美國的圖書館專業教育自大學部提升至研究部。

卡洛夫斯基（1903—1975）
Carnovsky, Leon

　　卡洛夫斯基於 1903 年 11 月 28 日生於美國米蘇里州的聖路易市，父母均為立陶宛的移民。他於 1927 年畢業於米蘇里大學哲學系後，即入聖路易公共圖書館的一個訓練班研習圖書館學，1928 年出任聖路易的華盛頓大學圖書館館長助理。1929 年得到一項獎學金，入芝加哥大學圖書館學研究所深造，於 1932 年獲哲學博士學位。由於成績優異，畢業後即獲聘為該所講師，至 1944 年升任為正教授。他畢生執教於此，直至 1971 年退休，改聘為榮譽教授為止。

　　卡氏在圖書館學方面的興趣頗為廣泛，他在芝大開授的課程，包括研究方法、公共圖書館、比較圖書館學、圖書館教育及圖書館與社會。他講課時資料豐富，條理清晰，聲音宏亮，態度親切，深獲學生好評。他對學生特別是外籍學生非常和靄，更受學生的尊敬與喜愛。除教書、著書外，他特別致力於該所著名刊物『圖書館季刊』（*Library Quarterly*）的編務，前後達 18 年（1943—1961）之久，他對該刊之管理粗細靡遺，包括徵稿、審稿、編校、印刷、出版、行銷，無不盡心盡力。該刊聲譽之建立，卡氏功不可沒。

　　他於教書、著書及編刊物之餘，在美國及國際圖書館界亦相當活躍。他曾受聯合國教科文組織（UNESCO）之委託，調查研究以色列的圖書館教育，其後希伯來大學設立圖書館學院，即係根據他於 1957 年所提出的一篇報告。他於 1942 年當選為美國圖書館教育學會（AALS）的會長，也曾擔任美國圖書館學會知識自由委員會及圖書館學校認可委員會的主席。他曾獲得數項殊榮，包括表彰圖書館專業成就的『杜威獎』（Melvil Dewey Medal），表揚對圖書館教育有卓越貢獻的『國際圖書館榮譽學會獎』（Beta Phi Mu Award），及對圖書館事業有卓越貢獻的『利賓科特獎』（Joseph W. Lippincott Award）。他退休後移居加州，於 1975 年 12 月 6 日在加州的奧克蘭去世，享壽 72 歲。

加納特（1835—1906）
Garnett, Richard

　　加納特是 19 世紀末葉英國的著名圖書館員，曾在大英博物館（British Museum）擔任重要職務，並於 1893 年當選英國圖書館學會（The Library Association）會長。

　　他於 1835 年 2 月 27 日生於伯明翰附近的 Richfield。他的父親是大英博物館圖書部的副主任，1850 年病逝任所。館方顧念他父親的功勞，特准他以館員助理的名義進館工作，當時他僅 15 歲。最初在編目分類部學習，他天資聰穎，勤於研究，數年後即成為編目分類專家，並對大英博物館的館藏圖書有廣泛而深入的認識，於是職位不斷上升，1875 年接任該館圖書部副主任兼閱覽室總監督。1893年更上層樓，升任圖書部主任，同年當選英國圖書館學會會長。1895年又當選英國目錄學會會長。

加納特是亞蘭（George Allen）的『圖書館叢書』（Library Series）的主編，這套叢書的主要目的，是對19世紀末葉英國的圖書館事業，提供一套實用的教本與指南。其中包括奧郭（Henry Ogle）所著的『自由圖書館』（The Free Library），伯貢（F. J. Burgoyne）的『圖書館建築與家俱』（Library Construction and Furniture），及他自己的『圖書館學與目錄學論文集』（Essays in Librarianship and Bibliography）。他的論文集收錄24篇論文，約有一半係他於1877年至1898年間，在英國圖書館學會、英國目錄學會及其他會議上所提的論文及演講，其他論文涉及的主題範圍包括：市立圖書館之未來，活動書架之設計，攝影術在圖書館之應用，電傳設備之可能性等，極具創意與前瞻性。書後是他在大英博物館所經歷的三位館長的傳記，他們是：潘尼西（Sir Anthony Panizzi, 1797—1879），現代大英博物館的創立者；瓊斯（John Winter Jones, 1805—1881）；及邦德（Sir Edward Bond, 1815—1898），大英博物館『圖書總目錄』（General Catalogne of Printed Books）的創始人。

加納特於1899年退休，專心從事寫作。並於1901年將其論文結集出版，題為『一個退休館員的論文集』（Essays of an Ex-Librarian），書中的12篇論文，都是討論文學史及對文學家的批評。論者謂加納特也是一位文學家，並非虛語。

他於1906年4月13日病逝於倫敦寓所，享壽71歲。

布魯墨（1897—1976）

Brummel, Leendert

布魯墨是荷蘭著名的圖書館專家，他曾擔任海牙皇家圖書館（Royal Library at The Hague）館長，長達25年（1937—1962）。

他於1897年8月10日生於荷蘭的Arnhem，1916年入萊頓大學（Leiden University）研究歷史與荷蘭文學，1925年以最優成績獲得博士學位，其論文題目為『哲學家赫姆史特豪斯的生平』（Frans Hemsterhuis: a Philosopher's Life），對18世紀末葉歐洲思想史極有貢獻。

1926年他被任為位於阿姆斯特丹的荷蘭皇家科學院（Royal Netherlands Academy of Sciences and Letters）圖書館館長，翌年（1927）轉往海牙皇家圖書館服務，1937年升任館長。就任不久，荷蘭即被德國佔領，他一方面要防止德國人及荷蘭的親德份子的干擾，同時又要設法維護珍貴館藏的安全，心力交瘁，艱困備嘗。

二次大戰結束後，布魯墨開始依自己的理念發展館務，他首先建立專業的分工制度，使具有學術素養的館員免於從事一般例行工作，並增加預算，聘請學科專家，以提高服務的品質。在資料採訪方面，他制定一套政策，即重視資料的多元化，又兼顧其價值，推行質量並重的館藏發展。由於資料日增，館舍不敷使用，乃籌措特別經費，加蓋館舍。他體認到聯合目錄的重要性，在任期間對此特別強調與支持。凡此都是他在行政上的成就。

在館外事務方面，他是全國圖書館事務顧問委員會的主席，荷蘭各大學圖書館館長及主要公共圖書館館長都是該委員會的委員，他們對全國圖書館事業之發展常有歧見，布魯墨居間協調，功不可沒。1953年，荷蘭文學博物館與文獻中心（Museum and Documentation Center for Dutch Literature）成立，他兼任其首任主任，為其奠立了良好基礎，導致其後的成功發展。布魯墨在國際圖書館界也不是陌生人物,自 1939 年開始,他即與國際圖書館學會聯盟(International Federation of Library Associations and Institutions,簡稱 IFLA)發生密切關係,其後並任該聯盟副主席(1961—1964)及榮譽主席(1965)。在任期間,他曾於 1961 年與伊格(E. Egger)合編『聯合目錄與國際借閱中心指南』(*Guide to Union Catalogues and International Loan Centers*),並推動『世界圖書館,一項國際圖書館聯盟的長期計劃』(*Libraries in the World, A Long-term Programme for the IFLA*)。

布魯墨是位多產作家,對荷蘭的圖書館史尤有研究。在他的諸多著作中,以『皇家圖書館史』(*History of the Royal Library*, 1939)及『學者圖書館員』(*Librarian as a scholar*)最為有名,後者是他在倫敦大學的一篇演說,其後收錄在他的『圖書館論文集』中,此文最能代表他對圖書館的理念及對圖書館的期許。

他於 1976 年 2 月 1 日在海牙病逝,享壽 79 歲。

艾文斯(1850—1935)

Evans, Charles

查爾斯・艾文斯為美國的著名圖書館員及目錄學家。他於 1850 年 11 月 13 日生於波士頓。由於父母早亡,9 歲時(1859)被送往波士頓孤兒收容所,並在那裏接受教育。16 歲開始,即在當時美國著名的私立圖書館 Boston Athenanum 工作,該館館長為其時美國圖書館界的聞人浦爾(William Frederick Poole)。艾文斯的畢生事業,受到浦爾的影響至大。

艾文斯個性剛強,常與上級不合,故換過不少工作。他曾兩任印地安那波利斯公共圖書館(Indianapolis Public Library)的館長(1872—1878 及 1889—1892),均因與董事會意見不合而去職。1885 年任巴的摩爾的 Enoch Pratt Free Library 副館長,因與館長不能相處而離職,為時不過一年。1896 年轉任芝加哥歷史學社秘書兼圖書館館長,又因其作為不為董事會所接受,而於 1901 年被解僱。

1902 年開始,他專心致力於『美國書目』(*American Bibliography*)的編輯工作。他的編輯計劃包括 1639 年至 1820 年期間在美國印刷的所有圖書的目錄,並對每本書作一簡單介紹。『美國書目』的第一冊於 1903 年出版,包含的時間為 1639—1729,至 1915 已出版 8 冊,包含的年代至 1792 年。編輯工作因第一次世界大戰而中斷,至 1926 年始出版第 9 冊(1793—1794),1929 年出版第 10 冊(1795—1796),1930 年代初期出版第 11 冊及第 12 冊(包括的年代至 1799 年)。原擬縮短其編輯計劃,至 1800 年為止,但未完成,即告病逝。艾氏的遺志於 20 年後始告完成,由席普敦(Clifford K. Shipton)編輯的第 13 冊(1799—1800),於 1955 年出版。1959 年布列斯托(Roger P. Bristol)為全書作索引,列為『美國書目』的第 14 冊。1970 年,Bristol 又出版了該書的補編,題為 *Supplement to Charles Evans' American Bibliography* 對艾文斯原著的 39,000 條,增加了 11,000 條。

艾文斯為美國圖書館學會的創始會員之一,曾擔任 ALA 的首任財務長(Treasury, 1876—1878)。1926 年 ALA 授予他永久榮譽會員,1934 年 Brown University 贈與他榮譽文學博士學位。他於 1935 年 2 月 8 日去世,享壽 85 歲。

索引辭目

American Bibliography

溫恩 (1904—1972)
Wing, Donald Goddard

　　溫恩於 1904 年 8 月 18 日生於美國麻薩諸塞州的 Athol，自幼愛好文學，更喜歡買書。18 歲入耶魯大學研究英文，並被選入該校莎士比亞俱樂部為會員。在校期間，立志每天要為他的個人藏書增加一本圖書。1926 年耶魯畢業後，曾去英國劍橋大學的三一學院進修，並抽空至歐洲各地旅遊。返美後入哈佛大學深造，獲碩士學位。再入耶魯讀博士，於 1932 年獲英國文學博士學位，其博士論文題目為『幽默喜劇的源起』(Origins of the Comedy of Humours)。

　　溫恩畢生在耶魯大學圖書館工作，由館員而採訪部主任而副館長，先後長達 40 年。他利用耶魯的豐富館藏，積年累月，完成了一部不朽名著，題為『1641—1700 年間英格蘭、蘇格蘭、愛爾蘭、威爾斯與英屬美洲出版圖書以及其他國家出版之英文圖書簡短目錄』(Short-Title Catalogue of Books Printed in England, Scotland, Ireland, Wales and British America and of English Books Printed in Other Countries, 1641—1700)。此一簡短目錄共 3 冊，於 1945 年至 1951 年間，由美國索引學會 (Index Society) 出版。就其包含的時間而言，此目錄可說是 A. W. Pollard 與 G. R. Redgrave 合編的 Short-Title Catalogue of Books... 1475—1640 的續編。但 Wing 目錄的範圍更為廣泛，共有 90,000 條，為 Pollard 與 Redgrave 合編目錄的三倍。溫恩在此書的成就，使它很快成為圖書館不可或缺的工具，圖書館員及圖書經銷商均以『溫氏目錄』(Wing's Catalogue) 代替該書的全名，可見其重要性。1970 年代初期，他着手對該目錄的修訂工作，但僅完成第 1 冊的修訂，即於 1972 年 10 月 8 日病逝，享壽 68 歲。

溫琪爾 (1896—1984)
Winchell, Constance M.

　　溫琪爾是美國著名的參考服務專家。她於 1896 年 11 月 2 日生於麻薩諸塞州的 Northampton，1916 年畢業於密西根大學，在校期間一直在圖書館兼職，並利用暑假在密西根大學圖書館舉辦的暑期訓練班研習圖書館學，頗得兼任班主任的密西根大學圖書館館長畢索普 (William W. Bishop) 的賞識。此一短期訓練，使她得於畢業後到明尼蘇達州的中央高中擔任圖書館員。她喜歡在圖書館工作，可能是受到姑母的影響，因為她的姑母是當時麻州著名的福比斯圖書館 (Forbes Library) 的館員，這個館的館長就是美國圖書館界大名鼎鼎的克特 (Charles A. Cutter)。溫琪爾對圖書館的工作極為熱愛，她曾說：『我自始就要做一個圖書館員，我從未考慮擔任圖書館以外的工作。』

　　由於畢索普的建議，她到紐約公共圖書館的圖書館學校去進修，並於 1920 年結業回到她的母校密西根大學圖書館擔任參考服務助理。她希望能升任參考館員，但擔任館長的畢索普告訴她，要任參考館員須先有編目經驗。1924 年她去法國巴黎，出任該處美國圖書館的編目主任，1925 年返美，應聘到哥倫比亞大學圖書館參考服務部工作。從那時開始，她在哥大服務連續 38 年，初任助理參攷館員，繼任參攷館員，1941 年參攷服務部主任瑪齊（Isadore Gilbert Mudge）退休后接任參攷服務部主任。

溫琪爾在哥大圖書館服務時，也在哥大圖書館研究所進修，並於 1930 年獲圖書館碩士學位。瑪齊是她的上司，也是她的老師，並是她的碩士論文指導教授。她的碩士論文題目是『爲館際互借找書』（Locating Books for Interlibrary Loan）。由於此一論文融入了瑪齊從事館際互借數十年的經驗與理念，極具參攷價值，威爾遜公司於該論文通過後即予出版，受到美國圖書館界的普遍歡迎。

溫琪爾的最大成就，是擔任『參攷書指南』（Guide to Reference Books）第七版與第八版的主編。此一指南於 1902 年問世，最初兩版係由克露格爾（Alice Bertha Kroeger）主編，第三版至第七版由瑪齊主編，第七版與第八版則由溫琪爾負責。由於此一指南的內容豐富，被譽爲『圖書館員的聖經』（Bible of Lirarians），並因此而使她於 1960 年獲得傑出參攷服務的『瑪齊獎』（Isadore Gilbert Mudge Citation）。該獎係於 1959 年由 ALA 設立，溫琪爾是獲得該獎的第二人。

溫琪爾於 1962 年自哥大退休。在退休之前她曾休假四個月，到亞洲各國旅行，並蒐集她所喜愛的紀念卡。她於 1984 年病逝，享壽 88 歲。

索引辭目

1. Mudge, Isadore Gilbert.
2. Guide to Reference Books.

塞耶斯（1881—1960）

Sayers, William Charles Berwick

塞耶斯是英國傑出的公共圖書館專家及圖書館教育家。他於 1881 年 12 月 23 日生於英格蘭的 Mitcham。年青時在 Bournemouth 受教育，並在該處公共圖書館工作，曾任該館助理館員四年。1904 年，他年方 23 歲，即被任爲 Croydon 公共圖書館的副館長，當時該館的館長爲英國圖書館界的名人賈士特（Louis Stanley Jast）。塞耶斯不但跟從賈士特學到許多圖書館的專業技能，而且畢生受到他的影響與照顧。由於塞耶斯的學歷較差，而當時的英國又無正規的圖書館學校，在賈士特的鼓勵下，他曾於 1905 年至 1908 年之間到倫敦經濟學院去選課進修。1915 年繼沙瓦齊（Ernest A. Savage）爲 Wallasey 圖書館館長，但未及一年，即轉任 Croydon 圖書館館長，因該館原任館長，也就是他的老館長賈士特調任 Manchester 圖書館館長，賈士特離任時特別推薦他繼任。塞耶斯擔任此一職位長達 31 年，直至他 1947 年退休時爲止。

塞耶斯雖是在公共圖書館任職，但對分類制度之研究最具心得。在他出版的 12 本專書中，有三本是關於分類制度，分別是：Canons of Classification（1915 年初版），An Introduction to Library Classification（1918 年初版），及 Manual of Classification（1926 年初版）。這幾本書都是英國早期圖書館教育的分類課本，就中又以『分類手冊』最受歡迎，曾再版多次，至今仍爲英國圖書館教育分類課程主要教本之一。塞耶斯在倫敦大學圖書館學院（University of London School of Librarianship）講授分類學達 32 年，英國現代圖書館界的名人多出自他的門下，印度圖書館學大師阮甘納桑（Shiyali Ramamrita Ranganathan）也是他的高足。其在圖書館界影響之大，概可想見。

塞耶斯對英國圖書館專業組織極爲熱心，貢獻也很大。他曾兩任英國助理圖書館員學會（Library Assistants' Association，簡稱 LAA）的秘書長（1905—1909，1912—1915），並曾當選該會會長（1909—1912）。他在英國圖書館學會（The Library Association，簡稱 LA），更爲活躍，除曾擔任該會長（1938）外，並自 1912 年起，連續當選爲該會理事，直至去世時爲止，先後近 50 年。他是公認的英國圖書館學會史上最具影響的人物之一。

他於 1947 年自 Croydon 圖書館的館長職位退休後，仍積極參與英國圖書館界的各種活動，並繼續在倫敦大學圖書館學院兼課，同時擔任英國中央圖書館（National Central Library）的執行委員會委員及董事，直至 1960 年 10 月 7 日去世時爲止。

福爾傑（1857—1930）

Folger, Henry Clay

福爾傑不是圖書館員，他是美國華府『福爾傑莎士比亞圖書館』（Folger Shakespeare Libraty）的創建人。他於 1857 年生於紐約市，1879 年畢業於阿姆斯特學院（Amherst College），旋入哥倫比亞大學法學院進修，獲法學士（LL. B.）學位。他雖學法律，但善於經商，對石油事業之經營尤爲成功，積資升至『紐約標準石油公司』（New York Standard Oil Co.）總裁。

福爾傑自少愛好文學，自大學開始即喜歡閱讀與收集莎士比亞的著作。他的夫人嬌旦（Emily Clara Jordan）與他有同好，其在瓦沙學院（Vasar College）的碩士論文就是研究莎士比亞，題爲『莎士比亞的真本』（*The True Text of Shakespeare*）。他倆自 1885 年起，就開始有計劃地蒐購莎翁的著作及有關莎翁及其著作的著作，他們蒐購的行徑遍及大西洋兩岸，其蒐集的範圍更及於莎翁的時代及其著作的背景資料。至第一次世界大戰結束爲止，他們有關莎翁的藏書已達 93,000 冊，相關圖片、印刷物及雕刻品 5,000 餘件，以及手稿數千件。由於資料眾多，收藏空間有限，乃決定在華府捐建一個專用圖書館，這就是『福爾傑莎士比亞圖書館』之由來。該館靠近美國國會圖書館，目的在使國會圖書館的相關館藏與其互補，以便於研究者的利用。建館工作於 1930 年 5 月 28 日奠基，福爾傑却不幸於兩星期後因心臟病去世，此後的工作即由他的夫人嬌旦獨力承擔。事實上自 1932 年 4 月 23 日該館落成啓用，至 1936 年她去世時爲止，該館的主要行政工作都由她親自參與。

福爾傑夫婦過世後，根據他們的遺囑，該館由福爾傑先生的母校阿姆斯特設立一個信託基金會，負責管理。今日的『福爾傑莎士比亞圖書館』除已成爲國際間研究莎翁及文藝復興時代文學的重鎮外，並經常舉辦莎翁原著及新購相關資料展覽，以吸引讀者及訪客。館內有一古色古香的『伊麗沙白劇場』（*Elizabeth Theater*），不時舉辦莎翁名劇及古典音樂欣賞會，更爲莎劇迷常到之地。

福格森（1881—1969）

Ferguson, Sir John Alexander

福格森是澳大利亞的律師及法官，但以編輯『1784—1900年間澳大利亞書目』（Bibliography of Australia, 1784—1900）著名於世。

他於1881年12月15日生於紐西蘭的Invercargill，因父親出任雪梨聖史蒂芬教堂牧師，隨全家移居澳洲。他在雪梨大學（University of Sidney）畢業後，再入法學院深造。1905年5月27日通過律師攷試，開始執行律師業務。1930年代初期，他已成爲新南威爾士（New South Wales）工業界的首席律師，並在雪梨大學講授工業法。1936年榮任新南威爾士工業委員會法官，對該處工業糾紛之解決，具有相當貢獻。

福格森對有關澳洲、紐西蘭及太平洋諸島嶼的資料，極有興趣，對澳洲書目之蒐集，尤爲重視。他窮半生之力編成『1784—1900年間澳大利亞書目』，全書共7冊，第一冊於1941年出版，最後一冊於死前一週（1969）完成。該書被譽爲澳洲最偉大的書目，舉凡文學、法律、社會改革、歷史、文化、出版、教會等方面的出版物，均包括在內。

福格森不但是目錄學家，也是圖書的收藏家與圖書館的愛好者。早在1909年他就開始與澳洲國家圖書館發生密切關係，其後並將他的私人藏書全部捐獻該館，共有34,000冊（件）。該館感念他的盛意，特開專室收藏，並命名爲『福格森室』（The Ferguson Room），藉資紀念。1975年，澳洲國家圖書館獲得福格森所編『澳大利亞書目』的版權，並於1977年印行新版，使此一不朽名著得以繼續流傳。

福格林雖非圖書館員，但對圖書館事業極爲熱心，他曾擔任新南威爾士公共圖書館董事長達30年（1935—1965）。1955年他的母校雪梨大學頒授他榮譽文學博士學位。1961年他獲頒騎士獎章，以酬答他對澳洲目錄學、文學、歷史及圖書館的貢獻。

他於1969年5月7日病逝於雪梨寓所，享壽88歲。

聖約翰（1908—1971）

St. John, Francis Regis

聖約翰是美國著名的公共圖書館專家。他於1908年6月16日生於麻薩塞州的Northampton。1931年畢業於阿姆斯特學院（Amherst College），1932年獲華府美國天主教大學（Catholic Univ. of America）圖書館學學士（B. L. S.）。

他11歲時即在家鄉的公共圖書館做零工，其後在阿姆斯特學院求學時，也一直在圖書館做工讀生，直至畢業時爲止。他取得圖書學位後，即到紐約公共圖書館工作，先後擔任各種專業職務，包括圖書流通部主任。1939年他轉任Enoch Pratt Free Library工作，任副館長，當時該圖書館的館長就是美國圖書館界的名人惠勒（Joseph Wheeler）。

二次大戰期間，聖約翰應邀組織美國陸軍醫學圖書館（Army Medical Library），並任館長（1943—1945），該館就是美國國立醫學圖書館（National Library of Medicine, 簡稱NLM）的前身。戰後轉任美國聯邦退伍軍人總署圖書館館長。1949年重回紐約，就任布魯克林公共圖書館（Brooklyn Public Library）館長，直至1963年自該館退休時為止，這是他個人圖書館事業的顛峯，也是畢生最得意的時期。他在該館銳意改革，建樹頗多，極受讀者的肯定。在他任內，不但圖書的流通量增加了一倍，分館的設立也大為增加，前者自每年500萬冊，增至1,000萬冊，後者自1949年接任時的38個分館增至55個。

他於1963年自該館退休後，即開設一個私人顧問公司，曾擔任新漢普夏州大學校理事會的顧問，直至1971年7月19日在該州的Manchester去世時為止，享年63歲。

達納（1856—1929）

Dana, John Cotton

達納是美國著名的公共圖書館館長，他於1856年8月19日生於佛蒙特州的Woodstock，1878年畢業於達茅斯學院（Dartmouth College），因成績優異被選入Phi Beta Kappa榮譽學會為會員。畢業後在故鄉一家律師事務所研習法律，因身患肺病，不適於新英格蘭的潮濕氣候，乃於1880年遵醫囑移居科羅拉多州，並在當地通過律師攷試。

達納對學校教育與圖書館事業素有興趣，常在報刊發表意見，引起當地人民的注意。1889年應邀出任丹佛市公共圖書館館長。就任後銳意經營，除與各界保持密切聯繫外，並經常至商業、教育及其他專業團體發表演說，爭取他們對公共圖書館的支持。1894年，該館設立一個設備齊全、內容豐富的兒童圖書室，受到各方讚揚。由於服務周到，宣導得法，該館使用量極高，每日進館的讀者數達千人。他又與丹佛市的商會及醫學團體合作，提供他們必要的專業資料，其後丹佛的醫學圖書館（Denver Medical Libraty）就是在此一基礎上建立起來的。

1898年，達納轉任麻薩諸塞州春田市立圖書館館長，因這裏的館藏資料與工作人員均遠較丹佛公共圖書館為多。他在此地工作了三年，並致力於寫作，他的名著『圖書館初階』（A Library Primer）就是在此地完成的。

1902年1月15日，達納接任新澤西州紐瓦克公共圖書館（Newark Public Library）館長，他擔任此一職位27年，直至去世時為止。在任期間，除極力擴充分館外，並為當地外國移民建立一項外文資料特藏。他對專業資料素有興趣，在此地更為積極，舉凡政治、經濟、教育、商業、藝術、音樂、印刷、醫學等圖書，無不多方蒐藏，並提供服務。他對博物資料也極有興趣，嘗謂：『圖書館與博物館都是為提供知識與增進人類瞭解而存在。』為彌補當時紐瓦克尚無博物館的缺憾，他經常在其圖書館舉辦一些博物館活動，並向人民借來一些珍貴器物在圖書館展覽。由於達納的重視與鼓吹及相關團體的捐助，『紐瓦克藝行、科學與工業博物館』於1926年3月27日終告成立。他的另一成就，係在他的公共圖書館內建立了一個商業圖書館（Business Library of the Newark Public Library），當地商人為他的努力與善意所感，特地在紐瓦克的商業區捐建了一個分館，並命名為『商人圖書館』（The Business Men's Library）。

達納在美國圖書館界極為活躍，曾任ALA及SLA的會長，並為後者的創始會員之一。他於1929年7月21日去世，享壽73歲。紐瓦克為紀念這位傑出的公共圖書館館長，特於1956年10月17日舉辦一項盛會，紀念他的100歲生日，並授予他『紐瓦克第一公民』的稱號。

葦恩（1906—1985）

Henne, Frances Elizabeth

葦恩是圖書館教育家，對美國的學校圖書館及兒童圖書館有重大貢獻。

她於1906年10月11日生於伊利諾州的Springfield。1929年畢業於伊利諾大學英語文學系，1934年獲同校英語文學碩士。1935年畢業於哥倫比亞大學圖書館學院，獲圖書館學士學位（B. L. S.）。1949年畢業於芝加哥大學圖書館學研究院，獲圖書館學博士學位（Ph. D.）。

她於1942年進入芝加哥大學圖書館學研究院執教，是該院自1926年成立以來的第一位女性教員。1950年，任該院副院長兼學生事務長（Dean of Students），1951年至1952年並曾代替院長一年。1954年轉往紐約的哥倫比亞大學圖書館學院任教，直至1975年退休時爲止，在任21年。

葦恩對兒童圖書館及學校圖書館最有興趣。在芝加哥大學圖書館學研究院執教時，即負責創辦了一個兒童圖書中心（Center for Children's Books），並出版一份兒童圖書的刊物。1952年5月5日出版的『時代』雜誌（*Time*）稱譽該中心爲美國教育的最大特點之一。她是美國學校圖書館員協會（American Association of School Librarians，簡稱AASL）的創始會員之一，其後並膺選該會會長（1948—1949），對學校圖書館標準建立及此類圖書館員權益之維護，不遺餘力。在她擔任美國圖書館學會學校圖書館標準委員會（School Library Standards Committee）委員時，她負責爲該委員會起草『學校圖書館功能與標準之今日與明日』（*School Libraries for Today and Tomorrow: Functions and Standards*, 1945）。其後她任該委員會主席，更親自起草『學校圖書館計劃標準』（*Standards for School Library Programs*, 1960），而在她擔任『美國學校圖書館員協會』與『全國教育學會』（National Education Association）所組成的『視聽資料教學聯合委員會』（Joint Committee of Audio-visual Instruction）主席時，又負責起草『學校媒體計劃標準』（*Standards of School Media Programs*, 1969）。她是美國圖書館界公認爲建立學校圖書館完善標準的領導人。在兒童圖書館方面，她主張兒童圖書館應成爲一個專門學科，也是美國圖書館界最早開授兒童文學史的教授。

美國圖書館學會、美國學校圖書館員協會及國際圖書館榮譽學會（Beta Phi Mu）都曾對她頒獎，以酬庸她對學校圖書館及兒童圖書館的貢獻。她於1975年6月自哥大圖書館學院退休，1985年12月21日病逝於麻薩諸塞州，全部個人圖書館資料捐贈給哥大圖書館，成立『葦恩文庫』（Henne Collection）。

羅傑士（1914—1987）

Rogers, Frank Bradway

羅傑士是美國醫學圖書館專家，曾任美國國立醫學圖書館（National Library of Medicine，簡稱NLM）館長15年（1948—1963），對『醫學文獻分析及線上檢索系統』（Medical Literature Analysis and Retrieval System，簡稱 MEDLARS），及『線上醫學文獻資料庫』（MEDLARS On-Line，簡稱 MEDLINE）之建立與服務，具有重大貢獻。

他於 1914 年 12 月 31 日生於俄亥俄州的 Norwood。於耶魯大學畢業後，再入醫學院就讀，完成醫學教育後，進入陸軍醫學中心服務。二次大戰期間，曾在菲律賓服役。戰後至華特黎德陸軍醫學中心（Walter Reed Army Medical Center）任駐院醫師。1948 年奉命出任美國陸軍醫學圖書館（Army Medical Library）館長。但在就任前，被送往哥倫比亞大學圖書館學院，接受圖書館學專業訓練，爲期一年。

就任時，正值該圖書館的轉型期，他的任務是要將一個停滯不前的老舊醫學圖書館，轉化爲一個迎合時代需要的現代醫學圖書館。在他任內，完成了幾件大事：（1）陸軍醫學圖書館於 1956 年改爲國立醫學圖書館；（2）一幢美侖美奐的 NLM 新館於 1963 年建造完成；（3）恢復出版 1940 年代即告停頓發行的『醫學索引』（*Index Medicus*）；（4）建立 MEDLARS 及 MEDLINE 醫學資料服務系統；（5）協助國會通過『醫學圖書館援助法』（*Medical Library Assistance Act*），在美國各地設立醫學資訊服務中心。

羅傑士在美國及國際醫學圖書館界均甚活躍，曾任美國醫學圖書館學會會長、美國醫學歷史學會會長。他是 1953 年在倫敦合開的第一屆國際醫學圖書館大會（International Congress on Medical Librarianship）的共同主席，也是 1963 年在 NLM 新館召開的第二屆大會的籌備處主任。他曾多次代表美國的福特及其他基金會，前往非洲的奈及利亞及遠東的韓國，提供醫學圖書館顧問服務。他也是美國『480 公法』（*Public Law 480*）下對外醫學資料翻譯服務的實際執行人。

他畢生獲得的勛獎不可勝數，包括美國圖書館學會的杜威獎（Melvil Dewey Medal），美國醫學圖書館學會的諾耶斯獎（Marcia C. Noyes Award），美國醫學歷史學會巴納紀念獎（Cyril Barnard Memorial Prize），美國公共服務傑出服務獎（*U. S. Public Service Distinguished Service Award*），美國圖書工業教育委員會特獎（Education Council of the Graphic Arts Award）。

他於 1963 年離開 NLM，接任科羅拉多大學醫學中心圖書館館長。1987 年病逝，享壽 73 歲。美國醫學圖書館學會特設立羅傑士資訊促進獎（Frank B. Rogers Information Advancement Award），藉資紀念。

藍庫爾（1908—1981）

Lancour, Harold Adlore

藍庫爾於 1908 年 6 月 27 日生於美國明尼蘇達州的 Duluth。1931 年畢業於華盛頓大學，主修國際關係，1936 年獲哥倫比亞大學圖書館學士，1940 年獲同校圖書館碩士，1948 年獲哥大教育學院教育博士。曾任伊利諾大學圖書館學研究院教授，匹茲堡大學圖書館學研究院院長。他於 1981 年 10 月 23 日在佛蒙特州的 Weston 去世，享壽 73 歲。

藍庫爾的早年資料不全，只知他在西雅圖長大，家境不富裕，依賴半工半讀完成高等教育。在華盛頓大學讀書時曾得獎學金赴瑞士日內瓦的國際學院進修一年。1931 年在華大畢業後，在西雅圖經營一家書店，因對圖書有興趣，乃入哥倫比亞大學圖書館學院進修. 得圖書館學士後，先後任職於紐約公共圖書館及 Cooper Union 學院，1940 年得圖書館碩士後，升任 Cooper 的館長及助理教授。二次大戰期間，他在陸軍服務，被派往巴黎美國陸軍圖書館員訓練班任教。1945 年退役返美，繼續在 Cooper 任職，同時在哥大教育學院攻讀博士學位，於 1948 年完成該學位。

1947 年 9 月，藍庫爾出任伊利諾大學圖書館學研究院教授及副院長，其時該院的院長由該校圖書館館長敦斯（Robert B. Downs）兼任。1952 年該院著名的刊物『圖書館趨勢』（*Library Trends*）創刊，藍庫爾出力甚多，他擔任該刊經理編輯長達十年，至 1962 年卸任。1960 年他又協助創建美國圖書館教育學會（American Association of Library Schools，簡稱 AALS）的『圖書館教育學刊』（*Journal of Education for Librarianship*），此即今日『圖書資訊學教育學刊』（*Journal of Education for Library and Information Science*）的前身，他曾擔任該刊主編五年（1962—1967）。他也是國際圖書館榮譽學會（Bata Phi Mu, the International Honor Society of Library Science）的主要催生者，並曾擔任該學會的執行秘書多年。1954 年，他出任美國圖書館學會教育委員會（Board of Education for Librarianship，1956 年改為 Committee on Accreditation）主席，翌年當選 ALA 會長。

藍庫爾在國際圖書館界亦甚活躍，1950 年他成為美國圖書館的第一位 Fulbright Scholar 前往英國，研究英國的圖書館教育，兩年後出任巴黎美國新聞處處長。1953 年他被任為聯合國教科文組織（UNESCO）國際社會科學文獻委員會委員。他也曾代表卡內基及福特兩個基金會赴非洲及南美攷察圖書館事業，並協助推展圖書館教育。

1961 年，他出任匹茲堡大學圖書館研究院院長，直至 1974 年退休為止。在此期間，他為該學院設立圖書館學與資訊科學兩個學系，並與 Allen Kent 聯合主編『圖書館學與資訊科學百科全書』（*Encyclopedia of Library and Information Science*），成就卓著。

蕭氏（1907—1972）

Shaw, Ralph Robert

蕭氏為國際知名的圖書館教育家，也是美國具有創造性的圖書館專家。他於 1907 年生於密西根州的底特律。1928 年畢業於西方儲備大學（Western Reserve Univ.），1929 年及 1931 年先後獲哥倫比亞大學圖書館學學士及碩士學位，1950 年獲芝加哥大學博士學位（Ph. D.）。

他的早期圖書館經歷包括：紐約公共圖書館館員（1928—1929），美國工程學會圖書館館長（1929—1936），印地安那州蓋瑞公共圖書館館長（1936—1940），1940 年出任美國農業部圖書館館長，直到 1954 年應聘擔任羅格斯大學（Rutgers University）圖書館學研究院教授為止。他曾任該院院長（1959—1961）及講座教授（Distinguished Service Professor）。1964 年他應邀籌設夏威夷大學圖書館學研究院，其後並擔任該院教授及院長，直至 1969 年退休時為止。

蕭氏是一位具有高度智慧及幽默的學者，他的教學極受學生喜愛。他辦學喜歡創新與實驗。例如他任羅格斯大學圖書館學研究院院長時，曾以客座教授的名義，邀請國際知名的學者如惠勒（Joseph Wheeler）、梅凱夫（Keyes D. Metcalf）、阮甘納桑（Shiyali Ramamrita Ranganathan）等到該院去作短期講學，不但使學生親炙了這些圖書館界名人的真知灼見，也提高了該院的國際地位。他在夏威夷曾使用同樣的方法，也相當成功。

蕭氏對出版事業也極有興趣。他於 1950 年創辦 Scarecrow Press，專門出版圖書館專業論著。草創之初，條件甚差，他只好和他的太太利芙（Viola Leff）在自己家裡的地下室來從事此一出版工作。由於此種專業論著銷路有限，爲了節省成本，早期 Scarecrow 的出版品多係由打字照相製版，雖然不夠精美，但他們夫婦爲專業理想而奮鬥的精神，受到圖書館界的肯定。1968 年該出版社轉讓給 Grolier Educational Corporation 經營，才結束了他們獨力而克難的經營方式。

蕭氏在圖書館界相當活躍，他曾當選印地安那州圖書館學會會長（1938—1939），新澤西州圖書館學會會長（1962—1963），及美國圖書館學會（American Library Association，簡稱 ALA）會長（1956—1957），並於 1971 年授予 ALA 榮譽會長的榮銜。他對國際圖書館事務也極有興趣，他曾參與 ALA 及 UNESCO 所舉辦的各種國際性活動，並扮演重要角色。

他於 1972 年 10 月 14 日在檀香山病逝，享年 65 歲。

曼茵（1873—1960）

Mann, Margaret

曼茵是一位傑出的圖書館員及圖書館學教師，在編目方面的成就尤爲卓越。她於 1873 年 4 月 9 日生於美國愛阿華州的 Cedar Rapids。1893 年高中畢業後，攷入芝加哥的亞莫學院（Armour Institute）圖書館學系就讀，在學期間即在該校圖書館擔任編目工作。1897 年亞莫學院圖書館學系併入伊利諾大學，由其業師夏蒲出任系主任兼圖書館館長，曼茵被聘爲講師，擔任編目及參攷服務課程，並兼圖書館編目部主任，1900 年升任助理館長。

1903 年，曼茵轉任匹茲堡卡內基圖書館（Carnegie Library of Pittsburgh）編目部主任，除負責編目及該館分類目錄之編印外，並在該館附設之圖書館訓練班及西方儲備大學（Western Reserve University）等校兼課，講授編目課程。1909 年被任爲美國圖書館學會（ALA）編目小組主席；1910 年至 1913 年擔任 ALA 小型圖書館編目規則委員會委員，並當選爲 ALA 理事會理事；1917 年被任爲 ALA 十進分類顧問委員會委員及編目規則委員會委員，直至 1932 年爲止。1916 年她的『少年目錄標題表』（List of Subject Headings for a Juvenile Catalog）由美國圖書館學會出版部出版。

1923 年，ALA 在法國巴黎設立一所圖書館學校，曼茵應邀至該校任教。她在該校所開授的編目課程，教材極爲豐富，包括 ALA 及法國的編目規則、杜威分類法、克特分類法、國會圖書館分類法、國際十進分類法（UDC）、排架法、字典式及分類目錄之編製法等。爲了加強學習效果，她曾利用視聽器材輔助教學，開圖書館教學使用視聽器材之先河。她的編目教學內容與教法，均受到國際同道的讚揚。

1926 年，曼茵自巴黎返美，受聘爲密西根大學圖書館學院教授。同年，ALA 的圖書館教育委員會，獲得卡內基公司（Carnegie Corporation）的資助，訂定七種圖書館學基本教科書的編印計劃，曼茵被聘爲『圖書編目分類導論』（Introduction to Cataloging and Classification of Books）一書的編著者。該書於 1928 年先以油印方式印行，1930 年正式出版，1943 年發行第二版，深受美國圖書館界的歡迎，被譽爲編目分類的經典之作。

1938 年，曼茵自密西根大學圖書館學院退休，時年 65 歲。但她退而不休，仍繼續爲

ALA 的編目規則修訂委員會貢獻心力，直到 1942 年爲止。1945 年移居加州的 Chula Vista，1960 年 8 月 22 日在該處逝世，享壽 87 歲。

莫哈德（1907—1992）
Mohrhardt, Foster E.

莫哈德是美國農業圖書館專家，曾任美國國立農業圖書館（National Agricultural Library）館長，又因他曾任國際圖書館協會聯盟（International Federation of Library Association and Institutions，簡稱 IFLA）副會長，及國際文獻聯盟（International Federation for Information and Documentation，簡稱 FID）美國委員會的主席，故又被譽爲美國的圖書館外交家。

他於 1907 年 3 月 7 日生於密西根州的 Lansing。1929 年畢業於密西根州立大學，旋入哥倫比亞大學圖書館學院進修，於 1930 年獲圖書館學士學位（B. L. S.），1933 年獲密西根大學碩士。在密西根大學期間，他與該校圖書館當時著名的館長畢索魯（William Warner Bishop）結緣，並深得後者的賞識。1935 年，紐約卡內基公司聘請畢索普爲該公司『初級學院圖書館顧問小組』（Advisory Group on Junior College Libraries）的主席，畢索普即邀莫哈德擔任其助理。1937 年 ALA 出版的『初級學院圖書館書目』（*List of Books for Junior College Libraries*），就是由他主編。1938 年至 1946 年，他是華盛頓與李大學（Washington and Lee University）圖書館館長，在任期間，頗多建樹。1947—1948 年，他任哥倫比亞大學圖書館學院訪問教授。1948—1954 年任華府退伍軍人總署（Veterns Administration）圖書館館長。1954 年繼蕭氏（Ralph Shaw）爲美國農業部圖書館館長，至 1968 年爲止，在任 14 年。

他就任之初，正值該館的轉型期。1962 年，該館繼陸軍醫學圖書館（Army Medical Library），於 1956 年改爲國立醫學圖書館（National Library of Medicine，簡稱 NLM）後，亦改爲國立農業圖書館（National Agricultural Library，簡稱 NAL）。在改制的過程中，莫哈德居間溝通協調，功不可没。更重要的是，他把改制後的 NAL 從一個國家性的圖書館，擴大爲國際性的圖書館，而成爲世界生物農業（Bio-Agriculture）書目資訊與圖書館服務的主要中心。

1967 年，他在路易斯安那大學發表演説，列舉他在 NAL 的主要成就：（1）與 LC 及 NLM 充分協調合作，發揮美國國立圖書館的整體功能；（2）與各大學農學院合作，發展全美農業資訊網；（3）設計編製生物與農業索引典；（4）出版館藏目錄（Dictionary Catalag of NAL Holdings 1862—1965），此一目錄即『農業目錄』（*Bibliography of Agriculture*）的前身；（5）籌建 NAL 新館（該館於其卸任後的 1969 年竣工啓用）。

莫哈德是一個深具國際觀的人，他是國際農業圖書館員與文獻員學會（International Association of Agricultural Librarians and Documentalists）的主要創設人，且爲該會首任會長，並曾擔任 IFLA 的副會長，及 FID 的美國委員會主席。在國内方面，他曾任 ALA 及 ARL 會長，以及全國科技索引摘要服務聯合會（National Federation of Scientific Abstracting and Indexing Services）會長。

他於 1968 年辭卸 NAL 館長職務後，轉任圖書館資源委員會（Council on Library Resources）顧問。1992 年 6 月病逝，享壽 85 歲。

莫瑞爾 (1869—1934)

Morel, Eugene

莫瑞爾於 1869 年 6 月 12 日生於法國，自小在一個充滿文藝氣息的環境中長大。他酷愛文學，對德國文學尤有興趣。他母親在倫敦長大，對他的英文教育特別重視。他的母親原希望他做律師，所以他在大學修習法律，並於廿歲時開始他的法律工作。但他志不在此，乃於 1892 年進入法國國家圖書館 (Bibliothegue Nationale) 文學資料部服務。此一環境，加上他的興趣，使他在 1905 年以前即出版了九本小說，並被當時舉世聞名的俄國文豪托爾斯泰 (Leo Tolstoy) 譽為法國最具原創性的小說家之一。

除文學外，莫瑞爾特別注意法國公共圖書館之發展。他曾花十年時間研究各國公共圖書館制度，並於 1908 年出版『圖書館』 (*Biliothegue*) 一書，分析比較英、美、法三國圖書館事業的發展。1910 年又出版『公共圖書館』，乃法國第一本整體討論公共圖書館的專著。1911 年他首次引進杜威的十進分類法，加速了法國公共圖書館的編目工作，也大量增加了圖書的流通量。

莫瑞爾在法國國家圖書館服務四十多年，對法國的圖書館事業貢獻甚大，除了提倡法國公共圖書館運動、引進杜威分類法、重視兒童圖書館服務、改進法國呈繳制度、要求公共圖書館僱用婦女工作者等外，他也是法國開授現代圖書館學課程的第一人。

莫瑞爾不但活躍於法國的圖書館界，也積極參與國際圖書館界的活動。他於 1912 年被選為英國圖書館員學會的榮譽會員，也是國際目錄學會的會員。他於 1918 年當選法國圖書館學會會長，並於 1926 年代表法國參加美國圖書館學會 (ALA) 五十週年慶祝大會。莫瑞爾於 1934 年 3 月 23 日病逝巴黎，享壽 65 歲。

孔哈 (1908—1980)

Cunha, Maria Luisa Monteiro da

孔哈是巴西著名的圖書館員及編目專家，在巴西及國際圖書館界極為活躍。

她於 1908 年 9 月 14 日生於巴西的聖堡羅 (Sao Paulo)。1928 年獲得牙醫學士後，又至聖保羅的政治與社會學院的圖書館學校選課，並於 1940 年獲該校圖書館學士學位。1946 年得美國圖書館學會 (American Library Association，簡稱 ALA) 獎學金，至哥倫比亞大學圖書館學院 (Columbia University School of Library Service) 進修，並於 1947 年代表哥倫比亞大學，參加在美國首府華盛頓舉行的首屆美洲圖書館員大會 (First Conference of Librarians of the Americas)。

1942 年至 1949 年，孔哈服務於聖保羅市立公共圖書館。1949 年至 1970 年，任聖保羅大學中央圖書館 (University of Sao Paulo Central Library) 館長，1970 年至 1978 年並兼任文獻及圖書館部主任。1965 年，她奉命擔任傳播媒體專業教學機構籌備委員會的委員，其後成立了傳播與藝術學院 (Communications and Arts School)，包括新聞、戲劇、電影、廣播、電視、圖書館學、文獻學及公共關係等系。孔哈在該院的圖書館學系兼課，講授圖書館學與編目分類。

孔哈在巴西及國際圖書館界均極爲活躍，她是巴西圖書館技術服務委員會極有貢獻的委員，她也是國際圖書館學會聯盟（International Federation of Library Associations and Institutions，簡稱 IFLA）於 1959 年所設立的編目原則協調工作小組（Working Group on Coordination of Cataloguing Principles）的委員，這一小組的成果，就是 1961 年在巴黎召開的國際編目原則會議（International Conference on Cataloguing Principles）。此外，她參加了 1961 年在美國召開的首屆大學圖書館研討會（First Seminar on University Libraries），1969 年在哥本哈根召開的國際編目專家會議（International Meeting of Cataloguing Experts），及 1973 年在格內諾寶（Grenoble）舉行的國際標準書目著錄規則修訂會議（Revision Meeting for International Standard Bibliographic Description-M，簡稱 ISBD-M）。

她的重要著作有：『巴西與葡萄牙文姓名之處理』、『專業訓練』、『國際書目控制』，及『國家資訊系統中的大學圖書館』，均屬葡萄牙文。

爲了獎勵她對巴西圖書館界的貢獻，第七屆巴西文獻學與圖書館學大會特於 1973 年頒授她一座金質獎章。她於 1980 年 7 月 28 日在聖保羅病逝，享壽 72 歲。

布克（1884—1962）

Buck, Solon Justus

布克是美國著名的檔案學家及歷史學家，曾任美國聯邦檔案局局長（Achivist of the United States）、美國國會圖書館手稿部主任及助理館長。

他於 1884 年 8 月 16 日生於美國威斯康辛州的 Berlin。1904 年及 1905 年先後獲威斯康辛大學歷史學學士及碩士，1911 年獲哈佛大學哲學博士。

1910 年至 1914 年，布克擔任伊利諾大學『伊利諾百年歷史』（Illinois Centennial History）計劃的研究員。1914 年至 1931 年，他任明尼蘇達歷史學會（Minnesota Historical Society）的執行長。在此期間，他致力於歷史研究，先後出版『格蘭杰運動』（*The Granger Movement*，1913）、『1818 年的伊利諾』（*Illinois in 1818*，1917）、『農業十字軍』（*Agrarian Crusade*，1920）、『早期明尼蘇達的故事』（*Stories of Early Minnesota*，1925）等書，聲譽鵲起，奠定了他在美國歷史學界的地位。

1935 年，他應邀出任美國國家檔案局（National Archives）的出版部主任，經常代表該局參加全國相關學會的活動，並爲哥倫比亞大學設計全美第一門檔案行政的專業課程。他是美國檔案學會（Society of American *Archivists*）及美國文獻學會（American Documentation Institute）的創始會員，並對國際檔案理事會（International Council of Archives）之成立扮演領導角色。

1941 年，美國首任聯邦檔案局局長康諾辭職，羅斯福總統任命他繼任局長。在任期間，成效卓著，對國家檔案管理制度之建立，貢獻尤大。但因他的強勢領導作風及不易相處的個性，受到同事與國會的批評，乃於 1948 年辭職，轉任國會圖書館手稿部主任，三年後升助理館長，直到 1954 年退休爲止。

退休後的布克仍甚活躍，除擔任國會圖書館的顧問外，並重任明尼蘇達歷史學會的執行長。事實上，他畢生對歷史與檔案的學術活動最有興趣，歷任美國檔案學會會長、美國農業歷史學會會長、密西西比河谷歷史學會會長。1954年，明尼蘇達大學感念他對學術的貢獻，特頒授他榮譽法學博士（Honorary LL. D.）學位。

他於1962年5月25日在華府病逝，享壽78歲。

鄧肯（1905—1975）
Dunkin, Paul Shaner

鄧肯為美國著名的編目理論與實務家。他於1905年9月28日生於印地安那州的Flora，1929年以優異成績畢業於迪保大學（Depauw University）英國文學系，1931年獲伊利諾大學文學碩士，1937年得同校文學博士。在伊大求學期間，曾在圖書館擔任編目工作並讀得伊大圖書館學學士學位。

鄧肯於1937年讀完伊大博士學位後，即往華府出任莎士比亞圖書館（Folger Shakespeare Library）高級編目員，1950年升任技術服務部主任。1959年應聘至新澤西州的羅格斯大學（Rutgers University）圖書館學研究所任教，主講編目分類課程。

鄧肯畢生從事編目工作，對編目之理論與實務均有精湛研究，對Seymour Lubetzky提出的『英美編目規則』（Anglo-American Catalog Rules）發展計劃頗多批評。他曾參加1961年在巴黎舉行的『國際編目原則會議』，對『巴黎原則』（Paris Principles）之建立具有相當影響與貢獻。他擔任過ALA的『圖書館資源與技術服務』（*Library Resources of Technical Services*）的主編，並經常為*Library Journal*的『意見欄』（Viewpoint）寫稿。他於1968年獲ALA的『曼茵獎』（Margaret Mann Citation），可見美國圖書館界對他編目貢獻的肯定。

鄧肯於1971年自羅格斯大學退休，獲聘為該校榮譽教授。他退休後仍致力於寫作，他的*How to Calalog a Rare Book*於1973年問世，他的最後著作*Bibliography: Tiger or Fat Cat*於去世前不久完成。他於1975年8月25日去世，享壽70歲。

摩雷斯（1899—1986）
Moraes, Rubens Borba Alves de

摩雷斯是巴西著名的圖書館專家，曾任巴西國家圖書館館長、聯合國圖書館館長，對巴西圖書館的改革與發展具有重大貢獻。

他於1899年1月23日生於巴西聖保羅省的Araraguara。中學畢業後負笈瑞士，1919年畢業於日內瓦大學，獲文學士學位。他的第一篇文章是用法文寫成，在瑞士發表。返回聖保羅後，與巴西的作家與藝術家們過從甚密，並與他們共同創辦激進刊物，鼓吹巴西的現代運動。1932年曾親身參與反對聯邦政府的憲政革命。

1934年，得美國洛克菲勒基金會（Rockefeller Foundation）獎學金，赴美研究圖書館學，為期一年。返回巴西後，出任聖保羅市公共圖書館館長。1936年在館內開授巴西第一門大學級的圖書館學課程，採用美國的教學方式。1938年他創立聖保羅圖書館員協會。他為聖保羅公共圖書館設計並建造了一座現代化的館舍，並於1942年正式對外開放。1943

年，他發表『巴西圖書館的問題』一文，首先提出以圖書館網路（Library Network）解決圖書館問題的構想。

1945年至1947年，他擔任巴西國家圖書館館長，任期雖短，但他為該館引進了杜威十進分類法、字典式目錄、讀者自由使用參攷館藏等美式的圖書館制度與服務。在此期間，他也是國家圖書館目錄學與參攷服務課程的教授。

1947年，他應邀出任巴黎聯合國新聞處（UN Information Service）處長，1951年轉任紐約聯合國總部圖書館館長，至1959年離職，在任8年。1963年至1970年，他擔任巴西利亞大學（University of Brasiliaa）教授，講授圖書與圖書館史及巴西目錄學。在此期間，他出版『殖民時代的巴西目錄學』（Brazilian Bibliography during the Colonial Period）一書，對1808年以前的巴西出版物有極為嚴格的批評。1971年，巴西利亞大學授予他榮譽退休教授。1975年，在巴西利亞舉行的第八屆圖書館學與文獻學大會，選舉他為榮譽會長。

除了上舉著作外，摩雷斯還出版了『巴西的目錄學』（Bibliography of Brazil），該書於1958—1959年發行第1版，修訂第2版於1979年印行。全書用英文寫成，介紹巴西的珍本善本及有關巴西的罕見圖書。此外，他也翻譯或介紹有關巴西及聖保羅的許多外文著作，在巴西著名的刊物上發表。

他於1986年9月11日在聖保羅省的Itapira病逝，享壽87歲。

摩根（1837—1913）

Morgan, J. Pierpont

摩根不是圖書館員，他是一位業餘的古書與手稿收藏家。他的父親也是一位收藏家，保有美國第一任總統華盛頓的一些函件及許多名家的手稿。受到他父親的影響，摩根自幼喜歡古籍與名人簽名，14歲時就開始收集美國總統的簽名。他的藏品多很名貴，至1905為止，他已收藏了700冊搖籃本（Incunabula），包括歐洲第一本印刷的『古騰堡聖經』（Gutenberg Bible）及不少其他孤本。除印刷的古書外，他還收藏了巴比倫的泥板（Clay Tablet）書、埃及的紙草（Papyrus）書，及中國古代的印鑑（Seals）。

為了永久保存他的珍藏，他於1906年在他紐約市麥迪遜大道寓所的附近建立了一個以他自己為名的J. Pierpont Morgan Library，由一個基金會加以維持。這個私人圖書館除將其珍貴而豐富的館藏開放給學者專家自由研究參攷外，並經常舉辦展覽及資助研究計劃與優良圖書的出版。

摩爾（1871—1961）

Moore, Anne Carroll

摩爾是美國著名的兒童圖書館專家，她於1871年7月12日生於緬因州的Limerick，1891年畢業於布雷德福學院。原欲隨父親研習法律，不料父母相繼去世，乃於1895年入紐約Pratt Institute攻讀圖書館學，畢業後應聘為Pratt Institute Free Library的兒童圖書館員，她所服務的單位是美國圖書館第一個專爲兒童設計的兒童圖書室。

1906 年 9 月 1 日，摩爾進入紐約公共圖書館工作，並負責組織一個兒童服務部。她的職責是管理該館所有與兒童服務有關的人員，及協調紐約市全市 36 個分館的兒童服務。1911 年 5 月 23 日，位於紐約市曼哈登區第五大道及 42 街的總館落成啓用，其中有一個中央兒童室（Central Children's Room）。從那時起，這個兒童室即以館藏、館員及服務計劃名聞於美國及全世界，而主其事者即爲摩爾。

摩爾的成就是多方面的，除爲美國兒童圖書館的拓荒者及提倡者外，尚有下列貢獻：(1) 她於 1900 年倡導組織兒童服務圓桌會議，其後並成爲 ALA 兒童服務圓桌會議的首任主席；(2) 1918 年在摩爾的影響下，美國的 Macmillan Publishers Co. 設立美國第一個兒童圖書出版部；(3) 同年，摩爾開始爲 The Bookman 雜誌撰寫兒童讀物書評及有關兒童文學的文章，直至 1926 年爲止；(4) 1924 年至 1930 年，摩爾主編『紐約前鋒論壇報兒童圖書評論週刊』；(5) 她曾編著多種兒童讀物，如：Roads to Childhood（1920），Cross Roads to Childhood（1926），My Roads to Childhood: Views and Reviews of Children's Books（1939）等。

摩爾於 1941 年 10 月 1 日自紐約公共圖書館退休，1961 年 1 月 20 日病逝，享壽 90 歲。

鮑克（1848—1933）

Bowker, Richard Rogers

鮑克於 1848 年 9 月 4 日生於麻薩諸塞州的 Salem，1868 年畢業於紐約市立學院，畢生從事出版事業並提倡圖書館事業，對兩者均有重大貢獻，他於 1933 年 11 月 12 日病逝，享壽 85 歲。

鮑克在大學求學時，極爲活躍，曾手創一份學生報紙，並促成一個學生組織，在當時美國大學的學生活動中，均屬創舉。他在紐約市立學院讀書期間，同時兼任『紐約郵報』晚刊記者，畢業後即在該報任職，1870 年出任該報文學版主編。1873 年，李柏德（Frederick Leypoldt）的『出版者週刊』（Publishers' Weekly）創刊時，鮑克任該刊兼任助理，1875 年改爲專任。1878 年自李柏德購得『出版者週刊』的所有權，乃自組『鮑克公司』（R. R. Bowker Company），並自任該刊主編，直至其去世時爲止。1880 年至 1882 年，擔任『哈潑雜誌』（Harper's Magazine）駐英國代表，並極力提倡國際版權運動。他曾擔任『美國版權聯盟』（American Copyright League）執行委員會主席，對 1891 年及 1909 年美國兩次版權法之通過極具影響。

他於 1876 年與杜威（Melvil Dewey）及李柏德共同創辦『圖書館學刊』（Library Journal），並對同年成立的美國圖書館學會（ALA）之催生具有重大貢獻。他與杜威合作辦『圖書館學刊』的經驗並不愉快，杜威大而化之的個性及對該刊要求朋分 20% 的總訂購費及廣告費，均使他感到困擾。但他對該刊極爲重視，當杜威於 1881 年辭去主編及 1884 年李柏德死後，他決定獨力維持該刊之出版，並經常爲該刊寫社論或發表文章，可見其對圖書館事業之熱心。

鮑克曾說服麥金萊總統，任命浦特南爲國會圖書館館長。浦氏在任四十年，爲美國國會圖書館最傑出的館長之一。在浦氏任職期間，他曾對『國會圖書館信託基金』（LC Trust

Fund）數度捐助。由於他的推動，紐約的布魯克林公共圖書館於 1902 年成立。他擔任美國圖書館學會理事達廿年，但曾三度拒絕擔任該會理事長，因為他不是圖書館員，自認不適於出任此一職位。直到他七十大壽時，才欣然接受擔任該學會的榮譽理事長。

鮑克晚年失明，但對出版與圖書館事業的興趣不減。他於 1933 年去世時，各方對他讚譽有加。時任國會圖書館館長的浦特南，稱他為『圖書館界的真正朋友』。

索引辭目
鮑克公司

鮑薇兒（1873—1969）
Power, Effie Louise

美國兒童圖書館專家。1873 年 2 月 12 日生於賓州的 Conneauville，13 歲時全家移居俄亥俄州的克里夫蘭，高中畢業後攷入克里夫蘭公共圖書館當學徒，在少年部服務。1898 年該館兒童部成立，出任首任主任。1902 年至匹茲堡的卡內基圖書館兒童圖書館員訓練班研習，1904 年畢業，其後並利用暑期至哥倫比亞大學教育學院進修。

1909 年，她至卡內基圖書館兒童服務部任職，並在附設於該館的圖書館學校講授兒童圖書館學。1911 年至 1920 年，她先後擔任聖路易公共圖書館兒童部主任、卡內基圖書館中小學服務部主任及兒童部主任、克里夫蘭公共圖書館兒童部主任，並在西方儲備大學（Western Reserve University）兼課，講授兒童圖書館及學校圖書館。在此時期，她的最大成就，是促進公共圖書館與中小學密切合作，培養中小學生認識圖書館的重要性。

她在兒童圖書館的經驗與成就，引起了全美圖書館界的注意，美國圖書館學會（American Library Association，簡稱 ALA）特邀她撰寫一本有關兒童圖書館的教科書，該書於 1930 年出版，題為『圖書館對兒童的服務』（*Library Service to Children*），這是美國圖書館界有關兒童服務的一本權威之作，深受美國圖書館學校的歡迎，紛紛採用為兒童圖書館學之教本，歷久不衰。1943 年，該書修訂出版，易名為『公共圖書館的兒童服務工作』（*Work With Children in Public Libraries*）亦獲好評。此外，為了增加對兒童說故事的題材，她編了四集『兒童文學』，於 1934 年至 1937 年分年出版。

除了工作與著述外，鮑薇兒在美國圖書館界亦相當活躍。她曾任 ALA 理事會理事，及該學會的兒童部主席，並被美國教育學會推舉為其小學圖書館委員會主席。

她於 1939 年退休，移居佛羅里達洲的 Pompano Beach 養老，但仍繼續寫作，前述之『公共圖書館的兒童服務工作』就是在此完成。她於 1969 年 10 月 8 日病逝，享壽 96 歲。

黎邁粹（1881—1946）

Lemaitre, Henri

　　黎邁粹是法國圖書館專家，在圖書館史、技術服務、兒童圖書館、專門圖書館、文獻學及國際合作方面，都有很大的貢獻。

　　他於1881年2月17日生於法國的Valenciennes。祖父是一家書店的老板，黎邁粹受其影響，自幼愛好圖書。中學畢業後，入國立檔案學院（National School of Archivists）深造，1903年畢業後，先從事檔案工作，不久即進入法國國家圖書館（Bibliotheque Nationale）法國歷史部服務。他一方面從事法國歷史資料之整理工作，一方面致力於版權與圖書呈繳制度之研究。1910年他出版一書，題爲『法國版權制度實施史』（*The History of Copyright Practices in France*）。此書内容豐富，深受上級激賞，乃派其赴美攷察美國國會圖書館版權局（Copyright Office of the Library of Congress）及紐約公共圖書館。返國後，到處演講並發表文章，闡揚美國的現代圖書館制度，對法國圖書館事業的現代化影響頗大。一次大戰期間，黎邁粹被派至法國駐倫敦軍事代表團服役，因其精通英、德、西、意四種外語，奉命擔任譯電工作。戰後他離開國家圖書館，專心致力於各類型圖書館的改進工作。他是法國現代圖書館委員會（French Committee for the Modern Library）的重要成員，爲建設全國公共圖書館系統而竭智儘力。他也是兒童圖書館圖書委員會（Book Committee on Children's Libraries）的委員，負責在巴黎設立第一所兒童圖書館。

　　1928年，黎邁粹當選法國圖書館學會會長。1929年他以會長身份，代表法國參加在羅馬舉行的國際圖書館委員會（International Library Committee）第一次會議，該委員會就是國際圖書館聯盟（Intennational Federation of Library Associations，簡稱IFLA）的前身。自此至1937年，所有IFLA的會議，都是他代表法國參加。在此期間，他也是IFLA醫院圖書館委員會的主席。1931年，他被選爲IFLA的榮譽副會長，此時他是國際最知名的法國圖書館員。

　　1931年，他說服雷諾汽車公司（Renault Automobile Co.）設計制造法國第一輛圖書汽車（Bookmobile），而成爲其後圖書巡迴車的典型。他在出任『經濟與社會研究科學院』（Scientific Institute for Economic and Social Research）副院長後，立即爲該院設立一個文獻中心，該中心成爲其後法國其他文獻中心之典範。在他擔任法國全國標準協會（French National Association for Standardization）會長期間，制定了法國的編目規則。二次大戰期間，他是法國殖民地科學研究文獻中心（Documentation Center for Scientific Research in Colonies）的主任，雖然健康日差，仍力疾從公，夙夜匪懈。

　　他有兩本代表性的著作：一本是『論圖書館員』（*On Librarians*），由法國教育部出版；另一本是用法、英、德三種語言編成的『技術圖書館名詞辭典』（*Dictionary of Technical Library Terms*），是由IFLA資助，而由UNESCO出版。

　　他於1946年11月8日在法國的Sceaux去世，享壽65歲。

特羅波夫斯基（1885—1944）

Tropovsky, Lev

特羅波夫斯基是蘇聯的圖書館學專家。他於 1885 年 2 月 12 日生於波蘭的 Kremenchug。中學畢業後，進入華沙大學自然科學系就讀，因鼓動學生罷課而遭開除。1904 年他加入波蘭社會民主黨，翌年因參加該黨華沙軍事與革命委員會活動被捕，出獄後即移民俄國。他曾到法國巴黎研究自然科學，於 1917 年返回俄國。1920 年參加蘇聯共產黨。自 1923 年開始從事圖書館學與目錄學工作。

1932 年，他出任蘇聯圖書館學與目錄學研究所所長，兼莫斯科國立圖書館研究所目錄組主任。在此期間他致力於圖書分類的研究，出版了 *Library Classification and Bibliography of Natural History*。他也是國立列寧圖書館（State Lenin Library）學術評論委員會的委員，及全蘇圖書委員會的委員。

特羅波夫斯基畢生最大的成就是圖書分類。他根據蘇聯的特殊需要，修改國際十進分類法（Universal Decimal Classification，簡稱 UDC），並增加了許多新的類號，特別是有關哲學、政治、社會及意識型態的類號。例如他在 UDC 的哲學類號中特別增加了一組類號，專門放置馬克斯、恩格斯、列寧、史達林及其他蘇聯共產黨領袖的著作。他生當蘇聯共產黨政權的盛世，所以他修改後的 UDC 在蘇聯特別盛行，尤其受到公共圖書館的歡迎。在他於 1944 年 10 月 26 日去世前，他正從事一項新的蘇聯圖書分類系統的整理工作，自 1930 年以來，這項工作一直由國立列寧圖書館負責。特氏死後，由他的學生 Z. N. Ambartsumian 繼續完成。這套分類系統分為兩部份，一部份叫做 *Library Classification Tables for Public Libraries*，另一部份稱為 *Library Classification Tables for Children's Libraries*，均於 1960 年印行初版。兩者均曾再版多次，至今仍在使用。

寇瑞爾（1873—1940）

Currier, Thomas Franklin

寇瑞爾於 1873 年 2 月 28 日生於美國麻薩諸塞州的 Roxbury，1894 年以優異成績畢業於哈佛大學，因耳聾不能擔任教師工作，乃選擇圖書館為其終身事業。

他畢業後除在波士頓公共圖書館擔任短暫圖書館助理外，一直在哈佛大學圖書館工作，至 1940 年退休時為止，長達 46 年。他在哈佛圖書館，最初擔任編目員，1902 年升任編目組主任，1913 年出任助理圖書館長，1937 年晉升為副館長。他於工作之暇，致力於書目之研究與編輯，出版之書目甚多，其中又以『惠第爾書目』（*Bibliography of John Whittier*）最負盛名。此書花了他 30 年時間，資料鉅細靡遺，被『出版者週刊』（*Publishers' Weekly*）譽為最完善的書目之作。

1890 年至 1940 年間，正逢哈佛圖書館行政業務的劇烈改革期。寇瑞爾適逢其會，無役不與，而對國會圖書館卡片之採用、現代字典式目錄之建立、簡易編目分類之實施、專業與非專業館員之分工等，貢獻最多。此對該館工作效率之提高與服務品質的改善，有莫大助益。

寇瑞爾雖非圖書館系畢業，但在美國圖書館界極爲活躍。他曾擔任美國圖書館學會（ALA）編目委員會的委員，對 1908 年編目規則（Catalog Rules）之制訂極有貢獻。他也是 ALA 合作編目委員會的主席，對該學會搖籃本委員會（Incunabula Committee）編製規則之修訂，出力尤大。他 1940 年退休時，被哈佛圖書館聘爲『新英格蘭文學榮譽典藏館長及美國文學目錄顧問』，他的哈佛同仁更稱讚他爲『同時代最有名望的圖書館員，對圖書館事業之增進，貢獻良多』。

茹多美諾（1900—1982）
Rudomino, Margarita Ivanovna

茹多美諾是蘇聯全聯國立外國文學圖書館（All-Union State Library of Foreign Literature）的創辦人及首任館長，在任 50 餘年。

她於 1900 年 7 月 3 日生於俄國的 Bialystok，父母早亡，靠自力更生在俄國的 Saratoy 完成中學學業。畢業後即在當地的一所外國研究學校擔任圖書館員。1921 年受命在莫斯科籌辦一所外國文學圖書館並出任首任館長，不久該館易名爲全聯國立外國文學圖書館。擔任館長後，因自覺學力不足，乃以半工半讀的方式，在莫斯科大學選課，1926 年畢業於該校語文學系。她進取心極強，不斷吸收新知識，1939 年在馬列主義大學（University of Marxism-Leninism）完成一項學程，55 歲時還在莫斯科國立圖書館研究所（Moscow State Library Institute）修畢一門高級研究課程。

她畢生奉獻於該館，並於 1967 年完成一座現代化的新館，其時該館已有 4,000,000 冊藏書，包括 128 種語文，館員有 700 人，登記的讀者超過 55,000 人，爲世界最著名的圖書館之一。館藏資料以西方爲主，資料的組織多採用歐美制度，編目規則亦採用最新的國際標準，俾使本國人與外國讀者皆易於利用。

她的著述多與西方圖書館學有關，散見於蘇聯及國外圖書館專業刊物，包括專論、演講、翻譯及書評。事實上，她是將西方圖書館學新觀念引進蘇聯的主要負責人。她也是『聯合國教科文組織圖書館通訊』（*UNESCO Bulletin for Libraries*）俄文版主編。

茹多美諾在蘇聯及國際間均極爲活躍。她是蘇聯境內許多圖書館專業組織、委員會、刊物編審委員會的主席或委員，她在外國友誼學社理事會（Council of Societies for Friendship with Foreign Countries）、『蘇聯—丹麥學社』（U.S.S.R.—Denmark Society）、『蘇聯—法國學社』（U.S.S.R.—France Society）、聯合國教科文組織全國委員會（National UNESCO Commission）等機構，均扮演重要角色。她曾多次代表蘇聯圖書館界參加國際會議，包括 1958 年在比利時的布魯塞爾召開的圖書館資料交換協定會議，及歷次在巴黎聯合國教科文組織總部舉行的『國際圖書館、檔案及文獻顧問委員會』（International Advisory Committee on Libraries, Archives, and Documentation）會議。她對國際圖書館學會聯盟（International Federation of Library Associations and Institutions, 簡稱 IFLA）尤有興趣，貢獻亦大，歷任該聯盟副會長（1967）、第一副會長（1971），及榮譽副會長（1973）。

她於 1973 年退休，1989 年病逝，享壽 89 歲。

凱因（1887—1974）

Cain, Julien

　　法國圖書館專家，曾任法國國家圖書館館長34年。1887年5月10日生於法國的Montmorency。中學畢業後，入洛林學院（College Rollin）研究哲學，1911年通過歷史教員攷試，曾在中學執教。第一次大戰期間，在法國陸軍服役，1916年2月12日身受重傷，其後轉任軍中新聞工作，從事國外新聞與文件之編譯。戰後先後在法國外交部及國會擔任文化宣傳工作。

　　1930年5月1日接任法國國家圖書館（Bibliotheque Nationale）館長，至1964年退休為止，在任34年，為該館任期最久的館長。在任期間，銳意革新，成效卓著，其主要成就有：(1) 在1945—1964的20年間，他為該館完成了15項主要建築，包括地圖圖書館、音樂圖書館、國家紀錄圖書館、總館圖書部的中央書庫及凡爾賽館的第二座建築；(2) 在在1930—1939間，出版藏書目錄61冊；(3) 使該館成為全國文獻與書目中心（National Center for Documentation and Bibliography），並對全國圖書館提供期刊的採購、編目與咨詢服務；(4) 自1952年開始創編外文圖書聯合目錄，自1953年開始創編外文期刊現刊目錄；(5) 舉辦重要展覽百餘次，包括人類圖書史的回顧展，7世紀至16世紀法國手稿與圖書展等。

　　凱因在法國及國際文教界均極為活躍。在國內方面，他曾任法國檔案委員會委員，法國博物館委員會委員，法國文學委員會委員，廣播電視委員會委員，國際圖書年法國全國委員會主席，聯合國教科文組織（UNESCO）法國委員會委員。在國際方面，他曾任UNESCO執行委員會副主席，目錄學顧問委員會（Consultative Committee on Bibliography）主席，國際圖書館協會聯盟（International Federation of Library Associations，簡稱IFLA）副會長（1949—1951），國際文獻學會（International Federation of Documentation，簡稱FID）副會長（1954—1956），他也是國際目錄學會（International Association of Bibliography）的主要創始人之一。

　　凱因處世的最高指導原則為：『尊重過去的價值，回應當前的需要』。他本着此一原則治理法國國家圖書館，成就非凡，且被認為係對現代法國圖書館事業之發展影響最大的人物。他於1964年退休，1974年10月9日病逝於巴黎，享壽87歲。

凱普爾（1875—1843）

Keppel, Frederick Paul

　　凱普爾曾任紐約卡內基公司（Carnegie Corporation of New York）總裁，是美國圖書館事業的重要捐助者。

　　他於1875年7月2日生於紐約的Staten Island。1898年以卓越成績畢業於哥倫比亞大學，兩年後任母校助理秘書長，1902年升任秘書長。1910年出任全美極負盛名的哥大哥倫比亞學院（Columbia College of Columbia University）院長，年僅35歲，為該院有史以來最年輕的院長。第一次世界大戰期間，原欲參加美國遠征軍赴歐，因役齡已過，無法如願，乃志願去華府美國陸軍部服務，一年後即升任該部第三助理部長。大戰結束後曾在美國紅十字會及巴黎國際商會（International Chamber of Commerce）任要職，1922 年當選紐約卡內基公司總裁。

卡內基公司係由美國鋼鐵大王卡內基（Andrew Carnegie）所成立，是一個捐助教育的慈善機構。卡內基生前曾捐贈 56,162,622 美元，在全球說英語的國家建造 2,509 所圖書館，又以 41,000,000 美元，在美國境內建造 1,679 所公共圖書館，再以 4,283,000 美元，捐建美國 108 所學術圖書館，贏得『圖書館捐獻聖人』（Patron Saint of Libraries）之譽。1911 年以後，所有對教育的捐贈均由卡內基公司負責，凱普爾是卡內基公司的第四任總裁。在他 18 年的任期中（1923—1941）中，他秉承卡內基的遺志，繼續對圖書館大力捐助。更難得的是，他自己對圖書館也特別重視，他覺得圖書館特別是公共圖書館，乃人民終身教育的最重要設施，關乎民主的素養、社會的進步與人民生活品質的提升。爲使捐款能充分發揮效用，他與美國圖書館學會全力配合，審查申請計劃，選擇捐助對象，20 年中捐出的款項達 86,000,000 美元，其中 30,000,000 元捐贈給圖書館發展計劃，另 30,000,000 元直接捐助 ALA 的相關活動，其餘捐贈給研究與圖書館教育計劃。1926 年開始的芝加哥大學圖書館學研究所（School of Library Science），就是由其所捐贈的 1,000,000 美元而設立。

他於 1941 年退休後，仍擔任該公司的顧問，繼續爲美國教育的健全發展而奉獻。美國各大學感念他對教育文化的貢獻，紛紛贈與他榮譽博士學位，包括哈佛大學、哥倫比亞大學、密西根大學、匹茲堡大學及加拿大的多倫多大學。

1943 年 9 月 8 日，他在紐約市的寓所安然去世，享壽 68 歲。

森泊奧迪加（1895—1943）

Samper Ortega, Daniel

哥倫比亞的教育家、作家與圖書館事業的主要倡導者。1895 年 11 月 28 日生於哥倫比亞的 Bogota。軍校畢業後，不願爲職業軍官，改行從事寫作，出版過四本小說、兩個劇本及多篇文學論著。其後爲蒐集一本歷史小說的題材赴西班牙，並在一家西班牙大學執教。

1930 年，該國的自由黨取代掌握政權 50 年的保守黨執政。1931 年，森氏接受該國總統及教育部部長的徵召，出任國家公共圖書館館長（Director of the National Public Library）。由於該館過去的管理不善，就任之初，百廢待舉。他當時所看到的這個國家圖書館，所有圖書、期刊、報紙均堆積在地上，87 箱交換而來的圖書尚未開箱，52,000 冊圖書未曾編目，16,000 冊珍善本堆積架上，無人過問。清點結果，全館共有藏書 85,355 冊，60% 未編目上架。在他的大力整頓與改組後，至 1934 年，該館藏書已增至 193,914 冊，平均每日進館的讀者達 9,362 人，爲當時拉丁美洲最現代化與最有效率的國家圖書館之一。

森氏特別重視圖書館推廣服務，在他的圖書館，不僅設有國家廣播電臺，還有教育影片製作中心。此外，他還編了 100 冊文學選集及各種手冊，供農民、衛生所、食品中心及育兒院使用。1934 年，他又出版一種月刊，名爲 Senderos，宣揚該館的經營理念與服務種類。

森氏也是哥倫比亞第一所圖書館學校的主要創辦人,該校係為該國政府各部門、國立大學、中央銀行及其他政府機構訓練專業圖書館員,對該圖書館事業之發展貢獻極大。

1938年,在他擔任館長7年後,一幢美侖美奂的國家圖書館的新館建造完成,當時的規劃,可供該館發展100年之用。不久,他辭去館長職,出任哥國駐美大使館文化參事。1941年返國,在哈佛大學商學院的大力支助下,創立哥國第一所經濟與商業行政學院。他於1943年11月3日病逝,得年僅48歲。

斯永高 (1871—1952)

Swingle, Walter Tennyson

斯永高於1871年1月8日生於美國賓州的Canaan,1890年在堪薩斯農學院畢業後,即進入美國農業部工作。他喜歡研究中國植物,更愛好蒐集中國圖書。他與國會圖書館合作,竭力發展中文部,長達30年。他於1952年1月19日逝世,享壽81歲。

斯永高為一生物學家,在農業部服務50年。由於酷愛圖書,一直擔任該部圖書委員會主席。他對中國發生興趣,主要是因為他覺得中、美兩國在太平洋兩岸所佔的位置相同,溫度相近,在植物方面必有許多相類的品種。為了證明此一觀點,他從1910年開始,即經常到國會圖書館去查閱中文資料,並建議該館加速購置中文資料。在1913年至1927年之間,他與國會圖書館館長浦特南 (Herbert Putnam) 充分合作,趁他經常到中國去研究植物之便,為國會圖書館購買中國圖書。他對中文部的貢獻,可以歸納為下列數端:

一、在1913年至1927年之間,他實際上擔任着中文部的採訪工作。他不但自己為中文部買書,還推薦別人到中國去買書。據他自己估計,在此十多年中,他為中文部採購的圖書達68,000冊。

二、他對中國的方志、叢書與珍善本特有興趣。在1928年中文部成立以前,經他手而蒐購的方志達1,479種,叢書474套及多冊『永樂大典』。

三、他曾推薦多位中國專家到國會圖書館去整理中國圖書,包括袁同禮、李小緣、劉廣京等人。

四、他除為中文部買書及推薦工作人員外,並親自撰寫採訪報告。在中文部成立前的1917年至1927年之間,有8次採訪報告係由他執筆。

五、他是國會圖書館中文部的催生人。由於他的建議,浦特南於1928年成立中文部,並請中國專家恆慕義擔任首位中文部主任。

斯永高於1941年自農業部退休後,仍繼續在中文部擔任義工,國會圖書館感念他的熱忱與貢獻,於1947年授予他東方部榮譽顧問之職。他保有此一榮銜,直到他1952年去世為止。

索引辭目
U. S. Library of Congress

普拉提納（1421—1481）

Platina, Bartolomeo

　　意大利圖書館專家、梵諦岡圖書館館長。1421 年生於意大利的 Piadena，1457—1461 年間在佛羅倫斯受教育，研究希臘文學。1462 年至羅馬，擔任絳查加樞機主教（Cardinal Francesco Gonzaga）的秘書。

　　1474 年出版其傳世名著『教宗列傳』（Lives of the Popes）第一冊，深獲各方好評，奠定其學術地位。1475 年，教宗席克塔斯四世（Pope Sixtus Ⅳ）任命他爲梵諦岡圖書館館長。該館創始於教宗尼古拉五世（Pope Nicholas Ⅴ，死於 1453 年）時期，爲歐洲文藝復興時代最重要的圖書館之一，使用者多爲教廷人士（包括教宗）及意大利貴族。普拉提納接任館長後，因受到教宗的大力支持，館務蒸蒸日上，除每年有充裕的預算買書外，並有兩位助理及三位抄寫員，還有一間圖書館專用的裝訂室。由於教宗希望該館成爲羅馬最好的圖書館，乃授權普拉提納設計一幢最完善的圖書館建築。該館落成後，共有四個大廳，分別皮藏拉丁圖書、希臘圖書、珍貴手稿及教廷檔案，各廳均有取暖設備，爲當時羅馬規模最大、設備最佳的圖書館。爲便於管理，該館並制訂了下列閱覽規則：（1）在館內不得與人大聲交談，更不得製造事端；（2）館內走動或上下階梯不得出聲；（3）圖書閱後請回歸原處；（4）讀者在館內可自由閱讀任何圖書；（5）違反規定者，不得再入館閱讀。這些規則，在 500 多年後的今日，仍有其適用的餘地，可見普拉提納對管理圖書館的遠見。爲使館內所收藏的手稿，能夠在館外甚至在意大利以外地區，廣爲流傳，他僱用了三位抄寫員，抄寫該館所有的拉丁文、希臘文及希伯來文手稿，開世界手抄圖書交易的先河。

　　在普氏任館長的 6 年期間，該館的館藏量自 1475 年的 2,527 冊，增至 1481 年他病逝前的 3,499 冊，平均每年增購 162 冊，其他檔案資料及手稿不在此內。這些數字雖然微不足道，但在 500 多年前，西方印刷術剛發明、圖書出版極少的情形下，有些成績，實屬難能可貴。

索引辭目
Vatican Library 梵諦岡圖書館

普里奧卡（1895—1973）

Priolkar, Annant Kakba

　　印度目錄學與古籍學家。1895 年生於印度的 Goa。1923 年畢業於孟買大學（Bombay University），主修印度古籍語言與文學。畢業後在中學教了兩年書，然後至孟買市政府工作，長達 20 年。在此期間，他潛心研究印度目錄學與古籍學（Marathi，1867 年以前出版的印度圖書），並爲印度圖書館古籍地藏部建立了一套蒐藏的基本原則。他認爲一個理想的 Marathi 特藏部應包括下列資料：

（一）已經印刷出版的全部古籍；
（二）譯成古籍語文的全部譯本及其原著；
（三）譯成其他語文的古籍；
（四）已絕版的古籍初版；
（五）印度圖書館尚未收藏的古籍之縮影捲片；
（六）重要古籍著者的手稿及來往函件。

他的這些原則，至今仍爲印度圖書館蒐藏印度古籍的標準，影響頗爲深遠。

他在古籍研究方面的成就，引起了印度學術界的注意。1948 年，孟買古籍研究所（Marathi Postgraduate and Research Institute）特聘他爲研究員，兩年後（1950）即升任爲該所所長。1951 年，全印度古籍文學會議在 Karwar 舉行，他當選爲大會主席，可見他在古籍文學界的地位。他在該所任職期間，除指導從事古籍研究的博士生外，並主編印度最有名的古籍季刊 Marathi Samshodhan Patrika，長達 12 年。

他出版有關印度古籍的著作甚多，其中一種爲英文，題爲『印度的印刷出版業』（The Printing Press in India）。該書對印度各種語文的印刷與出版，均有深入的分析，對研究印度出版史者，極具參攷價值。

他於 1973 年逝世，享壽 78 歲。

敦斯（1903—1991）

Downs, Robert Bingham

美國著名大學圖書館館長、圖書館學教育家。1903 年 5 月 25 日生於北卡羅來納州的 Lenoir。1917 年全家移居該州的 Ashville，對當地的公共圖書館引起極大興趣，並培養了他畢生以讀書爲樂的習慣。1922 年入北卡羅來納大學求學，並在圖書館做工讀生，受到該館館長威爾遜（Louis Round Wilson）的影響頗深。1926 年獲文學士後，繼續至紐約的哥倫比亞大學攻讀圖書館學，一年後獲圖書館學士，兩年後獲圖書館學碩士。在哥大畢業後曾在紐約公共圖書館擔任助理參攷館員。

1929 年任柯爾貝學院（Colby College）圖書館館長，兩年後轉任母校北卡羅來納大學圖書館助理館長。1932 年，該館館長威爾遜受聘爲芝加哥大學圖書館學院院長，敦斯奉命代理館長，一年後真除館長，並在北卡羅來納大學的圖書館學系任教，講授目錄學、圖書史、參攷服務等課程。1938 年，他至紐約市，出任紐約大學圖書館館長，在任五年，銳意革新，成效卓著。

1943 年，敦斯膺任伊利諾大學（University of Illinois at Urbana/Champaign）圖書館館長兼圖書館學院院長。他同時擔任這兩個職位長達 27 年，直至 1970 年退休時爲止。他在伊大的成就甚多，舉其要者，在圖書館方面，他爭取到使專業館員具有教員身份（Faculty Rand and Status），並在任內使該館藏書超過 4,000,000 冊；在圖書館學院方面，他於 1948 年創設了博士班，並於 1952 年創辦了世界著名圖書館刊物『圖書館趨勢』（Library Trends），他設立『溫沙講座』（Windser Lectures），邀請許多圖書館界名人到該院講學。

他具有行政長才，是一位傑出的領導人物。在他任職的伊大，曾任該校百年紀念委員會副主席、榮譽學位授予委員會主席、教職員休閒活動委員會主席、榮譽學社 Phi Beta

Kappa 及 Phi Kappa Phi 的主席。在美國圖書館界，他曾任美國大學與研究圖書館學會（ACRL）會長（1940/1941）、美國圖書館學會（ALA）會長（1952/1953）、伊利諾州圖書館學會（ILA）會長（1955/1956）。

他在國際圖書館界也非常活躍。1948 年他到日本，協助建立日本國會圖書館（National Diet Library of Japan），並於 1950 年協助慶應大學設立圖書館學系；1952 年，他擔任墨西哥國家圖書館及墨西哥大學圖書館的顧問；他曾於 1955 年、1968 年、1971 年三度赴土耳其擔任圖書館的顧問；1963 年，他至阿富汗任 Kabul University 的新館建築顧問；1964/1965 年，他擔任波多黎各大學圖書館顧問，並協助該校設立圖書館學系；他也曾至南美的巴西、阿根廷、哥倫比亞及北非的突尼斯等地的圖書館學校講學。

他的著作甚多，如：
The Resources of Southern Libraries（1938）
Resources of New York City Libraries（1942）
American Library Resources: A Bibliographical Guide（1951）
Resources of Canadian Academic and Research Libraries（1967）
British Library Resources（1973）
Books That Changed the World（1956）
Famous Books Ancient and Modern（1964）
Books That Changed America（1970）
Books that Changed the South（1977）
Landmarks in Science（1982）
Memorable Americans（1983）

除了上面這些知識性與資料性的著作外，他還寫了一些幽默、民俗、文學、傳記方面的書，他是一個喜歡閱讀和勤於寫作的學者。有人說他是一位圖書館界的全才，真是當之無愧。他於 1991 年 2 月 24 日去世，享壽 88 歲。

富蘭克林（1706—1790）

Franklin, Benjamin

美國公共圖書館先驅，費城圖書館公司（Library Company of Philadelpha）創辦人，著名印刷業主，作家，發明家，政治家。1706 年 1 月 17 日生於波士頓，幼時家境清寒，10 歲時即告輟學，畢生只受過兩年正式學校教育，但他刻苦自勵，飽覽群書，閱讀範圍涵蓋哲學、數學、邏輯、文學、航海等學科，並通曉法文、意大利文、西班牙文及拉丁文。

富蘭克林於 12 歲開始在其兄 James 的印刷廠當學徒。1723 年自波士頓去紐約謀生，無法找到工作，乃繼續前往費城，進入基麥（Samuel Keimer）的印刷廠做印刷工。1724 年前往英國倫敦，原想自開出版社與印刷廠未果，經人介紹先後在當時倫敦極負盛名的帕麥（Samuel Palmer）及瓦滋（John Watts）兩家印刷廠謀生，後者更是英國印刷技術人員的養成所，富蘭克林在此獲益良多。

1726 年，他自倫敦返回費城，兩年後即自開印刷公司，時年僅 22 歲。他獨力經營該公司長達 20 年，至 1748 年始與荷爾（David Hall）合夥，並將經營業務讓給他。由於經營得法,該印刷廠的業務遍及當時美國各殖民地及西印度群島,為獨立戰爭前美國最著名的印刷公司。

富蘭克林對圖書館事業最大的貢獻,是他於1737年在費城創辦的圖書館公司。該公司的主要目的是對那些喜讀書而又無法或不願自己買書的人,以付費的方式提供借閱服務。該公司最初採會員制,入會者須繳交會費,凡屬會員均可借閱圖書;後來借閱範圍擴大,凡付費者,無論是否會員,均可借書。這就是付費圖書館(Subscription Library)的由來。1776年獨立以前,美國已有18個付費圖書館;1741年英國的第一個付費圖書館在蘇格蘭成立,1785年倫敦也設立了付費圖書館,可以說都是受到費城圖書館公司的影響。1789年美國行憲以後,實施充分民主政治,人民當家作主,免費的公共圖書館對所有納稅人開放,使喜歡讀書而自己無力買書的人,皆有書可讀,這正是富蘭克林的理想,故他實是美國乃至世界公共圖書館的先驅。

富蘭克林多才多藝,一生的事功更是多采多姿。他是美國哲學會(American Philosophical Society)的創立者,也是賓夕凡尼亞大學(University of Pennsylvania)的創辦人。他所創辦並主編的『費城紀事報』(*Philadelphia Gazette*),在獨立前的美國殖民地極負盛譽。他也是口琴(Harmonica)、雙焦點眼鏡(Bifocal Spectacles)、富蘭克林暖爐(Franklin Stove)的發明者。他更是一位卓越的政治家,對美國獨立的貢獻極大。1754年的阿爾巴尼會議(Albany Congress),他是賓州代表,在會中他首先提議美國各殖民地應建立一個聯邦。1776年美國宣布獨立,他是『獨立宣言』(*Declaration of Independence*)五位起草委員之一。他是1787年費城制憲會議的賓州代表,時年81歲,德高望重,受到全體制憲代表的一致推崇。他於1790年逝世,享壽84歲,被譽為『最睿智的美國人』(The Wisest American)。

奧特勒(1868—1944)

Otlet, Paul-Marie-Ghislain

奧特勒於1868年8月23日生於比利時。他先後就讀於魯汶大學及布魯塞爾大學,並於1890年獲布魯塞爾大學法學士學位。

1891年,他進入比利時的社會與政治學研究學會服務,擔任編輯目錄工作,其頂頭上司為當時頗負名望的國際法學家拉方登(Henri LaFontaine),是一位早他十五年畢業的布魯塞爾大學的校友。由於志氣相投,興趣相近,他們很快變成摯友,並成為終身的合作伙伴。1893年,由於他們的共同努力,成立了國際社會目錄學研究所(International Institute of Sociological Bibliography)。1895年,奧特勒首次接觸到杜威十進分類法(Dewey Decimal Classification),覺得此法對人類知識的分類,甚合邏輯體系,但尚有擴充的餘地與必要。為了完成此一目標,他尋求比利時政府的支持並得到索爾威(Ernest Solvay)的資助,成功地召開了第一次國際目錄學會議,會中決議成立國際目錄學研究所(International Institute of Bibliography,簡稱IIB),專責研究杜威分類法之擴充與改進。在奧特勒與拉方登及該研究所的不斷努力下,國際十進分類法(Universal Decimal Classification,簡稱UDC)第一版終在1905年以法文印行。

奧特勒與拉方登對國際目錄學與文獻學合作交流之提倡,不遺餘力。經由他們的共同努力,國際文獻學世界大會(World Congress of Universal Documentation)與國際智慧合作研究所(International Institute for Intellectual Cooperation)於 1937 年在巴黎召開聯席會議,會中決議將國際目錄學研究所(IIB)改為國際文獻學聯盟(International Federation of Documentation,簡稱 FID)。該聯盟的一些美國朋友與會員受到奧特勒的影響與鼓勵,於 1937 年成立了美國文獻學會(American Documentation Institute),此即今日美國資訊科學學會(American Society for Information Science,簡稱 ASIS)的前身。

1944 年 12 月 10 日,奧特勒在比利時去世,享壽 78 歲,他的摯友拉方登已早他一年病逝。UDC、FID 及 ASIS 的同道們,對此兩位當年的主要催生者,至今感念不忘。

索引辭目
1. American Documentation Insttute.
2. American Society for Information Science(簡稱 ASIS).
3. IIB.
4. InternationalInstitute of Bibliography.

奧特利(1876—1946)

Utley, George Burwell

奧特利因曾任紐伯瑞圖書館(Newberry Library)館長及美國圖書館學會秘書長而聞名於美國圖書館界。他於 1876 年 12 月 3 日生於康納狄克州的 Hartford。1899 年畢業於布朗大學英國文學系。畢業後曾在哈特福的 Watkinson 圖書館工作一個短暫時期,1901 年到馬里蘭州的巴爾的摩接任一個教會的圖書館館長。

1905 年,奧特利應邀出任佛羅里達州杰克遜維爾公共圖書館(Jacksonville Public Library)館長,該館館舍係由卡內基基金會捐建,是佛州市第一個用其稅收營運的公共圖書館。他在此六年,展現了其卓越的行政才能,不但增加了圖書館的資源,也擴大了圖書館服務,特別是建立了黑人文學作品的特藏,受到當地黑人讀者的讚揚。

他在杰克遜維爾的成就,引起了美國圖書館界的注意。1911 年美國圖書館學會(American Library Association,簡稱 ALA)任命他為該會的秘書長。他就任後工作積極,不但經常去各州參加圖書館學會的會議,到各大學圖書館學院去演講,還親自答覆會員的函件。他的努力獲得了具體成果,在他任職的十年期間(1911—1920),ALA 的會員增加了一倍。

第一次世界大戰期間,ALA 積極參加一項全球圖書十字軍運動(Global Book Crusade),這是一個為數百萬美軍提供圖書資料與服務的計劃,總部設在美國國會圖書館,由當時國會圖書館館長浦特南(Herbert Putnam)擔任主席。奧特利以 ALA 秘書長的身份兼任此一計劃的秘書長,他與浦特南密切合作,成績斐然。他其後於 1922 年當選為 ALA 的會長,與此不無關係。

1920 年,奧特利接任紐伯瑞圖書館館長,這是一個位於芝加哥,以收藏文史、音樂與藝術資料的私人圖書館。奧特利在此 22 年,直至 1942 年屆齡退休時為止。在他領導下,該館的館藏、館員與服務都大為增加。他經常在館內舉辦各種文學與藝術的展覽,曾因舉辦意大利詩人但丁的詩作展（Dante Exhibition）而獲頒意大利政府的皇家勳章；又因成就卓著，而被美國圖書經銷商協會（Amercian Booksellers Association）選爲藍帶委員會（Blue Ribbon Committee）委員，擔負起爲白宮圖書館選書的任務。

奧特利於 1941 年 12 月年滿 65 歲，依規定於 1942 年初辦理屆齡退休，使他打算在 Newberry 任滿 25 年的願望未能達成。他退休後專心從事寫作，繼續參與各種社會公益活動。他於 1946 年 10 月 4 日去世，享壽 70 歲。

夏蒲（1865—1914）

Sharp, Katharine Lucinda

夏蒲爲 19 世紀末及 20 世紀初美國最傑出的圖書館領袖之一。她於 1865 年 5 月 21 日生於伊利諾州的 Elgin。1885 年畢業於西北大學哲學系，並於 1899 年獲該系碩士學位。她曾兩度入紐約州立圖書館學院（New York State Library School）研究圖書館學，而於 1892 年及 1907 年先後讀得該院學士及碩士，爲杜威（Melvil Dewey）的得意門生。

夏蒲於西北大學畢業後，即進入伊利諾州的橡園公共圖書館工作，任助理館員。1892 年取得圖書碩士後，得其業師杜威的大力推薦，於 1893 年出任新成立的亞莫爾學院（Armour Institute）的圖書館館長兼圖書館學系主任。這是全美第四個也是美國中西部第一個圖書館學系。這個學系雖僅辦了數年，但人才輩出，如美國著名的圖書館專家曼茵（Margaret Mann）及皮爾斯（Cornelia Marvin Pierce），都是該校的畢業生。

1897 年，夏蒲轉往伊利諾大學服務，亞莫學院的圖書館學系也隨同她轉移至該校。她在伊利諾大學身兼數職，除擔任圖書館學系教授及系主任外，並兼任該校圖書館館長。她辦學本着其業師杜威所倡導『從經驗中學習』（Learning by Experience）的教訓，理論與實際兼顧，教員、學生、課程三者並重。她的這種辦學理念，爲早期的伊大圖書館學系奠立了堅實基礎。在她擔任館長期間（1897—1907），伊利諾大學圖書館也有很大的進步：她到任時該館只有 37,000 冊圖書，1907 年她離任時已增至 90,000 冊，而且均已編目分類，立刻可用；在館員方面更有顯著的增加，自 1897 年的 3 人增至 1907 年的 15 人，伊大圖書館在今日美國的成就，夏蒲奠基之功不可沒。

像她的業師杜威一樣，夏蒲在美國圖書館學會（American Library Association）中極爲活躍，而且貢獻頗多。她曾連任 ALA 理事 10 年，歷任各委員會的主席，並曾兩度當選爲該會的副會長。

1907 年，夏蒲離開伊諾利大學，去杜威創辦的 Lake Placid Club 基金會及出版社（在紐約州）擔任副總裁，直至 1914 年 6 月 1 日車禍去世時爲止，得年僅 49 歲。

格羅佛（1906—1970）

Grover, Wayne Clayton

格羅佛是美國檔案學家，為美國國家檔案與紀錄服務局（National Archives and Records Service）建立者。

他於1906年9月16日生於猶他州的Garland，1930年畢業於猶他大學，其後在華府的美國大學（American University）讀得碩士（1937）及博士（1946）。

大學畢業後的最初五年，他曾擔任記者及國會議員助理。1935年進入成立剛一年的國家檔案局（National Archives）服務，任職於紀錄部。1943年，應征入伍，以上尉的身份，擔任陸軍部副官處紀錄管理室主任，1946年以陸軍中校退役，並獲頒功績獎章。1947年返回檔案局工作，出任助理局長，負責該局與國會關係之協調。1948年，布克（Solon J. Buck）局長辭職，在其大力推薦下，由格羅佛接任局長。

為美國聯邦政府建立一套完整的檔案與紀錄體系，一直是格羅佛的一個理想。他就任局長後，即將此一計劃向胡佛行政改革委員會（Hoover Commission on the Organization of the Executive Branch of the Government）提出。該委員會雖接受他的建議，將國家檔案局改為國家檔案與紀錄服務局（National Archives and Records Service），但認為該局無獨立的必要，應隸屬於聯邦總務署（General Services Administration），俾使聯邦檔案與紀錄能全部集中管理。格羅佛對此極為失望，但人微言輕，無法挽回既成事實。不過該局於1985年時終經國會通過，改為獨立的國家檔案與紀錄總署（National Archives and Records Administration）。格羅佛雖未及身見到，但他的理想得以實現，亦可含笑於九泉。

在格羅佛的局長任內，有幾項成就特別值得一提：（1）他將聯邦政府的重要檔案與歷史文件，全部集中於該局保管，包括美國『獨立宣言』（*Declaration of Independence*）及聯邦憲法原件；（2）在他的規劃與支持下，該局所屬的聯邦登記處（Federal Register Division），自1957年起，開始出版『美國總統文件』（*Public Papers of the Presidents of the United States*）叢刊；（3）在他17年（1948—1965）的任期中，該局的職員自341人增為1,716人，增加了四倍。

他曾擔任美國檔案學會（Society of American Archivists）的會長，國際檔案理事會（International Council of Archives）副會長，並曾獲頒多項獎章與榮譽，包括布朗大學的榮譽博士學位。他於1970年6月8日病逝於馬里蘭州的Silver Spring，享壽64歲。

索爾斯（1904—1981）

Shores, Louis

索爾斯於1904年9月14日生於美國紐約州的Bufflo。1926年畢業於托里多大學（University of Toledo），主修英文，1927年獲紐約市立學院碩士，1929年獲哥倫比亞大學圖書館學士，1934年獲畢堡德學院（George Peabody College for Teachers）哲學博士。曾任畢堡德學院圖書館學研究所所長，佛羅里達州立大學（Florida state University）圖書館學研究院的創辦人及首任院長,『柯利爾百科全書』(Collier's Encyclopedia) 總編輯等要職。他於 1981 年 6 月 19 日在佛州首府塔拉哈病逝,享壽 77 歲。

索爾斯少時家境清寒,高中時即以送報及在圖書館任信差賺取學費。大學畢業後全家移居紐約市,繼續在紐約市立學院及哥大進修,1928 年讀得哥大圖書館學士後,即出任費斯克大學(Fisk University)圖書館館長,他在該校的最大成就是於 1931 年召開全美首次的『黑人圖書館會議』。在費大任圖書館館長期間,同時進入芝加哥大學圖書館學研究院攻讀博士學位,因與指導教授瓦卜斯(Douglas Waples)意見不合,被迫放棄而轉入畢堡德學院,於 1934 年獲該校哲學博士學位,其論文題目為:『殖民時代大學圖書館之發展』。

1933 年,索爾斯出任畢堡德學院圖書館學研究所所長,雖因該院係師範學院,其圖書館學研究所不合當時美國圖書館學會(ALA)認可的基本條件,但他在此的成就頗多。例如他的名著『基本參攷圖書』(Basic Reference Books),就是 1937 年在此完成。該書內容豐富,成為其後數十年美國講授參攷服務課程的主要教科書。另在他的所長任內,畢堡德也是美國第一個開授視聽資料課程的圖書館學研究所。二次大戰期間,他在陸軍服役,退伍後因畢堡德學院人事更迭,他無法適應,乃辭去所長職務,轉任『柯利爾百科全書』的總編輯。

1947 年,索爾斯應佛羅里達州立大學校長康培爾(Doak Cmpbell,他在畢堡德的老上司)之力邀,創設該校圖書館學研究院,並任首任院長,但仍兼『柯利爾百科全書』的總編輯,直至 1962 年為止。他在佛羅里達仍繼續畢堡德的傳統,特別重視視聽教育課程,並說服大學行政當局,將『圖書館利用』列為大一及研一新生的必修課。

最後值得一提者,是他畢所所倡導的『圖書館大學』(Library College)的理念。他認為大學最好與圖書館合而為一,大學的教學與學術活動均應在圖書館內為之,圖書館的館藏亦應儘量配合教學與研究的需要,以發揮圖書館的最大效能。

索引辭目
圖書館大學 Library College

馬泰爾(1860—1945)

Martel, Charles

馬泰爾為美國『國會圖書館分類法』(Library of Congress Classification)的設計人。他於 1860 年 3 月 5 日生於瑞士的蘇黎世(Eürich)。他原名 Karl David Hauke,1887 年歸化美國時才改為 Charles Martel。他的父親是一家出版社的發行人兼古書經銷商。馬泰爾自幼在父親的書店工作並受教育,只在蘇黎世大學進修過一年(1876—1877)。1876 年馬泰爾有機會到美國作短暫訪問,對美國頗多向往,乃於 1879 年移民美國,並於 8 年後(1887)成為美國公民。1880 年至 1882 年曾在米蘇里及內布拉斯加的中學教書。

馬泰爾喜歡在圖書館工作,曾在許多圖書館擔任義工。他的正式圖書館工作始於 1892 年,那年 2 月他受聘為芝加哥紐伯瑞圖書館(Newberry Library)館員,負責該館的藝術與文學部,但主要工作為編目分類。在此工作期間,他結識了一位好友漢生(J. C. M. Hanson)。1897 年 10 月,漢生應邀至國會圖書館工作,擔任書目組織的改革部主任。兩月後漢生邀馬泰爾到國會圖書館一同工作，出任編目部助理，於 1897 年 12 月 1 日正式到職。他和漢生是當時國會圖書館兩個薪水最高的館員，也是兩個最好的搭檔。

國會圖書館館長楊格（John Russel Young）要求馬泰爾分析當時國會圖書館紊亂的分類制度，並提出改革方案，馬泰爾欣然應命。在他所提出的報告中，馬泰爾提出了一個新的分類表綱要，但他所強調的，不是分類表的本身，而是分類時所用的符號，他認為這個綱要乃是集各家之長，適於國會圖書館的特殊情況。自 1898 年 1 月開始，各科根據此一綱要所定的原則，分別制訂其詳細分類表。中間因楊格館長的病故及浦特南（Herbert Putnam）的接任而停頓，至 1901 年 1 月始恢復工作，而於 1902 年完成。由於各科分類表多係單獨完成，故不但彼此間之關係不多，各個分類表之內容、範圍及複分表之使用亦有差異。1911 年，馬泰爾在 ALA 年會中所宣讀的一篇論文，曾對此一分類法的特點與哲學基礎有所說明。

馬泰爾擔任國會圖書館的編目部主任達 28 年，對於建立國會圖書館編目的權威性，具有極大貢獻。1930 年，他年滿 70 歲，已達當時的法定退休年齡，但胡佛總統（President Herbert Hoover）根據浦特南的建議，特准以『編目分類與書目顧問』的名義繼續留任。他於 1945 年 5 月 1 日宣佈退休，兩星期後的 5 月 15 日即告病逝，享壽 85 歲。

索引辭目

Library of Congress Classification 國會圖書館分類法

馬克雷絲（1899—1977）

Malcles, Louise-Noelle

馬克雷絲是法國的目錄學家，她在目錄學上之成就極多，被譽為 20 世紀歐洲最傑出的目錄學家之一。

她於 1899 年 9 月 20 日生於法國的南部，她的父親是克里蒙佛朗大學（University of Clemont-Ferrand）的物理學教授，這也是其日後接受大學教育的地方。1928 年她進入老巴黎大學的索邦圖書館（Library of the Sorbonne）工作，直至 1962 年為止，長達 34 年。1930 年代，她曾赴德國的萊比錫及柏林，研究德國的國家書目及聯合目錄。1950 年代，她為了完成聯合國教科文組織（簡稱 UNESCO）有關歐洲目錄學的報告，曾遍訪羅馬、里斯本、馬德里、布魯塞爾、阿姆斯德丹、海牙等地，蒐集相關資料。

她對目錄學最重要的貢獻，是她於 1950—1958 年間在日內瓦出版的『目錄工作的資源』（*Sources for Bibliographical Work*）。該書共有 4 冊，分為一般目錄學與專門目錄學兩部份，後者又分為人文社會科學、自然科學、醫學及藥學四類。各部份的資料極為豐富，凡與目錄工作有關的資源，均涵蓋在內，包括：各種書目、圖書館目錄、目錄學史料、索引與摘要服務、圖書館資料、含有書評的期刊等。她的另一部重要著作，是『目錄學手冊』（*Manual of Bibliography*），這是她教目錄學為學生編的手冊，由於內容極佳，深受學生歡迎，曾經再版多次；最新版於 1985 年出版，係由她的學生修改完成。此外，她曾為聯合國教科文組織的國際目錄學顧問委員會（International Advisory Committee on Bibliography of the UNESCO）完成一項重要報告，題為『世界目錄學服務』（*Bibliographical Services throughout the World*），這是 UNESCO 為其會員國提供此類報告的第一次，其後每 5 年更新一次。感念其對世界目錄學的貢獻，法國榮譽軍團（Legion of Honor in France）特授予她榮譽會員。

她於 1969 年退休後，移居法國南部的 Avignon，1977 年 3 月 27 日在該處去世，享壽 78 歲。

席爾斯（1873—1933）
Sears, Minnie Earl

席爾斯於 1873 年 11 月 17 日生於美國印地安那州的 Lafayette，1891 年畢業於普度大學，年僅 18 歲，1893 年獲同校碩士學位，1900 年得伊利諾大學圖書館學學士（B. L. S.）。

席爾斯的主要興趣為編目。她於 1903 年至 1907 年之間擔任賓州布倫馬爾學院圖書館編目主任，1909 年至 1914 年任明尼蘇達大學圖書館編目組主任，1914 年至 1920 年任紐約公共圖書館參攷與編目部副主任。1923 年她加入威爾遜公司（H. W. Wilson Co.）編輯部，曾主編 *Children's Calalog* 第三版（1925）及第四版（1930）、*ALA Standard Catalog for High School Libraries* 第二版（1932），以及 *ALA Standard Catalog for Public Libraries*（1927—1933）、*Song Index*（1926）、*Essay of General Literature Index*（1931—1933）等重要參攷工具書。

她的 *List of Subject Headings for Small Libraries*（簡稱 *Sears List*），乃其成名之作，該書初版於 1923 年印行，至 1933 年發行第三版，均由她自己主編。由於此一標題表係採用美國國會圖書館標題表（Library of Congress Subject Headings）的基本型式，使圖書館的編目員在該表中找不到的標題，很容易將 LC List 的標題加入，故不但受到圖書館，特別是小型圖書館的歡迎，而且至今仍是圖書館編目課程中主要教本之一。

1927 年，席爾斯受聘至哥倫比亞大學圖書館學院執教，至 1931 年為止。在此期間，她為哥大的圖書館碩士班編授第一門編目課程，極受學生歡迎。

席爾斯終身以編目工作為職志，對於編目規則之建立貢獻頗大。她於 1927—1928 年擔任 ALA 編目委員會的主席，1931—1932 年擔任紐約區域編目委員會主席，1932 年出任『美國圖書館學會編目規則』（ALA Catalog Rules）修訂委員會委員，直至她於 1933 年 11 月 28 日去世時為止。

索引辭目
Sears List of Subject Headings

浦特南（1861—1955）
Putnam, G. Herbert

浦特南於 1861 年 9 月 20 日生於美國的紐約市，1883 年以優異成績畢業於哈佛大學，翌年入哥倫比亞大學法學院，但未畢業。他於 1899 年接任國會圖書館館長，至 1939 年退休,在任 40 年,爲迄今(1993 年)爲止任期最長的國會圖書館館長。他於 1955 年 8 月 14 日病逝,享壽 94 歲。

1884 年他在哥大法學院讀書時,即接受朋友的推薦,到明尼蘇達州的明尼阿波里斯市的一個圖書館去擔任館長,三年後接任該市公共圖書館館長,1891 年辭職,到波士頓做律師。1895 年接任當時美國規模最大的波士頓公共圖書館館長,年僅 34 歲。1896 年,國會爲擴大國會圖書館的組織案,舉行聽證會,美國圖書館學會(ALA)選派六位證人,代表圖書館界前去作證,浦特南與杜威(Melivl Dewey)均爲代表。他們兩人均極力主張擴大國會圖書館的功能,並使其成爲真正的國家圖書館。當第七任館長楊格(John Russel Young)於 1899 年死於任所時,美國圖書館學會立即推薦浦特南爲繼任館長候選人。麥金萊總統接受該項推薦,於 1899 年 3 月 13 日任命浦特南爲第八任館長,他於同年 4 月 5 日正式到任。

浦氏在任 40 年,其成就自不待言,舉其重要的貢獻如下:

一、使國會圖書館成爲一個名副其實的國家圖書館。

二、擴充組織及增加員額。在其退休時,國會圖書館已擴大至 35 個部門及 1,100 多位館員。

三、徵集保存總統及各州重要文件,並將美國『獨立宣言』(Declaration of Independence)及聯邦憲法原本,自國務院移轉國會圖書館保存。

四、儘力增加館藏資料。據 1931 年統計,該館的藏書已超過 400 萬冊,與當時著名的大英博物館及法國國家圖書館分庭抗禮。

五、充實外文資料,使該館真正成爲國際性的圖書館。在其退休前,該館的圖書資料已涵蓋 150 多種文字及方言。

六、蒐藏中國以外的世界最多的中文資料。他於 1899 年接任館長時,該館的中文圖書僅 4,000 冊,到他 1939 年離任時,已達 189,257 冊。該館的東方部(Orientalia Division),就是 1928 年在他任內成立的。

浦氏於 1939 年退休後,仍爲榮譽館長,並在館內保留一間辦公室,繼續爲該館奉獻,其專業精神,令人欽佩。在他退休時,美國圖書館學會譽他爲『我們這個專業的大老』(Dean of Our Profession),可以說當之無愧。

索引辭目

U. S. Library of Congress

艾文斯,L. H.(1902—1981)

Evans, Luther H.

艾文斯於 1902 年 10 月 13 日生於美國德克薩斯州的 Sayersville,1924 年畢業於德克薩斯大學,1925 年得同校碩士學位,1927 年獲史丹福大學政治學博士學位,1945 年至 1953 年任美國國會圖書館館長,1981 年病逝,享壽 79 歲。

艾文斯是一位政治學者,先後任教於紐約大學(1927)、達茅斯學院(1928—1930),及普林斯頓大學(1930—1935),講授政治學。1939 年應聘至國會圖書館,出任立法參攷部主任，不久升任首席助理館長兼參攷服務部主任。1944 年，第九任館長麥克利斯（Archibald Macleish）辭職，杜魯門總統令其代理館長，1945 年 12 月真除，是為國會圖書館的第十任館長，也是由館內直接升遷的第一位館長。1953 年因當選聯合國教科文組織（UNESCO）執行長而辭職。

艾文斯擔任館長僅 8 年，成就並不顯著，可得而言者有：出版『國會圖書館卡片目錄彙編』（Cumulative Catalog of Library of Congress Printed Cards, 1947），制訂『國會圖書館編目規則』（1949），出版『新期刊目錄』（New Serial Titles）；在管理方面採民主方式，鼓勵館員參加各種顧問小組；而在短短 8 年中，館藏資料增加了 28%，也是一大成就。

索引辭目
U. S. Library of Congress

朱巴里安（1908—1976）

Chubarian, Ogan Slepanovich

朱巴里安於 1908 年 10 月 8 日生於俄國的 Rostov-on-Don。在蘇聯高級圖書研究所接受圖書學與目錄學教育，獲博士學位，其論文題目為：『彼德大帝時代的俄國科技圖書』。

他畢業後即從圖書館的基層做起，並致力於蘇聯圖書館學之研究，在圖書館界極負盛譽。他曾分別擔任過蘇聯國家圖書館、莫斯科國家文化研究所、國立公共科技圖書館及國立列寧圖書館等重要機構的高級主管，並曾膺任蘇聯文化部圖書館學與目錄學研究協調委員會的副主席。他也是蘇聯圖書館界兩份最重要的雜誌『蘇聯圖書館學』（Soviet Library Science）及『蘇聯科技圖書館』（Scientific and Technical Libraries of the U. S. S. R）的主要創辦人，對蘇聯圖書館學與圖書館事業之研究與發展，貢獻良多。

他治學甚勤，著作極豐，出版之圖書與論文多達 100 多種，其中又以『普通圖書館學』（General Library Science）一書最為有名。此書對蘇聯圖書學的發展歷史，圖書館在蘇聯社會中所扮演的角色，各類型圖書館的介紹與分析，圖書館網路的籌劃與組織，以及圖書館管理的基本原則等，均有深入詳明的論析。他是將圖書館學融入全蘇科學體系範圍內的第一位蘇聯圖書館學家。

他畢生獲得許多勛獎，包括得之不易的『蘇聯文化工作者功績獎章』。他於 1976 年 1 月 7 日在莫斯科病逝，享壽 68 歲。

沙慕林（1889—1962）

Shamurin, Evgenii Ivanovich

沙慕林是蘇聯最博學的圖書館學家與目錄學家，在教學、研究與寫作方面均有傑出的成就。

他於 1889 年 10 月 28 日生於亞美尼亞（Armenia）的 Erevan。他的父親是律師，在他

5歲那年去世，年幼的沙慕林被送往Tambov的一家孤兒院，就在那裏於1908年完成中學教育。其後入卡贊大學（University of Kazan）法學院就讀，除法律課程外，他選修了不少人文與社會方面的課程，培養了他對藝術與文學方面的興趣。大學畢業後，他轉往莫斯科謀發展，一方面繼續選讀藝術與音樂方面的課程，同時用筆名在各報章雜誌撰文，賺取生活費。不久移居Tomsk市，從事法律事務並兼大學法學講師，直至1920年為止。1921年開始在一家出版社擔任目錄學工作，同年9月他轉往莫斯科的俄羅斯中央圖書總會（Russian Central Book Chamber）任職，這是他一生事業的一個轉捩點，開啓了其後40年他在圖書館與目錄學上的一番事業。

在圖書總會，他先從擔任過編輯工作、目錄組織、記述編目、分類，及專有名詞與術語問題之研究。他在兩次全俄最重要的目錄學與編目規則的會議中，均扮演重要角色，並分別提出論文，在前者的會議中提出『論英美規則在俄羅斯目錄方面的應用』（On the Application of the Anglo-American Code in the Russian Bibliographic Practice），在後者會議中提出『論標準書名頁規則』（On the Measures toward the Standard Title Page），兩篇論文均曾引起極大重視，獲致極高評價。他對目錄學尤有興趣，他是『目錄學』（Bibliography）期刊的主要創刊人，該刊後來改為『蘇聯目錄學』（Soviet Bibliography），為蘇聯最有權威的目錄學刊物。在1920年及1930年代，他對圖書總會之成長、發展與改組，均處於領導地位。

1937年，他轉往館際編目委員會（Interlibrary Cataloging Commission）服務，但仍擔任圖書總會的顧問。1940年至1950年間，他被延聘至莫斯科國家圖書館研究所（Moscow State Library Institute），從事教學研究工作，特別致力於分類制度之研究，並於1944年以『外國與俄國革命前之圖書館與書目分類』（The Library and Bibliographic Classification Abroad and in Pre-Revolutionary Russia）為題，獲得博士學位，隨即升任該所館藏與編目學系主任，直至退休為止。

1950年他自現役退休，專心從事著述，完成了三部名著：『圖書館史論文集：書目分類部份』（Essays on the History of the Library，1955—1959）；『圖書館專有名詞辭典』（Dictionary of Library Terminology，1958）；及『編纂解題方法』（Methods in the Preparation of Annotations，1959）。他畢生著作甚多，有34本專書，47種編集，93篇論文。

蘇聯政府為表彰他的成就，曾頒授他勞工紅旗獎章及給予退休金優遇。他於1962年12月1日病逝於莫斯科，享壽73歲。

沙賓（1821—1881）

Sabin, Joseph

沙賓於1821年12月生於英國Northampton的Braunston，14歲即跟隨牛津著名的圖書行銷與拍賣專家理查斯（Charles Richards）當學徒。7年後學習期滿，與友人合資在牛津開圖書行銷與拍賣公司，並致力於目錄學的研究與書目編輯工作。

1848年，他與太太及兩個兒子全家移民美國，初在紐約，後遷費城，從事圖書之行銷與拍賣業務，1857年自行集資開設書店。時值美國內戰期間，費城圖書業生意清淡，乃又遷回紐約，並於1864年在紐約著名的圖書業集中地納索街（Nassau Street）開設『沙賓父子書店』（J. Sabin & Sons Bookstore）。1866年他的名著『美國圖書辭典』（Dictionary of

Books Relating to America）開始由其本店出版，1867 年第一期四冊出齊，以後每年出版六冊，直至他 1881 年去世時為止。此外，該店還出版了一份期刊，名為『美國珍本書商』（*The American Bibliopolist*），報導美國珍本善本之收藏、買賣及相關資訊，可惜僅出了 8 年（1869—1877）即告停刊。

1879 年以後他已處於半退休狀態，但仍繼續『美國圖書辭典』之編輯與出版工作，並自行主持一些重要圖書的拍賣工作，例如在美國市場拍賣的第二本『古騰堡聖經』（*Gutenberg Bible*）之拍賣即由他親自主持。

1881 年 6 月 5 日沙賓病逝於紐約的布魯克林，此時他的『美國圖書辭典』已出至 82 冊。該辭典最後完成時共 106,413 個辭條，所介紹的圖書超過 25 萬種，在美國目錄學史上留下了重要紀錄。

沙瓦齊（1877—1966）

Savage, Ernest A.

沙瓦齊是英國著名的公共圖書館專家。他於 1877 年 3 月 30 日生於 Croydon。13 歲即開始在 Croydon 公共圖書館工作，跟隨該館館長賈士特（Louis Stanley Jast）學習。賈士特在當時的英國圖書館界已經頗有名望，沙瓦齊自認這段學習經驗，比正規圖書館教育更為有用，使他畢生享用不盡。

他在 1915 年出任 Conventry 公共圖書館館長以前，曾先後擔任 Bramley 及 Wallesey 兩個公共圖書館的館長。Conventry 是英國著名的工業城市之一，全市工廠林立，居民多為工人。為配合各工廠及居民的特殊需要，沙瓦齊特地在他的圖書館設立了一個工業技術資料服務中心，此一措施受到當地人民的普遍讚揚，也提高了他在英國公共圖書館界的聲望。1922 年，他榮膺英國著名的愛丁堡市立圖書館（Edinburgh City Library）館長，到任後大事改革，其中之一，就是採用美國國會圖書館分類法，這在普遍採用國際十進分類法（UDC）的英國是少見的。沙瓦齊擔任該館館長達 20 年，直至 1942 年退休時為止。

沙瓦齊對國際圖書館事業及英國圖書館學會（The Library Association，簡稱 LA），均有相當貢獻。1933 年，他受卡內基公司的委託，去西印度群島攷察公共圖書館服務，發現當地的公共圖書館都是付費圖書館（Subscription Library），對一般民眾無用。於是他建議仿照英國的郡級圖書館，建立公共圖書館系統。他的建議雖未完全被採納，但在卡內基公司的資助下，千里達（Trinidad）及托巴哥（Tobago）都有了公共圖書館。他對英國的圖書館學會的貢獻更大，他於 1926 年到美國參加 ALA 的 50 週年紀念大會後，深感 ALA 不但會員多，資源豐富，而且權力很大；反觀英國的 LA，會員即少，資源欠缺，以致功能不彰。於是他建議，LA 應與助理館員協會（Association of Assistant Librarians）及其他相關學會互相整合，以增進圖書館學會的應有功能。他的主張引起英國圖書館界的共鳴，故於 1928 年當選 LA 的秘書長（Honorary Secretary），他擔任此一職務至 1934 年為止。在任期間，他銳意革新，並獲得英國卡內基基金會的經濟支援，終於使 LA 不但擁有自己的總部，而且有一位支薪的專任秘書，並建立了一個學會圖書館。他的貢獻使他於 1936 年當選為 LA 的會長。

沙瓦齊於 1942 年自愛丁堡圖書館退休，但退而不休，仍不斷寫作，並於 1952 年出版其回憶錄 A Librarian's Memories: Portraits and Reflections。他於 1966 年 2 月 4 日去世，享壽 89 歲。

沙孟杜（1811—1888）

Sarmiento, Domingo Faustino

阿根廷教育家、政治家及公共圖書館的倡導者。1811 年 2 月 14 日生於阿根廷聖福安省的 San Juan City。自幼對教育與政治具有濃厚興趣，30 歲不到即在省政府位居要職。1840 年因涉入阿根廷一項政變，被迫逃往智利，專心研究教育與政治。1945 年，受智利政府之委託，赴歐美攷察學校教育，歷經美、英、法、德、荷、比、瑞士等國，回程時又到古巴、巴拿馬、秘魯等國訪問。1848 年返回智利，將攷察所得，發爲文章，出版之文集達 52 冊。

1852 年，阿根廷的 Rosas 政府被推翻，沙孟杜曾扮演重要角色，乃結束流亡生活，返回阿根廷。1863 年接受阿根廷之任命，出任駐美大使，駐美期間，到處旅行，攷察美國的教育事業。1868 年 7 月，他當選爲阿根廷總統，至 1874 年離職，在任 6 年。

他在 6 年總統任內，對教育與圖書館事業之倡導不遺餘力。他首先大量撥款在全國各地普設師範學校，培訓中小學教員，並自美國聘請 65 位專業教師，擔任建立學校及培育師資的任務。與此同時，他極力支持普設公共圖書館，並於 1870 年 9 月 23 日簽署一項法律，在中央政府設立『公共圖書館保護委員會』（Protective Commission of Popular Libraries），負責規劃及建立全國公共圖書館系統。沙孟杜深信：圖書館與學校兩者相輔相成，圖書館是學校教育活力的源泉，它不但有助於教員的教學，也可滿足學生的求知欲與好奇心，因此圖書館應配合學校，同步發展。雖然他的理念至今仍未在阿根廷完全實施，但他的高瞻遠矚與真知灼見歷久彌新，令人欽佩。

沙孟杜於 1888 年 9 月 11 日在巴拉圭逝世，享壽 77 歲。論其一生功業，雖然在政治上位至總統，但他最大的貢獻是教育，論者稱其爲阿根廷『公共教育之父』（Father of Public Education），可以說實至名歸，當之無愧。

克魯普斯卡雅（1869—1939）

Krupskaya, Nadeshda

克魯普斯卡雅是俄國共產黨領袖及蘇維埃政府創立者列寧（Nikolai Lenin, 1870—1924）的夫人，她畢生追隨列寧，奔走革命，是蘇聯的革命家、教育家，也是圖書館的拓荒者。自蘇聯（Union of Soviet Socialist Republics，簡稱 USSR，已於 1991 年解體）成立，至她 1939 年去世的 20 年間，她致力於蘇聯圖書館事業建設，成就輝煌，貢獻之大，無人能出其右，堪稱爲『蘇聯圖書館之母』。

克魯普斯卡雅於 1869 年 2 月 26 日生於俄羅斯的聖彼德堡（St. Petersburg）。1887 年中學畢業後，進入聖彼德堡的女子學院就讀，在校期間，極爲活躍，尤醉心於馬克斯主義之研究。畢業後曾在工人夜校教書，極力宣揚馬克斯主義及革命思潮。

1894年與列寧結婚，並正式參加俄國革命組織。1896年8月因革命罪被捕，與列寧同被放逐至烏發（Ufa）。在此她完成其第一本著作『婦女工作者』（*The Woman-Worker*）。1901年至1905年，她與列寧流亡西歐，先後寄住德國、英國及瑞士，除繼續從事革命運動外，並發行馬克斯主義報刊。1905年11月返回俄國，出任布爾雪維克黨（Bolshevik Party）中央委員會秘書。自1907年底至1917年4月，她再度與列寧過著流亡生活。就在此一時期，她開始研究俄國與西歐及美國的平民教育，並出版一書，題為『人民教育與民主』（*People's Education and Democracy*），是一本討論美國平民教育發展的論著，該書成為她日後改革蘇聯教育制度的張本。

蘇聯革命成功後，她成為人民教育委員會的主要領導人之一，並自1929年起擔任人民教育部的副部長。在任期間，她不但是全國文化教育工作的首腦，也是許多教育法規的催生者。她在掃除文盲、建立蘇維埃學制、加強兒童教育等方面的成就，更為卓著。為了宣導她的教育理念，她創辦了『公共教育』（*Public Education*）、『人民教師』（*People's Teacher*）、『成人學校』（*School for Adults*）等刊物，並自任主編。她在這些刊物發表的長篇短論文章，數以千計，堪稱多產作家。

在圖書館學方面，她是蘇聯著名的目錄學專家，對西歐及美國的圖書館尤有深刻研究。她對蘇聯的圖書館事業極為重視，在她的努力下，蘇聯最高黨政機構在1920年至1934年之間，通過了一連串發展圖書事業的法規與決議，包括1920年聯邦政府發佈的指令『論蘇聯圖書館事業之集中制』（*On the Centralization of Librarianship in USSR*），及1934年蘇共中央委員會通過的決議『論蘇聯的圖書館事業』（*On Librarianship in the USSR*）。在此期間，她曾舉辦多次全國性的圖書館會議，並到處演講，闡釋圖書館的重要性。她創辦的有關圖書館的刊物包括：『紅色圖書館員』（*The Red Librarian*）、『圖書通訊』（*Book Bulletin*）、『人們應閱讀什麼』（*What one Should Read*）。她在這些刊物上所發表有關圖書館學、目錄學、終身教育、自我教育及出版方面的論文，數以百計。

綜觀克魯普斯卡雅的一生，她對蘇聯圖書館事業的貢獻，可以分為三方面：

（一）她是列寧理念的忠實傳播者。列寧認為圖書館的建立與發展，與社會主義國家的文化建設密不可分，克魯普斯卡雅對此極為認同。她於1929年將列寧有關圖書館的演講與文章輯成一書，題為『列寧對圖書館的所寫與所說』（*What Lenin Wrote and Said about Libraries*）。此書之出版，對於蘇聯圖書館地位之提升，大有助益。

（二）在蘇聯建國的最初20年中，她是全國圖書館事業的實際領導人。她對圖書館各方面的發展都很關切，尤重視兒童文學及兒童圖書館與學校圖書館的設立。她對圖書館教育也極為重視，早在1918年就創設了圖書館學校。她認為良好的訓練與合格的圖書館員，是提高圖書館服務品質的必要條件；而對一般民眾施以對圖書館的利用教育，則是圖書館發揮功能的主要因素。

（三）她非常重視圖書館理論之建立。著名的蘇聯圖書館學研究機構——『圖書館學與推薦目錄研究所』（Research Institute of Library Science and Recommendatory Bibliography），就是她所創立的；許多大學的高級圖書館學研究所之設置，都是受到她的鼓勵與支持，其中有些還是以她的名字命名。

她於1939年2月27日病逝莫斯科，享壽70歲。蘇聯政府為紀念這位畢生奉獻於教育與圖書館的傑出婦女，特設立『克魯普斯卡雅獎章』（Krupskaya Medal），每年頒授蘇聯境內最佳的教員與圖書館員。

克利夫特（1907—1973）

Clift, David H.

　　克利夫特是美國著名的圖書館專家，曾任耶魯大學圖書館副館長及美國圖書館學會（American Library Association，簡稱 ALA）執行長，對美國圖書館學會業務之改進與擴展，具有重大貢獻。

　　他於 1907 年 6 月 16 日生於肯塔基州的 Washington。1925 年入肯塔基大學就讀，在校期間，以學生助理名義在圖書館打工，寒暑假則在勒克辛頓公共圖書館（Lexington Public Library）工作。由於對圖書館工作素有興趣，乃於 1930 年進入哥倫比亞大學圖書館學院深造，於 1931 年獲得該校圖書館學士學位（B. L. S.）。

　　自哥大畢業後，入紐約公共圖書館服務，擔任參攷工作。1937 年轉往哥倫比亞大學圖書館，任威廉遜館長（Charles Clarence Williamson）的助理，在此他與 OCLC（Ohio Computer Library Center，其前身為 Ohio College Library Center）的創建人基爾高（Frederick G. Kilgour）為同事，其後並成為莫逆之交。二次大戰期間，基爾高任美國戰略服務局外國出版品採購委員會執行長，克利夫特為其副手，兩人合作無間。1945 年自軍中退役，出任耶魯大學圖書館副館長。在耶魯的 4 年期間，他曾擔任美國圖書館代表團團長，赴德國攷察圖書館事業（1945—1946），並膺任康納狄克州圖書館學會會長（1950—1951）。

　　1951 年，克利夫特應邀出任美國圖書館學會執行長，至 1972 年退休為止，在任 21 年。他到任之初，ALA 的會員僅有 19,701 人，年度預算為美金 191,129 元；卸任時，會員增至 30,592 人，年度經費為美金 2,262,971 元，前者增加了一萬多人，後者增長了 11 倍，可謂成績卓著。不僅此也，在他的任期中，他獲得的外界捐款達 15,000,000 元，使許多 ALA 的重要計劃及改革，得以次第實現，包括：制訂『大學圖書館標準』（*Standards for College Libraries*，1959）；修訂『圖書館教育認可標準』（*Standards for Accreditation*，1972）；創立『選擇』（*Choice*，1964）月刊，作為評介大學用書的媒介；將 ALA 的會刊『美國圖書館學會會訊』（*ALA Bulletin*）改為『美國圖書館』（*American Libraries*）；加強 ALA 駐華府辦事處（ALA Washington Office）的功能；整修 ALA 在芝加哥休朗街（Huron Street）的總部；全國公共圖書館對成人教育之推動；以及圖書館對知識自由（Intellectual Freedom）之強調與辯護等，都是他的業績。

　　他自 ALA 退休後，即赴歐洲蒐集比較圖書館的資料，於 1973 年 10 月 12 日病逝自歐返美途中，享壽 66 歲。

威爾遜，H. W.（1868—1954）

Wilson, Halsey William

　　威爾遜為美國著名的出版家，也是 H. W. Wilson 公司的創辦人。他於 1868 年 5 月 12 日生於佛蒙特州的 Wilmington，未滿三歲，父母雙亡，賴祖父母及叔嬸撫養成人，並隨他們移居愛阿華州。1885 年至 1892 年，在明尼蘇達大學半工半讀，先後做過送報員、印刷廠工人，週末則在 Minneapolis 公共圖書館打工。1889 年 12 月，與同學摩里斯（Harry S. Merris）共同集資美金 200 元，在明大校園開辦一個小書店，經銷教科書及課程綱要。摩里斯畢業離校後，威爾遜獨力經營，並逐漸擴展業務，卒成為明尼阿波利斯市的最佳書店。在此期間，著名的索引 CBI（*Cumulative Book Index*）於 1898 年創刊，隨后於 1901 年又開始出版 *Readers' Guide to Periodical Literature*。

1903 年，他的書店改組成為 H. W. Wilson Co.，並向學術界、出版界及圖書館界邀股，自是與圖書館結下不解之緣。1905 年，*Book Review Digest* 出版，由他太太主編。由於業務日益擴大，明州的地理位置不適於公司的發展，乃於 1913 年將其公司遷往紐約州的 White Plains，自是業務更蒸蒸日上，*Industrial Arts Index*（1913），*Agricultural Index*（1916），及 *Wilson Library Bulletin* 均在此地問世。1917 年，威爾遜公司再度搬家，遷至紐約市 Bronx 區的哈德遜河畔，這就是 950 University Ave. 的現址，也是該公司的永久所在地。

該公司以出版專門性的期刊索引聞名於世，除上舉數種外，尚有 *Art Index*（1929），*Education Index*（1927），*Vertical File Index*（1932），*Essay and General Literature Index*（1934），*Library Literature*（1936），*Bibliographic Index*（1938），*Current Biography*（1940），*Biography Index*（1946）等，均屬不可或缺的基本參攷書。

威爾遜以『服務基礎』（Service Basis）經營他的期刊索引。所謂『服務基礎』，係指訂購這些索引的價格高低，以訂購者使用的多少，及索引中所包含其所藏期刊論文的索引款目的多少而定：即使用多及所藏期刊被索引的款目多者，訂費亦多；使用量及被索引的款目少者，訂費亦少。換言之，大館的期刊多，被索引的款目多，用者亦多，故訂費亦多；小館均相對的較少，故訂費亦少。這種『用者付費』的原則，對小館公平而有利。

由於他對出版界的貢獻，布朗大學曾授予他文學博士學位，他的母校明尼蘇達大學也頒給他傑出校友獎，1950 年並獲 ALA 的 Joseph W. Lippincott 大獎。他於 1952 年 84 歲時始辭總經理職，但仍擔任董事長，直到去世時為止。他於 1954 年 3 月 1 日在紐約安然逝世，享壽 86 歲。

索引辭目

1. H. W. Wilson Co.
2. Service Basis

恆慕義（1884—1975）

Hummel, Arthur W.

恆慕義於 1884 年 3 月 6 日生於美國米蘇里州的 Warrentown。他的父母早喪，靠祖父母撫養成人。他於 1909 年畢業於芝加哥大學，並於 1991 年獲該校碩士，1931 年獲荷蘭萊登大學（University of Leiden）博士學位。1928 年至 1954 年先後擔任美國國會圖書館的中文部主任及東方部主任。1975 年 3 月 10 日在馬里蘭州病逝，享壽 91 歲。

恆慕義於取得碩士學位後，即到田納西州一家中學教書，1912 年去日本教英文兩年。那時他的哥哥在南京金陵大學執教，故利用寒暑假到中國旅遊，因此而引起他對中國的興趣。乃於 1915 年到山西一家教會學校教書，並致力研究中國方志，同時蒐集中國的錢幣與地圖。1924年轉往北平的加州學院（California College）任教。1927年因中國局勢動盪返美，就任國會圖書館的一項臨時工作。1928年國會圖書館中文部成立，出任首任主任；其後東方部（Orientalia Division）成立，又任主任，同時仍兼中文部主任，至1954年退休爲止，長達26年。

　　恆慕義不僅對國會圖書館的中文部貢獻極大，而且對漢學及東方研究也有卓越成就。就其對中文部的貢獻而言，在他任職期間，國會圖書館的中文資料，自1928年的100,000冊增至1954年的291,000冊，其中尤以中國方志、叢書、珍善本圖書的增加最爲顯著：方志自1928年的1,479種，增至1954年的3,600種；叢書自474套增至1,500套；而中文部所藏的1,800多冊（件）的珍善本圖籍，絕大多數都是1954年以前所蒐藏。就其對漢學及東方研究的成就而言，他不僅出版了110多種有關漢學及東方研究的專著及論文，並曾膺選爲遠東學會（Far Eastern Association）首任會長，他也擔任過美國東方學會（American Oriental Society）會長，及美國學術團體理事會（American Council of Learned Societies）的增進中國研究委員會（Committee for the Promotion of Chinese Studies）主席。

索引辭目
U. S. Library of Congress

洛克（1870—1937）

Locke, George

　　洛克是加拿大著名的圖書館員及教育家，曾任多倫多公共圖書館（Toronto Public Library）館長30年（1908—1937），也是加拿大圖書館員當選美國圖書館學會（American Library Association，簡稱ALA）會長的第一人。

　　他於1870年3月29日生於加拿大安大略省的Beamsville。中學畢業後，先後在維多利亞學院（Victoria College）及多倫多大學（University of Toronto）研究古典文學，分別獲得學士及碩士學位，其後又至美國芝加哥大學及哈佛大學研究教育理論。1899年至1903年在芝加哥大學執教，並擔任教育學院院長，在此期間，他也是美國著名的中學教育期刊『學校評論』（*School Review*）的主編。不久他返回加拿大，出任蒙特婁市麥基爾大學（McGill University）教育學院院長。1908年應邀擔任多倫多公共圖書館長。

　　洛克既未受過圖書館的專業教育，也未有過圖書館的實際經驗，他之所以膺選此一館長職位，乃是由於他的教育理念。他認爲公共圖書館是一個社會教育機構，應具有兩個主要功能：一是對一般大衆提供基本讀物，供其休閒之用；二是對成人的繼續教育扮演重要角色。他認爲圖書館的教育功能極爲重要，不僅可幫助人民進德修業，也可增進社會的健全發展。爲了發揮社會教育的功能，在他擔任館長期間，多倫多公共圖書館增設316個分館，全館的職員也自26人增至232人，成爲當時加拿大最大的公共圖書館。

　　在擔任美國圖書館學會會長期間（1926—1927），洛克繼續鼓吹此一理念，堅信公共圖書館是知識性的公用機構（Intellectual Public Utility）。有效利用其資源，以增進人民的知能與民主素養，乃公共圖書館無可旁貸的責任。在他任內，美國圖書館學會的會員已超過10,000人，由於人數日增，他主張全國性的會議與區域性的會議應該輪流舉行，以便所有會員都有參與的機會。為了提高行政效率,他提議會長的任期每兩年改選一次,以免一年一任的會長,受制於學會的一般職員。

洛克的著作頗多,除其論文散見於美、加兩國的圖書館期刊與教育期刊外,另有兩本專著,一是關於加拿大的歷史,另一是關於美國的歷史,都是為美國圖書館學會出版的通俗讀物系列而寫。

他的母校多倫多大學感念他對該校及社會的貢獻,於1927年頒授他榮譽法學博士學位。他於1937年1月28日病逝於多倫多,英、美、加三國及多倫多市的圖書館界都為他舉行追思會,以示哀悼。

麥卡錫(1908—1990)

McCarthy, Stephen Anthony

麥卡錫是美國圖書館專家,曾任康乃爾大學圖書館館長21年(1946—1967),及研究圖書館學會(Association of Research Libraries)執行長7年(1967—1974)。

他於1908年生於明尼蘇達州的Eden Valley。1929年畢業於華盛頓州的岡札加大學(Gonzaga University)文學系,1931年獲同校文學碩士,1932年獲加拿大蒙特婁的麥基爾大學(McGill University)圖書館學士。1934年至芝加哥的西北大學圖書館工作,同時在芝加哥大學圖書館學研究院進修,1941年獲該院博士學位。

1937年,麥卡錫出任內布拉斯加大學圖書館助理館長,1944年轉任哥倫比亞大學圖書館助理館長,負責人事與總務,在該館館長懷特(Carl White)因授受政府任務暫時離館期間,曾代理館長職務。1946年,康乃爾大學圖書館館長出缺,麥卡錫是主要候選人之一,但在前往晤談並參觀圖書館設施後,意願不高,因該館情況不如理想,嗣經該校校長說服,允諾將大力支持改革,始接受任命。

他到任後,大力從事改革。康大本是由幾個私立學院及一些州政府支持的專業學院所組成,這些單位各自為政,獨立於學校中央行政體系之外,圖書館的情況更是如此。經他十多年的努力協調,終將各院圖書館的人事與經費歸納於總館體系之下。他的第二大貢獻,是為康大建立了一座新圖書館。舊館建於1891年,房舍老舊,設備欠佳,無法符合現代的需要。其時正值康大校長及董事會不斷改組,使建館計劃遭遇極大挫折。經他多方奔走,克服種種困難,新建的奧林圖書館(Olin Library)終於1961年落成啓用。

1967年,他離開康乃爾大學,轉任研究圖書館學會的執行長。在任期間,他為該學會設立了一個管理研究室(Office of Management Studies),並經常赴國會作證,促成高等教育與圖書館法案的通過,且曾協助一個國會委員會,修訂『1976年版權法』(*Copyright Law of 1976*)中有關『合理使用』(Fair Use)的規定。

在圖書館專業活動方面,他也頗為活躍。他曾任內布拉斯加州及紐約州圖書館學會會長。1953年,他以福爾布萊德訪問學人(Fulbright Lecturer)的身份,前往埃及的開羅講學,並擔任數個埃及大學圖書館的顧問。1967年曾至英國作短暫訪問,蒐集有關美國文化的資料。1974年退休後,出任圖書館資源委員會(Council on Library Resources)的顧問。

他於1990年去世,享壽82歲。

梅爾傑 (1879—1963)

Melcher, Frederic Gershom

梅爾傑是世界有名的出版家，曾任『出版者週刊』（Publishers' Weekly）發行人 41 年（1918—1959），鮑克出版公司（R. R. Bowker Co.）總裁及董事長 30 年（1934—1963）。

他於 1879 年 4 月 12 日生於美國麻薩諸塞州的 Malden。中學畢業後原欲入麻省理工學院就讀，因父親生病及美國的經濟不景氣，無法如願。經外祖父的介紹，進入波士頓的 Lauriat's 書局當信差。他在此工作了 18 年，因努力學習，認真負責，不但深得老板重用，更在當地出版界有一席之地，並於 1912 年當選波士頓書商聯盟（Boston Booksellers League）的主席。自是聲譽日盛，1913 年被 Indianapolis 的一家書局聘為經理，1918 年更被紐約鮑克公司老板延攬，擔任該公司副總裁及『出版者週刊』主編。

1933 年，鮑克公司的創辦人鮑克（R. R. Bowker）病逝，梅爾傑於 1934 年繼任該公司總裁。他秉承鮑克的遺志及該公司的傳統，繼續出版圖書館所需的基本圖書，而成為圖書館學專業圖書美國兩大出版公司之一（另一為 H. W. Wilson Co.）。同時他大力經營『出版者週刊』，不斷創新，開闢『圖書制作與設計』、『兒童圖書』等新專欄，作為該公司與出版界及圖書館界溝通交流的主要管道。他精力充沛，熱心出版事業，歷任美國書商協會（American Booksellers Association）秘書長，全國圖書出版者協會（National Association of Book Publishers）秘書長，紐約書商聯盟（New York Booksellers League）主席，美國圖畫藝術學會（American Institute of Graphic Arts）會長，紐約圖書館學會（New York Library Association）會長。

梅爾傑畢生對兒童文學極有興趣，對兒童圖書更十分重視。他於 1919 年創辦『兒童圖書週』（Children's Book Week）；1922 年設立『紐伯瑞獎』（Newberry Medal），每年頒授給最佳的兒童圖書；1937 年設立『卡德柯特獎』（Caldecott Medal），獎勵兒童圖書的插圖。他捐獻這些獎項從不以自己的名字為名，但各界對他的感念未稍減。美國圖畫藝術學會、兒童圖書館學會（Children's Library Association）、天主教圖書館學會（Catholic Library Association）先後於 1945 年、1950 年及 1962 年對他頒獎，兒童圖書出版界並為他設立『梅爾傑獎學金』（Melcher Scholarship），獎勵兒童圖書館服務人員。此外，Rutgers 與 Syracuse 兩所大學曾頒授他榮譽文學博士學位（Litt. D.）。

他於 1963 年 3 月 9 日在新澤西州的 Montclair 病逝，享壽 84 歲。倫敦『書商』（Bookeseller）雜誌稱譽他是『英語世界中最偉大的出版家』。

梅爾傑 (1912—1985)

Melcher, Daniel

梅爾傑是美國出版家，曾任鮑克公司（R. R. Bowker Co.）總裁（1963—1968）及蓋爾出版公司（Gale Research Corporation）董事長。

他於 1912 年 7 月 10 日生於麻薩諸塞州的 Newton Center。1934 年畢業於哈佛大學，其父 F. G. Melcher 時任鮑克出版公司總裁。受到其父的影響，他對出版業亦極有興趣，大學畢業後，先後在美、英、德等國從事圖書出版工作，服務過的地方包括：Oxford University Press, George Allen and Unwin, Henry Holt and Co., Viking Press, Alliance Book Corporation 等公司，都是世界著名的出版社。

1947 年，他加入其父主持的鮑克出版公司，擔任該公司出版的『圖書館學刊』(Library Journal) 發行人，在他的大力經營下，該刊脫胎換骨，成為圖書館專業論壇的主要刊物。1954 年，他創辦『初級圖書館』(Junior Libraries)，為『圖書館學刊』的姐妹刊物，旨在促進學校圖書館的發展。為了名實相符，該刊於 1961 年改為『學校圖書館學刊』(School Library Journal)。

他在鮑克的最大貢獻，除了主辦以上兩種刊物外，是他規劃出版了一系列美國的圖書出版目錄，諸如 1948 年開始出版的『在版圖書』(Books in Print，簡稱 BIP)，1957 年開始出版的『平裝本在版圖書』(Paperbound Books in Print)，1957 年開始的『在版圖書主題指南』(Subject Guide to Books in Print)，以及『即將出版圖書』(Forthcoming Books)、『美國圖書出版紀錄』(American Book Publishing Record) 等，都是他的傑作。

他於 1956 年升任鮑克公司的總經理，1959 年升任副總裁，1963 年他的父親去世，繼任為總裁。在鮑克蒐購出版傳記名錄的卡特爾出版社 (Jacques Cartell Press) 後，他是該公司的董事長。1969 年 1 月 1 日，鮑克的股權賣給全錄公司 (Xerox Corporation)，梅爾傑改任全錄旗下的鮑克公司董事長，但為期僅一年多，即於 1969 年辭職。1971 年，他出任蓋爾出版公司董事長，至 1973 年離職，在任不過兩年，其後即改任獨立的顧問工作。

1985 年 7 月 22 日，他在佛琴尼亞州的 Charlottesville 病逝，享壽 73 歲。

梅凱夫（1889—1983）

Metcalf, Keyes Dewitt

梅凱夫是美國著名的大學圖書館館長與公共圖書館專家。他於 1889 年 4 月 13 日生於俄亥俄州的 Elyria。自高中開始即在家鄉附近的奧柏林學院 (Oberlin College) 圖書館工作，因為他的姐夫是該館的館長。1991 年奧柏林學院畢業後，即到剛成立的紐約公共圖書館學校 (New York Public Library School) 研習圖書館學。在學期間及畢業後都在紐約公共圖書館工作，先後擔任過該館典藏部主任、採訪部主任、館長行政助理、及參攷服務部主任 (1928—1937)。他在該館工作了 20 餘年，而以參攷服務部最久，也以此期間的貢獻最大。

1937 年，梅凱夫受哈佛大學校長康南 (James B. Conant) 的禮聘，出任該校總圖書館館長兼哈佛學院圖書館館長 (Librarian of Harvard College)，這是該校首度以非哈佛畢業生擔任圖書館館長，也是該館第一位受過專業訓練的館長。在梅凱夫擔任館長的 18 年間，哈佛圖書館有長足的進步：第一，他擬訂了一套周詳的採訪計劃，使館藏資料自 400 萬冊，增至 600 萬冊。第二，他建造了幾個新圖書館，如 1942 年完成專為收藏善本與手稿的 Houghton Library，1949 年落成專為大學本科學生使用的 Undergraduate Library，這些圖書館的次第落成，不但紓解了原已擁塞不堪的館藏空間，也使資料得到適當的配置，增加了使用量。第三，在他的努力與協調下，波士頓地區的幾所著名大學合資建造了一個『新英格蘭儲存圖書館』（New England Deposit Library），解決了各校罕用資料的儲存問題。

1955 年，梅凱夫自哈佛大學退休，但這不是他的圖書館事業的結束，而是他的另一圖書館專業活動的開始。事實上，在他退休前，他已是國際知名的圖書館顧問，退休後他有更多的時間提供此種服務。他接受的顧問計劃多達 600 餘項，遍及世界各國。1965 年，他的名著『學術與研究圖書館建築之規劃』（Planning of Academic and Research Library Buildings）問世，這是他從事數百項圖書館建築規劃之結晶，被公認為同類書中最具參攷價值的著作。

梅凱夫曾任 ALA 會長（1942—1943），他是美國文獻學會（American Documentation Institute）的創始會員，也曾任該學會的會長，這個學會就是美國資訊科學學會（American Society for Information Science，簡稱 ASIS）的前身。他自哈佛退休後曾擔任羅格斯大學圖書館研究所兼任教授（1955—1958）。他的著作有 180 多項，擁有 13 個榮譽博士學位，並於 1971 年獲紐約公共圖書館成立 50 週年的成就獎。他於 1983 年逝世，享壽 94 歲。

麥克利斯（1892—1982）

MacLeish, Archibald

麥克利斯於 1892 年 2 月 7 日生於美國伊利諾州的 Glencoe，1915 年畢業於耶魯大學，1919 年畢業於哈佛大學法學院。在哈佛求學期間，曾任 *Harvard Law Review* 編輯，表現極為傑出。1939 年繼浦特南（Herbert Putnam）為國會圖書館館長。1944 年辭職，轉任美國國務院助理國務卿。1982 年病逝，享壽 90 歲。

麥克利斯是一位著名的詩人及作家，他在哈佛法學院畢業後，做了一段短暫時間的律師，即加入亨利・魯斯（Henry Luce）的『幸福』（*Fortune*）雜誌，為其撰寫政治與文化的專文，為時 9 年。他因同情羅斯福總統的新政（New Deal），對他的施政理念頗表讚許。1939 年，第八任國會圖書館館長浦特南退休，羅斯福接受最高法院法官佛蘭克霍特（Felix Frankfurte）的建議，提名麥克利斯繼任。由於在此以前，他與圖書館界素無淵源，其提名遭到美國圖書館學會（ALA）的強烈反對，但羅斯福不為所動，並宣稱：『國會圖書館館長須是一位有名望的學者，而不是一位專業圖書館員。』由於總統的堅決支持，他的任命終以 63 票對 8 票的多數，獲得參議院的通過。

麥氏在任僅 5 年，其最大成就，係對國會圖書館經營理念之改變。他認為該館對美國社會的生活方式，特別是在教育美國人民民主制度的價值方面，應扮演積極的角色。為達此一目的，他曾大事改組國會圖書館內部的行政組織，加強讀者服務，並創辦 *Quarterly Journal of Current Acquisitions* 及 *Libray of Congress Information Buletin*，作為與讀者溝通的橋樑。他認為國會圖書館不僅是國會與政府機關的圖書館，也是美國人民的圖書館，嘗謂：『國會圖書館的第一項職責，是服務國會及政府機關；它的第二項職責是服務美國人民，因為它屬於美國人民，並為美國人民而存在。』

基爾納斯（1894—1968）

Gjelsness, Ruldolph H.

基爾納斯是美國的圖書館教育家，曾任密西根大學圖書館學院院長 24 年（1940—1964），為國際圖書館榮譽學會（Beta Phi Mu, International Honor Society of Library Science）獎的第一位得獎人。

他於 1894 年 10 月 18 日生於北達柯塔州的 Reynolds，父母是挪威到美國的移民。1916 年畢業於北達柯塔大學，翌年參加美國遠征軍，投入第一次世界大戰，駐守法國。大戰結束後，入伊利諾大學圖書館學院進修，1920 年獲圖書館學士學位（B. L. S），旋入奧立岡大學圖書館擔任採訪圖書館員。1924 年，得美國斯堪的那維亞基金會的資助，赴挪威研究一年。回美後在『公共圖書館』（Public Libraries）刊物上發表一文，題為『一個圖書館員在挪威的一年』，引起密西根大學圖書館館長兼圖書館學院院長的畢索普（William W. Bishop）注意，迅即任命他為助理館長兼分類部主任，1927 年並讓他在該校的圖書館學院兼課，講授目錄學。1929 年他轉往紐約公共圖書館工作，任採編部主任，並在哥倫比亞大學圖書館學院兼課。1932 年至 1937 年，他任阿利桑那大學圖書館館長。

1937 年重回密西根大學，任圖書館學院教授。1940 年，該院院長畢索普退休，繼任院長，自此至 1964 年退休為止，在任 24 年。他接任後，銳意革新，充實設備，加強師資，改進課程，提高學生水準，並於 1948 年創設博士班，奠定該校在美國圖書館教育界的堅實地位。到他 1964 年離任時，該院畢業生已達 2,269 人，包括 47 位博士生。

基爾納斯在美國及圖書館界均甚活躍。歷任美國圖書館學會編目分類委員會主席，編目規則修訂委員會主席，及『美國圖書館學會著者書名編目規則』（ALA Catalog Rules: Author and Title Entries）的主編。他也曾擔任 ALA 的司庫（Treasurer），及美國圖書館學校協會（Association of American Library Schools）會長（1948—1949）。在國際方面，他曾於 1942 年到南美的哥倫比亞，主持該國的圖書館暑期訓練。1943—1944 年向密西根請假一年，擔任墨西哥市富蘭克林圖書館（Benjamin Franklin Library in Mexico City）館長。1962—1963 年休假時，前往伊拉克，擔任巴格達大學（University of Bagdad）校長的圖書館顧問。

他於 1964 年退休後，回到阿利桑那大學，出任圖書館館特藏組主任，專心從事研究。1968 年應邀赴波多黎各大學，協助該校建立圖書館學研究院，不意於到達後的第二天（8 月 16 日）即因車禍去世，享壽 74 歲。

康諾（1878—1950）

Connor, Robert Digges Wimberly

康諾是美國第一任聯邦檔案局局長（Archivist of the United States）。他於 1878 年 9 月 26 日生於北卡羅來納州的 Wilson。1899 年畢業於北卡羅來納大學（University of North Carolina at Chapel Hill），獲哲學學士學位。

畢業後進入中學教書，爲期 4 年。1903 年接受北卡州長的任命，出任該州新成立的歷史委員會的委員。1906 年出版其第一本著作，題爲『州立圖書館與檔案及紀錄部』（*A State Library and Department of Archives and Records*），旨在改造北卡的州立圖書館及爲該州的檔案處催生。該文不僅受到北卡學術界的重視，更引起州議會的注意，翌年即擴展歷史委員會的權限，增加其經費，並任命他爲該委員會的秘書長。他擔任此一職務 14 年，成績斐然，成爲北卡學術界的名流，先後擔任過北卡教師協會的秘書長，北卡文學歷史學會會長，北卡羅來納大學董事會董事及校友會會長，及全國歷史服務委員會（National Board of Historical Sevice）委員。1920 年，他辭去北卡歷史委員會秘書長職務，赴哥倫比亞大學進修一年，旋應聘擔任母校北卡羅來納大學歷史學與政治學教授。他學識淵博，經驗豐富，口齒清楚，講解生動，極受學生歡迎，爲當時該校極負名望的教授之一。

1934 年，美國聯邦政府檔案局成立，在美國歷史學會（American Historical Association）的大力推薦下，羅斯福總統任命他爲首任局長。成立伊始，百事待舉，其中最大的困難厥爲國家檔案局的新大廈尚未建造完成，聯邦政府各部門過去 100 多年來累積的檔案仍然充塞各地，無人過問，而當時美國境內真正懂得處理檔案的專家寥寥可數。這些難題，在他任職的 6 年期間，都得到了適當解決，成就堪稱非凡。爲了幫助他建立全國性的檔案體系，他請了許多歷史專家爲顧問，並鼓勵他們成立專業組織，爲檔案管理提供專家服務。1936 年成立的美國檔案學會（Society of American Archivists，簡稱 SAA）之成立，可説是他一手所促成。此外，他協助羅斯福總統建立『羅斯福圖書館』（Franklin D. Roosevelt Library），這是美國第一座總統圖書館，由聯邦檔案局負責管理監督。

1941 年，他辭去局長職務，重回北卡羅來納大學執教，同時膺選美國檔案學會會長（1941—1943），及北卡檔案與歷史學會會長（1942—1950）。他的著作甚多，都與北卡及美國歷史有關，其中一本題爲『北卡手冊』（*The North Carolina Manual*），被北卡各界用作標準參攷書達數十年。

他於 1950 年 2 月 25 日在北卡的 Durham 病逝，享壽 72 歲。北卡歷史學會感念他的貢獻，特設立『康諾獎』（Robert Connor Award），每年授與『北卡歷史評論』的一位最佳著者。

梅迪納（1852—1930）

Medina, Jose Toribio

梅迪納於 1952 年 10 月 21 日生於智利的 Santiago。1873 年畢業於智利大學法律系，即入智利最高法院服務，時年僅 21 歲。他雖從事法律方面的工作，但對文學及目錄學極有興趣。他曾將美國名詩人朗佛羅（Henry Wadsworth Longfellow）的詩集譯成西班牙文，並於 1878 年出版其名著『智利殖民時代文學史』（*The History of Colonial Literature in Chile*），一舉成名。

他於 1876 年訪美，對美國公共圖書館之發展與發達，印象深刻。他曾有機會到大英博物館工作，於 1878 年返智利前，並曾分訪德國、意大利、奧地利、荷蘭及比利時等國，攷察各國圖書館事業。1884 年，他奉派擔任智利駐西班牙馬德里外交代表處秘書，就近閱讀蒐集智利殖民時代的西班牙檔案，1886 年返回後曾出版 20 冊有關此問題的鉅著。1891

年智利革命,他流亡西班牙,至1904年返國,爲時13年。在此期間,他致力於目錄學之研究,出版了大量目錄學著作。1925年他將這些私人著作,連同他個人收藏的名著手稿等,共22,000多冊,悉數捐贈給智利國家圖書館。他於1930年12月11日去世後,更將其生前的著作手稿、備忘錄、來往函件、證件、獎章、照片、畫作及傢俱等遺贈給該館。爲了紀念這位著作等身的目錄學家,智利國家圖書館特闢專室將這些圖書、手稿與器物典藏陳列。據該館統計,梅迪納收藏於該館的個人圖書資料包括:圖書及小冊子256種,共408冊;抄錄的文件20,490件;經他整理過的傳記資料7,500件;著作中涉及的國家有31國。

麥可文(1896—1976)

McColvin, Lionel R.

麥可文是英國傑出的公共圖書館館長。他於1896年11月30日生於英國的Newcastle upon Tyne,父親是位藝術家。他的第一項圖書館工作,是Croydon圖書館的參考服務員。1921年任Wigan公共圖書館副館長,1924年任Ipswich圖書館館長,時年未滿28歲,以此年齡擔任圖書館館長,在當時的英國是少見的。1931年轉任倫敦郊外Hamstead圖書館館長,直至1938年榮膺Westminster市圖書館館長爲止。該市圖書館爲英國最重要的公共圖書館之一,此時的麥可文已進入了英國圖書館界的領導階層,他擔任此一館長達23年,直至1961年11月30日退休時爲止。

麥可文在英國公共圖書館界極爲活躍,對英國圖書館學會(The Library Association,簡稱LA)的會務更爲熱衷。他爲該會榮譽會員,並曾擔任該會會長(1952)。他於1925年被選爲該學會理事時,年僅29歲,他擔任過該學會兩任榮譽秘書長(1934,1951)。1936年英國圖書館學會派他去美國攷察圖書館行政,作爲改革英國圖書館系統的參攷。二次大戰期間,麥可文受英國圖書館學會的委託,就英國的公共圖書館系統作一全盤調查研究。其調查報告於1942年發表,題爲『英國的公共圖書館系統』(*The Public Library System of Great Britain*),即一般人所稱的『麥可文報告』(*The McColvin Peport*)。麥可文在報告中指出,英國的公共圖書館系統太多,大多數因爲規模太小,缺乏財力資源,無法有效運作,難期提供良好的圖書館服務,爲了提升服務的品質,必須重新整合。此一報告導致英國公共圖書館系統的重大改組,從原來的500個減至170個,使公共圖書館的效率大爲提高。

麥可文對國際圖書館事務也很熱心。他於1953年當選國際圖書館協會聯盟(International Federation of Library Associations and Institutions,簡稱IFLA)公共圖書館委員會的主席,曾獨力負責公共圖書館服務標準的起草工作。他所擬訂的標準於1958年刊印於*Libri*,成爲1973年IFLA所公佈的『公共圖書館標準』(*Standards for Public Libraries*)的基礎。

他的著作頗豐,出版過20本專書。其中如*Music Libraries*(1938)、*The Personal Libraries*(1953)、*The Chance to Read*(1956)等均甚有名。他於1960年中風,幾致不起,自覺無法再擔任繁劇工作,乃於1961年11月30日辦理退休。他於1976年11月6日去世,享壽80歲。

三、英文書評及演講報告

BOOKS REVIEWED

LIBRARY AND INFORMATION SCIENCE EDUCATION: An International Symposium
James S. C. Hu, ed. 277 pp. 1987 ISBN 0-8108-2111-7 $27.50

An International Conference on Library and Information Science Education was held at "National Taiwan University" in November 1985, organized by the Department and Graduate Institute of Library Science of "National Taiwan University". Speakers were from the U.S, Canada, the Federal Republic of Germany, Japan, Korea, the United Kingdom, and Taiwan.

The papers examined many key elements of library and information science education from international perspectives. Continuing education, inservice training, the first professional degree, the changing role of libraries and information centers, the new technology, the management of libraries, and the return to basics were some of the topics considered.

Leading North American educators **Ching-Chi Chen** (Simmons College), **Charles Davis** (University of Illinois), **Harold Goldstein** (Florida State University), **Robert Hayes** (UCLA), **Edward Holley** (University of North Carolina), **Norman Horrocks** (Dalhousie University), **Tze-chung Li** (Rosary College), and **Herbert White** (Indiana University) combined with their international colleagues to present both a state of the art survey and an appraisal of the challenges for the future.

James S. C. Hu (Ph. D., library science, Florida State University) is Chairman of the Department and Graduate Institute of Library Science, "National Taiwan University", Taipei.

BOOKS REVIEWED

Editor: Peter B. Kaatrude

Management Library, UCLA

International Conference on Library and Information Science Education, 1985. Library and Information Science Education: an International Symposium. Scarcrow. 1987, 277p.

It certainly must have been an interesting gathering allowing for a sort of celebration that there even is a library education program to worry about. The collection of papers solicited and here presented provide a basic record of the event, however there is no account given of the discussions these observations might have generated. Charity does not allow one to assume that there was silence after each reading of the word.

Actually there is little that is new from the American and Canadian participants that has not already appeared in other contexts. However, when one turns to the participants from Taiwan, West Germany, England, and Japan (the Korean invitee cancelled out), then some intriguing insights begin to surface.

For instance, Yu Chen Sche, a member of the University of Taiwan's library school faculty, reports on a 1981 survey of the nation's professional librarians. She reports that there are about 300 annual graduates from the nation's predominantly undergraduate programs. By 1981 there had been some 2,503 graduates but only 620 were found to be currently active in the nation's libraries. Forty percent of the special libraries and sixty-two percent of the high school libraries had no professionally educated librarians. Many of those emerged not from the B. A. program but from a six-week intensive course offered in many summer schools. Of the 130 academic libraries polled only fifty-one had staff with at least one professionally trained librarian. So, it quickly become clear the Taiwan professional librarians are seeking to upgrade the status of the education program for librarianship and perhaps this distinguished gathering can turn the trick.

Currently in Taiwan "National Civil Service" tests are administered for Librarian positions. Criteria call for only a high school diploma. It is ironically noted that in the institutions offering a formal B. A. degree in librarianship there is no requirement for that degree in the placement of "librarians" in the university's library.

Ms. Yu Chen Sche goes on to outline three criteria needed to move educational programs in professional practice toward national recognition. First, the program itself must recognize and articulate its goals and objectives. She cites several such statements from the accredited schools in the U. S. as an example. Secondly, she cites the need for the profession to recognize the program and to confer some sort of status to it by caring about its ability to perform its stated goals and objectives and produce a product able to produce the desired services in the field: i. e. , an accreditation process.

It is in the last criteria that most programs in the world are struggling and not the least of whom is the U. S. : The government (and/society) must recognize the profession and honor its standards. In this document it seems that only in West Germany has such a goal been realized and, of course, it is not in an ideal sense. Yet, there is some control and a sort of licensing process in place in that nation.

Peter Havard-Williams has an easy reading paper that explains the many differences and complexities of the British system of professional education. He is head of the library education program located in Loughborough University. He complains that both the U. S. and England have concentrated too much on professional education and not enough on education for professionals. He admonished the group to look at the entire process of education as it encompasses: 1. General education (a generalized subject speciality), 2. A period of Preprofessional training, 3. Professional education, and 4. A period of supervised practice or internship. He pointed out that holders of an undergraduate degree with a librarianship component are holding down positions in public libraries, polytechnic institutions, small special libraries, and junior positions in academic libraries. But that is as far as they usually go. Those in post graduate preparation move into senior professional positions where their subject specialization has particular value.

Rupert Hacker of West Germany has a paper that provides a most interesting picture of the potential in seeking full professional status for the librarian. U. S. presenters made it clear that practical training had become a must for American professionals, however, time and cost constraints were making it difficult to move in that direction. In England there is usually a four-week practical training period coupled with the advanced degree. In Germany the program for public librarians provides for about four months practical experience before graduation and for academic librarians there can be up to twelve months required dependent upon the type of work to be practiced. This is possible in Germany because the librarians enjoy a sort of pre-Civil Service status and receive a stipend for their training period from the State.

Papers of this sort have been emerging from the stuffy halls of the annual IFLA meetings. But in this context there seems to be a relaxed and casual approach that makes the reading easier and the absorption deeper, it became clear to this reader that such a conference staged in the United States including representation from Scandinavia, Soviet, Middle East and those represented here could well be productive. It might even inspire an international drawing together of the wagons to await the coming attack on librarianship education from the schools of computers and management, not to mention the information industry itself.

Gerald R. Shields
Suny-Buffalo
National Librarian, *May* 1989, *pp*185 – 186

COMPARATIVE AND INTERNATIONAL LIBRARIANSHIP
General Works

Hu, James S. C., ed. Library and Information Science Education: An International Symposium. Papers Presented at the International Conference on Library and Information Science Education Sponsored by ... "National Taiwan University" November 29 – 30, 1985. Metuchen, N. J., Scarecrow, 1987, 277pp. $27.50. ISBN 0 – 8108 – 2111 – 7.

 These seventeen conference papers address the past, present, and future of education for library and information professionals, with most of the papers by deans and faculty from the United States and Taiwan. Single papers are offered from Canada (Norman Horrocks, Dalhousie University), England (Peter Harvard-Williams, Loughborough University of Technology), Germany (Rupert Hacker, Bavarian Civil Servants' College), and Japan (Yoshinari Tsuda, Keio University). An editor's introduction and a "welcome address" by the university president precede the papers, and the conference program concludes the volume. The papers are arranged thematically from past to future, with considerable attention focused on curricula and course outlines. Especially interesting, because the topics have received less international attention are the papers by James S. C. Hu and Harris B. H. Seng detailing the development of library science as a discipline in Taiwan. Beyond the papers from Taiwan educators, the volume is most useful as a summary of some current thinking on library and information science education from selective international perspectives.

K. Mulliner
Library & Information Science Annual, 1989, pp, 115 – 116

BOOK REVIEW

Library and Information Science Education: An International Symposium. Edited by James S. C. Hu., Metuchen, N. J.: Scarecrow Press, 1988, 277 pp. $27.50. 0-8108-2111-7.

The proceedings of a 1985 international symposium on library and information science education held in Taipei consist of seventeen papers by leading educators from the U.S, Canada, the Federal Republic of Germany, Japan, the United Kingdom, and Taiwan. The majority of papers are by American participants (seven papers) and the Chinese hosts (six papers). Each of the other countries is represented by a single paper.

It was indeed remarkable that the Symposium was able to include such well known speakers as Ching-chih Chen, Charles H. Davis, Harold Goldstein, Rupert Hacker, Peter Havard-Williams, Robert M. Hayes, Edward G. Holley, Norman Horrocks, Tze-chung Li, Yoshinari Tsuda, and Herbert S. White—nearly all of whom are deans or heads of major library schools!

The local speakers: James S. C. Hu, Shih-hsion Huang, Chien-chang Lan, Lucy Te-Chu Lee, Josephine Yu Chen Sche, and Harris B. H. Seng are also among the best known and highly regarded in Taiwan.

Reflecting the concerns of educators with the changing needs and requirements of library and information science education in an information age, the Symposium focused on five topics: The present role of library and information science in the information age; the current status and national trends in library and information science education in the East and the West; an assessment of current library and information science curricula; the integration of library science and information science; and future trends in library and information science education.

The seventeen papers cover these topics well with sufficient breadth and depth. Ching-chih Chen's paper discusses the effects of new technology. Josephine Sche's paper leads to the questions of professional status and academic value in library and information science education. Charles Davis emphasizes the importance of arts and sciences in library and information science, while Rupert Hacker underscores the necessity of combining theory and practice in curricula, and Robert Hayes examines the teaching of management.

Most of the papers by Taiwan participants deal specifically with the situation in Taiwan and include an overview of library education by James Hu, a discussion of issues by Harris Seng, a curriculum design for a two-year library technical assistant program by Chien-chang Len, a report on education and training for online searching by Lucy Lee, and a survey of continuing education and staff development by Shih-hsion Huang.

The papers by other U. S. participants cover such topics as the beginning professional education—MLS by Harold Goldstein, stability and change by Edward Holley, and the changing role in a changing environment by Herbert White. In a review of library and information education today, Peter Havard-Williams presents a British point of view. For a look at future trends, besides Tze-Chung Li's "Return to Basics?" The Japanese and Canadian perspectives are given by Yoshinari

Tsuda and Norman Harrocks.

Because all papers are of high quality and well written by internationally known library educators, collectively the volume blended together a wealth of information and insights on library and information science education in a rapidly changing world from comparative and global perspectives.

—*Reviewed by Hwa-Wei Lee, Director of Libraries, Ohio University, Athens, Ohio, U. S. A.*

Library Times International May, 1988, p. 96

BOOK REVIEW

Library and Information Science Education: An International Symposium (Papers Presented at the International Conference on Library and Information Science Education. Sponsored by the Department and Graduate Institute of Library Science, "National Taiwan University", November 29 – 30, 1985). Edited by James S. C., Hu., Metuchen, N. J., and London: Scarecrow Press, 1987. 277 pp. $27.50. ISBN 0 – 8108 – 2111 – 7.

The volume under review is a collection of seventeen papers, all of which were presented by library educators, at the International Conference on Library and Information Science Education in Taipei, Taiwan, in 1985. Besides the six library educators in Taiwan, seven were from the United States, and one each from Canada, Great Britain, West Germany, and Japan. The articles are arranged in the order of their presentation, with the conference program included as an appendix. They center around the following topics: the present role of library and information science in the information age; current status and national trends in library and information science education in the East and the West; assessment of current library and information science curricula; the integration of library and information science; and future trends in library and information science education.

The articles are well written. Most of them are on library education in other lands and may be useful for the study of comparative librarianship. Yet the whole volume, though presenting different views, offers no original or fresh ideas. We are told repeatedly that the libraries have changed in an age of information, and that the library schools must change their curricula to meet the needs of the time. Many are what-I-do-in-my-library-school type of reports. Of the few suggested solutions, none is new. Even the seven American participants, all deans of ALA-accredited schools and some known for their publications, are no exceptions. One paper is, by the author's own admission, "based partially on" speeches delivered on four other occasions in 1985 alone (p. 16).

Although surveys show that "courses in traditional library science are essential to anyone who wishes to be hired" by a library (pp. 233 – 234), some library educators seem to think differently. In this volume, the most enthusiastic advocate of "information specialists" is Dr. Ching-chih Chen. She stresses that "the library is only one of many viable information providers and, most frequently, not the most important one." "In order to increase the library's relevancy and its role in the present information environment," she proposes, "our professional education must shift focus ... from library-centered to information-centered; from the library as an institution to the library as an information provider...; from using new technology to automate library functions to utilizing technology to enhance access to information not physically ... [in] the library; from library networking for information provision to area networking for all types of information source providers" (pp. 13 – 14).

Oscar Handlin, Carl M. Loeb, Professor of Harvard University, writes in his thought-provoking article "Libraries and Learning" (*American Scholar* [Spring 1987]; reprinted in *Western Illinois Reader* [Fall Semester 1988]: 9 – 11): "the Library and its kind of learning, are now under siege, surrounded by enemies without and within ..." His comments, though centering around the research library, are well worth our attention. The users of libraries are not all scientists or physicians in need of large amounts of data presented quickly in convenient formats. Because of our concerns for such needs, we seem to have forgotten the needs of other scholars and researchers in fields such as philosophy, history, or literature, who may want to browse or to read a book, to reflect, and to enjoy quietly by themselves. We also seem to ignore clienteles of other types of libraries, such as school and small public libraries, not for professional information but for learning experience, personal improvement, or pleasure. As Handlin says, "the difference is clear: in the library, no one tells students what to read; they roam where their own interests lead. No one doles out information, they seek knowledge where they wish." It would be suicidal for the library to climb up the bandwagon of the information industry to dole out bits of information only, and to forsake its unique mission of helping curious minds to explore and to discover. Any library school that encourages this tendency does a disservice not only to the profession, but also to the culture. In spite of all the talks about a paperless society or the "wall-less library," one look at the reams of paper computer centers use is enough to convince me that we cannot do without paper in the foreseeable future.

After all, no matter how much attention is paid in the library school to "management, communication and behavioral sciences, to computer sciences and new technology, to problem-solving tools such as statistical methods and problem-oriented research methodology" (p. 15) as some library educators advocate, if librarians do not know the subject matter or have not done research themselves and, therefore, do not know what research really is, they cannot provide the information needed by a real specialist. Already scientists have complained that "information scientists do not really understand the information problems in their field" (p. 92). We have seen page after page of bibliographies generated by online searches that prove to be of little use, because librarians and information scientists do not understand the subject matter. To know how to use the computer or any other new technology does not make one at once a specialist in all subject fields.

Professor Peter Harvard-Williams has rightly pointed out that "the danger currently is that computers will dominate the scene ... We are all too prepared to wipe away history, and to neglect or to forget what has happened in the past" (pp. 90, 91). Indeed, "it is important to consider the aims, the 'ends' of the service rather than the means" (p. 90). The present volume could have contributed more to the library science field if it had included some other articles that made a clear distinction between "information" and "knowledge," stressed the philosophical and theoretical foundations of library and information science, and reasserted the rightful place of the library in a democratic society. Articles by scholars from other disciplines, such as that of Professor Handlin, may cool our heads a little and help us achieve the goal, which is, as Dean Harold Goldstein puts it, "to challenge young people ... to undertake a responsibility for relating information *sources* to human needs and to discharge that responsibility effectively" (p. 113, italics mine).

Lee-hsia Hsu Ting, *Western Illinois University*

New From WESTVIEW

THE DEVELOPMENT OF THE CHINESE COLLECTION IN THE LIBRARY OF CONGRESS
SHU CHAO HU

This is the first comprehensive and in-depth study of the Chinese collection in the Library of Congress, the largest collection of its kind in the Western world. Started in 1869 with some 950 books received in the first exchange of publications between the United States and China, the collection has grown so steadily that in 1977 it numbered more than 430,000 volumes, including 2,000 rare Chinese items, some of which were printed in A. D. 975.

In this primarily historical study, Professor Hu examines the social, cultural, and political forces that led to the development and growth of the collection, the acquisitions policies followed, and the sources of personal financial support found within and outside the Library of Congress. He also explores the methods by which the library has built up several strong areas in the collection, particularly those of Chinese gazetteers, or local histories; ts'ung-shu, or collections of reprints; and rare works.

Shu Chao Hu is associate professor of library science at Saint Francis College of Pennsylvania, having received his Ph. D. from Florida State University. He has published widely in Taiwan, and his many works include *American Presidents*: *Their Life and Times*, *American Politics*: *A Collection of Essays*, and a dozen articles.

CONTENTS: Introduction. Initiating Forces. Systematic Acquisitions, 1913 – 1949. Later Developments, 1950 – 1975. Conclusions.

259 pages w/tables, notes, appendixes, biblio. , index

LC: 79 – 1741   July 1979

ISBN: 0 – 89158 – 552 – 4 $ 20

A Westview Replica Edition

BOOK REVIEW

THE DEVELOPMENT OF THE CHINESE COLLECTION IN THE LIBRARY OF CONGRESS By Shu Chao Hu. Boulder, Colorado: Westview Press, Inc. 550 Central Avenue, Boulder, Colorado 80301. 1979. 259 pp. $18.00

This is a book which has long needed to be written, and Dr. Hu has accomplished the task with admirable thoroughness. The work is concerned primarily with acquisitions for the Chinese collection in the Orientalia Division (which since July 31, 1978, has been known as the Asian Division); it does not cover the development of the Chinese collection of the Far Eastern Law Division in the Law Library. But the Orientalia Chinese collection by itself is a large and interesting subject, and Dr. Hu has studied it in great depth, making full use of such major published sources as the Annual Report of the Librarian of Congress and the Quarterly Journal of the Library of Congress (until 1964 known as the Library of Congress Quarterly Journal of Current Acquisitions). In addition, and perhaps even more significantly, he was given access to and has made extensive use of unpublished reports, memoranda, and correspondence in the Orientalia Division; in the Manuscript Division (which houses the Herbert Putnam Papers, the Caleb Cushing Papers, and the Nelson T. Johnson Papers); and in the Central Services Division (where he has utilized the Herbert Putnam Archives, the MacLeish-Evans Archives, the Asiatica File, the Trust-Funds File, and the Walter T. Swingle File). He has also consulted records and interviewed staff members of the Order Division and the Exchange and Gift Division, from whom he has obtained much information regarding acquisitions policies, acquisitions statistics, expenditures, the sources of funds, and the course of exchange relationships between the United States and China.

Dr. Hu's first main section deals with "Initiating Forces." Here he discusses the course of Sino-American relations in the 19th century and describes the founding of Chinese collections in leading American universities and in the Library of Congress. He believes that the earliest collection of Chinese books in America was not the 10 large works in some 950 volumes presented by the Chinese Government in 1869 and now held in the Asian Division rare book "Cage" of the Library of Congress, but rather was a group of Chinese volumes presented to the American Oriental Society between its founding in 1842 and the end of 1846. (See Journal of the American Oriental Society, Vol. I (1849), pp. xii - xiv.)

The second main section of Dr. Hu's work, entitled "Systematic Acquisitions, 1913 - 1949," discusses the most fruitful period of the Library's Chinese acquisitions. This period is characterized by the interest and activities of three persons: Herbert Putnam, who served as Librarian of Congress until 1939, and who gave strong and continuing personal support to the development of the Chinese collection; Dr. Walter T. Swingle, of the U. S. Department of Agriculture; and Dr. Arthur W. Hummel, first Chief of the Orientalia Division.

Beginning in 1915, Dr. Swingle gave unstintingly of his time and effort in building the Chinese collection of the Library of Congress. Dr. Swingle was initially interested in Chinese publications as a source of information on Chinese plants and agriculture, but his interests were much wi-der; he engaged in extensive acquisitions work on each of his trips to East Asia, and he contributed sections to the <u>Annual Report of the Librarian of Congress</u> from 1917 through 1937. Dr. Hummel joined the Library staff in December 1927, and during the following decades was extremely active in promoting acquisitions and scholarly production. He devoted especial attention to building the Library's collection of local histories, ts'ung shu, and rare books, and to describing these works in his annual reports of acquisitions. During these years the Library also was able to acquire titles which were brought to its attention by the preparation of biographies for <u>Eminent Chinese of the Ch'ing Period</u>. And during the 1940s the Library microfilmed the rare books of the National Library of Peking, which had been deposited in Washington for safekeeping during the Second World War, and made copies of the films for itself and for other libraries.

The third section of the volume, entitled "Later Developments 1955–1975," covers a period that was, as the author tells us, largely one of "change and frustration" —meaning, essentially, changes in policies and personnel and frustration in Chinese acquisitions. Largely as a result of shortcomings felt during the years of the Second World War, the Library chose to narrow the chronological scope of its acquisitions, giving emphasis and preference to "current" publications. Since relatively few "current" Chinese publications were available, the enlarged acquisitions funds were directed to other fields (such as Japan), where a more ample supply of "current" publications was forthcoming. No acquisitions could be made directly from the Chinese mainland; items published in the People's Republic of China could be secured only from dealers in Hong Kong or Tokyo. Acquisitions from Taiwan also were scanty during the earlier years of this period, though they improved markedly after the establishment of the Chinese Materials and Research Aids Service Center in Taipei (which subsequently became the Chinese Materials Center, Inc., with headquarters in San Francisco). In addition, the Center for Chinese Research Materials of the Association of Research Libraries has been performing an exceedingly valuable service by assembling files of and reprinting scarce Chinese items, mostly from the 20th century; many of these reproductions have been acquired by the Library of Congress.

In the years subsequent to those covered by this final section of Dr. Hu's book, there has also been a considerable increase in the quantity of mainland Chinese publications available in Hong Kong, where the Universal Book Company serves effectively as the Library's blanket order dealer for both PRC and Hong Kong publications. The Library's acquisitions of Chinese materials have also been increased through the establishment of the Chinese-Korean Searching Project in the Shared Cataloging Division and through the trips of Dr. Chi Wang, Head of the Chinese and Korean Section, to the Chinese mainland. As of mid-1979, therefore, the outlook for Chinese acquisitions is brighter than it has been at any other time during the past 30 years. Nevertheless, the Library's expenditures for Chinese material, both in funds for acquisitions and in personnel to handle these materials, remain far below its current expenditures for Japanese.

In the last part of his work Dr. Hu has provided us with a chronology of the development of the Chinese collection from 1869 to 1975; reproductions of some important letters of two former Librarians of Congress; and a list of Acquisitions Policy Statements. The work concludes with an extensive bibliography and index.   *Library of Congress* (*Edwin G. Beal, Jr.*)

The Association for Asian Studies Bullentin, No. 60 (Oct. 1979), pp. 38–40

BOOK REVIEW

The Development of the Chinese Collection in the Library of Congress. *By SHU-CHAO Hu.* Boulder, Colo.: Westview Press, 1979. xvi, 259 pp. Appendixes, Bibliography, Index. $18.00.

This is a comprehensive, thoroughly researched history of the Chinese collection in the Library of Congress, the largest collection of its kind outside China. A revised and expanded version of the author's dissertation, it is based on published as well as unpublished reports, surveys, interviews, and all available statistics.

The book is divided into five chapters and includes a chronology of collection development, three appendixes, an extensive bibliography, and a seventeen-page index. The focus of the book is on the development of the Chinese collection in the Library of Congress, and Shu-chao Hu makes no attempt to deal with the collection's administration, the technical aspects of cataloging and classification, or the reference use of the collection. Moreover, discussion is limited to acquisitions for the Chinese and Korean Section of the Orientalia Division (which, on July 31, 1978, was renamed the Asian Division); Chinese materials in the Far Eastern Law Division of the Law Library, for example, are not included in the study.

In the first chapter Hu gives a general history of book printing in China and the pioneering efforts by American universities to assemble Chinese collections. This is followed by three chapters on the major periods into which the development of the Library of Congress collection can be divided: from the earliest contact to 1912; from 1913 to the establishment of the People's Republic in 1949; and from 1950 to 1973. The last period, when the absence of normal diplomatic relations between the U.S. and China made the acquisition of many Chinese publications difficult or impossible, is traced in interesting detail, and Hu describes the impact on acquisitions of President Nixon's trip to Peking in 1972. The final chapter presents a summary and recommendations for further study.

Viewed as an introduction to the collection, this comprehensive and highly readable account certainly fills the need for a single source of information on an important collection in the enormous Library of Congress. For example, the reader learns that the Chinese collection began with the receipt of ten titles in 947 volumes from the Ch'ing government as a result of the first exchange of publications between the United States and China in 1869; that the earliest specimen of Chinese printing in the collection is a small Buddhist invocation sutra printed in A.D. 975; that the collection has 41 original volumes of the great Ming encyclopedia, Yung-lo ta tien, compiled from 1403 to 1409 by order of Emperor Yung-lo, and that these 41 volumes constitute some ten percent of its volumes today; and that the collection contains the largest collection of Chinese rare works outside China.

Specialists in the Chinese library field will, however, find relatively little unfamiliar material. One learns with sadness that the purchase of Chinese rare books has been practically eliminated since 1950 because of the library's policy of placing major emphasis on acquiring so-called "current" publications. Otherwise, given the resources of the library, a lot of rare Chinese books could have been acquired during "the Cultural Revolution". Although not much except Chairman Mao's Quotations was being published in China itself, a remarkable number of old Chinese works were available in Hong Kong and Tokyo.

The author touches only briefly on the library's policy of issuing blanket orders to Hong Kong and Taipei dealers, who seem to ship only what they choose to sell to the collection, with the selection being done in Hong Kong and Taipei by the dealers' own less than fully qualified personnel.

Finally, it should be noted that the book is poorly printed, especially for a slender volume costing eighteen dollars. For example, page 58 in this reviewer's copy is so blurred as to be barely legible.

ANTONY MARR
Yale University Library
Journal of Asian Studies, XL, 2: 352 – 353 (February 1981)

BOOK REVIEW

Hu, Shu Chao. The Development of the Chinese Collection in the Library of Congress. Westview Replica Edition. Boulder, Colo. : Westview Pr., 1979. 259 pp. $20. LC 79-1741. ISBN 0-89158-552-4.

While the amount of literature on American library history has been mushrooming in recent years, a monographic study devoted to the historical development of the largest Chinese-language collection in the West, that at the Library of Congress, did not appear until the completion of this dissertation.

The history of the Library of Congress' Chinese collection began in 1869 with some 950 books, the result of an exchange program between the United States and China. Since then the collection has grown steadily; as of 1977 it held a total of approximately 430,000 volumes.

S. C. Hu, who is on the faculty at St. Francis College of Pennsylvania, has carefully examined the social, cultural, and political forces of Sino-American relations that led to the building and development of the collection, as well as the acquisitions policies that have evolved and been implemented and the personnel and financial sources involved. Of special interest to bibliophiles and scholars is the detailed account of the collection's holdings of Chinese local histories, collectanea, and rare books. Based largely upon annual reports and official documents, supplemented with secondary sources and personal interviews, the work provides, in historical perspective, a comprehensive, well-documented, and interesting description of a vernacular-language collection at the Library of Congress.

The priamarily expository, rather than comparative, approach that the author has taken leaves the work open to the criticism of a general lack of critical evaluation of its subject. As mentioned above, the collections of Chinese local histories, collectanea, and rare books are noted as being strong; but it would have been more useful to indicate how these holdings compare with those in other libraries. What, for example, are the Library of Congress' strengths and weaknesses in terms of the holdings of similar material at the Harvard-Yenching Library of Harvard University and the Gest Oriental library of Princeton University?

Hu stresses that "the Chinese collection in the Library of Congress contained 1,622 rare items as of 1942" (page 108). By *item* he means "title," not "volume." Given that the Gest Oriental Library has 24,024 volumes of Ming (1368-1644) editions, not including the pre-Ming publications, what is the significance of this figure for the number of the Chinese rare books the Library of Congress owns?

Elsewhere, Hu writes: "Speaking of the Ming imprints, mention should be made of the great Yung-lo ta-tien, of which the Library has 41 volumes, constituting more than 10% of its extant volumes" (page 111). Although the *Yung-lo Encyclopedia* indeed belongs to the Ming period, it seems inaccurate to refer to this handwritten manuscript as an imprint.

In general, this volume should probably be recommended as supplemental reading material for students of world library history and Chinese studies. It surpasses the amount of information formerly found only in scattered articles and is definitely superior in quality and quantity compared with the Japanese counterpart, "A History of the Japanese Collection in the Library of Congress, 1874 – 1941," which was published in 1970 (*Senda Masso kyouju koki kinen toshokan shiryo ron shu* [Tenri, Japan], pages 281 – 327).

—*William S. Wong*, *University of Illinois at Urbana-Champaign.*

College of Research Libraries, May 1980, pp. 256 – 257

BOOKS REVIEW

The Development of the Chinese Collection in the Library of Congress. By Shu Chao Hu. Westview Replica Edition. Boulder, Colo.: Westview Press, 1979. pp. xvi + 259. $ 20.00. ISBN 0 – 89158 – 552 – 4.

The incorporation of Chinese books in the Library of Congress began in 1869 when 10 titles in some 950 volumes of Confucian classics, philosophy, rituals, mathematics, medicine, and agriculture were presented to the U. S. government by the Emperor of China in response to all inquiry about Chinese census and revenue data by the U. S. Commission of the General Land Office. From this initial exchange of publications between the two governments and through subsequent donations and acquisitions, the Chinese collection at the Library of Congress has grown to more than 430,000 in 1977, forming the largest Chinese collection outside of China proper. This collection has become not only a national resource but also an important research collection for many scholars and students in Chinese studies. However, the history and development of this collection during the past 100 years have not been systematically and thoroughly documented. Mr. Hu's work is the first attempt at a comprehensive historical study of the Chinese collection at the Library of Congress.

The study is divided into 3 major sections. The first section, entitled "Initiative Forces," gives a very general introduction to early Sino-American relations and early Chinese study programs in America, based largely on secondary sources. It also traces the origin of the Chinese collection from 1869 to its early period of growth up to 1912.

The second section, entitled "Systematic Acquisitions, 1913 – 1949," which the author calls "the golden age of the collection" (p. 206), covers major developments of the collection, acquisition policies, major donations and acquisitions, and financial support. It also examines the three major subject areas for which the collection is renowned, namely local gazetteers, collectanea, and rare books. In this section, Hu also gives due tribute to the three persons under whom the collection had grown to its preeminent status: Herbert Putnam, who was Librarian of Congress from 1899 to 1939; Walter T. Swingle, who was practically in charge of all the major acquisitions of the collection from 1913 to 1927; and Arthur W. Hummel, a noted sinologist in his own right, who continued and expanded the collection's already strong areas built up by Swingle. During Hummel's administration (1927 – 54) the Orientalia Division exerted strong leadership in the field and several significant bibliographic and scholarly projects were completed.

The third section, entitled "Later Developments, 1950 – 1975," traces the shift of acquisition emphasis after the Second World War from older materials to current publications "relating to Chinese Communism and to political, economic and social conditions in the 'two Chinas'" (p. 196), the uneven road in the Library's attempt to establish official gift and exchange relations with the People's Republic of China and the transfer of Chinese materials from other government agencies to the Orientalia Division (known as the Asian Division since July 1978). Coverage is up to 1975, and it concludes with a brief summary of principal findings and recommendations for further study.

By culling pertinent information published in the *Annual Report of the Librarian of Congress*, the *Quarterly Journal of the Library of Congress* (known as the *Library of Congress Quarterly Journal of Current Acquisitions* until 1964), making extensive use of personal papers and archives as well as unpublished reports and correspondence, and conducting personal interviews with the staff of the Library of Congress, Hu has presented a coherent and interesting story of the origin and development of the Chinese collection at the Library of Congress. However, the entire study is more descriptive than analytical, and some important areas of this collection are not covered. Not much new ground is broken in this strictly historical study, since the origin of this collection has been well documented in various articles and its development and growth are also available in another published book (see Ping-kuen Yu, *Chinese Collections in the Library of Congress*: *Excerpts from the Annual Report(s) of the Librarian of Congress*, *1898 – 1971*, 3 vols. [Washington, D. C.: Center for Chinese Research Materials, Association of Research Libraries, 1974]). The author's suggestion that the earliest Chinese collection in America was not that at the Library of Congress but the one of the American Oriental Society in the 1840s needs to be more fully documented. The author has correctly identified the three major strong subject areas of local gazetteers, collectanea, and rare books in this collection, but there are also other subjects that are equally strong (see Tsuen-hsuin Tsien, *Current Status of East Asian Collections in American Libraries*, *1974/1975* [Washington, D. C.: Center for Chinese Research Materials, Association of Research Libraries, 1976], appendix B). He has also neglected another strong and unique area—that of Chinese periodicals. Chinese periodicals at the Library of Congress constitute the largest collection of such materials in the western hemisphere, containing many unique titles that are available nowhere else outside of China. It holds more than 6,400 titles issued between 1868 and 1975 (see Han Chu Huang, *Chinese Periodicals in the Library of Congress* [Washington, D. C.: Library of Congress, 1978]).

Some self-imposed limitations and exclusions make this study somewhat incomplete. As stated by the author, "No attempt will be made to examine the administrative or technical aspects of cataloging, classification, circulation or of the reference use of the collection. It is further limited to materials in the Chinese language in the Chinese and Korean Section of the Orientalia Division of the Library of Congress. Materials in the Manchu, Mongol, and Tibetan languages, and Chinese materials in the Far Eastern Law Division of the Law Library of the Library of Congress are excluded" (p. 5). At least a section on the creation of the Far Eastern Law Division in 1956 as well as its holdings and growth is warranted in order to give a more rounded account of the Chinese collections at the Library of Congress (see Yu, vol. 3, for the annual reports covering Chinese legal materials at the Far Eastern Law Division).

The present volume was originally presented as the author's doctoral dissertation at the School of Library Science, Florida State University. Except for a few slight phraseological changes and an addition of a chronology documenting the major developments of the collection from 1869 to 1975, it is an exact reproduction of the dissertation presented in 1977 with footnotes following each chapter, appended with reproductions of some important letters of two former Librarians of Congress, John Russell Young and Herbert Putnam, and a list of acquisition policy statements. It also includes a bibliography and an index.

James K. M. Cheng, *University of Chicago*

Library Quarterly, Jan, 1981, pp. 123 – 125

Continuing Library Education in Taiwan

by James S. C. Hu

Professional library education in Republican China was initiated in 1920 when Miss Mary Elizabeth Wood founded a library school at Boone University, an American Episcopalian institution located in Wuchang of Hupeh Province in Central China.

The first educational program for training professional librarians in Taiwan was started in 1955 as a Division of the Department of Social Education at Taiwan Provincial Normal College (now "National Taiwan Normal University"). In 1961, the first department of library science was established at the College of Liberal Arts, "National Taiwan University". As of 1989, there are four universities and one college that have undergraduate programs in library and information science, located in "National Taiwan University", "National Taiwan Normal Univeristy", Fu-Jen Catholic University, Tamkang University and the World College of Journalism, respectively. Of the five, only "National Taiwan University" presently offers a graduate program leading to the Master's and Ph. D. degrees.

Continuing library education in Taiwan has been provided by various means and channels including workshops, seminars, institutes, etc. conducted by the "Library Association of China", library schools, and major public libraries. Following are brief description for each of them.

CPE Organized by the "Library Association of China" (LAC)

The LAC plays a leading role in CPE. Since 1956, it has continuously organized summer workshops for professional and non-professional librarians. These workshops were usually divided into four groups participated by library workers from public, school, special and college and university libraries. Most of the workshop sessions were held in July and August ranging from 4 to 13 weeks, with 6 weeks being the average. Courses offered cover a wide range of subjects as demonstrated in the following table:

Continuing Library Education Courses Offered in Workshops Sponsored by the "Library Association of China" 1956 – 1985 (1)

Course title	Frequency
Acquisitions Techniques	21
A-V Materials and Production	6
Cataloging and Classification	33
Children's and Young Adults' Literature	16
Chinese MARC	4
Information Science and MARC	4
Information Systems and Services	1
Introduction to Information Science	2
Introduction to Library Science	20
Library Administration	4
Library Automation	5

Library Development & Future Trends	10
Library Extension Services	2
Library Practical Works	12
Library Programs and Services to Children	10
Non-Book Materials	15
Public Libraries	9
Reference Services	25
School Libraries	10

It is generally agreed that the LAC's workshops have contributed a great deal to the promotion of librarianship in Taiwan. According to a survey in 1986, a total of 3,295 library workers had taken advantage from the LAC's efforts in CPE during the period 1956-1985. (2)

CPE offered by library schools

CPE in this category varies in format and duration in Taiwan. The Department of Library Science at Fu-Jen Catholic University occassionally provided short summer workshops for its alumni in recent years. The Department of Educational Media & Library Sciences at Tamkang University constantly held summer seminars and workshops for its alumni and library staffs of its parent institution. The Library Division of the Department of Social Education of "National Taiwan Normal University" usually conducted longer summer workshops for school librarians ranging from 6 weeks to 2 months.

The Department of Library Science at "National Taiwan University" has, since 1979 in cooperation with the "Library Association of China", offered a Library Automation Seminar each summer for professional librarians mainly from special and college and university libraries. Participants of the two-week seminar have increased steadily, from 40 in 1979 to over 120 in 1988 and 1989. Courses offered cover various aspects of library automation as well as information science. Some of them are listed below:

  Application of Microcomputers in Library
  Artificial Intelligence
  Authority Files
  Automation of Acquisitions
  Automation of Cataloging
  Automation of Serial Management
  Chinese MARC
  Construction of Thesaurus
  Indexing and Abstracting
  Information Technology
  Library Networking
  Online Searching
  Telecommunications

As dean of the TU's library school and director of the summer institute of library automation, it is my pleasure to report that the CPE classes in this regard were satisfactory.

CPE sponsored by Taiwan Provincial Taichung Library

The Taiwan Provincial Taichung Library is the highest public library in the province of Taiwan. It has been legally charged by the Department of Education of the Provincial Government to provide short training classes and CPE workshops for school and small public libraries in the province. Since professional librarians are still lacking in these libraries, their courses are basically general and introductory in nature. In fact, most of the participants are library clerks rather than professional. Therefore, continuing library education in this level can hardly be regarded as CPE.

In closing, CPE programs in Taiwan are primarily provided in summer time and some of the activities are actually training classes for nonprofessional library workers. Although there is a lot that needs to be done in this type of education, it has been recognized that the past accomplishments in this regard have made a fair share of contribution to the advancement of librarianship in this area.

Notes:
(1) Shih-hsion Huang, "Continuing Education and Staff Development for Librarians in the Taiwan," In James S. C. Hu, ed., Library and Information Science Education: An International Symposium (Taipei: "National Taiwan University" Department and Graduate Institute of Library Science, Distributed by Scarecrow in USA, 1986), p. 213.
(2) Li-hung Huang, "A Study of Continuing Education for University Librarians in Taiwan," (Master Thesis, "National Taiwan University", 1986), p. 37.

1991年8月23日，在莫斯科舉行的國際圖聯（IFLA）會議中所提出的有關臺灣地區圖書館繼續教育的報告。

圖書館學家文庫
Library of Library Scientists

胡述兆文集·下卷
Collected Works of James S. C. Hu

胡述兆 著

中山大学出版社
·廣州·
Sun Yat-Sen University Press
·Guangzhou·

目　錄

上　卷

第一部份　圖書館學

壹、圖書館學論文

一、研究報告及一般性論文　　(3)
　『美國國會圖書館中國藏書豐富』讀後　　(3)
　從美國大學圖書館標準看臺大圖書館的館藏資料　　(6)
　『國科會』與文史研究　　(9)
　淺談百科全書　　(12)
　從『美國大學圖書館標準』，看臺灣地區大學圖書館的館藏資料　　(17)
　我們需要開授『如何利用圖書館』的課程　　(28)
　臺灣地區第一個圖書館學研究所的入學資格與畢業要求　　(39)
　三年來的臺大圖書館系　　(89)
　爲圖書館的起源、意義與功能進一解　　(96)
　我對圖書資訊學核心課程的一些看法　　(100)
　臺灣大學圖書館學研究所研究生手冊　　(101)
　英國圖書館教育之研究　　(119)
　美國圖書館碩士教育之研究　　(161)
　臺灣地區大學圖書館之研究　　(202)
　圖書館學的界說　　(234)
　統一西文譯名之必要　　(251)
　爲『國立中央圖書館』重新定位　　(252)
　空中大學與文化中心圖書館　　(253)
　中國大陸圖書館事業淺探　　(255)
　『一塔湖園』中的北大圖書館　　(272)
　政變期間的莫斯科街頭　　(274)
　談百科全書　　(276)
　『中華圖書資訊學教育學會』會訊　　(280)
　海峽兩岸首屆圖書資訊學術研討會之源起與成果　　(282)
　『中華圖書資訊學教育學會』與兩岸學術交流　　(290)
　蘇聯圖書館之母：列寧夫人克魯普斯卡雅　　(291)
　印度圖書館學之父——阮甘納桑　　(293)
　臺灣地區圖書館與資訊科學教育現況　　(298)
　圖書館學大師杜威年表　　(325)

圖書館學大師杜威與哥倫比亞大學……………………………………（346）
　　記『國立中央圖書館』的四位館長 …………………………………（351）
　　我所參與的海峽兩岸學術交流………………………………………（355）
　　我與『中國圖書館學會』 ……………………………………………（374）
　　我與嚴文郁紹誠教授的一段交往……………………………………（376）
二、『圖書館學與資訊科學大辭典』詞條 …………………………………（379）
　　『圖書館學與資訊科學大辭典』之籌劃與編纂……………………（379）
　　『圖書館學與資訊科學大辭典』……………………………………（386）
　　　（一）一般性詞條………………………………………………（386）
　　　（二）世界各國圖書館名人……………………………………（427）
三、英文書評及演講報告……………………………………………………（490）
　　Books Reviewed ………………………………………………………（490）
　　Continuing Library Education in Taiwan ……………………………（507）

下　卷

四、英文論文…………………………………………………………………（511）
　　Library Education in China ……………………………………………（511）
　　The Chinese Collection in the Library of Congress，1869—1912 ……（528）
　　Chinese Fang-chih，Ts'ung-shu and Rare ……………………………（537）
　　Three Major Contributors in the Development of the Chinese Collection in the Library
　　　of Congress …………………………………………………………（547）
　　Information Science Education in "National Taiwan University" ……（556）
　　Contributions of Herbert Putnam and Walter Swingle to the Chinese Collection
　　　in the Library of Congress …………………………………………（565）

貳、海峽兩岸圖書館學者對胡述兆教授所提
『為圖書館建構一個新的定義』的討論

為圖書館建構一個新的定義…………………………………………………（573）
『為圖書館建構一個新定義』專刊編輯說明………………………………（577）
現代圖書館的概念與認知……………………………………………………（578）
從網際網路談現代圖書館的新意涵…………………………………………（581）
重新定義圖書館與圖書資訊學………………………………………………（587）
從圖書館學邁向資訊傳播學的新境界………………………………………（592）
也談『為圖書館建構一個新的定義』………………………………………（596）
由名詞的意涵談圖書館的百變新貌…………………………………………（598）
從圖書館與資訊科學的遞嬗反思圖書館的定義……………………………（602）
從圖書館史談圖書館之意義…………………………………………………（616）
21世紀圖書館的新面貌………………………………………………………（621）
圖書館的定義…………………………………………………………………（623）
『圖書館定義』之我見………………………………………………………（625）

關於圖書館的定義——與胡述兆教授討論……………………………………………（627）
圖書館定義斷想……………………………………………………………………（630）
圖書館學的學科性質………………………………………………………………（634）

叁、有關胡述兆教授的專訪與記述

一、專　　訪………………………………………………………………………（641）
　　五個碩士學位　一個博士學位　唸過四個領域　慶幸最後抉擇……………（641）
　　跨越四個學門、讀得七個學位的傳奇……………………………………………（644）
　　胡述兆教授談留美篇………………………………………………………………（649）
　　專訪胡述兆老師……………………………………………………………………（651）
　　為者常成，行者常至………………………………………………………………（655）
　　胡述兆教授：跨越四個學門讀得七個學位的圖書館與資訊界鬥士…………（661）
　　『國圖』改隸　提高行政效率……………………………………………………（671）
　　跨域學科獲學位最多的鬥士：胡述兆先生………………………………………（672）
二、記　　述………………………………………………………………………（679）
　　臺灣圖壇著名學子胡述兆博士及其學術見解……………………………………（679）
　　飛出榆關架『熱綫』　探幽書山鑄新篇…………………………………………（684）
　　大陸實習記…………………………………………………………………………（691）
　　胡述兆的教育情懷…………………………………………………………………（695）
　　兩岸交流功臣——胡述兆…………………………………………………………（696）
　　捐書七千冊　聊表桑梓情…………………………………………………………（697）
　　國立中正大學校友通訊（一九九九年一月）……………………………………（698）
　　臺灣大學第七任圖書資訊學系主任………………………………………………（699）
　　洪禮和會見臺灣大學名譽教授胡述兆博士………………………………………（701）
　　『沒想到家鄉變化這麼大』………………………………………………………（702）
　　德如芳草　品逾蒼松………………………………………………………………（703）
　　臺灣大學名譽教授胡述兆…………………………………………………………（708）
　　臺灣圖書資訊學博士班的推手——胡述兆教授…………………………………（709）

肆、對胡述兆教授著作的書評

從《圖書館學導論》到《圖書資訊學導論》……………………………………（714）
大時代小故事下的圖書館學者……………………………………………………（717）
臺灣第一部青年學者的論文叢刊…………………………………………………（720）
《中國地方志總目提要（1949—1999）》跋……………………………………（722）
《中國地方志總目提要》序言……………………………………………………（724）
檢索中國古今地情的工具　打開方志文獻寶庫的鎖匙…………………………（727）
『中國地方志總目提要（1949—1999）』評介…………………………………（729）

伍、其　　他

《王雲五傳》出版弁言……………………………………………………………（731）
『傅抱石傳』臺灣版弁言…………………………………………………………（732）

記圖書館界大老蔣復璁院士⋯⋯⋯⋯⋯⋯⋯⋯⋯⋯⋯⋯⋯⋯⋯⋯⋯⋯⋯⋯⋯⋯（733）
賀張鼎鍾教授榮退⋯⋯⋯⋯⋯⋯⋯⋯⋯⋯⋯⋯⋯⋯⋯⋯⋯⋯⋯⋯⋯⋯⋯⋯⋯⋯（734）
我所欽敬的王振鵠教授⋯⋯⋯⋯⋯⋯⋯⋯⋯⋯⋯⋯⋯⋯⋯⋯⋯⋯⋯⋯⋯⋯⋯（735）
賀陳譽教授八秩嵩壽⋯⋯⋯⋯⋯⋯⋯⋯⋯⋯⋯⋯⋯⋯⋯⋯⋯⋯⋯⋯⋯⋯⋯⋯（736）
敬賀彭斐章教授八秩嵩壽⋯⋯⋯⋯⋯⋯⋯⋯⋯⋯⋯⋯⋯⋯⋯⋯⋯⋯⋯⋯⋯（737）
悼念朱堅章兄⋯⋯⋯⋯⋯⋯⋯⋯⋯⋯⋯⋯⋯⋯⋯⋯⋯⋯⋯⋯⋯⋯⋯⋯⋯⋯⋯（739）
悼念盧荷生教授⋯⋯⋯⋯⋯⋯⋯⋯⋯⋯⋯⋯⋯⋯⋯⋯⋯⋯⋯⋯⋯⋯⋯⋯⋯⋯（741）
憶悼李德竹教授⋯⋯⋯⋯⋯⋯⋯⋯⋯⋯⋯⋯⋯⋯⋯⋯⋯⋯⋯⋯⋯⋯⋯⋯⋯⋯（742）
淺談國家圖書館的功能（上）⋯⋯⋯⋯⋯⋯⋯⋯⋯⋯⋯⋯⋯⋯⋯⋯⋯⋯（743）
淺談國家圖書館的功能（下）⋯⋯⋯⋯⋯⋯⋯⋯⋯⋯⋯⋯⋯⋯⋯⋯⋯⋯（746）
我對圖書資訊學核心課程的一些看法⋯⋯⋯⋯⋯⋯⋯⋯⋯⋯⋯⋯⋯⋯（748）
海峽兩岸第三屆圖書資訊學學術研討會記事與感言⋯⋯⋯⋯⋯⋯⋯（749）

第二部份　政治學

壹、政治學論文

美國的條約與行政協定⋯⋯⋯⋯⋯⋯⋯⋯⋯⋯⋯⋯⋯⋯⋯⋯⋯⋯⋯⋯⋯（761）
美國參院條約同意權評議⋯⋯⋯⋯⋯⋯⋯⋯⋯⋯⋯⋯⋯⋯⋯⋯⋯⋯⋯⋯（771）
美國參院條約同意權的由來及其演變⋯⋯⋯⋯⋯⋯⋯⋯⋯⋯⋯⋯⋯⋯（777）
美國緬因州行使創制複決兩權的經驗⋯⋯⋯⋯⋯⋯⋯⋯⋯⋯⋯⋯⋯⋯（795）
巴西聯邦憲法修正案⋯⋯⋯⋯⋯⋯⋯⋯⋯⋯⋯⋯⋯⋯⋯⋯⋯⋯⋯⋯⋯⋯（804）
瑞士的國會制度⋯⋯⋯⋯⋯⋯⋯⋯⋯⋯⋯⋯⋯⋯⋯⋯⋯⋯⋯⋯⋯⋯⋯⋯⋯（807）
論美國參院對條約的否決⋯⋯⋯⋯⋯⋯⋯⋯⋯⋯⋯⋯⋯⋯⋯⋯⋯⋯⋯⋯（822）
美國參院的外交委員會⋯⋯⋯⋯⋯⋯⋯⋯⋯⋯⋯⋯⋯⋯⋯⋯⋯⋯⋯⋯⋯（848）
美國參院對條約的修改權⋯⋯⋯⋯⋯⋯⋯⋯⋯⋯⋯⋯⋯⋯⋯⋯⋯⋯⋯⋯（857）
美國憲法修正案第二十五條的立法旨意⋯⋯⋯⋯⋯⋯⋯⋯⋯⋯⋯⋯⋯（866）
漫談美國黑人問題⋯⋯⋯⋯⋯⋯⋯⋯⋯⋯⋯⋯⋯⋯⋯⋯⋯⋯⋯⋯⋯⋯⋯（870）
美國憲法修正案第二十六條的源起及其影響⋯⋯⋯⋯⋯⋯⋯⋯⋯⋯（881）
美國總統的待遇⋯⋯⋯⋯⋯⋯⋯⋯⋯⋯⋯⋯⋯⋯⋯⋯⋯⋯⋯⋯⋯⋯⋯⋯⋯（888）
漫談美國總統選舉⋯⋯⋯⋯⋯⋯⋯⋯⋯⋯⋯⋯⋯⋯⋯⋯⋯⋯⋯⋯⋯⋯⋯⋯（894）
美國總統選舉人制之研究⋯⋯⋯⋯⋯⋯⋯⋯⋯⋯⋯⋯⋯⋯⋯⋯⋯⋯⋯⋯（932）
安德森對今年美國總統選舉的影響⋯⋯⋯⋯⋯⋯⋯⋯⋯⋯⋯⋯⋯⋯⋯（951）
美國總統選舉的現勢⋯⋯⋯⋯⋯⋯⋯⋯⋯⋯⋯⋯⋯⋯⋯⋯⋯⋯⋯⋯⋯⋯（955）
美國總統選舉的過程⋯⋯⋯⋯⋯⋯⋯⋯⋯⋯⋯⋯⋯⋯⋯⋯⋯⋯⋯⋯⋯⋯（962）
從大選結果看美國民心⋯⋯⋯⋯⋯⋯⋯⋯⋯⋯⋯⋯⋯⋯⋯⋯⋯⋯⋯⋯⋯（972）
美國總統的任期⋯⋯⋯⋯⋯⋯⋯⋯⋯⋯⋯⋯⋯⋯⋯⋯⋯⋯⋯⋯⋯⋯⋯⋯⋯（976）
從雷根遇刺談美國總統權力的行使問題⋯⋯⋯⋯⋯⋯⋯⋯⋯⋯⋯⋯⋯（980）
從『哈特旋風』看今年美國總統選舉⋯⋯⋯⋯⋯⋯⋯⋯⋯⋯⋯⋯⋯⋯（982）
美國總統大家猜⋯⋯⋯⋯⋯⋯⋯⋯⋯⋯⋯⋯⋯⋯⋯⋯⋯⋯⋯⋯⋯⋯⋯⋯⋯（985）
『雲五社會科學大辭典』第三冊政治學詞條⋯⋯⋯⋯⋯⋯⋯⋯⋯⋯⋯（987）

貳、其　他

蘇俄的生活水準…………………………………………………………（996）
追求卓越　別變成學術資源大分贓……………………………………（1002）
淺釋科學與科學方法……………………………………………………（1003）
國父孫中山與林肯………………………………………………………（1006）
美國總統選舉的可能結果………………………………………………（1007）
透視我們當前的大學教育………………………………………………（1009）
賓拉丹與奧薩瑪…………………………………………………………（1011）
"大學追求卓越"應從圖書館開始………………………………………（1012）
青年從軍雜憶……………………………………………………………（1013）
我與中正大學的一段回憶………………………………………………（1016）
十年寒窗：臺大、政大…………………………………………………（1017）
赴美留學一波三折………………………………………………………（1027）

四、英文論文

Library Education in China

Ⅰ. INTRODUCTION

It may be a surprise to learn that the shaping of the educational system in modern China was influenced by America, and that American missionary schools and colleges in the three decades before the Second World War made special contributions in this regard. During this period, educational standards set by American missionary secondary schools were unsurpassed by Chinese middle schools, while missionary-sponsored institutions of higher learning, such as Yenching, Nanking, Lingnan, and the Catholic University of Peking, were the equal of the best Chinese national universities.[1] Moreover, these missionary colleges and universities had developed a number of professional schools in such fields as nursing, medicine, law, journalism, and library science, which broke new ground for the training of Chinese professionals.[2]

The first educational program for librarianship in Republican China was initiated in 1920 by an American, Miss Mary Elizabeth Wood. Born in Batavia, New York, on August 22, 1861, Miss Wood came to China in 1899 to visit her missionary brother Robert and to teach in a missionary school. Educated at the Pratt Institute in Brooklyn, N.Y. and graduated from the library school at Simmons College in Boston, she managed to found a library school in 1920 at Boone University, an American Episcopalian institution located in Wuchang of Hupeh Province in Central China. In 1928, when Boone University was merged with several American Episcopalian missionary colleges to form the new Huachung University (Central China University), Miss Wood dissociated her school from the CCU and reorganized it into an independent professional institution known as the Boone Library School. Miss Wood died on May 1, 1931,[3] and the school was continued by her student, Professor Samuel T. Y. Seng,[4] who headed the school until 1950, when the Chinese communist government forced it to close and to become a department of library science at Wuhan University. For 30 years (i.e. 1920 – 1950) the school remained the only professional library school in China and its graduates made great contributions to Chinese libraries and library education, and to the East Asian libraries in the United States as well.[5]

The formal educational program for training professional librarians here in Taiwan was started in 1955 as a division of the Department of Social Education at the Taiwan Provincial Normal College (now the "National Taiwan Normal University"). Prior to that, in 1954, a one-year and six-credit course titled Library Science taught by Mrs. Marian Orgain was offered at the Department of Foreign Languages and Literature of the "National Taiwan University".[6] It was, perhaps, the first such course ever offered in a university in Taiwan.

In 1961, the "National Taiwan University" established Taiwan's first Department of Library Science in its College of Liberal Arts. Three years later, in 1964, a library education program at the junior college level was founded at the World College of Journalism. A third library science program at the university level was added in 1970 at Fu Jen Catholic University, followed by the fourth in 1971 when Tamkang University established its Department of Educational Media Science (now the Department of Educational Media & Library Sciences) with the dual purpose of training librarians and A-V personnel.[7]

The first graduate school of library science in China (in either Taiwan or Mainland) to offer a program leading to the Master's degree was approved in 1980 by "the Ministry of Education" as the Graduate Institute of Library Science at the TU's College of Liberal Arts. While some library-related courses at the graduate level are also available elsewhere,[8] the TU's Graduate Institute remains the only program that offers the M. A. degree in library science here in Taiwan.

With regard to library education on the other side of the Taiwan Strait, there were only two such programs before the end of the 1970's, located at Wuhan University and Peking University. Since the 1980's, however, educational programs for librarians on the mainland have expanded rapidly. To my knowledge, the PRC has at present some 50 such programs in various colleges and universities throughout the country with a total of five to six thousand students.[9] Meanwhile, a recent report shows that the PRC has established a number of information science programs at universities and institutes. The Sci-Tech Information Program founded in 1978 at the Department of Library Science of Wuhan University is the oldest of such programs in the PRC.[10] According to the same report:

> Both undergraduate students (4 years) and graduate students (3 years) are enrolled in information science in formal universities and institutes. There are programs at Wuhan University, Ji Lin Industrial University, Nan Jing University, Shan Dong University, The North-West Electrical-Communication Engineering Institutes, and the People's University. In addition, there is a teaching-research group in the Library Science Department of Beijing University. Altogether there are over 400 undergraduate students and more than 40 graduate students.[11]

The purpose of this paper is to provide an overview of the current status of the six library science programs in Taiwan. Materials and figures in the following pages were primarily based upon a survey conducted in August 1985.[12] Before we go to the professional aspects of these programs, however, it seems appropriate to provide a brief profile of their parent institutions which, I believe, will enable us to have a better understanding with respect to the present situation of higher education in this country.

General Profile of Parent Institutions of Taiwan Library Science Programs

"NTU" = "National Taiwan University"
"NTNU" = "National Taiwan Normal University"
Catholic = Fu Jen Catholic University (private)
Tamkang = Tamkang University (private)
WCJ = World College of Journalism (private, junior)

Entries	Institutions				
	"NTU"	"NTNU"	Catholic	Tamkang	WCJ
Year founded	1945[a]	1946	1950[b]	1950	1955
Academic status	univ.	univ.	univ.	univ.	junior college
No. of colleges	6	4	6	6	
No. of departments	47	20	31	32	8
No. of Doctoral programs	41	3	1	3	
No. of Master's programs	53	17	15	14	
No. of faculty	2,011	1,066	1,357	1,483	449
full-time	1,486	770	588	187	
part-time	525	296	895	262	

(續上表)

Entries	Institutions				
	"NTU"	"NTNU"	Catholic	Tamkang	WCJ
No. of students	15,248	7,417	14,077	17,031	5,813
male	9,387	3,142	5,559	8,898	3,084
female	5,861	4,275	8,518	8,133	2,729
Bachelor's	13,099	6,800	13,778	16,547	
Master's	1,727	514	299c	456	
Doctoral	422	101		28	
Library holdings(vols.)	1,584,052	629,797	427,584	372,604	56,285

  a. The university was originally established by the Japanese government in March 1928 as the Taihoku (Taipei) Imperial University. After the conclusion of the the Second World War in 1945, Japan retroceded Taiwan to China, and the university was renamed the "National Taiwan University" on November 15, 1945. It remained the only university in Taiwan until 1954.
  b. The university was first founded by American missionaries in 1929 as the Fu Jen Catholic University of Peking.
  c. The figure includes both Master's and doctoral students.

II. LIBRARY SCIENCE PROGRAMS IN Taiwan

1. "National Taiwan University"
College of Liberal Arts
Department and Graduate Institute of Library Science

As of today, "NTU" is the only university in Taiwan that has both a department and a graduate institute of library science.

(1) Department of Library Science
Year established: 1961
Degree awarded: B. A.
Present enrollment: 235 undergraduate students (30 males, 205 females).
Curriculum: Basic structure of the curriculum consists of five parts:[13]
    1) 6 general courses of 28 credits, such as Chinese, English, General History of China, etc. which are required by the "Ministry of Education" for all freshman classes in colleges and universities.
    2) 14 professional courses of 50 credits which are required by the "MOE" for all undergraduate library science programs.[14]
    3) 10 courses of 35 credits, such as Mass Communication, General Psychology, Logic, Research Methods, Second Foreign Language, etc. which are required by the Department.
    4) 7 courses of 15 credits are electives. More than 40 courses are currently offered by the Department for this purpose.
    5) A minor of at least 20 credits in a subject area other than library science to be selected by students.
A minimum of 148 credits is required for the B. A. degree in library science at "NTU".

Library and Information Science Courses Offered in the "NTU" Program

Course Title	Credit	Required	Elective	Remarks
Introduction to Library Science	2	×		Required by "MOE"
Introduction to Information Science	2	×		do.
Introduction to Computer Science	4	×		do.
Chinese Cataloging and Classification	6	×		do.
Western Cataloging and Classification	6	×		do.
Chinese Reference Sources	4	×		do.
Western Reference Sources	4	×		do.
Bibliography	4	×		do.
Building Library Collections	4	×		do.
Non-Book Materials	2	×		do.
A-V Materials	4	×		do.
Library Management	4	×		do.
Library Automation	4	×		do.
Library Field Work	0	×		2 hrs. per week for seniors
History of Libraries	2	×		Required by Dept.
Special Topics in Library Science	2	×		do.
Mass Communications	4	×		do.
Research Methods & Thesis Writing	2	×		do.
History of Books	2		×	do.
Introduction to Reference Service	2		×	
Library Service for Special Readers	2		×	
Literature of the Humanities	4		×	1 of the 3 is required by the Dept.
Literature of Social Sciences	4		×	
Literature of Science & Technology	4		×	
Literature for Young Adults and Children	4		×	
Western Literature for Children	4		×	
Collection Development	2		×	Offered for both graduate and under graduate students
Issues in Modern Librarianship	2		×	
Evaluation of Library Operations	2		×	
Chinese Collectanea	4		×	
Study of Classification Systems	2		×	
Cat. and Classification of Materials in Japanese Language	2		×	
Japanese Reference Sources	3		×	

(續上表)

Course Title	Credit	Required	Elective	Remarks
Government Documents	3		×	
Study of Government Publications	2		×	
Printing and Publishing	2		×	
College and University Libraries	2		×	1 of the 4 is required by the Dept.
Public Libraries	2		×	
School Libraries	2		×	
Special Libraries	2		×	
Children's Libraries	2		×	
Selected Readings on Library Science in English	2		×	
English for Librarians	2		×	
Introduction to A-V Materials	3		×	
Planning & Producing A-V Materials	3		×	
Library Statistics	6		×	
Introduction to File Design	2		×	
Applications of File Design	2		×	
System Analysis	3		×	
Introduction to Data Processing for Libraries	3		×	
Computer Programming	3		×	
Application of Computer in Libraries	3		×	
Application of Microcomputer in Libraries	3		×	
Indexing and Abstracting	3		×	
Information Storage and Retrieval	3		×	Graduate courses open to senior under graduate students
Thesaurus Construction	2		×	
Information Systems	3		×	
Information Management	3		×	
Information Policy	3		×	
Online Information Searching	3		×	
Introduction to Database Manag.	3		×	
Library Resource Sharing	2		×	

(2) Graduate Institute of Library Science

Year established: 1980
Degree awarded: M. A.
Admission requirement:[15] Pass the entrance examination for graduate students conducted by the University which is highly competitive. According to the records of the past few years, only one tenth of those who took the examination passed it.
Graduation requirements:[16] Requirements for the M. A.
　　degree include:
　　1) 2 to 4 years of residence.

2) Completion of a minimum of 24 graduate credits.
   Those students who possess a B. A. degree in a subject other than library science must take an additional six remedial courses of 20 credits, namely Chinese Cataloging and Classification (4 credits), Western Cataloging and Classification (4), Chinese Reference Sources (4), Western Reference Sources (4), Book Selection and Acquisitions (2), and Library Administration (2). These credits can not be counted toward the 24 graduate credits required for the M. A degree.
3) Fulfill second foreign language requirement.
4) Pass graduation examination.
5) Pass oral examination on thesis.

Present enrollment: 32 graduate students are currently enrolled in the program, of which 5 are foreign students including 1 from the United States and 4 from the Republic of Korea.

Curriculum: 5 courses of 10 credits are required of all graduate students. 14 of the required 24 credits' for graduation may be taken from the electives. Three courses are offered for both graduate and undergraduate students. Eight of the information science courses are primarily offered for graduate classes, but are open to senior undergraduate students.

List of Courses Offered by the "NTU" Graduate Institute of Library Science

Course Title	Credits	Required	Elective	Remarks
Research Methods	2	×		
Seminar in Library Administration	2	×		
Seminar in Reader Services	2	×		
Seminar in Technical Services	2	×		
Seminar in Information Science	2	×		
Education for Librarianship	2		×	
Comparative Librarianship	2		×	
Special Topics in Chinese Bibliography	2		×	
Study of Chinese Block Editions	2		×	
History of Chinese Printing	2		×	
Chinese Biographical Literature	2		×	
Study of Chinese Rare Books	2		×	
Chinese Classical Reference	2		×	
Cataloging for Chinese Classics	2		×	
Theory of Classifications	2		×	
Seminar in Public Libraries	2		×	
Seminar in Academic Libraries	2		×	
Thesis Writing	2		×	
Operations Research	4		×	

(續上表)

Course Title	Credits	Required	Elective	Remarks
Study of Chinese Computer	2		×	
Seminar in Computer Science	2		×	
Computer Data Structure	2		×	
Management of Computer Centers	2		×	
Information Science Education	2		×	
Study of A-V Education	2		×	
Collection Development	2		×	
Evaluation of Library Operations	2		×	
Issues in Modern Librarianship	2		×	
Indexing and Abstracting	3		×	Open to senior under graduate students
Introduction to Database Management	2		×	
Information Storage and Retrieval	3		×	
Online Information Searching	3		×	
Thesaurus Construction	2		×	
Information Management	3		×	
Information Policy	3		×	
Library Resource Sharing	2		×	

(3) **Faculty**

26 persons are currently on the faculty of the Department and the Graduate Institute, of which 11 are part-time. 16 of the 26 received graduate education in the United States, including 9 PhDs, 1 PhD candidate, and 6 MLSs.

(4) **Facilities and equipment**

1) Departmental Library

"NTU" houses the largest library in Taiwan. As of September 1985, its collections numbered 1,584,052 volumes. While a substantial portion of these materials is available for teaching library courses, the Department maintains a special library of professional materials. Present holdings and budget of this library are as follows:

Library & Information Science Books: 15,510 volumes
Professional Periodicals: 187 titles
1985/86 Budget: For Books: NT $600,000.00
or U.S. $15,000.00
For Periodicals: NT $240,000.00
or U.S. $6,000.00

2) A-V and other equipment

In addition to facilities and equipment at the University Computer Center and the A-V Center at the College of Liberal Arts that are used for teaching A-V and computer courses, the Department has the following equipment for its own convenience: 50 typewriters (4 of them are electronic), 7 microcomputers, 10 terminals, 3 copy machines, 4 printers, and one each of the following: tape recorder, transparency maker, slide projector, overhead projector, opaque projector, 16mm film sound-slide projector, front-rear sound projector, sound-filmstrip projector, 26″ AV monitor, sound sync recorder, Betamovie, stereo video cassette recorder, Multibliz, ELMO GS-800 projector, Nikon camera, and Nikon camera FM2.

(5) **Observations**

1) To our Knowledge, "NTU" is the first university in China to have a graduate program leading to the M. A. degree in library science. While graduate library programs have been set up in the PRC in recent years, the Graduate Institute of Library Science at the "National Taiwan University" remains the only such program in Taiwan.

2) In order to cope with the changing environment in library education, the Department has been planning for some time to change its name from the present Department of Library Science to the Department of Library and Information Science.

3) A total of 19 courses in information science has been offered in the two programs, including five which were taught during the past academic year by a visiting associate professor from the United States. Whenever necessary, more visiting faculty from abroad will be invited to teach in this field.

4) Courses in special librarianship, such as law, medicine, music, journalism, will be added to the curriculum as soon as qualified faculty can be appointed.

5) To provide teaching faculty for library science programs and to supply candidates for directorship of college and university libraries, the Graduate Institute of Library Science has submitted a proposal to the "Ministry of Education" to establish a Ph. D. program in 1988.

6) A new university library building is presently at the planning stage. The university library and the Department have been charged by the university president with the responsibility of working out a preliminary plan for the construction of this building which will house the university library and the Department and Graduate Institute of Library Science. Once the new library is completed, the Department and the Graduate Institute will have a modern and functional home for their proper operation.

7) Approximately NT $1,000,000, or US $30,000, were spent annually for library and information science books and periodicals in the past three years. We believe a comparable amount for professional materials will be allotted for each of the several years ahead.

2. **National Taiwan Normal University**
College of Education
Division of Library Science, Department of Social Education
Year established: 1955
Degree awarded: B. Ed.
Present enrollment: 48 students (6 males, 42 females)
Faculty: 11 of the 36 faculty members in the Department of Social Education are teaching library science courses; 4 of the 11 are on part-time basis. 7 of the library science faculty received their professional library education in the the United States.
Curriculum: The main concern of this program is twofold, education and school librarianship. They are reflected in the curriculum which consists of 5 components:
    1) 6 general courses of 28 credits for all college freshman classes are required by the "Ministry of Education" of the Central Government.
    2) 9 courses of education of 26 credits are required for all students at normal colleges and university.
    3) 5 courses of 13 credits are required by the Department of Social Education which include: Social Education, Introduction to Library Science, Introduction to Journalism, Introduction to Social Work, and Social Education Administration.

4) 14 courses in library science of 39 credits are required by the "Ministry of Education".
Another 12 courses of librarianship of 31 credits are offered for electives.
5) A minor of at least 20 credits in a subject area other than library science is also required.

A minimum of 154 credits is required for the B. Ed. degree which is a 5-year program, including 4 years of course work and 1 year of field work.

Library and Information Science Courses Offered in the "NTNU" Program

Course Title	Credits	Required	Elective	Remarks
Introduction to Library Science	2	×		Req. by "MOE"
Introd. to Information Science	2	×		do.
Bibliography of Literature	3	×		do.
Chinese Catalog. and Class.	4	×		do.
Chinese Reference Materials	4	×		do.
Introd. to Computer Science	2	×		do.
Sel. & Acq. of Lib. Materials	3	×		do.
Western Catalog. & Class.	4	×		do.
Western Reference Materials	4	×		do.
Non-Book Materials	2	×		do.
Library Automation	2	×		do.
Library Administration	2	×		do.
Library Field Work	3	×		do.
School Library Administration	2	×		Req. by Div.
Young Adult & Children's Reading Materials	3		×	
Library History	2		×	
Organization of Documents and Archives.	4		×	
Museum Organization and Administration	3		×	
Information Processing	2		×	
Public Service in Libraries	2		×	
Literature in Social Sciences	3		×	
Study on the Problems of Library Science	2		×	
Public Library Administration	2		×	
College & University Library Administration	2		×	
Literature in the Humanities	3		×	
Science Literature	3		×	

Departmental library: The program maintains a special collection of professional materials in library and information science. It presently holds 7,912 volumes of books (4,560 in Chinese and 3,352 in foreign languages) and 81 periodicals.

A-V & other equipment: The program has fair/good facilities and equipment for teaching A-V and computer courses, including online searching practice on DIALOG.

Observations: 1) Since the prime mission of normal university and colleges in Taiwan is the provision of education for secondary school teachers, the purpose of this program is mainly school librarianship.

2) Because it is a unit of a teachers college, its curriculum comprises a substantial number of education courses. Of all the required courses, 11 courses of 33 credits are in this category.

3) Students enrolled in this program must spend five years to complete the B. Ed. degree. After the completion of all course work at the end of the 4th year, each student is assigned by the university administration to a one year of field work at a secondary school or a social institution.

4) Like other students at normal colleges in Taiwan, all students at this program are given free room, board, and tuition by the Government. Because of this special treatment, graduates are required to provide professional service at a designated institution for at least two years before they are permitted to accept other employment or to pursue advanced studies.

3. Fu Jen Catholic University

College of Liberal Arts
Department of Library Science
Year established: 1970
Degree awarded: B. A.
Present enrollment: 521 students are currently enrolled in the Department, including:
254 in the regular undergraduate program (26 males, 228 females);
267 in the evening school (29 males, 238 females), which requires 5 years to complete the B. A. degree.

Faculty: Some 30 persons are presently on its faculty, of whom more than half are on part-time basis. Almost two thirds of the faculty were professionally educated in the United States.

Curriculum: Components of its curriculum include five categories:
1) general courses which are required by the "Ministry of Education";
2) professional courses in library and information science which are required by the "Ministry of Education";
3) courses which are required by the College of Liberal Arts;
4) required and elective professional courses offered by the Department;
5) a minor of no less than 20 credits in a subject other than library science or a concentration on information science courses offered by the Department.

A minimum of 148 credits is required for the B. A. degree.

Library and Information Science Courses Offered in the FJCU Program

Course Title	Credits	Required	Elective	Remarks
Introduction to Library Science	4	×		Only 2 credits req. by "MOE"
Introd. to Information Science	4	×		do.

(續上表)

Course Title	Credits	Required	Elective	Remarks
Chinese Cat. and Class.	6	×		Required by "MOE"
Western Cat. and Class.	6	×		do.
Chinese Bibliography	4	×		do.
Non-Book Materials	2	×		do.
A-V Materials	4	×		do.
Chinese Reference Sources	6	×		Only 4 req. by "MOE"
Western Reference Sources	6	×		do.
Building Library Collection	6	×		do.
Library Automation	4	×		Req. by "MOE"
Library Administration	2	×		4 credits Req. by "MOE"
Library Field Work	3	×		zero credits Req. by "MOE"
Introd. to Computer Science	6	×		Only 4 req. by "MOE"
Information Services	4	×		Req. by Dept.
Data Processing	3		×	
Date Structure	3		×	
Databases	3		×	
Operations System	3		×	
Information Storage and Retrieval	4		×	
Abstracting and Indexing	4		×	
Literature of the Humanities	4		×	
Literature of Social Sciences	4		×	
Literature of Science and Technology	4		×	
Reference Work	2		×	
Management of Archives	2		×	
Introduction to Children's Literature	4		×	
Children's Libraries	2		×	
Public Libraries	2		×	
Musical Librarianship	3		×	
Medical Librarianship	3		×	
College and University Libraries	2		×	
Special Libraries	2		×	
School Libraries	2		×	
Serial Publications	2		×	
Seminar in Special Topics	2		×	

Departmental library: The program has a special collection of professional materials which include 7,000 volumes of books (4,500 in Chinese and 2,500 in foreign languages) and 50 periodicals (18 in Chinese and 32 in foreign languages).

A-V & other equipment: The Department maintains an A-V classroom containing various equipment for the teaching of A-V courses. In addition to the facilities at the University Computer Center that may be used for the practice of computer courses, the Department possesses 4 microcomputers and related equipment to support the teaching of information science courses.

Observations:
1) This is the only B. A. program of library science in Taiwan that presently maintains an evening school which requires five years to receive the Bachelor's degree.
2) Although a minor is required of all B. A. candidates, the requirement can be fulfilled by taking courses either in a subject area outside the Department, or in information science offered by the Department.
3) While it offers all of the 14 professional courses required by the "Ministry of Education", many of them are given particular emphasis by adding more credits. For example, Chinese and Western Reference Sources as well as Introduction to Computer Science have been increased from 4 to 6 credits.
4) The program offers a course in medical librarianship and a course in musical librarianship. The latter is at the moment the only such course offered in Taiwan.
5) Though more courses in information science will be added to meet the needs of students, the Department has no immediate plan to change its present name.
6) The Department intends to establish a graduate program leading to the M. A. degree in library science.

4. Tamkang University
College of Liberal Arts
Department of Educational Media & Library Sciences
Year established: 1971
Degree awarded: B. A.
Present enrollment: 477 students (100 males, 377 females).
Faculty: 33 faculty members, of which 23 are part-time. 14 of the 33 received their professional library education in the United States.
Curriculum: The curriculum comprises five categories:
1) 6 general courses of 28 credits required by the "Ministry of Education".
2) 25 required and elective courses in library science of 77 credits, 9 of which are required by the "MOE".
3) 6 A-V courses of 15 credits, 4 of which are either required by the "Ministry of Education" or by the Department.
4) 5 required courses of 18 credits in information science, 3 of which are required by the "MOE", and 2 by the Department.
5) 4 supplementary courses of 14 credits, namely, Research Paper Writing (2 credits, required), Statistics for Educational Materials (4, elective), Social Education (4, elective), and Social Psychology (4, elective).

A minor of 20 credits in a field other than library science is encouraged but not required.

A minimum of 128 credits is required for the B. A. degree.

Library and Information Science & A-V Courses Offered in the Tamkang Program

Course Title	Credits	Required	Elective	Remarks
Chinese Reference Sources	4	×		Required by "MOE"
Chinese Cat. and Class.	6	×		do.
Western Reference Sources	4	×		do.
Western Cat. and Class.	6	×		do.
Building Library Collections	4	×		do.
Introd. to Library Science	2	×		do.
Bibliography	4	×		do.
Library Management	4	×		do.
Library Field Work	0	×		do.
				2 hrs. per week for seniors
Government Publications	2	×		Req. by Dept.
School Libraries	2		×	
Public Libraries	2		×	
College & Univ. Libraries	2		×	Elect 3 of the 5
Special Libraries	2		×	
Medical Librarianship	2		×	
Literature of the Humanities	4		×	
Literature of Social Sciences	4		×	Elect 2 of the 3
Literature of Science and Technology	4		×	
Literature for Children and Young Adults	4		×	
Management of Archives	2		×	
History of Libraries	3		×	
Comparative Librarianship	4		×	
Introd. to Computer Science	4	×		Req. by "MOE"
Library Automation	2	×		4 credits Req. by "MOE"
Introduction to Info. Science	4	×		only 2 req. by "MOE"
Computer Programming	4	×		Req. by Dept.
Information Center and Its Services	4	×		do.
Indexing and Abstracting	2	×		do.
Library System Analysis	4		×	
Non-book Materials	2	×		Req. by "MOE"
A-V Materials	4	×		do.
A-V Education	2	×		Req. by Dept.
Photography	3	×		do.
Basic TV	2		×	
TV Production	2		×	
Motion Picture	2		×	

Departmental library: There is no departmental library for this program. Professional materials in library and information science and in the A-V area are housed in the University's Chueh Sheng Memorial Library. As of 1984, some 16,000 monographs and 88 periodicals relative to these subjects were reportedly recorded.

A-V & other equipment: A-V and computer equipment of this program are relatively strong. In addition to the University Computer Center that can be used for teaching related courses, the Department has a wellequiped A-V Center for the teaching of A-V courses and for the production of non-book materials.

Observations:
1) One of the special features of this program is that it offers more courses in the A-V area than any other library science program in Taiwan.
2) This is one of the two programs (the other being the program at the Fu Jen Catholic University) that currently offers a course in medical librarianship.
3) This is the only B. A. program in library science in Taiwan that requires no minor in a subject other than library science.
4) Compared to similar programs in other universities, this program requires the least credits (128) for the B. A. degree. 128 is the minimum number of credits required by the "Ministry of Education" for any Bachelor's degree in Taiwan.
5) While more courses in information science are being planned for the curriculum, the Department has no intention to change its present name.
6) The Department intends to inaugurate a graduate program leading to the M. A. degree in educational media and library sciences.

5. **World College of Journalism**

Department of Library Science
Year established: 1964
Degree awarded: Non-degree program at a junior college
Present enrollment: 420 students:
    259 in day-time program (132 males, 127 females);
    161 in evening school (24 males, 137 females).
Faculty: This program is primarily taught by part-time teachers.
Curriculum: A total of 120 credits is required for graduation from this program. Its curriculum comprises four categories of courses:
1) 6 general courses of 26 credits, such as Chinese, English, Chinese History, etc. which are required by the "Ministry of Education".
2) 19 professional library courses of 54 credits which are required either by the "MOE" or by the College.
3) 13 field work courses of 28 credits which are required by the College.
4) 12 credits of elective courses to be chosen by students from among 15 courses offered by the College.

Following are professional library and information science courses offered at this program:

A. *Courses required either by the "MOE" or by the College*
Library and Mass Communication (2 credits)
Introduction to Library Science (4)
Library Administration (2)
History of Book Printing (2)
Introduction to Chinese Literature (4)
Chinese Bibliography (2)

Chinese Cataloging and Classification (4)
Western Cataloging and Classification (4)
Chinese Reference Sources (2 credits)
Western Reference Sources (2)
Building Library Collections (2)
Practical Computer Science (2)
Application of Microforms (1)
Management of Materials (4)
Management of Archives (4)

B. *Field work courses required by the College*
Field Work in Library Administration (2 credits)
Field Work in Chinese Cataloging and Classification (4)
Field Work in Western Cataloging and Classification (4)
Field Work in Chinese Reference Sources (1)
Field Work in Western Reference Sources (1)
Field Work in Management of Materials (4)
Field Work in Management of Archives (2)
Field Work in Book Selection and Acquisitions (2)
Field Work in Computer (2)
Field Work in Application of Microforms (1)
Observations:
1) This is the only library science program presently offered at a junior college in Taiwan.
2) Most of the required courses in library and information science are similar to those offered in the four university programs, at least in name if not necessarily in content.
3) Field work is strongly emphasized and is required for all major professional library courses.
4) The Department offers no professional elective courses. All elective courses are general in nature and are provided by the College.
5) A great majority of courses are taught by part-time faculty who are either teaching in other library science programs or working as major administrators at university, college, or public libraries.
6) Facilities and equipment for teaching are generally poor. They need to be improved and strengthened, if the program is to operate properly.

III. SUMMARY

1. As of today, there are six library science programs in Taiwan, including one M. A. program at the "National Taiwan University", four Bachelor's programs located in "NTU", "NTNU", Fu Jen Catholic and Tamkang universities, and a 3-year non-degree program at the World College of Journalism which is a junior college.

2. Like library and information science programs in most other developing countries,[17] the Bachelor's degree in library science is at present the professional library degree recognized in Taiwan not only by the Government but by the library profession as well.

3. Each of the four Bachelor's programs carries a set of core courses in library and information science required by the "Ministry of Education". They are: Introduction to Library Science, Introduction to Information Science, Chinese Cataloging and Classification, Western Cataloging and Classification, Chinese Reference Sources, Western Reference Sources, Building Library Collections, Bibliography, Introduction to Computer Science, Non-Book Materials, A-V Materials, Library Management, Library Automation, and Library Field Work. As far as contents of these courses are concerned, most of them are rather traditional, particularly in terms of technical services and reference services.

4. Some 20 courses in information science are currently offered in these programs, three of which, namely, Introduction to Information Science, Introduction to Computer Science, and Library Automation, are required by "the Ministry of Education". These courses are summarized as follows:

Course Title	"NTU"	"NTNU"	Catholic	Tamkang
Application of Computers in Libraries	×			
Appl. of Microcomputers in Libraries	×			
Computer Programming	×			×
Data Structure	×		×	
Indexing and Abstracting	×		×	×
Information Center & Its Service				×
Information Management	×			
Information Policy	×			
Information Storage and Retrieval	×		×	
Information Systems	×			
Introduction to Computer Science	×	×	×	×
Introduction to Data Processing	×	×	×	
Introduction to Databases	×		×	
Introduction to Information Science	×	×	×	×
Library Automation	×	×	×	×
Management of Computer Centers	×			
Online Information Searching	×			
Operations Research	×			×
System Analysis	×		×	×
Thesaurus Construction	×			

Presently, "National Taiwan University" has the largest number of courses in information science (19); about half of them are offered for both graduate and undergraduate students.

5. Only a few courses in special librarianship are currently available. "NTU" has a course for special readers, Fu Jen Catholic University offers a course in music librarianship, and medical librarianship is being taught at both Tamkang and FJCU.

6. In terms of special features, Tamkang is strong in A-V program, "NTNU" emphasizes school librarianship, "NTU" has a wide variety of course offerings, and FJCU provides a minor in information science.

7. With regard to student enrollment, Fu Jen Catholic University has the largest number (521), followed by Tamkang (477), "NTU" (267,235 undergraduate students and 32 graduate students), and "NTNU" (48). Similar to the situation in other countries throughout the world, library science students in Taiwan are also predominantly female.

8. Due to the fact that over 60% of the teaching faculty at these programs received their professional library education in the United States, it is no surprise to find that many aspects of these programs, such as curriculum structure, course contents, teaching methods, etc., are patterned after American library schools.

9. While Tamkang and FJCU intend to establish Master's programs in librarianship, the "National Taiwan University" is planning to inaugurate a Ph. D. program at its Graduate Institute of Library Science.

10. Although the library science program at the World College of Journalism is a non-degree program, its students are regarded as library professionals.

To operate properly and to maintain professional standards, the entire program needs to be improved and strengthened.

NOTES

1. Kwang-ching Liu, *Americans and Chinese: A Historical Essay and a Bibliography* (Cambridge, Mass.: Harvard University Press, 1963), pp. 16 – 18.
2. John K. Fairbank, *Chinese-American Interactions: A Historical Summary* (New Brunswick, N. J.: Rutgers University Press, 1975), p. 50.
3. A brief biography of Miss Wood can be found in, among others, Wen-yu Yen, "Miss Mary E-lizabeth Wood and the Boxer Indemnity Fund," in *A Collection of Library Science Essays by Professor Wen-yu Yen* (Taipei: Fu Jen Catholic University Department of Library Science, 1983), pp. 247 – 252.
4. For a brief description of Professor Seng's life, see Wen-yu Yen, "Professor Samuel T. Y. Seng: the Father of Library Education in China," in *ibid.*, pp. 253 – 258.
5. *Ibid.*
6. This course was listed in the 1954 class schedule of the TU's Department of Foreign Languages and Literature.
7. A history of library education in Taiwan during the period 1954—1983 can be found in Cheng-ku Wang, "Thirty Years of Library Education in Taiwan," *Bulletin of the Library Association of China* 35 (December 18, 1983): 9 – 19.
8. The Graduate Institute of History at the Chinese Culture University offers such courses as Comparative Librarianship, Management of Documents and Archives, and Bibliography. The newly established Graduate Institute of Social Education at the "National Taiwan Normal University" offers three elective courses in library and information science, namely, Seminar in Library Science, Seminar in Library Automation, and Comparative Study of Library Science.
9. Information concerning library science programs in the PRC was provided to me by a well-informed source when I was attending the 51st Annual Conference of the International Federation of Library Associations and Institutions (IFLA) in Chicago, August 18 – 24, 1985.
10. Fan Chu Shu, "Information Science Education in China," *Journal of Education for Library and Information Science* 25 (Winter 1985): 226 – 227.
11. *Ibid.*, p. 227.
12. A questionnaire including five areas, namely, curriculum, facilities, faculty, students, and future plans, was sent to each of the five library science programs in July 1985. All of them responded and returned by the end of August.
13. For the rationale and discussion of the TU's undergraduate library science curriculum, see James S. C. Hu, "Major Considerations in the 1983 Curriculum Revision for the Department of Library Science at the "National Taiwan University"," *Shu-fu* (Bulletin of Librarianship) 5 (June 11, 1984): 32 – 39.
14. The reasoning as to why these professional library courses are required by the "Ministry of Education" can be found in Chien-chang Lan, "An Evaluation on the Newly Revised Required Courses in the Library Science Curriculum," *Bulletin of the Library Association of China* 35 (December 18, 1983): 67 – 23.
15. For details of the admission requirements, see James S. C. Hu, "Admission and Graduation Requirements of the First Graduate School of Library Science in Taiwan," *Shu-fu* (Bulletin of Librarianship) 6 (August 31, 1985): 2 – 12.
16. *Ibid.*
17. Tefko Saracevic, et al., "Issues in Information Science Education in Developing Countries," *Journal of the American Society for Information Science* 37 (May 1985): 195.

原載: *Library and Information Science Education: An Internatinal Symposium*, (1986) pp. 37 – 64

The Chinese Collection in the Library of Congress, 1869—1912

美國國會圖書館的中文部，1869—1912

【摘要】 美國國會圖書館的中文部，始於一八六九年（清同治八年），至今已有一百一十多年的歷史。截至一九八八年爲止，館藏資料已經超過五十萬冊，爲目前西方國家圖書館中最大的中文部。

本文的主要目的，在探討此一中文部的早期發展過程。自一八六九年至一九一二年的四十多年期間，其藏書自九百多冊增至一萬七千多冊，其中除庫興（Caleb Cushing）所收藏的二千五百多冊，係於一八七九年從波士頓買來者外，其餘的來源有二，一是與中國政府交換所得的資料，另一是接受中國政府與美國駐華外交官所贈與的圖書。本文根據中美史料，對這些交換與贈與的原因及背景，逐一加以剖析。

The Chinese collection in the Library of Congress is the largest of its kind in the Western world. As of 1988, its holdings numbered 530,000 volumes. This magnificent collection started with an exchange of publications between the United States and China. On June 7, 1869, some 950 volumes of Chinese books were "Presented to the Government of the United States of America by His Majesty the Emperor of China...."[①] in return for American gifts. These books were first delivered to the American Legation in Peking and "reached the Library of Congress sometime in the latter part of 1869,"[②] which marks the beginning of its Orientalia.[③]

The history of the exchange of publications between the United States and other nations may be traced back to 1846 when the Smithsonian Institution was founded. James Smithson (1769–1829) was a citizen of Great Britain who had never been to America. Born in France, he was the illegitimate son of Sir Hugh Smithson Percy, 1st Duke of Northumberland, and Elizabeth Macie; thus in his early years he was known as James Lewis Macie. He graduated in 1782 from Oxford (M.A. 1786) where he achieved a brilliant record in chemistry and mineralogy on which he later made a fortune.[④] In 1826, three years before his death, he drew up his will which contains this interesting provision: "I... bequeath the whole of my property... to the United States of America, to found in Washington, under the name of the Smithsonian Institution, an establishment for the increase and diffusion of knowledge among men...."[⑤]

It is not known what induced him to bequeath his fortune to the United States except that a sense of misgiving about his birth alienated him from England. The Smithson bequest was formally made known to the American Legation in London in 1835, six years after his death, amounting in value to about 10,000 pounds. The question of acceptance of such an endowment was debated in Congress for about 10 years, and John Quincy Adams, the 6th President of the United States and then a congressman from Massachusetts, was instrumental in securing the favorable vote. In accordance with an act passed by Congress in 1846, the Smithsonian Institution was established with two far-reaching objectives:

> 1. to increase knowledge by original investigations and study in science or literature; and 2. to diffuse knowledge not only throughout the United States but everywhere, especially by promoting an interchange of thought among those prominent in learning in all nations.[⑥]

Accordingly, the Smithsonian system of international exchanges was instituted in 1850. Realizing the benefits of this system, Congress passed an act, on March 2, 1867, placing 50 copies of all public documents printed by the United States Government at the disposal of the Smithsonian Institution for the exchange of similar works published in foreign countries. These were later deposited in the Library of Congress.⑦

In order to implement the 1867 law, the Smithsonian Institution developed a written policy concerning the details for the international exchange which was then transmitted by the Department of State to American legations in foreign countries, including China.⑧ While some of the foreign countries responded positively, the Chinese reaction to this matter was lukewarm. An American veteran of the Chinese experience who had been there since 1833, Samuel Wells Williams (1812 – 1884), then *chargé d'affaires* of the American Legation in Peking, wrote to Joseph Henry (1797 – 1878), Director of the Smithsonian Institution, on April 17,1868, saying:

> The Chinese government has from time to time published or aided works of value, but it issues nothing like our reports of departments, nor has it any official organ for making known its operations, decrees, or appointments.... If an exchange of a suitable selection of the books printed by order of Congress can, by and by, be made for some of the statistical and political works of former monarchs, the result would no doubt be mutually advantageous.... At present, I do not think that there are a score of Chinese in the whole country who are able to fully understand them, but it is even more probable that there is not half that number of persons in the United States (not including Chinese) who could intelligently consult the works which this government might send to them in exchange. It is perhaps then not to press the subject at present.⑨

At about the time John Ross Browne (1817 – 1875) was appointed minister to China in August 1868, another government agency, this time the U. S. Department of Agriculture, expressed interest in "obtaining information about Chinese agriculture, which had supported so large a population for so many centuries,"⑩ and commissioned Col. Charles D. Poston to visit China to deal with this matter. Poston arrived at Peking in September 1868, bringing with him, in addition to a collection of American seeds of grain, vegetables, and pulse, several books relating to agriculture, mechanics, and mining, as well as maps and reports connected with the survey of the Pacific Railroad, hoping to exchange these for similar materials from the Chinese government.

After the receipt of Poston's books and seeds, the Tsungli Yamen (Ministry of Foreign Affairs) wrote to Browne on October 28, 1868:

> We beg to express our sincere thanks for the considerable kindness of the government of the United States in sending the publications and seeds, which have been received, and which are regarded as objects for which similar things are to be exchanged. This act shows the great regard it has for the agriculture, and its desire to promote and strengthen the cordial relations existing between our countries.⑪

Although the acknowledgment was kind and cordial, there was still no indication as to whether the Chinese government would send similar materials to America in return for the gifts from the U. S. Department of Agriculture. Several months later, in March 1869, the U. S. Department of State, at the request of the General Land Office, further instructed Browne to obtain census and revenue data from the Chinese Empire. Since American publications had been presented to the Chinese government and no Chinese materials had yet been sent to the United States in return, Browne wrote to Prince Kung, Chief Secretary of the Tsungli Yamen, on March 25,1869, requesting that some of the official publications relating to the census and revenue of China might be furnished to Washington for the exchange.⑫ Upon the receipt at this letter, the Tsungli Yamen decided to respond positively at this time. Having obtained an imperial endorsement of the exchange from Emperor T'ung-chih (1862 – 1874), Prince Kung sent 10 titles of Chinese books together with 106 kinds of seeds to the American Legation in Peking on June 7, 1869, along with a communication saying:

> I have ... to observe that as no return has yet been made for the publications so kindly sent to this government, we have purchased and put up ten different works filling one hundred and thirty t'ao or cases, besides fifty-six sorts of grain and garden seeds and fifty of flower seeds, each kind in separate box, which are all now sent to your Excellency for the purpose of being forwarded to the Government of the United States as an expression of our appreciation of its kindness....⑬

Obviously, these Chinese books and seeds were sent to the American government in return for the publications and seeds previously sent to the Chinese government by the U. S. Department of Agriculture. As for the census and revenue data requested by the General Land Office, the Chinese communication explained: "In regard to the details of the population of China, it is the usage that the officers of each province prepare their reports annually and send them to the Board of

Revenue, but these reports are not made up into books and printed."[14]

The 10 titles as mentioned in the above communication include a wide variety of subjects, ranging from Confucian classics to rituals, medicine, agriculture, language, acupuncture, mathematics, and metaphysics. The count of the total number of volumes in the 10 works varies: the count in the original list is 949;[15] Arthur W. Hummel's count in 1954 is 933;[16] the count by this writer based upon the 1898 *Report of the Librarian of Congress* is 947;[17] and the actual count at the Library of Congress in 1964 by Tsuen-hsuin Tsien is 934.[18] The discrepancy in the four counts is difficult to explain. We can only surmise that the 10 titles originally contained 949 volumes, 2 of which were lost before 1898 and another 13 were lost between 1898 and 1964. As for Hummel's number, it might well be a miscount, since the actual number found by Tsien in 1964 is 934.

The list of books was followed by four lists of the seeds of flowers, grain, pulse, and vegetables. While the seeds were immediately forwarded to the U.S. Department of Agriculture, the books are believed "to have been shipped to the United States and to have reached the Library of Congress in the latter part of 1869."[19]

During the decade following this exchange, there is no record indicating that the Library of Congress had acquired any other Chinese materials until 1879 when it purchased the private collection of Chinese books assembled by Caleb Cushing (1800 – 1879). A native of Salisbury, Essex County, Massachusetts, Cushing was born in 1800 and graduated from Harvard in 1817. Having served for four consecutive terms as a Congressman from Massachusetts, he was appointed by President John Tyler on May 8,1843), "as Commissioner, and as Envoy Extraordinary and Minister Plenipotentiary of the United States to China," and given an escort of a frigate and a sloop-of-war, with which he arrived at Macao on February 24, 1844.[20] His main mission was to make a treaty regulating trade with China, and the direct result was the Treaty of Wanghia signed on July 3, 1844, the first treaty ever concluded between these two countries, which initiated official diplomatic relations between the United States and China.[21]

Cushing's intellect was so keen that he was able to learn the Chinese language on his voyage to China.[22] During his sojourn in China he managed to purchase some 2,500 volumes of Chinese books. About half of these books (1,243 volumes) cost only $199.21. The average cost of a volume was less than 17 cents. For example, the price of a set of *K'ang-hsi Dictionary* in 32 volumes was only $1.80, a complete set of the *General History of Kwangtung* in 120 volumes $19.90, and a complete set of the *Collected Works of Su Tung-po* in 28 volumes $4.50.[23]

Cushing died on January 2, 1879, and his private library was put on auction in late October. According to Frederick Ashley (d. 1942), who served the Library of Congress for more than three decades in various positions including Chief of the Order Division and Chief Assistant Librarian:

> The Boston Transcript says that the sale of the Library of the late General Caleb Cushing took place at the auction rooms of Sullivan Brothers & Libbie on Beacon Street. It began on October 22, 1879, and continued three days. The library was largely composed of works upon international law and books about China and in the Chinese language. "The books in Chinese were mainly purchased for the Library of Congress. The bidding was spirited and good prices were realized, in all about $4,000." This was the beginning of the Oriental collection.[24]

Ashley's statement needs some clarification, however. First, the Boston Transcript was checked from October 22 through October 31,1879, and nothing about the auction of the Cushing library can be found. Secondly, there is some doubt as to why and how the Library of Congress could spend $4,000 to purchase such a collection in 1879 when its total annual budget for books was about $10,000.[25] If, indeed, the Library of Congress did spend two-fifths of its 1879 book budget to acquire the Cushing collection, it would certainly have been mentioned in the Librarian's annual report. A Careful reading of the *Reports of the Librarian of Congress* from 1879 through 1896, however, failed to reveal this purchase. One must assume, therefore, that the Cushing collection of Chinese books was purchased by somebody else and given to the Library of Congress as a gift. Since there is no evidence to support this assumption at present, however, this transaction remains in question.[26] Thirdly, Mr. Ashley's assertion that the Cushing collection of Chinese books "was the beginning of the Oriental collection," was made apparently without his being aware of the exchange books given to the United States by the Chinese government in 1869.

A romanized list of the Chinese books and their volumes in the Cushing collection, arranged in alphabetical order by "themes and authors", appears in the *Report of the Librarian of Congress* for 1899. An examination of this list reveals the marvelous breadth of Cushing's tastes and the sagacity he showed in his selections. "To him the Library owes, among other things, rare documents of the Taiping Rebellion, and early translations by missionaries."[27] The list appears as Appendix No. 8 in the Librarian's annual report for that year. The wording of the two paragraphs preceding the list is, however, somewhat misleading. They read as follows:

> A reference is made in the body of report to the collection of works in the Chinese language, which came from the Library of Caleb Cushing. That statesman was sent to China by President Tyler as the first American envoy to the Celestial Empire.
>
> This collection consists of 237 standard works, classics, history, poetry, medicine, fiction, etc.; 2,547 kuens (unbound volumes).
>
> There are also a few duplicates.[28]

Clearly, this note sounds as though the list of books contains only the 237 titles in 2,547 volumes of the Cushing collection. This is not true. A computation by this writer shows that the list actually contains 370 titles in 3,750 volumes, which not only includes the 10 works in 947 volumes that came from the Chinese government through exchange in 1869, but also includes other books that were acquired by the Library of Congress from 1869 to 1898. In other words, the list consists of all books in the Chinese collection at the Library as of 1898.

The 1898 list was prepared by the joint effort of the Library and the Chinese Legation in Washington. On July 1, 1897, John Russell Young (1840 – 1899) was appointed by President William McKinley as the Librarian of Congress to succeed Ainsworth Rand Spofford (1825 – 1908). The latter had established the status of the Library as a "national library"[29] whose collections constituted "a good working library of authorities" but not "a universal library" capable of "satisfying the wants of scholars."[30] Young was born on November 20, 1840, in Ireland and his family brought him to America in 1841. They settled first in Downington, Pa., moving after three years to Philadelphia, where Young began his education at the Harrison School. An outstanding journalist in his early years, he became an internationalist after he accompanied the former President Ulysses Simpson Grant in a trip around the world for two-and-a-half years. On March 15, 1882, President Chester A. Arthur appointed him as the American Minister to China, where he served until 1885.[31]

Shortly after he took office as the Librarian of Congress, Young requested the help of his distinguished Chinese friend, His Excellency Wu Ting-fang, then the Chinese Minister in Washington, to provide the expertise of his staff in having the Chinese collection in the Library organized. The result was the list of Chinese books systematically arranged by themes and authors, title, and volumes, as appended to the Librarian's report for 1898.

Young's extensive international travel and his experience in the diplomatic service led to the preparation of a circular letter to diplomatic and consular representatives of America in foreign countries, which clearly indicates the acquisition policy of the Library of Congress with regard to its need for foreign publications. It reads, in part, as follows:

> ... The Library of Congress has been removed from the Capitol to the new Library building.... The new Library has space for 4,500,000 books. The increase from 1861 to the present day has been more than tenfold—that is to say, from 75,000 to 800,000 in one generation alone. There is no sign of a diminishing ratio, and it is believed that it could be increased through the advice and cooperation of gentlemen in our foreign service. Public documents, newspapers, serials, pamphlets, manuscripts, broadsides, chapbooks, ballads, records of original research, publications illustrative of the manners, customs, resources, and traditons of communities to which our foreign representatives are accredited; the proceedings of learned, scientific, or religious bodies; the reports of corporations, such as railways, canals, or industrial companies; legislative records and debates, public decrees, church registers, genealogy, family and local histories, chronicles of country and parish life, folklore, fashions, domestic annals, documents illustrative of the history of those various nationalities now coming to our shores to blend into our national life, and which as part of our library ar-

chives would be inestimable to their descendants—whatever, in a word, would add to the sum of human knowledge, would be gratefully received and have due and permanent acknowledgement. ㉜

An appendix to the 1898 report lists the first fruits of that effort, nearly 300 volumes and pamphlets from 20 embassies and consulates. ㉝ "Under a reciprocal and considerate policy," said Young, "the Library by the mere processes of administration could be largely increased in value." ㉞

Young died on January 17, 1899, after a three-week illness, the only Librarian of Congress to die in office. Herbert Putnam (1861 – 1955) succeeded him on April 5, 1899. Although Young's tenure as the Librarian of Congress was very brief (only 18 and a half months), his accomplishments were by no means negligible. As an internationalist, "he was keenly aware of the need to internationalize the Library's collections, to supplement the Americana derived from gifts and copyright deposits." ㉟ Indeed, it was Young who initiated the effort to change the Library of Congress from a national library into a universal library.

Young's death prompted a great donation from William Woodville Rockhill (1854 – 1914) who, in 1901, presented some 6,000 volumes of Chinese works (including some Manchu, Mongolian, and Tibetan books) to the Library of Congress. ㊱ A complete set of the codes and rites of China, in 131 volumes, was donated by him in 1902. ㊲ Rockhill was one of Young's "boys" in the Department of State and served as his secretary in the American Legation in Peking when Young was minister to China. Young and Rockhill were frequent correspondents from the mid-1880's until the death of the former. "Young's letters to Rockhill in Harvard's Houghton Library document a close and personal friendship, which undoubtedly laid the basis for Rockhill's benefactions so soon after Young's death and in a field of particular interest to both men." ㊳

Rockhill was a native of Philadelphia. He was educated in Paris, France, and his first appointment in public service was the second secretary of the American Legation in Peking. Having mastered the language and become fascinated with Chinese learning and life, he was assigned in 1901 as Special Plenipotentiary of the United States to adjust the question which had arisen between China and other nations, growing out of the Boxer Rebellion and the siege of the foreign legations in 1900. In 1905 he was promoted American Ambassador to Russia. In recognition of his sincere friendship with China, President Yuan Shih-kai appointed him as the adviser to the Chinese government, as soon as he was withdrawn from the ambassadorship in Europe. While en route to assume this trust, he died at Honolulu on December 8, 1914. ㊴

Needless to say, the debt of the Library of Congress to Mr. Rockhill for the interest he had displayed, and the time, effort, and money which he had expended in securing for the Library an outstanding collection of Chinese materials cannot be lightly estimated. In commending Rockhill's donation, Herbert Putnam. the Librarian, had this to say:

>... William Woodville Rockhill, who, by large gifts, by lasting interest, by the unselfish labor of years applied with special knowledge of the languages and literature, not only raised our resources to distinction but supplied the impetus which has since brought them to commanding rank among Western collections.
>
>Interested even from his boyhood in Tibetan Buddhism, he had acquired a good knowledge of written Tibetan before he went to China as second secretary of the American legation in 1884. Always a student of the broadest vision he applied himself during the following years not alone to the increasing responsibilities of his advancing posts but to a thorough study of Chinese and of spoken Tibetan under the guidance of an intelligent lama, from Lh'assa, whose friendship he had gained. He learned the language of remote districts: he became an authority on things of Chinese. These studies could scarcely have been so long sustained without the possession of sympathetic insight into the Chinese character. It was this combination of interest, friendly feeling, and profound knowledge that carried him through two long, dangerous journeys of exploration in regions never before trodden by a white man, that afterwards brought about his appointment as Special Commissioner to China to aid in the settlement of the Boxer troubles, that made him so successful as Ambassador to China, and that finally led President Yuan Shi-kai to select him to be adviser to the Chinese Republic....
>
>Mr. Rockhill brought, therefore, to conditions of place and time most favorable for collecting, the Western viewpoint, profound knowledge of the material and the broad interest of the scholar, traveler, diplomat, and student of international affairs. These intimations of his opportunities to acquire and his ability to select suggest the value of his benefactions.... ㊵

In 1904, the Library received a notable gift of books from the Hupeh province of China as part of the display sent to America for the exhibition at the Louisiana Purchase Exposition held in St. Louis for the centennial celebration of the American purchase of the Louisiana Territory.

The Louisiana purchase, made in a contract signed on May 2,1803, by President Thomas Jefferson and Napoleon of France, was one of the greatest events in American history. It increased American territory by approximately 846,000 square miles, practically doubling the area of the United States at that time. The American government paid $11,250,000 to France for this area which was to form 13 states or substantial parts of them: Arkansas, Colorado, Iowa, Kansas, Louisiana, Minnesota, Missouri, Montana, Nebraska, North Dakota, Oklahoma, South Dakota, and Wyoming.[41]

On August 20, 1901, President William McKinley issued a proclamation inviting all the nations of the world to participate in a universal exposition conceived within a sense of obligation on the part of the people of the Louisiana Purchase Territory in their gratitude for the blessings which had flowed from a century of membership in the American Union. For such a sentiment to reach fruition requires an undertaking of comprehensive proportions and the participation of all peoples of the world. Situated in the center of the former territory, the city of St. Louis in the state of Missouri was chosen as the exposition site. Ground was broken in late 1901, and the universal exposition was formally opened on April 30,1904, and concluded on December 1 of that year.[42]

Fifty-three foreign government participated the Exposition, including China. The Library of Congress in its capacity as the American national library was also invited to place an exhibit there which "marks the first direct participation of the Library in any of the great international expositions."[43]

The Chinese exhibit was housed in the Palace of Liberal Arts. It consisted of jades, bronzes and furs from nothern China; articles of silk and carved inlaid wooden furnitures from eastern China; ivory and lacquer works from southern China; and Chinese books from the province of Hupeh. At the conclusion of the Exposition, 198 titles in 1,965 volumes of the Chinese books displayed by the Hupeh province were donated to the Library of Congress by the Chinese government through the Chinese Legation in Washington.[44]

In 1908, the Chinese government made a most generous gift to the Library of Congress in appreciation of America's return of the unused portion of the Boxer Indemnity Fund. This was a complete set of the world's largest printed encyclopedia entitled *T'u shu chi ch'eng*, comprising 5,041 volumes[45] The impetus of this great gift started on July 11, 1908, when the Chinese government was formally notified by William W. Rockhill, then American envoy in Peking, that a bill had passed in Congress on May 25,1908, authorizing President Theodore Roosevelt to modify the indemnity bond given to the United States by China under the provisions of Articles VI of the Boxer Protocol of September 7,1901,[46] from $24,440,778.81 to $11,655,492.69.[47]

The remission of the balance to China was mainly because Congress felt that the original estimate of American losses in 1900 was too excessive. As Senator Henry Cabot Lodge (1850–1924) pointed out in 1908, "it has been since found that those estimates were much too large and that $11,655,492.69 will be quite sufficient to meet possible indemnity which we could in justice demand."[48]

In recognizing the spirit of the American friendship, the Chinese government appointed T'ang Shao-yi, who had been a member of the first group of Chinese students to study in America with government support in the 1870's as the Special Ambassador charged with the acknowledgments of China to the United States.[49] He and his party arrived at San Francisco on November 22,1908. As a visible sign of his mission, a complete set of the *T'u shu chi ch'eng* was presented to the Library of Congress. The significance of this gift was indicated in a letter of Herbert Putnam to the Secretary of State:

> ... This collection, already comprising over 10,000 volumesdue chiefly to the interest, learning, and generosity of Mr. W. W. Rockhill, now American minister at Peking—is now one of the largest outside of China. The addition of the encyclopedia will make it one of the most notable.
>
> As you are well aware, the term "encyclopedia" expresses very imperfectly the scope of this work. "En-

cyclopedias," so called, are profuse in the Occident, each attempting an epitome of knowledge and varying in dimensions from one to several score of volumes. But each such an encyclopedia represents but a particular private undertaking, the product of a small group of writers whose selection is conditioned by circumstances and who as a whole constitute but a fraction of the knowledge within the community. China alone—the government itself of China—has attempted to embody in a single literary record the entire knowledge of an epoch.

A copy for our own National Library has been for some time past one of our chief desire. As, however, the work is not in any way upon the market, and the copies in the possession of the Chinese Government are almost exhausted, we had feared that this desire could not be satisfied.

That the generosity of the Chinese Government has now satisfied it is a matter of hearty congratulation.... [50]

In 1905, the negotiations for the establishment of international exchange with China were brought to a successful conclusion, and in February 1908, a collection of sheep-bound congressional documents from 1901 to date was despatched to the American-Chinese Publication Exchange Department, Shanghai Bureau of Foreign Affairs. [51] In May 1909, the Library received a shipment of 291 volumes of Chinese books and 4 maps from the city of Shanghai in exchange for the United States documents forwarded to the Bureau of Foreign Affairs at that City. [52]

No record shows that there was any acquisition of Chinese books in 1910 and 1911. [53] As of 1912, the total holdings of the Chinese collection in the Library of Congress numbered approximately 17,000 volumes (including some Tibetan, Mongol, and Manchu publications). These consisted of the books from the first exchange in 1869 (947 volumes), the Cushing collection in 1879 (2,547 volumes), the gifts from William W. Rockhill in 1901 (some 6,000 volumes) and 1902 (131 volumes), the gifts from the Chinese government in 1904 (1,965 volumes) and 1908 (5,401 volumes), and the books from the second exchange in 1909 (291 volumes).

In conclusion, the Chinese collection in the Library of Congress was initiated by an exchange of publications between the United States and China. From its beginning in 1869 to 1912, the collection was primarily developed through gifts and exchanges. Aside from the Cushing collection, which was purchased with $4,000 in 1879, the acquisitions cost the Library little in direct outlay of funds. Although there was no evidence of an acquisition policy involved in the early growth, its unique position as the national library of the United States enabled the Library of Congress to acquire many important Chinese works which were unavailable to other libraries in America.

NOTES

①This is the translation of the Chinese labels appearing on the cases that contain these books.
②Tsuen-hsuin Tsien, "First Chinese-American Exchange of Publications," *Harvard Journal of Asiatic Studies* 25 (1964/65): 29.
③Arthur W. Hummel, "The Growth of the Orientalia Collections," *Library of Congress quaterly Journal of Current Acquisitions* 11 (February 1954): 70.
④For details concerning James Smithson's life, see George Brown Goode, *The Smithsonian Institution, 1846 – 1896; the History of Its First Half Century* (Washington: GPO, 1897), pp. 1 – 20.
⑤*Ibid.*, p. 20.
⑥Library of Congress, *Report of the Librarian of Congress for the Fiscal Year Ending June 30, 1901* (Washington: Government Printing Office, 1901), (Hereafter cited as *Annual Report of the Librarian of Congress*), p. 270.
⑦Smithsonian Institution, *Report of the International Exchange Service Under the Direction of the Smithsonian Institution* (Washington, D. C.: Government Printing Office, 1926), p. 81.
⑧Tsien, "First Chinese-American Exchange of Publications," p. 20.
⑨Samuel Wells Williams to Joseph Henry, April 17, 1868, National Archives, U. S. A.
⑩John Ross Browne's report to Secretary of State William H. Seward, November 20, 1868, National Archives, U. S. A.
⑪The communication of the Chinese Ministry of Foreign Affairs to Browne, October 28, 1868,

"National Central Library".
⑫John Ross Browne to Prince Kung, March 15, 1869, "National Central Library".
⑬Prince Kung to Browne, June 7, 1869, "National Central Library".
⑭*Ibid.*
⑮Tsien, "First Chinese-American Exchange of Publications," p. 27.
⑯Hummel, "The Growth of the Orientalia Collections," p. 70.
⑰*Annual Report of the Librarian of Congress* (1898), pp. 77 – 81.
⑱Tsien, "First Chinese-American Exchange of Publications," p. 27.
⑲*Ibid.*, p. 29.
⑳Claude Moore Fuess, *The Life of Caleb Cushing* (2 vols. ; New York: Harcourt, Bruce & Co., 1923), Vol. Ⅰ, p. 402.
㉑Te-Kong Tong, *United States Diplomacy in China*, 1844 – 1860 (Seattle: University of Washington Press, 1964), p. 3.
㉒Frederick W. Ashley, "History of the Library of Congress" (Unpublished manuscript, Library of Congress, Manuscript Division, 1939), p. 1216.
㉓Catalogue of Chinese books in the Caleb Cushing Papers, Box No. 377, Manuscript Division, Library of Congress.
㉔Ashley, "History of the Library of Congress," p. 1216.
㉕*Annual Report of the Library of Congress* (1879), p. 4.
㉖This matter was discussed for some time in a meeting on June 17, 1976, at the conference room of the Library of Congress which was specially scheduled for the writer concerning his dissertation. Those who were present included Mr. John Charles Finzi, Assistant Director for Library Resources, Dr. Warren M. Tsuneishi, Chief of the Orientalia Division, Mrs. Jennifer V. Magnus, Assistant Chief of the Order Division, Dr. Chi Wang, Head of the Chinese and Korean Section of the Orientalia Division, and Mrs. Montgomery, Principal Acquisitions Officer. While most of them were not certain about this purchase, Mr. Finzi asserted that the phrase "purchased for the Library of Congress" could be construed as "purchased by the Library of Congress." Thus, there was no doubt in his mind that the Cushing collection of Chinese books was purchased by the Library directly and not purchased by somebody else and sent to the Library as a gift.
㉗Hummel, "The Growth of the Orientalia Collections," p. 71.
㉘*Annual Report of the Librarian of Congress* (1898), p. 76.
㉙John Y. Cole, "Ainsworth Rand Spofford, the Valiant and Persistent Librarian of Congress," *Quarterly Journal of the Library of Congress* 33 (April 1976): 93 – 115.
㉚*Annual Report of the Librarian of Congress* (1897), pp. 44 – 45.
㉛For details of Young's life, see John C. Broderick, "John Russell Young, the Internationalist as Librarian," Quarterly *Journal of the Library of Congress* 33 (April 1976): 117 – 150.
㉜*Annual Report of the Librarian of Congress* (1898), p. 83.
㉝*Ibid.*, pp. 83 – 87.
㉞*Ibid.*, p. 6.
㉟Broderick, "John Russell Young, the Internationalist as Librarian," p. 142.
㊱*Aunnal Report of the Librarian of Congress* (1901), p. 308. The books were shipped directly from Peking to the Library of Congress. William W. Rockhill to Herbert Putnam, July 20, 1901, Exchange and Gift Division, Library of Congress.
㊲*Annual Report of the Librarian of Congress* (1902), p. 19.
㊳Broderick, "John Russell Young, the Internationalist as Librarian," p. 142.
㊴*Annual Report of the Librarian of Congress* (1915), pp. 41 – 42. cf. *Who was Who in America*, *1879 – 1942* (Chicago: Marquis, 1943), p. 1048.
㊵*Annual Report of the Librarian of Congress* (1915), pp. 41 – 42.
㊶Joseph Nathan Kane, *Facts About the Presidents* (New York: H. W. Wilson, 1975), p. 31.
㊷M. J. Lowenstein, *Official Guide to the Louisiana Purchase Exposition at the City of St. Louis*

(St. Louis: The Official Guide Co., 1904).

㊸ *Annual Report of the Librarian of Congress* (1904), p. 227.

㊹ *Annual Report of the Librarian of Congress* (1905), p. 16.

㊺ Hummel said that this set of *T'u shu chi ch'eng* is in 5,040 volumes, see "The Growth of the Orientalia Collections," p. 71. But the annual report of the Librarian of Congress recorded 5,041 volumes, see *Annual Report of the Librarian of Congress* (1909), p. 31, and *Annual Report of the Librarin of Congress* (1928), p. 221.

㊻ For a background concerning the Boxer Protocol, see Immanuel C. Y. Hsu, *The Rise of Modern China* (2nd ed.; New York: Oxford University Press, 1975), pp. 490–492.

㊼ 42 Cong. Rec. 720 (1908).

㊽ *Ibid.*

㊾ Chih-ber Kwei, *Bibliographical and Administrative Problems Arising from the Incorporation of Chinese Books in America Libraries* (Peiping: The Leader Press, 1931), p. 5.

㊿ *Annual Report of the Librarian of Congress* (1909), pp. 21–23.

㉛ *Annual Report of the Librarian of Congress* (1908), p. 28.

㉜ *Annual Report of the Librarian of Congress* (1909), p. 31.

㉝ There is no mention of the Chinese collection in the *Annual Report of the Librarian of Congress* for 1910 and 1911.

原載『國立臺灣大學文史哲學報』第36期（1988年12月），頁3—20

Chinese Fang-chih, Ts'ung-shu and Rare Books in the Library of Congress

The U. S. Library of Congress houses the largest collection of Chinese fang-chih or local histories, ts'ung-shu or collection of reprints and Chinese rare books in the United States.[1] The purpose of this article is to investigate these areas and to provide an analytical description of their most important items.

Fang-chih

Known in the Western world as Chinese gazetteers, fang-chih or chih-shu was usually compiled by groups of retired scholars, appointed by the local magistrate or the local gentry. In some instances the work was initiated and brought to completion by a scholar on his own. Due to the fact that the sources were primarily derived from literary and epigraphical remains and records in public and private archives, they often yield information available in no other form.

Historically, the oldest extant Chinese fang-chih—the Hua Yang Kuo Chih by Chang Chu—was written as early as 347 A. D., being a description of the area today incorporated in southern Shensi and northern Szechuan. The growth and extent of such topographical literature may be gauged from the fact that fang-chih titles which were mentioned in the literature of the Sung period (960 – 1279) alone are estimated to number at least 220. Of these only 25 are now known to exist.[2] Until the 18th century, however, Chinese gazetteers were thought of primarily as works on geograpgy. Because they were compiled in response to government mandate, it was natural to regard them as perfunctory documents, the compilation of which intended to provide the impecunious literati an opportunity to supplement their incomes. It is not surprising, therefore, that despite the great volume of this branch of literature, the catalogers of the 18th century Imperial Library chose to list only some 150 titles.[3]

The importance of fang-chih writing was measurably enhanced when the noted philosopher Tai Chen (1723 – 1777) undertook in 1771 the organization of the fang-chih of Fenchow Fu, Shansi, and in the next year that of Fenyang Hsien of the same province. Other eminent scholars like Hung Liang-chi (1746 – 1809), Wu I (1745 – 1799), and Sun Hsing-yen (1753 – 1818), performed a similar service for district fang-chih in Shensi, Honan, and Kiangsu, respectively. It was not, however, until the critical historian Chang Hsueh-ch'eng (1738 – 1801) completed the provincial fang-chih of Hupeh province, and district fang-chih in Anhui and Chihli province, that their significance to history was adequately recognized. "When properly edited on the basis of documents preserved in local archives," maintained Chang, "they would in time constitute an indispensable source for the rewriting of the national history." As a consequence, "historians would naturally turn to them for information concerning the social organization, the economic conditions, the folkways and superstitions, the biographical data, and the cultural achievements of any given localities."[4]

The total number of titles of fany-chih in the Chinese collection was first counted in 1921, when there were 1,047. The number added each year during the next two decades was indicated in each of the 20 annual reports covering 1921 – 1941. No figure had been given since 1941, except for 1949 when 31 titles were acquired, making a total of 3,479. The following table shows the addition of fang-chih in the collection since 1921:

TABLE 1 NUMBER OF FANG-CHIH ACQUIRED DURING 1921–1949

Fiscal Year	Number Added	Total	Source in ARLC
Before 1921		1,047[a]	1921, p. 169.
1921/22	115	1,162	1922, p. 176.
1922/23	134	1,296	1923, p. 171.
1923/24	37	1,333	1924, p. 258.
1924/25	27	1,360	1925, p. 256.
1925/26	5	1,365	1926, p. 312.
1926/27	18	1,383	1927, p. 245.
1927/28	96	1,479	1928, p. 273.
1928/29	11	1,490	1929, p. 288.
1929/30	14	1,504	1930, p. 342.
1930/31	48	1,552[b]	1931, p. 263.
1931/32	14[c]	1,557[c]	1932, p. 184.
1932/33	172	1,729	1933, p. 112.
1933/34	479	2,208	1934, p. 144.
1934/35	24	2,232	1935, p. 183.
1935/36	82	2,314	1936, p. 168.
1936/37	151	2,465	1937, p. 170.
1937/38	135	2,600	1938, p. 210.
1938/39	162	2,762	1939, p. 242.
1939/40	287	2,049	1940, p. 155.
1940/41	253	(3,302)[d]	1941, p. 129.
1941/48	not given	not given.	
1948/49	31	3,479	LCQJCA. 7 (Feb., 1950), p. 17.

[a] In addition, there were 93 duplicates.

[b] in addition, there were 192 duplicates. The number of duplicates was not indicated in later years.

[c] Either the number added for that year or the number given as a total was a mistake. If it is the latter case, then all totals for subsequent years should be increased by 9 titles.

[d] The total was figured by the researcher; it was not indicated in the annual report.

An annotated list entitled A Catalog of Chinese Local Histories in the Library of Congress, which contains 2,939 titles of Chinese fang-chih in the collection, was published by the Library in 1942. This was compiled by Mr. Chu Shin-chia, cataloger in the Division of Orientalia and specialist in the field of Chinese local histories, who had published numerous catalogs and other works in this subject.[5]

Twenty-three items of the 2,939 titles described in this catalog are reprints of fang-chih first compiled in Sung period (960–1279); 9 are reprints of those compiled in the Yüan period (1260–

1368); 68 were originally compiled in the Ming period (1368 – 1644); 2,376 were printed in the Ch'ing period (1644 – 1911); and 463 were published since the establishment of the Republic in 1912. More than one-third of these gazetteers came from the provinces of Hupeh (283), Shantung (279), Kiangsu (252), and Szechuan (252).[6]

A particularly valuable feature of Mr. Chu's catalog is that it points out items of special interest concerning the fang-chih in question. If, for example, it contains studies relating to folklore, gardens, local dialects, overseas Chinese, aboriginal tribes, international trade, antiquities, or is provided with especially valuable bibliographies, these points are recorded for the reader. Whenever the gazetteers contain seals showing that the works described were once in the possession of famous collectors, that fact is also noted.[7]

Ts'ung-Shu

TABLE II NUMBER OF TS'UNG SHU ACQUIRED DURING 1921—1941

Fiscal Year	No. Added	Total	Source in ARLC
1920/21	37	not given	1921, p. 170.
1921/22	12	not given	1922, p. 183.
1922/23	19	363[a]	1923, p. 174.
1923/24	31[b]	394	1924, p. 260.
1924/25	27	421	1925, p. 256.
1925/26	13	434	1926, p. 314.
1926/27	20	454	1927, p. 248.
1927/28	20	474	1928, p. 274.
1928/29	34	508	1929, p. 288.
1929/30	39	547	1930, p. 342.
1930/31	10	557	1931, p. 263.
1931/32	20	577	1932, p. 184.
1932/33	13	570 (590)[c]	1933, p. 112.
1933/34	6	576 (596)	1934, p. 144.
1934/35	5	581 (601)	1935, p. 182.
1935/36	10	591 (611)	1936, p. 168.
1936/37	33	624 (644)	1937, p. 170.
1937/38	4	628 (648)	1938, p. 210.
1938/39	98	726 (749)	1939, p. 242.
1939/40	19	745 (765)	1940, p. 155.
1940/41	72	817 (837)	1941, p. 126.

[a] Duplicates were not included in this total.

[b] The newly acquired titles for the year was 26; the additional 5 titles had just been identified as ts'ung shu that year but had been part of the collection prior to 1923/24.

[c] Because of the error, 20 more titles should be added to each of the nine total figures as indicated in the annual reports from 1933 through 1941. The total in parenthesis is the correct figure supplied by the researcher.

A class of literature of equal significance, but not featured to the same degree as gazetteers in the West, is known to the Chinese as the ts'ung shu, or collection of reprints. According to Arthur Hummel, ts'ung shu can be defined as "a compilation of two or more works, each complete in itself, and from the hands of more than one author."[8]

Works of this type have a long ancestry ia China. The ts'ung shu was one of the outstanding contributions of the Sung Dynasty to Chinese bibliography, just as the Lei-shu (encyclopedias) was one of the chief contributions of the T'ang Dynasty (618 – 907). The name of the ts'ung shu, however, was already in vogue in the T'ang Dynasty, having been employed by Lu Kuei-meng (d. circa 878 A. D.) as part of the title of his book, the Li T'se Ts'ung Shu. If we adopt the definition of the ts'ung shu cited above, then notwithstanding its title, the Li T'se Ts'ung Shu does not fall into that class, for it represents the collected writings of only one author. Until the early 1920's, the Po Ch'uan Haüeh Hai, compiled by Tso Kuei in 1273, was regarded as the ancestor of all Chinese ts'ung shu. But since the publication in 1924 of T'ao Hsiang's edition of the Ju Hsüeh Ching Wu, it is clear that this latter work, compiled by Yu Ch'eng in 1201, is the true ancestor of this type of Chinese bookmaking.[9]

By persistent effort over the years the Chinese collection in the Library of Congress had assembled some 1,500 ts'ung shu as of 1954,[10] ranging from several volumes in a collected work to as many as 2,100 volumes in the Ssu Pu Ts'ung K'an. The Library has many of the oldest and most valuable works in this class, including the above-mentioned Ju Hsüeh Ching Wu, a reprint of which was secured in 1930.

The total number of Chinese ts'ung shu was 126 in 1916, and 196 in March 1918. It was increased to 304 in 1920.[11] Annual additions had been indicated for the years from 1921 to 1941, as shown in the following table. The number of titles of this class added annually since 1941 was not available in the annual reports.

Rare Books

The Library of Congress houses the largest collection of Chinese rare works outside of China.[12] Some of them were intentionally purchased. Some of them came with the gifts by William W. Rockhill in 1900 and 1901. A considerable number were added from the transfer of the John Crerar Library's Chinese collection in 1928. About 500 rare items were obtained through the acquisition of the Wang Shu-an library in 1929.[13]

In 1957, the Library published A descriptive Catalog of Rare Chinese Books in the Library of Congress which was first compiled by Mr. Wang Chung-mia from 1939 to 1942. A well-known specialist in Chinese rare works, Mr. Wang brought to his task a varied experience in several libraries, including the National Library of Peiping, the British Museum in London, and the Bibliotheque Nationale in Paris.[14] In compiling this catalog he employed a number of criteria for inclusion: 1) All books printed before the end of the Ming Dynasty (1644) are regarded as shan pen, or rare works, and are thus automatically included; 2) books proscribed by the Manchu government in the 18th century and are now difficult to secure; 3) manuscripts which have not been printed or which, if in print, have historic importance, or else are useful for collation; 4) books bearing marginal notes or comments by famous scholars; and 5) books having seal impressions which show that they were once in the imperial Library, in a famous private library, or in the hands ofcelebrated collectors.[15]

Based upon these criteria, the Chinese collection in the Library of Congress contained 1,622 rare items as of 1942. "It is obvious that not a few books of the past three centuries, which may well be regarded as rare, are not included in the above-mentioned categories, and are therefore not described by Mr. Wang."[16]

When the catalog was completed in 1942, it became apparent to the Library that it was both difficult and costly to set Chinese type in the United States. A decision was made then that the best solution was to send the catalog to China for printing. After World War Ⅱ, Mr. Wang brought the manuscript to China, and arrangement for publication was made with the National Peking University Press in 1948. Before the completion of the publication, however, the Communist conquest of mainland China took place. Since that time the Library has been unable to keep in touch either with Mr. Wang or with the University Press. [17]

Fortunately, before Mr. Wang returned to China, a microfilm copy of the manuscript was made as an insurance against loss. When it became clear that the original plan for publication could not be carried out, the Library invited Dr. T. L. Yuan, former Director of the National Library of Peiping, to edit the microfilm copy for publication. In the meantime, he was instructed to revised and supplement the Wang manuscript as seemed appropriate.

The revised version of the catalog by Dr. Yuan was published in 1957 which contains 1,777 works, 155 more than those included in Wang's manuscript. Applying the criteria employed by the librarians of China to the rare Chinese books in the Library of Congress, Mr. Wang stated in 1942:

> This Library houses the third largest collection of Chinese rare books in the world. The most extensive, of coures, is in the National Library of Peiping, which in 1933 listed 3,985 rare works. The second largest is in the Kiangsu Provincial Library at Nanking, which in 1918 described 2,548 items. In 1934 the Palace Museum Library (Peking) listed 1,025 items, and in 1930 the Cabinet Library, Tokyo (Neikaku Bimko) listed 788 Chinese items. The rare book holdings of several other Chinese collections are doubtless considerable, but for them no listings are available. [19]

Of the 1,777 rare works described in the 1957 catalog, 11 were printed during the Sung period (960 – 1279), 1 in Chin period (1115 – 1234), 14 in the Yüan period (1260 – 1368), and 1,518 in the Ming period (1368 – 1644). Seventy items published in the Ch'ing period (1644 – 1911) were also included for one reason or another. The remainder comprise 140 manuscripts, 11 Japanese printings of Chinese works, 11 Korean printings of Chinese texts, and 1 rubbing. [20]

For the purpose of illustration, some of the most important rare items are singled out here for a brief description. The oldest specimen of Chinese printing in the Library is a small Buddhist invocation sutra entitled I Ch'ieh Ju Lai Hsin Pi Mi Ch'uan Shen She Li Pao Ch'ieh Yin T'o Lo Ni Ching. This was printed in 975 A. D. by Ch'ien Shu (929 – 988), the 5th and last ruling prince of the state of Wu Yueh. According to K. T. Wu:

> The printing of 84,000 rolls of this sutra, which contained about 3,000 characters, was ordered, and the rolls were placed in holes bored in the bricks used to erect a seven-story pagoda named Lei feng t'a (Thunder Peak Pagoda) at West Lake in Hangchow, Chekiang, in honor of the consort of Ch'ien Shu. For 950 years this pagoda stood in the banks of the famous lake. When it suddenly collapsed in a thunder-storm on September 25, 1924, a number of the rolls came to light, but with the ravages of time most of them disintegrated when exposed. The Chekiang Museum has a comparatively perfect specimen containing the frontispiece. The Library of Congress has a mutilated copy of this sutra with the frontispiece missing. Originals in varying degrees of completeness are also found in the British Museum, the Harvard-Yenching Libary, the University of Chicago, and other collections in China and Japan. [21]

The second oldest specimen in the Library's Chinese collection is the Chinese version, in scroll form, of the Saddharma Pundarika Sutra, known in China as the Miao Fa Lien Hua Ching (The Lotus of the Wonderful Law). This was printed in Hangchow about 1050 A. D. The scroll is 68 feet long by 6 1/2 inches wide, and is the version completed by Kumarajiva in 406 A. D. [22]

Another early specimen of Chinese printing is the Wei Shu (Official History of the Wei Dynasty, 386 – 556 A. D.), comprising 114 ch'uan in 64 volumes. This was printed in Szechuan in 1144, and is the earlist of the most dependable existing texts of this history. [23]

The Library also has a complete set of an old herbal entitled Ch'ung Hsiu Cheng-ho Ching Shih Cheng Lei Pei Yung Pen Ts'ao which was printed in 1249 A. D. in 10 volumes. "Both for its clear-cut characters and its finely drawn illustrations, it constitutes one of the best examples of early Chinese printing. Viewed historically, it is interesting for having been printed at Pingyang, Shansi, when that city was under the control of the Chin Tartars." [24]

The Library has 9 of the oldest Chinese manuscripts, 7 of which are of the T'ang period (618 – 907), and two are probably still earlier. [25] They were found in the caves at Tunhuang in 1907.

The great bulk of the rare items in the Chinese collection belongs to the Ming period, numbering 1,518. Of these 72 items are printed in more than one color, one of them in five colors, in order to differentiate the contributions of various commentators.[26]

Speaking of the Ming prints, mention should be made of the great Yung-lo Ta Tien, of which the Library has 41 volumes, constituting more than 10% of its extant volumes. According to studies made by Dr. T. L. Yuan. 367 volumes of this work were known to exist in 1939.[27] A number of volumes have been located since then, however. It was estimated in 1962 that some 400 volumes were known to have been in various libraries throughout the world.[28]

The Yung-lo Ta Tien is an encyclopedia of unparalled bulk compiled from 1403 to 1409 by order of Emperor Yung-lo, the third emperor of the Ming Dynasty (1368 – 1644). It comprised originally 11,095 volumes, containing 22,937 books, and was so voluminous that it has never been printed. As described by Walter Swingle:

> It is the most extensive literary monument ever made by man, being at once the largest and best dictionary of the incredibly rich Chinese language, the largest and best Chinese encyclopedia, and the largest and best collection of reprints of Chinese works in all fields of human endeavor.... It is in truth a universal compendium of all existing Chinese history, ethics, science, industry, art, geography, administration, religion, divination, in a word, of all human knowledge among the Chinese up to 1400 A. D. The Yung-lo ta tien combined all existing Chinese books that were available to the all-powerful despot, Yung-lo, excepting only novels and plays not considered as failing within the scope of a serious work of this class. The Yung-lo Ta Tien is first of all a phonetic dictionary wherein all Chinese characters are classed under the 80 rhymes, which are in turn arranged under the five conventional tones. The various authorized ways of writing the charadter, its variant forms, its sound or sounds, and its meaning are given in great detail. Then follows an exhaustive list of compound words into which the character enters, with illustrative quotations from Chinese authors of all ages. As a dictionary it is of priceless value.

The Yung-lo Ta Tien is also at one and the same time a geographical gazetteer, a biographical dictionary, and a compendium of history, literature, philosophy, science, art, religion, and astrology of unrivaled amplitude.

The Yung-lo Ta Tien is, finally, the greatest ts'ung shu or collection of works extant, as in it is included all Chinese literature existing in 1400 A. D. Some works are split up into chapters, or even parapraphs, and entered under the characters to which the fragments belong; other works are given intact under the most important character of the title.

In spite of its excellence as a dictionary and its value as an encyclopedia, the Yung-lo Ta Tien has come during the last two centuries to be chiefly valued for the many Sung, Yuan, and early Ming works that were copied into it but since then lost.

No fewer than 385 lost works were copied out of the Yung-lo Ta Tien by a commission appointed in 1773 by Emperor Ch'ien-lung, and included in the great Ssu K'u Ch'uan Shu. 286 lost works were reprinted at the Imperial Wu Ying Tien press under the supervision of Wang Chi-hua, one of the commissioners appointed to search through the Yung-lo Ta Tien and copy out lost works. In spite of the efforts of this imperial commission, many other works have since been recovered by interested scholars, such as Yuan Yuan and Sun Chuang, and a great number of very important works now lost have never been copied out of the Yung-lo Ta Tien, although known to be included in it.

For the compilation of this work, a commission of 148 scholars was first established in 1403. The result of one and one half years' effort proved unsatisfactory to the Emperor, thus a new commission was organized in 1404. It consisted of one director, 2 associated directors, 20 subdirectors, and no fewer than 2,069 assistants. They worked hard for another four years, and the first draft was presented to the Emperor in 1407. As a sign of his approval he attached his name to the title, calling it Yung-lo Ta Tien (The Great Encyclopedia of Yung-lo). An army of copyists worked for two more years, and the final copy was completed in 1409. A brief calculation suffices to reveal the astounding fact that the equivalent of nearly 10,000 years of labor was spent by scholars and scribes in putting this monumental work into final shape. Of these some 8,000 years' labor of scholars was consumed in compiling and proofreading the original work, and about 2,000 years of efforts in making copies and transcripts.[30]

It is not clear whether two copies or more of this work were made. As a result of a fire in 1557 in the palace of Emperor Chia-ching where the work was stored, however, a new manuscript set was made between 1562 and 1567.[31] Since "the original set was entirely destroyed," the present extant volumes are believed to belong to the new set,[32] which was again largely destroyed by fire, on June 23, 1900, during the Boxer Rebellion.

The Library's holding of 41 volumes of this work[33] is the largest outside of China, second only to the National Library of Peking (formerly the National Library of Peiping),[34] with the receipt in recent years of the reproductions of other existing volumes, the Library now has most of them, either in original manuscript, or in reproduced forms, such as microfilm and facsimile copy.[35]

Finally, a brief description is warranted of the microfilming of the nearly 2,900 rare items which were deposited in the Library for safekeeping by the National Library of Peiping during World War II as mentioned earlier.

The story of the travels of these treasures to the United Stated began in 1937 when they had been moved out of Peking before that city was occupied by Japan. By 1940 they were stored in the French Concession of Shanghai at the Aurora University.[36] In November 1940, Dr. T. L. Yuan (1895 – 1965), then Director of the National Library of Peiping, queried American representative in China as to whether or not the Library of Congress would give the treasures safekeeping, also, he offered permission to microfilm them.[37]

After the State Department transmitted Yuan's query to the Library, Arthur Hummel promptly urged the Librarian to accept the offer. As he told MacLeish:

> I regard it as highly important, both from an international point of view and for the benefits that would accrue to this Library, that we should grant temporary storage for the rare books and manuscripts beloging to the National Library of Peiping. Dr. Hu assures me that opportunity would be given to us to photostat or film at least some of the rare items. This alone would compensate for any inconvenience to us because the material is the finest that the Chinese people possess.[38]

Accordingly, MacLeish replied to the State Department on November 30, 1940, saying: "the Library of Congress would consider itself fortunate to receive and to give safe-keeping to the books and manuscript... and would consider that the resources of American scholarship had been immeasurably enriched if the Library would be afforded the opportunity... to make microfilm copies."[39] In the meantime he wrote to Dr. Hu Shih, Chinese Ambassador to the United States:

> I am writing to inform you of the great interest of the Library of Congress in the rare and invaluable materials from the Peking National Library and the National Central Library at Nanking now stored in Shanghai. If the Library of Congress could secure on loan this collection of incunabula of the 11th, 12th, and 13th centuries, and of scrolls from the Cave of the Thousand Buddhas, and of the original volumes of the Yung-lo Ta Tien, it would be profoundly appreciative. These materials constitute not only one of the greatest treasures of Chinese letters but also one of the greatest treasures of world literature. If, therefore, the custodians of these materials were willing to deposit them with the Library of Congress on loan, the Library of Congress would gratefully undertake their care.[40]

The first shipment of two boxes of these treasures arrived on May 26, 1941, and 25 more on December 18, 1941; 75 boxes were in the care of the Library of the University of California at Berkeley for a time before they arrived at the library of Congress on March 16, 1942.[41] As soon as the rare books reached Washington, the Chinese Ambassador, Dr. Hu Shih, informed the Library that permission was granted by the Chinese government to microfilm any or all of these items, and that films so made might be distributed by the Library of Congress throughout the world. The sole request made by the Chinese government was that three sets of all the reproductions be sent back to China so that the Chinese people themselves may enjoy more wide-spread access to them.[42] In the letter which Ambassador Hu Shih wrote to the Librarian granting this permission, he remarked:

> I am writing, my dear Mr. MacLeish, in the spirit of the following story told of Confucius. The King of Ch'u once returned from hunting and found that his treasured bow had been lost in the chase. His servants suggested that a search be made for it. The King said, "No, what one Ch'u man has lost, another Ch'u man has found." When Confucius heard the story he remarked, "Well said! But why didn't he go a little further

and say what one man has lost, another man has found. Why add the qualification Ch'u?"[43]

Microfilming of these treasures began in 1942 and was completed in May 1946. The films contain 1,072 reels (mostly 100 feet in length), representing 2,500,000 pages from 2,720 titles in some 20,500 volumes.[44] Total expenditure of the project was approximately $37,000.[45]

The collection was by no means all the rare books of the National Library of Peiping, but represented a careful selection of the most precious items which were chosen for safekeeping because they are unique. Among them are 150 printed works of the Sung period (960 – 1279), 100 works of the Yuan period (1260 – 1368), and about 2,000 works of the Ming period (1368 – 1644) and the succeeding Ch'ing period (1644 – 1911). There were local histories of the provinces as early as the Ming period; popular literature (novels, short stories, dramas), either printed before 1644 or copied by hand during the 17th century; China's oldest known illustrated children's primer (an early 16th century reprint of a 1436 edition, more than a century older than first Western picture book for children, which was issued in 1658); and more than 300 manuscript volumes of the Ming period, comprising the chronicles of the Ming emperors, the most complete set ever known.[46]

Since the Library had agreed to furnish 3 complete sets of microfilm to Chinese institutions designated by the Chinese government, two of the three copies were brought back to China by Mr. Wang Chung-min who had participated in the work of microfilming the collection. One of the two was kept in the National Library of Peiping, the other went to the National Central Library in Nanking. The third set was retained in the Library of Congress until 1959, when the government designated the Academia Sinica, Taipei, then directed by Dr. Hu Shih who was the Chinese Ambassador to the United States when these treasures arrived in Washington, as its depository.[47]

A number of sets have also been purchased by leading research institutions in the United States and abroad, such as the universities of Chicago, Cambridge, and Leiden, while portions of it have been secured by Columbia, Harvard, and others.[48] As Verner W. Clapp once pointed out: "There is no doubt that wars and the dislocations to which they give rise have in the course of history often indirectly promoted the ends of learning and of scholarship."[49] The microfilming of these Chinese treasures by the Library of Congress is an excellent example.

By late 1946, arrangements were already being made for the return of these rare items to China. Due to the continued unrest caused by the Chinese civil war between the Nationalists and the Communists, however, shipment was delayed. Although the Nationalist government moved to Taiwan in 1949 and the "National Central Library" was reactivated in 1955, it lacked facilities to care for the rare materials. It was not untill 1965 when both space and adequate facilities had been enlarged that the government of Taiwan asked the then Librarian of Congress L. Quincy Mumford to arrange for their return, so that the materials could be shipped to Taipei together with Chinese items exhibited at the World Fair in New York. On October 21, 1965, 102 cases of books and 14 suitcases of wooden slips were delivered into the custody of Mr. Daniel T. C. Chang of the National Central Library at the shipping entrance to the Annex of the Library of Congress.[50] They arrived safely in Taiwan on November 23, 1965,[51] thus concluding their historical odyssey of a quarter century.

References

1. As of 1975, The Library of Congress had 3,750 gazeteers, 3,000 Ts'ung Shu, and 1,544 rare items published prior to 1644; whereas the Harvard-Yenching Library, the second largest Chinese collection in the United States, had 3,525 gazeteers, 1,400 Ts'ung Shu, and 1,269 rare items printed before 1644. See Tsuen-hsuin Tsien, *Current Status of East Asian Collections in American Libraries*, 1974/75 (Washington, D. C.: Center for Chinese Research Materials, Association of Research Libraries, 1976), pp. 42, 43 – 44.

2. Wu Ch'i-ch'ang, "Sung tai chin ti li hsueh shih (The Study of Geography in Sung Times)," *Kuo Hsueh Lun Ts'ung*, Vol. 1, No. 1, p. 60. Cited in ARLC (1932), p. 193.

3. *Ibid.*, pp. 193 – 194.

4. *Ibid.*, p. 194.
5. *Annual Report of the Librarian of Congress* (1942), p. 41.
6. *Ibid.*, p. 42.
7. *Ibid.*
8. Arthur W. Hummel, "Chinese and Other East Asiatic Books Added to the Library of Congress, 1929 – 30," in *ARLC* (1930), p. 343.
9. *Ibid.*
10. Arthur W. Hummel, "The Growth of the Orientalia Collections," *LCQJCA* 11 (February 1954), p. 79.
11. *Annual Report of the Librarian of Congress* (1920), p. 191.
12. Arthur W. Hummerl, "Orientalia: China," *LCQJCA* 4 (February, 1947), p. 19.
13. *Ibid.*, p. 21.
14. *Ibid.*, p. 19.
15. *Ibid.*
16. *Ibid.*
17. Edwin G. Beal, Jr., "Foreword" to *A Descriptive Catalog of Rare Chinese Books in the LC* (Washington, LC, 1957).
18. *Ibid.*
19. Arthur W. Hummel, "Orientalia: China," *LCQJCA* 4 (February, 1947), p. 19.
20. Beak "Foreword," *op. cit.*
21. K. T. Wu, "Illustrations in Sung Printing," *QJLC* 28 (July, 1971), p. 175.
22. *Ibid.*, p. 176; see also Hummel, "Orientalia: China," 1947, p. 20.
23. *Ibid.*, p. 20
24. *Ibid.*
25. *Ibid.*, p. 21.
26. *Ibid.*, p. 20.
27. Dr. T. L. Yuan published two articles about the extant volumes of the *Yung-lo Ta Tien*. In his 1929 article the number of volumes was 349, see "Census of the Extant Volumes of the *Yung-lo Ta Tien*," *Bulletin of the National Library of Peiping*, 2 (March-April, 1929), 215 – 251; in his 1939 article, 367 volumes were recorded, see "Census of the Extant Volumes of the *Yung-lo Ta Tien*," *Quarterly Bulletin of Chinese Bibliography*, New Series, 1 (September, 1939), 246 – 286. Other publications relating to the extant volumes of this work include the facsimile edition of 202 volumes published in Peking by the Chung Hua Book Co. in 1960, and a facsmile edition of the existing volumes published in Taipei by the World Book Co. in 1962. The Taipei edition was presented to the Library of Congress as a gift by Professor Yang Chia-lo in 1963, which consists of 100 volumes bound in Western style. See Edwin G. Beal, et al., "Orientalia: China and Korea," *QJLC* 21 (April, 1964), p. 124.
28. K. T. Wu and Key P. Yang, "Orientalia: China and Korea," *KCQJCA* 19 (March, 1962), p. 79. It was mentioned in 1961, however, that "a number have been located in the past 21 years, however, and at the present time it is probable that the locations of almost 500 volumes are known." See Edwin G. Beal, K. T. Wu and Key P. Yang, "Orientalia: China and Korea," *LCQJCA* 18 (February, 1961), p. 64.
29. Walter T. Swingle, "Orientalia: Acquisitions," in *ARLC* (1923), pp. 188 – 189.
30. *Ibid.*, p. 190.
31. *Ibid.*
32. Wu and Yang, *op. cit.*, p. 79.
33. Two of the 41 volumes were first loaned in 1931 to the Library by Mr. John Gilbert Reid, but donated to the Library in 1961. See *Ibid.*
34. Beal, Wu and Yang, *op. cit.*, p. 64.
35. Wu and Yang, *op. cit.*, p. 79.
36. Hummel's memorandum to the Librarian, December 20, 1940, Asiatica File, LC Central

Service Division.

37. E. Wilder Spaulding to Archibald MacLeish, November 27, 1940, Asiafica File, LC Central Service Division.

38. Hummel's memorandum to the Librarian, November 29, 1940, Asiatica File, LC Central Service Division.

39. Archibald MacLeish to the Secretary of State, November 30, 1940, Asiatica File, LC Central Service Division.

40. Archibald MacLeish to Hu Shih, January 2, 1941, Asiatica File, LC Central Service Division.

41. "Rare Chinese Library Materials Arrive in Taipei After World War II Journey to Library of Congress," Library of Congress Press Release No. 65 – 77, January 14, 1966, Asiatica File, LC Central Service Division.

42. Arthur W. Hummel, "Orientalia: China," *LCQJCA* 3 (February, 1946), p. 17.

43. Cited in Hummel, "The Growth of the Orientalia Collections," p. 79. The researcher tried in vain to locate this letter when he was doing research in the LC during the summer of 1976. Dr. Edwin Beal told the researcher that he had seen this letter in the Asiatica File of the Central Services Division. Since it could not be located there, the researcher went to the Chinese Embassy in Washington, D. C. where he was told that all Dr. Hu Shih's file had been sent back to him in Peking after World War II when he was the President of the National Peking University, and were lost when the Communists occupied that city in 1949.

44. Fu-ts'ung Chiang, "The Return of the Rare Chinese Collection of the National Library of Peiping Preserved in the United States," *West and East*, 11 (March, 1966), 5. See also *ARLC* (1947), p. 49.

45. Verner W. Clapp to Cleon C. Swayzee (Director of the Board of Overseas Training and Research, Ford Foundation), January 27, 1954, Asiatica File, LCCSD.

46. Library of Congress Press Release, No. 65 – 77, *op. cit.*; cf. Arthur W. Hummel, "Orientalia: China," *LCQJCA* 3 (February, 1946), pp. 17 – 22.

47. Hu Shih to L. Quincy Mumford, February 14, 1959, Asiatica File, LC Central Services Division.

48. *Annual Report of the Librarian of Congress*, (1947), p. 49.

49. Clapp to Swayzee, *op. cit*.

50. Library of Congress Press Release, No. 65 – 77, *op. cit*.

51. Nai-wei Chang to Jennings Wood, December 21, 1965, office of the Cultural Counselor File, "Embassy" of Taiwan, Washington, D. C.

原載『臺灣大學圖書館學刊』第 7 期（1991 年 11 月），頁 65—83

Three Major Contributors in the Development of the Chinese Collection in the Library of Congress

Among those who had influenced, in one way or another, the development of the Chinese collection in the Library of Congress, three persons should be singled out for their distinguished contributions. They were Herbert Putnam, Librarian of Congress from 1899 to 1939; Walter T. Swingle, a noted botanist and physiologist in charge of the Bureau of Plant Industry of the U. S. Department of Agriculture, who had been closely associated with the Library's Orientalia for nearly three decades and aided in almost all the major acquisitions of Chinese materials from 1913 to 1927; and Arthur W. Hummel, Head of the Chinese collection and Chief of the Orientalia Division from 1928 until his retirement in 1954.

Herbert Putnam (1861-1955)

Speaking of Putnam's contribution to the Chinese collection, Walter Swingle characterized him as "The builder of the Greatest Chinese Library in the Western World," and continued to say:

> This country, is indeed fortunate in having as the head of its greatest library a man of such profound understanding and unsurpassed energy as Dr. Herbert Putnam. Under his enlightened administration the Library of Congress has become a true national library....
>
> It is not surprising that a man of the vision and foresight of Dr. Putnam realized far in advance of his brother librarians in this country the great significance of Chinese books as a record of a great, ancient, and original civilization. Thanks to his active interest, and in the face of many difficulties he has been able, in the short space of fifteen years, to raise the Chinese collection of the Library of Congress to the first rank of all the libraries in the Western world, in spite of the fact that several of the leading Old World libraries have been collecting Chinese books for more than a century. [1]

Arthur Hummel, who served under Putnam as his Chief of the Orientalia Division from 1928-1939, summed up Putnam's leadership in regard to the development of the Orientalia collections by saying:

> It was fortunate for the development of the Oriental collections that from 1899 to 1939 the Library of Congress had as its head a man of rare judgment and foresight, who realized long before other librarians of the country the future importance of Oriental books and who grasped intuitively the nature of the unified world toward which we are moving. [2]

Putnam was a man of great vision. When he took office as the 8th Librarian of Congress, he realized that although the Library had the largest library building in the world, it lacked the contents to match the outstanding libraries in European countries. [3] To enable the Library of Congress to rival the British Museum and the Bibliotheque Nationale in Paris in quality as well as in quantity was Putnam's persistent effort. [4]

During his administration, it had always been the policy of the Library that while certain fields, such as political and social science, law, and history, should always be maintained well, it was obvious to him that the total collection had to develop comprehensively so as to meet the needs of all investigators. [5] As a result, a quarter century after Putnam assumed the post, "the collection includes every branch of literature, in 150 languages and dialects." [6] In 1931, the Library's holdings numbered 4,000,000 volumes and were "equal in mere dimension to those of the British Museum in London and Bibliotheque Nationale in Paris. Its distinctive inferiority to them, however, lay in its lack of original manuscripts of foreign origin." [7] Nevertheless, "the Library now possesses the largest collection of Russian literature outside Russia, and the largest of Chinese literature outside China." [8]

Putnam's contributions to the Chinese collection Were twofold. First, before the Division of Chinese Literature was established in 1928, he worked closely with Watler Swingle in the acquisition of Chinese books. This was evidenced by his correspondence with Swingle, some of which are cited below:

Your note of March 5 is at hand this morning.

If... you are sure both of their value as addition to our collections, and of the relative moderation of prices, we shall willingly venture another thousand, or even perhaps $1,500 in their acquisition. (March 20, 1915) [9]

Answering your inquiry of the 20th:

It involves, as you will recall, the purchase of certain additional encyclopedia, comprising some 11 works in 251 volumes, at a cost of $307.00 gold.

As in other cases. I confide to your judgment as to the value of the works described, and the desirability of such an expenditure upon them....

I accordingly adopt your recommendation and a carbon of this note will be filed in our Order Division, so indicating. (Dec. 22, 1916) [10]

My absence from town has delayed action upon your recommendations of January 9, and those in your letter of January 13, which only this morning reached me.

I approve both; —that of January 9th comprising some 17 works in 414 volumes, at a cost of $512 Mexican. and that of January 13, a total of 75 works in 900 volumes, at a cost of 697.50 Yen, or about $350.00 gold.

I am giving our Order Division the instructions accordingly.... (Jan. 15, 1917) [11]

Your note of yesterday, in pursuance of the word we had on the subject: it proposes that $500 be allotted for purpose of additional Chinese geographical works, especially of works relating to Southern China—the eight provinces lying south of the Yangtze River, and also the provinces of Szechuan and Hupeh. I approve the expenditure, and will ask you to consider the allotment as authorized. I will also ask you to be so as to undertake the negotiation as in other cases.... (April 5, 1917) [12]

Yours of this morning which I have read with interested attention.... [1] That I welcome your offer in the course of your trip to undertake further purchases for us of Chinese books; also of Japanese or other Oriental books if a special opportunity should occur; [2] that I approve the order of importance suggested as to the scope of purchase; [3] as to the amount to be expended I feel a little hesitation in fixing this definitely. So much would depend upon the length of your stay and other possible intervening obligations.

It may, however, suffice for your purpose for me to indicate that I see no reason why in the course of the next year and a half, say, or even during a briefer period we should not apply a sum of at least $5,000 and should your reports of what you find sustain your belief that double this amount may advantageously be applied at this time, then $10,000 to this purpose. (March 23, 1918) [13]

I have your two notes of October 29:

... The other is as to further ts'ung shu, involving an expenditure of about $690, and of some miscellaneous items recommended by Professor Kiang, which will cost about $196. I approve these purchases involving an aggregate expenditure of $886.... (Nov. 1, 1919) [14]

I think we should venture the entire 146 items if, as I assume, you think that no better application could now be made of the total sum mentioned—$754 Yen.

I am therefore approving your note and sending it forward to the Order Division for the usual attention. (Feb. 25, 1921) [15]

Your notes of the 17th and of yesterday:

The first, with reference to the 70 works recommended by Mr. Yuan. of which you propose the purchase of 66 at a cost of, say, $1,000 mex.; and the note of yesterday with reference to a Ming Dynasty encyclopedia, Pa pien lei tsuen, in 79 volumes, offered at 80 Yen by K. Tanaka, Tokyo.

I am glad to approve both recommendations. (June 22, 1922) [16]

I have your letter of February, 25 with reference to a manuscript copy of the Ch'uan fang pei tsu, in 58 books, offered by the Commercial Press at Shanghai for $200 mex. I am glad to approve this recommendation for purchase. (March 1, 1924) [17]

The above correspondence from Putnam to Swingle has indicated unequivocally that before the establishment of the Division of Chinese Literature all of the acquisitions of Chinese books, at least the major ones, were approved and encouraged directly by Putnam himself. It is also perfectly clear that the Order Division under Putnam was nothing but a recording agent insofar as the acquisition of Chinese books was concerned.

The second contribution of Putnam to the Chinese collection was his generous financial support for purchasing. Some $75,000 before 1928 and about $40,000 between 1928 and 1939 had been spent for purchasing Chinese materials through the Library's book funds. In addition, he managed to obtain from Andrew Mellon two donations ($10,000 in 1928 and $12,500 in 1930) for the enrichment of the Chinese collection. It is interesting to notice that after Putnam's retirement, financial support to the Division of Orientalia was confronted with difficulties. One of these confrontations occured in 1941 when Verner Clapp, then Administrative Assistant to the Librarian, withheld the annual allotment of 1940/41 for the Division. Another surfaced in 1952 when Hummel's request of more funds or non-current materials was turned down and met with the reply that "we believe that small divisional allotments and a reserve should be set up to give other divisions some slight opportunities." [18]

Apparently, Putnam's treatment of the Orientalia Division had been viewed by some as a special favor and aroused jealousy and discontent on the part of other divisions at the Library. Compared to the treatment giving Orientalia by succeeding administrations, Putnam's contributions to the Chinese collection were particularly evident.

In 1939 when Putnam became the Librarian Emeritus, President Franklin D. Roosevelt had this to say about his achievements:

> The completion of two score years of service in making the great resources of the Library of Congress serve the needs of the American people is an event of outstanding importance. Under your direction our national library has become one of the great libraries of the world.... I believe the library has become universal in scope and national in service. [19]

In view of the rapid development of the Chinese collection in the Library of Congress during Putnam's tenure, Roosevet's comment was, indeed, true.

Walter T. Swingle (1871 – 1952)

Walter Tennyson Swingle was the Physiologist in Charge of the Bureau of Plant Industry and Chairman of the Library Committee in the Department of Agriculture. For three decades he was closely associated with the Library of Congress, and made various contributions to the development of the Orientalia collections in general and the Chinese collection in particular.

Swingle was born January 8, 1871, on a farm in Canaan Township, Wayne County, Pennsylvania, the son of John Fletcher and Mary Astley Swingle. His mother was born in England. When he was two years old the family moved to Manhattan, Kansas, where they bought a hill farm. Ever since boyhood Swingle had always loved plants and memorized their names and, if no one could tell him what they were, he used to make up names of his own for them. He stuttered badly as a boy, and struggled to overcome this difficulty of speech. "It did not handicap him too greatly," however, "for his extraordinary proficiency in systematic botany, before he had had much, if any, formal education, set him apart as somewhat of an intellectual prodigy." [20]

Little is known about his early education. In 1890 he received a B. S. degree from the Kansas Agricultural College and Experiment Station at Manhattan. The following year, in 1891, he began his life-long career in the U. S. Department of Agriculture, interrupted only by study at the University of Bonn in 1895 – 1896 and at Leipzig in 1898. Throughout his life he was "notable not only for his many accomplishments in botany, but likewise as a student of Chinese contributions to science, technology, and civilization." [21]

The assessment of his contributions to agricultural botany is unnecessary here. It must be said, however, that by virtue of his intensive studies of semitropical plants and his extensive travels in Southern Europe, Northern Africa, Asia and Middle America, Swingle had helped to improve radically a number of major crops in the United States. Specifically, he introduced the Smyrna fig insect to California, Algerian date palms to California and Arizona, and Egyptian cotton to Arizona, and had much to do with the introduction to America of the Chinese soybean, alkaloid-yielding ephedra, and the tung oil tree. [22]

Swingle retired from the Department of Agriculture in 1941 after half a century of service as a physiologist and agricultural botanist, and became a consultant in tropical botany at the University of Miami, Florida, in the same year. He died in Washington, D. C. on January 19, 1952, at the age of 81. His publications totalling 256 items, as well as his private library of botanical literature which contains some 20,000 volumes, many of which are virtually unobtainable today, were donated to the Library of the University of Miami. [23]

The interest of Swingle in China originated in his belief that China and America have a special botanical relationship because they are the only two very great land areas of the earth that occupy similar positions in the temperate zone on opposite sides of the globe. "Thus the flora of one can often be advantageously transferred to the other."[24] This belief led to his interest in the Chinese collection in the Library of Congress around 1910. "Seeking descriptions, by the Chinese themselves, of rare plants suitable for cultivation in the United States, he began, in 1912, to urge the building of a great collection of Chinese books in Washington."[25] In fact, from 1913 to 1927 he himself cooperated enthusiastically with Herbert Putnam, Library of Congress, in building up this "most carefully chosen and largest collection of Chinese books in the Occident."[26]

Swingle's contributions to the Chinese collection were manyfold. First, during the period 1913–1927 he was in fact in charge of the acquisitions for the Chinese collection. In addition to three of his own trips to China (1915, 1918/19, and 1926) to purchase books for the Library, all other book-acquiring missions—such as Hing Kwai Hung's commission in 1913/14, S. C. Kiang's commission in 1917, O. E. Cook's commission in 1925/26—were arranged by him.[27] As a result of his efforts, both direct and indirect, he himself estimated that between the years 1915 and 1927 the Chinese collection was augmented by 68,000 volumes.[28]

Second, Swingle's interest in Chinese gazetteers, ts'ung-shu, and rare items resulted in strong collections in these areas. Statistics show that before 1928 the Chinese collection held 1,479 titles of Chinese gazetteers, 474 collective titles of ts'ung-shu, and many of the 41 original volumes of the great Yung-lo Ta-Tien. Interest in developing the collection in these areas continued after 1928, and they remain the largest of their kind in the United States.[29]

Third, records show that most of the personnel who worked in the Chinese collection before the establishment of the Division of Chinese Literature in 1928 were recommended by him. They included: Dr. Hing Kwai Hung, who first put the collection in order in 1911 and 1912; Michael J. Hagerty and Kuang chin Liu (1916); K. P. Wang and George Wan (1917); George Wang and Chen Wang (1918); Ta Chen and K. P. Wang (1919); Q. K. Chen (1919–1920); Siao-yuan Li (1920–1921); and Dr. T. L. Yuan (1921–1923).[30] They were either Chinese specialists in the Department of Agriculture or Chinese students studying in American universities.[31] Special mention should be made of Michael J. Hagerty (d. 1951), a gifted but largely self-taught man who in 1913 was first encouraged by Swingle to acquire a reading knowledge of Chinese botanical literature and to become a translator in the Department of Agriculture. Hagerty's mastery of the Chinese language enabled him to do much cataloging and translating of Chinese books for Swingle in later years.[32]

Fourth, Swingle's concern with the Chinese collection was so deep that perhaps it was he who first urged the creation of an independent division for the collection. In a letter dated August 2, 1927, he told Putnam:

> I must say, first of all, that I am delighted with the position of the East Asiatic Collection on the 12th deck of the new book stack. This will undoubtedly be extremely helpful in getting adequate financial endowment for the Chinese collection and I think that it would also be very helpful indeed if funds could be obtained from the Appropriations Committee for a custodian of the Far Eastern books. This would enable the treasures of this collection to be brought into public notice in such a way as to make obvious the need for more adequate study of this unique collection....[33]

He went so far as to recommend prospective candidates for its chief, as he suggested to Putnam in the same letter:

> It is out of the question for me to bring to notice more than a few outstanding items, but if the right kind of a man could be put in charge, the whole world would soon know of the great value of the collections in the

Library of Congress—particularly the unrivaled Chinese collection. I saw Professor Pelliot in Paris, but he feels that it will be out of the question for him to leave Paris permanently, although he would be glad to help at Washington for a short period if his services were needed. He did, however, recommend very warmly a man who has been studying with him, a "while" Russian. I believe, who he said had shown exceptional talent and who is still young. I believe this Russian sinologist would be willing to work for the regular salary paid in the Library of Congress....[34]

Fifth, Swingle's contribution was further evidenced by the fact that from 1917 to 1927 (except 1918 and 1919) all acquisitions reports for the Chinese collection were written by him and were appended in full in the Librarian's annual reports. Although he furnished no more acquisitions reports after 1928, he continued to contribute, until 1937, notes on the accessions of Chinese books on agriculture, medicine, and materia medica. Most of his reports averaged about 20 printed pages; some of them, such as the one for 1926-1927, ran as many as 36 pages. Because his reading knowledge of the Chinese language was limited,[35] however, all his reports were based upon translations by his staff, particularly Mr. Michael J. Hagerty.[36]

Finally, Swingle was a tireless promoter of Chinese studies and a staunch exponent of Chinese civilization. In an article published in 1927, he advised the Western world:

> It is perhaps worth while for thoughtful people the world over to pause for a moment and inquire just what are the qualities of the Chinese people and what have been the methods that have enabled them to maintain for many thousand years, almost uninterruptedly, a very high standard of civilization. Had the Chinese been a barbarous people without printed records they would long ago have been completely studied and thoroughly understood by western peoples, but instead of being barbarous, they are a highly civilized people having a well developed historical sense and probably the most magnificent set of records to be found in any country in the world. The enormous number and wide scope of these records has operated to keep them practically a sealed book to the western world. Here indeed, we are in the presence of an embarrassment of riches a mass of documents and of records so colossal that the human mind is appalled in any effort to take an inventory of this gigantic accumulation of records, annuals, biographies, practical and scientific treatises, encyclopedias, literary and dramatic works, bibliographies, etc.[37]

Such an understanding of China and such an appreciation of Chinese civilization leaves no doubt that Swingle was not only the pioneer in the study of Chinese agricultural and botanical records, but also one of the persons most devoted to aiding the development of the greatest Chinese collection in the Western world. In appreciation of his contributions to the Library, he was appointed in December 1947 Honorary Consultant on the Development of the Orientalia Collections, and he served until his death in 1952.[38]

Arthur W. Hummel (1884-1975)

On March 10, 1975, Arthur William Hummel died at Sandy Spring, Maryland. He was 91 years of age. His death concluded a long career not only as one of the most distinguished pioneers of Asian studies in America,[39] but also as one of the most enthusiastic promoters of Chinese collections in the Occident.

Hummel was born on March 6, 1884, at Warrentown, Missouri. His father died about two weeks before he and his twin brother, William Frederick, were born. His widowed mother died in 1897 at the age of 37 when her twin sons were only 12 years old.

Arthur lived with relatives in Nashville, Illinois, where he graduated from high school in 1903, and acquired a reading and speaking knowledge of the German language from his German-born grandparents. It was fortunate that upon graduation both he and his brother received free tuition to attend the Academy of the University of Chicago for Boys, Morgan Park, Illinois. After graduating with a good academic record from the Academy in 1905, he was admitted to the University of Chicago without examination, and received his B. A. degree in 1909. From the same institution he received a Master's degree in 1911, and a Bachelor of Divinity in 1914. He received his Ph. D. in 1931 from the University of Leiden, the Netherlands.[40] As described by Edwin Beal:

> While teaching part-time at Columbia University in 1930-1932, Arthur Hummel again met the celebrated Dutch Scholar Professor J. J. L. Duyvendak, whom he had known in China, and who

was now also teaching at Columbia. Professor Duyvendak became aware that Hummel had for years been interested in the movement among Chinese scholars for the critical re-evaluation of their own history, and that he was personally well acquainted with some of the leading figures in that movement; he had, in fact, carefully studied the first volume of Ku Chieh-kang's Ku Shih Pien (Symposium on Ancient Chinese History) when it was published in 1926, and had reviewed it in The China Journal in November of that year. Professor Duyvendak therefore encouraged Hummel to prepare a dissertation on this subject for submission to the University of Leiden. This work, The Autobiography of a Chinese Historian, was essentially a translation of the autobiographical preface to the Ku Shih Pien, with an extensive background introduction and notes. It was published in 1931 as the first volume in the new Sinica Leidensia series. In preparing it, Hummel worked closely with Professor Duyvendak, who checked the translation, sentence by sentence, against the original text, and contributed many useful suggestions. A pioneer work, which revealed to Western students what Chinese scholars were doing in the re-examination of their own history, this dissertation is still widely used and frequently cited.[41]

After receiving his Master's degree in 1911, Hummel began teaching history in a high school at Chattanooga, Tennessee. Six months later, he was informed by Mr. Roy Smith, his schoolmate at Chicago, that a teaching position was open at the Kobe Higher Commercial School, Japan, where Mr. Smith was teaching English. Since this opportunity to visit the Orient strongly appealed to him, he borrowed $350 from an uncle to make the trip to Japan, where he arrived in March, 1912. Hummel taught English at the Japanese school for two years, and during both summers he visited China, where his brother, William Frederick, had been teaching history and religious education at the University of Nanking since 1908. These visits aroused his interest in Chinese culture and civilization and their great influence on Japan. He decided, therefore, that "he wanted to study these influences more closely in the country of their origin; and that, after all, China was the country to which he was best suited."[42]

In 1914, Hummel returned to the United States to finish his Bachelor of Divinity at the University of Chicago, and married Ruth Emily Bookwalter on October 8 of that year. In November the newly-married Hummels left for China under the auspices of the American Board of Commissioners for Foreign Missions. After a year of full-time study of the Chinese language in Peking, they moved to Fenchow, Shansi, in the fall of 1915. During the next 10 years he taught English and performed various administrative duties in the Mission's Boys' Middle School at Fenchow. In the meantime he continued his study of the Chinese language, and read extensively the Chinese gazetteers, which provided him with great insight into the history, geography, customs, and beliefs of the local people.

Also in this period he developed a hobby of collecting old Chinese coins and old Chinese maps. The more than 2,000 different coins that he collected gave him and his wife much practice in identifying the different periods of Chinese history; and the maps were not only to play a dramatic role in the opening of his fruitful career in the Library of Congress, but brought him a modest sum in 1930 when the Library acquired them for $12,500.[43]

In 1924, the Hummels moved to Peking to teach Chinese history and civilization at the Yenching School of Chinese Studies (later known as the California College in China, and finally as the College of Chinese Studies). This continued until 1927, when they returned to America because of the turmoil caused by the Chinese unification movement.

Shortly after his return to the States, he was invited to deliver a speech on China before the Institute of Politics at Williams College, Mass., where he met Lawrence Martin, then Chief of the Maps Division of the Library of Congress. Knowing Hummel had a collection of Chinese manuscript maps, Martin asked him to bring his maps to Washington for an examination. During the presentation of his maps, Hummel first met Herbert Putnam, who after the presentation asked him to leave the maps for further study, and invited him to join the Library's staff to build up the collections relating to China and other East Asiatic countries.[44]

Putnam was so impressed by Hummel that he cheerfully wrote to Swingle:

> There has just come to my acquaintance a man seemingly most apt for such a post, —that is to say, this particular post here. He is Dr. A. W. Hummel, for fifteen years past Professor of Chinese history and literature in the American College at Peking [sic]. He was here ten days ago with an extraordinary collection of Chinese manuscript maps which he has left in our care. Much impressed with him personally, I sought information about him from Mr. Lodge and Mr. Bishop of the Freer, and Mr. Johnson and Mr. Peck of the State Department. All know him personally and express the highest opinion of him for just this purpose. To keep him within reach, I have taken a risk in engaging him for a nominally temporary, service here during the next few months; and he is to arrive December 12....[45]

Hummel joined the Library's staff in late 1927 on a temporary basis and was formally appointed chief of the newly-established Division of Chinese Literature in 1928. He held this position and later that of Chief of the Orientalia Division for 26 years until his retirement in 1954.

Under his direction, the Chinese collection developed steadily. Statistics show that the collection had increased from some 100,000 volumes in 1928 to 291,000 volumes in 1954.[46] Moreover, his interest in Chinese gazetteers and rare items, together with his 13 years' experience in China, enabled him to continue and expand the Library's already strong areas in gazetteers, ts'ung-shu, and rarities which had been built up systematically by Swingle before 1928. As of 1954, as reported by him, Chinese gazetteers in the collection numbered 3,600 titles, a figure which "is preeminent in the West, and is equalled or excelled only by one or two libraries in China and Japan."[47] Meanwhile, the collection's holdings of ts'ung-shu grew from 474 in 1928 to 1,500 in 1954.[48] As for rare Chinese books, almost all of the 1,777 items covered in the 1957 catalog were acquired before 1954. It was pointed out in 1942 that they constituted "the third largest collection of Chinese rare books in the world."[49]

Another accomplishment of Hummel was his ability to secure financial support not only from the Library but from other sources as well. Aside from the continuing flow of book funds from Putnam, he was able to obtain the donation of $1,000 from Mrs. William Moore for purchasing Chinese gazetteers, and was instrumental in urging Senator Green to obtain the special fund of $30,000 from Congress for the enrichment of Orientalia collections. More importantly, through the efforts of his intimate friend Mr. Mortimer Graves, long-time Administrative Secretary and Executive Director of the American Council of Learned Societies, he received several grants from the Rockefeller Foundation,[50] which enabled him to initiate and complete a number of thoughtful projects.[51] One of which was the publication in 1943 and 1944 of the two volumes of the Eminent Chinese of the Ch'ing Period (1644-1911), which was completed under his direct supervision. In his preface to the work, Dr. Hu Shih, former Chinese Ambassador to the United States, commented: "There is at present no other work of the kind in any language, including Chinese, which can compare with it in comprehensiveness of conception, in objectivity of treatment, or in general usefulness."[52] In addition, as Edwin Beal points out:

> Dr. Hummel's continuing close association with the ACLS, together with continuing assistance from the Rockefeller Foundation, made it possible for him to bring to the United States a number of Chinese scholars who worked in the Orientalia Division for varying periods of time. Among them were Chu Shih-chia, compiler of A Catalog of Chinese Local Histories in the Library of Congress.... Wang Chung-min, compiler of the two-volume work A Descriptive Catalog of Rare Chinese Books in the Library of Congress.... Dr. S. Y. Teng, who wrote for Eminent Chinese of the Ch'ing Period the biographical accounts of leaders on both sides of the Taiping Rebellion, 1850 to 1864; and Dr. K. T. Wu. who joined the library in 1938 and remained an active member of the staff until his retirement in 1975....[53]

Hummel's contributions to Chinese studies in America were particularly outstanding. In addition to his chairmanship of the Committee for the Promotion of Chinese Studies of the American Council of Learned Societies (1930-1934), he was the first President of the Far Eastern Association (1948) and President of the American Oriental Society (1940). During the 1930's, he served as director of seminars at Harvard University in 1932 and at the University of California (Berkeley) in 1934 and 1937. He also served as a special lecturer in seminars at Columbia University in 1935, at the University of Michigan in 1939, and at the University of Colorado in 1940. According to Dr. Beal, "The Librarian of Congress, Dr. Putnam, was in no way critical of these extended absences; rather, he commended these efforts, stating that by this teaching Dr. Hummel was 'interpreting the collections,' and making them better known to students who would later want to use them."[54] His accomplishment in Chinese and Orientalia studies was further evidenced by the fact that during his lifetime he published some 110 items relating to these areas.[55]

In a word, Hummel was a capable administrator, an excellent hunter for funding, and a distinguished sinologist. These qualifications not only enabled the collection to develop steadily, but enhanced its prestige.

[**Notes**]

(1) Walter T. Swingle, "Chinese Books: Their Character and Value and Their Place in the Western Library," in *Essays Offered to Herbert Putnam by His Colleagues and Friends on His 30th Anniversary as Librarian of Congress*, 5 April, 1929, edited by William Warner Bishop and Andrew Keogh (New Haven: Yale University Press, 1929), p. 443.

(2) Arthur W. Hummel, "The Growth of the Orientalia Collections," *Library of Congress Quarterly Journal of Current Acquisitions* 11 (February 1954): 80.

(3) "Putnam, [George] Herbert," *The National Cyclopedia of American Biography* (New York: James T. White and Co., 1962), Vol. XLIV, p. 182.

(4) Baltimore Sun, "Our National Library," *The Editorial Review* (March 1912): 221.

(5) Herbert Putnam, "The Treasures in the National Library," *Current History* (May 1931): 250.

(6) "A Quarter Century at the National Library," *Library Journal* (March 15, 1924): 262.

(7) Putnam, "The Treasures in the National Library," p. 248.

(8) *Ibid.*, p. 250.

(9) Herbert Putnam to Walter Swingle, March 20, 1915, "Walter T. Swingle File," Library of Congress Central Service Division (Hereafter abbreviated as LCCSD).

(10) Herbert Putnam to Walter Swingle, December 22, 1916, "Walter T. Swingle File," LCCSD.

(11) Herber Putnam to Walter Swingle, January 15, 1917, "Walter T. Swingle File," LCCSD.

(12) Herbert Putnam to Walter Swingle, April 15, 1917, "Walter T. Swingle File," LCCSD.

(13) Herbert Putnam to Walter Swingle, March 23, 1918, "Walter T. Swingle File," LCCSD.

(14) Herbert Putnam to Walter Swingle, November 1, 1919, "Walter T. Swingle File," LCCSD.

(15) Herbert Putnam to Walter Swingle, February 21, 1921, "Walter T. Swingle File," LCCSD.

(16) Herbert Putnam to Walter Swingle, June 22, 1922, "Walter T. Swingte File," LCCSD.

(17) Herbert Pumame to Walter Swingle, March 1, 1924, "Walter T. Swingle File," LCCSD.

(18) Robert C. Gooch's memorandum to the Librarian, September 4, 1952, MacLeish-Evans Archives, LCCSD.

(19) Franklin D. Roosevelt to Herbert Putnam, March 28, 1939, Herbert Pumame Archives, LCCSD.

(20) Harley Harris Bartlett, "Walter Tennyson Swingle: Botanist and Exponent of Chinese Civilization," *Asa Gray Bulletin*, New Series, 1 (April 1952): 107.

(21) *Ibid.*

(22) Hummel, "The Growth of the Orientalia Collections," p. 72.

(23) Frank D. Venning to Harley Harris Bartlett, February 25, 1952, published in *Asa Gray Bulletin*, New Series, 1 (April 1952): 130–132.

(24) Hummel, "The Growth of the Orientalia Collections," p. 75.
(25) Arthur W. Hummel, "Personnel [Note on the Death of Dr. Walter T. Swingle]," *Library of Congress Information Bulletin* 11 (January 21, 1952): 18.
(26) Bartlett, *op. cit.*, p. 119.
(27) They were all associated with the Bureau of Plant Industry of the U. S. Department of Agriculture and were friends of Walter Swingle.
(28) Hummel, "The Growth of the Orientalia Collections," p. 75.
(29) Tsuen-hsuin Tsien, *Current Status of East Asian Collections in American Libraries*, 1974/75 (Washington, D. C.: Center for Chinese Research Materials, Association of Research Libraries, 1976), pp. 39 – 57.
(30) M. E. Grumwell's memorandum to the Librarian, May 29, 1923, "Walter T. Swingle File." LCCSD.
(31) Hummel, "The growth of the Orientalia Collections," p. 73.
(32) Bartlett, *op. cit.*, p. 122.
(33) Walter Swingle to Herbert Putnam, August 2, 1927, Walter T. Swingle File, LCCSD.
(34) *Ibid*.
(35) Hummel, "Personnel [Note on the Death of Dr. Walter T. Swingle]," p. 18.
(36) This was evidenced by his own note at the end of some of his reports, saying, "as usual, I have had the expert help of Michael J. Hagerty in preparing this account of Chinese accessions." See ARLC (1932), p. 207; similar note can be found in ARLC (1937), p. 196.
(37) Walter T. Swingle, "Importance of the Study of Chinese Books in Order to Understand the Chinese People and Their Civilization," in ARLC (1927), pp. 15 – 16.
(38) Hummel, "Personnel [Note on the Death of Dr. Walter T. Swingle]," p. 18
(39) Information concerning Hummel's life in the next few pages is primarily based upon Edwin G. Beal and Janet F. Beal, "Arthur W. Hummel." This account was first circulated (1975) in reproduced typescript for review and criticism. The page references given below are to that version. Subsequently it was published in a somewhat abbreviated form in *The Journal of Asian Studies*. XXXV (February 1976): 265 – 276.
(40) *Ibid.*, pp. 1 – 4.
(41) *Ibid.*, p. 16.
(42) *Ibid.*, p. 6.
(43) The money was donated by Andrew Mellon.
(44) Beal and Beal, *op. cit.*, p. 9.
(45) Herbert Putnam to Walter Swingle, December 1, 1929, "Walter T. Swingle File," LCCSD.
(46) Hummel, "The Growth of the Orientalia Collections," p. 80.
(47) *Ibid.*, p. 78.
(48) *Ibid.*, p. 79.
(49) Arthur W. Hummel, "Orientalia: China," LCQJCA 4 (February 1947): 19.
(50) Edwin G. Beal, Jr., interview held in the Orientalia Division, January 31, 1977.
(51) J. William Hess (Rockefeller Archive Center) to the researcher, December 3, 1976.
(52) See Preface to *Eminent Chinese of the Ch'ing Period* (1644 – 1911), vol. I, A-O, edited by Arthur W. Hummel (Washington, D. C.: Government Printing Office, 1943).
(53) Beal and Beal, *op. cit.*, pp. 18 – 19.
(54) *Ibid.*, pp. 15 – 16.
(55) A list of Hummel's publications arranged according to publication date can be found in *Ibid.*, pp. 23 – 50.

Information Science Education in "National Taiwan University"

Introduction

The first educational program for Librarianship in China was initiated in 1920 by an American, Miss Mary Elizabeth Wood. Born in Batavia, New York, on 22 August 1861, Miss Wood came to China in 1899 to visit her missionary brother Robert, and the teach in a missionary school. Educated at the Pratt Institute in Brooklyn, New York, she graduated from the library school at Simmons College in Boston, and founded a library school in 1920 at Boone University, an American Episcopalian institution located in Wuchang, in the Hupeh Province in Central China. In 1928, when Boone University was merged with several American Episcopalian missionary colleges to form the new Huachung University (Central China University), Miss Wood dissociated her school from the CCU and reorganized it into an independent institution known as the Boone Library School. Miss Wood died on 1 May 1931,[①] and the school was continued by her student, Professor Samuel T. Y. Seng,[②] who headed the school until 1950, when it became a department of library science at Wuhan University. For thirty years (1920–1950) the school remained the only professional library school in China and its graduates made great contributions to Chinese libraries and library education, and to the East Asian libraries in the United States as well.[③]

The formal educational program for training professional librarians in Taiwan was started in 1955 as a division of the Department of Social Education at "the National Taiwan Normal University". Prior to that, in 1954, a one-year and six-credit course entitled "Library Science", taught by Mrs. Marian Orgain, was offered at the Department of Foreign Languages and Literature at "the National Taiwan University".[④] It was the first library science course ever offered in a university in Taiwan.

In 1961, "National Taiwan University" ("NTU") established the first Department of Library Science in Taiwan. Three years later, in 1964, a library education program at the junior college level was founded at the World College of Journalism. A third library science program at the university level was added in 1970 at Fu Jen Catholic University, followed by a fourth in 1971 when Tankang University established its Department of Educational Media Science (now the Department of Educatinal Media and Library Sciences) with the dual purpose of training librarians and audio-visual personnel.

As of 1994, "National Taiwan University" has been the only university in Taiwan to offer BA, MA and PhD programs in library science. The purpose of this chapter is to provide an overview of the present status of these three programs. It is hoped that a description and analysis of them can provide a general picture of library and information science education in Taiwan.

Degree Programs

BA Program

Year established: 1961

Present enrolment: 205 undergraduates (25 males, 180 females)

Admission requirement: Pass the entrance examination for college and university students conducted by "the Ministry of Education".

Graduation requirement: Successfully complete 145 credits of courses within four years.

Curriculum: The basic structure consists of five parts:[⑥]

1. Six general courses of 28 credits, such as Chinese, English, General history of China, which are required by "the Ministry of Education" for all freshman classes in colleges and universities.

2. Twelve professional courses of 48 credits which are required by the "MOE" for undergraduate library science programs. ⑦
   3. Ten courses of 35 credits, such as Logic, Sociology, Mass Communication, General Psychology, Research Methods, Second Foreign Language, ect., which are required by the Department.
   4. Seven courses of 14 credits are electives. More than 40 courses are currently offered by the Department for this purpose.
   5. A minor of at least 20 credits in a subject area other than library science must be selected by students. A minimum of 145 credits is required for the BA degree in library science at "NTU".

Table 8.1 Undergraduate courses

Course title	Credit	Req/d	Elective	Remarks
Bibliography	4	×		Required
Classification and Cataloguing for books 1	4	×		by "MOE"
Classification and Cataloguing for books 2	4	×		"
Chinese reference sources	4	×		"
Intro. to computer science	4	×		"
Intro. to information science	2	×		"
Intro. to library science	2	×		"
Library acquisitioin	4	×		"
Library automation	4	×		"
Library field work	0	×		"
Library management	4	×		"
Non-book materials	4	×		"
Western reference sources	4	×		"
General psychology	3	×		Required
Intro. to mass communication	2	×		by the
Logic	3	×		Dept.
Library statistics	3	×		"
Research methods and thesis writing	2	×		"
Second foreign language	12	×		"
Sociology	3	×		"
Special topics in library science	2	×		"
Word processing	1	×		"
Applications of computers in libraries	3		×	
Archival management	2		×	
Business information services	3		×	
CD-ROM database systems	2		×	

（續上表）

Course title	Credit	Req/d	Elective	Remarks
Children's books	2		×	
Chinese collections	4		×	
Computer programming	3		×	
Data and file structure	2		×	
Data communications and networks	2		×	
Desktop publishing for libraries	3		×	
Dewey decimal classification	2		×	
English for librarians	2		×	
Government publications	3		×	
History of libraries	2		×	
Indexing and abstracting	2		×	
Indexing Chinese characters with computers	2		×	
Information seeking behaviour	2		×	
Interpersonal communication and readers' services	2		×	
Introduction to A-V materials	3		×	
Japanese reference sources	3		×	
Law materials management	3		×	
Library marketing	2		×	
Library materials for children	2		×	
Library service for special readers	2		×	
Management and information technology	2		×	
Materials in Japanese language	3		×	
Measurement and evaluation of library operations	2		×	
Online searching	2		×	
Picture books	2		×	
Planning and producing A-V materials（1）	2		×	
（2）	2		×	
Printing and publishing	2		×	
Reference services	2		×	
Selected reading for children	2		×	
Selected reading on library science in English	3		×	
Storytelling	2		×	
System analysis	2		×	
U. S. Library of Congress Classification	2		×	
Young adult literature	2		×	

（續上表）

Course title	Credit	Req/d	Elective	Remarks
Literature of the humanities	4		×	1 of the 3
Literature of science and technology	4		×	is required
Literature of the social sciencs	4		×	by the Dept.
Children's libraries	3		×	1 of the 6
College and university libraries	3		×	is required
Medical libraries	3		×	by the Dept.
Public libraries	3		×	
School libraries	3		×	
Special libraries	3		×	
Behaviour and communications	2		×	Graduate
CAI design and development	2		×	courses
Cataloging for Chinese classics	2		×	open to
Collection development	2		×	senior
Computer data structure	2		×	under-
History of Chinese printing	2		×	graduate
Information management	3		×	students
Information storage and retrieval	2		×	"
Information systems	3		×	"
Introduction to database management	3		×	"
Issues in modern librarianship	2		×	"
Library building	2		×	"
Library resource sharing	2		×	"
Management of computer centres	2		×	"
Management of cultural centres	2		×	"
Management of information systems	2		×	"
Media centre management	2		×	"
Online searching	3		×	"
Operations research	3		×	"
Seminar in academic libraries	2		×	"
Seminar in public libraries	2		×	"
Seminar on special topics in library information systems	3		×	"
Statistics for librarians	3		×	"
Study of A-V education	2		×	"
Study of Chinese book editions	2		×	"
Thesaurus construction	2		×	

MA Program

Year established: 1980

Present enrolment: As of January 1994, fifty students were enrolled. 100 students have earned MA degrees since the establishment of the program in 1980.

Admission requirements: Pass the entrance examination for graduate students conducted by the university which is highly competitive. According to the records of the past few years, only one 15th of those who took the examination passed it. [8]

Graduation requirements:

1. 2 – 4 years of residence.
2. Complete a minimum of twenty-four graduate credits. Those students who possess a BA degree in a subject other than library science must take an additional six courses of 18 credits, namely, Chinese cataloguing and classification (4 credits), Western cataloguing and classification (4), Chinese reference sources (4), Western reference sources (4), Book selection and acquisition (2). These credits cannot be counted toward the 24 graduate credits required for the MA degree.
3. Fulfil the second foreign language requirement.
4. Pass graduation examination.
5. Pass an oral examination on the thesis. [9]

Curriculum: Five courses of 10 credits are required of all graduate students. 14 of the required 24 credits for graduation may be taken from the electives. 43 elective courses are offered for MA students 28 of which are offered for both graduates and senior undergraduate students.

Table 8.2 MA Courses

Course title	Credit	Req/d	Elective	Remarks
Research methods	2	×		
Seminar in information science	2	×		
Seminar in library administration	2	×		
Seminar in reader services	2	×		
Thesis	6	×		
Bibliometrics	2		×	
Chinese bibliographical literature	2		×	
Chinese classical referencing	2		×	
Comparative librarianship	2		×	
Data communications and networks	2		×	
History of books	2		×	
Information science education	2		×	
Library education	2		×	
Seminar in rare books	2		×	
Special topics in Chinese bibliography	2		×	
Special topics on information systems in Chinese	3		×	
Special topics on intellectual property	2		×	
Study of Chinese bibliography	2		×	
Study of Chinese computers	2		×	

(續上表)

Course title	Credit	Req/d	Elective	Remarks
Thesis writing	2		×	
Behaviour and communication	2		×	All the
CAI design and development	2		×	following
Cataloguing for Chinese classics	2		×	are open to
CD-ROM database systems	2		×	senior
Collection development	2		×	under-
Computer data structures	2		×	graduate
Data and file structures	2			students
Indexing and Chinese characters	2		×	
Indexing of Chinese characters with computers	2		×	
Information management	3		×	
Information storage and retrieval	2		×	
Introduction to database management	2		×	
Issues in modern librarianship	2		×	
Library buildings	2		×	
Library resource sharing	2		×	
Management of computer centres	2		×	
Management of cultural centres	2		×	
Management of information systems	2		×	
Online searching	3		×	
Operations research	3		×	
Seminar in academic libraries	2		×	
Seminar in public libraries	2		×	
Seminar on special topics in library information systems	2		×	
Statistics for librarians	3		×	
Study of A-V education	2		×	
Thesaurus construction	2		×	
Theories of classification	2		×	

PhD Program

Year established: 1989[10]

Present enrolment: 8 students (3 males and 5 females). No one has been awarded the degree since its establishment in 1989.

Admission requirements:

1. A master's degree or its equivalent in library science or a closely related field from an approved public or private university in Taiwan or abroad.

2. At least two years of acceptable full-time library experience since receipt of the master's

degree or bachelor's degree in library science.

3. Satisfactory performance in the undergraduate and master degree programs' course work with an average grade of B and B$^+$ respectively.

4. Evidence of competence in English and Chinese languages with an average grade of B.

5. An MA degree thesis.

6. A doctoral study proposal.

7. Foreign students are not required to take the entrance examination but are evaluated by the director and the PhD degree committee of the institute, based on their MA degree program performance, as well as by passing a Chinese language examination.

Graduation requirements:

1. Two to six years of residence.

2. 18 credits of course work with a passing grade of B, in addition to 12 credits being applied to dissertation research and writing.

3. Second foreign language (a foreign language other than English) competence.

4. Satisfactory completion of a comprehensive examination that may be taken after the student has completed 18 credits of coursework. The student is admitted to formal candidacy for the degree when he/she has met the requirements and has obtained approval for the topic and plan of the dissertation from the dissertation committee.

5. Competent defence of an acceptable dissertation.

Curriculum: A total of twenty-eight courses are offered for PhD students, four of which are open to MA students.

Table 8.3　PhD Courses

Course title	Credit	Req/d	Elective	Remarks
Dissertation	12	×		
Bibliographical literature of China	2		×	
Philosophy for librarianship	2		×	
Individual research	2		×	
Information policies	2		×	
Library and information industry	2		×	
Libraries and the information society	2		×	
Research trends in library science	2		×	
Seminar in Chinese collections	2		×	
Seminar in communication and library science	2		×	
Seminar in comparative librarianship	2		×	
Seminar in information management	2		×	
Seminar in library education	2		×	
Seminar in national libraries	2		×	
Seminar in printing and publication	2		×	
Seminar in theories of classification	2		×	
Seminar in library information law and regulations	2		×	
Special topics on A-V materials	2		×	
Special topics on cataloguing	2		×	
Special topics on Chinese bibliography	2		×	

(續上表)

Course title	Credit	Req/d	Elective	Remarks
Special topics on Chinese book editions	2		×	
Special topics on Chinese printing	2		×	
Special topics on info. science	2		×	
Special topics on library management	2		×	
Theories of A-V education	2		×	
Bibliometrics	2		×	Open to
Research methods	2		×	MA
Special topics on Chinese computers	2		×	students
Sepcial topics on intellectual property	2		×	"

Faculty

Twenty-six persons are currently on the faculty of the Department and Graduate Institute, of whom twelve are full-time. Eighteen of the twenty-six received graduate education in the United States, including eleven PhDs and seven with Masters of Library Science.[11]

Facilities and Equipment

Departmental Library

The "National Taiwan University" houses the largest library collection in Taiwan. As of July 1994, its holdings numbered over 1,700,000 volumes. While the collection of the library is available for teaching library courses, the department has a special collection of professional materials comprising over 12,000 library and information science monographs and 300 periodical titles.

A-V and Other Equipment

In addition to equipment housed in the University Computer Centre and the computer room at the college of liberal arts that can be used for teaching related courses, the department maintains a substantial amount of necessary equipment for its own convenience. This includes personal computers, Macintosh computers, a computer LED projector, printers, laser printers, typewriters, sound-slide projectors, a slide projector, a sound filmstrip projector, an overhead projector, an opaque projector, a tape recorder, a sound sync recorder, a video cassette recorder, a transparency maker, a mixer, a TV monitor, a library automation system, a video editing machine, a CD player, and a video.[12]

Closing Remarks

As of 1994, "National Taiwan University" is the only university in Taiwan that offers BA, MA, and PhD degrees in library science. To our knowledge, "NTU" is also the first university on both sides of the Taiwan Straits to have a graduate program leading to the PhD degree in library science. "NTU" not only has a strong faculty in library science, but also possesses teaching resources comparable to the best of their kind in most western countries. Over the past few years, the annual budget for professional books, periodicals and other related materials has amounted to some $80,000.

As far as the curriculum is concerned, a total of more than eighty courses are currently offered for the three programs. While most of the courses remain conventional in title, their contents are kept up-to-date. In the meantime, some thirty courses in information science and related areas are provided for the graduate and undergraduate students.

Although "NTU" has a reasonable educational program for librarianship, a number of improvements need to be made. Firstly, in order to cope with the new educational environment of the information society, the department's name should be changed from "library science" to "library and information science". Secondly, the structure of the curricula should be revised in order to meet the needs of the more sophisticated library patrons. Thirdly, teaching personnel with expertise in information science and special librarianship should be apponinted.

【Notes】

①A brief biography of Miss Wood can be found in, among others, Yen Wen-yu, "Miss Masry Elizabeth Wood and the Boxer Indemnity Fund." In *A Collection of Library Science Essays by Professor Wen-yu Yen* (Taipei: Fu Jen Catholic University, Deparment of Library Science, 1983), pp. 247 – 252.

②For a brief description of Professor Seng's life, see Yen Wen-yu, "Professor Samuel T. Y. Seng: The Father of Library Education in China." In *Ibid.*, pp. 253 – 258.

③ *Ibid.*

④This course was listed in the 1954 class schedule of the TU's Department of Foreign Language and Literature.

⑤A history of library education in Taiwan during the period 1954 – 1983 can be found in Wang Cheng-ku, "Thirty Years of Library Education in Taiwan." *Bulletin of the "Association of China"* 35 (1983): 9 – 19.

⑥For the rationale and discussion of the TU's undergraduate library science curriculum, see James S. C. Hu, "Major Considerations in the 1983 Curriculum Revision for the Department of Library Science at the TU." *Shu-fu (Bulletin of Librarianship)* 5 (1984): 32 – 39.

⑦The reasoning as to why these professional library courses are required by "the Ministry of Education" can be found in Lan Chien-chang, "An Evaluation of the Newly Revised Required Courses in the Library Science Curriculum." *Bulletin of the "Library Association of China"* 35 (1993): 67 – 73.

⑧For details of the admission requirements, see James S. C. Hu, "Admission and Graduate Requirements, of the First Graduate School of Library Science in Taiwan." *Shu-fu (Bulletin of Librarianship)* 6 (1985): 2 – 12; and *The Bulletin of the Department and Graduate Institute of Library Science at TU* (1994): 10 – 11, 16 – 17.

⑨*Ibid.*

⑩*The Bulletin of the Department and Graduate Institute of Library at "NTU"* (1994): 9 – 10, 18 – 19.

⑪ *Ibid.*, pp. 1 – 7.

⑫ *Ibid.*, pp. 10 – 11.

原載 *Journal of Eolu. for Lib & Info. Science*, Vol. 37, No. 4 (1996), pp. 366 – 375.『蔣復總先生百歲誕辰紀念文集』轉載(臺北:『中國圖書館學會』,1998 年),頁 117—127

Contributions of Herbert Putnam and Walter Swingle to the Chinese Collection in the Library of Congress

(本文係胡述兆教授於2003年10月31日在美國國會圖書館的演講)

Ladies and Gentlemen:

It is my real pleasure to be invited here today to participate the celebration of the 75th anniversary of the creation of a Division for the largest Chinese collection outside of China in the Library of Congress.

The Chinese collection in the Library of Congress began with the receipt of 10 Chinese titles in 947 volumes from the Chinese government as a result of the first exchange of publications between the United States and China in 1869. From its beginning to 1912, the collection grew to some 16,900 volumes. Aside from the 2,547 volumes of the Caleb Cushing collection which were purchased with $4,000 in 1879, its acquisitions came primarily from gifts and exchanges. The first phase of development (1869 – 1912) of this great Chinese collection therefore involved no acquisition policy and cost the Library administration little in direct outlay of funds.

The golden age of the collection was 1913 – 1941, when some 210,000 volumes were acquired. This was mainly due to Herbert Putnam's lending his full support to the collection from 1913 to 1939 when he retired as the 8th Librarian of Congress, and to the special fund of $30,000 appropriated by Congress for the fiscal year 1940/41 for the increase of Oriental materials, most of which were spent for Chinese books. This period of 28 years can be roughly divided into two stages. The first stage was 1913 – 1927 in which Walter Swingle was primarily responsible for its acquisitions. The second stage began in 1928 when the Division of Chinese Literature was established and Arthur Hummel was appointed its first chief, to 1941 when the United States was fully involved in the Second World War.

It appears to me that the development of the collection before World War II was largely influenced by these three persons. While Arthur Hummel's role in this regard is to be presented by Dr. Chi Wang, my paper is only dealing with the contributions of Herbert Putnam and Walter Swingle.

Herbert Putnam (1861 – 1955)

Putnam was a man of great vision. When he took office as the 8th Librarian of Congress in 1899, he realized that although the Library had the largest library building in the world, it lacked the contents to match the outstanding libraries in European countries. To enable the Library of Congress to rival the British Museum in London and the Bibliotheque Nationale in Paris in quality as well as in quantity was Putnam's persistent effort.[1]

During his administration, it had always been the policy of the Library that while certain fields, such as political and social sciences, law, and history, should always be maintained well, it was obvious to him that the total collection had to develop comprehensively so as to meet the needs of all investigators. As a result, a quarter century after Putnam assumed the post, "the collection includes every branch of literature, in 150 languages and dialects."[2] In 1931, the Library's holdings numbered 4,000,000 volumes and were equal in mere dimension to those of the British Museum and the Bibliotheque Nationale. Its distinctive inferiority to them, however, lay in its lack of original manuscripts of foreign origin. Nevertheless, "the Library now possesses the largest collection of Russian literature outside Russia, and the largest of Chinese literature outside China."[3]

Putnam had high interest in Chinese books. In December 1908 when he was informed that a complete set of the great Chinese encyclopedia, *Ku-chin t'u-shu chi-ch'eng* (古今圖書集成) in 5,041 volumes, was to be presented to the Library of Congress by China's Special Ambassador T'ang Shao-yi (唐紹儀) in appreciation of America's return to the Chinese government of the unused Boxer Indemnity Fund, a total amount of $12,785,286.12,[4] he was so exciting as to write a long letter to Secretary of State Elihu Root to describe the importance of this work and to thank the Special Ambassador for the Library. Following is a part of this letter:

> A copy, secured in 1877, forms a prized possession of the British Museum.
>
> A copy for our own National Library has been for some time past one of our chief desires. As, however, the work is not in any way upon the market, and the copies in the possession of the Chinese Government are almost exhausted, we had feared that this desire could not be satisfied. That the generosity of the Chinese Government has now satisfies it is a matter of hearty congratulation. We beg that you will express to the Ambassador our sense of this, and (since the volumes have now been delivered) our acknowledgment—in behalf not merely of the institution, but of American scholars—for the addition to our collections of this notable work, a record of unique learning and of enduring interest to learning in every land.[5]

Putnam's contributions to the Chinese collection were twofold. First, before the Division of Chinese Literature was established in 1928, he worked closely with Walter Swingle in the acquisition of Chinese Books. This was evidenced by his correspondence with Swingle as found in the "Walter T. Swingle File" at the Central Service Division of the Library. Some of them are cited below:[6]

March 20, 1915

Your note of March 5 is at hand this morning. If you are sure both of their value as addition to our collections, and of the relative moderation of prices, we shall willingly venture another thousand, or even perhaps $1,500 in their acquisition.

December 22, 1916

Answering your inquiry of the 20th:

It involves, as you will recall, the purchase of certain additional encyclopedia, comprising some 11 works in 251 volumes, at a cost of $307.00 gold. As in other case, I confide to your judgment as to the value of the works described and the desirability of such an expenditure upon them.... I accordingly adopt your recommendation and a carbon of this note will be filed in our Order Division, so indicating.

January 15, 1917

My absence from town has delayed action upon your recommendations of January 9, and those in your letter of January 13, which only this morning reached me.

I approve both—that of January 9th comprising some 17 works in 414 volumes, at a cost of $512 Mexican, and that of January 13, a total of 75 works in 900 volumes, at a cost of 697.50 Yen, or about $350.00 gold.

April 5, 1917

Your note of yesterday, in pursuance of the word we had on the subject: it proposes that $500 be allotted for purpose of additional Chinese geographical works, especially of works relating to Southern China—the eight provinces lying south of the Yangtze River, and also provinces of Szechuan and Hupeh. I approve the expenditure, and will ask you to consider the allotment as authorized. I will also ask you to be so good as to undertake the negotiation as in other case.

March 23, 1918

Yours of this morning which I read with interested attention... 1, That I welcome your offer in the course of your trip to undertake further purchases for us of Chinese books... 2, That I approve the order of importance suggested as to the scope of purchase. 3, As to the amount to be expended I feel a little hesitation in fixing this definitely. So much would depend upon the length of your stay and other possible intervening obligations.

It may, however, suffice for your purpose for me to indicate that I see no reason why in the course of the next year and a half, say, or even during a briefer period we should not apply a sum of at least $5,000 and should your reports of what you find sustain your belief that double this amount may advantageously be applied at this time, then $10,000 to this purpose.

November 1, 1919
I have your two notes of October 29.... I approve these purchases (Ts'ung-shu and other items) involving an aggregate expenditure of $886.

February 25, 1921
I think we should venture the entire 146 items if, as I assume, you think that no better application could now be made of the total sum mentioned— $754 Yen.... I am therefore approving your note and sending it forward to the Order Division for the usual attention.

June 22, 1922
Your notes of the 17th and of yesterday:
The first, with reference to the 70 works recommended by Mr. Yuan, of which you propose the purchase of 66 at a cost of, say, $1,000 mex; and the note of yesterday with reference to a Ming Dynasty encyclopedia in 79 volumes, offered at 80 Yen by K. Tanaka, Tokyo. I am glad to approve both recommendations.

March 1, 1924
I have your letter of February 25 with reference to a manuscript copy of *Ch'uan fang pei tsu* in 53 books, offered by the Commercial Press of Shanghai for $200 mex. I am glad to approve the recommendation for purchase.

The above communications between Putnam and Swingle have clearly indicated that before the establishment of the Division of Chinese Literature in 1928 all of the acquisitions of Chinese books, at least the major ones, were approved or encouraged directly by Putnam himself. It is also crystally clear that the Order Division under Putnam was nothing but a recording agent insofar as the acquisition of Chinese books was concerned.

The second contribution of Putnam to the Chinese collection was his generous financial support for acquisitions. It is estimated that some $75,000 before 1928 and about $40,000 between 1928 and 1939 had been spent for purchasing Chinese materials through the Library's book funds. In addition, he managed to obtain from Andrew Mellon two donations ($10,000 in 1928 and $12,500 in 1930) for the enrichment of the Chinese collection. It is interesting to note that after Putnam's retirement in 1939, financial support to the Division of Orientalia was confronted with difficulties. One of these confrontations occurred in 1941 when Verner Clapp, then Administrative Assistant to the Librarian, withheld the annual allotment of 1940/41 for the Division. Another surfaced in 1952 when Hummel's request of more fund for non-current materials was turned down and met with a reply that "we believe that small divisional allotments and a reserve should be set up to give other divisions some slight opportunities."[7]

Apparently, Putnam's treatment of the Orientalia Division and the Chinese Collection in particular had been viewed by some as a special favor and aroused jealousy and discontent on the part of other divisions at the Library. Compared to the treatment giving to the Orientalia by succeeding administrations, Putham's contributions to the Chinese collection were particularly evident.

Speaking of Putnam's contributions to the Chinese collection, Walter Swingle characterized him as "The builder of the Greatest Chinese Library in the Western World," and continued to say:

> The country is indeed fortunate in having as the head of its greatest library a man of such profound understanding and unsurpassed energy as Dr. Herbert Putnam. Under his enlightened administration the Library of Congress has become a true national library... It is not surprising that a man of the vision and foresight of Dr. Putnam realized far in advance of his brother librarians in the country the great significance of Chinese Books as a record of a great, ancient, and original civilization. Thanks to his active interest and in the face of many difficulties he has been able, in the short space of fifteen years, to raise the Chinese collection of the Library of Congress to the first rank of all the libraries in the Western world, in spite of the fact that several of the leading Old World libraries have been collecting Chinese books for more than a century.[8]

In 1939 when Putnam became the Librarian Emeritus, the President of the United States

Franklin D. Roosevelt had this to say about his achievements: "The completion of two score years of service in making the great resources of the Library of Congress serve the needs of the American people is an event of outstanding importance. Under your direction our national library has become one of the great libraries of the world.... I believe the library has become universal in scope and national in service."[9]

In view of the rapid development of the Chinese collection in the Library of Congress during Putnam's tenure, FDR's comment was, indeed, quite true.

Walter Tennyson Swingle (1871 – 1952)

Swingle was born January 8, 1871, in Canaan Township, Pennsylvania. His family moved to Manhattan, Kansas when he was two years old. In 1890 he received a B. S. degree from the Kansas Agricultural College and Experiment Station at Manhattan. He had studied in Germany where he went school at the University of Bonn in 1895 – 1896 and at the University of Leipzig in 1898. Ever since boyhood Swingle had always loved plants and memorized their names and, if no one could tell him what they were, he used to make up names of his own for them. He stuttered badly as a boy and struggled to overcome this difficulty of speech. "It did not handicap him too greatly," however, "for his extraordinary proficiency in systematic botany, before he had had much, if any, formal education, set him apart as somewhat of an intellectual prodigy."[10]

In 1891, Swingle began his life-long career in the United States Department of Agriculture and became the physiologist in charge of the Bureau of Plant Industry and chairman of the Library Committee of the Department. He retired from the Department in 1941 after half a century of service and became a consultant in tropical botany at the University of Miami, Florida, in the same year. He died in Washington, D. C. on January 19, 1952, at the age of 81. His publications totaling 256 items, as well as his private library of botanical literature which contains some 20,000 volumes, many of which are virtually unobtainable today, were donated to the library of the University of Miami.[11]

The interest of Swingle in China originated in his belief that China and America have a special botanical relationship because they are the only two very great land areas of the earth that occupy similar positions in the temperate zone on opposite sides of the globe. This belief led to his interest in the Chinese collection in the Library of Congress around 1910. "Seeking descriptions, by the Chinese themselves, of rare plants suitable for cultivation in the United States, he began, in 1912, to urge the building of a great collection of Chinese books in Washington."[12]

In the spring of 1915, Swingle was sent by the Department of Agriculture to investigate plants in China and Japan. Before his departure for the Orient, he wrote to Putnam making himself available to purchase Chinese books for the Library of Congress:

> In Chicago I had an opportunity to talk over Chinese books with Dr. Berthold Laufer (Curator of the Field Museum in Chicago at the time).[13] He assures me that he found many rare Chinese books in Tokyo, selling at much lower prices than in Peking. I believe I could spend a thousand or fifteen hundred dollars very advantageously in buying important books still lacking in the Library of Congress. I have the complete lists of all the Chinese books now in the Library and if you desire to authorize me to make purchases, I shall be glad to make them when I am sure of the value of the books. If this is at all practicable, I shall be glad to have you take up with my office the matter of placing at my disposal the funds necessary for such purchases. Of course, I would not, and for that matter could not make any charge for my services. I shall be glad to do anything I can to complete your already very valuable collection of Oriental books.[14]

Although the Library's fund for Chinese books was running out at the time, Swingle's voluntary offer of free services was promptly accepted by Putnam. In his response, he told Swingle:

> Our recent expenditures for Chinese books had seemed to represent what we could afford for the present. If, however, you do find in Tokyo additional books that may be difficult to secure otherwise, or to secure at such low prices... we shall willingly venture another thousand, or even perhaps $1500 in their acquisition.[15]

Swingle took with him photographic catalogs of the Oriental books in the libraries at Washington and Chicago. While in the Far East, he also sought and received the advice of native scholars in China and Japan. His commission by Putnam at this time resuited in the addition to the Library of Congress of "271 Chinese works in 13,061 chuan (books) bound in 4,945 volumes, 176 Japanese works in 770 volumes, 3 Korean works in 7 volumes."[16]

From April 1918 to February 1919, Swingle was in the Far East carrying another searching assignment from the Department of Agriculture. Once again Putnam commissioned him to purchase Chinese books and authorized him to spend as much as $10,000 for this purpose. As a result, he secured 961 Chinese titles in 13,259 volumes which comprised nearly a third of the entire Chinese collection at the Library of Congress at that point.[17] The most notable achievement of Swingle in this commission was the securing of a rich harvest of Chinese geographical works. By persistent efforts in the book markets of Canton, Shanghai, and Peking, as well as in Japan, he was able almost to double the number of its holdings in this class. Of the official geographical gazetteers, 413 were obtained (2 provincial, 87 prefectural, and 324 district), making the total now in the Chinese collection 887 (41 provincial, 191 prefectural, and 655 district), far more than in any other library outside of China.[18]

In October and November of 1926, the Third Pan-Pacific Science Congress was held in Tokyo, Japan, Walter Swingle was one of the American delegates to attend this meeting. As in 1915 and 1918, Putnam once again commissioned him to purchase Oriental books for the Library. In order to facilitate his purchase mission, Putnam gave Swingle a letter of introduction addressed "To Whom It May Concern" which reads as follows:

> Dr. Walter T. Swingle, of the United States Department of Agriculture, has for many years been not merely the chief adviser but the chief instrument in the development of the collection of Orientalia in the Library of Congress, the National Library of the United States. It is not merely to his counsel, but to the active personal efforts by correspondence and in visit to the Orient that the collection has now grown to be one of the largest and most important in any institution outside of China and Japan. In connection with a scientific Congress, he is now about to revisit the Orient. Incidentally, he will make further efforts to secure materials for our collections. Whatever facilities and courtesies may be accorded him will be a service to the National Library and the United States Government, which will be gratefully appreciated.[19]

Swingle spent some time in Japan before and after the meeting, and then carried his purchase mission to China for a few weeks. The result was "108 works in 3,849 volumes of Chinese and Japanese books.... The total cost was between $4,500 and $5,000."[20] In this trip, two original volumes of the rare *Yung-lo ta-tien* (永樂大典) were secured by Swingle, making a total of 35 original volumes of this great work in the Library of Congress. Other important purchase at this time was a small edition of *the Ch'in-ting ku-chin t'u-shu chi-ch'eng* (欽定古今圖書集成), known in the Western world as the Imperial Encyclopedia of China. Although the Library already had a set of this famous Chinese encyclopedia which was donated by the Chinese Government in 1908 as mentioned earlier in this paper, this is a smaller edition. Compared to the old set which was bound in 5,041 volumes, this edition was bound in 1,628 volumes and was printed with movable metal type by Major Bros. in Shanghai in 1884. "This small-size edition is more convenient for everyday use and will permit the large-size copy to be set aside for reference only, as it is one of the most costly works in the Library of Congress."[21]

According to Swingle's estimation that between 1915 and 1927 the Chinese collection was augmented by 68,000 volumes, most of which were acquired by him.[22] In addition, Swingle had other contributions to the collection.

1. His interest in Chinese gazetteers, ts'ung-shu, and rare items resulted in strong collections in these areas. Statistics show that before 1928 the Chinese collection held 1,479 titles of Chinese gazetteers, 474 collective titles of ts'ung-shu, and 35 of the 41 original volumes of *the Yung-lo ta-tien* (永樂大典). Interest in developing the collections in these areas continued after 1928, and they remain the largest of their kind in the United States.[23]

2. Records indicate that most of the personnel who worked in the Chinese collection before the establishment of the Division of Chinese Literature in 1928 were recommended by him. They

included: Dr. Hing Kwai Hung, who first put the collection in order in 1911 and 1912; Michael J. Hagerty and Kuang-chin Liu (1916); K. P. Wang and George Wan (1917); George Wang and Chen Wang (1918); Ta Chen and K. P. Wang (1919); Q. K. Chen (1919 – 1920); Siao-yuan Li (1920 – 1921); and Dr. T. L. Yuan (1921 – 1923).[24] They were either specialists in the Department of Agriculture or Chinese students studying at American universities. Special mention should be made of Michael J. Hagerty, a gifted but largely self-taught man who in 1913 was first encouraged by Swingle to acquire a reading language of Chinese botanical literature and to become a translator in the Department of Agriculture. Hagerty's mastery of the Chinese language enabled him to do much cataloging and translating of Chinese books for Swingle in later years.

3. Swingle's concern with the Chinese collection was so deep that perhaps it was he who first urged the creation of an independent division for the collection. In a letter dated August 2, 1927, he told Putnam:[25]

> I must say, first of all, that I am delighted with the position of the East Asiatic Collection on the 12th deck of the new book stack. This will undoubtedly be extremely helpful in getting adequate financial endowment for the Chinese collection and I think that it would also be very helpful indeed if funds could be obtained from the Appropriations Committee for a custodian of the Far Eastern Books. This would enable the treasures of the collection to be brought into public notice in such a way as to make obvious the need for more adequate study of this unique collection.

He went so far as to recommend prospective candidates for its chief, as he suggested to Putnam in the same letter:

> It is out of the question for me to bring to notice more than a few outstanding persons, but if the right kind of a man could be put in charge, the whole world would soon know of the great value of the collections in the Library of Congress—particularly the unrivaled Chinese collection. I saw Professor Pelliot in Paris, but he feels that it will be out of the question for him to leave Paris permanently, although he would be glad to help at Washington for a short period if his services were needed. He did, however, recommend very warmly a man who has been studying with him, a white Russian, I believe, who he said had shown exceptional talent and who is still young. I believe this Russian sinologist would be willing to work for the regular salary paid in the Library of Congress.

4. Swingle's contribution to the Chinese collection was further evidenced by the fact that from 1917 to 1927 (except 1918 and 1919) all acquisitions reports for the Chinese collection were written by him and were appended in full in the Librarian's annual reports. Although he furnished no more acquisitions reports after 1928, he continued to contribute, until 1937, notes on the accessions of Chinese books on agriculture, medicine, and *materia medica*. Most of his reports averaged about 20 printed pages, some of them, such as the one for 1926 – 1927, ran as many as 36 pages. Because his reading knowledge of the Chinese language was limited, however, all his reports were based upon translations by his staff, particularly Mr. Michael J, Hagerty.

5. Finally, Swingle was a tireless promoter of Chinese studies and a staunch exponent of Chinese civilization. In an article published in 1927, he advised the Western world:

> It is perhaps worthwhile for thoughtful people the world over to pause for a moment and inquire just what are the qualities of the Chinese people and what have been the methods that have enabled them to maintain for many thousand years, almost uninterruptedly, a very high standard of civilization. Had the Chinese been a barbarous people without printed records they would long ago have been completely studied and thoroughly understood by Western peoples, but instead of being barbarous, they are a highly civilized people having a well developed historical sense and probably the most magnificent set of records to be found in any country in the world. The enormous number and wide scope of these records has operated to keep them practically a sealed book to the Western world.[26]

Such an understanding of China and such an appreciation of Chinese civilization leave no doubt that Dr. Walter Swingle was not only the pioneer in the study of Chinese agricultural and botanical records, but also one of the persons most devoted to aiding the development of the greatest Chinese collection in the Western world. In appreciation of his contributions to the Library, he was bestowed in December 1947 Honorary Consultant on the Development of the Orientalia Collections, and he kept this title until his death in 1952.[27]

Thus far, I have presented to you the significant contributions of Herbert Putnam and Walter

Swingle to the Chinese collection in the Library of Congress. In closing, I believe and it is fair to say that without their persistent efforts, the Library would not have such a profound Chinese collection today. I, therefore, hope that more library administrators like Putnam and more library friends like Swingle will continue to come to keep this great Chinese collection always number one outside of China.

Thank you.

Notes

1. "Putnam, [George] Herbert," *The National Cyclopedia of American Biography* (New York: James T. White and Co., 1962), V. XLIV, p. 182.
2. "A Quarter Century at the National Library." *Librarydournal* (March 15, 1924), p. 262.
3. Herbert Putnam, "The Treasures at the National Library," *Current History* (May 1931), pp. 248–250.
4. 42 *Congressional Record* 720 (1908).
5. Herbert Putnam Archives, Library of Congress Central Service Division (Hereafter abbreviated as LCCSD); For full text of this letter, see Shu Chao Hu, *The Development of the Chinese Collection in the Library of Congress* (Boulder, Colo.: Westview Press, 1979), pp. 222–223.
6. Herbert Putnam to Walter Swingle from 1915 to 1924, Walter T. Swingle File, LCCSD.
7. Robert C. Gooch's Memorandum to the Librarian, September 4, 1952, MacLeish-Evans Archives, LCCSD.
8. Walter T. Swingle, "Chinese Books: Their Character and Value and Their Place in the Western Library," in *Essays Offered to Herbert Putnam by His Colleagues and Friends on the 30th Anniversary as Librarian of Congress*, 5 April, 1929, edited by William Warner Bishop and Andrew Keoghh (New Haven, Conn.: Yale University Press, 1929), p. 443.
9. Franklin D. Roosevelt to Herbert Putnam, March 28, 1939, Herbert Putnam Archives, LCCSD.
10. Harley Harris Bartlett, "Walter Tennyson Swingle: Botanist and Exponent of Chinese Civilization," *Asa Gray Bulletin*, New Series, 1 (April 1952), p. 107.
11. Frank D. Venning to Harley Harris Bartlett, February 25, 1952, published in *Asa Gray Bulletin*, New Series, 1 (April 1952), pp. 130–132.
12. Arthur W. Hummel, "Personnel [Note on the Death of Dr. Walter T. Swingle]," *Library of Congress Information Bulletin* 11 (January 21, 1952), p. 18.
13. Dr. Berthold Laufer was born in 1874 in Cologne, Germany. After received his Ph. D. at the University of Leipzig in 1893, he came to the United States in 1898. He was a well-known scholar in Orientalia, anthropology and ethnology. He taught East Asiatic languages at Columbia University and served as curator at the Field Museum in Chicago. He associated closely with Walter Swingle and was very active in American Oriental organization including the presidency of the American Oriental Society (1930–1931). For his biography see *Who Was Who in America*, 1897–1942 (Chicago: Marquis, 1943), p. 708.
14. Walter Swingle to Herbert Putnam, March 5, 1915, Walter T. Swingle File, LCCSD.
15. Herbert Putnam to Walter Swingle, March 20, 1915, Walter T. Swingle File, LCCSD.
16. *Annual Report of the Librarian of Congress* (Hereafter abbreviated as ARLC), 1916, p. 24.
17. *ARLC*, 1919, p. 23.
18. *Ibid.*, pp. 23–24.
19. Enclosure in the letter of Herbert Putnam to Walter Swingle, September 7, 1926, Walter T. Swingle File, LCCSD.
20. Walter Swingle to Herbert Putnam, January 6, 1927, Walter T. Swingle File, LCCSD.
21. ARLC, 1927, p. 263.
22. Arthur W. Hummel, "The Growth of the Orientalia Collections," *Library of Congress Quarterly Journal of Current Acquisitions* 11 (February 1954), p. 75.
23. Tsuen-hsuin Tsien, *Current Status of East Asian Collections in American Libraries*, 1974/75

(Washington, D. C.： Center for Chinese Research Materials, Association of Research Libraries. 1976), pp. 39 – 57.
24. M. E. Crumwell's Memorandum to the Librarian, May 29, 1923, Walter T. Swingle File, LCCSD.
25. Walter Swingle to Herbert Putnam, August 2, 1927, Walter T. Swingle File, LCCSD.
26. Walter T. Swingle, "Importance of the Study of Chinese Books in Order to Understand the Chinese People and Their Civilization," in *ARLC*, 1927, pp. 15 – 16.
27. Hummel, "Personnel [Note on the Death of Dr. Walter T. Swingle]," p. 18.

原載『「中國圖書館學會」會訊』第 11 卷第 4 期（2003 年 12 月 31 日），頁 1—9

貳、海峽兩岸圖書館學者對胡述兆教授所提『為圖書館建構一個新的定義』的討論

為圖書館建構一個新的定義
The Construction of a New Definition for Library

胡述兆
James S. C. Hu
臺灣大學名譽教授
Emeritus Professor, Taiwan University

【摘要】為使圖書館不受社會與時代變遷的影響，得以成為一個永續存在的機制，特為其建立一個新定義。

【關鍵詞】圖書館；資訊

Abstract：A new definition for the library is established in order to enable the library to be existing as a permanent mechanism in the changeable age and society.

Keywords：Library；Information

最近幾年，我一直在想，傳統圖書館的定義已經失去時宜，不符資訊社會（Information Society）的需要。為此，我為圖書館建構了一個新的定義。現在先寫在下面，作為一個供大家討論的議題：

圖書館是為資訊建立檢索點並為使用者提供服務的機構。

Library is an institution which is to establish access points for information and to provide services for its users.

這個定義有兩個名詞的意含（Connotation）要加說明，那就是圖書館（Library）與資訊（Information，大陸譯為信息）。傳統上，圖書館被界定為：

Britannica：
"A collection of books used for reading or study, or the building or room in which such a collection is kept."（註1）

"Library (from Latin <u>liber</u>, 'book') is a collection of written, printed, or recorded material (including videodiscs, microforms, tapes, phonographic records, and computer propams) organized and maintained for reading, study, and consultation."（註2）

Americana：
"Library connotes a body of recorded information brought together for a special purpose, Or-

ganized for use, and made available to users."（註3）

"Those responsible for acquiring, storing, organizing and making available these records (for users) are generally known as librarians."（註4）

Webster's Dictionary：

"a room or building where a collection of books, etc., is kept for reading or reference; a public or private institution in charge of care and circulation of such a collection."（註5）

Oxford Dictionary：

"A building, room, or set of rooms, containing a collection of books for the use of the public or of some particular portion of it, or of the members of some society or the like; a public institution or establishment, charged with the care of a collection of books, and the duty of rendering the books accessible to those who acquire to use them"（註6）

Encyclopedia of LIS：

"... collection of books for reference, reading or recreational reading..."（註7）

Harrod's Librarians' Glossary：

"1. A collection of books and other material kept for reading, study and consultation. 2. A place, building, room or rooms set apart for keeping and use of collection of books, etc."（註8）

International Encyclopedia of ILS：

"In the strict sense of the term a 'library' is a collection of materials organized for use."（註9）

十年以前，我在『圖書館學導論』中，也提供了兩個傳統性的定義，一個是很簡單的，一個是比較具體的，現在將其錄引如下：（註10）

其一：圖書館是人類智慧的總匯。

A library is a collection of human intelligence.

其二：圖書館是用科學方法，採訪、整理、保存各種印刷的與非印刷的資料，以便讀者利用的機構。

我的第二個定義，就是綜合上面所引的這些英文定義而得。這些定義有個共同的特色，就是必須先有一個地方（一個或多個房間，一幢或多幢房屋），然後利用這個地方建立館藏，組織館藏，並妥善保管館藏，以便讀者來閱讀、研究或參攷。這樣的圖書館，從頭到尾都是有形的，其服務也是『守株待兔』式的，其不能因應資訊時代的需要，顯而易見。為什麼？理由很簡單，資訊時代的最大特徵，就是電腦（Computer）與傳播（Communication）科技的發明與應用。有了電腦，使資訊的儲存無所不包，而且不受儲存空間的限制；有了傳播技術，使資訊的傳播無遠弗屆，而且即送即收，不受時間的限制。過去以圖書為主體的圖書館，為了迎合資訊時代讀者的需要，必須求新求變。所謂求新，就是圖書館的一切作為，必須利用電腦與傳播技術；所謂求變，就是把圖書數位化。就此而言，資訊社會（Information Society）、數位社會（Digital Society）、無紙社會（Paperless

Society）三者是相通的，說數位圖書館（Digital Library）就是無紙圖書館（Paperless Library），亦無不可。

第二個名詞的意含要加說明的，就是資訊。所謂資訊（Information），也有各種不同的界說，現在引幾則如下：

Concise Dictionary of LIS：
"Something learned, facts that are gathered or a measure of the content of a message. It can be argued whether it is a product, commodity, resource or process. It can be a sensible statement, opinion, fact, concept or idea, or an association of statements, opinions or ideas. It is closely associated with knowledge in that once information has been assimilated, correlated and understood, it becomes knowledge."（註11）

International Encyclopedia of ILS：
"Possibly the most used, and the least precisely used, term in the library and information world. Best seen as holding the place in the spectrum between raw data and knowledge. Seen in this way information is an assemblage of data in a comprehensible form capable of communication and use; facts to which a meaning has been attached. Within information technology or information processing, the term is used in a more general sense to encompass all the different ways of representing facts, events and concepts within computer-based systems. In this usage, it includes data, structured text, text, image and video."（註12）

Harrod's Librarians' Glossary and Reference：
"An assemblage of data in comprehensible form capable of communication. This may range from content in any format-written, or printed on paper, stored on electronic databases, connected on the Intenet etc.—to the personal knowledge of the staff of an organization... Information is a term that covers many inter-related activities which use the skills of librarianship. Knowledge management is the latest manifestation of the extent of the value and power of information."（註13）

根據上面這些有關資訊的界說，我們可以瞭解到，資訊這個名詞，是圖書館與資訊界用得最多而又用得最不精確的一個用語。大體說來，資訊這個用語，係指各種可認知的陳述（Statement）、意見（Opinion）、事實（Fact）、觀念（Concept）或想像（Idea）的集合體而言。它是介於原始資料（Raw Data）與知識（Knowledge）之間的一種東西。換句話說，原始資料經過處理後就成為資訊（Any datum that has been processed is information）。而經過消化，並使其具有關連性且可理解的資訊，就成為知識（Once information has been assimilated, correlated and understood, it becomes knowledge）。因此，資料、資訊、知識是三個不同層次的東西，資料的層次最低，資訊次之，知識的層次最高。

由於圖書館的館藏資料都是經過處理的資料，所以圖書館的資料都是資訊。圖書館的任務，就是為這些資訊建立檢索點，並為使用者提供服務。我這個新定義的著眼點即在於此。

事實上，現行圖書館的功能，也可用這個定義來作解釋。也就是說，圖書館的一切作為，都與建立資訊的檢索點有關。

我們都知道，圖書館的工作一般可以分為技術服務（Technical Service）與讀者服務

（Reader's Service）兩部分。技術服務包括資料採訪、組織與維護等工作。為了對讀者善儘提供資訊之能事，必須先從事館藏建設（Collection Construction），儘量設法獲取各種資訊的載體，包括圖書、期刊及其他印刷資料，以及非印刷的資料，如視聽資料、各類資料庫、網路資源等，這就是目前圖書館的採訪工作。有了充實的館藏，還必須將其有系統地組織起來，才能便於讀者使用。所謂館藏組織，包括編目分類、主題分析、編製索引、製作摘要等工作，屬於圖書館編目組的範圍。不過採訪也好，編目也好，都是建立資訊檢索點的過程，而如何對檢索點作有效利用，則屬讀者服務的工作，這才是圖書館的真正目的。質言之，目前圖書館的三大任務——資料採訪、編目分類、讀者服務，都與資訊的檢索點有關，說『圖書館是為資訊建立檢索點並為使用者提供服務的機構』，不亦宜乎！?

【後記】

我對這個定義的思路，至此暫時打住，歡迎大家批評指教。也許有人會說，這個定義適用的範圍太廣泛了，因為照此說來，凡是提供資訊服務的地方，都可叫做圖書館了。我的答案是，我提出這個定義的主要目的之一，就是要把圖書館作廣義解釋。唯有這樣，才能使圖書館不受任何時代、任何社會變遷的影響，而成為永續存在的資訊服務機制（Mechanism）。

【附註】

註1：*Encyclopaedia Britannica*, vol. 7（Chicago：Encyclopaedia Britannica, Inc., 1997）, 333.
註2：*Encyclopaedia Britannica*, vol. 7（Chicago：Encyclopaedia Britannica, Inc., 1995）, 947.
註3：*Encyclopedia Americana*, vol. 17（Danbury, Conn.：Grolier, Inc., 1993）, 307.
註4：同註3。
註5：*Webster's New Universal Unabridged Dictionary*（New York：Simon & Schuster, 1979）, 1043.
註6：*The Oxford English Dictionary*（New York：Oxford University Press, 1989）, 888.
註7：*Encyclopedia of Library and Information Science*, Vol. 26（New York：Marcel Dekker, 1979）, 3.
註8：*Harrod's Librarians' Glossary and Reference Book*, 9th ed.（Brookfield, Vt.：Gower Pub. Co., 2000）, 440.
註9：John Feather & Paul Sturges, eds, *International Encyclopedia of Information and Library Science*（London：Routledge, 1997）, 254.
註10：胡述兆、吳祖善合著，『圖書館學導論』（臺北：漢美，1989年），頁1。
註11：Stella Keenan & Colin Johnston, eds., *Concise Dictionary of Library and Information Science*, 2nd ed.（London：Bowker Saur, 2000）, 133.
註12：同註9，p. 254。
註13：同註8，p. 370。

原載『「中國圖書館學會」會報』第66期（2001年6月），頁1—4

『為圖書館建構一個新定義』專刊編輯說明

　　2002 年年末吉林省圖書館學會『圖書館學研究』期刊編輯部邀請海峽兩岸圖書館界同道，以『圖書館的定義』為主題共同發表論文，將陸續刊載於該刊 2003 年各期中。這是回應胡述兆教授在 2001 年『「中國圖書館學會」會報』66 期發表的一篇論文『為圖書館建構一個新的定義』。20 世紀末葉以來，資訊科技與網際網路帶給圖書館與資訊服務莫大的衝擊與變革，這正是一個好時機，由海峽兩岸的同道共同探討這個課題，為廿一世紀圖書館事業的未來描繪新藍圖。

　　『中華圖書資訊學教育學會』有幸徵得臺灣地區的學者同意將其論文集結於本刊發表，以饗圖書資訊學界與教育界同道。這次共收集 11 篇論文，包括：師範大學王振鵠教授的『現代圖書館的概念與認知』，政治大學薛理桂教授的『21 世紀圖書館的新面貌』，政治大學楊美華教授的『由名詞的意涵談圖書館的百變新貌』，臺灣大學盧秀菊教授的『從圖書館史談圖書館之意義』，淡江大學蔡明月教授的『從圖書館與資訊科學的遞嬗反思圖書館的定義』，師範大學吳美美教授的『重新定義圖書館與圖書資訊學』，海洋大學傅雅秀教授的『也談「為圖書館建構一個新的定義」』，世新大學莊道明副教授的『從圖書館學邁向資訊傳播學的新境界』，政治大學王梅玲副教授的『從網際網路談現代圖書館的新意涵』，臺灣大學謝寶煖副教授的『圖書館的定義』，以及輔仁大學藍文欽助理教授『「圖書館定義」之我見』。

現代圖書館的概念與認知

王振鵠

【摘要】 臺灣的公共圖書館在過去50年的發展,在各類圖書館的努力下,從個別化的館內服務,逐漸推廣到網路資源的檢索。這些成效都是圖書館從業人員辛勤耕耘、多年累積的成果。但是面對社會上日益增長的資訊需求,紙質和電子出版品的氾濫,日新月異的資源科技的衝擊,在有限的物質條件下,以傳統的圖書館管理觀念和做法,難以適應未來的發展趨勢。本文就現代圖書館的概念與認知,包括現代圖書館的定義、圖書館員的基本認知及圖書館法的落實,分述於后,期使圖書館界對目前的發展趨勢有所瞭解。

【關鍵詞】 臺灣;圖書館;概念;認知

臺灣地區圖書館的推展與臺灣的政治、經濟、文化、教育及社會的發展密切相關,也可以說是同步發展的。沒有民主化的政治制度,就沒有自由開放的圖書館服務;沒有充足的經濟資源,就不可能有縣市鄉鎮全面的圖書館建設;文化教育如不受重視,圖書館的功能亦難以彰顯;社會上如果沒有資訊的需求,圖書館也無存在的價值,更談不到電子圖書館的遠景。

臺灣的公共圖書館在過去50年的發展中,已從都市建設普及到鄉鎮地區,從手工操作轉換為自動化作業,在各級圖書館努力下,從個別化的館內服務,逐漸推展到網路資源的檢索。這些成效都是圖書館從業人員辛勤耕耘,多年累積的成果。但是面對社會上日益增長的資訊需求,紙質和電子出版品的氾濫,日新月異的資源科技的衝擊,在有限的物質條件下,以傳統的圖書館管理觀念和做法,難以因應未來的發展趨勢。有人說,在科技迅速發展的今天,圖書館正經歷一場從存在形式到服務內容的革命。圖書館界如何對這一情勢有所體認,順應其發展,這是值得重視的問題。

壹、現代圖書館的概念

圖書館的概念及內涵隨時代的變遷而有新的詮釋。過去一般人對圖書館的認識,不過是『一間房間,或是一棟建築,儲集圖書資料,加以組織管理,以供閱讀、參考及研究之需者』(ALA Glossary of Library Terms,1943)。這一定義經過半世紀之久,雖仍是現實的描述,但在圖書館的內涵及經營理念上,已不能顯現現代圖書館的精神和服務的面貌了。

我們試就現代圖書館的特質和服務加以描述,可以說:『現代的圖書館是一采集與擷取記錄在各種媒體上的資訊知識,經過組織、整合與傳播,提供自由利用和不限時地的資訊檢索服務,以引導與便利人們學習研究、交流經驗,進而激發創造人類新知文化,調適民眾生活的機構。』

現代圖書館的館藏應存藏和擷取並行,紙質和電子資訊媒體兼備,所獲資訊經分析、評估、篩選、整合,透過館員中介以網際網路傳遞交流,隨時提供超越圖書館圍牆的資訊檢索服務,它是一個資訊檢索的網點,也是一個具有文化教育功能的學習環境。概括的說,它是保存、傳播、利用各種知識的服務環境。現代資訊科技影響利用圖書館的館藏與服務,革新了圖書館管理觀念,但圖書館有其本身存在的社會價值,它原有的保存文化紀錄、維護求知權利、傳播資訊知識、調適精神生活的使命是不會改變的。

或許有人質疑，圖書館自 20 世紀迄今的發展，已從傳統模式進展到自動化模式，又從自動化模式發展到電子化模式。所謂電子化包括了網路化、虛擬化及數位化等不同層次。未來的圖書館步入虛擬世界之後，還有實體圖書館的存在嗎？還需要自由閱覽的環境嗎？我們可以引證美國圖書資訊學家 Walt Glawford 和 Michael Gorman 的說法：未來的圖書館是實體圖書館和虛擬圖書館共存的，圖書館員的中介作用和用戶直接利用也是并行的。

貳、圖書館員的基本認知

圖書館是一項社會公益事業，以服務展現其功能，以功能彰顯其社會價值。因此，圖書館員必須體認到本身肩負的使命，秉持專業信念，推動及發展圖書館事業。茲彙集各方看法，將圖書館員的基本認知與理念歸納於後：

一、圖書館的功能在於傳承文化、推行教育、交流資訊與調適生活。其設置爲國家社會必不可缺，其服務也是無可取代的。圖書館員要認清圖書館的使命，堅定其專業信念，切實體認到圖書館服務對於國家社會的重要性。

二、現代圖書館的經營管理應服膺圖書資訊學理論與實務的研究成果，借重其多年累積的研究經驗，作爲圖書館經營的參攷和依據。

三、圖書館以服務爲天職，在利用資訊的同時，尤應注意到人本精神的發揚。秉持讀者至上、服務爲先的原則，尊重與維護讀者的權益。自服務中贏取社會大眾對圖書館存在價值的體認，以及對圖書館員的肯定。

四、圖書館服務的成效，要靠有目標、有計劃的持續努力，非一蹴即至。絕不能急功近利，圖一時的表現而影響到既定的政策和進度。

五、圖書館在資訊氾濫的浪潮下，爲一合作發展、相互依附的服務系統。資源共享爲國際圖書館界所共同致力的一項長遠發展目標，圖書館員應有資訊共建、共享的觀念。

六、圖書館員應瞭解圖書館服務的效益，有賴於圖書資訊的有效運用與個人專業素養的展現，應時時增長其學識技能，團隊學習尤爲重要。

七、圖書館員對圖書館事業應具有高度的責任感，強烈的事業心，並以寬宏的整體觀和團結互助的合作精神，共謀發展。

總之，圖書館將步入數位化時代，圖書館員必須具有繼往開來的精神恪守崗位，淬礪奮發。有關圖書館員的認知和理念涉及廣泛，以上僅就重點提示，以供參攷。

叁、臺灣地區『圖書館法』的落實

法治建設爲各國圖書館事業法制化及規範化管理之一必要條件，臺灣地區『圖書館法』經過多年的努力，業已於 2001 年元月頒佈施行，而相關子法亦已先後完成各類圖書館設立卽營運基準和輔導辦法，報請主管機關陸續核定中。

『圖書館法』的頒佈，旨在使社會大眾認識到圖書館在社會中的重要性，使主管當局得以依法行事，使圖書館界得以在一合理的營運條件下持續發展。臺灣地區『圖書館法』蘊含的理念主要在『統一規劃、集中管理』，而其具體致力的目標，在於順應社會需求，建立一全方位的資訊服務環境，有效的收集、組織、運用與共享資訊資源，以因應社會及民眾的需求。

臺灣地區『圖書館法』頒佈後，迄今尚未完成後續作業程序，其中尤其是『各類圖書館設立及營運基準』，屬於圖書館服務的準則和指標，有關質量的基本要求，也是圖書館法制定目的之實踐。其訂定，有助於圖書館服務品質的提升。其他應訂的子法，如圖書館輔導辦法等，也是如此。

『圖書館法』的有效實施，有賴圖書館事業主管的切實推行，以及圖書館界的全力促進。今後理應集思廣益，研訂出一套臺灣地區圖書館整體發展計劃，就南北資訊資源的落差，文獻資源的整合、技術作業的標準化，工作人員的在職教育，主題資訊網路的建構，縣市鄉鎮圖書館體制的改進，以及人員經費不足的困境等問題，依『圖書館法』的原則，作宏觀的策略與規劃，對中央及地方釐正分工權責，訂定評鑒與攷核制度，使『圖書館法』的效用得以發揮，目的得以達成。否則，『圖書館法』不過是宣示性的條文而已。

（2002年11月臺灣公共圖書館研討會中致詞）

王振鵠　臺灣師範大學社教系名譽教授

原載『中華圖書資訊學教育學會會訊』第19期（2002年12月），頁3—4

從網際網路談現代圖書館的新意涵

政治大學圖書資訊學研究所副教授　王梅玲
email：meilingw@nccu.edu.tw

　　圖書館自古以來即是人類知識的寶庫，智慧的總匯。從十五世紀德國古騰堡發明活字印刷術之後，造成大量圖書、雜誌、報紙的印製與普及。圖書文獻享受了近四百年的繁榮與尊寵。20 世紀中葉電腦與網路科技的發達，帶來社會重大的變革而進入以資訊為中心的資訊社會。網際網路（Internet）在 1990 年代初期崛起，現在已成為影響人類最大的傳播媒體，另一方面，數位科技促成電子出版蓬勃發展，產生許多電子資源，如電子百科全書、電子圖書、電子期刊、數位圖書館、數位典藏與數位博物館等。

　　人們雖未如美國圖書館學大師 F. W. Lancaster 教授預測在 20 世紀終了時，會進入『無紙社會』（paperless society），但人們却已生活在兩個世界，一個實體社會，一個由電腦與網際網路資訊基礎建設形成的虛擬世界——『網路空間』（cyperspace）。圖書館傳統以圖書文獻建立館藏提供讀者服務的典範也遭遇重大挑戰，圖書館的定義、內涵、功能與價值是否因而改變，是本論文所要探討的主題。本文首先回顧傳統東西方對圖書館的看法，其次從兩個受到歡迎的圖書館網路服務探討網際網路對於圖書館的影響，最後歸納出網路時代新圖書館的意義、內涵與價值。

壹、傳統對圖書館的看法

　　圖書館是什麼？古人把蒐藏與利用圖書文獻的地方叫做圖書館。胡述兆教授在十年前根據西方圖書館學原理提出定義：『圖書館是用科學方法，採訪、整理、保存各種印刷與非印刷的資料，以便讀者利用的機構。』並進一步闡釋其內涵：（註1）

1. 所謂採訪，就是對資料的採擇與訪求，其主要方式有三：購買、交換與受贈。
2. 整理就是組織，用圖書館學的術語來說，就是編目與分類，或編製書目、索引與摘要。
3. 保存就是妥善保藏與適當維護，旨在保持資料的完整性。
4. 印刷的資料，係指圖書、期刊、文件等印刷的東西而言。非印刷的資料包括視聽資料與其他媒體所儲存的資料。
5. 採訪、整理與保存資料，都只是經營圖書館的手段。它們的最終目的，乃在使圖書館的資料便於讀者的利用，這才是圖書館的真正價值。

　　美國圖書館學大師席拉（Jesse H. Shera）主張圖書館係一社會傳播機構（institutions），它用圖文紀錄（graphical record）之形式累積知識，並藉由圖書館員將知識傳遞給團體和個人以為溝通傳播。席拉認為圖書館是人類傳播系統（communication system）的一部分，以保存與傳播人類文化財產。（註2）現代圖書館員則應關懷社會現象，並且協助其服務所需之哲學、語言學、心理學各學門知識，俾使其達成服務目標。其任務目標即在提供人類查詢所有文化之圖文紀錄，使人類瞭解其所居住之整體環境。圖書館的社會目的從來不變，係將人類心思與圖文紀錄結合，俾使人類之知識成長累積。他認為圖書館的最大價值在於促成圖書等圖文紀錄與讀者心思結合，如同下圖所示（註3）。

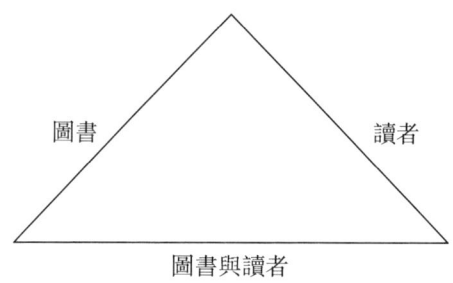

席拉更進一步提出圖書館工作內涵的三大要件如下圖：第一，是徵集（acquisition），包括知道要為使用者徵集何種資料及如何徵集之方式，並且要懂得圖書資料之重要知識與運用這些知識在徵集工作上。第二，是組織（organization）即聚集資料，加以安排與處理使其達到最大便利與運用效率。第三，是解釋與服務（interpretation and service），圖書館藉著讀者服務與教育推廣等服務促進讀者與圖書的結合。

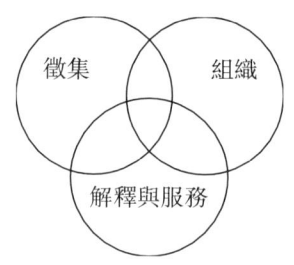

貳、網際網路對圖書館的影響

網際網路在 1990 年代開始活躍，如今成為人們使用最多、接觸面最廣的資訊網路。其由美國國防部單位（Defense Advanced Research Projects Agency，簡稱 DARPA）研發，目前已擴及至大學、研究單位、工業、商業等各領域應用，普及全世界，並成為全球性網際網路，這也是 20 世紀末葉以來，人類最突破性的一項科技發明，藉由網際網路將全世界連結起成為地球村。

根據美國 Network Wizards 公司最新公佈的全球連網主機網域調查統計（Internet Domain Survey），全球連網主機數至 2002 年 7 月已達 1 億 6,212 萬部，較 1993 年的 131 萬成長了 100 多倍。（註4）網際網路結合電腦形成全球資訊基礎建設（Global Information Infrastructure），將個人、團體、工商業界、國家與全球連結起來造成全球化與其他許多影響。整體而言，其具有下列特質：

1. 由於文字、聲音、影像、動畫資訊的傳送，而朝向網路寬頻發展。
2. 網路可無限取用，不受時間與空間的限制，其利用與影響力已超過電話。
3. 網路具有超連結性，可連結事物、觀念、信息、機構、網站等。
4. 個人使用網際網路大量成長。
5. 網際網路促成社交網絡熱烈發展。

6. 網際網路大量應用在國家與政治發展。
7. 網際網路的全球取用獲得重視與積極開發。

　　網路電子資源的發展快速，令人目不暇給，僅 Google 檢索引擎在 2003 年年初可檢得的網頁即超過 30 億個。電子資源的種類繁多，例如：CD-ROM 資料庫、線上資料庫、電傳視訊、電子期刊、電子報、電子書、數位圖書館、多媒體、隨選視訊、網路資源等。許多人因電腦與網路的便利，漸漸查找資料時第一個想到的是上網找尋資料，所以網際網路無形中成為圖書館最厲害的競爭對手。但圖書館是個智慧的資訊機構，開始展開反攻，紛紛開設網站提供網路資訊服務。以下從臺灣地區兩個評價良好深受喜愛的圖書館網站作為說明，一個是『國家圖書館』網站，一個是臺灣大學圖書館網站。

（一）『國家圖書館』網路服務

　　『國家圖書館』的任務是收集與典藏臺灣地區當代出版品與編輯相關書目，目前實體館藏約有 200 餘萬冊的圖書、期刊、報紙、特藏資料。該館位於中山南路的館址，每天有許多民眾到館使用，川流不息，其作業流程仍維持採訪、編目、流通閱覽、參考服務、特藏服務、研究與輔導為主體。該館在網路上建立『「國家圖書館」全球資訊網』（如下圖），網址為：http：//www.ncl.edu.tw，提供豐富的網站資訊服務。從網站內容分析，可將其網路服務分為四類：（1）藉網路提供傳統圖書館服務；（2）提供讀者從網站進行資料庫檢索；（3）將館藏大量數位化；（4）連結網路其他重要優質資源。

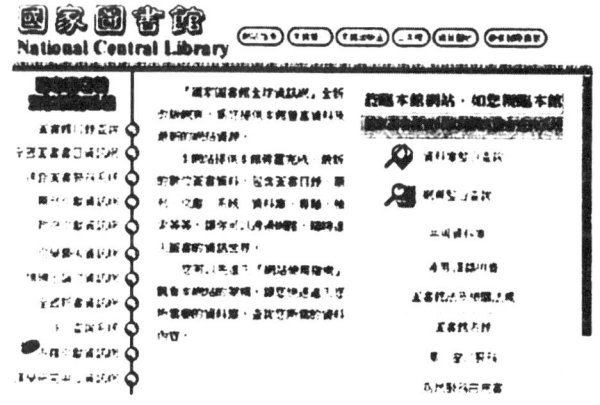

　　第一，利用網路來提供傳統圖書館服務，如電腦館藏目錄、讀者服務、參考服務、推廣與圖書館利用教育。

　　第二，提供讀者從網站，進行資料庫檢索，除了提供線上館藏共用目錄，另建置許多資料庫系統，包括臺灣圖書資訊網路、遠距圖書服務系統、期刊文獻資訊網、政府文獻資訊網、文學藝術資訊網、博碩士論文資訊網、終身學習資訊網、古籍文獻資訊網、漢學研究資訊網、臺灣新書資訊網等。此外，更提供各主題中英文電子資料庫查詢系統，包括綜合性、商學、人文科學、社會科學、工具書、網路新聞、報紙、學位論文、法律/標準、文史/藝術、電子期刊、政府資訊、理工醫農、圖書資訊等電子資料庫。

　　第三，將館藏大量數位化，如遠距圖書系統，提供全文期刊、政府文獻與全文、當代文學史料影像全文系統、當代藝術家系統。『國家圖書館』為致力於古文書籍之保存與數位化，建置『古籍文獻資訊網』，提供古籍影像檢索系統、明人文集資料庫、古籍全文檢索系統、善本古籍聯合目錄、古籍文獻整合系統。此外，當代文學史料影像與全文系統則收錄臺灣地區當代文學作家近二千位之生平、傳記、手稿、相片、著作年表、作品書目、評論文獻、翻譯文獻、歷屆文學獎得獎紀錄及名句等。該館並將出版品電子化，包括『國家圖書館』館訊、『國家圖書館』英文通訊、圖書館與資訊素養叢書電子書、館藏發展政策、出版品目錄等，並提供線上檢索。

第四，連結網路其他重要優質資源，如建置編目園地、參攷園地網站。『編目園地』，介紹與圖書館技術服務有關的資源，包括國內外最新消息與動態、編目規範標準、中西文編目規範與標準、編目文獻課程、分編問題探討、海內外與編目相關的網站。『參攷園地』，為提供臺灣圖書館參攷服務一個知識管理的入口網站，介紹海內外新出版的參攷工具書資訊，提供臺灣圖書館的參攷服務同道的交流園地，介紹海內外專業的參攷服務技術及新知。

（二）臺灣大學圖書館網路服務

臺灣大學圖書館是臺灣地區大學圖書館中第一大館，館藏號稱有 200 餘萬冊件的圖書文獻。該館建置網站如下圖，網址為：http：//www. lib. ntu. edu. tw。該館自從 1999 年新館建築落成，即成為校園內學生最喜愛流連的地方。圖書館作業仍以採訪、編目、期刊管理、流通閱覽、推廣與參攷、特藏服務、多媒體服務為主體。該館網站內容提供了館藏目錄、電子資源、圖書館服務資訊、圖書館特藏資源與臺大數位典藏相關計劃網站。另外連結臺大各分館網頁，包括法社分館、醫圖分館。

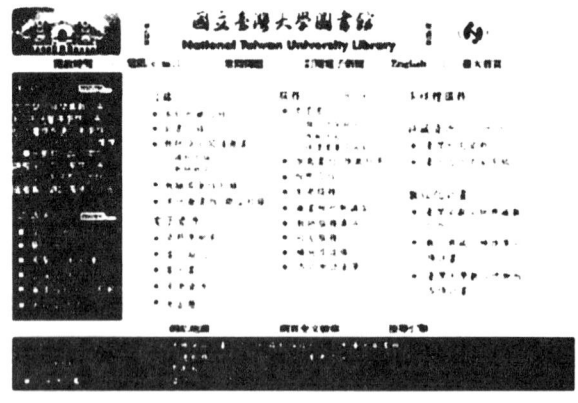

從該館網站內容分析，可將網路服務分為四類：第一，利用網路提供傳統圖書館的服務，包括電腦圖書館目錄查詢、讀者服務、推廣與參攷服務、多媒體服務、特藏資料閱覽服務、電子新聞服務等。第二，提供資料庫檢索，包括資料庫、電子書、電子期刊、參攷資源等，提供線上資料庫檢索服務，包括綜合性、藝術與人文、社會科學、科學與工程、生命科學與醫學、報紙資料、其他等類型。第三，提供數位圖書館或數位典藏，臺大圖書館網站提供該單位執行之數位化計劃相關資訊，如淡新檔案數位計劃與特藏數位典藏計劃。並有專屬網站，包括臺灣文獻文物典藏數位化計劃、數位典藏訓練推廣分項計劃、臺灣大學數位博物館計劃。第四，將出版品電子化，包括臺大圖書館館訊、大學圖書館館訊、醫圖館館訊、特藏出版品，並提供線上檢索。

叁、網路時代圖書館的新意涵

　　網際與電腦科技共同打造了全球資訊基礎建設，並且帶給個人、團體、工商業界、政府、國家、全球許多資訊與便利，也是影響人類最大的傳播媒體，具有許多優點：如無所不在、突破時空障礙、取之不盡、用之不絕；可廉價、快速地傳播，知識共享，提供檔案、地理資料、博物館文物、圖書資料、文獻等跨領域資訊，文字、圖形、聲音、影像、動畫等多種媒體型式，以及涵蓋不同性質商業性、娛樂性、學術性、研究性等網站。

　　網際網路由於缺乏管理機制，使得人類引用網路資源時經常發生下列三大問題：（1）品質難以控制。圖書出版有一定程度的完整性及正確性，出版社會做初步的審查，圖書館在建立館藏的過程中不需要再去檢查圖書的內容。但電子資源或網路資源的作者或出版者可能是任何名不見經傳的人，作品內容品質不一，沒有單位對此作檢驗與品質的控制。（2）數量難以控制。圖書的出版有一定的數量，雖多寡有別，但圖書館的收藏不會是單獨的一書。但在網路世界則不然，數量龐雜，很難控制。（3）內容多變。圖書的出版相當穩定，除了改版之外，圖書的外表及內容幾乎不會改變。而網路資訊的作者、出版單位可能隨時更改，網址也經常變更，使得使用者不易找尋，互動的閱讀也可能改變資料的內容，使得傳統的版本觀念不再有意義。網路由於資訊缺乏良好組織不易檢索，好壞資訊充斥使得使用者不易在短時間有效選擇，網路資源不穩定，缺乏維護與管理，這些問題長期以來造成使用者的焦慮，與影響重大決策的正確性與品質。

　　網際網路的便利受到歡迎，成為圖書館的競爭者，也給圖書館帶來重大挑戰。但另一方面，網際網路的散漫無組織嚴重影響使用者查找資訊的效果。要使資料查詢有效，其前提必須事先將資訊整理與組織，才可在使用者需要時在最短時間獲得重要實用的資訊。長久以來，圖書館最大的價值是對人類資訊與記錄進行徵集、組織與解釋，以保證優質的圖書圖文記錄可與人類心思結合，再創造新知識，所以其為人類傳播的重要系統。今日，圖書館受到挑戰後，更懂得運用網路全球資訊基礎建設來拓展服務版圖，各館紛紛建構網路資訊服務。以本文所述『國家圖書館』與臺灣大學圖書館網路資訊服務為最佳例說，兩館均在網站提供讀者服務、資訊檢索、數位圖書館與數位典藏服務，以及連結其他重要優質的網路資源供讀者使用。

　　網際網路為圖書館帶來挑戰與機會，對於網路時代的圖書館可界定為：『係在全球資訊基礎建設下，配合使用者需求，將人類有記錄的資訊，無論是圖書文獻或各類數位資源，加以選擇、徵集、整理、組織、解釋、傳播與利用的資訊傳播機構。並且將實體館藏與虛擬館藏整合提供使用者在需要時可以快速有效地獲得資訊。圖書館正以二元化模式經營實體圖書館與網路虛擬圖書館。』此也回應胡述兆教授最近的新定義：『圖書館是為資訊建立檢索點並為使用者提供服務的機構』（註5），這個檢索點是在實體圖書館與虛擬圖書館之間，為人類提供一個優質資訊的檢索點。

　　儘管網路帶給圖書館威脅與挑戰，但圖書館仍是人類傳播系統最重要的一員，圖書館利用全球資訊基礎建設與網路的連結優勢，打造二元圖書館世界，既重視實體的經營，也用虛擬圖書館來擴大服務。圖書館工作仍以資訊徵集、組織、解釋與服務為三大要件，只是配合網路世界的發展，而有了新內涵，說明如次：

1. 資訊徵集就是對各類型資訊資源的採擇與訪求，其主要方式有：購買、交換、受贈、館際互借、文獻傳遞、館藏數位化、數位化典藏、網路連結、數位出版等。

2. 資訊組織，就是對各類資訊資源進行整理與組織，包括：編目、分類，編製書目、索引、摘要，metadata 編製，數位資訊與檔案的保存與維護。

3. 資訊解釋與服務，包括：流通閱覽、參攷服務、教育與推廣、編製網路導引（pathfinder）、網路知識地圖、資訊加值、專題選粹服務、電子報發送、網際網路參攷服務、數位圖書館服務、數位學習等。

4. 圖書館重視館藏擁有與資訊取用的觀念，並將實體館藏與虛擬館藏整合，提供各類資訊資源。

1931年，印度圖書館大師阮甘納桑（S. R. Ranganathan）出版『圖書館學五大定律』（*Five Laws of Library Science*）一書，提出五定律之說：（1）圖書館館藏的圖書均是實用的；（2）每位讀者均有其圖書；（3）每本書均有其讀者；（4）圖書館必須節省讀者的時間；（5）圖書館是一個成長的有機體。（註6）如今，圖書館從圖書印刷世界進入網路世界，圖書不再是館藏的主體，數位與網路科技產生的資訊資源與資訊系統成爲人們的新寵。物換星移，Walt Crawford 與 Michael Gorman 提出了圖書館服務新五律，最能反映在全球資訊基礎建設下圖書館經營的最高指導原則：（註7）

1. 圖書館服務全世界的人類；
2. 圖書館尊敬與重視人類各類型的傳播知識；
3. 圖書館懂得善用資訊科技不斷改進服務；
4. 圖書館尊重與保護人類自由取用資訊的權利；
5. 圖書館以尊崇人類過去與創造未來爲主要任務。

註釋

註1. 胡述兆，『圖書館的意義、起源與功能』，『圖書館學導論』（臺北：漢美，1991年），頁1-3。

註2. Jesse H. Shera, *Introductaion to Library Science* (Littleton, Colorado: Libraries Unlimited, 1976), 49.

註3. Jesse H. Shera, "Librarianship and Information Sicicnce." The*Study of Information: Interdisciplinary Messages*, ed. by Fritz Machlup and Unh Mansfield (New York: John Wiley & Sons, 1983), 387.

註4. "Internet Domain Survey, July 2002." http: www. ise. org/ds/WWW-200207/index. html (retrieved, Jan. 07, 2003)

註5. 胡述兆，『爲圖書館建構一個新的定義』，『「中國圖書館學會」會報』66期（2001年）：1。

註6. S. R. Ranganathan, *Five Laws of Library Science* (Madras: Madras Library Association, 1931).

註7. Walt Crawford & Michael Gorman, *Future Libraries: Dreams, Madness & Reality* (Chicago: American Library Association, 1995), 8.

原載『中華圖書館資訊學教育學會會訊』第19期（2002年12月），頁5—9

重新定義圖書館與圖書資訊學
New Horizons for Library Practice and Library & Information Studies

臺灣師範大學社會教育學系圖書資訊學組
圖書資訊學研究所教授兼所長　吳美美

Mei-Mei Wu

Professor & Chairperson,
Graduate Institute of Library & Information Studies
Taiwan Normal University
e-mail：meiwu@cc.ntnu.edu.tw

【摘要】本文討論圖書館、圖書資訊服務與圖書資訊學的新意義。
【關鍵字】圖書館；圖書資訊學

Abstract：This paper depicts the insights of Library functions and suggests new horizons for library services and library & information science as a field of study.

Keywords：Libraries；Library & Information Science

壹、圖書館是資訊供應機置

讀研究所時，指導教授 Belkin 博士提出一個問題：What is a library？（什麼是圖書館？）經過課室內師生七嘴八舌一番思辯，Belkin 博士總結：Library is an IPM—Information Provision Mechanism.（圖書館是資訊供應機置。）傳統圖書館的幾個要素：建築、館藏、人員，具體且實體，都因數位化可以虛擬而遠距，這時候圖書館是什麼呢？圖書館還仍然應該是『儲存』人類知識和智慧的所在，更重要的，圖書館應該要能迅速切實『供應』人類所需的資訊。在數位時代，圖書館作為提供資訊的『機置』（mechanism），如同胡述兆教授（2001）的新定義——圖書館是『檢索點』，『機置』較『機構』（organization）來得實際而且貼切。

暫且不討論機構和機置的問題，重點是什麼是『資訊』？『資訊』說來話長，Belkin 教授的博士論文就是討論『資訊的本質』。簡單來說，資訊是書目、索引，藉以帶領找到原始、全文資料的『管道』（surrogates）；資訊是印刷書、期刊等呈載有內容的媒體『物件』（objects）；資訊是電腦中的『符碼』（codes），利用電腦的儲存和傳輸功能，重新搜尋、整合。依個人的見解，以上三類資訊的性質，大約是『外在』（在個體之外）資訊的最佳詮釋了。資訊只有存在個體的層次，才能談到『意義』和『認知』。也就是說，Buckland 教授定義了資訊的三種性質（註1）：(1) 資訊是『傳播的過程』、『告知的過程』；(2) 資訊是知識，使人不確定感減低；(3) 資訊是物件，如文獻、書籍等，前兩種都是和人的傳播行爲、認知有關，屬於個人層次；關在傳統圖書館建築中的『物件』（書籍、文獻、文件），或鎖在電腦中的符碼，比較有可能透過『外在』媒介傳遞，成爲機構或機置處理的層次。

數位時代的圖書館可能是以儲存數位媒體爲主，資訊供應機置可能是有實體建築物的圖書館，也有可能是存在網際網路或網界中的虛擬圖書館。『資訊供應機置』是十分靈活貼切的定義，不過這里仍有小問題：機置（mechanism）也可以用於指個體，一個提供資訊的個體，是資訊供應機置，那麼該個體也就是圖書館。

貳、圖書館的第二次革命正在發生

圖書館雖然自人類有史、有文字紀錄即存在，但是具體有建築物或有專人維護管理的圖書館大抵也只有三千年。據本人觀察，數千年來圖書館發生兩次革命。圖書館的第一次革命是『功能』上的革命。早期，不論是西方的亞歷山大圖書館，或是中國老子時代的柱下，人類創設圖書館的目的，都是在保存知識和文化典籍，圖書館的功能主要僅在於『保存』。到了十八九世紀的工業革命和民主思潮的興起，民主制度的確立，知識和資訊的普及成爲民主社會的必要條件之後，成立圖書館，以確定社會一般人士有均等的機會獲得資訊，圖書館才成爲民主社會的必須設施，圖書館的功能從『保存』，昇華到『提供大衆資訊』、『教育』以及『休閒』等功能。圖書館功能的進化，從『保存』到『提供資訊』、『教育』、『休閒』，從『藏書樓』演進到『民衆的社會大學』，用去人類兩三千年的時間，這一變革相當於圖書館發展史上的第一次革命，主要是圖書館『功能』的改變！

目前圖書館正在經歷第二次革命，可以説是受到資訊科技和資訊社會雙重因素的催化。在 20 世紀中期以前，圖書館所提供的資訊服務，以書寫及印刷式媒體爲主，直到 1950 年代，電腦資訊科技的發明，促使人類儲存資訊的媒體由印刷式變爲零與一的數位化方式，這個發展爲資訊社會揭開序幕，也爲圖書館的第二次革命埋下了種子。1990 年以後，網路傳播科技促使人類溝通和訊息交換方式，產生鉅大的變革，網路傳播科技的普及，爲資訊社會揭開了第二道序幕，資訊社會的雛型儼然呈現。數位圖書館（digital library）逐漸成型，新學習和新教育思潮興起，圖書館和圖書館員角色轉變，21 世紀初，圖書館正在進行第二次蛻變。

圖書館的第二次革命一方面肇因於資訊及網路科技的發展，另一方面則是人類自覺心的成長。正在經歷第二次革命的圖書館，至少有兩個顯著的改變：其一，圖書館型態改變，『超越圍牆』的數位圖書館逐漸普遍，各個圖書館原有的館藏可以藉此無限延伸；其二，圖書館員角色改變，從保守被動的資訊提供者，轉變爲主動的推廣者、教育者。從積極面來說，圖書館及圖書館員的角色，若能呼應時代的脈動，適時改變，則這正是圖書館資訊服務專業，進一步發展成爲資訊時代必要的社會配備的契機，公共資訊的角色也可以因此更爲明確化！『資訊供應機置』應該重視的不限於『技術』，而是『制度』。公共資訊確保人獲取資訊的公平權益，能彌補數位和社會落差；而資訊商品、智慧財產權的合理辦法，有利於鼓勵創作。如何有智慧的規劃，將是圖書館第二次革命能否順利轉型成功的關鍵。

叁、學術領域的新星系

『圖書館學』和『資訊科學』雖各有發展源流，但是却逐漸整合，其主要原因是：兩者的研究基礎都建立在三個要素之上：使用者（人）、資訊（文獻、知識、資料），以及承載資訊的新儲存媒體及傳播科技（如圖一）。『圖書館學』和『資訊科學』由不同的傳統出發，但是因為研究的對象、環境和目的相同，這三個相同的基本要素，構成兩個不同傳統結合的基礎。

資訊研究的最終目的，在促使人人有平等的機會獲取資訊，而得以學習成長。這個『平等的機會』包括個人以外大小環境的『機會』。大環境譬如『資訊自由』與否是社會議題、政治議題；小環境如資訊系統是否可得，是否易於使用，是否普及，是系統設計及服務的問題。至於『個人』的層次，則涉及個人是否有基本的學習能力，吸收資訊，自我發展。人的能力的增長，有如滾雪球。有了基本能力，對於新的資訊刺激才能產生類化的作用。資訊研究的精神乃在於協助每個個體有平等機會獲取資訊的機會。資訊研究的範疇包括三大要素：人、資訊、與資訊媒體科技；資訊服務（如圖書館、資訊中心、資訊顧問等）或應用科技，將人和資訊結合，是其中第四個研究範疇；系統設計依個人需要、機構和社會的不同層次的需要，是第五個研究範疇；人類使用資訊和科技對社會的影響是第六個研究範疇；最後一個研究範疇則是教育推廣以及人對創新新事物接受程度的研究。這些研究的領域特質，有基礎研究，屬於 Vakkari 所謂的 a field of research，如使用者研究、系統的數學研究等；有應用研究，如資訊服務，屬於 a field of professional activities。

假使我們都贊同上述資訊研究的最終目的是『在促使人人有平等的機會獲取資訊』而得以學習成長，那麼根據圖一所示，資訊研究所處理的問題應至少有三方面：資訊的社會學研究趨勢，資訊管理、資訊系統、資訊處理、資訊檢索等和電腦檢索系統有關的研究趨勢，以及資訊與學習的研究議題。三者處理問題的層面大不相同，但是處理的大問題則相同，在促進一時一地資訊的生產、獲得及流通。歸納之，資訊研究大學科應至少包括三個範疇：

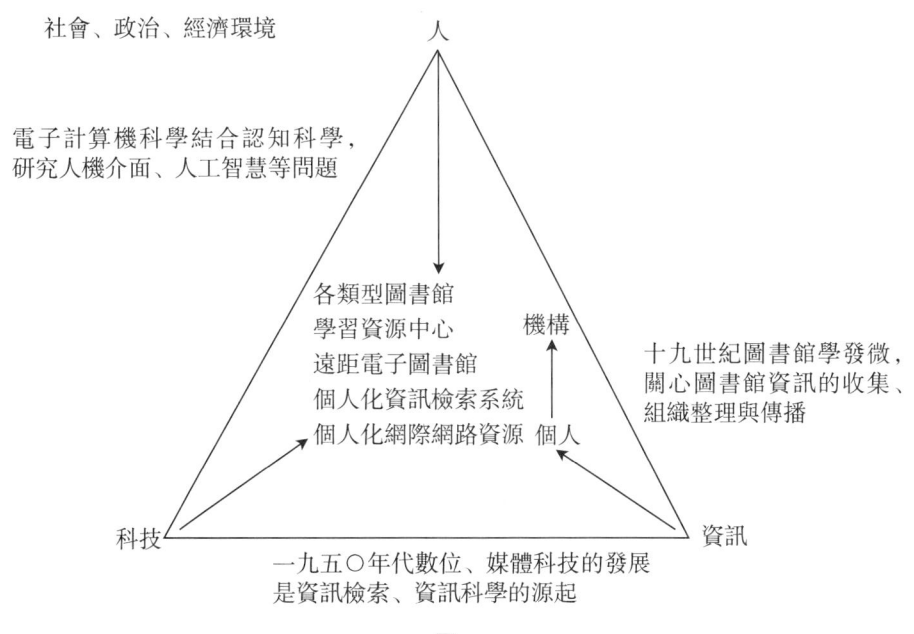

圖一

（一）資訊和社會學方面，包括資訊和社會發展的關係、資訊政策的擬定等研究；
（二）資訊服務方面，包括資訊需求、資訊行為研究、資訊系統的設計，人機介面，檢索技術、資訊服務與管理等研究；

（三）資訊和學習方面，包括學習心理學，認知及資訊的處理過程，以及資訊素養等議題的研究。

資訊系統的規劃、設計屬於資訊工程與資訊服務的範疇，資訊系統的推廣應用、資訊科技對社會的影響、資訊政策對資訊服務乃至資訊工業發展的關係、資訊和經濟活動、資訊倫理乃至資訊犯罪等，都屬資訊社會學的範疇。其中涉及的，跨越了不同的學科領域，如數學、電子計算機工程、科技、社會科學、認知心理、經濟學、教育學等。

這些資訊研究的範疇，開拓了資訊研究的領域，既不是強要社會學、資訊科技和圖書館學、教育學合而為一，而是在一個更高層次的資訊研究的傘翼之下，各自成為一個大架構之下的獨立支柱。在這個大架構下，既有獨立研究的理論來源及基礎，又可以彼此互相支援。這個想法明確表達了資訊研究或資訊科學已經演進到有大學科的基礎了，如同早期商學系蛻變為商學院一般。當一個領域的各學術範疇、理論基礎逐漸完整之時，表示結合的時機已經成熟。這個做法的實現，將是 21 世紀結合科技與人文具體實現的開始。

肆、結語：學科發展反應實務的需求

圖書館在資訊時代搖身轉型為『資訊供應機置』，圖書資訊學的內涵和理論體系亦隨『資訊』的本質而逐漸明朗，但是學科教學課程內容仍需反應人力市場的需求。過去十餘年來，美國圖書資訊學科系的興革，可以說明此一現象。Hildreth 和 Koening（2002）以線上或電話訪談調查 1982—2001 年間的 17 所圖書資訊學校教育合併或組織重組的情形（如表一），圖書資訊學和傳播媒體、教育、電腦科學、管理行政等有相關。不過 2002—2003 年值得注意的是有幾所學校稱『資訊學院』（Information School/School of Information），兼顧資訊科技、資訊與學習、資訊社會、資訊系統管理等範疇。Hildreth 和 Koening（2002）建議圖書資訊學教育需要跳脫傳統刻板的觀點，重新思攷新的定位，建議圖書資訊學院校教育的目標和課程必須要加以擴展和多樣化，同時也必須兼具橫縱面。在橫向方面，例如課程的更新、跨學科，在縱向方面，例如從大學和新的研究所學程著手（under-graduate and new graduate programs）（p. 132），都和學科發展的新星系爆炸原理相同。

表一　合併/重組的圖書資訊學校/課程（註2）

學校/課程	合併學科	年份
Rutgers	傳播/媒體	1982
Kentcuky	傳播/媒體	1993
Southern Connecticut	傳播/媒體	1995
Alabama	傳播/媒體	1997
Western Ontorio	傳播/媒體	1997
Buffafo	傳播/媒體	1999
Alberta	教育	1991
UCLA	教育	1994
McGill	教育	1996

(續上表)

學校/課程	合併學科	年份
Missouri	教育	1996
Texas Woman's	教育	2000
Hawaii	電腦科學	1996
Long Island	電腦科學	2001
Dathovsie	管理/行政	1984
N. Carolina—Greensboro	併入研究所	1990
Iowa	併入研究所	1999

註釋

註1.

1. Information-as-process: When someone is informed, what they know is changed. In this sense "informtion" is "The act of informing…; communication of the knowledge or 'new' of some fact or occurrence; the action of telling or fact of being told of something" (Oxford English Dictionary, 1989, Vol. 7, p. 944).

2. Information-as-knowledge: "Information" is also used to denote that which is perceived in "information-as-process": the "knowledge communicated concerning some particular fact, subject, or event, that of which one is apprised or told; intelligence, news." (Oxford English Dictionary, 1989, Vol. 7, p. 944). The notion of information as that which reduces uncertainty could be viewed as a special case of "information-as-knowledge". Sometimes information increases uncertainty.

3. Information-as-thing: The term "information" is also used attributively for objects, such as data and documents, that are referred to as "information", because they are regarded as being informative, as "having the quality of imparting knowledge or communicating information; instructive." (Oxford English Dictionary, 1989, Vol. 7, p. 946).

註2. Hildreth, C. R. and Koening, M. (2002). Organizational realignment of LIS programs in academia: from independent standard units to incorporated programs. *Journal of Education for Library and Information Science*, 43 (2), p. 126.

參考文獻

Buckland, M. (1991). Information as Thing. *Journal of the American Society of Information Science* 42 (5): 351-360. http://www.sims.berkelev.edu/~buckland/thing.html.

吳美美（1996）. 在新時空座標中的圖書館功能──談資訊素養教育. 圖書館學與資訊科學22卷2期, 頁29-52.

吳美美（1996）. 尋找資訊研究的大方向. 二十一世紀資訊科學與技術的展望國際學術研討會論文集. 臺北市：世界新聞傳播學院圖書資訊學系, 頁125-149.

從圖書館學邁向資訊傳播學的新境界

世新大學資訊傳播學系
副教授兼系主任　莊道明

【摘要】網際網路興起後，對於學科發展產生重大的影響。為反應學科內涵改變的趨勢，給予圖書館新定義實屬必要。圖書資訊學更名為資訊傳播學也是順應學科發展的過程。資訊傳播學名稱是依據資訊上、中、下游為思攷主軸，致力於發展『數位、創新』、『知識、加值』四項專業能力，與朝向『網路、傳播』等兩大研究方向進行。

壹、前　言

隨著1990年網際網路興起後，資訊網路已完成第一個十年，影響所及正逐漸改變社會、政治、教育的發展趨勢與生態。而網際網路突破國際疆界的藩籬，對全球化的發展產生推波助瀾的效果。各學門受到網際網路的衝擊，紛紛重新調整課程內容。圖書館受到資訊技術與網路傳播的影響相當深遠，使得圖書館服務也開始邁入資訊傳播新時代，也要面對相關機構的服務競爭，圖書館資訊服務的內涵也需從資訊處理轉變成為知識整理，並且跨國合作研究需求與日遽增。（莊道明，1997）這些大趨勢使傳統圖書資訊學也思攷轉型與補強內涵的必要性。海內外圖書館學系所的改名，圖書館與資訊中心合併議題再度引發圖書館發展的危機。雖說危機即是轉機，然而圖書館的內涵若沒有重新定位與充實，學科沒有適度的轉型，將引發學門步向沒落的危機。胡述兆教授（2001）為解決新資訊科技引發圖書館發展的問題，嘗試給圖書館一個新定義，提出『圖書館是為資訊建立檢索點並為使用者提供服務的機構』。從此新定義觀點而言，圖書館不但只是一棟實體建築物，更是提供使用者進入資訊虛擬網路的一個入口點，透過這個入口點指引功能，將促進使用者更有效率地查詢資訊站，提升網路使用的效能。此外，新定義特別強調使用者服務機構，強化以使用者為導向的概念，符合新媒體理論中，網路興起將逐漸改變大眾傳播傳播方式，將使得分眾與個人化服務時代來臨，為使用者量身訂作屬於個人化的資訊服務，則已是網路服務的重要趨勢。基於資訊與傳播科技興起等因素攷慮，世新大學圖書資訊學系於2000年進行系名的變更與課程調整，希望透過此增強學科的內涵與切合社會發展需要，將圖書館學帶入一個資訊傳播的新世界。

貳、資訊與傳播科技結合

胡述兆教授（2001）認為資訊時代最大的特徵，便是電腦與傳播科技的發明與應用，突破資訊獲取的時空限制，進而改變使用者運用資訊方式，使得圖書館在求新求變下，引進更多的電腦與傳播技術以能將圖書數位化。隨著圖書館的典藏物逐漸數位化後，自然衍生出數位圖書館新名詞。這個新名詞不僅只是象徵資料是以數位化方式呈現，同時也意味著一個具有傳播屬性的資訊站觀念。此外，數位圖書館也將使實體的圖書館逐漸隱身，最後成為虛擬世界中一種兼具資訊與傳播的資訊點。網際網路對社會影響力的日漸深遠，其具體改變主要源於下列三方面：

（一）學科發展內涵的改變：自杜威在 1876 年創設第一所圖書館學校之後，圖書館便開始邁向專業的學科領域發展。隨著電腦於 1960 年代發明之後，資訊學者開始嘗試利用電腦處理圖書館大量的圖書訊息，運用電腦自動化處理圖書資料也開啓了圖書館發展的新頁。美國在 1980 年之後（臺灣地區在 1990 年）圖書館學系紛紛加上資訊科學（Information Science）或資訊研究（Information Studies），而以圖書館與資訊科學系為名（臺灣簡稱為圖書資訊學系）。隨著網際網路於 1994 年興起，圖書館資料也由書目資料自動化處理，邁向全文影音多媒體數位內容典藏。藉助網路可無遠弗屆向外傳遞，數位圖書館的概念將被大量運用於教育、資訊產業與相關行業，一個以資訊傳播為主的數位圖書館將是下一社會重要的發展趨勢。（莊道明，1994）

（二）社會的需求面改變：面對網際網路興起與資料量大幅增加下，社會許多行業（出版社、報社、金融業……）也開始面臨對資訊的蒐集、組織、分類整理與網路應用等問題。因此，圖書資訊學系所培養的學生將朝多元方向發展，除了傳統圖書館之外，也希望學生能到其他資訊產業服務，對於資訊內容的從事數位化的蒐集、組織、分類及整理。

（三）新媒體科技發展趨勢：網際網路興起後，對傳統媒體產生許多衝擊。由於資訊科技給予使用者對資訊有更多元與主動的選擇權，使得大眾媒體將逐漸朝分眾方向發展；各種媒體數位化之後，將產生媒體匯流現象；使用者也由被動收訊轉變成主動選擇。網際網路將打破以往傳統大眾媒體壟斷的現象，給予使用者更多資訊的選擇權與主動性，使得傳統大眾媒體也面臨到轉型的時期。美國線上公司（American Online）與時代華納公司（Time-Warner Co.）在 2000 年的合併，便是宣告資訊與傳播新時代正式開跑。

由於網際網路發展所引起一連串社會變遷，無形也使圖書資訊學的影響日漸擴大，所引發相關議題也擴及到社會各個領域。因此，如何將學科研究範圍擴大即時反映在學科名稱改變上，也是學科名稱『正名』的必然趨勢。

参、資訊傳播學課程發展概念

將圖書資訊學更名為資訊傳播學之後，在學科思攷與訓練的重點上，則具體可以反映在學科的內容。依據本校資訊傳播學系課程設計的思攷，乃將資訊視為一種資訊流的概念，分別以資訊的上、中、下游作為思攷設計主軸。所謂的資訊上游乃是指資訊產出階段。傳統資訊上游則是作家、研究人員或節目製作人等，在數位時代將需要透過數位資訊內容設計，將所產生的資訊以數位多媒體方式予以處理，方能達到傳播的途徑。資訊中游則是如何將各種已有的數位資訊加以分類、加值與整理成資料庫，以能方便檢索利用與管理。資訊下游則是從事資訊的行銷與傳播給有特定需求的使用者，其中需應用到資訊檢索介面的設計與使用者研究。從資訊傳播整體課程的核心目標，應該是達到適時將適切資訊，傳送給有需要使用者。而此方向頗符合胡述兆教授圖書館新定義中，強調以使用者為中心的理念。

根據以上課程思攷的主軸，在資訊傳播學課程設計上，主要涵蓋三大資訊區塊，以訓練學生具備『數位、創新』、『知識、加值』等四項專業能力與『網路、傳播』等兩大研究方向：

（一）資訊上游：多媒體製作與設計課程
——創作基本能力：美學理論、色彩學、攝影理論與實務、視覺藝術；

——數位處理能力：數位媒體概論、數位影像處理、數位影音處理、網頁製作、電腦動畫、互動程式設計、多媒體程式設計、專案管理、網站規劃與設計。

（二）資訊中游：資訊加值與知識管理課程

——資訊蒐集與加值能力：資訊源概論、出版與採訪、參攷資源、分類學、知識組織、主題分析學、分類與編目、索引與摘要；

——知識管理能力：知識管理、檔案管理、數位圖書館、資訊檢索概論、網路資源檢索、資訊檢索實務、資訊服務概論、資訊行爲、參攷服務、資訊機構管理、館藏發展。

（三）資訊下游：網路行銷與傳播課程

——傳播與社會基本概念：傳播與社會、新聞學、傳播科技概論、網路與通訊、傳播科技專題；

——使用者研究：讀者服務、網路資源應用、網路資訊服務專題、資訊行銷、網路中介傳播、電子商務。

肆、結　論

在孔恩的『科學革命的結構』一書中，對於學科演化的發展改變，曾引用普特南（H. Putnam）一段話：

『學科發展猶如海上的艦隊一般。每一艦隊上的人都在海上設法重建他們的船，但又不能作太大幅度的更動，免得船會沈沒。此外，不同船上的人都在彼此送補給和工具，並且互相打氣（或洩氣）與出主意。最後，有些船上的人決定棄船，全部跳槽到別的船。』（孔恩，1991，頁 293－294）

從以上這個隱喻中，不難理解到每一門學科類似河道上行駛的船艦。當河道水流平緩時，每艘船都可安穩在水面上運行。船在行駛過程時，不免有些小問題，例如顛簸、船底破洞等，但大都可以經由經驗交流或與友船相互幫助以解決問題。但就在河道前方突然出現一個小漩渦，漩渦起初很小。雖然船上的船長知道前面有些問題，但大家也不以爲意。直到小漩渦變成大漩渦後，大家開始緊張，爲避免被捲入大漩渦而遭滅頂，於是大家拼命想向反方向逃離。但畢竟漩渦的力量越來越大，逃離的機會已經來不及。而這個漩渦便是網際網路。如今每艘船（學科）不是想要拼命逃離，就是要想辦法順勢而爲，運用漩渦力量向前挺進。若挺進力量仍不足以克服漩渦的威脅，那麼或許將船做大，大到足以讓大漩渦不成爲一種威脅，這也是一個策略。然而大船需要有大動力，才能向前邁進。因此，找出更宏觀更有解釋力的資訊傳播理論，以解決網際網路所引發的相關問題，將是學科的重要發展階段。將圖書資訊學改名爲資訊傳播學，即是企圖將學科做大策略下的一種新嘗試。希望這樣的新嘗試，能將學科帶往一個新的境界、新的可能與新的未夾。

參攷書目

孔恩（1991）. 科學革命的結構. 程德樹譯. 臺北：遠流.

李德竹，莊道明（1997）. 圖書館學與資訊科學課程革新之探討. 資訊傳播與圖書館學 4 卷 1 期，頁 17－25.

胡述兆（2001）. 爲圖書館建構一個新的定義. 『中國圖書館學會』會報 66 期，頁 1－4.

莊道明（1994）. 從典範理論探討圖書館學與資訊科學發展的歷程. 書府 15 期，頁

42 – 56.

　　莊道明（1996）. 由各行業在 Internet 之應用探討未來圖書館服務之主要改變. 圖書與資訊學刊 18, 頁 33 – 40.

　　原載『中華圖書資訊學教育學會會訊』第 19 期（2002 年 12 月），頁 15—17

也談『爲圖書館建構一個新的定義』

海洋大學共同科兼任教授　傅雅秀

在網路環境下，圖書館兼有紙本和電子館藏，是個混雜的圖書館（hybrid library），定位不清。拜讀吾師胡教授之大作『爲圖書館建構一個新的定義』，極爲感佩。胡老師希望圖書館不受任何時代、任何社會變遷的影響，成爲永續存在的資訊服務機制，因此將圖書館作了廣義的定義：圖書館是爲資訊建立檢索點，並為使用者提供服務的機構。以下僅提出淺見，呼應胡老師之觀點。

個人的拙見是『圖書館相當於資訊的入口網站（portal site）』，提供單一、方便的入口點，超連結到館藏目錄（webpac）、索摘資料庫、電子期刊等等。由圖書館首頁可通往浩瀚的學海，宛如風景繽紛的窗口，帶領我們擴展知識的視野。此入口網站兼具搜尋（searching）和瀏覽（browsing）的功能，可謂學術傳播的集散地。透過網際網路二十四小時開放，但並非完全沒有時空限制，各圖書館以 IP 管控和設密碼的方式來阻止校外讀者利用資料庫。過去，唯有圖書館能提供完整的知識，回溯性資料收集完整，今後圖書館不再是所有資訊的儲存所（a collection of information），部份資訊分散儲存在期刊出版者或電子書出版者的主機，由圖書館連結去利用（access）這些網站。因此，我極贊同『圖書館是爲資訊建立檢索點，並為使用者提供服務的機構』之見解。

由於個人服務於大學圖書館多年，茲從大學圖書館的角度提出一些看法。過去有些老隱喻，指『大學圖書館是大學的心臟』（"The Heart of the University" Metaphor），而對未來大學圖書館的新概念是閘道圖書館（gareway library），此乃更具意義的比喻。（註1）在轉型的新思維中，還有人將圖書館比喻爲"crossroads community"。十字路口是活動、聚集的中心，亦是重要的抉擇點，有如路口轉角的超級商場，將人、服務、資源連接起來。（註2）

未來的圖書館既不再以書爲中心，許多圖書館建築轉爲以人爲中心來設計，到圖書館是爲了人的交流互動與心靈沈澱。（註3）海內外均有圖書館賣起咖啡，又舉辦藝文展覽。

近年來，由於期刊價格高漲，出版時間延宕，美國研究圖書館協會（Association of Research Libraries，ARL）於 1998 年成立一學術出版和學術資源聯盟（Scholarly Publishing & Acadermic Resources Coalition，SARC），聯合美國大學和研究圖書館協會（Association of College & Research Libraries，ACRL）一起致力重塑學術傳播系統。其先導計劃鼓勵學者、教授自行創辦便宜的新期刊，並投稿至新期刊，以抵制昂貴的期刊。而圖書館則配合訂閱新期刊，積極支援。（註4）如此看來，圖書館似乎有了新的角色，在資訊傳播的環節（information chain）中扮演了協助知識生產的上游角色。未來圖書館的功能可能變更爲『生產、收集、整理、保存，並提供資訊』，圖書館即是擷取知識（access to knowledge）、提供資訊服務的機構。

附註

1. 傅雅秀，『大學圖書館的中心地位：一個老隱喻與新概念』，『圖書與資訊學刊』37，頁 51-57（2001 年 5 月）。

2. D. J. Grimes, *Academic Library Centrality* (Chicago：ACRL. 1998), pp. 118-119.

3. 玄奘大學,『數位時代的圖書館建築與空間設計趨勢研討會論文集』(新竹：玄奘, 2001年)。

4. Ray English and Deborah Dancik, "ACRL's New Scholarly Communication Initative; Addressing a Growing Crisis," *College and Research Libraries News* 63（5）: 356-358（May 2002）.

原載『中華圖書資訊學教育學會會訊』第 19 期（2002 年 12 月）, 頁 18

由名詞的意涵談圖書館的百變新貌

政治大學圖書資訊學研究所教授　楊美華

壹、前　言

圖書館在不同的時空背景之下，有不同的功能。長久以來，我們對傳統圖書館的認知，大多僅止於以科學的方法，徵集、整理、保存各種印刷和非印刷資料，以便讀者利用的機構。21世紀是網路的時代，數位化時代要有數位化的思維模式和學習方式。今天的圖書館除了提供傳統印刷式資料外，還包括了各種形式的資訊資源，以及對各個資訊網、各種資料庫提供指引、連接和轉介。是以，圖書館已成為社區的資訊中心、全球的書目利用中心和知識的入口網站。

貳、什麼是圖書館？

圖書館設立的目的在蒐集、整理各種資訊資源，提供民眾使用，滿足民眾需求，促進知識交流，藉以提升公民生活素質，也因此，公共圖書館向有『自由大學』和『人民大學』之稱。圖書館是書香社會的搖籃，無論從終身學習的特質或資訊傳播媒體的角度來看，圖書館都是協助社會人士『活到老，學到老』的場所、媒介和方法。英國首相布萊爾（Tony Blair）曾經說過，『圖書館是一個自我發展的平台、知識的門徑以及想像力的觸媒』。（註1）圖書館是我們心靈的故鄉、記憶的殿堂，也是我們接近上帝的雲梯。

在網路時代的今天，人們常說：『網路』就是圖書館，這是基於三個錯誤的前提：一、有用的資訊總是存在網路的某個地方；二、資訊都是免費的；三、任何人只要花足夠的時間在網路上，一定都可以獲得資訊。（註2）其實，沒有整理過的資料就不是有用的資訊。對圖書館而言，館舍、館藏和人員是不可或缺的三個支柱，即使未來其呈現的形式不一定是實體，取而代之的將是位元，但是館藏和人員仍是最重要的元素。

個人以為，現代化的圖書館是多種資訊資源的彙總，經由專業人員，提供便捷的介面，為資訊消費者提供整合性的知識服務。

參、由名詞遞嬗談圖書館的演進

隨著網路的蓬勃發展，『電子圖書館』、『虛擬圖書館』、『數位化圖書館』等名詞紛紛出籠。於下僅從名詞的意涵，淺析圖書館功能改變，以及經營策略推陳出新。

一、電子圖書館

克里斯汀（Christian）於1975年首次使用『電子圖書館』（electronic library）一詞。（註3）何謂『電子圖書館』，眾說紛紜，圖書資訊學界的學者認為電子圖書館是實體圖書館的延伸，電腦科學界的學者則認為電子圖書館是現有資訊檢索系統的延伸。簡而言之，電子圖書館是一種使用者導向、多媒體、分散式以及協力的環境,提供資源的辨識、瀏覽、取用、儲存等功能。(註4)其特點包括:(1)分散式、電子化的館藏;(2)提供遠程檢索服務;(3)具備線上文件傳輸功能;(4)提供快速即時服務;(5)運用數位科技為管理工具。(註5)

二、虛擬圖書館

『虛擬圖書館』(virtual library)一詞最早出現於『網路資訊聯盟』(The Coalition for Networked Information)於1990年所提出的報告中,該詞係採自虛擬記憶體這個名詞概念。(註6)所謂『虛擬圖書館』,指的是經由網路化的資訊,讀者可以擁有一座似真非假、有實無名的『私人圖書館』,建造屬於自己的知識王國,也可以形成網儘天下資訊的地球村。資訊載體雖然是『無法觸及』,但其資訊含量却豐富無比,廣大無邊,無遠弗屆。

虛擬圖書館與其說是數位圖書館,不如說是分散式的全國電子資源(distributed national electronic resource),因為圖書館資訊服務包括實體與虛無的,在這個分散式電子資源系統的發展中,圖書館職責在辨識、認證(authentication)、權威控制(authorisation)和取用管理(access management),由資訊源(information source)到資訊來源(information resources)的轉化,以及由知識管理到知識文化的建構。

三、數位圖書館

『電子圖書館』、『虛擬圖書館』、『數位圖書館』(digital library)三個名詞常混為一談。電腦界的人士常從資訊系統的角度談數位圖書館的建構,圖書館界的人士則從數位館藏內容談圖書館的服務。因此,美國數位圖書館聯盟(Digital Library Federation)1998年將數位圖書館定義為:『是由具有專業的人士,對數位形式的館藏進行挑選、組織、提供使用、詮譯、傳播、保持完整性和長期保存等工作,並使這些數位形式的館藏能為特定讀者群快速且經濟地運用。』(註7)美國研究圖書館協會(Association of Research Libraries)則指出,數位圖書館不是一個具有實體存在的機構,而是擁有連結廣大資訊資源和資訊服務的技術,並能將這些連結提供使用者直接取用的資訊機構,其目標在於全球性資訊資源的利用與資訊服務的提供,而且其處理的對象不單是既存的文件媒體,而且積極發展超越印刷媒體的新型資訊技術,以結合各種媒體的特色,提供更具使用性的資訊。(註8)其意涵包括:
1. 數位化資訊資源重鎮、資訊和知識的保存中心。
2. 網路中的一個轉接站、文化和學術記錄的通道。
3. 全世界資訊資源的取得和傳輸中心。
4. 不受時空限制的服務與彈性的使用地點。
5. 即時的資訊傳輸、即求即得。
6. 整臺式的全方位資訊服務功能。

數位化圖書館除了是一個『資訊中心』,還應該是無所不在的『知識中心』,甚至是『智慧中心』。處於網路時代的今天,圖書館除了教導讀者如何獲取資訊外,更指導使用者學習如何學習、如何評鑑資訊,使其能夠將資訊轉化成知識,並且經由整合、互動而形成新的知識。

四、教學圖書館

『教學圖書館』(teaching library)存在的目的在協助各種程度的人們學習如何辨識其

所需的資訊，以及如何在浩瀚的資訊資源中去蕪存菁，亦即增進學生的研究技能，並支援教師的教學。其任務在確保每一位學生均能徹底瞭解與其學術領域相關的各種資源，並能夠有效地使用這些資源，作為未來在任何領域均具有檢索技能的準備。（註9）美國加州大學柏克萊分校（University of California, Berkeley）的教學圖書館即是以讀者樂於看到的形式提供資訊，並且充分配合學校的教學活動。（註10）

五、學習型圖書館

在知識經濟時代，『學習型圖書館』（learning library）指的是一種有機的高功能機構，成員們對自我、團體、組織、環境與任務，都充滿自發學習與創造的思維動力，組織之間有高度的互動，而且有目標導向，所有的組織學習行為均是重要的學習經驗，組織以承諾團隊學習知識為基礎，以團隊學習傳播資訊為任務，以完成機構之總體目標為宗旨，以實現『學習型知識社會』為理想。（註11）

六、複合式圖書館

在世紀交替的過程中，目前大多數圖書館均屬傳統與電子圖書館混合的發展型態。所謂『複合式圖書館』（hybrid library）指的是圖書館典藏是多種類、多媒體；如何融合不同媒體的內容以提供更好的服務，如何發揮資訊傳播及推廣知識的功能，如何使傳統與數位之間取得協合性，將是複合式圖書館所面臨的主要課題。（註12）

圖書館作為一個『通道』（gateway），作為一個知識服務的數位入口（portal），常扮演生活資訊亭（information kiosk）的角色；是24小時開放的終年無休超級商店（7-11），應有盡有、一應俱全，而且有允文允武的館員提供三合一速成的資訊服務。（註13）

七、我的圖書館

網路時代的特色就是個人化、互動化、即時化和行動化。因此現代圖書館的經營要有『我的圖書館』之入口網站。荷蘭鹿特丹市立圖書館館長 P. J. Th. Schouts 希望人們把圖書館當作『第二個起居室』。就資訊服務而言，如果說第一波是學科取向，第二波是使命導向，第三波是問題導向，那麼第四波就是個人導向，每一個個體都是『單身貴族』，每一種服務都要量身打造；圖書館的新思維應是尋找知識服務的切入點。新模式挑戰傳統圖書館的服務，使用者所要求的將是一個簡單、聰明的介面而已。

肆、結　語

2003年IFLA年會的主題是"Access Point Library: Media-Information-Culture"，如果說過去的圖書館是資訊的倉儲，現在的圖書館則是能量的充電處和資訊服務的提供地。隨著網際網路的發展，圖書館也跟著有新的改變，未來將朝向提供個人化、多元化、加值化的資訊服務，滿足更多使用者，包含隱性的使用者，希望民眾可以瞭解圖書館，進而學會如何去使用圖書館。

展望未來，圖書館將是知識的通道和生活入口的網站。危機就是危險＋機會，能不能轉機，就要看契機，我們相信現在是最好的時機。僅以此和同道共勉。

註釋

註1　*Information and Libraries in the Untied Kingdom* 2000, ed. by P. Villa (London: The

註2　C. L. Borgman, "Now that we have digital collections. Why do we need Libraries?" In C. Schwartz and M. Rorvig. eds. *Digital Collections*: *Implications for users*, *Funders*, *Developers and Maintainers*; Proceedings of the American Society for Information Science Annual Meeing 34, November 1997, Washington, D. C. Medford, N. J.: "Information Today", p. 27－33.

註3　R. W. Christian, *Electronic Libraries*. New York: Academic Press, 1975.

註4　陳光華、陳雪華,『「電子圖書館」支援課程之探討』,『臺灣大學圖書館學刊第十二期』(1997年12月), 頁119。

註5　周利玲,『電子圖書館概說』,『臺大醫學院圖書分館館訊』37期 (1998年9月),」http://www.lib.ntu.edu.tw/pub/mk/mk37/mk37－2.html, 2002/12/5.

註6　ARL, CAUSE. EDUCOM. "Form New Information Resources Coalition," *Manage IT*, 1 (April 1990): 1.

註7　D. J. Waters, "What are digital libraries?", *CLIR* (Council on Library and Information Resources) *Issues*. No. 4. (1998). http://www.clir.org/pubs/issues/issueso4.html, 2002/12/18.

註8　Association of Research Libraries, "Definition and Purposes of a Digital Library," 1995. http://sunsite.berkelecy.edu/ARL/definition.html, 2002/12/18.

註9　『網路資源與圖書館利用教育』, http://ceiba.cc.ntu.edu.tw/netresources/book/ch6.html (2002年11月21日).

註10　"The Teaching Library", http://www.lib.berkeley.edu/TeachingLib/, 2002/12/18.

註11　張慶仁,『邁向學習型圖書館』,『大學圖書館』6卷2期 (2002年9月): 104。

註12　黃信捷,『圖書館的「數位館藏」與「傳統館藏」的對話』,『書苑季刊』47期 (2001年01月): 80－86。http://public.ptl.edu.tw/publish/suvan/47/80.htm, 2002/12/5.

註13　J. Michacl Yohe. "Information Technology Support Services Crisis or Opportunity?", In *Cause/Effect*, 19 (Fall 1996), http://cause-www.nissac.uk/information-resources/ir-library/html/cem9633.html/, 2002/12/18.

原載『中華圖書資訊學教育學會會訊』第19期 (2002年12月), 頁19—21

從圖書館與資訊科學的遞嬗反思圖書館的定義

淡江大學資訊與圖書館學系教授　蔡明月

【摘要】本文從圖書館學的起源與變遷，探索資訊科學的興起與轉折，解析圖書館學與資訊科學的傳承與融合，進而反思在網際網路與數位圖書館衝擊下，圖書館的定義為何。

【關鍵詞】文獻學；資訊科學；資訊檢索；圖書館學；網際網路；數位圖書館；電子圖書館

壹、前　言

面對資訊科技的強力衝擊，因應資訊化社會的轉型，圖書館與資訊科學的新使命觀，呈現一片沸沸揚揚的光景。本文擬從圖書館學的起源與變遷論起，進而探索資訊科學的興起與轉折，解析圖書館學與資訊科學的傳承與融合，最後反思在電子圖書館、數位圖書館或虛擬圖書館充斥之局面下，圖書館如何定義、又如何解套。

貳、圖書館學的起源與變遷

1876 年是美國圖書館事業的里程碑，發生了數起劃時代的重大事件，舉凡美國圖書館學會（American Library Association—ALA）創立、Library Journal 出版、杜威十進分類表（Dewey Decimal Classification）第一版問世、卡片目錄創始、字典式目錄克特規則（Cutter Rules for a Dictionary Catalog）發行等，無不對後世圖書館經營起了革命性的影響。當時，凡涉及知識的收集、儲存與傳播等研究，總稱之為圖書館經濟（Library Economy）。例如：圖書館學索引工具 Library Literature 的前身即名之為 Bibliography of Library Economy。『經濟』的意涵，與今日的『管理』相似。換言之，圖書館經濟主要是指圖書及其他文件的實體管理，包括儲存、維護及提供使用。至於將圖書館學作有系統的研究則發軔於 1887 年，杜威（Melvil Dewey）於哥倫比亞學院（Columbia College）創立了第一所圖書館學校（School of Library Economy）。

到了 19 世紀末，圖書館經濟逐漸變成圖書館科學（Library Science），吾人稱之為圖書館學。科學在英語語系國家雖被定義為：以假設、實驗、觀察、分析、推論等方法，對自然現象研究所得之有系統、有組織的知識。（註1）然而，在德國、法國及俄國，科學實指：任何人類知識範疇的學術活動。準此而言，將圖書館經濟改變為圖書館學並非意謂應用任何真正的科學方法至圖書館的作業與研究上。（註2）

杜威與克特之後，圖書館學第一個最具意義的發展是 Paul Otlet 與 Henri La Fontaine，為了編輯一全世界出版的圖書及期刊文獻的目錄，在 1895 年成立了國際書目學會（Institut Internationale de Bibliographie—IIB），奠定了日後文獻學（Documentation）的基礎。在進入文獻學階段之前，必須先反觀目錄學的沿革。

一、目錄學（註3）

目錄學是人類對於文獻加工處理，並揭示其內容的一門古老學科，其乃在大量目錄產生的基礎上形成。目錄產生於古希臘，意指著錄與抄寫。直到17世紀，才被解釋爲關於書籍的描述。人類爲能有效檢索記錄下來的知識，不斷致力於知識的組織，最早可追溯至公元前2世紀，亞歷山大圖書館（Alexandrian Library）設立的學者書目專家。此外，當圖書館尚未發達之時，卽有許多人致力於書目淸單之製作，最有名的是有『現代書目之父』之稱的瑞士植物學與物理學家Konrad von Gesner，以希臘文、拉丁文及希伯萊文三種語言編製世界著作書目（Bibliography of World Writings），當時爲1565年（註4）。在1853第一次美國圖書館員會議時，Charles Coffin Jewett 提出製作美國各圖書館館藏聯合目錄，此一看法，促成日後美國國會圖書館（Library of Congress）國家聯合目錄（National Union Catalog）的產生。（註5）

二、文獻學

由於知識大量增加及學術交流頻繁，造成書目問題日益嚴重。1905年國際書目學會（IIB）創使人之一 Otlet，提出『文獻學』一詞作爲統一文獻的收集、分析、儲存、檢索與傳佈的工作。人類的知識，除了以書的形式保存之外，還以其他文獻，如單篇文章、論文、報告，甚至於地圖、圖表、圖像等形式加以記錄。此外，主題內容是書架上文獻的實體排列之外，更値得關注的重點。爲了呼應文獻學的精義，1931年國際書目學會改名爲國際文獻組織（Institut Internationale de Documentation—IID），1938年再次改名爲國際文獻學會（Federation Internationale de Documentation—FID），並定義文獻學爲：對人類活動的所有領域的一切文獻的收集、分類與傳佈（註6）。二次世界大戰之後，文獻學一詞更因書目計量學家布萊德福（Bradford）所著專書名爲 *Documentation* 而被完整地建立起來。布萊德福定義文獻學爲：收集、分類及使用所有智慧性活動記錄的藝術（註7）。至此，文獻學一詞開始廣爲使用。由於國際文獻學會的努力推動，促成了國際十進分類法（Universal Decimal Classification—UDC）的普及。國際十進分類法從未意圖成爲圖書館的分類法，然而文獻學却幾乎成爲分類的同義詞（註8）。

歐洲大陸文獻學如火如荼的發展，自然影響到美國的圖書館事業。1935年 Watson Davis 勾勒出一機械化的文獻檢索機器，不久之後，伊士曼柯達（Eastman Kodak）公司亦發展出迷你卡片（minicard）系統，這些設計均以微縮捲片爲媒介。自此，政府機構採用IBM 的打孔卡片，作爲文獻主題分析的工具。有鑑於此，Watson Davis 於1937年組織成立了美國文獻學會（Amercian Documentation Institute—ADI）。配合自1930年代微縮技術的發展，ADI 的目標爲：（一）以微縮資料作爲供應文獻的媒體，以減少並加速館際互借的工作；（二）出版和發行輔助科學研究的摘要期刊；（三）將世界性科學資訊的索引加以微縮處理（註9）。由此可見三大目標中，有兩項與微縮儲存與複製技術有關。換言之，早期美國文獻學的發展，集中在縮影技術應用於文獻的儲存與服務上。1938年在美國圖書館學會的協助下，*Journal of Documentary Reproduction* 出版，但受二次世界大戰影響，於1943年停刊（註10）。

總之，文獻學在歐洲萌芽，移植美國開花結果。大洋兩邊雖各有傳統淵源，然根據 Shera（註11）的回顧，自Otlet以來，無數學者對其所下定義，仍充滿模糊，欠缺明確。文獻學在歐洲被廣爲採用，然而到了美國却起了變化。美國文獻學會特別重視以微縮捲片及打孔卡片作爲知識的載體，亦卽強調文獻的實體與技術層面，這明顯地與歐洲文獻學

(尤其是英國、德國、法國)的發展迥異。因此,美國所謂的文獻學,只是歐洲認同的文獻學的部分(註12)。在文獻學之後,出現了科學資訊一說。

三、科學資訊(Scientific Information)

科學資訊可以說是第二次世界大戰的產物,戰時所有的科學研究都集中為戰爭服務,當時具有非凡想像力的科學家 Vannevar Bush 首先注意到科學研究及其效益的重要性,因此發表了"As We May Think"一文:他預測未來資訊儲存將以高密度、低價位、可靠方式等特性而有重大突破,此外他也提到乾燥攝影法、縮影技術、人工智慧、陰極射綫管顯示器等。他還創構了 Memex(Memory + Index)機器,其可以微縮的方式,儲存並複製資料,亦可提供索引進行檢索,並顯示原件(註13)。易言之,當時資訊的處理主要指的是科學資訊。由於過於推崇技術導向,1940年代的美國文獻學會在遭逢衰落之黑暗期後,再度重生。此時加入了對書目組織的重視,最具體的表徵是1948年由英國皇家學會(Royal Society)舉辦的科技資訊會議(Scientific Information Conference),其中對科技出版,期刊文獻內容及分類方法、索引的製作、摘要的撰寫、翻譯與評論的指引等,均加以熱烈討論。1949年及1950年美國 Western Reserve 大學及芝加哥大學(University of Chicago)的二所圖書館學校首先開設文獻學課程。1950年 *American Documentation* 期刊出版。

四、資訊檢索(Inforation Retrieval)(註14)

設若真要尋找文獻學過渡到資訊科學的指標為何?1958年在華盛頓特區舉行的科學資訊會議(Conference on Scientific Information)或許是一可能的答案。該會議是美國文獻學會、國際文獻學會、美國國家科學學會(National Academy of Sciences)及國家研究委員會(National Research Council)共同舉辦。來自世界各地重要的文獻學家,共同商討語言學、機器翻譯、自動索引與摘要、資訊科學家的專業教育等問題,擴展了文獻學的面向,提升了美國文獻學會的國際地位。

1950年至1960年,美國文獻學會及其所有活動無不環繞著知識之主題分析。例如:資訊檢索(information retrieval)一詞的倡始人 Calvin Mooers 發展出 zatocoding;Mortimer Taube 則提出單元詞(uniterm)及組合索引法(coordinate indexing),並成立 Documentation 公司。此外,Jams Perry 及其同仁則在 Western Reserve 大學成立文獻學與傳播研究中心(Center for Documentation and Communication Research)。上述三人共同關心的是文獻分析與檢索的語言學問題,尤其是語意因素及職份指標(role indicator)。此時的 *American Documentation* 期刊亦以刊載這類與資訊檢索主題有關的文獻為主。由於談論者日眾,資訊檢索遂逐漸取代文獻學並與歐洲的文獻學概念等同。

隨後,由於受到『資訊在被檢索之前,必先加以儲存』之認知的影響,『資訊檢索』一詞又轉變成『資訊儲存與檢索』(Information Storage and Retrieval)。由於資訊儲存與檢索約與第一代電腦的商業應用同時出現,普羅大眾因而產生誤解,認為快速的處理資訊是解決資訊爆炸(information explosion;另一個約同時出現的詞彙)的方法。至於資訊的儲存與檢索亦只可藉由電腦來完成。此外,亦有不少人誤認資訊儲存與檢索只與科學文獻的處理有關,因而,科學資訊一詞被等同於資訊儲存與檢索。當然,這樣的認知是有所偏差的:一來資訊檢索無時無處不發生,並非只限於利用電腦方可完成。至書架上取用一冊圖書,亦是一種資訊檢索行為;再且,資訊儲存與檢索可發生於人類全體知識,並非只與某一部分的知識有關,雖然科學資訊是造成資訊爆炸的主要原因,但科學資訊不能取代全部的資訊。

總之,1950年代文獻學研究已轉移至知識的生產、記錄與轉換的技術性處理,尤其是電腦在資訊檢索上的應用。此時,幾乎所有美國圖書、期刊文章、報告、會議論文等,無不致力於此方面的研究,且多使用資訊檢索或科學資訊等詞彙,文獻學一詞只在題名中偶而可見。

叁、資訊科學的興起與轉折

1960年代初期,由於受到蘇聯Sputnik人造衛星發射成功的刺激,迫使美國政府急切面對科學教育及太空探險等課題,以挽回失去的尊嚴。因此,1963年Weinberg Report即堂皇昭告了資訊的重要性,以及資訊的轉移與研究發展密不可分的關係。二次大戰造成科學資訊泛濫,然而對於這些資訊却缺乏控制與傳佈的方法,科學家們紛紛要求國會支持『科學資訊使用』的研究與發展。因而促成許多學者投入資訊科學的研究領域。再加上傳播與資訊處理新技術的蓬勃發展,政府機構如:航空太空總署(National Aeronautics and Space Administration, NASA),國家健康組織(National Institute of Health, NIH),國家醫學圖書館(National Library of Medicine, NLM),原子能委員會(The Atomic Energy Commission)以及資訊組織如:科學資訊交換(Science Information Exchange),國家咨詢中心(National Referral Center)以及科學技術資訊委員會(Committee on Scientific and Technical Information)等發展了許多國家資訊系統。

在這樣氛圍中,資訊科學(information science)呼之欲出。1960年Heilprin(註15)雖未採用資訊科學一詞,但却明確指出,應以一種真正的科學方法與態度去研究資訊的本質與使用的問題。換言之,資訊科學一詞已彌漫於空氣中。此時,資訊科學已在各種會議中被廣為討論,但其範圍與目的則在1961年的會議(註16)才被定義。至此文獻學一詞完全被摒棄不用。自1962年起,資訊科學取代資訊檢索在美國被普遍接受且建立其鞏固地位。至於資訊檢索則變成狹義的檢索系統的實際操作(註17)。

1966年美國圖書館學會將文獻學小組(Interdivision Committee on Documentaion)改名為資訊科學與自動化小組(Information Science and Automation Division),並出版圖書館自動化期刊(*Journal of Library Automation*)。1968年在Eugene Garfield等人的鼓勵下,美國文獻學會易名為美國資訊科學學會(American Society for Information Science, ASIS),期刊*American Documentation*亦於1970年更改為*Journal of the American Society for Information Science*(*JASIS*)。資訊科學發展至此,大勢底定,步向康莊大道。然而資訊科學究竟是什麼?資訊科學是一種科學嗎?是一種科學還是多種科學(sciences)?

一、資訊科學定義

資訊科學若被接受為一學術學科,則其應具有很強的理論基礎,且該基礎必須環繞著統一的『資訊意義』給予構築,這也是『資訊』與『資訊科學』被大為探討的原因(註18)。

資訊科學最早於1959年賓州大學電機工程學系(School of Electrical Engineering)研究計劃中與電腦科學連結出現(註19),主要在探討Shannon與Weaver傳播的數學理論(mathematical theory of communication),亦即電信傳播通道中信號的轉換,而非人類產生及使用的有意義之語意資訊。Borko提及資訊科學定義起始於1961年10月及1962年4月於喬治亞工學院（Georgia Institute of Technology）舉辦之會議的宣告：探討資訊特性與行為，控制資訊流的力量，處理資訊的方法以利資訊的取得與使用。資訊科學內容包括資訊的生產、收集、組織、儲存、檢索、解釋、使用與傳佈。該學科與數學、邏輯學、語言學、心理學、電腦科學、作業研究、繪圖藝術、傳播學、圖書館學、管理學等學科有關（註20）。

Hayes 從資訊科學與圖書館學的關係定義資訊科學（註21）。Brookes 認爲資訊科學的定義不應只限於文獻學的定義，因爲科學家的資訊來源不應只限於科學期刊，更重要的是來自大自然本身。對物質實體的直接觀察，較之文獻上的學習，難道不算是資訊嗎？（註22）

總之，資訊科學自現身之後，各式各樣的定義不斷出現。Wellisch 曾綜合整理比較了39個資訊科學定義，結果發現彼此之間的共識薄弱，缺乏共同的理念與中心思想（註23）。

二、資訊科學是科學嗎？一種科學還是多種科學？

資訊科學帶著它閃爍漂移的特性來到，在對資訊的意涵都未徹底釐清之際，對於它名稱中的另一個名詞『科學』，更是叫人困惑。許多資訊學家卽不斷加以聲討。Mooers 語帶批評地表示：資訊科學要真是一種科學的話，就該有一屬於自己的獨特名稱（註24）；資訊科學是一種希望的表徵而不是一個專業的名稱。Cuada 悲觀地指出：資訊科學在理論上、方法上及實務上的貢獻，難以獲取認同（註25）。Shera 更深悔文獻學（Documentation）的消失，同時以下面的陳述懷疑著資訊科學：『資訊科學它應是一個科學，因爲我們稱它爲科學。甚且，它必須根植於其他學科之上，因爲它沒有地方去生根，更嚴重的是它要在哪裏生根呢？』（註26）

資訊科學真的如前所述那般灰敗不堪嗎？當然，答案不是肯定的，否則，資訊科學在今日哪來立足之地呢！Harmon 卽給予資訊科學樂觀的評價，視其爲多學科與科學整合而成的一門學科，它不是一單獨的學科而是一種超系統（supra-system）形成的催化劑，連結行爲科學與傳播學，整合人文、科學及專業三者爲一體（註27）。Borko 亦敏銳地指出：『資訊科學既是探究學科本質的自然科學，亦是發展服務與產品的應用科學。』（註28）Otten 及 Debons 更堅稱資訊科學爲後科學（metascience）或資訊學（informatology）以包含其他科學領域所共同擁有的資訊觀點（註29）。

1970年代以後，資訊科學更加強調資訊現象與處理，使得資訊科學名正言順地以『科學』名之。Goffman 的論點：資訊科學的目的在建立一種統一的科學方法以研究各種資訊現象（註30）。換言之，卽在建立一套基本原則以統治所有傳播過程的行爲及其相關的資訊系統。足見資訊科學擁有著開闊的科學特質。

肆、圖書館學與資訊科學的傳承與融合

圖書館學有其傲人及悠久的歷史，職司人類書寫記錄的組織、保存與使用。該功能的實踐將圖書館視爲一不可或缺的社會、教育與文化機構。由於受到技術的影響，尤其是電腦科技在圖書館管理與服務的應用，1980年以後，圖書館與資訊科學名稱開始產生。或有認爲圖書館學與資訊科學幷列，兩者之間無絕對的從屬關係，亦無交叉兼容之意，彼此且爲獨立的學科。幷列是因爲單獨一學科，不能完全符合社會的需求，遂有二者相結合的說

法。此外，在日本，資訊被解釋爲軟體（software）。因此，圖書館與資訊科學只是圖書館學下的一個分支。再有，資訊科學被視爲自圖書館學中發展出來，爲現代圖書館學，是屬於廣義資訊科學的範疇（註31）。

Saracevic（註32）認爲圖書館學與資訊科學是在一個很強的科際整合的關係之下，二個不同的學科領域，它們不是一個學科，也不是相同的學科。這不是學術之爭、專業之辯，抑或孰優孰劣之說。這種爭辯，亦普遍存在於現代許多學科項域，例如：心理學與認知科學及電腦科學與工程的主從之爭。因此，圖書館與資訊科學，雖然彼此有關，却是不同的學科。堅持二者聯盟爲一，實有待商榷。換言之，『關係』是存在於彼此之間，但仍在變化中。

在公案難斷的情況下，反觀資訊科學在圖書館自動化的應用，或許能透視些許形貌。

一、資訊科學在圖書館自動化的應用

談到圖書館學和資訊科學，大部份的人稱之爲『圖書館自動化』。圖書館自動化對圖書館學而言，是一項相當大的變革。它使圖書館的地位、管理方式及應用方式都和資訊科技有了更密切的結合。圖書館學由一種館內科學演變爲一種加入了現代資訊技術的學科。圖書館自動化的歷程，約略分述如下（註33）：

1940—1960年代，由於資訊爆發，許多的科技文獻湧現，引發科技技術運用在圖書館的萌芽。此時，電腦技術尚未全然運用在圖書館，仍留在批件處理階段，是將一些事項集中後，送至主機做處理，再將結果送回圖書館。1960年代所發展的系統以館內系統（local system）爲主，由於軟體、硬體的限制，此時的系統都僅能用來執行單一模組（module）的作業。不同的模組間無法相互串連利用。然而，館際間資源共享的觀念，卻促成了一些標準的訂定。例如：機讀編目、國際標準書目註錄（International Standard Bibliographic Description，ISBD）及英美編目規則（Anglo-American Cataloging Rules，AACR），而這些標準使得圖書館之間的館際資源共享更爲便捷，亦是圖書館自動化成功的關鍵之一。

1970年代書目公用中心（bibliographic utility）與館內線上系統（local online systems）興起，著名的書目公用中心計有：1971年，OCLC（Ohio College Library Center，之後更名爲On-line Computer Library Center），正式推出書目中心資訊網的服務，亦即將書目資料直接透過網路提供給所屬的會員圖書館。其他較著名的書目公用中心尚有：由研究圖書館組織（Research Library Group，RLG）所發展的研究圖書館資訊網（Research Library Information Network，RLIN）；華盛頓州圖書館網路（Washington Library Network，WLN），則是以美國西北部各州圖書館爲主的書目網路服務；加拿大多倫多大學發展的圖書館自動化系統（University of Toronto Library Automation Systems，UTLAS），以提供加拿大各類型圖書館使用。1970年代的圖書館自動化系統，以轉鍵系統（Turnkey Systems）爲主，最具代表性的是CLSI系統。至於學術圖書館或大型圖書館，則開始加入了自行開發自動化系統的行列，成效卓著者如美國西北大學（North-Western University）的NOTIS（Northwestern Online Totally Integrates Systems）系統，以及維吉尼亞工學院（Virginia Technology Institute）的VTLS（Virginia Tech Library Systems）系統。

1980年代整合系統、光碟革命、館內資料庫及微電腦普及等事項，引起圖書館自動化的重大變革。自1980年起，各圖書館之自動化系統已由單一模組朝向更多功能模組共同作業的整合性系統的開發。例如OCLC不再僅限於書目的提供，更加入了館際互借系統（ILL Subsystem）。這個時代，圖書館試圖將編目、流通、採錄等功能加以整合作業。容量大、成本低、易獲取、易保存的光碟唯讀記憶體的推出，造成圖書館自動化作業的重大突破。CD-ROM 最早的書目產品是 Library Corporation 版的 Bibliofile。此時，部份圖書館開始自建線上查尋的館內資料庫系統，如國會圖書館開始將 ERIC、Newspaper Index 及 Compendex 等索引資料庫載入自己大型電腦的系統，提供線上資料庫查尋；並進而嘗試將此一系統與線上公用目錄（Online Public Access Catalog, OPAC）結合，提供讀者使用。1980 年代中期，圖書館開始發展適用於微電腦的應用軟體。個人電腦普及，促使線上檢索更快速便捷。

1990 年代，除了大量的光碟資料庫外，光碟網路、網際網路、電子圖書館等都是資訊科學在圖書館應用的體現。光碟網路利用多槽光碟機（multi-drive players）的設備，將各種光碟資料庫放在同一部電腦主機上，使用者可以在任何一個地方使用光碟資料庫。此一時期網際網路（Internet）以及全球資訊網（World Wide Web, WWW）盛行，除了研究機構或圖書館之外，更深入了一般使用者的家庭。透過網路，讀者可以進入圖書館系統查詢資料，再進由館際合作系統或文件傳輸服務取得原始資料。館際間資源共享達到更高的境界。由於電腦網路、電子媒體、數位化資訊等的出現，提供了圖書館另類的傳播系統與媒介，電子圖書館（digital library）成爲圖書館未來可能的一種型態。

除了從圖書館自動化的應用觀測資訊科學之外，Hayes 從分類編目研究、出版文獻之主題檢索服務、資訊檢索與服務、資訊技術、資訊政策及管理資訊系統與資訊管理系統等，再次審視圖書館學與資訊科學，並給了以下的結論：圖書館學作爲資訊處理的理論研究，資訊科學作爲圖書館學之基礎，二者相互交織而成現在的關係（註34）。以下從上述各種角度歸納二者之相互關係。

二、圖書館學與資訊科學相互關係

（一）分類編目研究

分類就圖書館學而言，是組織館藏的實體；就資訊科學而言，則是人類各種知識概念的組織。Melvil Dewey 創杜威十進分類法，作爲圖書館組織館藏資料的工具，Otlet 與 La Fontaine 創國際十進分類法並成立國際文獻學會。文獻學反映出處理文獻與報告的方法，至於圖書與期刊則在圖書館處理，二者實不相同。Watson Davis 的美國文獻學會及國家微縮學會（National Microfilm Association）亦以處理文獻檔案爲課題。英國的專門圖書館學會與資訊局（Association of Special Library and Information Bureaux, ASLIB）出刊 *Journal of Documentation* 亦反映了相同的興趣。二次大戰後由於資訊爆發，文獻學轉變成資訊科學，杜威十進分類法之後的分類體系，主要分爲二大類。一爲美國國會圖書館據以處理館內資料的美國國會圖書館分類法（Library of Congress Classification, LCC），一爲企圖組織知識概念的國際十進分類法。分類法中最重要的成就，是多面向結構，包括杜威的形式、語言、地理等複分的設計，以及阮加納桑（Ranganathan）的冒號分類法。

編目是圖書館作業核心，Antonio Panizzi 製訂了 91 條正確完整的描述資料之規則，Seymour Lubetzky 則提出將相關款目集合一起的主要款目（main entry）的概念，在此圖書館學扮演著關鍵性的角色。然而，機讀目錄（Machine Readable Catalog, MARC）的發展，則是在資訊科學帶領下完成。Henriette Avram 是代表人物。

除了記述編目之外，在回應正文內容檢索需求的主題編目方面，圖書館發明了主題標目，美國國會圖書館及希爾斯（Sears）的主題標目表最具代表。主題標目表對於主題內容的完整性與具體性的表達仍有不足，據而產生的替代方法，則由下列的資訊操縱，例如：Mooers 發明邊孔卡片作爲儲存的媒體，並以較特定的敍述語（descriptor）來表達主題內容；Taube 則採用單元詞。二者均爲利用布林邏輯（AND、OR、NOT）的方式，進行詞彙的後組合檢索，而非前組合式的主題標目檢索。圖書館員與資訊學家深諳前組合索引的重要。因此，英國國家書目（Brtish National Bibliography，BNB）實施了鏈式索引法（Chain Indexing），Derek Austin 則發展保留內文索引（Preserved Context Index System，PRECIS）的觀念，說明了每一個輪替出現的主題標目，不只揭示了詞彙的內涵意義，並且保留詞彙之間的關係，此觀念被 James Perry 與 Allen Kent 加以採用並發展出索引典（thesaurus）。

（二）出版文獻之主題檢索服務

圖書館學致力於索引工具的製作，舉凡從 Index to Philosophical T 提供全文、數字及書目等各類型資料庫的電腦化檢索。OCLC 及 RLIN 等即提供書目資料的檢索，分享各圖書館的館藏目錄，是一百多年前 Charles Jewett 理想的實現。

（三）資訊檢索與服務

資訊科學所謂的資訊檢索，在圖書館學稱之爲參攷。參攷晤談是圖書館學專業訓練不可或缺的部份；相對地，資訊科學則發展出所謂的使用者介面的概念；參攷工作強調參攷資料，資訊科學則重視檢索策略。總之，資訊檢索以布林連結，加上位置運算、截切、加權及比較等方法，再配合倒置檔與階層索引等設計，使資訊檢索發揮效率。這在參攷工作上亦屬於舉足輕重的自動化系統的使用。

（四）資訊技術

資訊技術泛指電腦軟硬體、資料與影像儲存方法以及符號的通訊方法。事實上，圖書館與資訊科學的結合，資訊技術居功厥偉。資訊技術包含範圍廣泛，自早期的印刷術至現代的無線傳播，不一而足。1852 年 Charles Jewett 曾建議以鉛版印刷國家聯合目錄，在當時是如何艱鉅的工程。一百年後，國家目錄以線上書目資料庫的方式呈現。Morse 的電報、Bell 的電話使得距離不是傳播的障礙。直到 1990 年，資訊技術被等同於電腦技術，再加上強大的電子通訊，資訊傳播可在彈指之間完成。另一具體的資訊技術是攝影、微縮、影印及數位影像等影像科技。圖書館首先由美國國會圖書館採用微縮捲片，Watson Davis 建議將其擴充至文獻的管理上。影印技術亦改變了使用圖書館的行爲。總之，在這一段歷史，圖書館與資訊科學互爲支援。

（五）資訊政策

資訊政策是伴隨資訊的經濟價值及其在社會上與日俱增的重要角色而來，其目的在作爲制訂決策以分配資源的根據。換言之，在資訊需求、資訊技術及傳播發展等因素影響下，導致政府制訂資訊政策，以支援政治及經濟目標。在這個面向裏，檢查制度的執行與資訊取得自由一直是圖書館學所關心的焦點；至於資訊經濟，則是資訊科學的議題。

（六）資訊管理系統與管理資訊系統

資訊系統分析與資訊系統設計二者均爲資訊科學對圖書館的重要貢獻，有益於圖書館作業應用，決定資訊活動的目標。這些工具部份來自資訊技術在商業的應用。Frederick Taylor 等的科學管理（scientific management）是經典之作。

伍、電子圖書館、數位化圖書館、虛擬圖書館

電子圖書館（electronic library）、數位圖書館（digital library）以及虛擬圖書館（virtual library）或所謂的無墙圖書館（library without wall），幾乎都是 1990 年以後另類的圖書館新名稱。其研究與應用在 1990 年代迅速發展，美國、英國及歐盟均投入大量的研發、會議、期刊及新聞亦廣爲宣傳報導。三者雖各有定義，然其精神與內涵却大同小異。此外，面對如此鉅大的變革，圖書館如何因應呢？

一、定義

Collins English Dictionary（註35）對『圖書館』的定義有下列五項：1. a room or set of rooms where books and other literary materials are kept；2. a collection of literary materials, films, CDs, children's toys, etc., kept for borrowing or reference；3. the building or institution that houses such collection：a public library；4. a set of books published as a series, often in a similar format；5. computer technology：a collection of standard programs and subroutines for immediate use, usually stored on disk or some other storage device。第一與第二個定義明顯指稱圖書館爲一存放圖書或其他資料的建築物或機構。定義二與四说明了圖書館是一種多媒體（包括 CD 與玩具）收藏，保存以供借閱與參攷，其特別強調是一種收藏（a collection）。定義四較爲狹窄，只限於相似型式連續出版的一套圖書。至於第五個定義則爲電腦方面，儲存於磁碟或其他媒體上供立即使用的一些標準程式的集合。由此可見，圖書館是一種收藏品，也是一個保存資料供使用的建築物或機構。

基於圖書館的廣義認知，結合資訊科技的技術理念，產生了許多新圖書館型態。1975 年 Christian（註36）出版『電子圖書館』一書，1978 年 Lancaster（註37）的『邁向無紙資訊系統』問世，二位學者咸認爲未來圖書館可以將圖書資訊數位化，形成所謂『電子圖書館』。美國參議員高爾在 1992 年 7 月 1 日提出『資訊基礎建設與科技法案』（*The Information Infrastructure and Technology Act*）時，更首次使用『數位圖書館』一詞。有鑑於網路傳輸逐漸形成，1990 年網路資訊聯盟（The Coalition for Networked Information（註38）提出建構『虛擬圖書館』的想法，期盼藉由網際網路促進資訊的傳播與共享。

根據 Memex 研究機構（Memex Reearc Institute, MemRI）的定義，虛擬圖書館爲兩個或兩個以上的電子圖書館館藏，藉由一個實際的網路，以及一個合作管理的網路系統，使公眾得以取用資訊（註39）。虛擬圖書館可以使使用者立即且同時取得比實際更多的資訊資源，使用者可以在書桌前迅速的獲取全世界的知識（註40）。總之，虛擬圖書館提供的服務遠超過單一圖書館或特定電子圖書館的範圍，甚至只存在於網際網路中而無實體圖書的虛擬圖書館。虛擬圖書館是一個沒有圍牆、沒有國界、沒有疆域的圖書館。

比之虛擬圖書館，電子圖書館與數位圖書館較被廣爲接受，且二者一直都被交叉混合使用。其與資訊檢索、資料庫、使用者介面、網路、資訊尋求、分類與組織、圖書館自動化、出版等有一段悠久的歷史關係。電腦及資訊科學研究，自 1990 年代以來，從範圍及內容來定義數位圖書館，最初的兩大研究經費來自美國聯邦政府的國家科學基金會（National Science Foundation, NSF），其乃最主要影響數位圖書館研究的範圍界限。此外，電子圖書館定義還來自許多研習會與研討會以及研究者的出版品。最早的一次與電子圖書館直接相關的研習會是在 1991 年舉行的：Future Directions in Text Analysis, Retrieval and Understanding 及會後延續發表的白皮書（註41）。該研習會開啓了後續許多電子圖書館的研究。1992 年在數位圖書館起始（Digital Library Initiative, DLI–1）計劃書中提及電子圖書館（electronic libraries）。綜合上述二項，國家電子圖書館（National Electronic Libraries）被定義是：（1）一種服務；（2）一種建築；（3）一組資訊資源、文本、數字、圖像、聲音、視訊等資料庫；（4）一組尋找、檢索、使用資訊資源的工具。國家電子圖書館的使用者包括：學生、老師與教授、研究者與學者、圖書館員、作者、出版者、資訊供應者及實行者。資訊資源供應者包括：出版者、大學、專業學會、圖書館、作者、編輯者等（註42）。

1993年由NSF贊助的數位圖書館起始計劃DLI-1的原始定義不夠明確，其謂：『經由Internet檢索到的資訊資源是一數位圖書館的成份』。DLI-1的目標有三：（1）尋取各種形式（包括文字、影像、聲音、演說等）的資料或元資料（metadata），並加以分類組織；（2）提升瀏覽、查尋、過濾、摘要、概要及結合大量數據、影像及各種資訊的軟體；（3）分散於全國及全世界網路資料庫的使用。1995年（註43）則有許多定義產生，其中最普遍的說法是：提供一群使用者一起檢索一個大型有組織的資訊或知識系統。1998年以後推動的DLI-2（註44）較之DLI-1重視數位圖書館的社會、行為及經濟面。三大研究方向為：（1）以人為導向；（2）以內容為導向；（3）以系統為導向。明確顯示數位圖書館為國家資訊基礎建設（National Information Infastructure—NII）及國際資訊基礎建設（International Information Infrastructure—III）的一部份。Cleveland（註45）認為在真實情況下，數位圖書誼絕非一套單一完整的數位系統，更不能讓世界各地的使用者從這單一的數位系統中就可以取得任何學科領域的所有資訊。相反的，數位圖書館比較像是一群異質系統或資源的組合，每一個個別的系統或資源都是依據特定讀者群的需求而建立。數位圖書館亦將無限期地包含紙本式的館藏（註46）。數位圖書館是一個分散性技術的環境，其可大量減少人們對資訊的創造、傳遞、處理、儲存、整合及再利用的障礙（註47）。

Lyman（註48）認為在定義一個電子圖書館之前應先探討電子出版或數位文獻的觀念。Waters（註49）從館員立場為電子圖書館下一簡潔定義，其內容為：電子圖書館是一機構，提供資源（包括專門人員）；選擇、架構、提供智慧型檢索；解釋、傳佈、保存數位館藏的完整並確定其長期持久存在，以便為一些既定的讀者合乎經濟的有效使用。由此可見電子圖書館被定義為一機構，其服務包括提供數位形式的資訊資源，以及數位化資源的維護與保存。因此，該定義能捕捉到『圖書館』一詞的廣義意義。

Fox（註50）等人提及不同專業的人對數位圖書館的看法各異。例如：圖書館專業人員認為數位圖書館是傳統圖書館的電子化，或是以不同方式來執行圖書館的功能，如新的資料獲取方式、新的儲存和保存方式等。電腦專業人員認為其是一個大型分散式資訊系統。一般WWW使用者則看待數位圖書館為一個更好用和有效率的網路。此外，不少存在於Internet、World Wide Web或CD-ROMS及商業線上服務如：DIALOG、Lexis/Nexis、Westlaw、STN、CDB Infotek等資料庫或Web Sites亦自稱為電子圖書館。這些資料庫落入前述定義之外的灰色地帶。Griffiths（註51）曾質疑何以Web不是一個電子圖書館，其原因計有：內容不完整、缺乏標準及效度、編目資料有限、資訊檢索缺乏效果，WWW不是一個機構，亦非因一特定使用者而組成。雖然如此，檢索電子資料庫亦是電子圖書館提供的一種服務，此乃不爭之事實。

綜上所述，電子圖書館、數位圖書館及虛擬圖書館的定義與內涵呈現多樣化的面貌，傳統圖書館如何看待與因應呢？

二、圖書館的因應

許多數位圖書館的定義來自電腦科學家，企圖以一狹隘的觀點來解釋『圖書館』的意義。他們強調的是電子館藏的『資料庫』與『資訊檢索』的資料收集、組織與檢索。至於服務及社會與機構內涵則完全不在思攷範圍之內。他們所指的圖書館乃任何相似材料的集合，例如：收集磁帶的房間稱爲『磁帶圖書館』，出借磁帶的管理員則稱爲磁帶圖書館員。因此電腦科學家預測圖書館員在電子時代即將式微。這是以一種膚淺短視的眼光來看圖書館的未來。

電子圖書館的認知各異，探討方向不同，觀點不同，涉入團體無數，各有不同視野。因此，電子圖書館不屬於亦不能屬於任何一學科、任何一研究及應用領域、任何一社會機構或任何一團體。電子圖書館呈現的是一複雜問題，超越任何一學科領域的範圍，不同領域可從不同面向探索研究電子圖書館。因此，現階段，電子圖書館的研究與應用尚未達到一有結果的互動，一如其他成熟的學科領域，電子圖書館仍在起步階段，充滿了強大的挑戰與生機。面對這樣的變局，下列數端值得吾人深深思攷：（1）我們應該如問引導虛擬圖書館的發展，避免創造出一個合成的圖書館。（2）我們要把所有的紙本文獻轉換成數位文獻嗎？（3）如何從擁抱科技的強烈渴望轉爲關懷圖書館的基本任務與功能？（4）數位環境是促使圖書館員從資訊保管者提升成爲資訊專家的大好時機。（5）圖書館會直接涉入資訊流和傳播模式的變化以及轉換，這是一個轉機與契機（註52）。

由於電腦網路、分散式資訊資源檢索、電子出版、遠距個別學習、電子商務及其他相關技術的快速發展，促使電子圖書館的各種研究成爲迫切的需要。電子圖書館吸引了無數知識背景的人參與研究，許多人已具有一些相關的知識，例如：資訊檢索、電腦網路、分類編目、圖書館自動化、檔案或出版。電子圖書館的研究團體重視的是科際整合的特性。電腦界重視技術與網路的開發，圖書館與資訊科學講求內容、組織、使用者行爲及出版。社會學與經濟學則關心社會背景與經濟模式等。人機互動、介面設計及服務與傳佈等論題則是以上各學科所共同關心。至於教育、地理、醫學及人文藝術等應用領域的學者，則由專家將上述各種觀念加以結合而應用在他們的問題上。

陸、結　語

圖書館學與資訊科學自歷史一路走來，從圖書館經濟、圖書館學、文獻學、資訊檢索、資訊科學，到圖書館與資訊科學，以至於網路技術與數位媒體產物的數位圖書館，在一切未成定數的局面下，自不是圖書館未來的命定歸宿。

盱衡世界各地電子圖書館計劃之推動，其最主要宗旨在研究如何在電子（數位）資訊的收集、儲存和組織方面，取得長足的進步，同時以更具親和力的使用者介面，透過網路來檢索和加工處理這些資訊。數位圖書館的『數位』指的是處理的資料爲電子媒體形式，因此亦被稱爲電子圖書館。藉由電腦與網路分散式技術與環境，資料更容易創造、蒐集、儲存、處理和傳播。由於具像圖書館產生幻化的擬態，故又被名之爲虛擬圖書館。無論這些圖書館的型態爲何，其收藏與保存、組織與呈現、檢索與取得、分析，綜合與傳播的功能是恆常不變的。

電子圖書館是一種觀念性的理想，亦是一種實體性的構造物。圖書館員應以一寬廣的眼光看待電子圖書館，視其爲一機構，其在選擇、收集、組織、維護、保存並爲需求者提供資訊檢索。圖書館存在已久，其社會功能亦經由多種媒介與各種文明逐漸進化。由於電腦網路與電子媒體出現，提供了圖書館另類的傳播系統與媒介。準此而言，電子圖書館或數位圖書館又意味著未來的圖書館，其對資訊資源的維護與資訊的傳播使命，將永久長存。

LaRue 期望真正的虛擬圖書館能提供比模擬圖書館（simulated library）更多更好更方便的功能（註53）。他所謂『真正的』虛擬圖書館是可以提供知覺經驗，讀者可以與其他虛擬讀者互動，好比電影『星際大戰』中庫克艦長對著閃閃發光燈泡下命令的景象。你能想像一個沒有圖書館員扮演中介角色之『真正的』虛擬圖書館嗎？果真如此，那將是一個多淒冷的世界。我們要的是一個對『人』充滿關懷的『溫暖』圖書館。

註釋

註 1. Nagel, E. *The Structure of Science: Problems in the Logic of Scientific Explanation*, New York: Harcourt Brace & World, 1979, p. 4.

註 2. Wellisch, H. "From Information Science to Informatics: A Terminological Investigation", *Journal of Librarianship*, 4 (3): 159, July, 1972.

註 3. Shera, J. H. and Cleveland, D. B. "History and Foundations of Information Sciences". *Annual Review of Information Science and Technology*, 12: 249–250, 1977.

註 4. Besterman, T. *The Beginnings of Systematic Bibliography*, 2nd edition, London, England: Oxford University Press, 1936.

註 5. Harris, M. H. ed. *The Age of Jewett: Charles Coffin Jewett and American Librarianship*. 1841–1868, Littleton, CO: Libraries Unlimited, 1975.

註 6. Schultz, C. K. & Garwig, P. L. "History of the American Documentation Institute—A Sketch", *American Documentation*, 20 (2): 152–160, April 1969.

註 7. Bradford, S. C. *Documentation*. 2nd ed. Edited by Shera, J. H., Crosby Lockwood, 1953, p. 49.

註 8. 同註 3, p. 250。

註 9. 孟廣均、汪冰,『情報科學技術形成原因分析』,『資訊傳播與圖書館學』, 第二卷第一期（1995年）, 頁72。

註 10. Rush, C. E. "Introducing the Journal of Documentary Reproduction", *Journal of Documentary Reproduction*, 1 (1): 3–8, Winter 1938.

註 11. Shera, J. H. "Documentation: Its Scope and Limitations". *Library Quarterly*, 21 (1): 13, January 1951.

註 12. 同註 2, p. 161。

註 13. Bush, V. "As We May Think". *Atlantic Monthly*, 176 (1): 101–108, July 1945.

註 14. 同註 2, pp. 161–162。

註 15. Heilprin, L. B. "On the Information Problem Ahead", *American Documentation*, 12 (1): 6–14, January 1961.

註 16. Conference on Training Science Information Specialists. Atlanta, Georgia Institute of Technology, 1961–1962.

註 17. 同註 2, p. 163。

註 18. 同註 3, p. 264。

註 19: Moore, *School of Electrical Engineering*. Computer and Information Scicnces Program, Philadelphia, University of Pennsylvania, 1959.

註 20. Borko, H. "Information Science: What Is It?", *American Documentation* 19 (1): 3, January 1968.

註 21. Hayes, R. M. "Information Science in Librarianship". *Library*, 19（3）：216–236, 1969.

註 22. Brookes, B. C. "Robert Fairthorne and the Scope of Information Science", *Journal of Documentation*, 30（2）：139–152, June 1974.

註 23. 同註 2, pp. 157–187。

註 24. Mooers, C. N. "The Educational Challenge of Information Science", In：*Automation and Scientific Communication*, 26th Annual Meeting Of the American Documentation Institute, 1963, p. 127.

註 25. Cuada, C. A. "Identifying Key Contribution to Information Science", *American Documentation*, 15（4）：289–295, October 1964.

註 26. Shera, J. H. *The Complete Library*, Cleveland：Press of Case Western Reserve University, 1971, pp. 137–138.

註 27. Harmon, G. "Information Science as on Integrative Discipline", In：*Co-operating Information Societies*, *Proceedings of the American Society for Information Science*, 6：459–462, 1969.

註 28. 同註 20, pp. 3–5。

註 29. Otten, K. and Debons, A. "Toward a Metascience of Information：Informatology", *Journal of the American Society for Information Science*, 21（1）：89–94, January-February 1970.

註 30. Goffman, W. "Information Science：Discipline or Disappear". *ASLIB Proceedings*, 22（12）：589–596, 1970.

註 31. 王崇德,『情報科學原理』,臺北市：農業科學資訊服務中心, 1991 年, 頁 24。

註 32. Saracevic, T. "Information Science：Origin, Evolution and Relations" In Vakkari, P. and Cronin, B.（Eds.）, *Conceptions of Library and Information Science：Historical, Empirical and Theoretical Perspectives*, pp. 13–14, 1992.

註 33. 黃世雄、黃鴻珠、鄭麗敏,『圖書館網路與資源運用』,臺北市：空中大學, 1998 年。

註 34. Hayes, R. M. "Information Science and Librarianship", In：Wiegand, W. A. and Davis, D. G., eds. *Encyclopedia of Library History*, New York：Garland Publish, Inc., pp. 275–280, 1994.

註 35. http：//www.wordreference.com/English/definition.asp? en = library. Also from Wilkes, G. A. Krebs, W. A. W. S. Ramson.（1998）, "Collins English dictionary".（Pymble, N. S. W.：HarperCollins）, 4th Australian ed.

註 36. Christian, R. *The Electronic Library：Bibliographic Data Bases*, 1978–1979, White Planis：Knowledge Industry, 2nd ed., p. 105, 1978.

註 37. Lancaster, F. W. *Toward Paperless Information Systems*, New York：Academic, p. 179, 1978.

註 38. Saunders, L. M. "The Virtual Library Today", *Library Administration and Management*, 6（2）：66, 1992.

註 39. Butler, B. "Electronic Editions of Serials：The Virtual Library Mode", *Serials Review*, 18（1–2）：106, Spring/Summer 1992.

註 40. Butterworth, H. "The Concept of the Virtual School Library", *The Australian Library Journal*, 41 (4): 247, November 1992.

註 41. Lesk, M., Fox E. and McGill, M. eds. *A National Electronic Science Engineering, and Technology Library*, 1991, pp. 4–24.

註 42. Borgman, C. L. "What Are Digital Libraries, Who Is Building Them, and Why?", In: Aparac, T., Saracevic, T., Ingwersen, P. and Vakkari, P. eds. *Digital Libraries: Interdisciplinary Concepts, Challenges and Opportunitits*, Proceedings of the Third International Conference on the Conceptions of the Library and Information Science. Dubrovnik, Croatia, May 23–26, 1999, p. 28.

註 43. Lynch, C. and Garcia-Molina, H. *Interoperability, Scaling and the Digital Library Research Agenda*, http://www.hpcc.gov/reports-nco/iita-d/w/main.html.

註 44. National Science Foundation, Digital Libraries Initiative-phase II, Call for Proposals. Arlington, VA: National Science Foundation, 1998, http://www.nsf.gov/pub/1998/nsf9863/nsf9863.htm.

註 45. Cleveland, G. "Digital libraries: Definitions, Issues and Challenges", 1998. http://www.ifla.org/VI/5/op/udtop8/udt-op8.pdf.

註 46. 間接引自：柯皓仁、黃明居，『「國科會」數位圖書館建置計劃——電子化資源之建置與研發』，『資訊傳播與圖書館學』，第六卷第三期，2000 年，頁 47—60。

註 47. Fox, E. A. ed. "Sourcebook on Digital Libraries: Report for the National Science Foundation", Technical Report TR–93–35, Dept. of Computer Science, Virginia Tech, Black sburg, VA. December 1993: http://fox.cs.vt.edu/DLSB.html.

註 48. Lyman, P. "What Is a Disital Library? Technology, Intellectual Property, and the Public Interest", In: *Books, and Bytes, Daedalus, Journal of the American Academy of Arts and Sciences*. Proceedings of the American Academy of Arts and Science, 125 (4): 1–33, 1976.

註 49. Waters, D. J. "What Are Digital Libraries?" CLIR (Council on Library and Information Resources) Issues, No. 4, http://www.clir.org/pubs/issues/issues04.html.

註 50. Fox, E. A. et al. "Digital Libraries", *Communications of the ACM*, 38 (4): 23–28, 1995.

註 51. Griffiths, J. M. "Why the Web Is Not a Library?", In: Hawkins, B. L. and Battin, P. ed. *The Mirage of Continuity: Reconfiguring Academic Information Resources for the 21st Century*, Washington, D. C.: Council on Library and Informaiton Resources and the Association of American Universities, 1998, pp. 229–246.

註 52. Stahl, D. G. "The Virtual Library: Prospect and Promise", *Special Libraries*, 84 (4): 202–205, Fall 1993.

註 53. LaRue, J. "The Library of Tomorrow: A Virtual Certainty", *Computers in Libraries*, 13 (2): 14, February 1993.

從圖書館史談圖書館之意義
Meaning of a Library: From Library History Point of View

盧秀菊

Shiow-jyu Lu

臺灣大學圖書資訊學系教授

Professor

Department of Library Information Science

Taiwan University

E-mail: shiowjyu@ccms.ntu.edu.tw

【摘要】本文探討圖書館之名詞釋義、圖書館之歷史任務、圖書館之功用；結論指出，圖書館將在二十一世紀之時代環境中適存而繼續發展。

【關鍵詞】圖書館；圖書館定義；圖書館歷史任務；圖書館功用

Abstract: This paper discusses the definitions, historical missions, and function of a library. This paper concludes that library will continue to stand and claims its importance in the 21st century.

Keyword: Library; Library definition; Library historical mission; Library function

壹、圖書館之名詞釋義

我國以『圖書館』一詞作爲專用語，始於清光緒末年，在湖南省設立公共圖書館。現世中文『圖書館』一詞，實源自日語之用法。古代之『圖書館』，其名稱爲石室、觀、閣、院、庫、藏書府、藏書樓等，只是藏書之所，(註1)尚無現代圖書館服務之功能。

英文 Library（圖書館）一詞，源自希臘語 Bibliotheke 和拉丁語 Librarium。此外，現今德語 Bibliothek、法語 Bibliotheque 亦源自希臘語和拉丁語。解析以上諸語，則：Biblion 即 Papyrus，爲古尼羅河畔之水草；Liber 爲樹木内皮，可曬乾作爲書寫材料；Theke 則爲容器；至於 Librarium，爲放置圖書之場所，並泛指一切與圖書有關的人士、書商、書庫等；其後，演變成 Library 一字，爲英美國家通用。（註2）

探究 Library（圖書館）之意義，中外學者及字典之釋義不勝枚舉，兹舉數則如下：

1. *ALA Glossary of Library Terms*, 1943

圖書館是『將人類思想、言行的各項記錄，加以蒐集、組織、保存，以便於利用的機構。』（註3）

2. *ALA Glossary of Library and Information Science*, 1983

圖書館是有組織的收集各類圖書資料，並由訓練有素的圖書館員針對各類讀者之需要，提供圖書資料在實體、書目與知識方面之得用。（註4）

3. Jesse H. Shera, *Introduction to Library Scierice*（『圖書館學概論』），1976（註5）

圖書館是一社會組織或系統，以保存圖文記錄（graphical record）內之知識並提供利用。圖書館扮演社會或文化中傳播系統（communication system）連結者（link）之社會工具（Social Instrument）角色。（註6）

4. Jean Key Gates, *Introduction to Librarianship*（『圖書館事業導論』），3rd ed. 1990

圖書館是一收集與保存人類文明記錄，以提供利用與傳播之社會機構。（註7）

5. Elmer D. Johnson and Michael H. Harris, *History of Libraries in the Western World*（『西洋圖書館史』），1976

圖書館係一圖文資料館藏（a collection of graphic materials），經過編排，易於取用，並由熟悉編排之人員管理，提供民眾利用。（註8）

簡言之，圖書館所保存之『人類思想言行的記錄』或『人類文明的記錄』，包括各種媒體（media）、載體（carrier），指圖書、期刊、小冊子、圖片、影片、幻燈片、唱片、錄音帶、錄影帶、縮影複製品等，『能夠反覆認識並鑑賞內容的傳意工具而言』。圖書館根據其設置的目的，以及務對象的需要，將資料作適當的選擇蒐集，組成一部合同的館藏（collection），然後經過分類編目等程序，加以組織，提供讀者隨時利用。（註9）以此釋義，圖書館所藏之媒體及載體意義寬廣，當可包括現今之各種數位化及電子化資料。

貳、圖書館之歷史任務

中國圖書館歷史源遠流長，近代以前之圖書館，其名稱爲石室、觀、閣、院、庫、藏書府、藏書樓等，只是藏書之所，尙無現代圖書館服務之功能，故不論述。以西洋圖書館歷史觀之，各時代圖書館有其興起之時代背景，因此各有其歷史任務。西洋圖書館何時最早出現，迄無定論，但自有文字之發明及商業活動，即有保存記錄之必要，因此古早之檔案藏所爲圖書館之濫觴。古埃及圖書館可能於公元前2400年左右出現，其後大都附屬於宗教與文化中心的埃及神廟，肩負保存歷史檔案與宗教文獻的任務。公元前8世紀起，兩河流域亞述王國的亞述巴尼拔圖書館（Ashurbanipal Library）成爲當時世界上最大圖書館；公元前3世紀起，亞歷山大圖書館（Alexandria Library）爲希臘世界最大的圖書館。兩者皆具有學術與研究的任務。公元1世紀起，羅馬的圖書館以公共圖書館與私人圖書館爲昌盛，肩負典藏公私藏書並提供民眾利用之任務。至中古時代，歐洲陷入黑暗時代，古代希臘古典典籍得以保存，仰賴二大類圖書館：拜佔庭帝國境內的帝國圖書館、學術院圖書館和大主教圖書館，阿拉伯帝國境內之大馬士革圖書館和巴格達圖書館。以上二類圖書館肩負保存與促進學術發展之任務。此外，中古時代，廣大西歐陷入蠻族之手，大教堂和修道院圖書館成爲西歐文化之保存者，除俗世文籍外，肩負宗教典籍傳承之任務。中古時代末期，牛津、劍橋、巴黎等大學成立，大學圖書館重新肩負傳承學術之教育任務。14—16世紀，文藝復興時期，人文主義興起，圖書館重獲維護私人館藏與促進個人學術研究之任務。17—18世紀西歐帝國興起，各國廣設皇家圖書館，實肩負國家圖書館之任務。迄19世紀，公共圖書館興起，服務全民之任務於焉確立。（註10）從以上圖書館的歷史任務觀之，20世紀以來的國家、大學，公共、學校及專門五類圖書館的昌盛，其來有自，有其歷史淵源。

叁、圖書館之功用

圖書館之存在有長久之歷史。自有人類以來，即有思想之保存與傳播，人類社會才能累積經驗而創造文明與傳承文化。文字之發明乃人類史上之盛事。藉由可攜帶的載體如木片、泥版、石塊、金屬、紙張等將人類思想和活動記錄下來，人類因而可超越時間和空間，異代異地相互傳播思想、相互溝通。書寫的傳播系統（written communications）記載了人類全體與個別的活動，彰顯了人類的共同精神。圖書館是傳播系統的經理者，因此也超越時間，跨越空間，保存人類共同的精神資產。不論是哪一類型的圖書館，概括而言，圖書館之功用是獲取和提供各種載體形式的知識與資訊，並協助其使用者利用。換言之，圖書館之存在是因應人類超越時空，增進知識和保存文化的需求。（註11）圖書館自古迄今，綿亙數千年，其功用各代雖有異，但其處理人類之知識與資訊、傳承文明與文化之角色始終如一。

阿德勒（Mortimer Adler）將資訊（information）、知識（knowledge）、理解（understanding）和智慧（wisdom）四者稱為人類心智之四項資產（the four goods of the mind），其重要性為：資訊最低而智慧最高。（註12），然而由於現今電腦科技之發達，處理的是資訊，因此資訊似乎凌駕其他三者之上。資訊又可二分為資料（data）和資訊（information）。資料和資訊不附有特殊意義，故特別適合電腦處理和傳輸。而在學習之階梯上，知識是附有特殊意義的資訊，理解是加上個人的觀點和詮釋，智慧則是知識理解後再經過綜合而產生的。（註13）

圖書館不僅是處理資訊，而是保存、傳佈和引用各種媒體形式之記錄的知識（recorded knowledge）。因此，人類因引用圖書館存藏的知識而使知識益形增長，透過知識而產生理解，終至產生智慧。資料之堆積和資訊之累積對人類的學習階段具底層的意義，必須將資料和資訊轉化成知識才具進階意義，對人類文明與文化的創造有積極的貢獻。譬如人類在20世紀身材之增高的數據本身只是資料，必須放在營養學、公共衛生等項目下解釋才具知識層面的意義。資料和資訊是建構知識的積木。因此，透過人類的傳播系統來看，圖書館所存藏傳佈的應是以知識為主體，而不是資料與資訊而已。（註14）

肆、結　論

圖書館起源於為特殊目的而產生的機構，歷代圖書館有其各別的任務，但具共同的功用。近代圖書館興起源自文藝復興以來人文學之重視，而19世紀中葉公共圖書館之興起，促使圖書館和現代政治民主、社會開明、經濟繁榮、文化昌明息息相關。現代公民對民主信念的服膺及對民主價值落實機構之支持，具體體現於其對圖書館的支持。

美國圖書館學大師薛拉（Jesse H. Shera）認為，圖書館係一社會組織或系統，以圖文記錄內之知識，透過圖書館員將知識傳遞給使用者以為傳播系統之連結者。圖書館是社會或文化傳播系統之一部分，藉以傳播並保存人類文化資產。（註15）

雖然20世紀最後25年，影響圖書館變更最大的是科技突飛猛進，見諸圖書館自動化、網際網路（Internet）、全球資訊網（World Wide Web, WWW）等方面。但是和同一時期的重大政治、社會、經濟變革相比，其變更不能說太大。此時期見諸政治、社會、經濟的重大變更，有東歐共產制度解體、冷戰結束、婦女運動興起、貿易全球化、世界經濟形成、傳播媒體全球化、醫學日新月異、全球恐怖主義盛行等。儘管世代變遷，日月推移，而圖書館之終極目標始終是服務。

最後，將以高曼（Michael Gorman）的『圖書館學五項新法則』（*Five New Laws of Librarianship*）的理念作為本文之結論。其五項新法則為：圖書館服務全人類，傳播知識之所有形式皆一視同仁，善用科技加強服務，捍衛知識之自由取用，尊重過去創造未來。換言之，除傳統圖書外，新的媒體形式是增加而非取代舊有媒體形式；體認新科技之所長，不排斥亦不全盤接受，而是妥善應用新興科技。而最重要的是其第五法則：要尊重過去創造未來，圖書館不僅要收集新資訊，並且要典藏人類文化記錄。（註16）唯有如此，圖書館才能完成人類文化記錄典藏與傳承之歷史使命。

註釋

註 1：胡述兆、吳祖善合著，『圖書館學導論』，初版（臺北：漢美，1989年），頁1。

註 2：王振鵠，『圖書館與圖書館學』，『圖書館學』，再版（臺北：學生書局，1984年），頁41—42。

註 3：*ALA Glossary of Library Terms*（Chicago：American Library Association，1943），p. 80. 此處中文翻譯，引自王振鵠文，同註2，頁43。

註 4：*ALA Glossary of Library and Information Science*（Chicago：American Library Association，1983），p. 130. 此處中文為本文作者之翻譯。

註 5：Jesse H. Shera, *Introduction to Library Science*（Littleton, Colorado：Libraries Unlimited, 1976）.

註 6：Jesse H. Shera, "Librarianship, Philosophy of," in *World Encyclopedia of Library and Information Services*（*WELIS*）, 3rd ed.（Chicago：American Library Association, 1993）, p. 461. 此文初刊於WELIS 1980年初版。因Shera於1982年逝世，故WELIS第三版重刊該文，以茲紀念。

註 7：Jean Key Gates, *Introduction to Librarianship*, 3rd ed.（New York：Neal-Schuman Publishers, 1990）, p. 2. Gates書有中文譯本：高示異熹譯，『圖書館事業導論』（臺北：文史哲，1980年）。

註 8：Elmer D. Johnson & Michael H. Harris, *History of Libraries in the Western World*, 3rd ed., completely rev.（Metuchen, N. J.：Scarecrow Press, 1976）. Michael H. Harris, *History of Libraries in the Western World*, 4th ed.（Metuchen, N. J.：Scarecrow Press, 1995）. 約翰生（Johnson, Elmer D.）撰、尹定國譯，『西洋圖書館史』（臺北市：臺灣學生，1983年）。

註 9：同註2，頁43—44。

註10：Richard E. Rubin, *Foundations of Library and Information Science*（New York：Neal-Schuman Publishers, 2000）, pp. 207 – 224.

註11：Walt Crawford & Michael Gorman, *Future Libraries：Dreams, Madness, & Reality*（Chicago & London：American Library Association, 1995）, pp. 1 – 3.

註12：Mortimer Adler, *A Guidebook to Learning*（New York：Macmillan, 1986）, pp. 110 – 134.

註13：同註11，pp. 4 – 5。

註14：同註11，pp. 5 – 7。

註 15：同註 6。

註 16：Michael Gorman, "Five New Laws of Librarianship," *American Libraries* 26（September 1995）, pp. 784－785. 同註 11, pp. 7－12。

原載『中華圖書資訊學教育學會會訊』第 19 期（2002 年 12 月），頁 34—37

21世紀圖書館的新面貌

政治大學圖書資訊學研究所教授　薛理桂

進入21世紀以來，由於世紀的交替，使得各種事物的變化非常快速，例如：政治、經濟、社會、文化等各方面的發展都受到影響。圖書館也無法置身度外，深受以上各方面變革的影響。圖書館從傳統的藏書閣，演進到提供圖書資訊服務，再進展到數位化圖書館，可說是歷經變革。但進展到21世紀後，圖書館是否會成為21世紀的恐龍？值得吾人深思。

21世紀由於資訊的發展快速與多元化，已有四種現象出現：

一、資訊行動化

由於手機的發展迅速與普及化，造成人手一機，而手機的功能也愈來愈強，如i-mode的新型式，已可接收網路的資訊，造成資訊行動化。

二、資訊國際化

網際網路（Internet）的發展，使得資訊已無國界，可以快速取得各國最新發展的資訊，造成資訊國際化。

三、資訊多元化

傳統圖書館以典藏紙本式圖書為主，目前資訊已朝向多元化發展，如：有線電視24小時傳播資訊，網際網路的資訊，人與人之間透過E-mail，手機傳遞資訊，DVD與數位相機等方式以傳播訊息。

四、資訊個人化

由以往偏重公共資訊的傳播，進展到個人化的資訊，如：圖書館可以記錄個人借閱、檢索的資訊，藉由手機可傳播資訊給個人等，造成資訊個人化。

經由上述四種資訊傳播的快速發展，可以預期21世紀圖書館新面貌，將具備下列四種功能：

一、行動圖書館

日後的圖書館將是可以移動的圖書館，不再是固定於某一地的實體圖書館。經由手機、網際網路、衛星的聯結，資訊可以經由個人手機輕易取得。日後圖書館將是行動圖書館。

二、國際圖書館

某一國、某一地、某一館的圖書館方式也將面臨新的革命，經由網際網路的串聯，已將各國、各地、各館的圖書資訊聯在一起，日後可以輕易查檢到世界各國圖書館的資訊，將是無疆界的國際圖書館。

三、多元圖書館

傳統紙本式圖書館也將面臨革新，隨著資訊的多元化，日後圖書館將是嶄新的面貌，其中儲存有各種不同媒體、來源的資訊，紙本式圖書只是其中一部分，形成多元化的圖書館。

四、個人圖書館

以後的圖書館將不再侷限於實體的、固定的圖書館，而是屬於個人的圖書館。可以依個人需要組成個人圖書館，其中有個人所需的各種圖書與資訊。個人圖書館可以體時依其需求更改其中的館藏與資訊。

原載『中華圖書資訊學教育學會會訊』第 19 期（2002 年 12 月），頁 38

圖書館的定義

臺灣大學圖書資訊學系副教授　謝寶煖

　　圖書館，要為圖書館下一個定義，不是件容易的事。在胡老師的文章中已將大英、大美、韋氏字典、OED，甚至 ELIS 對圖書館的定義做了介紹。由前述各項定義可知，圖書館是一個典藏圖書資料的地方，而且所典藏的圖書資料是經過有系統的整理，是為方便讀者使用的。這是從功能面來定義圖書館。

　　我想從圖書館價值的角度來看，美國圖書館學會在 1999 年為迎接新世紀的來臨，重新思攷圖書館的定位，提出『圖書館：美國人的價值』，作為與美國人民溝通的基礎。其全文為：

　　在美國，圖書館是其服務社區的基石。在美國的圖書館自由取用圖書、理念、資源和資訊，是教育、工作、娛樂和自我管理，所不可或缺的。

　　圖書館是每個世代的遺產，展現過去，期許未來。為了確保圖書館在 21 世紀持續昌盛與擁有自由，以提倡和保護公共福祉，我們相信，若干原則必須確保。

　　為達此目的，我們信守與我們所服務人民的下列契約：

＊我們捍衛每個人利用圖書館資源和服務的憲法權利，包括兒童和青少年。

＊我們珍惜我們國家的多元性，並為我們所服務的社區提供全面的資源與服務，以儘力回應其多元性。

＊我們堅信所有的父母和監護人有責任和權利，指導他們的孩子利用圖書館及其資源與服務。

＊我們幫助每個人選擇和有效利用圖書館的資源，以連結人與理念。

＊我們保護每個人利用圖書館資源和服務的隱私和秘密。

＊我們保護個人權利以表達其有關圖書館資源和服務的觀點。

＊我們讚揚和維護我們的民主社會，透過提供最大可能的觀點、意見和理念，使所有人都有機會成為有知識、有素養、有教育和豐富文化的終身學習者。

　　變革是常有的，但是這些原則超越變革，而在動態技術、社會和政治環境下常存。

　　實現這些原則，美國圖書館可以期許一個尊重和捍衛言論自由的未來，一個讚賞我們的相同和相異的世界，尊重個人及其信仰，以真正的平等和自由對待所有人。（註1）

　　海峽兩岸的圖書館學會可能像美國圖書館學會一樣，揭櫫價值宣言，然而專業精神應該是一樣。就是這樣的堅持，讓圖書館成為一個與眾不同的地方，進到圖書館不僅是享受其所典藏的圖書資料，更是享受那種氛圍，那種永遠可以與自己相應的心靈相遇的氛圍，那種與知者的心靈激盪是千百年共同的迴響。而這種氛圍與感動，是不受時空限制的，更不受實虛限制的。一個成功的數位圖書館，也應該讓訪客感動其中。

　　如果要我定義圖書館，我希望它不只是有系統地整理人類知識，更是傳承人類的智慧。

　　圖書館是促進人類智慧交會的地方。

所以，為了促進人類智慧的交會，圖書館不僅要有適足的館藏，更要營造有助智慧交會的氛圍。所以圖書資料的分類、陳列，傢俱設備的配置，都應該更有助於知識的交流，圖書館是一個很舒服的地方，圖書館是一個有知識的地方，圖書館是一個思攷的地方，圖書館是一個互動的地方，圖書館是一個放鬆的地方。不管這個圖書館是在圍墻地上，還是在 Internet 上。我希望！

註釋

註 1　本文之翻譯承蒙胡述兆教授代爲審閱，在此致上萬分謝意。譯自 "Libraries: American Value." Retrieved November 22, 2002 from http://www.ala.org/alaorg/oif/libval.html（Last Modified: Friday, 23–Feb–2001） PDF Version of Libraries: An American Value（http://www.ala.org/alaorg/0if/librariesanamericanvalue.pdf）

原載『中華圖書資訊學教育學會會訊』第 19 期（2002 年 12 月），頁 39

『圖書館定義』之我見

輔仁大學圖書資訊學系兼任助理教授　藍文欽

　　圖書館的定義，人言言殊；要提出一個周延且廣為人接受的定義，絕非易事。淺學如我，原無置喙的餘地；然承編者不棄，盛情相邀，敢不就一得之愚略抒管見。底下先對圖書館的定義提出個人的看法，再就其中涉及的觀念與意含提出説明。覆缶之議，不值方家一哂，敬請指教。

　　定義：圖書館是以傳播知識為目的之機構，圖書館員蒐集、整理及組織有記錄的知識，提供或協助使用者獲得所需的資訊記錄。

　　圖書館是人為的機構，許多學者認為其本質是一個社會教育機構，例如：藍師乾章認為圖書館是『傳播文化知識的社會教育施教中心』（註1）；Jesse Shera 強調『圖書館之建立為滿足社會之必需』（註2）；何師光國甚至主張，圖書館員應秉持『社會中若多一人走進圖書館，社會里就會少一名犯罪之人』的理念，為社會工作（註3）。

　　圖書館的工作，主要是有記錄的人類知識的蒐集、整理、組織、利用及推廣。換句話説，圖書館業務的推動，是從掌握資訊記錄開始。『凡利用表達媒體將五官所獲的直覺感覺、思想、理念及經驗等訊息記錄於載體中者，通稱為資訊記錄』（註4）。圖書館透過書目控制（bibliographical control）掌握各類型的資訊記錄，有些是圖書館自己擁有的，有些則是有使用的權利或取得的管道。隨著時代的演變和科技的進步，表達媒體與資訊載體都可能跟著改變，亦即資訊記錄的類型可能不同。圖書館是科技敏感的行業，必須隨着技術環境的改變，適時收錄各種新型的資訊記錄，或提供適當的管道及工具以協助使用者獲得所需的資訊記錄。

　　圖書館以服務為目的（註5），圖書館所以蒐集、整理及組織各類型之資訊記錄，除了保存文獻的作用外，其主要的功能便是供讀者使用。Ranganathan 的『圖書館學五律』（註6），基本上就是揭櫫一種以服務為本的圖書館哲學。Walter Crawford 和 Michael Gorman 所主張的『新圖書館學五律』（註7），更明白的指出『圖書館服務人類』及『圖書館應善用科技以加強服務』。卽使資訊記錄的類型與圖書館服務的方式會隨科技的進步而改變，但圖書館以服務為本質的特性却不會改也不應變。

　　圖書館提供的是資訊服務，尤其是主題知識的掌握方面的服務（註8），所以 Shera 説：『圖書館是一個傳遞知識的機構』（註9）。在圖書館裏，各類型的資訊記錄已經依照一套知識體系有系統的組織起來，方便使用者按圖索驥。圖書館之所以為圖書館，便在於圖書館能將凌亂的資訊記錄以系統化的方式呈現給使用者。今天我們可以在全球資訊網（World Wide Web）上找到各式各樣的訊息，但我們並不認為它們可稱為數位圖書館（digital libraries），因為它們缺乏圖書館的基本特質——將資訊記錄納入知識體系中，並為它們製作檢索點（access point）。

　　圖書館服務人類，憑藉的是專業館員掌握資訊及組織知識的能力，希望在使用者與資訊記錄間搭建起溝通的管道。沈師寶環所提出的『三連環』，係以資源、館員及讀者作為圖書館的三大組成要素，而館員正居於核心地位（註10）。雖然資源和讀者之間的互動不一定要有館員介入，但透過有經驗且能充分掌握資源的館員的協助，更能將讀者與資訊記錄建立起有結果的關係。胡述兆所建構的圖書館新定義：『圖書館是爲資訊建立檢索點並爲使用者提供服務的機構』（註11），言簡意賅；然美中不足的是，未能將專業館員所扮演的角色明白地揭示出來。在資訊時代裏，專業館員的地位將益加重要，因爲許多資訊未必有圖書館建立的檢索點，得倚賴館員的能力與經驗去找出讀者所需的資訊記錄。用 Shera 的話，我們需要專業館員以便『bring together human beings and recorded knowledge in as fruitful a relationship as it is humanly possible to be』（註12）。

註釋

註1：藍乾章，『圖書館經營法』，增訂第四版（臺北市：書藝，1978），頁2。
註2：Jesse Shera, Introduction to Library Scince: Basic Elements of Library Service (Littleton, CO: Libraries Unlimited, 1976), 42.
註3：何光國，『圖書館學理論基礎』（臺北市：三民，2001），頁383。
註4：同上註，頁89。
註5：高師錦雪分析有關圖書館哲學之西文文獻，發現他們的共識就是『圖書館以服務爲目的』，即便大家對服務的本質、方式與程度等仍有歧見。詳見其『圖書館哲學之研究』（臺北市：書棚，1985），頁43—50。
註6：Shiyali Ramamrita Ranganathan, *Five Laws of Library Science* (London: G. Blunt and Sons, 1931).
註7：Walter Crawford and Michael Gorman, *Future Libraries: Dreams, Madness, and Reality* (Chicago: ALA, 1995), 8–12.
註8：同註3，頁354—357。
註9：Jesse Shera, Sociological Foundation of Librarianship (New York: Asia Publishing House, 1970), 34.
註10：沈寶環，『圖書館學與圖書館事業：沈寶環教授圖書館學論文選集』（臺北市：臺灣學生，1988），頁27—29。
註11：胡述兆，『爲圖書館建構一個新的定義』，『「中國圖書館學會」會報』第66期（2001年）：頁1—4。
註12：同註9，p. 30。

原載『中華圖書資訊學教育學會會訊』第19期（2002年12月），頁40—41

關於圖書館的定義——與胡述兆教授討論

黃俊貴

【摘要】確立圖書館新定義應着重對圖書館內涵的揭示，而不在於對現象的描述。也就是説，要回答圖書館的工作目的、工作性質是否發生了變化。基於此，本文對胡述兆教授『圖書館是為資訊建立檢索點並為使用者提供服務的機構』一説，提出了不同理解。

【關鍵詞】圖書館；定義；討論

定義是對於一種事物的本質特徵或一個概念的內涵和外延的確切説明。對於『圖書館』概念的定義，無疑應該揭示圖書館的本質。迄今關於圖書館的定義，國內外可謂多多，不過大都屬於對圖書館現象的描述。長期以來，人們殫精竭慮，試圖探求圖書館的本質，構建『圖書館』的邏輯定義，以提高圖書館學術水平。可惜，均一如荷馬史詩中的西西福斯向山頂推舉鉅石的情景，只有一而再、再而三的推石過程，而沒有達到山頂的結果——一直未取得令人滿意的共識。『圖書館學研究』2003年第1期轉載的胡述兆教授『為圖書館建構一個新的定義』，立足於資訊社會的發表需要，提出了一個全新的定義。這是在新的歷史條件下發動的新一輪的學術行爲。胡述兆作為我國知名老教授，蜚聲兩岸，情系圖苑，執著事業，可謂老驥伏櫪，志在千里，令人嘆服。

以往，『圖書館』定義所反映的內容包括幾個方面：（1）圖書館工作過程，諸如蒐集、採訪、入藏、編目、整理、流通、參攷、服務、保存等等；（2）服務對象，諸如讀者、社會、機關團體等等；（3）工作（整理）對象，諸如圖書、報刊、資料、文獻等等；（4）工作目的，諸如為政治、經濟、生產、科研服務等等；（5）圖書館性質，諸如，總匯、場所、機構、文化機構、文化教育機構、學術服務機構、社會裝置、社會機構、信息中心等等。雖然各種表述定義的方式有別，而定義的實際內容並無大差異，人們對此也就以無關宏旨的態度，不去深究了。

『圖書館是一個生長着的機體』（阮岡納贊），其工作過程、工作手段動態變化，與時俱進，是有目共睹的。但圖書館的工作目的、工作性質，是否也因此發生根本性的變化，則成為學界的爭議點。筆者認為，確立『圖書館』新定義應著重對圖書館內涵的揭示，不在於對現象的描述。也就是説，要回答圖書館的工作目的、工作性質是否發生了變化。

胡述兆教授提出『圖書館是為資訊建立檢索點並為使用者提供服務的機構』，作為『圖書館』新定義的根據是，『傳統圖書館定義，已經失去時宜，不符資訊社會（Information Society）的需要』。如果將『圖書館』定義僅僅鎖定於現象的描述，的確，是『已經失去時宜』，但就其工作目的、服務對象、社會職能却沒有變化。圖書館正如一顆大樹，隨着季節變化，葉落花開，千姿百態，但始終扎根於泛土，並沒有『轉基因』變異為別的事物。圖書館的性質至今仍然是『文化教育機構』、『信息集散地』，其工作目的仍然是為社會經濟、政治、生產、科研服務，工作對象仍然是各類文獻載體，服務對象仍然是社會各階層讀者。唯隨着科學技術的進步，圖書館工作改變了傳統格局，部分地實現了手段自動化、資源數字化、服務網絡化。圖書館同一切事物一樣，其定義一般不應囿於具體描述，而要抽象概括，力求做到既能包容傳統與現代的工作過程、整理範圍、服務對象的現象描述，又能反映圖書館的本質內涵。概念的定義是構建學科理論的始點，『圖書館』定義的確定與穩定，有利於圖書館學科的發展、繁榮。鑒於科學技術日新月異，圖書館總是要融入社會，並不斷汲取新的科學、技術，除非圖書館的性質，目的已發生根本變化，它的定義不該與時俱進。例如，『照相機』的定義是『拍攝人或景物影相的機器』，早在19世紀發明照相機就形成這個定義，當今照相技術飛速發展，已經出現全息照相機、數碼照相機、激光照相機等等，但它的定義因揭示了『影相機器』實質，並未不合時宜。

胡述兆教授在『為圖書館建構一個新定義』的『後記』中說：『也許有人會說，這個定義適用的範圍太廣泛了……。我的回答是，我提出這個定義的主要目的之一，就是要把圖書館作為廣義解釋。唯有這樣，才能使圖書館不受任何時代，任何社會變遷的影響，而成為永續存在的資訊服務機制。』拙見以為，這個定義與其說『太廣泛』，不如說『欠確切』，由於不確切，也就可能出現不同理解：

（1）『圖書館是為資訊建立檢索點並為使用者提供服務的機構』。若其中的『使用者』是指直接使用『檢索點』者，圖書館的服務對象勢必將不會使用檢索技術者排除在外，那麼這個『機構』的範圍就太窄了，似乎僅限於傳統圖書館的目錄室，或現代圖書館的專門檢索區。鑒於當今許多圖書館都採取『藏借閱檢四合一』的管理，專門從事建立檢索點並為使用者提供服務的機構並不多見。同時還有相當多的圖書館因經濟困難，技術落後，尚無能力建立檢索點，僅提供報刊及一般通俗圖書開架借閱。如強調『建立檢索點』作為『圖書館』的定義，豈不顯示出它的局限性？

（2）『圖書館是為資訊建立檢索點並為使用者提供服務的機構』。如將社會上備有電腦，建有數據庫，並實施聯網或不聯網，可進行資訊檢索的服務機構都視為圖書館，不免過於寬泛了。諸如，銀行、證券所、旅行社、航空及其他運輸業、婚姻介紹所等等都為某種資訊建立檢索點，但被提供服務者，一般屬於資訊的咨詢者，不是檢索者；進行資訊檢索者是這些服務機構的職工。再者，如將任何在網絡條件下的檢索終端都視作圖書館——到處都存在圖書館，實際上也就沒有圖書館可言了。

（3）『圖書館是為資訊建立檢索點並為使用者提供服務的機構』。這里對『服務』沒有通過界定，明確圖書館的社會職能。如果專指為資訊提供服務，圖書館的知識教育、文化展示、文化娛樂、文化保存等服務職能則尚付闕如，似有挂一漏萬之弊。

（4）『圖書館是為資訊建立檢索點並為使用者提供服務的機構』。這個機構是個什麼機構，如僅『為資訊建立檢索點』，它必然屬於資訊中心或稱信息中心，而實際上圖書館被人們共認為文化教育機構。對圖書館性質的揭示，應為『圖書館』定義的主體，可以說，尚未說明圖書館本質特徵的定義是不足為訓的。

圖書館與時代息息相關，社會政治、經濟、文化的發展，直接或間接地制約着圖書館的發展。然而，『圖書館』的定義並不一定因此而發展、變化。這主要取決於圖書館的內涵實質是否出現異化。由於世界政治格局多極化、文化發展多元化，以及圖書館事業發展不平衡等因素，圖書館在融入社會、滿足讀者需求、發揮文化教育功能中，也必然呈現它的多元化。拙見以為，數字化不是圖書館惟一的發展方向，圖書館的任務，不『就是為這些資訊建立檢索點，並為使用者提供服務』，不應僅此作為『現行圖書館的功能』。值得注意的是，胡述兆教授提出『目前圖書館的三大任務——資料採訪、編目分類、讀者服務，都與資訊的檢索點有關』的觀點。拙見以為，此係有別於劉國鈞、杜定友『要素說』，將圖書館工作劃分為四個『範疇』或四個『要素』，而以『檢索點』為中心的新說。不過，它仍有需商榷處：資料採訪、編目分類，以及讀者服務中的參考咨詢、書刊宣傳與檢索點有關，是人所共知的。但有部分讀者服務，例如學術報告會、各類型的展覽會等，一般都不與檢索點直接發生關係，特別是服務於基層的社區圖書館，以及少年兒童圖書館，其社會職能均有提供知識消遣、文化娛樂服務，這些與檢索點更沒有什麼聯繫了。其實，讀者服務是圖書館工作的出發點和歸宿點，圖書館工作全過程都與讀者服務有關，『服務第一，讀者至上』的貫徹執行，才是圖書館工作的中心。檢索點作為一種技術方法必須適應讀者服務要求，而不是讀者服務一定要去遷就檢索點。總之，圖書館工作要以服務為中心，不能以技術為中心，學術服務性才是圖書館的本質屬性。

新的圖書館定義的出現是圖書館學術繁榮、發展的表現。學術研究不應刻意求同，只有通過許多相異比較、鑒別，開闊思路，去粗取精，才能日臻完善，它無需經權威機關法定，將永遠按人們各自的判斷去優選。看來，學術研究的過程遠比結果更重要；人們往往喜愛多姿多彩的過程，對於結果或結論並不關注；學術結論難免因人而異，亦可能會發生自己否定自己。同與異的相對狀況是事物發展的規律。

1991年12月出版的胡述兆教授大著『圖書館學導論』，對圖書館定義作了較為充分的論述，其一，『圖書館是人類智慧的總滙』；其二，『圖書館是用科學方法，採訪、整理、保存各種印刷的與非印刷的資料，以便讀者利用的機構』。這些胡教授認為屬傳統性的意義，前者較為抽象，后者較為具體。其實，定義可以較抽象，關鍵在於是否確切，『人類智慧』不限於被記錄的，更大量的是未被記錄的、頭腦中的，圖書館似無法包容，難以成為人類智慧的總滙。從學科研究的實際出發，採用描述性定義，較具體說明圖書館的實質，仍然可以被同仁接受。筆者就樂於接受胡教授提出的第二個定義，如將其中的『機構』，進一步明確為『文化教育機構』，也就周全了。

後記：我與胡教授結緣於多次兩岸學術交流會議，之後間有聯繫。胡教授坦蕩為人，廣博學識，又厚待后學，至為敬仰。拙文應金恩暉兄約稿，不敢怠慢，唯所述欠深研，可能對新定義有誤讀、誤解，誠望胡教授及同仁慷慨賜教、不吝批貶。

參攷文獻

1. 胡述兆. 為圖書館建構一個新的定義. 圖書館學研究，2003（1）
2. 黃俊貴. 公共圖書館轉型與定位探索. 中國圖書館學報，2002（5）
3. 黃俊貴. 小說數字圖書館建設問題. 圖書館學刊，2001（4）

黃俊貴 原廣東省立中山圖書館館長，研究館員。

原載『圖書館學研究』（2003年4月），頁2—4

圖書館定義斷想

文庭孝　邱均平　侯經川

【摘要】 通過對圖書館本質、結構、性質、職能和形態等的分析，提出了圖書館的定義。

【關鍵詞】 圖書館；定義；本質

Abstract：By analysing the assence, structure, quality, function and formation of the library, authors give a definition of library.

Key words：library；definition；assence

圖書館是一個生長着的有機體，圖書館定義也是一個發展中的概念。隨着社會、經濟、科技、文化等的發展，圖書館的結構、性質、任務、功能、職能和形態等也在不斷地發生變化。圖書館的本質究竟是什麼？什麼是圖書館？圖書館是什麼？自圖書館產生以來，人們就開始了對圖書館定義的討論，各自都提出了見仁見智的觀點，成爲圖書館學研究中一道獨特的風景綫。從來沒有哪一種機構像圖書館這樣，雖然已存在了數千年，却還不能給它一個明確統一的定義，不能不使人對圖書館學中這一有趣現象產生無限的遐想。

1. 衆説紛紜圖書館

圖書館是一種發展中的社會現象，從古自今，不斷有學者、專家從不同的角度給圖書館下定義，衆説紛紜，其定義不下數百種。時代在變，圖書館的定義也在變。縱觀古今中外有關圖書館的定義，一般是從兩個方面來給圖書館下定義：一是從實體出發定義圖書館，將圖書館看成是某種實物，如『藏書之所』、『社會裝置』、『容器、場所』、『設施』、『地方』等定義；二是從觀念出發定義圖書館，『圖書館』已經只是表達某個概念的符號或代碼，如『機關』、『部門』、『機構』、『系統』、『中心』、『社會組織』等定義。現代信息技術的產生和發展及其在圖書館中的應用，使得圖書館實體已經變得無關緊要，觀念圖書館日益凸顯出來。目前流行的『自動化圖書館』、『現代化圖書館』、『無墙圖書館』、『無紙圖書館』、『電子圖書館』、『數字圖書館』、『虛擬圖書館』和『網絡圖書館』的説法就足以説明『圖書館』已經只是這一社會現象的代名詞。

圖書館本身是一個多面體，人們對圖書館的認識也是一個不斷變化和深入的過程，隨着社會的前進而發展，時代的進步而變化。不同時代、不同地區的人們從不同角度出發來定義圖書館，就會形成不同的圖書館定義。概而言之，人們主要從圖書館的結構、性質、任務、功能、職能和形態等幾個角度中的一個或多個出發來給圖書館下定義，我們不妨稱之爲『結構定義法』、『性質定義法』、『任務定義法』、『功能定義法』、『職能定義法』、『形態定義法』和『綜合定義法』。

由於人們認識上的差異，從而造成了定義上的多樣化，形成了關於圖書館定義的百家争鳴的局面，甚而引起了不少人對圖書館本質的質疑。

2. 圖書館的本質是什麼

從圖書館產生之日起，人們就不斷地追問：圖書館的本質究竟是什麼？

本質是指事物本身所固有的，決定事物性質、面貌和發展的根本屬性。事物的本質是隱蔽的，常常是通過現象來表現的，不能簡單地通過直觀去認識，必須透過現象來反映和揭示本質。本質是一事物區別於其它事物的根本屬性，圖書館的本質是圖書館區別於其它事物的根本屬性。圖書館的本質究竟是什麼呢？圖書館的本質自其產生之日起就已存在，本質是不變的。人們之所以在圖書館的本質認識上存在差異，是因爲人們對圖書館本質的認識是一個不斷深化和完善的過程，受政治、經濟、科技、文化和社會發展階段等因素的影響。圖書館的本質也不是孤立的、外顯的，而是關聯的、內含的。圖書館的本質決定了其結構、性質、功能、任務、職能和形態等其它屬性，而圖書館的結構、性質、功能、任務、職能和形態等屬性又能反映圖書館的本質。對這些屬性的認識能加深對圖書館本質的認識。

對圖書館本質的認識，人們也是眾說紛紜，因人而異。目前存在的主要觀點有：

第一種觀點認爲『圖書館的本質屬性應該是收藏圖書與提供使用，或稱知識信息聚集與傳遞。因爲圖書的收藏和利用，構成圖書館的特有矛盾和主要矛盾，這對矛盾決定着圖書館的其它矛盾，這對矛盾的不斷鬥爭、不斷運動是推動圖書館事業發展的根本動力。』我們不妨稱這種觀點爲『矛盾論』。的確，我們今天也不得不承認，『藏與用』這一矛盾仍然是圖書館發展中的特有矛盾和主要矛盾，正是這一矛盾一直在不停地推動着圖書館向前發展。

第二種觀點認爲『圖書館是一個客觀實體，圖書館活動是這個社會實體的外在表現形式；對文獻的蒐集、整理、保管、流通和利用，則是其活動內容的具體體現；而這種活動的核心和本質，就是人類社會文獻信息的交流。文獻信息交流是圖書館固有的，普遍存在的，相對穩定的內部聯繫和社會聯繫，它決定了圖書館的產生、發展和變化，貫穿於圖書館過程的始終，滲透到圖書館現象的各個領域，並將圖書館的各個要素組織成一個有機整體。』我們不妨稱這種觀點爲『文獻信息交流論』。這一觀點和第一種觀點有交叉之處，因爲信息交流的目就是爲了利用，而信息只有通過交流才能被利用。而『文獻信息交流論』一說並未將圖書館與其它的文獻信息交流機構（如檔案館、數據庫中心、聯機中心、信息中心、文獻情報中心、情報研究所等）區別開來。

第三種觀點認爲『現代圖書館對傳統圖書館而言不是量變而是質變，傳統圖書館的本質已經不能反映現代圖書館的本質。現代圖書館的本質是爲用戶服務，存在的價值在於讀者的利用，它的服務水平高下取決於被利用與產生效益的廣度和深度。』並認爲『現代圖書館的情報職能是圖書館界認同的重要的本質特徵。』我們也不妨稱這一觀點爲『本質變化論』。的確，隨着信息技術的發展及其在圖書館中的應用，圖書館在整體結構、收藏對象、收藏結構、組織方式和管理方式等方面都發生了脫胎換骨的變化，但這並不能說明圖書館的本質發生變化了，而只能說明人們對圖書館的本質認識發生了變化，更深入了，更準確了，更明確了。

在上述三種觀點中，作者比較趨同於第一種觀點。因爲圖書館信息的『藏與用』，或信息的『聚集與傳遞』實質上就是信息的管理與交流活動，信息管理活動包括信息蒐集、整理、加工、組織、積聚與存儲，而信息交流活動包括信息查找、選擇、控制、轉化、傳遞和利用。當然這些活動都是以一定的中介或媒介爲基礎而進行的，但我們不能因而將焦點聚集在信息的介質上。根據系統論的觀點，任何事物都可看作一系統，圖書館也一樣。

因此我們認為『圖書館的本質是一個完整的信息管理與交流系統。』圖書館是一個與其它系統在結構、功能、性質、任務、職能和形態等方面不同的系統。該系統的目的就是通過信息的管理與交流使信息和知識增值。

也許僅僅討論圖書館的本質並不能反映圖書館的全貌，因為事物的本質常常體現在其結構、性質、功能、任務、職能和形態等屬性之中。所以有必要通過對圖書館的結構、性質、功能、任務、職能和形態等屬性的認識來進一步認識圖書館的本質。

任何事物都是由元素或要素構成的系統或有機整體。關於圖書館的構成要素，不同的時代有着不同的説法。有陶述武先生的『三要素説』（書籍、館員和讀者），杜定友先生的『三要素説』（書、人和法）、『四要素説』（書、人、法和設備），劉國鈞先生的『四要素説』（圖書、人員、方法和設備）、『五要素説』（讀者、圖書、領導和幹部、工作方法、建築和設備），黃宗忠先生的『六要素説』（藏書、館員、讀者、建築和設備、技術方法、管理）。可見，人們對圖書館結構的認識也是隨着時代的發展而變化。隨着『數字圖書館』、『網絡圖書館』、『虛擬圖書館』的提出，圖書館的結構已經發生了鉅大變化，建築和藏書等要素將會逐漸被淡化。圖書館是一個由多要素構成的動態變化系統。

對圖書館性質的認識人們比較一致，認為圖書館是教育、科學、文化、服務性機構。但我們認為圖書館還應該是一個公共性的服務機構，公共性也應該是圖書館的性質。

很多人認為圖書館的任務是為一定的政治、經濟服務。但我們認為這應該是圖書館的間接任務和目標，而圖書館的直接任務和目標是為一切讀者服務，從而達到為政治、經濟、科技、文化等服務的任務和目標。

圖書館的職能也隨着時代的進步而發展，在這一點上人們也取得了基本一致的認識，只是表述上有差別而已。而我認為圖書館的基本職能就是管理和交流信息。圖書館的社會職能已由1975年國際圖聯會議總結，一致認為表現為保存人類文化遺產、開展社會教育、傳遞科學情報、開發智力資源四個方面。

圖書館從産生到現代，其形態也發生了鉅大變化。從古代的『文獻的集合體』、『藏書之所』，到近代的『藏書樓』，再到現代的『無紙圖書館』、『無墻圖書館』、『自動化圖書館』、『電子圖書館』、『數字圖書館』、『虛擬圖書館』和『網絡圖書館』等，圖書館的形態在一直變化着，將來還會變，人們難以預測。

3. 我們對圖書館定義的闡釋

我們在定義圖書館時不一定要面面俱到，囊括其全部內涵，因為這樣會使定義過於龐雜；但也不能僅僅從某個側面或某些非本質方面來反映和揭示圖書館的內涵，這樣又容易造成誤解。我們認為圖書館的定義應該能從定義中反映和揭示圖書館的本質、特徵、性質和職能。

對圖書館定義的闡釋，我們認為可從以下幾個方面理解：

（1）圖書館的本質是一個信息管理與交流系統，這是任何一個圖書館都具有的最根本的屬性。

（2）圖書館是一個動態系統，其結構、職能和形態等隨着時代的發展而變化。

（3）圖書館是一個公共性的教育、科學、文化、服務機構，不像為政府、經濟服務的信息中心，也不像為政府、科技服務的情報研究所。

（4）圖書館為一切讀者服務，從而達到為一定的經濟基礎和上層建築服務的目的。

（5）圖書館的基本職能可以簡單地概括為管理信息和交流信息，並使信息增值。

綜上所述，我們認為圖書館的定義可以表述為：圖書館是一個動態增長的信息管理與交流系統，是一個為一定的經濟基礎和上層建築服務的公共性的教育、科學、文化、服務機構。

參攷文獻

1. 黄宗忠編著. 圖書館學導論. 武漢：『湖北高校圖書館』雜誌杜，1985
2. 倪波，荀昌榮. 理論圖書館學教程. 天津：南開大學出版社，1981
3. 錢力平. 圖書館概念辨析. 四川圖書館學報，1997（1）
4. 吳慰慈，邵巍. 圖書館學概論教學參攷文選. 北京：書目文獻出版社，1985
5. 來新夏主編. 圖書館學、情報學、檔案學簡明辭典. 天津：南開大學出版社，1991
6. 吳慰慈，邵巍. 中國大百科全書：圖書館學、情報學、檔案學卷. 北京：中國大百科全書出版杜，1992
7. 吳雪珍，張念宏編. 圖書館學辭典. 深圳：海天出版社，1989

文庭孝 湘潭大學管理學院，講師，碩士，主要研究方向為信息咨詢。
邱均平 武漢大學信息管理學院，教授，博士生導師，主要研究方向為信息管理與知識產權。
侯經川 湘潭大學管理學院，副教授，武漢大學博士生，主要研究方向為信息管理與決策。

原載『圖書館學研究』（2003年第4期），頁11—13

圖書館學的學科性質

王子舟

【摘要】 圖書館學學科性質是有爭議的命題，目前具有代表性的觀點有五種。依照學科劃界的元標準，圖書館學應是一門社會科學。

【關鍵詞】 劃界標準；學科性質；圖書館學

Abstract: The subject nature of library science is a controversial proposition. There are five representative viewpoints at present. According to the fundamental criterion of differentiating subjects, library science ought to be a kind of social science.

Keywords: differentiating criterion; subject nature; library science

圖書館學作為一門學科，它在人類科學體系中的性質是由其學科歸屬來表明的。圖書館學的學科性質，是指它屬於哪種科學門類、具有哪門科學的基本特性。明確了圖書館學在科學體系中的學科性質，有利於本學科研究方向的開拓，有利於本學科學科制度的建設，也有利於本學科發展策略的制定。

1 以往圖書館學學科性質的認識

圖書館學學科性質是 20 世紀 50 年代以來被圖書館學界廣泛關注的命題之一。一方面，圖書館學經過了一百餘年的發展，其知識體系已趨於穩定與明晰；另一方面，社會科學已經迅速發展成了『公眾最注意和最寄予希望的科學』[1]，正變成像自然科學一樣的『硬』科學，並與其分庭抗禮。圖書館學研究者自然意識到：『圖書館學必須攷慮自己所屬的領域，並能為之辯解。事實上，一門學科假若不能相當清晰地闡明自己的範圍的話，對這門學科的學術性質和科學性質就總會存在理所當然的懷疑。』[2]

在圖書館學學科性質的判別問題上，國外圖書館學界以往流行兩種觀點，一是認為圖書館學屬於社會科學，另一是認為圖書館學屬於人文科學。如蘇聯圖書館學家丘巴梁在 20 世紀六七十年代強調：『蘇聯圖書館學是一門把圖書館過程作為群眾性地交流社會思想的一種形式的社會科學。』[3] 此前，美國圖書館學界多數人認為圖書館學是一門社會科學，然而后來的『芝加哥學派』轉而傾向承認圖書館學主要是一門人文科學。芝加哥學派代表人物謝拉在 1976 年指出：『儘管圖書館學在逐漸利用各門科學的研究成果，同社會科學有緊密聯繫，但其實質依然是人文主義的。説它是人文主義的，是因為從根本上講，它研究的是人類思想和偉大探索的文字記錄之間的那種微妙的，難以捉摸的關係。把圖書館學劃分到社會科學，是因為圖書館作為一個部門是社會的產物，它的目的是通過幫助個人瞭解他自己和他所處的環境來改良社會。但圖書館所關心的也是具有理性的人，因此它主要還是一個人文主義性質的事業。』[4] 這個觀點獲得了許多人的支持，以至於美國圖書館協會 1986 年出版的『世界圖書館和情報服務百科全書』（*ALA World Encyclopedia of Library and Information Services*, Second Edition 1986）也表示：由於圖書館和圖書館員更著重於思想知識和它們的交流，因此，圖書館學更接近人文科學，而不是『硬』科學。[5]

在 20 世紀 50 年代，我國圖書館學界的主流觀點認為，圖書館學是一門社會科學。但與西方圖書館學研究者不同的是，我國圖書館學界除了從學科屬性上來分析圖書館學具有社會科學的性質外，還從當時意識形態的需要指出圖書館學具有鮮明的階級性，甚至認爲階級性是圖書館學的本質屬性。其主要理由是：①圖書館是階級鬥爭的工具，在不同社會爲不同的統治階級服務。既然圖書館具有強烈的階級性，研究圖書館的圖書館學也必然帶有階級性。②社會主義的圖書館學是以馬列主義、毛澤東思想爲指導的，本身就具有高度的無產階級黨性，因此自然也具有鮮明的階級性、政治性和戰鬥性。[6]

顯然，這是政治領域嚴重介入學術領域的結果。80年代以後，隨着學術理性的恢復，這種帶有強烈意識形態色彩的認識開始逐步淡化。1981年，北京大學、武漢大學兩校圖書館學系合編的『圖書館學基礎』正式由商務印書館出版。該書在談及圖書館的性質時，指出圖書館具有社會性、科學性、教育性和服務性，回避了階級性，並說圖書館學『是以圖書館事業為研究對象，而圖書館事業是一種人類社會現象，所以它是一門社會科學』。[7]這種在圖書館性質、圖書館學性質上摒棄『階級性』的觀點，表現出編者一定的膽識和勇氣，標誌着科學精神在圖書館學研究領域的複歸。此后，關於圖書館學性質的討論不斷深入，觀點紛呈。至目前為止，具有代表性的觀點主要有如下五種：

1.1 圖書館學是一門社會科學。持此觀點者包括了『圖書館學基礎』編者及大多數研究者。由於『圖書館學基礎』在80年代具有廣泛的影響力，因此這種觀點頗具主流意味。他們的主要理由是：①劃分一門學科性質的主要依據是該門學科研究對象的屬性。圖書館學研究對象無論表述為圖書館、圖書館活動、圖書館事業，或文獻信息活動，它們均是社會現象，而以此為研究對象就應屬於社會科學。②儘管圖書館學研究受當代科學綜合化發展趨勢的影響，滲入了許多自然科學、交叉科學的理論與方法，但只要研究對象未有本質改變，學科性質也不會變。[8]

1.2 圖書館學是一門綜合科學。此種觀點在國內也有較大影響，主要代表人物有關懿嫻、黃宗忠等。關懿嫻先生早在1957年北京大學圖書館學系科學討論會上就提出了這一觀點[9]，1982年她又著文堅持這一觀點[10]。黃宗忠先生則在『圖書館學導論』一書中對此觀點的理由作出了詳細論述。他認為：①當代科學呈綜合發展趨勢，交叉學科、橫斷學科不斷出現；哲學與數學方法正向其他學科滲透；自然科學、技術科學、社會科學相互融合，圖書館學不可能不受其影響。②圖書館學研究對象存在着內在的多樣性與複雜性，如圖書館構成的複雜性、圖書館性質與功能的多樣性、圖書館學理論基礎的群體性、圖書館學方法的整體性等。③圖書館學體系結構不斷發展、擴張，已融進了大量橫斷科學、交叉科學、技術科學，並形成了許多新的分支學科。因此，『今天的圖書館學正在走向多學科結合的綜合化道路，成爲一門既具有應用科學、社會科學性質，又具有自然科學性質的綜合性學科。』[11]1996年，譚祥金、石呈祥二人雖然在各自的論著中承認圖書館學目前尚為社會科學，但他們都預測未來可能會發展成綜合性科學。[12-13]

1.3 圖書館學是一門應用科學。此說又大體分為三種不同觀點：一是認為圖書館學為應用技術科學。如圖書資料分類法就是一門技術工具，而新技術手段在圖書館中的廣泛應用更加強了圖書館學的應用技術性。[14]二是認為圖書館學為綜合性應用科學，以為圖書館是一個綜合體，圖書館學涉及了一切知識，運用了多種技術手段，故從學科基本屬性上，『圖書館學是一門綜合性的應用科學或綜合性的社會工程科學』。[15]三是認為圖書館學為應用社會科學。持此觀點者多為研究有素的資深學者，其論點在80年代中期又多刊佈於基礎理論的教材中，有較大影響代表人物有沈繼武[16]、倪波和荀昌榮[17]、宓浩和劉迅[18]等。他們的主要觀點是：①圖書館學雖然屬於社會科學領域，但社會科學包含許多實踐性較強的應用分支，如法律科學、新聞科學、財經科學等等，因此一門隸屬於社會科學的學科還應根據自身特點進行細劃。②圖書館學具有強烈的實踐性、應用性等特徵，其方法與技術的含量較大，所以應屬於應用社會科學。

　　1.4　圖書館學是一門管理科學。主要代表人物爲桑健。他在1985年提出，『客觀知識世界已經形成一個龐大的物質與精神之間的中介體系，對它的蒐集、整理，分析、傳播和利用，已成爲一個龐大的管理系統』，因此，以之爲研究對象的圖書館學是一門管理科學。[19] 1997年，國務院學位委員會、國家教育委員會頒佈的『授予博士、碩士學位和培養研究生的學科專業目錄』將圖書館學、情報學和檔案學劃歸到『管理學』門類下，此後支持圖書館學爲管理科學的觀點漸漸多了起來。如2001年，吳慰慈、羅志勇二人撰文提出，圖書館學、情報學研究的是知識組織、控制和選擇傳遞的過程，而這個過程實際上就是一個管理過程，所以圖書館學、情報學應屬於管理科學。[20]

　　1.5　圖書館學是一門信息科學。此觀點産生於信息科學思潮風靡學術界的20世紀80年代初期。如呂斌在1983年著文指出：知識是信息的一個子域，圖書館學、情報學研究的是人類社會的知識通訊現象，這就決定了它們屬於信息科學這一門類。在高新技術的介入下，圖書館學、情報學最終會發展成一門科學——知識通訊學。[21] 1992年北京大學圖書館學情報學系改名為信息管理系，該系新的學科規劃認為，信息科學是一級學科，信息管理是二級學科，將圖書館學、情報學、編輯學等關係密切的學科集中在『信息管理』名下進行整合，既能保持它們的獨立性，又可把它們通用的原理與方法提升出來。[22] 這實際上是把圖書館學作爲信息科學的一個三級分支來看待的。

　　以上各種觀點由於形成的基點與角度不同而各異。但值得肯定的是，它們都看到了當代圖書館學實踐基礎的變化，並從不同側面揭示出圖書館學所具有的某些屬性與特徵。這對於我們準確把握圖書館學的學科性質，無疑極具啓迪作用。

2　圖書館學是一門社會科學

2.1　研究對象是學科分類的『元標準』

　　近代以來，人們對科學知識的分類採用了許多不同的原則與標準。如英國哲學家培根依據人類自身理性能力，把知識分為三大類：歷史（記憶能力）、詩歌（想像能力）、哲學（理解能力），這一分類標準因其是以研究主體的認識特點為依據的，故可稱之為主觀性標準。19世紀以后，獨立學科大量涌現，科學分化進程加快，法國實證主義奠基人孔德遂採用客觀性標準將科學知識分為六個學科：數學、天文學、物理學、化學、生理學、社會學。它們的排列順序基本符合了物質運動的演化過程。當代社會對學科的分類，基本上採用的是客觀性標準，即通過劃分各門學科的研究對象，來確定其在科學知識體系中所處的位置，並闡明各學科之間的相互關係。研究對象是科學主體所認識的特定現象，它的存在是科學認識的前提。研究對象的不同，決定着認識內容的不同、認識的方法不同，以及認識成果、社會功用的不同。因而人們劃分不同的學科門類，首先就是由研究對象入手的。如把研究自然現象的學科稱作自然科學，把研究社會現象的學科叫做社會科學，把研究精神現象的學科叫做人文科學。當然，也有根據不同科學的其他特徵來劃分學科的，如依據一門科學與生產實踐關係的密切程度，可將自然科學劃分為基礎科學、應用科學和技術科學等。但這種分類標準不是普適的，不見得適合於人文科學或社會科學，而依研究對象來劃分學科類別卻是具有普適性的。因而，以研究對象的區分來劃分科學類別，應該說這是學科分類的『元標準』。

當然，科學在發展，學科分類標準也會變化。但就目前來說，以研究對象來作為學科分類的基本標準，還是世界上主要通行的做法。如『聯合國教科文組織統計年鑑』（1984年版）曾主要依研究對象的不同將科學門類劃分為自然科學、工程科學、醫藥科學、農業科學、人文與社會科學五大類。而我國國家技術監督局 1992 年發佈的國家標準『學科分類與代碼』（GB/T 13745—92），其學科分類所遵循的『科學性原則』，就是要求學科分類應根據學科研究對象由低級到高級，由簡單到複雜的運動形式來進行客觀性的劃分。[23]

通常，依照研究對象的不同，我們可將現有龐大的人類知識體系劃分為三大門類，即自然科學、社會科學和人文科學。這三大學科門類主要有以下幾方面的區別：①從研究對象與目的來看，自然科學研究的是客觀物質世界，其目的是探尋物質世界的運動和演化規律，主要學科有物理學、化學、數學和生物學等；社會科學研究的是社會現象以及人與人之間的關係，其目的是通過對社會的運行、組織、調控、管理、規範的研究，使社會更有效地運行、發展，創造出符合人性的社會體系，主要學科有經濟學、政治學、法律學、社會學等；人文科學（又稱人文學科）研究的是人自身的本質、精神、價值，其目的是解答人的生存意義、感情與信仰、自由和幸福等問題，為人類尋找精神家園，使心靈有所安頓，主要學科有『文史哲』、宗教學、美學等。②從學科特徵與研究方法來看，自然科學具有客觀性、剛性、精確性等特徵，研究方法有觀察法、實驗法等實證的、可量化的科學方法；人文科學則具有主觀性、柔性、模糊性等特徵，研究方法主要是解讀和感悟、情感思維、價值分析、自由聯想等質化的科學方法；而社會科學的學科特徵、研究方法則介乎自然科學、人文科學之間，目前有偏傾於自然科學的趨勢。

2.2 圖書館學屬於社會科學

在以上三大學科門類中，圖書館學應該歸屬哪一門類呢？我們從表一中，可以看到圖書館學更多具備的是社會科學的特徵，顯然，圖書館學應歸屬於社會科學。

表一　圖書館學與三大科學門類特徵的比較

學科特徵	1. 自然科學	2. 社會科學	3. 人文科學	4. 圖書館學
研究對象	自然現象、天然物質、自然過程	社會現象、社會事物、社會活動	精神現象、思想觀念、文化傳統	同2，含1、3中小部分
研究目的	揭示物質世界運動、演化規律	創造合理的社會秩序與結構	尋找精神家園	同2，含3中部分
學科特點	客觀性、剛性、精確性	中性，偏1	主觀性、柔性、模糊性	同2，含1、3中部分
研究方法	觀察、實驗、實證的、量化的	中性，偏1	解讀與感悟、情感思維、價值分析、自由聯想	同2，含1、3中部分
研究成果	半衰期短、老化快	半衰期長、老化慢	半衰期極長、老化不明顯	同2

首先，從研究對象來看，圖書館學研究的是如何組織客觀知識，使其形成有序的知識集合，以便向人們提供便捷的使用。客觀知識、知識集合都是客觀存在的社會事物；人們組織知識和人們獲取知識的行為又是一種社會活動、社會行為。因此，圖書館學的研究對

象主要還是一種社會現象。儘管圖書館學也要關照客觀知識的內容，對客觀知識的載體（物的特性）也加以研究，但從主要方面來看，這並不能改變圖書館學研究對象的基本屬性。

其次，圖書館學的研究宗旨是為人們獲取知識提供最佳方法與工具，這也與社會科學的研究目的相同。至於在學科特點、研究方法與研究成果的存在狀態等方面，圖書館學更是與社會科學相同或接近。如在學科特點上，圖書館學也具有某些客觀性、剛性的特點；在研究方法上，既大量使用實證的、可量化的方法，也使用解讀的方法，具有社會科學『中性』的特點。

而且，除了上述理由外，我們還能找到其他的參照，表明圖書館學的學科性質應屬於社會科學。如從圖書館學的一些同族學科來看，它們也基本上具有社會科學的性質。圖書館學的同族學科有情報學、檔案學等。蘇聯著名的情報學家米哈依洛夫說過：『情報學屬於社會科學範疇，因為它所研究的是人類社會才具有的現象和規律性。』[24] 我國著名的檔案學家吳寶康先生也曾指出：檔案產生於社會實踐又作用於社會實踐，檔案工作是一種社會活動，檔案工作者與檔案利用者的關係體現着人與人之間的社會交往關係，檔案館又是社會的一個子系統，因此，以其為研究對象的檔案學是一門社會科學。[25] 近些年來，情報學界、檔案學界關於本學科的學科屬性又有新的觀點流行，如認為情報學是一門新興的交叉科學，檔案學是一門綜合性科學等，但是這些觀點並沒有否定情報學、檔案學自身具有社會科學的某些性質。事實上，1993 年 7 月正式實施的國家標準『學科分類與代碼』（GB/T 13745—92）和 1999 年出版的『中國圖書館圖書分類法』（第 4 版）均將圖書館學、情報學、檔案學歸入社會科學門類之中。

3 以往學科性質認識的不足之處

誠如臺灣學者顧敏所言：『圖書館學是一項激盪於人文科學與社會科學之間的學科，近年來自然科學被廣泛地應用發展，使得傳統以人文科學為主要基礎的圖書館學亦受到衝擊，而面臨了求通的關鍵性的時刻。』[26] 可以說，當代圖書館學已融進了大量其他學科的理論與方法，人們判別圖書館學學科性質的難度也大大增加了。人們試圖從不同角度來審視圖書館學的學科屬性，但以往的諸多認識或多或少存在一些值得商榷之處。

3.1 把圖書館學看作綜合科學的觀點，雖然合理地揭示出了本學科研究對象的複雜性以及在圖書館學研究中多學科交叉的發展趨勢，但至少目前圖書館學尚未發展成為一門綜合性科學。綜合性科學是指通過多學科的理論和方法對同一客體進行研究所形成的科學，如仿生學、環境科學、旅游學、管理學等。能夠稱為綜合性科學的學科，一般都有利用多學科理論與方法而形成的較為成熟的一群具體分支，如環境科學有環境物理學、環境化學、環境地理學、環境生物學、環境社會學、環境經濟學、環境法學、環境美學、環境工程學等等。而圖書館學目前尚不具備這樣一群成熟的分支學科，因此還不能說它是一門綜合性科學。現在在國內學術界流行一種『泛綜合科學病』，一些學科為了提高自己的學術地位，動輒稱本學科是綜合性科學，這種傾向是值得人們注意的。

3.2 將圖書館學視為一門應用科學的觀點，揭示出了圖書館學具有實踐性、應用性、技術性的特徵，這是很有道理的。但圖書館學既不是一門技術科學（或社會工程學），也不能稱為應用社會科學。因為，技術是物質、能量、信息的人工化轉換，是人們為了滿足自己的需要而進行的加工、制作活動，是由實體性因素（工具、設備等）、智能性因素（知識、經驗等）和協調性因素（工藝、流程）等組成的。[27] 圖書館學具有技術的特點

（如文獻分類與標引），但它也有自己相對豐富的理論體系（如基礎理論），因此它還應當是一門科學，而不僅僅是工作方法的經驗體系。另外，把圖書館學看作應用社會科學也有不妥。因為社會科學除了具有『科學性』這一基本特徵外，另外一個基本特徵就是其具有『實用性』，它能產生經科學確證的知識並能應用於實際。[28]如果在社會科學中還要劃分出『應用社會科學』這一層次，那麼『基礎社會科學』又指的是什麼呢？

3.3 把圖書館學歸屬於管理學的觀點，深刻地描述出了圖書館工作的本質屬性，這對圖書館工作是很有指導意義的。但這一觀點的前提是將圖書館學的研究對象當作了『圖書館』。而事實上，圖書館學不僅要研究圖書館，還要研究客觀知識與知識受眾。客觀知識是圖書館學研究的邏輯起點，知識受眾是圖書館學研究的邏輯終點。研究圖書館的管理理所當然地屬於管理學，但圖書館管理僅是圖書館學的一個分支，並非圖書館學的整體，圖書館學研究的是『客觀知識→知識集合→知識受眾』這樣一個複雜的社會系統。我們不能因圖書館學中有管理學的因素，就將整個學科納入管理學範疇。這就好像中醫學，中醫學無疑屬於自然科學，但它也包含了古代哲學中『精氣、陰陽、五行』等概念與理論，我們不能因此而說它屬於人文科學或邊緣科學。中醫學的研究對象是『人』這個自然物的生命、健康與疾病防治等，它仍應歸屬自然科學。另外，管理學是依託於自然科學和工程技術發展起來的，后又受到人文社會科學的加盟與推動，才得以形成一門綜合性的交叉科學，從其歷史特徵上看，管理學更靠近自然科學。因此管理學在『學科分類與代碼』（GB/TB 13745—92）中，以綜合性學科的名義歸入了自然科學的最后，緊鄰人文社會科學。在我國政府的科研管理中，管理學屬於國家自然科學基金委員會的受理範圍，而不屬於國家社會科學基金委員會的受理範圍，這也有一定道理。

3.4 認為圖書館學是一門信息科學的觀點，準確刻畫出了圖書館學研究對象在其活動過程中具有信息知識交流的屬性與特徵。但我們應知道，信息知識的交流是社會各領域、各學科研究中都廣泛存在的現象。如教育學，其『傳道、授業、解惑』就是信息知識的交流；傳播學則更不用說了，傳播本身就是信息知識交流的過程。然而教育學、傳播學均屬於社會科學而未列入信息科學。因此，圖書館學還是應該以自身研究對象的『事物』屬性，而不是『過程』屬性來判別自己的學科性質。信息科學是對各門學科中具有普遍性、共同性的問題（即信息方式）進行研究而發展起來的一門橫斷學科。眾多自然科學、社會科學、人文科學中的學科都存在著信息的問題，如果依各自研究對象的過程特徵（信息方式）將其劃入信息科學，那麼信息科學就會無限膨脹，最終也動搖了學科分類『元標準』的地位。

在現實學術制度、學術活動的某些領域裏，圖書館學的歸屬問題一直未能得到較好的解決。如在圖書館學教育的培養目錄中，圖書館學的學科性質一直搖擺不定。早在1964年，由聶榮臻主持制定的國家學位條例的學科分類表中，圖書館學被含在文學門類裏。1983年3月，國務院學位委員會公佈了『高等學校和科研機構授予博士和碩士學位的學科、專業目錄』（試行草案），圖書館學被列於文學門類下『中國語言文學』類裏的第十九小類。1988年10月該專業目錄修訂後，『圖書館學與情報學』被合為一個學科，置於『理學』門類，並成為二級學科。1997年，國務院學位委員會、國家教委公佈的『授予博士、碩士學位和培養研究生的學科專業目錄』新增了『管理學』門類，『圖書館、情報與檔案管理』作為一級學科，圖書館學、情報學、檔案學成為三個并列的二級學科歸屬其下。這一演變過程表明，圖書館學一直在艱難地尋找著自己的精神家園。

參攷文獻

1. （美）丹尼爾・貝爾著. 當代西方社會科學. 范岱年，等譯. 北京：社會科學文獻出版社，1988
2. （美）J. 珀利阿姆・丹頓著. 比較圖書館學概論. 龔厚澤，譯. 北京：書目文獻出版社，1980
3. （蘇）O. C. 丘巴梁著. 普通圖書館學. 徐克敏，等譯. 北京：書目文獻出版杜，1983
4. （美）杰西・H. 謝拉著. 圖書館學引論. 張沙麗，譯. 蘭州：蘭州大學出版杜，1986
5. 孫光成主編. 世界圖書館與情報服務百科全書. 成都：四川民族出版社，1991
6. 文化學院圖書館研究班第一期學員集體編寫. 社會主義圖書館學概論. 北京：文化學院，1960
7. 北京大學圖書館學系，武漢大學圖書館學系合編. 圖書館學基礎. 北京：商務印書館，1981
8. 吳慰慈. 我國圖書館學情報學基礎理論研究概述. 周文駿，吳慰慈編. 圖書館學情報學基本理論論文選. 北京：書目文獻出版社，1992
9. 朱天俊. 關於『什麼是圖書館學』. 中國科學院圖書館通訊，1957（8）
10. 關懿嫻. 改進我國圖書館學專業教育管見. 圖書館學通訊，1982（4）
11. 黃宗忠編著. 圖書館學導論. 武漢：武漢大學出版社，1988
12. 譚祥金. 文獻信息學導論. 廣州：中山大學出版社，1996
13. 石呈祥. 圖書館學概論. 保定：河北大學出版社，1996
14. 李一. 試論圖書館學. 四川圖書館學報，1981（1）
15. 周旭洲. 論現代圖書館學的學科性質與地位. 圖書館學研究，1984（6）
16. 沈繼武. 關於圖書館學若干理論問題的思攷. 圖書情報知識，1985（1）
17. 南開大學圖書館學系等編. 理論圖書館學教程. 天津：南開大學出版社，1986
18. 宓浩主編. 圖書館學原理. 上海：華東師範大學出版社，1988
19. 桑健. 圖書館學概論. 瀋陽：遼寧人民出版社，1985
20. 吳慰慈，羅志勇. 新技術革命對圖書館學情報學體系的影響. 河北大學學報，2001（3）
21. 呂斌. 從信息和信息科學看圖書館學情報學的學科性質. 圖書與情報，1983（3）
22. 王萬宗. 從圖書館學系到信息管理系. 北京大學學報（信息管理專刊），1997
23. 丁雅嫻主編. 學科分類研究與應用. 北京：中國標準出版社，1994
24. （蘇）А. И. 米哈依洛夫，等著. 科學交流與情報學. 徐新民，等譯. 北京：科學技術文獻出版社，1980
25. 吳寶康，丁永奎. 檔案學. 中國大百科全書・圖書館學、情報學、檔案學. 北京：中國大百科全書出版社，1993
26. 顧敏. 圖書館學探討. 新竹：楓城出版社，1981
27. 陳紅兵，陳昌曙. 關於『技術是什麼』的對話. 自然辯證法研究，2001（4）
28. 阿里・卡贊西吉爾，大衛・馬金森主編. 世界社會科學報告（1999）. 黃長著，等譯. 北京：社會科學文獻出版社，2001

王子舟 武漢大學圖書館學系主任、副教授、博士，發表論文50餘篇。

原載『圖書館研究』（2003年第1期），頁5—10

叁、有關胡述兆教授的專訪與記述

一、專　　訪

五個碩士學位　一個博士學位
唸過四個領域　慶幸最後抉擇

吳靈芬

　　在現在這個物欲橫流的社會中，每一年都有四五千的大學畢業生負笈留學，而其他以各種不正當手段達到出國目的人，就更不在少數了。在這種不知為何的只想一味追求物質，盲目崇洋的心理衝擊之下，在美國住了二十多年的胡述兆卻毅然收拾行囊，回國貢獻所學。

　　目前正擔任臺灣大學圖書館學系主任暨研究所所長的胡述兆認為，可以在國外住幾年，學學他們的科技新知，但應該在還來得及的時候，回國為自己的國家做點事。

　　從小學到高一，胡述兆的求學過程也都還挺順利的。但是日本人無恥的侵略我國，殺害同胞，是每一個中國人都無法忍受的。剛開始時小小的胡述兆便已是熱血澎湃，但因年紀太小，無法為國付出什麼。但隨著年紀的長大，胡述兆想，如有機會一定為國奉獻自己。在高一那年，日軍垂死掙扎，對大後方有所威脅，正逢先總統蔣公號召『一寸山河一寸血，十萬青年十萬軍』，滿腔熱血沸騰的胡述兆哪肯放棄這個為國效力的機會，毅然投入從軍的行列之中。

　　胡述兆是被編入青年軍第二〇八師，但受訓尚未完全結束，就傳來日本人無條件投降的消息。『那時候，我們的基本訓練剛結束，大家剛在講反攻的事，還沒來得及投入沙場，就傳來勝利的消息；大家歡欣若狂。怎麼能不興奮呢？』胡述兆回憶著。

　　既然勝利了，青年軍也開始復員。由於從軍的青年們多是高中、大學的在學生，政府為安頓這些正在求學過程中的年輕人，在各地成立了不少青年中學。胡述兆當時就進入嘉興青年中學就讀，重拾高二的課本。

　　兩年後，胡述兆不負期望的攷入江西中正大學化學系，『那時受風氣影響，認為為了以后就業著想，要唸理工比較好。可是我自己對理工既無興趣又無細胞，一年下來，除了課本以外沒看什麼有關化學的書。』

　　來臺後，很多人在此地的大學寄讀，但由於發現化學確實非自己興趣所在，胡述兆也不想再讀化學，就到軍中做事，直到一九五二年又攷上了臺大法律系。當他上大學那年，他的同學們都已自臺大畢業了。

　　臺大法律系畢業後，胡述兆認為當法官與自己的個性不太適合，又攷上了政大政治研究所，三年後拿到碩士學位。就在他要再繼續唸博士時，正巧『國民大會』成立編輯科，要政大政研所推薦科長人才，不過有三個條件限制，一是要懂憲法，大學法律畢業，二是政研所畢業，三要高攷及格。胡述兆在大學未畢業時即已取得得高攷普通行政及格的資格，而在政研所中，符合此三要求者也僅他一人。因此，胡述兆就在政研所推薦下，休學一年，在『國民大會』任編輯科科長。

胡述兆在唸碩士時，論文指導教授是王雲五先生，他的碩士論文是『美國參議院條約同意權之研究』。這是美國參議院的兩個特權之一，是衆議院所無。

在『國民大會』編輯科一年後，胡述兆仍想完成學位，經『國民大會』特許，又同時回校繼續唸博士，論文題目是『美國參議院官員任命同意權之研究』。當時在臺灣並沒有這類資料，因此在王雲五的協助下，胡述兆於一九六三年赴美收集論文資料。

抵美後，胡述兆有感在臺大四年唸法律，在政大六年唸政治，對美國政府有很深的興趣，因此，又進入哥倫比亞大學唸『美國政府』碩士。二年後，順利拿到他第二個碩士學位。

此時胡述兆的夫人正在賓州維蘭諾瓦 Villanovce 唸圖書館碩士，此時胡述兆已拿到學位，就去找夫人，也順便和夫人一起攻讀圖書館學碩士。一年後，他和夫人同時拿到圖書館學碩士，這是他的第三個碩士學位。

拿了學位之後，胡述兆先是在哥倫比亞大學東亞圖書館做了一年事，後又轉到賓州匹茲堡的聖法蘭西斯學院（Saint Francis College）教書，這一教就是十六年，由講師經助理教授而至副教授。

來美已十多年，胡述兆原是為收集博士論文資料而來，却因太久未提出論文而放棄了政大政研所博士。胡述兆想想心有不甘，又想再唸書，便到七十哩外的匹茲堡大學選課，當時匹茲堡大學圖書館學博士班才設立，因此多半唸的是『超碩士』，因此，胡述兆在兩年後又拿了他第四個碩士學位。由於唸這個學位辛苦萬分，胡兆述拿到學位後就沒再繼續修博士。

但他教書的聖法蘭西斯學院有一規定，沒有博士學位不可能升到教授。胡述兆有四個碩士學位也沒有用，為了賭這口氣，他四處申請獎學金，結果美國佛羅里達州立大學願提供獎學金。這所學校也是美國南部二十多個州中唯一設有圖書館博士班的學校，因此胡述兆毫不攷慮的便去讀了。但這個學校要求要念博士要先讀超碩士（Advance Master Degree）是一貫體制，因此胡述兆花了十四個月拿了他第五個學位，而且拿到這個超碩士學位之後，由於其課程內容和博士班整不多，只需再唸第二外國語，經過博士攷試再提出博士論文卽可。

一九七七年，胡述兆提出他的論文『美國國會圖書館中文部之發展』，終於拿到博士學位，距離他出國那年已經過了十六年。

在拿到學位之后，胡述兆也升任教授。

一九七九年，他應臺大之邀回臺任客座教授，此時正逢他的年休假；在臺這一年，他的獨子及太太均囘臺而且深深愛上這裏，決定有機會一定要回來長期服務。

一直到一九八三年，他的心願才算達成，他應臺大之邀，囘臺任圖書館系客座教授兼系主任。

很多人問他，在美國已定居二十一年，爲什麼放棄一切囘國？

胡述兆的回答很簡單：『我覺得我對國內的圖書館學和教育界還有些事可以做；此外，我談得來的好朋友大都在國內，他們都有很好的事業；還有，我是個中國人，我希望我的兒子能夠受中國教育。在國外，這是不太可能的事。』

從化學到法律學到政治學，最後是圖書館學，唸過四個領域，胡述兆認爲，他從未後悔過他最後的抉擇——圖書館學，『雖然當初念圖書館學是個機緣、意外，但我喜歡做研究，而圖書館學是協助做研究最好的一門學問。我對美國政府有興趣，我也一直沒放棄這個興趣，我一直在利用圖書館來研究美國政府，我現在也是「中央研究院」美國研究所兼任研究員。而且，對我來說，這兩方面是配合的很好。』

有五個碩士學位、一個博士學位的胡述兆唸書有個習慣——做卡片；『看到好的東西，馬上要做成卡片，否則要再找，可就難了』。這是他的經驗：『尤其中國的書，沒有索引資料，要再回頭找一項資料，可用「難如登天」來形容。我還記得，王雲老有二百萬張卡片呢！』

自美回國後，胡述兆覺得，國內的年輕人有個不正確的觀念——將一切視爲當然。這是一個非常不對的觀念，現在年輕人有的，不是天上掉下來的，而是上一代努力奮鬥而賺來的。胡述兆指出：『現在的年輕人應該對這一點好好思索一下，你們現在享有的一切，都是父母辛苦奮鬥來的；爲什麼這一代的年輕人不能再去親身體會一下奮鬥的過程，而卻要庇蔭於上一代的陰影之下？現在的父母們在教養子女時，也要注意到，不要太過分溺愛與照顧子女，這樣反而會扼殺了他們，要適度的讓他們體會一下自我奮鬥，才能培育出理想的下一代，爲完成我們大家共同的目標而繼續努力。』

原載『青年週刊』第 57 期（1985 年 9 月 28 日），頁 57—60。后載『中央日報』1985 年 10 月 12 日第 2 版

跨越四個學門、讀得七個學位的傳奇
——訪『國立臺灣大學』圖書館學系主任暨研究所所長胡述兆博士

林秋燕

　　胡老師述兆，為江西省新喻縣人，青少年時正值中日戰爭，曾毅然投入青年軍的行列。抗戰勝利後重拾課業，攻入江西中正大學化學系。後因國共內戰來臺，轉攻臺大法律系，獲法學士後，再攻入政大政治研究所攻讀碩士。一九六三年獲得政大政治學博士候選人後赴美留學，先後又獲得美國哥倫比亞大學美國政府碩士，美國匹茲堡大學、維蘭諾瓦大學、佛州州立大學等校圖書館學碩士、超碩士、高級碩士，並於一九七七年獲得美國佛羅里達州立大學圖書館學與資訊科學研究院哲學博士，全部求學過程共獲一個學士、五個碩士及一個博士。著有『美國總統的生平與時代』、『美國政治論叢』、『美國總統論叢』、『美國國會圖書館中文部之發展』（英文本），及圖書館學與政治學中英文論文七十餘篇，可謂著作等身。在經歷方面，曾任『國民大會』編輯科科長，美國哥倫比亞大學圖書館館員，美國聖佛蘭西斯學院講師、助理教授、教授，現任『國立臺灣大學』圖書館學系教授兼系主任暨研究所所長，及『中央研究院』美國研究所研究員。

　　原本，融合了政治學與圖書館學，並於一九八三年放棄國外的一切舉家返臺灣，是我所僅知的胡老師。而在這滂沱大雨後清新的早晨，聽著老師侃侃而談地從化學到法律學到美國政府到政治學最後到圖書館學傳奇式的求學歷程，及對臺灣圖書館教育的理想，不禁十分訝異與驚喜。訝異於如此豐富的學識背景竟仍願駐留於圖書館學領域，驚喜於圖書館界能得此大幸。而在這訝異與驚喜之外，却更盼望更多人能投入如斯的『無悔抉擇』。

培育人才，更上層樓
素質水準，瞠視歐美

　　問：『國立臺灣大學』圖書館學研究所是島內唯一專為圖書館學系設立的研究所，請老師談談其一九八○年成立至今的發展及其間培育人才的情形，與將來培育的計劃和目標。

　　答：臺大圖書館學研究所不僅是臺灣，也是全中國第一所專門的圖書館學研究所。從一九八○年設立至今，大體說來，還算滿意，主要原因包括：

　　1. 錄取入學者的素質很高。一九八○年報攻者五十多人錄取四人，至今年一百五十人錄取十一人，錄取比率大約為十分之一。將來錄取名額應會再增加，但由於師資的限制，每年錄取名額的最高限也僅能到十五人。由於競爭性極高，入學者可說都是經過嚴密甄試的佼佼者，所以素質極高。

　　2. 修業年限很長。修業年限為二至四年，比歐美各國都長。在美國攻研圖書館學碩士通常只需一至二年，其本國學生如包含暑假在內，有些只需一年即可獲得，只有少數學校如 UCLA 等須修習二年。而我們的學生平均三年才可拿到學位，在時間上幾乎超過美國一般碩士班的一倍。

　　3. 畢業要求很多。我們的研究生畢業前須撰寫畢業論文、經過畢業攷試並修習通過第二外語，在國外很少有碩士班是這樣要求的。美國大約有百分之八十的學校只要修滿學分,平均成績為B,就可得到學位。在這些畢業要求下,我們圖書館學碩士的水準絕不會比美國差。又由於我們圖書館學系設立於大學部,為了避免在研究所的課程有所重覆,所以大都採研討(seminar)方式進行,而國外圖書館學設於研究所,授課內容相當於我們大學部課程。故而,我們圖書館學碩士的素質可與美國的超碩士或高級碩士相媲美。當然這只是指專業知識而言,我們圖書館學系畢業的研究生,大多缺乏基礎學科的知識,也是不容否認的事實。

4. 就業率很高。從一九八〇年成立至今六年多來,所裏共有23位同學畢業,就業率百分之百,不僅如此,尚有很多單位等著我們的學生畢業,學生出路相當好。也可能因為如此,今年臺大文學院研究所的報攷人數以圖書館研究所最多。或許這也可反映我們所裏這些年來的努力已逐漸得到社會的肯定。

在此順便值得一提的是,臺大圖書館學研究所正準備開辦博士班,目前已列為全校發展計劃的第二優先(第一優先為總圖書館的新建計劃),希望能於一九八八年開學。不過,由於尚須經過本校院務會議、校務會議、『教育部』及『行政院』的層層關卡,是否能如期開辦尚難預料。

加強基礎課程
開拓資訊新知

問:圖書館學系的課程近幾年來一直是爭論的焦點,而臺大自一九八三年以降亦歷經二次課程的修訂,請老師談談修訂課程之間的不同,及預期達到的教育目標。

答:『教育部』每五六年須修訂課程一次。依一九八三年『教育部』新修課程的規定,圖書館學系核心必修課程有十四學門,共五十個學分,其他科目及學分則由各校自定。本校為因應時代的要求,在課程設計上特別着重以下幾點:

1. 加強基礎課程(basic knowledge)。如普通心理學、大眾傳播學、邏輯學、圖書館史、第二外語等都是一個圖書館學系的學生所應具備的基本知識。

(1) 普通心理學是研究人的心理與幫助人與人之間的瞭解,而圖書館是一個隨時與讀者接觸,提供讀者服務的機構,圖書館員必須具備心理學的基礎學識,才能瞭解讀者詢問問題的用意及心態,而給予最適當的讀者服務。

(2) 大眾傳播學。很多國外學者都說圖書館的功能可以一個字『communication(傳播)』代表,圖書館內從事的每項工作如分類編目、參攷服務、索引摘要、利用教育、自動化等都是為了傳播資訊。圖書館的最終的目的是利用(utilize),亦即提供給讀者使用。所以,圖書館學系的學生應具備此項學識,以掌握提供讀者利用的傳播過程。

(3) 邏輯學是訓練推理能力的學問。一個圖書館員在面對不同層次的讀者時,應具備邏輯導引能力,方能厘清讀者的問題,提供最佳的服務。

(4) 圖書館史是圖書館系學生最基本的常識,可明瞭古今中外圖書館的興革變化。一個念了四年圖書館學的大學畢業生,若是連圖書館的起源與發展過程都一無所知,那是不可以的。

(5) 第二外國語(德、法、西、日擇一)。由於圖書館須處理各國的資料,學生須具備第二外語能力,才能應付裕如。

基於這些實際上的攷慮,本系乃將上述課程列為系訂必修科目。

2. 增加資訊科學(information science)課程。『部訂』必修關於資訊科學的課程,只有資訊科學導論、電子計算機概論、圖書館自動化三門課。而國外自1970年代以來圖書館學與資訊科學已慢慢結合爲一體，原本稱爲 Library Science & Information Science，現大都改爲 Library & Information Science，請注意"Science"是單數，而不是複數"Sciences"，可見二者已結合成一個"Seience"，所以，在此情況下，世界圖書館的教育導向有二大改變：

（1）學系名稱的改變。例如美國六十個經 ALA 認可的學校中有四十多個都已改稱 School of Library & Information Science，其他如加拿大、英國、日本、韓國等地，情形也差不多。

（2）增加資訊科學課程。如微電腦在圖書館的運用、索引及摘要、資訊儲存與檢索（storage & retrieval）、資訊管理（information management）、資訊教育（information education）、資訊技術（information technology）等，都是在各校課程中所常見的科目。

本系也已分年開授這些課程，不過由於本系必修課程已經很多，所以只把這些課程列爲選修，並積極爭取國外客座教授來主講。

3. 加強輔系和副主修。圖書館學系由於設於大學部，所以形成學生只學技術，而缺乏其他專門的主題背景。事實上，有一學科背景，對於將來從事圖書館工作更能勝任愉快。基此，本系加強輔系及副主修的要求。輔系是至外系修習必修課二十個學分，由於都是必修課程，所以學生可具備該科系的基本知識，近年來學生修輔系者已愈來愈多。而副主修是同學至某一學院，根據性向，選擇有興趣的學門修習二十學分，不一定須選擇必修科目。由於較具彈性，所以在畢業證書上不會有輔系的記載，也不能據以參加該學門公職人員的考試，這是輔系與副主修二者最大的差別。但二者都能於圖書館學的技能外再研讀他系的基本學識，對於日後的工作都會有相當大的助益。

另外，『教育部』批准的雙學位制度自下學期起開始實施，規定二年級以上可修習外系課程，但本系成績必須相當優良，才可得到允許，修業年限爲六年，本科系四年，外科系二年。凡滿足兩系的基本要求，即可同時獲得兩個學位。這對圖書館科系學生而言，是一項最具建設性的補救辦法。故而，下學期起希望鼓勵本系學生多選擇雙學位制，如此，輔系與副主修的重要性也就相對減少了。

本系課程從一九八三年修訂，一九八四年開始實行至今已三年了，就內容而言，大體上依社會的需要、學生的需求、『教育部』的要求三方面加以配合，盡量做好，故而，還算差強人意。其他的一些限制，如教授的名額、教授的學識背景等都是暫時無法改變的部分，只好在將來多聘請一些客座教授來加以補救。

橫跨四個學門
擁有七個學位 —— 一個無悔的抉擇

問：老師原爲政治學博士，且任教於國外，前數年辭去國外教職，義無反顧舉家回國投入圖書館學界。請老師談談從政治學轉入圖書館學的背景，以及支持老師回國服務的理念。

答：我並非政治學博士，而是曾爲政治大學政治研究所博士候選人。當時我同時在『國民大會』擔任編輯科科長的職位，王雲五先生爲我的指導老師。由於博士論文是研究美國國會問題，臺灣找不到資料，只好赴美蒐集。我大學原本是臺大法律系，畢業後至政大念了三年的政治學碩士，又念了三年的政治學博士課程，並取得候選人資格。我剛到美國時是在哥倫比亞大學主修美國政府，取得碩士學位後，由於種種原因，一時無法回國，只好放棄政大博士候選人的資格。由於在哥大念的是美國政府，以一個外國人的身份，不容易在當地找到工作,而我在哥大念書時常至圖書館工作,深切瞭解圖書館學對一個研究工作者的重要性,於是在就業導向和喜愛研究的雙重因素下,開始攻讀圖書館學的學位。我從碩士、超碩士、高級碩士,一直念到圖書館學的哲學博士,跑完了美國圖書館教育的全程。我這一輩子念過九個大學,拿過七個學位,並不是有意如此,而是環境使然。我在大陸時曾於中正大學念過一年化學系,因為興趣不合,改攻臺大法律系。法律系畢業後,因為性向不願做法官或律師,改攻政大政治研究所。以後留美並在哥大研究美國政府,後因個性直爽,容易得罪人,不宜從政,最後決定改唸圖書館學。不意這一改變,竟成了我的終身職業,因為我性喜研究,而圖書館學是幫助研究的一個最有用的學科,所以我從不後悔我從事圖書館教育工作。當然我不否認我對政治學特別是美國政府,仍有濃厚的興趣,我現在仍兼任『中央研究院』美國研究所的研究員,而且常利用圖書館的找資料方面,來研究美國政府。對我來說,這兩者配合的非常好,在我的七十幾種著述中,大約有五分之三是政治學、五分之二是圖書館學就是最好的明證。我到圖書館界服務,可以說就是這樣一步一步慢慢地走上來,一點都沒有勉強,且做得十分高興。

我在美國住了廿多年,最後決定回臺服務,理由很簡單:(1)我的中國民族觀念太強,不願老死異國;(2)我覺得我對臺灣圖書館界還可做一點事;(3)我的好朋友大多都在臺灣,精神上當較愉快;(4)我要我的兒子接受中國教育。這些就是支持我舉家歸來的基本理念。

捐棄成見,携手共研規格標準
殷殷企盼,早日邁向資訊共享

問:由前面第三個問題引申,請老師談談回臺灣這幾年來對臺灣圖書館界的感想與期望。

答:臺灣圖書館界最近幾年來進步很多,這是有目共睹的事實,不過,尚有一些基本問題極待解決:

1. 專業人員的數量與品質宜再提高。目前臺灣只有臺大一個圖書館學研究所,其他各校應該跟進,使我們的圖書館事業慢慢地達到國際水準。

2. 基本規格尚未具備。

(1) 主題標目(subject heading)。缺乏主題標目,是臺灣目前極為嚴重的問題。因為一般人只知就其學科範圍的主題檢索,而不太容易知道分類號碼,故而分類不能代替主題,沒有主題減低了讀者利用的效能。此應為圖書館界目前最大的努力目標。

(2) 中國編目規則似尚過簡,有待擴充,應積極繼續改進。

(3) 分類法不合時宜,許多類目無處可放或陳舊不當,有待修訂與補充。

(4) 中國機讀編目格式(Chinese MARC)是臺灣圖書館界極大的成就,但其中尚有一些問題待解決。

以上所提,都是有待圖書館界共同努力的。而就這些方面而言,『中國圖書館學會』宜扮演更重要的角色,發揮重大的功能。

最後,就臺灣圖書館自動化和資訊管理系統而言,目前可說是春秋戰國時代,一國三公,各自為政,進步緩慢,揆其原因,不外:

1. 主觀、客觀條件的限制。所謂主觀條件是指每個單位都希望自己發展一套系統,不願歸屬於他人;客觀條件就是上述的各項基本問題尚未解決。自動化是極端講求精確的作業系統,以機器來代替人工,如果人工系統不精確,機器根本無法運作。

2. 臺灣圖書館經費普遍不足。

3. 缺乏自動化作業專門人才：所謂自動化專門人才，最好是同時兼備 Computer Science degree 和 Library Science degree 二方面的背景，才能進行自動化系統的規劃、系統分析、軟硬體選擇等各項計劃。而目前三者兼備的專門人才不多，即使有也都被電腦界高薪禮聘了。

這是臺灣圖書館自動化進步緩慢的幾項主要原因，希望『中國圖書館學會』扮演積極角色，協調解決各種主觀、客觀的限制，早日建立臺灣資訊系統。

大體而言，臺灣圖書館界這幾年的確進步很多。但是，有些地方的步調仍嫌緩慢。不過，有進步總是好的。但願時間能幫助我們早日解決這些問題，這不僅是我個人目前最大的希望，我相信也是我們圖書館界目前的共同希望。

原載『臺北市圖書館館訊』4 卷 1 期（1986 年 9 月），頁 81—85

胡述兆教授談留美篇

陳昱霖

　　爲了畢訊出留學特刊，筆者有幸採訪到臺大圖書館學系主任暨研究所所長胡述兆教授，聽他侃侃而談跨越四個學門，獲得七個學位的求學歷程，並爲即將出國留學的同學提供了許多寶貴的意見。

　　胡教授是江西人，青少年時正逢中日戰爭，曾毅然投入青年軍的行列。抗戰勝利復員後重拾課業，攷入國立中正大學化學系，念了一年，被迫輟學來臺。因發現自己對化學缺乏興趣，轉攷臺大法律系。畢業後，胡教授認爲當法官與自己的個性不太適合，於是改攷政大政治研究所，三年後拿到碩士學位。就在他被錄取念博士班時，正巧『國民大會』成立編輯科，要政研所推薦科長人才，而胡教授是政研所中唯一符合要求且具備高攷及格資格的，因此休學一年，去『國民大會』任編輯科科長。

　　一年後，胡教授一面工作，同時回校繼續攻讀博士，論文題目是『美國參議院官員任命同意權之研究』。當時在臺灣並沒有這類資料，所以在指導教授王雲五先生的鼓勵與協助下，於一九六三年赴美收集論文資料。

　　胡教授認爲在留美前，一定要有充分的準備。首先，是把英文基礎打好，對一般人來說，閱讀上大抵沒有問題，但是在聽、講、寫的方面要特別加強。此外，可以向老師請教，先找一些預備攻讀科目的原文書加以研讀，以奠定學科基礎。

　　當然，最主要的是在心理上要有吃苦的準備。一般人將美國看得太理想了，也就無法適應實際的生活。胡教授剛下飛機時，手邊只有四十元美金，第二天馬上在餐館找了一個工作。他覺得心理上先有了準備，就算吃再大的苦，也會甘之如飴，同時也是當做對自己的一項磨練。

　　抵美後，胡教授有感於在臺大四年念法律，政大六年念政治，對美國政府有很深的興趣，因此進入哥倫比亞大學研究『美國政府』。

　　在哥大，有一件事令胡教授印象深刻，同時也可提供給所有同學做參攷，那就是他的第一篇學期報告因格式不合而被退回。在國外的各大專院校很重視論文的格式，而臺灣的學生一般都不太重視，也沒有接受這方面的訓練，吃了不少虧。胡教授建議同學，一定要先對論文格式加以注意，目前圖書館系開了『研究方法與論文寫作』，即是這方面的加強，同時也可買本書自己進修。

　　至於選課方面，胡教授勸告同學第一個學期不要選太多課，通常按規定 3 科 9 個學分就夠了。尤其是文、法、商科的課程，報告多，很吃力，第一個學期成績好壞，關係以後的前程，念得好，可以建立信心，也才會有興趣，所以不要貪多。關於這方面，可以先問問學長學姊，或當地的同學，先由簡單的課程唸起，由易入難，較易對付。此外，還要注意加退選的最後期限，某一門課聽了幾堂，若覺得唸不下去，就趕快退選，等以後英文能力較好及準備得較充分時再修。千萬不要硬挺。唸美國研究所的課，如果得不到 B，在心理上會造成極大的威脅。

　　胡教授強調，在課堂上討論問題時，要多發言。一般中國學生都較沈默，但很多美國教授的觀念是：不發言就是不懂，懂了爲何沒有話說呢？因此同學要訓練自己的勇氣及表達能力。

　　胡教授在哥大兩年後順利取得美國政府碩士學位，但以一個外國人的身份，不容易在當地找到工作。而他因在哥大唸書時，時常到圖書館工作，深切瞭解圖書館學對一個研究工作者的重要性，於是在就業導向和喜愛研究的雙重因素下，開始在賓州維蘭諾瓦大學攻讀圖書館學的學位，一年後拿到圖書館學碩士。

　　拿了學位之後，胡教授先在哥大東亞圖書館做了一年事，又轉到賓州的聖法蘭西斯學院任教，一教就是十六年，由講師經助理教授而至副教授。其後又到匹茲堡大學選課，當時匹茲堡大學圖書館博士班才設立，多半唸的是『超碩士』，因此胡教授在兩年後又拿了他第四個碩士學位。

　　但聖法蘭西斯學院有一項規定，沒有博士學位不可能升到正教授。於是胡教授四處申請獎學金，結果佛羅里達州立大學願意提供全部獎學金，這所學校也是當時美國南部二十多個州中唯一設有圖書館學博士班的學校，因此胡教授毫不猶豫的便去讀了。但這個圖書館研究所有項特別規定，凡是要唸博士者，須先讀高級碩士，這是一貫體例，因此胡教授花了十四個月拿了第五個碩士學位。然後在一九七七年，胡教授通過博士攷試，提出他的論文 The Development of the Chinese Collection in the Library of Congress（已由美國的 Westview Press 出版），終於拿到博士學位。博士拿到後，他也就很快地升任正教授。

　　在美國，各個學校的制度不一樣，胡教授提醒同學一定先要有所瞭解。在美國新聞處或學術交流基金會有不少的全套資料，如 American Colleges and Universities，可請館員協助查尋，將之影印保存，對於該校是那一年成立，有多少科系，有否獎學金，碩士班、博士班的情形，系上開了什麼課，外國學生多不多等，都可以事先得知。

　　此外，對文、法、商科同學來說，美國有一些大學不承認在臺灣的碩士學位，所以要事先打聽清楚。通常大學畢業後即可出去唸書，並早日確定自己的理想。

　　胡教授在一九八三年，應臺大之邀，回臺灣任教圖書館學系客座教授兼系主任。許多人奇怪，在美國已定居二十一年，為什麼放棄一切回臺灣？他的理由很簡單：一、中國民族觀念太強，不願老死異國；二、對臺灣圖書館界還可做一點事；三、好朋友大多都在臺灣，精神上較愉快；四、要兒子接受中國教育。

　　從化學到法律學到政治學，最後是圖書館學，讀過四個領域，胡教授認為，他從未後悔過他最後的抉擇——圖書館學，因為他喜歡做研究，而圖書館學是協助做研究最好的一門學問。他對美國政府有興趣，也一直沒放棄這個興趣，所以常利用圖書館來研究美國政府。胡教授除了在臺大的現職外，也是『中央研究院』美國文化研究所兼任研究員。他認為這兩方面剛好適合他的興趣，配合得很好。

　　胡教授認為趁著年輕時，可以在國外住幾年，學學他們的科技新知，但應該及時回臺灣貢獻一分力量。

原載《臺大畢代會訊》1986 年 12 月 5 日，第二版

專訪胡述兆老師

李禮君　陳賢淑　訪問整理

　　大家是否還記得初進圖書館學系時，第一門和圖書館學相關的學科呢？對了，那就是『圖書館學導論』。上課的第一節中，我們都不自覺的被老師上課的風采所吸引，仿佛春風拂面，老師自然不做作的語調，開朗的笑聲，為我們開啓了圖書館學知識的大門，也引領我們走進了知識的寶庫。他，就是我們的胡教授述兆先生。

　　這期的『書府』，十分榮幸能夠訪問到胡老師，更感謝老師百忙中抽空接受我們的專訪，一方面讓老師能夠與我們一起分享他自求學至教書這段長長歲月裏的點點滴滴，同時能讓同學——不論是即將畢業的學長姊或是大一學弟妹——對於愛護我們的師長有更進一步的瞭解。

請問老師在求學時代，最拿手的科目為何？

　　我年輕時，最愛唸的科目就是國文、英文，特別是英文，到現在仍是如此。另外像史地，文學我也大多涉獵，十分地有興趣。

老師，您有很多學位，可否向我們說一下它們的由來？

　　我最早是在大陸江西南昌的國立中正大學唸化學，之所以會唸化學是因為黃埔軍校的叔叔的影響，因為他說抗戰勝利後如果要唸大學一定要唸理工的，出路比較好，且自己高中化學唸的還不錯，也無謂喜不喜歡就唸了化學系。

　　可是唸了以後發現自己對化學真的是一點興趣也沒有。來臺灣後，也沒有在臺灣大學續讀，耽擱了好幾年，也做了幾年事。看到以前大學同學都畢業了，最後決定重攷臺大。

結果老師攷上了什麼系，為什麼？

　　重攷臺大，攷上了法律系，也不知道為什麼，一念之間決定的。法律對我而言不頂討厭的，不過唸了四年下來，又不想當法官，因為自己不是個達觀的人，一天到晚審判罪犯，氣氛好像不對（一笑！）。也不想當律師，因為律師常因其職業性質，要去和人家辯，不得已時還要說假話，這和我個性不合。最後沒攷律師，也沒攷法官。倒是在大三時攷了高攷的普通行政。畢業後想唸研究所但又不想在臺大唸，因為已經待了四年，最後就攷政大的政治研究所，法律和政治不分家嘛！唸了三年碩士，又接著唸了三年的政治學博士，一邊也在『國民大會』當編輯科科長。之後，就到美國留學了。

請老師談談在美國唸書的情形。

　　我是1962年到美國哥倫比亞大學唸政治。為什麼還繼續唸政治呢？因為去那裏寫一篇有關美國國會問題的政大政治學博士論文，因此順便唸個學位。為什麼到哥倫比亞大學呢？因為中國很多名人是哥倫比亞大學畢業的，像胡適之、孫科等。又由於哥大不承認外國高級學位，所以從頭唸。我選了『美國政府』唸了兩年，政大叫我回去修完博士，可是哥大的碩士又快修到，因此最後很痛苦的決定，選擇留在美國。拿了碩士之後又無法唸博士，因爲哥大的學費和哈佛、耶魯一樣，貴得驚人。以前在臺灣雖然當過科長，但是憑那一點錢是不夠的。而且我的指導教授勸我不要再唸政治，因爲美國人不太習慣外國人來教他們學生他們的政府，因爲不實在嘛，建議我先找工作，或是改行博士不要再唸政治了。

正好在修碩士時，我曾旁聽過一門圖書館學——『參攷服務』，是哥倫比亞大學圖書館參攷部的主任所開的課，對我影響深遠。剛到哥倫比亞大學時不太會使用圖書館，常常在圖書館中忙得焦頭爛額，但是一點頭緒也沒有。不過自從去旁聽後，使用圖書館反而得心應手，所以在轉行時自然而然就想到圖書館了，於是和太太一起到賓州唸圖書館系。

等唸到學位後，就到哥倫比亞東亞圖書館做事，但是又不太喜歡紐約的環境。這時正好有機會能讓我到匹茲堡大學，一邊教書，一邊工作，我喜歡這種方式，因此我就去了。不過想到在美國拿了三個碩士，博士學位却一個也沒有，心裡很不甘願，因此再到匹茲堡大學唸博士班，先唸超碩士（註①），等學位拿到後就開始申請唸博士。但當時申請的人就已有好幾百人，而每年只接受八位，要等到何年才能唸呢？（一笑）可是唸不到，心有未甘，後來就趁當年休假期間開始向其他學校申請。最後只有南部佛羅里達大學提供獎學金，不過該校也是要求先唸高級碩士，才能唸博士班。反正在美國待久了，因此唸起來負擔不大，花了一年把所有博士學分唸完，再花二年多通過博士攷試寫論文，最後以前三名畢業。

聽了老師輝煌的經歷，能否請教老師，是不是有特別的唸書方法？

沒有什麼特別的，一切都是環境逼上去的。另外也和以前在大陸、在臺灣多方面的閱讀有關。在美國我的寫和讀的能力都不輸給其他人，頂多只有說和聽在剛到美國的時候比較吃虧，不過時間久了，也就克服了，一切就都拉平。

我自小時候對英文就十分有興趣。也不知道爲什麼在進臺大前，有一陣子當過翻譯官。畢業後，到『國防部』爲俞大維編英文報紙，在『國民大會』又是擔任編輯文稿的工作，或許對英文的興趣就是這樣慢慢累積起來的。還記得到臺灣時，什麼都沒帶，就帶了一大箱英文書呢！

的確相當耐人尋味。能否請老師以過來人的體會談談將來同學若要轉科系讀該有的基本態度？

像我這種經歷恐怕是不會再有了，我也不希望同學和我一樣非常辛苦，還得要有毅力，否則辦不到的，每進一個學位，就要下一次決心，至少一兩年。唸個學位也不是件容易的事！所以最好就唸一個碩士，一個博士，加上學士，三個最好。我不希望同學和我一樣，因爲過程實在太辛苦了。

至於轉科系，我覺得主要要看興趣。像我最後到了圖書館界反而很自在。主要原因是自己的興趣在研究，不論是自己研究找資料或幫別人找資料，都十分方便，人家佩服我不說，自己感到高興倒是真的。而且我認爲不論唸不唸圖書館，任何人都應該要有應用圖書館的經驗，會利用圖書館，那就是享用一輩子。而學生都應該要上圖書館導論或利用的課程，所以我就留在圖館界，找資料，做研究，又可同時保有自己的興趣，像現在我就於圖書館界和『美國政府』上均有跨越。

是否能請老師給想轉系的同學一點建議？

興趣最重要，當然除了先天，後天的培養也是可以的。舉個例子，大一同學進圖書館學系,要是覺得委曲,沒興趣,升大二時是個機會。不過,大一成績一定要好才行,外系才會接受啊!第二個機會是唸研究所時,不論在臺灣還是海外,可以改行,以後出路也蠻寬廣的——不論在圖書館界或新領域的工作。不過到了 Master 之後要再轉就不容易了。

當然唸圖書館學系,基本上要喜歡書;不喜歡書的人,一定要儘快轉,因為圖書館學系是一輩子要與書為伍的。因此,如果對圖書館一點興趣也沒有的話,大一升大二或唸研究所時都可以是個轉捩點。

老師在國外求學是否和在臺灣有差異?

有的,在心態和環境上。心理上常常思鄉情緒難耐;而環境上,其教學方式和當時臺灣截然不同,研究方法也是臺灣缺乏的。我的第一篇論文便是因為格式不合研究方法而被退回,非常地有挫折感;第一堂上課根本來不及聽,更別說做筆記了。你們現在的環境比那時好太多了,有許多學習的媒體可以利用。

在國外,在安全的大前提下,最好和本地生住在一起或住宿舍,找個室友,儘量避免和本國學生住在一起,這樣才能練習你的英文。因為有很多人到國外拿了學位回來卻仍然開不了口,真的是白白浪費了在國外學習外語的環境與機會。

請問老師您是如何選擇,如何確定你的人生方向?

我可以從三方面來說。第一個就是本身對社會科學十分感興趣,像美國政府的研究一直是我的最愛,而在圖書館界一面做研究,一面教學生,又是我喜愛的生活方式。第二個就是環境的逼迫,也可以說是機緣。曾經有一度在我的生命裡有個很大的轉變,記得在『國民大會』當科長時,我一度已被派到中東的土耳其去做事,然而就在萬事俱備只欠東風的情況下,1959 年中東戰爭爆發,也就沒去成。而以後我就一頭栽進學術的領域,到現在在圖書館界。人的一生變化真是多,若是沒有中東戰爭,今天我很有可能不在這兒!第三個也是我自己的個性使然,不願服輸,這在前面也說了,不過要喫的下苦,否則只會讓自己反受其害。所以囉,這些原因,造成了現在的我,一些前因後果,使得我的前輩子過得曲曲折折,現在想來,也覺得很不容易。

老師藏書的豐富是系上有名的。可否請老師談談藏書的心得?

我這個人非常喜歡買書,你們看到我研究室裝滿了的書,只不過是我全部藏書的六分之一。我的房間也堆滿了書,到處都是。我在美國唸書時,也常去舊書店買書。我有十四套百科全書,有些是在美國唸書時,向教授買下他想淘汰的舊版百科全書,作為我的參考工具書。坐擁書海,手邊隨時可查到想要的資料,是很快樂的事。例如,光是字典,我就有二十多本,對於查資料方便了很多。

老師在國內外求學,教學多年,您覺得在臺灣與海外的經驗有何不同?

海內外大學及研究所的教學方式、研究方法差異很大,在銜接上會有困難。例如我在美國求學之初,在做筆記、寫報告方面都因此方面之差異而遭遇挫折。至於語言方面,我認為應充分利用國外良好的語言學習環境,多和外國人打交道,不要一天到晚只和本國學生在一起,如此才能有效提高自己的語言能力,否則就是白白浪費了這環境。如今有些留學生,博士班已畢業卻還是開不了口,不能以流利的英語表達自己的想法,就是不懂得充分利用環境所致。

國外的大學生,除了幾所一流大學之外,一般來說,沒有臺灣的大學生用功。在課堂上,師生的關係也不同。國外的大學生較不注重上課的禮節,例如我以前有些學生,就在課堂上,為了反越戰的立場和我發生衝突,頗難以對付。可能是國內外教育方式的不同,造成國內外大學性格態度差異很大。我想,這二者是各有利弊。我曾見過國外大學生,為了抗議、反戰,把校長室、圖書館都佔領了,連卡片櫃都被翻倒。

　　海內外的大學,學術風氣、教學方法的不同,由圖書館的利用頻率即可看出。海外的教授大多給學生較多的 assignment,所以學生必須常到圖書館找資料,因此學生利用圖書館的機會非常多。而臺灣的情形,有些課程只須上課抄筆記,不須要用到圖書館,學生利用的也就少了。

　　在臺灣,我對學生有種特殊的情感,想要把學生教好。如果有學生學習表現失常,我會予以特別關注,希望他能重回正途,瞭解讀書的價值所在。但在海外,我對學生就沒有這份特殊情感。他們若不愛唸書,我也不會太在乎。而臺灣的大學生,大部分在大一時會鬆懈自己,因為從小辛苦讀書,好不容易上了大學,等於是『遲來的童年』。但我認為,至少到大一下學期就要收心,把重心放在課業,把成績維持在一定標準,而且有穩定的進步,最好都保持八十分以上,這樣對於將來不論出國留學或就業都有幫助。否則,就算教授的推薦信寫的多好,得到的也只怕是反效果。

　　謝謝老師撥冗接受我們的訪問,相信同學在瞭解老師豐富的經歷之後,必然受益匪淺。

註①又稱高級碩士,課程和博士班完全相同,介於博碩士之間,再唸 36 個學分,但是沒有第二外語,不用交論文,也不用博士攷試學分唸完自然就拿到了。

原載『書府』第 14 期（1993 年 6 月）,頁 132—136

爲者常成，行者常至
——專訪臺大圖書館學系暨研究所教授　胡述兆博士

　　胡述兆教授，旅居美國二十餘年，其間在美大學講授圖書館學與政治學長達十六年，因受到強烈民族意識的召喚，且希望爲臺灣圖書館界盡一份心力，最後毅然選擇回臺灣定居。

　　一九八三年獲聘擔任臺大圖書館學系主任暨研究所所長，任期內籌辦臺灣第一所圖書館學博士班；一九八八年卸下行政職務，專心執教，並著手編纂『圖書館學與資訊科學大辭典』。這些成就，均足以證明胡教授對臺灣圖書館界的遠見與貢獻。

細說從頭

　　胡述兆老師，1928 年出生於江西省新喻縣，小學至高中一年級皆在家鄉就讀，高一那年正值中日戰爭最緊要關頭，乃輟學投入青年軍行列，爲國家救亡圖存。大學同時攷取北洋大學及中正大學化學系，『因爲受了家中長輩的影響，唸理工才有出息』。由於中正大學近家鄉，所以選擇進入中正大學就讀。1949 年隨中正大學到臺灣。到了臺灣之後，又轉攷法律系。『很多同學當時都借讀臺大，也紛紛畢業了，我因爲對化學沒有興趣，所以沒繼續讀。』他回憶著説，『因爲悟出「凡事不能勉強，沒有興趣，就沒有成功機會。」這個道理，所以不勉強自己繼續唸沒有興趣的系。』

　　臺大法律系畢業後，並沒有成爲律師或法官，因爲律師或法官依然不是他的志趣。後來攷取政治大學政治學研究所碩士班，畢業後再繼續攻讀博士班。在攻讀博士期間，『國民大會』編輯科徵尋一位科長,『當時的「國民大會」秘書長乃谷正綱先生,他指示到政大去尋求這個人才。』胡老師說,『其條件必須是大學讀法律系,且爲政治學研究所畢業,同時須具備高等攷試資格。』他正是完全符合這些條件的理想人選,所以這也成爲他的第一份公務員工作。

負笈美國

獲得這份工作的確相當意外,出國則是早已計劃中的事。『爲了進行博士論文,在臺灣無資料的情況下,我的指導老師王雲五先生建議我到美國找資料。』之後,於1962年以自費留學身份前往美國。

『因是單身,又無恆產,根本無法取得美國簽證。』胡老師回憶著當時情況,『我想到美國留學的事,幾乎不被大家看好,拿不到簽證,也是意料中事。』後來,在胡老師的據理力爭下獲准簽證,其間過程真是柳暗花明又一村,說來話長,在此不必細說。

因緣際會,與『圖書館』結緣

在政大政治所博士班唸了三年,並取得博士候選人資格,到了美國卻仍從碩士讀起。因爲喜愛政治學,尤其是『美國政府』,於是選擇培育無數顯赫有名政壇人物的哥倫比亞大學就讀,攻讀『美國政府』。畢業後有意再繼續攻讀博士,但已經沒有多餘的錢了。指導老師告訴他:『沒有人會僱用一個中國人去教美國學生美國政治,還是先找個實用的工作,再作打算吧!』

胡老師在哥大唸書期間,因研究需要而經常跑圖書館找資料,深切瞭解找資料對研究的重要性,便開始到圖書館打工,甚至跑去聽如何使用參攷工具書的課。巧合的是胡老師的另一半吳祖善女士正準備唸圖書館學;另一方面政大博士候選人的休業期限已屆滿,胡老師只得放棄政大政治學博士候選人資格。也就是在喜愛研究與就業導向的因素下,他們倆相偕到賓州維拉諾瓦大學攻讀圖書館學碩士。畢業後,胡老師便在哥倫比亞大學圖書館東亞部擔任館員。不久,他又到賓州聖佛蘭西斯大學圖書館擔任編目組主任兼講師。能夠一面工作,又能擔任教學,是件相當令人鼓舞的事。胡老師也就在這種情況下,從基層做起,由講師、助理教授、副教授做到教授。

跨越『政治學』與『圖書館學』兩個領域

個性耿直,做事一向一絲不苟的胡老師,凡事都是非常有計劃。當初至美欲求得資料以完成政大的博士論文,後來竟走上圖書館學的路來,既來之,則安之,所以也要得個博士,才算有始有終。他先後又取得匹茲堡大學圖書館學與資訊科學超碩士,佛州州立大學圖書館學高級碩士與博士,同時也由副教授升爲教授。就在這個時候,胡老師已有回臺灣之念了。

這一路行來,由大陸到臺灣、從臺灣到美國,涉獵了化學、法律、政治、圖書館學等四個不同學科領域,共取得一個法律學士,二個政治學碩士,三個圖書館學碩士,以及一個圖書館學博士,創下臺灣學位最多者的紀錄保持人。圖書館學與政治學都是胡老師的最愛,對他而言,兩者並不衝突,而是相輔相成,多了學科背景使其圖書館學領域更顯寬遠，圖書館學協助他從事政治學研究更能得心應手，這些完全在他的著作裏得到印證。回臺灣至今，他一直是跨越圖書館學與政治學兩個學科領域，除了在臺大執教外，同時兼任『中央研究院』歐美研究所研究員。

圖書館是國家文化指標

胡老師不僅讀完美國全程的圖書館教育，從事圖書館學教育迄今亦已近三十年，『圖書館學教育專家』的頭銜，胡老師應是當之無愧。對於臺灣的圖書館學教育，他語重心長地說：『圖書館是一個國家的文化指標』。臺灣在國際上向以經濟起飛稱著，而且一直受到政府的重視，反觀圖書館學教育却始終缺乏規劃。胡老師不止一次在『教育部』『圖書館教育問題與發展研究計劃』中，提出他對圖書館教育方向的三項建議，主要目的在使每個階段的圖書館皆有專業單位訓練專業館員。

一、希望由九所師院解決小學圖書館專業人員的問題

『任何國家假如小學圖書館沒有專業館員的話，這個國家就文化而言，是個落後國家。』胡老師認為解決我們的圖書館教育，應從最基層的小學圖書館開始。目前小學圖書館缺乏專業館員，因為館員多為老師兼任，缺乏專業背景。欲擔任小學圖書館員必先取得教師資格，取得教師資格，館員地位才能提升，有地位才能開展圖書館業務。因此，九所師院應開設圖書館學課程，以解決小學圖書館專業人員問題。

二、建議在師範大學中設置圖書館學系

藉由師範大學的圖書館學系的設立，以負責中學圖書館員的培養，使中學及職業學校圖書館員取得教員資格，亦具備專業知識。

而其他大學，如臺大、輔大、淡江等大學，則負責大學圖書館、公共圖書館、專門圖書館及其他圖書館員之養成教育。

三、鄉鎮圖書館及文化中心等基層圖書館員，可就地由空中大學負責訓練

透過電視教學，修滿二十至二十四學分，並通過攷試即可取得鄉鎮圖書館員專業資格。而其他偏遠地區的小學圖書館員訓練問題，亦可用此種方式一併解決。

唯有每一階段的圖書館員有專責單位訓練，我們的專業圖書館員才不會短缺，圖書館地位才能提升。而圖書館教育更應在課程及人才培養二方面，雙管齊下，納入新課程、新資訊，加強學科知識，延攬具學科背景之專業人才，方能解決我們的圖書館教育問題。

海峽兩岸圖書資訊學術交流

過去兩年，胡老師在大陸主辦兩次『海峽兩岸圖書資訊學術研討會』，第一次在華東師大，第二次在北大，兩岸具代表性的專家都參加了這個盛會。這兩次研討會的目的是讓兩岸圖書館學者熟識，並瞭解彼此研究的領域，使彼此間都具備共識。同時，也曾帶領過研究所學生至大陸參觀訪問，這些都印證了胡老師的主張，兩岸圖書館交流的門應該打開，不僅學生要交流，教員及圖書館都應作交流。而下一個階段，兩岸應進入專題討論的交流。『未來可能兩岸連線』，今後，兩岸可就自動化、分編、教育等問題做對口座談，提

出具體方案,作爲兩岸圖書館改革之參攷。將來兩岸聯合編定教材,實施教員交換,也是可行之道。

回臺三願

胡老師當初選擇了回臺執教,有三個願望。這三個願望,正是胡老師回臺想做的三件事。目前已實現了兩件。第一件就是成立臺大圖書館學研究所博士班,證明胡老師眼光獨到。如今又卸下行政重任,可謂功成身退,見到系所不斷茁壯、穩定成長,是胡老師最高興的事。今年由胡老師主編的『圖書館學與資訊科學大辭典』即將出版,正好達成胡老師第二件想做的事。唯第三個願望:標題表的編製尚未開始,雖然『中央圖書館』已出版『中文圖書標題表』,胡老師認爲還有待充實,他很謙虛地表示這要留給別人去完成了。

目前胡老師已擬妥將來的退休計劃。第一個計劃是修訂『圖書館學導論』第三版;再來是將他在美國 Westview Press 出版的博士論文 *The Development of the Chinese Collection in the Library of Congress* 翻譯成中文本發行;第三個想做的計劃,是編寫一本『世界圖書館名人錄』。

期許——『燃燒自己,照亮別人』

『敬業』和『守常應變』一直是胡老師對圖書館界的期許,也是他對圖書館教育所抱持的基本理念。

他期許我們每一位從事圖書館教育及服務人員,都有敬業和堅定不移的精神,對我們的專業要有信心。誠如胡老師所說:『凡事不能勉強,沒有興趣,就沒有成功機會。』也許這是很簡單的人生哲理,但是能領悟個中道理却是不容易。難怪胡老師在大一新生的第一堂課,總不忘告訴學生『……不喜歡書的人,還是早點轉系,不要勉強自己唸圖書館系。如果決定唸這個系,就應有「燃燒自己,照亮別人」的精神,作個犧牲奉獻的無名英雄。』

尾聲——『人生不是環境支配得了的』

窗外飄著細雨,室內却是和煦如春,或許是感受到胡老師對圖書館學的那份理想和熱情吧!聽著老師娓娓道來他的求學歷程、對圖書館教育與未來發展的期許,我們突然覺得對圖書館充滿了信心與活力,恨不得立即去實現自己的理想抱負,不受現有環境加之於身上的無力感所影響。『圖書館是國家文化的指標,所以我們現在正在建設中國的文化。』真箇一語驚醒夢中人,對那些抱怨圖書館學不是專業,不能認同自己的人來説,這句話不啻爲暮鼓晨鐘,體認到我們竟肩負如此重大的使命,怎能不爲自己付出的些許努力感到汗顏呢?圖書館事業即是文化建設事業,所以除了本科系專業之外,更應多多充實其他學科知識,才能建立全面、互通、交流的文化社會。有些人認爲圖書館太過守舊,胡老師却説:『不是不變,而是有計劃的變。』他瞭解改變必須是漸進的,一如夢想也是需要默默耕耘才能夠開花結果。

赫胥黎(Aldous Huxley)説得好:『人生不是環境支配得了的。』胡老師就是最佳的證明。他不畏困難重重，只爲實現對圖書館的夢，一步步堅若磐石，像是堅毅的父親，看著孩子在自己的呵護照顧下逐漸成長茁壯一般，胡老師的理想也在他的擇善固執下一一實現，所謂『築夢踏實』，正是如此的吧！（呂寶桂、黃靖斐採訪整理）

原載『圖書與資訊學刊』第 12 期（1995 年 2 月），頁 56—60

胡述兆教授小檔案

學歷：
江西中正大學化學系肄業
臺灣大學法律系學士
政治大學政治研究所碩士
美國哥倫比亞大學美國政府碩士
美國維拉諾瓦大學理學碩士
美國匹茲堡大學圖書館與資訊科學超碩士
美國佛州州立大學圖書館學高級碩士
美國佛羅里達州立大學圖書資訊科學研究院哲學博士

現任：
臺灣大學圖書館學系暨研究所教授
『中央研究院』歐美研究所研究員
『教育部』圖書館事業委員會委員
『國立編譯館』『圖書館學與資訊科學大辭典』總編輯
『中國圖書館學會』常務理事
中華圖書資訊學教育學會常務理事
華東師範大學顧問教授
上海國際商學院顧問教授
南昌大學客座教授

經歷：
『國民大會』編輯科科長
美國哥倫比亞大學圖書館館員
美國佛羅里達州立大學圖書館館員
美國賓州聖佛蘭西大學講師、助理教授、副教授、教授
臺灣大學圖書館學系暨研究所客座教授
『行政院』國科會客座研究教授
政治大學政治研究所博士班兼任教授
臺灣大學圖書館學系主任暨研究所所長

主要著作：
圖書館學導論
美國總統的生平與時代
美國總統選舉
美國總統論叢
美國政治論叢
The Crucial Decade in Sino-American Relations
The Development of the Chinese Collection in the Library of Congress

胡述兆教授：跨越四個學門讀得七個學位的圖書館與資訊界鬥士

Professor James S. C. Hu: The Promoter of Library and Information Studies in Taiwan Who Received Seven Degrees in Four Different Fields

王梅玲

Mei-ling Wang

臺灣大學圖書館學研究所博士班

Ph. D. Student, Graduate Institute of Library Science,
Taiwan University, Taipei 10764, Taiwan.

【摘要】 胡述兆教授憑著他不斷追求高深學問之決心與愈挫愈勇的毅力，成爲臺灣學位最多紀錄的保持人。他讀過十個大學，獲得七項學位，跨越化學、法律、政治、圖書館學四種學科領域。1983 年胡教授接受臺灣大學之邀請，出任圖書館學系主任暨研究所所長，迄今已十二年餘。其間，他參加了許多臺灣圖書館與資訊界之建設工作，貢獻甚鉅。其成就大體可分爲三方面：對於圖書館與資訊教育之貢獻，在學術著作方面之成就，與推動海峽兩岸圖書館與資訊學術交流。

Astract: This is a biographical account of Dr. James S. C. Hu. For continuously pursuing advanced learning with strong perseverance, Dr. Hu becomes the man who possesses most academic degrees in Taiwan. He studied at ten Universities, received seven degrees in four fields covering Chemistry, Law, Politics, and Library Science. In 1983, Dr. Hu accepted the invitation from the Taiwan University to become the Chairman and Director of the Department and Graduate Institute of Library Science. In the past twelve years, he has made a great deal of contribution to Library and Information science in Taiwan. His major professional achievements are in three areas: library and information science education; academic publishing; and the promotion of academic exchange and cooperation of library and information studies between both sides of the Taiwan Straits.

一、臺灣學位最多紀錄的保持人

大凡常人攻讀學位是爲了獲得專業知識或求取高深學問，最多不過修習一、兩個學科，擁有三、四個學位，即被稱爲知識豐富、學問淵博的飽學之士。但是在臺灣當代出現了一位讀過十個大學，獲得七項學位，跨越化學、法律、政治、圖書館學四種學科領域的學者，那就是現任臺灣大學圖書館學系暨研究所教授的胡述兆博士。

胡教授於 1928 年 9 月 4 日生於江西省新喻縣。在大陸時原就讀於中正大學化學系，

1949年到臺灣，由於對化學興趣不大，乃轉攻臺灣大學法律系，獲得學士學位後攻取政治大學政治學研究所碩士班，獲得第一個碩士學位後再繼續攻讀博士學位。在政大政治研究所六年期間，受到恩師王雲五先生的啟發，對中國古籍與參攷工具書引起極大興趣，此對他一生的治學研究與事業發展影響深遠。

照片一（Picture 1）：胡述兆教授在其書房近照（Professor **James S. C. Hu** at the study room）

照片二（Picture 2）：胡述兆教授（右）與沈寶環教授合影
（Professor **James S. C. Hu**（right）and Professor **Harris** B. H. Seng）

照片三（Picture 3）：胡述兆教授與博士班學生合影（Professor **James S. C. Hu** (sitting) and Ph. D. students）

　　胡教授在政大的博士論文是『美國參議院官員任命同意權之研究』，因為臺灣資料缺乏，遭遇極大困難，他的指導老師王雲五教授建議他到美國去找資料。這使得胡教授的人生出現新的轉捩點。1962 年他以自費留學的身份前往美國，一方面準備博士論文，同時在哥倫比亞大學攻讀碩士，主修『美國政府』。畢業後因為兩年休學期滿無法再回政大，原有意在哥大繼續攻讀政治學博士，然天不從人願，一為無錢支援，二因他的指導教授何斯曼（Roger Hillsman，甘迺迪總統時代的遠東助理國務卿）告訴他，以中國人身份在美國很難覓得教授美國政治的機會，只得放棄此念頭。由於在哥大上課時曾修習『參政服務』課程，引起他對圖書館學的興趣，其時他的夫人正在賓州維拉諾瓦大學攻讀圖書館學碩士，乃前往該校就讀，自此開始與圖書館學結下了不解之緣。

　　由於環境的因素，使得胡教授從政治學領域轉移到圖書館學界，在維拉諾瓦大學取得他的第三個碩士學位之後，便在哥倫比亞大學圖書館東亞部工作。不久，又到賓州聖佛蘭西斯大學擔任圖書館學講師兼編目組主任，並在政治系任課，一邊工作，一邊教學，逐步從講師、助理教授、副教授升至教授。但當年到美國收集資料為完成博士學位之夢想仍縈繞於心中，故在教書期間胡教授仍繼續向邁進博士之路挑戰，先後又取得匹茲堡大學圖書館學與資訊科學超碩士、佛羅里達州立大學圖書館學高級碩士與博士。由於他擁有一個法律學士、二個政治學碩士、三個圖書館學碩士，以及一個圖書館學博士等七項學位，使他成為臺灣學位最多者的記錄保持人。

　　雖然在美國的事業有了成就，生活已經安定，但受到了強烈民族意識之驅使，及為祖國貢獻之心願日殷，1983 年胡教授毅然接受臺灣大學之邀請，出任圖書館學系主任暨研究所所長，迄今已十二年矣。返臺之後胡教授便積極投身於圖書館事業及學術界，除擔任臺灣大學圖書館系暨研究所教授外，尚任『中央研究院』歐美研究所研究員，『教育部圖書館事業委員會』委員，『國立編譯館』『圖書館學與資訊科學大辭典』總編輯，『中華圖書資訊學教育學會』首任理事長等職。

　　胡教授回臺十二年間，繼續發揮其高昂的鬥志，運用其豐富的學識，展現其高瞻遠矚的智慧，參加了許多臺灣圖書館與資訊界之建設工作，貢獻甚鉅。其成就大體可分爲三方面：對於圖書館與資訊學教育之貢獻，在學術著作方面之成就，推動海峽兩岸圖書館與資訊學術交流。

二、對圖書館與資訊學教育之貢獻

1983年胡述兆教授出任臺大圖書館學系主任暨研究所所長後，以其淵博的學識與豐富的經歷，爲開始萌芽之碩士課程奠下堅實的基礎，培育了許多優秀人才，爲臺灣的圖書館界注入了新血。如今這些精英已成爲臺灣圖書館界的中堅幹部，使圖書館界有了新氣象。1985年胡教授開始致力於研究所博士班之籌設，經三年的艱苦奮鬥，圖書館學研究所博士班之籌設計劃，歷經臺大系務會議、院務會議、教務會議、行政會議、校務會議審議通過，並經『教育部』審查通過，於1988年秋獲得『行政院』批准，而於1989年開始招生，成爲海峽兩岸第一個圖書館學博士班。博士班是圖書館與資訊學教育之最高學程，其成立之主要目的係爲培育圖書館與資訊學之師資，圖書館與資訊研究人才，與圖書館高級幹部。博士班之成立不啻將臺灣圖書館與資訊學之教學與研究層級引導進入新的里程碑，這實是胡述教授對臺灣圖書館教育的一項重大貢獻。

爲了開拓臺灣圖書館與資訊學教育界之視野並增進與國際間之學術交流，胡教授於1986年在臺大圖書館學系主任任內主辦了一次『圖書館學與資訊科學教育國際研討會』（International Conference on Library and Information Science Education）。這是國際圖書館界舉辦的第一次此類會議，除臺灣圖書館界與教育界之學者專家熱情參與外，並邀請了國際圖書館學與資訊科學教育之著名教授，如：美國席蒙斯圖書館學院副院長陳欽智教授（Ching-chih Chen）、美國伊利諾大學圖書館學院院長戴維斯教授（Charles H. Davis）、美國佛羅里達州立大學圖書館學院院長郭德斯坦教授（Harold Goldstein）、美國北卡羅來納大學圖書館學院院長哈理教授（Edward G. Holley）、美國洛杉磯加州大學圖書館學院院長海斯教授（Robert M. Hayes）、美國印地安那大學圖書館學院院長懷特教授（Herbert S. White）、美國羅沙里圖書館學院院長李志鍾教授（Tze-chung Li）、加拿大戴爾豪斯大學圖書館學院院長霍若克斯教授（Norman Horrocks）、英國羅福堡大學圖書館學院院長哈佛威廉斯教授（Peter Havard-Williams）、德國公僕大學圖書館學系主任海克教授（Rupert Hacker）、日本慶應大學圖書館學系津田良成教授（Yoshinari Tsuda）等。這次專爲圖書館學與資訊科學教育主辦的國際會議由於主題吸引，內容豐富，對於國際交流又特別有意義，一時間傳爲美談。會議中所發表的論文由胡教授編輯成書，由臺大圖書館系及美國的Scarecrow Press同步發行，至今仍爲研究國際圖書館學與資訊科學教育之重要文獻。

胡教授有鑑於臺灣圖書館教育缺乏整體性規畫，於1991年在『教育部』『圖書館教育問題與發展研究計劃』中描繪出臺灣圖書館教育建設之整體藍圖，爲使臺灣各類型圖書館皆有專門單位訓練專業館員，他提出三項建議：（1）全臺灣九所師院開設圖書館學課程，訓練小學圖書館專業人員；（2）師範大學設立圖書館學系，專事培養中學圖書館員。而其他大學，如臺大、輔大、淡江等，則負責大學圖書館、公共圖書館、專門圖書館及其他圖書館員之養成教育；（3）空中大學負責訓練鄉鎭圖書館及文化中心等基層圖書館員。如此各類型圖書館之館員均可接受專業圖書館與資訊學之教育，臺灣的圖書館才能健全地發揮功能。從胡教授所提出的臺灣圖書館與資訊學教育的規劃藍圖，可看出他是一位見識高遠且用心深切的教育家。

三、在學術著作方面的成就

　　胡教授不僅學問淵博,並且學貫中西,中英文造詣極深,所以著述極豐,迄今共有專書與專論20餘部,論文80餘篇。他在政治學上專攻『美國政府』,對美國總統之研究尤有心得,著有『美國總統的生平與時代』、『美國總統選舉』、『美國總統論叢』等書,為各大學政治系的教科書及必要讀物。另外,由於他深受業師王雲五先生的影響,對於中國古籍與參攷工具書均十分有興趣,不僅個人收集有14套百科全書,也多次發表相關之專文與四處受邀演講。

　　他自美回臺的兩大心願,除了為臺大圖書館學研究所創設博士班外,就是編一套『圖書館學與資訊科學百科全書』。他的心願始於1968年,那年胡教授在美國匹茲堡大學圖書館學與資訊科學研究院進修高級學位,在一個授課教授的辦公室,看到正由該院院長藍庫爾(Harold Lancour)及資訊學教授肯特(Allen Kent)共同主編的 Encyclopedia of Library and Information Science 編輯計劃的全文,這樣一套專業性的百科全書引起胡教授極大的興趣,並且立下一個志向,將來有機會也要編一套類似的中文百科全書。

　　1988年臺大圖書館學研究所博士班籌設工作告一段落之後,胡教授即辭去系所行政業務,開始著手編一部『圖書館學與資訊科學百科全書』的計劃。其時『國立編譯館』正有意編纂大型工具書,於是在1989年夏天向當時任『國立編譯館』館長的曾濟群博士提出此一計劃,立即獲得曾館長同意,但以百科全書需要投注許多專家、人力、物力與時間,在當時環境下恐力有未逮,故改稱為『圖書館學與資訊科學大辭典』,以便早竟全功。大辭典由胡教授任總編輯,並由他組織一個編審委員會,由33位委員組成,設主任委員1人,副主任委員1人,總編輯1人,副總編輯2人,顧問5人,下設8組:圖書館行政與管理組、讀者服務組、技術服務組、非書資料組、目錄學組、資訊科學與圖書館自動化組、大陸組與共同組。從1989年開始,預計1995年10月出版,歷經6年,集合海內外專家學者500餘人撰稿,共有辭目4,500條,約4,000,000字,內容包括圖書館學、資訊科學、目錄學、檔案學四個學門,凡與這些學門有關之理論、實務、歷史、人物、組織、機構、名著、刊物、出版社、資訊公司、資訊網路等,均涵蓋在內。

　　除了主編這套大型辭典外,胡教授另有其他許多專業著作,例如:他與夫人吳祖善教授合著的『圖書館學導論』,受到兩岸同道的好評,也是臺灣地區最暢銷的圖書館專業圖書。他在美國的博士論文 The Development of the Chinese Collection in the Library of Congress 於1979年由美國的 Westview Press 出版,為目前臺大文學院教授中唯一在美國出版的博士論文。他與王振鵠教授主編的『圖書館學與資訊科學基本叢書』,現已出版了七種。他與盧荷生教授等主編的『圖書館學與資訊科學論文叢刊』,現已出版了六輯,每輯十種,共六十種,這是臺灣圖書館學與資訊科學博碩士論文的精華,被大陸同道譽為:『內容廣泛,選題實際,信息豐富,論證確切,結構詳實……是一部具有學術性、資料性、可讀性的專業叢刊。』

　　在『圖書館學與資訊科學大辭典』即將竣工之際,胡教授在腦海中又開始規劃下一部著作,也是一部有意義的參攷書:『世界圖書館名人錄』。綜觀當代,在忙碌的教學與研究工作之餘,還能同時在專業著述與出版事業上交出漂亮的成績單如胡教授者,實不多見。

四、推動海峽兩岸圖書館與資訊學術交流

1987 年海峽兩岸開放探親,各項交流活動日益頻繁。胡教授在 1992 年當選『中華圖書資訊學教育學會』首任理事長後,即本著該會研究、發揚、促進圖書資訊學教育之宗旨,舉辦一連串相關活動,並積極推動兩岸圖書館與資訊學術交流。他是 1990 年臺灣圖書館界首次赴大陸訪問團之成員,以後又多次去北京、天津、上海、武漢、成都、西安、蘭州、南京、杭州、南昌、長春等地從事學術交流,並受聘爲華東師範大學、江西大學等校客座教授,開臺灣地區圖書館學教授赴大陸講學之先河。

1993 年 2 月 20 日『中華圖書資訊學教育學會』舉辦『圖書資訊學教學研討會』,除邀請該會全體會員參加外,並有來自大陸的六位教授與館長參與研討。同年 7 月 1 日至 11 日,胡教授帶領臺大圖書館學研究所 10 位碩士班研究生到上海華東師範大學圖書館學情報學系參觀見習,首開兩岸圖書資訊學教學實習相互觀摩之先例。同年 12 月 12 日至 15 日,該會與華東師範大學在上海聯合舉辦首屆『海峽兩岸圖書資訊學術研討會』,兩岸有百餘位學者專家共同參與,這是兩岸圖書資訊界首次舉辦學術研討會,也是兩岸交流史上之創舉。該次會議共收到兩岸專家學者 40 篇論文,分五項主題進行討論:(1)海峽兩岸圖書資訊事業之發展;(2)海峽兩岸圖書資訊教育;(3)海峽兩岸圖書館之管理與利用;(4)海峽兩岸圖書資料之分類與編目;(5)海峽兩岸圖書館自動化與資訊網路。這些論文已分別在兩岸圖書館與資訊研究的相關刊物上發表。

由於第一屆海峽兩岸圖書資訊學術研討會議十分成功,於是『中華圖書資訊學教育學會』與北京大學信息管理系共同舉辦第二屆會議,於 1994 年 8 月 22 日至 24 日在北大舉行。這次會議的議題有了新方向,爲:(1)圖書館學資訊學教育;(2)圖書館自動化;(3)讀者研究與資訊服務。這二次兩岸學術研討會成果輝煌,使兩岸學術交流跨越一大步,胡理事長居間溝通協調,功不可沒。

回顧胡教授過去的人生際遇並非一帆風順,但他愈挫愈勇,再接再厲,終於創下了跨越四種學科領域,獲得七個學位之傑出成就。更爲民族意識之驅使,毅然返臺貢獻所學。十餘年來,他在圖書館與資訊學界之貢獻,在學術著作上之成就,以及在兩岸學術交流上所獲的成果,有目共睹。一般人心目中,胡教授一直予人學識淵博、個性耿直、服膺真理的印象。在會議桌上常見他爲了維護正義,挺身而出,據理力爭,爲建立圖書館與圖書館教育之制度,及謀求圖書館界的福利,奮鬥不懈。他是名符其實的圖書館與資訊界的鬥士。

五、胡述兆教授著作目錄

胡述兆教授的著作很多,大體可分爲政治學與圖書館學兩方面,就數量而言,其在政治學的著作較多,以下分別列舉:

A. 圖書館學方面
(一)期刊論文

胡述兆。『從美國大學圖書館標準看臺大圖書館的館藏資料』。<u>書府</u> 3 期(1981 年 4 月),頁 75—76。

胡述兆。『國科會與文史研究』。中央日報，1982年2月，第2版。
胡述兆。『從數字看臺灣的大學』。中國論壇13卷7期（1982年1月），頁44—46。
胡述兆。『美加「圖書館與資訊服務名人錄」評介』。『中國圖書館學會』會報34期（1982年12月），頁110—113。
胡述兆。『淺談百科全書（上、中、下）』。中央日報，1982年7月19—12日連載3日，第2版。
胡述兆。『從「美國大學圖書館標準」看臺灣大學圖書館的館藏資料』。圖書館學與資訊科學8卷2期（1982年8月），頁213—220。
James S. C. Hu. "The Origin and Early Development of Chinese Studies in America." American Studies 13：2（June 1983）：104-120.
胡述兆。『中國大陸的圖書館』。『中國論壇』16卷9期（1983年8月），頁64—67。
胡述兆。『中國大陸圖書館概況』。『中國圖書館學會』會報35期（1983年12月），頁325—329。
胡述兆。『臺灣需要開設「如何利用圖書館」的課程』。自由青年71卷1期（1984年1月），頁34—36。
胡述兆。『臺大圖書館學系七十二年課程修訂要點』。書府5期（1984年6月），頁32—39。
胡述兆。『圖書館學系發展趨勢』。圖書館學系刊（1984年10月），第1版。
胡述兆。『臺灣第一個圖書館學研究所的入學資格與畢業要求』。書府6期（1985年8月），頁2—13。
胡述兆。『美國圖書館專業教育初探』。圖書館學刊4期（1985年8月），頁1—41。
胡述兆。『三年來的臺大圖書館系』。書府7期（1986年6月），頁6—8。
胡述兆。『美國圖書館專業教育現況』。『中國圖書館學會』會報38期（1986年11月），頁91—128。
胡述兆。『為圖書館的起源、意義與功能進一解』。書府8期（1987年6月），頁2—6。
胡述兆。『國立臺灣大學圖書館學研究所研究生手冊』。圖書館學刊5期（1987年11月），頁153—182。
胡述兆。『圖書館學的界說』。『中國圖書館學會』會報41期（1987年12月），頁47—64。
胡述兆。『美國能，我們也能』。中央日報，1988年2月，第18版。
胡述兆。『我們須有統一的西文譯名』。中央日報，1988年3月，第18版。
胡述兆。『為「中央圖書館」重新定位』。中央日報，1988年4月，第18版。
胡述兆。『空中大學與文化中心』。中央日報，1988年4月，第12版。
胡述兆。「The Chinese Collection in the Library of Congress, 1869-1912」。臺大文史哲學報36期（1988年12月），頁373-390。
胡述兆。『館際合作的途徑』。沈寶環教授祝壽論文集。臺北：學生書局，1989年，頁66—97。
胡述兆。『中國大陸圖書館事業淺探』。中國圖書館學會會報47期（1990年12月），頁17—33。
胡述兆。『「一塔湖圖」話北大』。書府12期（1991年5月），頁15—16。
James S. C. Hu. "Chinese Fang-Chih, Tsung-Shu and Rare Books in the Library of Congress." Taiwan University Library Journal 7（November 1991）：65-83.

胡述兆。『政變期間的莫斯科街頭』。中國圖書館學會會報 48 期（1991 年 12 月），頁 271—272。

胡述兆。『談百科全書』。國立國父紀念館館訊 2 期（1992 年 7 月），頁 80—84。

胡述兆。『兩岸圖書資訊交流的基本條件與可行途徑』。圖書館學與資訊科學 18 期（1992 年 10 月），頁 66—67；圖書館工作研究（天津）1992 年第 4 期，頁 9—10。

James S. C. Hu. "Three Major Contributors in the Development of the Chinese Collection in the Library of Congress." Bulletin of the LAC 50 (Dec. 1993)：119 - 131.

James S. C. Hu. "Walter Swingle and the Chinese Collection in the Library of Congress." 王振鵠教授七秩大慶紀念論文集（臺北：正中，1994 年），頁 51 - 59.

胡述兆。『資訊時代的圖書館教育』。上海高校圖書館情報學刊 4（1994 年 3 月），頁 2—5。

胡述兆。『海峽兩岸首屆圖書資訊學術研討會之源起與成果』。CALISE 會訊 2（1994 年 6 月），頁 4—14。

胡述兆。『中華圖書資訊學教育學會與兩岸學術交流』。CALISE 會訊 3（1994 年 12 月），頁 1。

胡述兆。『蘇聯圖書館之母：列寧夫人普魯斯卡雅』。書府 16（1995 年 7 月），頁 4—5。

（二）研討會論文集

James S. C. Hu. Experimental University Programs and Implications for Libraries. 1979 年 7 月 15 日在美國 Catholic Library Association 會議上宣讀。

胡述兆。"Library Education in Mainland China"。1991 年 5 月 10 日在 "New Frontier in Library and Information Services" 國際會議中宣讀。

胡述兆。"Continuing Library Education in Taiwan"。1991 年 8 月在 Moscow 舉行的 IFLA 年會中宣讀。

胡述兆。『中國大陸的圖書館學教育』。教育部委託臺大文學院舉辦大學人文教育研討會論文集（1992 年 6 月），頁 127—144。

胡述兆。『美國的圖書館教育』。1993 年 3 月 27 日在『中央研究院』歐美研究所主辦之『美國圖書館之教育功能研討會』宣讀，共 15 頁。

胡述兆。『臺灣地區的圖書資訊學教育』。1993 年 8 月 5 日在『海峽兩岸圖書館事業研討會——蘭州會議』上宣讀。

胡述兆，王梅玲合著。『圖書資訊學教育：臺大與北大之比較』。1993 年 12 月 14 日在華東師大研討會上宣讀。

（三）專書及其他

James S. C. Hu. "Problems Involved in Developing and Maintaining an East Asian Collection in American Libraries."（M. S. Thesis, Vilianova University, 1966）. 96p.

James S. C. Hu, ed. Library and Information Science Education: An International Symposium. Metuchen, N. J.: Scarecrow Press, 1986. 277p.

James S. C. Hu. A Bibliographic Study of the Chinese Collections in American Libraries. Special Paper Series. Tall., Florida: FSU School of Library Science, 1974. 54p.

James S. C. Hu. A Study of the Chinese Collection in the Library of Congress. Ph. D. Diss., Floride State Univ., 1977. 341p.

James S. C. Hu. The Development of the Chinese Collection in the Library of Congress. Boulder,

Colorado: Westview Press, 1979. 259p.

James S. C. Hu. <u>A Study of University Libraries in "the Republic of China"</u>. Taipei: "National Science Council", 1981. 60p.

James S. C. Hu. <u>A Study of the MIS Education in the United States</u>. Taipei: "National Science Council", 1984. 76p.

James S. C. Hu. <u>A Study of the MLS Education in the United Kingdom</u>. Taipei: "National Science Council", 1985. 82p.

胡述兆，吳祖善合著。<u>圖書館學導論</u>。臺北：漢美，1990 年。600 頁。第 2 版，1991 年。

胡述兆，盧荷生主持。<u>圖書館與資訊教育之改進研究報告</u>。臺北：『教育部圖書館事業委員會』1991 年 4 月。118 頁。

王振鵠、胡述兆。『縣市文化中心績效評估』。<u>研究發展攷核委員會研究報告</u>。臺北：『行政院研攷會』，1993 年 5 月。252 頁。

胡述兆。『縣市文化中心圖書館業務之評估』。王振鵠、胡述兆主持。『縣市文化中心績效評估』。<u>『行政研究發展攷核委員會』研究報告</u>，1993 年 5 月。頁 35—50。

B. 政治學方面

（一）期刊論文

胡述兆。『怎樣處理少年犯罪』。<u>萬有半月刊</u> 1 卷 10 期（1954 年 5 月），頁 24—26。

胡述兆。『中華民國憲法的幾個特徵』。<u>中國建設</u> 2 卷 4 期（1954 年 5 月），頁 4—5。

胡述兆。『美國的條約與行政協定』。<u>幼獅月刊</u> 12 卷 4 期（1960 年 10 月），頁 18—25。

胡述兆。『蘇俄的生活水準』。<u>國際經濟資料</u> 5 期（1960 年 11 月），頁 31—36。

胡述兆。『美蘇生活水準的比較』。<u>國際經濟叢書</u>（9）（1960 年 12 月），頁 54—64。

胡述兆。『美國緬因州行使創制複決兩權的經驗』。<u>『國民大會』秘書處甲類參攷資料</u>（22）（1961 年 5 月）。19 頁。

胡述兆。『巴西聯邦憲法修正案』。<u>『國民大會』秘書處甲類參攷資料</u>（26）（1961 年 9 月）。7 頁。

胡述兆。『美國參議院條約同意權評議』。<u>政治評論</u> 6 卷 1 期（1961 年 10 月），頁 23—26。

胡述兆。『美國參院條約同意權之由來及其演變』。<u>政大學報</u> 4 期（1961 年 12 月），頁 243—270。

胡述兆。『論美國參院對條約的否決』。<u>政大學報</u> 6 期（1962 年 12 月），頁 411—453。

胡述兆。『美國參院的外交委員會』。<u>思與言</u> 1 卷 1 期（1963 年 2 月），頁 12—17。

胡述兆。『美國參院的條約修改權』。<u>思與言</u> 1 卷 2 期（1963 年 4 月），頁 1—7。

胡述兆。『美國憲法修正案第二十五條的立法意旨』。<u>東方雜誌復刊</u> 1 卷 7 期（1968 年 1 月）。頁 48—55。

胡述兆。『漫談美國黑人問題』。東方雜誌復刊 2 卷 4 期（1968 年 10 月），頁 58—66。

胡述兆。『論美國參院對條約的修改』。胡佛編，<u>憲法與行政法</u>。臺北：臺灣商務印書館，1969 年 9 月。22 頁。

胡述兆。『憶悼景蘇師』。<u>政大政治研究所年刊</u>（1970 年 5 月），頁 14—18。

胡述兆。『美國的電視與少年犯罪』。<u>大學雜誌</u> 41 期（1971 年 5 月），頁 67—69。

胡述兆。『美國憲法修正案第二十六條的源起及其影響』。<u>美國研究</u> 2 卷 1 期（1971 年 3 月），頁 1—10。

胡述兆。『美國總統的待遇』。思與言 10 卷 2 期（1972 年 7 月），頁 27—31。
胡述兆。『漫談美國總統選舉』。美國研究 2 卷 3 期（1972 年 9 月），頁 275—320。
胡述兆。『美國總統選舉人制之研究』。政治學報 2 期（1973 年 9 月），頁 69—104。
胡述兆。『「美國國會圖書館中國藏書豐富」讀後』。『中國論壇』5 卷 9 期（1978 年 2 月），頁 47—48。
胡述兆。『我國「卸任總統禮遇條例草案」與美國「前任總統法」之比較』。『中國論壇』6 卷 1 期（1978 年 4 月），頁 25—27。
胡述兆。『美國參議員與中美關係』。『中國論壇』7 卷 3 期（1978 年 11 月），頁 20。
胡述兆。『我所新炙的王雲五師』。傳記文學 35 卷 4 期（1979 年 10 月），頁 109—117。
胡述兆。『安德森對 1980 年美國總統選舉的影響』。『中央日報』，1980 年 8 月 25 日，第 2 版。
胡述兆。『美國總統的選舉過程』。『中國論壇』11 卷 2 期（1980 年 10 月），頁 29—37。
胡述兆。『美國總統選舉的現勢』。『中國論壇』11 卷 1 期（1980 年 10 月），頁 52—57。
胡述兆。『從大選結果看美國民心』。『中央日報』，1980 年 11 月 8 日，第二版。
胡述兆。『美國總統的任期』。『中國論壇』11 卷 8 期（1981 年 1 月），頁 38—41。
胡述兆。『從雷根遇刺，談美國總統權力的行使問題』。『中國論壇』12 卷 2 期（1981 年 4 月），頁 19—20。
胡述兆。『從「哈特旋風」看 1984 年美國總統選舉』。『中國論壇』18 卷 1 期（1984 年 4 月），頁 49—53。
胡述兆。『美國總統大選的幾項有趣數字』。『中國論壇』19 卷 5 期（1984 年 12 月），頁 59—60。
胡述兆。『美國總統初選制研究』。美國總統選舉論文集。臺北：『中央研究院』美國文化研究所，1985 年 3 月。頁 1—32。
胡述兆。『美國總統大家猜』。聯合報，1988 年 11 月 7 日，第 16 版。
胡述兆。『民意測驗與美國總統選舉』。聯合報，1988 年 11 月 8 日，第 16 版。
胡述兆。『美國總統之最』。『中央日報』，1988 年 11 月 7—10 日連載 4 日，第 16 版。
胡述兆。『美國參院批准條約權之研究。』（政治大學政治研究所，碩士論文，1960 年）。317 頁。
胡述兆。威爾遜。臺北：全知出版社，1962 年。（全知少年文庫第 6 集第 2 號）。145 頁。
胡述兆。瑞士的國會制度。臺北：『國民大會秘書處』，1962 年。34 頁。
James S. C. Hu., Bipartisanship in the 1940's." (M. A. Thesis, Columbia University, 1965). 105p.

（二）專書及其他

胡述兆。美國總統的生平與時代。臺北：臺灣商務印書館，1973 年。447 頁。
胡述兆。美國政治論叢。臺北：臺灣商務印書館，1977 年。359 頁。
胡述兆。美國總統論叢。臺北：臺灣商務印書館，1981 年。175 頁。
James S. C. Hu. The Crucial Decade in Sino-American Relations. Taipei：Sino-American Publishing Co., 1987, 178p.
胡述兆。美國總統選舉。臺北：漢美圖書有限公司，1988 年。142 頁。

原載『資訊傳播與圖書館學』2 卷 1 期（1995 年 9 月），頁 96—104

『國圖』改隸 提高行政效率

胡述兆認爲文化事務較多，改隸『文建會』順理成章

【記者蔡美娟/臺北報導】『國家圖書館』改隸『文建會』；曾任『國家圖書館』館長及『中國圖書館學會』理事長的臺大名譽教授胡述兆說，他一直建議將『國家圖書館』劃到『文建會』旗下，因爲『國家圖書館』涉及文化層面的事務較多，歸『文建會』順理成章。

胡述兆指出，由『國家圖書館』目前只屬『教育部社教司』的一個科員管理這件事來看，政府對圖書館的忽略可見一斑。圖書館學者近來不斷奔走建議的就是在『行政院』之下成立圖書資訊建設委員會，就是爲了提升圖書館的層級，提升行政效率，也讓臺灣至今仍停留在落後標準的圖書館事業向前邁進。

他建議將公立圖書館、公立博物館、『國家檔案館』全部歸到一個綜合性的『圖書博物檔案委員會』下統籌管理，讓圖書館、博物館、檔案館成爲一個完整的體系，而不是分屬『文化局』、『教育部』等諸多『政府機關』，彼此難以溝通協調聯繫。

此外，胡述兆指出，美國的全國圖書館學會有八萬名會員，同時還擁有評鑑全國大學圖書館，以及圖書咨詢教育人員認可的權力，美國民衆也普遍認知大學圖書館好壞的重要性；反觀我們的『中國圖書館學會』則因爲缺乏上述權利，而只有聯誼會的功能，這是必須正視的問題，否則臺灣所有大學圖書館總藏書量，永遠都會維持在低於哈佛大學圖書館藏量的水準。

至於目前正在『立法院』審查的『圖書館法』，胡述兆直言：『那是按「教育部」的意思提出的法案」』，無法代表圖書館界的看法，圖書館界的共識及針對當前圖書館發展瓶頸提出的解決方案，都在日前發表的『圖書館事業發展白皮書』內，他希望『立法院』審議『圖書館法』時，能多多參酌白皮書的建議。

原載《聯合報》2000 年 6 月 21 日，頁 14

跨域學科獲學位最多的鬥士：胡述兆先生

汪雁秋　　『中國圖書館學會』顧問

壹、前　言

　　一九八三年有一天接到李德竹教授電話：『告訴你好消息，我們臺大圖書館學研究所將要有一位新所長。』我說：『恭喜啦，是你嗎？』『別扯了，學校聘請一位自美國回來的學者胡述兆先生擔任所長，胡述兆你認識嗎？』『不認識。』這是我第一次聽到『胡述兆』這個名字。後來聽說他在美國教學多年，毅然放棄高薪教職回臺灣。心中對他的崇敬油然而生。那個時期願回臺灣的不多，而能放棄高薪回臺灣更是鳳毛麟角。我不禁對李老師說：『你們臺大有福了』。

　　一九八五年我到美國出席亞洲學會年會，會後到華府參訪國會圖書館，在他們的 Bookstore 發現一本 James S. C. Hu：*The Development of the Chinese Collection in the Library of Congress*，毫不猶豫買了一本。後來才知道 James S. C. Hu 就是胡述兆先生英文名字。這本書在我辦公室書架上多年，幫助我對國會圖書館中文收藏的瞭解，可惜在我離開『國圖』交換處整理我私人的書籍時，這本書卻不翼而飛，至今未找到。

　　又一年『國立中央圖書館』（王振鵠館長時期）舉辦國際會議，邀請胡述兆先生為主持人，第一次見到胡述兆先生廬山真面目，他中等身材，說話帶有江西口音，很有精神，也很健談。在茶敘時間，大家閒聊，談到他回臺灣，談到他夫人吳祖善……，當我聽到『吳祖善』，趕忙問他吳祖善是那三個字？是不是一女中畢業？他當時頗感奇怪，我對他的夫人那麼有興趣。果然不錯，吳祖善就是我們一女中同班同學吳祖善，我們因為都是矮個子，每次排坐位都會分到前排，三年來我們是最好的芳鄰。但自一女中畢業後，我們各奔前程，失去聯絡。想不到她嫁給我們尊敬的胡述兆先生，說來真是『Small World』。

　　後來有一位同學同我說：『你知不知道胡述兆追吳祖善同他求學一樣，愈挫愈勇，終於感動了我們同學吳祖善而結成連理。』有人說：『胡述兆天不怕地不怕，只怕祖善不講話。』說來不錯，記得有一年參加土耳其 IFLA 會議，會後參觀，在一家土產店，胡老師看到一樣土產品想買，拿著喊：『祖善，祖善，你看這個好不好？』祖善看了一眼沒講話，胡老師只好乖乖的放回原地。從這個小地方我深深感到，胡述兆先生是一位愛護家人尊敬家人的標準先生。

　　一九八七年有一天他與沈寶環教授、藍乾章教授三公來我辦公室，邀請我幫忙『中國圖書館學會』行政工作，他們的盛情使我無法說『不』，就這樣我兼學會工作又十五年，使我有更多的機會向他請益，尤其在他任理事長時期。

　　一九八九年他開始籌編『圖書館學與資訊科學大辭典』，邀我為委員，使我感受到他在編纂工作上用心、細心及規劃的艱辛。

　　一九九七年在他任『中國圖書館學會』理事長時，舉辦一次『海峽兩岸圖書館事業研討會』。為了這次的會議能順利的舉辦，他到處奔走籌措經費，到大陸各地親自邀請大陸學者，又一次我領略到他的堅毅精神。這次會議在兩岸文化交流史上畫上完美的音符，也帶給後來兩岸交流的頻繁。

貳、求學的歷程

胡述兆先生於 1928 年 9 月 4 日出生於江西省新喻縣，至今他的鄉音未改。從小學到高一，他的求學過程都很順利。在他讀高一時，正值中日戰爭，日本人侵略中國的野心及殘暴，使當時國人一致憤慨，政府號召『十萬青年十萬軍』，使當時青年學子熱血沸騰，紛紛加入戰斗的行列。胡述兆先生也不例外，毅然投筆從戎，被編入青年軍 208 師。未幾，日本無條件投降，青年軍也隨之復員。當時從軍的青年，多為中學及大學在校學生，政府為安頓這些青年學生，在各地成立青年中學，胡述兆先生當時就進入嘉興青年中學自高二讀起。中學畢業後，攷進國立中正大學化學系。1949 年，胡述兆先生隨學校來到臺灣，他雖讀化學系，但對化學却無興趣，於 1953 年攷上了臺大法律系，因此他比一般學生要遲了幾年。

臺大法律系畢業後，他認為當法官與自己個性不合，又攷上了政治大學政治研究所，獲碩士學位後，再繼續攻讀博士學位。在政大政研所期間，受他的指導教授王雲五先生的啟發，對中國古籍與參攷工具書引起極大興趣，對他的一生治學研究與事業發展影響深遠。

由於他的博士論文『美國參議院官員任命同意權之研究』，臺灣資料缺乏，王雲五教授建議他到美國去找資料，乃引起到美國求學的動機。幾經波折，終於 1962 年，自費赴美留學，先後在美國六個大學研究，獲得哥倫比亞大學美國政府碩士、維拉諾瓦大學理學碩士、匹茲堡大學圖書館學與資訊科學超碩士、佛州州立大學圖書館學高級碩士、佛羅里達州立大學圖書資訊科學研究院哲學博士等五個學位。

綜觀他的求學過程，他的好學不倦，他的堅毅不拔的精神，不懼艱辛，奮發向上，而能跨越化學、法律、政治、圖書館學等四種學科領域，成為臺灣第一位學位最多紀錄的保持人，一路走來，其艱辛奮鬥，實非一般人所能做到。

參、經 歷

胡述兆先生來臺後，曾在軍中服務一短時期，又繼續求學。在他讀政大博士班期間，『國民大會』正好成立編輯科，徵科長人才，他們的條件是要一位懂憲法，學法律、政治及有高攷資格的人。胡述兆先生在當時是唯一合於這個條件的人選，在研究所推薦下，休學一年，到『國民大會』任編輯科科長。政大畢業後於一九六二年赴美留學至一九八三年回臺灣，前後二十餘年。在此期間曾在哥倫比亞大學與佛羅里達州立大學圖書館服務，一九六七年應聘至賓州聖佛蘭西斯學院（後改為大學）任教，自講師、助理教授、副教授至教授，長達十六年之久。

一九八〇年應邀回臺任臺灣大學圖書館學研究所首任客座教授，『行政院國科會』客座研究教授及政治大學政治研究所博士班兼任教授。一九八三年再度應臺大之聘，出任該校圖書館學系、所主任，並籌設臺灣第一個圖書館學博士班。

一九八八年辭卸行政職務，專任臺大教授，並應聘擔任編譯館『圖書館學與資訊科學大辭典』總編輯。在此期間，曾任『中央研究院』美國文化研究所研究員、『行政院』文化建設委員會評鑑委員、『教育部』留學攷試委員、『攷試院』高等攷試典試委員、『教育部』圖書館事業發展委員會委員、『中國圖書館學會』常務理事及理事長、『中華圖書資訊教育學會』理事長等。胡述兆先生爲 Beta Phi Mu 及 Phi Tau Phi 兩個國際榮譽學會的會員並已列入中外二十餘種名人錄中。他曾當選臺大教學特優教授，獲頒『教育部』大學教科書優等獎及『國科會』優等研究獎。

一九九七年胡述兆先生自臺大榮退，臺大聘爲名譽教授，在臺大退休教授群中，此是少數難得的殊榮。退休後他仍退而不休，繼續指導學生做研究，爲臺大圖書資訊學研究所博士班導師；仍努力促進海峽兩岸文化交流，去大陸訪問講學，前後應邀爲華東師大、武漢大學、南昌大學及湘潭大學客座教授。一九九九年又應北京大學及武漢大學之邀講授『圖書資訊學研究方法與論文寫作』。他以西學中用，引進西方科學研究方法指導博、碩士班學生，甚受歡迎。

肆、治學的理念

胡述兆先生雖讀了四個學科，但卻選擇了圖書館學爲他畢生奉獻的事業，他認爲『圖書館是一個國家的文化指標』，而圖書館教育主要目的在訓練各類型圖書館所需要的專業圖書館員，同時也要培養圖書館學師資。他曾說：『任何國家假如小學圖書館沒有專業圖書館員的話，這個國家就文化而言，是落後國家。』因此他認爲解決我們的圖書館教育，應從最基層的小學圖書館開始，他曾常鼓勵學生唸圖書館系，成爲未來『建設中國文化』不可或缺的基層中堅份子，要以『燃燒自己，照亮別人』的精神，做個犧牲奉獻的無名英雄。

一、圖書館學課程設計

在他數十年教學中，他對圖書館課程設計及修訂非常重視，他曾將十五年前臺大有關圖書館學課程劃分爲五個主要領域，計 85 科（註1）：

（一）圖書館學基礎

包括：圖書館學導論、圖書館學專題、大眾傳播、圖書史、圖書館史、當代圖書館問題、研究方法、論文寫作、研究方法與論文寫作、視聽教育研究、圖書館教育、比較圖書館學、作業研究、出版與印刷、中國印刷史研究、中國版本學研究、中國目錄學專題研究、系統分析、圖書館統計學、圖書館實用英文、英文圖書館學文獻選讀、古書整校、叢書學、目錄學，計 24 科。

（二）圖書館管理

包括：圖書館管理、圖書館行政探討、圖書館作業評估、圖書館實習、大學圖書館、大學圖書館研討、公共圖書館、公共圖書館研討、學校圖書館、兒童圖書館、專門圖書館、電腦中心管理，計 12 科。

（三）圖書館技術服務

包括：圖書資料徵集、中文圖書分類編目、西文圖書分類編目、館藏規劃、分類理論研究、杜威分類法、國會圖書館分類法、日文圖書館分類編目、視聽教材製作、檔案設計原理、檔案設計應用、圖書館資料處理、索引及摘要、古籍編目、技術服務研討，計 15 科。

（四）圖書館讀者服務

包括：中文參考資料、西文參考資料、讀者服務研討、非書資料、視聽資料、參考服務導論、特殊讀者服務、人文科學文獻、社會科學文獻、科技文獻、青少年及兒童讀物、西洋兒童讀物、日文參攷資料、政府出版品、中國傳記文獻、中國古典參攷工具書、圖書館資源分享，計 17 科。

（五）資訊科學相關科目

包括資訊科學導論、電子計算機概論、電子計算機專題、電子計算機資料結構、中國電子計算機研究、資訊科學教育、資訊科學研討、圖書館自動化、電子計算機在圖書館之應用、微電腦在圖書館之應用、資訊儲存與檢索、索引與結構、資料庫概論、線上（指聯機）資訊檢索、資訊系統、資訊管理、資訊政策，計 17 科。

他還認爲，圖書館學的界說也會因時因地而異，不可一概而論。圖書館學範圍一些核心科目可能在不同時代、不同地方，有不同名稱與內容；隨著資訊時代的到來，一些基本的資訊科目已成爲現階段圖書館教育的必然趨勢。他並不拘泥於圖書館學體系結構來加以思攷，而是從圖書館學發展長河中重在攷查圖書館學的現狀。任何一種學科都有它的過去、現在與未來，他始終將研究重點放在『現在』，因爲『現在』是『過去』的延續，『未來』是『現在』的延伸。還應當看到，科學研究成果中重要的還不僅僅在於其某些結論的本身，有時往往還在於其所提供的某種思路、視角、探索途徑等。

二、圖書館教育

胡述兆先生有鑑於臺灣圖書館教育缺乏整體性規劃，於 1991 年在『教育部』『圖書館教育問題與發展研究計劃』中描繪出臺灣圖書館教育建設之整體藍圖，爲使臺灣各類型圖書館皆有專門單位訓練專業館員，他提出三項建議：（1）臺灣九所師院開設圖書館學課程，訓練小學圖書館專業人員；（2）師範大學設立圖書館學系，專事培養中學圖書館員。而其他大學，如臺大、輔大、淡江等，負責大學圖書館、公共圖書館、專門圖書館及其他圖書館員之養成教育；（3）空中大學負責訓練鄉鎮圖書館及文化中心等基層圖書館員。如此各類型圖書館之館員均可接受專業圖書館與資訊學之教育，臺灣的圖書館才能健全地發揮功能。從他所提出的臺灣圖書館與資訊學教育的規劃藍圖，可看出他是一位見識高遠且用心深切的教育家（註 2）。

伍、推動海峽兩岸圖書館與資訊學術交流

一九八七年海峽兩岸開放探親，各項交流活動日益頻繁。胡述兆先生於一九九二年當選『中華圖書資訊學教育學會』首任理事長後，及本著該會研究、發揚、促進圖書資訊學教育之宗旨，舉辦一連串相關活動，並積極推動兩岸圖書館與資訊學術交流。一九九〇年臺灣圖書館界十四位教授由王振鵠教授領隊首次赴大陸北京、天津、上海、武漢等地方訪問，他是訪問團成員之一。這是一次破冰之旅，受到大陸同道熱烈的歡迎與親切的招待，奠定了兩岸交流的始基。以後胡述兆先生又多次去大陸北京、天津、上海、武漢、成都、西安、蘭州、南京、杭州、南昌、長春等地從事學術交流，並受聘爲華東師範大學、江西大學等校客座教授，開臺灣地區圖書館學教授赴大陸講學之先河。

一九九三年二月二十日『中華圖書資訊學教育學會』舉辦『圖書資訊學教學研討會』，除邀請該會全體會員參加外，並有來自大陸的六位教授與館長參與研討。同年七月一日至十一日帶領臺大圖書館學研究所十位碩士班研究生到上海華東師範大學圖書館學情報學系參觀見習，首開兩岸圖書資訊學教學學習相互觀摩之先例。同年八月十四日至十五

日應邀到蘭州與甘肅圖書館及蘭州大學進行短暫學術交流。同年十二月十二日至十五日，該會與華東師範大學在上海聯合舉辦首屆『海峽兩岸圖書資訊學學術研討會』，兩岸有百餘位學者專家參與，這是兩岸圖書資訊界首次聯合舉辦學術研討會，也是兩岸交流史上之創舉。

由於第一屆海峽兩岸圖書資訊學研討會議十分成功，『中華圖書資訊學教育學會』與北京大學信息管理系共同舉辦第二次會議，於一九九四年八月二十二日至二十四日於北大舉行，這次會議議題有了新方向，為：（1）圖書館學資訊學教育；（2）圖書館自動化；（3）讀者研究與資訊服務。這兩次兩岸學術研討會成果輝煌，使兩岸學術交流跨越一大步（註3）。胡述兆先生一直希望這類會議能在臺北舉行。一九九六年在他任『中國圖書館學會』理事長時，開始籌劃在臺北舉辦『海峽兩岸圖書館事業研討會』。經他各處奔走籌措經費，並親至大陸邀請學者，終於一九九七年五月二十六至二十八日在臺北舉辦。這次會議的規模，在臺灣地區圖書館界是空前的，參加代表有兩百二十餘人，包括大陸代表三十一人，香港兩人及臺灣一百九十餘人。大陸代表來自天津、上海、南京、廣州、武漢、成都、西安、蘭州、杭州、南昌、合肥、長春、哈爾濱、深圳等地。冀能透過這次會議使兩岸及香港圖書館同道擴大彼此接觸面，建立友誼，加深瞭解，為未來進一步專題性研討與合作，建立堅實基礎。這次會議主題：（1）圖書資源之蒐集、組織與服務；（2）圖書資訊網之發展與資源共享；（3）圖書資訊教育與人才培養；（4）文化資產之維護與管理。論文共計四十六篇。

這次會議使兩岸文化交流更上層樓。其能促成此次會議在臺舉辦，胡理事長居間協調，奔走、策劃，功不可沒。

陸、學術成就

一、學術著作

胡述兆先生不僅學問淵博，而且學貫中西，中英文造詣極深，著作計有專書二十餘部，論文一百二十餘篇，主編圖書一百餘種，重要者如『圖書館學與資訊科學大辭典』及『中國地方志總目提要』（全套四鉅冊，壹千萬字），共有兩千餘萬字，因篇幅有限，未能一一列出。他在政治學上專攻『美國政府』，對美國總統之研究尤有心得，著有『美國總統的生平與時代』、『美國總統選舉』、『美國總統論叢』等書，為各大學政治系的教科書及必要讀物。在圖書館學方面，重要者有：

1. The Development of the Chinese Collection in the Library of Congress（Boulder, Colorado: Westview Press, 1979），259p.

2. A Study of University Libraries in "the Republic of China".（Taipei: "National Science Council", 1981），60p.

3. A Study of the MLS Education in the United States（Taipei: "National Science Council", 1984），76p.

4. A Study of the MLS Education in the United Kingdom（Taipei: "National Science Council", 1985），82p.

5. 圖書館學導論（與吳祖善合著）（臺北：漢美，1990年），600頁。第二版，1991年等。

其他有關憲政、選舉、圖書館學界說等分見各雜誌、報紙及研討會論文集。詳細著作目錄參見『圖書館與資訊研究論集』、『慶祝胡述兆教授七秩榮慶論文集』。

二、編『圖書館學與資訊科學百科全書』

胡述兆先生自美回臺灣有兩大心願，除了爲臺大圖書館學研究所創設博士班外，就是編一套『圖書館學與資訊科學百科全書』。一九八八年臺大圖書館學博士班成立後，胡述兆先生辭去系所行政工作，開始著手編這套百科全書。其時『國立編譯館』已有意編纂大型工具書，胡述兆先生於一九八九年向當時『國立編譯館』館長曾濟群博士提出此一計劃，立卽獲得曾館長同意，但因百科全書在當時環境未逮，改爲『圖書館學與資訊科學大辭典』，聘胡述兆先生爲總編輯，由他組織一個編審委員會，三十三位委員組成。從一九八九年開始，一九九五年完成，歷時六年，集合海內外專家學者五百餘人撰稿，共有辭目四千五百條，約四百萬字。內容包括圖書館學、資訊科學、目錄學、檔案學四個學門，這是一本空前的鉅著，也是臺灣第一部有關圖書館學與資訊科學的大辭典。胡先生付出的心血及他的推動，在圖書館出版史上，應佔有重要的地位。

三、出版叢書

胡述兆先生愛書、讀書、寫書、出書，曾與王振鵠教授主編『圖書館學與資訊科學叢書』，與盧荷生教授主編『圖書館資訊科學論文叢刊』，這是臺灣圖書館學與資訊科學博碩士論文的精華，被大陸同道譽爲：內容廣泛，選題實際，訊息豐富，論點確切，結構詳實……是一部具有學術性、資料性、可讀性的專業叢刊。

除了這兩部叢書外，他又編著出版了下一部參攷書：『世界圖書館名人錄』。像他這樣大半生浸淫在書叢中，實不多見。

柒、結　語

王梅玲教授於一九九五年曾在『資訊傳播與圖書館學』二卷一期中『傑出成就專欄』撰文對胡述兆先生有詳盡的介紹，茲摘錄最後一段以做本文的結語。

> 回顧胡教授過去的一生際遇並非一帆風順，但他愈挫愈勇，再接再厲，終於創了下跨越四個學科領域，獲得七個學位之傑出成就。更爲民族意識之驅使，毅然返臺貢獻所學。十餘年來他在圖書館與資訊學界之貢獻，在學術著作上之成就，以及在兩岸學術交流上所獲的成果，有目共睹。一般人心目中胡教授一直予人學識淵博，個性耿直，服膺真理印象。在會議桌上常見他爲了維護正義，挺身而出據理力爭，爲建立圖書館與圖書館教育之制度，以謀求圖書館的福利，奮鬥不懈，他是名符其實的圖書館與資訊界的鬥士。

胡述兆先生退休後，全家搬至楊梅，遠離喧嘩的臺北。他的居家地址：『大臺北世外桃源』，不禁想起陶淵明的田園之樂，其中一首詩『不樂復如何』：

> 孟夏草木長，繞屋樹扶疏
> 眾鳥心有託，吾亦愛吾廬
> 既耕亦已種，時還讀我書
> ……
> 汎覽周王傳，流觀山海圖
> 俯仰終宇宙，不樂復何如？

我雖然沒有拜訪過他們的家，但可以想像那是一個溫暖的家，有樹木扶疏的廬，胡述兆先生坐臥書叢，博覽群書，累了，看窗外的天空，望白雲的浮動，正如陶淵明所寫『不樂復何如』？願以此詩祝福他們。

附註

註1：參見倪波：『臺灣圖壇著名學子胡述兆博士及其學術見解』<u>圖書館與資訊研究論集</u>，頁801—803。

註2：參見王梅玲：『胡述兆教授：跨越四個學門讀得七個學位的圖書館與資訊鬥士』<u>資訊傳播與圖書館</u>2：1（1995年9月）：96—104。

註3：同註2。

參攷書目

『慶祝胡述兆教授七秩榮慶論文集』。<u>圖書館與資訊研究論集</u>（臺北市：漢美，1996），頁771—831。

原載『「中國圖書館學會」會訊』第10卷4期（2002年12月31日），頁7—12

二、記　　述

臺灣圖壇著名學子胡述兆博士及其學術見解

倪　波

　　臺灣地區有關圖書館學理論研究工作，自 1960 年以后方才有所起色，尤 80 年代以來逐漸令人矚目。在臺灣諸多學者群中，胡述兆先生自然是一位著名圖書館學家。海峽兩岸學術交流近年來日趨增多，其間胡述兆先生等貢獻較爲突出，爲大陸圖書館學界同仁所熟悉。

一

　　胡述兆博士治學甚勤，著作頗豐，計有『圖書館學導論』、『美國國會圖書館的中文部』等專著九種（其中中文六種，英文三種），公開發表學術論文百餘篇。

　　特別値得一提的是，他曾與王振鵠先生合作共同主編『圖書館學與資訊科學基本叢書』頗負盛名，影響較大。編著這套叢書的目的有二：一是以探討圖書館學與資訊科學的理論與實踐爲主要內容，包括各類型圖書館的組織管理、圖書館技術與讀者服務、有關圖書館學與資訊科學領域內的重要研究課題等，旨在使該叢書的讀者能在理論上獲得基本觀念與瞭解，在技術方法與實踐上能把握着重要原則和做法；二是通過對有關圖書資訊工作的實踐和重要問題的探討，並參攷國際間圖書資訊發展的成就與經驗，旨在增加實用性，有助於提高圖書館工作的品位與質量。張淳淳的『工商圖書館』，吳明德的『館藏發展』等專著，均被收入該叢書。

　　『圖書館學導論』一書，被列入『圖書館學與資訊科學基本叢書』第一種，錄由胡述兆、吳祖善合著，也是胡博士的代表作之一，曾獲得臺灣地區大學教科書甲等獎。全書計分圖書館的意義、起源與功能，圖書館學的界說，圖書館的組織，圖書館資料採訪，編目分類與排片，讀者服務，館際合作共七章。其中第五章是由吳祖善女士撰寫的，約佔全書三分之一篇幅，其餘六章均由胡述兆撰寫。這本著作成書於 1989 年 10 月，由漢美圖書有限公司出版，至 1991 年 12 月又出第二版。兩版之間的區別有二：一是新版改用了一些新資料，二是在附錄中將『圖書館主要業務機能概述』換爲『圖書館自動化概述』，前者是謝寶媛碩士論文的一部分，後者是廖秀滿由其碩士論文中兩章改寫而成。附錄內容的更迭，爲的是加強圖書館自動化的基本概念、發展過程和有關資訊公司等的介紹，以便讀者參攷。

二

　　胡述兆博士，1928年9月4日出生於江西省新喻縣（現新余市）潭口村。他酷愛學習，先后竟然讀過十所高等學校。1948年他同時攷取北洋大學化學系與中正大學化學系，因中正大學設在南昌市，離家較近，他便赴南昌就讀。1949年到臺灣后，攷入臺灣大學法律系。臺大是臺灣規模最大的高等學府，其前身是日本侵佔時期的臺北『帝國大學』。臺大后來發展爲具有文、理、法、醫、工、農六個學院的綜合大學，連同夜間部，在校生共有萬餘名。但他畢業后不願當法官、做律師，又攷入臺北的政治大學研究所繼續深造。他深感學無止境，便赴美留學，又先后在美國七所大學研究所刻苦攻讀。蒼天不負有心人，他終於獲得七個學位。其中，在臺灣獲得二個學位，在美國獲五個學位，即：政治大學政治研究所碩士、政治大學政治學博士、哥倫比亞大學美國政府碩士、維拉諾瓦大學理學碩士、匹茲堡大學圖書館學與資訊科學碩士、佛羅里達州立大學圖書館高級碩士、佛羅里達州立大學圖書資訊科學研究院哲學博士。

　　正是由於如此，胡述兆博士的學識基礎堅實，文化視野廣闊；知識結構文理滲透，法政圖書資訊縱橫交織，更趨合理。誠然，一項博士學位科研課題往往比較專門，甚至有時還會『偏』、『冷』，但所需要的學術基礎却相當廣博。這就是讀書治學中由博而約的真諦，『博』是基礎、前提，『約』是成果、法則。由此看來，任何一個學者的成功都是由辛勞、拼搏鋪墊而成的。胡述兆博士不僅沒有例外，在這一方面或許投入得更多。

三

　　理論研究只有根植於肥沃的實踐土壤之中，才會幹壯枝繁葉茂。胡述兆博士無論是從事教學或是科學研究，可他從沒有脫離過圖書資訊的實踐。在旅居美國的20多年期間，曾服務於哥倫比亞大學與佛羅里達州立大學圖書館，1967年以后應聘賓州的聖佛蘭西斯大學講授圖書館學等前后長達16年之久。

　　在此期間，臺灣地區圖書館學教育發展也較快。1955年，臺灣省立師範學院（現爲臺灣師範大學）率先在社會教育學系設立圖書館學組。1961年臺灣大學文學院設立圖書館學系，1964年世界新聞專科學校設立圖書館學專修科，1970年、1971年輔仁大學與淡江大學分別建系。1980年臺灣大學圖書館學研究所創立圖書館學碩士班，亟需圖書館學專家學者任教。於是胡述兆博士於1980年回歸臺北，擔任臺灣大學圖書館學研究所首任客座教授，並兼任政治大學政治研究所博士班教授等。1983年8月再度應臺大之聘，接替何光國教授任臺大圖書館學系第七屆系主任暨研究所所長之職。至1988年8月，由李德竹教授繼任系主任暨所長爲止，他頭尾主持臺大圖書館學系6年的領導工作。在任期間，他籌設了臺灣第一個圖書館學研究所博士班，該博士班到1989年正式設立，還舉辦了首次圖書館學與資訊科學教育國際研討會。

　　1988年辭卸行政職務后，他專任臺大教授及博士班、碩士班教授，『中央研究院』歐美研究所研究員、『國立編譯館』『圖書館學與資訊科學大辭典』總編輯、『中華圖書資訊學教育學會』首任理事長等職。他同時爲Beta Phi Mu及Phi Tau Phi兩個國際榮譽學會的會員，還是國際圖書館協會聯盟（IFLA）、美國圖書館學會（ALA）、美國圖書館與資訊科學教育學會（ALSE）、美國資訊科學學會（ASIS）的會員。由於他認真教學，積極參與圖書館專業活動，曾當選爲臺大特優教授。

四

　　理論研究工作者往往最容易受到『指責』，無論是其研究成果與實踐之間是『超前』還是『滯后』，甚至是『同步』也被視爲缺少『遠見』。理論研究是應該具有『超前』意識，即使研究已經『滯后』了的課題，其共同的目的也還都是爲了指導現實，預測未來。否則，理論研究將會失去存在價值。胡述兆博士認爲：發展圖書館事業、提高圖書館服務工作的質量，關鍵是今后如何建立現代化的資訊服務觀念，掌握科學化的管理方法，並使圖書資料的收集、整理與利用，切合國家建設、民衆求知、資訊傳播和生活調適的多方面要求，實爲當務之急。資訊時代的基本特徵就在於：借助於現代科技和科學方法，提高資訊生產力，有系統地蒐集、處理、整合及傳輸資訊，開發智力資源，創造新的知識，以造福社會人群。在人類社會中，運用資訊服務大衆的使命主要由圖書館和有關資訊服務機構來承擔。爲迎接資訊時代的來臨，世界各先進國家都大力倡導圖書館事業，對於圖書館學與資訊科學的整合與研究推廣，圖書館教育的改進，以及科學化經營管理方法的探討，無不予以相當的重視。

　　對於圖書館的本質特性的認識，他首先用最簡明的語言指出，圖書館是人類智慧的總匯。進而又用具體方式表述爲，圖書館是用科學方法，採訪、整理、保存各種印刷與非印刷的資料，以便讀者利用的機構。

　　從上述基本觀點出發，他認爲圖書館的功能主要有三項：一是保存文化，二是提供資訊，三是教育讀者。圖書館的功能是由圖書館的性質所決定的，它是圖書館的作用所在。從某種意義上講，沒有作爲就沒有地位，沒有實力就沒有活力。保存文化，既是圖書館的最原始功能，也是圖書館事業存在、發展的必要前提。圖書館每一件資料皆爲人類運用心智所得的結果，都是文化的結晶。提供資訊，是現代圖書館的最高目標，圖書館就是要將其所蒐藏的資料讓讀者加以利用。教育讀者，就是使讀者更多地利用並善於利用圖書館，這也是建立書香社會的首要條件。當然，圖書館的功能，會因其類型或性質的不同而有所差異，不過異中有同，側重有別而已。三者之間，在闡明了『藏』與『用』的關係之外，又突出了情報（信息）職能和教育職能。這充分說明，海峽兩岸圖書館學界在許多學術觀點上，有着相近之處，甚至在有些方面已逐步形成共識。

五

　　關於圖書館學學科體系的研究，一直困惑着圖書館學界。就臺灣而言，半個多世紀以來由各方提出的圖書館學框架結構有近百個方案。然而，迄今依然是衆說紛芸，莫衷一是。研究者的『困境』，並非學術的『危機』。因爲，『危機』乃是自身機制衰敗的一種徵兆，而『困境』則可能是深化、拓寬的陣痛。當一種理論以補正的姿態試圖替代前一種理論時，它自身的另一方面的偏頗往往又成爲後一種理論前來修正、補救或取代它的緣由。如此推延，使我們有可能越來越逼近圖書館學的本質。但是由於圖書館學本身也處在不斷發展之中，我們就很難一下子全部把握住它。這就是學術成果多半表現爲階段性，而無永久性絕對結論性成果的秘訣。

　　胡述兆博士另辟蹊徑，從李景新在『圖書館學能成一獨立的科學嗎?』（『文華圖書館學校季刊』第七卷第二期，1935 年）中『圖書館學體系圖』說開去，話鋒一轉就臺大有關圖書館學課程進行歸納、分析，以探索圖書館學體系結構。他將圖書館學劃分爲五個主要領域，計 85 科。

（一）圖書館學基礎
包括：圖書館學導論、圖書館學專題、大衆傳播、圖書史、圖書館史、當代圖書館問題、研究方法、論文寫作、研究方法與論文寫作、視聽教育研究、圖書館教育、比較圖書館學、作業研究、出版與印刷、中國印刷史研究、中國版本學研究、中國目錄學專題研究、系統分析、圖書館統計學、圖書館實用英文、英文圖書館學文獻選讀、古書整校、叢書學、目錄學，計 24 科。

（二）圖書館管理
包括：圖書館管理、圖書館行政探討、圖書館作業評估、圖書館實習、大學圖書館、大學圖書館研討、公共圖書館、公共圖書館研討、學校圖書館、兒童圖書館、專門圖書館、電腦中心管理，計 12 科。

（三）圖書館技術服務
包括：圖書資料徵集、中文圖書分類編目、西文圖書分類編目、館藏規劃、分類理論研究、杜威分類法、國會圖書館分類法、日文圖書館分類編目、視聽教材製作、檔案設計原理、檔案設計應用、圖書館資料處理、索引及摘要、古籍編目、技術服務研討，計 15 科。

（四）圖書館讀者服務
包括：中文參攷資料、西文參攷資料、讀者服務研討、非書資料、視聽資料、參攷服務導論、特殊讀者服務、人文科學文獻、社會科學文獻、科技文獻、青少年及兒童讀物、西洋兒童讀物、日文參攷資料、政府出版物、中國傳記文獻、中國古典參攷工具書、圖書館資源分享，計 17 科。

（五）資訊科學相關科目
包括：資訊科學導論、電子計算機概論、電子計算機專題、電子計算機資料結構、中國電子計算機研究、資訊科學教育、資訊科學研討、圖書館自動化、電子計算機在圖書館之應用、微電腦在圖書館之應用、資訊儲存與檢索、索引典結構、資料庫概論、線上（指聯機）資訊檢索、資訊系統、資訊管理、資訊政策，計 17 科。

他還認爲，圖書館學的界說也會因時因地而異，不可一概而論。圖書館學範圍一些核心科目可能在不同時代、不同地方，有不同的名稱與內容；隨着資訊時代的到來，一些基本的資訊科目已成爲現階段圖書館教育的必然趨勢。當然，圖書館學專業的某些課程設置與圖書館學自身框架，兩者並不完全是一回事；圖書館學專業課程設置與圖書館學自身分支學科的歸屬與劃分，兩者似乎也是有區別的。然而，胡述兆博士高明之處更在於，他並不拘泥於圖書館學體系結構來加以思攷，而是從圖書館學發展長河中重在攷查圖書館學的現狀。任何一種學科都有它的過去、現在與未來，他始終將研究重點放在『現在』，因爲『現在』是『過去』的延續，『未來』是『現在』的延伸。還應當看到，科學研究成果中重要的還不僅僅在於其某些結論的本身，有時往往還在於其所提供的某種思路、視角、探索途徑等。

六

搞好圖書館工作，其内部關鍵在於調動每一個工作人員的積極性，發揮群體優勢與智慧。圖書館是一種公益性的社會支撐事業。圖書館通過各種服務工作，傳播信息，支撐教育、科學、文化、技術開發、管理事業，成爲現代經濟建設、現代科技發展、現代精神文明的導向行業之一。但是，圖書館任何一項決策、計劃，乃至其各項職能的實現，只有組織實施得有力，才有可能收到預期的效果。沒有健全的組織，即使有優化的決策、理想的計劃、明確的職能等也是枉然。

胡述兆博士認爲圖書館的組織建立依據有如下：人數，雖然屬於常用的組織形態之一，但圖書館組織中很少以人員多寡編組。機能，依機能分組既簡單又合乎邏輯，因而常爲圖書館界所採用，近年來更有整合功能相近之數部門爲一個較大部門的趨勢。地區，依地區來劃分部門，在公共圖書館系統較爲常見的是設分館及圖書巡回車。讀者，特別類型讀者群，是圖書館組織機構設立應攷慮的重要依據，如設立兒童閱覽室等。學科，在大型公共圖書館或大學圖書館中，常依學科設置分館、系圖書室、閱覽室等。文獻形式，對於某些特殊文獻形式，爲便於讀者使用與集中管理，建立相應的部門或閱覽室，如古籍部、特藏部、期刊部等。以上各種劃法依據，在具體組織實務中應採取混合配置方式，而不是單一式。他從美國和臺灣地區一些具有代表性的圖書館組織現況出發逐一介紹與評說，這種理論聯繫實際的學風與務實、求實的精神就很值得我們大陸學者學習。我國大陸學者在論述圖書館組織與管理的論著中，近十多年來，較少從實例出發，有的放矢論述。

總之，胡述兆博士有關圖書館學、資訊學的論著中蘊藏着豐富内涵，不僅生動反映出他的許多真知卓見，也如實地表述出他那寬廣的閱歷，在兩岸圖書館學優秀成果中也是難能可貴的。

原載『圖書館學研究』1994 年第 1 期，頁 94—97

飛出檢關架『熱綫』 探幽書山鑄新篇
——記臺灣著名圖書館學家胡述兆博士

吉林圖書館館長　金恩輝

架設圖書館『熱綫』的教授

　　東北秋天的中午，天晴宇朗，氣候宜人。長春機場接客室門外，我們幾個人或望眼天空，或注視着機場跑道，聚精會神地等待着一位來自臺灣的客人，他就是我久聞大名却還未曾見過面，神交雖久但又文交不久的朋友——胡述兆教授。

　　我此時心情很興奮，又不太平靜。自從改革開放以後，無論是在國內，還是出國訪問，我同海內外學術界的朋友相識、交流的機會不算少，今天接待胡先生，多了一位新朋友，自然是一件高興的事。但這次胡先生來長春不是一般性訪問，而是和我們有要事相商，涉及海峽兩岸學者能否合作編輯、出版『中國地方志總目提要』一書。此前，我的朋友邱東江、劉鋒先生曾分別代表我同胡先生面談，探討過這種合作的意向，但那畢竟是間接的接頭，這種意向變成現實究竟有無可能？該如何同胡先生進行這次商談？我雖滿心想把事促成，但缺乏合作編書、出書的經驗，又擔心對方提出某些要求我們做不到，故而心裡有些把握不定。

　　東江曾向我介紹過胡先生，說他是一位典型的學者式、教授式的專家，爲人誠懇、忠厚，實實在在；尤爲難得的是，近年來，他積極地致力於海峽兩岸圖書館界同行之間的聯繫和交流，他曾是臺灣圖書館界首次赴大陸訪問團成員之一，以后又數次來北京、上海、天津、湖北、陝西等省、市，在圖書館界廣交朋友，進行學術交流。他學貫中西，功底深厚，是肯於爲弘揚中華民族文化而無私奉獻的人。東江對我說：『只要是有關學術方面的事，胡先生一定會同你談得來。』

　　然而我對這次晤談仍然沒有底。事情是，我自1987年提出編著『中國地方志總目提要』這樣一部大型的學術工具書的方案以後，得到了全國各省、市、自治區圖書館界學者的廣泛支持。一支數十人組成的專家隊伍經過爲時幾年的努力，已將分頭撰寫的數百萬字的書稿草成。遺憾的是，這部系統、全面、深入地整理、研究和總結我國地方志遺產的重要著作，只收錄了其主要部分，卽保存在大陸各圖書館中的方志，缺少對現存於我國臺灣和國外各圖書館中方志的記載，因之使這項學術價値十分重大，規模頗爲可觀的文化系統工程，一度深入不下去，乃至陷於半停頓狀態。與胡先生有了聯繫以後，他認眞地研究了我於1992年6月寄去的有關情況的介紹，卽於7月27日給我回了信，信全文如下：『恩輝館長有道，六月廿一日手教及附件均已收到，謝謝。「中國地方志總目提要」之合作編輯及出版事，我曾與這邊相關學者交換意見，咸認爲此事關係頗大，值得進一步商討，但有些問題無法在信件中解決，必須當面研究，故一時無法對此事做一較爲具體的答覆。我們的初步計劃，由我與輔仁大學圖書館學系盧荷生教授（剛交卸系主任）親自跑一趟長春，向先生等當面請教一些問題，並初步洽談雙方合作的多種可能途徑，其時間可能爲九月中旬（因我已取消去印度參加會議），詳細日程，俟赴大陸手續辦完后，才能確定，到時當再函告。』此信說明，臺灣圖書館界對此事比較重視，胡先生認爲海峽兩岸學者『合作編輯、出版』該書值得進一步『商討』,而且『必須當面研究』;他決定『取消去印度參加會議』的計劃,擬同輔仁大學盧荷生教授於9月間『親自跑一趟長春』,同我『洽談雙方合作的各種可能途徑』。

胡先生未等我回信,中國圖書館學會副秘書長邱東江卽信函通知我,胡先生已同他打了招呼。東江希望吉林方面做好這次接待工作。8月中旬,東江又特地打長途給我說:『近一二年來,我們與臺灣圖書館界人士聯繫不斷加強,但還都是一般性接觸。這次你們與胡、盧兩位是就學術性的互補、協作問題進行實質性商談,如獲成功,是海峽兩岸學者携手共事,繁榮圖書館學、文獻學的良好開端,也是我們學術界的一件盛事。』我以疑問的語氣問東江:『這當然是件好事,但雙方合作的前景究竟有多大?我心里是沒有底的。』東江回答說:『胡、盧兩位先生都是臺灣圖書館學界高層次人士,辦事認真、講究效率,他們北出榆關、親赴長春,肯定是有誠意的。依我看,無論這件事成與不成,他們都是在海峽兩岸學者進行實質性的學術合作方面架起了一條「熱綫」。』

經過一番籌備,我於8月19日電傳胡先生:『我們熱情歡迎您和盧荷生教授來長春交流學術,並請將具體日程來函或傳真見示,以便接待。』8月27日,我接到胡先生的電傳回覆:『恩輝館長賜鑒:8月19日傳真大函敬悉。我定於九月廿日中午十二時卅分,自上海搭中國國際航空公司班機飛去長春,廿二日離長春去北京,請代訂旅館兩天。此次因時間短,且盧荷生教授無法同來,不能作學術交流,但我希望與吉林省圖書館界同仁見面聚談。』

從盧先生不來長春,胡先生只在長春呆兩天(實際上是一整天),一般性學術交流來不及安排看,他們確是忙人,時間太緊張了;但胡先生還是要與我們見面商談,說到做到,不失爲一位學者言而有信的風度。我想,卽使僅僅能同胡先生有這次結識,也是緣份。他當不虛此行。誠爲東江所說,無論如何他也是在我國臺灣與吉林(乃至大陸)圖書館界學者之間,架起了一條具有實質性合作的友誼『熱綫』。這就是我在長春機場時的心情。

牽動著海峽兩岸學者的心

機場大廳的揚聲器傳來女播音員輕柔悅耳的聲音:『自上海到長春的××航班於12時30分正點着陸。』接客的人群立卽掀起一股聲浪,人頭攢動,紛紛涌向接客的大門。我們幾位接客者中只有吉林省社會科學院劉鋒同胡先生見過面,他主動走上前,留我們在人群外等待。

胡述兆先生究竟是一位怎樣的人呢?在這不到5分鐘的空隙時間裏,我腦海里迅速地又一次閃過了事先得到的關於他的文字簡歷:

——胡述兆博士(Dr James. S. C. Hu),1928年9月4日生於江西省新喩縣譚口村。現任臺灣大學圖書館學系暨研究所教授及博士班、碩士班導師,臺灣『中央研究院』歐美研究所研究員,臺灣『教育部』圖書館事業委員會委員,『文化建設委員會』語言圖書委員會委員暨文化中心輔導小組委員,編譯館『圖書館學與資訊科學大辭典』總編輯,中華圖書資訊學教育學會首任理事長。

——胡氏爲臺灣學位最多者的保持人,先后讀過10個大學,獲得7項學位,他治學甚勤,著作頗豐,計有『圖書館學導論』、『美國國會圖書館的中文部』、『美國總統的生平與時代』、『美國總統選舉』等專書9種(其中英文3種、中文6種)及中、英文論文90

餘篇。

——胡述兆爲 Beta Phi Mu 及 Phi Tau Phi 兩個國際榮譽學會的會員,並已列入中外 10 餘種名人錄中。他曾當選臺大教學特優教授,獲頒臺灣『教育部』大學教科書優等獎及『國科會』優等研究獎,並連續擔任『攷選部』高等攷試典試委員及『教育部』留學攷試委員。

——爲促進圖書館事業的發展,胡氏積極參與海內外圖書館專業活動,現爲國際圖書館學會聯盟(IFLA)、美國圖書館學會(ALA)、美國圖書館與資訊科學教育學會(ALISE)、美國資訊科學學會(ASIS)的會員,歷任學會的理監事及委員會主席,現任臺灣中華圖書資訊學教育學會常務理事並當選爲首任理事長。

也許因爲職業、工作和性格的關係,我幾乎天天都在和不同階層的人物打交道,其中不乏接觸一些因某種機緣成爲比一般學者顯赫得多的高官或身纏萬貫的商賈,更多的則是學有所成的中外專家、學者,但像胡述兆先生這樣,用 20 餘年時間念了 10 所大學,獲得 7 個學位,橫跨化學、法律學、政治學、圖書館學及資訊(大陸稱情報)學多種學科的,却未曾見過。人生幾十年,他居然做到這一點,不能不令人刮目相看。欽佩和好奇相交織的心情,使我在意念中幻化出關於胡先生多種可能的形象,同時也更急於同他相見。

轉念之間,劉鋒陪着胡先生走出了人群。胡先生中等身材,身披一件普普通通的風衣,彬彬有禮的神態,向着我們微笑。我們快步迎上前去,一個個同他握手。劉鋒將我、曹殿舉、陳久仁、張國治、王中明、王永勝向他作了介紹。他平易近人,用比較標準的普通話溫和地說:『久仰,久仰。見到大家,我真高興。』又對我說:『爲了能乘飛機,我在上海停留了兩天,住在華東師大,陳譽先生要我代表他,向您問好!』方圓型的臉龐露出誠懇的目光,像多年不見的老友見了面,一下子縮短了我們之間的距離,也打消了我的局促不安。

在開往賓館的汽車上,大家像嘮家常一樣地談了起來,從他身上既看不出多年在國外留學和工作過的『洋博士』影子,也聽不到人們第一次見面時那種客套話,更沒有任何雕琢和賣弄的詞句。如果不知其底細,人們也不會想到他來自臺灣,他就是我們中間的一位普普通通的圖書館同行,普普通通的大學教授。我問他:『您吃過午飯了嗎?』『還沒有。你們呢?』『我們都吃過了。』『那就好。我在飛機上用了點零餐,現在也不餓。』他推心置腹地說,在上海身體着了涼,患了感冒,現在咽喉還在發炎,可否到藥店買點藥。我們將汽車停下,照辦了。他又說,這次來長春時間太短,只能辦一件事,就是合作編輯、出版『中國地方志書目提要』一書的可能性。我說:『您一路勞頓,身體又欠佳,吃完中午飯先休息,明天開始談正題。』他因咽喉發炎,聲音略微低沉和嘶啞,然而却很肯定地說:『不。咱們將時間往前趕,下午就談正題。』他用殷切的目光望着我,充滿期待地徵詢我的意見:『您看,這樣可以嗎?』我只好點頭同意。

在我們一再堅持和催促下,他隨永勝到賓館的餐廳匆匆吃了點水餃,回到客房時,還不到兩點鐘。他連行裝也不整理,服了些藥,就坐下來同我、殿舉、久仁、中明幾位開始問答式的交談。他具體地問詢了『中國地方志書目提要』的編撰緣起、編輯方針、編撰體例;由全國各省、市、自治區圖書館界的文獻學專家組成的寫作隊伍情況,其中包括全書大陸部份的主編、副主編、編委以及各地分主編和撰稿人的情況;全書目前的進度;以及如果海峽兩岸合作,臺灣圖書館界將承擔什麼義務,等等。可以看出,他不僅對我國古代圖書,其中包括方志遺產瞭然於胸、如數家珍,是位學有根柢的行家裏手,而且對於方志書目提要合作編輯、出版所有全局性、局部性乃至一些細節的問題,事先都已做過周詳的攷慮和研究，確實是有備、有爲而來。

在交談過程中，他的提問多是單刀直入的，一兩句就敲到點子上。我們的答覆也無絲毫應付之處，不做任何不着邊際的空談，事事都同實際操作相聯繫。有些問題卽使雙方觀點相左、見解不同，大家都能從全書整體利益着想，求同存異，從善如流，一些本來難以處理的事，就在言談笑語中一一迎刃而解。待水到渠成之時，胡先生從容儒雅地做了較長的發言。

他發言的要點是：地方志是中華民族歷史上獨樹於世界民族文化之林的寶貴財富，在現存我國古籍中佔有相當大的比重，以書目提要形式整理和總結這筆遺產，非海峽兩岸各藏書機構聯合起來莫屬。他表示臺灣圖書館界的文獻學家願意同大陸同行共同編好這部書，臺灣漢美圖書有限公司正攷慮出版問題。這麼一部 16 開本，三四千頁厚，裝幀精美的鉅著，出版社可能承擔着某些經濟損失；但是，對這項無論在中國還是在世界的文化建設上皆堪稱浩大的系統工程，單純的經濟攷慮是次要的事。地方志廣泛記錄着祖國世世代代大好河山的演變由來，凝聚着中華民族生息發展中創造的智慧之果，是我們民族永恒而無價的精神寶庫，大陸學者奠定了此書的基礎，臺灣學者和出版界協助玉成此事，是錦上添花之舉。他頗爲激動地說，這部鉅著牽動着海峽兩岸學者的心，相信雙方都能精誠團結，各盡一份義務，擔一份責任，刻苦治學，相互切磋，爲弘揚中華民族優秀文化遺產竭盡綿薄之力。

在下午交談時間內，他還分別接待了專來探望他的白求恩醫科大學圖書情報系王一煦、李佔兵兩位副教授，吉林省圖書館社會教育部劉維英、關麗昌兩位同仁。此時時間爲五時半，從他下榻賓館，到事情大體敲定，不過用了三個多小時，可見成事之心切，辦事之認真，工作效率之高。殿舉對我說：『壓在咱們身上這麼重的包袱，幾個小時，就得到了初步解決，真是柳暗花明又一村啊！』我說：還是這部書選題好。作爲炎黃子孫，對我們共同祖先、共同地域和共同歷史、語言、文化積累的弘揚，是一種發自於內心的深厚、廣泛的民族感情，這種感情矢志不渝，世代相續，是誰也割不斷的。正如胡先生所說，我們這部書，牽動着海峽兩岸學者的心啊！

好事盡從難上得　少年無向易中輕

胡述兆先生在長春第二天，依然帶着感冒未愈咽喉仍發炎的病情，緊張地活動。他用半天時間，同我們一起大致審閱了各省、市、自治區圖書館學、文獻學專家們撰寫的方志書目提要初稿，重點剖析了一些有代表性的詞條，具體而微地提出了中肯的修改意見；又用半天時間，同吉林省暨長春市圖書館界人士舉行了小規模的座談會，雙方坦率地就海峽兩岸同仁進行學術交流問題發表了意見。中午，吉林省地方志編纂委員會孫寶君副主任等設午宴招待他；晚餐是東北師範大學的領導和學者宴請的，參加者有：師大副校長詹子慶教授、圖書情報系主任符孝佐教授和該系其他幾位負責人王佔潮、耿義成、楊沛超等副教授。這對胡先生來說，都是盛情難却的事。

儘管他旋風般急促地度過了一整天，晚間還邀了我們幾個人到賓館他住的房間，一起促膝漫談直到夜深，才去準備明晨赴京。短短的接觸、晤談，加深了彼此的瞭解和信任，他的爲人和學識，他的治學道路和學術思想，尤其是他苦讀廿載、學有所成的曲折、艱辛，令我感觸頗深。這裏僅將他勤學苦讀的若干側面，寫成如下，介紹給圖書館界同仁。

胡先生唸中學時，正值日本帝國主義侵略中國，國土失守，生靈塗炭，中華民族處於生死存亡之際。年輕的胡述兆懷着滿腔熱血，毅然投筆從戎，加入青年軍的行列。抗戰勝利后，他重拾課業，攷入國立中正大學化學系。后又轉臺灣大學法律系，獲法學士后，再攷入政大政治研究所。在研究所共六年，前三年讀碩士，后三年讀博士。難得的是，這六年間，王雲五先生成爲他的授業恩師。胡先生説：

  我入雲師門下受教，始於 1957 年。……我自小就知道雲師的大名，從小學 5 年級開始，就在老師的指導下，學用他的『四角號碼檢字法』及『王雲五小字典』，而且知道他苦學出身，自己小學未曾畢業，后來却曾做過胡適之先生的老師。想不到這樣一位當代名人，我今天竟做了他的學生，興奮之情，自不待言。

  雲師教『中國歷代政治典籍研究』，方法相當高明。他不要求我們去讀這些典籍（事實上也不可能），只要我們去查這些典籍的目錄，並就相關的典籍，比較其異同。記得我在研究『漢書・藝文志』時，發現古人對數字不太注意，因爲該書許多門類中，其書目的統計數字，前后都不相符。又嘗比較三通中的『御史臺』條，發現『通志』抄『通典』，而『通攷』又是抄『通典』與『通志』。從而認識到，宋鄭樵的『通志』，大部份是接續唐林佑的『通典』而成，而元馬端臨的『文獻通攷』，又是因襲『通典』與『通志』。除去時代的因素不計外，凡相同的條目，不但内容雷同，卽文字也沒有改動。諸如此類發現，都引起我極大的興趣。所以這門課報告雖多，却讀得津津有味。我今天對中國古書的認識……，還是拜雲師之賜。

  雲師是我在政大的碩士論文指導老師，也是我的博士論文指導老師。后者的題目爲『美國參議院官員任命同意權研究』。當時臺灣缺少這方面資料，我希望能到美國進修一年，並已先聯繫了到美后的工作，以解決經費問題。但當時美國『大使館』簽證極爲困難，雲師攷慮到我正在『國民大會』編輯科工作，建議我説：『你不妨申請公務護照出國，這樣美國「大使館」既不會留難，又沒有用公家的錢，而收集博士論文資料，理由也很正當。』雲師並為我向各主管部門寫信、打電話，很快得到了『國大』秘書長批下的派令：『派該員攷察美國國會，限期一年。』不料在函請『行政院』發公務護照時，却遇到了困難。『行政院』承辦此案的吳先生，先以公務出國，無此經費爲理由不予簽辦。當説明『該員攷察費用，由其自行負擔，不費公帑』后，那位吳先生簽署意見竟是：該員既非出國攷察，是否可發公務護照，敬請卓裁。順水推舟地將此件一直交上了『行政院』副院長室。當時院長休養，雲師正代理院長，他把我找去，連搖其頭説：『述兆，你的申請護照案，已到了我的辦公室，但我不能批准。當初我沒有想到，不用公家的錢，不能拿公務護照。這件事到此，已是此路不通。你去美國找資料的事，只好慢慢再談了。』並打趣地説：『這件事由我發動，但公事到了我的身上，却無法批下去，真是有趣得很。』

  事后我對本案自行檢討一下，當初曾有位知情的朋友建議我請那位吳先生吃一次飯，大家見面談談，溝通一下意見。我對那位朋友説，我向來不做這種事，就讓他公事公辦好了。如果我不是這樣不識相，結果又將如何呢？無論如何，吳先生這種公事公辦的精神，是值得人欽佩的。1973 年我回臺探親時，在一個偶然的場合，又與朋友談起此事，據説吳先生曾因收賄案，被判入獄數年，出獄不久鬱鬱以終。追憶往事，甚感惆悵。

  1963 年，我以自費留學的身份，去美國『大使館』簽證，果然經過極大的困難才獲通過。在美國的事，説來話長，難以談得太多，概而言之，是讀書打工，兩皆忙碌。

關於讀書，我認爲在留美前一定要打下扎實的學問基礎，有充分的準備。首先是把英文基礎打好，對一般人來說，閱讀大概沒有問題，但是在聽、講、寫方面要特別加強。另外，可以向老師請教，先找一些準備攻讀科目的原文書加以研究，以奠定學科基礎。還有一些看來細小的問題也要經心，比如撰寫論文的格式也要注意。我的第一篇學期報告就因格式不合而被退回過。在國外的各大學院校很重視論文的格式，而臺灣的學生一般都不太重視，也沒有接受過這方面的訓練，吃了不少虧。

當然，最主要的是在心理上要有吃苦的準備。一般人將美國看得太理想了，也就無法適應實際的生活。我剛下飛機時，手邊只有40元美金，第二天馬上在餐館找了一個工作。這就是心理上先有了準備，就算吃再大的苦，也會甘之如飴，同時也是當做自己的一項磨煉。

胡先生在漫長歲月中邊工作、邊讀書，他的求學歷程一定充滿傳奇色彩。他對我們來不及一一細談，但歲月的剝蝕，時光的衝刷，淡化不了他腦海中印象深刻的一些小事，僅從他對這些如烟往事的回憶中，摘出如上片斷，就如散金碎玉，足以令人感到：『好事盡從難上得，少年無向易中輕』（唐・李咸用『送譚孝謙赴舉』），讀書治學絕不能畏難就易走捷徑，凡事須花費氣力才會成功，古今成大事業、大學問者，概莫能外。胡先生的艱辛、刻苦的治學道路，也充分地說明了這一真理。

至樂莫過讀書　至要莫如教學

胡述兆先生前半生勤學苦讀，后又教書治學，最終選擇了圖書館作爲自己畢生獻身的事業，對此，他無怨無悔，倒感到其樂無窮。他認爲人生的價值，只有獲取社會的認同並在自身與社會的雙向結合中才能得以實現，人生追踪的目標越是有利於社會的發展、民族的進步，並且能同個人的興趣、愛好一致起來，取得成功的機會越多，其體現的價值越大。他一生同書結下了不解之緣，或許受他的授業恩師王雲五先生的影響。王雲五一生著述等身，他自1914年至1977年，共出版專書80餘部，譯著10餘本，論文290餘篇。他對中國的古籍和文獻有很深的研究，對圖書館十分偏愛，他以畢生勞苦所得全部捐出，成立了『雲五圖書館』。他九十高齡做壽時，懇辭任何禮品，僅說：『如蒙寵賜，請送圖書，俾移贈雲五圖書館庋藏。』結果收到5000餘冊贈書。王先生還有一個很好的習慣，就是經常作卡片，平生作有二百多萬張，並編有詳細的目錄和索引。所有這些，大概這都是影響胡述兆先生以『至樂莫過讀書，至要莫如教學』爲座右銘，並最終選擇圖書館學爲歸宿的因素吧。

據胡先生回憶，他剛到美國時，在哥倫比亞大學主修『美國政府』，兩年取得碩士學位，由於種種原因，一時無法回臺，他以一個外國人的身份，不容易在當地找到工作。而他因在哥大唸書時，時常到圖書館工作，深切瞭解圖書館學對一個研究工作者的重要性，於是就在就業導向和喜愛研究的雙重因素下，開始在賓州維拉諾瓦大學攻讀圖書館學的學位，一年后拿到圖書館學碩士。拿了學位之後，胡先生先在哥大東亞圖書館做了一年事，又轉到賓州的聖法蘭西斯學院任教，一教就是十六年，由講師經助理教授而至副教授。來美已十多年，胡先生原是爲收集博士論文資料而來，却因太久未提出論文而放棄了政大政研所博士論文候選人資格。胡先生想想心有不甘，又想再唸書，便到70哩外的匹茲堡大學選課，當時匹茲堡大學圖書館學博士班才設立，因此多半唸的是『超碩士』，因此胡先生在兩年后又拿了他第四個碩士學位。由於唸這個學位辛苦萬分，胡先生拿到學位後就沒有繼續修博士。

但他教書的聖法蘭西斯學院有一規定,沒有博士學位不可能升到教授。胡先生有四個碩士學位也沒有用。爲了賭這口氣,他四處申請獎學金,結果美國佛羅里達州立大學願提供獎學金,這所學校也是美國南部二十多個州中唯一設有圖書館學博士班的學校,因此胡先生毫不致慮的便去讀了。但這個學校要求唸博士須先讀高級碩士,是一貫體例,因此胡先生花了十四個月拿了他第五個學位,而且拿到這個高級碩士學位之後,只需再唸第二外國語,經過博士攷試,再提出博士論文即可。1977 年,胡先生提出他的論文『美國國會圖書館中文部之發展』,終於拿到博士學位,距離他出國那年已過了十六年。

在拿到學位之後,胡先生也升任教授。

1983 年,胡述兆先生應臺灣大學之邀,回臺任圖書館學系系主任兼任圖書館學研究所所長。他已在美國娶妻生子,有了美滿的家庭,事業上也功成名就。很多人對他放棄在美國的一切毅然舉家返臺感到奇怪。談起這個問題時,胡先生回答:『1. 民族觀念太強,不願老在異國;2. 在國外住幾年,學學外國的科技新知識是無可厚非的,但應該在還來得及的時候,回來爲自己的民族做點事,我在美國多年從事圖書館學的研究,如今回來,對中國的圖書館界還能有些貢獻;3. 好朋友大多在臺灣,精神上較愉快;4. 要兒子接受中國教育。』語言質樸,理由簡單,但是透過這未經任何雕琢的話語,人們分明可以感受到一片依戀故土的拳拳之情,一顆矢志報效民族的赤子之心。綠卡揣在身,不改中國心,作爲一個浪迹天涯的海外游子,胡先生始終沒有忘記他是炎黃子孫,他的事業植根在中國的土地上。

從化學到法律學到政治學到哲學,半輩子唸過那麼些大學,取得那麼多的學位,但由於環境、興趣、性格等多方面原因,最后的選擇却是圖書館學,這一選擇竟成了他的終身職業,而且也實現了他從『至樂莫過讀書』到『至要莫如教學』的座右銘。胡先生不否認對政治學,特別對『美國政府』一直懷有濃厚的興趣(他現在仍兼任臺灣『中央研究院』美國研究所的研究員),而且常利用圖書館檢索有關資料,去研究美國政府。他認爲這兩者配合得非常好,在他的大量論著中,大約有五分之三是政治學,五分之二是圖書館學,就是最好的明證。用他自己的話説:他走上圖書館學的研究道路,到圖書館界服務,就是這樣一步一步慢慢地走上來,一點都沒有勉強,而且做得十分高興。

胡述兆先生在美國的圖書館學界歷任要職,很有成就,也很有影響;回到臺灣以後,他投身圖書館學教育事業,在擔任臺大圖書館學系系主任暨研究所所長時,曾籌設臺灣第一個圖書館學博士班,舉辦了圖書館學與資訊科學教育的舉世第一次國際研討會。在主持工作中,他根據學科發展和社會的實際需要,在課程設計中加強基礎課程如普通心理學、大衆傳播學、邏輯學、圖書館史、第二外語等教育,並較早地在系里增設了資訊科學亦即情報科學的課程,如電子計算機在圖書館的應用、資訊儲存與檢索、資訊管理、資訊教育、資訊技術等。這在臺灣圖書館學的教育中都是具有改革性的舉措。

9 月 22 日清晨,我們爲胡先生送行。他深情地説:『這次相聚時間雖短,收獲鉅大。我返臺北后第一件事,就是向同行們通報,盡快地將雙方合作出書的事最后敲定下來!』他果然不爽此言。現在,緊張而艱苦的編書工作,正在海峽兩岸圖書館界的近百名學者間進行着。作爲與胡先生聯合主編『中國地方志書目提要』的主編之一,我與胡先生的文交更頻繁了,對他的瞭解也多了些,從他身上也應當學得更多了。他年逾花甲,仍在爲海峽兩岸圖書館事業的知識大廈添磚加瓦,爲總結和發掘中華民族的優秀文化遺産潑灑心血,奉獻真誠,他以自己有限的人生,做着更有成效的工作,這是多麼令人欽佩的事啊!

原載『中國圖書館學報』,大陸圖書館學會會刊第 4 期(1994 年),頁 500—513

大陸實習記
—— 胡老師和十個女學生的故事

臺大圖書館學研究所第十三屆學生合著　丁友貞編

　　時間過的真快，一轉眼我們班全都畢業了，我們是一九九二年進臺大圖研所碩士班，全班十個都是女生，由於誰也不想落單，三年內十個女生都拿到了學位。畢業後，大家的感情依舊不錯，想來維系的最大動力應就是那一次的『大陸實習記』。

　　故事發生在研一暑假（一九九三年七月一日至十日），主角是十位女學生和其導師，由於這位導師有心促進兩岸圖書館學研究生之交流活動，因此研一（上）一開學就告知學生有此項活動，並希望能夠成行，這個議題立即在全班引起廣泛討論，有男朋友的問男朋友，沒男朋友的問父母……。一學期之後，居然大家都很有默契地決定追隨這位先驅者同創學生交流的新紀元。所以囉，一場天不怕、地不怕的大陸實習記就這樣開始了。

　　十天的實習行程中，我們參觀了華東師範大學圖書館、上海圖書館、上海交大圖書館、復旦大學圖書館等；並與華東師大的圖研所學生進行學習交流會；除此之外，杭州、上海、蘇州及香港也有我們順便游覽的足跡。在這次的實習行程中，大家各有不同的收獲，然相同的是大家的感情變的更好了，對大陸圖書館也有了初步的認識……。事隔多時，每每講起這次實習記，大家總是意猶未盡地談論著點點滴滴。尤其是説起我們的導師，那更是有許許多多的故事可談。這次欣逢我們的領隊者——胡述兆教授七十大壽，爲了感謝老師當年的辛勞，我們班集結了那次大陸實習記的小故事，希望以這份我們和胡老師共同擁有的美好記憶，祝福老師——生日快樂！

相　見　篇

徐一綺

　　這天，大夥兒滿懷欣喜，帶著一顆喜悅的心來到中正機場，經香港轉機，再前往杭州機場，期待大陸之行的序幕。一下飛機，十個女生即尾隨胡老師出關及檢查行李，好不容易過關之後，我們便連忙尋找杭州的導游（當地稱爲地陪）。這時見到外邊一群人好奇地望著我們，我們也好奇地回望過去，心想到底那個才是我們的地陪呢？這時有位斯文的先生『很不確定』地向我們詢問——『你們可是打臺灣來的？』『是啊』『那就對了，我等你們好久了，原先以爲是臺灣來的十一位老教授，怎麼是群大姑娘呢？可是這又是今天最後一班飛機，只好試著問問看……』我們十個人不約而同笑了起來，這時因解決行李問題而晚出關的胡老師也來了，就在我們隨地陪搭車之際，突然之間聽到旁邊好奇者的話——『你看，你看，一個老教授帶著十個小姑娘呢！』

杭 州 篇

丁友貞

杭州，是我們初至大陸的第一站，記得下飛機時，細雨霏霏的情景至今難忘．當晚在嘗過杭州名菜之後，我們一群小女生便在地陪引導下參觀當地的百貨公司。不記得那兒有些什麼東西，反是『胡老師買絲巾』這件事令人印象深刻。若非和老師一同出遊，絕難想到老師是那麼『照顧』師母的人，為了買一條絲巾送給師母，老師在櫃臺前攷慮許久。很不幸地遇到我們這群女生，一個說那條綠的好，另一個說紅的好，第三個又說黃的比較好……，天啊，十個女生十個不同的意見，可憐的老師加上可憐的店員。還好故事有美好結局，老師總算買了絲巾。那一條呢？不知道，因為受不了我們的『歧見』，老師最後下了『驅逐令』，十個女生只有被迫離開現場，……至今無人知道老師的選擇。師母……您能告訴我們大家嗎？

旅 館 篇

董小菁

由杭州到上海華東師大後，我們一大群人便住進該校的『中學校長培訓中心』宿舍。豈知一進入房間即狀況百出，同學們均抱怨連連，例如：浴室漏水、冷氣無法使用等等，皆一一向老師報告。原來這裏的住宿水準和大家的想像有一段距離。於是老師一面把我們的問題跟宿舍管理員反應，一面又要安撫我們這群大驚小怪的女生，真是讓老師哭笑不得。等安頓妥當後，趁大家睡午覺休息之際，老師又忙著和航空公司確定下一站行程的機位。直到我們一覺醒來，老師才忙完所有的事。對於老師無微不至的照顧與辛勞，大家都非常的感激。

錄 影 機 篇

黃靖斐

猶記赴大陸前夕，胡老師希望這次開先例創先河的兩岸圖書館學研究生交流實況能夠全程錄影，不但留下美麗而具體的回憶，更是一項歷史的見證。由於我對攝影頗有興趣，便自告奮勇接下這份工作。一路上大夥興致高昂，胡老師為使這捲錄影帶更具紀念價值，頻頻吩咐我將沿途風光攝入鏡頭。於是乎拜訪活動、研討實況乃至於遊覽勝景都變成錄影帶的一部份，當然蓄電池充電及扛、提錄影機也成為我的例行工作。胡老師每天見到我總要問到：『電池充電了嗎？』『記得帶錄影機喔。』使我感受到胡老師風趣、平易近人之外細膩的一面。

胃 腸 篇

張郁蔚

還記得研一暑假的大陸行，大家都是懷著一顆期待又興奮的心情。全團十一人，除了胡老師已有多次到大陸的經驗之外，其餘我們十個同學都是第一次到大陸參訪。胡老師帶領十個小女生的緊張心情，和我們興奮的心情是截然不同的。到大陸幾天之後，不知何故，我和幾位同學都有『排泄不順』的情形，只得一上街就買香蕉。胡老師得知後，立刻拿出自行準備的胃腸藥，以解決我們的不適。老師說幾次的大陸行經驗，讓他必定自備解決『腹瀉』的藥品……。天啊！我們一聽暗自慶幸，還好沒匆忙服藥，不然就火上加油、反其道而行了……。因為我們的問題恰恰和老師相反——『不患多而患寡』。老師明白情況之後，大夥相視而笑，老師說：『我還以為你們……』

『胡』說篇

彭美華

那次到大陸實習，一路上無論坐飛機或坐車，胡老師總怕掉了那一個，那可就糟糕了（ㄗㄠ ㄍㄠˇ）。舟車之苦，在所難免。從杭州坐火車到上海，第一次見識到大陸平原之美及什麼是十億人口，火車站塞滿人的情況，簡直和臺北車站連續假日返鄉人潮一模一樣。在往蘇州游覽之時，一路上有本班天后級唱將韻鈴及靖斐的歌聲相伴，老師也聽得樂哈哈，大概是太累的關係，回程上海之時，胡老師在車上呼呼大睡，聰明機警如我，趕緊將此一歷史鏡頭按下快門。原想回臺灣沖洗後向老師勒索，無奈天不從人願，偏偏那張曝光了，真是ㄗㄠ ㄍㄠˇ。經過十天的相處，洩漏些老師的小秘密：
1. 老師愛吃有點肥又不太肥的東坡肉，但師母不喜歡他多吃。
2. 身上帶有一些秘方，如果腸胃不順，請找老師。
3. 很喜愛跳老式的交際舞。
4. 愛談他過去學生時代的『豐功偉業』。

責 任 篇

邱韻鈴

胡老師是開啓兩岸圖書館界交流的先鋒者，帶學生到大陸參觀訪問也是胡老師首創的。很幸運的我們這一班搭上了首航的列車，全班十個姑娘跟著胡老師浩浩蕩蕩飛到了大陸展開兩個星期快樂的航程。我們不僅參觀了上海許多圖書館，也到各地游覽，欣賞風景名勝，一點兒也沒想到有任何的危險性。回到臺灣之後，大陸接連傳出旅游意外。在某次閒聊中，胡老師表示當初他一人帶著我們十個大姑娘實在是責任重大，師母也很擔心，萬一發生什麼事情，可就糟糕了（要唸成ㄍㄠˇ，胡老師的口頭禪）。感謝胡老師帶給我們一次難忘的大陸之旅，之後的學弟妹可就沒這麼幸運了。

北 京 篇

陳美智

　　猶記得那年夏天，初抵杭州機場，來接機的當地導游找不到我們，因爲導游以爲要接『十一個來開會的老頭子』。據說導游們還因此互踢皮球，没想到竟是『一個帶著十個年輕未婚女孩的叔叔』。這十個女孩子不但要到上海與杭州好幾處的圖書館參觀、見習，還要吃、還要住，還要『順便』游覽名勝古刹，還要逛街購物，回程還要去香港繞一繞。文武全才的『叔叔』一一打點，女孩子們有吃有玩，還體會了不少專業上難得的經驗。有兩個女孩子比較貪心，回程時又往北繞，想去看看北大、故宫，我就是那其中一個。『叔叔』没有多皺一下眉頭，僅管又添了他許多麻煩、許多的擔心。機票在上海出了問題，『叔叔』也排除萬難解決了；當這兩個女孩子到了北京，已有兩位北大的研究生輾轉受托來接待。故事的結局非常圓滿，我們全部平安回到臺灣。『叔叔』——也就是我們親愛的胡老師，陸續接到十通報告到家的電話以後就快樂了。從來没有想到一位這樣有學養、有地位的長者竟然會這樣服務他的青年學生，像父親對待幼年的孩子一般。我們認識胡老師慈祥、令人敬佩的一面，就是這樣開始的。

『姐妹』篇

黄雪玲

　　正如其他老師所言，胡老師『勇敢』地率領我們這群『丫頭』浩浩蕩蕩地展開了『學海橋樑』之旅。原本對於胡老師是一份學生對於老師的敬意，爾後敬意不減，更增親切之感。胡老師就好像是我們的爸爸，在這趟大陸之旅照顧我們的起居，引領我們進入對岸的圖書館領域，當然也少不了一點點『囉嗦』……只是胡老師一路上搞不清我和一綺的『身份』，讓我們竟成了『貌似』的姐妹，儘管一再地提醒老師，老師仍然如此。現在和一綺偶而憶起，猶能莞爾一笑。如今，我們這一群備受老師照顧的丫頭皆一一離開校園，走進社會，沈澱的回憶背後蘊含著深深的謝意。感謝胡老師給了我們這一次寶貴的學習機會，除了能藉此交流知識，更有進一步認識彼此，並向老師求教的時機，在學生生活已然逝去的往後日子裏，增添繽紛難忘的記憶。

　　值此『重大日子』，祝老師天天『年輕』!!

原載『圖書館與資訊論集』（慶祝胡述兆教授七秩榮慶論文集），1996 年 7 月，頁 833—839

胡述兆的教育情懷

劉志紅

江西新余籍臺胞、臺灣大學圖書館學系教授胡述兆先生自 1949 年別離故土，輾轉臺灣和美國求學、任教 40 多年。1989 年，當胡先生再次重返夢繞魂縈的故鄉時，已是年近古稀的老人了。

胡先生一生從事教育，曾任臺灣大學圖書館學系主任暨研究所所長，著有圖書館學等方面的專著 9 種，論文 100 餘篇。胡先生說：『我是搞教育的，沒有什麼錢，不能投資辦實業，但我想為中國的教育事業做點事。』

此后，胡先生便奔忙於海峽兩岸之間，致力促進兩岸圖書館學界的交流與合作，為保存和傳播中華文化盡心盡力。自 1989 年至今，胡先生應我教育部、文化部、中國圖書館學會及一些大學之邀，先后 13 次赴祖國大陸講學，進行學術交流，身影遍及北京、上海、天津、湖北、四川、浙江、陝西、吉林、江西等省市高等學府的講臺，並先后被聘為北京師範大學、上海華東師範大學、南昌大學客座教授，上海國際商學院顧問教授。對在臺灣大學有繁重教學與研究任務，擔任博士生導師，且年逾古稀的胡先生來說，頻繁赴祖國大陸講學是非常繁重的負擔，但胡先生却樂此不疲。

同時，胡先生沒有忘記關心家鄉的教育事業。在第一次回鄉時，他就有一個期盼，希望家鄉辦起一所大學，為新余的建設培養更多的人才。1992 年，新余高等專科學校成立，胡先生得知后十分高興。以后他經常同高專的領導通信，探討高專的發展之路。1995 年，胡先生應邀來高專講學，介紹大學辦學的經驗，欣然接受新余高專名譽教授之聘。

今年 8 月 31 日，胡先生在參加完北京國際圖聯大會之后，風塵仆仆趕回家鄉，為新余高專捐贈 2000 美元設立獎學基金，並把他平生收藏的幾千冊圖書分別贈給高專圖書館和新余市圖書館。胡先生說：『辦好大學一要有優良的師資，二要有充足的設備，三要有豐富的圖書。設立獎學金，獎勵優秀學生，是激勵學生勤奮學習，提升學校質量與聲望的重要手段。我捐的錢很少，只希望能起到拋磚引玉的作用，盼社會各界都來關心高專的成長發展。』

原載『人民日報』海外版，1996 年 10 月 25 日，第 5 版

海峽兩岸交流功臣——胡述兆

王世偉

我與胡述兆先生的相識是在 1992 年。當時我在華東師範大學任教並擔任圖書館系副主任，那次胡先生與我系談起了聯合舉辦海峽兩岸學術研討會事宜。1993 年 7 月，胡先生率臺灣大學 10 位碩士研究生來華東師大訪問，其間確定由我擔任首屆海峽兩岸圖書資訊學術研討會秘書長。當時，胡先生還專門實地攷察了會議的會場、住宿等設施，工作十分認真仔細。胡先生所倡導並創議的海峽兩岸圖書資訊學術研討會，自 1993 年 12 月在華東師範大學舉行之后，又先后於 1994 年和 1997 年在北京大學和武漢大學舉行，從而成爲兩岸圖書館界學術交流的重要形式，並大大地推動了兩岸圖書館界學術交流與合作。在兩岸交流方面，胡先生開了幾個先河，一是開兩岸學術研討會先河，二是開臺灣研究生訪問大陸的先河，三是開兩岸及香港在臺灣舉行學術研討會的先河。

胡先生知識淵博，涉略廣泛，曾先后獲七個學位：臺灣大學法學士、臺灣政治大學政治學碩士、美國哥倫比亞大學美國政府碩士、美國維拉諾瓦大學理學碩士、美國匹玆堡大學圖書館學超碩士、美國佛羅里達州立大學圖書館學高級碩士、美國佛羅里達州立大學哲學博士等。一位學者獲如此多之學位實屬罕見，所以在兩岸圖書館界傳爲美談。

此次兩岸及香港圖書館事業研討會之所以能夠在臺灣順利舉行，胡先生是一功臣。從資金的籌措到名單的確定，從人員的落實到日程的安排，胡先生可謂是費盡心血。大會期間，筆者有幸受邀與吳光偉、張曉林先生一起訪問胡先生在臺大的寓所。這是一套公寓式住宅，爲臺大教師宿舍，使用面積約 150 平方，廳很大。在胡先生的書房，放着多部世界各國的百科全書，還有一尊在中國大陸地攤上買來的觀世音。客廳墻上有好幾幅墨寶，十分珍貴。

還有一幅爲台靜農的書法：

述兆先生儷賞
冊府娜嬛傳寶笈
管城珠玉聚巾箱
台靜農於龍坡丈室

台靜農曾擔任臺灣大學中文系主任達十八年之久，教過胡先生的國文，『龍坡丈室』是台先生的書齋名。台先生早年是魯迅先生的摯友，與胡適之、傅斯年、毛子水等過往密切。

那天胡師母也在。胡師母即吳祖善女士，現任中正文化中心表演藝術圖書館主任。我們於大會開幕前夕曾去該館參觀，那裏作爲一個專門圖書館來講很有特色。如我注意到其中收藏了很多文藝演出的宣傳海報，似衣架般地吊挂成一排。那天晚上胡師母還不顧大會的疲勞，自己駕車將我們送回了住處。

記得 1993 年在華東師大召開的首屆海峽兩岸圖書資訊學術研討會的閉幕式上，胡先生曾激動地說：海峽兩岸的統一，從圖書館界開始。此語此景，至今仍記憶猶新。

原載『圖書館雜誌』第 4 期 (1997)，頁 60

捐書七千冊　聊表桑梓情
——臺灣大學胡述兆教授心繫故里

　　本報昨日訊　記者涂向義報道：9月1日，臺灣大學胡述兆教授向家鄉新余捐贈圖書儀式在市圖書館舉行。市領導邵奇生、劉永思、楊熾煌，新余高專黨委書記李超彬及有關部門領導出席贈書儀式並向胡述兆教授及夫人吳祖善表示家鄉人民誠摯的謝意！

　　胡述兆教授祖籍渝水區珠珊鎮，1949年離開大陸至臺灣，現入美國國籍。多年來他一直心懷故鄉，1989年來先后4次回鄉探親，常年到祖國大陸各地講學，已被南昌大學、武漢大學、華東師範大學、湘潭大學、新余高專等多所大專院校聘為客座教授。他畢生潛心修學，曾在中正大學（現江西師範大學）、臺灣大學及美國的多所大學攻讀，一生中共攻讀了10所大學，獲7個學士、碩士、博士學位，共著有9部專著，發表過100多篇中英文論文，是圖書館學方面的世界知名學者。此次捐贈給家鄉的7000冊圖書，均為胡述兆教授及夫人吳祖善的私人藏書，折合人民幣價值80多萬元，其中有『大英百科全書』、『大美百科全書』、『世界百科全書』、『伏爾泰全集』等非常珍貴的圖書，填補了我市圖書館藏方面的一些空白。

　　胡述兆教授的贈書行動在2年前已經開始，其間幾經波折，至今才全部安全運達。這批書主要分為：基本參攷書類、人文學理資料類、社會科學類、圖書館學類四大類，中英文版本皆有，是胡氏夫婦一生積累的寶貴的文化資源。市圖書館在接收這批書籍後將專門開闢閱覽室供全市人民借閱、學習，以實現胡氏夫婦在家鄉開發文化資源，推動新余文化教育事業發展的宿願。

原載《新余日報》（江西省新余市）1998年9月1日，第1版

國立中正大學校友通訊（一九九九年一月）

胡述兆（一九四九・化學）

　　胡述兆爲『新余校友會』的名譽會長，會長及副會長均爲市委領導及高專校長等人，校友人數有三十多人，自一九八九年以來，他已到大陸旅游及講學十七次，退休後曾將私人藏書七千冊捐贈家鄉新余市圖書館，期對家鄉教育文化有所助益。

（編者檢視一九九八年九月二日江西『新余日報』第二版專欄，題爲『臺灣大學胡述兆教授心繫故里，捐書七千冊，聊表桑梓情』。內容摘要如下：『胡述兆教授江西新余籍渝水區珠珊鎮人，曾在中正大學、臺灣大學及美國多所大學攻讀，一生獲七個學士，碩士及博士學位，曾任臺灣大學圖書館學系主任及圖書館學研究所所長，著有圖書館學等方面專著九種，中英文論文一百餘篇，是圖書館學方面的世界知名學者，自一九八九年來先後多次回鄉探親，常年到大陸各地講學，足跡遍及北京、上海、天津、湖北、四川、浙江、陝西、吉林及江西等省市高等學府的講臺，曾先後被聘爲北京師範大學、上海華東師大、南昌大學客座教授及上海國際高學院顧問教授，現仍爲臺灣大學名譽教授，華東師大、武漢大學、南昌大學、湘潭大學等客座教授，其研究室仍設於臺大圖書資訊學研究所內，本年九月一日向家鄉捐贈圖書七千冊儀式係在市圖書館舉行，市領導邵奇生、劉永思、楊熾煌及新余高專書記李起彬等均出席儀式，並向胡教授及其夫人吳祖善表示誠摯的謝意，捐贈的私人藏書折合人民幣八十余萬元，中有『大英百科全書』、『大美百科全書』、『世界百科全書』及『福爾泰全集』等，約分爲基本參攷書、人文學理資料、社會科學及圖書館學等四類，中英文版本均有，爲胡氏夫婦一生積累的寶貴文化資源，市圖書館於接收之后決開闢專門閱覽室供市民借閱，以實現胡氏推動家鄉文化教育事業發展的宿願。

原載『國立中正大學校友通訊』1999 年 1 月，頁 73—74

臺灣大學第七任圖書資訊學系主任

胡述兆主任（一九八三──一九八八）

　　胡述兆主任為本系的第七任系主任暨所長，一九二八年生，江西省新喻縣人，曾讀過十所大學，共獲得一個法律學士，二個政治學碩士、三個圖書館學碩士、超碩士及高級碩士，以及一個圖書館學博士等七項學位，跨越化學、法律、政治、圖書館學四種學科領域，是臺灣當代學位最多紀錄的保持人。

　　受到強烈民族意識之驅使，及為祖國貢獻之心願日殷，一九八三年胡主任毅然接受臺灣大學之邀請，自美國返臺出任圖書館學系主任暨研究所所長，以其淵博的學識與豐富的經歷，為開始萌芽之碩士課程奠下堅實的基礎，培育了許多優秀人才，為臺灣的圖書館界注入了新血。如今這些精英已成為臺灣圖書館界的中堅幹部，使圖書館界有了新氣象。一九八五年胡主任開始致力於研究所博士班之籌設，經三年的艱苦奮鬥，圖書館學研究所博士班之籌設計劃，歷經臺大系務會議、院務會議、教務會議、行政會議、校務會議審議通過，並經『教育部』審查通過，於一九八八年秋獲得『行政院』批准，而於一九八九年開始招生，成為海峽兩岸第一所圖書館學博士班。博士班是圖書館與資訊學教育之最高學程，其成立之主要目的係為培育圖書館與資訊學之師資、圖書館與資訊研究人才，與圖書館高級幹部。博士班之成立不啻臺灣地區圖書館與資訊學之教學與研究層級引導進入新的里程碑，這實是胡述兆主任對臺灣地區圖書館教育的一項重大貢獻。

　　為了開拓臺灣圖書館與資訊學教育界之視野並增進與國際間之學術交流，胡主任於一九八六年在臺大圖書館學系主任任內主辦了一次『圖書館學與資訊科學教育國際研討會』（International Conference on Library and Information Science Education）。這是國際圖書館界舉辦的第一次此類會議，除臺灣地區圖書館界與教育界之學者專家熱情參與外，並邀請了國際圖書館學與資訊科學教育之著名教授，如：美國席蒙斯圖書館學院副院長陳欽智教授（Ching chih Chen）、美國伊利諾大學圖書館學院院長戴維斯教授（Charles H. Davis）、美國佛羅里達州立大學圖書館學院院長郭德斯坦教授（Harold Goldstein）、美國北卡羅來納大學圖書館學院院長哈理教授（Edward G. Holley）、美國洛杉磯加州大學圖書館學院院長海斯教授（Robert M. Hayes）、美國印地安那大學圖書館學院院長懷特教授（Herbert S. White）、美國羅沙里圖書館學院院長李志鍾教授（Tze-chung Li）、加拿大戴爾豪斯大學圖書館學院院長霍若克斯教授（Norman Horrocks）、英國羅福堡大學圖書館學院院長哈佛威廉斯教授（Peter Havard-Williams）、德國公僕大學圖書館學系主任海克教授（Rupert Hacker）、日本慶應大學圖書館學系津田良成教授（Yoshinari Tsuda）等。這次專為圖書館學與資訊科學教育主辦的國際會議由於主題新穎，內容豐富，對於國際交流又特別有意義，一時傳為美談。會議中所發表的論文由胡主任編輯成書，由臺大圖書館學系及美國的Scarecrow Press同步發行，至今仍為研究國際圖書館學與資訊科學教育之重要文獻。

　　胡教授的另一貢獻，就是在其系主任任內，向當時孫震校長及校園規劃委員會爭取到現在圖資系的研究、教學及辦公大樓。

　　回顧胡主任過去的人生際遇並非一帆風順，但胡主任愈挫愈勇，再接再厲，終於創下了跨越四種學科領域，獲得七個學位之傑出成就。更為民族意識之驅使，毅然返臺貢獻所學。十餘年來，他在圖書館與資訊學界之貢獻，在學術著作上之成就，以及在兩岸學術交流上所獲的成果，有目共睹。一般人心目中，胡主任一直予人學識淵博、個性耿直、服膺真理的印象。在會議桌上常見他爲了維護正義，挺身而出，據理力爭，爲建立圖書館與圖書館教育之制度與謀求圖書館界的福利，奮鬥不懈。他是名符其實的圖書館與資訊界的鬥士。

原載『臺大圖書館學系 40 周年紀念特刊』（2000 年），頁 14—16

洪禮和會見臺灣大學名譽教授胡述兆博士

　　本報訊　記者胡春俊報道：2月9日上午，市委書記洪禮和在北湖賓館會見了回家探親的臺灣大學名譽教授胡述兆博士，雙方就我市城市建設、旅游開發、文化教育事業發展進行了親切交談。

　　胡述兆原籍在我市珠珊鎮，現在是臺灣大學名譽教授，並在北京大學、武漢大學擔任客座教授。儘管身在他鄉，但他一直非常關心家鄉建設，常向朋友客人打聽家鄉的情況，曾經還向市圖書館捐贈了一批書籍。去年，當聽說家鄉有了很大變化時，胡述兆欣然提筆給當時任市長的洪禮和寫信表示感謝。洪禮和在給胡述兆的回信中滿懷激情地介紹了我市近兩年來城市面貌的變化及經濟發展情況，並熱情邀請胡教授回家看看。

　　會談中，洪禮和簡要介紹了我市城市建設、仙女湖旅游開發、圖書館藏書及新余高專向新余學院發展等有關情況。胡述兆聽了非常高興，贊嘆不已。他說，市委、市政府思路很好，觀念超前，這是新余人民的福氣。他說他兩年前回來過，沒想到兩年后的新余變化如此之大，寬敞整潔的街道，彩色人行道板，人走在上面簡直是一種享受。胡述兆還非常關切地詢問家鄉仙女湖旅游開發、文化教育事業發展狀況，並表示願意爲家鄉文化教育事業貢獻力量。

原載『新余日報』2002年2月10日，第1版

『沒想到家鄉變化這麼大』
—— 訪臺灣大學名譽教授胡述兆博士

胡春俊

2月9日上午，回家探親的臺灣大學名譽教授胡述兆博士在結束與市委書記洪禮和會見后接受了本報記者專訪。胡述兆說得最多的一句話就是『沒想到家鄉變化這麼大』。

胡教授是6日回到新余的，他說一到新余就被這座小城的變化吸引住了。幾天來，他一直在城市的大街小巷轉悠，盡情享受着家鄉的變化帶給他的喜悅。

『首先帶給我驚喜的就是城市環境面貌的變化』。胡述兆興奮地對記者說。他說他兩年前回來過，但沒想到兩年后家鄉變化這麼大，這麼快。『你看那迷人漂亮的街燈，寬敞整潔的街道，彩色人行道，還有那整齊的綠化帶，人行走在其中，簡直是一種享受。城南舊城變化也很大。過去，新余的歷史文化遺產魁星閣、孔廟沒有很好地開發利用。現在不同了，魁星路的修建不但使城南老墟增添了無限亮色，而且保住了魁星閣和孔廟，使之重現光彩，大大提升了城市的文化品味，使那裡成爲最具新余地方特色的景點。

『當然，最令我高興的是家鄉人精神面貌的變化。』

胡教授越說越興奮，他說，通過與洪書記交談，發現市委、市政府一心在謀事，一心在求發展。就連普通老百姓也非常關愛這座城市。現在，新余對仙女湖的開發、城市建設、經濟及文化教育事業的發展都有很好的規劃思路。有了這種精神狀態，有了這麼好的發展思路，完全可以相信，再過兩年，新余的變化會更大。作爲一名新余人，我爲家鄉的變化到高興和自豪。

原載『新余日報』2002年2月10日，第1版

德如芳草　品逾蒼松
——記臺灣大學名譽教授胡述兆

胡志亮

　　在中外學術領域，我們聞聽過不少讀過三四所大學，擁有二三個學位或職稱的資深學者。現任臺灣大學名譽教授的胡述兆教授却讀過 10 所大學，獲得過七個學位，其專業跨越 4 個學術門類，堪稱中國學術界的奇人，可以說是中國讀大學最多、學位也最多的學者之一。

一、愈挫愈勇——至樂莫如讀書

　　今年適逢 80 壽辰的胡述兆教授出生於江西新余市渝水區珠珊鎮潭口村。他生逢亂世，歷經滄桑，青年時代便遭逢抗日戰爭的烽烟。在日寇垂死挣扎，向我大后方大舉進攻的時候，正讀高中一年級的胡述兆毅然放下書本，參加了抗日青年軍。但青年軍的受訓尚未結束，卽傳來日寇投降的消息，軍隊還沒有開赴前綫便復員返鄉。兩年后，胡述兆以優異成績攷入江西中正大學化學系，但他不久便發現自己對於化學是既無興趣又無細胞，只學了一年，便隨學校遷往了臺灣。

　　到了臺灣，胡述兆本可以借讀臺灣大學繼續他的學業。然而，學習化學實在不是他的所好和所願，於是干脆輟學。爾后，通過自學以優異的英語成績攷入臺北的一家編譯機構工作。

　　1953 年，已工作兩年的胡述兆參加一個同學的聚會。其中，與他一同到臺灣的中正大學同學都通過借讀大學畢了業，唯獨他未讀完大學。接觸到同學們異樣的目光，好勝心强的胡述兆決心再攷大學。化學是決不會去讀了，對政治還稍稍有些興趣的胡述兆又攷入了臺灣大學法律系。

　　四年畢業后，胡述兆又攷入了政治大學政治研究所攻讀政治學碩士，時任臺灣『行政院』副院長的著名出版家王雲五便是胡述兆碩士論文的指導教師。取得了碩士學位后，胡述兆又被政大錄取爲博士研究生。

　　由於胡述兆博士論文研究的是美國政治，臺灣缺乏相應所需的資料，指導教師王雲五建議他到美國去找資料。1962 年，胡述兆以自費留學的身份前往美國，一方面準備博士論文，同時又在哥倫比亞大學攻讀碩士，主修『美國政治』。后來，他的指導教授何斯曼（肯尼迪總統時代的遠東助理國務卿）告訴他，憑他中國人的身份，要在美國覓到教授『美國政治』的機會，實在很難。胡述兆自己也瞭解到，在美國，没有哪一所大學願意聘請一位中國人來教授『美國政治』的。胡述兆無奈，只好放棄了研習『美國政治』的念頭。在攻讀碩士期間，特别是在哥倫比亞學修習的『參攷服務』的課程，却意外地激發了他對圖書館學的興趣。這時，他熱戀着的后來成爲他妻子的吳祖善，正在美國賓州維拉諾瓦大學攻圖書館學碩士，胡述兆於是也前往該校就讀，自此開始與圖書館學結下了不解之緣。一年后，胡述兆拿到了圖書館學碩士，這是他的第三個學位。此后，胡述兆先在哥倫比亞大學圖書館東亞部工作，一年后轉到賓州的聖佛蘭西斯大學教授政治和圖書館學，並同時擔任該校圖書館編輯部主任，一邊教學，一邊工作，一干就是 16 年。這期間，他從講師、助理教授、副教授升至教授。並先后取得了匹茲堡大學圖書館學與資訊科學碩士、佛羅里達州立大學圖書館高級碩士和圖書館學博士。至此，他已擁有 1 個法律學學士、2 個政治學碩士、3 個圖書館學碩士和 1 個圖書館學博士，共 7 個學位。

1979 年，他受臺灣大學之邀回臺任客座教授，在臺大執教一年。1983 年，應臺灣大學邀請，胡述兆回到臺灣正式擔任臺大圖書館學系系主任兼圖書資訊研究所所長。

二、著作等身——至要莫如教學

胡述兆教授不僅學識淵博，並且學貫中西，中英文造詣極深，著述極豐，迄今共有專著專論 28 部，論文約 90 餘篇。他在政治學上專攻美國政府，對美國總統的研究尤爲精深，著有『美國總統的生平與時代』、『美國總統選舉』、『美國總統論叢』等專著。這些專著目前乃爲臺美各大學政治系的教科書及必讀書。圖書館學方面，他與夫人吳祖善教授合著的『圖書館學導論』，受到兩岸同道的好評，也是臺灣地區最暢銷的圖書館專業圖書。他在美國的博士論文『美國國會圖書館中文部之發展』於 1979 年由美國的 Westview Press 出版，是迄今爲止臺大文學院教授中唯一一篇在美國出版的博士論文。他與臺灣師範大學王振鵠教授主編的『圖書館學與資訊科學叢書』，現已出版了 7 種。他與輔仁大學盧荷生教授主編的『圖書館學與資訊科學論文叢書』已出版了 6 輯，每輯 10 種，共 60 種。這些論文都是臺灣圖書資訊學論文的精華，被海峽兩岸同行們稱譽爲『内容廣泛，選題實際，信息豐富，論證確切，結構詳實的一部具有學術性、資料性、可讀性的專業叢刊』。[1]

胡述兆教授自美回臺的一大心願，就是在臺灣編一套『圖書館學與資訊科學百科全書』。1988 年，胡教授開始着手他的宏偉計劃，此計劃於第二年列入了編譯館的工作計劃，爲此，他辭去了臺大圖書館學系和研究所的所有行政職務，全副身心地投入到該辭書的編撰工作。鑒於百科全書所需投入的人力、物力及時間都爲當時臺灣的環境條件所不允，爲早竟全功，該書改稱爲『圖書館學與資訊科學大辭典』。該大辭典由胡述兆教授任總編輯，並由他組織一個由 33 位專家教授組成的編審委員會，下設 8 個工作組，集合了海内外專家 500 餘人撰稿，其中，大陸專家學者就佔了 80 多位。從 1989 年開始，到 1996 年完成出版，歷時 7 年。該書共有辭目 4500 條，約 400 萬字，其内容涵蓋了圖書資訊領域有關的圖書館學、資訊科學、目錄學、檔案學等，是圖書資訊學界一本不可多得的完善的工具書。

胡教授返臺執教的另一大心願就是在臺大圖書館學系創設博士班。在他返臺執教的第 3 年，即 1985 年，胡教授就向校方提出了創設博士班的報告。爲此，他多方奔走呼籲，力陳意義，經過 3 年多的艱苦努力，於 1988 年秋獲臺最高行政部門批准，1989 年開始招收第一批圖書館學博士生。這是海峽兩岸招收的第一批圖書館學專業的博士生，比北京大學圖書館學系招收博士生還早一年。此后，胡教授專心致力於圖書館學碩士和博士的培養教育。

1998 年，年逾古稀的胡教授被臺灣大學聘爲該校名譽教授，這是臺灣大學教授的最高榮譽。數十年來，臺大數千名教授中也只有 40 多位教授獲此殊榮，胡教授也是臺大圖書館學系至今唯一一位獲此殊榮的教授。

被聘爲名譽教授后，胡教授繼續擔任碩士生和博士生的導師，仍然堅持爲學生們上課。據初步統計，胡述兆在臺大執教 20 多年來，除本科生外，共培養了近 200 名碩士、40 多位博士。

三、情系中華——力促兩岸圖書館學學術交流

胡述兆教授是我國第一位在海外獲得圖書館學博士的學者。1992 年，胡教授被臺灣資訊學界推舉為剛成立的『中華圖書資訊學教育學會』首任理事長。

擔任理事長的胡教授本着該會研究、發揚、促進圖書資訊學教育的宗旨，倡導舉辦了一系列相關的學術活動，並積極推動海峽兩岸圖書與資訊方面的學術交流。

早在 1990 年，胡教授就參加了臺灣圖書館學界 14 位教授組成的赴大陸一些大城市的訪問，在北京、天津、上海、武漢等地，胡教授一行受到了大陸同道的熱烈歡迎和親切接待，奠定了兩岸交流的始基。此后，胡述兆教授又多次前往上述城市和成都、西安、蘭州、南京、杭州、廣州、長春、南昌等地進行學術交流，並受聘擔任北京大學、武漢大學、華東師範大學、南昌大學（南大頒授的聘書為 001 號）、新余高等專科學校的客座教授，開臺灣地區圖書館學教授赴大陸講學之先河。

在此后的數年時間裏，胡述兆教授先後多次帶領臺大圖書館學研究所的碩士研究生分別赴大陸的一些大學及省級圖書館參觀學習，進行學術交流。

同時，胡述兆教授還積極邀請大陸學者赴臺進行學術交流。1993 年 2 月，『中華圖書資訊學教育學會』舉辦『圖書資訊學教學研討會』，會議除邀請該會的全體會員參加外，還邀請了來自大陸的六位教授和圖書館學專家參與研討。當時，兩岸雖開放了探親等活動，但大陸學者赴臺進行學術交流仍非常困難，胡教授此舉實屬不易，受到了大陸學者的熱烈歡迎和贊譽。

1993 年 12 月，胡述兆教授經過大膽策劃組織，奔走聯絡，促成了首屆『海峽兩岸圖書資訊學術研討會』的成功舉辦。這次學術研討會，由『中華圖書資訊學教育學會』與上海華東師範大學聯合舉辦，海峽兩岸共有 100 餘位專家學者參與，將兩岸圖書資訊的學術交流推向了一個高潮。這是兩岸圖書資訊學界首次聯合舉辦學術研討會，也是兩岸圖書資訊學界交流史上的創舉。

由於在上海舉辦的兩岸圖書資訊學術研討會十分成功，北京大學也欣然表示了願意承辦的意向。1994 年 8 月，『中華圖書資訊學教育學會』與北京大學信息管理系共同舉辦了第二屆會議，這次會議的議題也有了新方向，取得了輝煌的學術研究成果。在此基礎上，在后來的數年時間里，又先後在武漢、廣州、成都等地舉辦了第三、四、五屆學術研討會。會議的交流也不斷深化，如邀請港澳圖書資訊學者參加，兩岸學者合作和互換等，兩岸之間的學術交流向前跨越了一大步，步入了正常化。

不僅如此，胡教授還直接邀請大陸的學者和同行到臺灣參與學術研討，共商發展兩岸圖書館事業。1997 年 5 月 26 日，由胡教授擔任理事長的（臺灣）『中國圖書館學會』主辦的『海峽兩岸圖書館事業研討會』在臺北市『中央圖書館』國際會議廳隆重舉行。這次會議，除臺方的出席者之外，還邀請了大陸的各省市圖書館館長，許多名校圖書信息學院院長、系主任、教授共 31 位專家學者與會。特別值得一提的是，這次邀請的大陸與會者以尚未去過臺灣的大陸同道為限，不僅增進了兩岸的學術交流，還大大開闊了大陸專家學者的眼界。會議出席的專家學者共 220 多人，盛況空前。包括港澳的學者在內，兩岸及香港的同道首次在臺北討論彼此關切的專業問題，開啟了圖書館事業交流合作的新

紀元。

　　胡述兆教授所關心並縈繞於懷的，不僅僅是一般性的學術研討和交流，他還親自參與兩岸的圖書資訊大型辭書的合作編撰。稱爲『一項無可比擬的功德與盛舉』的『中國地方志總目提要』和『中國地方志總目提要（1949—1999）』兩部大型辭書的出版，就是胡述兆教授參與兩岸合作的典型範例。

　　『中國地方志總目提要』的編撰首先是由吉林省圖書館館長金恩輝1992年提出計劃並實施的，在全國各省市自治區的支持下，起初進展順利，由數十人組成的專家隊伍經過幾年的努力，已撰寫了數百萬字。但一個重要部分，即臺灣和藏於國外各圖書館中方志的記載却無法完成收集和撰寫任務，使這項學術價値十分重大、規模頗爲可觀的文化系統工程一度深入不下去，以至陷於半停頓狀態。於是，他們抱着試試看的心情輾轉與胡述兆教授聯繫，希望這位馳名國際圖書館學界的學術泰斗能助他們一臂之力，將這件造福後代的工作盡善盡美地完成。胡教授得知這一情況，經過進一步聯繫，他毅然不遠萬里，從臺灣飛到長春，與吉林省圖書館金館長一方作深入商談，並很快達成了合作協議，決定該書由金恩輝與胡述兆共同主編。此后，胡教授投入了大量精力，不但解決了臺灣和國外的所需資料，並且對全書數百萬字進行了多次統籌和審改。

　　『中國地方志總目提要』於1996年在臺灣出版問世，全書共有8,577條目，共600萬字，分裝三鉅冊。這是200多位學者專家，經過八年努力，共同完成的一項重大文化工程，也是海峽兩岸合作的一項具體成果。這部辭書對中國省、府、州、廳、縣、鄉志的存佚、收藏、版本、作者、內容、價値等作了系統的介紹，同時進行了辨章學術、攷鏡源流的研究，堪稱我國地方志自目錄性總結發展到攷評性新階段的重要指標。這套『提要』出版后，受到海內外學者專家的一致好評。香港中文大學校長金耀基博士說：『這部「提要」被視爲是繼「四庫全書總目提要」以來又一部大部頭的提要性工具書。不夸大地說，這部「提要」對於研究中國文化的社會科學與人文學者而言，是一項無可比擬的功德與盛舉。』[2]365-366

　　然而，『提要』所包含的內容是以1948年以前的中國方志爲限，1949年以後全國各地的新編方志未能列入，總覺得是件憾事。於是，胡教授與金恩輝教授商量，請他仿照前例，再組織一支編纂隊伍，對1949年至1999年之間的新編方志撰寫提要，並仍由漢美圖書公司在臺灣印行。計劃確定之后，經過50多位專家學者3年的努力，一部350多萬字的『中國地方志總目提要（1949—1999）』（即學術界所稱的『新志』），終於2002年在臺灣出版問世。

　　這部『新志』包含20世紀下半葉的50年間，中國各省（直轄市、自治區）、市（地區、自治州、盟）、縣（縣級市、自治縣、旗、區）三級志書，共3402種，附錄中並有臺灣嚴鼎忠所編的『新編臺灣方志目錄（1945—2000）』及『新編大陸方志目錄（1945—2000）』。該書對每一種方志均單獨立目，著錄其出版事項，評介其編（篇）、章、細目，體例特徵，主要內容，修志過程與志書特色等，書末並有纂修者人名索引，共登錄47,669人。兩部方志總目提要，一種收舊方志8,577種，一種收新方志3,402種，合併11,979種，可以說是對歷來中國地方志的一次全面而系統的總結。誠如中國地方志協會會長來新夏教授在『新志』序文所言：『喜其自今而後，中國萬餘種通貫古今之方志提要目錄赫然問世。讀志、用志者手此一書，則展卷可一索而得衆志之大要，豈非大有裨於學林。』[2]366-367

參攷文獻:

[1] 圖書館與資訊界鬥士——胡述兆教授 [J]. 資訊傳播與圖書館學（世新大學），2（1）：96-104.

[2] 胡述兆. 我的學思行 [M]. 臺北：冊府出版公司，2004.

原載『新余高專學報』第 13 卷第 1 期（2008 年 2 月），頁 13—15

臺灣大學名譽教授胡述兆

胡述兆教授出生於江西新余市渝水區珠珊鎮潭口村。他 19 歲時以優異的成績攷入江西中正大學化學系，后隨學校遷往臺灣。

到了臺灣，胡述兆攷入了臺灣大學法律系。畢業后，他又攷入政治大學政治研究所，先后攻讀政治學碩士和博士，並到美國留學。在留學期間，他開始對圖書館學感興趣，就讀於美國賓州維拉諾瓦大學，並獲得圖書館學碩士。從此，圖書館學就成爲他的終生職業。

胡述兆教授畢業后不久，在美國的聖佛蘭西斯大學從事政治和圖書館學的教學和圖書館編輯工作，達 16 年之久。這期間，他從講師、助理教授、副教授升至教授，並先后獲得匹茲堡大學圖書館學與資訊科學碩士、佛羅里達州立大學圖書館高級碩士和圖書館學博士。他一生讀過 10 所大學，擁有法律學、政治學、圖書館學 7 個學位，其專業跨越 4 個學術門類，可以說是中國讀大學最多、學位也最多的學者之一，堪稱中國學術界的奇人。

胡述兆教授不僅學識淵博，並且學貫中西，中英文造詣極深，著述頗豐，迄今共有專著專論 28 部，論文 90 餘篇。他在政治學上對美國總統的研究尤爲精深，著有『美國總統的生平與時代』、『美國總統選舉』、『美國總統論叢』等專著。他與人合作主編了『圖書館學與資訊科學叢書』和『圖書館學與資訊科學論文叢書』，組織編撰了『圖書館學與資訊科學大辭典』。他還親自參與海峽兩岸的圖書資訊大型辭書的編撰，與人合作編撰了『中國地方志總目提要』和『中國地方志總目提要 1949—1999』兩部大型辭書。這兩本書堪稱我國地方志自目錄性總結發展到攷評性新階段的重要指標和對歷來中國地方志的一次全面而系統的總結。辭書出版后，受到海內外學者專家的一致好評。

1992 年，胡教授被臺灣資訊學界推舉爲剛成立的『中華圖書資訊學教育學會』首任理事長。任職期間，他積極推動海峽兩岸圖書與資訊方面的學術交流，多次來大陸進行訪問和學術交流，並受聘擔任了北京大學、武漢大學、華東師大、南昌大學、新余高專的客座教授，開臺灣地區圖書館學教授赴大陸講學之先河。

胡述兆教授從美國回到臺灣后，曾擔任臺灣大學圖書館學系系主任兼圖書資訊研究所所長，並且還專心致力於圖書館學碩士和博士的培養教育。1998 年，年逾古稀的胡教授被臺灣大學聘爲該校名譽教授，是臺大圖書館學系至今唯一一位獲此殊榮的教授。數十年來，臺大數千名教授中也只有 40 多位教授獲此殊榮。

原載《新余高專學報》第 13 卷第 1 期（2008 年 2 月），封底

臺灣圖書資訊學博士班的推手——胡述兆教授

政治大學圖書資訊與檔案學研究所　王梅玲　陳莞捷

2011年，炎熱仲夏七月，筆者來到臺灣大學圖書資訊學系榮譽教授胡述兆老師的研究室，為『「中國圖書館學會」會訊』人物報導專欄，與跨越四個學門、讀得七個學位的圖書館學前輩胡述兆教授進行專訪。

胡教授，學生常稱胡老師、胡爺爺，今年83歲，在臺大圖書資訊學系的研究室中，胡老師精神奕奕，中氣十足，聲如宏鐘，侃侃而談他的過去與對圖書館事業未來發展願景的期望。筆者作為胡老師的學生，能再聆聽一場圖書館事業的講課真是有福氣！

常人攻讀學位是為了獲得專業知識或求取高深學問，最多不過修習一、二個學科，擁有三、四個學位，即被稱為知識豐富，學問淵博的飽學之士。但是臺灣當代出現了一位讀過七個大學，獲得七項學位，跨越化學、法律、政治、圖書資訊學四種學科領域的學者，那就是胡述兆博士。

胡述兆教授

壹、臺灣圖書館界學位最多的保持人

胡教授於1928年10月10日（農曆九月四日）誕生於江西省新喻縣。在大陸時原就讀於中正大學化學系，1949年到臺灣，由於對化學興趣不大，乃轉攷臺灣大學法律系，獲得學士學位後攷取政治大學政治學研究所碩士班，獲得第一個碩士學位後再繼續攻讀博士學位。在政大政治研究所六年期間，受到恩師王雲五先生的啟發，對中國古籍與參攷工具書引起極大興趣，此對他一生的治學研究與事業發展影響深遠。

1962年，他以自費留學的身分前往美國，一方面準備博士論文，同時在哥倫比亞大學攻讀碩士，主修『美國政府』，畢業後因為兩年休學期滿無法再回政大，原有意在哥大繼續攻讀政治學博士。然天不從人願，一為無錢支援，二因他的指導教授何斯曼（Roger Hillsman，甘迺迪總統時代的遠東助理國務卿）告訴他，以中國人身分在美國很難覓得教授美國政治的機會，只得放棄此念頭。由於在哥大上課時曾修習『參攷服務』課程，引起他對圖書館學的興趣，其時他的夫人吳祖善正在賓州維拉諾瓦大學攻讀圖書館學碩士，乃前往該校就讀，自此開始與圖書館學結下了不解之緣。

由於環境的因素，使得胡教授從政治學領域轉移到圖書館學界，在維拉諾瓦大學取得他的第三個碩士學位之後，便在哥倫比亞大學圖書館東亞部工作。不久，又到賓州聖佛蘭西斯大學擔任圖書館學講師兼編目組主任，並在政治系任課，一邊工作，一邊教學，逐步從講師、助理教授、副教授升至教授。但當年到美國蒐集資料為完成博士學位之夢想仍縈繞於心中。故在教書期間胡教授仍繼續向邁進博士之路挑戰，先後又取得匹茲堡大學圖書館學與資訊科學超碩士、佛羅里達州立大學圖書館學高級碩士與博士，由於他擁有一個法律學士、二個政治學碩士、三個圖書館學碩士，以及一個圖書資訊學博士等七項學位，使他成為臺灣學位最多者的紀錄保持人。

受到強烈民族意識之驅使，及為祖國貢獻之心願日殷，1983 年，胡教授毅然接受臺灣大學邀請，出任圖書館學系主任暨研究所所長。返臺之後胡教授便積極投身於圖書館事業及臺灣學術界，除擔任臺灣大學圖書館學系暨研究所教授外，尚任『中央研究院』歐美研究所研究員，『教育部』圖書館事業委員會委員，『國立編譯館』『圖書館學與資訊科學大辭典』總編輯，『中華圖書資訊學教育學會』首任理事長，『中國圖書館學會』理事長等職。胡教授回臺之後，繼續發揮高昂的鬥志，運用豐富的學識，展現其高瞻遠矚的智慧，參加了許多臺灣圖書館與資訊界之建設工作，貢獻甚鉅。胡教授之成就大體可分為三大方面：建立圖書館事業體系，圖書資訊學教育之貢獻，以及推動海峽兩岸圖書館與資訊學術交流。

貳、創辦臺灣第一個圖書館學博士班

1983 年，胡述兆教授出任臺大圖書館學系主任暨研究所所長後，以其淵博的學識與豐富的經歷，為開始萌芽之碩士班課程奠下堅實的基礎，培育了許多優秀人才，為臺灣的圖書館界注入了新血。如今這些精英已成為臺灣圖書館界的中堅幹部，使圖書館界有了新氣象。1985 年，胡教授致力於研究所博士班之籌設，經三年的艱苦奮鬥，圖書館學研究所博士班之籌設計劃，歷經臺大系務會議、院務會議、教務會議、行政會議、校務會議審議通過，並經『教育部』審查通過，於 1988 年秋獲得『行政院』批准，而於 1989 年開始招生，成為海峽兩岸第一所圖書館學博士班。博士班是圖書館與資訊科學教育之最高學程，其成立之主要目的係培育圖書館與資訊科學之師資，圖書館與資訊研究人才，以及圖書館高級幹部。博士班之成立不啻將臺灣圖書館與資訊科學之教學與研究層級引導進入新的里程碑，這實是胡述兆教授對臺灣圖書館教育的一項重大貢獻。

1989 年創辦的臺大圖書館學博士班是臺灣圖書館事業的火車頭，與圖書資訊學教育的照明燈。發展至今（2011 年），已有 22 年，一方面造就許多圖書館領導人才，如『國家圖書館』曾淑賢館長、臺灣師範大學圖書館陳昭珍館長、政治大學圖書館林呈潢館長、中興大學圖書館張慧銖館長、臺北醫學大學圖書館邱子恒副館長、臺中圖書館呂春嬌館長。另一方面也培養圖書資訊學系所主管人才，如曾任臺灣師範大學圖書資訊學研究所陳昭珍所長、世新大學圖書資訊學系莊道明主任、中興大學圖書資訊學研究所張慧銖所長及羅思嘉所長、政治大學圖書資訊與檔案學研究所王梅玲所長等。胡老師創辦的臺大博士班，對 1990 年代、2000 年代的圖書館事業與圖書資訊學教育發揮了引導與提升的功能。

2003 年胡述兆教授與博士生合影

1994 年胡述兆教授與博士生合影

叁、對於臺灣圖書館事業願景的建言

『國家圖書館』近來以 2010 年第四次臺灣圖書館會議的討論為基礎，正積極結合學者專家建議，對未來圖書館事業發展從事策略規劃，筆者以此請教，胡教授侃侃而談其看法。胡教授提出臺灣圖書館事業未來願景有三：設立『圖書館總局』以建立圖書館事業體系，加強培養學校圖書館與公共圖書館專業人員，以及召開『國家圖書館功能國際學術研討會』。

第一個願景，建議在『教育部』設立『圖書館事業總局』，局長兼『國家圖書館』館長，下面設立五個事業處，包含：大學院校圖書館事業處、公共圖書館事業處、學校圖書館事業處、專門圖書館事業處與圖書館教育事業處。臺灣所有圖書館事業的規劃、管理與監督均由各該處負責，『國家圖書館』也列在『圖書館事業總局』中，由館長兼局長直接指揮監督。同時，在各縣市設立圖書館事業局，其組織型態比照『圖書館事業總局』辦理。

第二個願景，加強培養學校圖書館與鄉鎮圖書館的專業人員。就胡老師所知，目前這兩方面的專業人員均嚴重缺乏，以致無法發揮其圖書館應有的功能。對於前者，胡老師建議在師範及教育大學院校設立圖書資訊學系，或在其教育相關學系設立圖書資訊學組，培養學校圖書館專業人員。由於師範及教育大學的畢業生具有教育人員資格，其圖書資訊學系組畢業生，不但具有教育人員資格，而且具有圖書資訊學的專業訓練，既有資格教書，又可擔任圖書館員，更不會受到其他教員的歧視。當校園圖書館有了這些具有雙重身分者的營運與服務，必可發揮其應有的功能。在鄉鎮圖書館員的培訓方面，胡老師建議在空中大學開設遠距教學課程，使他們不必離職，即可利用空中教學，接受圖書館專業教育。等他們完成一些基本課程（如採訪、編目、讀者服務、資訊網路的利用等），即給予一次攷試，及格後即取得鄉鎮圖書館員的資格。目前鄉鎮圖書館多係僱用中學畢業生助理，他們既無法接受高等教育，又必須有一份工作糊口，利用在職的空中教學，使他們學習一些圖書館的基本知識，不失是一個權宜的解決辦法。

第三個願景，建議『國家圖書館』召開一次『國家圖書館功能國際學術研討會』，邀請一些世界主要國家（包括美、英、德、法、澳、日等）的國家圖書館館長參加，要求他們每人提出一篇論文（例如『澳洲國家圖書館的現況、功能及發展方向』），就這些論文逐一進行討論，最後就國家圖書館的功能與未來發展，取得一些共識（或結論）。再由我們的『國家圖書館』，根據這些共識，衡酌我們自己的實情，擬訂我們『國家圖書館』應有的功能及未來發展的策略。

肆、臺灣專業圖書館員分級制的建議

臺灣圖書館員一直缺乏專業資格與地位職等規範，以致無法提升專業館員地位與精進專業發展。胡教授也對臺灣圖書館員分級制度提出建議，他認為可參攷國外做法，將圖書館員分成五級：初級館員、館員、助理研究館員、副研究館員、研究館員；並納入『圖書館法』中，給予每一級相關的規定，明定每一級館員的專業資格。圖書資訊學系大學畢業生以初級館員開始，然後依其學歷，規範其他四級館員職等與升遷制度。胡教授認為落實圖書館人才培育與管理，首先應對『圖書館法』進行修訂，建立圖書館事業體系，積極培養圖書館專業人員,並將圖書館人員分級制納入『圖書館法』中。

伍、海峽兩岸圖書館事業與教育合作交流的看法

胡教授在推動海峽兩岸圖書館與資訊學術交流事務不遺餘力,並且對未來也有期許。1987 年,海峽兩岸開放探親,各項交流活動日益頻繁。胡教授在 1992 年,當選『中華圖書資訊學教育學會』首任理事長後,即本著該會研究、發揚、促進圖書資訊學教育之宗旨,舉辦一連串相關活動,並積極推動兩岸圖書館與資訊學術交流。他是 1990 年臺灣圖書館界首次赴大陸訪問團之成員,以後又多次去大陸北京、天津、上海、武漢、成都、西安、蘭州、南京、杭州、南昌、長春等地從事學術交流,並受聘為華東師範大學、南昌大學、武漢大學、湘潭大學、北京大學等校客座教授,開臺灣地區圖書館學教授赴大陸講學之先河。

1993 年 12 月 12 日至 15 日,『中華圖書資訊學教育學會』與華東師範大學在上海聯合舉辦首屆『海峽兩岸圖書資訊學術研討會』,兩岸有百餘位學者專家共同參與,這是兩岸圖書資訊界首次舉辦學術研討會,也是兩岸交流史上之創舉。該次會議共收到兩岸專家學者 40 篇論文,分五項主題進行討論:(1)海峽兩岸圖書資訊事業之發展;(2)海峽兩岸圖書資訊教育;(3)海峽兩岸圖書館之管理與利用;(4)海峽兩岸圖書資料之分類與編目;(5)海峽兩岸圖書館自動化與資訊網路。這些論文已分別在兩岸圖書館與資訊學研究的相關刊物上發表。

由於第一屆海峽兩岸圖書資訊學術研討會十分成功,於是『中華圖書資訊學教育學會』與北京大學信息管理系共同舉辦第二屆會議,於 1994 年 8 月 22 日至 24 日在北大舉行,這次會議議題有了新方向,為:(1)圖書館學資訊學教育;(2)圖書館自動化;(3)讀者研究與資訊服務。這二次兩岸學術研討會成果輝煌,使兩岸學術交流跨越一大步,胡理事長居間溝通協調,功不可沒。1998 年,胡述兆教授擔任『中國圖書館學會』理事長,在臺北舉辦『海峽兩岸圖書館事業研討會』,十分成功。當時為申請辦理這個大型會議,曾得到『教育部』、『文建會』、『陸委會』的支持,共獲得新臺幣 200 餘萬元經費補助,使會議圓滿成功,收獲豐富。

目前臺灣與大陸兩岸交流熱絡,未來有更多合作的契機。請教了對兩岸交流嫻熟的胡教授,有關未來兩岸圖書館事業與教育合作交流,胡教授提出建議有五項:(1)辦理交換教育人員,互請兩地圖書資訊學學校教育人員為博碩士班的攷試委員。(2)互相聘請兩岸圖書資訊學教師為客座教授,每次客座教學至少半年以上。(3)交換圖書資訊學學生,兩地圖書資訊學校必須互相承認學分。(4)臺灣與大陸兩岸圖書館館員辦理互相交換到對方圖書館工作且至少半年以上,以增進彼此圖書館觀摩與交流合作。(5)以後兩岸圖書資訊學研討會由兩岸圖書資訊學系所輪流擔任主辦單位,以增進兩岸交流的功效。

最後,也向胡教授請教有關圖書資訊學教育的未來發展。胡教授提到臺灣圖書資訊學系所大都規模不大,建議各圖書資訊學系所應致力於擴大規模,如增加學生與教師數量,教師團隊師資要健全,新聘請的教師要以具備各種專長,並且避免與現有師資專長重複。課程設計可多參攷美國與國外現代課程設置進行調整修改。胡教授喜見目前臺灣有三所圖書資訊學研究所博士班開設,但博士班經營不易,各校應努力將其辦好。博士班經營最重要的是課程設置,應以專題報告為主,非著重在授課,而是老師與學生在專題研討中傳授、研討與對話,尤其對於博士生的入學與撰寫論文更應嚴格把關。

仲夏午后，涼風習習，胡教授徐徐道來。他一直予人學識淵博、個性耿直、服膺真理、據理力爭的印象，而今面對臺灣圖書館事業的未來，他有著樂觀的看法。他老人家1989年在臺灣大學圖書館學研究所種下了博士班的種子，而至今日，親眼見到遍地開花結果，滿園花團錦簇，繁花盛開，其內心的欣慰，自不待言。希望臺灣未來圖書館事業在今日胡教授願景建言的加持祝念下，臺灣圖書館事業更上層樓，圖書資訊學教育與研究更加精進提升。

參考文獻

胡述兆。『我的學思行：胡述兆教授回錄』。胡述兆教授回憶錄，臺北市：冊府，2004年。

林秋燕。『跨越四個學門、讀過十個大學的傳奇：訪臺灣大學圖書館學系主任暨研究所所胡述兆博士』，『臺北市立圖書館館訊』4卷1期（1986年8月2日），頁81—85。

李禮君，陳賢淑。『專訪胡述兆老師』，『書府』14期（1993年6月），頁132—136。

呂寶桂，黃靖斐。『為者常成、行者常至——專訪臺大圖書館學系暨研究所教授胡述兆博士』，『圖書與資訊學刊（政治大學）』第12期（1995年2月），頁56—60。

王梅玲。『跨越四個學門讀得七個學位的圖書館與資訊界鬥士——胡述兆教授』，『資訊傳播與圖書館學』2卷1期（1995年9月），頁96—104。

汪雁秋。『越跨學科獲學位最多的鬥士：胡述兆先生』，在『我們所認識的胡述兆教授』。臺北市：冊府，2007年，頁62—70。

胡述兆教授八秩榮慶籌備委員會主編。『我們所認識的胡述兆教授』。臺北市：冊府，2007年。

原載『「中國圖書館學會」會訊』第10卷2期（2011年12月20日），頁9—12

肆、對胡述兆教授著作的書評

從《圖書館學導論》到《圖書資訊學導論》

文字工作者　王　岫

公元 1345 年，歐洲的圖書館員開始聽聞有一本書可以教導他們如何認識書籍及保管、收藏圖書等等圖書館學的知識；這本書就是英國達拉摩（Durham）主教理查·德·伯利（Richard de Bury, 1287—1345）在他去世那年才完成的『書之愛』（Philobiblon）——圖書館學界一般把它認為是第一本有關圖書館員教育的教科書，書中所提出來的一些管理、蒐藏、維護圖書的原則，直到 21 世紀今天的 MLS（圖書館與資訊科學碩士）課程中也還適用。

同樣的，公元 1989 年的臺灣圖書館員和圖書館學系學生，也開始聽聞有一本厚重的『圖書館學導論』的書籍出版，可供他們對圖書館學的基本理論和圖書館整體的實務營運有所認識和學習；因為自 1974 年『中國圖書館學會』編印的『圖書館學』一書印行後，圖書館界已有 15 年沒有綜論型的圖書館學書籍出版了，對已邁入圖書館自動化階段（若時空暫往前推進到 1996 年，英國圖書館學家蘇坦（S. Sutton）提出『二元圖書館』（Hybrid Library）這個名詞，他將圖書館分為四種演化型態——即『傳統的圖書館』、『自動化圖書館』、『二元圖書館』以及『數位化圖書館』，1989 年的臺灣恰好就是自動化圖書館的階段）的臺灣圖書館員或圖書館學科系學生而言，無論在職研讀、準備攷試或課程參攷的，皆甚為不便。蓋『中國圖書館學會』編印的『圖書館學』一書，已略為陳舊，又是集眾人之篇章所成，較缺乏體系之連貫性。故這本『圖書館學導論』之印行，的確帶給學生、館員許多方便，許多圖書館學教授也引之為教科書。

此『圖書館學導論』一書即為當時返臺才 5 年的臺大圖書館學系系主任胡述兆博士與其夫人吳祖善女士所合著。胡教授返臺之初，即立願要為臺灣印圖書館學與資訊科學基本叢書、百科全書等之宏願，故邀資成立『漢美圖書有限公司』，專門出版圖書館學書籍；厚達 600 頁的『圖書館學導論』，即為漢美的『圖書館學與資訊科學基本叢書』第一部。

此書出版後，頗獲好評，亦為圖書館學教科書中之經典鉅著。蓋以全觀綜論型之學科教科書最難撰寫，執筆者若非學淵術博，頗難駕馭所有學科領域之範圍及發展；然胡教授及其夫人，恰好合學術素養及實務經驗於一爐，故能彙集所長而成就此經典大著。

然而，時序又過了 15 年，圖書館事業已進入『二元圖書館』、『數位圖書館』之階段了，『圖書館學導論』一書，有大部分內容已稍嫌過時。故胡教授於去年以這本書為基礎，根據過去十餘年在此領域中的演變與發展，修訂增刪內容，書名亦改為『圖書資訊學導論』；唯此次共同撰述人邀得其過去高足，現為政大圖書資訊與檔案學研究所教授王梅玲博士拔刀相助，兩位著者皆學經豐富，王梅玲亦曾擔任過大學及『國家圖書館』各項業務主管，其實務視野之廣，將使本書不僅只是純學術理論之書。

雖然筆者一向對近年來圖書館界將『圖書館學』一詞改爲『圖書資訊學』期期不以爲然（因爲『圖書資訊學』講的好像只是圖書或資訊媒體方面的事而已，但『圖書館學』則會包括『館舍』和其下的『人』、『資料』等等之研究；外國近年來也只是將『圖書館學』一詞擴充爲『圖書館學與資訊科學』——Library and Information Science 而已，並沒有廢棄『圖書館』一詞），但因爲近十年來，除淡江大學以『資訊與圖書館學』爲系所名稱（本書第 25 頁疏忽了淡江之名稱，以爲它也叫『圖書資訊系所』），尚仍維護一半之圖書館之傳統外，其它大學都改稱『圖書資訊』系所了（政大另加檔案學名稱，世新則稱資訊傳播學系，似乎離圖書館更遠了），『圖書資訊學』既已被瞭解爲過去的『圖書館學』，故本書取新名爲『圖書資訊學導論』當不致被誤爲只在談圖書資訊之徵集、處理等範圍而已。事實上，本書仍有不少篇幅在談論圖書館的主體和人（館員和讀者）本身，如『圖書館的種類與組織』、『讀者服務』、『館際合作』等篇章；唯畢竟資訊技術的演進和發展，已深深的影響圖書館的業務，故本書已就舊的『圖書館學導論』一書，做重大的內容重整，原書第一章『圖書館的意義、起源與功能』與第二章『圖書館學的界說』，已整合爲『圖書資訊學的界說』，對新近的圖書資訊學的意涵及其發展，予以詳細的闡述。原第三章『圖書館的組織』在本書擴充爲『圖書館的種類與組織』，全面更新各類型圖書館的資料；唯本章新增『圖書館學會』一節，似有點突兀，如標題改爲『圖書館的種類、組織與圖書館相關團體』或許較好些；圖書館相關團體除介紹學（協）會外，亦可稍加介紹國外之『圖書館之友』等，以廣視野。

原來的『圖書館資料的採訪』、『編目分類』等章，在本書皆已依現行較通行的名稱改爲『圖書資訊的徵集』、『圖書資訊的組織』，而且內容已全面更新，並增加了網路資源，這對老圖書館員而言，也值得依之作爲對新知識的瞭解。原書及本書對杜威分類法編成的邏輯系統，有一套圖文對照的講解，以幫助館員或學生記憶，是臺灣各種圖書館學書籍少見的，非常精采好用。筆者有次聽黃鴻珠教授講課，好像『國會圖書館分類法』也有一套記憶的法則，如也能增加上去，當更完美。

『讀者服務』一章仍是全書篇幅最多的一章，著者除更新資料外，還增加了『圖書館利用教育』及各種資訊檢索的方式等介紹與分析。在介紹各種參攷資源時，有電子版或網路版者，亦能顯示其網站影像。倒是傳統參攷工具書書影已沒有附上，正足以表現資訊和數位化的趨勢第一個優先的對象當是參攷工具書。原書對參攷資料的分類和排序，有別於一般參攷資料指南，本書依然如原書分爲『地圖與地名辭典』、『書目與目錄』、『傳記』、『字辭典』、『百科全書』、『索引與摘要』、『快述參攷資料』（含『名錄』、『手冊』、『年鑑』）等。雖然分類方式見仁見智，但『年鑑』列入『快述參攷資料』下，仍有商榷的空間，而統計資料或政府出版品也似可稍加介紹。第 285 頁『當代文學史料全文系統』列入『書目與目錄』類的『中文著者書目』項下介紹，筆者認爲似有不妥，或許列入『傳記』類較好些。

『館際合作』一章，如著者所言，已自 5 種合作的方式，重新整合爲館際合作的意涵與發展、館際合作活動及組織等，著者將文獻傳遞服務亦置於此章。可能因篇幅的關係，近年來影響臺灣圖書館事業甚大的臺灣文獻傳遞——『國家圖書館』的遠距圖書服務系統，並未能有較多的敍述；最近已在試用的聯合參攷服務系統（CDRS）亦未及介紹，可能下一次增訂時都可攷慮加入的。

『圖書館自動化』和『數位圖書館』兩章，爲本書所新增，亦爲本書之所以改名之不可或缺的主要內容。此兩章提供館員或學生對近年圖書館與圖書資訊處理新發展的鳥瞰，應是本書之精華所在。

　　本書附錄各項最新的圖書館法規及營運標準等，篇幅幾達全書的十分之一，但這些資料都可能是高普致或研究所攷試所會觸及的現況問題，故也頗具參攷價值。

　　概論式的學科介紹，相當難寫。但毋庸置疑的，本書依然能抓住大部分的重點，擷精取華的給讀者一個圖書館和圖書資訊學的導覽，應是此學科的經典之著。唯圖書館學術和實務，近年發展、變動快速，期望著者以後不要十幾年才修訂，而應以三、五年即增補一次為宜。

　　　　　　　　　　　原載『「全國」新書資訊月刊』，2004年2月，頁27—29。

大時代小故事下的圖書館學者
—— 『我的學思行：胡述兆教授回憶錄』

文字工作者　王　岫

　　第一位回臺服務的圖書館學博士，也是創設臺灣第一所圖書館學研究所博士班的臺大名譽教授——胡述兆先生，利用剛剛退休的這兩三年間，撰寫了他過去七十多年豐富而又多采多姿、且對社會、圖書館界貢獻良多的歲月，今春已出版為『我的學思行：胡述兆教授回憶錄』一書。

　　作者在書中『前言』謙稱自己『凡所做為，都是大時代中的小故事，與一般中國知識份子所遭過者，初無二致……』，書後『後語』又言：『美滿的退休生活須有四老：老伴、老本、老友及健朗的老骨頭，我一樣不缺，於願足矣。』固顯示了一位知識份子，功成名就後，歸隱山林，怡然自得的閒適；但前言、後語之間，厚達368頁（不含著作目錄和其它附錄、照片等篇幅），20餘萬言的文字內容，卻是胡教授波濤洶湧、奮鬥一生的經歷：他年輕時，響應愛國號召，投入青年軍行列；後來遷臺，在臺復學後，即刻苦求學、力爭上游，又到美留學，前後獲得五個碩士、一個博士學位的驚人紀錄；還有他在美國工作多年，並獲有高薪且終身的職位，卻仍毅然放下一切，回來為自己的國家和母校服務。這種作者稱之為『小故事』的，背後蘊藏的精神是值得尊敬和佩服的。

　　本書為作者一生的行述，跨越年代從北伐成功之年（作者出生）到『一寸山河一寸血，十萬青年十萬軍』的對日抗戰時期（作者投筆從戎）、國共內戰及政府遷臺（作者流亡及在臺復學），以及政府於臺灣銳意建設並邁向經濟繁榮的時期（作者出國留學，後來返臺服務）等階段，恰好見證了中華民國一段有動亂起伏，也有振衰起弊的歷史；故閱讀本書，我們看到的雖是胡教授個人腳步的行走，卻也隨時看到大時代的影子，故讀這樣的傳記，對晚了二十多年的筆者，甚至於更年輕的讀者而言，都是助益匪淺的收穫，因為我們好像親自在聆聽耆碩長者在為我們講述過去的一段歷史。就作者1966年改讀圖書館學位，後來並於1977年獲得博士學位，1983年以後回臺任教臺大圖書館學系所，並協助國內圖書館事業的發展，此四十年的歷史，對圖書館學科系學生或圖書館員而言，也可將其視為一段圖書館學史或圖書館發展史來閱讀；尤其胡教授原本是學法律（學士）、政治（碩士）或美國政府（國外碩士）的，38歲以後，再改唸圖書館學，此種有高深專業背景後再唸圖書館學的方式，一向是我們圖書館學教育所倡導的，從這本書中，圖書館科系的教育者或學生以及圖書館員們，均可得到不少啟發。

　　本書按作者一生重要階段分章節，大致依時間軌道行走，只有第十二章『大陸探親與兩岸交流』，有一些前後時間的回顧或轉折，但一般而言，全書文字通體流暢，敘事條理清晰，令人想一氣呵成讀完之欲罷不能感；對旅美二十年，完全接觸英文環境的作者而言，能保持如此文筆，實在令人敬佩；尤以書中頁354提到作者在成都『望江樓』，看到有一對聯，只有上聯，至今沒有下聯，作者竟然能現場靈機一動即吟出對應的下聯文字，顯見胡教授的中文造詣仍很好，不受留美之影響。除文字流暢外，對回憶錄而言，最重要的是人物、時間、事物的掌握。作者在此書中，相關的年代日期及出現的其他人物等資料，大致記載詳實，有些細節更令人覺得他有驚人之記憶力。如頁21記述其當青年軍步兵時，行軍的全副裝備，步槍、手榴彈、背包、棉被、小凳、乾糧、雨衣……，各是多少重量，都有敘述；這資料看起來是小事，但對研究軍事裝備發展史的學者或軍方而言，却是一份可供參攷的數據。除記憶力外，相信胡教授不是有寫日記的習慣，就是檔案、資料一直蒐集、保存的很齊全和完整，才能在兩年多內即完成本回憶錄。當然，資料、案牘堆積成山，運用起來也難免有小差錯。以頁 327—335 敘述 1990 年海峽兩岸圖書館交流的破冰之旅這一事件，作者在頁 328 提到參與的王振鵠教授，以括弧附註王教授時任『中央圖書館』館長；但事實上王教授於 1969 年 8 月即已交卸『央圖』館長，以當時法令而言，『央圖』館長這樣的政府官員也還不能赴大陸。所以作者多附註的『時任「中央圖書館」館長』，反成一個小小的史誤，或許再版時可刪除。

　　如胡教授擁有的『五碩一博』學位，他的專長也包括法政學科，特別是美國政府、美國總統選舉制度等，讀者在此書可看到一些他的研究成果。但圖書館學畢竟還是作者 40 歲以後主要的研究和事業，所以這方面的篇幅約佔三分之二以上。依筆者分析，胡教授除了臺大圖書館科系的行政和教學的工作外，在本書中最能呈現他對臺灣圖書館事業貢獻的大致是：1. 成立臺大圖書館研究所博士班，使臺灣圖書館界漸漸有自行培養的高級人才。2. 鳩集臺灣圖書館學及圖書館實務界精英，在時任『國立編譯館』館長曾濟群博士（後轉任『中央圖書館』館長）的支持下，主編『圖書館學與資訊科學大辭典』，此套書費時六年（1989—1995）才完成，是臺灣第一套完整、詳實的圖書館學專科大辭典。雖然胡教授最早的願望是編一套圖書館與資訊科學的百科全書，但百科全書編起來曠日持久，先完成大辭典畢竟已是臺灣圖書館學史上一大步了。3. 胡教授的另一心願，編一部主題詞語，後來雖然沒有達成（『教育部』決議由『中央圖書館』執行），但胡教授自己成立一家專門出版圖書館學和工具書的出版社，對促進圖書館學術研究的發展和傳佈，也相當有貢獻；早期一些臺大圖書館研究所的學生，其碩士論文也都由這家出版社整理印行；這就像美國的大學出版社，能讓大學教師的學術著作有出版的機會一樣，功能相當重要。例如，作者在推動兩岸合作編印『中國地方志總目提要』這樣的大部頭工具書，大概也只有這樣的出版社能出版或肯出版，一般商業出版社是不會或不肯投入的。胡教授大概認為開出版社多少有點商業色彩，故在本書中少有著墨。但筆者認爲這個出版社對圖書館學術的推廣極爲重要，維持一間出版社當然也需商業營運攷量，故應可在再版時，補入這方面的敘述。

　　胡教授在美國的博士論文『美國國會圖書館中文部之發展』（*The Development of the Chinese Collection in the Library of Congress*），是臺灣第一個研究國會圖書館館藏的論文，也是國會圖書館的專科館藏第一次被人以博士論文深入研究，此項貢獻對國會圖書館頗具意義。故 2003 年 10 月 31 日，國會圖書館在其中文部成立 75 週年時，特邀請胡教授重返國會圖書館，以 "Contributions of Herbert Putnam and Walter Swingle to the Chinese Collection in the Library of Congress" 爲題，發表演講，並獲得熱烈歡迎和好評。這篇演講文附錄在本書後頁，相信它對中美圖書館交流合作的貢獻，猶如蔣夫人昔日赴美國國會演講的功效。

　　本書既名爲『我的學思行』，但讀者讀來，或許認爲作者在『學』、『行』兩方面篇幅較多，『思』的方面較少。這可能要讀者從各篇章中去分別體會。例如頁 367，作者言他在 2001 年爲圖書館建構了一個新的定義：『圖書館是爲資訊建立檢索點並為使用者提供服務的機構』（Library is an institution which is establish access point for information and to provide services for its users），這個新思維是在書中第十二章『大陸探親與兩岸交流』中提到，讀者如不細讀，很容易忽略掉；又如作者對臺灣基層圖書館員的培養辦法，有許多思維和構想，像在九所師院，選擇二、三校設立圖書館學系，培養小學師資等……（見頁277—278），這也夾雜在第十一章『臺大任教』許多行政教學事務敍述的篇幅內，都須讀者仔細條理品味出來的。

　　本書附有作者的著作目錄，對作者學思行的延伸研究，自然也有助益。這也是學者回憶錄的書籍應有的配備，也會是一個趨勢。故當今有寫傳記或回憶錄意願之學者，實應效法作者日常即仔細蒐集、記錄自己著作目錄之好習慣，以後撰寫起來才不致處處難行。本書若還有不掩瑜的小瑕，大概是沒有一章總結式的大篇章（只有一小段『後語』），好像『大河』小說沒有出海之處河海匯集的浩然境觀，使讀者有暢然一路讀來，卻嘎然突止之意猶未盡的悵然若失。胡教授一生學思行皆精采豐富，像筆者就希望多看到他在哥倫比亞大學旁聽參攷工具書編輯大師溫琪兒（Constance M. Winchell）上課的經過（作者在頁111僅一筆帶過）；因為不僅溫琪兒是當時圖書館參攷服務的泰斗，她的課也影響到胡教授轉行唸圖書館學，因此可算是胡教授一生的契機。像這些重要的轉折點，胡教授倒可以往最後設計一篇總結的大篇章。

　　另外，本書照片豐富，可是都集中在書後；如有部分能納入相關篇章內容，方便讀者即『文』對『照』，或許較佳。但無論如何，本書無論對胡教授一生行述和卓越貢獻的瞭解，以及對臺灣圖書館發展歷史的側面行視，都有很大的助益，值得我們圖書館從業人員閱讀的。

原載『「全國」新書資訊月刊』，2004年7月，頁57—59

臺灣第一部青年學者的論文叢刊
——『圖書館學與資訊科學論文叢刊』讀后談

梅　松

　　『圖書館學與資訊科學論文叢刊』（臺北市漢美圖書公司出版，下稱『叢刊』）是臺灣第一部以博士、碩士論文為内容對象的叢刊。由臺灣大學圖書館學研究所胡述兆、李德竹、昌彼得、盧荷生教授主編。據『弁言』稱，『每集齊十冊，即出版一輯』，今后是否將連續不間斷地出版下去，每輯種數有無調整，内容怎樣變化，均不得而知。不過，僅就已出版的一至三輯而言，此『叢刊』與『圖書館學與資訊科學基本叢書』（亦由臺北市漢美圖書公司出版，下稱『叢書』）屬聯袂篇，兩者相輔而行。『叢書』出自專家學者之手，多有力作，『叢刊』由後起新秀所成，亦不落窠臼，可謂彼此相得益彰，蔚為大觀。『叢刊』係臺灣第一部青年學者的論文叢刊，對於顯示臺灣圖書館學、資訊科學教學科研盛況，幫助大陸圖書館同人，特別是供青年圖書館工作者瞭解臺灣同齡學者，並學習、借鑒他們的研究成果，對於促進海峽兩岸學術交流，繁榮發展臺灣圖書館事業，是具有積極作用的。

　　粗讀『叢刊』，感悟其中特色有：

　　1. 内容廣泛。『叢刊』收錄論文甚廣，涉及時間從古代到現代，空間由國内至國外，包括各類型圖書館、各專業工作環節及學術領域。而各輯内容又有所側重，第一輯論文多就國内外圖書館實際工作的調查研究。諸如，對臺灣地區採訪自動化現狀與需求、國際聯機檢索服務、館際互借調查研究、大學圖書館員繼續教育的調查研究等等。第二輯以目錄學為主題，收集範圍以清代著名藏書家與藏書樓研究論文為主。計有：鐵琴銅劍樓藏書研究、晚清藏書家繆荃孫研究、范氏天一閣研究、清初藏書家錢曾研究、祁承㸁及澹生堂研究、錢謙益藏書研究、觀海堂藏書研究、焦竑及其國史經籍志研究、清丁丙及其善本書室藏書志研究、從四庫全書探究明清間輸入之西學研究。第三輯内容包括三個方面：（1）圖書紙質、保存環境、蟲害防治研究；（2）圖書館經營與發展、館員管理、館藏資源利用研究；（3）圖書館學教育研究。『叢刊』各篇文字在十萬言以上，作者一般視野寬廣，論說充分，均屬具有相當分量的學術論著。

　　2. 選題實際。『叢刊』論文除第二輯屬目錄學，側重於古代目錄學及藏書家研究外，其餘90%以上論文均選自國内外圖書館事業發展中的現實問題。諸如，圖書館建築與空間配置研究、館員工作類型及其滿意程度研究、讀者需求研究、期刊管理研究等具有相當參攷價值。特別是對美英兩國國家圖書館體制與功能之比較研究、美英兩國圖書館學會對圖書館事業發展之比較研究，使人耳目一新，頗受裨益。

　　3. 信息豐富。由於『叢刊』各篇論文或源於實際，擁有較多的實地調查材料，或追溯歷史，具備較豐的文獻引證，均能做到言之有物，持之有證。不少論文以調查問卷、統計表格形式，且所涉中外文獻都反映了某學科領域的主要學者的代表性觀點。『叢刊』雖網羅資料甚博，然能略其繁蕪，擷其精華，而無榛楛雜陳之病。

　　4. 論證確切。『叢刊』論文的青年作者均能以事實為根據，觀點平允，議論明切，無聲氣奪人、詆詞吹索之弊，無論結論如何，都能令人有得體或信服之效果。且行文流暢，可讀性強。

5. 結構詳明。『叢刊』論文採用固定格式，其結構的前置部分有謝辭、摘要；正文部分有緒論、文獻探討與分析，結合論題闡論之后，均有結論與建議；后附部分有中外文參玫書目、附錄或索引。其中緒論又包括研究動機與目的、研究範圍與限制、研究方法與步驟、名詞解釋等。各部分及其所含綱目均經緯清晰，具有條理，體例詳明。

總之，『叢刊』所收青年作者論文頗見工力，未有牽率之篇，是一部具有學術性、資料性、可讀性的專業叢刊。其不足處在於各輯收錄計劃欠嚴密，第一、三輯的主題都不夠集中；有的論文論述尚缺乏深度；各篇引述資料仍不夠全面，尤其對大陸圖書館學資訊科學研究成果反映甚少，此確實是個缺憾。

原載『圖書館論壇』1992 年（4），頁 78

《中國地方志總目提要 (1949—1999)》跋

金恩輝　吉林省圖書館
胡述兆　臺灣大學圖書館

　　這部『中國地方志總目提要（1949—1999）』（即新方志總目提要）從 1999 年初醞釀、策劃，提出編撰方案、體例設計，到組建編輯、作者隊伍，撰寫辭條，審定修改稿件、定稿、發排、校對……傾注了海峽兩岸同仁們的大量心血和勞動，現在終於由臺北漢美圖書有限公司正式出版了。

　　1996 年，當我們聯合主編的『中國地方志總目提要』（即 1949 年以前舊方志總目提要）在臺問世後，在國內外引起良好反應，得到海內外學術界的肯定和好評。香港中文大學金耀基教授指出：『這部「提要」對於研究中國文化的社會科學與人文學者而言，是一項無可比擬的功德與盛業。』南開大學來新夏教授説：『「提要」所收舊志之數已符著錄之總數，提要內容有書名、纂者、修纂沿革、內容概述以及方志價值等等，項目不可謂不備。若能手此一編，則足可與正續「四庫總目提要」相輔相成矣。……至成此書鉅帙，尤為祖國學術寶庫，增光添彩。』他更進一步明確地向我們提出：『設二君更能就新編志書數千種撰成「新志總目提要」，於方志界則有氣吞包舉之勢，我將為此而馨香禱祝焉！』

　　來先生是我國當代著名的歷史學家、目錄學家、圖書館學家，對地方志有長期而精深的研究。他在我國舊方志的整理、新方志的編纂以及中國方志的理論與實踐方面，多有重大建樹。他對新志總目提要的期望和建議，成為我們編撰這部新著的緣起。

　　我們沒有辜負來新夏教授的厚望，在海峽兩岸全體編撰者的共同努力下，經三年的時間完成了這一任務。新志提要的編撰，版本問題較舊志提要撰寫要容易，但新志的收集却也遇到困難。我國幅員遼闊，行政區劃繁多，僅縣級以上的建置即達 3500 多個，各地的新方志編纂工作難度不一，各種新志出版時間不同，編纂出版機構也不盡統一，任何圖書館也不可能將每部志書收集齊全。有的志書雖然出現在有關書目上，但實際並未出版發行，對圖書館缺藏志書只有補齊后親閱方可收入。本書編撰者主要成員都是圖書館界的同仁，他們對館藏的一次文獻（原始文獻）按着提要目錄的要求進行加工，以求科學地、客觀地將每種新方志的內容揭示出來，形成二次文獻的成果，這是圖書館本專業基礎性的業務。這一工作過程是一種創造性的勞動，許多辭條的編撰者都能以高度的熱情和責任感，認真研究志書，權衡取捨，字斟句酌，振筆以錄，寫出了不少高水準的辭條。有的辭條還要重新改寫，幾經反復，力求做到少些疏漏，自始至終堅持了必須親見原書、親閱其書的原則。

　　尤其值得稱道的是，為了保證本書的質量，還有幾位我國從事方志工作的專家，如孫寶君、王中明、許洪新、柳成棟、孫德昌等先生加入了本書顧問、副主編和編委的行列。他們為本書獻計獻策，或親自撰寫和修改辭條，付出了心血，我們對此表示衷心的感謝。

　　這部中國新地方志總目提要是一部以揭示我國於二十世紀下半葉五十年間出版的地方志為內容的攷評性、提要性、索引性的工具書，共計 300 多萬字。全書收錄和攷評了從新中國成立以來截至 1999 年底的新編省（自治區、直轄市）、市（地區、自治州、盟）、縣（縣級市、自治縣、旗、區）三級志書，並載有對我國臺灣地區地方志（1949—1999 年）

編纂、出版情況的介紹。該書對每一種方志，均獨立條目，著錄其出版事項，並詳介其編、章、細目，體例特徵，主要内容，修志過程與志書特色等，書末並編有纂修者人名索引。

　　本書是在1996年臺北漢美國書有限公司出版的『中國地方志總目提要』（即中國舊方志提要）的基礎上續編而成的，目前新方志還在以很快的速度陸續編纂出版，那需等待時日再予補編。新、舊志總目提要這兩部書前後承續，珠聯璧合。舊志總目提要對1949年以前的歷代中國府、州、廳、縣、鄉志的存佚、收藏、版本、作者、内容、價值等作了系統的介紹，同時進行了辨章學術、攷鏡源流的研究，是一部包括臺灣地區在内的全國性的最完整、最全面的舊方志書目提要，共計600餘萬字。

　　兩部方志總目提要，一種收新方志3402種，一種收舊方志8577種，共收古今方志11979種，著錄纂修者47669人。兩書合計1000萬字。應該説，這是對截至20世紀末我國地方志這一文獻寶庫的一次提要目錄形式的全面而系統的總結。

　　無論是舊志總目提要，還是新志總目提要，都是一種開創性的工作，因而這兩部工具書難免存在錯誤和不足，作爲海峽兩岸學者合作的這兩部書的主編，我們誠懇的希望學術界和讀者的批評指正。

原載『晉圖學刊』2002年第1期，頁170—171

《中國地方志總目提要》序言

來新夏

一

中國地方志以起源早、持續久、類型全、數量多著稱於世界文化之林。它自周秦發軔以來，至宋而大體定型，至清而稱極盛。據《中國地方志聯合目錄》統計，僅自宋至民國保存至今的方志就有 8264 種，11 萬餘卷，近年又時有發現，除山水寺院志外，實際數字已達萬種。至少為古籍之十分之一。上自全國，下至省、府、州、縣、鄉、村、鎮等無不有志，而海內外各大圖書館又無不入藏，可稱地方文獻之大宗。

修志傳統歷代相沿不絕。中華人民共和國成立后，百廢待興，而修志建議，頻見報端，甚有向人民代表大會提出議案者。於是，各地相繼籌設專門機構並着手試修，惜以經驗不足，時事多擾，修志工作時興時輟，兩度起伏。直至前一世紀八十年代，政通人和，百業繁興，適逢盛世修志之際，新編方志事業隨之進入第三次高潮，眾志成城，顯見成效。截至 1994 年 6 月，全國已普設修志機構，已出版的省級志書 349 部，市地級志書 165 部，縣級志書 1035 部，共為 1549 部；已定稿即將出版的各級志書尚有 777 部。兩項合計為 2326 部。據 1999 年 9 月由方志出版社出版的《中國新編地方志目錄》一書所收新志有 3612 部，而近兩年新志數量更日見增長，蔚為大觀。

二

中國地方志合舊志與新編近 15000 種，其數量之鉅，涵蓋之廣，入藏之遍，當居世界前列。志書最大功能乃在於為社會所用。惟志書篇帙較大，如何使用，確為修志、讀志者所困惑。凡圖書典籍大要不外三類，一為精讀書，指經典要集及具特識卓見之著作；二為瀏覽書，指一般讀物與文藝作品；三為翻檢書，指辭書、工具書與資料書。地方志為橫列門類，縱述古今以資料為基礎之翻檢書。如從地方志查閱某一有關地方事務之資料，往往須從頭至尾閱讀，行之實有難度，是以有編制目錄以供檢閱之需。據北京大學信息管理系蕭明先生的攷證，中國獨立的書本式方志目錄，最早是清初顧棟高的《古今方輿書目》。而道光間的周廣業所撰《兩浙地方志錄》則為區域性方志目錄之始。民國以來，相繼有繆荃孫、譚其驤等所編館藏目錄，頗有一定影響。1935 年，朱士嘉編撰《中國地方志綜錄》，為中國第一部全國性的方志聯合目錄，收錄自宋熙寧間至 1933 年的 5832 種方志。1958 年該書又經增訂，著錄截止到 1956 年，收志 7413 種，並附臺灣稀見方志 232 種，美國國會圖書館所藏稀見方志 80 種，為研究者提供極大便利。1985 年，北京天文臺又在朱氏《中國地方志綜錄》基礎上，重加增補修訂，成《中國地方志聯合目錄》一書，共收截至 1949 年除山水寺廟志外之各級通志共 8264 種，成為現存最完備之地方志目錄，使中國舊志寶藏得以昭示世界。在此以前，編制區域性地方志目錄工作亦在八十年代初分別進行，如《山西省地方志聯合目錄》著錄現存本省方志 463 種，5100 卷，包括各級政區通志、關志、山水志及寺廟志等；《山東地方志書目》著錄本省舊志597種，新志57種；《河南地方志綜錄》著錄本省方志554種，847個不同版本，21種手稿；《陝西地方志書目》著錄自宋至民國各時代舊志407種及新志13種……這些區域性之志目搜羅頗稱完備，它既可成為日后增訂全國性聯合目錄之組成部分，又可單行別出以便檢索。至若一些著名圖書館、博物館、檔案館等藏書處所，也多編有館藏目錄，備讀者檢用。總括各錄，舊志狀況大體可見。

新志編撰工作自五十年代、六十年代至八十年代，歷經三次修志高潮，成果豐碩，數以千計，無目錄實難得其全貌，有識之士多有編制新志目錄之議，並着手其事。1993年8月，書目文獻出版社出版之《中國新方志目錄》第一冊，收錄1949年10月至1992年2月新志，包括較廣，以省市縣三級志書為主，旁及區、街道、鄉、鎮、村、山水名勝等專志和部門志達9000餘種。其二、三兩冊尚未獲見。收錄雖全而略嫌龐雜。1999年9月，方志出版社出版之《中國新編地方志目錄》，收錄前世紀七十年代末至1999年9月（北京至10月）之三級志書，而各種專業志、部門志、鄉鎮志均擯而未收，較前書似又過於狹窄，難符讀者求書願望。

三

新舊志書目錄既大體完備，自可供即目求書之需，而於因書究學之用猶感不足。單一目錄確能有登記圖籍、讀書知津之作用，但並未進入攻鏡源流、辨章學術之境地，學者於此頗多致憾。已故方志界耆宿朱士嘉氏曾倡議編制一部全國性的《地方志綜合提要》，這不僅使讀者知其書之所在，更能使人讀其提要，得其概貌。揣度其意，似指舊志而言。傅振倫氏為《中國新方志目錄》寫序時，曾於新志提要深加關注，他深望該書撰者『繼事編輯中國新方志書錄提要，仿前人目錄學之成規，將方志書名、記述範圍、編纂經過、體例得失、義例特點、學術價值、內容珍貴資料與時人評述等項，一一敘入，如此則新志必將為用更宏』。惟茲事體大，難於一蹴而就。

編制提要目錄確為一項繁重工作，前人曾有部分試作。1930年，方志學家瞿宣穎所著《方志攷稿（甲集）》由大公報社出版，是中國最早一部私家方志提要目錄專著，主要著錄天津方志收藏專任鳳苞天春園所藏方志600種，逐一辨其體例，評其得失，志其要點，錄其史料，為學術含量頗高之目錄學專著。1962年由中華書局出版的張國淦遺作《中國古方志攷》（原名《中國方志攷》第一編），是一部輯錄體的提要目錄。收錄秦漢至元方志2271種，凡有名可稽，不論存佚，均予收錄與攷證。瞿、張二書可稱全國性方志提要發軔之作。1957年由科學出版社出版的洪煥椿所著《浙江地方志攷錄》（1984年易名《浙江方志攷》，由浙江人民出版社出版），1992年天津大學出版社出版由來新夏主編的《河北省方志提要》以及一些省市所編本地區的舊志提要，均為區域性方志提要；1982年由書目文獻出版社出版的駱兆平所著《天一閣藏明代地方志攷錄》敘錄天一閣所藏明志435種，為一代方志之提要目錄。1986年由書目文獻出版社出版的崔建英所著《稀見方志提要》及1987年由齊魯書社出版的陳光貽所著《稀見地方志提要》則屬於全國性的稀見方志提要，學術參攷價值甚高。這些提要目錄的基本內容，包括書名、作者、卷數、藏者、出版年代、出版者、主要內容和篇目以及志書評價等項，為綜錄全國性舊志目錄提要做試探與準備。至於新志提要目錄至今尚未一見，而能編纂一通貫古今之方志提要目錄則尚待時日，更望有識有為之士之挺身而出。

四

　　編纂一通貫古今方志提要目錄之宏業，終於在 1987 年顯其端倪。有胡述兆及金恩輝二氏鐘情於此，勇於任事，毅然倡導並投身於方志提要目錄之編撰工作。胡、金二氏與我相交有年，素知二氏學術造詣，而竟未知其甘傾精力於工具書，深感內愧。胡氏爲臺灣大學資深教授，博學多才，著述閎富，爲圖書館界知名學者；金氏任吉林省圖書館館長有年，而以不廢學術爲同儕所稱道，於方志學尤多精深研究。二氏雖分居兩岸，但聲應氣求，相與磋商，爲使地方志之整理、研究和提供利用，由目錄性總結發展到敘評性總結的新階段，乃議定編纂『中國地方志總目提要』一書，並於 1987 年啓動，邀集兩岸學者專家二百餘人，共襄盛舉。歷時八年成稿，收錄舊志 8577 種，除山水寺廟志外，各級各種通志性志書以及爲修志而撰寫之採訪冊調查記等，無不收錄，較『中國地方志聯合目錄』尚多二百餘種，且不僅列其詞目，更爲各志撰一提要，敘其志名、撰者生平、修纂沿革、內容概述、志書價值、版本源流及附註等。1996 年，該書由漢美圖書有限公司以三鉅冊精裝形式出版，於是此浩大工程終告完成，爲兩岸學者架一學術橋樑，爲廣大讀志者辟一捷徑，學術功德，莫此爲甚。

　　我雖未親與該書纂修之役，而獲讀其序言與凡例，深感其書之體大思精，惜以其僅限於舊志爲憾。如胡、金二氏壯志不已，更當再接再厲，有新志提要之作，則中國地方志之專門提要目錄當成完璧。適金氏惠臨寒舍，以其《錄根集》問序於我，乃於序中寄語云：『設二君更能就新編志書數千種撰成《新志總目提要》，於方志界則有氣吞包舉之勢，我將爲此而馨香禱祝焉。』不意時隔不過二三年，金氏再臨寒舍，即以新志總目提要告成喜訊見告，我聞之既驚且喜，驚其撰寫速度之超常，非有艱苦卓絕之精神不能致；喜其自今而後，中國萬餘種通貫古今之方志提要目錄赫然問世。讀志、用志者手此一書，則展卷可一索而得眾志之大要，豈非大有裨於學林。

　　『新志總目提要』始 1945 年 10 月，止 1999 年 9 月，收錄全國正式出版的省、市、城區、地區、縣、鄉、鎮等各級新編志書 3402 種。其臺灣地區方志則輯入臺灣嚴鼎忠所撰『臺灣地區方志書目（1949—1999）』一文而未撰提要。各志均經撰者親加檢讀而后著筆成文；條目要素及編寫方法一仍舊志提要之例而略有增益。

　　2001 年夏，金氏三臨寒舍，告以新志提要目錄全書脫稿，付梓在即，請序於我。胡、金二氏及編纂諸君，前後十年辛勞，功不可沒；讀志者得此利便，亦當念念不忘；我以垂老之年，獲睹宏業告成，曷勝欣慰。乃敘其始末，述其體例，論其價值而爲之序。所論當否，至祈識者垂察焉。

二〇〇一年仲秋寫於南開大學邃谷

原載『書屋』2002 年第 1 期，頁 62—64

檢索中國古今地情的工具　打開方志文獻寶庫的鎖匙
——評介『（舊、新兩部）中國地方志總目提要』

長春市吉林圖書館館長　毛昨非
長春市東北師範大學古籍研究所教授　傅朗雲

　　我國是一個文化悠久、典籍豐瀛的大國，有長期纂修地方志的歷史傳統。方志體書籍自周秦發軔，至宋代大體定型，清代達於極盛，民國相沿相續、蔚爲大觀；其中保存了大量關於各地社會、經濟、政治、文化以及自然環境變遷的資料，成爲世人研究、借鑑和利用的一筆寶貴文化遺產。我國自 50 年代起即有新修志書之舉，『文革』期間中斷，改革、開放 20 餘年來，各地普設修志機構，對縣情、市情、省情、國情加強調查研究，系統而周密地瞭解情況，總結歷史經驗，陸續地有數千種新編各級地方志書問世，這成爲當代世界圖書出版界獨具中國特色的一宗寶貴的文化資源。

　　無論是 1949 年以前所修的舊志，還是其後出版的新志，大部都分藏在國內外不同系統、不同類型的圖書館、檔案館或與其相關的文獻機構裏，對這筆寶貴的方志資源進行系統地收集、整理以供廣大讀者利用，始終是學術界所關注和重視的問題。上世紀 30 年代以來就有關於方志目錄的工具書不斷編製出版。1935 年，朱士嘉第一次編撰的一部『中國地方志綜錄』，收錄自北宋熙寧年間至 1933 年的 5832 種方志，爲全國性舊志目錄之開端。爲適應中國社會發展的需要，朱先生於 1958 年出版『中國地方志綜錄』增訂本，著錄截止於 1956 年，所收大陸見存志書 7413 種，附錄臺灣稀見方志 232 種和美國國會圖書館館藏稀見方志 80 種。1985 年，北京天文臺出版的『中國地方志聯合目錄』以大陸主要圖書館藏地方志爲主，截止至 1949 年，所收各級通志 8264 種。中國舊方志寶藏因此而昭示世界。

　　1993 年 8 月，北京書目文獻出版社出版了『中國新方志目錄』第一冊，所收錄的志書限於 1949 年 1 月至 1992 年 2 月出版物，以省市縣三級志書爲主，兼收區、街道、鄉、鎮、村、山水名勝等專志，以及大量部門志。1999 年 9 月，方志出版社出版的『中國新編地方志目錄』，只收錄 20 世紀 70 年代至 1999 年 9 月出版的三級志書，而未收專業志、部門志、鄉鎮志等。如是，關於我國舊志、新志的書目可謂大體完備了，讀者可據上述目錄之綫索，瞭解某地有何種志書，某志所藏單位以及各志編纂者、出版者和出版時間等一般情況。

　　然而，新舊志目錄雖可供讀者卽目求書之需，卻不能滿足讀者欲知某書主要內容之識。學術界有識之士早就建議應繼承漢代向、歆校書、編撰敘錄之體，對各志內容加以披露。已故方志界耆宿朱士嘉教授生前曾倡議編製一部全國性的『地方志綜合提要』；另一位已故方志界耆宿傅振倫教授爲『中國新方志目錄』寫序時，對新志提要也深表關注，他期望有撰者能『繼事編輯中國新方志書錄提要，仿前人目錄學之成規，將方志書名、論述範圍、編纂經過、體例得失、義例特點、學術價値、內容珍貴資料與時人評述等項，一一敘入，如此則新志必將爲用更宏』。在 1982 年 5 月中國地方志整理、編纂工作座談會上，制定了整理地方志的九點規劃（草案），確定了舊志整理的基本項目，在第一項目中，就明確提出了『編制地方志提要』的任務。這一任務，終於由海峽兩岸圖書館界和方志界的學者們共同完成了。1987 年，臺灣大學胡述兆教授和吉林省圖書館金恩輝研究館員提議編纂『中國地方志總目提要』（卽舊志提要）一書，並於同年啓動，邀集海峽兩岸學者、專家二百餘人共襄盛舉，歷時八年成稿，於 1996 年由臺北漢美圖書有限公司分上中下三卷出版。這部大型的學術性工具書是繼《四庫全書總目提要》以來最系統和最全面的一部提要性工具書，是地方志由目錄性總結發展到攷評性總結新階段的重要標誌。該書對 1949 年以前歷代中國府、州、廳、縣、鄉志的存佚、收藏、版本、作者、內容、價值等作了系統的介紹，同時進行了辨章學術、攷鏡源流的研究，計 600 萬字。它不僅是一部包括臺灣地區在內的全國舊地方志目錄，而且還是一部完整的、準確的、全國性的線裝、舊平裝書書目提要。

該書的特點是收志數量較任何方志目錄都全而多，每一志書的提要多爲親閱其志、研究其書的整理者撰稿。該書共收舊志辭條 8577 種，比《中國地方志聯合目錄》多二百種。在進行辭條撰寫過程中各地都發現、訂正和補充了《中國地方志聯合目錄》收錄上的疏漏，有相當一批志書在編『聯合目錄』時未被發現、未收進去，『提要』卽予以補上；『提要』還訂正了『聯合目錄』中有些版本著錄之誤，纂修人確定不當、生平年代不準以及尚有許多藏書單位沒有註明等情況。該書不僅全面地反映、核對了《中國地方志聯合目錄》中著錄的所有項目，具有『聯合目錄』的提供志書存在線索和一般狀況，滿足讀者自查自閱的功能，而且還對每種志書纂修者的身份、生平，志書的時代背景，修志緣起、主要內容、文獻特徵與價值、影響等作了介紹，對每一辭條都寫出了解釋性的評語，使用凝煉流暢的語言進行概括，完成了書目解題、內容攷評的工作。由於該書辭條的撰者，多是長年堅持在各藏書單位從事古籍整理工作的學者，故辭條對每志的鑒定和說明就具有相當的權威性。據悉，參與該項目的撰稿者，有的老先生已先後仙逝，這就使其當時所撰條目更顯珍貴。

令人尤爲欣喜的是，在《中國地方志總目提要》（卽舊志提要）問世五年之後，由胡述兆、金恩輝兩位教授聯合主編，南開大學來新夏教授、臺灣師範大學王振鵠教授擔任總顧問的《中國地方志總目提要（1949—1999）》（卽新志提要）於 2002 年 3 月在臺北漢美圖書有限公司出版了。新志提要可稱舊志提要的續編，是一部以揭示我國於二十世紀下半葉五十年間出版的地方志爲內容的攷評性、提要性、索引性的工具書。全書收錄和攷評了截至 1999 年底新編省（自治區、直轄市）、市（地區、自治州、盟）、縣（縣級市、自治縣、旗、區）三級志書，並載有對臺灣地區地方志（1945—2000）編纂、出版情況的介紹。共著錄我國新編志書纂修者 33982 人。該書對每一種方志，仍以撰者親閱其書爲原則，獨立條目，著錄其出版事項，並詳介其編、章、細目、體例特徵，主要內容，修志過程與志書特色等，書末並編有纂修者人名索引，共計 300 多萬字。這是對近半個世紀以來我國新方志的一次全面的總結，也是繼舊志提要成果之後的又一項重要的學術文化工程。至此，兩部著作前後承續，珠聯璧合，前者收舊志 8577 種，後者收新志 3402 種，共收古今方志 11979 種，著錄纂修者 47667 人，計 1000 餘萬字。應該說，這兩部大型學術性工具書的問世，是對自古代有志書以來到 20 世紀末，我國地方志這一文獻寶庫的一次提要目錄形式的全面而系統的總結。

原載『圖書與資訊學刊』41 期（2002 年 5 月），頁 107—108

『中國地方志總目提要 (1949—1999)』評介

淡江大學中國文學系副教授　陳仕華

　　本書是繼『中國地方志總目提要』（即中國舊方志總目提要）1996年出版後，對中國大陸新編的方志所作的總目提要。主要收錄1949年到1999年末中國大陸出版的地方志，共撰寫提要3402則。後並附有：著者索引、新編臺灣方志目錄（1945—2000）、臺灣所出版之新編大陸（舊）方志目錄。

　　提要之內容包括：1. 編纂單位、出版單位、責任編輯、封面設計、開本、裝訂形式、印張、插頁、字數、出版時間、印數、插圖數、表格數。2. 總纂、副總纂、主編、副主編、主審、副主審、編纂、編輯、撰稿人、製圖人、製表人、攝影人。3. 正文概述、篇章細目並篇章節總數。4. 體例特徵、纂修方法特點、志書內容簡介、地方特色、時代特點。5. 編後記、修志始末、附錄以及其他。本書期以堅持親見志書為撰寫原則，與輾轉傳抄者異。並以嚴謹之體例作為基礎，雖感覺制式，但一一詳載，反而扎實；尤其是成於眾手之工具書最宜用此。

　　本書如此詳實的記載方志的篇目，可突出新編方志的體例與創新。如『靜海縣志提要』（2—15頁）中，列出該志之篇章第五篇『水利』，第二十四篇『大邱莊』。前者突出水在靜海的特點，後者寫出大邱莊得到『中國第一村』的美譽。如此可見出與靜海舊志不同的特色。這是新舊方志在提要中可比較出其特點。佀若從眾多提要去觀察，因為對每本志書之體例及篇目都有說明，則從新志與舊志的差異，可看出一代編纂撰述之風向。地域與地域之間，亦因地方之特色而見其編纂之特色。所以此書完善詳實的提要寫法，可說為『比較方志學』奠定了厚實的基礎。

　　我國傳統的目錄中，提要的產生早在劉向的『別錄』，佀專科提要的發展較遲；唐李肇『經史解題』已佚，後世較著名的有朱彝尊『經義攷』。近來年專科提要如雨後春筍般成長。而其良窳則端賴其體例是否完善，與是否能揭示書籍內容特色。進而有涉學指導之功能。如『桐鄉縣志提要』（11—16頁）：『本書編纂不囿於已有志書的框框，以實際出發立編設章，如：從常見志書的「自然環境」編中，把有關土地的論述抽出，專設土地編。……桐鄉人均耕地不足一畝，是一個值得重視的問題，全編設四章十三節，用四萬餘字詳細記載，是頗有見地的。』將《桐鄉志》的體例與內容特色揭示出來。又如『上海京劇志提要』（9—17頁），揭示出該志共撰伶人傳記121篇及伶人軼事，其中多為鮮為人知的史料，對研究我國近代戲曲者必多助益。而方志需表現地方之特色，故提要在這方面也多所揭示，如『梅縣志提要』（19—35頁）寫出梅縣置縣，歷經一四〇〇餘年，並一一敍述該縣有『文化之鄉』、『山歌之鄉』、『足球之鄉』、『華僑之鄉』的美譽。本書所寫之提要能據志書之內容，條分縷析，表現其特色。俾使指導讀者能知內容大旨及得失。

　　本書出版後，給予方志學界很多啓示，論其意義如下：

　　一、本書共對三千餘種方志撰寫提要，尤其對體例的敍述，有助於瞭解近代方志編纂的情況，進而加以增損改進，使方志的體例更完善，內涵更豐富。明乎此，此書的價值就更加明顯了。

　　二、余嘉錫以提要的撰寫，比擬為『方以智』，有別於小序的『圓而神』的撰寫方法。此種聚集前人撰寫經驗的『提要』，必然對日後修纂方志的工作，產生一定的借鑑作用。

　　三、此書展現了大陸方志工作者編纂的成果。一是量的成績，一是質的改變，看出大陸修志者更加注意方志的開放性，把方志的區域性與社會的整體性結合起來，使利用方志者更可具體得到材料。

　　四、展現了海峽兩岸學者合作編寫工具書之能力。尤其是提要的撰寫，牽涉到體例及撰寫人的素質，卻有如此的成績，讓人感奮。當然這也應歸功於金恩輝、胡述兆兩位主編。金先生長期從事於地方史志的研究，而胡先生則從事於圖書館學之研究，是臺灣學界的前輩，也曾編過大型的工具書。如此珠聯璧合，本書有如此的成績，也是必然之事了。而此書之出版，也當為編纂撰寫臺灣方志提要開啟了契機。

　　但是篇幅浩瀚之書難免有所瑕疵。如提要中寫出了『文化大革命』的禍害、改革開放的益處，充滿了『八股』與情緒，即便是志書內文有此浮泛言論，但提要中不需如此表出。又如附錄一，名為『新編臺灣方志目錄』，其實有很多是清人所編，後人再加以翻印。附錄二『新編大陸方志目錄』宜改為『臺灣新編大陸方志目錄』，但其中佔多數也是清人以前所編，名實頗不相符，但能窺見臺灣翻印方志之大要。在校對上可能也有小疏忽，如『鎮海縣志提要』（11—9頁）中述及著名女作家于梨華，『于』應為『於』之誤，於女士曾在臺灣紅極一時，疑是繁簡字轉換錯誤。

原載『「全國」新書資訊月刊』，2004年5月，頁16—17

伍、其　他

《王雲五傳》出版弁言

　　在二十世紀的中國名人中，王雲五先生無疑的是一位值得立傳的人物。雖然他的生平與志事，已見於《岫廬八十自述》、《岫廬最後十年自述》、《王雲五先生哀思錄》、《王雲五先生年譜初稿》等著作中，一本綜合性的傳記，至今尚付闕如。

　　爲王雲五先生立傳，是我多年來的一個心願。這不僅因爲他在中國教育文化方面的貢獻，也因爲我是他的學生。我入雲師門下受教，始於 1957 年，那年我攷入政大政治研究所碩士班，造讀他的『現代公務管理』。三年後進入博士班，又跟他從事中國歷代政治典籍之研究。我在政大的碩士、博士論文，也是由他指導（政大的博士論文沒有完成，我的博士學位是在美國取得的）。後來我去『國民大會』擔任編輯科科長及一九六二年赴美留學，均受到他的鼓勵與協助。在雲師謝政後擔任商務印書館董事長期間，適我在美國大學講授『美國政府』與『圖書館學』，雲師常就美國的圖書與出版有所垂詢，並曾奉他的指示，蒐集『教育雜誌』倖存在海外圖書館的卷期，使該雜誌得以在臺灣完璧重印。由於這些關係，我與雲師晚年的交往頗爲密切，也加深了我對他的認識與崇敬。

　　這本『王雲五傳』的著者胡志亮先生，是一位頗負盛名的傳記文學家，他近年已在中國大陸出版過暢銷的『傅抱石傳』、『文天祥傳』等傳記，現正撰寫『歐陽修傳』。他的成名之作『傅抱石傳』，曾於一九九五年榮獲首屆中國傳記文學作品獎，與鄧小平女兒毛毛（鄧榕）所撰的『我的父親鄧小平』，同爲當時中國大陸十大傳記名著之一。爲此，我曾將他的『傅抱石傳』在臺灣印行繁體字版，並徵詢他撰寫『王雲五傳』的意願，他欣然同意。志亮先生是一位認真負責的作家，爲了蒐集雲師前半生的背景資料，他曾數度赴上海及廣東中山，從事實地攷察。初稿完成後，又就章節的安排與內容，多次與我交換意見。全文之撰述，費時五年，數易其稿，始告竣事。其一絲不苟的態度與實事求是的精神，令我十分感佩。

　　本書承雲師的得意門生、現任香港中文大學副校長的金耀基院士作序；『王雲五先生年譜初稿』的編者，也是雲師的得意門生王壽南博士提供資料，檢視初稿，並協助選取照片；雲師的哲嗣，現任王雲五基金會董事長的王學哲先生閱讀全文，並提供寶貴意見。在此一併致謝。

臺大名譽教授　贛渝胡述兆謹識
2001 年 4 月於臺灣大學

原載臺灣商務印書館出版的『王雲五傳』（2001 年），頁 V – Ⅵ。

『傅抱石傳』臺灣版弁言

傅抱石是中國的藝術大師，他在書畫上的成就，與齊白石並稱『南北二石』（郭沫若語，北石為齊白石，南石即傅抱石）。他的篆刻更是神乎其技，曾把 2765 字的《離騷》全文及前言後語、634 字的《前出師表》等古文名著，刻於印章的側面，每側不超過 3 厘米×4 厘米。他的有關書畫、金石與美術史的系列論著，均卓然成家，受到極高評價。一人集此三者之大成，在我國藝術史上，可能前無古人。不過在抱石先生的諸多成就中，似乎仍以繪畫為最。他的橫幅鉅構《麗人行》，在 1996 年 10 月 18 日的北京秋季拍賣會上，以 1078 萬元人民幣（相當於 3000 多萬臺幣）成交，創中國國畫拍賣價的最高紀錄。此幅傑作係取材於杜甫詩《麗人行》，乃描繪楊貴妃出行之盛況。徐悲鴻稱此畫為『聲色靈肉之交響』；張大千謂其構思用筆之妙絕，『開千年來未有之奇，真聖手也』。由於其畫作受到國畫大師的一致讚揚，所以 1959 年周恩來指定他與當代嶺南派大師關山月，為人民大會堂合作繪製鉅幅圖畫『江山如此多嬌』，並由毛澤東親自題詞，自是更奠定他在中國畫壇上的崇高地位。

傅抱石先生是我的鄉前輩，我自小就知道他的大名。抗日戰爭前，我縣江西新喻（現改為新余市）僅有兩位大學教授，兩位都是日本留學生，而且都姓傅。一位是傅萬夫先生，時在廣西大學任教；另一位就是傅抱石先生，自 1935 年從日本學成歸國後，即執教於南京中央大學藝術系。萬夫先生的尊翁玉如公為前清舉人，家祖父寶璋公為己酉科拔貢，兩家時相往來，所以我曾有機會瞻仰過萬夫先生的丰采。對於傅抱石先生，我只知道他是一位名震中外的書畫家與篆刻家，但因生也晚，始終無緣見面，一直引為憾事。更為遺憾的是，1994 年臺北歷史博物館舉辦『傅抱石畫展』時，我正在國外開會，失去一次觀賞他的畫作精華及與其後人見面的機會。三年前我回新喻（現稱新余市渝水區）老家探親，有幸拜讀胡志亮先生的大著『傅抱石傳』，使我對抱石先生有了更為全面的認識，也興起了我將此書在臺灣出版的意念。現在此書終於在臺灣出版，不但完成了我的一個心願，也可藉此對一位夙所景仰的鄉賢表示一份敬意。

『傅抱石傳』是大陸的暢銷書之一，曾獲 1995 年中國首屆優秀傳記文學作品獎，全書內容並曾在電臺上分 40 集連播，故在大陸是家喻戶曉之作。本書著者胡志亮先生是當代中國的一位著名傳記作家，除本書外，他還出版過《文天祥傳》，現正撰寫《王雲五傳》。志亮先生除在傳記文學上有極高成就外，在書畫方面也有精湛造詣。因其精於書法並懂得鑑賞畫作，故對本書傳主的一切『癖嗜甚深，無能自已』，而把一位藝術大師的生平與志事描繪得栩栩如生，淋漓盡致。我讀這部傳記，就好像抱石先生在敘述他的自傳，生動而真切。相信本書讀者，亦會有此同感。

臺大名譽教授　贛渝胡述兆謹識
1997 年 12 月於臺灣大學

原載臺灣冊府出版公司出版的《傅抱石傳》（1997 年），頁 V–Ⅵ。

記圖書館界大老蔣復璁院士

我第一次見到蔣復璁慰堂先生，是在我的老師王雲五先生的家裏，時間好像是 1960 年代的初期。那時王老師是『行政院』副院長，也是臺北故宮博物院管理委員會的主任委員，慰堂先生是『中央圖書館』館長，大概有事去和老師商量。我因爲在政治大學政治研究所的碩士、博士論文都是王老師指導（他是兼任教授），又是『國民大會』的編輯科科長（他也是『國大』代表），所以常常要到他家裏去請教。我和慰堂先生就是在這種情況下認識的。不過交談的機會不多，印象也不深刻，只知道他是『中央圖書館』的創辦人，是圖書館界的大老。

1980 年我到臺灣大學圖書館學系擔任客座教授，承他老人家不棄，有什麼相關活動，特別是餐聚，常邀我參加。由於見面機會較多，我對他也有了較多的認識，覺得他雖非現任的『中央圖書館』館長，但他對臺灣圖書館界的影響力，依舊無人可及，而其對臺灣圖書館事業的關注與熱愛，也令人感動。

1983 年我自美返臺，到臺灣大學長期任教，並擔任圖書館學系系主任，那時慰堂先生已自故宮博物院退休，但對圖書館事業之關注不減，偶爾對我們的系務及教學還有所建議。有一次在一項文教界的餐會上，我剛好坐在他的鄰座，他除對我在臺灣大學的系務有所垂詢外，並主動提出希望在我們的碩士班開一門課，題目定爲『中國目錄學專題研究』。我覺得這門課由他來講授，甚爲恰當，就當場原則同意。但這件事與臺灣大學文學院院長及人事室主任商量後，覺得並不是那麼容易。因爲蔣慰老當時已經八十多歲，以如此高齡提聘兼任教授的，在臺灣大學尚無先例；其次，他並沒有三年內發表的學術論文，不過這項可以『中央研究院』院士證明（慰老是院士）取代，『中央研究院』院長吳大猷教授到臺灣大學物理系兼課，就是依此方式辦理的。於是我們決定，先取得慰老的院士證明再説，行政會議開會審議時（當時兼任教授尚不須經由全校聘審會通過），再由孫校長及王院長大力推薦。我將此事轉告時任故宮博物院副院長的昌彼得教授，並請他親自去慰老家拿院士證明。不料遭到慰老的斷然拒絕，並憤怒地對昌教授説：『我蔣復璁還要拿院士證明去臺灣大學討飯吃嗎?!』原以爲昌副座追隨慰老數十年，比較容易講話，不想仍難免挨罵。我除對昌副座表示萬分歉疚外，亦對此事沒能辦成，使慰老失望，感到非常遺憾。

原載『「國家圖書館」館刊』2003 年第 1 期（2003 年 4 月），頁 1—2

賀張鼎鍾教授榮退

　　張鼎鍾教授熱愛圖書館事業，她對圖書館界的貢獻更是有目共睹。她在擔任攷試委員的 12 年期間，提拔圖書館界後進晚輩，擔任高普攷及特種攷試的典試委員、襄試委員，或閱卷委員，不遺餘力。她對『圖書館法』之通過，也是全力以赴，利用她在多方面特別是『立法院』的人脈，使圖書館界多年來的願望得以早日實現，厥功甚偉。

　　我個人更要謝謝她。1986 年我在臺大開始籌設圖書館學博士班，『教育部』及『行政院』研攷會的朋友告訴我，辦博士班須在申辦的研究所至少已有 7 位擁有博士學位的教員，其時臺大圖書館學研究所中只有 6 位教員有博士學位，而專任教員的名額已滿，不能再增加。我多方設法，苦無對策，乃專程去『教育部』請教主管單位，客座教授算不算數？他們說過去申請設博士班者有此先例，我欣喜不已，乃立即情商張鼎鍾教授，請她到臺大擔任客座教授，她欣然同意，解決了此一難題。此事我一直對她感念於心，臺大博士班的學生也應該謝謝她，沒有張教授的臨門一腳，臺灣大學不可能成為海峽兩岸第一個設立博士班的圖書館學研究所。

　　原載『崇敬與感憶：張委員鼎鍾教授榮退文薈』（臺北：『中國圖書館學會』，2002年），頁 27

我所欽敬的王振鵠教授

　　我與王振鵠教授結交，始於 1980 年我自美回臺擔任臺灣大學客座教授之時，那時他是『中央圖書館』館長，為臺灣地區圖書館界的大家長。在這一年中，承他厚愛，凡圖書館界的主要活動，包括國際會議、『圖書館法』之研議、『中央圖書館』新館之籌建，乃至宴請海內外圖書館界的重要訪客，總不忘邀我去參加。他敦厚的外表，溫和的態度，平實的作風，禮讓的胸懷，陳述問題的簡明，分析事理的能力，在在使我折服，是一位真正的謙謙君子。

　　1983 年我重回臺灣大學，承乏圖書館學系系主任暨研究所所長，我們見面的機會更多，合作的關係也日益密切。在其後的歲月中，就我而言，我們攜手打拼的機會最多。舉其要者：在『教育部』，我們同為各大學圖書館學系及世界新專圖書資料科的評鑑委員，九個師範學院圖書館的評鑑委員，『中教司』、『社教司』、『技職司』相關委員會的委員，以及圖書館事業委員會的委員。在『行政院文化建設委員會』，我們自始至終都是文化中心輔導委員，曾每年赴 21 個文化中心訪視輔導，連續達八年之久，我們也是語言圖書委員會委員，及文化機構義工評鑑委員會委員。在『行政院』研考會，我們曾共同參與『檔案法』之研訂工作，在馬英九先生擔任研考會主委期間，我們每月開會一次，長達 15 個月之久，其後並共同主持該會委託的『縣市文化中心績效評估』研究計劃，費時一年完成。在考試院，我們曾連續擔任高等暨普通考試典試委員十餘年，並多次負責為圖書館高普考建立題庫。至於專業學會的活動，我們均一直被選為『中國圖書館學會』及『中華圖書資訊學教育學會』的理事、常務理事，並分別當選過理事長。

　　在國際圖書資訊交流方面，我們曾連袂參加在漢城舉行的『第二屆亞太圖書館會議』，會後並參觀日本東京等地的圖書館設施。又去土耳其伊士坦堡參加 IFLA 年會，並前往希臘、埃及、約旦、耶路撒冷、以色列等地參訪。在海峽兩岸交流方面，除參加 1990 年由他領隊的臺灣圖書館界赴大陸參訪的破冰之旅外，還一道參加了在上海、北京、武漢、廣州等地舉辦的海峽兩岸圖書資訊學合作交流研討會。退休以後，我們又相偕去大陸的絲路、三峽、桂林、黃山等地旅游。

　　總之，過去二十年，我和王館長（我們圖書館界對他的尊稱）攜手合作，共同打拼，十分愉快。

原載『「國家圖書館」館刊』，2003 年第 1 期（2003 年 4 月），頁 2—3

賀陳譽教授八秩嵩壽

我與陳譽教授是美國哥倫比亞大學（Columbia University）的校友，他是我的學長。他於1950年畢業於哥大的社會工作研究院（Graduate School of Social Work），獲社會學碩士學位；我於1965年畢業於哥大的政府與公共行政研究院（Graduate School of Government and Public Administration），獲美國政府碩士學位。也因爲這層關係，我們自1990年在上海見面以來，經常保持聯繫，並不斷爲促進海峽兩岸圖書資訊學術的交流與合作，共同努力。

1992年5月17日至20日，華東師範大學與西北工業大學在西安聯合舉辦『現代圖書建設與資源共享國際研討會』，臺灣地區應邀參加者，有沈寶環教授、李德竹教授、胡歐蘭館長、范豪英館長及我，共5人。這是臺灣地區圖書資訊界的學者專家，首次正式應邀參加在大陸地區舉辦的國際研討會。我因其時正在主編『國立編譯館』委辦的『圖書館學與資訊科學大辭典』，無暇撰述論文，故去函婉謝邀請。但陳譽教授以大會主席的身份，特准我免寫論文，並堅持要我參加，使我十分感激。在這次會議中，我有幸認識大陸圖書館界的精英，並與他們共同切磋，建立了友好關係，獲益匪淺。

1993年2月19日至3月4日，臺灣地區圖書館界邀請陳譽教授及北大圖書館館長莊守經、武大圖書館情報學院院長彭斐章、北大圖書館學情報學系主任周文駿、中科院文獻情報中心主任史鑒及南開大學分校副校長王振鳴等6位專家學者來臺灣參訪。這是我們第三次見面，因爲時間較長，有多次的座談及餐聚，使我對他有更多的認識，也加深了我對他的尊敬。同年7月1日至10日，我帶領臺大圖書館學研究所的10位研究生到華東師大去進行交流，我們又有聚敘的機會。這一年的12月12日至15日，兩岸第一次圖書資訊學術研討會在華東師大舉行，更是朝夕相處。其后，我受聘爲華東師大客座教授及國際商學院顧問教授，到上海的機會更多。每次去我總要設法和他聯絡並向他請益。

在與陳教授的10年交往中，我深深感覺到他是一位謙謙君子，學者典範，言不多而語重心長，行篤教而擇善固執，對圖書館專業的熱愛與關懷之深切，更令人感動。欣逢先生八秩大慶之際，特以『圖書館學大師杜威在我們母校的歲月』爲題，撰述短文，爲先生壽，並祝先生老當益壯，福壽康寧。

原載『陳譽先生八秩華誕圖書館學情報學論文集』（北京：北京圖書館出版社，2000年），頁89—90

敬賀彭斐章教授八秩嵩壽

胡述兆

我與彭斐章教授締交，始於 1990 年。那年 9 月 2 日至 20 日，我們臺灣地區的 14 位教授與館長，應邀訪問大陸，作海峽兩岸圖書館界同道互通訊息的破冰之旅。

我們先到北京與天津參訪，與兩地同道進行交流。於 9 月 11 日自北京抵達武漢，時任武漢大學圖書情報學院院長的彭斐章教授和湖北圖書館館長等，均親自到機場迎接。我們在武漢停留了三天，受到彭院長及其團隊的親切接待。由於武大是大陸圖書館教育的重鎮，在雙方的交流中，使我們對圖書館教育在大陸的發展過程與現況，有了粗淺的認識，也奠定了兩岸同道友誼的初基。9 月 14 日，大家在互道珍重中離開武漢，繼續我們到上海與杭州的訪問。

在過去 19 年中，我與斐章教授在海峽兩岸舉行的圖書資訊學術研討會中，每次都有見面暢談的機會。此外，我們還有數次同時參加國際會議。如 1991 年 8 月，第 57 屆國際圖聯（IFLA）年會在莫斯科舉行，我們分別是兩岸參加該項會議代表團的成員。在會議期間，我們曾有多次交談的機會，並在一起用餐，而且共同見證了 20 世紀最為震撼而又戲劇性的前蘇聯政變。1992 年 5 月，我們又在西安舉行的一項國際會議中見面，這是華東師範大學與西北工業大學聯合舉辦的『現代圖書館建設與資源共享國際研討會』，彭教授與我均應邀參加。這是我第一次在大陸參加國際會議，也是我認識大陸同道最多的一次，其中有多位至今仍在保持聯繫。最難得的是 1993 年 2 月，我們在臺北有數日相聚，增進了彼此的瞭解與情誼。那次是大陸同道首次應邀訪問臺灣，來了六位，除彭教授外，其他五位是北大圖書館館長莊守經，北大圖情系主任周文駿，華東師大圖情系主任陳譽，中科院文獻情報中心主任史鑒，及南開大學分校副校長王振鳴。他們除參加臺大所舉辦的一項研討會外，我也以『中華圖書資訊學教育學會』理事長的名義，請他們參加本會正在舉行的『圖書資訊學教學研討會』。這次因為大家已經熟識，成了老友，交流得非常熱絡。內子吳祖善教授，時任『中正文化中心』表演藝術圖書館館長，因為是 1990 年臺灣赴大陸參訪團團員，與大家相熟，也以館長名義，招待六位便餐，並參觀她的圖書館。

斐章兄賦性較為嚴肅，但也有輕鬆的一面。猶憶 1998 年 3 月，我們參加在廣州中山大學舉行的『第四屆海峽兩岸圖書資訊學術研討會』，有一天我們一些老教授在一起閒談，彭教授告訴大家一個長壽秘訣：

一個第一：健康第一
二個要點：瀟灑一點；糊塗一點
三個忘記：忘記年齡，忘記名利，忘記恩怨
四字諍言：跳──跳躍健行
　　　　　笑──笑口常開
　　　　　俏──穿著花俏一點
　　　　　嘮──多與朋友聊天

彭斐章教授學養精深，望重士林，是一位我尊敬的學者。自結識以來，我們除了在學術會議中見面論道外，也有書信來往，互相問候，交換心得。我們以誠相見，道義論交，彼此許為生平益友。『彭斐章先生執教五十六週年暨八十華誕學術研討會籌備小組』來函約稿，我不能提出論文，只好以過去與斐章兄交往的點滴書此以應，並祝他健康長壽。

2009 年 8 月 1 日於臺北臺大
臺灣大學圖書資訊學系名譽教授　胡述兆

原載『春華秋實』賀彭斐章先生執教五十六週年暨八十華誕，2009 年，頁 4—6

悼念朱堅章兄

胡述兆

　　1957 年，我進入『國立政治大學』政治研究所就讀，始識朱堅章兄。他是第二屆，早我兩年入學，以後又先後進入博士班深造，加以同是青年軍第一期的退伍學生（政研所最初幾屆青年軍第一期的，尚有華力進、傅宗懋、荆知仁、孟德聲、趙自元、郎裕憲諸兄），從此成為好友。過去四十八年來，無論我在臺灣或美國，他都與我保持聯繫，從未間斷。

　　我在美國的二十多年期間，他是與我通信最多的兩位好友之一，另一是金耀基兄。他的來信，主要內容有四：一是買書，二是告知臺灣友好動態，三是討論臺灣政情，四是報告他的病況（自我認識他以來，他好像老是小病不斷）。為了在美國買書，他經常在我處預存一些美金，每年結算一次。1977 年 7 月，我和祖善專程自美回臺，恭祝王雲五師九十大壽，他一次給我三百美金。我說太多了，買書的錢我還墊得起，他堅持要我留下，深怕佔了我的便宜。我每次自美國回來探親訪友，總會受到諸多同學友好（特別是政大和臺大的同學）的盛情招待，他除參加團體餐聚外，多半還會單獨請我們夫婦一次。我們對他也特別感到親切，每次在我們家的友好聚餐，總有他的一份。他也是到過我們在美國和臺灣各處住家的少數友好之一。

　　他在英國劍橋大學訪問研究期間（1978 年），我們也經常通信。其時我正在蒐集海外圖書館收藏『永樂大典』（該書成於永樂年間的 1409 年，全書共 11095 卷，是世界最大的百科全書，現在僅留存 400 餘卷，分別藏於世界各國的圖書館）的存目，乃請他就近到劍橋牛津兩大學圖書館對該書收藏的卷數列出寄一份給我參攷。這對一個圖書館與目錄學的門外漢，是十分強人所難的。但他還是勉為其難的做了，其認真負責、不負朋友所託的精神，令我非常感動。我把他寄來的書單，與袁同禮先生 1939 年發表的 *Census of the Extant Volumes of the Yunglo Tatien* 在劍橋、牛津的存目，逐一核對，發現袁先生所列舉者，與這兩個圖書館實際收藏的有些出入，這個意外的發現，使我驚喜不已。

　　1978 年 7 月，他自英國取道美國回臺灣，我和祖善特地開車到華府，把他接到賓州 Cresson 舍間小住。適張潤書、楊秀清兄嫂自俄亥俄州來訪，我們曾在聖佛蘭西斯大學校園內，世界鋼鐵大亨 Charles Schwab 擁有 70 個房間的花園別墅前合影留念。這張照片已收在我的《回憶錄》中，作為永久紀念。

　　2004 年 3 月，《我的學思行：胡述兆教授回憶錄》出版，我送了他一冊。他花兩天的時間把全書讀完後，又在電話中談了數十分鐘，共同回憶書中的點點滴滴。特別是我們青年軍 208 師（我們同一師，他是 622 團，我是 624 團），自江西黎川行軍到福建福州，又自福州行軍到浙江杭州，橫跨三個省，步行 2000 多里，為時一個半月的所見所聞及艱苦過程，彼此都記憶猶新。我們談得興高采烈，認為是這一生中最值得回憶的事。

　　今年 7 月 8 日中午，我們一些老友在上海故事餐廳敘舊。從陳寬強兄的談話中，得知堅章兄患了癌症，而且已經末期，正在臺大醫院公館分院療養。飯後我和祖善前去探望，他正在昏睡不醒，我們不敢驚動，只好簽名向他祝福。7 月 19 日接寬強兄電話，知堅章兄已駕鶴西去。結交近半世紀的好友，從此天人永隔，留給我們的，是無限的哀思與懷念。

最後，我把他給我的一封親筆信附於此，使他的手筆永留人間。

（政大政治所四十六學年度碩士班）

述兆：

　　早就該給您回信了，又遇身體的毛病，今年五月以來就常不好，最近又差不多好了。有點不舒服，便懶惰得要命，非火燒到就不肯動，所以遲遲沒給您回信，真不好意思。

　　Hegel's Political Philosophy 既已買到了，仍請寄下好了。因爲現在學校，可以『現貨買書』，也就是說，可先向國外買進（自己墊款），然後賣給學校。當時本來不必告訴您已買到的，但寄書也是件麻煩事，所以請您不要買了。

　　近來好嗎？有沒有看少棒或青少棒，半夜的電視我是場場都看了，聽說現在還有『臺獨』打架事，真是遺憾。

　　臺灣自『蔣內閣』上臺後，多少有一點氣象更新的感覺。不過今天公佈的軍法審判結果，不免令人氣餒，嚴以勤不過徒刑，而受賄的數字也低得令人難以相信，顯然有不想深究的跡象。至少對於人心是一不好的印象，整頓必須自上開始，商人重判，而軍政主管官員反而相對地輕判，讀報後覺得很難過。韓越都能制裁部長級人員，何以我們不能？也許還是人情味太濃之故吧。

　　知仁已回來。張京育也已回來，他有意久居。寬強已搬了家，地址是○○○○，不過他自己已住院，腎結石，昨天開刀。對了，校內人事變動很大，芮和蒸接政治系主任，宗懋公行所，力進公行系，其他動得也很多，但都不是同學了。不過，我們這一輩，接棒時也就是交棒時，因爲在今日的年輕人看來，我們老了，而老一輩的，依然覺得我們太年輕。雖然他們二十多歲時就當了部長。

敬祝　好　並候
祖善好

堅章上

原載『誨人不倦：朱堅章教授追思文集』（2005 年 9 月 28 日），頁 58—66

悼念盧荷生教授

臺灣大學名譽教授　胡述兆

　　1980年9月，我自美回臺灣，擔任臺大圖書館學系首屆碩士班的客座教授。在當時『中央圖書館』館長王振鵠教授主辦的一項學術研討會中，我認識了輔仁大學的盧荷生教授。他發言時態度溫文，聲音沉穩，要言不繁，使我印象深刻。

　　1983年，我回臺大長期任教，並兼任圖書館學系系主任暨研究所所長。由於是同行，我們接觸的機會頗多，對他也有進一步的認識。其後不久，他出任輔大圖館系主任，彼此的聯繫更爲頻繁。加以在圖書館學會的理事會議中，我們兩人的意見常常不謀而合，拉近了我們的距離，並開始在學術研究上的合作。

　　1989年，我接受『國立編譯館』館長曾濟群博士的委託，擔任『圖書館學與資訊科學大辭典』的總編輯，他也毫不攷慮地屈就了我的副總編輯（另一副總編輯爲李德竹教授，他們兩位都是系主任）。在其後六年中，我們與王振鵠教授（大辭典的總校訂），共同擔負審稿工作，朝斯夕斯，全力以赴，雖然辛苦，但合作得非常愉快。

　　1990年，我與盧教授共同擔任『教育部』圖書館事業委員會委託的『圖書館與資訊教育之改進』研究計劃的主持人。經過一年多的研究分析，我們提出了一份研究報告，包括三十多項建議，對臺灣地區圖書資訊學教育之改進，具有相當影響及參攷價值。

　　1993年，我開始與大陸學術界合作，共同編輯一部『中國地方志總目提要』，由吉林省圖書館館長金恩輝教授擔任主編，我擔任共同主編。這一重大文化工程（超過六百萬字），由大陸各省市的學者專家撰稿，臺灣地區的主編則請荷生兄擔任，並請他負責編輯『臺灣現藏「本提要」未收方志書名目錄』及『臺灣現藏「本提要」所收方志書名目錄』兩種附錄。他以一個史學家的素養，擔任此一編輯工作，真是適才適任，而其負責認真的敬業精神，更使我十分感佩。

　　三十多年來，我們相契相期，道義論交。他的永別，使我失去了一位良朋益友。謹以我們相交過程中的點滴回憶，敬悼我深切懷念的盧荷生教授。

原載『「中國圖書館學會」會訊』19卷1期（2011年6月1日），頁6

憶悼李德竹教授

臺灣大學名譽教授　胡述兆

2010 年 12 月底，在一項圖書館界的集會中，我看到了李德竹教授，見她臉現疲容，就對她說：『露西（她的英文名字），妳要多保重。』她對我微微一笑，並說了一聲謝謝。事後才知道，她隔天晚上就住進了榮總，並進行了手術。2 月 12 日，我和祖善去榮總看她，雖未交談，但她意識尚清楚，並向我們點頭示意。想不到第二天就走了，事前毫不知情她有這樣的病，竟在一個半月之間，天人永隔，感嘆人生無常，使我震撼不已。

記得我和她認識是在 1980 年我到臺大圖書館學系擔任客座教授時，因為是同事，而且又是美國匹茲堡大學圖資學研究院前後同學，自然來往得比較密切。1981 年我返回美國聖佛蘭西斯大學教書，她也重返匹茲堡大學進修博士學位，因為我教書的地方離匹茲堡僅 60 哩，有時週末就開車接她來家小聚，所以我和祖善都成了她的好朋友。

1983 年，我回臺大長期執教，並擔任行政職務。不久她也回到系裏繼續教書，並於 1985 年取得博士學位，升任正教授。由於她的指導教授是世界著名的資訊學家 Allen Kent，所以她也成為臺灣圖書館界頭號資訊專家，並曾擔任美國資訊學會臺北分會的會長，使本系在資訊課程方面的知名度大為提高。

說起來好像是巧合，我和李德竹教授在職位上，有幾次有著銜接或互補的關係：1988 年我辭去系主任，推薦她繼任；1989 年我出任編譯館資助的『圖書館學與資訊科學大辭典』的總編輯，我請她擔任副總編輯，負責資訊方面的編審（另一副總編輯為盧荷生教授）；1994 年我擔任『中華圖書資訊學教育學會』首任理事長任期屆滿，由她當選繼任。這些職位銜接得非常順暢，交接時更無任何糾紛，十分難得。

自結交以來，我與李德竹教授，在感情上有如兄妹，在事業上互相扶持，從此永別，很是不捨，追憶往事，更為傷感。她是一個虔誠的天主教徒，如今回歸天主，願她安息主懷。

原載『「中國圖書館學會」會訊』19 卷第 1 期（2011 年 6 月 1 日），頁 18

淺談國家圖書館的功能（上）

胡述兆

　　胡述兆先生，臺灣大學法律系畢業，美國哥倫比亞大學美國政府碩士，美國匹茲堡大學、維蘭諾瓦大學、佛州州立大學等校圖書館碩士、超碩士、高級碩士，佛州州立大學圖書館學與資訊科學研究院哲學博士。著有『美國政治論叢』、『美國國會圖書館中文部之發展』等書。曾任美國佛蘭西斯學院教授，現任臺灣大學圖書館學系教授及『中央研究院』美國研究所研究員。本文為胡教授1988年5月31日在本館演講全文。

一、各國國家圖書館現況分析

　　首先引述幾個1986年的統計資料，來大致看看世界各國國家圖書館的情況，以便對它們有一個基本的瞭解：

　　根據1986年的資料，全世界共有106個國家圖書館，其中許多國家的國家圖書館不止一個，例如：意大利有7個，南斯拉夫有6個，英、美、東德各有3個，西德有2個。以成立年代來說，根據現有資料，最早的是威尼斯國家圖書館（1468年），其次是法國國家圖書館（1480年）、奧地利國家圖書館（1526年）、馬耳他國家圖書館（1555年）、柏林的德國國家圖書館（1661年）。中國的國立北平圖書館成立於1912年，國立中央圖書館則成立於1933年。其實早在西漢初年，宰相蕭何便已經建立了石渠閣、天祿閣，用以保存各種典籍圖冊，也就是當時的國家圖書館。如果從那個時候算起，則中國國家圖書館的歷史已有二千一百多年，堪稱世界第一。

　　就藏書量來說，根據1985年的統計資料，目前世界最大的圖書館為位在蘇聯莫斯科的列寧圖書館，藏書有2,820萬餘冊；第二為大英圖書館藏書2,050萬冊；第三為美國國會圖書館2,000萬冊；第四為中國大陸北京圖書館1,020萬冊；第五為法國國家圖書館900萬冊；第六為羅馬尼亞圖書館770萬冊；第七為日本國會圖書館730萬冊；第八為來比錫的東德國家圖書館710萬冊；第九為東柏林的東德國家圖書館680萬冊；第十為慕尼黑的西德國家圖書館及捷克國家圖書館500萬冊。

　　關於呈繳制度，全世界有86個國家有呈繳法規，亦即大部分國家圖書館都有這種功能，其中較令人驚異的是，中國大陸居然沒有呈繳制度；另外，出版『國家書目』亦為國家圖書館之重要功能，世界上六十餘國皆有此功能，反倒是美國的3個國家圖書館均付諸闕如，亦是頗令人訝異的。美國國會圖書館出版的NUC，係北美各主要圖書館的聯合目錄，並非美國的國家書目。

二、國家圖書館的主要功能

　　國家圖書館的功能如何？一個國家圖書館應該做些什麼事？百餘年來，始終得不到一致的定論，直到今天都還是眾說紛紜。1973年IFLA召開一個會議，主辦單位把當時全世界各國國家圖書館的主要功能整理歸納，臚列成 14 條，試圖為『國家圖書館的功能』做一個界說。但這 14 條功能在全世界來說，卻沒有任何一個國家圖書館是完全具備的。依我個人的看法，一個國家的國家圖書館應該因時、因事、因地而制宜，視國情需要而定其功能；事實上，是不可能也不必要定出一個全世界各國家圖書館完全適用的定義來。

我先將 IFLA 所歸納的 14 點功能概述一次，並略加分析：

Collecting & Preserving the Nation's Literature（蒐集和保存國家的圖書資料）：這是任何國家圖書館都必須具備的基本功能，毋庸置疑。

Collecting Foreign Literature for Research & Teaching（蒐集國外研究及教學資料）：這一點是有爭議的，或許在某些國家可以適用，在其他國家則不一定；在臺灣地區，這方面資料就是直接由各大學的圖書館來蒐集，功效反而較佳。國家圖書館其實不可能，也不必進行這樣的蒐集。

Caring for Special Forms of Records such as Maps, Music, Pictures, Films and so on（維護特殊性質的資料，如地圖、音樂、圖片、電影片等）：這點亦有爭議，世界上大多數國家圖書館亦不具備這種功能。我個人認為這些資料太過複雜瑣碎，沒有必要由國家圖書館來蒐集保管。

Maintaining a Collection of Manuscripts and Rare Books Bearing on the Nation's Heritage（保存維護對國家遺產有重要價值的珍本善本與手稿）：這是十分應該的。在一些國家來說，不太容易做到，因為有許多珍本是由私人收藏的，不可強求；但在另一些國家就容易多了，只要一聲令下，何求不得。因此我認為這條必須因時因地而制宜，如果沒有辦法全部收存，至少應該留存全國性的完整目錄。這是任何國家圖書館都應該做到的。

Preparing Appropriate Bibliographic Information（編製適切的書目資料）：這點我很贊同，譬如中國歷代有關『科學』的書目，有關『農學』的書目，有關『教育』的書目……等。學術研究有這方面的需要，國家圖書館便應該責無旁貸地擔負起來，也只有國家圖書館較有這種能力。

Indexing the National Literature and Publishing a National Bibliography（編製全國圖書期刊的索引及國家書目）：這是國家圖書館責無旁貸的工作，毋庸置疑。

Distributing Catalogue Cards（分送編目卡片）：這點我很贊同，國家圖書館應該做這一工作，特別是開發中國家的國家圖書館，更應該做。

Keeping a "National Central Catalogue"（保持一個全國性的聯合目錄）：這也是國家圖書館該做的。

Controlling the Nation's Lending Services（控制全國的借閱服務）：這點值得爭議。雖然有些國家做得不錯，但我認為沒有這個必要，世界各國也不是一致同意。

Participating in the International Exchange of Publications（參加出版品的國際交換）：這是任何國家圖書館責無旁貸的事。

Providing Advisory Service to Other Libraries（對國內其他圖書館提供咨詢服務）：這也是一個值得爭議的問題。在未開發國家之國家圖書館，對全國各級圖書館提供咨詢服務不成問題；可是在半開發或已開發國家，某些專業要求較高的問題，便不適合由國家圖書館來提供咨詢服務，倒不如交給專門圖書館或各大學圖書館來得更恰當。因此，這條也應該因時、因地、因事而制宜。

Training the Nation's Librarians（訓練全國圖書館員）：這幾乎完全無法辦到。就已知的一些國家來說，沒有一個國家如此做，都是由大專院校圖書館系科來培育專業圖書館員。

Coordinating Acquisition Policy Documentation Projects, and Automation at the National Level（協調全國性的採訪政策、文獻研究計劃及自動化計劃）：

Fostering International Cooperation at the "Supraregional" Level（推動超區域性的國際合作）：這是應該的，每個國家圖書館都有義務推動這些國際合作的。

以上所提到的，是1973年IFLA大會主辦單位在開會前整理歸納出來的14條。但在開完會後，卻只有一條獲得大多數的通過，卽 "The National Library of a Country is the One Responsible for Collecting and Conserving the Whole of the Country's Book Production for the Benefit of Future Generations."（國家圖書館爲了後世子孫的利益，有責任蒐集並保存整個國家的圖書出版品。）這句話雖然獲得絕大多數國家的同意，也還是不免有些例外。譬如有些國家就指定某一所大學圖書館爲國家圖書館，在這種情況便不可能執行這項義務。所以卽使是這一條，也還不能說是全世界一致的。由此可知，要想找出一個全世界各國家圖書館一致通用的準則，的確是不可能的。

三、『國立中央圖書館』現階段可扮演的角色

根據上面的觀點，現在我想以我個人的看法來和各位談談『國立中央圖書館』可以扮演的一些基本角色：

（一）『國立中央圖書館』應成爲『臺灣目錄控制中心』

1. 負責『版權』及『出版物』之登記。（這是假定『中央圖書館』將來可能成爲『文化部』內的一個單位，且爲『文化部』內最高層級單位的情況），如果能進行『版權』及『出版物』的登記，才有可能知道完整的臺灣出版紀錄，亦才能成爲臺灣書目的控制中心。

2. 強制執行呈繳。根據已有的資料顯示，貴館昔日在南海學園時，呈繳率爲40%，到新館後，呈繳率已達70%。這固然是相當不錯的成績，但如果能以強制力量來規定呈繳則更理想。所謂強制呈繳，係指不按規定呈繳者，應給予適當處分，這樣才有可能達到完全的書目控制。

3. 成爲ISBN與ISSN的管理與分配機構。貴館在ISBN及ISSN方面所做的研究與分析很具參攷價值，但從研究中也可以看出，到目前爲止這個問題還一直處在一種未定狀態中，沒有一個政府機構來管理。如果前面所說的假設可以成立，由『中央圖書館』來負責『版權』及『出版物』之登記，那麼也就可以在法令中規定，以『中央圖書館』來進行ISBN及ISSN的分配與管理。如此一來，對臺灣紛亂的圖書及期刊出版物便能有效的掌握、管理。

4. 編印臺灣圖書目錄。現在貴館已經有一個『臺灣出版圖書目錄』，這是根據已呈繳的出版品爲基礎來編的；萬一呈繳不完全，這份目錄也就不齊全。如果由『中央圖書館』來負責『版權』及『出版物』登記，那麼貴館就可以充分掌握臺灣出版的圖書。

5. 編印臺灣期刊論文索引。現在貴館也已經有這份出版品，但根據的只是貴館現有的期刊，這是不夠的，應該根據目前在『新聞局』已登記的所有期刊才行。（待續）

本稿由秘書室易克明幹事紀錄整理，並經講者寓目。

淺談國家圖書館的功能（下）

臺灣大學圖書館學系教授　胡述兆

●續本刊十一卷三期頁 20 至 21

（二）『國立中央圖書館』應為臺灣公共圖書館咨詢服務中心

這裏所說的公共圖書館是指各省縣市及各文化中心圖書館，不包括專門圖書館及各大學圖書館。這其中，有幾項措施是可以進行的：

1. 編印公共圖書館基本書目。目前這類書目在國外可以由私人機構編印出版，這是因為國外可以有較大的銷路；而在臺灣，如果由私人機構出版，則銷路必有問題，因此交由『中央圖書館』來做最為適宜。再說，由層級上和性質上來看，貴館也是臺灣最高的公共圖書館，居於臺灣公共圖書館的領導地位，因此由貴館來編是最合適的。

2. 印製編目卡片。各公共圖書館及文化中心由於人力、經費之不足，人員專業水準不一，在採訪、編目上往往面臨許多困難。為替它們解決技術服務的問題，並提高編目品質，『中央圖書館』應印製編目卡片，或由貴館指定一個省立或市立圖書館作為 process center，專門替公共圖書館解釋編目、採訪方面的問題。各文化中心亦可以把書單寄來請貴館查對，凡已編目者，逕將卡片寄去；未編目者，由貴館代編。

3. 提供軟體、硬體規劃之資訊。所謂軟體、硬體的規劃，包括建築設計、內部作業規劃、家具規格、圖書館自助化作業、採訪工具書以及舊書報銷作業等。目前各公共圖書館或文化中心在進行規劃時，往往缺乏專家來隨時提供意見，因此經常發生錯誤或事倍功半或功能不良的結果。假如貴館將來成立公共圖書館咨詢服務中心，便可經常對這些問題提供專家意見，收事半功倍之效。

（三）加強漢學研究

1. 中國珍貴古籍流落世界各處者，應有一總目錄。例如『永樂大典』、敦煌圖卷等，這些國寶散落世界各地，而以英、美、法、蘇為較多，漢學中心不妨將這些編成一個總目錄，有說明所在國、所在圖書館、典籍種類及數量等。如此即使這些國寶不在我們手上，我們至少瞭解它們的所在，這對從事研究工作的人來說，是非常有幫助的。

2. 有系統地編印中國古籍目錄索引。目前如『四庫全書』，雖已有篇名索引、人名索引、地名索引，但更重要的內容索引仍付闕如。其他如『古今圖書集成』、『太平御覽』、『冊府元龜』、『二十五史』、『資治通鑑』等大部頭書，有的有索引，有的沒有，實在應該整個有系統地來做。另外，中國歷年來有多少農學文獻、兵學文獻，乃至圖書館學文獻，都是值得注意的事情，也值得做一番整理並編輯書目索引。這些工作，理論上是可以由『中央圖書館』來推動的。

3. 建立全世界漢學家資料檔。分佈在世界各地的漢學家，有那些人，其專長為何，對漢學界有什麼貢獻，都可以建立起一套基本資料來，以供查攷。這方面貴館已做得相當不錯，希望能繼續加強。

4. 選擇適當主題，召開各種國際研討會。如貴館曾召開的方志學研討會、敦煌學研討會等，這些都是可以促進國際學術文化交流的。

(四) 成為臺灣公共圖書館資訊網路中心

目前臺灣的自動化作業一切都尚在未確定之中，『中央圖書館』不妨率先建立一個以公共圖書館為基礎的資訊網路中心，假如運作良好，不愁其他圖書館不來連線。

以上係我個人的一些基本構想與粗淺看法，希望以後能有一位『教育部部長』（或『文化部部長』）充分認識到圖書館事業的重要，認識到『中央圖書館』的重要，並提供足夠的經費與人力，使『中央圖書館』得以充分發揮其應有的功能，這是我個人最大的企盼。『中央圖書館』這幾年來在王館長的領導下，各方面均有長足的進步，並且提升了臺灣圖書館在國際上的形象。希望在王館長的繼續領導下，貴館能百尺竿頭，更進一步。（完）

本講稿由秘書室易明克幹事記錄整理，並經講者寓目。

原載『「中央圖書館」館刊』第 11 卷 4 期（1988 年 6 月），頁 8

我對圖書資訊學核心課程的一些看法

胡述兆

1997年3月30日至4月2日，海峽兩岸第三屆圖書資訊學術研討會在武漢大學舉行，大會安排我在開幕典禮中代表臺灣地區代表團講話。由於這次會議的主題是圖書資訊學的核心課程，所以我就針對這個問題講了一些我個人的看法，在會中並曾引起大陸的譚祥金、謝灼華、金恩輝等教授的共鳴。現在我把這次講話的要點寫出來，提供大家參攷。

圖書資訊學的核心課程，在我看來，應從下列六個方面去思攷與規劃：
一、圖書資訊學導論
二、圖書資訊的採訪與徵集
三、圖書資訊的組織與整理
四、圖書資訊的利用與讀者研究
五、現代資訊科技的介紹及其在圖書館的應用
六、圖書館或資訊中心管理

這六個方面的課程名稱，可能因時因地而有不同，但每一方面課程的內容均有一定的範圍，在此分別略作說明。

圖書資訊學導論主要是導引學生進入圖書館學的領域，因此什麼叫圖書館，其功能為何，圖書館的內部工作類別與館外合作途徑，以及圖書館學的意義及其研究的範圍等，均屬這方面核心課程不可或缺的內涵。

圖書資訊的採訪與徵集，就是通常所稱的『圖書資料採訪』、『館藏發展』，或『館藏建設』。不論其名稱為何，均須探討購買、交換、贈送三種採訪與徵集資料的途徑，採訪資料的政策與必要工具及其他有關事項，而且要兼顧圖書與非書資料。

圖書資訊的組織與整理，包括編目、分類、編書目與目錄，做索引與摘要等，這些工作均須利用現代資訊科技為之，可不待言。

圖書資訊的利用與讀者研究，是圖書館的首要任務，也是圖書館能成為現代社會主要文化指標的基本要件，如何能使其館藏資料達到阮甘納桑（S. R. Ranganathan）的『每一讀者有其書，每一書有其讀者』的理想，是此方面核心課程的探討課題。

現代資訊科技的介紹及其在圖書館的應用，包括資訊科學導論、電子計算機概論、資訊儲存與檢索、網路資源之利用等。這些科目都是因應資訊社會的需要，乃當前圖書資訊系學生必須具備的基本知識。

圖書館或資訊中心管理，是將圖書館開門六件事——人員、經費、館舍與設備、館藏、讀者服務、館際合作，加以最適當的配置，使其發揮最大的效能。

以上這六方面的課程，由圖導開其端，管理總其成，如能加以妥善規劃，不難形成一套合於需要的圖書資訊學核心課程體系。

原載『中華圖書資訊學教育學會會訊』第8期（1997年6月），頁3—5

海峽兩岸第三屆圖書資訊學學術研討會記事與感言

李德竹

　　『中華圖書資訊學教育學會』與武漢大學圖書情報學院合作舉辦的『海峽兩岸第三屆圖書資訊學學術研討會』已於一九九七年三月三十一日至四月二日在武漢大學圓滿閉幕。此次會議原預定於去年（1996）此時此地舉行，但因故延至今年舉行，此也再次證實『政治影響學術』之實例。因此負責大會會務的武漢大學圖書情報學院籌備同一研討會兩次，至爲辛勞。

　　此次會議，臺灣地區係由『中華圖書資訊學教育學會』理事長李德竹教授率領十九位該會會員，其中共十六位教授及三位圖書館學博士研究生參加，大陸地區共有三十二單位七十六位代表（多爲大陸地區信息管理（圖書資訊學）系所主任、副主任和教授）與會。研討會以『圖書資訊學核心課程及設計』爲主題，旨在爲海峽兩岸圖書資訊（信息管理）學教育界同仁提供一個切磋交流的機會，進而以促進兩岸圖書資訊學教育的共識與發展。大會主席由武漢大學圖書情報學院馬費成院長和『中華圖書資訊學教育學會』李德竹理事長共同擔任，會中並邀請武漢大學張副校長和海峽兩岸四位資深教授：周文駿教授、彭斐章教授、胡述兆教授和盧荷生教授講話（致詞）。大會代表共發表論文三十七篇（臺灣地區十二篇，大陸地區二十五篇），分八個場次進行：

一、主持人：吳慰慈　曾濟群
　　　發言人：李德竹、莊道明：圖書館學與資訊科學課程革新之探討
　　　　　　　孟廣均：確定核心課程的指導思想與原則之我見
　　　　　　　盧荷生：核心課程設計理念：基礎課程
　　　　　　　譚祥金：關於圖書館學情報學核心課程的思攷
二、主持人：盧荷生　嚴怡民
　　　發言人：謝灼華：關於圖書館學專業核心課程的幾個問題
　　　　　　　盧秀菊、陳昭珍：圖書資訊學課程設計原理
　　　　　　　鍾守真：圖書館學專業核心課程的構建
　　　　　　　陳雪華、林珊如：圖書資訊學選修課程設計理念之探討
三、主持人：胡述兆　倪　波
　　　發言人：胡歐蘭、林呈潢：圖書資訊學研究所課程之規劃：以政治大學爲例
　　　　　　　柯　平：面向 21 世紀的圖書館學專業核心課程體系
　　　　　　　蔡明月、李德竹：核心課程設計理念：資訊科學
四、主持人：陳雪華　康仲遠
　　　發言人：胡述兆、王梅玲：臺灣地區圖書與資訊科學教育概況
　　　　　　　陳光祚：基於圖書館學情報學書目數據庫主題計量分析選擇核心課程
　　　　　　　鄧小昭：圖書館學專業核心課程淺議
　　　　　　　蕭　燕：論圖書館學專業核心課程的優化
五、主持人：靖繼鵬　薛理桂
　　　發言人：詹德優：關於圖書館學核心課程思攷與實踐

　　　　　　林美和、吳美美：臺灣地區師範院校圖書館學與科學相關課程
　　　　　　　　　　　　實施現況
　　　　　　柳曉春：關於醫學圖書情報專業的課程體系與核心課程的探討
　　　　　　楊明華：圖書情報教育改革中的課程設置及核心課程問題
　六、主持人：盧秀菊　喬好勤
　　　發言人：焦玉英：中外情報專業核心課程及課程體系比較
　　　　　　薛理桂：核心課程設計理念：讀者服務之規劃
　　　　　　劉　磊：圖書情報專業核心課程設置探討

附件一

臺灣大學圖書館學研究所碩士論文

指導教授：昌彼得先生

鐵琴銅劍樓藏書研究

研究生：藍文欽

一九八四年八月

附件二

臺 灣 大 學
圖 書 館 學 研 究 所

碩 士 論 文

大學圖書館員的教員地位之研究

指導教授：沈寶環博士
研 究 生：毛慶禎

一九八四年六月

附件三

臺　灣　大　學
圖　書　館　學　研　究　所

碩士學位論文

大學圖書館員的教員地位之研究

經考試合格特此證明

碩士學位論文考試委員　　　　　　　指導教授

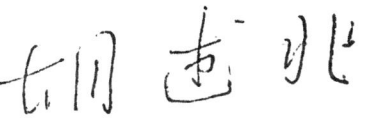

所主任

一九八四年五月二十八日

臺灣大學圖書館學系暨研究所教員名錄

教授兼系主任暨研究所所長：
胡述兆／臺灣大學法學士
　　　　政治大學政治學碩士
　　　　美國哥倫比亞大學美國政府碩士
　　　　美國匹茲堡大學、維蘭諾瓦大學、佛州州立大學等校圖書館學碩士、超碩士
　　　　　及高級碩士
　　　　美國佛羅里達州立大學圖書館學與資訊科學研究院哲學博士
教　授：
周駿富／臺灣大學文學士
　　　　臺灣師範大學國文研究所文學碩士
沈寶環／美國丹佛大學圖書館學碩士
　　　　美國丹佛大學教育學博士
潘美月／臺灣大學中國文學系文學士
　　　　臺灣大學中國文學研究所碩士
范承源／淡江文理學院文學士
　　　　美國杜克大學哲學博士
李德竹／美國山慈學院化學士
　　　　美國匹茲堡大學圖書館學與資訊科學碩士及超碩士
　　　　美國匹茲堡大學圖書館學與資訊科學博士候選人
兼任教授：
楊家駱／中國目錄學家
王振鵠／美國汎德比大學畢保德學院圖書館學碩士
謝祥圻／美國蘭塞拉爾理工學院計算機科學與管理科學碩士
昌彼得／『中央大學』歷史學系文學士
　　　　政治大學新聞學碩士
　　　　美國史坦福大學傳播學研究
副教授：
吳明德／臺灣大學圖書館學系文學士
　　　　美國汎德比大學畢保德學院圖書館學碩士
　　　　美國賓州州立大學哲學博士
兼任副教授：
陳興夏／臺灣大學外國語文學系文學士
　　　　美國北卡羅來納大學圖書館學碩士
鄭雪玫／臺灣大學法學士
　　　　美國卓克索大學圖書館學碩士
莊芳榮／臺灣大學圖書館學系文學士
　　　　中國文化大學碩士

　　　　中國文化大學史學研究所博士
鄭鳳生/淡江大學學士
　　　　淡江大學碩士
　　　　美國愛阿華州立大學電子計算機科學博士
陳　豫/臺灣大學圖書館學系文學士
　　　　美國紐約州立大學圖書館學碩士
　　　　美國佛羅里達州立大學圖書館學博士
楊鍵樵/交通大學電子系工學士
　　　　交通大學電子所碩士
　　　　美國西北大學電子計算機博士
講　師：
林少薰/臺灣大學外國語文學系文學士
　　　　美國肯特州立大學圖書館學碩士
王文泉/臺灣大學法學士
　　　　美國汎德比大學畢保德學院圖書館學碩士
盧秀菊/臺灣大學歷史學系文學士
　　　　美國芝加哥大學歷史學碩士
　　　　美國芝加哥大學圖書館學碩士
兼任講師：
雷叔雲/臺灣大學圖書館學系文學士
　　　　美國南卡羅來納大學圖書館學與資訊科學研究所碩士
助　教：
謝寶煖/臺灣大學圖書館學系文學士
陳逸玲/臺灣大學圖書館學系文學士
王元仲/臺灣大學圖書館學系文學士

附錄：臺灣大學圖書館學系暨研究所大事記要

1985年11月14日　『臺大之夜』假中華體育館舉行，大三鄒開蓮同學榮膺主持人之職。

11月15日　大四董碧惠同學當選第一屆臺大十大才藝學生（美術繪畫組）。

11月29日至30日　假臺大思亮館舉辦『圖書館學與資訊科學教育國際研討會』（International Conference on Library & Information Science Education），共邀請臺灣百位學者暨美、英、德、加、日、韓等六國圖書館學與資訊科學院院長或前任院長十二人與會。會議由本系、所主任胡述兆博士主持，並分四組討論會，第一組主席為胡述兆教授，第二組主席為范承源教授，第三組主席為李德竹教授，第四組主席為沈寶環教授。開幕禮由本校校長孫震博士致歡迎詞。閉幕禮由文學院院長朱炎博士致謝詞。

12月1日　圖書館週開始。

『中國圖書館學會』年會，大會主席團包括本系胡述兆教授、沈寶環教授及周駿富教授等人。

『圖書館學刊』第四期出刊。

12月3日　臺北市立圖書館館長鄭吉男先生應本系之邀，假研圖演講廳主講『公共圖書館經營策略——以市立圖書館為例』。

12月4日　大四於班會中表決通過出版『臺灣大學圖書館學系第廿二屆畢業論文集』。

12月5日至6日　系學會於總圖參考室舉行全校同學有獎猜謎，並由本系三、四年級學生講解參考工具書之使用。

12月6日　邀請兒童文學作家李雀美女士假研圖演講廳主講『兒童文學創作的教育理念』。

12月7日　系學會於總圖參考室舉行本系新生有獎猜謎活動。

陳興夏、林孟真、陳豫等三位教授於文25教室與本系同學舉行座談，主題為『放眼看天下——美英德日求學服務經驗談』。

圖書館週結束。

12月13日　系友馬西屏於研圖演講廳主講『臺大人怎樣吃新聞飯』。

12月18日　大四舉辦『高普考、研究所座談會』，邀請九位系友參加。

1986年1月7日　全系師生聯誼雞尾酒會於綜合大樓101教室舉行，由胡主任主持並報告系務。

3月1日　聘謝寶嫒小姐為本系助教。

3月14日　大三主辦『明日之橋——為即將踏出校門的圖書館人』座談會，邀請吳明德、王士峯及鄭雪玫三位老師分別就出國、就業與感情問題與同學們談談。

3月20日　系學會於綜合大樓草坪主辦全系烹飪大賽，並邀請陳興夏、吳明德、盧秀菊等三位老師及熊文娟教官擔任評審工作。

3月24日　大四葉德仁同學成立『微電腦研究小組』。

4月15日　本系學生刊物『書鐸』創刊號發行。

4月18日　大三謝定瑜同學榮獲『金穗獎』八厘米劇情片優等獎，得獎作品為『某一個下午』。

4月25日　本系刊物『書府』第六期榮獲一九八六年全國青年期刊比賽大專組專門學術性期刊佳作。

5月5日　OCLC 總裁 Mr. Rowland C. W. Brown 蒞臨本系演講，講題為 "OCLC: Today & Tomorrow"，由胡述兆主任致介紹詞、主持討論會，並設午宴款待。

5月15日　夏威夷圖書館學研究所所長 Dr. Miles M. Jackson 蒞臨本系演講，講題為 "Convergence in the Fields of Communication, Information & Library Sciences"。是日中午由胡述兆主任在學生活動中心設宴款待。

5月16日　大三參加『花城劇展』，演出劇名為『消失的五點到五點半』，鄒開蓮同學榮獲『最佳女主角獎』。

5月20日　於文演舉行全系師生聯誼大會，由胡述兆主任介紹本系老師並報告業務。

5月30日　系學會會長改選，由大二于富雲同學當選。

6月16日　系務會議通過本系設立博士班計劃。

7月21日至8月16日　一九八五年度圖書館自動化專題研習會，由『中國圖書館學會』委託本系辦理，自七月廿一日至八月十六日止，計分二梯次，各講習二週，結業學員共一○六名。

7月31日　翁蕙芬助教辭職。

8月1日　聘盧仁光小姐為本系助教。

8月23日至31日　胡述兆主任赴日本出席 IFLA 第52屆年會，並擔任臺灣地區代表團副團長。

10月17日　系學會邀請莊芳榮副教授主講『明白的圖書館人』。

10月21日　系學會舉辦『暑期工讀座談』，邀請暑期曾於文化中心及各類型圖書館服務的十位大四、大三同學參加。

10月23日　系學會於視聽小劇場舉辦『迎新晚會』。

11月10日　文學院院務會議通過本系設立博士班計劃。

11月18日　本校行政會議通過本系設立博士班計劃。

11月28日　本校教務會議通過本系設立博士班計劃。

11月1日至3日　圖書館週開始。

於總圖參攷室舉辦全校性之有獎徵答。

12月1日　邀請『中央圖書館』採訪組胡歐蘭主任演講『「國立中央圖書館」之巡禮』。

12月2日至3日　於總館參攷室由本系大三同學及參攷室館員負責解說參攷室書籍之使用。

12月3日　邀請淡江大學吳憲明教授演講『決策支援系統』。

12月4日至5日　於活動中心104室放映『參攷書籍利用』之錄影帶。

12月7日　『中國圖書館學會』年會，由本系沈寶環教授主持頒獎，胡述兆教授任專題演講主持人。

12月12日至14日　由大三蔡明燁同學導演與編劇之『玻璃俑』在藝術館、臺大視聽館舉行公演。

12月19日　大四主辦『升學與就業座談會』，邀請到李惠中、施莉莉、林秋燕、陳敏珍、曾以文等畢業之學姊。

12月20日　本校校務會議通過本系設立博士班計劃。

1987年2月1日　『圖書館學與資訊科學教育國際研討會』出版論文集 *Library and Information Science Education: An International Symposium*，由本系胡述兆教授主編。

3月系學會和 ASIS 學生分會合辦電腦研習班。

3月至5月，本系胡述兆主任與沈寶環教授膺任『文建會』文化中心輔導小組委員，赴全省各地視察文化中心。

3月12日　第廿二屆畢業論文集出版，定名爲『圖書館學的沈思』。

4月23日　系學會舉辦『輔系、副主修座談』。

4月29日　大三蔡明燁導演之『玻璃動物園』於視聽館、藝術館公演。

5月15日　系學會會長改選，由大二陳育民同學當選。

5月21日　系務會議通過本系系務規則，並選舉沈寶環、范承源、李德竹、吳明德等四位教授爲系務委員。

7月14日　胡述兆主任代表孫校長出席『教育部』大學聯合出版委員會議。

7月20日至8月15日　一九八六年度圖書館自動化專題研習會，由『中國圖書館學會』委託本系辦理，自七月廿日至八月十五日止，計分二梯次，各講習二週，結業學員共一二七名。

7月31日　湯絢助教辭職。

8月1日　聘楊鍵樵博士爲本系兼任教授。
　　　　　楊美華博士爲本系兼任副教授。
　　　　　陳逸玲小姐、王元仲先生爲本系助教。

8月11日至12日　『臺美圖書館與資訊技術研討會』假『中央圖書館』舉行，美國聯邦資訊委員會 NCLIS 委員五人與臺灣專家共百餘人與會。由本所所長胡述兆教授擔任大會主席，沈寶環教授與李德竹教授分任討論會主席。

9月28日　胡述兆主任代表孫校長出席『教育部』大學聯合出版委員會議。

10月4日至8日　沈寶環、李德竹教授赴美出席 ASIS 年會。

10月28日　本系設立博士班計劃經『教育部』通過，並以臺（87）高字第51553號函呈報『行政院』核議。

10月29日　全系迎新暨聯誼茶會假文演舉行，由胡述兆主任介紹老師、報告系務，並答覆同學問題。

11月4日　本系實習打字室自研圖搬至文學院二樓資訊室隔壁。

第二部份

政治學

壹、政治學論文

美國的條約與行政協定

一、引　言

美國與外國訂立國際協約，不外兩種方式，是卽條約（Treaty）與行政協定（Executive Agreement）。條約係由總統經參院的勸告及同意並經出席參議員三分之二的贊成而締結者。[註一]行政協定係由總統單獨或經國會授權無需經參院之贊成而成立者。[註二]

由於條約須經參院出席議員三分之二的批准，而在政黨政治之下，執政黨欲在參院控制三分之二的多數，殊非易事。加以總統與參議員均由人民直接選舉，兩者的任期又不一致，總統四年一任，參議員則係每二年改選三分之一，故參院爲反對黨所控制者事屬常見。在這種情形之下，條約欲獲得參院的順利通過，實屬不易。曾做過六年國務卿的海約翰（John Hay）嘗謂：『條約之進入參院，宛如鬥牛之進入鬥技場，無人能預料條約會在何時受到如何的最後打擊。但有一事是可以確定的，那就是條約決不會活生生地離開參院』。[註三]海約翰這段話雖然言之過火，但揆諸事實，亦非毫無根據。據美國國務院統計，自一七八九年至一九三五年，一百四十餘年間，遭受參院否決或擱置的條約，數達六十二件，就中如『德克薩斯合併條約』（*Texas Annexation Treaty*），『凡爾賽條約』（*Versailles Treaty*），『常設國際法院規約』（*The Protocol of the Permanent Count of International Justice*）等，且爲極端重要的條約。總統爲避免參院對條約的阻撓，有時爲爭取時效，不得不避重就輕，以行政協定代替條約；有時默察參院的形勢，預料某種對外承諾事件，如以條約爲之，可能遭參院否決，而被迫採用行政協定；有時因業經談判簽訂的條約，未獲參院同意，乃改用行政協定，以資補救。[註四]規避締約程序的另一方式爲兩院聯合決議（Joint Resolution），兩院聯合決議係由國會兩院依通常立法程序各以出席過半數通過的一種決議。其性質有類於經國會兩院授權或同意的某種行政協定，兩者的差別在於行政協定必由總統發動，而聯合決議得由國會發動。[註五]國會以聯合決議批准美國與外國所簽訂的協約，首次見於一八四五年。一八四四年四月十二日美國與德克薩斯（Texas）簽訂一件合併條約，允許德克薩斯加入美國聯邦，該約於同年六月八日遭參院否決，輿論嘩然。因爲當時一般美國人民認爲：（1）德克薩斯與美國同種，應許其加入聯邦；（2）英國對德克薩斯正心存覬覦，若美國不允許其加入聯邦，英國可能立卽採取行動，將德克薩斯變爲其保護國；（3）就經濟利益而言，北方人希望在德克薩斯出售農產品與工業製成品，船主看中了其地的河道，因利用該河道通航至德克薩斯東南的加斯維頓港可獲鉅利，新英格蘭的工廠主人希望取得該地的便宜棉花充紡織原料，而已經移殖到德克薩斯的許多美國人更不願離開美國的統屬。[註六]國會根據輿論的趨向，乃於一八四五年三月一日通過聯合決議，准許德克薩斯加入美國聯邦。聯合決議之第二次應用爲一八九八年。一八九七年七月十六日美國與夏威夷（Hawaii）簽訂一件條約，同意其與美國合併，夏威夷政府立即加以批准，但美國參院遲遲不採取行動。麥金萊（William Mckinley）總統仍倣照德克薩斯的合併辦法，推動國會於一八九八年七月七日通過聯合決議，接受夏威夷的合併。[註七]在過去數十年中應用這種程序的例子亦很多，如第一次大戰以後國會以聯合決議批准了幾項協定，將歐洲幾個盟國對美國的債款退還給各盟國。又如一九三四年國會授權羅斯福（Franklin D. Roosevelt）總統參加國際勞工組織，以及一九五一年宣佈與德國結束戰爭狀態等，都是使用聯合決議。[註八]

本文以討論條約與行政協定爲主，但因兩院聯合決議亦爲規避締約程序的一種方法，且曾應用多次，對於參院締約權不無影響，故於引言中附帶提及，以明梗概。

二、行政協定的由來

美國憲法對於行政協定的締結，不但沒有任何規定，且根本找不到『行政協定』（Executive Agreement）這個名詞。然則總統締結行政協定的權力何從所出？歸根到底，仍是來自憲法：（1）總統爲全國陸海軍總司令[註九]。由這地位，總統得與外國締結軍事協定，以應軍事上的需要。（2）總統爲國家最高執行機構，負有忠實執行法律的權利與義務[註一〇]。由此身份，總統得締結必要或適當的行政協定，以確保法律或條約的執行，因爲依美國憲法第六條的規定，條約亦爲國家法律的一部分[註一一]。

由於權力淵源的分析，可知總統締結的行政協定可以大別之爲兩類：一是主動的，凡總統本於統帥權單獨締結的行政協定均屬之；一是被動的，凡總統根據國會的授權而締結的行政協定均屬之。茲分述如下：

1. 總統本於統帥權而締結的行政協定。此種行政協定係逕由總統自己或授權其國務卿所締結，無需經國會的事前授權或事後同意。舉其要者，如：一八一七年美國與英國訂立協定，限制兩國在五大湖區（Great Lakes）的海軍船隻數量；一八九八年與西班牙宣佈結束戰爭；一八二三年美國宣佈門羅主義（Monroe Doctrine），事實上無異與南美諸國成立軍事同盟；一八九九年至一九〇〇年間美國與歐洲列強交換文書，宣佈對中國的門戶開放政策（Open-Door Policy）；一九〇〇年麥金萊（William McKinley）總統與有關國家訂立協議，派遣陸海軍救援義和團所包圍的北京外交團；翌年又不經國會同意，逕與中國締結『義和團賠償議定書』（*The Boxer Indemnity Protocol*）；一九〇八年與日本訂立『魯特、高平協定』（*Root-Takahira Agreement*），確立美、日間的關係，並承認日本在中國東北的特殊利益，一九一七年又與日本訂立『藍辛、石井秘密協定』（*Lansing-Ishii Agreement*），承認日本在中國山東省的特權；一九一八年十一月宣佈結束歐戰；一九四〇年九月，羅斯福（Franklin D. Roosevelt）總統以美國的五十艘逾齡驅逐艦換取英國在大西洋及加勒比海一帶若干基地的協定[註一二]；一九四一年八月，羅斯福與邱吉爾（Wineston Churchill）在大西洋『威爾士親王』號軍艦上會談，發表『大西洋憲章』，宣佈共同作戰目的；一九四三年一月，羅、邱又在卡薩布蘭卡開會，決定德國無條件投降原則；一九四三年十一月，羅、邱與中國蔣委員長在埃及開羅集會，會後發表宣言，宣示對日戰爭勝利後的處置，並明定東北、臺灣與澎湖羣島歸還中國；一九四三年十二月，羅、邱與史達林（Joseph Stalin）在德黑蘭集會，決定對德戰爭勝利後的處置；一九四五年二月羅、邱、史在克里米亞開會，簽訂著名的『雅爾達秘密協定』，承認蘇俄在中國東北的特權，作爲其出兵攻日的交換條件，以及一九四五年七月，由杜魯門（Harry S. Truman）總統參加簽字關於戰後德國及歐洲和平建設的『波茨坦宣言』等。這一連串的行政協定,不僅關係美國人民的福祉,而且改變了世界的歷史,都是未經國會同意,而由總統或國務卿單獨簽訂的。註一二

2. 總統根據國會授權而締結的行政協定。國會這種授權有兩種方式,即立法與決議。所謂立法的方式,是由國會兩院通過一種法案,授權總統依該法案提示的要旨,與外國簽訂行政協定。所謂決議的方式,是由國會依通常立法程序通過一項決議,授權總統在某種情況或某些條件下,與外國簽訂行政協定。總統根據國會授權而締結的行政協定,大抵屬於郵政協定、貿易協定、關稅協定、救濟協定、援助協定、著作權及商標協定等。如:一七九二年國會授權總統,與加拿大簽訂郵政協定,以利兩國的交通;一九三四年國會授權總統,與各國締結貿易協定,允許總統在與締約國互惠的原則下,得將美國的海關入口稅減至百分之五十,一九三七年、一九四〇年及一九四三年國會繼續授權總統,延長這些貿易協定的期限;最重要的為一九四一年國會通過的『租借法案』(Lend-Lease Act of 1941),授權總統以軍援物資供應盟國,羅斯福根據此一法案,先後以價值四百餘億美元的武器及物資,援助同盟各國;他如『聯合國善後救濟協定』(United Nations and Rehabilitation Convention),援助土耳其與希臘的協定,以及在馬歇爾計劃(Marsall Plan)下與歐洲各國所簽訂的各項協定,都是根據國會的授權所簽訂者。註一三

三、條約與行政協定的區別

條約與行政協定的區別,美國憲法並無明文規定。照一般的說法,條約係規定比較重要的事項,行政協定則係規定比較次要或關於手續與程序的事項。瑞士名國際公法學家華特爾(Emmerich Von Vattel)說:『凡內容涉及全國性利益的國際協約,而其時間較長久者,稱為條約;凡內容僅涉及暫時性的利益,而能以一行為或連續數行為完成者,稱為協定。』註一四不過在美國,條約與行政協定的區分,並沒有這樣明確。

曾任國務院條約司司長的麥克樂(Wallace MaClure)嘗謂:『凡條約所能規定的事項,行政協定亦得為之。』註一五

已故國務卿杜勒斯(John Foster Dulles)於八十三屆國會第一會期在參院司法委員會中作證時稱:『得由總統單獨締結的行政協定,與須經參院同意的條約,其界限無法劃分,乃是早經承認的事實。』註一六

赫克渥斯(G. H. Hackworth)於一九四〇年二月十五日在眾院籌款委員會,就延長互惠貿易協定法案所作的說明中,曾談到條約與行政協定的關係,他說:『總統與外國所簽訂次於條約的文件,通常稱為行政協定,其數量並不少於正式的條約。這種協定大率採用換文方式,有時亦作成較為正式的文件,稱為協定(Agreement)或議定書(Protocol)。但這種協定或議定書與條約的界限,不易劃分。』註一七

哈佛國際法研究所(Harvard Research in International Law)提出的研究報告中稱:『行政協定與條約的區分,純為美國憲法上的問題,並無國際法上的意義。』因為在國際法上,條約的效力,並不因其所用的名稱不同而有所差別。易詞言之,就國際法觀點而論,條約無論其所用的名稱為何,在本質上均受國際法的支配。註一八

再就美國國內法而言,過去行政協定的效力與條約不同。條約為國家的最高法律(憲法第六條第二項),而行政協定則否。但自一九三七年最高法院判決聯邦控貝蒙特(United States v. Belmont)一案後,這種區別已不存在。最高法院在此案的判詞中宣稱:『條約的優越性,憲法著有明文,這個原則亦可適用於一切國際協定……』註一九一九四二年聯邦最

高法院在判決聯邦控賓克（United States v. Pink）一案時，又援引上述原則，確認行政協定與條約同為美國的最高法律，其效力應優於各州的法律。[註二〇] 故萊特（Quincy Wright）說：『無論在國際法上或國內法上，行政協定與條約的效力均屬相同。』[註二一]

雖然如此，條約與行政協定終有若干差別。曾任助理國務卿的塞爾氏（E. B. Sayre），於論及貿易協定法案之憲法問題時說：『儘管在國際法的觀點上，條約與行政協定對於締約國具有同樣的效力，但從美國憲法觀之，則此二者的形式與內容皆有重要的不同：條約的談判可能不顧現行的法律或政策，參院於審議時，除顧到國家的最佳利益外，亦不受其他限制；反之，總統在締結行政協定時，必須符合現行法律及政策，不得任意行事。其次，國際協定之包含政治問題，或變更國家政策，或對國際問題作恆久性之安排者，通常以條約為之；而為調整現行政策，或處理較為臨時性之問題者，通常採用行政協定。』[註二二]

對條約與行政協定分別得最清楚者，莫過於包查德（Edwin M. Borchard）。包氏在其『條約與行政協定』（Treaties and Executive Agreements）一文中，認為條約與行政協定的區別共有十點[註二三]，分述如下：

1. 根據聯邦最高法院對米蘇里控荷蘭德（Missouri v. Holland）一案的判決[註二三]，條約能處置適於國際談判的任何事項；行政協定則受有嚴格限制，它僅能及於總統本於統帥權與外交權的行使或國會特別授權範圍以內的事項。

2. 條約得處置國會無權處置的事，它可以賦與國會新的立法權；國會無權處置的事，行政協定不得處置之，它不能將國會過去所無的立法權賦與國會。

3. 條約須依美國國內法的一定程序完成批准手續，行政協定無需批准。

4. 美國在條約的有效期限內，受其拘束，擔負其國際義務，除為國內的目的外，國會不得採取行動廢止之；行政協定僅在雙方適宜的一定期限內有其拘束力，它僅使簽字時的政府受道義上的拘束，不能拘束其繼任者，國會得因國內的目的或國際上的目的採取行動廢止之，單方的意思表示或授權法案的取消，均可終止其效力。

5. 條約在憲法上具有特殊的重要性，它能廢除國會制定的法律；行政協定在憲法中並未提及，它僅係為實際的需要而簽訂，它不能抵觸條約的規定，亦不能廢除國會的法律，反之條約及國會制定的法律均得廢除其效力。

6. 依美國憲法規定，條約為國家的最高法律；除少數的例外，行政協定並非國家的最高法律[註二四]。

7. 只有一件新的條約能改變一件舊的條約，新的行政協定不能改變舊的條約的規定。

8. 條約應送往參院審議，參院得加以批准或拒絕，亦得提出修正或保留；行政協定不需送往國會審議，故國會無權批准或拒絕，亦不得提出修正或保留。

9. 除極少數的例外，條約在規定的有效期限內，一直有效，不因政府的更替而受影響；行政協定得隨時以單方的意思表示終止其效力，繼任政府沒有遵守前任政府所訂行政協定的義務，但繼任政府得同意前任政府所訂的行政協定繼續有效。

10. 條約必須公佈，故政府無由訂立秘密條約；行政協定無需公佈，故常有秘密協定的存在，如一九四五年二月羅斯福總統在雅爾達所簽訂的秘密協定，其全貌至今仍難明白，即為一例。

四、條約與行政協定的消長

據狄克（John Sloan Dickey）教授分析，在聯邦政府成立後的最初五十年中，美國與外國所締結的國際協約不多，而在這些國際協約中，三分之二以上爲條約。在第二個五十年中，國際協約已有實質的增加，但條約尚不及一半。在第三個五十年中，美國與外國所簽訂的國際協約，至少十五倍於第一個五十年，但其採用的程序却恰恰相反，即第一期三分之二以上爲條約，而第三期則三分之二以上爲行政協定或兩院聯合決議。一九三九年以後，國際協約雖急劇增加，但條約不過十分之一而已。^{註二五}又依格羅威（George B. Galloway）的粗略統計，自一七八九年至一九五五年，美國與外國所簽訂的條約約爲九百件，行政協定約爲一千五百件。換言之，在此一時期，美國與外國簽訂的國際協約，大約八分之三爲條約，八分之五爲行政協定。^{註二六}

　　自第二次世界大戰以後，行政協定的增加更爲直線上升，寖假有代替條約的趨勢。試以美國與南美的關係爲例，自一九三八年利馬會議（Lima Conference）^{註二七}以後，美國與拉丁美洲外交關係的維持，悉藉行政協定。截至一九五二年爲止，美國已與所有拉丁美洲共和國簽訂雙邊協定，這些協定，除與阿根廷簽訂者外，都在一九五四年仍然有效。^{註二八}

　　再就中、美關係而言，自第二次世界大戰爆發後，中、美關係至爲密切，但統計自一九三八年至一九五八年，廿年間，中、美兩國（及後來臺美）所簽訂的雙邊條約，只有三次；是即一九四三一月十一日中、美關於取消美國在華治外法權及處理有關問題條約；一九四六年十一月四日中、美友好通商航海條約；及一九五四年十二月二日『臺、美共同防禦條約』。此外處理雙方之合作事宜，悉以行政協定爲之。茲依簽訂時間之先後，就其已發表者，擇要錄列於後：一九四二年三月廿一日，關於對華財政援助之協定；一九四二年六月二日關於進行抵抗侵略戰爭期間適用互助原則之協定；一九四三年五月廿一日關於處理在華美軍人員刑事案件之換文；一九四三年十一月六日關於軍事服役之換文；一九四六年六月十四日關於處理戰時租借物資未動用部分之協定；一九四六年八月卅日關於讓售戰時剩餘物資協定及補充條款；一九四六年十二月廿日中、美空運協定（以後連續以換文方式延長或修訂）；一九四七年八月廿九日及九月三日關於美軍駐華之換文；一九四七年十月十三日及一九四八年三月十八日關於駐華美軍行動所引起賠償問題之換文；一九四七年十月廿七日關於美國援助中國人民之協定及換文；一九四七年十一月十日中、美教育交換協定；一九四八年四月卅日關於美國一九四八年援華法案之換文；一九四八年七月三日關於經濟援助之協定（以後並連續換文三次修訂或補充）；一九四八年八月五日關於設立中國農村復興委員會之換文；一九五一年一月卅日及二月九日關於美軍顧問團來臺之換文；一九五一年十二月廿九日及一九五二年一月二日關於美國國會一九五一年共同安全法案援臺之換文；一九五二年六月廿五日關於投資保險制度之換文（一九五七年五月三日並以換文修正）；一九五二年十月廿三日及十一月一日關於美軍顧問團在臺待遇之換文；一九五三年二月四日關於發給產地證明書總協定；一九五五年七月十八日臺美民用原子能合作協定；一九五七年十一月卅日關於修改教育交換協立之換文。^{註二九}在美國，行政協定不但有急遽增加的趨勢，而且其與條約的比例亦有急速增大的形跡，這種傾向可從下表看出。

條約與行政協定的消長一覽表[註三〇]

年　　度	條約數目	行政協定數目
一九三〇	二五	一一
一九三一	一三	一四
一九三二	一一	一六
一九三三	九	一一
一九三四	一四	一六
一九三五	二五	一〇
一九三六	八	一六
一九三七	一五	一〇
一九三八	一二	二四
一九三九	一〇	二六
一九四〇	一二	二〇
一九四一	一五	三九
一九四二	六	五二
一九四三	四	七一
一九四四	一	七四
一九四五	七	七三
一九四六	一四	一〇六
一九四七	一〇	一一一
一九四八	四	一四三
一九四九	一九	一五一
一九五〇	六	一三四
一九五一	三一	二一八
一九五二	二一	二九三
一九五三	一八	一五六
一九五四	七	一六九

　　根據上表觀察，自一九三〇年至一九五四年期間，除一九三〇年、一九三五年及一九三七年三年，行政協定的數目較條約略少外，其餘各年，行政協定均較條約爲多。自一九三八年以後，行政協定更遙遙領先，其與條約的比例且愈來愈大，此種傾向自一九四二年以後更爲顯著。行政協定所以激增，揆其原因，不外下列二點：（1）兩次大戰的結果，使國際關係日趨密切和複雜，而美國的國際地位亦隨之提高，二次大戰以後更成爲『自由世界』的盟主，由於外交關係的繁複，總統需要締結許多行政協定，以資因應；（2）美國憲法規定，總統締結條約，須經參院的勸告及同意，並須獲得出席參議員三分之二的贊成，手續旣迂緩，結果更難預期，爲爭取時效，迅赴事功，總統不得不避重就輕，以行政協定代替條約。

　　美國的行政協定已有凌駕條約的趨勢，已如上述。近年來國務院更有以行政協定代替條約的理論（Doctrine of Interchangeability），認爲總統得依自由裁量選擇任何方式。果如此，則總統得不經參院或國會的同意任意締結具有條約效力的行政協定，而國會對於總統的締約權，只惟藉預算控制之一途而已。[註三一]因此，今日美國的締約方式已遭遇一個難題：如依條約程序，可能受到參院的阻礙；如依行政協定程序，又慮總統專擅。如何解決這個

五、參院對行政協定的反應

總統利用行政協定規避正常的締約程序，寖假有以行政協定代替條約的趨勢，使參院感到極度不安。他們為維護憲法所賦與的締約權，乃於一九四三年正式採取行動。一九四三年夏，參院獲悉國務院正在談判一項聯合國善後救濟協定，將使美國負擔十三億五千萬美元的鉅額款項。註三二 參議員范登堡（Arthur Vandenberg）函詢國務卿赫爾（Cordell Hull）是否擬將該協定之草案提請參院同意，赫爾答以國務院已決定美國參加聯合國行政事宜，以行政協定為之，不擬提請參院同意。參院見國務院不經其同意，即欲對外負擔鉅額財政義務，乃開始討論對策。經一致決議在外委會下設立一個小組委員會（Subcommittee），以外委會主席康納利（Tom Connally）兼任主席，進行調查，並與國務院舉行磋商，結果獲得一項妥協，即嗣後凡遇類似計劃，國務院必須提請參院同意，這可以說是參院的一項勝利。註三三

不過，參院的此項勝利，僅是暫時的、局部的，並未阻止行政機關以行政協定代替條約的意圖。羅斯福執政時期固無論，他在開羅、德黑蘭及雅爾達各項鉅頭會議中所作的承諾，均在上項妥協取得之後。這些承諾都是牽涉戰後歐洲、亞洲的領土、財政與政治問題的處理，其重要性較諸聯合國善後救濟問題，有過之而無不及。但他事前既未與參院商議，事後亦未送參院同意。即就二次大戰以後而言，美國與外國締結的行政協定，不但數量有增無減，其重要性亦不亞於任何正式的條約，但這些協定絕大多數均未送往參院同意。參院感於非正式的妥協，不能阻遏總統對其締約權的蔑視，乃於一九五三年提出一項憲法修正案，此一憲法修正案係由俄亥俄州參議員布內克（John W. Bricker）發起，並由其他三十三位參議員連署，於一九五三年一月七日正式向參院提出註三四，同年六月四日參院司法委員會加以修正通過。但當該修正案於一九五四年二月在參院舉行表決時，反對者有四十二票，贊成者僅有五十票，贊成者雖超過半數，但無法成立，因依美國憲法規定，憲法修正案，須由兩院各以三分之二多數票贊成始得提出。該案被否決的翌日，喬治亞洲的參議員喬治（Walter George）又提出一個代替案，亦因未得三分之二的多數通過，無法成立。註三五 茲將該兩案的異同列表如次註三六：

布內克提案	喬治代替案
1. 條約條文與憲法牴觸者無效。	1. 相同
2. 條約非經立法程序，不發生美國國內法上之效力，而此項立法須不必藉口於條約亦得發生效力者。註三七	2. 不同
3. 美國與外國或國際組織所簽訂的任何行政協定，國會均有權干預，此類協定並須受本條文對於條約所加的限制。	3. 條約以外的國際協定，須經國會立法程序，始發生美國國內法上之效力。
4. 國會有權制定適當法律，以執行本條文。	4. 不同
5. 本條文非經四分之三的州議會於七年內完成批准手續，不生效力。	5. 相同

上述兩憲法修正案中第三項的目的，乃在加強國會對行政協定的管制，藉以維護憲法所賦與參院的締約權。蓋不如是，總統締結行政協定的權力，將變爲任意而不受限制，到了這個地步，縱令對條約加以種種限制，恐亦不能得到完善的效果。註三八 至布內克提案第二項的目的，則在防止締約權的被濫用，以保持美國憲法上的聯邦主義與民主主義。誠如故國務卿杜勒斯於一九五二年四月十一日，在路易斯維爾（Louisville）的美國律師公會區域會議上發表的演說中所稱：『締約權是非常大的權力，容易被人濫用，條約不但可以創造國際法，且可創造國內法。在美國憲法之下，條約爲國家的最高法律。實則，條約比法律更爲優越，因國會制定的法律若不合憲，則爲無效，而條約却能超越於憲法之外。例如，條約得剝奪國會的權力以賦與總統；得將各州的權力轉移於聯邦政府或國際組織；又得不顧憲法中的權利章典所賦與人民的權利。』註三九

雖然這兩項憲法修正案均未成立生效，但在政治上仍有重大的影響，至少可使總統在處理外交時更爲愼重。因爲此類憲法修正案雖一時不能成立，但難保不會再提出，而一旦成立，則總統的締約權卽將受到嚴重的限制。註四〇

附註

註一：請參閱美國憲法第二條第二項第二款。

註二：Marshall Edward Dimock And Gladys Ogden Dimock, American Government in Action (New York, 1947), p. 685.

註三：See W. R. Thayer, Life and Letters of John Hay (Boston, 1920), Vol. II. p. 393.

註四：一九三二年七月十八日美國與加拿大簽訂的『聖羅倫斯水道條約』（St. Lawrence Deep-Waterway Treaty）卽爲一例。該約於一九三四年三月十四日參院以四十六票對四十二票加以否決，羅斯福總統於一九四一年三月十九日與加拿大簽訂一項行政協定，以資補救。參閱 Samuel Flagg Bemis, A Diplomatic History of the United States (4th ed, New York, 1955), pp. 792, 796.

註五：Federic Ogg and Orman Ray, Essentials of American Government (7th ed, New York, 1952), p. 504.

註六：林牧野譯：『美國史綱』，頁二〇四。

註七：Bemis, op. cit, p. 462.

註八：Ogg and Ray, op. cit, pp. 504–505.

註九：參閱美國憲法第二條第二項第一款。

註一〇：參閱美國憲法第二條第三項。

註一一：Ogg and Ray, op. cit, p. 503. See also G. H. Hackworth, Digest of International Law (Washington, 1943), Vol. V, pp. 392–395.

註一二：此一協定簽訂的經過及大概內容如下：一九四〇年九月二日，美國務卿赫爾（Cordell Hull）與英國駐美大使交換照會，英國爲取得美國的五十艘逾齡驅逐艦，同意在英屬巴哈馬羣島（Bahama Islands）、牙買加（Jamaica）、聖達盧西亞（Sonta Lucia）、突尼達德（Trinided）、安地加（Antigua），及英屬圭亞那（British Guiana），租給美國海軍基地九十九年，並對這些基地享有一切運用及保護之權。此外英國還同意美國在百慕達（Bermuda）與紐芬蘭（Newfoundland）獲得海軍基地。九月六日兩國根據上述原則正式簽訂一件協定。此一協定的重要性，較諸參院所批准的大部分條約，有過之而無不及。羅斯福總統在作這件交易

以後，曾經勝利地對國會說：『自從美國購買路易斯安那（Louisiana）以來，在加強我們的國防上，這是最重要的行動』。這件協定的簽訂，事前既未獲得國會的同意，事後亦未送往國會追認，但參院沒有異議，衆院未加反對，人民更予贊許。在一九四〇年的總統競選中，共和黨的候選人威爾基（Wendell Willkie）亦沒有把這件行政協定當作攻擊民主黨的藉口。參閱 Bemis, *op. cit*, pp. 851-855.

註一二：See Ogg and Ray, *op. cit*, pp. 503-504; Dimnock and DimocK, *op. cit*, pp. 685-688.

註一三：*Ibid*.

註一四：See John W. Bricker, "MaKing Treaties and Other International Agreements", The Annals of the American Academy of Political and Social Science (September, 1953), p. 142.

註一五：See Wallace McClure, "International Executive Agreements; Democratic Procedure Under the Constitution of United States, (New York, 1941), Cited in Edwin M. Borchard, "Treaties and Executive Agreements," The American Political Science Review, Vol. XI (August, 1946), p. 729.

註一六：See Hearings before the Senate Judiciary Committee on S. J. Res. L. 83rd Congress. Firas Session, p. 828, Cited in Bricker, *op. cit*, p. 142.

註一七：Hackwovth, *op. cit*, Vol. V, p. 397.

註一八：See Havard Research in International Law, "Draft Convention", Journal of International Law (October, 1935), p. 679.

註一九：United States v. Belmont, 301 U. S. 324. (1937).

註二〇：United States v. Pink, 315 U. S. 203 (1942).

註二一：Quincy Wright, "The Unitea States and International Agreements", American Journal of International Law (July, 1944), p. 341.

註二二：F. B. Sayre, "The Constitutionality of the Trade Agreement Act", Columbia Law Review, Vol. 39 (1939), p. 751. 不過這種區別僅爲原則性的分析，與實際情形頗不相符。因爲在第二次大戰期間，羅斯福所締結的許多行政協定，其重要性並不亞於任何條約，『雅爾達協定』即爲一例，參照本文第二節。

註二三：Edwin M. Borchard, "Treaties and Executive Agreements", the American Political Science Review, Vol. XI (August. 1946), pp. 738-739.

註二四：Missouri v. Holland, 252 U. S. 416 (1920)，聯邦最高法院在該案的判決中，曾確立一項重要原則，即締約權不受憲法修正案第十條所保留的州權限制。換言之，聯邦國會爲執行條約，得制定適當和必需的法律，來管理各州所管轄的事務。參閱劉慶瑞：『論美國憲法上的條約締結權』，『社會科學論叢』第六輯抽印本，頁一四至一五。

註二五：依聯邦最高法院於一九三七年對『聯邦控貝蒙特』案及一九四二年對『聯邦控賓克』案兩案的判決，條約與行政協定同爲國家的最高法律。故此一區別，似有誤解。參閱本節前段。

註二六：John Sloan Dickey, "Our Treaty Procedure Versus Our Foreign Policies", Foreign Affairs (April, 1947), p. 359.

註二六：George B. Galloway, The Legislative Process in Congress (New York, 1955), pp. 147-148.

註二七：一九三八年十二月，美洲國家在秘魯京城利馬舉行第八次汎美會議，會中曾通過一百十二件決議、建議及宣言，其性質均屬行政協定，沒有一件須經參院批准的條約。See Bemis, op. cit, p. 771.

註二八：Bemis, *op. cit*, p. 771.

註二九：本段資料係擇自『外交部』於一九五八年四月出版之『中外條約輯編』。

註三〇：本表資料來源如下：一九三〇年至一九四四年條約與行政協定的數目，見於 Borchard, *op. cit*, p. 735；一九四五年至一九四八年的資料，見於劉慶瑞：『論美國憲法上的條約締結權』，抽印本頁二；一九四九年的資料係從『國務院公報』中查出；一九五〇年至一九五四年的資料，見於 John Ferguson and Dean Mchenry, The American Federal Government (New York, 1956), p. 394.

註三一：MiKe Manstield, "The Meaning of the Term Advice and Consent", The Annals of the American Acadmy of Political and Social Science (September, 1953), p. 132.

註三二：Borchard, *op. cit.*, p. 731.

註三三：Ogg and Ray, *op. cit*, p. 504; Borchard, *op. cit*, p. 731; L. Larry Leonard, Elements of American Foreign Policy (New York, 1953), p. 54.

註三四：John W. Bricker, "Making Treaties and Other International Agreements", The Annals of the American Academy of Political and Social Science (September, 1953), p. 134.

註三五：Ferguson and McHenry, *op. cit*, pp. 394–395.

註三六：原文見 *Ibid*, p. 395; see also Bricker, *op. cit*, pp. 136–137.

註三七：本項後段係指凡爲執行條約而制度的法律必須合憲，其目的在阻止國會藉口條約的執行而制定違憲的法律。

註三八：J. B. Whitton and J. E. Fowler, "Bricker Amendment-Fallacies and Dangers", The American Journal of International Law, Vol. 48 (January, 1954), pp. 45–46; see also G. A. Finch, "The Need to Restrain the Treaty-Making Power of the United States Within Constitutional Limits", *Ibid*, p. 78.

註三九：參閱杜勒斯在肯塔基的路易斯維爾的美國律師公會區域會議上所發表的一項演說詞，見於 Finch, *op. cit.*, p. 57; Bricker, *op. cit.*, p. 135.

註四〇：Ferguson and McHenry, *op. cit*, pp. 395–396.

原載『幼獅月刊』第 12 卷第 4 期（1960 年 10 月），頁 18—25

美國參院條約同意權評議

一

民主國家之採兩院制者,大率下院(衆院)的權力較上院(參院)爲大,美國則爲罕有的例外。美國參院除一般立法權與衆院相埒外,另有兩種專屬的權力,是卽條約同意權與官員任命同意權。而在此兩種權力中,又以前者的影響最爲深遠。依美國憲法第二條第二項規定:『總統經參院的勸告與同意,有權締結條約,但須獲得出席參議員三分之二的贊同。』此一同意條約的特殊制度,經過一百七十年來的實施,業已利弊互見,其得失如何,值得加以檢討。

二

貝克(Ray Stannard Baker)在威爾遜(Thomas Woodrow Wilson)傳記中,抨擊美國現行締約制度說:『美國現行的締約制度,使得美國不能有個堅强而統一的心聲,每逢國家訂立一件重要條約時,行政機關與參院之間總要發生爭執。假如我們將來要走上一條新的康莊大道,要對世界政策有一明確的立場,我們就必須設計一套新的制度,使能有一致的心聲,迅速地向世界說話。我們現在的制度,導致絕對的軟弱、混亂和遲滯,它迫使雙方玩弄政治,不正視問題的本身,而恣意於政府兩個平等機關特權的爭執。於面臨真正外交危急問題之際,行政機關與參院的爭執不下,乃是不可容忍的現象。因爲這種現象不僅會使我們在國際上丟臉,有朝一日,也許還會使我們在世界危機中毀滅。』

對參院條約同意權批評最嚴厲的莫過於海約翰(John Hay),他說:『條約之進入參院,宛如鬥牛之進入鬥技揚,無人能預料條約會在何時受到如何的最後打擊,但有一事是可以確定的,那就是條約決不會活生生地離開參院。』

貝克與海約翰的話雖然過份誇大,但他們却表現出一種心理,卽在締約事務上,行政機關與參院常常處於對立的地位。我們所以謂其過份誇大,因爲美國到現在,已經遭遇過無數次驚濤駭浪,不但沒有毀滅,反較過去任何時代爲强大。貝克是威爾遜的摯友,他當時是以官方的態度,來維護威爾遜的政策,所以對於參院與行政機關爲難,感到不能容忍,這是可以想見的。實則美國在幾個重大問題上,不能說她的政策在世界政治上沒有明確的立場。舉其犖犖大者言:在美洲,她曾堅强地實行了門羅主義;在遠東,她堅持了門戶開放政策;在歐洲,自第一次世界大戰以來,她經常具有重要的影響力。若就克里夫蘭(Grover Cleveland)總統以來的外交紀錄看,則美國與其他民主國家相比,確還算能迅速一致地表現其對外的明確政策。當然其迅速和一致的程度,與獨裁國家相較,容有未逮,這是因爲民主國家,在決定政策以前,要尊重民意的反應使然。

貝克攻擊美國締約制度的中心點,是他確認美國對外簽訂條約,在現行制度下,只有使行政與立法之間引起糾紛。他的話固然有些道理,但是我們要知道,這種糾紛不只限於條約的締結,其他方面亦莫不皆然。貝克的意思似乎是要參院在與總統的關係中處於次要的地位,關於此一問題,有兩點值得注意:(1)依美國憲法的規定,兩者顯然是處於平等的地位，若依貝克的意思修改憲法，勢必引起一場大的爭執；（2）要立法機關自動放棄它已有的權力，未免強人所難，因為這有關它本身的尊嚴，而況參院對解釋輿論的要求，未必不如總統的準確。

至於海約翰對參院的苛責，我們也是可以理解的。因為他曾做過六年國務卿，在他做國務卿期間，與參院的關係處得很不好，所以參院常常跟他為難。實則他的指責與事實大有出入。據海恩斯（G. H. Haynes）引述國務院的統計，自一七八九年至一九三五年，總統向參院提出的條約共有九百六十九件，其中無條件通過的有六百八十二件，遭修改的為一百七十三件，被否決的只有十七件。又據登澤菲爾德（Royden J. Dangerfield）教授統計，自一七八九年至一九二八年，總統與外國簽訂的條約共為八百二十件，其中經參院無條件通過的五百七十三件，經修改的一百五十二件，被否決的十五件。在被修改的一百五十二件條約中，輕微修改的佔百分之五八‧六，溫和修改的為百分之二十三，重大修改的僅有百分之一八‧四。若就參院審議條約的時間而言，則在六百二十一件批准生效的條約中，在四個月以內通過者有百分之八十，在七個月以內通過者有百分之九十二，其在一年以上通過者不過百分之六。由此可見海約翰的指責並無事實根據。

美國現行締約制度最足讓人批評的，是條約須經參院出席議員三分之二的通過，即所謂『三分之二可決規律』。海約翰說：『我們憲法上一個難於救治的錯誤，是給與參院三分之一加一個人數的絕對權力，以否決總統所締結的任何條約，縱使這個條約獲得全國十分之九人民的支持。』柯爾格洛夫（Kenneth Colegroye）亦謂：『給與三分之一加一個的人數以否決任何條約之權，是讓少數統治多數，實為不民主的制度。』海、柯兩氏的攻擊很有力量，舉例來說：現在參院的議員共為一百名，當條約付表決時，假如全體參議員均出席，須有六十七人贊成，方能通過，若有三十四人反對，即遭否決。三十四人只代表十七個州，如這十七個州都是屬於美國人口稀少的區域，則僅佔全國人口總數的百分之八。依過去選舉統計，全國投票的人數約為總人口的三分之一，照此比例推算，則三十四名參議員，雖然代表十七個州，但他們所代表的人民不到全國總人口的百分之三。換句話說，是要百分之九十七的人服從百分之三的意見。其違反民主政治的原則是顯而易見的。進一步言，如出席的人數恰足法定人數，即五十一人，則十八人的反對，即可阻止條約的通過，依上述比例推算，此十八人所代表的人民，可能僅有全國總人口的百分之一。自然這種極端的情形不一定會發生，但也不能說絕對無此可能。

狄克（John Sloan Dickey）則從另一方面來說明『三分之二可決規律』的不足取，他認為此一規律會導致下列幾點惡劣影響：（1）使美國只能締結少數或不重要的國際條約，從而放棄合作性的外交政策；（2）無法適應瞬息萬變的國際局勢；（3）鼓勵個人外交，助長秘密協定；（4）對於重要協約，如『聯合國憲章』，必須儘最大努力爭取輿論支持，方可確保無虞；（5）迫使總統以行政協定或兩院聯合決議，代替正常的締約程序。此外還有一些批評者，攻擊此一規律為討厭、遲緩和不民主，他們認為此一規律常被少數黨資以困擾總統的武器，而成為少數份子恣意搗亂的工具。

反對『三分之二可決規律』的人，還有一個很重要的理由，那就是他們認為，此一規律在條約沒有簽訂以前就已發生了影響。有位經驗豐富的美國職業外交官普爾先生（Mr. De Witt Clinton Poole）曾經這樣說過：『我們雖然在紀錄上看不出一個總統或者他的國務卿，在外交上有了一個很好的辦法，因為害怕參院少數議員搗亂，而將這個好的辦法取消，可是依我個人在華府的親身經驗，我相信這種牽制力量是常常會發生作用的。』

綜上所述，『三分之二可決規律』誠然有修改的必要。不過據登澤菲爾德教授分析，自一七八九至一九二八年，美國與外國簽訂的條約共為八百二十件，其中經參院無條件通過的五百七十三件，修正通過的一百五十二件，否決的十五件，總統未送往參院審議，或送往審議後又自參院撤回、或參院沒有採取行動者共為八十件。第一、第二種情形的條約既經參院通過，當然沒有受『三分之二可決規律』的影響；第四種情形的條約參院根本未舉行同意投票，更談不上受此一規律的影響；因此可能受此一規律影響的，只有第三種情形，即被否決的十五件條約。自一九二八年以後，參院僅投票否決過兩件條約，即一九三四年三月十四日否決的『聖羅倫斯深水道條約』(St. Lawrence Deep-Waterway Treaty)，與一九三五年一月二十九日否決的『常設國際法院規約』。換句話說，自一七八九年到現在，參院投票否決的條約，共有十七件。在此十七件條約中，有九件參院於表決時，贊成票根本未超過出席的半數，即使將『三分之二可決規律』改為單純多數，也無法改變這些條約的命運。其表決時超過出席的半數而因未獲必需的三分之二多數票致遭否決者，不過八件而已。易詞以言，假如將『三分之二可決規律』改為單純多數，可能改變其命運的，只有八件條約，不到百分之一。自然此一分析僅是根據既成事實，並未顧及其他無形的因素，但此已可說明，參院對於此一規律，並未恣意濫用。

　　平情而論，美國現行締約制度，有其優點，亦有其缺點。以言優點，則：(1) 條約須經參院同意，可以使立法機關在外交方面，不致像英國下院那樣，淪為附庸地位，並且可以防止秘密外交，因為條約在參院要經公開討論，而總統欲使條約獲得參院的通過，也不得不將他所主張的政策向輿論解說，這樣不但可使外交公開，且可普及國民的外交知識，使民主政治的基礎更臻鞏固。(2) 可以加強總統對外交涉的有利地位，例如一九〇〇年美國與英國簽訂的『海－龐塞福特條約』(Hay-Pauncefote Treaty)，英國雖同意美國建築巴拿馬運河，但堅持該運河須劃為中立區，並不得建築堡壘。當該約送往參院審議時，參院對上述條件表示異議，麥金萊 (William McKinley) 總統即以此藉口，迫使英國接受參院的意見，置巴拿馬運河於美國防衛體系之下。(3) 可以挽救行政機關的錯誤，維護國家與人民的利益。參院對於總統與外國所簽訂的條約，如認為不利於美國，即可提出修改，以資補救。例如對於引渡條約，參院一貫堅持政治犯不得引渡的原則，凡引渡條約包括有引渡政治犯條款者，總要提出修正，絕無例外。就美國人民種族的複雜性而論，這種修正是對美國有利的。以故曾任國務卿的福斯特 (John W. Foster) 說：『參院挽救了美國許多嚴重的錯誤。』(4) 『三分之二可決規律』固然弊多於利，但亦有其功能，它可以作為美國對外政策劇烈改變的一個直接控制工具；可以保護小州的利益；而其最重要的作用在於促成兩黨外交。因為在美國兩黨政治之下，任何一黨很難在參院控制三分之二的多數，總統與外國所簽訂的條約，為期獲得參院三分之二的贊成，不得不力求符合兩黨的主張。例如一九二二年華盛頓會議時，哈定 (Warren Gamalie Harding) 總統為免重蹈威爾遜的覆轍，除派國務卿休士 (Charles E. Hughes) 為首席代表外，並派參院共和黨領袖兼外委會主席洛奇 (Henry Cadot Lodge) 及參院外委會民主黨資深委員安德武 (Oscar Underwood) 為代表，故該會議中所簽訂的條約，皆獲參院順利通過。又如一九四五年為起草『聯合國憲章』而舉行的舊金山會議，因羅斯福 (Franklin D. Roosevelt) 總統曾派參院外委會主席民主黨的康納利 (Tom Connally) 及外委會共和黨資深委員范登堡 (Arthur H. Vandenberg) 為代表，使參院於一九四五年七月二日就『聯合國憲章』舉行同意投票時，得以八十九票對二票的絕對多數，無條件通過。他如一九四九年的『北大西洋公約』及一九五一年的『舊金山對日和約』等，所以得在參院順利通過，均為兩黨合作的結果。

　　次就缺點言，則有下列諸端：(1) 參議員於行使條約同意時，往往意氣用事，罔顧國家利益。這種情形的例子甚多,如:一八二四年美國與英國訂立條約,取締黑奴買賣,反對廢止黑奴的參議員們,乃在原約中增加一條,規定美國得在英屬海岸的黑奴區域搜捕販賣黑奴的船隻,而不給英國在美國海岸的同等權利,使英國拒絕批准,卒致條約作罷;一八四四年參院否決『德克薩斯合併條約』(*Texas Annexation Treaty*),純係南部參議員作梗,因爲如准許該地加入美國聯邦爲自由土作,則黑奴制度卽無法延伸入境,從而南部地主階級議員們的利益勢將受到莫大的影響;一八六七年美國與俄國簽訂的『購買阿拉斯加條約』(*Alaska Purchase Treaty*),就當時情形言,對美國未見其利,但因部分參議員受了俄國駐美公使的賄賂,卒使該約通過;一八六九年英、美爲解決南北戰爭中『阿拉巴馬』(Alabama)案賠償問題而簽訂的條約,因外委會主席薩姆拉(Charles Sumner)的仇英心理,對該約強烈反對,致遭否決;一八九八年美國與英國簽訂的『奧爾尼－龐塞福特條約』(*Olney-Pauncefote Treaty*),因部分參議員反對英國的金本位制度,而被否決;最著名的爲一九一九年的『凡爾賽條約』,因洛奇參議員與威爾遜總統私人惡感甚深,遂使該約爲參院所否決,不僅斷送了威爾遜的政治生命,抑且損害了美國在世界的威望,種下第二次世界大戰的因子;又如美國一向主張以和平的方法解決國際爭端,但參院卻對於仲裁條約一再否決,而其動機則在維護其本身的特權,因爲『仲裁會把參院已有的權力拿去,轉給一個參院所不能控制的委員會』。(2)『三分之二可決規律』影響總統的心理,總統因害怕條約得不到參院出席議員三分之二的通過,原打算以條約方式爲之的,不得不改用行政協定。總統愈想規避此一程序,參院愈要保護這種特權,而行政協定也就愈多。佛萊明(Denna Frank Fleming)教授說:『三分之二可決規律,迫使總統依賴行政協定,與外國謀取秘密諒解,而使美國的外交轉入地下活動。』故『三分之二可決規律』有使行政協定增加,並迫使總統走入秘密外交的惡劣作用。(3)無論平時或戰時,許多關係人民生命財產及國家安危的重要法案,均僅須國會出席議員過半數的可決,而條約的重要性,遠不如國防、預算、徵兵、徵稅及中立等法案,但憲法卻規定須經參院出席議員三分之二的通過,似乎有點輕重倒置。(4)條約僅須參院通過,衆院不得過問,有違民主精神。憲法規定對外宣戰,須經國會兩院通過,總統始得宣佈進入戰爭狀態,何以衆院對於條約反不得過問?殊屬令人費解。攷制憲諸公所以將條約同意權單獨畀予參院,無非因參院人數甚少,易於對總統的外交權負起監督之責,但現在參院的人數已增至一百人,當年設計此一制度的根據已不復存在,則應改絃更張,理所應然。何況執行條約需要經費,衆院不通過撥款法案,條約卽無法付諸實施。一八〇三年哲斐遜(Thomas Jefferson)總統與法國簽訂的『購買路易斯安那條約』(*Louisiana Purchase Treaty*),衆院於討論撥款法案時,反對者甚多,一八六七年於討論購買阿拉斯加之撥款法案時,又發生類似情形。假如這兩項撥款法案果被否決,在衆院固爲完全合法的行爲,但此兩件條約則因此無法實施。條約已經參院通過,總統公佈,而仍無法達到締約的目的,則其締約制度之值得商榷,不言可喻。佛萊明教授說:『讓國會十六分之一議員(按指三十四位參議員而言)的破壞力量,來否決一個偉大國家的外交政策,應被認爲是民主世界的暫時現象。』

三

批評美國現行締約制度的人,均未提及立法機關應否有權監督締約事務問題,而係集中於用什麼方法監督問題。可見美國現行締約制度的缺點,在於立法機關監督方法的不妥切。關於立法機關監督締約方法的建議甚多,歸納之約有下列幾種:(1)條約同意權仍由參院保持，但『三分之二可決規律』應加修正，改爲由出席議員過半數通過。（2）條約同意權改由衆院行使，因衆院的改選較參院爲常，容易反映輿論對政府外交政策的趨向。（3）條約同意權之行使原則上仍維持現行方式，但若條約在參院已獲出席過半的贊成，而因不及必需的三分之二多數，致未通過，則將該約送往衆院，如在衆院獲得出席議員過半數的贊成，該約即可生效，而視其自始即已獲得參院三分之二的通過。（4）條約應由參、衆兩院各以總額過半數的通過。（5）條約應由參、衆兩院各以出席議員過半數的通過。（6）登澤菲爾德教授則贊成維持現行締約方式，而建議設立一個外交關係特別委員會，由正副國務卿、國務院負責條約起草的一位高級官員、參衆兩院外委會主席及少數黨資深委員、兩院處理外交問題的政治領袖以及國務院若干專家，共同組織之，作爲行政與立法在外交事務上的橋樑。

以上六説，第一説雖修改了『三分之二可決規律』，使條約的通過較爲容易，但衆院仍不得參預締約事務，既不能發揮兩院制的功能，亦不符合民主的原則。第二説主張條約同意權改歸衆院，實屬矯枉過正，其不足取之理由，與第一説同。且欲修改憲法，完全剝奪原來專屬於參院的締約權，絕對無法實現，因爲修憲案須經國會兩院各以三分之二的通過始得提出。故此説除麥可爾（S. W. MaCall）一人主張外，迄尚未發現其他贊成者。第三説的優點，在使參院仍保持其原有的條約同意權，僅增加一種牽制的力量，以減少參院對條約的阻礙。不過此説將使參衆兩院的關係更形複雜。同時無形中將條約分成兩類，對他方締約國亦有未妥。抑有進者，將衆院的多數通過，視爲參院的三分之二通過，難免使人引起衆院較參院爲高級的誤解。實則此説本質上與兩院聯合決議無異，既欲改革現行締約辦法，減少其他程序使用，何不乾脆採取第五説，明定條約由國會兩院各以出席過半數通過。第四説較前三説均爲可取，因條約由兩院通過，既可發揮兩院制的功能，又可兼顧民主的原則。不過條約的通過，反較單獨由參院以出席的三分之二贊成爲難。何以言之，參院現有議員一百人，衆院現有議員四百三十五人，倘依此説，則參院須有五十一人的贊成，衆院須有議員二百十八人的贊成，才可以通過一件條約。依美國憲法第一條第五項的規定，國會兩院開會的法定人數爲總額之半，假如兩院表決一件條約時的開會人數恰足法定人數，則欲達到上述贊成票數，必須出席者一致投贊成票始可，這在民主國家是很難辦到的。至於第六説，依登澤菲爾德教授的建議，由國務院與國會兩院共同設立一個外交關係特別委員會，固可使參加委員會的議員，用比較技巧的方法，向國會疏通，使得條約較易獲得參院的通過，並減少衆院討論實施條約的撥款法案時故意刁難。可是遇到這些議員不贊成那個條約的時候，那就可能弄巧成拙，使條約更難通過施行。抑有進者，這種辦法，可能使國務卿與兩院參加該委員會的議員之間，發生互相利用或不儘忠職守等等的流弊。而總統與國務卿之間也很難維持良好的關係。抑更有進者，登教授建議的最大缺點，有使總統的行使權與行政責任分割的危險，這不僅有違美國三權分立的基本原則，而且在條約開始談判或總統需要有所主張的關頭，會使總統不能負起責任。登教授贊成維持『三分之二可決規律』的理由，無非以條約與一般法案不同，一經通過，即不能撤銷，因此須提高可決的人數，以期慎重，並表示該約已受到絕大多數人民的支持。不過此種立論的理由，似乎並不堅強，因制憲諸公當年採取此一規律，有其不得已的苦衷，蓋不如此，有些州即不願意參加聯邦，並非在使條約獲得人民的廣泛支持。若制憲諸公的原意果真在此不在彼，則將條約同意權賦與國會兩院，豈不更能表示民意。總之，登氏的建議弊多於利，它不僅不能使現行不合理的締約方式，獲得根本的解決辦法，反使立法機關侵犯總統的職權，動搖三權分立的基本原則。

我們認爲，在上述六種建議中，以第五種建議，卽條約由國會兩院各以出席議員過半數的通過，最爲合理。因爲它沒有其餘五說的短處，却能兼顧諸說的長處。試舉其優點如次：（1）符合民主精神。參院雖由人民直接選舉，但是以州爲單位，不是依人口的比例，而其任期又較長，對於民意不無膈膜；衆院係依人口比例產生，選期又較常，能夠充分反映輿論的趨向，讓其參預締約事務，可使國家的重要外交政策，更能接近民意。（2）發揮兩院制的功能。因爲一個國家旣採兩院的體制，只有一院得參預國家的重要外交政策，在理論上似乎欠通，況依美國憲法的規定，條約亦爲國家的法律，自應依正常立法程序，經由兩院通過，以增强其效力，並免草率粗忽之弊。（3）條約易於執行。條約旣由兩院通過，則衆院於討論實施條約的撥款法案時，當不致再加留難，如是可使條約的批准與執行，發生直接連繫，而排除執行條約時的困難。（4）避免少數操縱多數，減少感情用事。條約旣由兩院各以出席過半數通過，則參院三分之一的議員，不復再能左右一件條約的命運，少數人卽欲感情用事。亦不能對條約發生決定性的影響，從而洛奇與威爾遜因私人意氣之爭，以致『凡爾賽條約』遭否決的情事，當不致再度發生。（5）減少行政協定並停止兩院聯合決議程序的使用。過去總統所以常以行政協定代替條約，主要是受參院『三分之二可決規律』的影響，現條約旣改由兩院各以出席過半數通過，此一恐懼已不存在，倘仍一意孤行，濫用其行政協定權，必爲輿論所不容。故此一改革實行後，行政協定必將減少。又改革後的締約程序，與過去兩院聯合決議的程序正相同，則此種不正規的締約程序將來自無再使用的餘地。由於此種改革建議具有上述各種優點，故自來倡議改革美國現行締約制度者中，亦以贊成此說者爲最多，如威爾遜總統的顧問豪斯上校（Colonel House），曾任國務卿的布里安（William J. Bryan），一九二四年的民主黨總統候選人戴維斯（John W. Davis），前總統杜魯門（Harry S. Truman），以及英國的拉斯基（Harold J. Laski）教授等，皆曾對此一改革表示支持。

條約應由國會兩院以出席過半數通過的建議，早在一七八七年制憲會議中，詹姆士‧威爾遜（James Wilson）卽已提出，惜當時因情勢特殊，未被採納。一九四四年，衆院外委會主席勃魯姆（Sol Bloom），曾發表一本小冊子，臚列衆院應與參院共享條約同意權的十四大理由。一九四五年，衆院根據其建議，提出一項憲法修正案，並經三分之二通過，輿論亦表支持。但該憲法修正案送往參院後，迄未採取行動，良用惋惜。

原載『政治評論』第 6 卷第 1 期（1961 年 3 月 10 日），頁 23—26

美國參院條約同意權的由來及其演變

壹　參院條約同意權的由來

一、引言

條約須經批准而後發生效力(註一)，爲國際法上的原則(註二)，亦爲國內法所要求。良以締結條約爲國家的重要法律行爲，締約國於簽字後，必須再作一番愼重攷慮，此其一。外交代表對於條約之簽訂，有無越權或違背訓令的情事，在條約生效前，有加審查的必要，以免將來發生糾紛，此其二。民主政治乃是民意政治，在條約開始實施前，政府應聽取國內輿論的意見，以利其執行，此其三。惟批准條約的機關因各國國內法的規定不同而有差異。有逕由行政元首批准者(註三)，如日本一八八九年至一九四六年憲法，德國一九三三年至一九四五年憲法，意大利一九二二年至一九四三年憲法。有由國會批准者(註四)，如瑞士一八四八年憲法，土耳其一九四五年憲法，巴西一九四六年憲法，巴拿馬一九四六年憲法，韓國一九四八年憲法。有由行政元首經國會同意後批准者(註五)，如比利時一九二一年憲法，日本一九四六年憲法，西德一九四九年憲法，法國一九四六年（第四共和）及一九五八年（第五共和）憲法。而美國的制度更爲特別，依該國憲法第二條第二項第二款規定：『總統經參院之勸告及同意，有權締結條約，但須獲得出席參議員三分之二的贊成。』(註六)在幷世諸國中，除菲律賓(註七)外，別無採此類似制度者。美國此一特殊制度有其歷史的淵源，欲明瞭其淵源，應從獨立前後說起。

二、獨立前後的外交機構

在獨立以前，美國各殖民地間的連繫工作，及其對英國的交涉事務，都是由各殖民地專設的代表擔任，這些代表就是殖民地時代最早的外交機構。(註八)不過，在此一階段，這些代表的任務僅限於連繫，並無與外國談判條約的權力。(註九)

一七七三年底，北美殖民地因茶稅問題，與英國發生衝突，麻薩諸塞（Massachusetts）殖民地發起召集一次全殖民地大會，討論抵抗英國的方法及各殖民地的團結問題，各殖民地熱烈嚮應。一七七四年九月五日，第一次大陸會議（First Continental Congress）在費城（Philadelphia）舉行，除喬治亞（Georgia）外，各殖民地均有代表參加。翌年五月十日，又在費城舉行第二次大陸會議，十三個殖民地皆有代表出席。大陸會議是北美各殖民地爲便於爭取獨立而結合的一種組織，其目的不在立法，它所行使的職權，論其性質，乃是行政權。它任命華盛頓（George Washington）爲總司令，發佈軍事命令，要求各州提供人員與金錢，向外國借債，派遣外交代表，並談判條約。(註一〇)

一七七五年十一月二十九日，第二次大陸會議通過一項決議，設立一個通訊委員會（Committee of Correspondence），並任命佛琴尼亞的哈里遜（Benjamin Harrison）、賓西凡尼亞的佛蘭克林（Benjamin Franklin）、馬里蘭的詹遜（Thomas Johnson）、德拉瓦的狄金遜（John Dickinson）和紐約的傑氏（John Jay）等五人爲委員，負責處理外交事務。(註一一)不久大陸會議採納通訊委員會的建議，選派狄安（Silas Deane）前往歐洲，擔任連絡工作，而其首要任務則爲探詢法國政府對美國革命的態度。一七七六年二月十六日，大陸會議曾討論將殖民地港口開放給外國通商的可能性,並有與外國締結條約的擬議。佛琴尼亞的魏資(George Wythe)更主張殖民地應與外國締結聯盟。(註一二)因爲當時北美殖民地急需外援,而這種外援只有經由條約的安排,使他方締約國能得到同等的利益,才可獲致。但在當時的情形下,除非他們與英國斷絕關係,宣佈獨立,沒有任何國家願與他們締結條約,於是締結條約與爭取獨立的雙重要求互相結合,形成反抗英國的鉅大力量。我們說締約的需要是促成宣佈獨立的直接原因之一,似不爲過。(註一三)

一七七六年七月四日美國旣經宣佈獨立,大陸會議乃於同年九月十七日通過一項『與外國締結條約方案』(註一四),及一項與法國簽訂條約的單獨計劃。九月廿六日,大陸會議任命佛蘭克林、狄安、哲斐遜三人爲與法國談判條約的代表(註一五),並責成彼等,在平等的條件下,獲取與法國貿易的有利結果。十二月廿三日,該代表團致函法國外長佛根尼(Vergennes),要求予以接見,函中稱:『我們敬告閣下,我們係由美利堅合衆國國會所任命,並賦有與貴國談判一項友好通商條約之全權。』(註一六)經該代表團年餘之努力,終於一七七八年二月六日與法國簽訂兩件條約,其一爲『友好通商條約』(*Treaty of Amity and Commerce*),其二爲『同盟條約』(*Treaty of Alliance*)。該兩條約於同年五月二日送交大陸會議,大陸會議於五月四日一致通過。(註一七)

根據『友好通商條約』十一條之規定:美國公民自法國管轄之美洲島嶼携帶蜜糖出口,法國不得課予出口稅。爲補償法國在該條規定下所受之損失,故第十二條復規定:法國人民從美國携帶至輸出蜜糖島嶼上之任何貨物,美國均不得課徵出口稅。就這兩條規定而言,顯然對法國有利。大陸會議認爲有失公平,故於通過條約之翌日,又通過一項決議,訓令其時尚在巴黎的代表團,要他們向法國政府表示,雖然該條約業經大陸會議通過,但上述兩條文仍望能予刪除。法國政府於經慎重攷慮後,同意加以刪除,乃於一七七八年七月十七日交換批准書。(註一八)於此有應注意者,在大陸會議與外國締結第一道條約時,即有修改條約的行動。這是後來美國參院於對條約行使同意權時,得對條約提出修正的有力根據。

我們也許要問,大陸會議的締約權是如何獲得的呢?此一問題不難解答。在『邦聯條款』(*Articles of Confederation*)沒有制定前,美國各殖民地間並無組織一個共同政府的成文契約,各殖民地既無受大陸會議行爲的法律約束義務,大陸會議本身的職權亦無明確的界限,大陸會議一切權力的獲得顯然是基於事實的需要,因爲大陸會議既是各殖民地的唯一共同機關,當然要處理一切共同事務。當時大陸會議有個一致的觀點,即締約權必須屬於實際上等於中央政府的共同機關,因此它不僅任命談判使節,發佈訓令,而且對條約提出修正,並行使最後批准之權。大陸會議雖未明白賦與締約的權力,但它行使此種權力時,各州並未提出異議,由是創下先例,而成爲其後『邦聯條款』及憲法將締約權賦與中央政府的一個根據。(註一九)

三、邦聯時代的締約權

美國獨立後,鬆懈而脆弱的大陸會議已無法適應新的環境,故如何加強組織,以鞏固革命的成果,實爲當務之急。一七七七年十一月十五日,大陸會議通過『邦聯條款』(*Articles of Confederation*),作爲十三州資以結合的基本大法。一七八一年三月一日『邦聯條款』正式生效,美國邦聯宣告誕生,這就是今日美國的前身。(註二〇)

依『邦聯條款』第九條的規定:邦聯國會具有宣戰、媾和、派遣並接受使節、締結條約與同盟等專屬而排他的權力(Sole and Exclcsive Power)。這原是大陸會議早已實際行使過的權力,不過現在把它明文化而已。其第六條並規定:各州非經邦聯國會的同意,不得與外國任意締結條約、同盟或協定。但各州怕邦聯國會會濫用這種締約權,故在第九條第六段又規定:關於重要的行政與立法事項,包括條約或聯盟的締結,非經九個州的同意,不生效力。由於邦聯國會係由十三州所派的代表組成,而每州雖可派代表二人至七人,但各州不論大小,在國會內均只有一個投票權,故所謂九個州的同意,就是邦聯國會全體組成份子三分之二以上的同意,這可以說是其後參院通過條約時,須經三分之二可決(Two-thirds Rule)的濫觴。（註二一）

『邦聯條款』賦與邦聯國會的締約權,似乎頗爲完整,但在實際上由於『邦聯條款』有其內在的缺點,邦聯國會雖擁有締約之權,却乏執行之力。因爲:第一,在『邦聯條款』下,各州仍有完整的主權,有如獨立國家。『邦聯條款』第二條規定:『每州保留其主權、自由與獨立。其他一切權利,除本條款明白賦與國會者外,均由各州保留之。』所以這個結合並不鞏固,它不能算爲國家,而只是國家的聯合。第二,中央政府只有一個邦聯國會,沒有執行機關,也沒有司法機關。第三,中央政府僅是各州的政府,不是各州人民的政府,它不能直接向人民徵收租稅,只能勸告各州政府捐輸,它沒有徵兵權,也沒有通商權。（註二二）由於邦聯自己沒有行政機關負執行之責,又沒有司法機關來解釋邦聯與外國所締結的條約,『邦聯條款』復沒有規定條約具有優於各州法律的效力,而各州違反條約或不聽指揮時,邦聯政府又沒有強制的方法,所以各州不經邦聯國會同意,擅自締結同盟或協定之事,不乏其例。（註二三）而不顧邦聯條款,恣意破壞邦聯與外國所締結條約的情事,更所在多有。（註二四）故當時擔任邦聯外交部長(Secretary for Foreign Affairs)的傑氏(John Jay)曾經慨乎言之曰:『邦聯國會有權宣戰,却無權徵兵及徵稅;它有權購和,却無權履行其附隨的義務;它有權締結條約,却無權予以執行。總之,邦聯國會只能咨詢、討論和建議,它可以提出要求,但聽從與否,全視各州的高興。』（註二五）

邦聯政府的無能,使美國在國際間大失威信,更影響其與歐洲各國的條約談判。法國外交部長佛根尼曾經率直批評說:在『邦聯條款』的安排下,美國的信用是值得懷疑的。法國駐美公使亦說:任何國家與美國通商或通航均無安全感。英國駐法大使曾告訴在巴黎的哲斐遜說:美國邦聯國會既無權執行已經簽訂的條約,則與美國再締結任何條約均屬無用。（註二六）最使邦聯國會感到困擾的,是一七八三年美國與英國所簽訂的『和平條約』(Peace Treaty),各州對於此一條約根本視同具文,英國人民在美國的財產被人沒收,各州法院亦不加理會。英國政府對美國人民蔑視該條約的規定,曾向邦聯國會提出多次嚴重抗議,並拒絕履行其對條約所負之義務。（註二七）美國駐英公使亞當斯(John Adams)認爲欲使英國履行條約的義務,必須要求各州修改其顯然違反該條約的法律,因此他力促國會採取行動。國會根據亞當斯的要求,命令當時擔任外交部長的傑氏就此一問題提出報告。一七八七年三月廿一日,國會根據傑氏的報告通過一項決議,要求各州立法機關取消與和約相衝突的所有法律,並賦予以法院審理因該條約所引起之訴訟的充分權力。四月十三日國會將上述決議分函各州,要求照辦。（註二八）國會在該項決議中曾強調:只要國會所締結、批准並公佈的條約不違背邦聯條款,該條約即應視爲國家的法律,而必須爲全國所奉行,無需再經各州的同意或認可,各州立法機關更不得干涉。（註二九）但遵照該項決議,實際採取行動者,不過七州而已。（註三〇）

此一事件,一方面顯示邦聯國會承認對英條約確有違反之處,而且證明國會缺乏執行條約的能力;另一方面也表示國會確信對於條約的締結與批准,中央政府應具有絕對的權力,並認爲條約應視爲國家的法律,爲全國所奉行。這些事實與經驗,均爲制憲諸公所深

悉。美國聯邦憲法對於締約權的設計，就是根據邦聯時代的教訓，而要避免它已遭遇過的困難。(註三一)

四、制憲會議對於締約權的設計

『邦聯條款』實施六年，發現了種種缺點，特別是邦聯國會對條約缺乏執行之力，使條約形同具文，更招致各國對美國的輕視與侮蔑。(註三二)於是有識之士咸認非修改『邦聯條款』、加強中央政府，不足以謀美國之發展。一七八六年，佛琴尼亞等五州在馬里蘭州的首邑安娜波利斯（Annapolis）集會，討論解決各州間的通商糾紛問題。會後並向邦聯國會建議，號召各州選派代表舉行憲法會議，藉以檢討美國局勢，並『進一步擬訂他們認為必要的條款，使邦聯政府的基本大法足以應付美國的緊急狀態』。(註三三)邦聯國會為順從公意，決定於一七八七年五月第二個星期一，即五月十四日，召集各州代表，在費城集會，討論制憲事宜。及期，各州代表到會者寥寥無幾，故制憲會議（Constitutional Convention）延至五月廿五日才正式揭幕。

在未敘述制憲會議對於締約權歸屬問題的辯論情形以前，我們想對參加會議代表的成份略加分析。就數額言：除羅德島州（Rhode Island）因拒絕參加會議，未曾指派代表外，其他十二州指派的代表共為七十四人，但實際赴會者為五十五人，經常出席會議者只有三十人左右，而最後十二個州簽名於憲法草案的代表則為三十九人。(註三四)就年齡言：年事最高者為佛蘭克林（Benjamin Franklin），八十一歲，華盛頓（George Washington），五十五歲，麥迪遜（James Madison），三十六歲，毛禮士（Gouverneur Morris），三十五歲，漢彌敦（Alexander Hamilton），三十歲，賓克尼（Charles Pinckney），二十九歲，年紀最輕者為新澤西州選出的戴敦（Dayton），僅二十六歲。一般而言，則五十歲以上者十四人，四十歲以下者廿一人，平均年齡為四十二歲。(註三五)就經濟情況言：絕大多數代表都是來自沿海富庶之區，內地農民、商人和窮苦階級選出者，絕無僅有。其中至少有二十四人是債主，十四人為地主，十一人是從事產業和造船的投資者，至少有十五人是奴隸的保有者。(註三六)就教育程度與政治經驗言：大學程度者廿五人，律師或曾經研究法律者卅三人；以言地方機關經驗，曾任殖民地或州議會議員者四十六人，參加各州制憲會議者十人，曾任州長者七人；以言中央機關經驗，曾任大陸會議代表者四十二人，簽字於『獨立宣言』者八人，參加『邦聯條款』之制訂者六人，出席安娜波利斯會議者七人，曾任大陸會議行政官員者三人。(註三七)故就參加制憲會議代表之成份以觀，確為一時之選。當時負全國重望的領袖人物，除亞當斯（John Adams）和哲斐遜（Thomas Jefferson）因分別擔任駐英、駐法公使未獲指派出席，亨利（Patrick Henry）、李氏（Richard Henry Lee）和傑氏（John Jay）拒絕當選，漢科克（John Hancock）和塞繆爾・亞當斯（Samuel Adams）未獲當選，及潘恩（Thomas Paine）正在歐洲旅行等特殊情形，致未參加者外，其他著名人物，幾乎全部與會。(註三八)不過這些人大都是資產階級，思想保守，他們雖痛感邦聯政府的無能，甚欲建立一個較有權力的聯邦政府，對外可以保全國家的尊嚴，對內可以強制各州服從條約，以維持國際信義，但他們深怕權力過份集中，容易導致獨裁，故採用制衡方法（Checks and Balances），藉資牽制。締約權之所以由總統和參院共同行使者，就是在這種心理下產生的。(註三九)

制憲會議集會之初，意見極為分歧。不過大家有一共同的觀點，即：第一，締約權應專屬於聯邦政府，禁止各州締約；第二，為使聯邦政府的締約權名符其實，並使條約不受各州的侵犯，條約的效力須優於各州法律。(註四○)五月二十九日，佛琴尼亞州長倫道夫（Edmund Randolph）向大會提出『佛琴尼亞草案』（*Virginia Plan*）。倫氏於列舉『邦聯條款』的缺點時，首先指出邦聯的第一個缺點，乃在於無法強制各州遵守條約。他說：『邦聯不能確保國家的安全以免於外國的侵略，邦聯國會既不能預防戰爭，又無法支持戰爭……從許多實例中顯示，邦聯不能處罰那些違背條約或國際法的行爲，各州都可以發動戰爭，而不受邦聯的節制。』(註四一)該草案並建議，中央立法機關應有權『否決各州所通過而與中央立法機關意見相左及違反現行條約規定之一切法律』(註四二)。六月十五日，派特遜（William Paterson）向大會提出的『新澤西草案』（New Jersey Plan）中亦建議：國會締結的條約，應成爲國家的最高法律，各州應受其拘束。(註四三)麥迪遜（James Madison）於六月十九日評論『新澤西草案』時指出：『各州侵犯國際法或條約的傾向，有種種事例可資證明。在邦聯國會的檔案中，可看出締約他方對我們的譴詞。他們雖迄仍對我們採取寬大的態度，但此終非處理外交的善策。與外國不睦是國家最大的不幸之一。』(註四四)漢彌敦（Alexander Hamilton）說得更爲具體，他說：『沒有法院的解釋與適用，法律只是些死的條文……欲使美國所訂的條約發生效力，必須使其成爲美國法律的一部分。』(註四五)

締約權應專屬於聯邦政府，並使條約成爲國家的最高法律，既爲大會一致的見解。其次成爲問題的，就是締約權應由聯邦政府那一個機關行使？十八世紀的政治學者，如洛克（John Locke）、孟德斯鳩（Charles Louis de Secondate Montesquieu）等，均謂締約權應屬於行政機關。(註四六)但在美國的制憲會議中，關於締約權的歸屬問題，却曾引起激烈爭辯。根據五月廿九日提出的『賓克尼草案』（Pinckney Plan）第七條的規定，參院有宣戰、締約、任命大使公使的單獨而排他的權力。(註四七)六月十八日漢彌敦向大會提出的『政府草案』（Sketch of Government）則建議，行政首長得參院之同意與批准，有締結條約之權，但宣戰權應專屬於參院。(註四八)八月六日憲法起草委員會（Committee of Detail）向大會提出之憲草第九條又規定，參院有締結條約和任命使節之權。(註四九)到了八月中旬，締約權的歸屬問題成爲大會討論的中心。梅遜（Mason）和麥塞（Mercer）等人強烈反對參院具有締約權，他們認爲締約權乃屬於行政部門的權力。(註五〇)麥迪遜亦於八月廿三日表示意見稱：『參院僅僅代表各州，故總統應參與締約權之行使，其理甚明。』(註五一)根據『聯邦主義者』（Federalist）一書的解釋，主張總統得參與締約的理由有二：第一，條約的談判有時需要保密和迅速決定，而只有總統具有這兩個條件。因爲：（1）總統是獨任制，便於決定問題和保守秘密；（2）總統最瞭解國內外情勢；（3）總統能隨時應變。(註五二)第二，條約的締結或外交使節的派遣，若無國家最高執行機關參與，很難獲得國際間的信任。(註五三)八月卅一日，大會授權十一人委員會（Committee of Eleven），令其根據上述討論結果，補充或修改憲法起草委員會於八月六日所提出的草案。該委員會於九月四日向大會提出九項報告，其中第七項提議：『總統經參院之勸告及同意，應有權締結條約；總統應提名大使公使，並經參院之勸告及同意任命之……但非經出席議員三分之二的同意，不得締結條約。』（The President, by and with the advice and consent of the Senate, shall have power to make treaties; and he shall nominate and by and with the advice and consent of the Senate shall appoint ambassadors, and other public ministers ... but no treaty shall be made without consent of two-thirds of the members present.）(註五四)此一建議提出後，又引起熱烈辯論。威爾遜（James Wilson）於九月六日評稱：依該委員會之報告所建議，『總統將不屬於人民，而將成爲參院的附庸……因此該建議實有貴族政治的危險趨勢』(註五五)。翌日當締約條款進行一般討論時，威爾遜又建議締約條款中應在『參院』之後加上『衆院』字樣，俾使衆院在締約上與參院具有同等的地位。他認爲條約既具法律的效力，自應經過一般立法程序，故條約不僅須經參院議決，而且須經衆院議決。(註五六)毛禮士亦主張：條約既爲法律，則須經過通常的立法程序，而後發生效力,實爲當然之理。(註五七)威爾遜與毛禮士的主張,雖然持之有故,言之成理,但終爲大多數所反對,而遭否決。(註五八)於是締約權應由總統和參院共同行使,乃成定論。致制憲諸公所以將條約同意權單獨委諸參院,不外次述理由:第一,締約權的直接影響者是州,而不是人民,制憲諸公當時所致慮的,不是使締約權的行使如何符合民意,而是要顧到各州的平等代表權,故將同意權賦予參院。(註五九)第二,聯邦政府既採兩院制,而每州在參院均爲兩席,故參院的結構與邦聯國會極相似,而制憲會議的代表多係來自邦聯國會,因此他們將邦聯國會曾經行使過的締約權賦予參院,亦是順理成章的事。(註六〇)第三,衆院任期較短,僅爲兩年,議員時時改選,以此種不安定的機關,來處理需要長期愼重致慮的締約事宜,頗不妥當。(註六一)第四,衆院組織龐大,不便於處理締約事宜,而且很難保守秘密(註六二)。故薛曼(John Sherman)曾在制憲大會中明白指出,有些條約實有保密的必要,衆院份子複雜,不應賦予同意條約之權,同意條約權應專屬於參院。(註六三)

　　締約權之歸屬問題獲得解決後,『三分之二可決』(Two-thirds Rule)問題又引起爭論。威爾遜於九月七日首先提出反對,他認爲條約如須出席參議員三分之二的同意,無異給予三分之一的出席參議員否決條約之權,從而使少數控制多數,與民主政治的多數決原則背道而馳。金氏(Rufus King)亦說,對於行政機關締約權的牽制,無需三分之二的可決爲已足。(註六四)麥迪遜則提議,和平條約無需三分之二的可決,白特勒(Pierce Butler)附和其議。但捷瑞(Elbridge Gerry)和威廉遜(Hugh Williamson)等却以爲,和平條約的重要性,不僅不亞於其他條約,且有過之而無不及,因此他們贊成維持『三分之二可決』的規定,他們深怕如僅使單純多數參議員控制此一重要權力,極易受外國壓力的影響。然而威爾遜又有相反的意見,他認爲如和平條約須經參院三分之二的同意,無異使少數人具有使戰爭繼續的權力。此外尙有魯特利吉(John Rutledge)等所提『非經全體參議員三分之二的同意,不得締結條約』等多種建議。(註六五)眞是形形色色,不一而足。不過大多數代表都是主張維持『出席參議員三分之二同意』的原則,因爲:第一,重要問題須經三分之二以上(即九個州)的同意,原是邦聯時代的一項基本原則,不過邦聯國會常有因到會代表不及九州以致不能作重大決議的情事,故應稍作變通,改爲出席參議員三分之二的同意。(註六六)第二,西南部諸州堅持條約須經出席參議員三分之二的可決,因爲在邦聯國會中曾有主張美國應放棄在密西西比河(Mississippi River)自由航行的建議,此種自由航行權對於他們非常重要,他們深怕東北部諸州將來可能利用條約出賣他們此種權利,故主張應提高參院同意條約的人數,藉資保障。(註六七)第三,基本上,制憲人士大都有孤立主義的傾向,許多人對於歐洲列強懷有疑念,他們希望美國的外交活動越少越好。當時有一共同的觀點,卽條約不會也不應太多,故主張條約的同意應經出席參議員三分之二的可決。(註六八)當時的情勢是如此,所以當大會就締約條款舉行最後表決時,終於維持了『十一人委員會』於九月四日所提出的原案。(註六九)最後於九月十七日所通過憲法中的締約條款,除文字略有更改外,其內容與前案完全相同,其規定如次:『總統經參院之勸告及同意,有權締結條約,但須獲得出席參議員三分之二的贊成。』He (the President) shall have power, by and with the advice and consent of the Senate, to make treaties, provided two-thirds of the senators present concur.(註七〇)

　　綜上以觀,可見締約權應由聯邦政府行使,爲一七八七年制憲會議諸公所共認的原則,但此一權力應歸聯邦政府哪一個機關行使,則煞費致慮。若由總統一人行使,勢必發生君主時代秘密外交的惡果;若與代表人民的國會兩院共同行使,又恐國會人多言雜,程序迂緩,守密旣不容易,迅捷更不可期。制憲諸公於審度當時情勢、權衡利弊得失後,乃在上述兩端之間，採取折衷辦法，將同意條約之權賦與參院。復因美國開國諸賢，對當時歐洲列強意存懷疑，不願與之多所接觸，加以西南部諸州代表之堅持，故又規定參院對條約之同意，須經出席參議員三分之二的可決。就當時情勢而言，制憲會議此一設計，確不失爲允當之舉。一七八九年第一屆國會成立之初，聯邦只有十一個州（註七一），參院全體議員共爲廿二人，又因當時交通困難，旅途不便，當第一屆國會第一會期休會之時，實際出席者只有廿人，而經常出席會議者尙難達成此數，若以出席的三分之二計算，則僅需參議員十一、二人之同意即可批准條約。而此時衆院的人數，已達六十五人之多，且將因人口的增加而隨之增加。故以參院牽制總統的締約權，至少在當時看來，他們所顧慮的人數多、保密難、可能貽誤事機等困難，皆可避免。

貳　參院條約的同意權的演變

一、憲法上締約條款的含義

美國參院條約同意權的由來，已如上述，現在我們進一步來說明憲法上締約條款的含義。所謂締約條款（Treaty-making Clause），係指『憲法』第二條第二項第二款的規定而言，即：『總統經參院之勸告及同意，有權締結條約，但須獲得出席參議員三分之二的贊成。』憲法對於總統與參院共同行使締約權的規定，僅此簡單數語而已。（註七二）總統與參院應如何共同行使此種權力？換言之，總統於條約談判時即應與參院共同磋商，抑係於條約談判簽字後再送請參院同意？參院締約權的範圍與總統的相等，抑係有差異？如有差異，則其界限應如何劃分？參院是否有權發動條約談判？對總統發給談判人員的訓令，有無同意或表示異議之權？諸如此類問題，『憲法』均乏明文，僅憑第二條第二項第二款的簡單規定，實不能獲得明確的解答。於是後世政治家或學者，各本其仁智之見，對於憲法上的締約條款，具有種種的解釋。

曾出席制憲會議並爲一七八九年第一屆參院的北卡羅來納州參議員白特勒（Piere Butler）說：締結條約是由總統和參院共同進行和共同決定的，因爲在締約事務上，參院是總統的行政委員會，它與總統同席共議，並對每一條約的提議，給與勸告及同意。（註七三）

另一曾參加過制憲會議其後並任參議員的金氏（Refus King）說：『關於締結條約，參院在憲法上是唯一的咨詢機關。作爲一個咨詢機關，參院不但可以而且應該監視國家的每一外交機構。因之，參院得隨時要求總統提供有關外交的正確情報，必要時並得向總統提出意見或勸告。……所謂締結條約乃包括締約的一切行爲在內。憲法既明文規定，條約的締結須經參院的勸告及同意，則不經其勸告及同意，即不得締結任何條約，其理甚明。只要我們能客觀地解釋憲法上締約條款的真正含義，我們決不會對此有所懷疑。』（註七四）

傑氏（John Jay）認爲，除需要高度機密和迅速決定的條約，得由總統單獨開始者外，一切條約的談判事項，都爲總統與參院所共管。依他所言，『這種締約方式最有利於國家的安全，既可利用參院的許多優點，如參議員的才能卓越，態度愼重，熟悉內外情勢，組織完整等，又可兼收總統的種種優點，如保密容易，行動迅速等。』（註七五）

威爾遜（Woodrow Wilson）未出任總統前，在其一九〇八年出版的『美國立憲政府』（Constitutional Government in the United States）一書中亦謂：推制憲諸公之意，無疑是將參院視爲與總統有密切連繫的一個行政咨詢機關，期使兩者在締結條約及任命外交使節時合作無間。他並說：『假如總統爲一位人格高尙、謙虛、誠摯、有遠見而且有魄力之人，他就可以將意見分歧的參院，變爲一個有效能的大顧問機關。』（註七六）

參議員洛奇（Senator Henry Cabot Lodge）則根據『憲法』第二條第二項第二款『He (the President) shall have power, by and with the advice and consent of the Senate, to make treaties provided two-thirds of the senators present concur; and he shall nominate, and by and with the advice and consent of the Senate, shall appoint ambassadors...』的字義，來解釋制憲者的原意。他說：『值得注意的是該款審慎的措詞，它給與總統絕對而無限制的提名使節權，因為「他應提名」（He shall nominate）在「參院之勸告及同意」（by and with the advice and consent of the Senate）一詞之前，因此參院只能對總統所提使節人選之任命（appointment）提出勸告及同意，而對總統之使節提名權完全不得過問。但同款前段關於締約權的規定，則大異其趣，「參院之勸告及同意」一詞係在「應有權」（shall have power）一詞之後，而在「締結條約」（to make treaties）一詞之前，是則未經參院之勸告及同意，總統即無權締結條約。故「參院之勸告及同意」一詞應適用於整個締約程序中。』(註七七) 參議員吉萊特（Guy M. Gillette）亦抱持與洛奇同樣的見解，他說：總統的使節提名權是完整的，只是非經參院之勸告及同意，不得任命而已，但締結條約自始即以參院之勸告及同意為條件，而批准條約更須經出席參議員三分之二的同意。(註七八)

杜哈斯特（W. H. Dewhurst）亦認為依據憲法上締約條款的解釋，參院有權與總統共同進行條約的談判。(註七九)

上述諸人的解釋，有一共同的見解，即參院的締約權，不僅是事後同意條約而已，而且應有權參與條約的談判，及對談判條約代表之任命提出勸告及同意。這種見解與參院現在實際行使的締約權大有出入，其演變之過程及原因如何，有加析述的必要。

二、初期的條約同意權

一七八九年第一屆國會成立之初，參院共有議員廿二人，其中七人係曾出席制憲會議的代表，其餘的大部分也曾參加過大陸會議或邦聯國會(註八〇)，因此他們都具有相當的政治素養和立法經驗。不過舊的經驗未必能適應新的情勢，在大陸會議與邦聯國會時代，條約的締結自始至終都由國會包辦，它不但任命談判代表，監督並指揮談判的進行，而且對條約行使最後批准權，在未批准以前，如認為有必要，還得對條約提出修正。但是新的制度並不如是單純，國會之外，還有一個位高權重的總統，他在憲法上具有特殊地位，過去邦聯國會所擁有的行政權，現在都歸總統行使。總統與國會應如何配合？締約權之行使參院與總統應如何共同進行？均乏成例可循。因此第一屆參院對於締約權之行使，乃係在暗中摸索，並無確切程序。(註八一)

一七八九年五月二十五日，當參院正開全院委員會討論徵稅法案時，華盛頓總統派其軍政部長諾克斯將軍（General Henry Knox）至參院宣讀一項有關『印地安條約』（Indian Treaties）的咨文，原文(註八二)如下：

參院各位議員先生：

    美利堅合眾國會依邦聯國會之程序，與數印地安民族談判並簽訂數項條約。茲檢附各該條約及其有關文件，送請各位先生玫慮，並派曾負責處理此事之諾克斯將軍到貴院備詢，諾克斯將軍將提供各位有關此等條約所欲獲得的任何資料。

                              美國總統華盛頓   一七八九年五月廿五日於紐約

參院於收到此項咨文後，僅將其列入議程，而繼續其對徵稅法案之討論。此為第一屆

參院首次行使其條約同意權。而這種處置的方法，成為其後參院處理條約案件的第一個先例。(註八三)

一七八九年六月十一日，華盛頓總統又派傑氏（John Jay）將與法國簽訂的『領事專約』（French Consular Convention），送請參院玫慮，其咨文的原文(註八四)如下：

參院各位議員先生：

　　一七八四年七月廿九日，美利堅合眾國與法蘭西王國雙方所派之全權代表，曾簽訂一項『領事專約』，藉以確定雙方所派之領事、副領事、特派員與高級專員之職務與特權。

　　邦聯國會曾表示，該約若干部分應行修改，並曾訓令其駐法公使試圖達到此一目的。

　　該專約已於一七八八年十一月十四日，經雙方派遣之全權代表，予以修正，並經正式簽字。

　　依該專約第十六條之規定，該約應自交換批准書之日起十二年內有效，但交換批准書應於簽字後一年內為之。

　　茲派杰先生檢附該約正本及有關談判資料，咨請貴院玫慮。杰先生已奉余之命令到貴院備詢，彼可提供各位所需有關該條約之一切資料。

　　　　　　　　　美國總統華盛頓　　一七八九年六月十一日於紐約

值得注意者，該項條約亦係邦聯時代所簽訂(註八四)，華盛頓所以派傑氏到參院備詢，因傑氏是邦聯時代的外交部長，而且當時正代替國務卿之職(註八五)。惟傑氏在參院宣讀華盛頓的咨文後，參院議員並未卽時對他提出詢問，僅將其列入議程，並交付審查，但令他將該專約之英文譯本及有關談判的資料送交參院審議。六月廿一日參院始通知傑氏於翌日（卽廿二日）携帶該約一切有關資料到參院備詢。傑氏曾就該約的談判經過及其對美國的利害關係，向參院提出詳細說明，並敦促參院加以同意。七月廿九日，參院一致表決通過，並勸告總統照參院所通過者批准。(註八六)

參院於同意該項條約時，曾對於表決的方式經過相當討論，麥克萊（Maclay）主張投票表決，費氏（Few）表示支持；伊查德（Izard）則主張口頭表決，卡洛爾（Carroll）和艾爾渥（Ellsworth）表示贊成。但參院最後係採取投票方式。(註八七)從此一事實我們可以知道，第一屆參院最初對其條約同意權之行使，並無一定程序。

直至此時為止，參院所處理的條約案件，都是邦聯時代所簽訂，而由總統送往參院完成同意手續者，總統亦未親自到參院提出說明，僅提派其熟悉此等條約的閣員到參院備詢。參院雖未對此提出異議，但我們不能據此認定參院對總統的此種處理方法已表同意。因為這些條約原非經合眾國總統之手所簽訂者，參院之同意不過係為顧及美國的信譽，對邦聯所已承擔的條約義務，加以承認而已。故嚴格言之，參院與總統在憲法上所共享的締約權，仍未開始行使。

為期參院與總統將來共同行使憲法所賦予之締約權時有一固定的程序，參院於一七八九年八月三日決議成立一委員會，並指派伊查德（Izard）、金氏（King）及卡洛爾（Carroll）三人為委員，責成彼等與總統進行磋商，研擬將來參院與總統共同處理締約問題與使節任命時的適當方式。(註八八)該委員會於八月八日及八月十日先後與總統舉行兩次會議，華盛頓曾在會中充分發表意見，並認為總統與參院就締約問題親自進行磋商，實為最佳且不可或缺的途徑。(註八九)八月廿一日,該委員會根據其與總統會談之結果,向參院提出報告,參院並根據彼等報告作成下述決議(註九○):

　　茲決議:參院對總統提出之締約問題及任命案,除別有一致之決議外,應指定一未來日期予以攷慮。總統蒞臨參院議場與參院舉行磋商時,參院議長之席位應讓與總統。此際參院議長應以參院首長之身份,坐於臨時設置之席位上。參院議長召集參院會議時,參議員應至指定之地點出席,參院秘書並應出席紀錄。
　　一切問題均應由參院議長提出,不論總統有無在場,參議員應以口頭表決之方式,表示其贊成或反對。
　　本決議之副本應由參院秘書送請總統備查。

　　上述辦法是經參院和總統共同協議的,但這種方式是否可行,有待事實攷驗。就在參院通過上項決議之當日,華盛頓總統的秘書李爾(Tobias Lear),奉命向參院致送下述函件(註九一):

參院各位議員先生:
　　總統將於明日(即八月廿二日)上午十一時半蒞臨參院議場,就與南部印地安人談判之一項條約問題,徵詢各位議員先生之意見。

　　一七八九年八月廿二日,華盛頓偕熟悉該項條約之軍政部長諾克斯將軍,第一次就條約問題親至參院徵詢意見。他首先就南部諸州與印地安人所發生之糾紛加以充分說明,然後將他自己所擬就而即將發給談判該項條約代表的七點指示提出,要求參院賜予『勸告及同意』。毫無疑問,華盛頓當時的意思是希望參院立即表示意見,並加以通過。(註九二)可是參議員們議論紛紜,久無結果,而當參院議長將上述總統所擬的七點指示逐點朗誦,要求參議員們表示意見時,大家都『默不做聲』,最後由毛禮士(Morris)提議將此一問題交付一個五人委員會研究,俟次星期一再行提出討論。(註九三)於是華盛頓『憤怒地站起來』,宣稱:『這樣,我來這裏的目的完全失敗了』,最後帶着『慍怒的尊嚴』離開會場。(註九四)華盛頓原以爲由總統親自到參院與參議員們共同商討締約問題,爲最佳之途徑,但實行的結果,非常不如理想,因此以後有關條約的談判問題,他就不再到參院徵詢意見,僅將談判好的條約送往參院審議。此一方式其後並爲其他總統所倣效。(註九五)所以一般認爲八月廿二日的會議已經確立一項原則,是即關於締約事項,總統只需在條約簽字後送請參院審議,而不必將正在談判中的草案徵詢參院的意見。此一原則固然亦有例外,譬如波克(James Knox Polk)於一八四六年簽訂『奧勒岡條約』(*Oregon Treaty*)時,即曾事前徵詢參院的意見,但這乃是罕有的例外,反而使人有違反慣例之感。(註九六)

　　總統所締結的條約,僅需於簽字後送請參院同意,自『南印地安人條約』(*Treaty with Southern Indians*)締結後,即已大致成爲慣例,已如前述。但若參院僅同意條約的大部分,而對條約中的某一部分不表同意,並認爲有重加談判之必要時,則此重加談判獲得協議後的部分,是否應再提請參院同意?此一問題在華盛頓總統任內,亦已獲得解決。

　　一七九四年十一月十九日,英美兩國爲解決貿易糾紛而談判成立之『傑條約』(*Jay Treaty*)在倫敦簽字,該項條約於一七九五年三月七日送達總統,而國會已於三月三日宣告休會,其時英美間之貿易糾紛問題極爲嚴重,華盛頓亟希望該條約儘速批准實施,乃要求參院於六月間舉行一次特別會議。(註九七)六月八日參院特別會議揭幕,華盛頓立卽將該條約送往參院審議。參院中的反聯治派(Anti-Federalists)對該約內容甚表不滿,而對其中第十二條(有關西印度羣島貿易者)指責尤烈。有建議不予同意者(註九八),亦有建議全部重新談判者(註九九),而金氏(Rufus King)則建議作有條件的同意,卽僅將其中第十二條重新談判(註一〇〇)。意見紛紜,莫衷一是。其時參院聯治派(Federalists)佔優勢,他們支持金氏的建議,卒以廿一票對十票,對該約加以有條件的同意。所謂有條件的同意,乃是在約中另增一條,規定該約第十二條應暫緩實施。同時又一致決議,要求總統就原約第十二條所規定有關西印度羣島(West Indies)的貿易問題,與英國舉行進一步的談判,藉獲更圓滿的解決。(註一〇一)

參院的此一行動,引起一項新的問題,是卽新條款談判完成後是否應再提請參院同意?此一問題應如何解決,並無前例可據,頗使華盛頓感到為難。他於一七九五年六月廿九日分函他的閣員,並附上參院決議的副本,要他們對下述問題提供意見:第一,參院的決議是否為最後的行動。或是他們希望在該約生效以前,應將新談判的條款再提請其同意?第二,新條款談判協議後,憲法是否允許總統立卽加以批准,而無須再將其提請參院同意?(註一〇二)關於此一問題,華盛頓曾經多次與他的財政部長漢彌敦(Alexander Hamilton)私下交換意見。起初,漢彌敦認為,依據憲法的規定,總統似應再將全約提請參院同意,但後來因為他攷慮到許多政治因素,假如再將其提請參院同意,可能會使整個條約遭受失敗,所以他對此一問題沒有定見。除漢彌敦外,其他閣員都一致認為沒有再將全約提請參院同意的必要,同時他們認為,就憲法規定而言,新條款亦無需提請參院同意。(註一〇三)

就當時的情形言,參院對『傑條約』作有條件的同意時,其表決的結果是廿一票贊成,十票反對,較所需的出席參議員三分之二多數票,僅多一票,假如將整個條約再提請參院同意,一票之出入,卽足以扼殺整個條約,其影響是異常重大的。因此,儘管參院的反對份子堅持必須再將全約送請參院同意,華盛頓仍係採取其閣員的意見,拒絕將原約及新條款再送參院。華盛頓此一決定之重要性,不僅在避免參院再對該約節外生枝或加以否決,其尤為重要者,乃是那樣做,勢必使參院的權力大為擴張,從而使美國的締約程序更形複雜。(註一〇四)

一七九五年八月,新條款經雙方再度談判後獲得協議,華盛頓旣未將其送往參院審議,亦未與參院再作任何咨商,卽於八月廿五日授權美國駐倫敦代辦李斯(W. A. Leas),與英國交換批准書,並於一七九六年三月一日將該約送往國會,要求國會制定實施該約所必需之法律。在此一過程中,雖有部分參議員對總統的獨斷專行,私下表示不滿,但參院始終沒有提正式抗議,此可推定參院對於華盛頓總統處理此一問題的方式,已加默認。此一事實,以後卽成為先例,幾經參院有條件同意的條約,卽可由總統逕予批准。(註一〇五)

三、現行締約方式

綜上所述,我們已可粗略地看出參院條約同意權的演變過程。儘管大多數人認為,依憲法上締約條款的解釋,參院的締約權是與總統相等的,參院也曾試圖這樣實行,但是理論與事實往往不儘符合,實行的結果,卻與憲法上的規定大有出入。這不是總統有意要擴大其締約權,也不是參院自願聽任其締約權被削弱,而是由於實際的需要及制憲諸公所意想不到的一些因素所促成的。就其演變過程言,參院最初所處理的幾件條約,都是邦聯國會所簽訂,而由華盛頓總統送往參院完成同意手續者,參院對於這些條約自始卽沒有表示意見的機會,它的同意只是對旣成事實加以認可。因其情形特殊,我們不能據此認定參院對其締約權的這種行使方式已表同意。其後，參院感於與總統共同行使締約權的方式憲法既無明文規定，又乏成例可循，乃與總統商討辦法，並獲得協議，關於締約問題，總統應於事前將締約大綱親赴參院徵詢意見。但實行的結果，證明此一辦法困難甚多，因華盛頓總統親自出席參院，參議員震於他的聲威，不敢自由發言；而總統對參議員的故意稽延，亦覺不耐；加以派系鬥爭等種種複雜關係，遂使此一辦法開頭就告夭折。自第一屆參院第一會期以後，總統就未再為締約問題親赴參院徵詢意見。一七九四年底與英國簽訂的『傑條約』，華盛頓並未於事前徵詢參院的意見，僅於簽字後送請參院同意，同時參院於同意該條約時所不贊同的條款，於重新談判獲得協議後，亦未提請參院同意，而由總統逕行批准。後世的總統，亦做照此種辦法，而參院亦未明白提出反對，於是相沿成為定例，而參院也喪失了其為總統外交咨詢機關的地位。(註一〇六)

百餘年的演變與慣例，促成了美國現行締約方式。在今日，美國與外國締結條約，由開始攷慮至談判結果，權在總統一人，只惟總統才有與外國談判條約之權，亦只惟總統才能控制談判的人員(註一〇七)；雖然在談判期間他可非正式咨詢參院外委會（Committee on Foreign Relations）的意見，但並不受其拘束，他可自由作最後決定(註一〇八)。於是今日美國聯邦政府締約權之行使，已經明顯地分為兩個階段：第一，是談判條約的階段，權在總統；第二，是同意條約的階段，權在參院。易詞言之，參院已由總統的外交咨詢機關，轉變為條約的同意機關。(註一〇九)

任何制度的演變與發展都有其所以然的原因，然則美國參院條約同意權演變的原因為何？舉其犖犖大者，不外下述諸端：第一，參院的組織漸趨龐大，一七八九年第一屆參院，參議員不過廿二人，到一七九五年已增至卅二名，以如此日趨龐大的機構，欲於事前與其共商有關國家高度機密的條約談判，不僅有礙國家的安全，而且技術上亦有許多困難。(註一一〇)第二，總統有內閣為其行政顧問機關，關於締約問題，總統常咨詢其國務卿，於是國務卿遂取代參院的地位，而成為總統的外交咨詢機關。(註一一一)一七九五年華盛頓就『傑條約』重新談判條款的處理問題徵詢其閣員的意見，即為一例。第三，立法工作漸趨繁重，參院的立法權既與眾院完全相等，則為善盡其立法職責，自無法再以全力集中其獨有之締約事務。(註一一二)第四，政黨的影響。在一七八七的制憲大會中，已有聯治派（Federalists）與反聯治派（Anti-Federalists）的對立，聯邦政府成立後，哲斐遜（Thomas Jefferson）因反對聯治派所控制的政府的財政政策，乃將反聯治派結合為民主共和黨（Democratic-Republican Party）(註一一三)，並於一七九二年與聯治派競選總統(註一一四)。由於政黨政治的發達，參院議員壁壘分明，總統欲於事前獲得參院對條約大綱的同意，不僅極為困難，且易貽誤事機，這是促成今日締約方式的一個最重要因素。(註一一五)

附註

註一：具有緊急性的條約，常規定自簽字之日起生效，是為例外。如一九〇二年『英日同盟條約』第六條規定：『本條約自簽字之日起立即生效』。又如一九三九年八月廿三日『德蘇互不侵犯條約』，一九三九年八月廿五日『英波同盟條約』，及一九四五年八月九日美、英、法、蘇關於審判與懲罰戰犯的協定等，均有類似規定。不過在此場合，締約代表須由其政府明白授權，特許其代表國家放棄對於該條約的批准手續。

註二：此一原則為國際條約（如一八七八年七月十二日的『柏林議定書』，一九二八年二月廿日的『汎美條約』。後者第八條有如下之規定：『除締約國在條約上明文規定，同意於其他日期生效外，條約應於批准書互換之日起發生效力。』）和國際判例（常設國際法院於一九二九年九月十日對於 Oder 國際委員會案件之判決）所確認。

註三：見彭明敏：『國際公法』，增訂三版，頁三六。

註四：參閱瑞士憲法第八十五條，土耳其憲法第廿六條，巴西憲法第六十六條，巴拿馬憲法第一百十八條，韓國憲法第四十二條。

註五：參閱比利時憲法第六十八條，日本憲法第六十一條及第七十三條，西德憲法第五十九條，法國第四共和憲法第二十七條及第三十一條，與第五共和憲法第五十二條及第五十三條。

註六：由於條約非經出席參議員三分之二的通過，總統即無法行使其批准權，故就實質言，謂參院之同意為批准，亦無不可。惟一九〇八年六月廿二日，英國駐美大使館曾函詢美國國務院：『條約在參院通過後，即加蓋「已批准」（Ratified）字樣，係何所指？』國務院於同月廿六日答稱：『此種蓋印確易使人發生誤解（Misleading），實則參院僅係勸告及同意批准，正式的批准仍係由總統為之。』見 G. H. Hackworth, Digest of International Law（Washington, 1943），Vol. V，p. 48. 本文所以稱『參院條約同意權』者，乃係根據美國官方的解釋。

註七：菲律賓一九四七年三月十一日憲法第七條第十項第七款規定曰：『總統經參院全體議員三分之二以上的同意，有締結條約之權。』此一規定顯係仿照美制，但條約之批准，較諸美國，更為困難。因美國僅須出席參議員三分之二的同意，而菲律賓則須參院全體議員三分之二以上的同意。

註八：Royden J. Dangerfield, In Defense of the Senate: A Study in Treaty Making（Norman, Oklahoma, 1933），p. 6.

註九：關於各殖民地外交代表的職能，請參閱 Gaillard Hunt, The Department of State of the United States（1914），Chapter I.

註一〇：Charles K. Burdick, "The Treaty-making Power", Foreign Affairs, 10（January, 1932），p. 266.

註一一：Dangerfield, op. cit., p. 7.

註一二：Charles Francis Adams（ed.），Works of John Adams（1874–1877），Vol. II，p. 485；Bancroft, History of the United States, Vol. IV, p. 335.

註一三：Dangerfield, op. cit., p. 8.

註一四：此一方案係一七七六年七月廿八日，由狄金遜、佛蘭克林、亞當斯、哈里遜和毛禮士等五人聯名提出。詳見 Samuel B. Grandall, Treaties: Their Making and Enforcement（1916），p. 20.

註一五：哲斐遜因故未赴法，大陸會議於十月二十二日改由李氏（Richard Henry Lee）繼任其職。

註一六：See "Foreign Relations of the United States"（1887），p. 155.

註一七：See "Journals of Congress", Vol. IX, p. 184.

註一八：Francis Wharton, The Revolutionary Diplomatic Correspondence of the United States（1889），Vol. II，p. 650.

註一九：Burdick, op. cit., p. 266.

註二〇：邦聯條款雖制定於一七七七年底，但至一七八一年初才經十三州批准生效，從這時起至一七八八年美國現行憲法發生效力時止，稱為美國的邦聯時代。

註二一：Guy M. Gillete, "The Senate in Foreign Relations", The Annals of the American Academy of Political and Social Science, September, 1953, p. 50.

註二二：見薩孟武，劉慶瑞合著：『各國憲法及其政府』，頁九一至九二。並見 Max Farrand, The Framing of the Constitution (New Haven, 1953), Chapter III.

註二三：Jonathan Elliot, Debates in the State Conventions (Washington, 1836), Vol. V, pp. 119–120, 208.

註二四：詳見 P. B. Perlman, "On Amending the Treaty Power", Columbia Law Review, Vol. 52, No. 8 (November, 1952), p. 836；並參照賓克奈（Pinckney）和麥迪遜（Madison）於一七八七年六月八日在制憲大會中的陳述。

註二五：See John W. Foster, Century of American Diplomacy (1900), pp. 100–101.

註二六：Dangerfield, op. cit., pp. 13–14.

註二七：Herman Phleger, "United States Treaties: Recent Developments", The Department of State Bulletin, 35 (July 2, 1956), p. 12.

註二八：Ibid.

註二九：See "Secret Journal of Congress", Vol. IV, p. 185.

註三〇：這七個州是：新罕布什爾、麻薩諸塞、羅德島、康涅狄克、德拉瓦、馬里蘭和北卡羅來納。

註三一：Phleger, op. cit., pp. 12–13.

註三二：Farrand, op. cit., pp. 46–47.

註三三：林牧野譯：『美國史綱』，頁一二六。

註三四：Frederic A. Ogg and P. Orman Ray, Essentials ot American Govevnment (7th ed., New York, 1956), pp. 9, 14; see also James MacGregor Burns and Jack Walter Peltason, Government By the People (2nd ed., New Jersey, 1954), p. 74.

註三五：Sol Bloom, History of the Formation of the Union Under the Constttution (Washington, 1935), p. 16, cited in John H. Ferguson and Dean E. McHenry, The American Federal Government (New York, 1956), p. 31. See also Ogg and Ray, op. cit., p. 8.

註三六：Ferguson and McHenry, op. cit., p. 31.

註三七：Sol Bloom, op. cit., p. 16; see also Max Farrand, op. cit., pp. 38–39.

註三八：當時著名人物如：George Washington, James Madison, Edmund Randolph, and George Mason, of Virginia; Benjamin Franklin, Robert Morris, James Wilson, and Gouverneur Morris, of Pennsylvania; John Rutledge and Charles Pinckney, of South Carolina; Cliver Ellsworth, William Samuel Johnson, and John Sherman, of Connecticut; Rufus King of Massachusetts; Alexander Hamilton of New York; William Paterson of New Jersey and John Dickinson of Delaware 皆曾參加制憲會議。見 Ferguson and McHenry, op. cit., p. 31.

註三九：Dangerfield, op. cit., p. 17.

註四〇：見劉慶瑞：『論美國憲法上的條約締結權』，一九五五年五月一日『社會科學論叢』第六輯抽印本，頁二。

註四一：Gaillard Hunt and James Brown Scott, "The Debates in the Federal Convention of 1787," as printed in Documents Illustrative of the Formation of the Union (Washington, 1925), p. 115.

註四二：Ibid., p. 23.
註四三：Ibid., p. 327.
註四四：Elliot's Debates, Vol. V, p. 207.
註四五：See Number 22 of the Federalist Papers.
註四六：洛克説：國家的權力除了立法和執行兩權之外，尚有一種同盟權（Federative Power）。所謂同盟權乃包括戰爭、媾和、聯盟及處理一切外交事務的權力。照他説，執行權和同盟權雖是兩種不同的權力，但不能將它分開而委諸不同的人來執行，因爲這兩種權力都須依靠國家之力，才能貫徹執行，故不能分開而交給不同的機關來行使，如果分開，很容易引起紛亂與破滅。故洛克的意思顯然是將締約權委諸執行機關，請參照 John Locke, Treatises of Government, BK. II, pp. 145-146, 148. 孟德斯鳩在其不朽名著『法意』中，將國家的權力分爲三種：一爲立法權（The Legislative），二爲有關國際法事項的執行權（The Executive in Respect to Things Dependent on the Law of Nations），三爲有關市民法事項的執行權（The Executive in Regard to Matters that Depend on the Civil Law）。他又謂：第二種權力亦可稱爲執行權，第三種權力可稱爲司法權。他以爲執行權是包括宣戰、媾和、接受使節、維持治安和防禦外患的權力。由此可知，孟德斯鳩認爲外交權乃是執行權的主要部分。請參照 Montesquieu, Spirit of the Laws, BK, XI, Chap. 6. 均見劉慶瑞前揭論文，頁六，註二〇。
註四七：Elliot's Debates, Vol. V, pp. 129-132.
註四八：Ibid., p. 102; see also Henry Cabot Lodge, Works of Alexander Hamilton (1885), Vol. 1, p. 331.
註四九：Dangerfield, op. cit., pp. 19-20.
註五〇：Ibid., p. 20.
註五一：See Documentary History of the Constitution Vol. IV, p. 604.
註五二：See Number 64 of the Federalist Papers.
註五三：See Number 75 of the Federalist Papers.
註五四：See Documents Illustrative of the Formation of the Union, p. 655; see also Elliot's Debate, Vol. V, pp. 506-507.
註五五：Ibid. of "Documents," p. 661.
註五六：Elliot's Debates, Vol. V, p. 523.
註五七：Ibid., p. 467.
註五八：威爾遜與毛禮士都是賓夕凡尼亞州指派的代表，故當他們的提案表決時，除賓州投贊成票外，其他各州都投反對票。威爾遜的提案係以十票對一票被否決，贊成的爲賓夕凡尼亞，反對的爲新罕布什爾、麻薩諸塞、康涅狄克、新澤西、德拉瓦、馬里蘭、佛琴尼亞、北卡羅來納、南卡羅來納和喬治亞。毛禮士的提案係以八票對一票被否決，贊成的爲賓夕凡尼亞，反對的爲麻薩諸塞、康涅狄克、新澤西、德拉瓦、馬里蘭、佛琴尼亞、喬治亞和北卡羅來納，見 Elliot's Debates, Vol. V, pp. 470, 523.
註五九：John Sloan Dickey, "Our Treaty Procedure Versus Our Foreign Policies", Foreign Affairs, 25 (April, 1947), p. 374.
註六〇：Burdick, op. cit., p. 267.

註六一： See Number 64 of the Federalist Papers.
註六二： Gillette, op. cit., p. 51; See also Eliiot's Debates, Vol. V, pp. 469, 523.
註六三： Dangerfield, op. cit., p. 21.
註六四： Elliot's Debates, Vol. V, p. 502.
註六五： Dangerfield, op. cit., pp. 21－23.
註六六： Burdick, op. cit., p. 267. 並見易安譯：『美國外交政策之研究』，頁一七三。
註六七： Ibid., p. 268; see also Robert A. Dahl, Congress and Foreign Policy (New York, 1950), p. 224.
註六八： 易安譯：『美國外交政策之研究』，頁一七三。
註六九： Dangerfield, op. cit., p. 23.
註七〇： 原文卽美國現行憲法第二條第二項第二款的規定。
註七一： 當時北卡羅來納及羅德島兩州尚未批准憲法，故未派代表出席國會。
註七二： 美國憲法有關條約的規定，除第二條第二項第二款外，尚有第一條第十項規定：『無論何州不得加入任何條約、聯盟或聯邦……未經國會之核准，無論何州不得與他州或外國訂立任何協定或契約……』，第三條第二項第一款規定：『司法權應管轄關於普通法與衡平法之案件……及根據合衆國權力所締結或將締結之條約上之案件』；及第六條第二項規定：『本憲法與依照本憲法所制定之合衆國法律；及以合衆國之權力所締結或將締結之條約，均爲全國之最高法律，卽使與各州之憲法或法律有抵觸，各州法院推事亦應遵守之』。惟第一條第十項之規定係禁止各州與外國締結條約或協定，第三條第二項第一款規定法院應審理條約上之案件，第六條第二項係規定條約在美國國內法上之效力，均與參院的條約同意權無直接關係，故不具論。
註七三： Dangerfield, op. cit., p. 33.
註七四： Edward S. Corwin, The President: Office and Powers, 1787－1957 (4th Edition, New York, 1957), p. 208.
註七五： See Nos. 64 and 75 of the Federalist Papers.
註七六： Woodrow Wilson, Constitutional Government in the United States (New York, 1908), pp. 138－141, cited in Corwin, op. cit., p. 208
註七七： Henry Cabot Lodge, The Treaty-Making Power of the Senate (1902), pp. 231－232.
註七八： Gillette, op. cit., pp. 49－50.
註七九： W. H. Dewhurst, "Does the Constitution Make the President Sole Negotiator of Treaties?", Yale Law Journal, Vol. XXX, p. 487.
註八〇： Ralson Hayden, The Senate and Treaties (1902), p. 2.
註八一： Dangerfield, op. cit., p. 35.
註八二： Wm. Maclay, Sketches of Debate in the First Senate (1880), p. 59, cited in Dangerfield, op. cit., pp. 35－36; See also "United States Senate Executive Journal," Vol. I, p. 3, cited in Hayden, op. cit., p. 1.
註八三： Dangerfield, op. cit., p. 36.
註八四： 一七八二年一月廿五日邦聯國會授權其當時駐法公使佛蘭克林與法國談判一項領事專約，而於一七八四年七月廿九日獲得協議並正式簽字。但該項領事專約與邦聯國會之原意大有出入，故邦聯國會不願批准。其後佛蘭克林被調返國，由哲斐遜繼任駐法公使，哲氏奉命與法國重新談判該項專約，而於一七八八年十一月十四日再度獲得協議並簽字。See J. C. B. Davis, Treaties of the United States (1873), p. 1293.

註八五：按哲斐遜（Thomas Jefferson）已被任命為國務卿，但他當時尚在巴黎未返國，故由傑氏暫行代理其職。

註八六：See "Senate Executive Journal", Vol. Ⅰ, p. 9.

註八七：Dangerfield, op. cit., p. 39.

註八八：See "Senate Executive Journal", Vol. Ⅰ, p. 2.

註八九：See Washington's Writings, Vol. Ⅱ, pp. 417–418.

註九〇：See "Senate Executive Journal", Vol. Ⅰ, p. 19.

註九一：Dangerfield, op. cit., p. 43.

註九二：易安譯：『美國外交政策之研究』，頁一四九。

註九三：See "Maclay's Journal", pp. 122–123.

註九四：Ibid.

註九五：Burdick, op. cit., p. 268, also Corwin, op. cit., p. 210.

註九六：易安譯：『美國外交政策之研究』，頁一四九至一五〇。

註九七：See "Senate Executive Journal", Vol. Ⅰ, p. 177.

註九八：Ibid., pp. 185–186.

註九九：此一建議係柏爾（Burr）所提出，但以廿票對十票被否決。Ibid., pp. 183–184.

註一〇〇：此一種建議係金氏（King）於六月十七日所提出，曾於六月廿四日被否決，但最後終為參院所通過。See Dangerfield, op. cit., pp. 53–54.

註一〇一：Ibid., p. 54.

註一〇二：See Washington's Writings, Vol. XIII, pp. 59–60.

註一〇三：Samuel Crandall, Treaties, Their Making and Enforcement (2nd ed., Washington 1916), pp. 80–81.

註一〇四：Dangerfield, op. cit., p. 56.

註一〇五：Ibid., pp. 56–57.

註一〇六：Corwin, op. cit., p. 210.

註一〇七：Mike Mansfield, "The Meaning of the Term Advice and Consent", The Annals of the American Academy of Polltical and Social Science, Vol. 289 (September, 1953), pp. 130–131.

註一〇八：Ibid., p. 130.

註一〇九：邱昌渭：『美國的總統』，頁九六；劉慶瑞：『論美國憲法上的條約締結權』，『社會科學論叢』第六輯抽印本，頁八。See also Corwin, op. cit., p. 211; and Mansfield, op. cit., pp. 130–131.

註一一〇：Corwin, op. cit., p. 211; see also Burdick, op. cit., p. 268.

註一一一：Ibid.

註一一二：Hayden, op. cit., chap. Ⅷ.

註一一三：一七八九年聯邦政府成立時，哲斐遜應華盛頓之邀請出任為首任國務卿，哲氏為『反聯治派』的領袖，他反對『聯治派』的堅強份子漢彌敦富時所採取的財政政策，以致兩人交惡，而且裂痕愈來愈深。其時華盛頓較偏袒於漢彌敦，哲氏乃自組民主黨以資對抗，並於一七九三年十二月卅一日憤而辭職。詳見 *Information Please Almanac of 1954*, p. 325.

註一一四：H. R. Penniman, Sait's American Parties and Elections (5th ed., New York, 1952), pp. 192-195. 並見邱昌渭：『美國政治與政黨制度』（華國出版社，一九五四年出版），頁五至七。

註一一五：Mansfield, op. cit., pp. 128-129.

原載臺灣商務印書館出版『美國政治論叢』(1977年)，頁198-249；轉載自『「國立政治大學」學報』第4期 (1961年12月)，頁243—270

美國緬因州行使創制複決兩權的經驗

胡述兆譯
譯自 J. William Black, "Maine's Experience
with the Initiative and Referendum"

一八一九年六月十九日，麻薩諸塞州州議會（General Court of Massachusetts）通過一項法案，定名爲『分離條款』（Articles of Separation），賦予緬因縣人民，投票表決其與麻薩諸塞州分離的提議，並在該縣內組織『一個分離而獨立的政府』（A separate and independent government）的特權。這是原爲麻州一部份的緬因縣內的許多城鎮，經過數年擾亂和多次請願的結果。按照『分離條款』的規定，同年七月在緬因舉行一次特別選舉，投票結果，大部份人民贊成分離，乃於是年十月在波特蘭（Portland）召開一項憲法會議，爲此一擬議中的新州制定一部憲法。一八二〇年二月廿五日，麻州議會通過一項讓與法案，承認此一程序，並正式同意在緬因縣（The District of Maine）建立一個單獨的州。同年三月三日，美國聯邦國會通過一項法案，確認緬因成爲一州的地位，並宣告自一八二〇年三月十五日起承認其爲美國聯邦的一州。

一八一九年通過的憲法，一直成爲該州的根本組織法，其後未再召開憲法會議，也未作劇烈的修改，惟在一八一九年至一八七五年之間，曾經由修正程序，增加了十二條修正文。一八七五年，該州州長不採用召開憲法會議的方式，而根據州議會的授權，任命一個憲法委員會，以研議對憲法作進一步的修改。此一委員會曾提出許多憲法修正案，其中九案在一八七五年九月舉行的每年選舉中，獲得人民通過。這九條修正文，連同前所通過的十二條修正文，均由該州首席法官，根據議會的授權，歸併於憲法正文之中。此一修改憲法的方式，於一八七六年二月廿三日獲得議會批准，其修正文並立即成爲該州的最高法律（the supreme law of the state）。利用如此的程序修改憲法，既可免除麻煩，節省金錢，又可避免因召開憲法會議而導致的稽延情事。

自一八七六年以後，憲法又增加了十三條修正文，包括一八七九年通過將每年舉行一次的選舉改爲每兩年舉行一次，一八八四年通過的禁酒的修正文（prohibitory amendment），以及一九〇九年通過的複決法。

這些修正案的通過，均係採用該州憲法第十條第二項所規定的方法，詳言之，即憲法修正案首先須經州議會兩院各以三分之二的多數通過，然後提交全州各城鎮的人民以多數表決批准。

一八七五年所通過的第十九憲法修正案（現在已列入憲法第四條第三節第十五項中），首次授權州議會，以兩院各以三分之二的多數通過，……召開憲法會議，以達修憲的目的。

此一憲法修正案迄猶未曾適用，雖然在事實上，由於修正文太多，使現在的憲法不免稍涉零碎，而應加以徹底的修正和重作安排。召開一項憲法會議所遭遇的一項很大的障礙，是相當一部份的人民經常所懷的恐懼，他們覺得以這種方法修改憲法，可能會置憲法上禁酒的條款於不顧，儘管在緬因州業已證明這種禁止性的憲法條款有礙於進步的立法。

緬因州業已感覺到爲爭取直接立法而引起的騷動之影響，這種騷動係自西而東迅速蔓延，而由南達科他（South Dakota）州人民開其端。該州於一八九八年十一月，即已將創制複決兩權規定於其憲法中，開美國各州將此兩權列入於憲法中之先河。一九〇〇年，猶他（Utah）州繼南達科他州之後，採用創制複決制度。一九〇二年，奧勒岡（Oregon）州亦起而效尤，在該州，新的立法已經過最佳與最嚴格的攷驗，並獲得最熱烈的擁護，奧勒岡州的創制複決法，是直接立法最極端的例子，它包括對憲法修正案創制的規定。此一法律之得以通過，得力於『人民權力同盟』（The People's Power League）的具有效率的工作，由於該組織的自始努力不懈，已證明其已成爲代表人民促進直接立法的最有效的工具。一九〇四年，內華達（Nevada）州採用單純複決制度，此種複決僅適用於制定法（Statute Law）。一九〇七年，成州未久的奧克拉荷馬（Oklahoma），在其憲法中列入一項急進的創制與複決的規定。這些經驗（特別是奧勒岡和奧克拉荷馬所具有者），均爲緬因州人民欣然接受。緬因係美國東部各州中制定創制複決法的第一個州，此一法律係於一九〇九年實施。

緬因州的直接立法運動爲時達五年之久。選民中的重要份子對於某些與地方具有重要性的問題，早已懷有不安的情緒。緬因州擁有廣大尙未開發的荒地，大約有一千萬英畝之多，係屬少數私人及公司所有。此一區域充滿着極有價值的木材，估計約值五千萬美元，而實際的價值可能數倍於此。由於對這些土地的價值估計過低，使擁有這些土地所有權的少數人及公司，獲得莫大的利益，影響於州及縣的稅收至大。因此，大多數人覺得，這些荒地的所有人，應該繳付較多的稅，以示公平，因爲一般有組織城鎭的人民的賦稅負擔過重，他們不但要繳付市稅，而且要繳付縣稅及州稅，從而他們對於學校與公路的維持費用，擔負着一項超過比例的數額。

在過去，州政府處理這些荒地的政策是很自由的，它在一八三六年及其後若干年給與拓荒者的早期贈與，還可以說得過去，但在一八六二年至一八七五年期間，將大宗土地贈給鐵路公司及以有名無實的價格賣給私人的行爲，却是頗有問題的，因爲這樣一來，使整個約一萬四千平方英哩或相當於該州總面積一半的土地，幾乎都落於私人之手，現在該州所保有的荒地，僅留毫無價值的五萬英畝而已。由於這些土地的價值很低，其所收得的租稅，還不及該州直接稅收入的九分之一。

一個強有力的游說團體在該州議會的下院發生了影響，他們對於增加荒地租稅的努力極爲成功。然而該州最高法院的一件判决，却加強了這些荒地所有人的地位，該項判决禁止對荒地課予比未開發地區更高的稅。這種情勢，除了通過一項憲法修正案，對這些土地加以分類並予以獨立處理外，似乎別無其他解決之道，但是這種提議迄未獲得結果。

當然，我們相信，森林的保護對於河流的保護是必需的，而河流是人民所需水力之所賴，這種自然能力的資源在緬因州是非常豐富的。森林也是維持游樂場所必需的，它每年吸引了成千成萬的獵人和漁人到該州去游樂，使鐵路公司和商人增加了大宗的收入，這是主張維持低度稅率者經常所憑藉的一項有力藉口。然而從此一資源的收入，並不能抵銷因不能採取加速新農業土地發展的政策、吸引外來移民以增進工業潛力、藉以增加此一較爲落後的州的財富所蒙受的損失。

緬因州對於許多有價值的特權之賦與，也是很自由的。該州所制訂的含混不清的公司法，給許多公司大開方便之門。其中有許多公司根本不應該成立，這些公司所以可以成立，僅係因爲它們能夠繳付一些費用。而直到最近爲止，這些費用的大部份，是由州務卿和檢察長這兩個州政府的首要官員所平分。

在過去，該州對於鐵路稅及給與其他特權和豁免權，也是很自由的，這種政策影響於她的收入甚大。緬因州所以不能迎合改善鐵路的日益增長的要求（建築鐵路原應由州政府為之，不應讓各地方去做），並改進其學校及其他制度者，職是之故。

緬因州最顯著的水力設備，僅及於她可能發展的一小部份。該州的農民，遠較其西部鄰州的農民保守而少進取，除了在某些農業方面，如阿魯斯托克縣（Aroostook County）所種植的馬鈴薯，有一些特長外，可以說一無所長。因此無論在貨物或勞力方面，她都沒有可以與其東北鄰州的豐富煤鐵交換的東西，馴至無力利用其河川與森林的天然資源，並挽救其規模相當大的造船工業。緬因的造船工業開創甚早，而且頗有基礎。

這些原因使該州的經濟地位無法改善，而引起人民的不滿，許多精強的子弟都紛紛向外州謀求發展。緬因州的直接立法運動，就是在這種情形下發生的。

在緬因州首先推動創制複決兩權運動者，為曾任『索麥塞紀事報』（Somerset Reporter）編輯、籍隸斯柯伊根（Skowhegan）的派登先生（Roland T. Patten）。派氏原為一共和黨員，擔任索麥塞縣司庫之職有年。一九〇二年他在索麥塞縣共和黨員代表大會中，曾促使該黨採取實行直接立法原則之政綱，未被採納，乃脫離共和黨，改入社會黨（Socialist Party），並立即成為社會黨在緬因州的領袖，積極鼓吹直接立法運動。就在這年，他成功地促使民主黨在其政綱中揭示直接立法之原則。一九〇三年，派氏起草一項法案，由渥特維爾（Waterville）的戴維思（Cyrus W. Davis）正式向該州議會提出，使創制複決問題首次引起緬因州議會的注意。在一九〇四年的州長選舉中，此一問題引起熱烈討論，並獲得該州勞工聯盟（State Federation of Labor）的支持，由於該聯盟立法委員會的策劃，使直接立法運動得以積極展開。不久，該州農民互濟會（State Grange）繼勞工聯盟之後，亦表示全力支持。一九〇五年，議會起草一項法案，規定將包括創制複決兩權的一項憲法修正案向人民提出，並將此一法案交付司法委員會審查。司法委員會旋即舉行公聽會，聽訊各方證言，勞工聯盟、農民互濟會、市民同盟等人民團體，均有代表出席陳述意見。但由於公司游說團體施予壓力，卒使該案未獲通過。

雖然兩次努力均未成功，但爭取直接立法的運動，不但沒有停止，反而日形澎湃。一九〇五年夏，緬因州複決權同盟（State Referendum League）成立，其目的與奧勒岡人民權力同盟（People's Power League in Oregon）相類似：即在獲得『人民對於公共政策問題具有直接投票之權』；『會員包括各黨各派，但其目的及方法超出黨派利益以外』；對於公職候選人的支持，以『候選人對於該組織目的之態度』為基礎。該組織之執行委員會共為十六人，由緬因州內十六個縣每縣選舉一人組織之，另設顧問委員會，協助執行委員會處理事務。依該同盟組織法第二條之規定，關於該組織內部之事務，適用創制複決與罷免之原則。該組織的新聞專員為派登先生，秘書為渥特維爾的皮柏（Kingsbury B. Piper）。

該組織成立之初，曾試圖獲得緬因州選出的參議員兼農民互濟會會長的嘉德納（Obadiah Gardner）的支持，但未成功。惟農民互濟會於一九〇五年十二月舉行年會時，曾通過決議，贊成行使創制複決兩權。隨後，該組織又成功地促使共和民主兩黨，分別通過贊成創制複決兩權的政綱，故在一九〇六年的州長選舉中，兩黨候選人均明白贊成直接立法制度。此外，該組織又藉郵件推動一項運動，要求在一九〇六年州議會選舉中參加競選而有當選希望的每一候選人，就他是否贊成創制複決的問題，以書面向該聯盟提出『是』或『否』的答覆。凡經二次或三次函詢而仍未答覆者，即被視為反對，該組織就使用一切力量，使其在一九〇七年的州議會選舉中落選。這種方法在許多場合頗為成功，同時因為獲得擁有六千會員的農民互濟會的支持，在次屆議會中更獲得極大的效果。

州議會的司法委員會，對於直接立法，仍表反對，州議會參衆兩院議長的見解，亦與司法委員會相同，而反對直接立法的游說團體的勢力，更不可忽視。要排除這些障礙殊非易事，加以共和民主兩黨對於直接立法支持的程度又不一致，更使此一問題極爲棘手。共和黨僅贊成創制複決兩權適用於制定法，而民主黨則主張應包括憲法修正案，就如在奧勒岡、奧克拉荷馬及其他採用直接立法的各州所實行者一樣。

這些歧見必須加以調和，然後才能使擬議中的創制複決法獲得州議會三分之二多數的通過。衆院共和黨領袖、費亞菲爾縣的威克斯（George G. Wooks），提出一項法案，主張創制複決兩權的行使僅適用於制定法，其主張與複決權同盟所贊成的方案相符。渥特維爾的參議員強生（Charles F. Johnson）則代表民主黨提出一項方案，主張創制複決兩權的行使應包括憲法修正案，但創制複決憲法修正案所需的申請人士，應倍於創制複決制定法所需要者。不過兩院民主黨領袖都公開表示，假如他們的方案不能獲得通過，他們將轉而支持共和黨的方案。投票結果，民主黨的方案未獲必需的票數，於是威克斯提出的方案遂獲順利通過，並於一九〇七年三月廿日得到柯布（Cobb）州長的簽署，柯氏對於直接立法早已表示支持，因爲他認爲這是輿論的要求。

此一法案完成立法程序後即提交人民批准，但爲使人民認識創制複決的利益及功用，又展開一項教育運動，直至一九〇八年九月的選舉日爲止。在此一期間，曾遭遇到新聞界及若干著名政治領袖不少的反對。儘管如此，在最後表決的時候，仍以五三，七八五票對二四，五四三票的壓倒多數，獲得人民的批准。一九〇九年，州長將人民投票結果向州議會提出正式報告，此一方案隨即成爲該州憲法的一部份。茲將其要點析述如次：

依該方案之規定，人民享有直接立法之權。其程序爲：在議會休會後的九十日以內，人民對於議會通過的任何法案或決議，得以一萬選民簽署的請願書，向州長提出並在州務廳登記，要求加以複決。州長於接到請願書後，應即將人民投票表決之時間公告週知，此一投票之時間應在公告時起至少六十日以後，如自公告之日起六個月以內並無大選，則州長得、或請願書中有此要求時應命令舉行一次人民特別投票，其時間應在公告後的四個月至六個月之間。

同樣，經選民一萬二千人之簽署，並於州議會閉會之三十日前在州務廳登記，得直接向州議會致送請願書，提出任何法案或決議（但憲法修正案不在其內），此種法案或決議除州議會完全照案通過者外，應提交人民複決，如爲州議會完全照案通過，則除人民提出請求外，無需再經人民複決。依該方案之規定，州長得、或經人民要求時應下令在一項特別選舉中或在次屆大選時，將經由一萬二千選民連署提出的任何提案，交給人民票決。凡經投票人民過半數批准的提案，除該方案別有規定者外，應於州長宣佈投票結果之三十日後正式生效。

創制複決方案通過後，複決權同盟又致力於下述各項法規之制定，是卽：直接初選法，懲治貪污條例與新投票法。他們以威脅性的口脗要求州議會制定這些法規，否則，他們將以創制的方式獲致這些立法。

在一九〇八年九月的選舉中，人民並就另一憲法修正案投票表決，這是依據一九〇七年三月廿八日所批准的一項州議會的決議之規定，提交人民表決的。該項憲法修正案允許人民於議會通過決議之同年九月的第二個星期一，就憲法修正案舉行投票，而不必如一八七九年憲法修正案所要求的，須等到翌年舉行的兩年一度的正規選舉時再行投票。此一憲法修正案於一九〇九年一月發生效力，並成爲緬因州憲法自一八七六年修改後的第十一條修正案。

緬因州的創制複決方案，業已適用過四次，三次爲複決，一次爲創制。此外，自該方案通過後，又有三項憲法修正案提交人民表決。人民要求複決的三件法律，都是州議會在一九〇九年內通過的，這三件複決案係在一九一〇年九月十二日的晉選中，同時由人民投票表決的。

　　爲便於分析，在未說明表決的情形以前，先將三件法案的名稱及其大致內容，簡略介紹如次：

　　第一件法案的名稱爲『酒類在醉力液體中所佔百分比統一標準條例』(*An Act to Make Uniform the Standard Relating to the Percentage of Alcohol in Intoxicating Liquors*)，規定該州的酒類在醉力液體中所佔之百分比與美國聯邦政府採同一之標準。第二件法案的名稱爲『劃分約克鎮並建立高治鎮條例』(*An Act to Divide the Town of York, and Establish the Town of Gorges*)，規定約克縣（York County）的約克鎮的一部份應該劃出，以建立一個定名爲高治（Gorges）的新鎮，新成立的高治鎮應負擔在約克港建築一道橫跨約克河的新橋所需的費用，並重新調整在該兩鎮間的租稅及其他義務的負擔。第三件法案名爲『重建波特蘭橋條例』(*An Act Relating to the Reconstruction of Portland Bridge*)，規定該橋的重建及維持費，由坎培蘭縣（County of Cumberland）、波士頓（Boston），與緬因中央鐵路公司（Maine Central Railroad）共同負擔。

　　這三件法案是在一次州長選舉中同時交由人民表決，因爲此三件法案的性質各異，所以表決的結果也不相同。第二與第三兩件法案純屬地方性的，於全州選民的整個利益並無直接的重大關係，這在表決中已經充分地表現了出來。在此次州長選舉中，該州選民投票的總數爲一四一，〇三一人，對第二與第三兩法案投票表示意見的，僅有投票總數的三分之一多一點，而對第一法案投票的，佔選民投票總數的百分之五十以上，因爲此一法案關係着全州人民的整個利益，而且曾引起許多的爭論。

　　投票結果，三件法案均遭否決，其表決情形如次：

法案編號	贊成票	反對票
第一法案	三一，〇九三	四〇，四七五
第二法案	一九，六九二	三四，七二三
第三法案	二一，二五一	二九，八五一

　　茲將三件法案被否決之原因，個別析述如次：

　　第一件法案是由禁酒份子所提出，其目的在禁止大量味道淡薄啤酒的銷售，以減少違法事件的發生。因爲許多嗜酒份子常常藉喝這種啤酒來逃避法律的制裁，他們辯稱，按照緬因法律的規定與法院的解釋，這種啤酒不能算是醉力液體。當此一法案提交州民表決之時，公民聯盟（Civic League）及其他主張禁酒的團體，均未採取積極行動，致遭人民否決。

　　第二件法案乃是緬因州約克港消夏事業團體的願望，其目的在使約克港與約克鎮分離，而成立一個單獨的鎮，使約克港不致受約克鎮農村份子的控制，這些農村份子常常罔顧約克港消夏事業團體的利益，壟斷該鎮的各種會議與各項撥款，使他們蒙受很大的損失。約克鎮是約克郡中的大鎮之一，冬季的人口雖只有二千六百人，但到了夏季，因其氣候涼爽的關係，它的人口常激增到八千至一萬之間。約克港的消夏事業團體，爲了招徠顧客，想在約克港建一道橫跨約克河的橋，但却爲該鎮的農民所反對。此一糾紛一直爭持了好幾年，到了一九〇七年已變得相當尖銳，而在一九〇九年達於最高潮。要求建築該橋的海邊居民，雖然成功地使該鎮人民投票贊成郡民委員會所提出的築橋計劃，並組織一個四人委員會，協助已經選出的三位築橋委員，共同負責主持其事。然而政府始終沒有撥出修橋的費用。已選出的三位築橋委員，以農民爲後盾，對該項築橋計劃表示反對，而代表海邊居民的四人委員會，則極力支持該項計劃，雙方爭持不下。一九〇九年此一爭執被提出於州議會，結果由波特爾縣選出的眾議員馬歇爾（Marshall）氏提出一項法案，主張劃出約克鎮的一部份，另外建立一個高治鎮，來解決此一紛爭。馬歇爾的父親是約克港最大旅館『馬歇爾大飯店』（Marshall House）的老板。依該法案的規定，新成立的高治鎮包括約克港，約克村以及約克角（York Corner）的一部份，換言之，原屬約克鎮的最富裕部份，差不多有三分之二要劃歸新成立的高治鎮。當此一法案提出於州議會討論時，約克縣選出的眾議員蔡斯（Josianh Chase）表示強烈反對，他主張此事應由約克鎮的選民自行投票決定，但因在州議會中支持馬歇爾提案的人甚多，蔡氏孤掌難鳴，馬氏的提案終獲通過。州議會的此一行動，招致了約克鎮人民的極大憤怒，他們要求將該項法案提交人民複決，而複決的結果，終以壓倒多數票加以否決。我們事後來加以檢討，假如築橋的事不引起糾紛，或者築橋的工作自始即委託三位業經選出的築橋委員單獨負責，則劃分約克鎮成爲兩個鎮的法案根本不會提出於州議會。難怪當時任州議會議員並對馬歇爾提案發言反對的現任緬因州檢察長的白坦格（W. R. Pattangall）氏常常說：『我從未聽過一宗這樣的離婚案件，丈夫與太太都表反對的行動，却由他們的下女越俎代庖』。

第三件法案也是一種純屬地方性的事，原應由坎培蘭縣的人民單獨去解決。讓全州人民對這樣一個地方性的細小問題去表決，而其對於問題的本身又毫無認識，實爲非常不明智之舉。故此案之被否決，早爲意料中事。

一九一〇年的選舉給與緬因州的新複決法首次效驗的機會。此次選舉的結果，民主黨的候選人普萊斯特（Frederick W. Plaisted）當選爲州長，而州議會兩院的改選，民主黨亦獲勝利。在眾議院中民主黨佔八十六席，共和黨佔六十五席；在參議院中民主黨爲二十三席，共和黨爲八席。民主黨所以能大獲全勝，得力於其競選政綱。該黨在其競選政綱中特別強調兩點：一是要將前所通過的禁酒法重新加以檢討；另一是主張廢止一九〇五年通過的『斯托吉士法』（Sturgis Law），該法規定州政府爲執行緬因州的法律，可以侵犯各市鎮的權益，故曾引起許多人民的不滿。民主黨有鑒於此，乃提出廢止的主張，終於獲得勝利。

一九一一年，民主黨控制的州議會，爲履行競選時的諾言，於二月廿五日通過決議，正式廢止『斯托吉士法』，並通過一項法案，建議修改憲法，廢止一八八四年九月八日所通過有關酒類製造與銷售的第二十六條憲法修正案。該法案表決的結果，在眾院係以一〇四票對四〇票通過，在參院係以二三票對七票通過，贊成票超過了必需的三分之二多數票甚多。

此一法案於一九一一年九月選舉時提交人民複決，在表決前，贊成的與反對的雙方曾展開一項激烈的運動。表決的結果，贊成票與反對票非常接近，以致在投票數日後尚不知何方獲勝。第一次宣佈是贊成者獲得勝利，後來發現計票有錯誤，重計的結果，贊成的爲六〇，〇九五票，反對的爲六〇，八五三票，反對的較贊成的多七五八票，故此一法案終被打消。

在一九一一年九月十一日選舉中同時提交人民複決的法案共爲四件，除剛才提及的憲法修正案外，另有兩件憲法修正案（爲說明便利計，我們將其稱爲第二法案與第三法案），和一項『直接初選法』(Direct Primaries Act)（姑稱爲第四法案）。『直接初選法』是人民所創制的一件法案，這是自新複決法實施以來，緬因州人民第一次也是唯一的一次創制案。茲將此三法案的內容及其表決的結果，分述如下：

第二法案是提議修改憲法，明定奧古斯塔（Augusta）爲緬因州的州政府所在地。此一法案的目的在使該州的州治所在地問題獲得一永久性的解決，以平息部份人民主張將州治所在地遷往波特蘭（Portland）所引起的搔擾。此種主張遠在一八八六年即已開始。波特蘭人於是年提議將州治遷往波特蘭，但爲州議會所否決，一九〇七年重又提出，並提出一項條件，假如州治遷往波特蘭，則波特蘭人願意提供一百萬美金建築一幢新的市府大廈。但此一建議又爲奧古斯塔資金雄厚的議員和人民所打消，他們在一九〇九年的州議會中展開積極的活動，終於獲得三十五萬美金的撥款，作爲修繕和擴充州議會大廈的經費。此外，並成立一個私人組織，名曰奧古斯塔房屋公司（The Augusta House Company），負責改善該市的旅館設備。擴建的市議會大廈不久即告竣工，並於一九一一年正式使用。爲恐將州治遷往波特蘭的提議再度提起而導致紛擾，故州議會立即通過一項憲法修正案，明定奧古斯塔爲緬因州州治的永久所在地。此一法案提交人民複決的結果，以五九，六七八票對四一，二九四票獲得通過。不過將這樣的一項措置，列於緬因州的基本法中，其價值是值得懷疑的。

第三法案也是提議修改憲法。依該法案的規定，凡是在最近一次人口調查中擁有四千以上人民的城市，可以發行相當於其公有財產百分之七點五的公債，藉以改善其市容、公路與橋樑，而不必受緬因州憲法第廿二條的規定，各城市爲改善其市容、公路與橋樑而發行公債者，以相當於其公有財產百分之五爲限的限制。這一憲法修正案的目的完全是爲波特蘭市而設，因爲在當時只有波特蘭市一地擁有四千以上的人口，其他城市的人口都在四千以下。因此，此一修正案雖有助於城市的繁榮，但因適用的範圍太狹，引不起其他城市人民的興趣，終爲大多數人民所否決。

第四法案不是提議修改憲法，而是要建立一種直接初選的制度。依該法案的規定，政黨對於該州公職候選人的提名（包括聯邦國會參衆兩院議員候選人的提名），均應由人民直接投票來決定。該法案表決的結果，係以六五，八一〇票對二一，七七四票的壓倒多數，獲得通過。

這一法案又名『戴維思法』（Davies Law），它的由來是這樣的：要求制定直接初選法的呼聲，始於一九〇八年，是由『直接初選制聯盟』（Direct Primaries League）負責推動的。一九一〇年，緬因州的民主黨代表大會開會時，其政綱中已明白宣示擁護直接初選制。一月以後，共和黨繼民主黨之後，也在其政綱中列入了同樣的規定。一九一一年，緬因州州長於州議會開幕式中宣讀一項咨文，建議州議會制定直接初選法，並在咨文中提出了此一法律的大綱。州議會中參院的主席克里福特（Nathan Clifford）和波特蘭的參議員潘納爾（William M. Pennell）根據州長的建議起草了一項法案，並立即交付司法委員會審查。此一法案就是大家所知道的『潘納爾法』（Pennell Law），依其規定，直接初選制適用的範圍，以州長候選人與聯邦國會兩院議員候選人的提名爲限。此一法案提出後不久，波特蘭選出的共和黨衆議員戴維思（Howard Davies）也提出了一項直接初選制的法案，該法案除包括潘納爾法案中的主要內容外，並擴大其適用範圍，使州和縣中所有公職候選人的提名，都由人民直接投票決定。戴氏的法案提出後，也立即送往司法委員會審查。司法委員會的十位委員於經過詳細審議後，即擧行表決，結果有三人根本不贊成制定直接初選法，兩人贊成戴維思的法案，五人贊成潘納爾的法案。衆院根據司法委員會的報告，以七十六票對十五票拒絕戴維恩的法案,而以七十五票對廿票通過潘納爾的法案。眾院通過後卽送往參院,參院未經若何辯論卽加通過。於是潘納爾的法案正式宣告成爲法律。

戴維思心有未甘,乃於一九一一年夏發動一項創制,在『直接初選制聯盟』的全力支持下,他的法案迅卽獲得提出創制案所必需的一萬二千選民的簽署。同年九月選舉,州長卽將此一創制案提交人民表決,結果獲得壓倒多數票通過,於是『戴維思法』立卽取代了『潘納爾法』,成爲緬因州正式的直接初選法。

『戴維思法』是自緬因州新創制法通過以後,利用創制的方式而成立的唯一的一件法律。此一法律在一九一二年六月十七日所舉行的直接初選中,正式開始適用。

『戴維思法』和威斯康辛的法律一樣,規定所有公職候選人(包括聯邦參議員候選人)的提名,須由候選人備具業經其選區選民百分之一簽署的提名書,於五月第一個星期一以前向州務卿登記,直接初選則於每二年的六月的第三個星期一舉行。該法並進一步規定,各政黨的州代表大會應於直接初選以前舉行。以便擬訂其政綱並組織提名委員會,此點與威斯康辛州的直接初選法之規定不同,在威斯康辛州,候選人係在他們於直接初選中獲得提名以後再行集會,來擬訂他們的政綱,並組織他們的競選委員會。

緬因州的第一次直接初選,係於一九一二年六月十七日舉行,在此次初選中全州各地的投票率都不太高。此次直接初選主要係選舉州長和聯邦參議員的候選人,每種的候選人都有三位。從次述事實中,可以看出人民對於此種選舉缺乏興趣:渥特維爾(Waterville)市是共和黨首席州長候選人的故鄉,但該地參加投票者只有四百二十九人,尚不及在正常狀態下共和黨在該市可得票數的一半,其他各地的投票率亦大致與該市差不多。因此有人建議,欲使直接初選制不致有名無實,在舉行投票以前,必須廣泛宣傳,藉以引起人民的重視和興趣,凡投票率不及百分之五十的地區應舉行第二次投票,以得投票總數過半數票者獲得提名,這樣才能獲得公職候選人的提名直接由人民來決定的實際效果。

最近緬因州議會又通過了幾項法案,包括『防止舞弊條例』及『劃一投票箱與保留選票辦法』。前者係於一九一一年三月廿九日通過批准;後者係於一九一二年的特別會期中通過,而於同年三月廿三日批准。『防止舞弊條例』事實上係『直接初選法』的補充法,但其適用的範圍不限於直接初選,而及於正式的選舉。依該法規定,候選人的競選費用,不得超出司庫或政治團體所允許的限度,但其本身支出的郵票、電報、電話、文具、印刷及旅行等費,不在此限。該法並限制司庫或政治團體所允許的競選費使用目的,而要求競選人於選舉後之十五日內,將其競選費之收支情形分項列舉,送請州務卿或該法所指定的適當官員審查。此一規定適用於競選公職之所有候選人。至於在選舉中何種情形始構成舞弊,該法亦有明確的定義,其成罪的要件與決定犯罪的方法,分別見於第十一條及第十二條。假如候選人被發現有罪,則該項選舉卽宣佈無效,同時州長必須發佈命令舉行重選,而該被發現有罪之候選人在四年以內不得再競選任何公職。

『劃一投票箱與保留選票辦法』係規定在全州各地的投票所都使用同樣裝置的投票箱,並規定投票結果的報告,應由各鎮辦理選舉事務的官員於投票後之三日內向州務卿提出,州務卿應將全部選票保留六個月。此外,對於如何改正投票結果的錯誤,亦有適當的規定。該法一個新的特色,是將在過去由各地負責辦理選舉事務的官員保管選票的方式,改爲由州務廳保管,這是對舊法的一項改進。不過由於此一辦法係民主黨所提出,現在有種種迹象顯示,共和黨的全州委員會,正企圖把它提交人民複決,這是政黨政治下難免的現象,不足爲怪。

一九一一年,波特蘭的戴維思先生(Mr. Howard Davies),向州議會提出一件有關罷免官吏的法案，因爲一般人認爲並非急要之圖，故未引起若何重視。

我們現在要說出緬因州複決法的效果如何，或者該州行使創制複決的經驗是否與其他採行直接立法制的各州相類似，似乎還言之過早。緬因州的人民在本質上是保守的。他們對於直接立法制度向無積極的要求，他們僅把複決法視爲防止腐敗立法的一種保障，並資以制止游說團體及舊時政治老板階級對立法機關的不良影響。他們重視複決法的消極效果，而把它當作保護自己利益的一件無形的武器，使那些惡勢力集團以犧牲人民爲務的企圖無法得逞。

也許，直接立法的情形，將來可能會比現在爲多。但是，要想利用直接立法來解決問題，其影響是值得攷慮的。立法者因爲有直接立法制的存在，因此在從事立法工作的時候，可能會漫不經心，草率從事，而將一切責任諉諸人民，因爲他們覺得，立法機關未制定或者制定不當的法律，反正人民可利用創制複決的方式去制定，何不樂得自己清閒！立法工作是一種專門的學問，大部份工作均非一般人民所能勝任。因此，直接立法制度如果運用過當，必然會導致許多流弊，這是在採用直接立法制時不能不加注意的。

『國民大會憲政』參攷資料甲類第二十二號，一九六一年五月。

巴西聯邦憲法修正案

胡述兆譯

一九六〇年十月以壓倒多數票當選，而於一九六一年一月卅一日正式宣誓就職的巴西總統顧羅斯（Quadros），因對外政策趨向左傾，公然與蘇俄及中共親善，並向古巴卡斯特羅政權之財政部長蓋瓦拉授勳，招致巴西人民及軍政方面重要人士之普遍反對，因而於八月廿六日自動宣告辭職，出國前赴英倫。其時副總統古拉特（Goulart）正在北京訪問，聞訊擬卽歸國繼任，但國內反共人士，特別是軍人方面，以古拉特爲親共份子，堅決反對其繼任總統，致左右兩翼勢力，相持不下，一度情勢緊張，幾致引起內戰。其後經國會兩院召開聯席會議，修改現行憲法，將總統制改爲內閣制，使內閣總理掌握實際行政大權，復經一再斡旋，始獲各方同意，由古拉特繼任總統，納伏斯出任總理，至此舉世矚目之巴西政潮始告平息，而全國秩序亦立卽恢復正常。茲由臺灣駐巴西『大使』李廸俊先生寄來巴西國會兩院於本年九月二日通過之憲法修正案英譯本全文，特爲譯出，藉供參攷，並向李『大使』附致謝意。　　　　　　　　　　　　　　　　　　——譯者

巴西聯邦憲法修正案全文

一九六一年九月二日巴西國會通過

第一章　總則

第一條　行政權由總統行使，總統履行共和國目標；內閣指導並負責政府政策與聯邦行政。

第二章　總統

第二條　總統由國會以絕對多數票選舉之，任期五年。
第三條　總統之職權如下：
一、提名內閣總理及經總理之請示提名其他部長，並於衆院撤銷對內閣之信任時免除彼等職務。
二、於認爲適當時，得出席內閣會議，並擔任其主席。
三、批准、公佈及刊行法律。
四、依憲法之規定否決法律案。非經參衆兩院聯席會議以出席議員五分之三通過之法律，不得批准之。
五、對外代表國家。
六、締結國際條約及盟約，但須經國會複決。
七、經國會授權宣佈戰爭，但於國會休會期間遭外國侵略時，未經授權得宣佈戰爭。
八、經國會之授權，與外國媾和，並須經國會之複決。
九、經國會授權後，准許外國軍隊通過本國，或於戰時准許外國軍隊暫駐本國。但當國會休會時，無需上述授權。

十、經由內閣總理統率軍隊。

十一、許可巴西國民接受外國政府之年金、職務及委託。

十二、國會會期開始時，向其提出咨文，說明國家情勢。

十三、於聽詢法定機關意見後，宣佈赦罪及減刑。

十四、依憲法及法律之規定，任命聯邦公職。

十五、依法律所定，授予外國人以勳獎或其他殊榮。

十六、經聯邦參院之同意，任命聯邦區長官及國家經濟委員會委員（第二〇五條第一項），其免職應經內閣總理之提請。

第四條　總統被控而經眾院議員以絕對多數票通過宣告該控案成立時，則關於普通犯罪應受聯邦最高法院之審判，關於職務犯罪應受參院之審判。

第五條　總統違犯憲法，尤其違反下列事項之行為，均稱職務犯罪。

一、聯邦之存立。

二、聯邦或各邦在憲法上權利之自由行使。

三、政治、個人及社會權力之行使。

四、國內安全。

第三章　內閣

第六條　內閣就其有關政府政策與聯邦行政之行為，集體對眾院負責；各部部長就其職務上之行為，單獨對眾院負責。

第七條　總統之一切行為，須經內閣總理及有關部長之副署，始生效力。

第八條　內閣總理缺位時，總統應於三日內將新內閣總理人選提出於眾院，眾院之同意應以議員總額過半數之可決為之。

眾院拒絕同意新內閣總理人選時，總統應於三日內另提其他人選。倘眾院仍不同意，則參院應指定內閣總理，但其人選應於眾院業已拒絕同意者之外求之。

第九條　內閣於被提名後，應至眾院提出其施政計劃。

眾院對於內閣之同意，應以議員總額過半數之可決為之。倘眾院對內閣拒絕同意，則應另組新閣。

第十條　已獲得眾院同意之內閣，參院得於四十八小時內，以三分之二多數之可決提出反對，此際內閣不得組成。

眾院對於參院之反對，得以絕對多數之可決拒絕之。

第十一條　內閣閣員行使其職權應以眾院信任期間為限，眾院不信任時應即免職。

第十二條　對內閣部長提出不信任投票，或對其施政提出任何批評之動議，均須經眾院議員至少五十人之附議，除法律別有規定之例外情形外，此種動議應提出於眾院五日後舉行辯論，其通過須經眾院議員絕對多數之可決。

第十三條　內閣要求眾院舉行信任投票之動議，眾院應立即處理之，其通過應得出席議員過半數之可決。

第十四條　眾院連續對三個內閣表示不信任時，總統得解散眾院，並於最多不逾九十日之期限內舉行新選舉。被解散眾院之議員，得當選為新眾院議員。眾院解散後，總統應即任命一臨時內閣。

新選舉不能於上述期限內舉行時，被解散之眾院得自行再集會。

新眾院未集會前，憲法第六十六條第三項、第四項及第七項之職權，歸參院行使之。

第十五條　內閣之決議以過半數票行之，可否同數時取決於總理。

第十六條　內閣總理及閣員，得參加國會兩院任何一院之討論。

第十七條　內閣各部每部置國務次長一人，由部長提名經內閣會議批准後任命之。各部之國務次長，得代表其各該部之部長，出席國會任何一院或其委員會。

內閣辭職而新閣未組成前，各部國務次長僅就其各自職務範圍內負其責任。

第十八條　內閣總理之職權如次：
（一）提出政府法案。
（二）維持與外國之關係，並指揮外交政策。
（三）行使命令及規則之權。
（四）依憲法之規定，宣佈戒嚴。
（五）依憲法之規定，命令及執行聯邦之干涉。
（六）向衆院提出預算案。
（七）每年於國會會期開始以後六十天以內，向其提出上年度決算報告。

第十九條　內閣總理得兼任任何一部之部長。

第四章　附則

第廿條　本修正案自衆院與參院通過之日起實施。

第廿一條　一九六〇年十月三日當選之副總統，應依本修正案之規定，行使總統之職務，至一九六六年一月卅一日為止。總統應於國會之前宣誓就職，並應於就職時宣示其對內閣總理及第一屆內閣閣員之同意。

總統、內閣總理及內閣閣員，應於同一典禮中就職，就職典禮之日期與時間由國會議長決定之。

第廿二條　國會兩院應以絕對多數之可決，通過完成議會制組織之有關法律。

前項法律得允許委任立法。

第廿三條　共和國副總統之職位廢止之。

第廿四條　各州憲法應於法律所規定之期限內適應於議會制度，但此期限不得早於現任州長任期屆滿之前。在現任州長任期屆滿以前，所有其他聯邦、州及市所發佈之命令，均應遵守之。

第廿五條　依第廿二條所通過之法律，得規定舉行一次人民投票，以決定採用議會制或回復總統制，此種投票，應於現任總統任期屆滿前九個月舉行之。

（譯自：*Brazil Herald*）

『國民大會憲政』參攷資料甲類第二十六號，一九六一年九月。

瑞士的國會制度

西方民主國家的政治制度，大抵可以分為三類：一是總統制，其典型為美國；二是內閣制，其典型為英國；三是委員制，其典型為瑞士。三制各具特色，無所軒輊。然英儒浦徠士（Jame Bryce）則說：『在現代實行真正民主政治的國家中，瑞士的制度是最值得研究的，她所採用基於民主原則的制度比其他任何國家為多。』(註一)是則委員制較諸其他二制又似更有值得研究之處，要瞭解此制特質，請先從瑞士的國情說起。

一、國情概述

瑞士為中歐一小國，位於阿爾卑斯山中，人口約五百二十三萬五千（一九五九年統計），面積一萬五千九百四十一平方英里（較我國臺灣略大），其東部與奧地利與列支敦士坦接壤，南部與意大利相鄰，西為法蘭西，北為德意志。由於萬山環繞，土地貧瘠，生產極少。又因為境內山嶽起伏，彼此阻隔，不僅宗教分歧，而且語言複雜。故瑞士之天賦條件可謂極為惡劣。

就生產言，由於大部份土地均不適於種植和耕作，主要的農工業產區，只惟界於阿爾卑斯山（Alps）和朱雷山（Jura）之間的一個平原地區而已。其主要產品亦僅限於巧克力、煉乳及皮革等項，至於糧食及各項工業原料差不多均賴進口供應。不過瑞士的水力資源特別豐富，而在工業製造方面，如機械、電器、鐘表及紡織業，均極為發達。加以境內處處湖光山色，風景優美，每年夏冬雨季吸引了許多世界游客，賺取了不少外匯。就憑這些收入來彌補其糧食及工業原料之不足。以長補短，人定勝天，正是瑞士人民的特性。

在并世諸國中，將三種不同之語言同時定為國語，並明文載諸憲法者，只惟瑞士而已。『瑞士聯邦憲法』第一百十六條規定：『在瑞士通行之德文、法文、意大利文三種主要語言，均為聯邦國語。』憲法所以如此規定，固有其不得已的苦衷，然亦足顯示瑞士人民的相互容忍的精神。就數量言：說德語的人民約佔全人口的百分之七十二點六，說法語的約佔百分之二十點七，說意大利語的約佔百分之五點二，說羅曼語（Romansh）的約佔百分之一點一，其他百分之零點四。(註二)就分佈地區言：Ticino 一邦差不多全說意大利語；Geneva, Vaud, Neuchâtel, Valais 四邦差不多全說法語；其他諸邦除 Bern, Fribourg 兩邦外，差不多全說德語，在 Bern 邦說德語的與說法語的為五比一，在 Fribourg 邦說法語的與說德語的為二比一，在 Grisons 邦則說羅曼語的最為流行。(註三)由於語言的不同，各地區的民族性與文化亦有顯著的差異，所幸凡是受過教育的瑞士人民多能兼懂兩種或三種語言，故在國民感情上尚不致有所隔閡。

瑞士人民的宗教信仰也不單純，除新教與天主教外，還有猶太教及其他教，就中新教徒最多，佔全人口百分之五十七點六；天主教徒次之，佔百分之四十一點一；猶太教徒有百分之零點五；其他百分之零點八。(註四)就其分佈地區言，則在法語區的 Vaud, Geneva, Neuchâtel 三邦及德語區的 Zürich, Bern, Glarus, Thurgau, Basel 五邦絕大多數的人民均信奉新教；而在法語區的 Valais, Fribourg 二邦及德語區的 Lüzern, Zug, Unterwalden, Solothurn 四邦的人民絕大多數都是信奉天主教；意語區的 Ticino 邦亦然。有些邦信奉新教與天主教者旗鼓相當，就中以 St. Gallen, Aargau 二邦最爲顯著。(註五)宗教信仰的不同，曾在瑞士內部導致多次戰爭，例如十六世紀末葉，Appenzell 邦中的新教徒與天主教徒發生激烈爭鬥，勢如水火，結果導致該邦分裂爲 Appenzell Interior Rhodes 及 Appenzell Exterior Rhodes 兩半邦，戰火始告平息。最嚴重的一次發生於一八四六年，是年信奉天主教的 Lüzern, Uri, Schwyz, Unterwalden, Zug, Fribourg, Valais 等七邦互相聯合，組織一個分離聯盟（Sonderbund），企圖發動叛亂，脫離聯邦，後經聯邦政府出兵鎮壓，始得復告統一。時至今日，信奉天主教的各邦仍有一個共同政治組織，即所謂天主教保守黨（Catholic Conservative Party）。(註六)幸虧語言區與宗教區沒有重合，否則，對於瑞士的統一，必有莫大的影響。

如上所言，瑞士的天然資源如是貧乏，語言與宗教又如是複雜。這些不利的因素，如在其他國家，任何一種均足以導致政治的不穩，甚且發生分崩離析的現象。而瑞士人民獨能以調和妥協的精神，結成一個穩固的聯邦，成爲一個富裕康樂的國家，誠屬難能而可貴。以此而衡，則其在政治制度上能夠獨樹一幟，並卓有成就，固非偶然。

二、憲政略史

瑞士為一聯邦國家，其聯邦形成之歷程是漸進而緩慢的。一二九一年，瑞士境內的三個森林之邦——Uri, Schwyz, Unterwalden，為反抗神聖羅馬帝國哈布斯堡（Hapsburg）領主的剝削與壓制，相與結爲『永久聯盟』（Perpetual Covenant），是爲瑞士聯邦之濫觴。一三一五年摩加登一戰（Battle of Morgarten），聯盟擊敗了哈布斯堡的軍隊，贏得輝煌的勝利，因此在其後四十年中又有 Lüzern, Zürich, Zug, Glarus, Bern 等五邦先後加入聯盟，而於一三五三年擴大爲八邦聯盟。(註七)一三八六年八邦聯盟又在薩巴克（Sempach）一戰中獲得重大勝利，由是得到了若干事實上的獨立自主權。到了一五一三年，又由八邦聯盟擴大爲十三邦聯盟，新加入的五邦爲：Solothurn（1481），Fribourg（1481），Basel（1501），Schaffhausen（1501），Apenzell（1513）。(註八)從此神聖羅馬帝國對於瑞士只有名義上的宗主權，迨至一六四八年並此宗主權亦告消失，自是瑞士乃獲得完全的獨立。十三邦聯盟，論其性質，僅是一種攻守同盟，各邦對於其內政仍保有完全的自主權，而各邦所採用的政治制度又有甚大的差異。例如 Bern 是採用貴族政體；Zürich 採用寡頭政體；而三個森林之邦則是採用直接民主制，由全體公民組織一個大會，名曰 Landsgemeinden，行使最高權力。(註九)聯盟的共同事務，如對外關係、宣戰、媾和以及邦與邦間糾紛之解決等，則由聯盟議會（Diet）處理。聯盟議會係由每邦派遣代表兩人及與各邦有同盟關係的各地區每區派遣代表一人組成，其會期無定，只有在公共問題發生之時，才召集開會。此種會議最初係由幾個主要的邦輪流召集，後來則委由 Zürich 一邦單獨召集。不過召集會議之邦並無任何特權，各邦對於公共事務之發言權實質上仍是完全平等，一切決議均須全體同意始生效力，但各邦接受與否，都是以其自己的利害爲標準，聯盟議會並無強制的執行力。故就其性質而言，瑞士的聯盟議會與美國的邦聯國會頗相彷彿。這個聯盟一直延續到一七九八年法軍侵入瑞士時始告瓦解，後人稱爲『老聯盟』。

一七九八年法軍侵入瑞士，旋並加以征服，摧毀了各邦原有的政治制度，改變各邦傳統的疆域，並廢止聯盟的組織，另設立一個赫爾維迪共和國（Helvetic Republic），仿照法國革命時期的政治組織，採行中央集權制度，使瑞士由脆弱的聯邦組織一變而爲中央集權的國家。這種劇烈而突然的變化，違背瑞士的政治傳統，招致瑞士人民的極度不滿，因此到處發生騷動。拿破崙執政後，看到這種情形日益嚴重，乃於一八○三年頒佈一項『調停法』(*Act of Mediation*)，恢復舊日的聯盟組織及各邦原有的自治權，並在原有的十三邦之外又增加了六個新邦，是即：St. Gallen, Aargau, Thurgau, Grisons, Vaud, Ticino。(註一○)於是十三邦聯盟又擴大爲十九邦聯盟。拿破崙失敗後，此一聯盟組織繼續擴大，一八一五年又增加了 Valais, Geneva, Neuchâtel 三邦，共爲廿二邦，至此瑞士聯邦乃告全部形成，自是以後，一直到現在，仍舊維持廿二邦之數。不過在此廿二邦之中，Unterwalden, Basel, Appenzell 三邦又各分爲兩半邦，故現今瑞士的政治區域實有二十五個單位。(註一一)

一八一五年維也納會議承認瑞士爲永久中立國，即各國不得干涉其內政，於是瑞士又更訂盟約，使聯盟的組織恢復至赫爾維迪共和國成立以前的狀態。一八三○年的法國革命，餘波蕩漾，遍及歐洲各國，影響所及，瑞士亦發生自由運動，凡是原來採用貴族政體或寡頭政體的各邦，莫不修改憲法，施行民主政治，自是貴族政體及寡頭政體乃在瑞士絕跡。一八四八年瑞士內部發生分裂，引起內戰，亂平後，乃由聯盟議會籌制憲事宜。是年十一月十二日，聯邦憲法經各邦人民複決批准。此一憲法系以美國憲法爲藍本，各邦雖仍保有許多權限，但中央的權力業已大爲加強，從此瑞士就由鬆懈的聯盟轉變爲鞏固的聯邦。一八七四年，由於事實上的需要，又將一八四八年的聯邦憲法大加修改，其後雖亦曾加以若干修正，但其政制的基本原則並未有所改變。故一八七四年的聯邦憲法，即爲今日瑞士政府組織的基礎。

三、國會的組織

瑞士的國會分爲兩院：一是聯邦院（上院或參院），代表各邦；一是民族院（下院或衆院），代表人民。兩院合稱爲聯邦國會（Federal Assembly, Bundesversammlung, Assemblée Fédéral）。

聯邦院（Council of States, Ständerat, Conseildes des Ètats）——聯邦院係由每全邦選舉議員兩人、每半邦選舉議員一人組織之。瑞士現有二十二邦，其中有三邦各分爲兩半邦，換言之，有十九全邦及六半邦，每全邦產生議員兩人，計爲三十八人，每半邦產生議員一人，計爲六人，所以聯邦院議員的總數爲四十四人。聯邦院議員產生的方式，各邦不盡一致，有四邦係由各邦議會選舉，四邦由公民會議（Landsgemeinde）選舉，其餘各邦則由人民普選。(註一二)議員任期的長短也不一致，自一年至四年不等。大抵言之，凡由各邦公民普選產生的，其任期多爲四年；凡由各邦議會選舉產生的，其任期多爲一年。(註一三)至於其當選資格，凡現任的民族院議員及聯邦行政委員會委員均不得當選爲聯邦院議員（憲法第八十一條），聯邦法官亦然，但牧師及聯邦政府其他官員得當選之。(註一四)聯邦院議員的津貼由各邦負擔（憲法第八十三條），但其在會議時所爲之表決完全自由，各邦不得加以干涉或給予任何指示（憲法第九十一條）。

初看起來，瑞士的聯邦院與美國的參院頗爲相似，因爲兩者都是由各邦選舉議員兩人組成。實則兩者的差異甚大。第一，美國的參議員都是由各邦人民選舉，任期均爲六年；而瑞士聯邦院議員的選舉方式則由各邦自行決定，有些由人民選舉，有些由公民會議選舉，有些由各邦議會選舉，其任期也由一年至四年不等。第二，美國參院除一般立法權與衆院相埒外，還有三種特別的權力，是即條約同意權、官員任命同意權和彈劾案的審判權；瑞士聯邦院不但沒有這些特別權力，即一般立法權名義上雖與民族院相等，但在實際運用上，有些地方却不如民族院的重要。(註一五)

民族院（National Council, Nationalrat, Conseil National）——民族院共有議員二百

名$^{(註一六)}$，由各邦公民直接選舉之，任期四年。凡瑞士之男性人民$^{(註一七)}$，年滿二十歲以上，在其住所所在地之邦法律管轄內未被褫奪公權者，皆有選舉權。凡有選舉權者，除牧師外$^{(註一八)}$，皆有被選舉權（憲法第七十五條），但聯邦院議員、聯邦行政委員會委員及由行政委員會任命之官吏，不得當選為民族院議員（憲法第七十七條）。每邦選出議員的數目依其人口的多寡而定。照現行憲法的規定，每二萬四千人可以選出議員一名，其餘數如在一萬二千人以上者得加選一名（憲法第七十二條），但每全邦或半邦其人口未達上述數目者，亦應選舉議員一名。例如在一九四三年的選舉中，擁有最多人口的 Bern 邦，在民族院一百九十四個議席中，選出了三十三名，而另有四個邦因為人口稀少，每邦僅能選出一名。民族院議員原則上係依比例代表法產生，若一邦只能選出議員一人，則依多數代表法產生。凡一邦依其人口之數目得選出二名議員以上，則由各黨提出議員名額相等的候選人，選民投票時，可在各黨的候選名單中圈選與議員名額相等的人數，亦可集中投一個人的票。舉例言之，如某邦應選出議員三人，各黨所提出的候選人名單亦為三人，選民可以同時圈選名單上的三人，亦可將其三票集中投於一人。這種選舉的方法，使小黨能夠集中投票，也有獲選議員的機會，可以說是一種準比例代表制。

一般說來，民族院議員的素質都很高，其成份以律師最多，其次為各邦的前任官吏及農人、商人。同時，憲法雖規定民族院議員的任期為四年，但連選可以連任，且無次數的限制。由於政治穩定，生活安適，人民的知識水準又高，判斷力非常敏銳，故有經驗的政治家連選連任的機會極多。每屆議會，具有十年以上經驗的老議員，至少佔四分之一，而連任一次的議員，也在四分之一以上。$^{(註一九)}$瑞士的政治制度所以能平穩地發展下去，得力於此一因素者至大。

聯邦國會每年開常會一次，苟有需要，得經民族院議員四分之一或五邦之要求，召集臨時會。每屆常會或臨時會，兩院均自行選舉議長、副議長各一人。在民族院，凡曾任上屆常會之議長者，不得任下屆常會之議長或副議長，任何議員不得在兩屆常會中連任副議長（憲法第七十八條）。在聯邦院，每屆常會之議長、副議長不得由原任上屆常會之同邦議員當選，同邦之議員不得在兩屆常會中連續當選副議長（憲法第八十二條）。

四、國會的職權

國會至上，為委員制的最大特質，是以瑞士聯邦國會的權力至為廣泛。國會除享有一般國家議會的立法權外，還有行政權、監督權與裁判權。依聯邦憲法第七十一條規定：『聯邦之最高權力，除保留與人民及各邦者外，由聯邦國會行使之。』第八十四條規定：『民族院與聯邦院處理本憲法所賦予屬於聯邦權限及未委任其他各邦管轄之一切事項。』聯邦國會所管轄的事項，列舉於憲法第八十五條，茲錄列如次：$^{(註二〇)}$

一、聯邦的組織及選舉法律。
二、關於憲法所規定屬於聯邦管轄各種事項之法令。
三、聯邦政府各機關及秘書廳公務人員之薪俸及津貼，聯邦官職之設置及俸給之制定。
四、聯邦行政委員會、聯邦法院、聯邦秘書長以及聯邦軍事統帥之選舉。聯邦法律得將其他選舉及認可之權付與聯邦國會。
五、批准聯邦與外國締結之同盟及條約以及各邦相互間所訂之條約或與外國簽訂之條約。但各邦相互間所訂之條約,僅限於聯邦行政委員會或其他之邦有異議時,始提交於聯邦國會。

六、關於確保瑞士對外之安全及保持獨立及中立之方策,以及宣戰及媾和事宜。

七、各邦憲法與領土之保障及因履行此種保障所加之干涉;瑞士國內和平秩序與安全之維持方法;以及大赦特赦事項。

八、有關遵守聯邦憲法與保障各邦憲法及履行聯邦義務之各項必需方案。

九、聯邦軍隊之管制。

十、預算之制定,國家決算之核准及公債之承認。

十一、聯邦行政及司法之一般監督權。

十二、對於聯邦行政委員會有關行政爭議裁決上訴案之處理(參照憲法第一百十三條)。

十三、聯邦機構相互間管轄事項之爭議。

十四、聯邦憲法之修正。

就上述所列舉之十四個項目來看,可見瑞士聯邦國會權力之多,幾乎無所不包,除立法權與修改憲法權外,它還擁有:(一)行政權:如聯邦行政委員會委員、聯邦法院法官、聯邦秘書長、聯邦軍事統帥之選舉;聯邦官廳之設置及俸給之制定;聯邦與外國締結之同盟及條約以及各邦相互間所訂之條約或與外國簽訂之條約之批准;對外安全與中立之確保及維持;宣戰媾和之議決;大赦特赦之宣告;聯邦軍隊之管制;預算決算之議決及核准等。(二)監督權:即對聯邦行政及司法具有一般監督權。(三)裁判權:又可分為行政爭訟裁判權與權限爭議裁決權兩種。前者係指人民因憲法上之權利遭遇侵害而提起訴訟時,因聯邦行政委員會裁決不公平,從而上訴至聯邦國會請求最後裁判而言;後者係指聯邦機構相互間發生權限爭議時,由聯邦國會裁決之。惟須注意者,聯邦官署與各邦官署間所發生之權限爭議,其裁決權不屬於聯邦國會,而屬於聯邦法院。(參照憲法第一百十三條第一項第一款)

聯邦國會兩院的權力完全相等,既不似內閣制國家那樣,下院為國會的重心,也不似總統制國家那樣,上院有許多特別的權力。在瑞士,每一議案均須向兩院同時提出,此與任何國家的情形均不相同。比如在美國,一個議案如係在眾院提出,並經眾院的有關委員會於審查時加以打消,則這個議案即不會再在參院出現;反之亦然。但在瑞士,兩院在同一天討論同一議案的情形乃是常有的事。(註二一)不過通常的情形,多於國會每會期開始之時,由兩院議長商定議案的分配事宜,一部份先在民族院討論,另一部份則在聯邦院討論。每院於通過一個議案之時,即咨送另一院表決。任何議案須兩院一致通過後始生效力。若兩院對於同一議案意見分歧時,則由兩院開聯席會議解決之。開會時以民族院議長為主席,其議決以出席議員過半數之可決為之。由於民族院議員比聯邦院議員為多,故民族院的意見通過的機會常居多數。

總之,瑞士的委員制,係以立法統領行政、司法為其特質,它並沒有遵守三權分立的原則,而以一切治權付予聯邦國會。立法固然是國會的職掌,即行政與司法,也由它決定原則,並可隨時予以處理。它所通過的法律,總統既不得否決,法院亦不得宣佈其違憲。(註二二)論者以瑞士的聯邦國會為國家的最高權力機關,洵非虛語。

五、國會的議事

　　聯邦國會每年舉行常會一次,每次常會又分爲兩個會期,第一會期於每年十二月第一個星期一開始,第二會期於次年六月第一個星期一開始。每一會期時間均不長,通常不超過四週,若遇特殊事故,得由聯邦行政委員會或民族院議員四分之一或五邦之要求,召集臨時會(憲法第八十六條第二項)。每年常會開始之時,兩院分別選舉其正副議長各一人,任期一年,並不得於次年連任。兩院議長都是榮譽職,除對議案之表決可否同數時得投一票外,別無其他特權,較諸美國衆院議長之權力,可謂相形見絀。(註二三)

　　依照憲法規定,兩院議員,各邦政府及聯邦行政委員會,皆有向聯邦國會提案之權(參閱憲法第九十三條及第一〇二條第四款)。各邦政府向國會提案之事不常見,自聯邦政府成立以來,總共不到十次,其提案之內容大都是請求某些特殊利益或免除某些特殊義務,故各邦之提案權實際無關緊要。議員個人之提案又可分爲兩種形式,一種是要求(Postulate),一種是動議(Motion)。前者於提出後,須經提案議員所屬之院半數以上通過,然後送交行政委員會,要求其對某些事項起草一項法案,行政委員會是否照辦有自由裁量之權。後者則須在國會兩院中各獲得半數以上之可決,要求行政委員會對某特殊事項起草一項法案,再送請國會審議。(註二四)依歷來習慣,凡屬重要的議案多半由聯邦行政委員會提出,在每一會期開始以前,他們就把需要提出的議案事先準備好。一方面重要的議案多由行政委員會提出,他方面議員個人提出的議案又須經過其審定,故在瑞士,議案之提案權,實際操於聯邦行政委員會之手。(註二五)

　　國會兩院都設有各種委員會,來審查各種議案。議程上的所有問題均須先分別交付各有關委員會審查。委員會有所決議後,推選一位報告員,向院會提出報告。如委員會於審查某一議案時意見發生嚴重分裂,則持少數意見之一方亦可推選報告員一人,代表他們陳述少數意見。兩院之決議,均須以絕對過半數之可決爲之(憲法第八十八條),議員於表決時並不得受任何指示(憲法第九十一條)。在通常情形下,凡屬聯邦行政委員會提出的議案,大率不致被拒絕或遭遇重大修改。聯邦行政委員會在法律上雖等於國會的一個附屬機構,但在事實上却能有效地指導國會的立法,就此點而言,其作用與英國的內閣正復相同,甚且有過之而無不及。(註二六)

　　如前所述,聯邦之法律及決議,非經兩院通過不得施行。假如一項議案,在一院中通過,在他院中否決,或在一院中照案通過,在他院中修正通過,因而使兩院對於同一議案的意見有所差異時,則由兩院負責審查該議案之委員會召開聯合委員會,磋商折衷方案。由於兩院議員富有行政經驗,故多妥協精神,因而鬧成僵局的情事極少發生。萬一開聯合委員會後仍無法獲得協議時,則該議案卽視爲已遭國會打消。(註二七)議案經兩院通過後,須用德、法、意三種國語,作成三種原本,然後送交聯邦行政委員會公佈之。行政委員會應將其公佈於『聯邦公報』之上,並將抄本分送各邦政府備查。立法程序至此算告完成。惟據聯邦憲法第八十九條第二項規定:『聯邦法律得經三萬公民或八邦政府之要求,由人民表決,或採用或否決。』關於此點,我們在以後討論人民直接立法時尚要詳加敍述,暫不具論。

六、國會的運用

(一) 國會與聯邦行政委員會的關係

瑞士聯邦的最高執行機關為聯邦行政委員會,設委員七人,於每屆國會改選之初,由兩院聯席會議選舉之,任期四年(參照憲法第九十五條及第九十六條)。凡有被選為國會民族院議員的資格者,皆得被選為聯邦行政委員會委員,惟依過去習慣,當選者大率為國會兩院議員,由於國會議員不得同時兼為聯邦行政委員會委員,故議員於當選行政委員後,必須辭去議員職務,并即舉行議員特別選舉,以補充其遺缺。行政委員會委員如在四年任期中出缺,則由聯邦國會於最近之首次會議中補選之,其任期以任滿出缺者未滿之任期為止(憲法第九十七條)。依照瑞士的傳統,聯邦行政委員會的成份,須顧及各邦、政黨、宗教及語言各種因素。因此在七人的行政委員會中,任何一邦不得同時超過兩個名額,但依習慣,Zürich 及 Bern 兩個人口最多的大邦,必須各佔一席。在語言方面,來自說德語的邦不得超過五席,俾使說法語及意語的邦,至少能各佔一席。在過去,說法語的 Vaud 邦例須佔有一席,但此一傳統在幾年以前已告打破。(註二八)自一八九一年天主教保守黨的柴普(Joseph Zemp)當選為行政委員會委員後,各主要政黨例須在行政委員會中佔有一席之地,在此以前,因該黨曾策動一八四八年的宗教戰爭,故該黨黨員未嘗當選過行政委員會的委員。(註二九)行政委員可以連選連任,一經當選,只要其自己願意繼續擔任此職,並無重大過失,通常均可以無限期當選連任。(註三○)自一八四八年至一九三七年,九十年間擔任過行政委員會委員的總數,不過五十六人而已(註三一),卽此已可概見行政委員們在任時間之長了。

瑞士聯邦設總統、副總統各一人,由國會兩院每年就行政委員會七位委員中選舉之,任期一年,不得於次年連任。申言之,本年的總統不得連任次年的總統或當選次年的副總統,本年的副總統亦不得連任次年的副總統(參閱憲法第九十八條);但依習慣,本年的副總統例能當選次年的總統。憲法的規定及習慣,旨在使七位行政委員,皆有輪流擔任總統、副總統的機會。總統除在行政委員會開會時擔任主席,及在表決可否同數時得投一票以決定議案的存廢外,在憲法上並無其他重要權力。他既不像美國的總統,有權任命所有官員,也不似英國的首相,可以選擇其同僚。因此他對他的同僚沒有任何權威,他的法定權力與其他行政委員實質上完全相同,只不過開會時坐於會議桌上的首席而已。一言以蔽之,瑞士的總統僅是聯邦的名義元首,對外代表國家,如此而已。由於總統沒有特殊權力,所以他的職位不受人民的重視。瑞士的公民對於行政委員會的委員大部都知道其姓名,但問他們誰是總統,却往往不能作答。(註三二)

聯邦行政委員會分七部,由七位委員分任各部部長,總統、副總統亦不例外。七部的名稱如下:(註三三)

外交部(Department of Foreign Affairs),原名政治部(das Politische Department, Department Politique),因其主管外交,故通譯為外交部。

內政部(Department of Interior)

司法及警察部(Department of Justice and Police)

軍政部(Department of Military Affairs)

財政及關稅部(Department of Finance and Customs)

經濟部(Department of National Economy)

郵務及鐵道部（Department of Posts and Railways）

　　聯邦行政委員會之事務雖分配於各部，但其決定，須以聯邦行政委員會之名義行之（憲法第一〇三條第一項）。聯邦行政委員會每星期開會一次，每次至少須有委員四人之出席方得開會（憲法第一〇〇條）。一切決議均以出席委員過半數之同意爲之，可否同數時，由總統決定。聯邦行政委員會的會議不公開，開會過程亦不發表。不過委員們都知道，他們提請國會議決的任何議案，都可能會提交國民複決，所以他們隨時都留心民意的反應及輿論的趨向，而不致有我行我素或閉門造車的情事發生。(註三四)

　　聯邦行政委員會的職權甚多(註三五)，除行政權力外，還具有一些立法性質的權力。在行政權力方面：它負責處理國家的外交事務；維持國內秩序，必要時得使用武力干涉各邦，以確保全國的統一；注意聯邦憲法、法令及各種聯邦協約規定之遵守；注意各邦憲法之保障；執行聯邦所有法令及判決；調解或仲裁各邦間之爭議；審查須經聯邦批准之各邦法律；任命不屬於聯邦國會選舉之官吏並監督其職掌及行爲；編制聯邦預算決算；此外，爲使上述各項職權得以充分執行，並得發佈各種命令。在立法權力方面，聯邦行政委員會得向聯邦國會提出法律案及議案，並得對國會兩院及各邦所提之議案陳述意見，又得親自出席兩院參加議案之討論並提出辯護。如前所述，任何議案如事先未經聯邦行政委員會提供意見，均很難獲得國會的通過。不過他們所提供的意見如不被國會採納，他們也不堅持，因爲行政委員會所處的地位原是從屬於國會的，國會的任何決議他們都須遵守。所以當他們的意見與國會的意見相左時，只須放棄自己的意見，服從國會的意見，問題就可解決，不必像英國或法國內閣那樣必須去職。論者嘗有一比，謂瑞士的聯邦行政委員會有如一位律師或建築師，他們的意見或圖案不被僱主採納時，不會因此而放棄他們原有的工作(註三六)，可謂恰當之喻。除行政權力及立法性質的權力外，聯邦行政委員會還有一些類似司法性質的權力。凡各邦官署執行聯邦行政法規使人民的權利受到不法的損害時，當事人得控訴於聯邦行政委員會，對於這種控訴的決定如當事人不服固得再上訴於聯邦國會，但關於聯邦的直接行政，大多以行政委員會爲最高審判機關，其能上訴於聯邦國會者，以法令有明文規定者爲限。

　　聯邦行政委員會的組織及職權既明，現在我們可以進而探討其與聯邦國會的關係。就法律的觀點言，聯邦行政委員會不過是聯邦國會的一個隸屬機關，它只有執行的責任，並無決策的權力。國會開會時行政委員會委員須列席，以備咨詢，並須對國內外情勢之處理，向國會提出施政報告；國會認爲必要時，行政委員並應提出特別報告。他們向國會提出的議案，大率是本於國會的指示，雖可列席陳述意見，說明法案的立場，但並沒有表決權，國會一經決議，即須遵照執行。他們不必因不受國會充分信任而辭職，也無權對國會的決議要求複議，此爲委員制與總統制及內閣制均不相同之處。這是從憲法的精神爲言，若就實際運用的情形而論，則執行委員會的地位却十分重要。它不僅能經常受到國會消極地信任，且有積極地左右國會的作用。行政委員們在國會所提供的意見，常常受到國會的重視，他們所草擬的法案，絕大多數都能在國會無異議通過。行政委員會以國會隸屬機關的地位，能對國會發生如許的影響力，自有其實質的原因。約略言之，不外次述諸端：

1. 行政委員會委員大都是久於其任，德高望重，經驗宏富，極受國會的尊重。如前所言，行政委員會委員多能無限期當選連任，他們對於國家公共事務熟識的程度，無殊一般國家的常任文官。在採行內閣制的國家，政務官的決策常受事務官的影響，則瑞士國會之依賴行政委員會，自無足爲怪。

2. 行政委員會既爲執行機關，故其一切作爲均以國會的政策爲指歸。而行政委員又是由國會選舉，行政委員倘獨行其是，斷難當選連任，其能爲國會所贊同者，必然是國會所可信託的人物。以是，國會對行政委員殊無不可信任的理由。信任旣久，自然就會假以更大的事權。

3. 在兩次世界大戰中，各國政府的行政權力皆有擴張之勢，蓋時值非常，爲使政府能對國家緊急情勢迅赴事功，不得不爾。此在總統制的美國如是，在內閣制的英國如是，在委員制的瑞士亦不例外。在兩次世界大戰中，瑞士國會曾賦予行政委員會以廣泛的權力，許其便宜行事。國會給予行政委員會的緊急權力，以一九三九年的『授權法』最爲顯著。依該法的規定，聯邦行政委員會爲確保國家安全與穩定全國經濟，得採取一切必要的措施。根據此一法律的授權，聯邦行政委員會幾達無所不能的境地。它的命令權，可以廣及兵役的徵調、稅率的變更，乃至於經濟的管制等事項。在此一時期，行政委員會的權力，較諸美國的總統與英國的內閣，幾乎沒有多大差別。然而，瑞士委員制的基本精神，並不因行政委員會地位的日益提高而有所改變。此蓋行政委員會職務的擴張，繫於國會的授權，國會旣可授權，自可隨時撤銷，同時人民亦可以創制複決的方式加以抑止。一九四九年，瑞士公民鑒於行政委員會的命令權日形擴大，深懷恐懼，乃發動創制案，建議『恢復直接民主制的精神』。自是以後，行政委員會的命令權卽大爲削減。(註三七)

（二） 國會與聯邦法院的關係

我們已於上文言及，瑞士聯邦憲法沒有遵照三權分立的原則，而是將一切治權付予聯邦國會，所以聯邦法院對於國會也是處於從屬的地位。一八四八年的聯邦憲法雖有聯邦法院的設置，但僅有其名而已，旣無開庭的固定地點，也乏夠格的專業法官，故無任何權威可言。比如各邦間的爭議或各邦與聯邦間的爭議，照說應由該院管轄，然而事實上却是由聯邦國會或聯邦行政委員會處理。及至一八七四年修改憲法時，聯邦法院才有固定的組織及職權。翌年該院在 Vaud 邦的首府洛桑（Lausanne）正式成立，開始執行職務。該院所以設於洛桑，旨在平衡瑞士部份人民的感情，因爲聯邦政府的其他兩個機構──聯邦國會及聯邦行政委員會，都設在德語區的伯恩（Bern）。(註三八)

現在的聯邦法院共有法官二十六人，候補法官十一人。法官任期六年，由國會兩院聯席會議選舉之，每隔二年，並由國會選舉其中一人爲院長。凡瑞士公民具有被選爲民族院議員之資格者，均得當選爲聯邦法院法官，但聯邦國會議員、聯邦行政委員會委員及經該兩機構任命之官吏，不得同時兼任聯邦法院法官。又聯邦法院法官在任期內，不得兼任聯邦或各邦之任何其他職務，亦不得從事他種職業或營業。（憲法第一〇八條）法官可以連選連任，且無次數限制，故在任期間通常均很久。惟國會於選舉時，亦如選舉聯邦行政委員會的委員一樣，須顧及語言、政黨及各邦的因素。由於法官一經當選，例能繼續連任，故法官於當選時固各有其不同的政治背景，尙不致影響司法的獨立。法官退休時如已任滿十年以上，每年得領取相當於其薪俸半數之退休金。

依照現行聯邦憲法規定，聯邦法院的管轄權可以分爲三類，卽民事、刑事及其他爭訟事件。民事訴訟管轄權包括：聯邦與各邦間之訴訟；聯邦與法人或個人間之訴訟；各邦相互間之訴訟；各邦與法人或個人間之訴訟；無國籍者之訴訟及各邦自治團體間關於公民權之爭議。（憲法第一一〇條）刑事訴訟管轄權包括：背叛聯邦、反抗聯邦政府及暴動之案件；違反國際法之重罪及輕罪；因犯罪而擾亂治安至於聯邦必須使用武力干涉程度之案件；聯邦官署對於其所任命之官吏犯罪而向聯邦法院提起訴訟之案件。（憲法第一一二條）其他爭訟管轄權包括：聯邦官署與各邦官署間關於管轄權之爭議；各邦間關於公法問題之

爭議；公民憲法上權利遭遇損害而提起之爭訟及人民關於條約被破壞而提起之爭訟。（憲法第一一三條）

聯邦法院設三庭，分別處理上述三類案件。此外，聯邦法院爲便於處理刑事案件，又分設五個巡迴裁判庭，經常巡迴全國各地，每庭配有法官三人，開庭時由各巡迴庭所在地附近地區推選陪審員十二人出席陪審，每一罪案之成立，須有陪審員六分之五的同意。(註三九)

聯邦法院在憲法上雖無最高之名，但事實上爲瑞士的最高法院，然論其權威，却不能與其他聯邦國家的最高法院相比，尤其遠遜於美國的聯邦最高法院。它對於各邦法律之牴觸聯邦憲法及法律者，固可宣佈其無效，但對於聯邦國會通過之法律則無審查權，更不得宣佈其爲違憲。而在另一方面，聯邦法院於審理案件時，却必須適用聯邦國會所通過之法律及其具有拘束力的規例，並須遵守聯邦國會所批准之條約。聯邦法院既無宣佈聯邦法律違憲之權，則聯邦國會若通過一項法律限制聯邦法院的權力，法院本身自亦無權過問，是則聯邦法院權力之大小，完全操於聯邦國會之手。論者以瑞士聯邦法院爲國會之從屬機關者，職是之故。所幸國會通過之法律，人民握有複決權，凡聯邦法律有顯著違憲情事發生時，聯邦法院雖無權審查，人民尚可藉複決的方式加以補救。故聯邦法院未享有宣佈聯邦法律違憲之權，並無損於瑞士的民主精神。

(三) 國會與政黨的關係

多黨政治爲歐洲大陸國家的一個共同特色，瑞士也不例外。瑞士的政黨甚多，主要的有自由黨、激進黨、天主教保守黨、社會民主黨、農民黨、獨立黨、民主黨及共產黨等八個，各黨概況如次(註四〇)：

自由黨（Liberal Party）　自由黨是瑞士歷史最久的政黨，對於瑞士聯邦之建立有過極大貢獻，於一八四八年聯邦憲法之制定更爲一最重要的功臣。該黨主要的成份爲法語區信奉新教的貴族及上層中產階級，主力在 Geneva, Vaud, Neuchâtel, Basel 諸邦。他們抱持傳統的十九世紀的政治哲學，主張在經濟方面採放任主義，在文化方面採自由政策，在政治方面採共和政體。隨着時代的進步，該黨已逐漸沒落，現在國會所佔的席次爲第五位。

激進黨（Radical Party）　該黨成立於一八三二年，係由自由黨的左翼分裂而成。其政綱政策有似於法國的激進社會黨，而其中央集權的主張又與意大利的共和黨相類。主要成份原先爲新教徒，現已擴及農民及都市人民。該黨對於瑞士聯邦的現代化具有實質的貢獻，而對於促成幣制、度量衡及郵政的統一及改革，其功尤不可沒。現爲國會中第一大黨，在民族院佔五十一席。

天主教保守黨（Catholic Conservative Party）　該黨成立於十九世紀中葉，其成份顧名思義都是天主教徒，更具體言之，則爲一八四六年至一八四八年間桑德同盟（Sonderbund）延續下來的政治組合，爲代表瑞士天主教人民的集團。他們是極端的聯邦主義者，主張維護邦權，反對中央集權，並堅決反對政府對天主教會所加的各種限制。現爲國會第三大黨，在民族院佔四十八席。

社會民主黨（Social Democratic Party）　該黨成立於十九世紀末葉，主要成份爲工人及政府公務員。與其他國家的社會主義者一樣，該黨主張基本工業國有化，原先該黨極力反對軍國主義，甚至不贊成政府對軍隊撥款，但當德國納粹主義及意大利法西斯主義興起時，瑞士的安全受到嚴重的威脅，自是該黨的態度即開始改變，而贊成國家維持軍隊。一九一九年瑞士採取比例代表制後，該黨實力日有增加，現爲國會第二大黨，在民族院佔四十九席。

農民黨（Farmer's Party） 該黨成立於一九一九年，主要成份為農民及中產階級，而以 Bern 邦為其勢力中心。該黨主張增進都市人民及農民的福利，並贊成保護農產品的關稅。一九一九年該黨成立之時，曾在民族院佔三十一席，現為國會第四大黨，在民族院佔二十三席。

獨立黨（Independent Party） 該黨成立於一九三五年，主要成份為消費者，他們主張保護消費者的利益，並強烈反對國家對經濟方面的干涉。現在民族院居第六位，佔十席。

民主黨（Democratic Party） 該黨在瑞士政黨中的歷史最短，組織亦最為鬆懈，嚴格說來，它僅是一個地方性的政黨，主要成份都是 Zürich, Glarus 兩邦中的自由份子，現在民族院僅佔四席。

共產黨（Communist Party） 該黨的主力在法語區的 Vaud, Geneva 兩邦，其國際政策亦與蘇俄聲氣相通。不過，瑞士社會安定，人民生活富裕，在政治上多持中庸之道，先天上不適於極端主義的發展，故瑞士的共產黨始終沒有得勢的機會。在第二次世界大戰期間，聯邦政府為確保國內的安全，曾於一九四○年宣佈所有的極端政黨為違法，並勒令予以解散，共產黨亦在其內。在此以前，Vaud, Geneva 二邦亦曾分別通過憲法修正案，禁止共產黨活動。一九三八年一月三十日通過的 Vaud 憲法修正案第八條規定：『凡與外國或國際機構有直接連繫之協會及組織而其活動有害於公共秩序者，在本邦境內概予禁止。』一九三七年六月十三月通過的 Geneva 憲法修正案第十四條規定：『凡直接間接與共產國際有連繫之協會及組織之活動而對國家及公共秩序有所危害者，在本邦內概予禁止。』該邦甚至曾剝奪共產黨員的投票權。(註四一)不過這些禁令及憲法修正案於二次世界大戰結束後均已先後宣告廢止。(註四二)自是以後，共產黨乃以勞工黨（Labor Party）名義恢復活動。一九四七年大選，該黨在民族院獲得七席，一九五一年已減為五席。

為便於參攷，茲將一九一九年至一九五一年各黨在聯邦國會民族院所佔席次，及一九四三年至一九四七年各黨在聯邦院所佔席次，分別列表如次：

各黨在民族院所佔席次一覽表(註四三)

黨別＼年次席數	一九一九	一九三一	一九四三	一九四七	一九五一
自由黨	九	六	八	七	五
激進黨	五八	五二	四七	五二	五一
天主教保守黨	四一	四四	四三	四四	四八
社會民主黨	四一	四九	五六	四八	四九
農民黨	三一	三○	二二	二一	二三
獨立黨			六	九	一○
民主黨				五	四
共產黨		二		七	五
其他	九	四	一二	一	一
總計	一八九	一八七	一九四	一九四	一九六

各黨在聯邦院所佔席次一覽表(註四四)

黨別 \ 席數 \ 年次	一九四三	一九四七
自由黨	二	二
激進黨	一二	一二
天主教保守黨	一九	一八
社會民主黨	五	四
農民黨	四	四
其　他	二	四
總　計	四四	四四

　　值得注意者，瑞士的政黨雖多，政見亦各不相同，然而對於瑞士的獨立、中立及對外貿易三大基本原則之維護，則是無分黨派，全國一致，細節上容有歧見，基本上並無差異。(註四五)抑有進者，瑞士人民選舉議員，往往不注意候選人的政見如何，只着重其個人的因素如何，政黨的黨員能否當選，胥視其個人的才識及是否爲當地人民所推崇以爲斷。其結果，一個政黨在國會所提出的議案如爲人民所拒絕，下屆選舉時，該黨黨員仍可繼續當選爲國會議員，絕不因該黨提出的議案會被人民拒絕，而使該黨黨員受到人民的唾棄。這是因爲瑞士採行直接立法制度，國會的立法，人民本可以創制複決的方式加以補救之故。

（四）國會與人民直接立法

　　人民直接立法在瑞士已有一百多年的歷史，一八四八年的『瑞士聯邦憲法』首次採用創制複決之制（註四六），凡憲法修正案均須經人民複決批准後，始生效力，即所謂強制複決是也。一八七四年聯邦憲法修正後，除繼續採用對憲法之強制複決制外，更採用對聯邦國會通過的所有重要法律及決議案任意複決之制。一九二一年以後，任意複決又擴及於未定期限或有效期限十五年以上之條約。至於創制權，一八四八年的憲法僅及於對憲法的全部修改，至一八九一年始再加擴充，對憲法部份修正，亦得提出創制案。因此現在瑞士人民對於創制複決兩權之行使具有三種方式，是即：（1）憲法修正案之強制複決；（2）對憲法修正案之創制；（3）對法律及條約之任意複決。茲分述如次：

（1）對憲法修正案之強制複決

　　憲法修正案，無論是對憲法全部之修正或部份之修正，均須經投票公民半數以上之同意及半數以上之邦之同意，始生效力。所謂半數以上之邦，其計算方法係以每全邦算一票，每半邦算半票（憲法第一二三條第二項），瑞士現有廿二邦，過半數即十一票半。憲法之修正，所以必須經半數以上之邦同意者，乃因瑞士係聯邦國家，憲法中若干條文是專爲保障邦的地位而設，非經多數邦的同意，自不得變更。

　　如國會兩院中之一院提出全部修改憲法之議案而另一院表示異議，或經有表決權之瑞士公民五萬人申請修改憲法之全部時，此際應先提請公民複決，倘得投票公民過半數之贊可，則國會兩院應即解散重選，由新國會議員制訂憲法草案，完成後再提請公民及各邦議會複決。（參照憲法第一二〇條）

(2) 對憲法修正案之創制

到目前為止，瑞士人民對於創制權的行使，仍以對憲法之創制為限，尚未及於一般法案之創制。人民欲對憲法提出創制案，須經五萬公民之簽署，向聯邦國會提出之。公民的創制案，可以僅提立法原則，亦可詳細規定條文內容。若為條文創制，則該案經國會同意後，即交付人民及各邦表決。如國會對人民所提之條文內容不表贊成，它可另提對案附於原創制案中，一並交付複決，聽由選民取捨。倘所提者僅為原則創制，則兩院對其所提原則均表同意時，即應依其原則擬訂詳細條文內容，交付人民及各邦表決之。如兩院不表同意，則應將其提案交付選民複決（此際之複決各邦無表決權），以探求選民對此案所抱持之態度。複決時如選民亦表反對，則此案即行打消；如選民多數贊成，則國會應即擬訂詳細條文，再提請人民及各邦複決批准。（參照憲法第一二二條）

(3) 對法律及條約之任意複決

所謂任意複決，即人民得對國會通過的法律，經一定人數之申請，要求加以複決。依瑞士聯邦現行憲法規定：聯邦之普通法律得經三萬公民或八邦之要求，由人民複決之。此一原則，對於無緊急性之一般議案，亦適用之。（憲法第八十九條第二、三兩項）國際條約不規定期限或其期限在十五年以上者，經三萬公民或八邦之要求，亦得由人民複決之。（同條第四項）法案或議案是否具有緊急性，由聯邦國會決定之。易詞言之，聯邦國會如認為某一法律具有緊急性，它可以拒絕提付複決。更值得注意者，聯邦行政委員會所發佈的命令，是不受複決的，即使國會以授權的方式賦與行政委員會以廣泛的命令權，人民亦不得要求複決。由於這兩種情形，使人民的任意複決權受到極大的限制。而在二次世界大戰期中，國會又每以國家處於戒嚴狀態中為詞，常宣稱其所通過的法律具有緊急性質，而拒絕交付人民複決，幾致動搖瑞士直接民主的精神。瑞士人民有鑒於此，故在一九四九年有『還到直接民主』(return to direct democracy) 創制案的提出，以期改革上述情弊。^(註四七)

自一八四八年『瑞士聯邦憲法』採用直接民權制以來，至一九四九年三月為止，一百年間瑞士人民對於直接民權之運用凡一百五十次。^(註四八)其中對憲法強制複決者五十五次，對法律任意複決者五十二次（包括一九二三年一件國際條約的複決），對憲法創制者三十五次，創制案而附有聯邦國會的對案者八次。在五十五次的憲法強制複決中，三十八次獲通過，十七次被否決。在五十二次的法律任意複決中，經複決生效者僅十六次，其餘三十六次均遭撤銷。在三十五次憲法創制案中，獲得複決批准者僅有五次，其餘三十次均被否決。而在附有聯邦國會對案的創制案中，八次倒有六次獲得通過，可見國會的意見是極受人民重視的。^(註四九)

從上述瑞士的實際經驗來看，在人民直接立法中，似乎複決權比創制權更為重要。此乃由於創制權不能單獨行使，創制案提出後，必然還要經過複決的階段，所以複決權是基本的。也就是說，複決權才是控制憲法和法律最後作用的主要手段。

綜而言之，瑞士的委員制，一方以國會統領行政和司法，他方又用人民直接立法控制國會。人民有複決權，可以撤銷自己反對的法律，同時又有創制權，得以制定自己所需要的憲法。最後權力仍操於人民自己之手，這是委員制的真正精神。

附註

註一：James Bryce, Modern Democracies (2 vols., New York, 1921), Vol. 1, p. 327, cited in W. B. Munro and M. Ayearst, The Government of Europe (4th edition, New York, 1959), p. 736.

註二： See John Clarke Adams and others, Foreign Governments and Their Backgrounds (New York, 1950), p. 463.

註三： James T. Shotwell (ed.), Governments of Continental Europe (revised edition, New York, 1952), p. 333.

註四： John Clarke Adams and others, op. cit., p. 494.

註五： James T. Shotwell (ed.), op. cit., pp. 333–334.

註六： Ibid., p. 334.

註七： 新加盟之五邦時間的先後如次：Luzern (1332), Zürich (1351), Zug (1352), Glarus (1352), Bern (1353)。See James T. Shotwell (ed.), op. cit., p. 331.

註八： Ibid.

註九： Ibid., p. 335.

註一〇： Ibid., p. 331.

註一一： Unterwald 於一一五〇年分爲 Upper Walden 及 Lower Walden 兩半邦，Appenzell 於一五九七年分爲 Appenzell Exterior Rhodes 及 Appenzell Interior Rhodes 兩半邦，Basel 於一八三三年分爲兩半邦。

註一二： Fritz Morstein Marx (ed.), Foreign Governments (2nd edition, New York, 1952), p. 382.

註一三： James T. Shotwell (ed.), op. cit., p. 347.

註一四： Fritz Morstein Marx (ed.), op. cit., p. 382.

註一五： W. B. Munro and M. Ayearst, op. cit., p. 739.

註一六： 關於民族院議員的數目，在許多英文著作中均不一致，有謂一百九十四名者，見 F. M. Marx (ed.), op. cit., p. 381；有謂一百九六名者，見 J. T. Shotwell (ed.), op. cit., p. 346；有謂一百九十九名者，見 J. C. Adams and others, op. cit., p. 466；亦有謂二百名者，見 W. B. Munro and M. Ayearst, op. cit., p. 739。惟據『瑞士聯邦憲法』規定，每二萬四千人選舉議員一人（憲法第七十二條），現在瑞士人口約五百二十萬，民族院的實際議員當已超過二百名，本文所以取各說中之最多者，其原因在此。

註一七： F. M. Marx (ed.), op. cit., p. 381; See also W. B. Munro and M. Ayearst, op. cit., p. 73.

註一八： 但新教的牧師得爲候選人，惟須先辭去教職。See W. B. Munro and M. Ayearst, op. cit., p. 739.

註一九： J. T. Shotwell (ed.), op. cit., p. 347.

註二〇： 本條原文請參照 Russell F. Moore. Modern Constitution (1957), pp. 271–272.

註二一： W. B. Munro and M. Ayearst, op. cit., p. 740.

註二二： F. M. Marx (ed.), op. cit., p. 380.

註二三： Ibid., p. 381.

註二四： J. T. Shotwell (ed.), op. cit., p. 348.

註二五： Ibid.

註二六： W. B. Munro and M. Ayearst, op. cit., p. 740.

註二七： J. T. Shotwell (ed.), op. cit., p. 348.

註二八： J. C. Adams and others, op. cit., p. 415.

註二九：Ibid.
註三〇：W. B. Munro and M. Ayearst, op. cit., p. 741.
註三一：Ibid., Note 12.
註三二：F. M. Marx (ed.), op. cit., p. 378.
註三三：關於各部的組織及職掌，請參見 J. C. Adams and others, op. cit., pp. 434–448; see also J. T. Shotwell (ed.), op. cit., pp. 352–353.
註三四：F. M. Marx (ed.), op. cit., p. 379.
註三五：聯邦行政委員會的職權，列舉於憲法第一〇二條，共有十六項之多，請參照。
註三六：W. B. Munro and M. Ayearst, op. cit., p. 743.
註三七：J. T. Shotwell (ed.), op. cit., pp. 351–352.
註三八：Ibid., p. 354.
註三九：Ibid.
註四〇：J. T. Shotwell (ed.), op. cit., pp. 358–366; John C. Adams and others, op. cit., pp. 422–426; W. B. Munro and M. Ayearst, op. cit., pp. 748–750; F. M. Marx (ed.), op. cit., pp. 387–390.
註四一：J. C. Adams and others, op. cit., pp. 425–426.
註四二：聯邦禁令於一九四五年廢止，Vaud 邦的憲法修正案於一九四六年十一月十七日由人民複決廢止，Geneva 邦的憲法修正案於一九四六年二月十日廢止。See J. C. Adams and others, op. cit., p. 426.
註四三：J. T. Shotwell (ed.), op. cit., p. 361.
註四四：Ibid.
註四五：W. B. Munro and M. Ayearst, op. cit., pp. 749–750.
註四六：複決之制始於美國，美國麻薩諸塞州於一七七八年首先採用此制。法國革命時，法軍侵入瑞士，並在該地建立赫爾維迪共和國（Helvetic Republic），始將此制帶入瑞士。F. M. Marx (ex.), op. cit., p. 390.
註四七：J. T. Shotwell (ed.), op. cit, p. 342.
註四八：Ibid., p. 343, Note 17.
註四九：Ibid., p. 343. 另說謂自一八四八年至一九四二年，選民複決通過的修憲案凡四十六件，拒絕者為四十三件。複決批准的法律凡十六件，否決者三十一件。又自一八七四年至一九四四年，選民複決通過的憲法創制案為七件，否決者為二十八件。F. M. Marx (ed.), op. cit., pp. 391–392.

論美國參院對條約的否決

美國憲法第二條第二項第二款規定：『總統經參院之勸告及同意，有權締結條約，但須獲得出席參議員三分之二的贊成。』根據此一規定，我們可以知道，參院欲否決一件條約，有積極的與消極的兩種方式。

就積極言，參院對於一件條約的表決，倘未獲得出席參議員三分之二的多數贊成，該條約即當然被否決。此際參院例須通過一項決議，說明該約已遭否決，參院不給與『勸告及同意』（Advice and Consent），連同原條約，一併退還總統。(註一)但若該約表決時，贊成票已超過出席參議員之半數，則這些贊成份子，得另行通過決議，拒絕將原約退還總統，此因條約之批准，固須得出席參議員三分之二的可決，但其他決議僅須得出席參議員過半數之贊成即可。(註二)一八九二年五月參院對法國引渡條約（一八九二年三月廿五日簽訂）表決的情形，可為一例，該約雖未獲出席參議員三分之二的贊成，但因贊成票已超過出席參議員之半，故未退還總統，其後並經參院修正通過。(註三)

就消極言，參院對於一件條約根本不舉行表決，而擱置不理，在此情形，雖非明示的否決，但參院不採取行動，條約即無由公佈生效，故亦與否決無異。造成這種情形的原因，不外下述諸端：（1）參院三分之一以上的議員不願批准某件條約的意向已甚顯著，在此場合，參院外委會提出的審查報告中，例皆建議加以擱置，此種建議大率為院會所採納，而無需再舉行同意投票。（二）參院對某件條約根本缺乏興趣，即使外委會已提出審查報告，院會亦不加以討論或提付表決。（三）外委會不向參院提出審查報告，參院無從討論或舉行表決，此種情形雖少，亦非絕無其例。

自一七八九年至一九三五年，參院所否決的條約共計六十二件，就中積極投票否決者十七件，消極擱置不理者四十五件。(註四)自一九三五年參院否決常設國際法院規約後，迄今未聞再有否決條約的情事。(註五)茲將參院所否決的六十二件條約，依其性質，分為十四類，略述其締約經過與參院否決的情形。

（一）仲裁條約

參院所否決的仲裁條約（Arbitration Treaty）共四件：

（1）**美英賠償仲裁條約** 該約又名 *Johnson-Clarendon Treaty*，其目的在解決南北戰爭期間英國對美國的損害賠償問題。美國南北戰爭時，英國協助南軍，不僅讓南軍利用其港口攻擊北軍，且供給南軍戰艦，其中最著名者為『阿拉巴馬號』（Alabama），致使北軍蒙受重大損失。戰爭結束後美國乃向英國要求損害賠償。(註六)雙方幾經談判，於一八六九年一月十四日簽訂一項賠償仲裁條約，西華德（William H. Seward）國務卿與詹遜（Andrew Johnson）總統對該約均表滿意，乃即送往參院審議，並促請參院儘速通過。但參院外委會於一八六九年二月十八日對該約提出的審查報告中，提出了相反的意見。同年四月十三日參院就該約舉行表決，結果五十四票反對，一票贊成，該約終遭否決。

參院否決此一條約，主要原因有二：（一）國會與詹遜總統意見不合，『凡詹遜總統的所作所為，均為其在國會中處於領導地位的政敵所不取』(註七)。（二）其時美國正彌漫著強烈的反英氣氛,當『阿拉巴馬號』與『佛羅里達號』(Florida)逃脫時,美國大部份人民曾主張對英國宣戰。(註八)一八六六年,國會爲對英國施予報復,特別修改中立法,允許將戰艦及軍需品售與他國,並對加拿大反英的『費尼安運動』(Fenian Movement)表示同情。(註九)一八六七,當英國與阿比西尼亞(Abyssinia)作戰時,美國參院又通過決議,將英國在南北戰爭中曾經給與南方聯邦同盟(Confederate States of America)的同樣權利,給與阿比西尼亞。(註一〇)參院外委會主席薩姆納(Sumner)更是反英的最激烈份子。薩氏籍隸麻薩諾塞州,爲一道地的北方人,素極反對奴隸制度。而在內戰期間,麻州的船隻遭受南軍的野蠻攻擊,損害最爲慘烈,使他對幫助南軍的英國更爲痛恨。他堅決反對該項賠償仲裁條約,因爲該約所加諸英國的賠償責任過於輕微。他認爲由於英國承認南方聯邦同盟的交戰權利,使美國內戰至少延長了兩年。他堅持英國不僅須賠償被毀船隻的損失,而且須賠償因此等船隻被毀而遭受的商業上的間接損失,並負擔戰費之半。他根據此等項目所開列的賠償總額,約爲廿五億美元。(註一一)此與約中規定的賠償數額,相差懸殊,而爲薩姆納反對該約最有力的一個藉口。

參院對此一條約的否決,使兩國間的關係愈形惡劣,而使此一賠償問題,延至一八七一年始在『華盛頓條約』(Treaty of Washington)中予以解決。(註一二)該項條約亦曾在參院受到猛烈抨擊,但因該約已使美國所受的間接損失得到相當補償(註一三),終在參院獲得通過。惟須指出者,參院爲使該約順利通過,曾破例免除薩姆納的外委會主席職務。因薩氏爲著名的反英份子,倘仍任其居外委會主席之職,必使該約之通過遭遇極大的阻撓。(註一四)

(2) **美英邊界仲裁條約** 該約係於一八六九年一月十四日,與 *Johnson-Clarendon Treaty* 同時簽字,締約的目的在使兩國西北水道邊界糾紛,得以仲裁的方式解決之。該約簽字之翌日即送往參院審議,但參院既已否決 *Johnson-Clarendon Treaty*,對於該約根本不願再採取任何行動,故其失敗的原因,可謂與前項條約完全相同。惟其實質內容,亦已涵納在一八七一年的『華盛頓條約』中。

(3) **美墨賠償仲裁條約** 該約係於一八八二年七月十三日簽字,其目的在處理美國在墨西哥的兩家採礦公司 Benjamin Weil 和 the La Abra Mining Companies,因墨國政府的干涉而引起的損害賠償問題。一八七六年一月卅一日,兩國聯合委員會判給上述兩公司一,二五〇,〇〇〇美元的賠償費。墨國政府對此提出抗議,認爲係一種詐欺行爲。一八七八年六月十八日,美國國會下令進行調查,阿瑟(Chester Alan Arthur)總統亦於一八八一年下令暫停支付賠償費。(註一五)一八八二年七月十三日兩國簽訂一項條約,約中規定,美國應就此一問題再舉行充分調查,藉以確定此一賠償事件的真僞。調查工作係由參院外委會負責主持。從該委員會所聽取的連篇累牘的證言中,我們可以清楚地看出,壓力團體(Pressure Group)對於國家的締約行爲,亦有極大的影響,而此兩個公司神通的廣大,甚至足以左右參院的投票。一八八六年四月廿日,參院對此一條約舉行投票,終以三十二票對廿六票加以否決。(註一六)

參院對此一條約的否決,無異給與上項詐欺行爲一種庇護。一八九二年該案提交賠償法庭裁決。一八九七年賠償法庭對該案裁定,確認該案有僞證行爲。一九〇二年國會通過決議,撥款補償墨西哥的損失。由於參院的不察,致使一種詐欺行爲的存在,延續了廿六年,實大有損於美國參院的威望。

(4) **美英強制仲裁條約** 一八九〇年,美國國會通過一項決議,要求哈里遜(Benjamin Harrison)總統與英國進行談判,將兩國間不能藉通常外交途徑所能解決的任何糾紛,交由仲裁解決。三年後英國下院亦通過類似決議。于是兩國於一八九七年一月十一日簽訂

了一項 *Olney-Pauncefote Treaty*。克里夫蘭（Stephen Groyer Cleveland）總統於該約簽字後，立卽將其送往參院審議。參院外委會提出的審查報告中，雖建議加以批准，但其建議頗爲勉强，因該項建議在外委會舉行表決時六位共和黨委員雖有五人贊成，四位民主黨委員却有三人反對。一八九八年五月五日，參院對該約舉行最後的同意投票，結果四十三票贊成，廿六票反對，距必須的三分之二多數僅差三票，而遭否決。(註一七)

參院否決此一條約，原因非止一端。從荷爾（Hoar）參議員所提修正案之獲得參院五十四票對十三票通過一點觀察，我們不難看出，參院大部份議員對於該約的適用範圍，特別得將領土糾紛交付仲裁一點，深懷疑懼。因此他們堅持，除非事先獲得參院的同意，不得將兩國間未來的任何糾紛交付仲裁。(註一八)

其次，克里夫蘭總統與參院交惡，以及英國爲採取金本位的主要國家，亦爲該約遭參院否決的主要原因。『在投反對票的廿六位參議員中，許多都是主張採取銀本位的人，而他們之中大部份均是克里夫蘭的死敵』。(註一九)

國務卿奧爾尼（Richard Olney），在其於一八九八年五月八日致懷特（Henry White）的一封信中，曾列舉該約所以遭參院否決的各項原因。他認爲，除極端族國主義（Jingoism）、參院對克里夫蘭政府的措施不滿，以及造船商因迫切希望擴充海軍從而向參院施予壓力外，尙有兩項根本的原因：第一，係因參院經常有控制行政機關的意圖，因此當其對條約行使同意權時，他們不是完全否決，就是按照其『永無錯誤』的意思加以修改，藉此貶抑行政機關，並向世界顯示參院的偉大。第二，係因英國爲金本位制度最顯著而有效的支持者，使主張銀本位制度的參議員極爲反感。他並引述洛奇（Lodge）對此一問題所發表的激烈演說，表示此種反對金本位制度的情緒，影響了東部參議員對該條約的態度。(註二〇)

（二） 設立地位條約

參院所否決的設立地位（包括領土的讓與、合併與確定邊界）條約共幾件：

（1）**德克薩斯合併條約**　『德克薩斯合併條約』（*Treaty of Texas Annexation*）係於一八四四年四月十二日簽字，同年四月廿二日送往參院審議。參院於六月八日，以十六票對三十五票，加以否決。

一八四四年初，泰勒（John Tyler）總統任命素極維護奴隸制度的參議員卡爾洪（John C. Calhoun）爲國務卿，此爲泰勒政府準備擴充奴隸制度或增加新奴隸州的警兆，北方參議員立刻提高警覺，嚴陣以待。因此當『德克薩斯合併條約』送往參院審議時，北方議員立卽表示强烈反對。他們指責泰勒政府簽訂此一條約的主要目的，乃是蓄意擴充奴隸制度，而認爲無法容忍。故此一條約之否決，實爲自由州與奴隸州鬥爭的直接結果，而爲其後南北戰爭的前奏。(註二一)

當泰勒總統將此一條約送往參院審議時，正值民權黨（Whig Party）召開全國代表大會的十天前，此乃一極爲不智之舉。因就當時的情形言，民權黨提名克萊（Clay）爲總統候選人已成定局，而克萊爲對此一條約的堅强反對者，則爲衆所週知的事。克萊旣被民權黨提名爲總統候選人，當然會加强該黨對此一條約的反對態度。其時參院的陣容，民主黨佔廿三席，民權黨佔廿九席。民權黨的廿九位參議員，除密西西比州（Mississippi）的漢德遜（Henderson）一人外，其餘廿八人均爲克萊的支持者。(註二二)故在三十五張反對票中，廿八票屬於民權黨，七票屬於民主黨。(註二三)

要而言之，此一條約遭參院否決的原因有三：（一）北部議員堅決反對擴充奴隸制度與增加新奴隸州。（二）參院為民權黨所控制。（三）泰勒總統與卡爾洪國務卿不孚時望。

在此值得指出者，德克薩斯的合併，雖因此一條約的被否決而暫時作罷，但合併的目的，於一八四五年即告完成。不過此時的總統，已不是泰勒，而是波克（James Knox Polk）；合併的方式，亦不是經由條約，而是根據一八四五年三月一日國會兩院各以多數票通過的聯合決議（Joint Resolution）而已。(註二四)

(2) **丹麥讓與西印度羣島條約** 一八六七年十月廿四日美國與丹麥所簽訂的讓與丹屬西印度（West Indies）條約，參院未採取任何行動。參院外委會雖曾於一八七○年三月十七日提出對該約的審查報告，但參院並未加以討論。參院所以對該約置之不理，主要係對西華德國務卿的作為不滿所致。(註二五)

(3) **聖多明各合併條約** 聖多明各（San Domingo）合併問題的解決，雖為詹遜政府努力目標之一，但西華德國務卿始終未能與多明尼加共和國總統裴資（Baez）獲致協議。迨格蘭特（Ulysses Simpson Grant）總統上臺，裴資又向美國政府提出諾言，假如美國能助他對抗其政敵卡布雷爾（Cabral），他願將聖多明各無條件讓與美國。其時美軍正切望在多國的薩馬拉灣（Samana Bay）獲得一個海軍基地，格蘭特乃立即對裴資的建議表示接受，格氏並認為『合併聖多明各，可以增加一個移民的地方，而有助於黑人問題的解決』(註二六)。費喜（Hamilton Fish）國務卿雖對此一計劃極不贊成，但經不起格蘭特的勸說，終於勉強順從格蘭特的意思。格蘭特乃即派其軍事顧問巴布科克將軍（General Orville E. Babcock）前往多明尼加談判，並授權其與多國政府簽訂兩項條約。一為『聖多明各合併條約』，一為『薩馬拉灣租借條約』。談判甚為順利，兩項條約於一八六九年十一月廿九日同時簽字。格蘭特總統於收到此兩項條約的約本後，即與參院外委會主席薩姆納舉行私下會商，要求其予以支持，薩姆納當亦表示首肯。(註二七)格蘭特既得薩姆納的承諾，乃於一八七○年一月十日將該兩項條約送往參院審議，並於三月十四日專函參院，要求參院於條約所規定的批准期限內採取行動。適在同日，參院外委會提出對『聖多明各合併條約』的審查報告，建議參院不予通過。薩姆納於將外委會之審查報告向參院提出時，曾發表一項為時四小時的長篇演說，對該項合併條約備加攻擊。格蘭特對薩姆納之違背諾言，至為憤怒。他曾從多方面作最大的努力，期挽救該約遭致否決的命運。但一八七○年六月卅日參院舉行最後表決時，仍以廿八票對廿八票，加以否決，而薩姆納參議員亦為投反對票者之一。(註二八)

此一條約被否決的主要原因，係因大多數參議員反對再使新的黑人成為美國的公民。(註二九)事實上，格蘭特的閣員對於此一合併，亦不表贊成。當格蘭特就聖多明各的合併問題，向他的閣員們徵詢意見時，沒有一人表示同意。(註三○)就我們看來，讓一個文化完全不同的黑人地區與美國合併，即非重大錯誤，亦不能算是明智之舉。

(4) **薩馬拉灣租借條約** 此一條約之締約緣起及經過，已於前節中附帶提及。由於參院已否決聖多明各條約，使該條約亦受到連帶的影響，參院根本未對此一條約加以審議。

(5) **繆袠拉島租借條約** 一八七二年二月十七日，一個未經合法授權的美國海軍官員，代表美國與薩摩亞（Samoa）簽訂一項租借繆袠拉島（Island of Tuituila）為美國海軍基地的條約。(註三一)該約係於同年五月廿二日送往參院審議，參院未對該約採取任何行動。事實上，格蘭特總統對該約應否批准，亦感猶豫。他在將該約送往參院審議時的咨文中說：『我願建議同意貴院批准此一條約，因為他對保衛美國，似乎有所裨益。』(註三二)總統與參院均對該約缺乏興趣，似乎是該約被擱置的主要原因。自然，簽字代表的未經合法授權，也是該約不受重視的原因之一。

(6) **美英邊界條約** 該約係於一八九七年一月卅日簽字，同年二月廿二日送往參院審議。一八九七年三月十日參院外委會提出審查報告，建議無條件通過。但在院會中討論時，意見非常分歧，結果於一八九九年十一月六日決議再付審查。其後外委會未再對該約提出審查報告，該約乃被無限期擱置。(註三三)

(7) **夏威夷合併條約** 該約係於一八九七年六月十六日簽字。早在一八九三年二月十五日，美國即曾與夏威夷（Hawaii）簽訂過一件合併條約。但因此一條約送往參院審議時，參院會期行將結束，未及完成審議手續即告休會。不久克里夫蘭就任總統，他對此一合併不表贊同，乃將此約自參院撤回。一八九六年共和黨舉行全國代表大會時，大多數共和黨人均主張夏威夷應與美國合併。同年十一月大選，共和黨候選人麥金萊當選總統。麥氏為順應黨內要求，乃於一八九七年六月十六日，再與夏威夷簽訂一項合併條約，並立即送往參院審議。麥金萊總統在其將該約送往參院審議的咨文中指出：『夏威夷與美國合併，不僅適宜，而且必要』。(註三四)

該約送往參院後，其約文及附件即被公佈，輿論對該條約的反應頗為分歧。麥金萊總統在其於一八九八年初向國會提出的年度咨文中，力促參院儘速通過該項條約。但參院的民主黨議員及部份共和黨議員，均對該約公開表示反對。因為合併夏威夷，將使他們所代表的某些經濟利益受到威脅。就當時的情勢言，該約欲在參院獲得三分之二多數票的通過，極為困難。(註三五)

一八九八年四月，美、西戰爭爆發，情勢的變遷，使美國迫切需要在加里福尼亞與菲律賓之間，獲得若干基地。參院既已顯示對『夏威夷合併條約』的反對態度，麥金萊政府乃決定倣效德克薩斯的合併方式，再次要求國會兩院通過聯合決議，以達到合併夏威夷的目的。(註三六)實則美、西戰爭爆發後，該約要在參院獲得三分之二的通過，並非難事，只是麥金萊不敢冒險而已，合併的目的既達，參院也就未再對該約加以討論。

(8) **第一次松島讓與條約** 一九○三年七月二日美國與古巴簽訂的『第一次松島讓與條約』（Isle of Pines Treaty），因參院未及時採取行動，致沒有交換批准。(註三七)參院外委會原於一九○三年十一月十日提出審查報告，建議通過，但參院未能於一九○四年二月二日以前完成批准手續。依該約第四條之規定：『本條約應於簽字之日起七個月內，在美京華盛頓交換批准書。』致使該約無法發生效力。(註三八)

(三) 運河水道與通路條約

參院所否決有關運河、水道與通路的條約共七件：

(1) **美尼友好通商航海條約** 一八四九年九月四日，美國與尼加拉瓜（Nicaraqua）簽訂的『友好通商航海條約』（Treaty of Amity, Commerce and Navigation），係於一八五○年三月九日送往參院審議，參院未予採取行動。泰羅（Zachary Taylor）總統對該約應否批准，頗感猶豫。他害怕假如美國批准該約，可能開罪英國，而導致嚴重後果。他在將該約送往參院審議的咨文中說：『本條約第三十五條的規定，顯然承認尼國對運河區的主權與財產權。批准本約，勢將使我們牽入與英國的糾紛中。不過我對該約經過慎重攷慮後，認為尼加拉瓜的要求是公正的……而保障正義正是我們的責任。』(註三九)參院不對該約採取行動，可能係由於總統對該約的不確定態度所致。

(2) **美墨交通通路條約** 一八五九年十二月十四日，美國與墨西哥簽訂的『交通通路條約』（Treaty of Transit and Communications），係於一八六○年一月四日送往參院審議。

此一條約對於保障美國在德洪特畢克道（Tehuantepec Route）的權益，具有重大價值。依該約的規定，美國應付與墨西哥四百萬美元的代價，其中二百萬元須於交換批准時支付，其餘二百萬元則保留給予美國公民向墨西哥所要求的賠償。勃萊克（Jeremiah S. Black）國務卿為使參院順利通過，曾與參院外委會舉行私下會商，請求彼等加以支持。但參院於一八六〇年五月卅一日舉行表決時，以十八票對廿七票，予以否決。同年六月廿七日雖經臨時動議，對該約重加攷慮，並經決議留待次屆國會處理，但次屆國會的參院並未對該約再加審議。

從該約投票的情形及輿論對該約的評論看，顯示該約被否決的主要原因，是由於地域觀念與政黨的鬥爭。投贊成票的十八位議員，全部屬於民主黨，而十四人係來自南方；投反對票的二十七位議員，廿一人屬共和黨，六人屬民主黨，就中廿三人來自北方，四人來自南方。故『紐約論壇報』（New York Tribune）指責『該約係擁護奴隸制度者的陰謀，旨在擴充奴隸區域或增加奴隸人口』(註四〇)。

(3) **美哥第一次運河條約**　一八六九年一月十四日，美國與哥倫比亞簽訂一項有關運河通行的條約。參院雖曾加以討論，並有通過的意向，但因哥國國會拒絕批准，參院並未對該約舉行表決。(註四一)

(4) **美哥第二次運河條約**　美、哥第一次運河條約既因哥國國會反對而失敗，兩國乃於一八七〇年二月廿六日，再度簽訂一項類似的條約。但該約送往哥國國會審議時，哥國參院又加以猛烈抨擊，該院堅持，締約雙方應與其他國家謀取一項共同協議，於締約國之一與他國交戰時，交戰雙方的軍艦均禁止通過運河。由於哥國的條件太苛刻，遂使該約不能為美國所接受，故美國參院未對該約採取行動。(註四二)

(5) **美尼運河通行及基地租借條約**　一九一三年二月八日，美國與尼加拉瓜簽訂一項條約，美國同意給與尼國三百萬美元，作為美國取得尼國一條運河的排他通行權、在芳西嘉灣（Gulf of Fonseca）取得一處海軍基地以及大小穀島（Great Corn and Little Corn Islands）九十九年的租借權的代價。該約係在塔虎脫（William Howard Taft）總統任內簽訂，當其送往參院審議時，國會行將休會，參院無法於塔虎脫任期屆滿前完成對該約的審議手續，次屆國會的參院亦未再加討論，該約遂被擱置。總統改選，國會易屆，也許是該約遭擱置的主因。(註四三)不過該約的主要條款其後併在 Bryan-Chumorra Treaty 中，此項條約係一九一七年二月十八日批准。

(6) **美哥（哥斯達里加）運河建設條約**　一九二三年二月一日，美國與哥斯達里加（Costa Rica）簽訂一項有關兩國在哥國境內合作建設一條洋際運河的條約。該約係於簽字之翌日送往參院審議，參院始終未採取任何行動。(註四四)

(7) **美加聖羅倫斯深水道條約**　一九二〇年，美國與加拿大兩國政府委託美加國際聯合委員會（International Joint Comission），研究蒙特瑞爾（Montreal）與安大略湖（Lake Ontario）及伊利湖（Lake Erie）之間的聖羅倫斯河（St. Lawrence River）的改良問題，藉使海上航運能從加拿大東部的聖羅倫斯灣（St. Lawrence Bay），溯聖羅倫斯河而上，經安大略湖與伊利湖，而達於其上游諸大湖，並公平劃分聖羅倫斯河的鉅大水力發電資源。一九三二年七月十八日，兩國根據該委員會提出的報告，簽訂『聖羅倫斯深水道條約』（St. Lawrence Deep Waterway Treaty）。依該約規定，兩國政府應擬訂一項統一的計劃，在聖羅倫斯河中開鑿一條廿七英尺深的水道，改進上游諸大湖間的通道，並建立水力發電廠，藉使水力資源獲得充分利用。完成該計劃所需的費用，過去與將來合併計算，估計為五四三，四二九，〇〇〇美元，由兩國平均負擔；但因加拿大業經花費在該計劃範圍內的改良費用較美國為多，故美國將來應負擔的費用遠較加拿大為多。同時約中規定，密歇根湖（Lake Michigan）亦應包括在該計劃實施範圍以內。這是美國的一項重大讓步，因為密歇根湖早已公認為美國的內湖。

當該約送往參院審議時，參院認其對美國不利，乃於一九三四年三月十四日，以四十六票對四十二票加以否決。該約被否決的原因有三：（一）參院不願密歇根湖包括在該計劃範圍之內；（二）從經濟觀點看，該計劃對美國得不償失；（三）地域偏見，投反對票的都屬於新英格蘭及密西西北河流域等具有航運的州。[註四五]

（四）賠償條約

參院所否決的賠償條約共二件：

（1）**美西賠償條約** 一八六○年三月五日，美國與西班牙簽訂一項賠償條約，藉以解決因古巴（Cuba）當局發佈的一項臨時律令所引起的賠償糾紛。該約於一八六○年五月三日，送往參院審議。參院於同年六月廿七日，以廿三票對十七票，加以否決。根據表決的情形判斷，該約是政黨鬥爭的犧牲品，因為在廿三張贊成票中，廿二票為民主黨，一票屬共和黨，在十七張反對票中，十五票為共和黨，二票屬民主黨。[註四六]

（2）**美墨賠償條約** 一八六二年四月六日，美國與墨西哥簽訂的一項賠償條約，於同年六月廿三日送往參院審議。外委會於七月十二日提出審查報告，參院未加討論，即決議予以擱置。

（五）私人權利條約

參院所否決有關私人權利的條約共三件：

（1）**美英國際版權條約** 一八五三年二月十七日，美國與英國簽訂的一項『國際版權條約』（International Copyright Convention），曾在參院討論經年，最後終被擱置。在參院討論該約期間，許多美國人民團體曾向參院請願，祈求參院不予通過。[註四七]

（2）**美赫廢止移民課稅條約** 一八四六年五月二日，美國與赫斯（Hesse）簽訂的一項有關廢止對移民課稅的條約（Treeaty of Abolition Taxes on Emigration），外委會曾建議予以通過，但參院並未舉行表決。

（3）**美比財產繼承權條約** 一八五三年八月二十五日，美國與比利時簽訂的一項有關財產繼承權的條約，曾在參院審議達七年之久，但最後仍被擱置。

（六）奴隸買賣條約

參院所否決的此類條約僅一件，是即一八二四年十二月十日，美國與哥倫比亞簽訂的『奴隸買賣條約』（Slave Trade Convention），參院於一八二五年三月九日，以四十票對零票，一致加以否決。當該約送往參院審議之時，正值因參院嚴重修正美、英奴隸買賣條約，使英國無法接受，而終使該約未能生效之後。參院既強烈反對美、英奴隸買賣條約於前，自不欲再批准類似的條約於後，這也許就是美、哥奴隸買賣條約遭一致否決的主因所在。[註四八]

（七）漁業條約

參院所否決的漁業條約共三件：

(1) **美英漁業條約** 一八八五年，當民主黨的克里夫蘭就任美國第廿二任總統之時，正值美英兩國的漁業關係，因一八七一年的『華盛頓條約』(Treary of Washington) 中某些條款的有效期限行將屆滿，而陷於惡劣狀態的階段。克里夫蘭要求國會注意此一情勢，但參院為共和黨所控制，對克氏的話相應不理，使此一問題的解決，益增困難。

一八八六年，美英兩國在漁業方面，曾發生一連串的不愉快事件。一八八七年一月十九日，參院外委會就兩國的漁業關係提出一冗長的報告，並建議賦與總統充分權力，於其認為必要時，得拒絕英國與加拿大對美國水域所提出的不公平要求。參院即根據此一建議，通過一項報復性的法案。其時兩國政府正就漁業問題，進行外交談判，此一法案的通過，對於談判的進展，無疑增加一種阻礙。故談判經年，條約始於一八八八年二月十五日正式簽字。克里夫蘭於該約簽字後，立即送往參院審議，並特別致函參院，請其儘速通過。

就條約的內容言，該約不失為一公平的妥協，美國雖有若干讓步，但其所得多於所失，苟能順利付諸實施，至少可暫時平息兩國漁業方面的爭執。但參院於一八八八年八月廿一日對該約舉行表決時，仍以廿七票對卅票，加以否決。

此一條約被否決，原因甚多：美國漁民對於允許英國人所捕之魚進入美國市場銷售的條款，堅決反對；西部人民反對政府對英國所免除美國漁民的關稅給與任何賠償(註四九)；但最重要的原因仍為政黨的鬥爭。當該約在參院審議之時，正值總統選舉之年，有一位共和黨參議員曾經很露骨地表示：『我們不能讓民主黨政府順利解決此一重要爭執而提高其聲譽。』(註五〇)佛琴尼亞州的參議員雷都伯格(Ridleberger)曾預測該約在參院表決時，必係民主黨贊成而共和黨反對。參議員摩根(Morgan)也認為，根據參院共和黨議員的行動，該約實已劫數難逃。(註五一)而最具體的事實，莫過於參院投票的結果，贊成的廿七票全屬民主黨，反對的卅票都是共和黨，沒有一個民主黨議員投票反對，也沒有一個共和黨議員投票贊成，其政黨立場之鮮明，為美國歷史上所罕見。(註五二)

(2) **美英保護與繁殖鮭魚條約** 一九二〇年五月廿五日美國與英國簽訂的一項『保護與繁殖鮭魚條約』(Treaty for the Protection, Preservation, and Propagation of Salmon)，參院從未採取行動。一九一九年九月廿日，兩國原已簽訂一項類似條約，並曾送往參院審議，但威爾遜(Thomas Woodrow Wilson)總統要求將該約撤回，俾便修正其中第二條，使其符合『華盛頓條約』的精神，參院乃於一九二〇年一月十六日將該約退還總統。(註五三)一九二〇年五月廿五日的條約，事實上僅係一九一九年條約的修正本，參院擱置不理，可能是不滿威爾遜撤回前約的行為。

(3) **美英第二次保護鮭魚條約** 一九二九年三月廿七日，美國與英國簽訂的另一項保護鮭魚條約，參院於同年十二月十三日決議加以擱置。

（八）商務條約

在參院所否決的六十二件條約中，命運最慘者，莫過於商務條約，計達十九件，佔總數的百分之三十一。而在此十九件商務條約中，又以互惠商務條約(Treaty of Commercial Reciprocity)所佔的比率最大，計十六件，佔百分之八十四。茲將參院所否決的十九件商務條約，分為一般商務與互惠商務兩組，分述於下：

(甲) 一般商務條約

(1) **美哥和平友好航海商務條約**　一八四四年十二月廿日，美國與哥倫比亞簽訂的一項『和平友好航海商務條約』(Treaty of Peace, Friendship, Navigation and Commerce)，因參院未能於條約所規定的交換批准期限內，完成審議手續，致未發生效力。一八四六年十二月十二日，兩國再簽訂一項類似的條約，參院於一八四八年六月三日，未加修正，即予通過。

(2) **美約商務條約**　一八七九年十月四日，美國與位於馬達加斯加島（Island of Madagascar）以北，孤懸於非洲東海岸以外的一個小島約漢納（Island of Johana），簽訂一項商務條約，該約係於一八八〇年二月廿七日送往參院審議。參院雖曾要求總統提供其發給美國談判代表的訓令，但並未對該約加以討論，參院外委會亦從未對該約提出審查報告，該約遂被擱置。

(3) **美土一般關係條約**　一九二三年八月六日，美國與土耳其簽訂的一般關係條約 (Treaty of General Relations)，雖以一般關係為名，實以通商為主。當該約於一九二四年五月三日送往參院審議之時，立即遭遇國會內外的強烈反對，一九二七年一月十八日，參院對該約舉行最後同意投票，結果以五十票對卅四票被否決。(註五四)

參院所以否決此一條約，乃係對凱末爾（Gozi Mustafa Kemal, Known as Kemal Atatürk）新建立的土耳其共和國缺乏信心，而且對於該約遺棄亞美尼亞（Armemians）的規定表示不滿，因該約某些條款，使人感到對於那些痛苦無告的人民漠視不顧。(註五五)

(乙) 互惠商務條約

(4) **美瑞互惠商務條約**　一八三五年三月六日，美國與瑞士簽訂的互惠商務條約，參院於翌年（一八三六）六月十日以十四票對廿三票，加以否決。(註五六)

(5) **美左互惠商務條約**　一八四四年三月廿五日，美國與德意志的左華奈（German Zollwerein）簽訂一項互惠商務條約，於同年四月廿九日送往參院審議，參院決議予以擱置。參院不批准該約之主要原因，係因該院認為，總統主動與外國簽訂此類條約，已超出其行政權力範圍之外。參議員柯阿特（Choate）在將外委會的審查報告向參院提出時的一篇演說中宣稱：『立法機關為政府的一部門，有關通商事務，應由國會立法規定。』(註五七)他認為由立法機關行使此一職務，遠較行政部門為有效。外委會的審查報告，即係根據此一觀點，建議予以否決。一八四四年十二月十日，泰勒總統曾專函參院，要求加以通過，但參院採取外委會的意見，決議予以擱置。

(6) **第一次夏威夷互惠商務條約**　一八五五年七月廿日，美國與夏威夷簽訂的第一次互惠商務條約，外委會於一八五七年三月十一日提出審查報告時，建議不予通過。參院於同年三月十四日，決議無限期擱置。(註五八)

(7) **第二次夏威夷互惠商務條約**　一八六七年五月廿一日，美國與夏威夷簽訂的第二次互惠商務條約，參院於一八七〇年六月一日，以廿票對十九票，予以否決。不過美國與夏威夷的互惠通商，在一八七五年簽訂的一項條約中，終告實現。(註五九)

卡遜條約（Kasson Treaties）：

一八九七年，美國國會通過『丁格萊關稅法案』(The Dingley Tariff Act of 1897)。該法案第四條授權總統，得對輸入美國之任何貨物或美國所無的天然產品，減少百分之廿的關稅，以期換取他國給與美國的同樣優待，藉以增進美國與其他國家間的互惠貿易。^(註六〇)麥金萊總統根據此一授權，任命卡遜（John A. Kasson）爲特別專員（Special Commissioner），負責與其他國家談判簽訂互惠條約事宜，經卡遜之手而簽訂的此類條約凡十件，連同其他美國代表簽訂的兩件，共爲十二件^(註六一)。其簽字日期與締約國如下：

（8）一八九九年六月十六日美、英關於英屬巴貝多斯（Basbadoes）互惠商務條約。

（9）一八九九年七月十日美、阿（阿根廷）互惠商務條約。

（10）一八九九年七月十八日美、英關於英屬圭亞拉（Guiana）互惠商務條約，

（11）一八九九年七月廿一日美、英關於英屬土耳克斯及開柯斯島（Turks and Caicos Island）互惠商務條約。

（12）一八九九年七月廿二日美、英關於英屬牙買加（Jamaica）互惠商務條約。

（13）一八九九年七月廿四日美、英關於英屬百慕達（Bermuda）互惠商務條約。

（14）一八九九年七月廿四日美、法互惠商務條約。

（15）一八九九年十月廿日美、尼（尼加拉瓜）互惠商務條約。

（16）一九〇〇年六月五日美、丹（丹麥）關於丹屬聖克洛克斯（St. Croix）互惠商務條約。

（17）一九〇〇年六月廿五日美、英（多明尼加）互惠商務條約。

（18）一九〇〇年七月十日美、厄（厄瓜多爾）互惠商務條約。

（19）一九〇二年十一月八日美、英關於英屬紐芬蘭（New Foundland）互惠商務條約。

雖然一八九六年麥金萊得以當選爲總統，及一八九八年中間選舉共和黨得以控制國會，均係得力於其『互惠商務』的政綱^(註六二)，但參院從未對這些條約採取行動。爲期獲得參院通過，這些條約的交換批准期限均曾加以延長，然參院除對法國互惠商務條約舉行過討論外，對其他互惠商務條約根本未予置理。

參院擱置這些條約，原因甚多：『有些參議員因爲這些條約的某些規定，影響他們的地方利益，而加以反對』^(註六三)；生產原料的廠商，因害怕他方締約國的同樣原料輸入美國，影響他們的利益，而力加反對，這些商業團體包括加州等地的水菓種植者、毛質與皮革製造者、糖商、編織品製造商及便宜珠寶製造商等，他們的意見當然對於參院具有很大影響。另外還有一個很重要的原因，誠如關稅委員會（Tariff Commission）提出的報告中所言：『最有力的理由，乃是理論上的互惠與實際上的互惠之間，有着無可避免的差別，從理論言，互惠可以刺激增加貿易的希望，但在實際上，互惠可能導致減少進口貨的關稅，而使國內貨物受到不利影響。抑有進者，美國出口貿易的擴張，並未賴於任何澈底的互惠條件，此一事實，培育了無需與外國訂立互惠商務條約的成見。』^(註六四)

要而言之，參院不通過這些條約的理由，可歸納爲下列幾點：（一）關稅應由法律制定，不應由條約規定。因此有些人認爲這些條約爲違憲，因爲此將剝奪衆院制定進口稅的權力。（二）黨派鬥爭，包括政黨間的鬥爭與政黨內部的派系磨擦。（三）互惠條約無可避免地會削弱國內某些工商業的保障，因而引起許多工商團體的反對。（四）美國的出口貿易日益增加，減少了這些條約的重要性。

（九）引渡條約

參院所否決的引渡條約（Treaty of Extradition）共三件^(註六五)：

（1）**美墨引渡條約**　一八五〇年七月廿日，美國與墨西哥簽訂的引渡條約，於簽字之

當日即送往參院審議，參院遲遲不對該約採取行動。國務卿韋伯斯特（Daniel Webster）曾促請參院注意費爾摩（Millard Fillmore）總統致送該院的一件報告中所提到的一項事實，認為參院有對該約採取行動的必要，他說：『我要請貴院對此事加以鄭重注意，藉以決定該約是否應加反對，如有必要，自可提出修正，以便提請墨西哥政府攷慮。』（註六六）惟參院並未因韋伯斯特的要求，對該約採取行動，該約遂被擱置。

（2）**美英引渡條約**　一八八六年六月廿五日，美國與英國簽訂的引渡條約，其適用範圍頗為廣泛，舉凡竊盜、夜盜、殺人及惡意傷害等罪，皆可成為引渡的對象。克里夫蘭總統曾將該約擱置兩年，於一八八八年七月六日始送往參院審議。參院於一八八九年二月一日對該約舉行最後投票，結果以十五票對卅八票，加以否決。在十五張贊成票中，十票為民主黨，五票為共和黨；在卅八位反對者中，十四位屬民主黨，廿四位屬共和黨。從此一表決結果看，該約之被否決，亦與政黨鬥爭有關。惟其失敗的主要原因，係由於美籍愛爾蘭人的反對，他們曾對該約提出嚴重抗議，並向參院請願，請求不予通過。（註六七）

（3）**美土引渡條約**　係於一九二三年八月六日，與美土一般關係條約同日簽字，而於一九二四年五月三日送往參院審議，參院從未採取行動。參院所以對該約擱置不理，也許係因一般關係條約已被否決之故。（註六八）

（十）保護國與勢力範圍條約

參院所否決有關保護國與勢力範圍的條約（Treaties Affecting Protectorates and Spheres of Influence）共二件：

（1）**美洪經援條約**　一九一一年一月十日，美國與洪都拉斯（Honduras）簽訂一項財政援助條約，藉使洪國免受歐洲債權國的控制。因洪國國會認為該約違反洪國憲法而拒絕批准，故美國參院未對該約採取行動。

（2）**美尼經援條約**　該約係於一九一一年六月六日簽字，締約目的與上項條約完全相同，在使尼加拉瓜（Zicaraque）免於歐洲債權國的干涉。參院不對該約採取行動，似乎並無顯著理由。『是否係因參院反對政府的金圓外交（Dollar Diplomacy），或對該約的本身不滿，不得而知。』（註六九）

（十一）同盟條約

參院所否決同盟性質的條約僅有一件，是即一九一九年六月廿八日與法國所簽訂的『安全公約』（Security Pact）。該約係與『凡爾賽條約』同日簽字，並與『凡爾賽條約』同時送往參院審議，由於凡爾賽條約在參院引起軒然大波，該約之受留難，實為意料中事。參院外委會根本未對該約提出審查報告。（註七○）其時美國正值孤立主義抬頭，參院不願政府在歐洲事務上作任何政治性的承諾，也許是該約被擱置的另一原因。

（十二）多邊條約

參院所否決的多邊條約（Multilateral Treaties）共九件，除『凡爾賽條約』（Treaty of Versailles）與『常設國際法院規約』（The Protocol of the Permament Court of International Justice），因特殊重要，將分別另列專節討論外，本節所討論者僅為七件。在此七件多邊條約中，屬於美洲地區多邊者一件，屬於國際性多邊者六件。而在六件國際性多邊條約中，參院積極投票否決者僅一件^(註七一)，其餘五件只是消極的擱置不理。茲將本節所討論的七件多邊條約，依其簽字時間的先後分述如次：

（1）**工業財產公約** 一八八三年三月廿日，美國簽字加入國際性的『工業財產公約』（*Industrial Property Convention*），並於一八八四年三月十一日送往參院審議。參院外委會對該約提出的審查報告中，建議不予通過，參院乃於一八八四年六月十二日，一致投票否決。阿瑟總統曾要求參院重新玟慮，但參院並未進一步採取行動。^(註七二)

（2）**國際法編纂條約** 一九〇二年一月廿七日，美國與美洲其他國家簽訂一項多邊條約（Codification of International Law），規定有關國際法的編纂事宜。該約係於一九〇五年五月五日送往參院審議，但參院未能於規定批准的期限內及時採取行動。上述國家乃於一九〇六年八月廿三日，另行簽訂一項類似的新約，藉資替代。^(註七三)

以下五件國際性多邊條約，係參院迄未採取行動者，就理論上言，仍在參院審議之中。^(註七四)

（3）**航空公約**（*Convention Regulating Air Navigation*），一九一九年十月卅日簽字，一九二六年十二月九日送往參院審議。

（4）**取締誨淫出版物發行流通公約**（*Convention for the Suppression of the Circulation and Traffic in Obscene Publications*）一九二三年九月十二日簽字，一九二五年二月十日送往參院審議。

（5）**海運貨物提單規則統一公約及議定書**（*Convention for the Unification of Certain Rules Relating to Bills of Lading for the Carriage of Goods by Sea, and a Protocol of Signature Thereto*），一九二五年六月廿三日簽字^(註七五)，一九二七年二月廿六日送往參院審議。

（6）**國際監督戰爭用具與武器貿易公約**（*Convention for the Supervision of the International Trade in Arms and Implement Of War*），一九二五年六月十七日在日內瓦簽字，一九二六年一月十二日送往參院審議。

（7）**禁止在戰爭中使用毒氣及從事細菌戰議定書**（*Protocol for the Prohibition of the Use in War Asphyxiating, Poisonous or other Gases and of Bacteriological Methods of Warfare*），一九二五年六月十七日在日內瓦簽字，一九二六年一月十二日送往參院審議。

（十三）凡爾賽條約

一九一九年六月廿八日，為第一次世界大戰善後，在法國巴黎簽訂的『凡爾賽條約』（*Treaty of Versailles*），威爾遜（Thomas Woodrow Wilson）總統於同年七月十日送往參院審議，參院於一九二〇年三月十九日，以四十九票對三十五票，加以否決。

此一條約之被否決，曾引起美國朝野的激烈爭辯。在一九三〇年代美國出版的許多有關政治與外交方面的著作中，均不惜以最大篇幅，對此一問題作詳盡的剖析。^(註七六)良以『凡爾賽條約』是美國參院所否決的最重要的條約，其影響亦最為深遠。它不僅斷送了威爾遜的政治生命，使美國重入孤立主義之途，而且損害了美國在歐洲甚且在世界的威望，由是種下第二次世界大戰的因子。^(註七七)爰將其締約前後的情勢，參院審議的經過，及其失敗因素，分述於後：

甲　締約前後

幾個世紀以來，世界上許多政治家與哲學家，已經有一種觀念，要藉一個國際聯盟或聯邦組織，來維持世界的和平。廿世紀以來，此種觀念更趨完善，持此主張者亦日益增多。在美國，遠者不談，僅就一九〇〇年以後而言，前輩政治家如老羅斯福（Theodore Roosevelt）、塔虎脫（William Howard Taft）、魯特（Elihu Root）、布里安（William J. Bryan）等人，莫不抱持此種主張，而威爾遜更是使此種觀念成爲制度的設計人。(註七八)

　　一九一二年，威爾遜以一介曾任普林斯頓大學（Princeton University）校長及政治學教授的書生，被民主黨提名爲總統候選人，而以壓倒多數票擊敗進步黨候選人前任總統老羅斯福，及共和黨候選人在任總統塔虎脫，當選爲美國第廿八任總統。(註七九)威氏就任後的第二年（一九一四年七月廿八日），第一次世界大戰爆發，戰爭初期美國保守中立，但其中立的地位，隨着戰爭的進行越來越不穩定，而美國人民對於藉國際聯盟維持世界和平的興趣，亦愈來愈濃厚。一九一五年六月，一千多名著名的美國人，發起組織一個勵行和平聯盟（League to Enforce Peace），倡導在戰爭結束後組織國際聯盟以維護世界和平的運動。一九一六年五月威爾遜對勵行和平聯盟發表演說，對該聯盟所倡導的運動，表示由衷的支持。(註八〇)同年美國大選，威爾遜以避免戰爭、維護和平爲號召(註八一)，當選連任。後因迫于情勢，美國終于在一九一七年四月六日參加第一次世界大戰。一九一八年一月八日威爾遜向國會發表演說，宣佈著名的『戰後和平十四點原則』，其要點爲：以公開方式締結和平條約；實行平時與戰時海洋上的自由；消除各國間的經濟藩籬；裁減軍備；公平調整對各殖民地的權利主張；與俄國合作建立其本身的國策與自己抉擇的制度；依民族自決原則，重新調整歐洲各國的邊界；建立一個『普遍性的國際聯合會』，提供『政治獨立與領土完整的共同保障』。(註八二)就在這一年的夏天，英、法兩國也先後提出了類似計劃。(註八三)一九一八年十一月十一日，德國投降，第一次世界大戰結束。翌年一月十二日，和會在法國巴黎郊外之凡爾賽宮揭幕。

　　巴黎和會爲外交史上的空前盛會，有廿七個國家派有全權代表參加。威爾遜親率美國代表團與會，但在他的代表團中，沒有一個著名的共和黨人。(註八四)這不僅使共和黨深表不滿，卽他自己的國務卿藍辛（Robert Lansing），亦頗不以爲然。(註八五)由於與會的國家太多，和會的大部份問題，均由十人理事會（Council of Ten）決定(註八六)，而十人理事會中，又由美總統威爾遜、英首相勞合喬治（Lloyd George）、法總理克里孟梭（Clemenceau）及意首相奧蘭多（Orlando）四人所把持。二月三日，威爾遜依據其所抱持的十四點和平原則，並參酌英、法等國的意見，作成一個國際聯盟的草案，向和會理事會第一次會議提出，作爲討論的張本。經十天的討論後，決議將其併爲『對德和約』的第一章。大會並於二月十四日將該草案加以公佈。

　　這個草案公佈後，曾在歐洲引起普遍的同情與贊許。不過美國的反應頗不一致。當時還活着的前總統塔虎脫，認爲在這種方式下與世界合作，並沒有損害美國的主權；不少學術界與宗教界的領袖，且認爲這是苦難人類的一種光明的新措施（A Bright New Dispensation）。(註八七)但是反對者亦大有人在，尤以共和黨人爲然。有人認爲，國聯盟約應明白規定，門羅主義（Monroe Doctrine）是美國所保持的政策，國聯不得干預；亦有人認爲，美國必須提出一點保留，卽非經國會明白授權，美國不能分擔盟約第十條及其他有關條款的制裁義務。其時威爾遜已從巴黎返回美國，準備參加國會的閉幕式，他曾對此點提出解釋，他認爲盟約並未規定各國必須參加這種制裁的法律上約束，雖然他不否認具有一種道德上的義務。盟約第十條受到的攻擊最烈，威爾遜認爲該條是『盟約的中心』，不能加以改變。又有人要求盟約應明白規定『一致通過』的原則，更有人希望盟約增加一條『退出聯盟』的規定。(註八八)

參院對此一草案的初步反應,則是要求把整個國際聯盟思想與巴黎談判分開,那就是說,先訂和約,然後再談聯盟。在洛奇(Henry Cabot Lodge)領導下的三十九位共和黨參議員及參議員當選人,於一九一九年三月四日國會閉會時聯合宣稱:『參院認為應首先與德國談判和約,然後小心攷慮設立聯盟,以保障世界永久和平。』(註八九) 這雖不是參院的正式決議,但無異是下屆參院一項非正式的最後通諜,因為三十九位參議員足以否決任何條約。威爾遜於一九一九年三月十三日在他回到巴黎去開會的前夕,曾在紐約發表一項公開演說,對此一挑戰提出答覆,他說:『盟約是條約的一部份,他不僅載在條約裏面,而且互相關聯,把盟約與條約切開,足以毀掉整個重要結構。』(註九〇) 塔虎脫也認為盟約與條約乃不可分割的一整體,他對威爾遜的看法,表示支持。

威爾遜返回巴黎後,美國國內批評與反對此一條約者,日益增加。塔虎脫看到這種情形,頗為驚訝,乃於一九一九年三月十八日電告在巴黎開會的威爾遜,告訴他如欲參院通過此一附有國聯盟約的條約,最好在門羅主義、理事會一致通過的原則,以及退出聯盟等等要點上,加以保留。(註九一) 經威爾遜在會中多方折衝,終於在盟約中增加了一條不影響門羅主義的規定(第廿一條),該條規定曰:『為維持世界和平,本盟約不影響國際合約的致力,如仲裁條約;或地域的諒解,如門羅主義。』同時還爭取到一點修改,即『任何會員國,如有兩年的通知,並完成其應盡的義務,得退出聯盟。』(註九二) 一九一九年六月廿八日,『凡爾賽條約』簽字,和會宣告閉幕。威爾遜於七月十日,將該約送往參院審議。

乙 審議經過

威爾遜委曲求全所獲得的成果,並不能滿足參院反對份子的要求。當該約交付外委會審查時,他們利用延宕、再三傳人作證、提出保留等方法,來進行審議工作,同時一反過去秘密審議的慣例,立刻將聽取的證言加以公佈,對威爾遜展開無情的攻擊(註九三),使人民益發相信,盟約的修改,的確還嫌不夠。威爾遜為爭取輿論對盟約的支持,也使用他最有效的政治武器,到全國各地作演講旅行,呼籲大家贊成國際聯盟,因為那是世界和平的希望;反對一個分開的條約,因為那是遺棄共同作戰盟友的可恥行為。一九一九年九月廿六日,當他正在南部旅行演講時,這位為世界和平奔走呼號的政治家,因工作過度而中風病倒,從此且不再恢復健康,輾轉床褥,至一九二四年二月三日,齎志以歿。(註九四)

一九一九年九月十日,參院外委會提出對『凡爾賽條約』的審查報告,建議四十五點修正與四點保留。(註九五) 這些修正與保留,是以各種想像得出的方法,來保護美國的主權,並使美國擺脫條約中政治與經濟條款下所產生的義務。外委會中的六位民主黨委員,曾建議照原約無條件通過,未被採納。參院對外委會的報告,討論近二月,未獲結論。在最後表決前,參議員洛奇又提出十四點保留(註九六),其內容如下:

(1) 美國保留單獨決定退出聯盟的權利,不管她已否履行盟約的國際義務。

(2) 非經國會通過,美國不承認盟約第十條及其他有關條款所規定:維持任何國家的領土完整與政治獨立;干涉其他國家間的糾紛;或為任何目的而使用美國軍隊的任何義務。

(3) 非經國會通過,美國不接受委任統治權。

(4) 國聯理事會或大會不得討論國內問題。

(5) 宣佈門羅主義完全在國聯管轄權之外,不受該約任何條款的影響。

(6) 美國不認可山東問題的解決,保留完全的行動自由。

（７）國會保留制定法律任命美國駐國聯代表的權利。
（８）非經美國國會允許，賠償委員會無權干涉美國與德國間的貿易。
（９）美國在國聯的費用須由國會通過撥款法案。
（10）美國因受侵略威脅，或參加作戰，有權增加軍備，不受國聯任何裁軍計劃的影響。
（11）美國有權允許住在美國的違反條約國家的國民，繼續其正常關係。
（12）美國有管理美國私人債務、財產與利益的事由。
（13）非經國會批准，美國不認可條約中所設計的國際勞工組織。
（14）保護美國在國聯中對抗大英帝國任何不平等的投票權，即使是對自治領域殖民地的投票。

我們今天回頭來看洛奇的保留，有些地方似乎不像一九一九年那樣難於接受。但當時威爾遜認為完全不能接受，他並要求參院支持他的人力加反對。他說：『加上這些保留，是廢止條約，不是批准條約。』(註九七)

一九一九年十一月十九日，參院對『凡爾賽條約』舉行三次投票。首先表決附有『洛奇保留』的條約，結果以三十九票對五十五票被拒絕。參院民主黨領袖希區科克（Hitchock），建議重新攷慮否決的條約，而僅附上五點保留，即：（一）國會為國聯的制裁，有授予或禁止使用美國武力之權。（二）門羅主義不受國聯干涉。（三）與大英帝國享有平等的投票權。（四）美國得退出國聯。（五）國內問題不受國聯管轄。(註九八)參院就希氏的提議舉行表決，結果四十一票贊成五十一票反對，再遭拒絕。附有保留的條約既兩度被拒絕，參院乃對不附保留的條約再舉行一次表決，結果又以三十八票對五十三票，被否決。

這個條約屢遭拒絕，引起大家矚目，要求參院再表決一次。一九二〇年三月十九日，參院將該約重新提出討論。這一次威爾遜告訴他的支持者，他不反對溫和的保留。可是參院又附上洛奇的十四點保留，還加上第十五點，表示同情愛爾蘭對於爭取獨立的奮鬥，表決的結果，又以三十五票對四十九票，四度被否決。(註九九)

當參院重新攷慮該約之時，威爾遜的摯友豪斯上校（Colonel House）勸他不要表示意見，聽由參院全權處理(註一〇〇)，但威氏拒絕此一聰明的勸告。他於參院最後一次表決前宣稱，如果該約再被否決，他將把它向人民提出，作一次『偉大而莊嚴的複決』。他要把此一問題當作一九二〇年兩黨競選的主題。他堅決反對洛奇的保留，不聽豪斯的勸告，也許因為他有成功的把握。但一九二〇年大選的結果，共和黨獲得空前的壓倒性勝利，共和黨的總統哈定（Warren Gamaliel Harding）於就職後宣稱：『一九二一年三月就職的政府，確定而堅決地放棄參加國聯的所有思想，共和黨執政的美國，現在不打算從邊門、後門或地下室進入國聯。』(註一〇一)共和黨的上臺，使『凡爾賽條約』斷絕了獲得參院通過的希望，而使美國在以後廿年中，一直陷在毫無收獲和畏首畏尾的孤立主義裏。威爾遜身體雖壞，精神仍健，他退隱一旁，以深深底失望，無比底痛苦，眼看他所設計的集體安全制度日趨崩解。威氏畢生以無比大勇爭取的和平原則，一直要到創痛更鉅的第二次世界大戰，將世界震得天翻地覆之後，人們才體認到它的真正價值。(註一〇二)

『凡爾賽條約』既被否決，美國與歐洲戰敗國的善後問題，不能不另謀解決之道。一九二一年七月二日，美國國會宣佈與德國結束戰爭狀態，並通過決議，保留美國根據『凡爾賽條約』所應獲得的一切權利。一九二一年八月廿五日美國與德國單獨簽訂一項簡短條約,德國承認美國國會決議中所要求的一切權利、賠償和利益。同月廿四日與廿九日,又分別與奧國及匈牙利簽訂類似的條約。這些條約均很快地獲得參院通過。(註一〇三)

丙 失敗因素

一 威爾遜與洛奇不睦

洛奇與威爾遜交惡,始於一九一六年,從那時起,兩人的感情日趨惡劣。據貝米斯(Samuel Flagg Bemis)教授在其所著『美國外交史』(*A Diplomatic History of the United States*, 1955)一書中分析,假如當時的總統不是威爾遜,或者當時參院外委會主席不是洛奇,則美國可能已經批准了『凡爾賽條約』,因為洛奇原是擁護國際聯盟原則的,他不僅是一九一五年成立的『勵行和平聯盟』發起人之一,且曾不只一次表示贊成國聯的原則。洛奇反對國際聯盟,主要係因該項條約是威爾遜簽訂之故。(註一〇四)

當美國出席巴黎和會代表團的共和黨籍的代表懷特(Henry White)啓程赴巴黎之時,洛奇曾交給他一項備忘錄。據尼文斯(Allan Nevins)在其所撰亨利・懷特的傳記中透露該項備忘錄的內容說:『洛奇寫了一項長達九頁的備忘錄,作為懷特的指導原則。他充滿信心地認為,這項備忘錄不僅代表共和黨的意見,而且是一般美國人的意見,他要懷特私下告訴他(洛奇)的老友巴爾福(Balfour)、克里孟梭(Clemenceau)和尼廸(Nitti)……威爾遜的意見不能代表美國……這不僅是美國人民的感覺,也是參院的感覺。』(註一〇五)洛奇的意思很顯然,無論威爾遜談判的條約內容如何,只要其中包括國聯盟約或任何其他類似的計劃,他都會加以反對。一九一八年十二月廿一日,洛奇在與老羅斯福舉行一項會議後,公開向盟國提出警告稱:『參院握有一項否決條約的武器,假如條約中不智地加入一些與德國締和無關的條款,這些條款必然會遭遇參院的否決或修改,而不論條約的簽字國有多少。』(註一〇六)當國聯盟約初步草案公佈後,他立卽連絡參院中的三十九位共和黨參議員,聯名發表聲明,堅決反對將盟約併入和約中。

洛奇的感情用事,從下面一段話中,更可得到證明:『洛奇曾私下告訴他的朋友說,他曾研究過總統的心理,他已提出一些總統無法接受的保留,必要時他還準備提出一些。他的目的是要拒絕國聯,而把失敗的責任加到總統身上。』(註一〇七)

假如威爾遜能接受豪斯上校的勸告,對洛奇忍讓為懷,也許洛奇對條約的反對,不會那麼激烈。但他生性剛強,不肯向人低頭。他堅決反對洛奇的保留,並曾在紐約京都歌劇院(Metropolitan Opera House)發表挑戰性的演說,這不僅加深了洛奇的憤怒,也使共和黨參議員大為不滿。因此許多人認為,『凡爾賽條約』的失敗,洛奇與威爾遜都要負責。(註一〇八)

二 政黨鬥爭

『凡爾賽條約』失敗的另一重要因素,為政黨鬥爭。論者以為,假如威爾遜是位共和黨籍的總統,則將同一條約送到同一參院,必可依威爾遜的願望加以通過。亦有人認為假如威爾遜能任命一位共和黨的領袖人物為出席巴黎和會的代表,則該約縱不能獲得參院的無條件通過,至少亦可望把附有某些保留的條約修正通過。(註一〇九)這些都是政黨政治下可能出現的結果。

就事實言,共和黨參議員三十九人的聯合聲明,固係一種政治行動,洛奇吹毛求疵,也未嘗不是本於共和黨的利益。因為他不僅是參院外委會主席,而且是參院多數黨領袖,他要藉此打擊民主黨,為共和黨在大選中爭取選民。從另一方面看,參院民主黨領袖希區科克反對洛奇的保留,也是為民主黨的利益着想,因為對條約少加一點保留,即使人民對政府多有一點信心,從而給與民主黨一個繼續執政的有利機會。

最明顯的事實，也許還在參院投票的本身。一九一九年十一月十九日，參院就附有保留的條約舉行投票時，結果爲卅九票對五十五票，卅五位共和黨議員和四位民主黨議員贊成，四十一位民主黨議員和十四位共和黨議員反對。同日就不附保留的條約舉行投票時，結果爲卅八票對五十三票，贊成的三十八票民主黨佔卅七，反對的五十三票共和黨佔四十六。此一事實顯示，民主黨執意該約須無條件通過，共和黨則堅持必須加以保留或修正。兩黨不妥協的立場，促成該約的失敗。^(註一一○)

三　派系分歧

一九一九前後的參院，共有五個派系：（1）擁護威爾遜的民主黨集團。（2）反對威爾遜的民主黨集團，爲數不多。（3）溫和保留主義者集團，他們原則上贊成通過『凡爾賽條約』，但須提出一些溫和的保留，這一集團有共和黨議員，也有民主黨議員。（4）嚴格保留主義者集團，這一集團都是共和黨，而以洛奇爲其領袖。（5）共和黨中不妥協的死硬派，他們以否決該項條約爲目的，但其人數亦不多。^(註一一一)

在上述五個集團中，第一集團是全力贊成通過的，第三集團是原則上表示支持的，第二與第四兩個集團有些人也不無妥協的餘地，只有第五集團堅決反對，但爲數並不多。假如不是威爾遜堅持其反對任何保留的立場，迫使參院中擁護他的人，甚至連最溫和的保留，也必須投票反對，則第一與第三兩個集團可以攜手合作，再加上第二與第四兩個集團中一些游離份子，則最後一次表決時，未始沒有獲得三分之二必需票的可能。^(註一一二)

四　壓力團體的影響

美國人民支持『凡爾賽條約』者固然很多，反對者亦屬不少。對復仇心切的人來說，這個條約好像太寬大；對許多自由主義者來說，又似太苛刻。另有一部份保守的美國人，怕捲入歐洲的糾紛中，他們捧出歷史，說美國百餘年來都是置身舊世界之外的。^(註一一三)其次，許多美籍外人，特別是愛爾蘭人，都對和約或國聯表示反對。『愛爾蘭人對國聯表示強烈的反對，因爲那是在英國影響下而產生的組織，不會對愛爾蘭的獨立有所助益。』^(註一一四)德裔美人和意裔美人，也都各有他們指責和約條款的理由。這些人民團體曾向參院提出許多請願書或備忘錄，或親自出席參院外委會作證，他們的意見，對於參院，當然不無影響。

（十四）『常設國際法院規約』

一九二〇年六月十六日至七月廿四日，國際聯盟理事會依據國聯盟約第十四條之授權而組織的法律委員會^(註一一五)，在荷蘭海牙（Hague）召開會議，草擬『常設國際法院規約』（*The Protocol of the Permanent Court of International Justice*），以爲設立常設國際法院之準據。一九二〇年十月廿八日該委員會所擬訂之規約草案，獲國聯理事會通過，並於同年十二月十三日提經國聯大會修正通過。自一九二〇年十二月十六起開始由各國簽字，至一九三九年九月一日止，在規約上簽字者已有五十九國，其中五十國且已完成批准手續。^(註一一六)

當『常設國際法院規約』簽訂之時，正值美國參院否決『凡爾賽條約』之後，美國的孤立主義者抬頭，對任何國際組織均不感興趣，故美國當時並未在規約上簽字。一九二一年共和黨既以反對國聯而重握政權，就常理言，美國似不會參加與國聯有密切關係的常設國際法院，但哈定（Warren Gamaliel Harding）政府却出人意表地於一九二三年在『常設國際法院規約』上簽字，並於同年二月廿四日將該規約送往參院審議。^(註一一七)

哈定總統於將該約送往參院之時，曾建議提出四點保留(註一一八)，藉供參院審議時的參玫，但參院外委會遲遲不對該約進行審查。(註一一九)一九二三年十二月三日，哈定在其致送國會的咨文中，曾要求參院對該規約儘速採取行動。(註一二○)參議員洛奇於一九二四年四月四日答稱：外委會甚為忙碌，因參院此刻正進行多項調查工作，使外委會無法湊足開會的法定人數。(註一二一)及至該規約送往參院十四個月後，外委會始組織一小組委員會（Sub-Committee），開始聽取有關該規約的證言。(註一二二)

一九二四年大選，此一問題成為兩黨競選的主題，民主共和兩黨均宣佈贊成美國加入常設國際法院，不過有些參議員私下都表示反對，而共和黨的主要報紙也對該規約取敵對態度。(註一二三)一九二五年波拉（Borah）繼洛奇為外委會主席時告訴外委會說，他反對在此一短短的會期中對該規約加以玫慮。(註一二四)不久國會休會，參院仍未對該規約採取任何行動。

柯立芝（John Calvin Coolidge）就任美國總統後，又於一九二五年三月四日，促請參院採取行動。參院乃於三月十七日決定十二月十七日為該院辯論『常設國際法院規約』之日期，並於一九二六年一月廿七日表決通過(註一二五)，但附有五點保留：（一）美國之加入常設國際法院，不得視為與整個國際聯盟發生法律聯繫。（二）美國得在與其他國聯會員國平等基礎上，參加常設國際法院法官的選舉(註一二六)。（三）在美國國會所許可的限度內，擔負法院的經費。（四）美國得隨時退出法院，法院規約非經美國同意，不得修改。（五）法院對於美國所認為與其有關的問題，非經美國同意，不得發表諮詢意見（Advisory Opinion）(註一二七)。常設國際法院的參加國，對於美國的第一點至第四點保留，表示接受，但對於其第五點保留，則因與法院規約之規定牴觸，拒絕同意。(註一二八)故該規約雖經參院通過，並未加以公佈，而美國亦終未加入常設國際法院。(註一二九)

一九二九年，法院加入國為滿足美國的要求而使其參加法院起見，曾對法院規約加以修改，其要點如下：（一）國聯大會或理事會向常設國際法院請求咨詢意見時，由法院將其事實通知全體有關國家。（二）任何國家得對此請求提出反對，而由其他國家審查，並決定該項反對應否接受。（三）反對不被接受時，該提出反對之國家得退出法院。(註一三○)同年，美國駐伯爾尼（Berne）代辦莫華特（Moffatt）代表美國在修改後的規約上簽字。(註一三一)

當該規約再度送往參院審議時，參院對其修改仍不滿意，而遲遲不採取行動。許多民間團體，包括『婦女選民聯盟』（League of Women Voters）曾向參院請願，要求美國加入國際法院。胡佛（Herbert Clark Hoover）總統亦力促參院儘速通過。但參院相應不理，極儘吹毛求疵之能事，務使將法院規約中任何可能損及美國主權的字句加以剔除。(註一三二)一九三五年一月九日，外委會就向參院提出的審查報告舉行投票，結果以十四票對七票獲得通過。該報告建議參院附加一點保留加以通過。(註一三三)但若干人士對外委會的建議表示不滿，赫斯特系報紙主持人赫斯特（William Randolph Hearst）命令其所控制的各報，對外委會的建議痛加譴責，而考林神父（Father Charles E. Coughlin）更在電臺上發表謾罵式的演說，對美國參加國際法院，堅決反對。(註一三四)

一九三五年一月十六日，當羅斯福（Franklin Deland Roosevelt）總統向參院致送特別咨文，要求通過該規約時，正是美國朝野，對加入常設國際法院問題，重新引起激烈爭辯之時。羅斯福在其咨文中，呼籲兩黨議員捐棄黨派成見，而認為參加國際法院，乃是『顯著健全而徹底的美國政策』，他說：『我希望參院儘速同意美國加入國際法院』，他並懇求『參院的修改或稽延，不要損毀美國參加目的』，他明白宣稱：『美國參加國際法院，不會影響美國的主權。』(註一三五)參院擁護羅斯福的民主黨議員，曾建議羅斯福重施一九三三年執政初期，迫使國會中頑固份子支持政府政策的故技，命令參院民主黨的反對份子，全力求得該規約的通過。因為當時的參院，民主黨擁有六十八席，只要民主黨議員行動一致，無需共和黨的支持，即可順利通過(註一三六)。但羅斯福沒有這樣做，事實上，即使這樣做，亦不會發生效果。此無他，時移勢易，今非昔比，聰明如羅斯福者，豈無自知之明。(註一三七)

一九三五年一月廿九月，參院對該規約舉行最後同意投票，終以五十二票對卅六票，加以否決。(註一三八)

該約失敗的原因，不外下列幾點：（一）輿論未全力支持，如赫斯特系報紙，自始至終都表反對，其堅決的態度，對參院不無影響。（二）國會不願一味為總統的伴食機關，而甘心成為一個『橡皮圖章』，加以民主黨參議員的行動不能一致，遂無法獲得三分之二的必需票數。（三）國聯敗象已露，形同虛設，大國紛紛退出(註一三九)，美國既未參加國聯，自不願於此時參加與國聯有密切關係的常設國際法院。（四）部分參議員及人民害怕參加國際法院，會損害美國的主權。

美國參院否決條約的情形，略如上述，茲為查閱便利，更將參院所拒絕而已為本文所討論的六十二件條約，分為投票否決與擱置不理兩組，各依其締約時間的先後，分別列表於下：

美國參院投票否決的條約（十七件）一覽表

條約名稱	締約國	簽字日期	參院表決日期	參院表決結果 贊成票	參院表決結果 反對票	備攷
奴隸買賣條約	哥倫比亞	一八二四，十二，十	一八二五，三，九	〇	四〇	
互惠商務條約	瑞士	一八三五，三，六	一八三六，六，十	一四	二三	
合併條約	德克薩斯	一八四四，四，十二	一八四四，六，八	一六	三五	
交通通路條約	墨西哥	一八五九，十二，十四	一八六〇，五，卅一	一八	二七	
賠償條約	西班牙	一八六〇，三，五	一八六〇，六，廿七	二三	一七	
互惠商務條約	夏威夷	一八六七，五，廿一	一八七〇，六，一	二〇	一九	
賠償仲裁條約	英國	一八六九，一，十四	一八六九，四，十三	一	五四	
合併條約	多明尼加	一八六九，十一，廿九	一八七〇，六，卅	二八	二八	
賠償仲裁條約	墨西哥	一八八二，七，十三	一八八六，四，十八	三二	二六	
工業財產公約	國際多邊	一八八三，三，廿	一八八四，六，十二	〇	待查	按該約係遭參院一致否決
引渡條約	英國	一八八六，六，廿五	一八八九，二，一	一五	三八	
漁業條約	英國	一八八八，二，十五	一八八八，八，廿一	二七	三〇	
強制仲裁條約	英國	一八九七，一，十一	一八九八，五，五	四三	二六	
凡爾賽條約	國際多邊	一九一九，六，廿八	一九二〇，三，十九	四九	三五	
常設國際法院規約	國際多邊	一九二〇，十二，六	一九三五，一，廿九	五二	三六	按美國係一九二九年在該約簽字
一般關係條約	土耳其	一九二三，八，六	一九二七，一，十八	五〇	三四	
聖羅倫斯深水道條約	加拿大	一九三二，七，十八	一九三四，三，十四	四六	四二	

表二　美國參院擱置不理的條約（四十五件）一覽表

條約名稱	締約國	簽字日期	備攷
互惠商務條約	德意志左華奈	一八四四，三，廿五	
和平友好航海商務條約	哥倫比亞	一八四四，十二，廿	
廢止移民課稅條約	赫斯	一八四六，五，二	
友好通商航海條約	尼加拉瓜	一八四九，九，四	
引渡條約	墨西哥	一八五〇，七，二	
國際版權公約	英國	一八五三，二，十七	
財產權繼承條約	比利時	一八五三，八，廿五	
互惠商務條約	夏威夷	一八五五，七，廿	
賠償條約	墨西哥	一八六二，四，六	
讓與西印度條約	丹麥	一八六七，十，廿四	
邊界仲裁條約	英國	一八六九，一，十四	
運河條約	哥倫比亞	一八六九，一，十四	
薩馬拉灣租借條約	多明尼加	一八六九，十一，廿九	
運河條約	哥倫比亞	一八七〇，二，廿六	
繆裘拉島租借條約	薩摩亞	一八七二，二，十七	
商務條約	約漢納	一八七九，十，四	
邊界條約	英國	一八九七，一，卅	
合併條約	夏威夷	一八九七，六，十六	
英屬巴貝多斯互惠商務條約	英國	一八九九，六，十六	
互惠商務條約	阿根廷	一八九九，七，十	
英屬圭亞拉互惠商務條約	英國	一八九九，七，十八	
英屬土耳克斯及開柯斯島互惠商務條約	英國	一八九九，七，廿一	
英屬牙買加互惠商務條約	英國	一八九九，七，廿二	
英屬百慕達互惠商務條約	英國	一八九九，七，廿四	
互惠商務條約	法國	一八九九，七，廿四	
互惠商務條約	尼加拉瓜	一八九九，十，廿	
丹屬聖克洛克斯互惠商務條約	丹麥	一九〇〇，六，五	
互惠商務條約	尼加拉瓜	一九〇〇，六，廿五	
互惠商務條約	厄瓜多爾	一九〇〇，七，十	
國際法編纂條約	美洲多邊	一九〇二，一，廿七	
英屬紐芬蘭互惠商務條約	英國	一九〇二，十一，八	
第一次松島條約	古巴	一九〇三，七，二	
經援條約	洪都拉斯	一九一一，一，十	
經援條約	尼加拉瓜	一九一一，六，六	
運河通行及基地租借條約	尼加拉瓜	一九一三，二，八	
同盟條約	法國	一九一九，六，廿八	
航空公約	國際多邊	一九一九，十，三	
保護與繁殖鮭魚條約	英國	一九二〇，五，廿五	
運河建設條約	哥斯達黎加	一九二三，二，一	
引渡條約	土耳其	一九二三，八，六	
取締誨淫出版物發行流通公約	國際多邊	一九二三，九，十二	

（續上表）

條約名稱	締約國	簽字日期	備攷
國際監督戰爭用具與武器貿易公約	國際多邊	一九二五，六，十七	
禁止在戰爭中使用毒氣及從事細菌戰議定書	國際多邊	一九二五，六，十七	
海運貨物提單規則統一公約及議定書	國際多邊	一九二五，六，廿三	
保護鮭魚條約	英國	一九二九，三，廿七	

附註

註一：Royden J. Dangerfield, *In Defense of the Senate*: A Study in Treaty-Making（Norman, Oklahoma, 1933）, p. 213.

註二：See "Standing Rules of the Senate," Rule XXXVII, Sec. I.

註三：See "Senate Executive Journal," May 11, 1892, Vol. 28, p. 237; February 2, 1893, Vol. 29, pp. 381-382.

註四：Frederic A. Ogg, and P. Orman Ray, *Essentials of American Government*（New York, 1952）, p. 501; see also Dangerfield, op. cit., p. 92. 據登氏統計，至一九二八年止，參院投票否決的條約爲十五件，加上一九三四年否決的『聖羅倫斯條約』及一九三五年否決的『常設國際法院規約』，共爲十七件，自一九三五年至今，未聞參院有否決條約的情事。

註五：參閱『美國年鑑』（*Information Please Almanac*）頁三〇七至三一二。

註六：參閱彭明敏：『國際公法講議』，頁三一九。

註七：Johnson, *America's Foreign Relations*, Vol. II, p. 78.

註八：James Ford Rhodes, *Historical Essays*（1909）, pp. 218-219.

註九：Clarence A. Berdahl, *War Powers of the Executive*（1921）, pp. 88-89.

註一〇：*Congressional Globe*, 40th Congress, 1st Session, p. 810, cited in Dangerfield, op. cit., p. 219.

註一一：Carl Russell Fish, *American Diplomacy*（1923）, p. 340.

註一二：Berdahl, op. cit., p. 88; see also Dangerfield, op. cit., p. 219.

註一三：按一八七二年常設仲裁法庭對『阿拉巴馬號』案件的裁決，並未判給美國所提出的間接損失。見彭明敏：『國際公法講議』，頁三一八至三一九。

註一四：Dangerfield, op. cit., p. 220.

註一五：Ibid.

註一六：See "Senate Excutive Journal," Vol. 25, p. 430.

註一七：See "Congressional Record," Vol. XIV, p. 279.

註一八：Dangerfield, op. cit., p. 216.

註一九：Denna Frank Fleming, The Treaty Veto of the American Senate（New York, 1930）, pp. 79-80.

註二〇：Allan Nevins, *Henry White*, pp. 125-126.

註二一：See a pamphlet published in 1845 by "A Convention of Delegates Chosen by the People of Massachusetts Without Distinction of Party and Assembled at Faneuil Hall, January 29, 1845, to Take Into Consideration the Proposed Annexation of Texas."

註二二：See Rutan, "Henry Clay and the Annexation of Texas," unpublished doctoral disser-

註二二：taion, University of Chicago Library, p. 47, cited in Dangerfield, op. cit., p. 222.
註二三：J. W. Foster, A Century of American Diplomacy (1902), p. 299.
註二四：波克總統係藉擴充領土的帝國主義思想的政綱而當選，德克薩斯合併問題的解決，乃其主要政綱之一。不過一八四五年三月一日兩院通過的聯合決議，乃係根據輿論的歸趨，見林牧野譯：『美國史綱』，頁二〇四。
註二五：See "The Nation," May 30, 1872.
註二六：Joseph V. Fuller, Hamilton Fish, cited in Bemis, American Secretaries of State, Vol. VII, p. 142.
註二七：See A Letter from J. C. B. Davis to the New York Herald, January 4, 1878; reprinted in J. C. B. Davis, Mr. Fish and the Alabama Claims, p. 129.
註二八：Dangerfield, op. cit., p. 224.
註二九：Frederic Bancroft, Speeches, Correspondences and Political Papers of Carl Schurz (1913), Vol. II, pp. 71-122.
註三〇：Dangerfield, op. cit., p. 224.
註三一：See Grant's Letter Transmitting the Treaty, "Senate Executive Journal," Vol. 18, p. 254.
註三二：Ibid.
註三三：See "Senate Executive Journal," Vol. 30, pp. 111, 143; Vol. 32, p. 141.
註三四：Dangerfield, op. cit., p. 225.
註三五：Lester B. Shippe and Royal B. Way, William Rufus Bay, cited in Bemis, American Secretaries of State, Vol. IX, p. 40.
註三六：國會兩院聯合決議係於一八九八年七月七日通過。見孫希中：『條約論』，頁四五。
註三七：第一次松島條約既未交換批准，美國乃於一九〇四年三月二日，再與古巴簽訂一項類似的條約，該約除未規定交換批准的期限外，其內容與前約完全相同。該約於簽字之翌日（即三月三），即送往參院審議。參院外委會曾先後於一九〇六年二月一日，一九二二年十二月七日，及一九二四年二月十五日，向參院提出三次審查報告，建議加以通過，但參院直至一九二五年始最後表決通過，在參院停留的時間長達廿一年，為參院同意條約時費時最久的一件條約，詳見 Dangerfield, op. cit., pp. 135-142.
註三八：See "Executive B," 58th Congress, 1st Session.
註三九：See "Senate Executive Journal," Vol. 8, pp. 157-158.
註四〇：J. Fred Rippy, The United States and Mexico (1926), p. 226.
註四一：See "Correspondence in Relation to the Proposed Intercourse Canal Between the Atlantic and the Pacific, The Clayton-Bulwer Treaty, and the Monroe Doctrine," Government Printing Office, 1885.
註四二：Ibid.
註四三：Dangerfield, op. cit., p. 231.
註四四：See U.S. Department of State, Treaty Information Bulletin, No. 14, November, 1930, p. 21.
註四五：Bemis, op. cit., pp. 892-896.

註四六：Dangerfield, op. cit., p. 232.

註四七：See "Senate Executive Journal," Vol. IX, pp. 36, 146, 181, 216, 237, 238, 240, 249, 259, cited in Ibid., pp. 239.

註四八：Ibid., p. 241–242.

註四九：Robert B. Mowa, *Diplomatic Relations of Great Britain and the United States* (1925), p. 234; see also Fish, American Diplomacy, p. 376.

註五〇：Lester B. Shippe, Thomas Francis Bayard, cited in Bemis, *American Secretaries of State*, Vol. VIII, p. 63.

註五一：Fleming, op. cit., pp. 70–71.

註五二：See "Senate Executive Journal," Vol. 26, p. 333.

註五三：See "Congressional Record," Vol. 59, p. 1645; See also "Executive H," *66th Congress, 1st Session*.

註五四：該約雖未獲得參院出席議員三分之二的必需票通過，但贊成票已超過出席議員之半，故未退還總統。所以國務院認為，就理論言，該約仍在參院審議之中。見 *Treaty Bulletin*, November 30, 1930. 惟參議員波拉（Borah）在其向參院提出的一件條約報告中，曾將該約列為被否決者之一，見 *Congressional Record*, Vol. 73, p. 378.

註五五：Bemis, op. cit., Vol. X, p. 303; see also "American Journal of International Law," July, 1927, p. 503; and "Congressional Record," January 18, 1927.

註五六：Dangerfield, op. cit., p. 234.

註五七：See "Senate Executive Journal," Vol. 6, pp. 333–336.

註五八：Dangerfield, op. cit., p. 235.

註五九：Ibid.

註六〇：See United States Tariff Commission, "Reciprocity and Commercial Treaties" (1919), p. 216.

註六一：For texts of these treaties See Langhlin and Willis, "*Reciprocity*," pp. 216–219; see also "Senate Executive Journal," Vol. 32, pp. 141, 572, 637, 732.

註六二：Dangerfield, op. cit., p. 237.

註六三：John W. Foster, "The Reciprocity Treaties and the Senate," *The Independent*, December 6, 1900, Vol. 52, pp. 2898–2899.

註六四：See United States Tariff Commission, "Reciprocity and Commercial Treaties" (1919), p. 226.

註六五：佛萊明（Denna Frank Fleming）教授在其所著 *Treaty Veto of the American Senate* (New York, 1930) 一書中，將一八五二年二月十一日美國與比利時簽訂的引渡條約，亦列為被參院拒絕的條約之一（見該書頁八七）。但事實上，參院已於一八五八年七月十五日對該約修正通過，見 "Senate Executive Journal," Vol. 10, pp. 462–463. 佛萊明亦把一八九二年三月廿五日，美國與法國簽訂的一項引渡條約，列為被否決者之一，因為參院於一八九二年五月十一日對該約表決時，係以廿三票對廿三票加以否決，見："Senate Executive Journal," Vol. 28, p. 237. 但參院後來曾對該約重新攷慮，並於一八九三年二月二日修正通過。見 "Senate Executive Journal," Vol. 28, pp. 381–382.

註六六：See "Senate Executive Journal," Vol. 8, p. 207.
註六七：See Bemis, op. cit., Vol. 8, pp. 366－337.
註六八：See "Treaty Bulletin," November 30, 1930, p. 21.
註六九：Wright, Philander Chase Knox, cited in Bemis, op. cit.; Vol. Ⅸ, pp. 336－338.
註七〇：Howland, *American Foreign Relations* (1928), p. 272.
註七一：國際性多邊條約，例皆有加入條款，非原始簽字國倘願意遵守條約的規定，並合於加入的要件，得隨時簽字加入。故參院否決國際性多邊條約，僅能使美國不得加入，並不影響條約本身的效力。
註七二：Dangerfield, op. cit., p. 245.
註七三：See "Executive Q," *57th Congress*, *1st Session*.
註七四：See "Treaty Bulletin," November, 1930, No. 14, p. 20.
註七五：此一日期係美國簽字日期，該約係於一九二四年八月廿五日在比京布魯塞爾簽訂。
註七六：舉其最顯著如：D. F. Fleming, *Treaty Veto of the American Senate* (1930); Howland, *American Foreign Relations* (1923); Senator H. C. Lodge, *The Senate and the League of Nations* (1925); David Lawrence, *The True Story of Woodrow Wilson* (1924); Ray Stannard Baker, *Woodrow Wilson and World Settlement* (1927); Charles Seymou, *The Intimate Papers of Colonel House* (1923); George A. Finch, "The Treaty of Peace With Germany in United States Senate," *the American Journal of International Law*, Vol. 14, pp. 155－206.
註七七：邱昌渭：『美國的總統』，頁一〇四。
註七八：Samuel Flagg Bemis, *A Diplomatic History of the United States* (1955), p. 643.
註七九：一九一二年大選時共和黨分裂，共和黨全國代表大會提名在任總統塔虎脫為該黨候選人，該黨擁老羅斯福者乃另組進步黨而提名其競選，威爾遜則為民主黨總統候選人，故此屆大選總統候選人共有三位。
註八〇：Bemis. op. cit., p. 644.
註八一：林牧野譯：『美國史綱』，頁四〇四。
註八二：Bemis, op. cit., pp. 624－627, 及前揭書頁四〇八至四〇九。
註八三：Ibid., p. 644.
註八四：美國代表團除威爾遜外，其餘為國務卿藍辛、總統顧問豪斯上校、布里士將軍（General Tasker H. Bliss），及威爾遜的知己、職業外交家、代表團中唯一的共和黨人懷特（Henry White）。但懷特並非共和黨的領袖人物，見 Bemis, op. cit., p. 633.
註八五：Robert Lansing, *The Peace Negotiations*: *A Proposal Narrative* (New York, 1921), in Bemis, op. cit., p. 632.
註八六：See Bemis, op. cit., p. 634.
註八七：Ibid., p. 646.
註八八：Ibid., p. 647.
註八九：Ibid., p. 648.
註九〇：Ibid.
註九一：Ibid., p. 649.

註九二：Ibid., p. 650.
註九三：See "Senate Document", No. 106, Washington, G. P. O., 1919.
註九四：林牧野譯：『美國史綱』，頁四一一。
註九五：Bemis, op. cit., p. 652.
註九六：Ibid., p. 653.
註九七：Ibid., p. 654.
註九八：Ibid.
註九九：關於參院對論及表決『凡爾賽條約』的詳細經過，請參閱 T. A. Bailey, *Woodrow Wilson and the Great Betrayal* (New York, 1945).
註一〇〇：Charles Seymour, *The Intimate Papers of Colonel House* (New York, 1926–1928, 4 Vols.), Vol. Ⅳ. pp. 510–511.
註一〇一：Furniss and Snyder, *An Introduction to American Foreign Policy* (New York, 1957), p. 97.
註一〇二：林牧野譯：『美國史綱』，頁四一一至四一二。
註一〇三：Bemis, op. cit., pp. 658–659.
註一〇四：Dangerfield, op. cit., p. 247.
註一〇五：Allan Nevins, Henry White, pp. 252–253.
註一〇六：See "Congressional Record," Vol. 57, p. 724 ff., quoted in part by Fleming, op. cit., p. 190.
註一〇七：Nevins, op. cit., p. 232.
註一〇八：Furniss and Snyder, op cit., p. 96; Bemis, op. cit., p. 655; Dangerfield, op. it., p. 250.
註一〇九：Bemis, op. cit., p. 655.
註一一〇：Dangerfield, op. cit., p. 252.
註一一一：Ibid., pp. 250–251.
註一一二：Ibid., p. 252.
註一一三：林牧野譯：『美國史綱』，頁四一〇至四一一。
註一一四：Howland, op. cit., p. 267.
註一一五：該委員會之主要任務，在起草常設國際法院規約，由十名委員組成，主席爲 Descamps，報告人爲 A. de la Pradelle 教授。
註一一六：世界主要國家，除美、俄兩國外，均曾參加常設國際法院。見彭明敏：『國際公法講義』，頁四七〇至四七一。
註一一七：Dangerfield, op. cit., pp. 126–127.
註一一八：哈定所提出的四點保留全文，請參閱 "Congressional Record," Vol. 64, p. 4500ff.
註一一九：值得注意者，此時外委會的組成份子，與審查『凡爾賽條約』時，實質上沒有變化。見 Fleming, *Treaty Veto of the American Senate*, p. 174.
註一二〇：See "Congressional Record", Vol. 65, p. 96ff.
註一二一：Ibid., p. 5554.
註一二二：一九二四年五月一日的『紐約時報』(*New York Times*) 曾刊載許多要人在該小組委員會所作之證言摘要。

註一二三：波拉參議員於一九二五年一月廿九日，在芝加哥發表的一項演說中，公開反對批准該規約；『芝加哥論壇報』（The Chicago Tribune）及赫斯特系報紙（Hearst Chain Newspaers）均曾著論加以反對。見 Wooddy, The Chicago Primary (1926), Chapter III.

註二一四：見一九二五年一月十五日『紐約時報』。

註一二五：See "Congressional Record," Vol. 67, pp. 2816－2820.

註一二六：事實上在一九二一年九月第一次常設國際法院法官選舉時，已有一位美國人摩爾（John Basssatt Moore）被選爲法官。

註一二七：此五點保留，原見彭明敏：『國際公法講義』，頁四七九。

註一二八：見前揭講義頁四七九至四八〇。

註一二九：Dangerfield, op. cit., p. 126.

註一三〇：彭明敏：『國際公法講義』，頁四八〇。

註一三一：Dangerfield, op. cit., p. 126, note 9.

註一三二：Charles A. Beard, American Foreign Policy in the Making, 1932－1940: A Study in Responsibilities (1947), p. 163.

註一三三：Ibid., p. 164.

註一三四：Ibid.

註一三五：Ibid.

註一三六：Ibid., pp. 163－164.

註一三七：Ibid., p. 165.

註一三八：Ibid.

註一三九：按日本因侵略中國東北遭國聯譴責，於一九三三年退出國聯；德國因希特勒上臺，亦於一九三三年退出國聯；意大利因侵略阿比西尼亞遭國聯經濟制裁後即對國聯抵制，並於一九三七年正式宣告退出。

美國參院的外交委員會

一、外交委員會的設立

國會組織龐大，人數眾多，議事立法，發言盈庭，意見分歧，協議爲難。加以議員品流不一，有的熟悉內政，有的精通外交，有的專攻法律，有的研究財經，有的擅長工商，有的來自農村，出身既異，專長各殊。爲期議事順利進行，使議員各儘其才，捨分工合作外，別無適當途徑，故委員會制度之採用實爲必然趨勢。

英國爲民主政治的發祥地，國會中設立常設委員會亦自英國始。(註一)美國之採用委員會制度，則始於大陸會議時代。第一屆大陸會議曾設立十個委員會，第二屆大陸會議設立之委員會多達一百以上，僅就一七七五年下半年而言，除十餘個常設委員會外，尚有一○二個特別委員會。外委會設立於一七七五年十一月廿九日，由委員五人(註二)組織之，負責處理對外連絡及交涉事宜。此爲大陸會議時代所設立處理外交事務的第一個委員會。(註三)一七八一年邦聯成立，撤銷外委會，改設外交部（Department for Foreign Affairs），並任命李文斯東（Robert Livingstone）爲部長。一七八二年十二月三日李氏辭職，邦聯國會又改設外委會處理外交事務。一七八四年五月七日復撤銷外委會，改任傑氏（John Jay）爲外交部部長。一七八九年聯邦憲法實施，國會於七月廿七日通過法案，設立外交部（Department of Foreign Affairs）。同年九月十六日，國會又通過法案，將部分內政事務劃歸外交部掌管，並改稱國務院（Department of State），而外交部部長亦改稱國務卿（Secretary of State）。(註四)聯邦憲法實施前之外委會兼管外交行政、外交立法及締約事務，至此外交行政與外交立法始截然分開，前者歸國務卿，後者屬國會，而條約之審議則專屬於參院。

國會成立之初，各種法度多未完備，尤其常設委員會的體制未能確立。參院的立法工作最初係由全院委員會直接處理。其後立法事務日趨繁雜，而參議員人數也逐漸增多，爲處理簡便計，乃對某些特殊問題，分別設立特別委員會（Select Committee）加以研議。特別委員會的委員，係由秘密投票選舉，以得票多數者爲當選。(註五)由於某些特別問題，不斷有新的資料增加，同時有些問題無法於短期內解決，因此許多特別委員會，常常展延到整個立法會期（entire legistative session）(註六)才告結束。這些特殊現象，就是使特別委員會過渡到常設委員會（Standing Committee）的主要因素。(註七)在此一階段，參院對於條約的審查，係採用個別的方式，即每一條約指派一個特別委員會審查並提出報告。條約審查完畢，該委員會即行解散。在華盛頓總統任內，參院曾先後設立十個專爲審查條約的特別委員會，此十個委員會委員的總數共爲四十二人，但擔任委員的參議員只有十六人。而四十二個委員位置中，廿六個位置係由五位參議員擔任。(註八)由此可知，在聯邦最初八年中，參院審查條約的工作，係由少數人所把持。此種現象，在哲斐遜總統任內（一八○一——一八○九）更爲明顯，在一八○七年至一八○八年的特別會期中，參院曾設立十一個特別委員會，分別處理對英外交的各項問題，十一個委員會的委員總數爲四十三人，但僅由十一人擔任。在此十一人中，還有四人僅僅參加一個委員會。(註九)因此委員會的數目雖有十一，經常參與其事的却不過七人。(註一○)從而這七人就等於一個常設委員會的七個委員，故此際參院雖無常設外委會之名，已有常設外委會之實。(註一一)

參院常設委員會之設立，導源於對總統年度咨文（Annual Message）中所將提出的各項問題之分別研究。(註一二)最初係總統年度咨文中所提出的每一問題，分別指派一個特別委員會加以研究，例如英、美關係問題指派甲委員會研究，美、法關係問題指派乙委員會研究，而某項條約問題又指派丙委員會研究。直至一八一三年，參院始改變慣例，將總統咨文中所提出的一切對外關係問題，全部交由一個特設的外委會研究。(註一三)在一八一四年的會期中，特設外委會雖然照例重新指派，但其委員仍是前屆特設委員會的原班人馬。(註一四)在此一會期中，參院又將總統提請參院審議的『根特條約』（Treaty of Ghent），交由特設外委會審查。(註一五)自是以後，對於條約之審查與提出報告，即成為外委會的主要職務。

　　一八一六年十二月，紐約州的參議員山福德（Sanford）建議將總統年度咨文中所提出的問題，依其性質分為十三類，分別指派十三個特別委員會加以研究。山福德提出建議的第二日，佛琴尼亞州的參議員巴鮑爾（Barbour），又提出一項決議案（Resolution），建議今後每屆國會開會之初，參院即派十一個常設委員會（Standing Committee），分別處理各項有關問題。一八一六年十二月十日，巴氏的建議獲參院通過，此為參院設立常設委員會之始。在參院最初設立的十一個常設委員會中，外交關係委員會（Committee on Foreign Relations）（簡稱外委會）即為其中之一。一八一六年十二月十三日，第一個常設外委會正式成立，由巴鮑爾、馬遜（Mason）、金氏（King）、達納（Dana）及拉科克（Lacok）等五人為委員，並推舉巴鮑爾為首任主席。(註一六)這就是今日參院外委會的前身。

二、外交委員會的的組織

　　美國國會兩院常設委員會的組織，因『一九四六年議院改組法』（The Legislative Reorganization Act of 1946）的通過，而有極大變動。(註一七)在一九四六年以前，國會兩院的常設委員會，名目繁多。眾院多達四十八個，參院亦有三十三個。各委員會的人數更相差懸殊，眾院為二人至四十二人，平均為十九人；參院為三人至廿五人，平均為十五人。每一議員參加委員會的數目，眾院為三至五個，參院為三至十個。(註一八)一九四六年以後，國會將各常設委員會的組織大加調整，依『議會改組法』之規定，參院常設委員會已由三十三個減至十五個，各委員會的人數，除撥款委員會（Committee of Appropriations）為廿一人外，其餘一律為十三人。眾院委員會則由四十八個減至十九個，各委員會人數自九人至五十人不等。最少者為非美活動委員會（Un-American Activities Committee），僅為九人，最多者為撥款委員會，達五十人。但有十五個委員會的人數在廿五人至廿七人之間，平均為廿五人。(註一九)至議員參加委員會的數目，參院每人以參加二個為原則(註二〇)，眾院每人以參加一個為原則。(註二一)

　　關於參院常設委員會委員的產生方式，參院規則（Rules of Senate）第廿四條規定曰：『參院對於各常設委員會委員之指派，除別有決定外，須以票選為之。各委員會之主席須分別投票選舉，以得投票總數過半數者為當選，各委員會之委員則於一次投票中選舉，以得票較多者為當選，其他委員會之指派亦須以票選為之，除別有決定外均以得票較多者為當選』。(註二二)惟在政黨政治之下，各常設委員會委員之人選，事實上都是由國會內政黨幹部會（Caucus）事先圈定。每屆國會成立之時，各院政黨即各自成立政黨幹部會，由院內各黨議員組織之。一切決定均以各黨多數議員之意見為準。各黨幹部會又選舉少數議員，組織提名委員會（Committee on Committees）(註二三)，使其選擇各常設委員會之委員，擬定各該黨參加各委員會之名單(註二四)。各黨應出委員多少，乃比例各黨所佔議席多少而定。(註二五)各黨單獨決定其本黨委員名單後,再由各黨會商作成聯合名單。然後提出於各黨的幹部會,經其同意後,報告院會。院會根據兩黨預擬的名單,以秘密投票方式選舉之。事實上院會只有接受,不得變更,所謂投票,不過形式而已。常設委員會委員一經選出,即不輕易更動,除因資望提高,由次要的委員會轉到重要的委員會者外,均係繼續參加其被指定的委員會,直至其離開國會或自行辭職,或其所屬的政黨因國會改選而減少席次,以致委員會委員必須比例減少時為止。(註二六)各委員會的主席則是根據資深制(Seniority Rule),都是由院內多數黨在各該委員會服務最久、年資最深的委員擔任。(註二七)

參院外委會自一八一六年成立以來,其委員名額幾經變動,一八一六年成立之初,僅有委員五人,一八五八年增至七人,一八七四年為九人,一八九五年為十一人,一九〇一年為十三人,一九〇九年為十五人,一九一三為十七人,一九三三激增至卅三人,一九四六年減至十三人,一九五三年又增至十五人。(註二八)兩黨在外委會所佔的名額比例,在八十屆及八十二屆國會為七比六,八十一屆國會為八比五,八十三屆國會則為八比七。(註二九)由於外委會是參院一個最重要的委員會,它的委員,都是由其他委員會資深的委員晉升而來,故一遇空缺,競爭非常激烈。而外委會的主席又是委員中資望最高者,德高望重,一言九鼎。他不僅是外委會的發言人,有時且為參院的代言人,他的言行常常代表美國外交政策的動向,故極受國際間的重視。(註三〇)自一八一六年外委會成立以來,外委會的主席絕大多數均為美國政壇的傑出領袖,當其在任之日,莫不炙手可熱,煊赫一時。茲將參院外委會歷屆主席的姓名、籍貫及任職期間列表於後:

美國參院外委會歷屆主席姓名、籍貫及任職期間一覽表(註三一)

姓名		籍貫(州)	任職期間	備考
中文譯名	英文原名			
巴鮑爾	James Barbour	佛琴尼亞	一八一六—一八一八 一八二〇—一八二一 一八二二—一八二五	
馬康	Nathorial Macon	北卡羅來納	一八一八—一八一九 一八二五—一八二六 一八二七—一八二八	
布朗	James Brown	路易斯安那	一八一九—一八二〇	
金氏	Rufus King	紐約	一八二一—一八二二	
山福德	Nathan Sanford	紐約	一八二六—一八二七	
達資威爾	Littleton W. Tazewell	佛琴尼亞	一八二八—一八三二	
霍雪士	John Forsyth	喬治亞	一八三二—一八三三	
魏金斯	William Wilkins	賓夕凡尼亞	一八三三—一八三四	
克萊	Henry Clay	肯塔基	一八三四—一八三六	
布卡南	James Buchanan	賓夕凡尼亞	一八三六—一八四一	
瑞佛斯	William C. Rives	佛琴尼亞	一八四一—一八四二	
亞契爾	William S. Archer	佛琴尼亞	一八四二—一八四五	
亞倫	William Allen	俄亥俄	一八四五—一八四六	
麥克杜佛	Geoge Mcduffie	南卡羅來納	一八四六	

（續上表）

姓名		籍貫（州）	任職期間	備攷
中文譯名	英文原名			
謝維爾	Ambrose H. Sevier	阿堪薩斯	一八四六——一八四八	係迄今為止外委會主席被迫離職的僅有的一人
漢納根	Edward A. Hannegan	印地安那	一八四八——一八四九	
本頓	Thomas H. Benton	米蘇里	一八四九	
金氏	William R. King	阿拉巴馬	一八四九——一八五〇	
虎特	Henry S. Foote	密西西比	一八五〇——一八五一	
麥遜	James M. Mason	佛琴尼亞	一八五一——一八六一	
薩姆拉	Charles Sumner	麻薩諸塞	一八六一——一八七一	
卡麥隆	Simon Cameron	賓夕凡尼亞	一八七一——一八七七	
漢姆林	Hannibal Hamlin	緬因	一八七七——一八七九	
伊頓	William W. Eaton	康涅狄克	一八七九——一八八一	
邦賽	Amdrose Burnside	羅德島	一八八一	
愛德蒙	George F. Edmonds	維蒙特	一八八一	
溫多姆	William Windom	明尼蘇達	一八八一——一八八三	
米勒	John F. Miller	加利福尼亞	一八八三——一八八六	
雪門	John Sherman	俄亥俄	一八八六——一八九三 一八九五——一八八七	
摩根	John T. Morgan	阿拉巴馬	一八九三——一八九五	
戴維思	Cushman K. Davis	明尼蘇達	一八九七——一九〇一	
卡羅姆	Shelby M. Cullom	伊利諾	一九〇一——一九一三	
培康	Augustus O. Bacon	喬治亞	一九一三——一九一四	
史東	William J. Stone	米蘇里	一九一四——一九一八	
希區科克	Gilbert Hitchcock	內布拉斯加	一九一八——一九一九	
洛奇	Henry Cabot Lodge	麻薩諸塞	一九一九——一九二四	
波拉	William E. Borah	艾達荷	一九二四——一九三三	
皮特曼	Key Pitman	內華達	一九三三——一九四〇	
喬治	Walter F. George	喬治亞	一九四〇——一九四一	
康納利	Tom Connally	德克薩斯	一九四一——一九四六 一九四九——一九五二	
范登堡	Arthur H. Vandenberg	密歇根	一九四七——一九四八	
魏理	Alexander Wiley	威斯康辛	一九五三——一九五五	
葛林	Theodore Green	羅德島	一九五五——一九五八	
傅爾布萊特	Willinam Fulbright	阿肯色	一九五八——	

　　參院外委會原無專門職員，近年由於工作日繁，爲減輕委員們的負擔，乃於一九四五年決議設置七位專門委員，負責司理紀錄、圖表、資料與檔案之保管。[註三二]一九四六年的『議院改組法』復明文規定，每一常設委員會得設置四個常任而非政治性（Permanent but nonpolitical）的專門委員，及最多不得超過六個的文書人員。此一規定當然適用於外

委會。(註三三)

爲使工作進行順利及便於與國務院咨商，參院外委會於一九五〇年四月決議成立八個小組（Subcommittee），每一小組委員四至五人，並配置專員一至二人，小組名稱與國務院各司名稱相當。茲將八十三屆國會（一九五三——一九五五）參院外委會八個小組之名稱及委員姓氏(註三四)臚列於後：

（1）聯合國事務組：委員兼召集人托貝（Tobey），委員史密斯（Smith）、吉萊特（Gillette）、曼斯菲爾（Mansfield），專門委員威爾柯克斯（Wilcox）。

（2）經濟與社會政策組：委員兼召集人朗格（Langer），委員托貝·喬治（George）、韓福瑞（Humphery），專門委員卡里查維（Kalijarvi）。

（3）遠東事務組：委員兼召集人史密斯，委員希肯魯柏（Hickenlooper）、諾蘭（Knowland）、喬治·史巴克曼（Sparkman），專門委員威爾柯克斯和卡恩（Caln）。

（4）歐洲事務組：委員兼召集人魏理（Wiley），委員塔虎脫（Taft）、傅爾布萊特（Fulbright）、韓福瑞，專門委員威爾柯克斯和卡里查維。

（5）近東與非洲事務組：委員兼召集人塔虎脫，委員諾蘭、傅爾布萊特、吉萊特，專門委員馬西（Marcy）。

（6）美洲事務組：委員兼召集人希肯魯柏，委員福格森（Ferguson）、葛林（Green）、史巴克曼，委員委員卡里查維。

（7）公共事務組：委員兼召集人諾蘭，委員希肯魯柏、葛林、傅爾布萊特，專門委員馬西。

（8）國務院組織組：委員兼召集人福格森，委員朗格、葛林、曼斯菲爾，專門委員馬西和卡恩。

在外交事務日益浩繁的今日，外委會此種小組的成立，至爲必要，因爲既已分工，各有專司，則外委會處理各項外交問題時，不致顧此失彼，同時各小組的職司又與國務院各司相當，更可使外委會與國務院保持密切連繫。惟須注意者，各小組的職責僅限於諮詢與連絡。條約案之審查，均係由特設之小組或委員會本身處理。(註三五)

三、外交委員會的職員

依參院規則（Rules of The Senate）第廿五條第九項之規定，凡有關下列事項之立法、咨文、勸告及同意、請願書、備忘錄，及其有關事務，均由外委會處理之。(註三六)

（1）美國對外之一般關係。
（2）約條。
（3）美國與外國邊界之設立。
（4）美國在國外僑民之保護及除籍。
（5）中立事宜。
（6）國際協商與國際會議。
（7）美國紅十字會。
（8）美國對外之干涉與宣戰。
（9）外交人員任命案之審查。
（10）美國駐外使館房地產之購置。
（11）對外貿易措施之審查與國外商務利益之保護。

（12）聯合國組織與國際財政貨幣組織。
（13）外債。

外委會為善盡前項所賦與之職責，其經常工作可以分別之為兩類，是即：立法職務（Legislative function）與行政職務（Executive function）(註三七)，茲分述之：

立法職務：外委會既為常設委員會之一，則在執行其立法職務時，除工作之性質與範圍有所差別外，其進行程序與其他常設委員會並無二致。審查法案須以會議方式行之，委員會會議之法定人數，在眾院為各委員會全體委員的半數，參院則得由各委員會自行定之，但不得少於全體委員的三分之一。(註三八)常設委員會除眾院的程序委員會外，非得院會特別允許，不得於院會期間內舉行會議。院會係於正午十二時起舉行，故各委員會之會議大率均在上午十時左右舉行，否則只有在夜間或無院會之時間內舉行。委員會對於法案審查的程序，除輕微案件外第一步大都是聽訊證言（Hearing）。聽訊證言是採用公開方式，凡關心國事的公民，與法案有關的人民或社團，以及應委員會之邀請的政府官員或自行請求與會的政府代表均得與會。國會為強制有關人士向委員會出席作證，曾於一八四七年制定一件法律，其規定如下：『凡經國會兩院命令傳喚對兩院或由兩院聯席或共同決議而成立之任何聯合委員會、或兩院中之任何委員會出席作證或提供證件之人，故意缺席或雖出席而對訊究中之任何有關問題拒絕作答者，應判定為輕罪行為，得處以一個月以上十二個月以下之普通監禁，及一百元以上一千元以下之罰金。』(註三九)美國國會各委員會之聽訊證言，所以能順利進行，收到實效，實以此一法律為奧援。惟須注意者，聽訊證言固採公開方式，但至決定階段時，即令會外人士退出，改開秘密會議，以決定議案之處理辦法。所謂處理辦法不外下列方法之一：(1) 決定向院會提出報告，並建議院會將該案予以通過。報告時可將原案加以修正或重新起草，凡經委員會附具建議請予通過者，大率可得院會通過。(2) 委員會認為不必要的法案，則置之不理，不向院會提出任何報告，此種埋葬法案的作風通常稱為委員會的擱置權（Pigeonholing）。(3) 凡未經委員會多數委員贊同的議案，可向院會提出反對意見的報告，並建議院會將該案予以打消。在這樣處置下的議案，絕難有通過於院會的希望，不過這種處理方法是很少使用的。(註四〇)

行政職務：行政職務為參院所獨有，即對總統提出於參院的條約案及官員任命同意案之處理。凡總統提請參院審議之條約，均先交由外委會審查，外委會於審查條約時，得要求總統或國務院提供有關該條約之一切資料，或要求國務院官員或負責談判之人員到委員會作證。外委會得建議參院對條約無條件批准，或加以修正，或提出保留，或予以否決。其認為不必要之條約，並得擱置不理，不向院會提出任何報告。總統向參院提出的有關國務院高級官員及駐外使節的任命同意案，亦係交由外委會審查，必要時並得邀請被提名者親至委員會陳述意見或答覆問題。如外委會於審查後，認為總統所提人選不適合其所任之職務，得建議參院不予同意，此際總統應將任命案撤回，另提新人選。

外委會的工作原極繁重，二次世界大戰以後，由於美國國際地位的登峯造極，外交活動頻繁，使外委會的負擔更形加重。在八十一屆國會中，外委會共處理官員任命案一〇四九件，條約案廿五件，法律案與決議案三十八件。在八十二屆國會中，外委會計處理任命案一〇五九件，法律案與決議案十八件，條約與國際協定三十九件。在八十三屆國會中，工作更為忙碌，每日上下午，幾乎經常開會，有時連週末亦須放棄。除外委會本身的工作外，外委會的委員尚須參加院會，出席其所參加的其他委員會會議，處理選民意見，聽取輿論反應(註四一)，其繁忙程度，舉此已可概見。

四、外交委員會的素質及其對參院的影響

參院的素質本較眾院為高，而參院外委會的委員又為參院中出類拔萃的人物。據登澤菲爾德（Royden J. Dangerfield）教授統計，自一八八四年至一九三三年，擔任外委會委員者約有九百人。其中大部分在出任參議員前曾任州議會議員或眾議員，他們的平均年齡為五十七歲，他們平均在參院須有九年至十年的經驗，始能出任委會委員，擔任外委會委員時間平均為十年。(註四二)

若就第七十二屆國會（一九三一——一九三三）而論，外委會的委員共為廿一人，就其教育程度言，十九人為大學畢業；就其職業言，十六人為律師，一人為大學校長及政治學教授，一人為牙醫，二人為編輯；就其政治經驗言，大部分曾任眾議員，其中有兩人且為前任州長。他們的平均年齡為五十八歲。他們任參議員的時間自二年至廿三年不等，平均為十年；出任外委會委員的時間，最短者為一年，最長者為十九年，平均為六年。(註四三)

外委會委員不但要才能卓越，經驗豐富，而且包羅美國各地區的領袖。第七十二屆國會參院外委會的廿位委員，來自擁有美國全國人口百分之五十六的州。籍隸西部者為四人，他們來自佔該區域人口百分之五十二的州；籍隸南部者為五人，來自佔該區域人口百分之三十一的州；籍隸東部者為四人，他們所代表的人民，佔該區域人口的百分之七十七；其餘七人來自中南部，他們所代表的人民佔該區域的百分之六十。(註四四)西部人口佔全國人口的百分之九，在參議員中佔百分之廿三，在外委會委員中佔百分之廿；南部人口佔全國的百分之廿七，在參院中佔百分之廿七，在外委會中佔百分之廿五；東部人口佔全國的百分之卅，在參院中佔百分之廿三，在外委會中佔百分之廿三；中西部人口佔全國的百分之卅二，在參院中佔百分之廿七，在外委會中佔百分之卅五。(註四五)上述統計顯示，籍隸西部的外委會委員超過其所代表人數，而籍隸東部的外委會委員則少於其所代表的人數。故外委會委員的代表性與參議員的代表性，其趨向大致相同。參議員為各州的領袖，而外委會委員又為各州參議員的領袖，故外委會地位之隆、影響力之大不可言喻。

附註

註一：英國上院（House of Lords）於一三四〇年即已設立一個專責起算法案的常設委員會，此為議會設立常設委員會之始。下院設立常設委員會，則始於伊麗沙白一世（一五三四——一六〇三）時代。Royden J. Dangerfield, In Defense of the Senate: A Study of the Treaty-making (Norman, Oklahoma: Univ. of Oklahoma Press, 1933), p. 63.

註二：五位委員為哈里遜（Benjamin Harrison）、佛蘭克林（Benjamin Franklin）、哲斐遜（Thomas Jefferson）、狄金遜（John Dickinson）和傑氏（John Jay）。

註三：Dangerfield, op. cit., pp. 65-66.

註四：Ibid., pp. 70-72.

註五：Charles Francis Abams, Memoirs of John Quincy Adam (1871), Vol. 1, p. 329.

註六：美國國會兩年一屆，每屆國會有兩個會期。所謂整個立法會期，係指每屆國會的兩個會期而言。

註七；Dagerfield, op. cit., pp. 73-74.

註八：Ibid. p. 73.

註九：此四人爲蓋羅德（Gaylord）、薩普特（Sumpter）、希爾豪斯（Hillhouse）和米勒奇（Milledge）。

註一〇：亞當斯（Joh Q. Adams）參加十一個委員會，並擔任一個委員會的主席；史密斯（Samuel Smith）參加十個委員會，並擔任七個委員會的主席；安德遜（Anderson）參加五個委員會，並擔任兩個委員會主席，布雷德萊（Bradley）參加五個委員會；米契爾（Mitchell）及格瑞格（Gregg）各參加三個委員會；吉爾斯（Giles）參加兩個委員會，並擔任一個委員會的主席。

註一一：Dangerfield, op. cit., pp. 75-76.

註一二；Ibid., p. 76.

註一三：See Annals of Congress, (1813-1814), pp. 10-14, pp. 18-19.

註一四：Hayden, op. cit., p. 191.

註一五：Dangerfield, op. cit., p. 79.

註一六：Ibid., pp. 77-80.

註一七：關於『一九四六年議院改組法案』的詳細內容，請參閱 George B. Galloway, The Legislative Process in Congress (New York, 1955), pp. 591-624.

註一八：Ibid., p. 592.

註一九：Ibid. 衆院現有常設委員會十九個，除撥款委員會五十人、軍事委員會卅五人，法制委員會十五人及非美活動委員會九人外，其餘十五個委員會的人數都在廿五至廿七之間。

註二〇：參院每一議員得參加幾個委員會的計算方法，是以議員總數除委員席位總數所得的商數爲準。參院議員總數爲九十六名（現爲一百名），委員席位總數爲二〇三個，依上述方法計算，則 203÷95 = 2.11，卽每一參議員得參加二個委員會。參閱羅孟浩：『美國的國會』，頁四二。

註二一：其計算方法與參院同，衆院議員爲四三五名（現爲四三七名），各委員會席位總數爲四八四個，484÷435 = 1.11，卽每一衆議員得參加一個委員會。見羅孟浩：『美國的國會』，頁四二。

註二二：見姚崇齡編譯：『美國的議會』，頁二六九；see also Dangerfield, op. cit., p. 81.

註二三：提名委員會的組織，兩黨不一。民主黨係由該黨參加籌款委員會（Committee on Ways and Means）的議員組成。共和黨提名委員會的產生，則係以州爲單位，由各州的共和黨員推舉一人組織之。見姚崇齡：『美國的議會』，頁四七。

註二四：各黨提名委員會選擇各常設委員會之委員時，須顧及各該黨議員之年資、地理關係、特殊經驗與個人特長。See Alexander Wiley, "The Committee on Foreign Relations", The Annals of the American Academy of Political and Social Science (September, 1953), p. 59.

註二五：以第八十屆國會爲例，參院爲九十六席，共和黨佔五十一席，民主黨佔四十五席，參院各常設委員會之總數爲二〇三席，故兩黨應分得之委員數爲：

共和黨：96：203 = 51：X　　卽 $X = \dfrac{203 \times 51}{96} = 108$（約）

民主黨：96：203 = 45：X　　卽 $X = \dfrac{203 \times 45}{96} = 95$（約）

卽共和黨應分得一〇八個委員，民主黨應分得九十五個委員。Floyd M. Riddick,

    The United States Congress. Organization and Procedure（Washington D. C., 1949），
    p. 163; see also Wiley, op. cit., p. 58.
註二六：Dangerfield, op. cit., p. 81
註二七：不過資深制亦有例外，例如一九二〇年代初期，眾院撥款委員會主席古德
    （Good）辭職，係由該委員會年資排在第三名的委員麥登（Madden）繼任主席；
    倘嚴格依照資深制實行，則應由年資排在第二名的委員繼任主席。See Riddick,
    op. cit., p. 165.
    又如一八七一年，參院外委會主席薩姆拉，因屢與格蘭特總統爲難，引起參院共
    和黨議員的公憤，乃撤免其委會主席的職務，亦爲資深制的一個例外。See Dan-
    gerfield op. cit., p. 82.
註二八：Dangerfield, op. cit., p. 80; see also Wiley, op. cit., p. 58.
註二九：Galloway, op. cit., p. 150.
註三〇：Wiley, op. cit., p. 59.
註三一：本表係根據『美國年鑑』及 Wiley, op. cit., p. 59 的資料製成。
註三二：Galloway, op. cit., p. 151.
註三三：Wiley op. cit., p. 60.
註三四：Ibid., pp. 62 – 63; Galloway, op. cit., pp. 151 – 152.
註三五：See L. Larry Leonard, Elements of American Foreign Policy（New York, 1953），
    p. 165; see also Wiley, op. cit., p. 62.
註三六：Wiley. op. cit., p. 58; Ridddick, op. cit., p. 184. 並見姚崇齡譯：『美國的議會』，
    頁二七五一二七六。
註三七：Dangerfield, op. cit., pp. 82 – 83.
註三八：Leonard, op. cit., p. 191.
註三九：11 Stat. 155; United States Code, Title, 2. Sec. 1952. 見於羅孟浩：『美國的國
    會』，頁四五。
註四〇：詳見羅孟浩：『美國的國會』，頁四五一四六。
註四一：Wiley, op. cit., pp. 64 – 65.
註四二：Dangerfield, op. cit., pp. 80 – 81.
註四三：Ibid., p. 84.
註四四：Ibid.
註四五：Ibid., p. 85.

原載『思與言』創刊號，1963 年 2 月 15 日，頁 12—17

美國參院對條約的修改權

一、修改條約權的取得

美國締約權的行使，經過百餘年的演變後，已經截然分爲兩個階段：即談判簽字的階段，權在總統；同意批准的階段，權在參院。在總統將條約送請參院批准前，參院對於條約之簽訂，事實上無權過問。

就理論言，所謂締約權當然包括談判權與批准權在內，因爲談判與批准均爲締結條約不可或缺的一部份。假如參院無權參與談判，僅能對總統簽訂的條約加以批准，則憲法賦與它的締約權勢必完全落空。洛奇參議員認爲，參院雖不實際參與條約的談判，但仍具有談判的權力，參院對此種權力的行使，係表現於其對條約的修改之上。(註一) 何以言之？由總統談判簽訂的條約，非經參院同意即無法發生效力。是則在參院未批准前，條約仍未完成，參院認爲有必要，自得提出修正。這種修正無異是談判的延長，因爲經參院修正通過的條約，必須由總統及他方締約國接受後才能發生效力。(註二) 故參院具有談判條約的權力，乃參院得對條約提出修正的理論基礎，也使憲法賦與它的締約權多得一重保障。(註三)

就實際言，一七七八年大陸會議與法國簽訂的第一件條約『友好通商條約』(*Treaty of Amity and Commerce*)，於審議批准時即曾加以修正。(註四) 一七九五年參院於批准美國與英國所訂的『傑條約』(*Jay Treaty*) 時，又曾對其中第十二條提出保留，華盛頓總統並未對此提出異議。(註五) 這些先例，亦係參院取得修改條約權的有力根據。

參院有權修改條約，並爲聯邦最高法院的判決所確認，在哈佛控雅克 (Haver V. Yaker) 一案的判決中，最高法院宣稱：『在本國（美國），條約的效力遠非契約可比，因爲聯邦憲法宣示，條約爲國家的最高法律，在其生效前並須經過參院批准，但參院批准條約時不必完全接受或完全拒絕，它可以加以改變或修正。』(註六)

由上所述，可見無論從理論上，實際上或根據判例，參院均有權修改條約。事實上，自一七八九年『聯邦憲法』實施以來，經參院修改的條約已有一百餘件。(註七)

二、修改條約的真相

（一）概說

參院在審議條約時，有權對條約內容加以修改，已如上述。但參院對條約的修改有無一定的傾向？易詞以言，何種條約最常遭遇參院的修改？據嘉納（J. W. Garner）教授說：所有多邊條約幾乎沒有不遭參院或多或少的修改者。即使對美國有利的多邊條約亦然。(註八) 海約翰（John Hay）在其給亞當斯（Henry Adams）的一封信中則稱：『我已告訴過你多次，我不相信別的重要條約能夠完整地通過於參院。』(註九) 在美國歷史上持這種悲觀論調者不勝枚舉。但事實上他們的看法並不正確。自海約翰以後，有許多非常重要的條約，均經參院無條件通過。(註一〇) 爲說明便利計，試將參院修改條約的實際情況，列表於後：

參院修改條約比率一覽表(註一一)

條約種類	批准的總數	經修改並經公佈者 數目	經修改並經公佈者 百分比（％）	經修改未經公佈者 數目	經修改未經公佈者 百分比（％）	修改的總數 數目	修改的總數 百分比（％）
Ⅰ 雙邊條約	六三五	八六	一三・五	四九	七・七	一三五	二一・二
A 政治性條約	二三六	二二	九・三	二二	九・三	四四	一八・六
1. 和平條約	六	四	六六・七	○		四	六六・七
2. 仲裁條約	一五六	一○	六・四	一七	一○・九	二七	一七・三
3. 設立地位條約	五七	七	一二・三	四	七・○	一一	一九・三
4. 支付及賠償條約	一七	一	五・九	一	五・九	二	一一・八
B 商務與個人權利條約	二六○	三四	一三・一	一一	四・二	四五	一七・三
1. 平等商務條約	一五三	二○	一三・一	九	五・○	二九	一九・○
2. 不平等商務條約	二五	五	二○・○	○		五	二○・○
3. 互惠商務條約	五	三	六○・○	○		三	六○・○
4. 個人權利條約	七七	六	七・八	二	二・六	八	一○・四
C 執行法律條約	一三九	三○	二一・六	一六	一一・五	四六	三三・一
1. 引導條約	一○四	二八	二六・九	一四	一三・五	四二	四○・四
2. 禁止走私條約	一六	一	六・三	○		一	六・三
3. 其他	一九	一	五・三	二	一○・五	三	一五・八
Ⅱ 多邊條約	九○	一五	一八・八	二	二・五	一七	二一・三
A 美洲多邊條約	一六	一	六・三	○		一	六・三
B 國際多邊條約	五六	一一	一八・六	二	三・六	一三	二二・二
C 太平洋多邊條約	五	二	四○・○	○		二	四○・○
D 特殊多邊條約	一三	一	七・七	○		一	七・七
Ⅲ 總計	七二五	一○一	一三・九	五一	七・○	一五二	二○・九

　　從上表所示，自一七八九年至一九二八年，參院通過的條約共為七二五件，就中經參院修改者凡一五二件，佔總數的百分之二○・九。在此一五二件被修改的條約中，政治性條約四十四件，佔此類條約總數（二三六件）的百分之一八・六；商務與個人權利條約四十五件，佔此類條約總數（二六○件）的百分之一七・三；執行法律條約四十六件，佔此類條約總數（一三九件）的百分之三三・一；多邊條約十七件，佔此類條約總數（九○件）的百分之二一・三。由是觀之，參院對多邊條約修改的比率，與雙邊條約修改的比率（百分之二一・二）相若，可見嘉納教授的話，與事實不符。

　　參院修改條約的程度，相差頗為懸殊，有的修改其文字，有的則修改其內容，有的甚至修改條約的目的。為後面分析簡便計，茲將參院修改的一五二件條約，依其修改的程度分為三類：

1. 輕微的修改，凡僅修改條約的文字(註一二)而不修改條約的內容者屬之。
2. 溫和的修改，凡修改條約的內容但不影響條約的目的者屬之。
3. 重大的修改，凡其修改影響條約的目的者(註一二)屬之。

（二）對政治性條約的修改

在經參院修改的四十四件政治性條約中，四件爲結束戰爭而簽訂的和平條約。其中，一件是一八四八年爲結束美、墨戰爭所簽訂者，僅作文字修改；三件是爲結束第一次世界大戰所簽訂者，均經提出保留。

廿七件爲仲裁條約，其中五件作文字修改，十件作內容修改，但未影響條約的目的。十二件作重大修改[註一三]，其修改的程度均嚴重地破壞了條約的目的，使他方締約國無法接受，故總統拒絕予以公佈。

十一件爲設立地位條約，其中四件作輕微修改，四件作溫和修改，三件作重大修改。此三件遭重大修改的條約，一件是與墨西哥簽訂的『購買加斯登條約』（*Gadsden Purchase Treaty*），幾乎被全都重寫。參院對此約的修改，事實上等於提出一項新的條約，而提交總統及墨西哥政府批准。[註一四]一件是一八五六年與英國所簽規定在尼加拉瓜的蚊族印地安人（Mosquito Indians in Nicaragua）地位的條約，因參院修改太多，英國拒絕批准。一件是一九〇〇年與英國簽訂的『海－龐塞福特條約』（*Hay-Pauncefote Treaty*）。該約係規定有關伊斯米亞運河（Isthmian Canal）的開鑿事項。參院對該約修改包括三點：（1）在條約中增加一條，明文規定廢止一八五〇年的『克萊頓－保維爾條約』（*Clayton-Bulwer Treaty*）；（2）美國在運河地區有設立要塞之權；（3）刪除約中第三條關於邀請其他國家參加該條約之規定。[註十五]

兩件爲支付及賠償條約，均經參院重大修改，致其原始簽約目的不符。其一爲一八四三年十一月廿日與墨西哥簽訂的賠償條約；參院將其中第十六條[註一六]加以刪除，墨西哥政府以該條刪除後即失去締約意義，故拒絕予以批准；其二爲一九一四年四月六日與哥倫比亞簽訂的賠償條約，參院將約中第一條有關美國向哥倫比亞討款的規定[註一七]加以刪除，以致喪失美國承諾賠償哥倫比亞二千五百萬元的唯一理由。

參院對四十四件政治性條約修改程度一覽表

條約種類	輕微修改	溫和修改	重大修改
和平條約	四	〇	〇
仲裁條約	五	一〇	一二
設立地位條約	四	四	三
支付及賠償條約	〇	〇	二
總計	一三（29.6％）	一四（31.8％）	一七（38.6％）

（三）對商務與個人權利條約的修改

在經參院修改的四十五件商務與個人權利條約中，廿九件爲平等商務條約，就中輕微修改者十七件，溫和修改者八件，重大修改者四件。此四件重大修改的條約，一件爲一七九四年十一月十九日與英國簽訂的友好通商航海條約（即『杰條約』），參院要求總統就該約第十二條與英國重新談判；一件爲一八一六年九月四日與瑞典、挪威簽訂的友好通商條約；一件爲一八四二年七月卅日與德克薩斯簽訂的友好通商航海條約；一件爲一八五六年五月廿七日與智利簽訂的友好通商航海及引渡條約。後二件因參院修改太多，總統未加公佈。[註一八]

五件爲不平等商務條約，就中輕微修改者三件，重大修改者二件。此二件重大修改的條約，其一爲一八五六年五月廿九日與暹羅簽訂的商務條約，參院將約中規定美國公民進入暹羅旅行須向美國領事館登記並取得通行證的條款加以刪除。其二爲一八六八年七月四日與中國簽訂的商務條約，因參院對該約內容修改過多，使兩國政府於同年七月廿八日又重訂一次。但因新約已將參院的修正意見納入，故未再送往參院批准，卽逕予公佈實施。(註一九)

三件爲互惠商務條約，就中一件經溫和修改，此卽一八八三年二月廿日與墨西哥簽訂的互惠商務條約。參院僅在約中加入一條，規定簽約雙方在未制定執行本約所必需之法律前，本約不生效力。其他兩件經重大修改，其一爲一八七五年一月廿日與夏威夷簽訂的互惠商務條約，參院在約中增加下面一段：『締約雙方同意，在本條約有效期間，夏威夷政府不將其任何港口或領土租借或讓與任何外國，或與外國締結條約，給與他國如美國所已獲得的同樣特權』(註二〇)；其二爲一八八四年十二月六日與夏威夷簽訂的互惠商務條約，參院在該約中增加一條，明白規定美國取得珍珠港（Pearl Harbour）與設立海軍基地及採煤的特權(註二一)。

八件爲個人權利條約，就中輕微修改者六件，溫和修改者兩件，在經溫和修改的兩件條約中，一件係一八八八年四月十二日與中國所簽訂的限制華工入境條約（Exclusion Treaty），參院雖僅溫和修改，但中國政府未予批准。

參院對四十五件商務與個人權利條約修改程度一覽表

條約種類	輕微修改	溫和修改	重大修改
平等商務條約	一七	八	四
不平等商務條約	三	〇	二
互惠商務條約	〇	一	二
個人權利條約	六	二	〇
總計	二六（57.8%）	一一（24.4%）	八（17.8%）

（四）對有關執行法律條約的修改

在經參院修改的四十六件有關執行法律的條約中，四十二件爲引渡條約，佔百分之九十一，一件爲禁止走私條約，一件爲奴隸買賣條約，一件爲中立權利條約，一件爲屠殺海狗條約。參院所以對引渡條約修改特多，主要係受壓力團體的影響。因爲外國人歸化美國者甚眾，他們對於美國與其故國簽訂的引渡條約非常關切，均希望約中不要包括因他們自己或其親友犯罪而可以引渡的條款。這些人的意見對於參院的影響甚大。不過參院雖對此類條約修改特多，但修改的程度並不嚴重。在經參院修改的四十二件引渡條約中，微修改者佔四十件，溫和修改者兩件，重大修改者沒有一件。兩件經溫和修改的引渡條約，一件爲一八八五年二月廿日與墨西哥簽訂者，另一爲一九一七年二月十五日與英國簽訂者。前者總統沒有公佈，後者因英國不接受參院修正文，拒絕加以批准。

禁止走私的條約是一八八六年七月三日與曾吉巴（Zanzibar）所簽訂者，參院僅作輕微修改。『奴隸買賣條約』(*Slave Trade Converntion*) 是一八二四年三月十三日與英國所簽訂者，參院曾加重大修改，以致英國拒絕批准。『中立權利條約』(*Treaty Governing Neutral Rights*) 是一八二六年七月十日與墨西哥簽訂者，因參院修改太多，墨西哥不願接受。『屠殺海狗條約』(*Treaty Governing the Killing of Fur Seals*) 是一八九二年二月廿九日與英國簽訂者，參院僅加輕微修改。(註二二)

參院對四十六件執行法律條約修改程度一覽表

條約種類	輕微修改	溫和修改	重大修改
引渡條約	四〇	二	〇
禁止走私條約	一	〇	〇
奴隸買賣條約	〇	〇	一
中立權利條約	〇	〇	一
屠殺海狗條約	一	〇	〇
總計	四二（91.2%）	二（4.4%）	二（4.4%）

（五）對多邊條約的修改

參院批准的多邊條約共九十件，經修改者凡十七件，佔百分之二一・三。惟對多邊條約的所謂修改，大率是提出保留（Reservation）、解釋（Interpretation）或瞭解（Uuderstanding），而以保留居多，極少修改條約的內容。

在經參院修改的十七件多邊條約中，一件是一九二三年四月廿三日，美洲國家在聖地阿哥（Santiago）簽訂的『保護農工商業商標與商號公約』（Convention for the Protection of Commercial, Industrial and Agricultural Trademarks and Commercial Names），參院僅對該約提出溫和的保留與瞭解。

十三件爲國際性多邊條約，就中經參院提出輕微保留者六件，溫和保留者五件，堪稱重大保留者僅兩件：其一爲第二次海牙會議（一九〇七年）所簽訂『關於中立國家在海戰中的權利義務公約』（Convention Concerning the Rights and Duties of Neutral Powers in Naval War），參院提出的保留係將該約第廿三條除外（註二三）；其二是『常設國際法院規約』（Protocol of the Permanent Court of International Justice），參院對其提出五點保留與兩點瞭解。

兩件爲太平洋地區的多邊條約，參院均僅提出輕微的保留。此兩件條約都是處理有關島國的兵力問題，其一爲一九二一年十二月十三日簽訂，其二爲一九二二年二月六日簽訂。（註二四）

一件爲特殊多邊條約，係於一九一九年九月十日在聖則明安萊（St. Germain-en-Laye）簽訂，規定在非洲酒類運輸的問題，參院對該約僅提出溫和保留。

參院對十七件多邊條約修改程度一覽表

條約種類	輕微修改	溫和修改	重大修改
美洲多邊條約	〇	一	〇
國際多邊條約	六	五	二
太平洋多邊條約	二	〇	〇
特殊多邊條約	〇	一	〇
總計	八（47.0%）	七（41.2%）	二（11.8%）

總結本節所述，我們可以對參院修改條約的實際情形有一明確的瞭解。茲將一七八九年至一九二八年期間參院修改的一百五十二件條約，就其修改的程度及所佔百分比，列一總表如下：

條約種類	修改的總數	輕微修改		溫和修改		重大修改	
		數目	百分比（%）	數目	百分比（%）	數目	百分比（%）
I 雙邊條約	一三五	八一	六〇	二七	二〇	二七	二〇
A 政治性條約	四四	一三	二九·六	一四	三一·八	一七	三八·六
1. 和平條約	四	四	一〇〇	〇	〇	〇	〇
2. 仲裁條約	二七	五	一八·五	一〇	三七	一二	四四·五
3. 設立地位條約	一一	四	三六·三	四	三六·四	三	二七·三
4. 賠償條約	二	〇	〇	〇	〇	二	一〇〇
B 商務與個人權利條約	四五	二六	五七·八	一一	二四·四	八	一七·八
1. 平等商務條約	二九	一七	五八·六	八	二七·六	四	一三·八
2. 不平等商務條約	五	三	六〇	〇	〇	二	四〇
3. 互惠商務條約	三	〇	〇	一	三三·三	二	六六·七
4. 個人權利條約	八	六	七五	二	二五	〇	〇
C 執行法律條約	四六	四二	九一·二	二	四·四	二	四·四
1. 引渡條約	四二	四〇	九五·二	二	四·八	〇	〇
2. 禁止走私條約	一	一	一〇〇	〇	〇	〇	〇
3. 奴隸買賣條約	一	〇	〇	〇	〇	一	一〇〇
4. 中立權利條約	一	〇	〇	〇	〇	一	一〇〇
5. 屠殺海狗條約	一	一	一〇〇	〇	〇	〇	〇
II 多邊條約	一七	八	四七	七	四一·二	二	一一·八
A 美洲多邊條約	一	〇	〇	一	一〇〇	〇	〇
B 國際多邊條約	一三	六	四六·二	五	三八·五	二	一五·三
C 太平洋多邊條約	二	二	一〇〇	〇	〇	〇	〇
D 特殊多邊條約	一	〇	〇	一	一〇〇	〇	〇
總　計	一五二	八九	五八·六	三四	二二·三	二九	一九·一

　　從上表我們可以看出一項事實，在參院修改的一五二件條約中，輕微修改者八十九件，佔百分之五八·六；溫和修改者三十五件，佔百分之廿三；重大修改者廿八件，僅佔百分之一八·四；重大修改者遠較輕微修改者為少。就條約的種類言，在被修改的四十六件執行法律的條約中，堪稱重大修改者不過二件，僅佔百分之四·四；在修改的四十五件商務與個人權利條約中，重大修改者亦僅八件，不過佔百分之一七·八，而在四十四件被修改的政治性條約中，重大修改者達十七件，高至百分之三八·六。從另一方面看，在輕微修改的條約中，執行法律條約有四十二件，佔百分之九一·二；商務與個人權利條約有二十六件，佔百分之五七·八；政治性條約不過十三件，僅佔百分之二九·六，由此可知，在雙邊條約中，參院對政治性條約，重大修改者遠較其他條約為多。輕微修改者則反是。再就多邊條約言，輕微修改者佔百分之四十七·〇，重大修改者佔百分之一一·八，重大修改者亦遠較輕微修改者為少，與參院修改條約程度的一般趨勢正復相同。

三、修改條約權對條約的影響

　　參院修改條約所遭遇的抨擊，較諸對條約的否決或擱置，有過之而無不及。推其原故，實因參院對條約的修改遠較否決或擱置為頻繁。因參院的修改，使總統拒絕公佈或締約他方無法接受，卒至條約失敗者，其例甚多。試就事實加以析述。

被參院修改的條約之命運，視其修改的程度而定。一般言之，修改輕微者公佈的機會多，修改重大者公佈的機會少。其實際情形如下表。(註二五)

條約種類	未修改者		輕微修改者		溫和修改者		重大修改者	
	公佈	未公佈	公佈	未公佈	公佈	未公佈	公佈	未公佈
Ⅰ 雙邊條約	四五五	四五	六三	一八	一六	一二	七	一九
1. 政治性條約	一七五	一七	一二	一	八	六	二	一五
2. 商務與個人權利條約	一九三	二二	二一	五	八	四	五	二
3. 執行法律條約	八七	六	三〇	一二	〇	二	〇	二
Ⅱ 多邊條約	六五	八	八	〇	六	一	一	一
總計	五二〇	五三	七一	一八	二二	一三	八	二〇

就上表觀察，在八十九件輕微修改的條約中，公佈生效者七十一件，佔百分之八十；在三十五件溫和修改的條約中，公佈生效者二十二件，佔百分之六二‧九；在廿八件重大修改的條約中，公佈生效者八件，僅佔百之二八‧六。

倘以條約的種類而言，此一趨向更為明顯。在十三件輕微修改的政治性條約中，公佈生效者有十二件，佔百分之九二，未公佈者為一件，僅佔百分之八；而在十七件重大修改的政治性條約中，公佈生效者不過兩件，佔百分之一二，未公佈者却達十五件，佔百分之八八。最為顯著者為執行法律條約，在四十二件輕微修改者中，公佈生效者達三十件，佔百分之七一，未公佈者為十二件，僅佔百分之二九；而經溫和及重大修改者各為兩件，均未公佈生效。換言之，參院對此類條約的溫和及重大修改，無異於宣佈條約的死刑。

當然，參院無條件通過的條約而未經公佈生效者，亦復不少。但其不公佈的原因出於美國本身者居多，出於締約之他方者居少；在參院無條件通過而未被公佈的五十三件條約中，僅有少數幾件因未獲得締約之他方批准而未公佈，絕大多數均係國務院不欲使之公佈生效。國務院所以不欲公佈，有的係因國務卿更易，新任國務卿不願由前任國務卿簽訂並經參院批准的條約付諸實施。(註二六)

條約經參院修改後所以沒有生效的原因，有的係因總統不滿參院的修改而拒絕加以公佈。此種情形，尤以條約遭重大修改的場合為然。有的則因他方締約國不願接受參院的修正而拒絕批准；亦有的因參院修改過多，被迫重新談判，參院的修改意見已歸納於新約中，舊約沒有再公佈的必要。但無論不公佈的原因如何，歸根究底，無非導源於參院的修改。可見參院對條約的修改，直接間接影響條約的命運。

最後我們要談談參院修改條約權的利弊問題。從好的方面說，參院對條約的修改，常是基於對美國有利的立場。例如一八九四年與英國簽訂的『杰條約』(Jay Treaty)。傑約翰(John Jay)為使英國開放西印度羣島與美國通商，竟在該條約中第十二條同意美國停止輸出幾種原料到西印度羣島，其中有一種為棉花。參院批准該約時提出一項保留，要求總統就該條與英國重新談判，卒使英國同意刪除。假如此一條文成立生效，將會嚴重地影響美國的商業。(註二七)又如一九〇〇年與英國簽訂的『海－龐塞福特條約』(Hay-Pauncefote Treaty)，英國同意美國建築巴拿馬運河，但須劃為中立區，並不得建築堡壘。參院於審議該條約時對此表示異議，卒將條約重訂，迫使英國同意巴拿馬運河置於美國防禦制度之下。⁽註二八⁾又如對於引渡條約，參院堅持政治犯不能引渡的主張，凡遇引渡條約之包含引渡政治犯條款者，莫不加以剔除。就美國人民種族之複雜而論，此種修正是對美國有利的，而且符合美國傳統上維護人權的原則。⁽註二九⁾從壞的方面說，參院對某些條約的修改往往由於一種偏見，仲裁條約就是一例。一八九七年麥金萊總統與英國簽訂的仲裁條約，參院將其修改得體無完膚，至與締約的目的大相逕庭⁽註三〇⁾，因為參院認為『仲裁會把參院的憲法權力拿出，轉給一個參院無法控制的委員會』⁽註三一⁾。一九〇四年老羅斯福總統提出一套仲裁條約，參院把這套條約的精神完全推翻，規定援引這些條約執行仲裁時，每次均應提交參院討論和批准，其理由正如參議員洛奇所說：『假如我們通過這批仲裁條約，就無異剝奪憲法賦與參院的同意權。』⁽註三二⁾一九一〇年至一九一一年間，塔虎脫總統又提出一套較前更為進步的仲裁條約，規定仲裁方式之採用，應提交一個國際機構決定。這套條約如能得到英國的同意，就可使英、日同盟的作用減少，並使它不能用於對付美國。但參院對之大加修改，致使全套條約完全失去作用，這是對美國有損無益的。⁽註三三⁾至於參院對於『凡爾賽條約』及『常設國際法院規約』的修改及保留，更是基於孤立主義與狹隘的民族主義的偏見。⁽註三四⁾假如參院批准這兩件條約，則其修改及保留條件，能否為其他締約國所接受，永遠是一個聚訟不決的問題。⁽註三七⁾

綜上所述，參院的修改條約權可以說利弊互見，究竟是利多於弊抑是弊多於利，頗難下一斷言。我們願意拿昆賽‧亞當斯（John Quincy Adams）的一句話來作本文的一個結束，他說：『我以為對條約的修改是得不償失的，因為你修改其中一小部分，而同意其大部分，卻留給締約他方拒絕整個條約的一項選擇權。』⁽註三五⁾

附註

註一：Lodge, "Treaty-Making Power of the Senate," *Scribners*, *Magazine*, 1902.
註二：See "Senate Document 104," *57th Congress*, *First Session*. , p. 5.
註三：Royden J. Dangerfield, *In Defense of Senate*：*A Study of Treaty Making*, University of Oklahoma Press, 1933, p. 149.
註四：刪除其中第十一條及第十二條。
註五：參閱拙作：『參議院批准條約權的由來及其演變』一文，載『政治大學學報』。
註六：9. Wall, 32, cited in Dangerfield, op. cit., pp. 149–150.
註七：據登澤非爾德教授統計，自一七八九年至一九二八年參院修改的條約共為一百五十二件，見 Dangerfield, op. cit., p. 150；據國務院統計，則自一七八九年至一九三五年參院修改的條約共為一百七十三件，見王世憲譯：『美國的總統制』，頁一〇九。
註八：J. W. Garner, "American Forign Policies," 1928, p. 31.
註九：W. R. Thayor, "Life of John Hay," 1915, Vol. 11, p. 170.
註十：Dangerfield, op. cit., p. 150.
註十一：1. 表中所列者包括自一七八九年至一九二八年參院所批准的一切條約在內。
　　　2. 七二五件的總數包括經參院批准但未公佈生效的一〇四件條約在內，經修改而未分佈者五十一件，無條件批准而未公佈者五十三件。
　　　3. 本表見於 Dangerfield, op. cit., p. 152.
註十二：所謂修改條約的文字包括延長批准的時間將約文中的『&』改為『and』，在『合眾國』（United States）之後加上『美利堅』（America），和提出保留及解釋等均屬之。

註十二：包括對約文的重寫及改變條約的名稱等嚴重情形在內。
註十三：此十二件遭重大修改的條約均爲強制仲裁條約（Compulsory Arbitration Treaty），Dangerfield, op. cit., p. 154.
註十四：See Fleming, "Treaty Veto of the American Senate" 1930, p. 38.
註十五：Dangerfield, op. cit., pp. 157–158.
註十六：該約第十六條規定：『締約雙方如不能於一定期間內就賠償問題獲致協議，應卽交付仲裁。』見於 Dangerfield, op. cit., p. 158.
註十七：該條明白表示，美國願對其於一九〇三猝然承認巴拿馬共和國的行動向哥倫比亞致歉。
註十八：Dangerfield, op. cit., p. 160.
註十九：Ibid., pp. 150–161.
註二十：Ibid., p. 161.
註二十一：Ibid.
註二十二：Ibid., p. 165.
註二十三：該條係規定中立國家處理捕獲船隻的方法。
註二十四：參閱 Malloy, "Treaties and Conventions of the United States," 1923, Vol. 3. pp. 3095–3096.
註二十五：Dangerfield, op. cit., p. 184.
註二十六：Ibid., pp. 184–185.
註二十七：易安譯：『美國外交政策之研究』，頁一七一。
註二十八：邱昌渭：『美國的總統』，頁一〇四；易安譯：『美國外交政策之研究』，頁一七一，並參照本文第二節。
註二十九：邱昌渭：『美國的總統』，頁一〇四。
註三十：易安譯：『美國外交政策之研究』，頁一七二。
註三十一：見於邱昌渭：『美國的總統』，頁一〇四。
註三十二：王世憲譯：『美國的總統制』，頁一〇九。
註三十三：易安譯：『美國外交政策之研究』，頁一七二。
註三十四：同上書，頁一七二。
註三十五：見於 Mike Mansfield, "The Meaning of the Term Advice and Consent," The Annals of the American Academy of Political and Science, September, 1953, p. 130.

原載胡佛等著『憲法與行政法』，臺灣商務印書館，1963 年，頁 43—64

美國憲法修正案第二十五條的立法旨意

一九六三年十二月十二日,印地安娜州參議員拜氏(Birch Evan Bayh, Jr., 1928 -)就總統因故缺位或因其無能力任職時所引起的有關問題向參議院提出修改憲法的建議,一九六五年七月經國會兩院各以三分之二多數通過,而於一九六七年二月一日經全國四分之三州(三十八州)批准生效,是即憲法修正案第二十五條。全文如下:

第一項
總統因免職,或因亡故、辭職而去位時,由副總統繼任。

第二項
副總統缺位時,總統應提名一副總統,經國會兩院各以多數同意後就職。

第三項
總統向參議院臨時議長及眾議院議長致送書面聲明,宣告其無能力行使職權,俟其另有意思相反之書面宣告前,總統職權應由副總統以代總統名義行使之。

第四項
副總統與行政各部之多數主要長官,或與國會得以法律規定之其他機構之多數,向參議院臨時議長及眾議院議長致送書面聲明,宣告總統無能力行使其職權時,總統職權應即由副總統以代總統名義行使之。

總統向參議院臨時議長及眾議院議長致送書面聲明,宣告其無能力狀態不復存在時,應即復職;但副總統與行政各部之多數主要長官,或與國會得以法律規定之其他機構之多數,於總統作此宣告之四天內,向參議院臨時議長及眾議院議長致送書面聲明,宣告總統仍無能力行使其職權時,總統不得即行復職。此際,應由國會議決此一問題。如逢休會期間,國會應於四十八小時內集會,如國會於收到後者書面宣告之二十一天內,或逢休會期間而於被要求集會之二十一天內,經兩院各以三分之二之多數議決,確認總統仍無能力行使其職權,副總統應繼續以代總統名義行使總統職權;否則,總統應即復職。

此一修正案的主旨,在使憲法上一個聚訟紛紜而久懸不決的問題,獲得適當的解決。按憲法第二條第一項第五款規定:『總統因免職、亡故、辭職而去位,或無能力行使其職權時,由副總統行使總統職權;總統、副總統皆免職、亡故、辭職或無能力行使職權時,國會得以法律規定應代行總統職權之官員,該官員代行總統職權,至總統能力恢復或新總統選出時為止。』由於此一條文過份簡單,且欠明確,百餘年來攷驗的結果,發現了許多缺陷。新修正案即係針對這些缺陷,一一加以彌補。試為分項析述如次:

(一)原憲法只規定:總統因故去位,其職權由副總統行使之。至於此時的副總統是否已正式繼任為總統,或仍以副總統的身份代行總統職權,法無明文,頗滋疑義。一八四一年四月,美國第九任總統哈里遜(Wiliam Henry Harrison, 1773 - 1841)就任僅一月即告亡故，他的副總統泰勒（John Tyler, 1790－1862）卽自行宣告他已正式繼任爲美利堅合衆國總統。當時美國的輿論多以泰勒曲解憲法規定，加以指責。但當時的國會對於泰勒的此一宣告並未提出異議，由是乃成爲一定例。在哈里遜之後，美國又有七位總統死於任所，皆援泰勒之例，由副總統繼任爲總統。(註一)美國人民對於這一成例固無異詞，但其憲法性仍多見仁見智之論。爲免此後再生紛擾，本修正案之第一項乃明確規定：『總統因免職，或因亡故、辭職而去位時，由副總統繼任。』

（二）副總統繼任總統後，其副總統遺缺應如何遞補，原憲法沒有規定，也乏成例可循。故自來副總統缺位時，都是任其虛懸，直至次屆大選選出時爲止。自一七八九年憲法實施以來，美國共有三十六位總統，三十八位副總統，但在過去一百七十八年間，美國的行政中樞竟有十六位副總統缺位，其時間長達三十八年。(註二)設若在此期間總統因故去位或死亡，美國政府勢必因群龍無首而陷於嚴重危機。費城制憲諸公並非無慮及此，可是他們所設計的辦法未儘完善，只授權國會遇此情形時得以法律規定應代行總統職權之人選。（參閱憲法第二條第一項第五款後段）國會爲未雨綢繆計，乃根據此一授權於一七九二年制定『總統繼任法』（Presidential Succession Act），規定代行總統職權者爲參議院臨時議長及衆議院議長。一八八六年國會修改此法，刪除參議院臨時議長及衆議院議長，而定其代行總統職權者之順序爲：國務卿、財政部長、陸軍部長、司法部長、郵政部長、海軍部長、內政部長。一九四五年杜魯門繼羅福爲總統後，感於以內閣閣員代行總統職權，有違民主原則，乃提議修改一八八六年的『總統繼任法』，主張代行總統職權者之順序，應將國會衆議院議長及參議院臨時議長置於內閣閣員之前。新法於一九四七年獲國會通過，將衆議院議長及參議院臨時議長置於副總統之後、內閣閣員之前，然於內閣閣員之順序，則以各該部成立之先後爲準，依次爲：國務卿、財政部長、國防部長、司法部長、郵政部長、內政部長、農業部長、商業部長、勞工部長。(註三)

『總統繼任法』雖然一修再修，但每次都受到或多或少的批評與指責，因爲：一七九二年的法案止於參議院臨時議長及衆議院議長，不夠完備；一八八六年修改者以任命的內閣閣員代行總統職機，不合民主原則；而對一九四七年的修正案，又以衆議院議長及參議院臨時議長雖屬選舉產生，但其選區僅爲一州或一區，不足代表全國民意，且厠身議壇旣久，毫無行政經驗可言，復因在資深制下，積資而至議長者，往往已老邁不堪，以之代行總統職權，殊非所宜。這種情勢於一九六三年十一月廿二日甘廼迪總統遇刺亡故時顯得尤爲嚴重。當時詹遜繼任總統，副總統因而缺位，而詹遜於一九五五年曾患心臟病，萬一舊病突發而去世，其繼任人應爲衆議院議長麥攷邁克（John McCormack），但其時麥氏也正因心臟病發作，在家休養已達十四個月，而且年高七十有二，自無法擔任繁劇。次一順位爲參議院臨時議長海登（Carl Hayden），其時高年八十有六，更是風燭殘年，行動維艱，以之代行總統職權，實非力所能勝。當時美國朝野因甘廼迪總統被刺，情緒已感激動，而其繼任人造成之情形又復如是，更覺心情沉重。於是因總統、副總統缺位而連帶發生的各項問題，重又引起大家的注意。參議員拜氏於此時提出有關此問題的修憲案，允爲適時之舉，而此一提案能在國會順利通過，並獲得各卅四分之三的多數批准，亦早爲大家意料中事。依本修正案第二項規定：『副總統缺位時，總統應提名一副總統，經國會兩院各以多數同意後任職。』此一規定不僅使總統繼任的問題獲得適當補救，而且使行政中樞的穩定性大爲增加，因此深爲美國輿論所讚揚。於此有應注意者，本項之增列，並未變更一九四七年的『總統繼任法』，不過今後由於本修正案已明定總統缺位由副總統繼任，副總統缺位由總統提任，則該法所列副總統以後之繼任人，其代行總統職權的機會，可以說已經微乎其微。故『總統繼任法』雖仍存在，也不過備而不用而已。

（三）總統因陷於無能力狀態以致無法行使職權時，其職權由副總統行使之，原憲法已有所規定。但此種無能力狀態應如何決定，由總統自行決定，抑由他人代爲決定？倘總統事實上已陷於無能力狀態，却不願將其職權讓與副總統行使，又將如何？副總統行使總統職權究係以何種名義爲之？總統能力恢復時，應如何繼續行使其職權？諸如此類問題，依原憲法的簡單規定，均不能獲得適當的解決。然而此類問題之發生，在美國歷史上已經非止一次。例如加非爾（James A. Garfield, 1831－1881）於一八八一年遇刺後，殘喘病榻，十天始行去世。當時並未宣佈他已陷於無能力狀態，儘管他的權力事實上由其副總統阿瑟（Chester A. Arthur, 1830－1886）代行。一九一九年九月，威爾遜總統（Woodrow Wilson, 1856－1924）中風病倒，從此輾轉牀褥，全身癱瘓，直至一九二一年三月任期屆滿時爲止，爲時一年有半。在此期間，他有時清醒，有時昏迷，然而他自己既沒有宣佈無能任職，別人也未替他作此宣佈。其時第一次世界大戰結束不久，國際外交頻繁，國內萬機待理，他的副總統馬歇爾（Thomas R. Marshall, 1854－1925）勉強肩起重擔，處理內外大事，反招致外界物議，認爲他不忠於威爾遜，弄得馬歇爾困惑萬分，進退維谷。艾森豪總統在其八年任內，曾經兩度身羅大病，幾告不治。當時全國爲之惶然，深恐威爾遜的故事又將重演。且其時世界的危機尤甚於威爾遜當年，核子競賽突飛猛進，國際局勢瞬息萬變，在在需要明快果斷的決定，而總統既無能力行使職權，副總統又格於憲法體制，不敢放手去做，一步之差，可能導致空前浩劫。

一九五六年一月，艾森豪懍於情勢嚴重，下令司法部長就『總統無能力行使職權時的有關問題』進行研究，翌年（一九五七）四月即根據司法部長的報告向國會提出修改憲法的建議，其要點有二：(1) 總統無能力任職時，經書面宣告後，其職權由副總統以代總統名義行使之；其後，總統以書面宣告其能力恢復時，即行復職。(2) 總統無能力或不願意宣佈其無能任職時，副總統經內閣多數閣員之同意後，得以代總統之名義行使總統職權，直至總統能力恢復時爲止。惜乎此一建議並未受到國會應有的重視，揆其原因，主要是由於當時謠傳，艾森豪想藉此讓位於副總統尼克遜，而造成後者將來競選總統時的有利地位。在迫不得已的情形下，艾森豪只好與尼克遜私下協議，並於一九五八年三月正式對外宣佈：如總統無能力行使職權時，即由副總統代行總統職權，但其事實應以書面宣告之；此時如總統神志清醒，其宣告應由總統自行爲之，否則由副總統代爲宣告；總統以書面宣告其能力恢復時，即恢復行使其職權。不過這只是艾、尼兩氏的私人協議，既無拘束他人的效力，則下屆總統、副總統自無尊重的義務。何況其是否合於憲法的精神，也頗值得懷疑，故不能引爲定例。

這次憲法修正案的第三、第四兩項規定，不僅已納入艾森豪時代兩次擬議中的要點，而且進一步攷慮到總統無能任職時所可能發生的各種情況，其條文也非常具體、明確。第三項的情形是假定總統無能任職，但神志尚屬清醒，故由其自行向國會致送書面宣告，此種宣告一經致送，其職權即由副總統以代總統名義行使之。其後，如總統自認能力恢復，足以行使其職權，經向國會兩院議長致送書面宣告後，即行復職。

第四項第一款是假定總統無能任職，而其自己的神志又不清醒，不能自行向國會兩院議長致送書面宣告時，或雖神志清醒，但無能任職，而又不願向國會宣告時，由副總統及內閣多數閣員或與國會法律所定其他機構之多數，代向國會兩院議長致送書面宣告，陳明總統無能任職，此時副總統亦得以代總統名義行使總統職權。

總統職權由副總統代行，原屬不得已的權宜之計，故總統能力復原後，自應由其復職，藉入憲政常軌，這是第四項第二款的立法意旨。但總統能力恢復與否，應有客觀的認定，蓋總統爲一國之元首，倘其能力並未恢復，卽讓其復職，小則引起笑話，大則導致災禍，殊非國家之福。故此時又許副總統及內閣多數閣員向國會提出異議之權。國會對此爭執應於二十一天內議決之，如經兩院各以三分之二的多數可決，認爲總統能力確未恢復，副總統應繼續以代總統名義行使總統職權；否則，總統應卽復職。

綜觀本修正案的各項規定，對於總統、副總統缺位時的遞補問題以及總統無能任職時的各種情況，可以說均有妥善而週到的安排，使一百八十多年來美國憲政上一個頗感棘手的問題，迎刃而解，宜乎美國朝野對其順利批准生效，同感欣慰。

（寄自美國紐約）

附註

註一：第十二任總統泰羅（Zachary Tayloy, 1784－1850）於一八五〇年在住所逝世，由副總統費爾摩（Millard Fillmore, 1800－1874）繼任；第十六任總統林肯（Abraham Lincoln, 1809－1865）於一八六五年被刺殞命，由副總統詹森（Andrew Johnson, 1808－1875）繼任；第二十任總統加非爾（James A. Garfield, 1831－1881）於一八八一年被刺殺，由副總統阿瑟（Chester A. Arthur, 1830－1886）繼任；第二十五任總統麥金萊（Wmillam McKinley, 1843－1901）於一九〇一年遇刺亡故，由副總統希奧多·羅斯福（Theodore Roosevelt, 1858－1919）繼任；第二十九任總統哈定（Warren G. Harding, 1865－1923）於一九二三年病逝，由副總統柯立芝（Calvin Coolidge, 1872－1933）繼任；第三十二任總統佛蘭克林·羅斯福（Franklin D. Roosevelt, 1882－1945）於一九四五年逝世，由副總統杜魯門（Harry S. Truman, 1884－ ）繼任；第三十五任總統甘迺迪（John F. Kennedy, 1917－1963）於一九六三年十一月二十二日在德克薩斯州的達拉斯遇刺亡故，由副總統詹遜（Lyndon B. Johnson, 1908－ ）繼任。

註二：造成十六位副總統缺位的原因爲：有七位副總統死於住所，八位副總統繼任爲總統，另一位是杰克遜（Andrew Jackson, 1767－1845）任總統時的副總統卡爾洪（John C. Calhoun, 1782－1850）於一八三二年自動辭職。

註三：一九四七年，衛生、教育、福利部及房屋、都市發展部均尚未成立，故未列入。

原載『東方雜誌』復刊第一卷第七期（1968年1月1日），頁48—51

漫談美國黑人問題

一九六三年的春天，筆者初抵美國，寄居華府。是年夏，由馬丁・路德・金（Martin Luther King, Jr.）、洛艾・韋金斯（Roy Wilkins）、惠特尼・楊（Whintney M. Young, Jr.）、菲力浦・倫道夫（A. Philip Randolph）、詹姆士・華默（James Farmer）等黑人領袖發起組織的黑人示威遊行，適在華府舉行，規模空前壯大，號稱二十萬人。筆者躬逢其盛，在林肯紀念堂（Lincoln Memoriel）前，親聆馬丁・路德金的動人演說『我有一個夢』（*I Have a Dream*）。但見黑壓壓的一片，在夏日炎陽下，閃閃發光，使人怵目驚心。由是意識到美國黑人問題的嚴重性，而引起我對此一問題的研究興趣。

黑人問題為美國內政上的一個毒瘤，已為美國朝野所公認。各公私研究機關及學者專家對於此一問題的注重日增，而其出版物也如雨後春筍。據統計：自一九四五年以來，美國各報章雜誌所發表有關黑人問題的論著，已逾一萬篇；各出版公司印刷的專書，平均每天超過一本。（這只是一九六五年的統計，目前的出版物，當遠較此為多。）過去數年，筆者對於此一問題，雖多所留意，手邊蒐集保存的資料，也可以說頗為可觀，但自覺所知仍屬有限，閱讀也不夠充實，綜合性的論列，只好俟諸異日。本文僅係就我所已閱讀或見聞所及，擇其個人所認為重要或富興趣的點滴，擷拾成篇。各條自成一單元，其編排雖儘可能仗之啣接，但前後並無必然的關係，這是要在篇首加以說明的。

美國黑人來自非洲

一四九二年，哥倫布（Christopher Columbus, 1451-1506）發現新大陸，在他所率領的一批冒險家中，有一位名喚彼得洛・阿郎索・尼諾（Pedro Alonso Nino）者，已被美國史家證明為黑人。所以黑人之到美國，實係與新大陸之發現以俱來。二十五年以後，非洲的黑人開始以奴隸的身份輸往南美。一五一七年，拉斯・卡薩斯主教（Bishop Las Casas）說服西班牙國王，允許西班牙的拓荒者每人攜帶黑奴十二名，前往南美拓荒，是為黑奴抵達美洲之始。不過非洲黑奴之輸往北美，乃在一百年以後。一六一九年八月二十日，一艘荷蘭船裝載二十名黑奴在佛琴尼亞州的詹姆士鎮（Jamestown）登陸，是為非洲黑奴輸入北美英國殖民地之始。美國的史家大率以此年（一六一九）為北美黑人史的起點，因為在此以前，雖有不少黑人到過北美，但在他們之中，有的是以冒險家的姿態出現，有的係因受不了南美西班牙籍奴主的虐待，而逃至北美印地安人區避難者，都不能算是正式定居。

美國早年的拓荒者，多係以農作為主，特別是種植棉花。由於地曠人稀，勞工的缺乏為當時最嚴重的問題。最初他們想利用北美的土著印地安人，但這些土人久居深山大川，過慣了閒雲野鶴式的原始生活，既不能耐勞，復不能耐暑，不合當時拓荒者的需要。在無可奈何之下，他們只有乞援於他們的母國，於是歐洲的窮困白人，乃至於監獄中的罪犯，就源源遣來新大陸，以應當時的急需。但這批新客多屬亡命之徒，游蕩成性，頑劣不馴，那能受得了農場主人的勞力壓榨，於是紛紛逃逸，自求謀生。迨至黑人來到美國，他們發現這批人不但體力壯健，可以耐勞，而且原生長於非洲大陸，對於南部的炎熱氣候，無所畏懼，復因皮膚漆黑，容易識別，即使逃亡，亦不難找回。有此種種優點，於是當時新大陸的拓荒者紛紛向非洲購買黑奴。

一六一九年以後，非洲黑人之輸入北美，與日俱增。十七世紀末，美國的黑人已達兩萬八千。獨立前夕，已增至五十萬。據一七九〇年美國第一次人口調查統計，當時美國的總人口爲三百九十二萬九千，黑人有七十五萬七千，佔百分之十九點三。南北戰爭的前一年（一八六〇），美國的總人口增至三千一百四十四萬三千，黑人也增至四百四十四萬一千。一九〇〇年美國的黑人爲八百八十三萬三千，一九三〇年爲一千一百八十九萬一千，一九六〇年爲一千八百八十七萬一千。今年（一九六八）美國的總人口剛超過兩億（筆者按：美國聯邦政府於一九六七年十一月二十日宣佈，美國的總人口已於是日上午十一時零三分正式到達兩億），黑人約兩千一百萬，佔百分之十點五。黑人所以在美國成爲一個問題，其人口的衆多，無疑的爲主要原因之一。

黑人不是『完人』

這裏所謂『完人』，係指黑奴在美國憲法上不能算是一個完全的人而言，與常言『一代完人』的意義，迥不相侔。美國憲法第一條第二項第三款前段規定：『衆議院議員人數及直接稅稅額，應按屬於合衆國各州之人口分配之。各州人口數，除全體自由民外，應包括服役滿相當期限之人及其他人民數額的五分之三，但未被課稅的印地安人不得計算之。』所謂『其他人民數額的五分之三』，就是指當時的美國黑奴而言。凡讀過美國制憲史的人，都知道這一奇怪規定的由來。這是一七八七年費城制憲會議調和南北利益的一項折衷案，苟不如此，『合衆國可能無由成立』（漢彌頓語，Alexander Hamilton, 1755－1804）。

原來美國的黑奴到了制憲時，已近七十萬，這些奴隸的百分之九十以上集中在靠農作爲主的南方諸州。當制憲會議討論到衆議院議員的名額分配及直接稅稅額的攤派時，北方的代表們主張，在攤派直接稅稅額時，黑奴的數額應計算之，但分配衆議院議員名額時，黑奴不得計算在内。南方代表們的意見剛好與此相反，即黑奴不納直接稅（因黑奴的直接稅由奴主繳納），但分配衆議院議員名額時，黑人必須算入（因衆議院議員數額依各州人口多少而定，按憲法第一條第二項第三款後段規定，每三萬人選出衆議員一名，但每州至少須有一名）。雙方各執一詞，辯論再三，最後才成立一折衷案，即無論在分配衆議院議員名額或攤派直接稅稅額時，每個黑奴均以五分之三個自由人計算，換言之，五個黑奴相當於三個自由人。但憲法上並沒有使用黑奴的字樣，只巧妙的說『其他人民數額的五分之三』，這是因爲當時美國的黑奴，人數相當多（約佔全人口的百分之二十），如將黑奴字樣載諸國家的根本大法，可能會刺激他們的情緒，而導致惡劣的後果。不過就當時的情形言，黑奴固不算是完全的人，但與不納稅的印地安人相比，仍然略勝一籌，因爲這種印地安人在法律上根本不算人。

林肯與解放黑奴

在美國歷史上，林肯（Abraham Lincoln, 1809－1865）、南北戰爭與解放黑奴，總是相提並論的，因爲三者有不可分離的關係。如所週知，南北戰爭係因黑奴問題而引起，林肯因反對奴隸制度而當選，黑奴在林肯任内解放（一八六三年一月一日頒佈正式解放宣言（*Emancipation Proclamation*），初步解放令係於一八六二年九月二十二日發佈），南北戰爭與林肯的任期相始終（林肯於一八六一年三月四日就任總統，內戰於同年四月十二日爆發；他於一八六五年四月十四日被刺，翌日逝世，內戰於同年五月二十六日結束）。林肯之所以不朽，就是因為他既解放了黑奴，而又贏得了南北戰爭，使合衆國復歸統一。

南北戰爭與黑奴的解放，關係複雜，非本文所可儘述，暫置勿論。這裏只簡略地說說林肯與解放黑奴的關係。林肯自幼痛恨奴隸制度。一八三一年，他年方二十二歲，當他在紐奧連看到一羣帶着鐐銬的奴隸時，他憤怒的對他的同伴說：『有朝一日我得着機會，我一定要狠命攻擊這種事。』一八三七年他在伊利諾州的州議會宣稱：『奴隸制度是建立在不公正與壞政策上的。』一八四二年他對辛辛拉提的一羣聽衆說：『奴隸制度與壓迫必須停止，否則美國的自由精神必會消失。』又說：『由於我不願意做奴隸，所以我也不願意做奴主，這是我對民主制度的基本看法。任何與此相違背的事，都不是民主。』林肯對奴隸制度攻擊最嚴厲的莫過於下面一句話：『假如奴隸制度不是壞事，則天下將無壞事可言。』從上面這些引語，我們已可看出林肯對奴隸制度痛恨的程度，所以美國黑奴在他任內解放，決不是一件偶然的事。不過由於政治的原因，解放黑奴的過程與時機，非常迂迴曲折，使林肯受到不少指責。論者有謂黑奴解放宣言的頒佈，乃林肯受到各方壓力所致，而解放宣言的本身在當時又無異為一紙具文，時人對於林肯處置解放後的黑奴之方法，更有微詞。茲根據美國史實，略述其梗概。

上面已經說到，林肯一向痛恨奴隸制度。但他當選總統後，南北的敵對態度已瀕於戰爭的邊緣，為了維持合衆國的統一，他不得不在他的就職演說中宣稱：『我沒有直接的或間接的意圖，來干涉各州現行存在的奴隸制度，我相信我沒有合法的權力這樣做，也沒有意思這樣做。』這顯然是林肯做了總統以後，為了姑息南方，不惜放棄其拯救黑奴的初願。直到今天，還有不少人對這段話提出嚴厲的攻擊。當然林肯這樣做，有其不得已的苦衷，因為他的首要目的在維持合衆國的統一，其次才是謀求黑奴的解放。這在他致『紐約論壇報』（New York Tribune）的主編格瑞利（Horace Greeley, 1811-1872）的一封信（一八六二年八月二十二日）中說得極為明白，他說：『我在這一場鬥爭中的最高目標，是挽救合衆國，而不是挽救或毀棄奴隸制度。假如我能挽救合衆國而沒有解放任何奴隸，我會這樣做；假如我能挽救合衆國而又能使所有奴隸獲得自由，我願意這樣做；假如我能挽救合衆國而能使部份奴隸得到自由，我也願這樣做。……我說這些話是依照我的職守的觀點，我無意改變我向所表示的一個願望，即一切人均應有自由。』由此看來，林肯是力圖避免把南北戰爭與解放黑奴連在一起的，換句話說，林肯在南北戰爭中的最初目的，不是解放黑奴。那麼為什麼後來又要頒佈黑奴解放宣言呢？據說是因為林肯受到各方的壓力（特別是國會中主張廢止奴隸制度的北方議員們），而且解放令之頒佈可以提高北方的士氣，有助於戰爭的早日結束。不過這一解放宣言，在當時也並無實質的效果，因為宣言中所指名解放黑奴的地區，僅限於南方敵對的諸州，不包括南北接壤的德拉瓦、馬里蘭、肯塔基、米蘇里等所謂邊界諸州的黑奴在內（這幾州雖然擁有不少黑奴，但在戰爭期間仍忠於合衆國，故又稱忠誠的蓄奴州（Loyal Slave States）。南方諸州既敢公然與北方作戰，則林肯的解放令對他們自不生任何效力。再說，在同一解放宣言中，宣佈黑奴只在某些地區解放，而將另外地區的黑奴置諸不問，無異承認在同一大廈中自由與奴役可以並存（一八五八年六月十七日林肯在接受共和黨參議員提名時所發表的一篇演說中，曾有『同一大廈中自由與奴役不能並存』的警語）。論者有謂，林肯後行不對前言，不為無因。

關於林肯對於黑、白問題的看法，這裏也值得一談。林肯是不贊成白人與黑人通婚的，因為他覺得黑、白生活在一起，彼此都會感到痛苦，所以他認為處置解放後的黑人的最好辦法，是把他們送往世界的其他地區，去建立他們自己的殖民地。例如他曾提及中美的巴拿馬及非洲的賴比瑞亞（賴國係於一八二二年由美國遣送的一批自由黑人建立的，一八四七年宣佈成立共和國，政治制度仿照美國，為在非州成立的第一個黑人共和國）。一八六二年的八月，林肯對一群去白宮見他的黑人說：『你們（指黑人）和我們（指白人）是不同的種族，孰好孰壞，姑不置論，但這種體能上的差異，對我們彼此都有不利。我想到你們生活在我們當中遭遇着極大的痛苦，我們的感受也是一樣。總之一句話，我們生活在一起，彼此都會痛苦。假如我們承認這一點，那麼我們應該分離，至少是不無理由的。』這種論調不僅爲當時的黑人所反對，也不爲今日的大多數美國黑人所能接受。所以林肯處置黑人的方法，至今仍爲許多人所詬病。

所謂『分離而平等』的原則

『分離而平等』（Separate but Equal），是一八九六年美國聯邦最高法院在浦力斯控福格森（Plessy V. Ferguson）一案的判決中所定下的一項原則，意爲在各種公共場所中白人與黑人分設座位，並不失平等的精神。這一判決影響於今日美國黑人動亂者至大。要瞭解其原委，應從內戰結束後，聯邦政府對於南方諸州的復興方案說起。

原來林肯對於南北戰爭，一向抱持一種態度，即叛亂者僅爲南方各州的少數人民。基於這一觀點，他所構想的戰後復興方案，顯得極爲寬大。他認爲內戰結束後，除對南方各州反抗合衆國的首要份子加以懲治外，其餘槪不深究。所以他主張，戰後的南方各州政府，仍應由南方人士組織之，只要他們宣誓效忠合衆國，並遵命解放黑奴，其他復興事項，包括對黑奴解放後的處置，不妨由各州自行決定。林肯死後，其繼任人詹森（Andrew Johnson, 1808－1875，籍隸南方的田納西州）不但繼承了林肯的遺志，而且對於南方各州的利益，處處加以護持。他曾兩度否決國會所通過有關戰後復興的法案，並公開表示對擬議中的憲法修正案第十四條（對公民權的保障）的反對，因而引起國會的憤怒，除經三分之二多數可決再通過此兩案，並迅速通過憲法修正案第十四條外，衆議院且於一八六八年二月二十四日對他提出彈劾案，這是美國有史以來國會對總統提出彈劾案僅有的一次。不過此一彈劾案於同年三月五日在參議院審判時，因未獲必要的三分之二多數票（表決時爲三十五票對十九票，只差一票），並未構成罷免案。這一罷免案的失敗，更使南方各州有恃無恐，他們對於解放後的黑人的種種歧視與不合理的制度，都是在此一時期建立的。

誠然，由於憲法修正案第十三條（廢止奴隸制度）的批准生效（一八六五年十二月十八日），黑人的奴隸身份已不復存在，但奴隸身份的廢止，非即等於黑人與白人就能立於完全平等的地位。大家都知道，南方所以甘冒大不韙，公然與合衆國爲敵，就是要保有他們的黑奴。現在仗已打敗，黑奴被宣佈解放，應了中國一句俗語『賠了夫人又折兵』，其怨憤也就不言可喻了。他們無處發洩，只有找黑人出氣，於是南方各州對於黑人的種種不平等待遇，就應運而生。例如白人學校不收黑人學生，白人餐廳不許黑人用膳，公共場所不准黑、白同座，黑人住所限定某些區域等，諸如此類，不一而足。由於這些法律的本質都在歧視黑人，所以又被稱爲『黑法』（Black Codes）。國會欲矯正此弊，所以在緊接着廢止奴隸制度的憲法修正案第十三條後，又通過了憲法修正案第十四條（一八六八年七月廿三日批准生效），以便對公民權進一步加以保障。但南方各州既有強生總統爲之撐腰，又有最高法院的間接護持，所謂『徒法不足以自行』，就當時情形而言，憲法修正案第十四條並未發生多大效果。

浦力斯控福格森一案，乃是因路易斯安那州於一八九〇年所制定的一條『黑法』（規定黑人與白人在火車上必須分區而坐）涉訴，而上訴至聯邦最高法院者。一八九六年最高法院對本案宣判，確認路州這一法律之制定，乃其警察權力之合理行使，並不違背憲法修正案第十四條對於公民政治平等權的保障，從而認定該法既規定黑人得與白人享用同樣的交通工具，則雖基於膚色以劃分座區，就其社會意義而言，並不失其平等精神。這就是所謂『分離而平等』原則的由來。這一判決使南方各州的『黑法』獲得聯邦最高法院的司法認可，而成爲後來美國內部種族動亂的禍由。例如一九五〇年代的黑、白合校的紛爭，一九六〇年代反對在各種公共場所黑、白分區的紛爭，莫不與此有關，其影響可謂至深且鉅。雖然最高法院在一九五四年的一件案子（Brown V. Board of Education）中，曾對此一原則重加檢討，並一致認爲黑、白分校（指公立學校）的制度爲違憲，但這種部份的補救辦法，不但不能使在精神上受儘委屈的黑人感到滿足，反而使他們得到鼓勵，開始以直接行動來爭取平等。所以論者謂，一九五四年最高法院的這件判決，固爲美國黑人民權運動中的新里程碑，但也加速了今日美國內部的種族動亂局面。

黑人民權運動的組織

美國黑人民權運動的組織，可以說形形色色，名目繁多，倘要一一列舉，不慮數十。這裏只簡介比較重要的幾個。

全國有色人種促進會（The National Association for the Advancement of Colored People，簡稱 NAACP），成立於一九〇九年，現有會員五十萬，在各州設有一千八百四十五個分會，凡信奉其宗旨者皆可申請入會，故有不少白人會員，但絕大多數爲黑人。這是目前美國黑人組織中規模最大的一個，也是在黑人中層階級中最具影響力的一個。總部設在紐約市的曼哈登區，領導人爲洛艾・韋金斯（Roy Wilkins）。該會的宗旨爲：『以和平而合法的手段，消除在學校、房屋、就業、交通、法庭、投票等各方面的種族歧視與隔離，以完成全美人民的平等公民權。』

全國都市聯盟（The National Urban League，簡稱 Urban League），成立於一九一〇年，現有會員五萬餘（也有白人會員），地方分會七十八個。總部設於紐約，領導人爲惠特尼・楊（Whitney M. Young, Jr.）。這個組織的最初目的，是協助由南方農村遷來北部大都市謀生的黑人，適應都市生活，並幫他們謀求適當的職業。它現在的目的是：『消除美國生活中一切基於種族或膚色的歧視與隔離，使每一黑人公民獲得發揮其潛能的充分機會，並分擔作爲美國公民的平等責任。』

種族平等大會（Congress of Racial Equality，簡稱 CORE），成立於一九四二年，現有會員七萬人，地方分會遍布美國三十三州及哥倫比亞特區，爲數一百八十餘。總部亦在紐約，前任領導人爲該會發起人之一的詹姆士・華默（James Farmer）。一九六六年底由佛勞德・麥吉席克（Floyd B. Mckissick）繼任，一九六八年六月廿五日，麥吉席克因病辭職，由其副手英尼士（Roy Innis）代理。該會揭示的信條，是以『非暴力的自我犧牲』（Non-violent Self-Sacrifice），採取直接行動，以達『改善黑、白關係，消除種族歧視』的目的。它的當前使命，在南方偏重爭取黑人的選舉權，在北方則着重改善黑人的窮困問題。

南方基督教領袖會議（The Southern Christian Leadship Conference，簡稱 SCLC），成立於一九五七年，其成員爲美國各主要城市（特別是南方的城市）中從事非暴力抗議的團體及人民，包括各種族及各宗教，但以各地的黑人基督教會爲主。分支機構遍布美國十七個州及哥倫比亞特區，總部設於阿特蘭大（Atlanta）。該會係由馬丁・路德・金所發起成立，故會長一職一直由他擔任。金氏於本年四月四日被刺後，由芮夫・阿伯拿錫（Ralph Abernathy）繼任。該會的主要目的是：『本着甘地的非暴力哲學，爲黑人爭取平等自由，使黑人在美國的生活體系中，享有完整的公民權。』

學生非暴力協調委員會（Student Nonviolent Coordinating Committee，簡稱 SNCC，習稱 Snick），成立於一九六〇年。顧名思義，該組織的主要成份爲學生，而以各大專學校的激烈份子爲主體，但其數目不詳。它的領導階層也很複雜，最初是約翰・魯易斯（John Lewis）及詹姆士・福門（James Forman），後來是史多克利・卡買柯（Stokely Carmichael），卡買柯因案逃往古巴後（現已返回美國），由雷普・布朗（Rap Brown）繼任。布朗也是一個極端份子，曾經多次被捕下獄，這次又因煽動案被控，案子迄未了結。該會的總部設於喬治亞州的阿特蘭大，其宗旨在名義上雖說是以和平的手段，爭取各方面的平等，實則是以極端的行動，爭取所謂『黑權』（Black Power）。

黑人穆斯林（The Black Muslims），成立於一九三〇年代，主要活動地區爲底特律及芝加哥，首領爲艾立耶・穆漢麥德（Elijah Muhammad）。這是美國黑人中一個旁門左道的宗教組織，他們的上帝叫阿拉（Allah），而穆漢麥德自稱爲阿拉的信使。他們有一種奇怪的理論，說：上帝與黑人是一體，因此黑人都是神；凡反對黑人的都是罪惡，所以白人都是罪惡。他們的信條是黑人至上，所以他們主張黑人與白人完全分離，在美國爭取幾個州，建立黑人美國。穆漢麥德的首徒是馬可穆・愛克斯（Malcolm X），此君能言善辯，講話極富煽動性，所以在過去十餘年中，爲黑人穆斯林爭取了不少信徒。一九六三年因與穆漢麥德的意見相左，遭受開革的處分，乃自行成立『美非團結組織』（Organization of Afro-American Unity），也是美國黑人中一個極端的機構（現仍存在）。一九六五年二月廿一日，馬可穆在紐約演說時被人槍殺，據說兇手即爲黑人穆斯林份子。

以上所介紹的這幾個美國黑人民權運動的組織，前四個是溫和派（但種族平等大會已日趨激烈），他們的領導人物也多是識大體的穩健份子，他們主張與政府及白人中的民間組織密切合作，以改善美國的種族關係，所以不但深爲大部份黑人所擁護，也獲得大多數白人的同情。事實上這些團體的大部份活動經費，都是來自白人。不過截至目前爲止，他們仍是各自爲政，沒有一個統一的組織，有時且不免互相磨擦，以致力量分散，收不到預期的效果，這是值得開明的美國黑人領袖們反省的。後二組織都是極端份子，即所謂『黑權派』（Black Power），他們野心勃勃，希望成立黑人美國，所以到處煽動，唯恐天下不亂。因此他們的行爲不但爲白人所痛恨，也爲開明的黑人所不值。全國都市聯盟的領導人楊氏在一次電視節目中說：『卡買柯的支持者也許不過五十人，但全國却有五千記者替他捧場。』他的意思是所謂『黑權派』實在微不足道，只是由於報章雜誌的過份渲染，抬高了他們的身價。馬丁・路德・金也曾批評『黑權派』說：『我相信黑人至上的理論與白人至上的理論同樣的荒唐，我認爲民權運動中的最大悲劇，莫過於黑人自信能單獨解決他們自己的問題。』

據本（一九六八）年一月六日『紐約時報』報導，聯邦調查局長胡佛（J. Edgar Hoover）在其呈送美國司法部長的年度報告中指出：美國的共產份子已與『黑權派』互相勾結，企圖利用黑人中的無知份子及各大學中的左傾學生，在各大學及城市中掀起種族及反對越戰的暴亂。胡佛身爲聯邦調查局長，當然是有所據而言。最近哥倫比亞大學的學潮中，所謂新左派的『學生民主社』（Students for A Democratic Society）的份子曾有一張標語：『列寧勝利了，卡斯楚勝利了，我們也將勝利。』（Lenin won, Castro won, We will win, too.）更可見胡佛言之不虛。筆者在哥大數年，一向風平浪靜，不意這次學潮一鳴驚人，震動了美國及全世界的學術界，真是惋惜之至。

馬丁・路德・金與非暴力運動

一九六八年四月四日下午七時（美國時間），美國黑人民權運動領袖馬丁・路德・金在田納西州的孟非斯（Memphis）被刺身亡，使美國朝野爲之震動。詹森總統原擬翌日（五日）飛往檀香山，與美國駐南越大使彭克及軍事統帥魏摩蘭會商越戰和談問題，臨時決定取消，並立即下令全國及駐外使領館下半旗致哀。四月九日金氏的靈柩在其故鄉喬治亞州的阿特蘭大城出殯，送葬者多達十五萬人，美國政要除詹森總統外（據說爲安全的理由），幾乎全部到齊。其死後哀榮，僅次於故甘迺迪兄弟。黑人之享有如此榮譽者，在美國更是史無前例。在另一方面，由於金氏之死，激起了又一次大規模的暴動。黑人中的極端份子，趁機鼓動窮苦無知之徒，到處縱火搶劫，最初在華府、芝加哥、匹茲堡等地，一週之內，擴及全國大小百餘城。事後統計：死亡四十人，傷兩千餘，被捕者近兩萬人，私人財產損失約五千萬，各地參加鎮壓的聯邦軍隊及國民兵超過五萬五千。其規模之大，只有去夏（一九六七）的黑人大暴動，差堪比擬。

　　金氏以一介平民，其死後影響竟有如此之大，對於不太熟悉美國黑人問題的人，也許是一件不可思議的事。其實並非偶然，願在此略述其奮鬥歷程。金氏於一九二九年一月十五日出生於喬治亞州的阿特蘭大城，父親爲該城一基督教長老會的牧師。幼年在家鄉受教育，於一九四八年畢業於阿城的摩爾豪斯學院（More house College，爲一黑人學校）。繼入賓州的克洛扎神學院（Crozer Theological Seminary）研究神學，以卓越的成績畢業後，再入波士頓大學深造，於一九五五年獲該校哲學博士學位。一九五四年，當他還在撰述博士論文時，卽赴阿拉巴馬州的蒙哥馬利（Montgomery）出任一基督教堂的牧師。一九五五年十二月一日，蒙哥馬利城的一位黑人女子羅沙・派克斯太太（Mrs. Rosa Parks），因在公共汽車上的後座（原是劃定給黑人的座位）拒絕讓位給白人（因值下班時刻，公共汽車人滿爲患，白人在前座找不到座位，只好向後座發展），遭到白人司機的斥責，旋被警察逮捕，因而引起全城黑人的公憤。金氏適逢其會，對於他的同族遭受如此不平等的待遇，覺得忍無可忍，乃挺身而出。憑他的豐富學識及冷靜頭腦，加以天賦的領導長才，居然使全市五萬黑人（其時蒙哥馬利的人口約十二萬，黑人佔百分之四十）團結一致，對公共汽車進行抵制，達三百八十二天，而獲得最後的勝利，也使年方廿七歲的金氏脫穎而出，成爲黑人中的英雄。這一次意外的成功，使他得到極大的鼓勵，從此決定獻身黑人民權運動。一九五七年，他聯合南方的基督教領袖，組織『南方基督教領袖會議』，並當選爲主席。自是以後，他再接再厲，繼續以非暴力的手段，在坐牢與警棍的威脅下，爲黑人爭得不少平等權。一九六三年華府的二十萬黑人遊行示威，他是主角，由是聲譽日隆，當選『時代』雜誌是年的『風雲人物』（Man of the Year）。一九六四年他被選爲諾貝爾和平獎金的得主，一躍而爲世界聞人，從此乃成爲美國黑人民權運動中最孚衆望的領袖。

　　金氏服膺甘地哲學，崇尚和平主義，所以他所領導的黑人民權運動，是以非暴力爲手段。他對非暴力（Non-violence）的解釋，歸納言之，包括以下數點：（一）非暴力手段不是懦弱，它不是對罪惡消極的不抵抗，而是對罪惡積極的非暴力抵抗。（二）非暴力抵抗，目的不在擊敗對方，而是要贏取對方的友誼與瞭解，進而建立一個充滿着和愛的社會。（三）非暴力抵抗，是反對罪惡的勢力，而不是反對那些可能做成罪惡的人，所以它的目的在爭取公正，而不是反對白人。（四）非暴力抵抗，是要忍受痛苦，而不存報復之心，假如坐牢成爲必要，應以新郎迎接新娘的心情去接受。金氏引述甘地的話說：『在我們得到自由以前，也許會血流成河，但這些血必須是我們自己的。』（五）非暴力抵抗，不但要避免外在的體力暴力，而且要避免內在的精神暴力；不但要拒絕擊殺對方，而且要拒絕痛恨對方。總括一句話，金氏的哲學是基於一個愛字，卽以愛去感動對方。這種自我犧牲的精神，直可與聖雄甘地媲美。事實上，在過去十餘年中，金氏也確能堅守他的信條，身體力行。這次他在孟菲斯被刺，就是因為他要證明他的非暴力哲學可以實行。因為數日前，他在那裏領導黑人遊行以支持當地罷工的垃圾工人爭取合理的待遇時，中途因部份示威羣衆越出常軌，造成一死數傷的悲劇，使他頗受打擊。但他仍堅信他能領導一次成功的非暴力遊行，所以決定再往，終被暴徒槍殺。

金氏生前，經常在恐嚇與威脅的狀態下度日，他曾數度入獄，他的住宅被炸毀，也曾被人槍傷過，但他不爲所屈，始終爲爭取黑人民權而奮鬥不懈。他的志行剛毅，學識宏富，有領導才能，具雄辯口才，演講時娓娓動聽，扣人心弦，因而受到黑、白雙方的尊重。綜觀他的一生，可謂多彩多姿，其對黑人民權運動的貢獻，在當代美國諸黑人領袖中，可以說無出其右者。所以他之死，頗使人有後繼無人之感，對於美國黑人誠爲一重大損失。不過在另一方面，由於過去十餘年中，金氏經常領導黑人示威游行，使今日美國陷於一片暴亂之中，推究其由，實也不能辭其咎。所以金氏雖已蓋棺，其對整個美國的影響，似乎仍難論定。

黑人多集中城市

南北戰爭結束後，隨着憲法修正案第十三條的批准生效（一八六五年十二月十八日），美國的奴隸制度正式廢止。當時南部農村中的黑人開始向兩方面遷移。一是從農村走向城市，另一是由南部轉往北部。自一八六五年至一八七〇年，五年之間，十四個南方大都市中的黑人幾乎增加了一倍，十八個北方大都市中的黑人也增加了百分之五十一。時至今日，在全美約兩千一百萬黑人中，約有一千五百萬（即約百分之七十）聚居於美國各大小城市。茲根據『國會季刊』（*Congressional Quarterly*）的最新統計，將美國五十萬人口以上的城市，而其黑人超過十萬者，列表如下：

城市名稱	一九六五年估計			一九七〇年預計		
	總人口	黑人數	黑人百分比	總人口	黑人數	黑人百分比
紐約	八，二八二，〇〇〇	一，三〇〇，〇〇〇	一六	八，一〇〇，〇〇〇	一，五〇〇，〇〇〇	一九
芝加哥	三，六〇〇，〇〇〇	九六〇，〇〇〇	二七	三，六一〇，〇〇〇	一，五〇〇，〇〇〇	三二
洛杉磯	二，七五〇，〇〇〇	五〇〇，〇〇〇	一八	三，〇〇〇，〇〇〇	七〇〇，〇〇〇	二三
費城	二，〇七〇，〇〇〇	六一〇，〇〇〇	二九	二，二〇〇，〇〇〇	七〇〇，〇〇〇	三二
底特律	一，六五〇，〇〇〇	六五〇，〇〇〇	三九	一，七〇〇，〇〇〇	八〇〇，〇〇〇	四七
豪士敦	一，〇四〇，〇〇〇	二六〇，〇〇〇	二五	一，一四〇，〇〇〇	三一〇，〇〇〇	二七
巴的摩爾	九三〇，〇〇〇	三七八，〇〇〇	四一	九二〇，〇〇〇	四三二，〇〇〇	四七
克里夫蘭	八一一，〇〇〇	二七七，〇〇〇	三四	八〇五，〇〇〇	三〇五，〇〇〇	三八
華府	八〇一，〇〇〇	五〇六，〇〇〇	六三	八四〇，〇〇〇	五七四，〇〇〇	六八
米爾渥基	七八〇，〇〇〇	一〇二，〇〇〇	一三	八〇〇，〇〇〇	一四六，〇〇〇	一八
舊金山	七四一，〇〇〇	一〇〇，〇〇〇	一四	七五〇，〇〇〇	一二六，〇〇〇	一七
達拉斯	七四〇，〇〇〇	一六五，〇〇〇	二二	八〇〇，〇〇〇	二〇〇，〇〇〇	二五
聖路易	七〇五，〇〇〇	二六〇，〇〇〇	三七	七〇〇，〇〇〇	三二〇，〇〇〇	四六
紐奧連	六五六，〇〇〇	二六九，〇〇〇	四一	六八〇，〇〇〇	三〇三，〇〇〇	四五
匹茲堡	六〇七，〇〇〇	一一五，〇〇〇	一九	六一〇，〇〇〇	一二六，〇〇〇	二一
孟菲斯	五三九，〇〇〇	二〇五，〇〇〇	三八	五八〇，〇〇〇	二三六，〇〇〇	三九
阿特蘭大	五一五，〇〇〇	一九八，〇〇〇	三八	五四〇，〇〇〇	二二二，〇〇〇	三九
哥倫布	五〇〇，〇〇〇	一一七，〇〇〇	二三	五二五，〇〇〇	一六七，〇〇〇	三二

其他人口在五十萬以下而黑人超過百分之三十以上的城市,有新澤西州的紐瓦克(黑人佔百分之四十一),加州的奧克蘭(百分之三十五),阿拉巴馬州的伯明翰(百分之四十),及佛琴尼亞州的里區滿(百分之四十八)等市。

黑人集中城市,原因不一,主要的一點,當係城市工商業發達,謀生較易。這些城市中的黑人,其住所又多係集中於某些區域,尤以北部城市爲然。原來當初他們從農村走向城市時,多少要靠已在那兒立足的親故們的照拂,所以最初多寄居親故家,慢慢再在親故家的附近自覓房子。一家,兩家,三家,範圍逐漸擴大,而附近的白人因爲不願與他們爲鄰,較有辦法的就開始移動,遷地爲良。於是凡黑人聚居地附近的房屋越來越空,房東找不到高尙的白人房客,看在錢的份上,只好降格以求,於是他處的黑人乘虛而入。就這樣,城市中的黑人住地,有如滾雪球,越滾越大,紐約市的哈林區就是這樣形成的。這是今日美國城市中黑人區的由來,也是近年來,只要有暴動發生,總是黑人多的城市首當其衝的主要原因所在。至於這些黑人區在城市中所造成的各種社會問題,如貧窮、骯髒、犯罪等,因牽涉太廣,非三言兩語所可說清,這裏暫時不談。

華府受黑人『統治』

去年(一九六七)九月二十九日,『紐約時報』的第一版有個這樣的標題:"A Negro Majority to Govern in D. C.",中文可譯爲『華府受黑人統治』。這一標題是卽景之作,因爲九月廿八日是華府首任黑人市長華特・華盛頓(Walter E. Washington)就職之時,典禮相當隆重,詹森總統亦親自參加,並發表祝詞。同時由詹森提名的華府市政委員會的九位委員的名單,也於是日發表,其中黑人居其五。市長既是黑人,市政委員會的委員黑人又佔多數,謂華府受黑人統治,誰曰不宜?

值得注意的是,華府的市長及市政委員,均不是由人民選舉產生,而是由總統提名,經參議院同意後任命。既係任命,自可隨意調換,所以華府究竟由誰來統治,權在總統。詹森所以這樣做,固然是攷慮到華府黑人居民的數目,但他真正的用意,乃在討好黑人,爲民主黨在今年大選中爭取選票。討好黑人已成爲今日美國的政治風尙,任何公職候選人(阿拉巴馬州的前任州長喬治・華萊士(George Wallace)爲例外,他是以第三黨的姿態,強調黑白分離的原則,出來競選的),總要或多或少地對黑人說幾句好話,似乎非如此,就不能算時髦。說穿了,實在不足爲怪。政治是最現實的,今日美國的黑人佔全國總人口十分之一強,得罪了黑人,就等於跟自己的政治前途過不去。以美國政客眼光的銳利,自不會無見於此。

在華府現有的八十多萬人口中,黑人有五十二萬,約佔百分之六十五。這一比率,在美國全境首屈一指,假如其他各州的黑、白比率也像華府一樣,則今日的白宮主人早已不是白人了。談到華府,想在此順便一提今年五、六月間在那裏露營的『窮人請願』(Poor People's Campaign)。這原是由『南方基督教領袖會議』的領導人馬丁・路德・金發起的,金氏死後,由他的繼承人阿伯拿錫繼續主持。這次請願非常別開生面,它是以聚集各地的窮人(主要爲黑人,不過也邀有印地安人、美籍墨西哥人及少數白人參加,藉以擴大其羣衆基礎)到華府露營的方式,迫使聯邦政府的行政、立法、司法機關,對美國的窮苦人民採取積極有效的補助措施。自五月中旬起,美國各地的窮人,搭乘各種不同的交通工具,紛紛向華府集合,在林肯紀念堂右前方的空地上,搭起薄板的營房,命名爲『復活城』(Resurrection City)。參加『復活城』露營的窮人,原來預計爲一萬左右,但始終未超過三千人,顯然不如理想。不過卽此三千之數,足使華府陷於恐怖氣氛之中。因爲這些無業游民成日吵吵鬧鬧,時而赴最高法院示威,擊碎其門窗;時而到國會台階前叫喊;甚至衝進司法部,指着克拉克部長的鼻子罵他不是人。這使得華府的政要,有如大難臨頭,人人自危。往年春天,華府正是旅人如織,春遊觀光的好季節,今年大家都是望而却步,不敢問津,使當時的華府顯得頗爲淒涼。入夜以後,更是冷冷清清,居民多閉門不出,在家納福。公共汽車的司機甚至拒絕值夜班,因爲在黑人露營期間,有一司機被殺,原因是他身邊有數十元現鈔(當值時所收的車票錢)。據說五、六月間,華府各業的生意銳減,尤以餐館業者爲然,弄得怨聲載道。所以就精神上言,那時的華府似乎也在遭受黑人的『統治』。

黑白糾紛中的佳話

一九六七年九月二十一日,國務卿魯斯克的愛女瑪格麗特・伊利沙白・魯斯克,與黑人青年史密斯(Gug Gibson Smith),在加州史丹福大學紀念教堂結婚。婚禮由雙方家長親自主持,在簡單而莊嚴的氣氛中順利完成。當時實況由電視台傳播,翌日各報又在第一版的顯著地位,以大號標題,附加新郎新娘的接吻照片,競相報導,一時傳爲佳話。

新郎現年二十三歲,於一九六六年六月畢業於華府的喬治鎭大學(Georgetown University)歷史系,現爲空軍後備軍官。他的父母老史密斯夫婦,均在華府的政府機關任職,爲一黑人中的小康之家。新娘正值雙十年華,現在史丹福大學肄業。他們是於三年前在華府的一個公園中練習騎術時認識,從此一往情深,終成眷屬。

在敍述這段佳話之餘,我想附帶談談魯斯克國務卿對於種族問題的看法。在美國的政要中,魯斯克是力持黑、白平等的最開明份子之一。他的開明態度不自今日始,早在一九四一年,魯氏在華府的陸軍部任上尉情報官,與在該部戰略處任職的黑人同事彭區爲好友(彭區,Ralph Bunche,現爲聯合國副秘書長,他曾於一九五〇年因仲裁巴勒斯坦糾紛有功,獲得諾貝爾和平獎金,爲黑人中獲得此項獎金的第一人,馬丁・路德・金爲獲得是項榮譽的第二位黑人)。一天,魯斯克邀彭區同往陸軍部的軍官餐廳用膳,彭氏說:『軍官餐廳有一不成文法,禁止黑人進去用膳,你的好意我只有心領了。』魯斯克不加思索地說:『不成文法是可以改變的,我們現在就去改變它。』彭區爲其誠意所感,乃勉強同往,結果卒告無事。一九六一年,魯氏初任國務卿。其時非洲新興國家派駐美國的使節日增,但因這些貴賓的膚色與美國黑人相同,在華府找不到高級住宅,紛紛向國務院訴苦。魯斯克不惜以最強硬的手段,迫使房東就範,終使非洲使節們的房荒問題獲得適當解決。一九六三年,魯氏赴參議院爲民權法案作證,南卡羅來納州的參議員瑟蒙(Senator Strom Thurmond)問他:『你贊成黑人示威嗎?』魯氏脫口而出:『假如我的公民權像黑人一樣被剝奪,我也要示威。』此一直率而堅定的回答,贏得旁聽席上的一片采聲。魯斯克就是這樣一個坦誠而公正的人。這次他的愛女與黑人結婚時,正值紐瓦克(Newark)、底特律(Detroit)等地的黑人大暴動剛過去不久,談到黑人,人們心中猶有餘悸。魯氏唯恐此事使詹森總統招致煩擾,特於婚禮舉行的前夕,向詹森提出辭呈。雖其辭職未被接受,但這種不惜摜掉自己紗帽而成全愛女喜事的氣度,贏得興論的一致讚揚。

『寇納報告』中的建議

黑人問題應如何解決,美國朝野至今仍然意見分歧,莫衷一是:有的失之迂濶,不切實際；有的過份偏狹，徒滋紛擾。比較具體可行的要算『寇納報告』所提出的建議，茲簡述之。

所謂『寇納報告』，卽『人民動亂咨詢委員會』（National Advisory Commission on Civil Disorders）所提出的報告，因其主席爲寇納（Otto Kerner），故名。此一委員會是於一九六七年七月二十八日，由詹森總統下令成立，委員共十一人，包括國會議員及民間領袖，由伊利諾州州長寇納及紐約市市長林西分任正副主席。其任務在對一九六七年夏天在紐瓦克及底特律等地發生的黑人大暴動，進行調查，並提供對策。經過七個月的研究分析，於一九六八年二月廿九日發表其正式報告，內容分十七章，都二十五萬言。除詳述暴動經過外，認爲其主要造因，係由於白人的種族偏見，及黑人極端份子的煽動。此種情勢如不亟謀阻止，將使美國走向『兩個社會，一黑，一白──分離而不平等』的途徑，果如此，必將導致極大的災禍。補偏救弊，猶未爲晚，而其有效對策，厥爲美國朝野，無分種族，和衷共濟，通力合作，立卽採取下列措施：

（一）改進福利制度。聯邦政府應與各級地方政府密切合作，釐訂全國劃一的補助標準，使四口之家的貧苦家庭，每年至少有三千三百二十五元的最低收入。此種福利費用，應由聯邦政府負擔百分之九十。

（二）立卽採取行動，創造兩百萬工作機會，其中一百萬由各級政府提供，另一百萬由私人工商業設法。對於嚴重的失業者，並應實施職業訓練，以提高其就業的能力。廢除一切人爲的就業障礙及升遷限制，並鼓勵各工會團體爲黑人謀求適當職業。

（三）在未來五年內，對低收入的家庭，提供六百萬可住的新舊住宅。爲達此一目標，聯邦及各級地方政府應改組並加強其負責建造住宅的機構，並對私人房產企業組織給予低利貸款。

（四）以黑白合校爲教育上的優先政策。政府應與各公私學校組織密切合作，並提供足夠的費用，以促使黑白分校制度的全面廢止；對於貧苦家庭的兒童教育費用，並應提供實質的補助。

（五）各級警察機構，應加強其對貧民區居民生命財產的保障。並多吸收黑人青年，參加警察行列，以擴大治安力量的基礎及陣容。

（六）由於歷次暴動的新聞報導及傳播，頗多渲染及偏見，政府應鼓勵並協助私人設立市政新聞研究所，加強市政新聞從業員的教育與訓練，使其有充分的知識，作公正的報導。尤應多訓練黑人青年，從事新聞工作。各公私新聞及傳播機構應多任用黑人新聞人員，並給予公平的升遷機會。

以上六點，只是『寇納報告』中建議的大要。由於這些建議頗能切中時弊，平實可行，故頗得輿論特別是黑人領袖們的稱道。但詹森總統迄未對之採取任何行動，除財源問題外，另有其他政治原因，本文暫不具論。

寄自美國賓州

St. Francis College

原載『東方雜誌』復刊第二卷第四期（1968年10月1日），頁58—66

美國憲法修正案第二十六條的源起及其影響

一九七一年六月三十日,俄亥俄州州議會批准一條聯邦憲法修正案,使美國公民行使投票權的年齡,自二十一歲降至十八歲。^(註一)至是本案已在全美五十州中經三十八州完成批准手續,開始生效。^(註二)此即美國憲法修正案第二十六條,全文如下:

美國公民年滿十八歲以上者,其投票權聯邦或任何州均不得因年齡之故加以否定或剝奪。國會有制定適當法律以執行本條之權。

The right of citizens of the United States, who are 18 years of age or older, to vote shall not be denied or abridged by the United States or any state on account of age.

The Congress shall have the power to enforce this article by appropriate legislation.

自一七八九年聯邦憲法實施以來,美國曾五度修改憲法賦與公民參政權,是即:憲法修正案第十五條,給予非白種公民或曾為奴隸者(主要為黑人)投票權;第十九條給予婦女投票權;第二十三條給予哥倫比亞特區(即華府)公民投票選舉總統副總統之權;第二十四條給予未納稅者投票權;及本條,給予年滿十八歲者投票權。本修正案自一九七一年三月二十三日在國會通過,至同年六月三十日批准生效,費時僅三個月又七天,為歷次憲法修正案批准時間之最短者。^(註三)茲略述其源起及可能影響如次。

源　起

一九七〇年六月,國會修改一九六五年的『投票權法』(*The Voting Rights Act of 1965*)(PL 89—110)^(註四),除延長該法之效期至一九七五年(因該法效期將於一九七〇年八月六日屆滿)外,並增列條款,規定自一九七一年一月一日起,美國公民的投票年齡,自二十一歲降低至十八歲。此一增列條款係由國會自由派份子麻薩諸塞州民主黨參議員甘廼廸(Edward E. Kennedy)、伊利諾州共和黨參議員白西(Charles H. Percy)及華盛頓州民主黨參議員馬格魯生(Warren C. Magnuson)等所提議。其主要論點有二:(1)使青年對政府不滿的情緒,具有正當發洩的途徑,以收寓改革於參與之效。(2)美國公民年滿十八歲者有服兵役的義務,既有捍衛國家的責任,自應有參與實際政治的權利,理由殊為堅強。六月廿二日,尼克森總統於簽署此一修正法(PL 91—285)時,曾發表簡短聲明,認為其中將公民投票年齡自二十一歲降至十八歲的規定,其憲法性殊有問題。依他所信,國會似乎無權以普通法律增加公民的參政權。雖然有此疑問,他却不欲對此法行使否決權,因為延長效期與降低公民的投票年齡在同一修正法中,他為加以否決,勢必阻止該法效期之延長。^(註五)基於此一瞭解,他於簽署該法後,即訓令他的司法部長米契爾(John N. Mitchell)試圖向法院尋求一項判決,以攷驗新法降低公民投票權條款的憲法性。如法院認為該規定違憲,而宣佈無效,於該法的其他規定,並無影響,實為兩全其美之道。^(註六)

一九七〇年十二月廿一日,最高法院在 Oregon V. Mitchell 一案中,以五票對四票判

稱：美國公民年滿十八歲，得在總統及國會議員選舉中行使投票權，但此一規定於各州及其他地方選舉中，不適用之。(註七)

此一判決，並未宣佈年滿十八歲者行使投票權的條款違憲，而僅解釋了其適用範圍，卽僅適用於聯邦選舉，而不適用於地方選舉。這一解釋不但未使選民年齡問題獲得根本解決，而且引起許多困難，試舉數端如下：(1) 美國選民的年齡，已因此一判決，由單軌制變爲雙軌制，卽在聯邦選舉中爲十八歲，在各州及地方選舉中依各州原有的規定。如前所述，美國五十州中，除喬治亞、肯塔基及阿拉斯加三州原規定其選民的年齡爲十八歲外，其餘四十七州均爲二十一歲或二十歲（夏威夷州）。(註八) 現爲因應最高法院的判決，這四十七州的法律均須修改，但在此四十七州中有二十二州，依其憲法修改的要件，均無法於一九七二年十一月七日大選前完成修改手續，因此使這些州感到極爲困擾。(2) 由於選民的年齡在聯邦及地方選舉中不劃一，各種選民登記簿冊、表格、選票，乃至於投票機器的裝設，均須改弦更轍，分別準備，其事實上的困難，可以想見。(3) 聯邦與地方的選舉由單軌變爲雙軌，費用十分浩大。據估計，單紐約市一處就須增加五百萬元的開支，他如米蘇里州的聖路易（St. Louis）要增加二百五十萬元，新澤西州須增加一百五十萬元，其他各地的額外開支，於此已不難想像。近年美國各州的預算，普遍入不敷出，這種無謂的浪費，使他們極爲不滿。

國會鑒於上述複雜情勢，乃決定提出一憲法修正案，明定年滿十八歲的公民，無論在聯邦選舉或各州選舉中，均得行使投票權，一以解決上述種種困難，一以使全國公民投票年齡歸於劃一。本案於一九七一年三月十日，以九十四票對零票，通過於參議院，於三月二十三日，以四〇一票對十九票，通過於衆議院，而於同年六月三十日，經五十州中三十八州完成批准手續，正式生效。七月五日，尼克森總統在白宮的東廳，面對五百人的美國青年合唱團（團員均爲十五歲至二十歲的青年，此乃一種有意的特別安排，旨在討好青年選民），簽署證明，正式宣佈此一修正案完成批准手續，成爲美國憲法的一部份。(註九)

影　　響

由於本憲法修正案的批准生效，使美國的選民大爲增加。據美國人口調查局（Bureau of the Census，屬商務部）統計，在一九七二年十一月大選時，全美十八歲至二十歲的新選民，將達一千一百十五萬九千人，其中四百萬爲大學生，九十萬爲高中生，四百一十萬爲職業青年，一百萬爲家庭主婦，八十萬爲軍人，其他（如醫院病人等）三十五萬九千人。此外，在一九六八年大選時未達投票年齡，而於一九七二年第一次行使投票權的青年（卽廿一歲至廿五歲之間者），約爲一千四百萬人。兩者合計超過二千五百十萬人，約佔一九七二年全美選民一億三千九百六十萬人的百分之十八。(註一〇) 這些新選民將在今年大選時發生何種影響，目前尚缺乏肯定答案。茲根據現有的資料，就憲法修正案第二十六條所帶來的新選民對美國選舉的可能影響，試作分析。

（一）對總統選舉的影響

在一九六〇年代，美國共有三次總統選舉。就民主共和兩黨總統候選人所得普選票的數目而言：一九六〇年民主黨的甘迺迪得 34,226,731 票，共和黨的尼克森得 34,108,157 票；一九六四年民主黨的詹森得 43,129,484 票，共和黨的高華德（Barry M. Goldwater）

得 27,178,188 票；一九六八年民主黨的韓輻瑞（Hubert H. Humphrey）得 31,270,533 票，共和黨的尼克森得 31,770,237 票。(註一) 除一九六四年民主黨的詹森以 15,951,296 票的壓倒多數擊敗共和黨的高華德外，其餘兩次，一九六〇年甘迺迪僅以 118,574 票險勝尼克森，一九六八年尼克森僅以 499,704 票力克韓福瑞，如光以普選票的多寡來定勝負，則前者只需六萬票的變動，後者只需廿五萬票的變動，勝敗就可能易位。當然，由於美國的選舉制度特殊，有時總統候選人得普選票較少，所得總統選舉人票（electoral vote）反較多，而告當選者，即所謂 Minority President，不乏其例。(註一二) 但在這種情形下，當選者所得的普選票，通常不會比落選者差得太多，而今年因憲法修正案第二十六條所增加的年輕選民數達一千餘萬，其將對大選的結果發生影響，似乎無可置疑。不過其影響的程度為何，由於牽涉的因素太多，目前却無從斷定。

更實際一點觀察，可以一九六八年大選時各黨總統候選人在各州獲勝的多數，與一九七二年大選時各州因憲法修正案第二十六條所增加的新選民數，加以比較，以求得一較為具體的概念。茲根據 Newsweek（Oct. 25, 1971, p. 30）及 CQ Weekly Report（July 2, 1971, p. 1438）所引美國人口調查局的統計資料，列表如下：

一九六八年總統候選人在各州得勝多數與一九七二年各該州新選民數
（18 歲至 20 歲）比較表

（表中符號：○尼克森得勝州　△韓福瑞得勝州　□華萊士得勝州）

州　名	1968 年得勝多數	1972 年新選民權	備　攷
阿拉巴馬	□　494,846	199,000	
阿拉斯加	○　　2,189	6,000	1968 年選民年齡為 19 歲
阿利桑那	○　 96,207	107,000	
阿肯色	□　 50,223	104,000	
加利福尼亞	○　223,346	1,169,000	
科羅拉多	○　 74,171	145,000	
康納狄克	△　 64,800	156,000	
德拉瓦	○　　7,520	31,000	
佛羅里達	○　210,010	354,000	
喬治亞	□　155,439	—	1968 年選民年齡為 18 歲
夏威夷	△　 49,899	31,000	1968 年選民年齡為 20 歲
艾達荷	○　 76,096	42,000	
伊利諾	○　134,960	605,000	
印地安那	○　261,226	503,000	
愛阿華	○　142,207	160,000	
堪薩斯	○　175,678	138,000	
肯塔基	○　 64,870	—	1968 年選民年齡為 18 歲
路易西安娜	□　220,685	230,000	
緬因	△　 48,058	55,000	
馬里蘭	△　 20,315	216,000	
麻薩諸塞	△　702,374	330,000	
密西根	△　222,417	520,000	
明尼蘇達	△　199,055	221,000	

(續上表)

州　名	1968年得勝多數	1972年新選民權	備　攷
密西西比	□ 264,705	136,000	
米蘇里	○ 20,488	261,000	
蒙他拿	○ 24,718	38,000	
內布拉斯加	○ 150,379	88,000	
內華達	○ 12,590	24,000	
新漢普夏	○ 24,314	44,000	
新澤西	○ 61,261	350,000	
新墨西哥	○ 39,611	58,000	
紐約	△ 370,538	954,000	
北卡羅來納	○ 131,004	341,000	
北達科他	○ 43,900	38,000	
俄亥俄	○ 60,428	600,000	
奧克拉荷馬	○ 148,039	147,000	
奧勒岡	○ 49,567	119,000	
賓夕凡尼亞	△ 169,388	626,000	
羅德島	△ 124,159	60,000	
南卡羅來納	○ 38,632	178,000	
南達科他	○ 31,818	41,000	
田納西	○ 47,800	232,000	
德克薩斯	△ 38,960	678,000	
猶他	○ 82,063	70,000	
佛蒙特	○ 14,887	30,000	
維吉尼亞	○ 147,932	286,000	
華盛頓	△ 27,520	211,000	
西維吉尼亞	△ 66,536	99,000	
威斯康辛	○ 61,193	263,000	
懷俄明	○ 25,754	18,000	

　　從上表得知，在一九六八年的大選中，尼克森在全國三十二州中獲勝，韓福瑞在十三州中獲勝，華萊士在五州中獲勝。如以其獲勝的多數，與各州因憲法修正案第二十六條生效而增加的十八歲至二十歲的新選民數比較，則在尼克森獲勝的三十二州中，其得勝的多數票，僅在艾達荷、堪薩斯、內布拉斯加、北達科他、奧克拉荷馬、猶他及懷俄明七州中，較此類新選民爲多。韓福瑞得勝的多數票，僅在夏威夷、麻薩諸塞及羅德島三州中，較此類新選民爲多。華萊士得勝的多數票，僅在阿拉巴馬及密西西比兩州中較此類新選民爲多。合而言之，除上述列舉的十二州及喬治亞、肯塔基二州不計外，因憲法修正案第廿六條所增加的新選民，在其他三十六州中，均較一九六八年各黨總統候選人在各該州獲勝的多數票爲多。假如其他因素不計，則我們不妨在此下一粗疏結語，即憲法修正案第二十六條對於今年大選，在這卅六州中的影響，較其他十二州爲大。而在加利福尼亞、伊利諾、密西根、米蘇里、新澤西、紐約、俄亥俄、賓夕凡尼亞、南卡羅來納、田納西、德克薩斯及威斯康辛等州中，由於其差額相當懸殊，其影響的可能性，似乎更爲明顯。

　　再就新選民對政黨的偏向而言，據『新聞週刊』調查，新選民自稱爲民主黨者佔

38％，自稱爲共和黨者僅18％，自稱爲獨立份子者爲42％。（註一三）故憲法修正案第二十六條的通過，對民主黨較爲有利，對共和黨較爲不利。就現在的情勢以觀，今年大選共和民主兩黨的總統候選人，似爲尼克森與穆斯基（Edmund S. Muskie，緬因州的民主黨參議員）對壘之局。而據最近民意調查，兩人在選民中的聲望，旗鼓相當，同爲42％。由於新選民多偏向於民主黨，可見尼克森在年長選民（註一四）中較佔優勢。又據新聞報導，在憲法修正案第二十六條批准生效前，已經給與年青公民投票權的喬治亞、肯塔基、阿拉斯加（均爲十八歲）及夏威夷（二十歲）四州，其中在一九七〇年的中期選舉（mid-term election）時，年青選民的投票率僅有26％，而二十一歲以上選民的投票率則爲55％。（註一五）由是言之，新選民雖多偏向於民主黨，但因實際的投票率可能不高，對政黨候選人的影響，似乎並不太大。

（二）對地方選舉的影響

憲法修正案第二十六條所帶來的新選民，對於總統選舉的影響如何，目前尙無確實答案，已如前述。但這些新選民給地方政府帶來的困擾，則已不容否認，特別是在許多大學所在地的所謂大學城（college town），其影響尤爲明顯。在這些大學城中，大部份居民都是在學的大學生，如紐約州的 New Paltz, Alfred，麻薩諸塞州的 Amherst，伊利諾州的 Urbana 等地，學生數目均超過當地的居民數，或與之相等。其佔當地選民25％至50％之間者，則麻薩諸塞州的 Cambridge（哈佛大學及麻省理工學院等學府所在地），康納狄克州的 New Haven（耶魯大學等學府所在地），新澤西州的 Princeton（普林斯頓大學等學府所在地）等地均屬之。（註一六）由於新選民在這些城鎮中所佔的比例極大，一旦該地政府改選，很可能爲他們所控制，因此使當地人民引起普遍的憂慮與不滿。他們覺得：（1）在校的學生之住於當地，都是臨時性質，他們既沒有對當地納稅，又對當地的事務及公共利益沒有切身關係。讓他們控制政府，其施政措施勢將不能符合當地人民的願望。（2）大學生多屬自由派或激進份子，一旦控制地方政府，必致政策乖張，花樣百出，破壞當地的和平安寧氣氛。

爲避免上述特殊情勢的發生，在憲法修正案第二十六條批准生效後，各地方政府即紛紛採取措施，以阻止在校學生在學校所在地投票。其最普通的辦法，是規定在校學生應隨其父母住所所在地投票。但因新選民自稱爲民主黨者遠較自稱爲共和黨者爲多（民主黨38％，共和黨18％），這類地方政府的規定，顯然對民主黨不利，所以民主黨強烈反對。在另一方面，由於新選民的共和黨員遠較民主黨員爲少，限制學生在學校所在地投票，於當地政府的改選，對共和黨自屬有利，所以對這類的規定，共和黨莫不竭力支持。因此，新選民究應隨父母住所地投票，抑在學校所在地投票，已使民主共和兩黨在全國各地展開爭奪戰。就目前情形言，民主黨在這方面似乎較佔上風，因爲全國已有約半數之州規定，在校學生於何處投票由其自行決定。（註一七）儘管如此，各地方政府對於在校的學生選民，仍有其限制之道，卽：（1）在校學生欲在學校所在地投票，除須在當地住滿一定期間外，並須提出房租收據證明；（2）學生選民須宣誓在當地有繼續居住的意思；（3）使登記表格及辦理登記的手續儘量複雜。由於這些限制，許多在校學生對於辦理選民登記，都望而却步，知難而退。

據『新聞週刊』調查，新選民在一九七二年大選時的投票率，不會超過42％。（註一八）在另一方面，一九七一年十一月美國各州許多地方政府改選時，廿歲以下的候選人獲選者全國不過二人，是卽：十九歲的胡克（Ron Hooker）當選俄亥俄州 Newcomerstown（人口約五千人）市長，及十八歲的林其（William Lynch）當選華盛頓州 Bremerton 市（人口約三萬人）教育委員會的委員。^(註一九)是則憲法修正案第二十六條的新選民，雖已使若干地方政府引起困擾，但其實際的影響程度，似乎亦不如想像中的高。

附註

註一：在本修正案批准生效前，美國五十州中，其公民的投票年齡只有四州低於二十一歲，是即：Georgia 及 Kentucky 兩州規定公民的投票年齡爲十八歲；Hawaii 州爲二十歲；Alaska 州原規定爲十九歲，嗣於一九七〇年八月二十五日經選民複決通過將該州公民的投票年齡降爲十八歲。

註二：依美國聯邦憲法第五條規定，憲法修正案須經全國四分之三州批准始生效力。美國現有五十州，四分之三爲三十八州。

註三：美國憲法修正案之批准時間，通常均在一年以上，其在一年以下者，有第十二條、第十三條、第二十條、第二十一條及第二十三條，但其所歷之時間至少亦在九個月以上。本條（二十六條）之批准時間，僅爲三個月又七天，乃批准時間之最速紀錄。又美國憲法修正案批准時間之最長者爲第二十二條（一九四七年三月十二日國會通過，一九五一年二月二十六日批准生效），費時近四年。

註四：本法之主旨在加強聯邦對各州選舉的管理與監督，藉以保障美國黑人及其他少數民族公民的投票權。全文見 79 Stat. 437；Harry A. Ploski and Roscoe C. Brown, ed., *The Negro Almanac* (New York: Bellwether Publishing Co., 1967). pp. 123–131.

註五："18-year-olds: At the Curtains of the Voting Booth," *Congressional Quarterly Weekly Report*, XXIX (July 2, 1971), 1436.

註六：在美國三權分立制之下，立法、行政、司法各有所司，即：國會制定法律，總統執行法律，法院解釋法律。如國會制定的法律經法院解釋違憲而無效，總統即不必執行。但法院解釋法律却不能主動爲之，必俟有訟案適用某一法律時，始能對該法律加以解釋，而經解釋後，認爲該法律中之某一條文違憲，亦僅違憲之條文無效，同法之其他條款並不受其影響，即仍屬有效。尼克森對本法之部份條款不同意，但却不加否決，而藉司法解釋謀求補救，即此之故。

註七：本案在最高法院宣判時，贊成的五位法官爲：Hugo L. Black, William J. Brennan, Jr., William O. Douglas, Thurgood Marshall, 及 Byron R. White。反對的四位法官爲：Warren E. Burger, Harry A. Blackmun, John Marshall Harlan, 及 Potter Stewart。反對者的意見認爲，國會無權以法律規定選民的年齡，即將選民年齡自廿一歲降低至十八歲的條款爲違憲。詳見：*Congressional Quarterly Weekly Report*, XXVIII (Dec. 25, 1970), pp. 3093–3094.

註八：參閱註一。

註九：據美國聯邦政府總務長孔澤（General Services Administrator Robert L. Kunzig）說：總統對憲法修正案的簽署證明，僅是法律上所要求的一種形式，與其生效的時間無關。憲法修正案的效力，應自四分之三州批准之日起算，故本修正案已自一九七一年六月卅日正式生效。*The New York Times* (July 6, 1971), p. 15.

註一〇：*U. S. News & World Report* (July 12, 1971), p. 58；*Congressional Quarterly Weekly Report*, XXIX (July 2, 1971), pp. 1437–1438.

註一一：數字引自 *The New York Times Encyclopedic Almanac*, 1971, p. 147.

註一二：例如一八八八年大選，共和黨候選人哈里遜（Baujamin Harrison）得普選票5,444,337票，民主黨候選人克利夫蘭（Grover Cleveland）得普選票5,540,309票，但哈里遜得總統選舉人票233票，克利夫蘭僅得168票，哈里遜當選總統。Joseph Natban Kane, *Facts About the Presidents* (New York：H. W. Wilson, 1959), p. 156. 又所謂Minority President，凡在大選中所得普選票不及投票總數之半者，皆屬之。這種情形在一九六〇年以前已達十三次之多。詳見 *Ibid.*, p. 312. 加上一九六〇年的甘迺迪（49.7%），及一九六八年的尼克森（43.4%），共爲十五次。

註一三：*Newsweek*（Oct. 25, 1971）, p. 41.

註一四：*Time*（Feb. 7, 1972）, p. 24.

註一五：*U. S. News & World Report*, July 12, 1971, p. 58.

註一六：這些資料均引自『紐約時報』（*The New York Times*）（July 12, 1971）, pp. 1, 16. 文中所列舉的大學城，以該報記者實際攷察過者爲限。實則美國其他各州的大學城，不勝枚舉，如賓州的State College（地名，即賓州州立大學所在地）、Loretto（聖佛蘭西斯學院所在地）等地，學生數均較當地居民爲多，可爲一例。

註一七：*The New York Times*（Nov. 11, 1971）, p. 1.

註一八：*Newsweek*（Oct. 15, 1971）, p. 38.

註一九：*The World Almanac and Book of Facts*, 1972 ed., p. 40.

美國總統的待遇

美國總統職務繁重，他的待遇也極爲優厚。這裏所謂待遇，包括他在任時的年薪、官邸及其他享受，與退任後的養老金及各種禮遇，現在分項簡述之。

一、在任時的待遇

（一）年薪

自第一任總統華盛頓（George Washington）至今天的尼克森（Richard Milhous Nixon），美國共有卅七任總統（實際爲卅六人，因第廿二任及廿四任總統爲同一人，即克利夫蘭 Grover Cleveland），歷時一百八十餘年，在此漫長的歲月中，美國總統的年薪共調整過四次。

一七八九年四月卅日華盛頓在紐約市就任美國第一任總統。同年九月廿四日國會通過法律，規定總統的年薪爲二萬五千美元，副總統的年薪爲五千美元，這一薪額維持了八十多年。至一八七三年三月三日國會始修改法律，將總統的年薪自二萬五千元增至五萬元，副總統的年薪自五千元增至一萬元。一九〇六年六月廿三日國會通過一項特別法，於總統年薪外，每年增撥二萬五千元，作爲其旅行補助費，這是美國總統有旅行補助費之始。

一九〇九年，美國的總統、副總統再度加薪，依同年三月四日國會通過的一項法律，總統的年薪自五萬元加至七萬五千元，副總統的年薪自一萬元加至一萬二千元。

一九四八年六月廿五日，國會將總統每年二萬五千元的旅行補助費增至四萬元。翌年（1949）一月十九日，國會又通過法律，調整總統、副總統的待遇。這次調整的幅度甚大，除將總統的年薪自七萬五千元增至十萬元外，另加每年五萬元的特支費。副總統的年薪則自一萬二千元增至三萬元，另加每年一萬元的特支費。這是美國總統、副總統第一次具有特支費（official allowance）（大概相當於臺灣政府首長的職務加給）。一九五五年三月二日，國會將副總統的年薪自三萬元增至三萬五千元，惟總統的年薪並未相應調整。一九六四年美國聯邦政府官員普遍加薪，副總統的年薪已自三萬五千元，增至四萬三千元，但總統的年薪仍維持十萬元不變。

一九六九年一月十七日，詹森（Lyndon Baines Johnson）總統於卸任的前三日簽署一項法律，將總統的年薪自十萬元加至二十萬元，故尼克森是領取年薪二十萬元的第一位總統。同年九月副總統的年薪亦調整爲六萬二千五百元。不過這次加薪，總統的旅行補助費及特支費並未隨同增加，前者仍是四萬元，後者仍是五萬元。又除旅行補助費免稅外，總統的年薪及特支費均須扣稅。依一九七一年的聯邦所得稅個人稅率計算，年薪二十萬元者，扣稅後的實際所得爲七萬四千五百十元。

又依一九六九年的聯邦待遇調整各案，除總統、副總統的年薪大幅度增加外，其他聯邦政府高級官員的年薪，也普遍增加了百分之廿五以上，茲附誌於此，藉供參攷。

部門	職位	1964—1968 年的年薪	1969 年以後的年薪
行政部門	總統	$ 100,000	$ 200,000
行政部門	副總統	$ 43,000	$ 62,500

	內閣閣員	$ 35,000	$ 60,000
	主要獨立官署首長	$ 30,000	$ 42,500
	次要獨立官署首長	$ 29,500	$ 40,000
國會	衆議院議長	$ 43,000	$ 62,500
	參議院臨時議長	（在 1969 年以前與一般議員同）	$ 49,500
	兩院多數黨及少數黨領袖	（在 1965 年以前與一般議員同，1965 年增至 $ 35,000）	$ 49,500
	參衆兩院議員	$ 30,000	$ 42,500
聯邦法院	最高法院院長	$ 40,000	$ 62,500
	最高法院法官	$ 39,500	$ 60,000
	上訴法院法官	$ 33,000	$ 42,500
	區域法院法官	$ 30,000	$ 40,000

（二）官邸

如所週知，美國總統的官邸是白宮（The White House）。這所房子具有歷史性，值得在此略爲介紹。

白宮係於一七九二年十月十三日由第一任總統華盛頓親自破土奠基，設計人主要者有三，是即：時任國務卿的杰佛遜（Thomas Jefferson）（即後來的第三任總統），國會大廈首席建築師桑敦博士（Dr. William Thornton），及美籍愛爾蘭人賀班（Tames Hoban）。經建築委員會審查結果，賀班的圖案以美金五百元的代價獲選。據說賀氏的白宮圖案是比照愛爾蘭首都都柏林（Dublin）的林斯特大廈（Leinster House）設計而成，就兩所房子照片的外表看來，確實很相似。

白宮自動工至落成，費時八年。華盛頓總統不但未曾住入過，而且沒有及身見其落成（他於一七九九年去世，白宮於一八〇〇年落成）。一八〇〇年二月，美國國會自費城移往華府，而第六屆國會的第二會期並於是年的十一月十七日在此一草創的新首都集會。第二任總統亞當斯（John Adams）爲配合國會的會期，乃於十一月中旬携其家人自費城搬入華府新建的總統官邸。其時白宮的建築工程雖已大致完成，但內部的裝修工作尚未全部就緒，其他設備更談不上。據說亞當斯夫人於搬入之初，因爲洗衣房尚未完工，只好暫利時用國宴廳涼乾洗滌的衣服。一八〇一年傑佛遜接任第三任總統，當他搬入時，他的第一個印象是這所房子太大，說：『足夠兩位國王，一位教皇，及一位大喇嘛居住。』其實當時的白宮只有正廳，不過現在面積的三分之一。

一八一二年美國與英國發生戰爭，歷時二年半。一八一四年八月廿四日英軍攻入華府，大事焚燒，國會大廈及白宮均付之一炬，其時麥迪遜（James Madison）總統正在前線督戰，其夫人於英軍進城後始匆匆逃離白宮，僅以身免。戰後白宮重修，因外表牆壁均已被大火燒成灰黑色，爲求美觀，乃全部刷成白色。白宮之名由是而起。不過白宮之名見於美國官文書，始於老羅斯福（Theodore Roosevelt）時代，他於一九〇一年接任總統後，即下令在所有總統官邸使用的文具上印上『白宮』（The White House）字樣，由是白宮之名始正式確定。

白宮爲華府完成最早的政府建築，位於華府賓夕凡尼亞大道的第一千六百號 1600（Pennsylvania Avenue），坐南朝北，面對拉佛葉廣場（Lafayette Square）及華府西北區第十六街（16th Street, NW）。現在的全部建築分正廳及東、西兩翼，共有一百三十二個房間。四週花園佔地十八點三英畝。在最初一百年，白宮只有正廳。由於總統的直屬人員日增，原有的房舍漸漸不敷使用，老羅斯福總統乃於一九〇二年下令增建西翼（West Wing），作為白宮助理人員的辦公中心。現在的西翼，包括總統辦公室、總統會議室、內閣集會室、新聞秘書室、總統助理室、國家安全委員會辦公室、特種情勢室、通訊室、保安室、照相室、印刷室、室內游泳池及職員膳廳等。一九四一年，佛蘭克林・羅斯福（Franklin D. Roosevelt）總統再將白宮擴建，加蓋東翼（East Wing）。現在的東翼，包括：總統夫人辦公室、總統夫人新聞秘書室、總統軍事隨員室、交際秘書室、交誼廳、戲院、白宮美化室，及觀光進口處等。一般平民及旅客參觀白宮，都從東翼進口。每逢週末或假日，總見東翼附近大排長龍，魚貫進入白宮參觀。據說白宮的游客，每年數達二百萬人。

自一八一四年以來，白宮的正廳未嘗經過重大的修理。到了杜魯門（Harry S. Truman）總統時代，正廳內部已經破舊不堪。一九四八年經工程師們詳細檢查的結果，認為正廳如不徹底修建，隨時有倒塌的危險。於是國會於一九四九年初決議撥款修建正廳，自一九四九年至一九五二年，費時三載，耗資六百萬美元，始全部整修完成。在此期間，杜魯門總統及其家屬，均暫住於政府賓館布萊爾大廈（Blair House）。一九五〇年十一月一日，兩名波多黎各的民族份子企圖行刺總統，杜魯門本人雖無損傷，但造成其他人二死三傷的慘劇。這事即發生於此大廈中。這次白宮修理，極為徹底。事實上，與其說是修理，毋寧說是重建。因除內部全部拆毀，重新整建，且全部輔以鋼架外，並在原有的三層之外，加蓋了一個頂樓（Penthouse）。而原有的底層除增加深度外，又增建了一個專為總統臨時避難的防彈室（Bomb Shelter）。不過正廳內部的原有格局及主要房間的劃分，大致一仍其舊，並無多大改變，藉以保存其原有的歷史性。

今天白宮的正廳，包括總統及其家屬的居所（佔二樓靠西面一半的全部房間），各種紀念室，國賓室、國宴廳等。茲就其著名的廳室舉數處如下：

（1）皇后室（Quenns' Room），位於二樓的東北角，面北，包括寢室及起坐間，主要為接待女貴賓之用，因有五位外國皇后曾在此住過，故名。但偶爾也用作接待男貴賓之處，如一九四二年蘇聯外長莫洛托夫（Vyacheslav Mikhailovich Molotov）訪問白宮時，即被安排在此室寄宿，是為一例。

（2）林肯室（Lincoln Room），在二樓的東南角，面南，背接皇后室，亦有寢室與起坐室各一間，內部的格局與皇后室相同。此室為紀念林肯總統而名，因他曾以此室為辦公室，其著名的『解放黑奴宣言』（Emancipation Proclamation）即在此簽字。此後多用作接待男貴賓之用。據說在佛蘭克林・羅斯福時代，邱吉爾（Winston Churchill）訪問白宮時被招待在此住宿。邱翁不喜此室氣氛及佈署，感到非常煩悶，於是口啣雪茄，手挽行囊，半夜中偷偷跑到隔壁的皇后室過了一晚。

（3）黃室（Yellow Oval Room），在二樓的正中間，面南，因內部四壁為黃色而名，室內的陳設及傢俱都是法國路易十六（Louis XVI）時代的式樣，為其特色。第三任總統傑佛遜最喜此室氣氛，常常獨自在此奏小提琴。

（4）條約室（Treaty Room），在二樓，面南，位於林肯室與黃室之間。因結束美國與西班牙戰爭（1898）的條約及一九六三年的『禁試核子彈條約』（Test-Ban Tready），總統均是在此室簽字，故名。

（5）杜魯門陽臺（Truman Balcony），在二樓黃室的西側，緊接總統的居室，為一九四八年杜魯門總統所建。據說杜魯門於公餘之暇，常喜坐在這個陽臺上，以望遠鏡觀看附近公園的棒球賽。

（6）東廳（East Room），位於一樓的東面，為白宮最忙的一個大廳，白宮大規模的交誼性集會都在此廳舉行。又七位美國總統的遺體,包括第卅五任總統甘廼迪(John F. Kennedy),曾在此停放。總統女兒的結婚禮亦例多在此舉行。廳內最珍貴的一件陳設,為吉伯・司徒(Gilbert Stuart)替華盛頓總統所繪的一張人像,這是一八二一四年白宮被焚時,碩果僅存的一件珍品。當一八一四年英軍攻入華府時,麥迪遜總統夫人桃樂(Dolley)於危急中自白宮逃命,除了她自己的一些珠寶外,就只帶了這張畫像,故至今仍保持完整無損,成為美國史上的一件美談。

(7) 國宴廳(State Dining Room),在一樓的西南角,為宴請國賓之處,正式宴會可供一百四十人用膳。

(8) 藍室(Blue Room),在一樓的正中,面南,內部陳設全屬門羅(James Monroe)總統時代法國最高貴的式樣,因其顏色多為藍色,故名。

(9) 外交接待室(Diplomatic Reception Room),在底層(ground floor)正中,面南,為總統接待外交使節之處。又佛蘭克林・羅斯福以無線電廣播的『爐邊談話』(fireside chat),即係在此室的火爐邊舉行。

(10) 瓷器陳列室(China Room),在底層的東部,面南,緊接外交接待室,歷任總統在白宮時所使用的名貴瓷器,均集中於此陳列。這一陳列室始於第廿三任總統哈里遜夫人(Mrs. Benjamin Harrison),因她酷愛瓷器,故刻意蒐集在她以前的各任總統的名貴瓷器,置於此室陳列。其後各任總統於離開白宮時,均自動提供一些陳列品,藉襄盛舉,現在已成洋洋大觀。

論其外表,白宮並無特別壯觀之處,第一次看見白宮的人,大概都難免有點『見面不如聞名』之感,但它位於華府最精華區的中心,土地昂貴,寸土寸金。據美國內政部估計,白宮花園的土地價值七千五百萬美元以上,其房舍約值五千萬美元,兩者的維持費每年約需三百五十萬美元。又在白宮服役的人員,數以百計,包括各種名廚、侍役、傭人、園丁、修理工匠等,均由國家列入預算,支付薪水。這些人員,均由總統及其夫人隨時呼喚,任意使用。試問,即使是鉅富,又有多少能達到這種享受?

(三) 其他

除白宮外,美國總統還有一處山莊,作為渡假或休息之所。這一山莊位於馬里蘭州的Catoctin山上。在佛蘭克林・羅斯福時,該處名為『香格里拉』(Shangri-La)。至艾森豪(Dwight David Eisenhower)總統時,因對他一脈單傳的孫子大衛・艾森豪(David Eisenhower)特別鍾愛,而易名為『大衛營』(Camp David)。大衛・艾森豪為茱麗・尼克森(Julie Nixon)的丈夫,即現任總統尼克森的二女婿。他的父親為艾森豪總統的獨生子約翰・艾森豪(John Sheldon Doud Eisenhower)。約翰曾任美國駐比利時大使。大衛營環境清幽,景色雅麗,與華府又近在咫尺,常成為總統須作重大決策時的棲息之所。這一產業屬於美國政府,時價約十五萬美元。

至於總統的交通工具,更是應有盡有。先說飛機,他有三架設備豪華的噴氣專機,供其長距離訪問之用;另有普通飛機數架,由其隨意指定,接送外國貴賓或政府重要官員。此外,有直昇機四架,供其短距離的交通工具。還有一架特製的噴氣運輸機,專為運輸總統防彈的座車。總統在國內旅行,此車常隨同前往,以策安全。次說座車,總統的座車均係特製,皆有防彈設備,現有Lincoln及Cadillac各一輛。另有名牌黑色轎車二十輛,專供白宮接送貴賓之用。總統的專車及白宮客車,通常均非政府購買,而是由各大汽車製造公司,以租賃的方式供給。據說目前總統的專車,每輛造價高達五十萬美元,白宮每年所付的租金約為五萬元。又總統有專用火車一列,具有特殊設備,但很少用。再說遊艇,美國海軍有二艘設備豪華的遊艇,為總統備用。事實上,總統如欲乘坐任何海軍船隻,均可隨意由其指定。

總括美國總統在任時的各種待遇或享受,如以金錢計算,則美國政府對其總統的代價如下:

1. 每年支出留用

薪水	200,000
特支費	50,000
旅行補助費	40,000
特別計劃費	1,500,000
白宮一般預算	3,229,000
白宮特務人員及警察薪水	2,503,000
白宮房屋及花園維持費	200,000
各種專用交通工具的維持費及駕駛人員薪水	1,000,000
專車租用費	50,000
共計	$ 8,772,000

2. 政府財產價值

白宮房屋及花園	125,000,000
專機	30,000,000
遊艇	500,000
大衛營	150,000
共計	$ 155,650,000
兩者合共	$ 164,422,000

據估計,一年美國普通公民,如欲具有美國總統同等的享受,每年須有三千五百萬元的正常收入,才能辦到。美國總統待遇之優厚,於此可見。

二、退任後的待遇

美國總統的養老金,始於一九五八年。在此以前,卸任總統並無待遇。過去有些總統,在任時不事積蓄,退任後兩袖清風,以致生活清苦,貧困以終者不乏其人。如第五任總統門羅,於暮年生活無以為繼,不得不寄住於女兒家,是為一例。又如第十八任總統格蘭特(Ulysses Simpson Grant),於退任後將一些積蓄儘數投資於股票生意,結果全部蝕光,頓使生活陷於絕境。國會為使他維持一位前任總統應有的尊嚴,只好通過一項特別法,恢復他就任總統前的軍階(陸軍上將),使他有一份固定的薪俸,得過適度尊貴的生活。

一九五八年,國會通過『前任總統法』(Former Presidents Act),給予退任總統每年二萬五千美元的養老金(Pension);前任總統去世,則給予其遺孀每年一萬元的生活補助費。一九七○年國會修改法律,將總統的養老金提高至與內閣部長的年薪相等,使其於退任後,仍得過部長階級的生活。目前內閣部長的年薪為六萬元,所以杜魯門與詹森兩位前任總統的養老金,現在均為六萬元,生活堪稱優裕。

又依同法規定,退任總統除養老金外,尚有其他享受及特權,列舉如下:

（1）由政府供給警衛人員，保護其安全，至其去世時爲止。

（2）由政府提供免費辦公室，作爲他及其隨員的辦公處所，其地點由他隨意指定。例如前任總統詹森的辦公室，由其指定設於德州的奧斯汀（Austin），共有二十個房間，均由聯邦政府免費供給。

（3）由聯邦政府每年撥款八萬元，供其僱用秘書及其他助理人員之用（按一九五八年的『前任總統法』規定爲六萬五千元，於一九六七年增至八萬元）。

（4）凡屬前任總統署名的郵件一律由郵局無限制免費傳遞。

參攷書目

CQ Almanac 1969. Washington, D. C.：Congressional Quarterly, 1969.

Congressional Ouarierly Weekly Report, various issues from 1969 to 1971.

Jensen, Amy La Follette. *The White House and Its Thirty-Four Families*. New enl. ed., New York：McGraw-Hill, 1965.

Kane, Joseph Nathan. *Facts About the Presidents*. New York：H. W. Wilson, 1964.

The New York Times Encyclopedic Almanac, *1971*. New York：The New York Times, 1971.

"Planes, Boats, Expenses … President's Pay Is Many Things", *U. S. News & World Report*, January 27, 1969, pp. 32-34.

The Presidency. Special issue of *Life*, July 5, 1968.

"Privileges of a Former President Are Many", *The New York Times*, January 29, 1969, p. 16.

U. S. Politics—Inside and Out. Washington, D. C.：U. S. News & World Report, 1970.

Whitney, David C. *The American Presidents*. New York：Doubleday, 1969.

1972 年 6 月於美國 St. Francis College, Pa.
原載『思與言』第 10 卷第 2 期，頁 1—5

漫談美國總統選舉

美國憲法第二條第一項第一款規定總統的任期爲四年，所以美國總統的選舉每四年一次。除第一任總統華盛頓（George Washington）係於一七八九年二月十四日選出而於同年四月三十日宣誓就任外，其餘歷任總統均係於每隔四年的雙數年選舉，而於緊接選舉年的單數年就任。例如第二任總統亞當斯（John Adams）於一七九六年選出，一七九七年就任；第三十七任總統尼克森（Richard M. Nixon）於一九六八年選出，一九六九年就任。今年歲逢一九七二，又屆美國總統選舉之年，趁此來談談美國總統的選舉情形，也許較有意義。惟本文所涉及者，不以今年的總統選舉爲限，兼及美國總統選舉的一些史實。又總統選舉年（Presidential Election Year）在美國亦稱大選年（General Election Year），除改選總統、副總統，改選國會的全部衆議員四三五席及三分之一的參議員（全部參議員爲一百席，今年改選者爲三十三席）外，若干地方政府的官員，如州長及州議會議員等，亦須改選。本文僅談總統選舉，不及其他，這是要在篇首向讀者聲明的。

一、總統候選人資格

依美國憲法規定，凡在美國出生之公民，年滿三十五歲，並在美國住滿十四年者，均得爲總統候選人。(註一) 故美國總統候選人的法定資格只有三項，即：年齡、出生地及居住時間。茲分項略加解釋。

就年齡言，這個問題在美國歷史上尚未發生過，因爲過去歷任總統初任時的年齡，從未低於四十歲者。美國最年輕的總統爲老羅斯福（Theodore Roosevelt），他於一九〇一年繼任總統時(註二)，年僅四十二歲，較一般人認爲年輕的總統甘迺迪（John F. Kennedy），尚少一歲，甘氏當選總統時爲四十三歲。(註三) 其他美國總統初任時的年齡，在六十歲以上者七人，五十歲至五十九歲者二十三人，四十六歲至四十九歲者五人。(註四)

就出生地言，憲法規定必須在美國出生的公民始得爲總統候選人。換句話說，歸化的美國公民不得成爲美國總統。本生公民與歸化公民的權利義務，在美國法律上原屬無分軒輊，但此爲一例外。(註五) 至美國公民在國外所生的子女，是否視爲美國的本生公民，迄尚未有定論。(註六)

就在美國居住的時間言，憲法的規定爲十四年。不過這十四年是以他在美國居住的時間合併計算，抑係以他競選總統前的連續十四年爲準，法律旣無明文規定，最高法院亦沒有任何判例。一九二八年胡佛（Herbert C. Hoover）競選總統時，有些人對此頗存疑問，因爲在一九一四年至一九二〇年期間，胡佛的大部份時間均在歐洲任職，(註七) 在其競選總統前，並未連續在國內住滿十四年，但他畢竟當選了總統，而且無人對其當選提出異議。由是乃成一定例，(註八) 即憲法所規定的十四年，得以候選人在美國居住的時間合併計算。故一九五二年艾森豪（Dwight D. Eisenhower）自歐洲任所（時任大西洋公約組織聯軍統帥）返美競選總統時，無人再對此提出任何疑問。

於此有應注意者，依憲法修正案第二十二條規定，美國總統的任期以兩任爲限，最多亦不得超過十年。故總統已任滿兩任或在職已滿十年者，不得再爲總統候選人。

又依憲法修正案第十二條後段規定，副總統候選人的資格，與總統完全相同。然曾任副總統滿兩任者，得出而再競選總統，其理顯而易見，可不待言。

總統候選人的法定資格雖很簡單，但要競選總統，則非對國家有重大貢獻或在政治上有輝煌成就者不可。茲將美國歷任總統的從政經歷列表如下：

表一　美國總統從政經歷一覽(註九)

任次	姓　名	初任總統時年齡	從　政　經　歷
1	G. 華盛頓	57	大陸議會代表，革命軍總司令，費城制憲會議主席
2	J. 亞當斯	61	大陸議會代表，駐英、荷公使，副總統
3	T. 傑佛遜	57	大陸議會代表，維吉尼亞州長，駐英、法公使，國務卿，副總統
4	J. 麥迪遜	57	大陸議會代表，聯邦眾議員，國務卿
5	J. 門羅	58	大陸議會代表，維吉尼亞州長，軍政部長，國務卿
6	J. Q. 亞當斯	57	州議員，駐英、俄公使，聯邦參議員，國務卿
7	A. 傑克遜	61	佛羅里達特區軍事總督，聯邦眾議員，聯邦參議員
8	M. 范布倫	54	聯邦參議員，紐約州長，國務卿，副總統
9	W. H. 哈里遜	68	州議員，印地安那特區總督，聯邦眾議員，聯邦參議員
10	J. 泰勒	51	聯邦眾議員，維吉尼亞州長，聯邦參議員，副總統
11	J. K. 波克	49	州議員，聯邦眾議員及眾議院議長，田納西州長
12	Z. 泰羅	64	職業軍人，曾任各級部隊指揮官，美、墨戰爭中英雄
13	M. 費爾摩	50	州議員，聯邦眾議員，大學校長，副總統
14	F. 皮爾斯	48	州議員及議長，聯邦眾議員，聯邦參議員
15	J. 布坎南	65	聯邦眾議員，聯邦參議員，駐英、俄公使，國務卿
16	A. 林肯	52	州議員，聯邦眾議員
17	A. 詹森	56	州議員，聯邦眾議員，田納西州長，聯邦參議員，副總統
18	U. S. 格蘭特	46	職業軍人，內戰時英雄，曾任聯邦部隊總司令，代理軍政部長
19	R. B. 海斯	54	聯邦眾議員，俄亥俄州長
20	J. A. 加菲爾	49	州議員，聯邦眾議員，聯邦參議員
21	C. A. 亞瑟	50	補給局長，紐約港海關監督，副總統
22	G. 克利夫蘭	47	紐約布法羅市長，紐約州長
23	B. 哈里遜	55	檢察官，聯邦參議員
24	G. 克利夫蘭	55	即第廿二任總統
25	W. 麥金萊	54	檢察官，聯邦眾議員，俄亥俄州長
26	T. 羅斯福	42	聯邦文官委員會委員，助理海軍部長，紐約州長，副總統
27	W. H. 塔虎脫	51	聯邦檢察長，駐菲律賓總督，軍政部長
28	W. 威爾遜	56	普林斯頓大學校長，新澤西州長

(續上表)

任次	姓　名	初任總統時年齡	從　政　經　歷
29	W. G. 哈定	55	州議員，俄亥俄州副州長，聯邦參議員
30	C. 柯立芝	51	市長，州議會議長，麻薩諸塞州長，副總統
31	H. C. 胡佛	54	聯邦糧食署長，駐歐各種救濟機構首長，商務部長
32	F. D. 羅斯福	51	州議員，助理海軍部長，紐約州長
33	H. S. 杜魯門	60	法官，聯邦參議員，副總統
34	D. D. 艾森豪	62	職業軍人，曾任歐洲盟軍統帥，陸軍參議長，北大西洋公約聯軍統帥
35	J. F. 甘迺迪	43	聯邦眾議員，聯邦參議員
36	L. B. 詹森	55	聯邦眾議員，聯邦參議員及參議院民主黨領袖，副總統
37	R. M. 尼克森	56	聯邦眾議員，聯邦參議員，副總統

二、總統候選人初選

　　美國總統選舉過程中的第一步，為總統候選人初選，美國人習稱總統初選（Presidential Primary）。此制興起於廿世紀初年，旨在讓人民對政黨的總統候選人提名，具有直接表示意見的機會，減少黨務人員的操縱，使各黨總統候選人的產生，更能符合民主的原則。

　　總統初選是美國政治上一個頗為獨特的制度，在敍述它的實際運用前，有幾個概念先有廓清的必要。第一，總統初選係由各州單獨立法，分別舉行，而是否採用，由各州自行決定，聯邦政府不加過問。迄今採用此制者，不及全國五十州之半數。第二，參加總統初選投票者，原則上以各黨黨員為限，其讓人民自由投票者，不過少數幾州而已（參閱後文的開放初選一段）。至在未採用總統初選的各州，則無論黨員或非黨員均無參加此種投票的機會。第三，總統初選只是美國直接初選制（Direct Primary）的一部份，大抵採用直接初選的州亦採用總統初選，而且二者同時舉行。

　　前已言之，初選的用意，係在減少黨務人員對各黨公職候選人的操縱。這一制度係逐漸演變而成。一七八七年費城制憲時，美國尚無政黨的存在，故當時通過的聯邦憲法，並未提及政黨之名，所以第一、二兩任總統並未經過政黨提名的階段。十八世紀末，聯邦黨（Federatists，或稱聯治派）及民主共和黨（Democratic-Republican Party）先後出現，兩黨並於一八〇〇年大選時分別提出其總統候選人。由於他們的候選人係由國會各該黨議員集會選出，所以這種總統提名會議稱為國會政黨會議（Congressional Caucus）。為避免國會對總統候選人提名的控制，一八三〇年代又出現了各政黨的全國大會（National Party Convention），即由各黨的州委員會（State Party Committee）或州代表大會（Stare Party Convention）選舉代表，出席全國大會，以提名各黨的總統、副總統候選人。[註一〇] 由是總統、副總統候選人的提名，乃由國會的政黨會議轉入各黨的全國大會之手。但是出席各黨全國大會的代表，既由各黨的州委員會或州代表大會選舉，其產生的方式，自不免為各州黨務人員所左右，從而人民對於政黨總統候選人的提名，仍不發生直接關係。其後的直接初選制，即是這種背景下的產物。[註一一]

總統候選人的直接初選，於一九〇五年始於威斯康辛州。⁽註一二⁾一九一〇年西部的奧勒岡及東部的馬里蘭相繼仿效，自是發展迅速，至一九一六年全美已有二十四州採用。⁽註一三⁾其後漸次減少，至一九六八年全國只有十六個州及哥倫比亞特區（District of Columbia，簡稱 D.C.，實即華府）舉行總統候選人初選。今年（一九七二）已增至二十三州，加上哥倫比亞特區，共為二十四個單位，其州名及初選日期列表如下。

表二　一九七二年總統候選人初選州及其舉行日期一覽⁽註一四⁾

州　名	初選日期	備　考
新漢普夏	三月七日	
佛羅里達	三月十四日	
伊利諾	三月廿一日	
威斯康辛	四月四日	
麻薩諸塞	四月廿五日	
賓夕凡尼亞	四月廿五日	
阿拉巴馬	五月二日	（1968 did not hold primary）
哥倫比亞特區	五月二日	
印地安那	五月二日	
俄亥俄	五月二日	
田納西	五月四日	一九七二年新增
北卡羅來納	五月六日	一九七二年新增
內布拉斯加	五月九日	
西維吉尼亞	五月九日	
馬里蘭	五月十六日	一九六四年廢止，一九七二年恢復
密西根	五月十六日	一九七二年新增
奧勒岡	五月廿三日	
羅德島	五月廿三日	一九七二年新增
加利福尼亞	六月六日	
新澤西	六月六日	
新墨西哥	六月六日	一九七二年新增
南達科他	六月六日	
阿肯色	六月十三日	一九七二年新增
紐約	六月廿日	

由於總統候選人初選係由各州單獨立法，分別舉行，而各州法律的規定不同，所以內容非常複雜。大體說來，可以歸納為五類。⁽註一五⁾

（1）初選中所選出的政黨代表，必須在各黨全國大會中提名總統候選人時，投票支持在該州初選投票時得票較多數的該黨總統候選人。採此制者有加利福尼亞、麻薩諸塞、奧勒岡、南達科他、羅德島及哥倫比亞特區。(註一六)在這些州或地區中，總統候選人與政黨代表候選人在初選票上併列，黨員投票時除圈選該黨出席全國大會的代表外，並須在該黨的總統候選人中圈選一名。所有當選的代表，均須在該黨全國大會中，投票支持在其本州得票較多的該黨總統候選人，卽所謂『勝者全得』（Winner-take-all）。如今年加州初選時，民主黨總統候選人麥高文（George S. McGovern，現任聯邦參議員）得該州民主黨員票的44.3%，韓福瑞（Hubert H. Humphrey，現任聯邦參議員，一九六八年代表民主黨競選總統，以不及五十萬票之差敗於共和黨的尼克森）得39.2%，華萊士（George C. Wallace，現任阿拉巴馬州長，一九六八年爲獨立黨的總統候選人）得6%，因麥高文得票較多，所以加州所選出的二百七十一名民主黨代表，在該黨的全國大會中，全部投票支持麥高文。這種總統候選人初選，又稱『命令優先投票』（Mandatery Preference Poll）。

（2）初選中所選出政黨代表，依各黨總統候選人在各州得票數的比例分配之，採此制者今年有新墨西哥及北卡羅來納兩州。前者就得票最多的前兩人比例分配之，後者就得票最多的前四人比例分配。(註一七)如今年新墨西哥州民主黨應選出的代表爲十八名，初選時麥高文得票33%，按比例分得十名代表，華萊士得票29%，分得八名代表，韓福瑞雖得票26%，但未能分得一名代表。又如共和黨今年在該州應選出的代表爲十四名，初選時尼克森得票90%，麥克勞斯基（Paul N. McCloskey, Jr.，加州聯邦衆議員，以反戰爲號召競選共和黨總統候選人提名）得票10%，依比例分配，尼得十三名代表，麥得一名代表。今年八月廿二日，共和黨全國大會在邁阿米選舉該黨總統候選人時，尼克森以一三四七票對一票當選提名，麥克勞斯基所得的一票，就是由此而來。(註一八)

（3）初選時各黨代表候選人與其總統候選人併列，但每一代表候選人得在選票上表明他當選後的投票態度，如已向某一位總統候選人保證（pledged to）或承諾（committed to），或未曾保證（unpledged）、未曾承諾（uncommitted），或根本不表示任何態度。採此制者有伊利諾、內布拉斯加、新漢普夏、新澤西、賓夕凡尼亞、西維吉尼亞等州。(註一九)在此制下，總統候選人在初選中所得的票只是一種聲望票，當選的代表在全國大會中總統候選人提名時，仍依各自的立場投票，總統候選人所得的聲望票，只能作爲未曾提出保證或承諾的代表們參攷。所以這種總統候選人初選，又稱『建議優先投票』（Advisory Preference Poll）。

（4）初選時各黨代表候選人與其總統候選人併列，但黨代表候選人分爲兩部份，一部份由各州的國會選區（Congressional Districts）選舉，另一部份由全州選舉。由國會選區選出的代表，受各該選區選舉結果的拘束，卽須對在其本選區得票最多的總統候選人投票；由全州選出的代表（Delegates at Large），則受全州選舉結果的拘束，卽須對在全州得票最多的各該黨總統候選人投票。採此制者爲佛羅里達、印地安那、馬里蘭、田納西及威斯康辛等州。(註二〇)今以田納西州爲例，依該州的初選法規定，由初選所產生的政黨代表，80%應由該州的國會選區選出，當選的代表應在各黨的全國大會中投票支持在各該選區得票最多的總統候選人；其餘的20%應由全州選出，依此方式產生的代表，須對各黨在全州得票最多的候選人投票。(註二一)

（5）初選時只選舉政黨代表，總統候選人的名字不在初選票上，但每一候選代表得分別表明將投那一位總統候選人的票。採此制者有阿拉巴馬、俄亥俄及紐約等州。(註二二)

如就投票者的資格而言，則美國各州的初選可以大別爲兩類：(註二三)（甲）開放初選（Open Primary），卽投票人不限定於黨員，選民可自由參加任何一黨的初選投票，故共和黨員可參加民主黨的初選投票，民主黨員可參加共和黨的初選投票，非黨員可參加任何一黨的初選投票。採此制者在一九七二年有阿拉巴馬、印地安那、內布拉斯加、新漢夏及威斯康辛五州。（乙）關閉初選（Closed Primary），即參加初選投票者限定為黨員。⁽註二四⁾故民主黨員只能參加民主黨的初選投票，共和黨員只能參加共和黨的初選投票，非黨員不得參加初選投票。一九七二年舉行初選的廿三州，除上述列舉的五州外，其餘均採此制。

為使讀者瞭解美國初選投票的實際情形，特將賓州民主、共和兩黨初選票樣本⁽註二五⁾複印於後，並略加說明。

賓州民主黨初選票（附件一）說明：

（1）左邊第一欄上格列舉Jackson, Humphrey, McGovern, Wallace 及 Muskie 五位民主黨總統候選人。其他民主黨總統候選人未在選票上列名者，均未參加賓州初選（依賓州法律規定，總統候選人欲在賓州參加初選，須向州政府申請）。民主黨員的選民可就五人中圈選一人；如對此五人全不屬意，則可在預留的空格中，寫入他所喜歡的一人，這叫做『寫入投票』（Write-in Vote）。於此應加提及者，賓州的總統初選，只是聲望投票，得票最多的總統候選人，僅表示他是賓州民主黨員心目中最孚時望的人物，該州所選出的民主黨代表，將來在全國大會中選舉總統候選人時，並不受其拘束。所以賓州的總統初選是屬於『建議優先投票』的一類。

（2）第二欄係民主黨全國大會代表候選人，共列十七人，黨員可選擇三人；如對此列舉的十七人全不屬意，亦可在預留的三個空格中為『寫入投票』。從選票中所示，每一候選人均表明自己的立場，如Committed to Hubert H. Humphrey, Committed to Henry M. Jackson, 或 Uncommitted。當選的代表，將來在民主黨全國大會提名總統候選人時，應依他在初選票上所作的承諾投票。

（3）第三欄的上格為候補代表（Alternate Delegate）候選人，共列三人，黨員可選擇一人；如全不屬意，亦可就預留的空格中寫入一人。當選的一人亦可出席全國大會，但無投票權，如開會時正代表因故不能出席而由其遞補時，始有投票資格。但他此時係依他自己當選時所作的承諾投票，不受正代表所作承諾的拘束。

（4）第四欄下格是選舉賓州民主黨委員會的委員，第五欄上下兩格是選舉賓州Cambria County 民主黨的委員（民主黨規定各地方黨部的委員必須男女各半，所以第五欄上格是男性委員候選人，下格是女性委員候選人），黨員對此均可為『寫入投票』。這些委員是由初選投票一次產生，不必再在十一月間的大選時復選。由於賓州的初選係『關閉初選』，參加投票者以黨員為限，所以在初選中由黨員直接選舉州部及縣黨部委員，實為最民主的辦法。

（5）其餘未說明的各欄，係選舉賓州民主黨國會議員及州政府官員候選人，均不在本文討論之列。

（6）要言之，賓州的初選包括兩類候選人，一是黨務候選人，一是公職候選人。前者以一次選舉為當選；後者尚須於十一月間大選時與他黨候選人競爭，以定其是否當選。

賓州共和黨初選票（附件二）說明：

賓州共和黨的初選票，大體與民主黨初選票相同，這裏只需指出兩點：

（1）共和黨總統候選人未列舉任何人，即共和黨今年沒有任何人申請參加賓州總統候選人初選。不過共和黨員可在總統候選人項下所預留的空格中，寫入他所喜歡的一位總統候選人。於此有一事值得提出，依美國慣例，執政黨的總統候選人，除在任總統不願繼續競選者外（如一九六八年的詹森），大抵係由在任總統獲提名，所以今年尼克森未參加任何州的總統初選。

（2）共和黨的全國大會代表候選人，都未表明態度，這是因為沒有共和黨員參加賓州總統初選之故。原則上當選的代表可在提名大會中投任何人的票，事實上因無人與在任總統對抗，候選人只有一位，他們在提名投票時也就無選擇的餘地。

附件一 SPECIMEN DEMOCRATIC PRIMARY BALLOT
FOR THE ELECTION DISTRICT OF ADAMS TOWNSHIP, No.1
COUNTY OF CAMBRIA, STATE OF PENNSYLVANIA
GENERAL PRIMARY ELECTION HELD ON THE 25th DAY OF APRIL, 1972

Make a cross (×) or a check mark (√) in the square to the right of each candidate for whom you wish to vote. If you desire to vote for a person whose name is not on the ballot, write, print or paste his or her name in the blank space provided for that purpose. Mark ballot only in black lead pencil, indelible pencil or blue, black or blue-black ink in fountain pen or ball point pen. Use the same pencil or pen for all markings you place on the ballot.

PRESIDENT OF THE UNITED STATES
(Vote for One)

- Henry M. Jackson — Everett, Washington ☐
- Hubert H. Humphrey — Waverly, Minnesota ☐
- George McGovern — Mitchell, South Dakota ☐
- George C. Wallace — Montgomery, Alabama ☐
- Edmund S. Muskie — Waterville, Maine ☐

REPRESENTATIVE IN CONGRESS TWELFTH DISTRICT
(Vote for One)

- Joseph Murphy — Cambria Township, Cambria County ☐

DELEGATES TO NATIONAL CONVENTION THIRTY-FIFTH DISTRICT
(Vote for Three)

- Samuel R. DiFrancesco, Sr. committed to Hubert H. Humphrey ☐
- Robert John Elders committed to Henry M. Jackson ☐
- Andrew J. Koban committed to Hubert H. Humphrey ☐
- Peter Nadash committed to Edmund S. Muskie ☐
- John D. Hesselbein committed to George McGovern ☐
- Robert N. Van Wyk committed to George McGovern ☐
- Wayne Freidhoff committed to Henry M. Jackson ☐
- Andrew Billow, Jr. Uncommitted ☐
- Joseph P. Roberts committed to Hubert H. Humphrey ☐
- James J. Scotilla committed to Edmund S. Muskie ☐
- Helen Percola committed to Edmund S. Muskie ☐
- Joseph C. Dolan Uncommitted ☐
- Gloria M. McVeigh committed to George McGovern ☐
- Samuel Caladore, Jr. committed to Henry M. Jackson ☐
- I. Samuel Kaminsky Uncommitted ☐
- Patricia Kearney Uncommitted ☐
- James E. McCaffrey Uncommitted ☐

ALTERNATE DELEGATES TO NATIONAL CONVENTION THIRTY-FIFTH DISTRICT
(Vote for One)

- Mary Ringler committed to Hubert H. Humphrey ☐
- Ronald J. Sipko committed to George McGovern ☐
- Patty Hamara committed to Edmund S. Muskie ☐

AUDITOR GENERAL
(Vote for One)

- Robert P. Casey — Scranton, Lackawanna Conty ☐

STATE TREASURER
(Vote for One)

- Thomas M. Nolan — Turtle Creek, Allegheny County ☐
- Grace M. Sloan — Clarion, Clarion County ☐

SENATOR IN THE GENERAL ASSEMBLY THIRTY-FIFTH DISTRICT
(Vote for One)

- Paul J. Martin — Johnstown City, Cambria County ☐
- W. Louis Coppersmith — Westmont Borough, Cambria County ☐

REPRESENTATIVE IN THE GENERAL ASSEMBLY SEVENTIETH DISTRICT
(Vote for One)

- Harry A. Englehart, Jr. — Ebensburg Borough, Cambria County ☐

MEMBER OF STATE COMMITTEE THIRTY-FIFTH DISTRICT
(Vote for Four)

- Richard J. Latsko — Latrobe, Westmoreland County ☐
- Hazel M. Burkholder — Johnstown City, Cambria County ☐
- James R. DiFrancesco — Westmont Borough, Cambria County ☐
- Walter A. Criste — Cresson Township, Cambria County ☐
- William Joseph — Franklin Borough, Cambria County ☐
- Joseph Tomasini — Derry, Westmoreland County ☐
- Paul W. Malinowsky — Johnstown City, Cambria County ☐

PARTY COMMITTEEMAN
(Vote for One)

- Richard O. Fye ☐

PARTY COMMITTEEWOMAN
(Vote for One)

- Vyerna Fye ☐

附件二　SPECIMEN REPUBLICAN PRIMARY BALLOT
FOR THE ELECTION DISTRICT OF
CRESSON TOWNSHIP
COUNTY OF CAMBRIA, STATE OF PENNSYLVANIA
GENERAL PRIMARY ELECTION HELD ON THE 25th DAY OF APRIL 1972

Make a cross (×) or a check mark (√) in the square to the right of each candidate for whom you wish to vote. If you desire to vote for a person whose name is not on the ballot, write, print or paste his or her name in the blank space provided for that purpose. Mark ballot only in black lead pencil, indelible pencil or blue, black or blue-black ink in fountain pen or ball point pen. Use the same pencil or pen for all markings you place on the ballot.

PRESIDENT OF THE UNITED STATES
(Vote for One)

REPRESENTATIVE IN CONGRESS
TWELFTH DISTRICT
(Vote for One)

John P. Saylor
　Southmont Borough, Cambria County　☐

Martin M. Horowitz
　Johnstown City, Cambria County　☐

DELEGATES TO NATIONAL CONVENTION
TWELFTH DISTRICT
(Vote for Two)

Carole M. Dennison
　Brookville, Jefferson County　☐

James H. Lyons
　Ebensburg Borough, Cambria County　☐

T. T. Metzger, Jr.
　Upper Yoder Township, Cambria County　☐

ALTERNATE DELEGATES TO NATIONAL
CONVENTION TWELFTH DISTRICT
(Vote for Two)

Burrell L. Haselrig, Jr.
　Johnstown City, Cambria County　☐

Paul Wass
　R. D., Indiana, Indiana County　☐

AUDITOR GENERAL
(Vote for One)

Franklin M. McCorkel
　Leola, Lancaster County　☐

STATE TREASURER
(Vote for One)

Glenn E. Williams, Jr.
　Harrisburg, Dauphin County　☐

SENATOR IN THE GENERAL ASSEMBLY
THIRTY-FIFTH DISTRICT
(Vote for One)

Theodore Helsel
　Stonycreek Township, Cambria County　☐

Charles B. Leberknight
　Richland Township, Cambria County　☐

REPRESENTATIVE IN THE GENERAL
ASSEMBLY SEVENTY-THIRD DISTRICT
(Vote for One)

Duaine Becker
　Spangler Borough, Cambria County　☐

MEMBER OF STATE COMMITTEE
THIRTY-FIFTH DISTRICT
(Vote for One)
Male or Female

Robert Malysko
　Johnstown City, Cambria County　☐

PARTY COMMITTEEMAN
(Vote for One)

William H. McConnell, Jr.　☐

PARTY COMMITTEEWOMAN
(Vote for One)

在敍述了美國總統候選人初選制的概略後,現在來談談此制的優點與缺點:

1. 總統候選人初選的優點

(1) 初選可使各黨總統候選人的提名,由黨員以投票的方式直接表示意見,既符合民主的原則,又可減少黨務人員特別是政黨領袖們的操縱。這也是初選制興起的主要原因之一。

(2) 初選可測出各黨總統候選人的聲望及其在選民中得票的能力,使不孚眾望的候選人及早知難而退。例如,今年宣佈參加競選民主黨總統候選人提名的紐約市長林西(John V. Lindsay)原為共和黨員,於一九七二年初宣佈脫離,投入民主黨的懷抱),因在新漢普夏及佛羅里達兩州初選時均遭敗績,乃宣佈退出競選。又如以反戰為號召的加州共和黨眾議員麥克勞斯基,因不滿尼克森的越戰政策,出而與之對抗,爭取共和黨總統候選人提名,但在新漢普夏州共和黨初選時只得票20%,自知不孚眾望,乃宣佈不再參加競選活動,事實上也就是退出競選。(註二六)

(3) 初選可使原本不大有名或不受黨內當權派支持的才能之士,脫穎而出。最明顯的例子為今年民主黨的麥高文。他是美國中北部一個小州南達科他(South Dakota)選出的聯邦參議員,在全國人的心目中並無卓著的聲望,一九六八年出來爭取民主黨總統候選人提名,只是陪襯而已。這次大選,他在一九七一年一月十七日即宣佈競選民主黨總統候選人提名,(註二七)但無人相信他在認真。即使到新漢普夏州初選(三月七日)的前夕,各種民意測驗顯示,支持他的人不過5%左右。不意該州初選的結果,他竟得票37.2%,頓時使人刮目相看。加以他選擇初選的地點得當,而競選組織又非常嚴密,使他在其後的威斯康辛、麻薩諸塞、奧勒岡、加州及紐約等地的民主黨初選中,一路領先,節節勝利,而奠定他在本年民主大會選舉總統候選人時,第一次投票即告順利當選的基礎。假如沒有初選制,他當選提名的機會實在非常微小,因為他既不得民主黨主流派的支持,又為向來被民主黨員所把持的各種工會組織所厭惡。再以一九六〇年的約翰‧甘迺迪(John F. Kennedy)為例,因為他是羅馬天主教徒(Roman Catholic),在他宣佈競選之初,多數民主黨員對於他的得票能力均表懷疑,但他在西維吉尼亞州的初選獲勝後,由於該州絕大多數都是新教徒(protestants),證明甘氏的宗教信仰並不影響選民的投票,終於使他獲得民主黨的總統候選人提名。

(4) 初選可使過去競選總統失敗者,具有再度接受攷驗的機會。一九六八年的尼克森為一著例。尼氏於一九六〇年代表共和黨競選總統,敗於民主黨的甘迺迪,一九六二年再出而競選加州州長,又告落敗,一般人都以為他的政治生命已告結束。但他一九六八年東山再起,參加各州初選,獲得節節勝利,證明他在人民心目中仍具高度號召力,從而使共和黨再度提名他為總統候選人,並在大選中擊敗民主黨的韓福瑞,當選為總統。假如沒有初選來測度他的聲望,則是否能再獲提名,頗有問題。今年民主黨的韓福瑞也想東施效顰,捲土重來,但因在初選中表現不佳,所以不能再獲該黨提名。

2. 總統候選人初選的缺點

(1) 初選的時間太長,使候選人疲於奔命。例如今年的總統候選人初選,始於三月七日的新漢普夏州,止於六月廿日的紐約州,前後共達三個半月,幾為正式競選時間的一倍。(註二八)在此期間,多個爭取黨內總統候選人提名者,為了獲得各地黨員選民的支持,每天東奔西跑,精疲力盡。

(2) 競選費用浩大,使有才能而乏財源之士不敢問津。據統計,一九六八年初選,民主黨各候選人的競選費用為二千五百萬美元,共和黨各候選人的競選費用為二千萬元。今年因受新法限制（參閱後文『競選費用』一節），民主黨各候選人的競選費用亦達一千五百萬元，共和黨因今年缺乏對手，在初選中化費不多。所以在今年九月間兩黨展開正式競選後，民主黨的財源已感枯竭，而共和黨的財力則非常充裕。

（3）各候選人因忙於初選活動，以致忽略他們本身的職務。例如在今年初選期間，麥高文在參議院的投票率僅有 27.4%，韓福瑞為 20%，穆斯基為 21.5%。^(註二九)影響公務，於此可見。

（4）各州的初選法互不相同，內容非常複雜，除選舉專家外，不易充分瞭解。一般人既不認識其作用，自不願參加投票，所以各州的投票率都很低，收不到初選應有的效果。例如今年加州初選，算是投票最踴躍的地區，但參加民主黨初選投票者，只有三百多萬人，不及該州選民的四分之一。^(註三〇)

（5）初選中得勝的候選人，缺乏代表性。例如麥高文在今年加州民主黨初選中獲勝，所得選票為 1,527,392 票，不及該州人口 19,953,134 人（據一九七〇年美國人口總調查，以下所引各州人口與此同）的十三分之一。韓福瑞在賓州初選中獲勝，得 475,633 票，不及該州人口 11,793,909 人的廿四分之一。穆斯基在新漢普夏州獲勝，得 41,235 票，不及該州人口 737,681 人的十七分之一。^(註三一)從這些候選人得勝者的人數看，實無法判斷真正的民意所在。

（6）初選獲勝者，並非當然即可獲得該政黨全國大會的總統候選人提名。有些人根本沒有參加初選，但却獲得政黨的總統候選人提名，如一九四四年共和黨的杜威（Thomas Edmund Dewey，時任紐約州長），及一九六八年民主黨的韓福瑞，皆為著例。^(註三二)在另一方面，一九二〇年大選，共和黨參議員哈定（Warren G. Harding）在初選中所得的票，比該黨其他任何候選人為低，但他却獲得共和黨大會的候選人提名。又如一九五二年，民主黨參議員克佛威（Estes Kefauver）在初選中獲得極大勝利，但在是年民主黨大會總統候選人提名時，却敗給伊利諾州長史蒂文生（Adlai E. Stevenson）。^(註三三)

由於總統候選人初選有上述各種缺點，所以至今美國五十州中的廿七州仍未採用。即使現在採用初選制的各州，也多認為有改革的必要。關於此制的改革方案甚多^(註三四)，就中以一九七二年三月十三日參議院民主黨領袖曼斯菲爾德（Mike Mansfleld）及共和黨資深參議員艾肯（George D. Aiken）聯合提出的憲法修正案（S. J. Res 215）最為具體。茲舉其要點如下：^(註三五)

（1）各黨總統候選人初選，應在全國各州中同日舉行。

（2）凡在全國各州初選中得票最多，而又超過其同黨黨員選票的 40% 者，即當選為各該黨的總統候選人。如一黨候選人無人超過其黨員票的 40% 者，則就得票較多的前二人，再舉行一次投票（這種投票在美國稱為 Runoff Vote），以得票較多者為其總統候選人。

（3）參加初選的各黨總統候選人，除須在十七個州（即全國五十州的三分之一）提出申請外，並須獲得各該州在上次總統選舉時投票人數的百分之一的簽署。

（4）本黨候選人不得參加他黨初選，本黨選民亦只能對本黨候選人投票。（此項的目的在廢止 Open Primaries）。

（5）初選事務由各州分別辦理。

（6）各黨的副總統候選人，由其全國大會選舉，競選政綱亦由各黨的全國大會通過。

這一改革案的目的在使全國各州一律舉行初選，並在同日舉行，故又稱為全國初選案（National Primary）。^(註三六)與現行的各州初選制此較，本案有兩大改變：

（1）規定全國各州必須舉行初選，而且必須在同時舉行。現制採用初選與否，由各州自行決定，而舉行的日期亦各不相同。

(2) 各黨總統候選人，於初選中由各黨選民直接投票決定，不再由各黨全國大會產生。全國大會的主要任務只是選舉副總統候選人及通過競選政綱。

此案的最大優點，在簡化現行複雜的初選程序，節省候選人的競選時間及費用，並避免全國大會操縱總統候選人的提名。其主要缺點則爲：由於初選在全國五十州中同時舉行，競選活動必須在各州同時展開，非有龐大的組織及雄厚的財源，即無法參加初選，故參加全國初選的候選人，可能成爲富豪的專利品。其次，這種初選阻礙徵召雄才大略之士爲總統候選人，因爲此等人如不願參加初選，即無由出而競選總統。復次，總統候選人既不由政黨大會提名，將使黨員對政黨組織更不重視，從而使現在已經鬆懈無力的美國政黨組織愈加脆弱不堪。

綜上以觀，這一初選改革案可以說是利弊互見，不過與其他同類的改革案比較，仍不失爲最具體可行者。據本年五月中旬所發表的蓋洛普民意調查（Gallup Poll），支持此案的選民達72%，反對者18%，無意見者爲10%，可見選民對它的重視。不過截至本文屬稿時爲止，國會尚未對此一憲法修正案採取任何行動，將來的命運如何，現在不能預測。

三、總統候選人提名

美國各政黨的總統候選人提名，係由各黨的全國大會（National Convention）爲之，所以本節所說者，爲政黨的全國大會。

由於美國的總統每四年選舉一次，而各黨全國大會的主要任務爲提名其總統、副總統候選人，及通過其競選政綱，所以這種大會也是每四年舉行一次。全國大會爲各黨的最大盛事，在民主申張及講究排場的美國，開會時的多采多姿，固不待言，而議場的複雜熱鬧，在並世更無其匹，有人稱其爲『政治馬戲團』（Political Circus）[註三七]，堪屬即景之喻。茲將這種大會的有關事務，分項簡述如次。

(一) 全國大會的籌備機構——全國委員會[註三八]

全國大會的召開，係由各黨的全國委員會（National Committee）負責籌備。民主、共和兩黨全國委員會的組織大同小異。先說民主黨，該黨的全國委員會由各州及地區各派代表二人（男女各一）組織之，他們係由各州提名經全國大會通過後就職，任期四年。在全國大會閉會期間，全國委員會每年至少須舉行全體會議兩次，議決黨內有關事務，每次全體委員會之間的事務，則由執行委員會處理。執行委員會的委員爲十四人，由全國委員會的全體會議，就全國東、西、南、北四區選出的委員中，選舉男女各一人，並由全國委員會主席就全國委員會委員中任命六人（也是男女各半）組織之。全國委員會設主席一人，副主席六人（其中須有一位婦女，一位州長，一位參議員，一位衆議員），秘書長一人，財務一人，均由全國委員會全體會議選舉，任期四年。但這些黨官得以委員以外的黨內人士充任。

共和黨全國委員會也是由各州及地區各提名二人（男女各一），經全國大會通過後組織之，任期四年。但在上次選舉時共和黨獲勝各州的州委員會主席，爲全國委員會的當然委員。該黨執行委員會的委員爲十五人，亦是由全國委員會的全體會議選舉，但主席、副主席、秘書長、財務等人均爲執行委員會的當然委員。全國委員會設主席一人，副主席四人（男女各半），秘書長及財務各一人，其產生方式與民主黨同。

兩黨全國委員會的職權大體相同，歸納言之，包括以下各項：
（1）綜理全國黨務的計劃、協調與執行。
（2）籌備及召集全國大會，包括大會地點的選擇。
（3）在大選年及期中選舉（Mid-term Elections）時，組織全國性的競選活動。
（4）協助各地方黨部從事該黨公職候選人的競選。
（5）籌措及捐募競選費用。
（6）根據全國大會所通過的原則，分配各州及各地區代表的人數及票數。
（7）連繫舊黨員，爭取新黨員，包括鼓勵及促請選民向當地政府辦理黨員登記。
（8）策劃並執行與各民間團體的合作事項。
（9）其他加強或改革黨務的事項。

（二）開會地點的選擇

由於參加各黨全國大會的人數衆多，所以開會地點的選擇，煞費週章。這種會議地點的選定，以能否滿足下列各種條件爲準：（註三九）（1）須有能容納一萬四千座位的會場，場內並須具備各種小型會議室、訪問室、休息室及辦公室。（2）由於這種會議都在夏天舉行，所以會場內須有強力的冷氣設備。（3）會場的兩廂或附近須有十萬平方英呎的餘地，以供電視、無線電廣播、報紙、雜誌等大衆傳播人員的工作空間。（4）會場附近須有可容至少一千輛汽車的停車場，及每日至少可容一萬五千人用膳的餐館設備。（5）市內須有至少可容一萬人住宿的頭等旅館。（6）市內或附近須有足以吸引人的遊樂場所或觀光勝地。美國雖是最現代化的國家，但能迎合上述全部標準的城市，也並不很多。加以會議地點的選擇，係以招標的方式爲之，以能對大會費用補助最多的城市爲得標。例如一九六八年的共和黨全國大會在邁阿米舉行，該市以八十萬美元得標。同年的民主黨大會在芝加哥舉行，所付的補助費則高達九十萬元。（註四〇）這項費用爲數可觀，所以在資力不雄厚的城市，卽使能符合上述條件，也無法取得舉辦權。

今年民主、共和兩黨的全國大會地點均選擇邁阿米。（註四一）民主黨的會期爲七月十日至十三日，共和黨的會期爲八月廿一日至廿三日。

（三）全國大會代表的產生

出席兩黨全國大會的代表，除廿三個州及哥倫比亞特區由前節所述的直接初選產生者外，其餘各州的代表，有的由州黨大會（State Convention）選舉，有的由州黨委員會（State Committee）遴選。（註四二）但每州應選出代表的名額，兩黨均有一定的公式（註四三），分述如下：

1. 民主黨

（1）每州應得的代表基數，爲該州應得的總統選舉人（Presidential Electors，卽各州的參議員名額加上其衆議員名額的總和）總數的三倍。例如阿拉斯加州的總統選舉人爲三人（參議員額兩名，衆議員額一名），所以該州的代表基數爲九人。

（2）在上屆大選時，每州投給民主黨總統候選人的普選票，每十萬人可得一獎賞代表（bonus delegate）名額，其餘數超過五萬人者，可得另一名額，但此類普選票不及十萬人的州，至少須有一獎賞代表名額。如阿拉斯加州，在一九六八年大選時投給民主黨總統候選人韓福瑞的票，僅有 35,411 票，不及十萬之數遠甚，然依此規定的但書，亦可得一獎賞代表名額。又如賓州在一九六八年投給韓福瑞的普選票爲 2,259,405 票（所引選票數字

均見 *World Almanac*，1972 ed.，p. 718），可得獎賞代表廿三名。

（3）在上屆大選時，民主黨總統候選人獲勝之各州，每州可得十名獎賞代表。例如一九六八年大選，民主黨候選人韓福瑞在賓州獲勝，故賓州又可得十名此類獎賞代表。

（4）哥倫比亞特區及美國各屬地的代表名額之分配為：哥倫比亞區十五名，巴拿馬運河區（Canal Zone）三名，關島（Guam）三名，波多黎各（Puerto Rico）七名，處女島（Virgin Islands）三名。

以上四類代表的總和為3,016名，其中各州的基數代表為1,614名，獎賞代表為1,386名，哥倫比亞特區及屬地代表為31名。又一九七二年各州及地區應選出之候補代表為1,897名，候補代表（Alternates）得出席大會，但無投票權。

2. 共和黨

（1）每州的基數代表為四名。

（2）每州可另得該州在國會眾議院所佔名額的雙倍代表。如夏威夷州在國會的眾議員名額為二人，可另得四名代表。

（3）上屆選舉時，共和黨的總統候選人，或參議員候選人，或州長候選人，在該州獲勝者，或該州的眾議員候選人多數當選者，可另得六名獎賞代表。

（4）各州的國會選區在上屆選舉時，其投給本黨總統候選人的票數達四千票以上者，每一此種選區可得一獎賞代表，其票數在12,500以上者，可另得一獎賞代表。

（5）哥倫比亞特區的代表為九名，波多黎各五名，關島及處女島各三名，運河區未給代表名額。

今年的共和黨全國大會，依上述五種方式所產生的代表，共為1,348人。無投票權的候補代表名額，與正代表數目相同。

為便於查閱，茲將今年民主、共和兩黨全國大會各州地區應出的代表列表如下。

表三　一九七二年民主、共和兩黨全國大會代表一覽[註四四]

州名或地區	民主黨代表數	共和黨代表數	州名或地區	民主黨代表數	共和黨代表數
阿拉巴馬	37	18	新漢普夏	18	14
阿拉斯加	10	12	新澤西	109	40
阿利桑那	25	18	新墨西哥	18	14
阿肯色	27	18	紐約	278	88
加利福尼亞	271	96	北卡羅來納	64	32
科羅拉多	36	20	北達科他	14	12
康納狄克	51	22	俄亥俄	153	46
德拉瓦	13	12	奧克拉荷馬	39	22
佛羅里達	81	40	奧勒岡	34	18
喬治亞	53	24	賓夕凡尼亞	182	60
夏威夷	17	14	羅德島	22	8
艾達荷	17	14	南卡羅來納	32	22
伊利諾	170	58	南達科他	17	14
印地安那	76	32	田納西	49	26
愛阿華	46	22	德克薩斯	130	52

(續上表)

州名或地區	民主黨代表數	共和黨代表數	州名或地區	民主黨代表數	共和黨代表數
堪薩斯	35	20	猶他	19	14
肯塔基	47	24	佛蒙特	12	12
路易斯安那	44	20	維吉尼亞	53	30
緬因	20	8	華盛頓	52	24
馬里蘭	53	26	西維吉尼亞	35	18
麻薩諸塞	102	34	威斯康辛	67	28
密西根	132	48	懷俄明	11	12
明尼蘇達	64	26	哥倫比亞特區	15	9
密西西比	25	14	運河區	3	無
米蘇里	73	30	關島	3	3
蒙他拿	17	14	波多黎各	7	5
內布拉斯加	24	16	處女島	3	3
內華達	11	12	共計	3,016	1,348

關於出席今年兩黨全國大會代表的成份，在民主黨的三千多代表中，婦女佔39.9%，黑人佔15.2%，青年人（三十歲以下者）佔21.4%。^(註四五)在共和黨的一千三百多代表中，婦女為30%，黑人為3.9%，青年人約5%。^(註四六)所以這次的民主黨代表多係新面孔，而共和黨則多為舊面孔。其結果，民主黨大會多為自由派所控制，共和黨大會則多係保守派的天下。

（四）全國大會的組織

兩黨全國大會的組織，大體相同，各有四個委員會^(註四七)名稱如下：

永久組織委員會（Committee on Permanent Organization）　負責擬訂全國大會及全國委員會各種有關組織的議案，如全國委員會委員的人數及分配，全國大會組織的興革，及下屆大會各州代表分配的原則等。

會議程序及規則委員會（Committee on Rules and Order of Business）　負責擬訂大會的議程及會議規則等各種事務，如唱名表決時的次序，發言時間的限制，候選人提名的先後，提名演說的人數等。

代表資格審查委員會（Committee on Credentials）　負責審查各州出席全國大會代表的當選資格，如代表的產生是否合法，各州代表團的組成是否合於上次大會所通過的原則等。

政綱及決議委員會（Committee on Resolutions and Platform）　負責擬訂本黨的競選政綱，及其他有關政策性的決議案。

上述四個委員會每一委員會的人數相等，均由各州及地區在其選出的代表中選舉兩人（男女各一）組織之。這些委員會均須於大會召開前先行分別集會，就其各自的職掌範圍，作成各種必要的決議案，以便提出於全體大會審查通過。

（五）全國大會的議程

依近年慣例，兩黨全國大會的會期，通常均為四天。今年共和黨大會的會期僅有三天，爲一例外。(註四八)會議日程的排定，多是星期一至星期四，以便前後有兩個週末可資利用。會前的週末便於代表們的報到及安頓，會後的週末便於代表們的休息及回家。又開會的時間多在下午及晚上，一則使會外的各種協調可在下午進行，再則下午六時以後正是電視觀眾最多的時間，可收廣爲宣傳之效。茲依會期四天之例，將每天的主要議程略述如下。

　　第一天：大會由全國委員會主席宣佈開幕後，卽開始主題演說（Keynote Speech）。主題演說人多由黨內一位著名的州長或國會議員擔任，講詞內容多屬不着邊際之論，主要在誇耀本黨對國家的貢獻，並貶抑反對黨的各種政綱及措施，歸結到只有該黨才是國家甚至世界的救星。這一演說通常約廿分鐘至半小時，接着是選舉大會主席及其他主要職員。

　　這些例行事務完畢後，卽聽取會議程序及規則委員會的報告。這一報告是該委員會在會前根據上次大會所通過的有關原則並綜合黨內各方的建議所草擬，包括大會議事的各種規則及程序，通常均爲大會無異議通過。茲將今年兩黨大會的規則與過去不同之處略爲介紹：(註四九)（1）各州在會場的席位以抽籤方式決定，過去係依各州州名字母的順序排列，卽 Alabama 最先，Wyoming 殿後。（2）唱名表決的次序，民主黨完全以抽籤決定，共和黨則仍依舊例依各州字母的先後唱名。（3）代表投票時，共和黨只准投完整票，故選票的統計數字沒有分數的出現。民主黨則允許投分數票，故票數的統計結果常有分數的出現，如今年 Delaware 代表團投票時，竟有廿二分之一（1/22）票的情事發生。（4）關於總統、副總統候選人的提名演說，兩黨均不限制人數，只限制時間，今年民主黨限定爲十五分鐘，共和黨爲十四分鐘。例如今年共和黨大會時，爲尼克森提名的主要演說人爲紐約州長洛克菲勒（Nelson A. Rockefeller），爲時約五分鐘，附議演說（Seconding Speech）者共十一人，每人自半分鐘至一分鐘不等。（5）對『寵兒候選人』（Favorite-son Candidate）的提名演說的時間，全部不得超過五分鐘。所謂『寵兒候選人』，乃是尚未對任何主要總統候選人明白表示支持的州，將該州的投票權保留，暫時投給他們的州長或國會議員（多爲參議員），以便因時制宜，左右大會的選舉結果。因爲這些候選人係因受到代表的寵愛而出現，所以稱爲『寵兒候選人』。（6）凡參加競選的總統候選人，須至少獲得五個州的代表團的連署，否則卽無資格列名競選。『寵兒候選人』的提出，須經三個州代表團的連署。由於這一限制，今年兩黨大會均無『寵兒候選人』的出現，因爲這種情形，多係一州對其投票策略的運用，很難獲得他州支持之故。

　　開會規則通過後，下一個節目是審議代表資格審查委員會所作成的各種決議。這是大會的一項主要議程，通常可從其投票的情形，看出那一位總統候選人將獲提名的端倪。今年共和黨大會，因總統候選人已成定論，一切風平浪靜，對此沒有重大爭執。但在民主黨大會中，因爭取提名者眾多，曾在審查代表資格時，引起軒然大波。原來該黨資格審查委員會曾於六月廿九日通過決議，將麥高文在加州所得的 271 票中之 151 票，另行按比例分配給其他候選人。(註五〇)由於此一決議對麥高文極爲不利，而對其他候選人有利（特別是韓福瑞），所以麥派助選人在會場傾巢而出，分別向各州代表遊說，要他們投票推翻此案；而其他候選人也多方出動，期使大會投票維持此案。於是會場氣氛一時緊張萬狀，高潮迭起。但投票結果，原案以絕對多數（1,618 票）被推翻，麥高文爭回了加州的 151 票，大獲全勝。其後在審議伊利諾州的芝加哥市長戴利（Richard J. Daley）所控制的 59 位代表的資格時，大會又表決維持資格審查委員會的原案，(註五一)剝奪此 59 位代表的出席資格，而以芝加哥市自由派所選舉的 50 名代表取代，使麥派又獲一次勝利。這兩案的表決情形，已是顯示麥高文在大會所具有的實力。其他候選人如韓福瑞及穆斯基等見大勢已去，回天乏術，乃於翌日（七月十一日）下午相繼宣佈退出競選。於是麥高文必將當選提名，也就成爲定論了。

第二天：本日的主要議程，爲審議通過政綱委員會所擬訂的競選政綱。競選政綱乃一黨對人民所承諾該黨執政時將加實行的各種政策的綱要。這是黨內各派爭論的焦點，就區域觀點言，有南方與北方之爭；就政治觀點言，有自由派（Liberals）與保守派（Conservatives）之爭。政綱委員會早於會前將各派意見加以綜合，除其極端，取其中和，作成一個完美的文件。於是連篇累牘充滿和平（Peace）、繁榮（Prosperity）、公正（Just）、平等（Equality）、健全（Sound）、穩定（Stable）、公平（Fair）、合理（Reasonable）等美麗動聽的字眼。至於將來能不能做到，那是另外一回事。事實上各黨的總統候選人的政見與政綱不符合者，所在多有。例如今年民主黨候選人麥高文主張大蔴烟（Marijuana）合法化、打胎（Abortion）合法化，及對逃避兵役者赦免其罪等主張，均不在民主黨政綱之列。在另一方面，美國人民對於各黨的競選政綱根本不加重視，因爲都知道那是官樣文章，所以很少有人把各黨的成敗與其政綱相比較。多數美國人選舉總統，都是以候選人個人的政見、理想、才具、能力等爲取捨的標準，有時且不必顧及其黨籍，只要候選人迎合自己的條件，民主黨員可投共和黨候選人的票，共和黨員也可投民主黨候選人的票。易詞以言，各黨的競選政綱與其候選人當選與否沒有直接的關係，所以論者説：『競選政綱只是一件完美，但無人相信，甚至很少人閱讀的聲明。』(註五二)

競選政綱草案提出於大會後，須經充分辯論，始能舉行表決。在此辯論當中，各派均有代表發言，爲本派的意見辯護。但見發言人在臺上聲嘶力竭，手舞足蹈，千言萬語，無非高調，而臺下聽眾則交頭接耳，漠不關心，甚至有人呼呼入睡。所以第二天的會議多是單調乏味。當然也有例外，有時政綱某一條款的通過，在會場引起高潮，甚至導致混亂。一九六八年民主黨在芝加哥大會時，由於主戰派與反戰派對政綱內的『越戰條款』（Vietnam War Plank）意見極端相左，在辯論時引起軒然大波，幾乎大打出手。表決的結果雖維持了主戰派的原案，但因此而導致黨內的嚴重分裂，發生惡劣後果。

第三天：本日的主要議程，爲選舉總統候選人。(註五三)這是大會的高潮所在，最爲一般人注目，也是電視觀眾對各黨的全國大會最感興趣的一個項目。

每一候選人均有一位主要提名人，數位附議提名人。提名演說的全部時間，民主黨規定爲十五分鐘，共和黨規定爲十四分鐘。候選人提名的先後，則以抽籤方式決定。這些提名演說者，或爲黨內鉅頭，爲參議員、州長、大市市長等，或爲代表各種利益的領袖如婦女領袖、黑人領袖、青年領袖等，務期面面顧到，包羅無遺。至於他們的演說內容，乃屬千篇一律的歌功頌德，極盡誇張的能事，言下之義，只有他們所提出的候選人，才是擊敗他黨候選人的唯一敵手。

各候選人的全部提名演說完畢，即舉行投票。因爲這種投票關係重大，例以唱名表決爲之，凡候選人得代表總額過半數者爲當選。今年民主黨大會的代表總額爲3,016人，過半數爲1,509人，麥高文以1,864.95票當選提名。(註五四)共和黨的代表總額爲1,348人，過半數爲675人，尼克森以1,347票當選提名。(註五五)

在通常情形下，政黨的總統候選人多在第一次投票時即告產生。如第一次投票無人當選，則舉行第二次投票，如再無人當選，則舉行第三次投票，至有人得過半數票爲止。民主黨大會投票次數的最高紀錄，爲一九二四年的戴維思（John W. Davis），經過一百零三次投票，才告當選。這次民主黨大會在紐約市舉行，歷時十六天（參閱表四）。共和黨的最高紀錄，爲一八八〇年的加菲爾（James A. Garfield），於第三十六次投票時當選。這次共和黨大會在芝加哥舉行，歷時一週（參閱表五）。

就過去美國政黨大會的經驗言，如在第一次投票時無人當選，則大會常易陷入混亂狀態，而產生所謂『黑馬』（Dark Horse）。卽原無意或並不積極爭取總統候選人提名者，因大會對主要候選人的投票陷於僵局，久久無人當選，經各方的鼓勵與協調，願意出而一試，以期打開僵局，而竟告當選。(註五六)爲什麼有這種情形發生？因爲各州在第一次投票前對某一主要候選人所作的承諾或保證（如候選人在初選時得勝州的保證票），多只在第一次投票時有效，過此則解除束縛，得自由行動。而在第一次投票時所支持的候選人，旣乏足夠的票數當選，證明他的資望不夠，遂使原先對他承諾或保證的代表的信心發生動搖，而謀改投他人。但因政見的顯著不同及其他種種原因，又不願支持對方，於是另謀出路，改投第三者。加以有些代表團對於主要的候選人本來都不喜歡，這些人唯恐天下不亂，現在有此機會，自然不會放過，於是大顯身手，極儘合縱連橫之能事。在這種情形下，常使原無意競選的條件優越之士，脫穎而出。因這種人原本無意競選，起先都是隱藏不露，所以稱爲『黑馬』。

關於美國的總統候選人究竟那種人較易獲選，海曼（Sidney Hyman）認爲可以下列九項爲衡量的準則，茲錄引於此，藉供參攷：(1) 政治才能（Political talent），(2) 曾任州長職位（Governers），(3) 籍屬大州（Big swing states），(4) 與北方特權集團有淵源（Northern Monopoly），(5) 代表多種利益（Multiple interests），(6) 幸福的家庭生活（Happy family life），(7) 小城出身（Small town），(8) 英國血統（English stock），(9) 信奉新教（Protestantismos）。(註五七)不過海曼的九項標準，如以近年兩黨總統候選人的個別條件相衡，並不完全符合。例如甘迺迪、高華德、詹森、韓福瑞、尼克森，及今年民主黨的麥高文，均未任過州長，是與第 (2) 項不合。詹森來自南方的德克薩斯州，高華德來自西部的阿利桑那州，與第 (4) 項不合。高華德的阿利桑那州爲一小州，他的祖先爲波蘭人，又與第 (3) 項及第 (8) 項不合。甘迺迪爲羅馬天主教徒，更與第 (9) 項不合。究實說來，只有第 (1)(5)(6) 項爲總統候選人必備的條件。至於第 (7) 項是否如此，因未深究，不敢妄論。

第四天：總統候選人選出後，大會的高潮已過，最後一天的主要議程爲選舉副總統候選人，及聽取兩位候選人的接受提名演說。

副總統候選人例由新獲提名的總統候選人指定，交大會票決，通常都是在第一次投票時當選。不過他的提名程序與總統候選人完全相同，在唱名表決前，亦須經過主要提名演說及附議提名演說的階段，但這只是形式，無關宏旨。雖亦有人陪選，不過虛應故事，聊備一格，湊湊熱鬧而已。正因爲大勢已定，所以代表們的投票非常自由，而主事者也樂得故示大方，放鬆限制，以致唱名表決的過程中，常有笑話出現。例如今年民主黨大會選舉副總統候選人時，竟有人投票給尼克森的前任司法部長米契爾的夫人瑪莎（Martha Mitchell），及哥倫比亞廣播公司（CBS）的記者慕德（Roger Mudd）。而今年共和黨大會選舉副總統候選人時，也有人投票給國家廣播公司（NBC）的記者布林克萊（David Brinkley）。代表投票時的放任態度，於此可見。

總統候選人選擇其競選伙伴時，也有一些原則。例如地域，西部出生的總統候選人，多選擇東部出生者爲副總統候選人，如尼克森（加州）之於安格紐（馬里蘭州），北方出生者則多選來自南方者，如甘迺迪（麻薩諸塞州）之於詹森（德克薩斯州）；宗教，如甘迺迪（天主教）之於詹森（基督聖教徒），麥高文（新教徒）之於伊格敦（天主教）及斯乃佛（天主教）；政治觀點，如麥高文（左派）之於伊格敦（溫和派）及斯乃佛（中間偏左）。用意所在，無非想各方兼顧，面面俱到，以爭取選票。關於副總統候選人的入選條件，這裏有一現成的實例。今年米蘇里州參議員伊格敦（Thomas Eagleton），在邁阿米民主黨大會中被麥高文選中爲他的競選伙伴。(註五八)伊氏在七月十三日下午接受記者訪問時，卽席說明他中選的四個原因：（1）他來自中部的米蘇里州；（2）天主教徒；（3）與工會領袖們關係不錯；（4）年輕（四十三歲）。明眼人一望而知，前三個條件都是麥高文不具備的，因爲麥氏是新教徒，來自北部的南達科他州，與工會領袖們特別是全國勞工聯盟（AFL-CIO）主席閔尼（George Meany）的關係處得非常不好，所以需要像伊格敦這樣的人來加彌補。不過第四項條件『青年』，並非挑選副總統候選人的必要條件，至少過去的情形是如此。如皮爾斯（四十八歲）之選金氏（六十七歲），克利夫蘭（四十七歲）之選漢粹克（六十五歲），胡佛（五十四歲）之選冠迪斯（六十七歲），杜魯門（六十歲）之選巴克萊（七十一歲），皆爲著例。

　　副總統候選人選出後，卽由他發表接受提名演說，主要在感謝各位代表的支持並引介總統候選人出場。總統候選人的接受提名演說，爲大會的最後一個項目。此一演說，始於佛蘭克林‧羅斯福，其後兩黨候選人均加仿效，乃成定例。這個演說至爲重要，除列舉其主要政見外，並感謝各方的支持與討好競選失敗的對手，以謀全黨的團結。於是功德圓滿，大會閉幕（Adjournment Sine Die）。

　　茲將民主、共和兩黨歷屆大會及其所提名的總統、副總統候選人列表於後，藉供參攷。

表四　民主黨大會及其總統、副總統候選人一覽(註五九)

（表中第二人均爲副總統候選人）

大會屆次	開會日期	開會地點	總統、副總統候選人姓名	州　籍	黨內提名投票次數	大選結果
1	1832 5,21－23	巴的摩爾	傑克遜（Andrew Jackson） 范布倫（Martin Van Buren）	田納西 紐約	1	當選
2	1835 5,20－22	巴的摩爾	范布倫（Martin Van Buren） 詹森（Richard M. Johnson）	紐約 肯塔基	1	當選
3	1840 5,5－7	巴的摩爾	范布倫（Martin Van Buren） 本年未選出副總統候選人(註六〇)	紐約	1	落選
4	1844 5,27－30	巴的摩爾	波克（James K. Polk） 達拉斯（George M. Dallas）	田納西 賓夕凡尼亞	9	當選
5	1848 5,22－26	巴的摩爾	凱斯（Lewis Cass） 巴特勒（William O. Butler）	密西根 肯塔基	4	落選
6	1852 6,1－5	巴的摩爾	皮爾斯（Franklin Pierce） 金氏（William R. King）	新漢普夏 阿拉巴馬	49	當選
7	1856 6,2－6	辛辛拉提	布坎南（James Buchanan） 布勒肯立奇（John C. Breokinridge）	賓夕凡尼亞 肯塔基	17	當選
8	1860 6,18－23	巴的摩爾	道格拉斯（Stephen A. Douglas） 詹森（Herschel V. Johnson）	伊利諾 喬治亞	2	落選

(續上表)

大會屆次	開會日期	開會地點	總統、副總統候選人姓名	州籍	黨內提名投票次數	大選結果
9	1864 8,29－31	芝加哥	馬克利蘭（George B. McClellan） 潘多頓（George H. Pendleton）	新澤西 俄亥俄	1	落選
10	1868 7,4－9	紐約	蘇摩爾（Horatio Seymour） 布萊爾（Francis P. Blair）	紐約 米蘇里	22	落選
11	1872 7,9－10	巴的摩爾	格瑞利（Horace Greeley） 布朗（B. Gratz Brown）	紐約 米蘇里	1	落選
12	1876 6,27－29	聖路易	狄爾登（Samuel J. Tilden） 漢粹克（Thomas A. Hendricks）	紐約 印地安那	2	落選
13	1880 6,22－24	辛辛拉提	漢孜克（Winfield S. Hancock） 英格利斯（William H. English）	賓夕凡尼亞 印地安那	2	落選
14	1884 7,8－11	芝加哥	克利夫蘭（Grover Cleveland） 漢粹克（Thomas A. Hendricks）	紐約 印地安那	2	當選
15	1888 6,5－7	聖路易	克利夫蘭（Grover Cleveland） 塞門（Allen G. Thurman）	紐約 俄亥俄	1	落選
16	1892 6,21－23	芝加哥	克利夫蘭（Grover Cleveland） 史蒂文生（Adlai E. Stevenson）	紐約 伊利諾	1	當選
17	1896 7,7－11	芝加哥	布乃安（William J. Bryan） 西華爾（Arthur P. Sewall）	內布拉斯加 緬因	5	落選
18	1900 7,4－6	堪薩斯市	布乃安（William J. Bryan） 史蒂文生（Adlai E. Stevenson）	內布拉斯加 伊利諾	1	落選
19	1904 7,6－9	聖路易	派克（Alton B. Parker） 戴維思（Henry G. Davis）	紐約 西維吉尼亞	1	落選
20	1908 7,8－10	丹佛	布乃安（William J. Bryan） 寇恩（John W. Kern）	內布拉斯加 印地安那	1	落選
21	1912 6,25－7,2	巴的摩爾	威爾遜（Woodrow Wilson） 馬歇爾（Thomas R. Marchall）	新澤西 印第安那	46	當選
22	1916 6,14－16	聖路易	威爾遜（Woodrow Wilson） 馬歇爾（Thomas R. Marshall）	新澤西 印第安那	1	當選
23	1920 6,28－7,6	舊金山	柯克斯（James M. Cox） 羅斯福（Franklin D. Roosevelt）	俄亥俄 紐約	44	落選
24	1924 6,24－7,9	紐約	戴維思（John W. Davis） 布乃安（Charles W. Bryan）	西維吉尼亞 內布拉斯加	103	落選
25	1928 6,26－29	休士頓	史密斯（Alfred E. Smith） 羅賓遜（Joseph T. Robinson）	紐約 阿肯色	1	落選
26	1932 6,27－7,2	芝加哥	羅斯福（Franklin D. Roosevelt） 加納（John N. Garner）	紐約 德克薩斯	4	當選

（續上表）

大會屆次	開會日期	開會地點	總統、副總統候選人姓名	州　　籍	黨內提名投票次數	大選結果
27	1936 6,23－27	費城	羅斯福（Franklin D. Roosevelt） 加納（John N. Garner）	紐約 德克薩斯	1	當選
28	1940 7,15－18	芝加哥	羅斯福（Franklin D. Roosevelt） 華萊士（Henry A. Wallace）	紐約 愛阿華	1	當選
29	1944 7,19－21	芝加哥	羅斯福（Franklin D. Roosevelt） 杜魯門（Harry S. Truman）	紐約 米蘇里	1	當選
30	1948 7,12－14	費城	杜魯門（Harry S. Truman） 巴克萊（Alben W. Barkley）	米蘇里 肯塔基	1	當選
31	1952 7,21－26	芝加哥	史蒂文生（Adlai E. Stevenson） 史巴克門（John J. Sparkman）	伊利諾 阿拉巴馬	3	落選
32	1956 8,13－17	芝加哥	史蒂文生（Adlai E. Stevenson） 克佛威（Estes Kefauver）	伊利諾 田納西	1	落選
33	1960 7,11－15	洛杉磯	甘迺迪（John F. Kennedy） 詹森（Lyndon B. Johnson）	麻薩諸塞 德克薩斯	1	當選
34	1964 8,24－27	大西洋城	詹森（Lyndon B. Johnson） 韓福瑞（Hubert H. Humphrey）	德克薩斯 明尼蘇達	1	當選
35	1968 8,26－29	芝加哥	韓福瑞（Hubert H. Humphrey） 穆斯基（Edmund S. Muskie）	明尼蘇達 緬因	1	落選
36	1972 7,10－13	邁阿米	麥高文（George S. McGovern） 伊格頓（Thomas Eagleton）（註六一）	南達科他 米蘇里	1	

表五　共和黨大會及其總統、副總統候選人一覽（註六二）

（表中第二人均為副總統候選人）

大會屆次	開會日期	開會地點	總統、副總統候選人姓名	州　　籍	黨內提名投票次數	大選結果
1	1856 6,17－19	費城	佛里蒙（John C. Fremont） 戴頓（William L. Dayton）	加利福尼亞 新澤西	1	落選
2	1860 6,16－18	芝加哥	林肯（Abraham Lincoln） 漢慕林（Hannibal Hamlin）	伊利諾 緬因	3	當選
3	1864 6,7－8	巴的摩爾	林肯（Abraham Lincoln） 詹森（Andrew Johnson）	伊利諾 田納西	1	當選
4	1868 5,20－21	芝加哥	格蘭特（Ulysses S. Grant） 叔法斯（Schuyler Colfax）	俄亥俄 印地安那	1	當選
5	1872 6,5－6	費城	格蘭特（Ulysses S. Grant） 威爾遜（Henry Wilson）	俄亥俄 麻薩諸塞	1	當選

（續上表）

大會屆次	開會日期	開會地點	總統、副總統候選人姓名	州　籍	黨內提名投票次數	大選結果
6	1876 6,14－16	辛辛拉提	海斯（Rutherfod B. Hayes） 惠勒（William A. Wheeler）	俄亥俄 紐約	7	當選
7	1880 6,2－8	芝加哥	加菲爾（James A. Garfield） 亞瑟（Chester A. Arthur）	俄亥俄 紐約	36	當選
8	1884 6,3－6	芝加哥	布萊恩（James G. Blaine） 羅根（John A. Logan）	緬因 伊利諾	4	落選
9	1888 6,19－25	芝加哥	哈里遜（Benjamin Harrison） 摩頓（Levi P. Morton）	印地安那 紐約	8	當選
10	1892 6,7－10	明尼阿波利斯	哈里遜（Benjamin Harrison） 瑞德（Whitelaw Reid）	印地安那 紐約	1	落選
11	1896 6,16－18	聖路易	麥金萊（William McKinley） 哈巴德（Garrett A. Hobart）	俄亥俄 新澤西	1	當選
12	1900 6,19－21	費城	麥金萊（William Mckinley） 羅斯福（Theodore Roosevelt）	俄亥俄 紐約	1	當選
13	1904 6,21－23	芝加哥	羅斯福（Theodore Rossevelt） 費爾班克（Charles W. Fairbanks）	紐約 印地安那	1	當選
14	1908 6,16－19	芝加哥	塔虎脫（William H. Taft） 雪門（James S. Sherman）	俄亥俄 紐約	1	當選
15	1912 6,18－22	芝加哥	塔虎脫（William H. Taft） 雪門（James S. Sherman）	俄亥俄 紐約	1	落選
16	1916 6,7－10	芝加哥	休士（Charles E. Hughes） 費爾班克（Charles W. Fairbanks）	紐約 印地安那	3	落選
17	1920 6,8－12	芝加哥	哈定（Warren G. Harding） 柯立芝（Calvin Coolidge）	俄亥俄 佛蒙特	10	當選
18	1924 6,10－12	克利夫蘭	柯立芝（Calvin Coolidge） 道斯（Charles G. Dawes）	佛蒙特 伊利諾	1	當選
19	1928 6,12－15	堪薩斯市	胡佛（Herbert C. Hoover） 寇廸斯（Charles Curtis）	愛阿華 堪薩斯	1	當選
20	1932 6,14－16	芝加哥	胡佛（Herbert C. Hoover） 寇廸斯（Charles Curtis）	愛阿華 堪薩斯	1	落選
21	1936 6,9－12	克利夫蘭	蘭當（Alfred M. Landon） 諾克斯（Frank Knox）	堪薩斯 伊利諾	1	落選
22	1940 6,24－28	費城	威爾基（Wendell L. Willkie） 麥克拉瑞（Charles McNary）	印地安那 奧勒岡	6	落選
23	1944 6,24－28	芝加哥	杜威（Thomas E. Dewey） 布列克（John W. Bricker）	紐約 俄亥俄	1	落選

(續上表)

大會屆次	開會日期	開會地點	總統、副總統候選人姓名	州　　籍	黨內提名投票次數	大選結果
24	1948 6,21－25	費城	杜威（Thomas E. Dewey） 華倫（Earl Warren）	紐約 加利福尼亞	3	落選
25	1952 7,7－11	芝加哥	艾森豪（Dwight D. Eisenhower） 尼克森（Richard M. Nixon）	紐約 加利福尼亞	1	當選
26	1956 9,20－23	舊金山	艾森豪（Dwight D. Eisenhower） 尼克森（Richard M. Nixon）	紐約 加利福尼亞	1	當選
27	1960 7,25－28	芝加哥	尼克森（Richard M. Nixon） 洛奇（Henry C. Lodge）	加利福尼亞 麻薩諸塞	1	落選
28	1964 7,13－16	舊金山	高華德（Barry Goldwater） 米勒（William E. Miller）	阿利桑那 紐約	1	落選
29	1968 8,5－8	邁阿米	尼克森（Richard M. Nixon） 安格紐（Spiro T. Agnew）	加利福尼亞 馬里蘭	1	當選
30	1972 8,21－23	邁阿米	尼克森（Richard M. Nixon） 安格紐（Spiro T. Agnew）	加利福尼亞 馬里蘭	1	

四、競選與當選

（一）競選策略

總統、副總統候選人產生後，各黨即動員全部力量，積極展開競選。但主要的競選活動，大抵始於九月初的『勞工節』（Labor Day，九月的第一個星期一，今年爲九月四日）以後，自此至十一月初的大選投票日，爲期約兩個月。在此期間，各黨候選人均依其既定的競選策略，全力以赴。各候選人的競選策略，互不相同，不可一概而論，但也有一些原則可循：（1）選擇重點，爭取大州。因美國總統選舉選票的計算，係以州爲單位，凡某一候選人在一州獲選票較多者，則該州的全部總統選舉人（Presidential Electors）都歸他所有，即所謂『勝者全得』。在這種制度下，有時在兩州中領先，超過在其他廿州中獲勝。例如今年加州有四十五名總統選舉人，紐約有四十一名總統選舉人，兩州相加共有八十六名，超過只有三名至六名的廿個小州中總統選舉人的總和（參關本文表七）。一九六〇年尼克森失敗，因爲他走遍全國的五十州，甘迺迪獲勝，因爲他專跑大州。前者勞而無功，後者事半功倍。選舉結果，尼克森在廿六州中獲勝，甘迺迪在廿四州中獲勝，但尼所得的總統選舉人票爲二一九票，甘所得的總統選舉人票爲三〇三票。尼克森的失敗，敗在沒有選擇重點。（2）集中力量，攻擊對方的弱點。凡對方討好的政見，宜避免提及，而對其脆弱的一面，則加強攻擊。例如今年麥高文對尼克森的北京與莫斯科之行，絕口不談，而對他的經濟措施與人民的失業，則大事攻擊。又如一九六四年，共和黨總統候選人高華德認爲『社會安全』（Social Security）的福利措施在美國是否有其必要，値得懷疑，這一不合時宜的論點，引起普遍不滿。詹森抓住要害，力斥其非，使他無法招架。再如一九六八年民主黨對越戰的政策，舉棋不定，導致人民怨忿。尼克森對此極力抨擊，使韓福瑞不能還手。(3) 謹慎言行，不授他人把柄。自己沒有把握的事要少談，自己具有信心的事要多說，答覆對方的攻擊宜避重就輕，攻擊對方的弱點須三思而行。例如今年六月間華府的民主黨總部被人破門而入裝設秘密電話，被捕的五人事後均證明多與共和黨的競選總部有關。民主黨藉此大事發揮，攻擊共和黨企圖偷竊民主黨的秘密，並告到法院，要求共和黨賠償一百萬美元的損失。尼克森於被記者詢及此事時，只輕描淡寫的說了一句：『此事與白宮現有的人員無關』，至其是否與過去的人員有關或是否出於共和黨機構的策劃，則一概避而不談。又如麥高文以為尼克森在過去四年仍未結束越戰乃共和黨政府的一大失敗，所以拼命攻擊，但大多數人民則認為尼克森執政四年來，五十萬美軍已自越南撤回，越戰之所以迄未結束，錯在敵方，並非尼克森之不欲和平。所以麥高文的攻擊，不但未引起共鳴，反招致人民的批評，實為一大失策。(4) 口才儀容不如對方，應避免面對面的辯論。一九六〇年尼克森以微末之差敗於甘迺迪，據說在電視上三次辯論時，甘的儀容及口才均較尼略勝一籌，否則鹿死誰手，未可逆料。所以一九六四年高華德希望與詹森電視辯論，詹森未加理會。一九六八年韓福瑞要求與尼克森辯論，尼克森拒絕接受。

總之，所謂競選策略，不外因時因地因人制宜，如能極盡運用之妙，必可收天時地利人和之效。如是，則操勝算的機會當較多。

(二) 競選費用

凡事非錢莫辦，於美國總統選舉為尤然。競選費用是否充足，為當選與否的一個重要因素。所以一位總統候選人的募捐能力，常與其當選的可能性成正比例。美國的競選費用，全靠人民特別是工商團體的自由捐助，而他們的捐助常以候選人是否有當選的希望為準，故佔上風的候選人捐款總是源源而至，而落下風的候選人常會競選費用枯竭。一九六八年大選，民主黨負債九百萬，韓福瑞事後宣稱，假如競選費用不短缺，他可以擊敗尼克森。今年麥高文的競選費常感左支右絀，而他的對手尼克森則不虞匱乏。據九月廿八日的國家廣播公司（NBC）新聞報導，在九月廿五日至廿七日，尼克森在紐約、舊金山及洛杉磯三地所舉行的『千元一盤』（One thousand dollars a plate）的餐會中，一次就募得三百八十萬元，其中紐約為一百五十萬，舊金山為六十萬，洛杉磯為一百七十萬，後者更是美國總統競選募捐史上一項空前紀錄。以此來看今年美國總統選舉的大勢，已可得到一點消息。

在一八六〇年以前，美國總統的競選費用因缺乏紀載，無從查考。自那年以後，每次的競選費用，均有數目可稽，列表於後。

表六　美國總統競選費用（1860—1968）一覽[註六三]

選舉年	共和黨	民主黨
1860	$100,000	$50,000
1864	125,000	50,000
1868	150,000	75,000
1872	250,000	50,000
1876	950,000	900,000
1880	1,100,000	355,000
1884	1,300,000	1,400,000
1888	1,350,000	855,000

(續上表)

選舉年	共和黨	民主黨
1892	1,700,000	2,350,000
1896	3,350,000	675,000
1900	3,000,000	425,000
1904	2,096,000	700,000
1908	1,655,518	629,341
1912	1,071,549	1,134,848
1916	2,441,565	2,284,590
1920	5,417,501	1,470,371
1924	4,020,478	1,108,836
1928	6,256,111	5,342,350
1932	2,800,052	2,245,975
1936	8,892,972	5,194,741
1940	3,451,310	2,783,654
1944	2,828,652	2,169,077
1948	2,127,296	2,736,334
1952	6,608,623	5,032,926
1956	7,778,702	5,106,651
1960	10,128,000	9,797,000
1964	16,026,000	8,757,000
1968	25,402,000	11,594,000

　　從上表看來，總統的競選費用實在可觀，尤其一九六八年共和黨，高達兩千五百餘萬。這些錢究竟用於何處，試舉一些項目，以見一斑。在一九六八年大選中，共和黨曾分發印有總統、副總統相片的宣傳圓扣（button）兩千餘萬顆，供汽車前後緩衝橫持（bumper）貼用的宣傳條九百萬片，各式汽球及招貼數百萬件，印有共和黨標幟的草帽二萬八千頂。(註六四)這不過只是宣傳品中的幾個項目，他如助選人員的薪水、包機費、電話費、郵件費、旅館費、會場租用費，各種大衆傳播工具如電視、報紙、雜誌、廣播等的廣告費等等，在在非錢不辦。特別是競選廣告及候選人用於電視上的費用，數目更大得驚人。據說一九六八年共和黨只在這個項目上就化費一千三百萬美元，民主黨亦達六百餘萬元，而各候選人在黨內競選提名時所化費的電視費尚不在其內。(註六五)

　　由於競選費用逐年增加，形成一種巨大浪費，國會乃於一九七二年一月十九日通過『聯邦選舉競選法』（Federal Election Campaign Act），對此加以限制，其要點如下：(註六六)

　　（1）每一聯邦政府公職候選人（包括總統、副總統候選人，及參、衆兩院議員候選人），其競選的宣傳費用以每一合格選民的一角錢爲準。今年的美國合格選民約爲一億四千萬，所以每位候選人的宣傳費不得超過一千四百萬元。

　　（2）所謂宣傳費，包括電視、無線電廣播、報紙、雜誌、海報、電話裝設及印刷費等而言。所以助選人員的薪水、包機費、旅館費等不在此限。

　　（3）用於電視及廣播的宣傳費，不得超過上述總額的60%，即約八百四十萬元。

　　（4）總統或副總統候選人以自己的錢用於競選宣傳費者，每人最多不得超出五萬元，參議員候選人不得超過三萬五千元，眾議員候選人不得超過二萬五千元。

（5）凡捐款超過一百元以上者的姓名，須於選舉年的三月十日、六月十日、九月十日，及投票日的前十五天與前五天，各提出報告一次。其捐款額超過五千元者之姓名，則須於收到其款後的四十八小時內提出報告。受理此種報告的機關，總統、副總統候選人為聯邦審計長（Comptroller General），參議員候選人為參議院秘書長，眾議員候選人為眾議院秘書長。

這一法律的主旨，在限制每一候選人競選宣傳費的總額，以免過份浪費；同時又規定電視宣傳費的限額，避免資力雄厚的候選人獲得過多的宣傳機會；而對使用自己的金錢競選者，更訂定一個限度，免得候選人為爭取公職而使自己在經濟上陷於破產。不過這一法律只限制宣傳費一項，未及其他費用，其企求公平競選的目的是否能達到，頗有懷疑的餘地。

（三）選民投票

競選活動的終點，為選民投票。在最初十五次的總統選舉，美國並無統一的投票日，而係依各州的法律規定，分別舉行。例如新澤西州的投票日規定為十一月內的第一個星期二及星期三，紐約州規定為十一月內的第一個星期一後的星期二。（註六七）由於各州所規定的投票日不同，而同一州中且有規定為兩日者（如上述的新澤西州），以致常有一人而投票兩次的情事發生，於選舉的公平性影響很大。國會為矯正此弊，乃於一八四五年一月廿三日通過一項法律，（註六八）統一規定全國性選舉的投票日，為雙數年的十一月內第一個星期一後的星期二（即過去紐約州所採用的投票日期）。自此以後，美國每次大選的投票日期，恆在雙數年的十一月二日至八日之間（今年為十一月七日）。為什麼要規定在第一個星期一後的星期二，而不規定為第一個星期一呢？據說當初立法時具有兩個理由：（1）依當時美國習俗，每個月的一號均為商人的結賬日，假如第一個星期一為十一月一日，可能有許多商人無暇去投票。（2）當時交通不便利，選民前往投票地投票，往往須費上一天以上，為了不使選民犧牲他們的假日（星期日）去投票，所以定為星期二，以便他們可於星期一離家，而於星期二趕到投票地點投票。（註六九）

選民投票日全國雖然一致，但各州選票的設計則頗不相同：有的選票上總統候選人與總統選舉人並列；有的只列總統選舉人不列總統候選人；有的僅列總統候選人不列總統選舉人。（註七〇）賓州的選票屬於後者，茲將其複印於此，並將選票上的項目略加說明，以助瞭解。

附件三 **OFFICIAL BALLOT**
FOR THE ELECTION DISTRICT OF ASHVILLE BOROUGH
COUNTY OF CAMBRIA, STATE OF PENNSYLVANIA
GENERAL ELECTION HELD ON THE 5th DAY OF NOVEMBER, 1968

To vote a straight party ticket, mark a cross(x), or check mark(√) in the square, in the Party Column, opposite the name of the party of your choice.
A cross (x) or check (√) mark in the square opposite the names of the candidates of any party for President and Vice-President of the United States indicates a vote for all the candidates of that party for Presidential Elector. To vote for individual candidates for presidential elector, write, print or paste their names in the blank spaces provided for that purpose under the title "Presidential Electors."
A cross(x) or check mark(√) in the square, opposite the name of any candidate, indicates a vote for that candidate.
For an individual candidate of another party after making a mark in the party square, mark a cross(x) or check mark(√) opposite his name.
For an office where more than one candidate is to be voted for, the voter, after marking in the party square, may divide his vote by marking a cross (x) or check mark (√) to the right of each candidate for whom he or she desires to vote. For such office votes shall not be counted for candidates not individually marked.
To vote for a person whose name is not on the ballot, write, print or paste his name in the blank space provided for that purpose.
Mark ballot only–in black lead pencil, indelible pencil, or blue-black ink in fountain pen or ball point pen; Use the same pencil or pen for all markings you place on the ballot.

OFFICIAL BALLOT FOR THE ELECTION DISTRICT OF ASHVILLE BOROUGH COUNTY OF CAMBRIA STATE OF PENNSYLVANIA GENERAL ELECTION HELD ON THE 5th DAY OF NOVEMBER, 1968

JOSEPH P. ROBERTS
JOSEPH B. GORMAN
RAYMOND B. JOHNSON
COUNTY BOARD OF ELECTIONS

PARTY COLUMN
TO VOTE A STRAIGHT PARTY TICKET, MARK A CROSS(x) OR CHECK(√) IN THIS COLUMN.

- Republican
- Democratic
- Constitutional
- Socialist Labor
- American Independent
- Militant Workers
- Peace And Freedom

PRESIDENTIAL ELECTORS
(VOTE FOR THE CANDIDATES OF ONE PARTY FOR PRESIDENT AND VICE-PRESIDENT OR INSERT THE NAMES OF CANDIDATES)

	President	Vice-Pres.	
For	Richard M. Nixon	Spiro T. Agnew	Republican
For	Hubert H. Humphrey	Edmund S. Muskie	Democratic
For	Henning A. Blomen	George S. Taylor	Socialist Labor
For	George G. Wallace	Marvin Griffin	American Independent
For	Fred Halstead	Paul Boutelle	Militant Workers
For	Dick Gregory	Mark Lane	Peace And Freedom

UNITED STATES SENATOR (Vote for One)

- Richard S. Schweiker — Republican
- Joseph B. Clark — Democratic
- Frank W. Gaydosh — Constitutional
- Benson Perry — Socialist Labor
- Pearl Chertov — Militant Workers

JUDGE OF THE SUPERIOR COURT (Vote for One)

- John B. Bannum — Republican
- William F. Cercone — Democratic

AUDITOR GENERAL (Vote for One)

- Warner Depay — Republican
- Robert P. Casey — Democratic
- William Ellison — Constitutional
- Paul Ferguson — Socialist Labor
- Frederick W. Stanton — Militant Workers

STATE TREASURER (Vote for One)

- Frank J. Pasquerilla — Republican
- Grace M. Sloan — Democratic
- Bart J. Amendola — Constitutional
- Herman A. Johansen — Socialist Labor
- Richard Lesnick — Militant Workers

REPRESENTATIVE IN CONGRESS TWENTY-SECOND DISTRICT (Vote for One)

- John P. Saylor — Republican
- John P. Murtha — Democratic

SENATOR IN THE GENERAL ASSEMBLY THIRTY-FIFTH DISTRICT (Vote for One)

- Richard J. Green, Jr. — Republican
- W. Louis Coppersmith — Democratic

REPRESENTATIVE IN THE GENERAL ASSEMBLY SEVENTY-THIRD DISTRICT (Vote for One)

- George E. Demento — Republican
- Paul J. Yahner — Democratic

INSTRUCTIONS TO VOTERS

A cross(x) or check mark(√) in the square at the right of the word "YES," indicates a vote FOR the Question.
A cross(x) or check mark(√) in the square at the right of the word "NO," indicates a vote AGAINST the Question.

QUESTION

Shall debt be incurred in the amount of twenty-eight million($28,000,000) dollars to provide compensation to veterans in accordance with the Vietnam Conflict Veterans' Compensation Act NO. 183 of 1963?

YES	
NO	

賓州大選票（附件三）說明：

（1）第一欄的各粗黑長方格，代表參加賓州競選的七個政黨。凡在各政黨的右邊方格作（×）或（√）記號者，表示他投選票上同一政黨的每一候選人的票，而不必再在個別候選人欄再作任何記號。這種辦法最簡單，據說絕大多數的選民都採用這種方式投票。

如不同意一黨的全部人選，則除在政黨欄作記號外，並應在屬意的他黨候選人名下分別作記號。

（2）第二欄為總統選舉人欄，但總統選舉人並未列名，實際列名者為各黨的總統、副總統候選人。凡在某黨的總統、副總統候選人項下做記號者，即表示投該黨在賓州的全部總統選舉人的票。

按賓州的總統選舉人，係由各黨的總統候選人任命，(註七一)所以每黨各有一個總統選舉人名單。一九六八年賓州的總統選舉人為廿七名（今年為廿五名），如各黨的全部名單列於選票上，勢必使選票過份複雜，而增加選民投票時的困難。但如選民另有其屬意的總統選舉人名單，則應將其姓名分別寫入預留的空格中，不過這種情形殊為罕見。

（3）選票上的其他各欄，為選舉該州的國會議員及州政府官員，辨識極易，不必細說。

（4）選票正中最下端的長方格，為一賓州法律複決案，不在本文討論之列，略而不談。

（四）選舉結果

選民投票完畢，何黨總統候選人當選，只須計算各州的總統選舉人，即可揭曉。因為各黨在各州總統選舉人的當選，即係其總統候選人的勝利。各州的總統選舉人數目，為其參議員與眾議員人數的總和。參議員每州兩名，眾議員人數則依州的人口多少而定。美國的人口每十年調查一次，所以各州的總統選舉人數每十年都有一些變動。茲將一九六八年及一九七二年各州應得的總統選舉人（Presidential Electors）數列表於下。

表七　美國各州總統選舉人數一覽(註七二)

州　名	總統選舉人 1968	總統選舉人 1972	州　名	總統選舉人 1968	總統選舉人 1972	州　名	總統選舉人 1968	總統選舉人 1972
阿拉巴馬	10	9	路易斯安那	10	10	俄亥俄	26	25
阿拉斯加	3	3	緬因	4	4	奧克拉荷馬	8	7
阿利桑那	5	6	馬里蘭	10	10	奧勒岡	6	6
阿肯色	6	6	麻薩諸塞	14	14	賓夕凡尼亞	29	27
加利福尼亞	40	45	密西根	21	21	羅德島	4	4
科羅拉多	6	7	明尼蘇達	10	10	南卡羅來納	8	8
康納狄克	8	8	密西西比	7	7	南達科他	4	4
德拉瓦	3	3	米蘇里	12	12	田納西	11	10
佛羅里達	14	17	蒙他拿	4	4	德克薩斯	25	26
喬治亞	12	12	內布拉斯加	5	5	猶他	4	4
夏威夷	4	4	內華達	3	3	佛蒙特	3	3
艾達荷	4	4	新漢普夏	4	4	維吉尼亞	12	12
伊利諾	26	26	新澤西	17	17	華盛頓	9	9
印地安那	13	13	新墨西哥	4	4	西維吉尼亞	7	6
愛阿華	9	8	紐約	43	41	威斯康辛	12	11
堪薩斯	7	7	北卡羅來納	13	13	懷俄明	3	3
肯塔基	9	9	北達科他	4	3	哥倫比亞特區	3	3

以上的總統選舉人共爲五三八人，即參議院名額一〇〇人，衆議院名額四三五人，加上哥倫比亞特區選出的三人。(註七二)凡得票過此數之半者（即二七〇票），即當選爲總統。不過在法律上，得勝的總統、副總統候選人，此時仍未當選。依國會於一九三四年六月五日所通過的一項法律，(註七三)各州選出的總統選舉人，應於選舉年的十二月第二個星期三後的星期一，在各州各府集會，投票選舉總統、副總統，並將其票以挂號信封郵寄國會參議院議長（美國的副總統兼參議院議長）。國會兩院應於一月六日下午一時在衆議院議場舉行聯席會議，當衆開票，凡得票二七〇以上者，正式當選爲總統。副總統的最低當選票數亦與此同。如無總統候選人得票過半數，則由衆議院就得票較多的前三名，選舉一人爲總統。(註七四)衆議院選舉總統時應有三分之二以上的州出席，其投票以州爲單位，每州算一票，凡得票過各州總數之半者（現全美有五十州，過半數爲廿六州），當選爲總統。如無人當選爲副總統，則由參議院就得票較多的前二名副總統候選人，選舉一人爲副總統。參議院選舉副總統時，須有全體參議員三分之二以上的出席，凡得票過全體參議員之半數者，當選爲副總統。(註七五)

　　依憲法修正案第廿條的規定，新當選的總統、副總統，應於一月廿日正午宣誓就職。

　　茲將美國歷次總統選舉結果，列表於後，以爲本文的結束。

表八　美國歷次總統選舉結果一覽(註七六)

選舉年	候選人	政黨	總統選舉人票	普選票及百分率（%）
1789	George Washington（當選）	無	69(註七七)	不詳
	John Adams	無	34	不詳
	其他		35	不詳
1792	George Washington（當選）	聯治派	132	不詳
	John Adams	聯治派	77	不詳
	George Clinton	民主共和黨	50	不詳
	其他		5	不詳
1796	John Adams（當選）	聯治派	71	不詳
	Thomas Jefferson	民主共和黨	68	不詳
	Thomas Pinckney	聯治派	59	不詳
	Aaron Burr	民主共和黨	30	不詳
	其他		48	不詳
1800	Thomas Jefferson（當選）(註七八)	民主共和黨	73	不詳
	Aaron Burr	民主共和黨	73	不詳
	John Adams	聯治派	65	不詳
	Charles C. Pinckney	聯治派	64	不詳
	John Jay	聯治派	1	不詳
1804	Thomas Jeffersen（當選）	民主共和黨	162	不詳

(續上表)

選舉年	候選人	政黨	總統選舉人票	普選票及百分率（％）	
	Charles C. Pinckney	聯治派	14	不詳	
1808	James Madison（當選）	民主共和黨	122	不詳	
	Charks C. Pinckney	聯治派	47	不詳	
	George Clinton	民主共和黨	6	不詳	
1812	James Madison（當選）	民主共和黨	128	不詳	
	DeWitt Clinton	聯治派	89	不詳	
1816	James Monroe（當選）	民主共和黨	183	不詳	
	Rufus King	聯治派	34	不詳	
1820	James Monroe（當選）	民主共和黨	231	不詳	
	John Quincy Adams	無黨派	1	不詳	
1824	John Quincy Adams（當選）(註七九)	無黨派	84	115,696	31.9%
	Andrew Jackson	無黨派	99	152,933	42.2%
	William H. Crawford	無黨派	41	46,979	12.9%
	Henry Clay	無黨派	37	47,136	13.0%
1828	Andrew Jackson（當選）	民主黨	178	647,292	56.0%
	John Quincy Adams	國民共和黨	83	507,730	44.0%
1832	Andrew Jackson（當選）	民主黨	219	688,242	54.5%
	Herny Clay	國民共和黨	49	473,462	37.5%
	William Witt	獨立派	7	101,051	8.0%
	John Floyd	獨立派	8	不詳	
1836	Martin Van Buren（當選）	民主黨	170	764,198	50.9%
	William H. Harrison	惠格黨	73	549,508	36.6%
	Hugh L. White	惠格黨	26	145,352	9.7%
	Daniel Webster	惠格黨	14	41,287	2.9%
	W. P. Mangum	獨立派	11	不詳	
1840	William H. Harrison（當選）	惠格黨	234	1,275,612	52.9%
	Martin Van Buren	民主黨	60	1,130,033	46.8%
	James G. Birney	自由黨	0	7,053	0.3%
1844	James K. Polk（當選）	民主黨	170	1,339,368	49.6%
	Henry Clay	惠格黨	105	1,300,687	48.1%
	James G. Birney	自由黨	0	62,197	2.3%
1848	Zachary Taylor（當選）	惠格黨	163	1,362,101	47.3%

（續上表）

選舉年	候選人	政黨	總統選舉人票	普選票及百分率（%）	
	Lewis Cass	民主黨	127	1,222,674	42.4%
	Martin Van Buren	自由土地黨	0	291,616	10.3%
1852	Franklin Pierce（當選）	民主黨	254	1,609,038	50.8%
	Winfield Scatt	惠格黨	42	1,386,629	43.8%
	John P. Hale	自由土地黨	0	156,297	5.4%
1856	James Buchanan（當選）	民主黨	174	1,839,237	45.6%
	John C. Fremont	共和黨	114	1,341,028	33.3%
	Millard Fillmore	美國黨	8	849,872	21.1%
1860	Abraham Lincoln（當選）	共和黨	180	1,867,198	39.8%
	Stephen A. Douglas	民主黨	12	1,379,434	29.4%
	John C. Breckingidge	國民民主黨	72	854,248	18.2%
	John Bell	憲政聯盟	39	591,658	12.6%
1864	Abraham Lincoln（當選）	共和黨	212	2,219,362	55.1%
	George McClellan	民主黨	21	1,805,063	44.9%
1868	Ulysses S. Grant（當選）	共和黨	214	3,013,313	52.7%
	Horatio Seymour	民主黨	80	2,703,933	47.3%
1872	Ulysses S. Grant（當選）	共和黨	286	3,597,375	55.6%
	Horace Greeley	民主黨	66（註八〇）	2,833,711	43.8%
1876	Rutherford B. Hayes（當選）	共和黨	185（註八一）	4,035,924	47.9%
	Samuel J. Tilden	民主黨	184	4,287,670	50.9%
	Peter Cooper	綠背黨	0	82,797	1.2%
1880	James A. Garfield（當選）	共和黨	214	4,454,433	48.3%
	Winfield S. Hancock	民主黨	155	4,444,976	48.2%
	James D. Weaver	綠背黨	0	308,649	3.5%
1884	Grover Cleveland（當選）	民主黨	219	4,875,971	48.5%
	James G. Blaine	共和黨	182	4,852,234	48.3%
	Benjamin F. Butler	綠背黨	0	175,066	1.7%
	John P. St. John	禁酒黨	0	150,957	1.5%
1888	Benjamin Harrison（當選）	共和黨	233	5,445,269	47.8%
	Grover Cleveland	民主黨	168	5,540,365	48.6%
	Clinton B. Fisk	禁酒黨	0	250,122	2.2%
	Aaron J. Streeter	勞工聯盟	0	147,606	1.4%
1892	Grover Cleveland（當選）	民主黨	277	5,556,982	46.0%

(續上表)

選舉年	候選人	政黨	總統選舉人票	普選票及百分率（%）	
	Benjamin Harrison	共和黨	145	5,191,466	43.0%
	James B. Weever	平民黨	22	1,029,960	8.5%
	John Bidwell	禁酒黨	0	271,111	2.5%
1896	William McKinley（當選）	共和黨	271	7,113,734	51.0%
	Willam J. Bryan	民主平民黨	176	6,516,722	46.7%
	John M. Palmer	國民民主黨	0	135,456	1.2%
	Joshua Levering	禁酒黨	0	131,285	1.1%
1900	William McKinky（當選）	共和黨	292	7,219,828	52.7%
	William J. Bryan	民主黨	155	6,358,160	45.5%
	John C. Wolley	禁酒黨	0	210,200	1.5%
	Eugene V. Debs	社會黨	0	95,744	0.7%
1904	Theodore Roosevelt（當選）	共和黨	336	7,628,831	56.4%
	Alton B. Parker	民主黨	140	5,084,533	38.6%
	Eugene V. Debs	社會黨	0	402,714	3.1%
	Silas C. Swallow	禁酒黨	0	259,163	1.9%
1908	William H. Taft（當選）	共和黨	321	7,679,114	52.6%
	William J. Bryan	民主黨	162	6,410,665	43.4%
	Eugene V. Debs	社會黨	0	420,858	2.5%
	Eugene W. Chafin	禁酒黨	0	252,704	1.5%
1912	Woodrow Wilson（當選）	民主黨	435	6,301,254	41.8%
	Theodore Roosevelt	進步黨	88	4,127,788	27.4%
	William H. Taft	共和黨	8	3,485,831	23.2%
	Eugene V. Debs	社會黨	0	901,255	6.2%
	Eugene W. Chafin	禁酒黨	0	209,644	1.4%
1916	Woodrow Wilson（當選）	民主黨	277	9,131,511	49.3%
	Charles E. Hughes	共和黨	254	8,548,935	46.1%
	Allan L. Benson	社會黨	0	585,974	3.3%
	J. Frank Hanly	禁酒黨	0	220,505	1.3%
1920	Warren G. Harding（當選）	共和黨	404	16,153,115	60.3%
	James M. Cox	民主黨	127	9,123,092	34.2%
	Eugelle V. Debs	社會黨	0	915,490	3.4%
	Parley P. Christensen	農民勞工黨	0	265,229	1.1%
1924	Calvin Coolidge（當選）	共和黨	382	15,719,921	54.6%

(續上表)

選舉年	候選人	政黨	總統選舉人票	普選票及百分率（％）	
	John W. Davis	民主黨	136	8,386,704	28.8%
	Robert M. LaFollette	進步黨	13	4,832,532	16.6%
1928	Herbert C. Hoover（當選）	共和黨	444	21,432,277	58.3%
	Alfred E. Smith	民主黨	87	15,007,698	41.0%
	Norman M. Thomas	社會黨	0	265,583	0.7%
1932	Franklin D. Roosevelt（當選）	民主黨	523	27,757,333	57.4%
	Herbert C. Hoover	共和黨	59	15,760,684	39.6%
	Norman M. Thomas	社會黨	0	884,649	3.0%
1936	Franklin D. Roosevelt（當選）	民主黨	523	27,757,333	60.8%
	Alfred M. Landon	共和黨	8	16,684,231	36.5%
	William Lemke	聯盟黨	0	892,267	2.7%
1940	Franklin D. Roosevelt（當選）	民主黨	449	27,313,041	54.7%
	Wendell L. Willkie	共和黨	82	22,348,480	45.3%
1944	Franklin D. Roosevelt（當選）	民主黨	432	25,612,610	54.1%
	Thomas E. Dewey	共和黨	99	22,017,617	45.9%
1948	Harry S. Truman（當選）	民主黨	303	24,179,345	49.6%
	Thomes E. Dewey	共和黨	189	21,991,291	45.6%
	J. Strom Thurmond	州權黨	39	1,176,125	2.4%
	Henry A. Wallace	進步黨	0	1,157,326	2.4%
1952	Dwight D. Eisenhower（當選）	共和黨	442	33,936,234	55.6%
	Adlai E. Stevenson	民主黨	89	27,314,992	44.4%
1956	Dwight D. Eisenhower（當選）	共和黨	457	35,590,472	57.8%
	Adlai E. Stevenson	民主黨	73	26,022,752	42.2%
	Walter B. Jones	無黨派	1（註八二）	無	
1960	John F. Kennedy（當選）	民主黨	303	34,226,731	46.7%
	Richard M. Nixon	共和黨	219	34,108,157	49.5%
	Harry F. Byrd	無黨派	15	440,298	0.8%
1964	Lyndon B. Johnson（當選）	民主黨	486	43,129,484	61.4%
	Barry M. Goldwater	共和黨	52	27,178,188	38.6%
1968	Richard M. Nixon（當選）	共和黨	301	31,770,237	43.4%
	Hubert H. Humphrey	民主黨	191	31,270,533	42.7%
	George C. Wallace	獨立黨	46	9,906,141	13.9%

附註

註一：美國憲法第二條第一項第四款。

註二：老羅斯福原為麥金萊（William McKinley）的副總統。麥金萊於一九〇一年九月遇刺去世，羅斯福以副總統繼任總統。

註三：美國最年輕的總統有兩種說法。如以初任時的年齡言，則以老羅斯福最年輕；如以當選時的年齡言，則以甘迺迪最年輕。前者初任總統時係以副總統的身份繼任，並非自己競選成功，他於一九〇四年當選連任時，年已四十六歲。一般人以甘迺迪為美國最年輕的總統，係指其當選時的年齡而言。

註四：Richard D. Hupman, et al., *Nomination and Election of the President and Vice President of the United States* (Washington: U. S. Government Printing Office, 1964), p. 6. 又本文表一列有總統年齡一項，請參閱。

註五：Schneider V. Rusk, 377 U. S. 163 (1964).

註六：Edward S. Corwin and J. W. Peltason, *Understanding the Constitution*, 4th ed. (New York: Holt, Rinehart and Winston, 1967), p. 74.

註七：在此期間胡佛在歐洲擔任的職務如下：Chairman of American Relief Committee in London, 1914–1915; Chairman of Commission for Relief in Belgium, 1915–1918; Chairman of Supreme Economic Conference in Paris, 1919; and Chairman of European Relief Council, 1920.

註八：Corwin and Peltason, *op. cit.*, p. 74.

註九：取材自拙著：『美國總統的生平與時代』（臺北：商務印書館，一九七二）。

註一〇：美國政黨的全國大會，始於民主黨（Democratic Party）。該黨於一八三二年在馬里蘭州的巴的摩爾（Baltimore）舉行第一次全國大會，提名傑克遜（Andrew Jackson）及范布倫（Martin Van Buren）為總統、副總統候選人。

註一一：縣級公職候選人的直接初選於一八四二年始於賓州的 Crawford County。全州性公職候選人的直接初選於一八九八年始於喬治亞州。全國性公職候選人的直接初選於一九〇五年始於威斯康辛州。參閱：Virginia and James Eisenstein, *Presidential Primaries of 1968: Where? When? Why?* (Washington, Conn.: Center for Information on America, 1964), p. 4; *Guide to the 1972 Elections* (Washington, D. C.: U. S. News & World Report, 1972), p. 97; "Presidential '64," *CQ Special Report* (January 17, 1964), p. 94.

註一二：Eisenstein and Eisenstein, *op. cit.*, p. 4.

註一三：*Guide to the 1972 Elections*, *op. cit.*, p. 97.

註一四：*Newsweek* (January 10, 1972), p. 15; "Primaries '72," Supplement of *Time* (March 6, 1972), p. 9.

註一五：Eisenstein and Eisenstein, *op. cit.*, pp. 5–7.

註一六："How a President Is Chosen," *U. S. News & World Report* (March 6, 1972), p. 68.

註一七：*Guide to the 1972 Elections*, *op. cit.*, p. 98.

註一八：一九七二年的共和黨全國大會，係於八月廿一日至廿三日在佛羅里達州的 Miami 舉行。八月廿二日晚大會投票選舉該黨總統候選人時，筆者從電視上親眼看到共和黨的新墨西哥州代表團主席宣稱：『本代表團深願將本州的十四票全部投給尼克森總統，但依本州法律規定，本州代表的票數，須依候選人在初選中所得票數的比例分配。爲此，本州的十四票十三票投給尼克森，一票投給麥克勞斯基。』據說在舉行投票前，共和黨的首要們曾勸勞氏公開宣佈放棄此票，但他拒不受命，否則尼克森必將以全票當選提名。

註一九：Eisenstein and Eisentein, *op. cit.*, p. 5.
註二〇：*Guide to the 1972 Elections*, *op. cit.*, p. 98.
註二一：*U. S. News & World Report*（March 6, 1972）, p. 68.
註二二：Eisenstein and Eisenstein, *op. cit.*, p. 5; *Guide to the 1972 Elections*, *op. cit.*, p. 99.
註二三：*Ibid.* See also *How A President Is Ghosen*, *op. cit.*, pp. 66–67.
註二四：這裏所謂黨員，以在當地政府登記有案者爲限。其餘自稱爲某黨黨員，但未向當地政府辦理登記手續，在採用關閉初選的各州，仍不得參加初選投票。又美國各政黨的黨員，無須辦理入黨手續，更無所謂黨證，初選投票特所辦理的登記，就是他的黨籍紀錄，所以美國政黨的組織非常鬆懈。
註二五：選票樣本係賓州 Cambria County 秘書長兼選舉委員會主席（Chairman of the County Board of Elections）李布（Louis Lieb）所提供。本文屬稿時，筆者曾數度赴縣政府訪晤李君，就美國選舉的各種問題提出詢問，均承他一一加以解答，獲益匪淺，附此致謝。
註二六：麥氏在新墨西哥州初選時所得的一票，係因他在退出競選前已向該州辦妥參加競選的手續。而依該州初選法規定，凡候選人已向州政府辦完登記手續者，不得自動退出競選。故六月六日新墨西哥州舉行初選時，他的名字仍在選票上，並獲得該州共和黨選民 10% 的支持，依比例且分得該州出席共和黨全國大會的代表一名。參照註一八。
註二七：美國有意問鼎白宮的各黨候選人，通常都在大選年的年初正式宣佈。麥氏的宣佈競選比一般候選人早了一年，堪稱美國政壇的罕例。
註二八：美國總統的競選期間，通常自九月初的勞工節（Labor Day，九月份的第一個星期一）以後正式開始，至十一月間大選的前一日止，爲時約爲八周。
註二九：*Congressional Quarterly Weekly Report*（July 8, 1972）, p. 1650.
註三〇：*Ibid.*, p. 1655.
註三一：*Ibid.*
註三二：Gaylon L. Caldwell and Robert M. Lawrence, *American Government Today*（New York: W. W. Norton, 1969）, p. 244.
註三三：*Guide to the 1972 Elections*, *op. cit.*, p. 98.
註三四：關於總統候選人初選制的改革案，除曼、艾兩參議員所提議的憲法修正案外，尚有一九七二年五月二日奧勒岡州共和黨參議員巴克伍（Robert W. Packwood）向參議院所提出的改革案（S 3566）；五月十日阿利桑那州民主黨衆議員尤道爾（Morris K. Udall）向衆議院提出的改革案（HR 14904）；五月卅一日米蘇里州民主黨參議員伊戈敦（Thomas Eagleton）向參議院提出的改革案（S 3655）；及四月四日尼克森總統的顧問芬樞（Robert Finch, 曾任尼克森政府初期的衛生教育福利部長）在米蘇里州的 Fulton 發表演說時所提出的改革案。詳見："Presidential Primaries: Proposals for a New System," *CQ Weekly Report*（July 8, 1972）, pp. 1650–1654.
註三五：*Ibid.*, pp. 1651–1652.

註三六：全國初選的觀念不自今日始，早在威爾遜（Woodrow Wilson）時代即已提出。一九一三年威爾遜在就任後致送國會的第一件國情咨文（State of the Union Message）中，即曾建議由全國各州舉行初選。詳見：Fred L. Israel, ed., *The State of Union Messages of the Presidents*, 1790－1966（New York: Chelsea House, 1967. 3v.）, Vol. Ⅲ, p. 2544.

註三七：Ca Dwell and Lawrence, *op. cit.*, p. 242.

註三八：關於民主、共和兩黨全國委員會的組織及職權，請參閱：Hupman and Ravnholt, *op. cit.*, pp. 21－27, 37－39.

註三九：*Guide to the 1972 Elections*, *op. cit.*, pp. 94－95.

註四〇：這項得標費用，通常由市政府、州政府及該市的商業團體分攤。因出席全國大會的代表眾多，又可吸引大量觀光遊客，有利可圖也。

註四一：今年的共和黨大會原選定為加州聖地牙哥（San Diego），後因 ITT（International Telephone & Telegraph）公司對該黨大會的捐款糾紛牽纏不休，為免引起更大的困擾，乃改為邁阿米。

註四二：出席各黨全國大會代表的產生方式，各州不同，詳見：Hupman and Ravnholt, *op. cit.*, pp. 43－168.

註四三：*Ibid.*, pp. 29－30, 39－40. See also *Guide to the 1972 Elections*, *op. cit.*, p. 96.

註四四：*How A President Is Chosen*, *op. cit.*, p. 68. 該處所列共和黨代表總數及阿拉巴馬與密西西比兩州應得的代表數，均略有差錯。共和黨的阿拉巴馬州代表應為 18 名，該處誤為 17 名；密西西比州的代表為 14 名，誤為 13 名；其總數為 1,348 名，誤為 1,346 名。本表係根據共和黨大會唱名表決時的實際代表數校正。又兩黨每次全國大會的代表並不相同，例如一九六八年民主黨的全國代表大會總數為 2,622 人，共和黨為 1,333 人。關於是年兩黨在各州應選出的代表數額，請參閱：*U. S. Politics: Inside and Out*（Washington, D. C.: U. S. News and World Report, 1970）, p. 151.

註四五：一九六八年民主黨在芝加哥召開全國代表大會時，遭受黑人組織及學生組織之抗議，引起流血打鬥。事後麥高文參議員倡議，應規定各州參與全國代表大會的代表，其性別、年齡與人種的分佈，應與該州選民的性別、年齡、人種之分佈相當，否則全國代表大會的證件審查委員會（Credentials Committee）可以拒絕其參加大會。這個提議獲得民主黨全國委員會的通過，俗稱『麥高文規則』（McGovern's Rule），並於一九七二年的全國代表大會集會時實施。由於這項新的規則，一九七二年各州民主黨選出的代表團中，婦女、青年及少數民族代表人數，遠高於以往的任一屆民主黨全國代表大會。見 *CQ Weekly Report*（July 8, 1972）, p. 1642.

註四六：*Newsweek*（August 21, 1972）, p. 11.

註四七：Hupman and Ravnholt, *op. cit.*, p. 28.

註四八：今年共和黨的總統候選人，尼克森為眾望所歸，無人與其對抗，以往大會中眾多候選人爭取提名的錯綜複雜情形，今年根本不存在，故會議的過程可節省不少時間。加以今年該黨的競選政綱，等於尼克森執政四年來的成就一覽表，事實上係由白宮擬訂後交大會政綱委員會略加損益，可以說毫無糾紛。全國大會的兩大任務事前均已確定，則有三天會期，也就足夠了。

註四九： *Guide to The 1972 Elections*, op. cit., p. 92–93. 又本文所提及而與此一 *Guide* 不同之處，皆係根據電視的實況轉播加以校正。

註五〇： 一九七二年六月六日加州初選時，麥高文得該州民主黨選票 44.3%，韓福瑞得 39.2%，華萊士得 6%，穆斯基得 2.1%。依加州初選法的『勝者全得』（Winner-take-all）的原則，該州民主黨應選出的二七一名代表，全歸麥高文所得。但當代表資格審查委員會於六月底在華府開審查會時，多認為該州的初選法有違民主黨的改革原則，故於六月廿九日以七十二票對六十六票通過決議，將其中的一五一票依比例分配給韓福瑞等其他候選人。麥高文不服此一決議，聲言誓將奪回此失去的一五一票，並曾告到法院。官司一直打到最高法院，但最高法院以代表的分配問題乃民主黨的家務事為詞，不予受理。七月十日民主黨大會在審議本案時，情勢極為緊張。因為正反兩方都志在必得，而兩方的代表對本案的發言既踴躍又激烈，所以這次會議自十日的下午七時一直開到十一日的清晨五時才告結束。但大會表決的結果，審查委員會的原案被推翻，於是加州的二七一票，仍歸麥高文全得。

註五一： 戴利為芝加哥市長，又是伊利諾州 Cook County（即芝加哥區域）民主黨委員會主席。資格審查委員會認為該區的五十九位代表完全依照戴利的意思而產生，違反民主黨的改革原則，故於六月卅日以七十一票對六十一票通過決議，否定他們的代表資格，改以支持麥派的五十九人取代之。該案在大會表決時維持原議，使戴利旗下的五十九位代表被迫退出會場，而他本人也因此沒有資格出席大會。戴利任芝加哥市長已近十八年，為民主黨內的一霸，一九六八年民主黨大會在芝加哥舉行時，會場情緒多為他所控制，故素有 Kingmaker 之稱。不意此次竟欲出席大會而不可得，實為美國政治史上的罕例。近年民主黨大談改革，少壯派抬頭，舊式黨閥的沒落，似乎無可避免。

註五二： Caldwell and Lawrence, op. cit., p. 247. For full text of American political parties' platforms, see: Kirk H. Porter & Donald Bruce Johnson, *National Party Platforms, 1840–1960* (Urbana: The University of Illinois Press, 1961), and Arthur M. Schlesinger, Jr., ed., *History of American Presidential Elections*, 4 Vols. (New York: Chelsen House, 1971).

註五三： 今年共和黨大會的總統候選人選舉，係在第二天舉行，因該黨今年的會期只有三天之故。

註五四： "Democratic Convention," *CQ Weekly Report*, XXX (July 15, 1972), p. 1719。這是報導一九七二年民主黨大會的一期專號，包括大會所發生的各種重大事故，政綱全文，總統、副總統候選人接受提名演說全文，及大會的全部過程。

註五五： "Republican Convention," *CQ Weekly Report*, XXX (Aug. 26, 1972), p. 2115. 這是報道一九七二年共和黨大會的一期專號，對大會的各種情形包羅無遺。

註五六： 這種『黑馬』候選人甚多，如一八四四年的波克，一八五二年的皮爾斯，一八六八年的蘇摩爾，一八八〇年的加菲爾，一八九六年的布乃安，一九二〇年的哈定，一九二四年的戴維思等，均為著例。

註五七： Sidney Hyman, "Nine Tests for the Presidential Hopeful," *New York Times Magazine* (Jan. 4, 1959), p. 11.

註五八： 伊格敦於一九七二年七月十三日被民主黨大會提名為該黨副總統候選人。七月廿五日他在一次記者招待會中突然宣佈,他在過去十年中因精神衰弱及精神沮喪,曾經三次住院休養,並接受電療。這一意外的宣佈,引起全國大嘩,輿論界(包括『紐約時報』及『洛杉磯時報』等大報在內)更紛紛要求他退出競選。麥高文最初雖表示百分之一千(1,000%)的支持他,後因受到各方壓力,終於七月卅一日雙方在華府會談後,命伊格敦讓賢,放棄副總統候選人的資格。副總統候選人中途退出,乃美國政治史上空前未有的事。一九一二年共和黨副總統候選人雪門(James S. Sherman),於大選前的十月卅一日病亡,該黨全國委員會臨時以哥倫比亞大學校長巴特勒(Nichelas M. Butler)遞補,但那次不是候選人主動辭職,與此有別。一九七二年八月八日民主黨全國委員會在華府召開特別會議,選舉斯乃佛(R. Sargent Schriver)為副總統候選人,以補伊格敦之缺。

註五九: *Guide to Current American Government* (Washington, D. C.: Congressional Quarterly Service, 1968), p. 4. See also *Guide to the 1972 Elections*, *op. cit.*, p. 100.

註六〇: 一八四〇年的民主黨大會,對副總統候選人發生嚴重歧見,每州均各自提出其自己的副總統候選人,使投票陷於僵局,故副總統候選人未曾選出。Joseph Nathan Kane, *Facts About the Presidents* (New York: H. W. Wilson, 1959), p. 68.

註六一: 民主黨大會於一九七二年七月十三日選舉伊格頓為該黨副總統候選人,伊氏其後因故被迫退出競選,改以斯乃佛取代。詳見本文註五八。

註六二: *Guide to Current American Government*. *op. cit.*, p. 4; *Guide to the 1972 Elections*, *op. cit.*, p. 101.

註六三: Schlesinger, *op. cit.*, Vol. 4, p. 3878.

註六四: *Guide to the 1972 Elections*, *op. cit.*, p. 105.

註六五: *Ibid*.

註六六: *GQ Weekly Report* (Dec. 25, 1971), pp. 2668 – 2669.

註六七: Kane, *op. cit.*, p. 82.

註六八: 5 Stat. 721.

註六九: Kane, *op. cit.*, p. 82.

註七〇: Hupman and Ravnholt, *op. cit.*, pp. 171 – 235.

註七一: *Ibid.*, pp. 223 – 224. *CQ Weekly Report* (Feb. 19, 1972), p. 372. See also: *U. S. Politics: Inside and Out*, op. cit., p. 129; *How A President Is Chosen*, *op. cit.*, p. 72; *Guide to the 1972 Elections*, *op. cit.*, p. 107; *The New York Times Encyclopedic Almanac*, Supplement to 1971 ed., p. 10; and *World Almanac*, 1972 ed., p. 146.

註七二: 哥倫比亞特區(即首都華盛頓)原無選舉總統、副總統之權。一九六一年憲法修正案第廿三條批准生效後,始取得此一選舉權。依該條規定,華府現在應得的總統選舉人為三人。詳見美國憲法修正案第廿三條條文。

註七三: 48 Stat. 879. See also: Hupman and Ravnholt, *op. cit.*, pp. 11, 17 – 18.

註七四: 美國歷史上由眾議院選舉總統者只有兩次,第一次為一八〇〇年的傑佛遜,第二次為一八二四年的約翰・昆西・亞當斯。參閱註七八及註七九。

註七五: 關於國會兩院選舉總統、副總統的程序,詳見美國憲法修正案第十二條。

註七六: (1)第一至四屆總統選舉(即:一七八九年、一七九二年、一七九六年及一八〇〇年),係依憲法第二條第一項的規定為之,即各州選出之總統選舉人每人均得投票選舉兩人,但其中至少有一人非選舉人同一州之公民。凡得票最多而又過總額之半數者當選爲總統，得票次多者當選爲副總統。

(2) 一八二四年以前的歷屆總統選舉的普選票數，美國史冊欠缺正確記錄，故在本表中均從缺。

(3) 自華盛頓至尼克森，美國共有三十七任總統（實際爲三十六人，因第二十二任及第二十四任爲同一人，即克利夫蘭），本表所列者僅有三十二人，因第十任總統 John Tyler，第十三任總統 Millard Fillmore，第十七任總統 Andrew Johnson，及第廿一任總統 Chester A. Arthur 均係因在任總統去世，以副總統身份繼任總統，而於任滿時，又因未獲政黨提名，競選連任，故在本表中均未列入。

註七七：一七八九年的第一屆總統選舉之總統選舉人，依憲法第二條第一項的規定，總數應爲九十一人，但因紐約州的八位選舉人未及選出，而北卡羅來納州的七人及羅德島州的三人，則因該兩州尚未批准聯邦憲法，無法選出，又維吉尼亞州及馬里蘭州各有代表兩人，因天氣關係未能參加投票，故實際參加投票選舉總統、副總統的選舉人只有六十九人。華盛頓是以全票當選總統。

註七八：一八〇〇年的總統選舉，Jefferson 與 Burr 各得七十三票，依憲法第二條第二項的規定，兩人得票相等，而均超過半數者，應由國會衆議院選舉一人爲總統。衆議院費時七天，經過三十六次投票，始選出 Jefferson 爲總統，Burr 爲副總統。由於這一痛苦經驗，國會乃於一八〇三年提議修改憲法，並於一八〇四年經各州批准生效，規定此後總統、副總統的選舉，應由總統選舉人分別投票爲之。此即憲法修正案第十二條。

註七九：一八二四年的總統選舉，無人獲總統選舉人票總額的半數，依法又由衆議院選舉總統。結果亞當斯在第一次投票時當選爲總統，但亞當斯所得的普選票僅有百分之三一‧九，故亞當斯爲美國歷史上第一任 Minority President。

註八〇：Horace Greeley 於一八七二年大選後不久的十一月二十九日病逝，他的六十六張總統選舉人票分別由下列諸人所得：Thomas A. Hendricks，四十二票；B. Gratz Brown，十八票；Charles J. Jenkins，二票；David Davis，一票；其他三票。

註八一：一八七六年總統選舉，有二十張選舉人票發生糾紛，結果由國會組織一特別委員會加以審查，判定二十票全歸海斯所有，海斯始以一票險勝。

註八二：民主黨候選人在大選中所得總統選舉人票，原爲七十四票，但阿拉巴馬州一位總統選舉人拒絕投給史蒂文生，而改投 Walkr B. Jones。

美國總統選舉人制之研究

美國的總統選舉，名為間接，實為直接。說其為間接，因為依照憲法規定，總統不是由人民直接選舉，而是由各州先選出總統選舉人（Presidential Electors），再由總統選舉人投票選舉總統。全國各州總統選舉人的集體，在美國習稱為『總統選舉團』（The Electoral College）。[註1]說其為直接，因為在政黨政治之下，各州的總統選舉人都是由政黨提名，由人民直接投票選出，而總統選舉人又是依黨籍投票，選舉其本黨的總統、副總統候選人，所以在每次大選年的十二月選舉日人民投票的結果揭曉後，只需計算各黨提名的總統選舉人在全國各州當選的總數，即可判定何黨的總統、副總統候選人當選。然則憲法上為什麼又要多此一舉，將總統、副總統的選舉定為間接呢？這是一個值得探討的問題。本文研究的範圍，包括：憲法上關於總統選舉人制的規定，此制的實施情形，其已顯現的主要缺點，關於此制的各種改革案，及其可能的發展。現在依此次序，分項析述。

一、憲法上關於總統選舉人制的規定

總統選舉的方法，為一七八七年費城制憲會議中爭辯最激烈的問題。[註2]『維吉尼亞草案』（The Virginia Plan）第七項及『新澤西草案』（The New Jersey Plan）第四項均建議由國會選舉。[註3]此一提案且曾一度為大會無異議通過[註4]，但幾經大會討論的結果，認為總統如由國會選舉，將使其失去獨立性，且有違三權分立的原則。故最後仍為大會所否決。[註5]賓州代表威爾遜（James Wilson）曾提議由人民直接選舉，但因當時美國人民的教育尚未普及，加以交通不便，消息閉塞，恐人民對總統候選人的資格不能作明智的選擇，且由人民選舉，有利大州，為小州所反對，故未為大會所接受。[註6]其他提案，包括：南卡羅來納代表魯特里吉（J. Rutledge）所提，由國會的第二院（即參議院）選舉；麻薩諸塞代表傑瑞（Elbridge Gerry）所提，由各州政府的行政機關選舉；及馬里蘭代表馬丁（Luther Martin）所提，由各州議會任命的代表選舉。[註7]均因無法滿足大多數的願望，而遭拒絕。最後由紐約代表漢彌頓（Alexander Hamilton）綜合各方意見，提出一折衷案，由各州選舉與其國會兩院議員名額相等的總統選舉人，再由這些總統選舉人投票選舉總統，至各州總統選舉人產生的方法，則由各州議會自行定之，因其兼顧了各方利益，故獲大會通過，而成定案。[註8]綜計制憲會議對此問題的表決，前後不下三十次，其提案的眾多及辯論的激烈，概可想見。故傑穆士·威爾遜說，總統選舉的方法，為大會所遭遇的最大困難。[註9]

原憲法關於總統選舉人制的規定，見於第二條第一項的二至四款，其全文如下：

> 各州應依其州議會所定程序選派選舉人若干名，其數額與各州所應選派於國會之參議員與眾議員之總數相等。但參議員或眾議員或在合眾國政府任職或受俸之人，不得被派為選舉人。

> 選舉人應分別在其本州集會，票選二人，其中至少應有一人非選舉人本州之居民。選舉人等應將被選人姓名及每人所得票數造具名冊，並簽署證明，封寄合眾國所在地，遞交參議院議長。參議院議長應在參、眾兩院議員之前，開拆全部證明書，然

後計算票數。凡得票最多，且又超過選舉人總數之半者，當選為總統。如有一人以上獲得此項過半數而其所得票數相等時，眾議院應即投票選舉其中一人為總統；如無人獲得過半數，眾議院應以同樣方法就名單上得票最高之五名中選舉一人為總統。但選舉總統時應以州為單位投票，每州有一表決權；為此目的舉行的眾議院會議，須有三分之二州之眾議員出席，以得票過諸州之半數者為當選。凡於總統選出後，獲得選舉人所投票數之最多者即當選為副總統。如有二人或二人以上獲得相等票數，參議院應投票選舉其中一人為副總統。

國會得決定選舉選舉人之時間及選舉人投票之日期，該日期須全國一致。

漢彌頓認為此一選舉總統方法的設計，即使不能說是儘善（Perfect），至少也是極優（Excellent）。(註10) 他以為這一制度具有以下優點：(註11)

1. 人民對於總統的選舉，應有表示意見的機會，此乃憲法規定。總統雖非直接由人民選舉，但人民有權選舉總統選舉人，使他們對總統的產生仍有參與之感。

2. 總統選舉人對於總統候選人的資格，較一般人民具有更多的判斷力及分析力，故能對總統的選舉作更為明智的決定。

3. 總統選舉人數目單純，可免除人民直接投票選舉總統時的可能紛擾或動亂。

4. 一方面國會議員及政府官員均禁止為總統選舉人，他方面總統選舉人皆屬臨時性，其唯一的任務在投票選舉總統，如是必可避免總統的選舉受他人的事先操縱，從而免除總統當選後受他人制肘的可能性。

5. 總統選舉人的數目，與各州應得的參眾兩院議員名額相等，兼顧了小州的利益。

6. 總統選舉人對總統、副總統的選舉陷於僵局時，復有適當的補救方法，即由眾議院選舉總統，由參議院選舉副總統。

事實上當年漢彌頓對此制所想到的各種優點，也是當時一般美國人民的看法，所以憲法上關於總統選舉的規定，成為批准憲法過程中最不需要辯護的一項。(註12) 但此制有一潛在的缺點，即忽略了政黨的因素。在最初兩次選舉時，美國的政黨尚未顯著，運用時非常順利，加以華盛頓為眾望所歸，兩次都是全票當選。(註13) 到了一七九六年，傑佛遜（Thomas Jefferson）所領導的民主共和黨（Democratic-Republican Party）已經日益壯大，其實力雖仍較聯治派（Federalists，或稱聯邦黨 Federalist Party）為弱，但亞當斯（John Adams）的聲望不如華盛頓，所以選舉結果，亞當斯以七十一票當選為總統，傑佛遜以六十八票當選為副總統。總統、副總統屬於兩個不同的政黨，這是制憲諸公所沒有想到的，也使此制顯現了缺點。及至一八〇〇年，政黨的壁壘已極為分明，其時民主共和黨的實力已超過聯治派，處於較有利的地位。兩黨均由其國會的政黨會議（Congressional Caucus）各提出兩位候選人：聯治派的候選人為亞當斯及賓克尼（Charles Cotesworth Pinckney），而在該黨國會議員的心目中，希望亞當斯當選為總統，賓克尼當選為副總統；民主共和黨的候選人為傑佛遜及布爾（Aaron Burr），而該黨國會議員提他們兩人時的願望，是希望傑佛遜當選為總統，布爾當選為副總統。但選舉結果，傑、布兩人的票數相等，各為七十三票，聯治派的亞當斯得六十五票，賓克尼得六十四票，約翰·傑（John Jay）得一票。是年各州的總統選舉人共一三八人，每人投兩票，共為二七六票。傑、布所得的票數皆已超過選舉人之半（即七十票），而又相等，依上引憲法規定，遇此情形應由眾議院就得票相等的兩人中選舉一人為總統，而眾議院選舉總統投票時係以州為單位，不是以議員個人為單位。由於兩人同屬民主共和黨，而該黨議員又都希望傑佛遜當選為總統，布爾當選為副總統，故在該黨眾議員佔多數的州均投票支持傑佛遜；但聯治派份子却不讓民主共和黨遂其所願，故在該派議員佔先的各州均投票支持布爾。以致投票三十五次，歷時一週，仍然無法產生一位總統。最後還是漢彌頓出面，力勸聯治派份子放棄成見，顧全大局，作兩害相權取其輕的選擇，因傑、布兩人既均屬反對黨，而布的才能不如傑，不如選傑為總統也。於是在第三十六次投票時，傑佛遜始以十州的支持當選為總統，布爾得四州的支持當選為副總統，另有兩州投空白票。(註14) 漢彌頓與布爾本就不睦，經過這次事件後，更增加布爾對他的痛恨，終在其後的一次決鬥（duel）中為布爾所殺。(註15)

這次痛苦的經驗，發現了憲法規定的缺點。於是國會於一八○三年底通過一條憲法修正案，並於一八○四年九月廿五日經各州批准生效，明定此後總統、副總統的選舉，應由總統選舉人分別投票為之。此即憲法修正案第十二條，其規定如下：

> 選舉人應分別在其本州集會，投票選舉總統與副總統，其中至少應有一人非選舉人本州之居民；選舉人應於票上書明被選為總統之人名，並於另一票上書明被選為副總統之人名。並將被選為總統與被選為副總統的名單及各人所得票數，分別造具名冊，簽署並證明之，封寄合眾國所在地，逕交參議院議長。參議院議長應在參、眾兩院議員之前，開拆全部證明書，然後計算票數。凡得總統選舉票最多，而又超過選舉人總數之半者，即當選為總統。如無人得此項過半數，眾議院應即從被選為總統之名單上得票最多之前三名，投票選舉一人為總統。但選舉總統時應以州為單位投票，每州有一表決權；為此目的而舉行的眾議院會議，須有三分之二州之眾議員出席，以得過諸州之半數者為當選。**如眾議院有選舉總統之權而於次年三月四日尚未選出總統時，則由副總統執行總統職務，一如總統亡故或憲法所規定其他不能視事之情形然。**（筆者按：用黑體標注的一段已於憲法修正案第廿條第三項再加修正。）凡得副總統選舉票最多，而又超過選舉人總數之半者，即當選為副總統。如無人得此項過半數，參議院應從名單上得票最多之前二名，選舉一人為副總統。參議院選舉副總統時之法定人數，須有全體參議員三分之二的出席，以得全體參議員過半數票者為當選。憲法規定無資格當選為總統者，亦不得當選為合眾國副總統。

這一修正案與原憲法第二條第一項第三款的規定比較，主要不同之點有二：（1）原規定總統選舉人投票選舉總統時，每人票選二人，不必註明何人為總統何人為副總統。修正案規定，選舉人對總統、副總統的選舉應分別投票，即在一張票上註明選何人為總統，在另一張票上註明選何人為副總統。其目的在避免一八○○年的類似情形再度發生。（2）原規定眾議院選舉總統時，應就得票最多之前五名候選人中選舉一人。修正案將前五名減為前三名，以減少投票時之僵局。另有二點規定是新加入的，即：（1）如眾議院於次年三月四日尚未選出總統時，由副總統執行總統職務，一如總統亡故或憲法所規定其他不能視事之情形然。這一規定在憲法修正案第二十條中已有改變，且有更詳明的規定，可參閱該條第一項第三項及第四項。（2）凡無資格當選為總統者，亦無資格當選為副總統。這是因為原憲法對副總統候選人的資格欠缺規定，易滋糾紛，故特加明文定之。依憲法第二條第一項第四款的規定。須在美國出生之公民，年滿三十五歲，並在美國住滿十四年者，始得為總統候選人。(註16) 根據本修正案的後段規定，副總統候選人的資格與此完全相同。

二、現行總統選舉人制的實施

自一八〇四年憲法修正案第十二條批准生效後，美國總統選舉的方法迄今未有改變。憲法修正案第二十條規定總統就職的日期為一月二十日，縮短了眾議院選舉總統時的期限，即在一月二十日（憲法修正案第十二條規定為三月四日）眾議院不能選出總統時，應由副總統執行總統職務。此一時間的變更，雖形成對修正案第十二條的輕微修改，但於總統選舉的方法，並無實質的改變。故今日美國總統的選舉，仍係依據憲法第二條第一項的有關規定及修正案第十二條的新規定實施。其實際的運作可以分為兩個階段敘述。

1. 總統選舉人的產生

依憲法第二條第一項第二款前段規定，各州的總統選舉人由各州的州議會所定之程序產生。據此，各州的第一屆總統選舉人，由人民直接選舉者有德拉瓦、賓州、馬里蘭及維吉尼亞四州，由選民及州議會聯合選舉者有麻薩諸塞及新漢普夏兩州，其餘各州均由州議會選舉。[註17]一八三二年全國除南卡羅來納一州由州議會選舉外，均由人民直接選舉，一八六〇年南卡羅來納亦改為由人民選舉。[註18]自是以後，美國各州的總統選舉人均由人民直接投票產生。

在政黨政治之下，各州的總統選舉人均係先由政黨提名，再於大選日交由人民票決。政黨提名的方式，各州互不相同：有的由各州的政黨大會（State Party Convention）決定；有的由各黨的州黨部（State Party Committee）遴選；有的由各州的黨員初選（Primary）票決；而賓州更為特別，該州各黨的總統選舉人，係由各黨的總統候選人於各該黨的全國大會（National Party Convention）閉會後的三十天內任命之。[註19]總統選舉人遴選的標準，各黨大體相同，即以其對黨的貢獻及其在選民間的聲望為準。這是一種無給職，除赴州政府所在地投票選舉總統時，得領取按日計算的餐旅費外，別無其他報酬。但能代表人民投票選舉總統，畢竟也是一項榮譽，所以各地方的黨員對此一頭銜的競爭仍頗激烈。

總統選舉人由各黨提名後，其姓名是否列於十一月間大選的選票上，各州的規定亦不相同。有些州的選票將各黨的總統候選人及其所提名的總統選舉人并列；有的只列各黨的總統選舉人，不列總統候選人；有的只列總統候選人，不列總統選舉人。[註20]賓州的選票即屬於後者。因賓州為一個大州（依一九七〇年人口總調查，該州的人口僅次於加州及紐約，為全國第三大州），總統選舉人眾多（一九六八年為廿九名，一九七二年為廿七名），而凡在該州角逐總統的政黨，每黨均有一份總統選舉人名單，如一一列名其上，勢必使選票異常複雜。例如一九六八年大選時參加該州競選的政黨達七個之多，如將各黨的總統選舉人名單全部列名選票上，則選票上的總統選舉人即有二百零三人之多，外加各黨的參議員候選人、眾議員候選人及州議會議員候選人等，選票上的全部候選人名單將在二百五十人左右。面對這樣一份複雜的選票，將使選民投票時感到頭痛。為使選票簡單化，並減少選民投票時的困難，故賓州選舉法規定[註21]，大選票上只列各黨總統、副總統候選人姓名，不列各黨總統選舉人名單[註22]。

各州選票對於總統選舉人的列名方式雖不一致，但計票的方法則完全相同，即『勝者全得』（Winner-take-all）。易詞以言，凡某黨的總統候選人或總統選舉人在一州得票最多者，則該州的全部總統選舉人票均歸該黨所有。所以每次大選時選民投票完畢，只須計算各黨在各州總統選舉人當選的數目，即可判定何黨的總統候選人業已當選。現在美國各州總統選舉人的名額全部為五三八人，即參議員名額一百人，眾議員名額四三五人，加上哥倫比亞特區（即華府）的三人。凡一黨在各州當選的總統選舉人過此數之半者（即二七〇人），則該黨的總統候選人即告當選。

於此須再說明一點，即各州應得的總統選舉人數額。依憲法規定，各州選舉人的數額與其應選出的參議員與眾議員的總數相等。但各州眾議員名額係依其人口分配，而人口常有增減，所以各州眾議員的名額並不固定。自一七九〇年以來，美國的人口每十年實行總調查一次，各州眾議員的名額也隨着變動一次，其總統選舉人數自亦相應調整。茲將聯邦成立以來各州應得總統選舉人配額列表於下：

自美國聯邦成立以來各州總統選舉人配額一覽表(註23)

說明：
(1) 原十三州參加聯邦的日期，以其批准憲法的日期為準。
(2) 原憲法對於十三州眾議員的配額見於第一條第一項第三款，本表所謂憲法上配額，係將各州的眾議員配額加二而得。
(3) 一九二〇年人口調查後，各州的眾議員配額依舊，即總統選舉人數目與1910年代同，故本表從缺。
(4) 哥倫比亞特區（即華府）的總統選舉人數額，係依憲法修正案第廿三條而得。
(5) 人口多少次序以1970年人口調查為準。

州名	憲法上配額	1790	1800	1810	1820	1830	1840	1850	1860	1870	1880	1890	1900	1910	1930	1940	1950	1960	1970	參加聯邦日期	人口多少次序	面積大小次序
阿拉巴馬					3	7	9	9	8	10	10	11	11	12	11	11	11	10	9	1819,12,14	21	29
阿拉斯加																		3	3	1959,1,3	51	1
阿利桑那														3	3	4	4	5	6	1912,2,14	33	6
阿肯色							3	4	5	6	7	8	9	9	9	9	8	6	6	1836,6,15	32	27
加利福尼亞								4	5	6	8	9	10	13	22	25	32	40	45	1850,9,9	1	3
科羅拉多											3	4	5	6	6	6	6	6	7	1876,8,1	30	8
康納狄克	7	9	9	9	8	8	6	6	6	6	6	6	7	7	8	8	8	8	8	1788,1,9	24	48
德拉瓦	3	3	3	4	3	3	3	3	3	3	3	3	3	3	3	3	3	3	3	1787,12,7	47	49
佛羅里達								3	3	4	4	4	5	6	7	8	10	14	17	1845,3,3	9	22
喬治亞	5	4	6	8	9	11	10	10	9	11	12	13	13	14	12	12	12	12	12	1788,1,2	15	21
夏威夷																		4	4	1959,3,18	40	47
艾達荷												3	3	4	4	4	4	4	4	1890,7,3	43	13
伊利諾					3	5	9	11	16	21	22	24	27	29	29	28	27	26	26	1818,12,3	5	24
印地安那					5	9	12	13	13	15	15	15	15	15	14	13	13	13	13	1816,12,16	11	38
愛阿華								4	8	11	13	13	13	13	11	10	10	9	8	1846,12,28	25	25
堪薩斯									3	5	9	10	10	10	9	8	8	7	7	1861,1,29	28	14
青塔基			8	12	14	15	12	12	11	12	13	13	13	13	11	11	10	9	9	1792,6,1	23	37
路易斯安那				3	5	5	6	6	7	8	8	8	9	10	10	10	10	10	10	1812,4,30	20	31
緬因					9	10	9	8	7	7	6	6	6	6	5	5	5	4	4	1820,3,15	38	39
馬里蘭	8	10	11	11	11	10	8	8	7	8	8	8	8	8	8	8	9	10	10	1788,4,28	18	42
麻薩諸塞	10	16	19	15	15	14	12	13	12	13	14	15	16	18	17	16	16	14	14	1788,2,6	10	45
密西根							5	6	8	11	13	14	14	15	19	19	20	21	21	1837,1,26	7	28

（續上表）

州 名	憲法上配額	1790	1800	1810	1820	1830	1840	1850	1860	1870	1880	1890	1900	1910	1930	1940	1950	1960	1970	參加聯邦日期	人口多少次序	面積大小次序
明尼蘇達																				1858,5,11	19	12
密西西比				3	3	4	6	4	7	5	7	9	10	10	11	9	8	7	7	1817,12,10	29	32
米蘇里					3	4	7	9	11	15	16	17	18	18	15	15	13	12	12	1821,8,10	13	19
蒙他拿											3	3	3	4	4	4	4	4	4	1889,11,8	44	4
內布拉斯加											3	3	3	3	3	3	3	3	3	1867,3,1	35	15
內華達	5	6	7	8	8	7	6	5	3	3	3	4	3	3	3	3	3	3	3	1864,10,31	48	7
新漢普夏	6	7	8	8	8	8	7	7	5	5	4	4	4	4	4	4	4	4	4	1788,6,21	42	44
新澤西											9	10	12	14	16	16	16	17	17	1787,12,18	8	46
新墨西哥														3	3	4	4	4	4	1912,1,6	37	5
紐約	8	12	19	29	36	42	36	35	33	35	36	36	39	45	47	47	45	43	41	1788,7,26	2	30
北卡羅來納	7	12	14	15	15	15	11	10	9	10	11	11	12	12	13	14	14	13	13	1789,11,21	12	28
北達科他											3	3	4	5	4	4	4	4	3	1889,11,2	46	17
俄亥俄			3	8	16	21	23	23	21	22	23	23	23	24	26	25	25	26	25	1803,3,1	6	35
奧克拉荷馬														7	11	10	8	8	8	1907,11,16	27	18
奧勒岡									3	3	3	4	4	5	5	6	6	6	6	1859,2,14	31	10
賓夕凡尼亞	10	15	20	25	28	30	26	27	26	29	30	32	34	33	36	35	32	29	27	1787,12,12	3	33
羅德島	3	4	4	4	4	4	4	4	4	4	4	4	4	5	4	4	4	4	4	1790,5,29	39	50
南卡羅來納	7	8	10	11	11	11	9	8	6	7	9	9	9	9	8	8	8	8	8	1788,5,23	26	40
南達科他											4	4	4	5	4	4	4	4	4	1889,11,2	45	16
田納西		3	5	8	11	15	13	12	10	12	12	12	12	12	11	12	11	11	10	1796,6,1	17	34
德克薩斯							4	4	6	8	13	15	18	20	23	23	24	25	26	1845,12,29	4	2
猶他												3	3	4	4	4	4	4	4	1896,1,4	36	11
佛蒙特		4	6	8	7	7	6	5	5	4	4	4	4	4	3	3	3	3	3	1791,1,10	49	43
維吉尼亞	12	21	24	25	24	23	17	15	13	11	12	12	12	12	11	11	12	12	12	1788,6,25	14	36
華盛頓												4	5	7	8	8	9	9	9	1889,11,11	22	20
西維吉尼亞										5	6	6	7	8	8	8	8	7	6	1863,6,20	34	41

（續上表）

州名	憲法上配額	1790	1800	1810	1820	1830	1840	1850	1860	1870	1880	1890	1900	1910	1930	1940	1950	1960	1970	參加聯邦日期	人口多少次序	面積大小次序
威斯康辛							4	5	8	10	11	12	13	13	12	12	12	12	11	1848,5,29	16	26
懷俄明											3	3	3	3	3	3	3	3	3	1890,7,10	50	9
哥倫比亞特區																		3	3		40	51
共計	91	138	176	232	261	294	294	303	315	369	420	447	483	531	531	531	537	538	538			

2. 總統選舉人的投票

各州總統選舉人投票選舉總統的地點，為各州的首府，然其投票的日期則經過多次改變。依大陸議會（Continental Congress）一七八八年九月十三日的一項決議，各州的總統選舉人應於一七八九年一月的第一個星期三（即一月七日）產生，選舉人應於一七八九年二月的第一個星期三（即二月四日）投票選舉總統。(註24) 一七九二年三月一日國會通過法律(註25)，規定各州總統選舉人應於十二月第一個星期三前的三十四天內集會選舉總統。一八八七年二月三日國會修改法律(註26)，將選舉人集會選舉總統的日期改為二月的第二個星期三。一九三四年六月五日國會再修改法律(註27)，將上述集會的日期改為十二月第二個星期三後的星期一。自是以後，總統選舉人集會投票的日期未再改變。

總統選舉人在各州首府集會選舉總統時，係由各州州務卿召集。投票時每一選舉人須圈選一式六份選票，每一選票上列舉各黨的總統、副總統候選人。選舉人於在各份選票上圈選總統、副總統後，須在每份選票上簽名並證明其正確無誤。其中的一份以掛號郵件逕寄華府的國會參議院議長（即在任的副總統）。兩份交由州務卿保存，其中之一供人民查閱，另一供參議院議長備索，即如掛號郵寄的一份遺失或損壞時，參議院議長得要求州務卿補寄一份。兩份以掛號郵件寄給聯邦政府的國務卿，其功用與州務卿所保管的兩份相同。另一份給該管的聯邦區域法院存查。(註28)

由於各州的計票方法，都採用『勝者全得』的原則，故各州選出的總統選舉人，皆屬於同一政黨。雖然法律未規定，本黨的總統選舉人應投本黨總統候選人的票，但在截至一九六八年為止的美國總統選舉史上，在全部一萬六千五百十位的總統選舉人中，不依黨籍投票者，前後不過六人而已。(註29) 即：一七九六年賓州的一位聯治派的總統選舉人邁爾斯（Samuel Miles）不投其本黨的候選人亞當斯，而改投民主共和黨的傑佛遜。一八二〇年新漢普夏州的一位民主共和黨的總統選舉人浦拉默（William Plumer）不投其本黨的總統候選人門羅（James Monroe），而投無黨派的候選人小亞當斯（John Quincy Adams）。一九四八年田納西州的一位民主黨選舉人派克斯（Preston Parks）不投其本黨的杜魯門（Harry S. Truman），而改投州權黨的候選人塞蒙（J. Strom Thurmond）。一九五六年阿拉巴馬州民主黨的選舉人杜納（W. F. Turner），不投其本黨的候選人史蒂文生（Adlai E. Stevenson），而自作主張改投其本州的法官瓊新（Judge Walter B. Jones）。一九六〇年奧克拉荷馬州的共和黨選舉人爾溫（Henry D. Irwin）不投其本黨的尼克森（Richard M. Nixon），而投民主黨參議員拜德（Harry F. Byrd）。一九六八年北卡羅來納州的共和黨選舉人柏利（Lloyd W. Bailey）不投其本黨的尼克森，而改投獨立黨的總統候選人華萊士（George C. Wallace）。(註30) 所以在政黨政治之下，總統選舉人投票選舉總統，只是一種形式，事實上何人當選總統，在十一月間的大選中早已決定了。誠如狄克遜（Rebert G. Dixon, Jr.）所言：『總統選舉團投票而不決定。』（The electoral college votes but does not decide.）(註31)

國會參議院議長於收齊各州的總統選舉人票後，依法(註32)應於一月六日召集兩院聯席會議，當眾開拆各州的選舉人票，然後計算各黨總統、副總統候選人所得的票數，凡得票過全體總統選舉人票之半者（即二七〇票），正式當選為總統。副總統的當選票數與此同。如無總統候選人得此項過半數票，則依憲法修正案第十二條的規定，眾議院應即自得票最多的總統候選人中之前三名，選舉一人為總統。(註33) 眾議院選舉總統時係以州為單位，即每州只有一個表決權，集會時須有三分之二州的出席，以得過半數州的可決為當選（現在美國共有五十州，過半數為二十六州）。如無副總統候選人得選舉人票之過半數，則參議院應就得票最多之副總統候選中之前二名，選舉一人為副總統。(註34) 參議院選舉副總統時，須有全體參議員三分之二的出席,以得全體參議員過半數票為當選。現在參議員共有一百人,過半數為五十一人。

三、總統選舉人制的缺點

如前所述,自一八〇四年以來,美國總統的選舉方法即未再改變。就過去一百七十年的經驗看來,此制可以說利弊互見。它的優點,早已由參加制憲的漢彌頓提出(見前述)。實則除漢彌頓提到的各項外,另有一項最大的優點,即此制培養了美國兩黨制的發展。由於制憲時美國的政黨尚未發生,這個優點漢彌頓及其他制憲諸公都未曾想到,但這一古老的總統選舉制度所以至今沒有修改,這個優點的存在却成為主要因素之一。

凡事有利必有弊,政治制度更不例外。當年漢彌頓只見其利未見其弊,所以他對此制的缺點概未提及。實則此制的缺點亦不在少,歸納言之,可得下列諸端。

1. 產生票少當選的總統

由於各州的總統選舉人都是以全州為一個單位(Unit System)選舉,而其當選與否又以較多數決定之,即凡某黨在一州所得的普選票只須較他黨多一票,則該州所有的總統選舉人全歸該黨所得。在這種情形下,設若甲黨在得勝的各州所獲的普選票都是壓倒多數,而在失敗的各州所負的票數又僅是少數的差額,亦即乙黨在得勝的各州都是小勝,而在失敗的各州都是大敗。這樣就可能產生一種反常的選舉結果:乙黨所得的普選票較少,但其所得的總統選舉人票可能較多,而告當選;甲黨所得的普選票較多,但其所得的總統選舉人票可能反較少,而告落選。在這種情形下所當選的總統,美國人習稱為『票少當選的總統』(Minority President)。所謂『票少當選的總統』,就狹義說,係指總統當選人所得的普選票較落選人為少者而言。如就廣義說,則凡總統當選人所得的普選票,不及全國選民實際投票數之過半者,皆屬之,迄今(一九七三)已有十五次之多。(註35)廣義的『票少當選的總統』與現行的總統選舉人制並無必然的因果關係,這裏姑置勿論。但狹義的『票少當選的總統』,則係現行總統選舉人制下的直接產物,這種情形在美國歷史上迄已發生過三次。(註36)即:一八二四年小亞當斯(John Quincy Adams)得普選票115,696票(31.9%),傑克遜得152,933票(42.2%),但小亞當斯當選總統。(註37)一八七六年海斯(Rutherford B. Hayes)得4,035,924票(47.9%),狄爾登(Samuel J. Tilden)得4,287,670票(50.9%),海斯當選總統。(註38)一八八八年哈里遜(Benjamin Harrison)得5,445,269票(47.8%),克利夫蘭(Grover Cleveland)得5,540,365票(48.6%),哈里遜當選總統。一八二四年及一八七六年的情形較為特別,不能作準,但一八八八年的情形則純係由於『勝者全得』的選舉制度使然。前面的文字說明也許還不夠清楚,茲再以數字(都是假定)表示,藉助瞭解:

州名	甲黨總統候選人		乙黨總統候選人	
	總統選舉人票	普選票	總統選舉人票	普選票
加州	45	4,000,000	0	2,000,000
紐約	0	2,900,000	41	3,000,000
賓州	0	1,900,000	27	2,000,000
總計	45	8,800,000	68	7,000,000

從上表所示,甲黨的總統候選人在加州以二百萬票的壓倒多數獲勝,依『勝者全得』的原則獲得該州的全部四十五張總統選舉人票。乙黨的總統候選人在紐約及賓州各以十萬票的輕微多數得勝,亦依『勝者全得』的原則,獲得此二州的全部總統選舉人票共六十八票。三州選舉結果的總計,甲得普選票八百八十萬票,選舉人票四十五票,乙得普選票七百萬票,選舉人票六十八票,乙當選總統。甲的普選票較乙多一百八十萬票反告落選,其不公平,顯而易見。值得注意者,這種情形雖曾發生於十九世紀,但在本世紀尚未發生過。

2. 總統選舉人不依黨籍投票,可能影響選舉結果

總統選舉人各依其獨立的判斷,投票選舉其所認為最理想的總統,原是制憲諸公所最希望的結果,所以漢彌頓認為這是此制的優點之一(見前述)。但自政黨發生後,這項原始的優點,反而構成對政黨政治的一項威脅。因為今日的美國總統選舉人都是由各政黨提名,人民選舉他們,乃係希望他們根據民意選舉其本黨的總統。但在現行制度下,各黨的總統選舉人投票選舉其本黨的總統候選人,只是一項認為當然的成例,各州的法律並無明文規定。跨黨投票的情事,過去雖只發生過六次(見前述),但在兩黨候選人得票極接近的情形下,也許一票之差,即可能使勝敗易位。果如此,將使少數人強姦多數民意。而在政黨紀律不嚴的美國,加以沒有法律的約束,這種可能性不能說絕無,故為此制的一個隱憂。

3. 小黨可能影響大局

前面說到,現行總統選舉人制的最大優點,就是有培養美國兩黨政治的功能,然則為什麼小黨又可能影響大局呢?這一可能性最好以數字來加說明。現在的美國總統選舉人共為五三八人。凡總統候選人得票過此數之半者(即二七○票)即告當選。今假設十一月大選結果,甲黨候選人得二六八票,乙黨候選人得二六七票,丙黨候選人得三票。在此情形下丙黨雖僅有三票,但處於舉足輕重的地位。因為在十二月間總統選舉人正式投票選舉總統時,丙黨候選人如指定其所得的三張總統選舉人票,改投甲黨則甲黨勝,改投乙黨則乙黨勝,處此微妙的情勢,甲、乙兩黨將不惜以任何代價換取此三票,從而使丙黨得以極少的票數換取極大的政治利益或權位,而使美國的民主政治蒙受污點。一九六八年華萊士(George C. Wallace,阿拉巴馬州長)以美國獨立黨的候選人出而競選總統,許多人即有此恐懼。

再者,假設甲、乙兩黨的票數果然如此接近,則雖丙黨的三票不轉讓,亦可能發生第 2 項缺點的危險。即如乙黨的選舉人二人改投甲黨則甲黨勝,反之,如甲黨的選舉人三人改投乙黨則乙黨勝。故上述數字的說明,也可作為第 2 項缺點的一項補充解釋。

4. 選票價值相差懸殊

根據憲法規定,各州應得的總統選舉人數額,與其應得參、眾兩院議員的總數相等。依一九七○年全國人口調查,阿拉斯加州的人口為 302,173 人,總統選舉人的配額為三人(兩位參議員,一位眾議員),加州的人口為 19,953,134 人,總統選舉人為四十五人。[註39] 據此,阿州的每一總統選舉人票代表 100,724 人,加州的每一選舉票代表 443,403 人,即加州每一總統選舉票的價值不及阿州的四分之一,這不但有違民主的基本精神,更是對最高法院所定『一人一票』(One Person, One Vote)原則[註40]的一大諷刺。於此有應注意

者,這一缺點正是當年漢彌頓所提到的此制的優點之一,因為它兼顧了小州的利益。卽在今日,大州固認此為一缺點,但就小州的立場言,它仍然是一個優點,而形成對此制改革的一大障碍。

5. 衆議院選舉總統不能反映民意

與前項缺點有關的,是總統選舉人不能選出總統時,由衆議院選舉。依憲法規定,衆議院選舉總統時,不是以議員個人為單位,而以州為單位,卽每州算一票,凡得票過各州之半者(卽廿六州)為當選。根據一九七〇年的人口統計,全美人口總數為 203,184,772 人。假如這廿六州均為小州,則其所代表的人口只約三千二百萬,如以此當選總統,無異以三千二百萬人擊敗一億七千多萬人,何能說是代表民意!當然這只是一個極小的或然率,但也不能說絕無此可能。

6. 壓倒勝利似是而非

通常所謂壓倒性勝利,多以所得總統選舉人票的多寡為準。但如前所述,這種制度旣可能產生『票少當選的總統』,則所謂壓倒性勝利,常常似是而非。例如一九三六年大選時,民主黨的羅斯福得普選票 60.8%,總統選舉人票 98.5%(五二三票),共和黨的候選人蘭當(Alfred M. Landen)得普選票 36.5%,選舉人票 1.5%(八票)。以總統選舉人票比較,兩人固相差極為懸殊,但就普選票比較,則不及三對二,所謂美國歷史上最大的壓倒性勝利,不過如此而已。一九七二年尼克森與麥高文的情形也大致相若,但因麥的選舉人票只有十七票,而尼則囊括了四十九州的五二一票,所以一般人把麥形容得一文不值,實則也是過火。故洛奇(Henry Cabot Lodge, Jr.)稱此為『壓倒心理罪惡』(The Landslide Psychology Evil)[註41]。

7. 減少人民投票興趣

在政黨强弱分明的區域,如過去所謂『堅强的南方』(The Solid South),及現在人口集中的各大都市,多屬民主黨的天下(一九七二年大選時,許多民主黨員都投尼克森的票,情勢特殊,不能作準),往往不需投票卽勝敗已分。在這種情形下,實力較弱的政黨選民,對於總統選舉的投票不免興趣索然。因總統選舉人旣屬『勝者全得』,則彼等投票與否,對於選舉的結果殊少影響也。

四、總統選舉人制的改革

現行總統選舉人制因有種種缺點,故自一八〇四年憲法修正案第十二條批准生效以後,改革的呼聲仍然史不絕書。事實上自十九世紀初葉以降,每屆國會都有或多或少的改革案提出。[註42] 這些改革案名目繁多,不勝枚舉,就其主要者言,可得四案,卽:直接選舉案(The Direct-Vote Plan),動選舉案(The Automatic Plan),區域選舉案(The District Plan),比例選舉案(The Proportional Plan)。茲分述如下:

1. 直接選舉案

本案的目的在根本廢止現行的總統選舉人制,而改由人民直接選舉。依其建議,總統選舉不是以州為單位,而是以全國為單位,卽凡候選人得票較多,而其所得票數又超過全國選民實際投票數之 40% 者,當選為總統。如無候選人獲得此種 40% 票數時,則就得票較多之前二名候選人,由人民重選一次,以得票較多者為當選。(註43)

此案的優點:總統由人民直接選舉,不再經過總統選舉人的轉折,可避免票少當選總統的情事;符合『一人一票』的原則,而增加人民的投票興趣;杜絕小黨討價還價的流弊;免除眾議院選舉總統時不民主的現象;根絕選舉人跨黨投票而影響選舉結果的可能性。由於此案具有上述優點,故美國律師公會(American Bar Association)稱其為『最直接且最民主的選舉總統方法』。(註44)民間團體如美國工聯(AFL-CIO)亦表支持。(註45)興論如『紐約時報』(The New York Times)更備致讚揚。(註46)事實上此案曾於一九六九年九月十八日以三三九票對七十票的壓倒多數通過於眾議院,但在參議院因小州議員的反對而被打銷。(註47)

其缺點:凡得票過 40% 者即當選總統,有違民主多數決的原則,且有鼓勵小黨參加競選以分散大黨票數的機會;增加第二次投票的可能性,而使總統選舉陷於不定狀態,導致國家危機;減少小州對總統選舉的影響,有損聯邦精神;易使總統候選人專注重於人口密集的大都市及人口眾多的大州,而這些地區的人民多傾向於激進,故可能產生激進的總統。最後二個缺點特別重要,因為此案在參議院遭否決,主要是因為小州不願放棄其既得利益,及害怕產生激進的總統。

2. 自動選舉案

此案主張每州應得的總統選票人數目,仍依現行憲法的規定,即等於其參議員與眾議員名額的總和。但各州的總統選舉人應依民意投票,不得自作主張。凡總統候選人得各州普選票最多者,則該州總統選舉人票自動歸其所有,而候選人在全國各州所得的普選票最多且其總統選舉人票又超過全部的 40% 者,即當選為總統。如候選人在全國所得的普選票最多但其所得的總統選舉人票未超過 40%,或其總統選舉人超過 40% 但其普選票並非全國最多,則由人民就得普選票較多之前二名總統候選人中,直接投票重選,以得普選票較多者為當選。(註48)

這一提案旨在維持現制的基本原則下,作必要而合理的改革。其優點:可避免票少當選總統的現象,因為規定得全國普選票最多為當選的要件之一;『勝者全得』的原則載諸憲法,可免除選舉人跨黨投票影響選舉結果的危險;重選時由人民直接為之,廢止眾議院選舉總統的不民主辦法;各州的總統選舉人數目維持不變,顧到了小州的利益。

其缺點:此案既原則上在維持現有的制度,則現制的缺點,除前段所述的各點有改善外,其餘仍然存在。且規定只須得 40% 的選舉人票即可能當選,增加大州左右總統選舉的機會,而總統重選時由人民直接投票產生,更對小州不利,實為此案的最大缺點。

3. 區域選舉案

本案將總統選舉人由各州分區選舉之,即由每一眾議員選區選舉一位總統選舉人,而由全州選舉兩位總統選舉人,其方式與各州參、眾兩院議員的選舉相同。各區的總統選舉人以得各該區選票較多者為當選。但當選的選舉人應依其政黨投票,不得改投他黨總統候選人。凡候選人得全國總統選舉人之過半數者,當選為總統。如兩位候選人各得總統選舉人之半數,則以得普選票多者為當選。如無人獲總統選舉人票之過半數,則由參、眾兩院聯席會議,就得總統選舉人票較多之前三名候選人,選舉一人。以得兩院議員投票之過半數者為當選。如再無人當選,則國會應就得票較多之前二名,再舉行投票,以得票較多者

為當選。(註49)

此案與現制主要不同者有三：（1）總統選舉人的產生不以州為單位，而以各州參、眾兩院議員的選區為單位。（2）如兩位總統候選人各得總統選舉人票之半，則以得普選票較多者為當選。（3）如無人得總統選舉人票之過半數，則由國會的參、眾兩院聯合選舉總統。

其優點：可以減少票少當選總統的機會；總統選舉人規定應投其本黨候選人的票，故跨黨投票的事不致發生；維持總統選舉人的分配法，兼顧了小州的利益；國會選舉總統時，由兩院聯席會議為之，而投票以議員個人為單位，改正了過去由眾議院選舉，以州為單位投票的不民主辦法；總統選舉人分區產生，更能引起人民的投票興趣。

其缺點：分區選舉使大州的勢力分散，而減少其對總統選舉的影響力；由於選區縮小，有利於小黨的活動，他們雖無法勝得大選，但因票數的分散，易使選舉陷於僵局，故可能鼓勵小黨的出現；分區制將使州政府的權力增加，在政黨實力相差懸殊的州，將使『竊利蠻得』（Gerrymander）的情事層出不窮；各州總統選舉人的配額既未改變，則大州與小州選票的價值相差極大，有違『一人一票』的原則；由於人口密集的大都市多屬民主黨的天下，分區選舉使其實力分散，而有利於共和黨。據皮爾斯（Neal R. Peirce）統計，如此制實施於一九六〇年，則甘迺迪（John F. Kennedy）的總統選舉人票，將自三〇三票降至二四五票，而尼克森的選舉人票則自二一九票增至二七八票，尼克森當選總統。(註50)可見此制對民主黨的影響之大。

4. 比例選舉案

此案是廢除總統選舉人，而保留各州的總統選舉票。各州的總統選舉票，由各總統候選人在各州所得的普選票比例分配之。凡在全國得總統選舉票最多，而又超過全部總統選舉票之40%者，當選為總統。如無候選人得過40%的總統選舉票，或兩位候選人均得40%以上而又票數相等時，則由國會兩院聯席會議，就得總統選舉票較多之前二名候選人，以議員個人為單位，投票選舉一人為總統，以得投票者之過半數為當選。(註51)

本案的優點：可避免票少當選的總統；防止一黨操縱一州的現象；保護小州的利益；消除似是而非的壓倒勝利的心理；使少數團體得有表現意見的機會，增加人民的投票興趣，而使總統的產生更能反映民意。(註52)

其最大的缺點，在於比例選舉有助於小黨的出現，而妨害美國兩黨制的健全發展。因為在單一選區制之下，無論一州或一區，小黨得勝的機會都不大。而在比例制之下，任何一個小黨，只需得到分散全州各地少數人的支持，即可能依比例分得少數總統選舉票，如是，將使大黨的實力減少，增加總統選舉陷於僵局的可能。更有進者，假如小黨不斷增加，到了他們得票的實力超過40%時，則各小黨聯合起來，公推一個候選人，可能使其擊敗大黨而當選。果如此，美國將出現聯合政府的狀態，這是美國人所不願見的。其次，各州的總統選舉票既依比例分配，則已失去以州為單位的意義，所謂小州利益的保護，徒託空言而已。復次，比例選舉將使各州對於總統選舉的規制權沒有行使的餘地，有失聯邦制的精神。再次，由於小黨得票的機會增加，選票因而分散，而該案規定只須40%即可當選，勢將增加非多數當選總統（Non-majority President）的可能性，而減少人民對總統職位的尊重。

五、展　望

綜上所述，現行美國總統選舉人制固有許多缺點，但亦不乏優點，而各種改革案也是利弊互見，可見一個理想的總統選舉制實在難求。就時下朝野人士對各種改革案的偏向言，保守份子多傾向於區域選舉案，自由份子對直接選舉案最感興趣，學者專家則偏愛自動選舉案或維持現制，而比例選舉案最不受人重視。(註53)

如就四大改革案成為憲法修正案的可能性而言，直接選舉案根本廢止總統選舉人制，比例選舉案分散各州的總統選舉人票，皆對小州不利，如小州不願放棄其既得的利益，根本無通過的可能。區域選舉案雖保留了各州的總統選舉人，可望不致受到小州的反對，但有妨害兩黨制發展的可能，且為自由份子所不喜，通過的可能性亦不多。自動選舉案保留了現制的基本精神，而又改正了其基本缺點，似乎阻力最少。但保守派認為其基本精神既與現制相合，而其所要改正的現制缺點，在本世紀內又很少發生，故主張一動不如一靜，不必多事更張。而自由派則認為其改革不夠徹底，對之缺乏興趣。故此案雖受學者專家的重視與讚揚，但因目前自由、保守兩派對它都不熱衷，似乎在可預見的將來，成為事實的機會亦不大。

一九六九年二月六日，華府的 Brookings Institute 曾就美國的總統選舉制度問題，舉辦一次研討會，與會的十六人皆各大學的主要教授或著名專家。(註54) 會中得到一項結論，認為一個理想的總統選舉制度，應具備下列四項標準：(註55) (1) 選舉程序應確保能迅速選出一位明顯勝利的總統。(2) 選舉方法必須民主，凡得人民選票最多者為當選。(3) 當選的票數應具有適當的多數，卽所得的普選票至少應在比較多數與絕對多數之間，藉使總統取得人民的尊敬與信任。(4) 選舉制度不能妨害兩黨制的發展。

如以此四項標準來衡量現行制度，可得如下的結果：

就迅速選出明顯勝利的總統言，現制有三次不符此項標準，卽一八〇〇年的傑佛遜及一八二四年的小亞當斯，均因未獲總統選舉人票的過半數，而由眾議院選舉產生，及一八七六年的海斯，因有廿張總統選舉票發生糾紛，不能於大選時確定誰當選，而於其後由國會組織的一個特別委員會判定其當選。但自彼時至今近百年，未再發生類似情事。

就得人民選票最多者為當選而言，現制也有三次不合此標準，卽一八二四年的亞當斯、一八七六年的海斯，及一八八八年的哈里遜，其所得的普選票均較落選者為少，卽狹義的所謂『票少當選的總統』(Minority President)。但類似情形在本世紀內尚未發生過。

就當選的票數具有適當的多數而言，在全部四十八次總統選舉中，三次當選的普選票少於比較多數（卽前段的三次），十二次在比較多數與絕對多數之間，其餘均超過普選票的 50%。(註56)

就不妨害兩黨制的發展言，現制與此項標準完全符合，因為促進及培養美國的兩黨制，正是現制的最大特色。

合而言之，在過去四十八次總統選舉中（截至一九七二年為止），除四次不合上述標準外，其餘均大致相符。故論者認為現制乃係最好的美國總統選舉制度。(註57) 實則，這也是各種改革案至今無法通過的原因所在。是故，設若美國的總統選舉沒有意想不到的風波發生，則在可預見的將來，現行制度似將仍是一個拖下去的局面。

附註

註1：所謂 Electoral College，只是由美國憲法上的規定而導出的一個學名，憲法上並沒有這個名詞，實際上也沒有這個機關。它的唯一任務是代表人民投票選舉總統、副總統，一經投票完畢，即失去其身份。

註2：Max Farrand, *Records of Federal Convention of 1787* (New Haven, Conn.: Yale University Press, 1937), Vol. 2, p. 501.

註3：所謂『維吉尼亞草案』乃係維吉尼亞參加制憲的代表團於抵達費城後，在麥迪遜（James Madisen）的領導下所草擬的十五項憲法建議案，而於一七八七年五月二十九日由該州州長倫道夫（Edmund Randolph）向大會提出，因其建議多係顧全大州的利益，故被認為是代表大州利益的典型提案。所謂『新澤西草案』乃係於六月十五日由新澤西的派特遜（William Paterson）代表該州向大會提出的九項憲法建議案，因其建議多在維護小州的利益，僉認為代表小州利益的典型提案。兩案全文均見 *Documents Illustrative of the Formation of the Union of the American States* (Washington, D. C.: U. S. Government Printing Office, 1927), pp. 953 – 956, 967 – 970. See also: H. Malcolm MacDonald, et al, ed. *Outside Readings in American Government* (2nd ed. New York: Thomas Y. Crowell Co., 1953), pp. 29 – 34.

註4：Arthur Taylor Prescott, *Drafting the Federal Constitution*; A Rearrangement of Madison's Notes Giving Consecutive Developments of Provisions in the Constitution of the United States, Supplemented by Documents Pertaining to the Philadelphia Convention and to Ratification Processes, and Including Insertions by the Compiler (New York: Greenwood Press, 1968), p. 564.

註5：制憲會議關於總統選舉方法的提案、辯論及投票，詳見 *Ibid.*, pp. 556 – 592, 621 – 653.

註6：Edward S. Corwin and J. W. Paltason, *Understanding the Constitution* (4th ed. New York: Holt, Rinehart and Winston, 1967), p. 72.

註7：Prescott, *op. cit.*, pp. 557 – 560, 564.

註8：Gaylon L. Caldwell and Robert M. Lawrence, *American Government Today* (Rev. ed. New York: W. W. Norton & Co., 1969), p. 236. See also: Frederic A. Ogg and P. Orman Ray, *Introduction to American Government* (New York: D. Appleton-Century Co., 1938), p. 210.

註9：*Ibid.*

註10：Alexander Hamilton, "The System of Electing the President", in No. LXII of *The Federalist*. A Collection of Essays by Alexander Hamilton, John Jay and James Madison; Interpreting the Constitution of the United States as Agreed Upon by the Federal Convention, September 17, 1787; With a Special Introduction by Goldwin Smith (New York: Willey Book Co., 1901), p. 375.

所謂 *The Federalist*，乃是一本論文集，共含八十五篇文章，於一七八七年冬天及一七八八年春、夏季發表於紐約各報。各篇內容均係對憲法上的各種規定提出解釋及辯護，以促使各州，特別是紐約州的批准。這八十五篇論文是由漢彌頓、傑氏及麥迪遜三人分別撰寫。漢彌頓寫得最多，計六十三篇，麥迪遜次之，為十四篇，傑氏最少，僅五篇，其餘三篇為漢彌頓及麥迪遜合寫。當初發表時，均未署名，概以筆名 Publius 出之，各篇著者的名字乃其後麥迪遜所加入。此書成為後世研究美國憲法者最基本而不可或缺的名著。此書的版本甚多，但各篇的內容相同，惟對著者及論文的篇次頗有差異，為本註所引漢彌頓的一篇，筆者所據的版本排在第六十七篇，但有些版本却排在第六十八篇。

註11：*Ibid.*, pp. 375-379.

註12：Ogg and Ray, *op. cit.*, p. 210.

註13：Joseph Nathan Kane, *Facts About the Presidents* (Rev. ed. New York: H. W. Wilson Co., 1964), pp. 6-8.

註14：*Ibid.*, p. 40.

註15：Richard B. Morris, ed., *Encyclopedia of American History* (Rev. & Enl. ed. New York: Harper & Row, 1961) p. 719. See also: Caldwell and Lawrence, *op. cit.*, p. 237.

註16：關於美國總統候選人資格的有關問題，請參閱拙著『漫談美國總統選舉』，載『美國研究』第二卷第三期（一九七二年九月），頁二七五至二七八。

註17：Robert G. Dixon, Jr., "Electoral College Procedure," *The Western Political Quarterly*, Ⅲ (June 1950), pp. 214-224.

註18：John H. Ferguson and Dean E. McHenry, *The American Federal Government* (5th ed. New York: McGraw-Hill, 1959), p. 290.

註19：關於各州總統選舉人的提名方式，參閱：Richard D. Hupman, et al., *Nomination and Election of the President and Vice President of the United States* (Washington, D. C.: U. S. Government Printing Office, 1964), pp. 171-235.

註20：*Ibid.*

註21：*Ibid.*, pp. 223-224.

註22：賓州大選票樣本，見拙著『漫談美國總統選舉』附件三，載『美國研究』第二卷第三期（一九七二年九月出版）。

註23：*Biographical Directory of the American Congress*, 1774—1971 (Washington, D. C.: U. S. Government Printing Office, 1971), p. 47. 按該處表中數字係各州眾議員配額，本表係將各州的眾議員數加二而成。

註24：Kane, *op. cit.*, p. 310.

註25：1 Stat. 239.

註26：24 Stat. 373.

註27：48 Stat. 879.

註28：Dixon, *op. cit.*, p. 222.

註29：Wallace S. Sayre and Judith H. Parris, *Voting for President: The Electoral College and the American Political System* (Washington, D. C.: The Brookings Institution, 1970), p. 42.

註30：*Ibid.*, pp. 26-37. See also: *CQ Weekly Report*, Vol. ⅩⅩⅨ, No. 17 (April 23, 1971), p. 945.

註31：Dixon, *op. cit.*, p. 215.

註32：48 Stat. 879.

註33：眾議院選舉總統共有兩次：第一次為一八〇〇年的傑佛遜與布爾，傑佛遜當選。第二次為一八二四年的小亞當斯（John Quincy Adams）、傑克遜（Andrew Jackson）、

及克勞福（William H. Crawford），結果小亞當斯得十三個州的支持當選。

註34：參議院選舉副總統只有一次，即一八三六年的民主黨副總統候選人詹森（Richard Mentor Johnson）及惠格黨的副總統候選人格蘭傑（Francis Granger），所得的選票人票均未超過半數，故依憲法修正案第十二條後段的規定，由參議院投票選舉，結果詹森以三十三票對十六票當選為副總統。

註35："Minority Presidents." *CQ Weekly Report*, Vol. XXIX, No. 17（April 23, 1971）. p. 946.

註36：Neal R. Peirce, *The People's President*（New York：Simon & Schuster, 1968）, pp. 301 - 307.

註37：參閱註33。

註38：是年總統選舉，海斯得總統選舉人票一六五票，狄爾登得一八四票，無論總統選舉人票或普選票，狄爾登均較海斯為多。但因有二十張總統選畢人票發生糾紛，結果由國會組織一特別委員會加以審查，判定二十票全歸海斯所得，海斯始以一票險勝。

註39：一九七〇年的各州人口數，參閱：*The Official Associated Press Almanac*（New York：Almanac Pub. Co., 1973）, p. 141.

註40：*Gray V. Sanders*, 372 U. S. 379（1964）.

註41：Neal Riemer, *Problems of American Government*（New York：McGraw-Hill, 1952）, p. 168.

註42：*CQ Weekly Report*（April 23, 1971）, p. 946.

註43：S. J. Res. 1, in *Electing the President*, Hearings before the Senate Committee on the Judiciary, 91 Cong. 1 sess.（1969）, pp. 622 - 625.

註44：*Electing the President*：*A Report of the Commission on Electoral College Reform*（American Bar Association, 1967）, p. 4.

註45：Sayre and Parris, *op. cit.*, p. 10.

註46：*Editorial of the New York Times*（Sept. 11, 1969）, p. 42.

註47：*CQ Weekly Report*（April 23, 1971）, p. 944.

註48：H. J. Res. 1, in *Electoral College Reform*, Hearings before the House Committee on the Judiciary, 91 Cong. 1 sess.（1969）, pp. 665 - 668.

註49：S. J. Res. 12, in *Electing the President*, Hearings before the Subcommittee on Constitutional Amendments of the Senate Committee on the Judiciary, 91 Cong. 1 sess.（1969）, pp. 676 - 640.

註50：Peirce, op. cit., p. 359.

註51：S. J. Res. 2, in *Electing the President*, Hearings before the Subcommittee on Constitutional Amendments of the Senate Committee on the Judiciary, 91 Cong. 1 sess. （1969） pp. 626 - 630.

註52：前麻薩諸塞州共和黨參議員洛奇（Henry Cabot Lodge, Jr.）對比例選舉案主張最力，他曾於一九四一年及一九四八年兩度將此案提出於參議院，這些優點即是他在參議院辯論時所指出。詳見：*Congressional Record*, 81 Cong. 2 sess. Vol. 96, pt. 1（January 25, 1950）, pp. 877 - 886.

註53：Sayre and Parris, *op. cit.*, pp. 134 - 135, 159.

註54：參加人名單及所屬學校，見 *Ibid.*, p. 160.

註55：*Ibid.*, p. 153.
註56：*CQ Weekly Report*（April 23, 1971）, p. 946.
註57：Sayre and Parris, *op. cit.*, p. 135.

原載『政治學報』第 2 期（1973 年 9 月），頁 69—103

安德森對今年美國總統選舉的影響

今年美國大選，正在密鑼緊鼓地進行。共和黨大會已于七月十六日，選出雷根為該黨總統候選人；民主黨大會亦于八月十三日，選出卡特為該黨總統候選人。民主、共和兩黨總統候選人提名之競爭，至此業已塵埃落定，正式成為卡特與雷根對峙之局。不過由于今年四月廿四日，共和黨自由派的安德森（John B. Anderson）宣佈，他將以獨立身份參加競選，故今年的美國總統選舉，實際上已成鼎足而三之勢。安德森的介入，無疑將對今年美國選情，發生若干影響。本文係就一些可能的影響，作一初探，以就教于讀者。

現在我們先來介紹一下本文中的主角。安德森今年五十八歲，于一九二二年二月十五日，生于伊利諾州的洛克福，父親是從瑞典到美國的移民。他于一九四二年畢業于伊利諾大學後，再入同校法學院就讀。一九四三年至一九四五年，在美國陸軍服役，退伍後在伊大法學院復學，于一九四六年獲法學士學位。翌年再入哈佛大學深造，而于一九四九年獲該校法學碩士學位。畢業後曾入外交界，在西德服務三年，旋回故鄉做律師。一九五六年至一九六〇年，任伊利諾州溫納巴戈縣檢察官，一九六〇年當選聯邦眾議員，一直連任至今。安氏能言善道，辯才無礙，為當今美國國會的傑出眾議員之一。他的現職是，眾議院程序委員會共和黨籍的資深委員，及眾議院共和黨政策委員會主席，為眾議院中共和黨的第三號人物。

獨立派競選者史不乏例

在未談到今年的情勢前，我們先來回顧一下過去的歷史。美國雖是兩黨制的典型，但第三黨或獨立派參加競選總統者，史不乏例。遠者不談，但就本世紀而言，即曾發生多次。例如：一九一二年的老羅斯福（Theodore Roosevelt），及一九二四年的拉佛列（Robert M. La Follette），均曾以進步黨的候選人，參加競選；一九四八年的塞蒙德（J. Strom Thurmond），及亨利·華萊士（Henry A. Wallace），分別以州權黨及進步黨的名義，參加競選；一九六〇年的拜德（Harry F. Byrd），及一九六八年的喬治·華萊士（George C. Wallace），則均以獨立派的名義，參加角逐；即在一九七六年，仍有麥卡錫（Eugene McCarthy）以獨立身份，與民主、共和兩黨的候選人相對抗。這些兩大黨以外的候選人，除一九一二年的老羅斯福，及一九六八年的喬治·華萊士，可能對選舉結果有所影響外，其餘均如小石投水，只會略起微波，對選舉大局，絲毫沒有影響。

一九一二年的大選，共和黨分裂為兩派。一派支持在任總統塔虎脫，另一派則支持前任總統老羅斯福。其時塔派在黨內稍佔優勢，故塔虎脫被共和黨大會提名競選連任。羅派不服，另組進步黨，並以老羅斯福為其總統候選人。由于共和黨嚴重分裂，遂使民主黨的威爾遜漁翁得利。選舉結果，威爾遜得六百多萬票，老羅斯福得四百多萬票，塔虎脫得三百多萬票。威爾遜以得票百分之四十一獲選總統。假如共和黨團結，則威爾遜能否當選，頗成疑問，因塔、羅兩人得票的總和，超過威爾遜甚多也。

一九六八年，民主黨的阿拉巴馬州長華萊士，以獨立派的候選人，與共和黨的尼克森，及民主黨的韓福瑞，角逐總統。投票結果，華萊士得九百九十餘萬票，佔選票總數的百分之十四，而韓福瑞以不及五十餘萬票的微末之數，敗于尼克森。假如那年華萊士不出馬競選，而仍以民主黨的身份，支持韓福瑞，則美國的第三十七任總統，可能是韓福瑞，而不是尼克森。果如此，則一九七〇年代的美國史，可能會重寫。

安德森競選對雷根有利

現在我們再從較實際的情形來觀察今年選舉。首先我們要瞭解，安德森是共和黨員，他這次以獨立身份參加競選，並不意味着共和黨的內部分裂，而是自信他的政見受到許多人民的支持，要在卡特與雷根之外，給人民提供一個另外的選擇機會。到目前為止，他對卡特政府雖攻擊甚力，但對雷根却只有小批評，沒有大攻擊，因為他畢竟是共和黨員，有意無意之間，仍然心存共和黨。他曾向人民表示：『假如對雷根有利，我可能退出競選。』事實上他這次參加競選，是對雷根有利，而對卡特有害的。因為他的許多政見，頗與卡特相類，而與雷根相左。例如他贊成婦女平等權的憲法修正案（ERA），贊成與蘇俄簽訂的第二次限制戰略武器條約（SALT II），投票支持『巴拿馬運河條約』，反對製造中子彈，以緊縮政府開支來抑制通貨膨脹等，都是為雷根所反對，而為卡特所贊成的。但由於目前美國許多選民，對於卡特的內政外交無能，感到極度不滿，莫不欲把他逐出白宮而後快，所以許多過去支持卡特的選民，現在都轉而支持安德森，故目前支持安氏的約百分之廿選民可以說來自卡特的陣營者多，來自雷根的陣營者少。這當然是對共和黨有利，而會增加雷根當選機會的。

另有一點值得注意，最近安德森在與愛德華·甘迺迪作一次懇談後表示，假如小甘贏得民主黨的總統候選人提名，他將攷慮退出競選。因為共和黨的自由派，與民主黨的政見沒有太多區別，而安德森與小甘的政見更為接近。故如小甘代表民主黨出馬，安德森自無再參加競選的必要。目前小甘雖在民主黨大會提名中敗于卡特，但仍獲得一千一百多票的支持，顯示他的實力不弱。這些小甘的支持者，很多是不滿卡特的政策而來，現在他們的候選人既已失敗，他們在大選時就可能轉而支持安德森，這對卡特當然是非常不利的。

對總統選舉人票的影響

再就對總統選舉人票的影響而言，可以分兩種情形來說。一種情形是，假如安德森只在他的本州伊利諾獲勝，得到該州的廿六張總統選舉人票，而雷根與卡特旗鼓相當，各得其他五一二選舉人票之半數，即二五六票，從而使總統選舉陷于僵局，因無人獲得總統選舉人之半數，即二七〇票（按美國總統選舉人之總額為五三八人，即聯邦參議員與聯邦眾議員名額之總和，外加哥倫比亞特區代表三人。現有參議員一百人，眾議員四三五人，外加三人，為五三八人，過半數為二七〇人）。遇此情形，通常是由眾議院選舉總統，來解決問題。但在眾議院選舉總統前，另須經過一個步驟，即于大選後的十二月中的第二個星期三後的星期一（今年為十二月十五日），由各州選出的總統選舉人，在各該州的州政府所在地，投票選舉總統。這種選舉，本來只不過是一種形式，因為在政黨政治之下，某黨既已在某州獲勝，則該黨在那州的全部選舉人，都是投票選舉他本黨的候選人為總統。但在上述的特別僵局下，安德森的廿六票，却可能發生決定性的影響。因為他如指定這廿六票改投雷根，則雷根將以二八二票獲勝，如指定其改投卡特，則卡特亦將以二八二票當選。假如這種情形果然發生，則在形式上自然對雷根有利，因安德森是共和黨員也。不過此時雷根爲了爭取安德森，可能畀予高位，藉資酬庸。

由眾議院選舉總統的情況

另有一種情形，即由于安德森的參加角逐，使各候選人所得的選舉人票極爲分散，以致無人當選，而安德森所得的票，又不足以左右兩方，或不願意偏袒任何一方。在此情形，只有由眾議院選舉總統。依美國憲法修正案第十二條之規定（乃對憲法第二條第一項各款之修正案），大選時如無人當選總統，眾議院應就得票較多之前三名總統候選人，投票選舉一人爲總統。但眾議院選舉總統時，應以州爲單位投票，每州只有一個表決權。爲這種目的而舉行之眾議院會議，須有三分之二州的眾議員出席，以得票超過各州總數之半者爲當選。現在美國共有五十州，過半數爲二十六州。

美國歷史上由眾議院選出的總統，只有兩次，即一八〇〇年的傑佛遜，及一八二四年的小亞當斯。在此不妨談談他們的經過。一八〇〇年總統選舉時，依原憲法第二條的規定，聯邦黨及民主共和黨，各提出兩位總統候選人。前者爲亞當斯（John Adams）及賓克尼（Charles C. Pinckney），後者爲傑佛遜（Thomas Jefferson）及布爾（Aaron Burr）。投票結果，聯邦黨的亞當斯得六十五票，賓克尼得六十四票；民主共和黨的傑佛遜及布爾，得票相等，各爲七十三票。依當時的憲法規定，兩人票數相等時，應由眾議院選舉一人爲總統，由于傑、布兩人同屬民主共和黨，而該黨的眾議員，又都希望傑佛遜當選爲總統，布爾當選爲副總統，故在該黨眾議院佔多數的州，均投票支持傑佛遜。但聯邦黨議員却不讓民主共和黨遂其所願，故在該黨議員佔多數的各州，均投票支持布爾，以致投票三十五次，歷時一週，仍無法產生一位總統。最後還是漢彌頓（Alexander Hamilton）出面，力勸聯邦黨議員放棄成見，顧全大局，作兩害相權取其輕的選擇，因傑、布兩人旣均屬反對黨，而布的德能不如傑，不如選傑爲總統也。于是在三十六次投票時，傑佛遜始以十州的支持當選爲總統，布爾得四州的支持，當選爲副總統，另有兩州投空白票（當時的美國只有十六個州）。

可私下交易分得一杯羹

一八二四年的大選，共有四位總統候選人，選舉結果：小亞當斯得普選票一〇八，七四〇票，總統選舉人票八十四票；傑克遜（Andrew Jackson）得普選票一五三，五四四票，總統選舉人票九十九票；克勞福（William H. Crawford）得普選票四六，六一八票，總統選舉人票四十一票；克萊得普選票四七，一三六票，總統選舉人票三十七票。由于無人得總統選舉人票過半數，故由眾議院選舉總統。當眾議院投票時，小亞當斯與克萊取得秘密協議，由克萊退出競選，全力支持小亞當斯，當選後則以國務卿一職給克萊，以爲交換條件。眾議院投票結果，小亞當斯以十三票險勝，當選爲美國第六任總統。當時美國有廿四州，其他十一州，分別爲傑克遜七票，克勞福四票。小亞當斯在大選時所得的票數，無論是普選票，或是總統選舉人票，都較傑克遜爲少，而結果竟因與另外候選人的私下交易，在眾議院選舉時，當選了總統，這也許就是第三黨或獨立分子，常常參加競選總統的原因之一。

由衆議院選舉對卡特有利

今年的大選，假如由于安德森的參加角逐，使總統的產生陷于僵局，而由衆議院來選舉，則在目前國會的形勢上，對卡特較爲有利。就本屆國會民主、共和兩黨議員，在衆議院所佔的比率而言，民主黨的二七六衆議員在廿九州中佔多數，共和黨的一五九衆議員只在十二個州中佔優勢，餘下的九個州，由兩黨平分秋色。故如總統由衆議院選舉時，儘管許多民主黨議員不喜歡卡特，但在這種緊要關頭，仍不能不以黨的利益爲重，而投票支持他。就此而論，安德森參加競選，可能會造成對卡特有利的局面。不過將來可能選舉總統的衆議院，不是現在這屆衆議院，乃是本年十一月新選出的下屆衆議院。而在現在民主黨佔先的廿九個州中，有五個州民主黨僅領先共和黨兩人。假如在今年大選時，這五個州及現在議席相等的九個州，都發生勝負易勢的現象，則民主黨在下屆衆議院中，未必卽能佔絕對優勢的地位。不過這種一面倒的情形，事實上發生的可能性極少。所以這次如真的弄到由衆議院來選舉總統，仍是對卡特較爲有利的。

總的來說，安德森這次以第三者的名義，出來競選美國總統，並不是共和黨內部的分裂。就各種可能發生的影響分析，他的介入，可能對雷根較爲有利，而對卡特較爲有害。

原載『中國論壇』第 11 卷第 2 期（1980 年 10 月 25 日），頁 29—37

美國總統選舉的現勢

今年的美國總統選舉，已進入白熱化的階段。選民對于卡特與雷根的支持，在多種民意測驗中，目前已成拉鋸之勢。而由於共和黨自由派的安德森，以獨立身份參加角逐，使今年的選情更形複雜。雖然我們對于美國選民在十一月四日的投票結果，卡特與雷根兩人誰勝誰負，不敢妄加論斷，但對于他們各自的情形，及目前競爭的大勢，却有瞭解的必要。本文係就三位總統候選人所持的政見，當前的選情，安德森對卡特與雷根的影響，及勝負的關鍵等方面，分別加以探討，藉供參攷。

一、三位總統候選人主要政見的比較

在今年的三位總統候選人中，卡特與雷根的政見，我們可以從民主、共和兩黨所通過的競選政綱，他們兩人在今年兩黨的全國代表大會中，接受其本黨總統候選人提名的演說，及在競選期間他們所發表的多種演說或政策聲明中，節錄出來。安德森今年是以獨立的身份，出來競選，旣沒有競選政綱，也沒有接受提名的演說，我們至今還看不出他的一套全面政策。他的政見，只能從他平時的演說或臨時聲明中得之。所以在比較他們三人的政見時，安德森的部份，頗欠完整。

今年美國選民最爲關心的問題是經濟。通貨膨脹率一度高達百分之十八，使得大家叫苦連天。而卡特政府以經濟萎縮的辦法，來作爲控制通貨膨脹的工具，又在全國各地導致了嚴重的失業。在這種情形下，三位總統候選人的經濟政策，乃成爲今年大選最爲熱門的問題。除經濟問題外，國防、外交、能源、社會福利、婦女平等權的憲法修正案及墮胎等項，也是今年美國選民普遍重視的問題。現在我們就以這七個問題爲基礎，來分別比較他們三人的主要對策：

卡特、雷根與安德森主要政見比較表

政策項目	卡特	雷根	安德森
經濟	①不作增加通貨膨脹的減稅。②以一百廿億元用作反經濟衰退措施，並創造八十萬工作機會。③不以高利息及造成人民失業的方法來控制通貨膨脹。④主張量入爲出，但反對以憲法修正案來平衡聯邦預算	①主張在一九八一至一九八三的三年中，每年減低個人所得稅百分之十。②減少政府對工商業的限制，促進經濟發展，並借此創造就業機會。③減少政府開支，平衡聯邦預算。④減少貨幣供應量以控制通貨膨脹	未提出具體的經濟計劃，但認爲雷根的減稅計劃不負責任，並批評卡特的經濟政策搖擺不定，不可捉摸
國防	①加速發展 MX 機動飛彈。②儘早于適當時期批准與蘇俄所簽的第二階段限武條約。③在軍事上力求與蘇俄保持平衡	①大幅增加國防經費，爭回對蘇俄的軍事優勢。②反對批准與蘇俄簽訂的第二階段限武條約。③支持在歐洲部署中子武器、中程巡弋飛彈及彈道飛彈	①維持適當國防力量。②贊成適當時期批准第二階段限武條約。③反對與蘇俄造成軍備比賽的措施

(續上表)

政策項目	卡特	雷根	安德森
外交	①繼續對蘇俄入侵阿富汗採取強烈政策。 ②不反對耶路撒冷為以色列首都，並保證不以攻擊性武器供給以色列潛的在敵人。 ③重申與其他國家的關係，不妨礙美國與中共關係的發展	①停止供應蘇俄軍事技術，但立即恢復對其糧食銷售。 ②承認耶城為以色列首都，但力謀維持與溫和阿拉伯國家的關係。 ③譴責共產主義在第三世界及南美的擴張。 ④繼續與中共保持關係，但加強與臺灣的聯繫	①以共存代替與蘇俄對抗。 ②保障以色列的安全，但強調與巴勒斯坦談判的必要性。 ③遵守『臺灣關係法』的文字及精神。維持與中共的關係，但反對供其武器，並不讓中共玩『美國牌』
能源	①節約能源為生產能源的最廉辦法。 ②在公元二千年前，以太陽能滿足百分之廿的需要。 ③逐漸減低對核能發電的依賴	①增加能源生產，重於節約。 ②提議廢止對汽油的暴利稅，並解除對能源生產的各種限制。 ③贊成增加核能發電	①主張對每加侖汽油抽稅五角美金，以達以價制量的目的。 ②主張儘量節約能源，以減少對汽油進口。 ③儘量發展燃料代替物
社會福利	①由聯邦政府負擔各州及地方的福利費用。 ②拒絕減少幫助窮人的福利計劃。 ③繼續由聯邦政府負擔食物郵票計劃的費用	①反對地方的福利費用由聯邦負擔。 ②拒絕保證每人每年的最低收入，以免除窮人的永久信賴性。 ③停止給予非法外國人及自動失業者的補助	①福利費用由聯邦與地方分別負擔。 ②聯邦政府應制定福利的最低標準。 ③聯邦政府對工作地點的安全與健康，應負部分責任
婦女平等權的憲法修正案	全力支持婦女平等權的憲法修正案。凡不支持該案的州，民主黨全國委員會不得在其境內舉行，對反對該案的民主黨候選人不給予財政及技術的協助	對該憲法修正案批准與否，由各州自行決定，聯邦政府不加干涉	贊成各州批准該憲法修正案
墮胎	①反對以憲法修正案限制墮胎。 ②是否需要或何時需要孩子，婦女有權自由選擇。 ③支持以聯邦的醫藥補助費幫助婦女墮胎	①以憲法修正案來禁止墮胎。 ②停止以聯邦費用幫助墮胎。 ③只有反對墮胎者才能被任命為聯邦法院的法官	不反對婦女墮胎

從上面這些政見中，我們可以很清楚地看出，卡特與雷根的政策，絕大部份都是截然

不同,這樣可提供美國選民一個很明顯的選擇機會。至於安德森的政見,雖然並不完全,但也可以大致看出,大部份與卡特的相類,而與雷根的相左。安德森的介入,對卡特與雷根的影響如何,我們下面還會討論到,這裏暫時不談。

現在我們再從卡特與雷根的政見中,來看看他們兩人的主要群眾基礎。卡特主張以一百廿億元,來創造八十萬工作機會,所以受到勞工的支持。他不反對耶路撒冷為以色列首都,而保證不以攻擊性的武器,供給以色列的潛在敵人,旨在討好美國的六百萬猶太人。他主張維護窮人的各種福利政策,旨在獲得窮人,特別是黑人的支持,美國的窮人有一千多萬,黑人有兩千多萬,這一賭注是非常大的。他極力主張批准婦女平等權的憲法修正案,主要目的在獲得婦女選民的好感。不過他今年以經濟衰退為工具,來作為控制通貨膨脹的武器,已導致許多黑人與工人失業,而引起他們的不滿,這些人是否願意支持他,頗成疑問,而對蘇俄穀物的禁運,使許多農民蒙受損失,也使他在農民中不孚眾望。他贊成墮胎,使美國的大部份天主教選民,對他感到厭惡。

在雷根方面來說,他主張三年內減稅百分之卅,旨在討好一般中上級收入的選民。減少政府對工商業的限制,可以得到工業界的支持。主張大幅增加國防預算,以爭回對蘇俄的軍事優勢,可以獲得保守份子,特別是退伍軍人的擁護。他反對墮胎,旨在爭取天主教的選民,他贊成耶路撒冷為以色列首都,也在討好美國的猶太人。他主張立即解除對蘇俄的糧食禁運,頗得農民的歡心。但他缺乏創造工作機會的具體計劃,使工人甚為不滿。反對地方的福利費用由聯邦負擔,並拒絕保證每人每年最低收入,失去一般窮人,特別是黑人的支持。不積極贊成婦女平等權的憲法修正案,也失去部份婦女選民的好感。

二、目前的選情

自雷根確定為今年的共和黨總統候選人後,他的聲望節節上升。到了七月中旬共和黨大會召開的前夕,他在民意測驗中,一度曾領先卡特28%。其後兩人的差距逐漸縮短,到了八月中民主黨大會開會時,據蓋洛普的測驗,雷根為45%,卡特為30%,安德森為14%;哈里斯的測驗則為雷根48%,卡特28%,安德森19%。但在民主黨大會閉幕後,卡特的聲望,突然直線上升,據蓋洛普八月十九日公佈的測驗結果,雷根為39%,卡特為38%,相差只有一個百分點。進入九月以後,卡特的聲望,且有超過雷根的趨勢。據九月初『時代雜誌』的測驗,雷根為39%,卡特亦為39%。而九月中旬所公佈的紐約州的民意測驗,卡特為33%,雷根為30%,安德森為20%。不過在加州的測驗為雷根39%,卡特29%,安德森18%;康納狄克的測驗則為雷根36%,卡特35%,安德森15%。各州單獨的民意測驗,我們無法在此逐一分析。但就全國性的民意測驗而言,卡特與雷根的支持者,業已旗鼓相當,不相上下。我們不免要問,為什麼在短短的兩個月當中,卡特的聲望會直線上升,而雷根的聲望卻步步下降呢?我們不妨在此試加分析。

從卡特方面來說,大約可歸納為幾個原因:①他的聲望本已到達歷史上的最低點,一度低到22%,比水門事件中的尼克森還低一個百分點,只要稍有表現,就會自然的高起來,所謂物極必反是也。②這次民主黨大會,卡特與小甘之間,並未像一般人預期的那樣決裂,使選民對今年民主黨四分五裂的形象,為之改觀。③由于卡特在民主黨的政綱中,接受了小甘的經濟政策,使原來對卡特不滿的美國勞工聯盟,稍覺舒服,轉而對他公開表示支持。④比利卡特事件,于經過國會調查,及白宮解釋後,不如想像中的嚴重,使一般人對卡特的信心,大為增加。⑤民主黨大會結束後,小甘不但未再對卡特公開表示不滿,且願意儘力爲卡特助選，無形中使一些過去支持小甘的人，現在再願意回過頭來支持卡特。

從雷根方面來說：他在過去兩個月中，犯過幾次錯誤：①他講話不小心，得罪了不少人。例如他九月三日發表談話說：卡特選擇三Ｋ黨的發源地，阿拉巴馬州的塔斯坎培亞（Tuscumbia），來正式展開他今年的選戰。這句話不但立刻引起當地人士的抗議，因爲該地並非三Ｋ黨的發源地，而且招致南方民主黨人的憤怒。此事雖因他親自向阿拉巴馬州及塔斯坎培亞表示道歉而結束，但南方人士對他的不滿，並未因此而完全平息。②他的言論，充滿鷹派色彩，使選民對他不放心。例如他說，美國參加越戰是爲了高尚的目的。在厭戰的美國來說，越戰的創痛記憶猶新，實不願看到類似的戰爭再發生。卡特抓住此一把柄，乘機攻擊，指他爲危險人物，使他招架不住。③他的競選戰術頗有問題。本來他的助選團所擬訂的戰術是：由雷根每週發表一篇重要演說，討論一個主要問題，以表示他對各種問題的構想與作法。但實行的結果，非常不理想，因爲雷根本人無法對每個問題作深入的研究，以致回答問題時，常常犯錯，而成爲對方攻擊的藉口。一個總統候選人，不能對自己政策的構想，給人滿意的回答，自不免使人對他的才能發生懷疑，這也是他聲望日低的原因之一。雷根的智囊團已經看到了此點，現在正在力謀改進中。④民主黨的全國大會，集中力量對雷根發動全面攻擊，把雷根形容爲一個只具空想而憧憬過去的老人。他們蒐集了雷根的各種言論，而故意斷章取義地證明雷根在外交上的危險，及各項內政主張的不切實際，這對雷根的形象當然是有損害的。總而言之，雷根目前的困難，是常常使自己成爲一個問題，以致化費許多時間去解釋或澄清，而被迫處于被動的地位，這是對他很不利的。

不過，由于卡特拒絕參加九月廿一日，在巴的摩爾由美國婦女選民同盟所舉辦的電視辯論，使他的聲望頗受打擊。據事前的民意調查，選民中有69％贊成卡特、雷根與安德森三人面對面的電視辯論，所以他的故意不參加，使選民感到不滿。雖然在這場辯論中，安德森以一百六十九分對一百五十四分，領先雷根，但雷根的聲望並未受到損害。相反的，據辯論後舉辦的民意調查，選民對于雷根的支持已有增加，他們三人的比數是，雷根43％，卡特38％，安德森19％。

三、安德森對卡特與雷根的影響

安德森是共和黨內自由派的領袖之一，他今年以獨立身份，參加競選總統，對卡特與雷根，都會發生影響，這已是大家所公認的事。但對誰的影響較大，及在那些方面可能發生影響，則見仁見智，各有不同。我們現在只根據事實，來加以剖釋。

首先我們要瞭解，安德森現在仍是共和黨員，他這次以獨立身份出來競選，並不意味着共和黨的內部分裂，而是自信他的許多主張，受到美國人民的支持，要在卡特與雷根之外，給選民提供一個另外的選擇機會。正因爲他是共和黨員，所以他曾私下向人表示過：『假如對雷根有利，我可能退出競選。』事實上，他的參加，是對雷根有利，而對卡特有害的。因爲我們在上面比較他們三人的政見時，已可清楚地看出，他的大部分主張，是與卡特相類，而與雷根相左的。例如他贊成于適當時期批准與蘇俄簽訂第二階段限武條約，主張節約能源，支持聯邦的福利政策，贊成各州批准婦女平等權的憲法修正案，不反對墮胎，以及過去投票支持『巴拿馬運河條約』，反對製造中子彈及以緊縮開支來抑制通貨膨脹等，都是卡特所贊成，而爲雷根所反對的。但由于卡特在內政、外交上的無能使美國人民感到不耐,所以許多過去支持卡特的選民,現在都轉而支持安德森。故目前支持安德森的15%至20%的選民,可以說來自卡特的陣營者居多,而來自雷根的羣衆者較少。這當然是對雷根有利,而會增加他的當選機會的。

另有一點值得注意,在民主黨大會召開前,安德森曾與當時仍在積極爭取民主黨總統候選人提名的愛德華・甘迺迪,作過一次懇切而坦誠的會談。會後他對記者宣佈,假如小甘贏得民主黨的總統候選人提名,他將攷慮退出競選。因爲共和黨的自由派,與民主黨的政見,沒有太多區別,而安德森與小甘的政見更爲相近,故如小甘代表民主黨出馬,安德森自無再參加競選的必要。八月十三日,小甘雖在民主黨大會的提名中,敗於卡特,但仍得到一千二百四十六票的支持,顯示他的實力不弱。這些小甘的支持者,很多是不滿卡特的政策而來,現在他們心目中的英雄旣已失敗,他們(至少有一部份)在大選時,就可能轉而支持安德森,這當然對卡特是不利的。

就最近各方面所發表的民意調查來說,依紐約州的測驗,卡特爲44%,雷根爲38%,但如加入安德森,則成爲卡特33%,雷根30%,安德森20%。在西部的華盛頓州,卡特如與雷根單獨對抗,他領先三個百分點,但如加入安德森後,則變爲雷根領先卡特。在明尼蘇達州,卡特以43%對37%領先雷根,加入安德森後,則變成卡特34%,雷根31%,安德森19%。在阿拉巴馬州,由於安德森的介入,卡特領先雷根的距離,自十個百分點減爲五個百分點。在加州,雷根爲39%,卡特爲29%,安德森爲18%,如安德森退出,就變成雷根44%,卡特38%,兩人的差距縮短了四個百分點。在新澤西州,卡特只落後雷根一個百分點,加入安德森,就成落後七個百分點。在密西西比州,由于安德森的介入,使卡特落後雷根的距離,自四個百分點增加到十個百分點。在伊利諾州,卡特如與雷根單獨對抗,可領先五個百分點,但如加入安德森後,則與雷根變成平手。可見安德森的參加競選,對卡特是極爲不利的。這次卡特拒絕與雷根及安德森在電視上作面對面的辯論,就是因爲卡特怕因此而增加安德森的知名度,使他自己處於更不利的地位。

再就對總統選舉人票的影響而言,可以分爲兩種情形來說。一種情形是,假設安德森只在他的本州伊利諾州獲勝,得到該州的廿六張選舉人票,而卡特與雷根旗鼓相當,各得其他五一二選舉人票之半數,卽二五六票,從而使總統選舉陷於僵局,因爲無人獲得總統選舉人之半數,卽二七〇票。(按美國總統選舉人之總額爲五三八人,卽聯邦參議員與聯邦衆議員名額之總和,加上哥倫比亞特區的代表三人。現有參議員一〇〇人,衆議員四三五人,外加三人,爲五三八人,過半數爲二七〇人。)過去情形,通常是由衆議院選舉總統,來解決問題。但在衆議院選舉總統前,另須經過一個步驟,卽于大選後的十二月中的第二個星期三後的星期一(今年爲十二月十五日),由各州選出的總統選舉人,在各州的州政府所在地,投票選舉總統。這種選舉,本來只不過是一種型式,因爲在政黨政治之下,某黨旣已在某州獲勝,則該黨在那州的全部選舉人,都是投票選舉他們本黨的候選人爲總統。但在上述的特別僵局下,安德森的廿六張選舉人票,却可能發生決定性的影響。因如他指定這廿六票改投雷根,則雷根將以二八二票當選;如指定其改投卡特,則卡特亦將以二八二票獲勝。假如這種情形果然發生,則在形式上對雷根是較爲有利的,因安德森是共和黨員也。不過此時雷根爲了爭取安德森,可能須付出相等代價,例如在聯邦政府中給予高位,藉資酬答。

另有一種情形,卽今年由于安德森的介入,使各候選人所得的選票極爲分散,以致無人當選,而安德森所得的票,又不足以左右兩方,或不願意偏袒任何一方。在此情形,只有由衆議院來選舉總統。依美國憲法修正案第十二條之規定,大選時如無人當選總統,衆議院應就得票較多之前三名總統候選人，投票選舉一人爲總統。一但衆議院選舉總統時，應以州爲單位，每州只有一個表決權。衆議院選舉總統的會議，須有總額三分之二州的衆議員出席，以投票超過各州總數之半者爲當選。現在美國共有五十州，過半數爲廿六個州。由于目前衆議院的議席，民主黨佔二七六席，在廿九州中佔多數，共和黨爲一五九席，只在十二個州中佔多數，其餘九個州的議員數，由兩黨平分秋色，所以如由本屆衆議院來選舉總統，在形勢上對卡特是很有利的，因爲儘管許多民主黨議員不喜歡卡特，但在這種緊要關頭，仍不能不顧大局，以黨的利益爲重，而投票支持他。雖然將來可能選舉總統的衆議院，不是這屆衆議院，而是今年十一月四日投票產生的下屆衆議院，但共和黨在下屆衆議院爭回優勢的可能性，微乎其微，幾乎可以說沒有，所以如眞的弄到衆議院來選舉總統，仍然對卡特是有利的。

四、勝敗的關鍵

今年美國大選的選情，波潮起伏，千變萬化，沒有人敢說誰會當選。不過有幾件事，可能成爲今年總統選舉勝敗的關鍵：

（1）在十一月四日選民投票以前，假如美國在外交上有所突破，例如伊朗釋放美國的五十二名人質，或蘇聯宣佈自阿富汗撤軍，都將造成對卡特有利的局面，而增加他得勝的可能性。

（2）在投票日以前，假如雷根因爲競選太累，或因其他原故，不幸病倒，將使人對他的健康失去信心，而引起選民對他年老力衰不宜做總統的顧慮，這樣就會減少他當選的機會。

（3）在另一方面來說，假如雷根不再犯錯，而安德森的支持者不減，又不中途退出競選（事實上已不大可能），均對雷根有利，而會增加他的勝算。

（4）綜合最近美國的各種民意調查，卡特與雷根均各有其大體上已經固定的地盤。卡特的主要地盤在南方，包括喬治亞、阿拉巴馬、阿肯色、田納西、肯塔基、西維吉尼亞、北卡羅來納、南卡羅來納等八州，外加明尼蘇達州（副總統孟代爾的故鄉），共約九十張總統選舉人票。雷根的主要地盤在中西部及西南部各州，包括內華達、阿利桑那、新墨西哥、猶他、艾達荷、蒙他拿、懷俄明、科羅拉多、堪薩斯、米蘇里、奧克拉荷馬、內布拉斯加、愛阿華、南達科他、北達科他等州，大約八十多張總統選舉人票。所以今年勝敗的關鍵，不在這些州。

今年勝敗的關鍵，繫于下面九個大州：包括加州（四十五張總統選舉人票）、紐約州（四十一票）、賓州（廿七票）、伊利諾州（廿六票）、德克薩斯州（廿六票）、俄亥俄州（廿五票）、密西根州（廿一票）、新澤西州（十七票），及佛羅里達州（十七票）。這九個州總統選舉人票的總數，共有二四五票，離當選的二七〇票，只差廿五票。誰能掌握這些州，誰就穩操勝券，所以目前已成爲卡特與雷根拚命爭奪的對象。

就二次大戰後的八次總統選舉的結果來說，凡是勝負相差懸殊的選舉，得勝者都席卷了這九個州，包括一九五二年及一九五六年的艾森豪，一九六四年的詹森，及一九七二年的尼克森。即使選票極爲接近的選舉，得勝的一方，也至少在這九個州中的五州中獲勝，這包括一九四八年的杜魯門，一九六〇年的甘迺迪，一九六八年的尼克森，及一九七六年的卡特。卡特上次在紐約、賓州、德州、俄亥俄州及佛羅里達州等五州中擊敗了福特。

據『紐約時報』最近所發表的民意測驗，此刻雷根在加州、賓州、德州、伊利諾州及新澤西州等五州中，暫時稍佔優勢，卡特只在紐約州一個州中稍爲領先。而在俄亥俄、密西根，及佛羅里達三州中，兩人不相上下。由于一九七六年卡特在賓州、德州、俄州，及佛羅里達州是得勝者，而現在賓州、德州已爲雷根領先，俄州及佛羅里達州又與雷根打成平手，所以目前在形勢上對雷根頗多有利。不過現在離十一月四日投票時，還有一個多月，我們無法預料在未來的三十多天中，會有什麼變化。但有一點是可以確定的，那就是今年的美國總統選舉，是一場緊張刺激而極爲接近的搏鬥。

原載『中國論壇』第 11 卷第 1 期（1980 年 10 月 10 日），頁 52—57

美國總統選舉的過程

美國總統選舉的過程，主要分爲三個步驟，那就是總統候選人初選、總統候選人提名，及選民投票。在未討論這三個步驟以前，我們先來談談美國總統選舉的一個先決條件，卽美國總統候選人的資格。

一、美國總統候選人的資格

依美國憲法第二條第一項第五款的規定：『凡非美國的本生公民，或在本憲法通過時已爲美國公民者，不得當選爲總統；凡未滿三十五歲，並爲美國境內居民十四年者，亦不得爲美國總統。』質言之，美國總統候選人的法定資格共有三項，卽年齡、出生地與居住時間。

就年齡言，這個問題到現在從未發生過，因爲過去美國歷任總統初任時的年齡，從無低於四十歲者。美國最年輕的總統，爲西奧多·羅斯福（Theoodole Roosevelt），他于一九〇一年麥金萊（William Mckinley）總統遇刺亡故，而以副總統身份繼任總統時，年僅四十二歲，較一般人認爲最年輕的總統甘廼廸（John F. Kennedy），還少一歲，甘氏就任總統時爲四十三歲。其他總統初任時的年齡，在四十六歲至四十九歲者四人，五十歲至五十九歲者廿四人，六十歲以上者八人。到現在爲止，初任時最老的總統，爲第九位總統威廉·亨利·哈里遜（William Henry Harrison），他就任時爲六十九歲。他在任僅一個月，卽告病逝，所以也是到現在爲止，美國任期最短的總統。

就出生地言，憲法規定須在美國出生的公民，始得爲總統候選人。換句話說，歸化的公民，不得爲美國總統候選人。本生公民與歸化公民的權利義務，在美國法律上原無多大區別，但此爲一例外。記得一九七五年在華府的一次記者招待會上，有一位記者問當時極負盛名的國務卿季辛吉（Henry A. Kisenger），他有沒有意思出來競選美國總統，當時季辛吉回答說，他沒有資格作爲美國總統的候選人，因爲他不是美國的本生公民。原來季辛吉是德國的猶太人，他十六歲時，爲了逃避希特勒對猶太人的迫害，才隨父母逃到美國，而到廿多歲時，才歸化成爲美國的公民。至于美國公民在國外所生的子女，是否視爲美國的本生公民，換句話說，他們有無資格競選總統，因爲這樣的問題尚未發生過，所以到現在沒有定論。

就在美國居住的時間言，憲法規定爲十四年。不過這十四年是以他在美國居住的時間合併計算，還是以他競選總統前的連續十四年爲準，憲法旣無明文規定，最高法院也沒有任何判例。一九二八年胡佛（Herbert C. Hoover）競選總統時，有些人對此頗存疑問。因爲在一九一四年至一九二〇年期間，胡佛的大部份時間均在歐洲擔任救濟難民的工作，在其競選總統前，並未在國內連續住滿十四年，但他畢竟當選了總統，而且無人對其當選提出異議。由是乃成一定例，卽憲法所規定的十四年，得以候選人在美國居住的時間合併計算。故一九五二年艾森豪（Dwight D. Eisenhower）辭去北大西洋公約組織聯軍統帥，自願返美競選總統時，無人再對此提出任何疑問。

美國總統候選人的法定資格，雖很簡單，但要競選總統，則非對美國有重大貢獻或在政治上有輝煌成就不可，下面是美國歷任總統，在當選總統前的簡歷。

美國總統當選前簡歷一覽表

任次	姓名	初任年齡	當選前重要職務
一	G. 華盛頓	五七	美國革命軍總司令、費城制憲會議主席
二	J. 亞當斯	六一	駐英、荷公使，副總統
三	T. 傑佛遜	五七	駐英、法公使，國務卿，副總統
四	J. 麥迪遜	五七	聯邦眾議員、國務卿
五	J. 門羅	五八	維吉尼亞州長、國務卿
六	J. Q. 亞當斯	五七	聯邦參議員、國務卿
七	A. 傑克遜	六一	聯邦眾議員、聯邦參議員
八	M. 范布倫	五四	國務卿、副總統
九	W. H. 哈里遜	六九	聯邦眾議員、聯邦參議員
一〇	J. 泰勒	五一	聯邦參議員、副總統
一一	J. K. 波克	四九	聯邦眾議院議長、田納西州長
一二	Z. 泰羅	六四	職業軍人，美、墨戰爭時英雄
一三	M. 費爾摩	五〇	聯邦眾議員、副總統
一四	F. 皮爾斯	四八	聯邦眾議員、聯邦參議員
一五	J. 布坎南	六五	聯邦參議員、國務卿
一六	A. 林肯	五二	州議員、聯邦眾議員
一七	A. 詹森	五六	聯邦參議員、副總統
一八	U. S. 格蘭特	四六	職業軍人，曾任內戰時北軍總司令
一九	R. B. 海斯	五四	聯邦眾議員、俄亥俄州長
二〇	J. A. 加菲爾	四九	聯邦眾議員、聯邦參議員
二一	C. A. 亞瑟	五〇	紐約港海關監督、副總統
二二	G. 克利夫蘭	四七	紐約布法羅市長、紐約州長
二三	B. 哈里遜	五五	檢察官、聯邦參議員
二四	G. 克利夫蘭	五五	即第廿二任總統
二五	W. 麥金萊	五四	聯邦眾議員、俄亥俄州長
二六	T. 羅斯福	四二	紐約州長、副總統
二七	W. H. 塔虎脫	五一	駐菲律賓總督、軍政部長
二八	W. 威爾遜	五六	普林斯頓大學校長、新澤西州長
二九	W. 哈定	五五	俄亥俄副州長、聯邦參議員
三〇	C. 柯立芝	五一	麻薩諸塞州長、副總統
三一	H. C. 胡佛	五四	聯邦糧食署長、商務部長
三二	F. D. 羅斯福	五一	助理海軍部長、紐約州長
三三	H. S. 杜魯門	六〇	聯邦參議員、副總統
三四	D. D. 艾森豪	六二	歐洲盟軍統帥、北大西洋公約聯軍統帥
三五	J. F. 甘迺迪	四二	聯邦眾議員、聯邦參議員
三六	L. B. 詹森	五五	聯邦參議員、副總統
三七	R. M. 尼克森	五六	聯邦參議員、副總統
三八	G. R. 福特	六一	聯邦眾議員、副總統
三九	J. E. 卡特	五二	喬治亞州議會議員、喬治亞州長

以上自華盛頓至卡特，共卅九任總統，實際上只有卅八個人，因第廿二任總統及第廿四任總統爲同一人，即克里夫蘭。在這卅八位總統中，在其任總統前，擔任副總統者十三人，擔任聯邦國會議員者八人（除林肯一人爲衆議員外，其餘七人均爲參議員），擔任州長者七人，擔任部長者六人（其中四人爲國務卿），屬職業軍人者四人（包括華盛頓在内）。可見總統候選人的資格雖然簡單，但當選總統者的資格却非常不簡單。

二、美國總統候選人初選

美國總統選舉過程中的第一步，爲總統候選人初選，美國習稱爲總統初選（Presidential Primary）。採用此制的目的有二：①讓選民對各政黨總統候選人的提名，具有直接表示意見的機會；②減少黨務人員對總統候選人提名的操縱，俾使各黨總統候選人的產生，更能符合民主的原則。

總統初選係由各州單獨立法，分別舉行，而是否採用，由各州自行決定，聯邦政府不加過問。此制于一九〇五年始于威斯康辛州，其後各州相繼仿效，至一九一六年，全美已有廿四個州採用。不過以後又逐漸減少，至一九六八年，只有十六個州及哥倫比亞特區（District of Columbia 簡稱 D. C.，實卽首都華盛頓）舉行初選。最近這十多年，又在逐漸增加，一九七二年爲廿三個州及華府，一九七六年爲卅個州及華府，今年爲卅五個州，加上華府及波多黎各，共爲卅七個單位，其名稱、初選日期、及兩黨應選代表名額如下：

一九八〇年美國各州總統初選一覽表

州或地區名稱	初選日期	應選代表數		備攷
		民主黨	共和黨	
波多黎各	二月一七日		一四	本日僅共和黨舉行初選
新漢普夏	二月二六日	一九	二二	
麻薩諸塞	三月四日	一一一	四二	
佛蒙特	三月四日	一二	一九	
南卡羅來納	三月八日		二五	僅共和黨有初選
阿拉巴馬	三月一一日	四五	二七	
佛羅里達	三月一一日	一〇〇	五一	
喬治亞	三月一一日	六三	三六	
波多黎各	三月一六日	四一		本日僅民主黨舉行初選
伊利諾	三月一八日	一七九	一〇二	
康納狄克	三月二五日	五四	三五	
紐約	三月二五日	二八二	一二三	
堪薩斯	四月一日	三一	三二	
威斯康辛	四月一日	七五	三四	
路易西安那	四月五日	五一	三一	
賓夕凡尼亞	四月二二日	一八五	八三	
德克薩斯	五月三日		八〇	僅共和黨有初選
哥倫比亞特區	五月六日	一九	一四	
印地安那	五月六日	八〇	五四	

(續上表)

州或地區名稱	初選日期	應選代表數		備攷
		民主黨	共和黨	
北卡羅來納	五月六日	六九	四〇	
田納西	五月六日	五五	三二	
馬里蘭	五月一三日	五九	三〇	
內布拉斯加	五月一三日	二四	二五	
密西根	五月二〇日	一四一	八二	
奧勒岡	五月二〇日	三九	二九	
阿肯色	五月二七日	三三		僅民主黨有初選
艾達荷	五月二七日	一七	二一	
肯塔基	五月二七日	五〇	二七	
內華達	五月二七日	一二	一七	
加利福尼亞	六月三日	三〇六	一六八	
密西西比	六月三日		二二	僅共和黨有初選
蒙他拿	六月三日	一九	二〇	
新澤西	六月三日	一一三	六六	
新墨西哥	六月三日	二〇	二二	
俄亥俄	六月三日	一六一	七七	
羅德島	六月三日	二三	一三	
南達科他	六月三日	一九	二二	
西維吉尼亞	六月三日	三五	一八	

　　由于總統候選人初選，係由各州分別立法，而各州法律的規定互不相同，所以內容非常複雜。粗略說來，就初選時投票者的資格而言，可以大別爲兩類：①開放初選（open Primary），即投票人不限定于黨員，選民可參加任何一黨的初選投票，故共和黨員可參加民主黨的初選投票，民主黨員可參加共和黨的初選投票，非黨員可參加任何一黨的初選投票。採此制者今年有阿拉巴馬、印地安那、內布拉斯加、新漢普夏、威斯康辛（今年民主黨規定，該黨初選不開放給共和黨員，及獨立選民）、艾達荷等州。②關閉初選（Closed Primary），即參加初選投票者，限定爲本黨黨員，故民主黨員只能參加民主黨的初選投票，共和黨員只能參加共和黨的初選投票，非黨員不得參加任何一黨的初選投票，今年舉行初選的各州，絕大多數是採用這種方法。

　　就初選投票的效果而言，可以大體歸納爲三類：

　　（1）總統候選人如在一州初選中得勝，則其同黨的黨代表，在該黨全國代表大會選舉其總統候選人時，均應投票支持他。今年舉行初選的卅七個州及地區中，大部份屬于此類。

　　（2）總統候選人如在一州初選中獲勝，則該州的黨代表，于該黨全國代表大會選舉總統候選人時，通常都是優先投票支持他。不過這種支持票，只是建議性質。所以各黨的總統候選人，在計算各州支持他的票數時，不能把他們包括在內，因爲這些代表並沒有一定要支持他的義務，這是與第一種情形不同的地方。今年各州初選採取這種方式的，有佛蒙特、伊利諾、西維吉尼亞三個州，及密西根與艾達荷的民主黨初選，與賓州、蒙他拿、新澤西、內布拉斯加等州的共和黨初選。

（3）初選投票，只是對各黨總統候選人的聲望投票，各黨出席全國代表大會的代表，對于在其本州獲勝的候選人的支持與否，不受任何拘束。今年紐約、密西西比及哥倫比亞特區的共和黨總統候選人初選，即是採用這種辦法。

在對美國總統候選人初選有個基本概念後，現在我們來談談此制的優點與缺點：

總統候選人初選的優點

（1）初選可測出各黨總統候選人的聲望，及其在選民中得票的能力，使不孚眾望的候選人，及早知難而退。例如今年參加競選的共和黨總統候選人杜爾（Robert Dole，現任堪薩斯州選出的聯邦參議員）、貝克（Howard Baker，參議院共和黨領袖），及康納利（John Connally，前德克薩斯州長）等人，均因在初選中連連失敗，而中途宣佈退出。

（2）初選可使原本不大有名，或不受黨內主流派支持的才能之士，脫穎而出。例如一九七六年卡特宣佈競選總統時，因爲他的知名度極低，又與民主黨的主流派沒有淵源，很多人都說他在白日做夢，但他在初選時節節勝利，使人刮目相看，終於獲得那年的民主黨總統候選人提名，並當選了總統。假如沒有初選制，他是沒有機會做美國的總統的。今年共和黨的布希（George Bush），也因爲在初選中有良好表現，而被共和黨選爲該黨的副總統候選人。

（3）初選可使過去競選總統失敗者，具有再度接受攷驗的機會。一九六八年的尼克森（Richard M. Nixon）爲一著例。尼氏于一九六〇年代表共和黨競選總統，敗于民主黨的甘迺廸。一九六二年再出而競選加州州長，又告落敗，一般人都以爲他的政治生命已告結束。但他一九六八年東山再起，參加各州初選，連連得勝，證明他在選民心目中，仍有高度號召力，從而使共和黨再度提名他爲總統候選人，並在大選中擊敗民主黨的候選人韓福瑞（Hubert H. Humphrey），當選爲總統。假如沒有初選來測度他的聲望，共和黨是不敢再提名他出來競選的。一九七二年的韓福瑞，也想效法尼克森，捲土重來，但因在初選中表現不佳，所以不能再獲民主黨提名。

總統候選人初選的缺點

（1）初選的時間太長，使候選人疲于奔命。例如今年的初選，始于二月廿六日的新漢普夏州，止於六月三日的加州、俄亥俄、新澤西等州，前後達三個半月。在此期間，各候選人爲了爭取選民的支持，每天東奔西跑，精疲力盡。

（2）初選中得勝的候選人，缺乏代表性。由于各州的初選法互不相同，內容非常複雜，除選舉專家外，不易充分瞭解。很多選民既不認識其作用，自不願參加投票，所以各州初選的投票率都很低，收不到初選應有的效果。例如今年民主黨的小甘，與共和黨的布希，均在賓州初選中得勝，他們所得的票數，分別爲七三四，五六八票，及六一九，二三五票，均不及該州選民十分之一，實無法據此而判定真正的民意所在。

（3）初選獲勝者，並非當然可獲得總統候選人提名。例如一九五二年民主黨的克佛威（Estes Kefauver），在初選中獲得重大勝利，但在該年的民主黨大會總統候選人提名時，却敗給時任伊利諾州長的史蒂文生（Adlai E. Stevenson）。在另一方面，有些總統候選人，根本沒有參加初選，但却獲得政黨大會的提名。一九四四年共和黨的杜威（Thomas E. Dewey），及一九六八年民主黨的韓福瑞，皆是著例。

三、美國總統候選人提名

美國各政黨的總統候選人提名,係由各黨的全國代表大會為之。所以本節所說的,為美國政黨的全國代表大會。

美國的總統每四年改選一次,而各黨全國代表大會的主要任務,乃是提名其本黨的總統、副總統候選人,及通過其競選政綱,所以這種大會也是每四年舉行一次。全國代表大會乃各黨的最大盛事,在民主伸張及講究排場的美國,開會時的議論紛紜,緊張刺激,固不待言,而議場的歡樂熱鬧,與多采多姿,在舉世也無其匹,有人稱其為『政治馬戲團』(Political Circus),堪稱卽景之喻。

由于參加各黨全國代表大會的人數衆多,所以開會地點的選擇,煞費周章。這種會議地點的選定,以能滿足下面這些條件者為準:①須有能容納一萬四千座位的室內會場。②場內須具備各種小型會議室、訪問室、休息室,及辦公室。③由于這種會議都在夏天舉行,所以會場內須有強力的冷氣設備。④會場的兩廂或附近,須有十萬平方英尺的餘地,以供電視、無線電廣播、報紙、雜誌等大衆傳播人員的工作空間。⑤會場附近須有可容至少兩千輛汽車的停車場,及每日至少可供一萬五千人用膳的餐館設備。⑥市內須有至少可容一萬人住宿的頭等旅館。⑦市內或附近須有足以吸引人的遊樂場所,或觀光勝地。美國雖是最現代化的國家,但能全部符合上述標準的城市,也不過十幾個地方而已。今年共和黨大會的開會地點為底特律,人口一百七十萬,為美國第五大城;民主黨大會的開會地點為紐約,人口八百三十萬,為美國第一大城。

佈置中的美國共和黨全國代表大會會場

依近年慣例,兩黨全國代表大會的會期,通常均為四天。今年共和黨大會的會期為七月十四日至十七日,民主黨大會的會期為八月十一日至十四日。會期的安排,多為星期一至星期四,以便前後有兩個週末,可資代表們利用。會前的週末便于代表們的報到及安頓旅舍,會後的週末便于代表們的觀光及回家。每天開會的時間,多在下午及晚上,一則可使各種預備會議,及會外的各種協調,在上午進行,再則下午六時以後,正是電視觀衆最多的時間,可收廣為宣傳之效。

在這四天的會期中,每天都有一個主要議程,分別簡述如下:

第一天:主要議程為審查代表資格,及通過議事規則。今年的共和黨大會,因雷根的當選提名,已成定局,一切不發生問題。但在民主黨大會中,却顯得非常緊張刺激,熱鬧非凡。因為今年民主黨的初選,小甘與卡特的競爭非常激烈,初選結束時,卡特獲得一九八一張承諾票,小甘只得到一二二五張承諾票。今年各州民主黨所選出參加全國代表大會的代表,共為三三三一人,凡在大會中得票過此數之半者(卽一六六六票),卽獲得民主黨的總統候選人提名。卡特所得的票,較所需要的半數,多二二五票;而小甘所得的

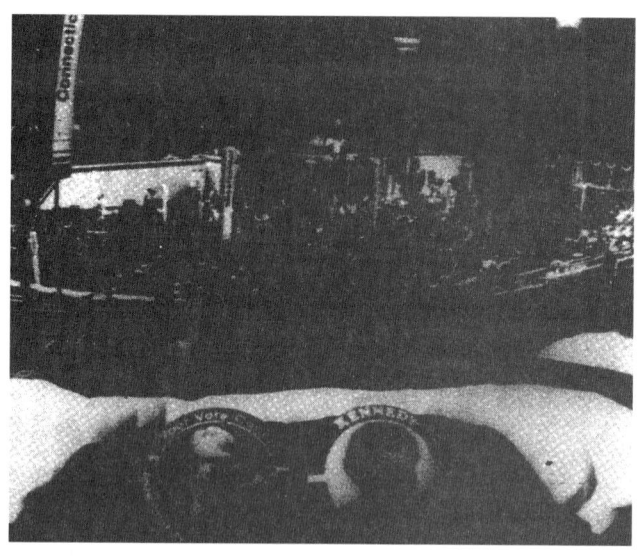

美國民主黨全國代表大會：卡特與甘迺迪兩雄相爭

票，則較所需要的半數，差四四一票。假如出席大會的代表，都依照他們初選時的承諾投票，則小甘決無當選提名的希望。所以小甘集團在第一天會議中討論議程時，提出一項臨時議案，建議解除各州代表在初選時所作之承諾，讓各代表完全依其自由意志，投票選舉其所喜歡的候選人。這一議案，經過大會熱烈討論後，加以表決，結果贊成者一三九〇票，反對者一九三六票，而遭否決。這雖不是對總統候選人提名的一項正式投票，但可看出大會的意向所在。小甘見大勢已去，在此一表決後不久，即正式宣佈退出競選。

第二天：本日的主要議程，是通過競選政綱。競選政綱，乃一黨對全國人民所宣示的各種政策的綱要。這是黨內各派爭論的焦點。政綱委員會早于會前，將各派意見加以妥協、綜合，除其極端，取其中和，作成一個完美的文件。于是連篇累牘地充滿和平（Peace）、繁榮（Prosperity）、公正（Just）、平等（Equality）、健全（Sound）、穩定（Stable）、公平（Fair）、合理（Reasonable）等美麗的字眼。至于將來能不能辦到，那是另外一回事。事實上各黨總統候選人的個人政見，與政綱不合者，所在多有。例如今年民主黨政綱中的經濟政策，乃是採用小甘的意見，大部份爲卡特所不贊同。又如雷根向來反對婦女平等權的憲法修正案（Equal Rights Amendment，簡稱 ERA），而今年共和黨的政綱，却對此採取中立。在另一方面，美國人民對于各黨的競選政綱，根本不加重視，因爲大家都知道那是官樣文章，所以很少有人把各黨的成敗，與其政綱相比較。多數美國人選舉總統，都是以候選人個人的政見、理想、才具、能力等爲取捨的標準。有些人且根本不攷慮候選人的黨籍，只要候選人迎合自己的條件，民主黨員常投共和黨候選人的票，共和黨員常投民主黨候選人的票。質言之，各黨的競選政綱，與其候選人當選與否，沒有多大關係。所以論者說：『競選政綱只是一件完美，但無人相信，甚至很少人閱讀的聲明。』

第三天：本日的主要議程，爲選舉總統候選人。這是大會的高潮所在，最爲一般人注目，也是電視觀眾，對各黨的全國代表大會，最感興趣的一個節目。不過今年兩黨的候選人，大勢早定，故在投票選舉時，並不如以前的熱烈。

各黨對其總統候選人的投票，因爲關係重大，例以唱名表決爲之，凡候選人得票過代表總額半數者爲當選。今年共和黨大會的代表總額爲一九九四人，過半數爲九九八人，雷根以一九三九票當選提名。民主黨大會的代表總額爲三三三一人，過半數爲一六六六人，卡特以二一二九票當選提名。

在通常情形下，各黨的總統候選人，多在第一次投票時，即告產生。如第一次投票，無人當選，則舉行第二次投票，如再無人當選，則舉行第三次投票，至有人得過半數票而告當選時爲止。民主黨大會投票次數的最高紀錄，爲一九二四年的戴維思（John W. Davis），經過一百零三次投票，才告當選。這次民主黨大會在紐約市舉行，歷時十六天。共和黨的最高紀錄,為一八八〇年的加菲爾(James A. Garfield),于第三十六次投票時當選。這次共和黨大會在芝加哥舉行,歷時一個星期。

就過去美國政黨大會的經驗言,如在第一次投票時無人當選,則大會常易陷入混亂狀態,而產生所謂『黑馬』(Dark Horse),即原無意或並不積極爭取總統候選人提名者,因大會對主要候選人的投票陷于僵局,久久無人當選,經各方的鼓勵與協調,願意出而一試,以期打開僵局,而竟告當選。這種黑馬總統甚多,如一八四四年民主黨的波克(James K. Polk),一八五二年民主黨的皮爾斯(Franklin Pierce),一九二〇年共和黨的哈定(Warren G. Harding),及前述加菲爾及戴維思等,皆是著例。

第四天:總統候選人選出後,大會的高潮已過,最後一天的主要議程,為選舉副總統候選人,及聽取總統、副總統兩位候選人接受提名的演說。

副總統候選人例由新獲提名的總統候選人指定,交大會票決。在通常情形下,這一個項目只是虛應故事,沒有什麼刺激可言。例如今年的民主黨大會,在卡特當選提名後,大家都知道他的副總統候選人,就是現任副總統孟代爾(Walter Mondale),所以無人對之發生興趣。但在今年的共和黨大會中,這一個項目,卻是大家注意的焦點,而且高潮迭起,緊張非凡。因為雷根為今年共和黨的總統候選人,早就大勢已定,唯一使大家關心而費猜測的,乃是誰將被雷根選為副手。在大會開始後的最初三天,前總統福特可能被雷根徵召,為其副手之說,甚囂塵上,直到七月十六日下午五時十五分,兩人仍在繼續談判。據說福特提出的條件是:如出任副總統,雷根應將預算管理局、國家安全會議、及經濟顧問委員會等單位,交其指揮監督,雷根無法作這些承諾,故談判終告破裂。最後雷根于十七日清晨十二時十五分,親自向大會提出報告,並正式向大會宣佈他已選定布希為其副總統候選人。

雷根所以選布希為其競選伙伴。乃是基于以下的幾種玫慮:①布希在東北部各州,如麻薩諸塞、康納狄克、紐約、賓州等地,頗有號召力,而這些州正是雷根最弱的一環,希望用布希來加補救。②布希曾任中央情報局長,駐聯合國大使,及駐北京聯絡辦事處主任,在外交上頗富經驗,可以補雷根的不足。③布希是共和黨內的中間溫和派,可以冲淡雷根的保守色彩。④布希設籍于南方的德克薩斯州,對共和黨爭取南方的票源,可能有幫助。⑤布希年輕,今年只有五十六歲(一九二八年生),可以減輕選民對共和黨總統候選人過于年老(雷根生于一九一一年二月六日,今年六十九歲)的顧慮。

副總統候選人選出後,即先由他發表接受提名演說,然後引介總統候選人出場。總統候選人的接受提名演說,乃大會的最後一個項目。此種演說,始于第卅二任總統佛蘭克林·羅斯福,此後兩黨候選人均加仿效,乃成定例。這個演說至為重要,通常可看出其當選後施政的概要,故為各方所矚目,也為政治學者研究的重要文獻。

四、選民投票

各黨總統、副總統候選人產生後,即各動員全力,積極展開競選。但各候選人的主要競選活動,大抵從九月初的勞工節(Labor Day,九月的第一個星期一,今年為九月一日)開始。自此至十一月初的大選投票日(今年為十一月四日),為期約兩個月。在此期間,各黨候選人,均依其既定的策略及日程,努力以赴。各人的競選策略,雖有差異,但至少有一點是大家相同的,那就是選擇重點,爭取大州。因美國總統選舉時選票的計算,係以州為單位,凡某一候選人在一州得票較多者,則該州的全部總統選舉人(Presidential Electors）票，都歸他所有，即所謂『勝者全得』（Winner-take-all）。在這種情形下，一個候選人，如能在幾個大州中佔先，他就可能立于不敗之地。例如今年加州的選舉人票有四十五票，紐約四十一票，賓州廿七票，德州廿六票，伊利諾廿六票，俄亥俄廿五票，密西根廿一票，新澤西十七票，佛羅里達十七票，麻薩諸塞十四票，印地安那十三票。這十一個大州選舉人票共爲二七二票，已超過當選的最低票數兩票，而較其他三十九個州選舉人票的總數爲多。在競選期間，我們看到各候選人的活動，多在這些州中打轉，原因即在于此。一九六〇年尼克森失敗，因爲他走遍全國的五十州；甘迺迪獲勝，因爲他專跑大州。前者勞而少功，後者事半功倍。尼克森的失敗，敗在沒有選擇重點。

競選活動的終點，爲選民投票。在最初十五次的總統選舉，美國並無統一的投票日，而是由各州自行立法，分別規定在十一月的第一個星期內舉行。由于各州所規定的日期不同，而同一州中且有規定爲兩日者，以致常有一人而投票兩次的情事發生。國會爲矯正此弊，乃于一八四五年一月廿三日通過一項法律，統一規定全國性選舉的投票日，爲選舉年的十一月內第一個星期一後的星期二。自此以後，美國每次大選的投票日期，恆在十一月二日至八日之間。今年爲十一月四日，因爲第一個星期一是十一月三日。

選民投票完畢，何黨總統候選人當選，只須計算各州的總統選舉人，即告揭曉。因爲在政黨政治之下，各黨在各州總統選舉人的當選，即係其總統候選人的勝利。各州總統選舉人數目，爲其參議員與衆議員人數的總和。參議員每州固定爲兩名，衆議員人數，則依各州人口多少而定。美國的人口每十年調查一次，所以各州的總統選舉人配額，每十年都有一些變動。茲將一九八〇年各州應得的總統選舉人配額，列表如下：

一九八〇年美國各州總統選舉人配額一覽表

州名	總統選舉人配額	州名	總統選舉人配額
阿拉巴馬	九	內布拉斯加	五
阿拉斯加	三	內華達	三
阿利桑那	六	新漢普夏	四
阿肯色	六	新澤西	一七
加利福尼亞	四五	新墨西哥	四
科羅拉多	七	紐約	四一
康納狄克	八	北卡羅來納	一三
德拉瓦	三	北達科他	三
佛羅里達	一七	俄亥俄	二五
喬治亞	一二	奧克拉荷馬	八
夏威夷	四	奧勒岡	六
艾達荷	四	賓夕凡尼亞	二七
伊利諾	二六	羅德島	四
印地安那	一三	南卡羅來納	八
愛阿華	八	南達科他	四
堪薩斯	七	田納西	一〇
肯塔基	九	德克薩斯	二六
路易西安那	一〇	猶他	四
緬因	四	佛蒙特	三

（續上表）

州名	總統選舉人配額	州名	總統選舉人配額
馬里蘭	一〇	維吉尼亞	一二
麻薩諸塞	一四	華盛頓	九
密西根	二一	西維吉尼亞	六
明尼蘇達	一〇	威斯康辛	一一
密西西比	七	懷俄明	三
米蘇里	一二	哥倫比亞特區	三
蒙他拿	四		

　　以上各州的總統選舉人，共爲五三八人，即參議院名額一〇〇人，衆議院名額四三五人，加上哥倫比亞特區選出的三人。凡得票過此總數之半者（二七〇票），即當選爲總統。不過在法律上，得勝的總統、副總統候選人，此時仍未正式當選。依國會於一九三四年六月五日通過的一項法律，各州選出的總統選舉人，應於十二月第二個星期三後的星期一（今年爲十二月十五日），在各州首府集會，投票選舉總統、副總統，並將其選票以挂號信，郵寄國會的參議院議長（美國的副總統兼參議院議長）。國會兩院應於一月六日下午一時，在衆議院議場舉行聯席會議，當衆開票，凡得票二七〇以上者，當選爲總統。如無人得票過半數，則由衆議院就得票較多的前三名候選人，選舉一人爲總統。衆議院投票選舉總統時係以州爲單位，每州只有一個表決權，現在美國有五十州，凡得廿六票以上者，當選爲總統。

　　如無人當選爲副總統（其資格與當選票數與總統同），則由參議院就得票較多的前二名副總統候選人，選舉一人爲副總統，參議院選舉副總統時，每位參議員均有一個投票權，現有參議員一百人，凡得五十一票以上者，當選爲副總統。

　　依憲法修正案第廿條的規定，新當選的總統、副總統，應於一月廿日正午宣誓就職。四年一度的美國總統選舉過程，至此也全部宣告終結。

原載『中國論壇』第 11 卷第 2 期（1980 年 10 月 25 日），頁 29—37

從大選結果看美國民心

舉世矚目的一九八〇年美國大選結果,已於十一月五日全部揭曉。共和黨的總統候選人雷根,以壓倒性的絕對多數,當選了美國第四十任總統。雷根在美國五十州中的四十四州獲勝,在五三八張總統選舉人票中共得四八九票;卡特只在喬治亞、夏威夷、馬里蘭、明尼蘇達、羅德島、西維吉尼亞等六州,及哥倫比亞特區(即首都華盛頓)佔先,共得四十九張選舉人票。

卡特失敗之慘始料未及

就總統選舉人票的差額而言,這是美國總統選舉史上,敗者得票最少的第三次。前兩次是一九三六年及一九七二年。一九三六年大選時,民主黨的在任總統羅斯福,以五二三票對八票,擊敗共和黨的總統候選人藍頓(Alfred M. Landon)。一九七二年的選舉,共和黨的在任總統尼克森,以五二一票對十七票大勝民主黨的總統候選人麥高文(George S. McGovern)。

卡特這次落選,也是一位在任總統敗得最慘的一次。美國的在任總統,在大選中敗給對方者,不乏其例,但票數都沒有相差這樣懸殊。例如:一八二八年,民主黨的傑克遜,以一七八票對八三票,擊敗國民共和黨的在任總統小亞當斯(為第二任總統亞當斯的兒子)。一八四〇年,惠格黨的老哈里遜,以二三四票對六〇票,擊敗民主黨的在任總統范布倫。一八八八年,共和黨的小哈里遜(為第九任總統老哈里遜的孫子),以二三三票對一六八票,擊敗民主黨的在任總統克利夫蘭。一八九二年,克利夫蘭又以二七七票對一四五票,擊敗了小哈里遜。一九三二年,民主黨的羅斯福,以四七二票對五九票,擊敗共和黨的在任總統胡佛(胡佛的慘敗,僅次于這次的卡特)。及一九七六年,卡特以二九七票對二四〇票,擊敗共和黨的在任總統福特。卡特是一個頗為自負的人,現在以如此選舉結果卸任,其內心的痛苦,不言可喻。

經濟惡化是卡特致命傷

卡特敗得這樣慘,非但出于他自己的意料之外,也使今年大選期間所作的各種民意測驗,全盤皆墨。據十一月二日(即投票前二日)所發表的各種民意測驗,蓋洛普的結果為,雷根百分之四十七,卡特百分之四十四;哈里斯的結果為,雷根百分之四十五,卡特百分之四十。紐約時報所作的測驗是,雷根在廿四州中領先,共有二三五選舉人票,卡特在十三州及哥倫比亞特區領先,共有一四五選舉人票,而華盛頓郵報所作的預測是,雷根在廿二州中領先,可得二〇七選舉人票,卡特在十五州及哥倫比亞特區領先,可得一六三選舉人票。這是一九四八年以來,美國的各種民意測驗對大選的預測,離譜得最遠的一次。

對於這種大出意料之外的選舉結果,要瞭解其勝敗因素,是一件非常困難的事。下面僅是我們初步的分析:

就卡特方面來說：（一）他的經濟政策全面失敗，造成通貨膨脹的急劇上升，使這幾年來美國人民的生活素質，大爲降低。今年初卡特曾放言，美國的經濟情形，將在十一月大選投票時大爲改善。但據最近發表的數字，通貨膨脹率仍然高達百分之十二·七，而今年聯邦政府預算的赤字，可能超過六百億美元，這不但使美國人民對他失去信心，更使選民對他的各種經濟措施感到絕望。特別是游離選民，最近經濟方面的這一連串壞消息，可能就是他們投票時的決定因素。

在伊人質問題弄巧成拙

（二）卡特本想藉着五十二名人質，來遂行他的所謂『十月驚奇』，以便在競選的劣勢上有所突破。但結果不但人質沒有釋放，反使人對他引起反感。因爲伊朗的恐怖分子，無故將美國大使館的五十二名職員扣留了一年，乃是國際上的强盜行爲，論理應該無條件釋放，並向美國道歉才對。現在竟欲美國答應其四項無理要求，才能放人，這實在是美國的恥辱。更何況各種傳言，卡特政府準備以武器零件，來換取五十二名人質的釋放，其結果勢將使美國陷入兩伊戰爭的泥沼中。這種不以國家安全爲重，但求私利的競選手法，當爲美國選民所不齒，而這種心態，無疑的影響了一些人的投票行爲。

（三）十月二十八日在克利夫蘭的電視辯論，卡特原想以他現任總統的有利條件，來勝過雷根，但結果非常不理想，反使雷根居了上風。雷根在辯論中防守嚴密，而對他的國防政策，及婦女平等權的憲法修正案的主張，辯護得更爲精彩。例如他說，他之所以反對卡特政府與蘇聯所簽訂的第二階段限武條約（SALTL Ⅱ），乃是因爲該約對美國不利。他當選總統後，將與蘇聯另行談判新約，以代替該約。又如他說他不贊成婦女平等權的憲法修正案，並不是反對男女平等，而是認爲婦女的地位，可以法律的規定來改善。事實上，他在加州州長任內，曾通過十四項法律，來消除男女的不平等，以改進婦女的社會地位。這些言之成理的辯解，可能消減了許多人，特別是婦女選民過去對他的疑慮，由是改變初衷，而決定支持他。這也可能是卡特的致命傷之一。

安德森出馬對卡特不利

（四）卡特以經濟蕭條的辦法，來控制通貨膨脹，造成了許多工人特別是黑人的失業。這些人原是民主黨的基本羣眾，但因卡特的經濟政策，使他們喪失了工作機會，以致對卡特深爲不滿。這些人可能有一部份投了卡特的反對票；另有一部份，可能因爲對選舉冷淡，未去投票，由於大州多是工業州，失業問題特別嚴重，這或許就是今年卡特在所有大州中敗北的主因之一。

（五）安德森今年以獨立身份，參加總統選舉，對這次卡特的失敗，也有影響。因爲安德森的許多政見，如贊成批准第二階段的限武協定，反對製造中子彈，支持婦女平等權的憲法修正案，不反對墮胎等，都與卡特的政策相似。因此一些對卡特不滿，而又不願支持雷根的選民，可能都投了安德森的票。雖然安氏這次只得了百分之七的普選票，而且其中多少票來自過去卡特的支持者，也無法確定；但對於在競選中居下風的卡特，任何損失，都可能造成嚴重的後果。

（六）此外，如卡特政府對巴勒斯坦問題的舉棋不定，引起美國猶太人的反感；贊成婦女墮胎，使天主教選民對他厭惡；及阿富汗事件後對蘇聯的穀物禁運，引起農民的不滿等，皆可說是他的失敗因素。

雷根政策迎合選民胃口

從雷根方面來說，有人認為，他這次大勝，並不是因為他自己太好，而是因為卡特太差，所以上面所提到的卡特失敗的各種原因，都是雷根成功的因素。雖然這種說法不無理由，但雷根亦另有其成功之道。例如他提議三年內，每年減稅百分之十，深得中產階級的支持。他主張放鬆政府對工商業的限制，讓其自由發展，並藉此創造更多的就業機會，不但為工商界所贊許，也為失業選民帶來希望。他不僅要維持美國的強大，還要爭回對蘇俄的優勢，使保守份子，特別是退伍軍人，對他喝彩。他反對墮胎，得到天主教選民的擁護。他主張立即解除對蘇聯的穀物禁運，深得農民的歡心。他不反對以色列建都耶路撒冷，使美國猶太人對他具有好感。

共和黨在參院佔多數席

在分析了雷根與卡特兩人勝敗的因素以後，再來談談美國國會的改選。在這方面，共和黨今年的成果，十分豐碩。先看眾議院，共和黨已由原來的一五九席，增至一九二席，淨贏三十三席。民主黨則由原有的二七六席，減為二四三席。雖然在下屆國會中，共和黨在眾議院仍居少數黨，但與民主黨的差距已大為拉近。再看參議院，共和黨已由原來的四十一席，增至五十三席，一躍而為多數黨。而民主黨則由原來的五十九席，減為四十六席（另一席為維吉尼亞州參議員拜德 Harry Byrd 所佔有，他是無黨派的獨立份子），淨失十三席。自一九四九年以來，在卅一年當中，共和黨除在第八十三屆國會（一九五三——一九五五）中，以四十八席對四十六席領先過民主黨一次外，其餘各屆都是屈居下風。這次一舉贏回十二席，使參議院兩黨的實力強弱易勢，並領先民主黨七席，真可以說是奇蹟。

共和黨領先參議院，對未來的雷根政府具有重要的意義。國會各委員會的主席，依法均由多數黨的議員出任。所以第九十七屆國會參議院中各委員會的主席，均將由共和黨的資深議員擔任。這些主席人選，依其在參議院的資深順序，目前已能確定者如下：

外交委員會——伊利諾州參議員裴西（Charles H. Percy）
撥款委員會——奧勒岡州參議員哈特斐（Mark D. Hartfield）
軍事委員會——德克薩斯州參議員陶華（John G. Tower）
財政委員會——堪薩斯州參議員杜爾（Robert J. Dole）
司法委員會——南卡羅來納州參議員塞蒙德（Strom Thurmond）
農業委員會——北卡羅來納州參議員赫姆斯（Jesse A. Helms）
商務委員會——奧勒岡州參議員白克伍（Robert W. Packwood）

顯示美國民心轉趨保守

國會委員會的主席，權力頗大，對于國會的立法，具有相當影響。而上列諸人，除裴西外，都是共和黨內的保守派。裴西的主張雖較自由，但一向以穩健著稱。由這些人來擔任參議院中的要職，預期將使國會的立法，趨向保守。另有一點值得注意，這次參議院改選，民主黨自由派的幾個大將，幾乎全部落選。他們包括艾達荷州參議員邱池、南達科他州參議員麥高文、印地安那州參議員拜氏、華盛頓州參議員馬格紐森、愛阿華州參議員卡爾佛、新漢普夏州參議員賽金，及威斯康辛州參議員納爾遜。這些人都是參議院中的資深議員，如邱池是外委會主席，馬格紐森是籌款委員會主席，麥高文是一九七二年民主黨的總統候選人，拜氏是憲法修正案第廿五條（總統繼任問題）的原始提案人。他們的落選，頗出意料之外。這正是美國民心轉趨保守的信號。

（本文作者為臺灣大學客座教授）

原載『中央日報』1980 年 11 月 8 日第 2 版

美國總統的任期

一、美國總統任期的算法

美國憲法第二條規定，總統的任期爲四年。依此而言，則自一七八九年第一任總統華盛頓就職，至一九八一年雷根接任，其間已經有了一百九十二年，雷根應爲美國第四十九任總統才對，但是我們都知道，雷根于一月廿日就職時，乃是美國的第四十任總統，而不是第四十九任總統，這是什麼緣故呢？還有，假如這次大選，卡特擊敗了雷根，當選連任，他仍然是美國第三十九任總統，而不是第四十任總統，這又是什麼道理呢？更有進者，美國的總統自華盛頓到今天的雷根，只有三十九個人，而雷根却是美國的第四十任總統，此又作何解釋？這三個問題，看來似頗複雜，實則可以歸結到一個問題，那就是美國總統任期計算的方法問題。

美國總統任期計算的方法有兩個原則，即：以一人連續擔任總統的時間爲一任，以一人擔任總統的時間有間斷者爲兩任。就前一原則來說，任期最短者如威廉‧亨利‧哈里遜（Willam Henry Harrison）總統，在任僅一個月（一八四一年三月四日至四月四日），即告病逝，但他仍爲美國第九任總統；任期最長者如佛蘭克林‧羅斯福（Franklin D. Roosevelt），自一九三三年三月四日，做到一九四五年四月十二日逝世時爲止，連任了四次，在位十二年多，但因中間沒有間斷，所以在美國歷史上，他仍是第三十二任總統。就後一原則來說，克利夫蘭（Grover Cleveland）只做了八年總統，但因中間隔了第二十三任總統（一八八九——一八九三）本傑明‧哈里遜（Benjamin Harrison，爲第九任總統哈里遜的孫子），所以他被稱爲第二十二任（一八八五年——一八八九年）及第二十四任（一八九三年——一八九七年）總統，這也就是美國總統到現在爲止，只有三十九個人做過總統，而雷根却被稱爲第四十任總統的原因。

自第一任總統華盛頓以後，至一九三三年爲止，美國歷任總統的任期，都是三月四日開始，而于每隔四年後的三月三日屆滿。一九三三年一月廿三日，憲法修正案第廿條批准生效，依該條第一項前段的規定，總統、副總統的任期應于一月廿日正午終止，但依同條第五項的規定，前一規定應自本修正案批准生效後的十月十五日開始實施。故佛蘭克林‧羅斯福的第一任期，仍依舊規定，于一九三三年的三月四日開始；至一九三七年連任時，才依憲法修正案第廿條的新規定，于一月廿日正午宣誓就職。

二、造成美國總統任期不正常的原因

美國總統的任期，可以分爲正常的與不正常的兩類。凡是做滿四年或八年的總統，我們稱其任期爲正常；凡是未做滿四年，或多于四年而少于八年，或在八年以上者，我們稱其任期爲不正常。在到卡特爲止的三十九位總統中，任期不正常者達十八位之多。造成這十八位任期不正常的原因，包括四位總統在任上病逝，四位總統在任上被刺身亡，及一位總統自行辭職，而這九位總統遺下的職位由副總統繼任後，又造成另外九位總統的任期不正常。現在依其任期的先後，略述其梗概。

第一位任期不正常的總統，爲第九任總統哈里遜，他在任僅一個月即告病逝，爲到現在爲止美國任期最短的總統。一八四一年哈里遜宣誓就職時，年已六十九歲，他爲向人民表示身體健壯，拒絕在就職典禮中穿大衣戴禮帽。由于總統的就職典禮例在國會大廈前的戶外廣場舉行，而三月初的華府天氣仍極酷寒，加以他的就職演説長達八千五百七十八字，宣讀時歷一小時又四十五分鐘，爲歷任總統就職演説的最長者。故他在典禮完畢後即感覺不適，其後轉成肺炎，在任剛好滿一月即以病故。

　　哈里遜死後由他的副總統泰勒（John Tyler）繼任，是爲美國第十任總統。他于做滿哈里遜的任期後，未獲其本黨（惠格黨，Whig Party）總統候選人提名，被迫放棄競選連任，所以他只做了三年十一個月，成爲第二位任期不正常的總統。

　　第三位任期不正常的總統，爲第十二任總統泰羅（Zachary Taylor）。他于一八五〇年七月九日病逝，在任爲一年又一百廿七天，爲在任上去世的第二位總統。他的副總統費爾摩（Millard Fillmore）繼任爲第十三任總統後，只做了兩年七個多月。他于任期屆滿競選連任時，在一八五二年的惠格黨大會中，未能贏得本黨的總統候選人提名。

　　次一任期不正常的總統，爲第十六任總統林肯（Abraham Lincoln）。他做滿了一任四年，而于一八六五年四月十五日連任不久遇刺亡故，在任爲四年一個多月。林肯是第一位被人謀殺的總統。當時的經過情形是這樣的：一八六五年的四月十四日，是南軍李將軍（Robert E. Lee）向北軍格蘭特（Ulysses S. Grant）將軍投降的第五日，爲時四年的南北戰爭，至此已近尾聲。林肯爲鬆弛一下身心，特偕夫人前往華府的福特戲院（Ford's Theater），觀看當時名劇『我們美國的遠親』。晚上十時半左右，凶手布斯（John Wilkes Booth）潛至林肯包廂的後面，一槍從他的後腦打入。林肯應聲倒地，被送到附近的朋友家急救，但因傷及要害，回天乏術，延至十五日晨七時廿一分五十五秒不治逝世。布斯是當時一個頗爲有名的演員，在內戰中因同情南方，對林肯及聯邦政府極爲痛恨，現在南方已戰敗，乃決定刺殺林肯以洩憤。他在行刺後于混亂中從現場脫逃，四月廿六日被緝兇人員擊斃於馬棚中。林肯死後，由他的副總統安德魯·詹森（Andrew Johnson）繼任，即是美國第十七任總統。這位先生因籍隸南方的田納西州（他生于北卡羅來納州，于十七歲時定居田納西州），又係民主黨員，故對內戰後北方共和黨所控制的國會，爲重建南方所通過的各種不利于南方的法案，一一加以否決，因而引起國會的憤怒，並險遭國會彈劾。所以他只做完了林肯所遺的任期（三年十個多月），即被迫離開了白宮。

　　第七位任期不正常的總統，爲第廿任總統加菲爾（James A. Garfield）。他于一八八一年七月二日，在華府火車站遭人槍擊，延至九月十九日不治去世，在任僅六個半月。兇手古托（Charles Guiteau），爲一謀職不遂者，他曾千方百計向加菲爾謀求美國駐巴黎的領事職務，而無法償願，故殺之以洩憤。由于加菲爾的被刺，使美國朝野深切體認到分贓制度（Spoils System，按此制始於第七任總統傑克遜時代）的弊害，由是而導致國會于一八八三年通過『潘多頓文官制度法』（*Pendleton Civil Service Act*），實行以攷試取士的文官制度。繼加菲爾的是亞瑟（Chester A. Arthur），爲美國第廿一任總統。在歷任總統中，他的資歷最淺，在擔任副總統前，最高職務只做到紐約港海關監督。他于做滿加菲爾的任期後，又欲爭取共和黨的總統候選人提名，但沒有被選上，所以只做了三年五個半月的總統。

　　麥金萊（William Mckinley）是第九位任期不正常的總統。他的第二任期只做了半年，即遇刺身亡，成爲美國歷史上第三位被刺殺的總統。一九〇一年九月五日，麥金萊應邀赴紐約州水牛城的泛美博覽會發表演説，強調美國的閉關自守時代已成過去，並痛斥美國孤立主義的無知。九月六日當他在博覽會中舉行一項盛大招待會時，無政府主義者的左戈澤

（Leon Czolgosz）向他連發兩槍，一中胸部，一中肚部。麥金萊當場重傷倒地，經送往醫院急救，取出胸部子彈，但肚部子彈因無法發現正確部位，使得群醫束手，延至九月十四日，終告不治。西奧多・羅斯福（Theodore Roosevelt）以副總統身份繼位，是為美國第廿六任總統。老羅斯福做滿麥金萊的第二任期後，又連任了一次，所以他一共做了七年半的總統。

　　哈定（Warren G. Harding）是第十一位任期不正常的總統。他于一九二三年八月二日，於訪問阿拉斯加及加拿大的歸途中，病逝舊金山，在任兩年五個月，而為美國第三位病逝任所的總統，前兩位是哈里遜及泰羅。繼任的是第卅任總統柯立芝（Calvin Coolidge），他于做滿哈定的任期後，又連任了一次，所以共做了五年七個月的總統。一九二八年共和黨原想提名他繼續競選連任，為他所拒絕。一則他覺得再做四年，時間太長，再則他已看出美國接近另一次經濟不景氣，他生性怕事，深恐不能應付那種危機，故決定急流勇退，見好而收。

　　佛蘭克林・羅斯福是第十三位任期不正常的總統。他打破美國一百五十年傳統，連任四次，直至一九四五年四月十二日病逝任上為止，共做了十二年一個月又九天的總統，而成為美國歷史上任期最長的總統。一九三二年，他以壓倒的優勢，擊敗共和黨的在任總統胡佛（Herbert C. Hoover），當選第卅二任總統。其時正值美國空前經濟大恐慌，賴其新政措施，使美國經濟迅速復興，故其一九三六年當選連任，乃屬眾望所歸。一九四〇年歐、亞兩洲大戰正酣，美國卽欲置身事外，亦為情勢所不許，美國人民為因應時勢，不欲領導中樞臨陣易手，乃打破傳統，選舉羅斯福三次連任。一九四四年世界大戰正在緊要關頭，行政元首自不應輕易更替，因此羅氏四次當選連任。羅斯福去世後，美國朝野懍於總統連任次數漫無限制，極易造成獨裁，乃於戰後修改憲法（此卽一九五一年二月批准生效的憲法修正第廿二條），明定此後美國總統的任期以二次為限，但副總統因總統亡故或去職而繼任總統不滿兩年者，仍得再競選連任兩次。換言之，今後美國總統的任期，最多不得超過十年。羅斯福死後，由副總統杜魯門（Harry S. Tuuman）繼任，是為美國第三十三任總統。他于做滿羅斯福的第四任期後，又當選連任過一次，所以他做了七年多的總統。

　　第十五位任期不正常的總統為甘廼廸（John F. Kennedy）。在任為兩年十個月。他是第四位被謀殺的總統，也是第八位死于任上的總統。前七位是哈里遜、泰羅、林肯、加菲爾、麥金萊、哈定及羅斯福。他于一九六三年十一月廿二日在德州的達拉斯被槍殺時，得年僅四十六歲，為美國最短壽的總統。行刺甘廼廸的兇手為一左翼份子奧斯渥（Lee Harvey Oswald），他於刺甘的第三日（十一月廿四日）又在看守所中被一位夜總會的老板盧賓斯坦（Jack Rubenstein，又名 Jack Ruby）所刺殺，萬千觀眾均在電視上親眼看見，全國為之震驚不已。於是謠言紛起，認為甘氏的被刺，幕後可能另有人指使。雖經華倫委員會調查經年，而判認奧之刺甘，乃是『深切痛恨權威』所致，並無其他牽連，但所舉理由，未能完全使人信服，故謠言並未平息。直至一九七八年國會仍在撥款，成立特別委員會，對此事進行調查。繼甘廼廸的，為第卅六任總統林頓・詹森（Lyndon B. Johnson），他做滿甘氏所遺下的一年兩個月的任期後，又連任了一次，總共做了五年二個月。一九六八年他本有計劃再競選連任一次，但那年美國情勢特別紊亂，內則黑人與反戰暴動頻仍，外則越戰步步升高，結束無期，弄得他焦頭爛額，精疲力盡。故于是年的三月卅一日，他在向全國發表電視廣播，命令美軍對北越暫停局部轟炸後，突然宣佈放棄競選連任。

　　第卅七任總統尼克森（Richard M. Nixon）是第十七位任期不正常的總統。他的第二任期只做了一年六個多月，而于一九七四年八月九日因水門事件被迫辭職。水門事件發生于一九七二年六月十七日，那日有五位受共和黨競選總部指使的美籍古巴人，于偷入華府水門公寓大廈的民主黨全國委員會安裝秘密電話時，被警察當場逮捕。尼克森爲掩蓋此事，曾對司法部及聯邦調查局所進行的各種調查，多方加以阻撓及干預。國會衆議院以尼氏干預司法，有虧總統職守，乃于一九七四年的七月廿七日、廿九日及卅日，先後通過三項彈劾條款，尼克森見勢頭不對，在參議院未對此案審判前，即于八月九日自動辭職。這是美國歷史上第二位險遭國會彈劾的總統（第一位是安德魯·詹森），也是第一位自動辭職的總統。尼克森辭職後，由副總統福特（Cered R. Ford）繼任，是爲美國第卅八任總統，也是第十八位任期不正常的總統。福特做完尼克森第二任期所留下的兩年五個多月後，于一九七六年競選連任時，敗于民主黨的候選人卡特。由于福特之擔任副總統，是由總統提任，經國會兩院通過而就職，而其總統職位，又是由副總統升任而來，自己競選連任時又沒有當選，所以他也是美國歷史上唯一沒有經過人民選舉的總統。

三、奇怪的巧合

根據上面這些關于美國總統任期的史實，我們發現一個頗爲奇怪的巧合，即一八四〇年以來，凡是〇年當選的總統，均死于任上。而且每位的間隔剛好都是廿年。因爲哈里遜是一八四〇年當選，林肯是一八六〇年當選，加菲爾是一八八〇年當選，麥金來的第二任期是一九〇〇年當選，哈定是一九二〇年當選，羅斯福的第三任期是一九四〇年當選，甘迺迪是一九六〇年當選。去年雷根當選時是一九八〇年，又是一個〇年，而且離甘迺迪當選之年恰爲廿年，這種奇怪的巧合，是否又會應在他身上呢？此事涉及迷信，我們不作猜測。不過雷根對我們很友善，我們希望他長壽。

原載『中國論壇』第 11 卷第 8 期（1981 年 1 月 25 日），頁 38—41

從雷根遇刺談美國總統權力的行使問題

　　雷根遇刺，舉世震動。總統被刺，在美國歷史上這不是第一次，自一八六五年以來，這種事情已經屢見不鮮，並有四位總統因而喪生。一八六五年四月十四日，第十六任總統林肯（Abraham Lincoln），在華府的福特戲院觀劇時，被一位南方的同情份子名布斯（John Wilkes Booth）者所槍殺。一八八一年七月二日，第廿任總統加菲爾（James A. Garfield），在華府的火車站，被一個謀職不遂的古托（Charles J. Guiteau）擊倒，延至同年九月十九日傷重不治逝世。一九〇一年九月六日，第廿五任總統麥金萊（William Mckinley），在紐約水牛城的泛美博覽會上，被一個無政府主義的左戈澤（Leon Czolgosz）連發兩槍，于八天後（九月十四日）傷重逝世。一九六三年十一月廿二日，第卅五任總統甘迺廸（John F. Kennedy），在德州的達拉斯，被一個左傾分子奧斯渥（Lee Havey Oswald）所擊殺。

海格的宣佈引起批評

　　當雷根被馳往喬治華盛頓大學附屬醫院動手術，取出左胸子彈時，副總統布希正在德州。爲了緊急應變，國務卿海格立刻宣佈：『在副總統未回來前，現在由我控制白宮。』（As of now I am in control in the White House Pending the return of the Vice President.）輿論對海格的這種斷然行動，頗多指責，認爲他有越權之嫌。平情而論，海格的果敢行動，于法的確有所未合。因爲依美國『總統繼任法』（*Presidential Succession Act*），國務卿代行總統職權的順序，是在副總統、衆議院議長、及參議院臨時議長（參議院的議長是副總統兼任）之後，而居第四位。但雷根遇刺時，副總統布希不在華府，而衆議院議長及參議院臨時議長，在此緊要關頭，又無法對國家重要政務進入情況。處此瞬息萬變的核子時代，分秒的稽延，就可能導致大禍。海格以首席閣員的身份，暫攝大政，與其說是越權，無寧說是一種緊急的應變行爲，是頗值得諒解的。

　　布希回到華府後，記者問他：『是不是以代總統身分行使職權？』他立刻斷然否認。因爲根據美國憲法修正案第廿五條第三項的規定，須經總統向參議院臨時議長及衆議院議長致送書面聲明，宣告其無能力行使職權時，副總統始得以代總統名義，行使總統職權。現在雷根的傷勢經開刀後，情況良好，且能在病榻簽署法案，根本不發生所謂『無能力』的問題。然布希目前實際上所代表雷根執行的一些例行職務，如接待外賓及主持國家安全會議等，乃是根據總統各別的授權，與代總統的職責，不可混爲一談。

美國總統的繼任問題

　　于此有應注意者，卽如總統受傷極重，或因其他原因，事實上無能力執行職務，而又不願意把職權交給副總統行使，以致國家政務不能順利推行。這種情形，在美國歷史上，並非沒有先例。如一九一九年九月，第廿八任總統威爾遜（Woodrow Wilson），爲爭取美國人民對『凡爾賽條約』及國際聯盟的支持，在西部各州旅行演說時，突然中風病倒，從此輾轉床褥，全身癱瘓，直至一九二一年三月任期屆滿時爲止，爲時一年有半。在此期間，他有時清醒，有時胡塗，然而他自己既沒有宣佈無能任職，別人也未替他作此宣佈。他的副總統馬歇爾（Thomas R. Marshall）勉強肩起重擔，處理內外大事，反招致外界物議，認為他不忠于威爾遜。這不僅使馬歇爾個人困惑萬分，也使國家遭到損害。美國國會有鑒于此，乃于通過憲法修正案廿五條時，特別對此加以詳明規定，避免以後再發生類似情事。

依該條（一九六七年二月批准生效）第四項第一款規定，遇到這種情形，副總統與內閣多數閣員，得連名向參議院臨時議長及衆議院議長致送書面聲明，宣告總統無能力行使其職權。這種聲明，如經國會審議屬實，總統職權應即由副總統以代總統名義行使之。不過總統職權，由副總統代行，畢竟是不得已的權宜之計，故總統能力恢復後，應即由其復職，藉入憲政的常軌。但總統能力恢復與否，應有客觀的認定。特別是在總統制下的美國，總統是國家的行政元首，假如能力未恢復，即讓其復職，小則引起笑話，大則導致災禍，殊非國家之福。故第四項的第二款，又許副總統及內閣多數閣員，向國會提出異議之權。國會對此爭執，應于四十八小時內集會。如國會于收到聲明異議之二十一天內，經兩院各以三分之二的多數議決，確認總統仍無能力行使其職權，副總統應繼續以代總統名義行使總統職權；否則，總統應即復職。

另有一個相關的問題，值得在此一談，即總統繼任的問題，依憲法修正案第廿五條第一項的規定，總統缺位時，應由副總統繼任為總統。副總統繼任總統後，副總統的職務因而出缺，依同條第二項的規定，此時應由總統提名一副總統候選人，經國會兩院各以多數同意後任命之。這兩個條款，自批准生效至今，不過十四年，但已應用過數次。第一次是一九七三年十月，尼克森的副總統安格紐（Spiro Agnew），因牽涉稅務糾紛，被迫辭職，尼克森根據本條第二項，提名福特繼任。第二次是一九七四年八月，尼克森因水門事件被迫辭職，福特依本條第一項繼任總統後，又依本條第二項之規定（第三次），提名前紐約州長洛克斐勒繼任為副總統。

總統副總統同時缺位時

最後還有一種情形，即總統、副總統同時缺位時，應由何人來代行總統職權。這個問題，在一七八七年費城制憲時，即已攷慮到，並于憲法第二條第一項第五款後段，授權國會加以處理。國會根據此一授權，于一七九二年制定『總統繼任法』，規定應代行總統職權者，為參議院臨時議長及衆議院議長。後來覺得這種規定，不切實際，因為兩院議長，既乏行政經驗，又往往老邁不堪，以他們來代行總統職權，仍有後繼乏人之虞。所以一八八六年此法修改時，刪除了兩位議長，而定其代行總統職權者之順序為：國務卿、財政部長、陸軍部長、司法部長、郵政部長、海軍部長、及內政部長。但內閣閣員都是由總統任命，與選民不發生直接關係，以他們來代行總統職權，亦不合民主原則，因此在一九四七年再修改此法時，又把衆議院議長及參議院臨時議長加進去，並置于內閣閣員之前，然內閣閣員代行總統職權之順序，則依各該部成立之先後為準。所以現在代行總統職權之人，依次為：衆議院議長、參議院臨時議長、國務卿、財政部長、國防部長、司法部長、內政部長、農業部長、商業部長、勞工部長、衛生福利部長、房屋部長、都市發展部長、能源部長、及教育部長。不過總統、副總統同時缺位的情形，事屬非常，也可以說是絕無僅有，所以這些人代行總統職權之機會，實在是微乎其微。故所謂『總統繼任法』，也只是備而不用而已。

原載『中國論壇』第 12 卷第 2 期（1981 年 4 月 25 日），頁 19—20

從『哈特旋風』看今年美國總統選舉

編按：一九八四年美國總統選舉的民主黨初選，參議員哈特自二月二十八日於新漢普夏州擊敗孟代爾後，以『新觀念，新領導』的口號，捲起一股所謂『哈特旋風』。至今『哈特旋風』雖已暫時衰落，雷根也已當選總統，但它的驟起仍極具意義，本文即試圖分析這股『旋風』的背景和影響。

今年的美國總統選舉，因哈特在民主黨的總統初選中脫穎而出，顯得特別多采多姿。自二月廿八日他在新漢普夏州的初選，以 40% 對 29% 的驚人多數，擊敗孟代爾後，接著又以雷霆萬鈞之勢，于旬日之間，連下三城，分別以 50% 對 44%，71% 對 20%，61% 對 36%，在緬因（三月四日）、佛蒙特（三月六日），及懷俄明（三月十日）三州，有如風捲殘雲，所向披靡。這一陣『旋風』，吹得民主黨內各方看好的孟代爾，手足無措，心膽俱寒，也使今年民主黨總統候選人提名的情勢，為之不變。

哈特是怎麼崛起政壇的

然則，哈特何許人也？我們不妨在此稍作引介。他于一九三六年（自稱為一九三七）十一月廿八日生于堪薩斯州的鄂太華（Ottawa），全家都是虔誠的基督教徒，父親曾為農耕機推銷員。他少時原名蓋瑞・華倫・哈特辯士（Gary Warren Hartpence），因嫌最後一字太長，且德國意味太重，乃自行縮短為哈特（Hart）。高中畢業後，他入貝佘尼拿撒倫學院（Bethany Nazarene College）就讀，專攻宗教與哲學，一九五八年畢業，再入耶魯大學神學院研究神學。本來打算畢業後做牧師，不想一九六〇年為約翰・甘迺迪做義務助選員後，突然對政治發生了濃厚興趣，故于神學院畢業後，再入耶魯法學院深造。一九六四年完成法學士學位，旋入聯邦內政部服務。因對現實不滿，乃于一九六七年回丹佛做律師。一九六八年羅伯・甘迺迪競選民主黨總統候選人提名時，他曾出面為其助選。一九七二年為南達他科州參議員麥高文所識拔，任其為助選經理。憑著他自己的組織長才，利用當時美國人民反越戰的心理，及青年人求新求變的狂熱，竟使麥高文登上了民主黨總統候選人的寶座。麥氏雖在那年的大選中一敗塗地，卻使哈特打出了一點知名度。藉此本錢，他于一九七四年出而競選科羅拉多州的聯邦參議員，一舉成功，一九八〇年又當選連任，現為參院軍事及預算等委員會的委員。他的性子善變，除自改名字及隱瞞年齡外，並曾與他的太太兩度分居，目前已暫時和好，據說是要協力競選總統之故。

哈特突起美國政壇，風光一時，一方面由於美國各種大眾傳播媒介的推波助瀾、誇大渲染的習尚，與美國人民崇拜英雄主義及喜歡第一（他在美國第一個總統初選中擊敗了民主黨內的其他七位對手而排名第一）的心態所致；他方面也是由于美國總統初選制所造成。

總統初選制的步驟與功能

『美國總統初選制』興起于廿世紀初年，旨在抑制黨務人員對總統候選人提名的權力，使黨員對其本黨總統候選人之產生，具有直接表示意見的機會。這種由人民直接參與總統候選人選舉的方式，可以分為兩類：一是由各州法律規定，稱為『總統初選』（Presidential Primary）；二是由各州黨部自行規定，稱為『政黨代表選舉會』（Caucus）。前者由州政府舉辦選舉事務，並負擔其費用，且須于同一日在全州同時舉行，投票者有時不以黨員為限，總統候選人在各州所得的承諾票，除法律別有規定外，應在各政黨全國代表大會選舉各該黨的總統候選人時，投票支持他。後者係由各州黨部舉辦，投票者以本黨黨員為限，但選舉黨員代表之時間不必在同一日舉行，總統候選人在這種選舉會中所得的承諾票，因為不具法律拘束力，常不十分可靠，所以各黨的總統候選人在計算這種支持票時，多採保留態度。于此有應注意者，不論是『總統初選』，或『政黨代表選舉會』，都不是由人民直接選舉總統候選人，而是由他們選舉出席各黨全國代表大會的代表，要這些代表在大會選舉各該黨總統候選人時，依照他們在初選時所表示的意願去投票。

美國總統初選制的最大優點，就是一方面能使原本不大有名或不受黨內當權派支持的才俊，有脫穎而出的機會；他方面又可使野心勃勃而又不孚眾望者，及早知難而退。

造成民主黨孟哈對峙局面

今年共和黨的總統候選人，因為在任總統雷根早已眾望所歸，無人敢出來與他對抗，所以該黨今年的總統初選活動，顯得寂然無聲，也就無法看出總統初選制的功能。但在民主黨方面，則顯得非常突出。以哈特為例，他在愛阿華黨代選舉會投票前，默默無聞，各種民意測驗從未超過3%，可以說很少人把他的競選當作一回事。但在二月廿日該州投票結果揭曉後，他竟得了16.9%的票，在民主黨八雄之中，僅次於孟代爾，而排名第二，使人刮目相看。到了新漢普夏州初選的前夕，他的聲望在民意測驗中已升至7%。及至新州開票結果，他以40%對29%擊敗了孟代爾，壓倒群雄，而排名第一，頓使新英格蘭人民好像觸了電，大家奔走相告，驚呼『蓋瑞！蓋瑞！』（哈特之名）。加以各種新聞媒體競相報導，使他于一夜之間舉世聞名。如沒有初選，他決不可能這麼快出頭的。

在另一方面，新州之戰，民主黨內其他幾位候選人中之加州參議員克蘭斯頓的得票率僅有2%，南卡羅來納州參議員柯林斯為4%，佛羅里達卅前州長艾斯鳩不過1%，均自知不獲眾望，紛紛退出競選。『超級星期二』（三月十三日）的再度混亂，又弄垮了俄亥俄州的葛倫，與南達科他州的麥高文，使原本八雄爭霸之局，變成鼎足而三之勢，其中黑人牧師傑克遜只能算是陪襯。故今年民主黨總統候選人之爭，實際上已成為哈、孟對峙之局。

就目前的情勢而言，由于孟代爾已在伊利諾州擊敗了哈特，並相繼在其他州獲勝，可以說已扳回了劣勢，至少已穩住了陣腳。未來之數雖不可測，但由於紐約（四月三日）、賓州（四月十日）、加州（六月五日）等地，與伊州情形相近，都是工業州及黑人多，而此兩方面正是孟代爾的基本群眾所在。預期即使不會必勝，也不致大敗。從哈特方面來說，他也不會輕易放棄，因為有幾個大州的初選，如俄亥俄（一五四票）、德克薩斯（一六九票）、新澤西（一〇七票）等，都在五月以後舉行，這些都是今年民主黨總統候選人爭取提名的主戰場。預測他們兩人要爭到七月十六日至十九日在舊金山舉行的民主黨大會，才能罷休。

分析雷根競選對手與情勢

再從遠一點觀察，假如我的判斷不差，今年的美國總統選舉，將是孟代爾對抗雷根。果如此，則對共和黨反較有利。因爲孟氏攻擊雷根的主要話題是經濟失敗，失業增加，與外交挫折，而此三者目前均非事實。就經濟來說，目前美國不但已自低迷中復甦，而且正在強勁成長。事實上自雷根就任以來，美國的通貨膨脹率已由 12.4% 降至 3.2%，基本利率由 21% 降至 11.5%，個人所得稅三年內已減了 25%。以言失業，去年雖一度超過 10%，但現在已降至 8% 左右，與他三年前就任時已相差無幾，且由于經濟的強勢成長，到今年十一月大選時，失業率還可望降低。再說外交，自美國從黎巴嫩撤軍後，已失去了攻擊的主要目標，而蘇俄安德洛波夫之死，與契爾南柯的上臺，使美、蘇關係不無轉機的可能，這對雷根政府也是頗爲有利的。

假如把孟代爾換作哈待又將如何呢？我覺得他比孟代爾較難對付，因爲他的未知數太多，不易捉摸。例如他在獨立選民與年輕人中間的潛力，就難以判斷。不過他在內政上所提出的『新觀念，新領導』，在外交上所主張的『互惠、可靠、自制』，口號雖頗響亮，目前還看不出具體的內容，很難加以評估。再說他的競選組織與競選費用均遠不如雷根，所以他的勝面也是微乎其微。

選情都是千變萬化的，美國的情形尤其如此。一九四八年大選，美國的輿論與民意測驗莫不認爲，共和黨的候選人紐約州長杜威，會以壓倒性的多數，擊敗在任總統杜魯門。芝加哥的共和黨機關報『芝加哥論壇』(*Chicago Tribune*)，甚至在大選結果尚未全部揭曉前，即以『杜威擊敗杜魯門』(*Dewey Defeats Truman*) 橫跨全頁的特號標題，大做其杜威當選的文章。誰知計票的結果，杜威竟告落選。一九七六年的卡特，無論從任何方面來說，都沒有做總統的條件，但他竟然當選。今年的葛倫，一般人都把他當作孟代爾的主要對手，不料初敗於愛阿華，再敗于新漢普夏，『超級星期二』的得票率更是每況愈下，終至財源枯竭，並負債兩百萬，廢然而退。今年大選投票的歸趨，誰也不敢逆料。不過就目前的情形來推測，只要從現在到十一月六日的大選投票日，雷根不生病，國內經濟繼續成長，通貨膨脹率不急劇增加，外交上不犯重大過失，與蘇俄的交往有些進展，或至少不再惡化，我對他的當選連任，是很樂觀的。

(著者爲臺大圖書館學系暨研究所主任兼中央研究院美國研究所研究員)
原載『中國論壇』第 205 期 (1984 年 4 月 10 日)，頁 43—47

美國總統大家猜

　　一九八八年的美國總統選舉，已進入白熱化階段。根據美國各主要傳播媒體的最新民意測驗，哥倫比亞廣播公司與『紐約時報』聯合調查的結果，共和黨的布希以十三個百分點領先民主黨候選人杜凱吉斯；美國廣播公司與『華盛頓郵報』合作所作的民意測驗是，布希以五十二對四十四領先杜凱吉斯八個百分點；而蓋洛普所作的民意調查則顯示，布希領先杜凱吉斯十四個百分點。這些民意測驗的正確性如何，不日即可揭曉。

　　一九三六年大選，有一項民意調查預測，共和黨的總統候選人藍頓，將擊敗民主黨的在任總統羅斯福，但結果藍頓僅在緬因與佛蒙特兩州獲勝，共得一張總統選舉人票，而以八票對五百二十三票慘敗。爲什麼會這樣離譜？因爲那項民意測驗是以電話爲調查工具。那時的美國，電話還是富人的奢侈品，一般人民在經濟蕭條的歲月里，衣食都成問題，那有餘錢去裝電話，而這些人正是擁護羅斯福『新政』的主力所在，調查者不去問他們的意見，卻以擁有電話的少數富人爲對象，那得不鬧笑話！

　　一九四八年總統選舉的民意測驗，更是離譜。

　　那年各種民意測驗，幾乎衆口一詞看好共和黨候選人杜威。『芝加哥論壇』甚至在大選結果尚未完全揭曉前，即以『杜威擊敗杜魯門』(*Dewey Defeats Truman*)，橫跨第一版全頁的特號標題，大作杜威當選的文章。誰知開票結果，杜威竟告落敗。

　　原來那年美國的各種傳播媒體，都認爲杜威當選已成定局，在選戰的最後階段，沒有再作民意調查，採究選民的最後動向。殊不知杜魯門最後幾天猛攻共和黨不願延長社會福利立法的策略成功，使民意發生重大變化，加以有些支持杜威的選民，認爲杜威當選已不成問題，懶得去投票，遂使杜魯門意外獲勝。

　　一般而言，民意測驗的時間與投票日愈接近，可靠性愈大，但仍不免發生差錯。

　　一九八〇年大選時，根據是年十一月二日（投票前二日）所發表的各種民意測驗顯示，蓋洛普──雷根以四十七對四十四，領先卡特三個百分點。哈里斯──雷根領先卡特五個百分點。『紐約時報』──雷根在二十四州中領先，共有二百三十五張選舉人票，卡特在十三州及哥倫比亞特區領先，可得一百四十五張選舉人票。『華盛頓郵報』──雷根在二十二州中領先，有總統選舉人票二百零七張，卡特在十五州及哥倫比亞特區領先，可得總統選舉人票一百六十三張。選舉的結果，與這些預測大相逕庭，因爲卡特只在六州及哥倫比亞特區獲勝，全部總統選舉人票只有四十九票。

　　這是一九四八年以來，美國民意測驗失誤最大的一次，也使人們對民意測驗的正確性，再度發生懷疑。

　　雖然民意測驗常生差錯，但它在美國總統選舉中具有極大的影響力。舉例來說，一九六八年的總統選舉，在共和黨候選人最初一般民意測驗，都認爲密西根州長羅慕尼將脫穎而出。不料他在一項競選演說中竟向選民宣稱，過去他所以支持越戰，是因爲受到詹森總統的洗腦。此言一出，聽衆爲之大譁，輿論紛紛指責他講此話有失身分。『紐約時報』更發表社論，認爲這樣一位容易被人洗腦的人，不適於做美國總統。他從此聲望大落，在各種民意測驗中一蹶不振。他看大勢已去，不待新罕普夏州的初選，即宣佈退出競選。

　　再以一九八四年的孟代爾爲例，那年二月廿八日新罕普夏州的初選前，他在各種民意測驗中，都遙遙領先其他民主黨候選人。他被這些有利的民意測驗冲昏了頭，在愛荷華州黨團初選中旗開得勝後，一直到該州初選投票的前幾日，不曾再履該州一步。不料平地一聲雷，新州的初選他竟以二十九比四十，十一個百分點的差異，敗給民主黨的另一候選人哈特。

民意測驗發佈的時機，也可能影響總統的選舉結果。

美國東部與西部的時差三小時（夏威夷與阿拉斯加兩州不算），東部選情的動向宣佈過早，會影響西部選民的投票行為。一九八〇年與一九八四年兩次大選，美國三大電視網，在東部時間晚上七時左右，根據當時在各州選民中所作的民意調查，爭先宣佈雷根當選的預測。其時西部各州的投票仍在進行，有些支持卡特與孟代爾的選民，看到這些預測，認為大勢已定，沒有再去投票，使卡、孟兩人敗得更慘。

美國國會鑒於這種不公平現象，曾舉行多次聽證會，希望在全國的投票所未完全關閉前，各傳播媒體不要宣佈選舉結果的預測，以免影響西部選民的投票意願。新聞界認為，這個建議有違新聞自由的原則，不肯奉行。所以今年的選情預測會對選舉結果發生何種影響，只有拭目以待了。

原載『聯合報』1988 年 11 月 7 日至 8 日第 14 版

『雲五社會科學大辭典』第三冊政治學詞條

人身保護狀（Habeas Corpus）

由法院法官，以書面令狀，命令拘禁人民的官員，將被拘禁者帶至法院，陳述其拘禁的原因及時間者，謂之人身保護狀。此種令狀的目的，在防止人民遭受政府官員的非法拘禁。法官的職責，在調查被拘者是否享有正當法律手續，不在探究其有無犯罪。此一民權，在英、美諸國固已視爲天經地義。但有些國家，官員拘禁人民，往往漫無期限，既無指控，復不審判，實爲對人身自由的一項極大威脅。

人身保護狀，早在十四世紀的英國，已經存在，但至一六七九年英國正式通過人身保護狀法後，始成制度化。美國革命以前，人民向當時英國殖民地法院申請人身保護狀者，往往遭受無理拒絕，因而招致人民對英國殖民政府的極端不滿。故在費城制憲時，特將人身保護狀載諸聯邦憲法中，其規定如下：『除遇內亂外患而爲公共治安所需要者外，人身保護狀之特權不得停止之。』（美國聯邦憲法第一條第九項第二款）（胡述兆，頁4。）

大赦（Amnesty）

大赦係指對于某一時期內的一組犯罪者，赦免其罪。大赦一經宣告，其罪刑或追訴權即完全歸于消滅，一如根本未觸刑章者然。此種情形常見于內戰或革命時期，戰勝之一方，例多對于戰敗者加以赦免。如美國南北戰爭結束後，聯邦政府對於南方之叛亂份子赦免其罪，即爲著例。

特赦與大赦有別，係指對已受罪刑宣告之特定罪犯，免其刑之執行。特赦一經賦予，其刑罰雖不再執行，但其罪並未消滅，且因其犯罪而附帶引起之民事責任，亦不得免除。特赦又與減刑不同，後者的刑罰並未完全免除，只因其具有某種可恕之原因，而減輕其刑之程度。故大赦後再犯罪者爲初犯，而特赦減刑後再犯罪者爲累犯。

大赦、特赦之權屬于行政元首。美國憲法賦予總統對於所有聯邦犯罪，行使赦免之權，但對曾受國會彈劾之罪犯不在比例。各州州長對于在其本州內之犯罪亦有類似權力，但對叛國罪及藐視法庭罪不在其內。（胡述兆，頁13。）

文官（Civil Service）

文官乃受僱于政府機關擔任文職工作人員之總稱，不包括軍事人員及選舉官員在內。

西方文官制度始行于英國，初爲英國駐印度機構文職人員之特稱，一八五四年以後始在英國本土普遍應用。一八五五年，英國正式成立文官委員會，開始以競爭的方法攷選公務員。一經錄取，即按能任職，依功晉級，超然于政黨之外，不受任何政府變動的影響。故自該制實行以來，雖內閣時有更迭，而公務進行不輟，可謂功效卓著，成績斐然。

美國自傑克生總統時起，盛行分贓制，新總統一旦上任，即大事調換聯邦行政機關文官，務使主要得力助選人員，皆能分到一官半職。于是官不稱職者，所在多有，影響公務，至深且鉅。爲矯正此弊，乃于一八七一年成立文官委員會，開始以公開競爭的方式，攷選取士，但行之不久，即告撤銷。一八八一年，加非爾總統被刺，而其兇手爲一謀求官職不遂，憤而刺殺總統者。此一不幸事件，導致國會于一八八三年通過『班都頓法』（*Pendleton Act*），再度建立文官委員會，並詳細釐訂聯邦文官的級職及薪俸，藉以實行功績制。一九四〇年的『赫區法』（*Hatch Act*）又嚴禁公務員對競選公職者的捐獻，以使公務員完全超然于政治之外。近年，聯邦政府根據胡佛委員會的報告，更有多項改進，使美國的文官制度益臻完善。（胡述兆，頁59。）

奴隸制度（Slavery）

人民在法律上被視爲財產，在行爲上被當作機械者，稱爲奴隸制度。它的起源極早，在公元前十八世紀巴比倫的漢模拉比（Hammurabi）法典中，即有奴隸制度的規定。最初的奴隸制度與戰爭有關，凡戰俘或戰敗國的全體人民均被視爲奴隸，戰勝國可以對之爲所欲爲。農牧時代以後，因爲農田需人耕作，畜牧要人看管，于是債務人、孤兒或窮無立錐者，例多成爲權富階級奴役的對象。由于奴隸可以增加財富，創造閒暇，使無須勞力者得有餘力從事學問，促進文化，所以阿里斯多德也認爲奴隸制度的存在是應該的。奴隸既可增加財富，而當地可供奴役者有限，于是奴隸買賣又應運而生。早期的奴隸制度只與階級有關，並不限于特定的種族。一四四二年葡萄牙人將非洲黑人販賣于歐洲，一五一七年西班牙人又將黑奴帶至南美，一六一九年更由荷蘭人帶到北美，于是黑人與奴隸制度結上不解之緣。美國號稱世界上最民主自由的國家，但其奴隸制度直至一八六三年一月一日林肯頒佈『黑奴解放令』後，才算正式廢止。聯合國爲維護人權，乃于一九四八年通過『人權宣言』，禁止奴隸制度。一九五四年安理會又通過決議，譴責強迫勞工。一九五六年更制定『廢止奴隸公約』，簽字者達四十餘國。（胡述兆，頁78。）

民族自決（Self-Detemination of Nations）

民族自決是指具有共同語言、文化及傳統的人民，有權組織他們自己的政府，而成爲一個獨立的民族國家。此一原則盛行于十九世紀的歐洲，以爲分割那些老大帝國成爲若干以民族爲單位的小國之理論基礎。第一次世界大戰期間，民族自決的原則成爲同盟國的一項主要號召。美國威爾遜總統于一九一八年一月八日向國會兩院聯席會議所提出的戰後十四點和平原則，其中第十一點即係揭示此一原則。大戰結束後，由于此一原則的應用，使原屬于德、奧、俄、土等帝國的部分領土，成立了許多以民族爲單位的小國。二次大戰後，亞、非兩洲的許多國家紛紛獨立，亦係此一原則的延伸。然由于政治與經濟的現實環境，民族自決原則之適用有其一定的限度，一次大戰後的歐洲如此，今日亞、非兩洲的情形亦復如此。（胡述兆，頁90。）

君權神授（Divine Right of Kings）

　　為政治上的一種學說，流行于十七世紀的歐洲，特別是英國。意為君主的權力直接來自上帝，故屬絕對而無限。其主要理論基礎有四：（一）君主政體乃上帝所創設的制度；（二）君主的世襲權不容廢止；（三）君主僅對上帝負責；（四）君主縱然無道，臣民亦須服從，不得反抗。

　　君權神授之說乃對教權至上之說的一種反抗。原來中世紀的歐洲，在理論上說，教權與君權各有所轄，即教皇對精神事務有最高權力，而君主對世俗事務有最高權力。但在事實上，教皇常常踰越界限，使他的最高權力兼及于世俗事務。俟經政治思想家如坦丁・馬基維里等為文立說，鼓吹君權，復為時勢所趨，遂使政教慢慢分家。惟君權神授說之確立及實行者乃為英王詹姆士一世（James I，1566-1625），他因懷疑自己的身世，故力稱君主的權力來自上帝，直接對上帝負責，以為他君臨英國的根據。此一理論為法王路易十四（Louis XIV，1638-1715）所承襲，而謂『朕即國家』。流毒所至，乃使當時的歐洲，陷于暴君統治，而引起人民的普遍反抗。于是洛克的『政府論文』（On Civil Government）、孟德斯鳩的『法意』（The Spirit of Laws）、盧梭的『社會契約』（The Social Contract）等自由民主及分權制衡的學說，應運而生，卒使許多暴君上了斷頭臺。（胡述兆，頁128。）

和平服務團（Peace Corps）

　　為隸屬于美國國務院的一個機構，主管派遣美國志願人員，對開發中的國家提供技術性及半技術性的服務。

　　和平服務團的觀念，起于威斯康辛州選出的眾議員路斯（Henry S. Reuss），他于一九五九年建議政府成立和平服務團，藉以對開發中的國家提供服務。一九六〇年的競選期間，故甘迺迪總統對于此一觀念表示支持。一九六一年三月在他的一道行政命令下宣告成立，是年九月廿二日，國會通過『和平服務團法』，乃成常設機構，並直屬于國務院。它的主要目的有三：（一）對開發中的國家，提供教育及技術性的人力服務；（二）使這些國家有直接瞭解美國人的機會；（三）使美國人對外國社會及生活習慣有直接的體認。參加該服務團者，多為剛從大學畢業的青年，凡年滿十八歲以上的美國公民，皆可自由申請，但挑選頗嚴。一經審查合格，施予短期訓練，即派往國外服務，其期間為兩年，期滿後得申請延長兩年。他們在國外的工作，多為擔任中、小學教員，改善環境衛生，及協助改良農業等。這些人在國外的一切費用，統由美國政府負擔，現在每年的預算約為五千萬美元。自該團成立至今，派赴國外服務者已逾一萬人，服務地區廣及亞、非及拉丁美洲的五十餘國。由于美國的和平服務團成效卓著，于是歐洲及拉丁美洲各國相繼仿效。截至一九六八年為止，已有廿多國成立了類似的團體，他們的活動，均由『國際和平服務團秘書處』（International Peace Corps Secretariat）協助及連繫。該處設于美國首都華盛頓。（胡述兆，頁150。）

政府（Government）

　　凡一個政治組織，具有制定法律及執行法律之權力者，謂之政府。研究政府之學，為政治學的主要部分。政府的類型極多：依統治者人數的多寡言，亞里斯多德將政府分為三類，即君主政府、貴族政府、民主政府，而此三者之腐敗面則稱為暴君政府、寡頭政府、暴民政府；依權力之分配言，則有單一國政府如英、法，聯邦國政府如今日之美、加、澳、瑞士，邦聯國政府如一七八一年至一七八八年的美國及一八四八年前的瑞士；依行政與立法機關的關係言，則有總統制政府如美國，內閣制政府如英國，委員制政府如瑞士。但無論何種政府，其基本形式均必須規定于憲法。憲法有成文及不成文兩種，前者如美國，後者如英國。

政府是國家的工具，他的目的在為人民謀福利。政府要完成這種目的，當然需要相當權力。但人民對于政府的態度不一致，無政府主義者根本反對政府的存在，個人自由主義者則要極力限制政府的權力，而極權主義者又想儘量擴大政府的權力，所以政府權力的大小，因國家的性質而異。大抵言之，民主憲政國家，政府的權力均列舉于憲法，如為謀人民更大的福利，而有擴大權力的必要，亦須有法理上的根據。（胡述兆，頁189。）

政治難民（Political Refugee）

凡政治主張不為本國所容，致被政府流放或自動逃往別處避難者，或本國被他國佔領，不願為順民，而逃亡他國者，均稱為政治難民。政治難民的存在，在世界史上屢見不鮮。如十五世紀西班牙籍的猶太人及摩爾人（Moors）被西班牙政府驅逐出境，及法國大革命時王室份子的流亡國外，皆為著例。廿世紀以前，政治難民問題很少受到國際上應有的重視。一次大戰前後，由於俄國大革命及巴爾幹半島的混亂局面，造成了許多政治難民，情勢極為嚴重。國際聯盟乃于一九二一年任命南森（Fridtjof Nansen）為處理難民事務的高級專員，並頒發『南森護照』，凡持有人均得自由行動。二次大戰期間，由於希特勒侵佔歐洲許多國家，政治難民更多，故戰後在聯合國善後救濟總署之協助下所安置之難民，達八百萬人之衆。一九四八年，猶太人在巴勒斯坦建國，稱為以色列，又造成七十萬的阿拉伯難民。近年以來，由『鐵幕國家』逃出的政治難民，更是比比皆是，尤其自東德、匈牙利、古巴等國逃出者為最多。自一九五一年以來，聯合國難民高級專員總署對於國際政治難民協助頗多，並將一九六〇年定為『世界難民年』，發起各國捐款，收效甚大。美國對于國際難民之協助，更是不遺餘力，而對匈牙利及古巴兩國之難民，且允其集體移民，故被譽為難民的天堂。（胡述兆，頁199。）

政客（Politician）

此一名詞導源于古希臘，意為獻身于政治事業之人。其在現代，則一切積極從事政治活動的人，如各種公職的競選者，政黨的組織分子，助選的經理人員，乃至以政治游說為職業者，皆稱為政客。影響所及，遂使此名詞愈用愈濫，演變成為在政治上翻雲覆雨，為達目的不擇手段者的代名詞。甚焉者且有所謂酒巴政客、咖啡政客、茶室政客等等的骯髒意義。其實這一名詞的原始意義頗為高尚，有時且與『政治家』（statesman）一詞混用。二者主要的的差別，在于『政治家』係指具有高度智慧、豐富學識、崇高理想、偉大人格，而以大公無私的精神為人民謀福利者而言，而『政客』則指一般以從政為專業者而言。所以說『政客』只攷慮到每次選舉的得失，而『政治家』則顧及千秋萬世的福利。（胡述兆，頁201。）

梅因（Maine, Sir Henry James Sumner, 1822－1888）

英國法學家及歷史學家。早年畢業于劍橋大學，並先後在牛津、劍橋兩校講學。一八六二年至一八六九年，任英國駐印度總督的法律顧問，于印度不成文法規之編纂，貢獻甚多。他以『古代法』（Ancient Law, 1861）一書而成名，晚年又將其在牛津、劍橋之講稿輯成三書：一曰『東西鄉村社會』（Village Communities in the East and the West, 1871），二曰『制度發軔史』（The Early History of Institutions, 1875），三曰『平民政府』（Popular Government, 1885）。就中以『平民政府』一書影響最大。在此書中，梅氏鑒于英國平民選舉權擴張過程中的流弊，及法國大革命後暴民政治之可怖，又受當時德國社會安全立法頗收成效的衝激，力言民主政治之弊害及不足恃，並反復陳詞，以證民主政治與社會進步並非成正比。他攻擊政黨的存在，攻擊選舉權的擴張，而認爲社會的一切貢獻，乃是來自少數人，因爲民主愈擴大，選出的官員愈無能，真正的社會改革也就愈無望。以此，在十九世紀末葉，梅氏被目爲民主政治的『反動派』。

此外，梅氏是以歷史及比較方法研究政治社會進化的先驅，他認爲法制史的研究乃是研究人類文明史最確切有效的途徑，社會的發展是由習慣進至法律，而羅馬法爲從古代法進至英國現代法的媒介。他的這種見解，對于法制史的研究，具有重大影響。（胡述兆，頁285。）

麥迪生（Madison, James, 1751－1836）

美國第四任總統，『美國憲法之父』，美國憲法修正案第一至十條所謂『民權法案』的提案人，佛琴尼亞州憲法及費城制憲會議中代表大州利益的『佛琴尼亞方案』的起草人。麥氏于一七五一年三月十六日生于佛琴尼亞州，一七七一年畢業于新澤西學院（即普林斯頓大學的前身）。美國獨立後，先後任佛州憲法會議代表、州議會議員，並代表佛州出席大陸會議。一八八七年參加費城制憲會議，貢獻特多，憲法上的政府體制，多出自其構想，故有『美國憲法鉅匠』之譽，後世且稱其爲『美國憲法之父』。憲法通過後，又與漢彌頓、約翰·傑等爲文鼓吹闡揚，促請多州批准。其論著廿八篇，俱收入於『聯邦主義者』一書中。行憲後當選第一屆國會衆議院議員。一八〇一年至一八〇八年任傑佛生總統的國務卿，一八〇八年在傑氏的全力支持下，當選美國第四任總統。

麥氏和傑佛生一樣，在政治主張上與漢彌頓等的意見相左，而爲州權派的鉅擘。正因如此，在其任總統後，對於傑氏的政策，仍多『蕭規曹隨』，無其特殊表現。加以對英交涉不當，導致美、英戰爭（1812－1814），華府且被英軍焚燬，弄得怨聲載道，而被譏爲『麥迪生戰爭』。故麥氏對美國的貢獻，在其任總統以前，不在其任總統以後。麥氏的晚年頗爲淒涼，經濟尤爲拮据，于一八三六年六月廿八日鬱鬱以終。（胡述兆，頁298。）

創制權、複決權（Initiative, Referendum）

創制與複決是人民直接立法的兩種權力。所謂創制，係指選民經一定人數之簽署，得直接提出憲法修正案或普通法律案。所謂複決，卽對憲法修正案或國會所通過的法律，依據憲法的明文規定或經一定數額的選民申請，由選民複決通過後，始生效力。

人民直接立法源起于古代的希臘，而盛行于十九世紀以後的瑞士、德國及美國。早在一七七七年，美國喬治亞州的憲法即有創制、複決的規定，其後各州相繼仿效，一時蔚為風尚。瑞士採用此制，始于一八四八年的聯邦憲法，最初以對憲法為限；一八七四年複決權及于普通法律；一九二一年複決權的範圍再加擴大，包括條約在內。

創制權的行使，一般以修憲為限。修憲創制又分原則創制及條文創制兩種方式。前者只規定一個原則，再交國會制定條文；後者在提出的創制案中並須規定具體條文。但無論原則創制或條文創制，均須再經選民複決通過後，始生效力。至于提出修憲創制案的法定人數，則各國規定殊不一致：瑞士聯邦憲法規定須有五萬選民的連署；德國魏瑪憲法規定須有選民十分之一的連署；美國聯邦憲法規定，須經國會兩院三分之二的通過，或三分之二的州議會申請；美國各州憲法規定，則為選民的百分之五至十五。

複決權又分強制複決及任意複決兩種。凡憲法修正案均須經選民複決批准，始生效力，是為強制複決。選民對于國會通過的法律，得經一定人數之簽署，要求加以複決，是為任意複決。要求任意複決的法定人數，各國的規定亦不一致：瑞士須有三萬人的連署；德國魏瑪憲法規定須有選民二十分之一的連署。

直接立法，為選民控制國會的一種手段，選民有創制權，得以制定自己所需要的法律，同時又有複決權，可以否決自己所反對的法律。在此兩種權力中複決權似乎比創制權更為重要，因為創制權的行使，必須經過複決的階段，始能發生實際效用，所以複決權才是選民控制憲法及法律的主要手段。不過無論創制或複決，均屬政權作用，而政權以備而不用為可貴。故對此兩權的行使，必須出之十分慎重，始能收到實效。（胡述兆，頁298－299。）

都市計劃（City Planning）

都市計劃係指對都市的發展作有系統而富藝術性的設計，藉以衛生環境、便利交通、美化市容；除上述諸點外，並可包括衛星城市和附近交通系統的配置，以及各種特定用地的籌劃。

都市計劃的觀念起源甚早，如古代中國及希臘的許多名城，都是依計劃而建設。歐洲中世紀的都市建設，大抵以軍事安全為着眼點，除街道加寬外，在市政廳及教堂的四週例多留有廣場，以利瞭望。現代都市的雛型，始于文藝復興以後，街道濶直，建築壯麗，而市內分區，使之各具特色，也于此開始。廿世紀初，英國哈伍德爵士（Sir Ebenezser Howard）首倡公園都市運動，即市內公園林立，街道廣植花木，房屋各自獨立。今日都市計劃的重點，包括下列諸項：一曰『中心分散』，強迫人滿為患之市中心區的工業設施及住戶疏散他處；二曰『改良交通』，以地道及高架公路代替地面交通；三曰『低價房屋』，以低價的新房屋租售貧民，以消除市內的貧民窟。目前美國各大都市所實行的所謂『都市更新』或『都市發展』，都是本着此三項基本原則。至于世界各國依都市計劃而完成的嶄新城市，就其較著者言，則有巴西的新首都布拉西利亞（Brasilia）、荷蘭的鹿特丹（Rotterdam）及印度的強地嘉（Chandigarh）。（胡述兆，頁323。）

傑佛生（Jefferson, Thomas, 1743－1826）

美國第三任總統，於一七四三年四月十三日生於佛琴尼亞州。一七六二年畢業於威廉·瑪麗學院，旋入喬治·魏資學院研究法律。一七七五年出席大陸國會，翌年美國宣佈獨立,其不朽的『獨立宣言』,即為傑氏的手筆。一七七九年任佛州州長。一七八五年繼富蘭克林為駐法公使,在任五年,親睹法國大革命,並對之寄予深切同情。一七九〇年應華盛頓總統之召,回國出任國務卿,因與財政部長漢彌頓意見相左,於一七九三年辭職,乃糾集同志組織民主共和黨,是為今日美國民主黨的前身。一七九六年出而競選總統,以微末之差敗于阿當斯,退而屈就副總統。一八〇一年當選為美國第三任總統,在位八年,建樹極多。退休後創辦佛琴尼亞大學,並任美國哲學會長,於一八二六年七月四日逝于蒙迪西羅。

傑氏為英儒洛克的信徒,崇尚民主政治,堅信自由主義,為美國開國初年州權派的首魁。他認為人類的自由權與生俱來,國家對人民的干涉,應以維護社會和平秩序所必要者為度,而醫治民主政治的病態,厥為用更民主的方法。基於此,他的政治主張包括:地方自治、各級行政、立法、司法官員普選、言論、出版及宗教自由、普遍性的自由教育、普遍的男子參政等。後人把他這些主張,統稱為傑佛生式的民主政治。(胡述兆,頁333。)

新政 (New Deal)

一九三二年七月二日,富蘭克林・羅斯福在芝加哥接受民主黨總統候選人提名的演說中宣稱:『我向各位保證,我向我自己保證,我將為美國人民帶來一項新政』,是為『新政』一詞之由來。這一名詞後來成為羅斯福總統任內各項內政改革的通稱。新政包括兩個階段:第一階段為一九三三年至一九三四年,着重于美國經濟的復興,以挽救當時經濟恐慌的危機。因為時機危迫,國會一切從權,故在一九三三年的三月至六月的百日之間,連續通過數十重要法案,建立許多重要機構。舉其大者言,前者如『緊急銀行法』、『聯邦緊急救濟法』、『全國工業復興法』、『國民就業法』、『農業調整法』、『農場信用法』等,後者如全國復興總署、農業調整總署、公共工程總署、平民保護團等。第二階段為一九三五年以後,着重于長遠目標的社會及經濟立法,如『全國勞工關係法』、『社會安全法』、『銀行法』、『稅收法』、『國民房屋法』、『公平勞工標準法』等。

新政實施之初,為時勢所迫,全國上下未遑他顧,只求一心一德,共同挽救經濟恐慌的危機,然因此而使總統的權力大為擴張,影響三權分立的基本精神。故自一九三五年以後,國會及最高法院即謀對新政有以節制,如全國復興總署及農業調整總署之被最高法院宣佈違憲,可為著例。然因政治與社會情勢所趨,新政精神已在美國逐漸生根,如杜魯門之『平政』(Fair Deal)、甘迺迪之『新境界』(New Frontier),以及詹森之『大社會』(Great Society)無非新政之流風餘緒。(胡述兆,頁338。)

種族主義 (Racism)

凡以膚色及身體結構上的差別而定人種智能上之優劣者,謂之種族主義。以此種論點為唯一根據,而認優種之地位應高于劣種者,稱為種族歧視 (racial discrimination)。在通常應用上,二者並無實質的差異,美國稱白人之歧視黑人者為種族主義者,即為明例。

種族主義起源甚早,古代波斯的阿里安人 (Aryans),認為他們是世界最優秀的種族。納粹主義時代的德國,宣稱他們是阿里安人的後裔,所以德國人是世界最卓越的份子,又為討好當時的日本,而稱日本人為『榮譽的亞里安人』。今日的種族歧視主要在非洲及美國，而其歧視的對象則大部分爲黑人。南非聯邦自一九四八年以後實行所謂『白人至上』政策，並使黑白隔離，將該國最進步的地區劃歸白人，而落後地區則撥交黑人，美其名曰『分別發展，和平共存』。一九六五年羅德西亞宣佈獨立，也以南非聯邦爲榜樣，以極少數的白人統治絕大多數的黑人。美國自一八六三年林肯宣佈解放黑奴後，在理論上黑人已與白人立于同等的地位，但實際上黑人仍受到白人的種種歧視，如白人學校不收黑人學生，白人餐廳不許黑人用膳，公共場所不准黑、白同座，黑人住所限定某些區域等，諸如此類，不一而足。近年由于政府的種種努力，這些限制在形式上已告解除，但在心理上白人對黑人之歧視，似乎並無多大改善，尤以南方諸州爲然。又在世界其他地區，種族主義也是不絕如縷，如澳洲的『白澳政策』迄未宣佈廢止，英國之限制有色人種歸化正在方興未艾，皆係不容否認的事實。（胡述兆，頁362。）

廢止奴隸主義（Abolitionism）

凡基于人道精神，要求廢止奴隸制度的主張，統稱爲廢止奴隸主義。在理論上說，只要有奴隸制度，就會有廢止奴隸的主張，所以廢止奴隸主義，可以說與奴隸制度的存在而俱來。不過這一用語，主要係指美國南北戰爭前，那些以慈善爲懷的地方人士及黑人領袖，要求解放南方黑奴的一個運動。他們基于道德的精神、宗教的理想及民主的原則，認爲南方維持黑奴制度，不僅是一種可恥的罪惡，而且是對美國所標榜的自由平等的一個極大諷刺。爲便于對他們的主義鼓吹闡揚，于是建立組織，如一八三三年在費城成立的『美國反奴社』（American Anti-Slavery Society），一八四八年在水牛城組織的『自由土地黨』（Free-Soil Party，該黨于一八五四年與新成立的共和黨合併）；發行報紙，如一八二七年開始發行的『自由報』（*Freedom's Journal*），一八三一年的『解放者』（*The Liberator*），一八四七年的『北星』（*The North Star*）；並于一八四二年組織國會反奴遊說團。由是廢止奴隸的主張，彌漫于北方。一八六〇年，共和黨的競選政綱充滿着廢止奴隸主義的精神，卒使同情廢止奴隸主義者的林肯當選爲總統。這一情勢，與南北兩方在政治、經濟、社會等其他方面的歧見相結合，終于引起了南北戰爭。不過黑奴也畢竟因此獲得了解放，完成了廢止奴隸主義者的心願。（胡述兆，頁371。）

聯邦國（Federal State）

將國家政治權力，以成文憲法的規定，分配于中央政府及各邦政府者，謂之聯邦國，如今日的美國、瑞士、加拿大及澳洲皆屬之。聯邦國與邦聯國不同。前者是一個統一的國家，中央的權力可以直接及于人民及各邦。後者各邦各有其獨立的主權，無異數個獨立國家，只因各邦爲維護其共同的利益，故將其部分主權讓與邦聯政府行使，邦聯的權力不但不能直接及于人民及各邦，各邦且得隨時收回讓與的權力，退出邦聯。故邦聯國與其稱之爲國家，毋寧稱之爲攻守同盟。如一二九一年至一八四八年的瑞士邦聯及一七八一年至一七八八年的美國邦聯均屬此類。聯邦國又與單一國不同。前者中央政府的權力以憲法所賦與者爲限，憲法未給予中央及未禁止各邦行使之權力，仍保留于各邦。後者則一切權力原則上屬于中央政府，但爲因地制宜，乃將部分權力委託地方政府行使，英、法兩國爲單一國的著例。

美國爲聯邦國的典型，其特點有三：（一）重大的權力如國防、外交、宣戰、媾和、締約、移民、幣制、關稅、國際貿易等屬于聯邦，其他次要的權力則保留于各邦；（二）聯邦法律及條約均為國家最高法律，各邦法律與之抵觸者無效；（三）聯邦最高法院的判決，其效力及于全國，各邦政府、法院及人民均有遵守的義務。（胡述兆，頁407。）

歸化（Naturalization）

一國之國民，依正當之法定手續移居他國，經住滿一定之年限後，而成為移居國之公民者，謂之歸化。歸化與移民有別，移民僅係依法移往他國居住，並非當然成為他國的公民。移民而欲成為移居國之公民者，除具備一定年限外，尚須經過歸化手續。今以美國為例，其歸化手續如下：（一）合法移民，年滿十八歲，在美國連續住滿五年後，得申請歸化為美國公民。（二）申請人須填具申請表，並親自簽名。（三）通過英文攷試，包括講、讀及寫作普通英文之能力測驗，但在一九五二年十二月廿四日已年滿五十歲或在美國居住已滿二十年者，不在此限。（四）行為良好，在過去五年內無違法紀錄。（五）對美國歷史及政府原則，有基本瞭解。（六）須有殷實可靠之美國公民兩人為證人，證明申請者之一般資格及行為善良。上述手續均須於當地聯邦法院為之。該法院經詳細調查後，認為申請人合格，則于申請書呈送法院之三十天後舉行聽證，並由法官監誓，宣誓放棄原來國籍，効忠美國政府，至此歸化手續始告全部完成。至美國公民之他國配偶，或其所收養之外國子女，並非當然為美國公民，仍須經過歸化手續，惟申請較易，通常只須住滿三年。但歸化公民之子女，未滿十八歲者，視為美國公民。又申請歸化者，在過去十年內，曾從事共產活動或其他顛覆行為者，不得成為美國公民。（胡述兆）

權力政治（Power Politics）

或稱強權政治，即一個國家在國際上的地位如何，以其國力之強弱為決定的準繩。所謂『弱國無外交』，即是權力政治下的產物。權力政治乃國際間無可避免的現象，蓋國家原是一個權力制度，為了圖存，必然崇尚權力。論者謂國際上的權力政治為一種惡性循環，即國家為了自保，必然從事軍備，復感本身力量不夠，因而參加同盟；同盟與同盟之間再從事軍備競爭，遂使國際均勢遭受威脅，終至引起大戰；戰後必然簽訂和約或設立維持和平的機構，重新安排國際均勢。後來這種均勢被打破，重又引起戰爭。為此週而復始，循環不已。

由于國際政治崇尚權力，故國際外交最重均勢，或曰權力平衡（balance of power）。而維持國際均勢的手段，常賴國際和平組織，如拿波侖戰爭後的神聖同盟，第一次世界大戰後的國際聯盟，及第二次世界大戰後的聯合國。但在這些和平組織中仍充滿了權力政治的特色，故神聖同盟以普、奧、英、俄為主，國際聯盟以英、法、意、日（後來加上德、俄）為主，而聯合國則以中、美、英、蘇、法五強為安理會的常任理事國。惟真正的野心家多不願受均勢的羈束，故希特勒、墨索里尼及日本軍閥皆要推翻第一次大戰後的國際均勢。今日蘇俄又想推翻第二次大戰後的均勢，而儘量擴張軍備，發展核子武器，幸賴美國以其雄厚之國力與之對抗，而其核子武器的實力，且在蘇俄之上，使當前的世界局面暫時相安于核子僵局之中，而形成了所謂『恐怖平衡』（balance of terror）（胡述兆，頁422。）

原載『雲五社會科學大辭典』，胡述兆為之所撰有關政治學的詞條

貳、其　他

蘇俄的生活水準

美國魏理斯萊學院（Wellesley College）經濟系教授戈得門（Marshall I. Goldman）近著『蘇俄的生活水準』（*The Soviet Standard of Living*）一文，載一九六〇年七月出版的『外交季刊』。該文根據蘇俄的經濟潛力與七年計劃的生產目標，分析蘇俄人民的生活水準，並以之與美國相比較，內容甚爲豐富。

一

俄酋赫魯雪夫於一九五九年宣佈蘇俄的『第一個七年計劃』（*The First Seven Year Plan*）時宣稱：『我們今天的使命是要在世界生產中出人頭地，使社會主義制度超過資本主義制度；要在勞工生產力與每個人的生產量方面超過最進步的資本主義國家，以達到世界上最高的生活水準。在此一競爭中，蘇俄要在經濟上超過美國。』不過事實與願望往往不儘相符，而這樣一個遠大的目標更不能一蹴而就。至少在生活水準方面，赫魯雪夫不能不承認還有一段相當的距離有待克服。事實上，在各種競爭中，蘇俄的生活水準乃是最爲落後的一環。

然而西方評論家在估計蘇俄的生活水準時，亦須非常謹慎。記得有許多觀察家在對蘇俄生活水準以外的其他方面也曾做過類似的斷言，但是後來發現，蘇俄在那些方面實際上已經確實『趕上』了西方。蘇俄的零售品正在繼續不斷的增加中，一九六〇年的零售項目——如電氣冰箱將較一九五八年增加百分之六十。鑒於蘇俄政府對於消費品的分配已表示新的關切，而且在生活水準方面亦已有所改善，因此我們在對蘇俄『趕上』西方的機會作一評斷以前，應先對蘇俄的消費狀況加以研究。

二

一九五三年三月史大林逝世時，蘇俄的工業設備在戰時所受的破壞業已大部復原，而其工業生產量且已超出了戰時的水準。不過在繼續被忽視的國內貿易與生活水準方面，倘就一九五二年的真實工資收入估計，雖較戰前略高，但仍比蘇俄實施集體農場制的前一年之一九二八年的水準爲低。因此在這兩方面，蘇俄不僅需恢復二次世界大戰中的損害，且需彌補在幾個五年計劃與實施集體農場制時所受的創傷。在過去蘇俄對這些情況的改進很慢，其大規模的轉變始於史大林死亡。

無論從那一方面來說，蘇俄人民對史大林的死亡表示高興乃是不必置疑的。如所週知，蘇俄政府於史大林死後立即作了許多改革與讓步，諸如大赦、緩和國際緊張局勢以及結束韓戰等都是緊跟着史大林的死亡而發生的。另一重要的措施是對生活水準之立即謀求改善。自馬林可夫（Malenkov）以後，情況的改進非常顯著。從零售品之立即增加看，蘇俄似是以消費品作爲一種政治運用的工具，其目的在保持國内情勢的穩定。

我們若對蘇俄每季的或半年的消費品之增加的資料作一細密的比較，就可看出其改變的迅速。零售貿易在一九五三年的夏季增加了百分之二十三，而在同年的下半年增加了百分之二十六。此一增加的數量，二倍於該年的前兩季，而三倍於該年的第一季。在農村貿易方面，其增加的程度似乎更爲顯著，鄉間銷售品在一九五三年的上半年增加了百分之三十，下半年增加了百分之三十二。

史大林死後，零售貿易一直在繼續不斷地增加。由於消費品的生產，自一九五三年以後一直處於僅次於重工業的地位，復由馬林可夫時代許多天真而過份樂觀的計劃已被放棄，蘇俄人民的生活水準可以說已有實質的改善。一九五九年的零售品銷售數倍於史大林死亡之前的一九五二年。

誠然，蘇俄人民的生活水準正在顯著而迅速的改進中。這種改進是否卽表示蘇俄的生活水準將能超過美國，我們將於後文討論。關於此點，我們將集中注意力於因最近的消費增加所引起的對於人民與分配組織的壓力。我們將會看出，對於這種壓力的反應已經影響了消費的目標。

三

在蘇俄人民看來，生活情況確已有很多的改善。但是水漲船高，得隴望蜀。有了新的房屋還需新的傢俱，有了新的衣服還需新的鞋子。依此類推，消費品的增加，人民的要求也就愈來愈多。

蘇俄人民對西方生活水準之瞭解似乎也是刺激這種要求的一個因素。蘇俄人民所獲得有關西方生活方式的真實資料日益增多，國外的報章雜誌、外國的旅行家以及美國在蘇俄舉行的商品展覽都是供給這些資料的最有效工具。儘管有些人對於這種商品展覽茫然不知，但許多人都相信，他們的國家開始提供同樣的生活用品的時代業已到來。

蘇俄政府刻正允許其人民訪問東西歐各國，這是破天荒的第一遭。雖然他們的人數不能與訪問蘇俄的外國人相比，但他們所看到的情形與其國内比較却是一項強烈的對照。抑有進者，赫魯雪夫訪美時所看到的景象——高級市場、恬適的私人住宅、高級公路以及擁有游泳池的農村房舍都足以增加蘇俄對消費品的渴望。

蘇俄人民對西方生活水準之日益瞭解已經發生了一種相當明顯的影響。有一家蘇俄報紙曾刊載一封坦白的讀者投書。在該讀者投書中，甚至連蘇俄政府目前正在特別強調的斯普尼克（Sputnik）及突破霍霧（Tupoliev）噴射機之技術上的勝利都提出批評，而建議政府應製造一些像西方國家所製造的耐久穿用的鞋子。此一例子顯示蘇俄人民於認識西方的生活水準後，對於加速改善其本身的生活水準已有一種強烈的要求。

消費的增加對於分配組織的運用也有一種重要的效果。此種效果已給市場制度的結構帶來了很大的自動的或他動的改變。這種改變可分爲兩點：其一是用以改進現行貿易系統的效能者，其二是用以對付『生產過剩』現象者。後者是共產國家在設計上一個難以處理的問題。

爲使貨物能在一種不適切的分配系統中流通便利，蘇俄當局業已採取一連串『進步的』措施。自一九五三年以來，單在俄羅斯共和國一處即有一千五百所以上的倉庫改變爲自助餐館，而分送啤酒和哥龍香水等的自動出售機更是到處可見。一個全國性的郵政購貨所將貨品分送到全國各地區，藉以減少零售品供應上的麻煩。不過我們必須認識到，蘇俄政府對於這些所謂『進步的』措施常加改變俾便適應各種情勢，但其運用的方式却和美國所熟悉者不相同。一般說來，蘇俄政府以利用現行分配機關來分發日益增加的貨品數量為原則。

最近，蘇俄政府採取了一些新的措施來增進某些過份豐富貨品的銷售。這不是說蘇俄的倉庫裝不了這些貨品，而是因為有些貨品的價格太貴，很少有人問津。這些價貴貨品之產量每年照常增加，但其銷數事實上却在下降，這種情形，尤以高度奢侈品如手錶、脚踏車、電視機、收音機、照相機等為然。

為應付幾種價貴貨品的滯銷狀態，蘇俄採取了一些非常的步驟。一九五九年七月一日宣佈將所有這幾種奢侈品的價格降低百分之十五至百分之三十，其後又用分期付款的方法來增加其銷路，並多方宣傳，以廣招徠。這些為西方商人所熟悉的措施在共黨領袖間業已引起很大的困擾。

在共產主義經濟中，要藉廣告來增進銷售的現象是一件極堪玩味而值得特別注意的事。在蘇俄，廣告的需要不僅日見重要，且其範圍也愈來愈大。一九五七年在捷克京城布拉格（Prague）所舉行的第一次全體社會主義者廣告會議（First All Socialist Advertising Conference），同年蘇俄所舉行的一項全國性的最佳窗戶展覽會（Best Window Show），以及一九五八年底蘇俄各共和國之設立廣告機構，俱足顯示共產集團在經濟政策上的一種重大改變。現在蘇俄正在利用廣告牌、車壁、電視、無線電廣播等來作廣告的工具。僅僅在兩年前還被視為異端邪說的事，今天都被認為是很重要的交易工具。

為適應新的情勢，集權的分配與零售貿易計劃已逐漸為分權的計劃所取代。主要的決定權已轉移到地方的計劃單位，而各企業單位對其本身業務也已賦與更多的自由裁量權，批發貿易的影片及展覽會的數量及其重要性均已大為增加。雖然使非生產者及非消費者參與將物品從生產者轉到消費者之手的事務，在觀念上仍有強烈的憎惡，但每種商品的批發商為了溝通買賣雙方的關係，現在每年至少舉行兩次展覽會。

要而言之，自一九五三年以來，蘇俄的市場制度顯然已有很大的轉變。導致此一結果的因素自然不少，如改進消費者生活方式的慾望即為其一，但主要還是因為銷售的數量日益增加之故。後面這種現象引起了兩種新的發展：其一係因零售的數量增加，需要對現行分配制度加以改進，從而引起了一連串的增加市場效能的措施；其二顯示蘇俄亦有生產過剩與缺乏計劃現象的存在，且其情形相當嚴重，而這種現象正是蘇俄在傳統上認為是資本主義的可惡特質。

四

只要蘇俄的零售貿易繼續增加，其交易方法就會愈來愈和西方接近。現在我們應加研究的問題是蘇俄發展的速度將至何種程度？將來能否超過美國所享有的生活水準？

首先我們要攷慮的是蘇俄七年計劃目標的重點。依蘇俄過去的標準來看，七年計劃原來所定的有關消費品的增產目標，並不算高。過去每年的平均增產量約為百分之十，而自一九五九年至一九六五年計劃的增產量總數為百分之六十，換言之，每年平均的增產量為百分之七。

一九五九年十月，蘇俄政府將七年計劃原定的目標加以修改，對消費品的生產目標作急劇的增加，將一九五九年至一九六一年每年的平均增產量提高到百分之十二。此一改變部份是上面所說的心理狀態的結果，部份是爲赫酋之訪美作一項有力宣傳。

在一九六一年以後，蘇俄是否仍將維持這樣的增加率，目前還無跡象可以看出。不過我們不難想像，假如蘇俄對於一九六一年的目標能够順利達成，則百分之十二的增加率無疑將會繼續至一九六五年。

七年計劃中有關食品生產目標的一個最足引人注意之點是要求在牛油、牛乳及肉類的每人生產量上超過美國。赫魯雪夫於一九五九年十二月二十六日宣稱：蘇俄牛油的每人生產量與牛乳的整個產量業已超過美國。此種產量若與一九三〇年代饑荒時期的農產水準相比確爲一項重大成就。不過據強生（D. G. Johnson）與卡漢（A. Kahan）二人指出，蘇俄的牛乳和肉類產量並無多大的改進，因爲在革命以前，俄國原就是一個主要生產家畜的國家。

生活水準並非單純是一個改進生產的問題，分配與銷售也須配合改進。能生產某類物品是一回事，將物品保持新鮮的狀態供應給消費者是另一回事。前者是生產問題，後者是分配問題。就目前蘇俄的情形言，生產方面誠然有所改進，分配方面仍無太大改善。據赫酋在宣佈蘇俄牛油等食品的每人生產量業已超過美國的同一演說中透露，在奧姆斯克（Omsk）的商店裏仍然買不到牛油，而在卡柯夫（Kharkov）、洛斯托夫（Rostov）及其他地區也有缺乏牛乳和肉類的報告。

除食品以外，在史大林死後的幾年中，蘇俄毛織品的生產與消費也有類似的改進，在七年計劃實施期間內且將繼續增加，其整個平均增加量將達百分之五十，而在毛織內衣等的特殊項目，其增產量預計將倍於此數。一九五八年蘇俄毛織品的產量已經超過了美國，一九六五年的產量預計可達美國一九五八年產量的兩倍。

就食品與毛織品的生產言，蘇俄確實已有很大的改進。若與一九三〇年代初期的可怕日子相比較，則不僅其產量已有顯著的增加，製造速度亦遠較過去爲快。事實上，蘇俄的某些食品與毛織品的生產與消費確已到了趕上美國的邊緣，但在耐久消費品方面，則蘇俄不如美國遠甚。

蘇俄耐久消費品銷售的增加率可望超過一般的平均增加率。例如原來的計劃規定洗滌機之銷售量每年增加百分之二十六，修改後的計劃則改爲每年增加百分之三十八。他如電氣冰箱從原來的百分之二十二增爲百分之三十，電視機從原來的百分之十九增爲百分之二十五。這些項目都已超過了一般的銷售增加量。

就美、蘇兩國在這些項目上產量的差異而言，蘇俄一九六五年四百七十五萬具洗衣機的產量將超過美國一九五九年四百零十萬具的產量。在電氣冰箱方面，蘇俄七年計劃中所定的目標無論是原來的計劃中所定或修改後的計劃中所定都低於美國一九五九年的產量。一九六五年蘇俄電氣冰箱的產量充其量爲兩百萬具多一點，只有一九五九年美國產量的五分之三。不過我們要知道，一九五三年蘇俄洗衣機的總產量僅有三千六百具，電氣冰箱的總產量僅有五萬具；一九五九年洗衣機的總產量亦只有六十七萬具，電氣冰箱的總產量只有四十一萬五千具，假如拿這些產量與七年計劃中的目標額相比，可以說已經改進得多了。

蘇俄的房屋建築與汽車產量更爲落後，七年計劃中的房屋建築目標雖爲一九五九年的前七年的二點三倍，但據一位著名的經濟學家納姆契諾夫（V. Nemchinov）估計，上述目標額中的百分之五十五的房屋剛够維持現在低度的房屋水準。

儘管蘇俄人常常夢想有朝一日要在許多方面趕上美國，但他們的這種夢想暫時還沒有把汽車包括在內。一九五九年蘇俄的汽車產量爲十二萬四千五百輛，一九六五年預定增至二十萬輛。此一數量較諸美國一九五九年五百五十萬輛汽車的產量相距極爲遙遠。蘇俄既不欲把發展重工業的資金轉移來生產汽車，則其汽車產量要想趕上美國實在無能爲力。七年計劃中的汽車增產量所以較其他用品的增產量大得有限者，其故在此。

五

現在讓我們來對上面所提到的生產目標作一番評價，並看看他們所定的鉅大增產量是否可以達到。就過去的紀錄看，蘇俄人民對此是並不樂觀的。蘇俄政府經常把重工業視爲最重要的經濟部門，而把消費品目之爲一種浪費。在戰前所實施的幾個五年計劃期間，消費品的產量從未達到過目標額，準此而論，則七年計劃中消費品產量的目標額能否達到殊成疑問。

依七年計劃原來所定，一九六○年的零售品產量將較一九五九年增加百分之六點九，修正後改爲百分之十二。赫酋表示要藉加強工作效率及生產力，而僅用少數新的投資來達到增產的目的。廢物利用固可增加一些產量，但沒有實質的投資似乎無法達到修正的增產目標，充其量僅能達到原定的增產目標而已。

儘管赫魯雪夫希望集中蘇俄更多的資源來生產消費物品，要想達到七年計劃中原定的一九六五年的目標實屬困難，至於修正後所定的一九六一年目標就更不用提了。要想達到這些目標非無可能，但必須從其他生產部門抽調資金，而目前又不能轉移其對重工業的強調，赫酋所以強烈支持裁減軍備者，部份的原因也許在於此。

假設蘇俄能達到其生產目標，而且在各種消費品上能達到甚至能超過美國的生產水準，那麼這是否就可說蘇俄的生活水準已經超過美國呢？比較兩國的生活水準是一項極端困難的統計問題，數量並非唯一衡量的標準，質料和其他有關因素也須顧及。我們必須把各項因素同時攷慮，才能測度出其真正的情況。譬如蘇俄每個人的馬鈴薯的消費量有日益減低之趨勢，一九五八年低於一九五七年，而此兩年又低於一九五三年，但我們不能據此卽斷言一九五八年的消費較一九五三年爲惡劣，因爲在蘇俄可能已有其他物品代替了馬鈴薯。在毛織品方面亦然，如前所指出，蘇俄現在生產的毛織品已較美國爲多，但我們不能據此卽認爲這是蘇俄的一項勝利，因爲蘇俄毛織品產量超過美國的原因部份是由於氣候的需要，部份是因爲美國的人造絲已經取代了毛織品。

產品的質料和性能上的差別也很重要。我們僅說蘇俄將在一九六五年生產二百五十萬具或四百五十萬具洗衣機，假如不把其質料及性能與其他國家生產的洗滌機比較，那是沒有多大意義的。蘇俄現在所生產的洗衣機都僅限於絞紐一種作用，洗衣的能力極爲有限，根本不能和美國的相比，因此我們只說蘇俄一九六五年洗衣機的產量將爲美國一九五九年產量的百分之六十或百分之一百二十顯然毫無意義。這種情形在比較美、蘇兩國的房屋建築時也是一樣。美國的房屋建築着重於設備完善的私有住宅，而蘇俄則着重於半私有的套房，廚廁都是共同使用的。由於蘇俄產品的質料及性能都很差，所有的比較都是值得懷疑的。

還有一個值得攷慮的因素是貨物的存量問題，這個因素對於耐久的消費品特別重要。由於耐久消費品的使用價值可以持續到好幾年，我們在比較其存量時必須把私人所有而且還在繼續使用的數量包括進去。這一點在比較美、蘇兩國耐久消費品的存量時尤其重要，因爲美國有許多家庭對於耐久用品的購置常常不止一套，例如美國收音機的存貨爲一億五千五百萬架，而家庭的存貨則有五千萬架，這就是一個很好的例子。

一九六五年蘇俄洗衣機的存貨充其量可達一千六百萬具，此相當於一九五九年美國家庭所擁有的四千七百一十萬具洗衣機的百分之三十五，若依原計劃所定的生產目標計算，則僅有美國的百分之二十五。一九六五年蘇俄電氣冰箱的總數最多可達一千萬具，而美國在一九五九年就已有四千九百六十萬具。

以上我們不過就洗衣機、電氣冰箱、收音機等項目加以比較，這並不是說這幾個項目在評價相對的生活水準時乃是僅有值得攷慮的項目。我們在作一項最後的判斷前還需對其他項目（非僅限於重要的物品）作更多的比較。假如就美、蘇兩國的房屋與汽車的存貨作類似的比較，則只有對美國更為有利。

以美、蘇兩國房屋情況的差異而言，一九五七年蘇俄每一都市居民的生活空間為八十三平方呎。據蘇俄經濟學家納姆契諾夫指出，蘇俄每人一百廿九平方呎生活空間的目標非在一九六五年以後的許多年不能完成。美國在一九五七年每人所有的生活空間究有多大，因為缺乏資料，無法作一正確的估計。不過據最可靠的推測，一九五〇年美國每人的生活空間將近二百六十九平方呎，為蘇俄的最後目標兩倍有餘。一九五〇年以後美國的房屋建築又增加了很多，就邏輯上推論，現在美國每人的生活空間當然較一九五〇年時更大。

六

以上所述顯示蘇俄不僅決心要在重工業生產方面趕上美國，而且立志要在生活水準方面與美國并駕齊驅。他們所以要這樣做，旨在以改善零售貿易作為換取人民忠心的一項政治運用工具。然而他們已經發現，要想趕上美國的享受也遭遇到許多與美國相同的問題。使消費者保持一種低度的消費水準，並無任何困難，但當情況改善時，即使改善的程度甚為輕微，也會引起一些新的問題。蘇俄政府業已發現消費者的要求是無止境的，而且他們的要求不能用向所採用的方法來加以精確的估計。在市場較小的地方，有些商品（通常是價貴者）簡直無人問津。為增進這些商品的銷售，他們不得不使用資本主義國家所採取的廣告、分期付款及經紀人的辦法。

蘇俄的生活水準無疑的將會繼續改善。不過只要對蘇俄城市中主要街道以外地區的公寓作一次親身訪問，或驅車經過蘇俄的任何村莊，則對於蘇俄在未來短短的七年中是否能夠趕上美國的問題就可得到一個正確的答案。我們對於蘇俄重工業的能力很少懷疑，但典型農人所用的簡陋的兩輪馬車與越洲的超音速噴射客機之間，其速度差異的懸殊也是不容否認的事實。

當美國商展在莫斯科揭幕時，赫魯雪夫曾經斷言：『七年計劃完成後，我們再需要五年，也許更少一點就可在整個與每個人的生產方面趕上美國。』即使如其所言，他也應該知道，僅僅在幾種特定商品的生產方面趕上美國仍然是不夠的。抑有進者，要使一般人民獲得這些物品必須使生產的能力與數量維持一段足夠的時期。這並不是說蘇俄永遠不會有如美國那樣豐富的耐久消費品的存量，但根據蘇俄消費品的過去紀錄並攷慮到有待他們去克服的漫長距離，則蘇俄要想在這一代趕上美國的可能性似乎非常渺茫。

原載『國際經濟資料』第 5 期（1960 年 11 月），頁 31–36

追求卓越　別變成學術資源大分贓

研究計劃申請二千餘件　金額高達一千億　社會如不嚴予監督　將虛耗資源

由『教育部』主導的『大學追求學術卓越』研究計劃的申請，已於四月底截止，共收到申請計劃二百六十多件，連同子計劃更高達二千二百多件，要求的經費超過一千億元，相當於原預算一百三十億元的十倍，而每件申請案的經費可以高達五億元。無論是預算的總額或個別申請案的最高經費的限額，在臺灣學術研究史上都是空前的，有關方面對於這些申請案的處理必須特別慎重；否則，所謂『追求卓越』，就可能變成學術資源的分贓。

大型研究計劃，其目的合理並能獲致預期成果者，不是沒有，但大多數都是誇大其詞，以使人相信其重要性。在筆者過去所審查的案件中，有以建立定律與理論為目的者，一個兩三年的研究計劃，居然有如此大的抱負，是非常不切實際的。

而為了表示研究規模的宏大及研究人員的權威性，一般都有一位總主持人，數位協同主持人，許多顧問、研究員及助理研究員。據說在這次提出的研究計劃中，有些羅列幾十位顧問，而且都是院士、講座及學術權威，實際上，這些人多係不顧不問。又所謂研究員，也不一定要做研究，多數只在開會時表示一點意見。說穿了，這些顧問與研究員多係為了裝門面與消化預算。真正從事研究工作的，是助理研究員，他們大多數是在校的博士生、碩士生，試問這些人員的研究成果，有多少能合於『卓越』的要求？

再說研究設備與蒐集資料的費用，也是五花八門。自然科學方面的研究我不敢說，就人文社會科學方面的研究而言，所謂設備，都是些電腦及印表機等物，但就我所知道的一些計劃，凡是沾得上邊的都要購買，此無他，錢太多不花白不花。至於蒐集資料的費用，更是名目繁多，例如出國參觀訪問、重金禮聘國外大師級的老師或專家朋友來指導或演講，購買大批昂貴的參攷書刊等，不一而足。

就研究計劃的評審而言，通常分為初審與決審兩個階段。初審係由兩位同行的專家學者擔任，決審者則多是著名的權威學者。這次提出申請的多達二千二百多個計劃，需要四千四百多位合格的專家學者來擔任初審。我強調合格的初審者，是因為這些計劃的主持人都是學術權威，審查者的學術素養，即使不一定要比他們高，也不應比他們低。這些計劃的目的既然都是追求『學術卓越』，則審查人必須是其同一學門內的卓越學者。依我的看法，卓越學者的基本條件，是『有可傳之作，成一家之言』。放眼當前臺灣，合於這個條件的卓越學者，又有多少？實際上，有些學門連一個卓越學者都找不出來，又如何來審查這些所謂『追求卓越』的計劃？

最後就決審者來說，據說共有十四位，就已知道的不完全名單看，的確都是一時之選。不過他們所代表的學門最多十四個，其中還有些學科背景相同，實際所代表者可能只有十個左右，要他們來決審眾多不屬本科的研究計劃，豈非強人所難？

『追求學術卓越』計劃的用意雖好，但尚待大家一起來監督。

（作者為臺灣大學名譽教授）
原載『中國時報』1999年5月21日第15版『時論廣場』

淺釋科學與科學方法

這篇短文，係就我個人對科學（Science）與科學方法（Scientific Method）這兩個基本概念（Concept），略抒己見。爲了閱讀的便利，分爲三部分説明。

（一）科學的意義

科學是一個相當複雜的概念，簡單地說：科學（Science）係以有系統的实徵研究方法（Empirical Method）所獲得的一套有組織有體系的知識。

科學知識都是藉由实徵方法而得到。所謂实徵方法，就是經驗法或实驗法（Experimental Method），是具體存在的法則。這種方法與神學方法（Theological Method）截然不同，前者是有形的，後者是無形的。例如民意調查一般都是用訪問法（Interview，包括面對面的訪問及電話訪問）或問卷法（Questionnaire），向人民收集有關他們對特定政策或特定人物的看法，而訪問法與問卷法都是实徵方法，因爲它們都是研究者常用並且具體可行的。神學的方法則不然，它只是一種想象或臆測，比方說某人的病好了，是由于神的保佑，神在那裏？如何保佑法？我們都看不見，所以求神問卜的醫病方法，在科學上不能成立。

科學依其性質及研究對象可以大別爲三類：

(1) 生物科學（Biological Sciences）

此類科學亦稱生命科學（Life Sciences），係以有生命者爲其研究的對象。例如生理學、病理學、生態學、動物學、植物學、農藝學、園藝學、森林學、醫學、解剖學、獸醫學等，均屬此類科學。如以大學中的科系爲例，則農、醫學院及部分理學院的科系可以歸類于此。

(2) 物理科學（Physical Sciences）

此類科學係以無生命的物體爲其研究的對象，例如土木工程、機械工程、電機工程、資訊工程、航天工程、航海工程、物理學、電腦學、太空學等均屬之。如以大學中的科系爲例，則各種工程學院所研究者均屬此類科學。

(3) 人文社會科學（Humanities and Social Sciences）

人文社會科學都與人有關係，故其研究範圍都是人類社會的事象，包括人類社會的各種規範與制度、風俗習慣、人類行爲、人際關係等。這類科學的涵蓋面極寬，包括社會學、政治學、經濟學、法律學、貿易學、管理學、傳播學、教育學、歷史學、語言學、心理學等。简言之，大學中理、工、農、醫以外的科系大多屬于此類科學。

（二）科學方法

科學方法就是有系統的实徵方法，這種方法有兩種主要的特性，一是客觀態度，二是研究步驟。

所謂客觀態度，就是重視證據，不偏執己見。也就是說，有幾分證據說幾分話，没有充分證據，不要亂做結論。在另一方面，別人的正確意見與觀點，特別是經過驗證而得到的結論，應加尊重。

關于研究步驟，可以約翰・杜威（John Dewey）所提出從事研究的幾個基本步驟來作說明。杜威曾任美國哥倫比亞大學（Columbia University）哲學系主任，是世界著名的實驗哲學（Experimental Philosophy）大師，也是胡適之先生在哥大讀書時的博士論文指導老師。他主張科學研究應依循下列五個步驟：

（1）選擇題目（Choosing a topic）
（2）陳述問題（Stating the problem）
（3）建立假設（Establishing a hypothesis）
（4）蒐集與分析證據（Collecting and analysing evidence）
（5）獲致結論（Reaching conclusion）

這五個步驟是從事科學研究的必要程序，也是科學研究的基本模式（Basic Model）。首先是選擇一個值得研究的題目，然後對這個題目的有關問題加以陳述，再根據研究目的建立假設，接著蒐集證據及相關資料，並加以分析與綜合，最後得到結論。

科學方法可以大別分為兩種形態，那就是演繹法（Deductive Method）與歸納法（Inductive Method）。這兩種方法之使用，早在古代希臘的亞里斯多德（Aristotle, 384—322 B. C.）時代即已開始。

演繹法是從一個通則性的結論開始，用邏輯的推理法而得到個別結論。此法的最佳說明，可以邏輯學（Logic）上的三段論法來表示，其形式如下：

人皆會死（Man is mortal），
亞里斯多德是人（Aristotle is a man），
所以亞里斯多德會死（Hence, Aristotle is mortal）。

上面第一句話是世人早已得到的總結論，它在邏輯學的三段論法（Syllogism）中稱做大前提（Major Premise）；第二句話的性質與第一句話相同，即屬于人類，它在三段論法中叫做小前提（Minor Premise）；第三句話是結論（Conclusion），乃係根據前面兩個前提推論而得到的當然結果，因為亞里斯多德是人，而人皆會死，所以他也會死。

歸納法與演繹法相反，它是將許多個別的事例加以分析，尋求其共同的特質，而得到一個通則性的結論。舉例來說，我們已經知道人皆會死，我們也知道馬會死，牛會死，老虎會死，獅子會死，狗會死，貓會死，雞會死，鳥也會死，由是得到一個結論：凡是動物皆會死。我們又知道花會死，草會死，樹也會死，因此我們又得到一個結論：凡是植物皆會死。既然動物、植物皆會死，而動物、植物皆是生物，所以我們的總結論是有生命的東西皆會死。

就科學研究的步驟而言，建立假設多用演繹法，因為假設常係自某種理論或通則性的結論推演出來的一個陳述。其餘步驟——蒐集資料，分析資料，獲得結論，則是用歸納法。

由歸納法所得到的結論，可用來建立新的理論，或修改舊的理論。後來的研究者，又可用演繹法，從這些新理論中導出假設，再經過充分驗證後而歸納為另一些新的理論，如此週而復始，循環不已，方能得到精確的科學知識。

歸納法最具科學方法的特色，而歸納法都是实徵法，我們所以说实徵方法就是科學方法，原因即在于此。

（三）科學的功能

科學的功能甚多，而且不同學科背景的人有不同的說法，不過就主要者言，可概括爲三項：

（1）解釋（Explanation）

對已經發生的事給予一些理由，謂之解釋。科學研究的最高理想，就是要建立理論（Theory）。所謂理論，簡單地說，乃是某項假設經過充分驗證後而獲取的結論。理論是解釋某些事象的最佳工具。例如牛頓的萬有引力理論（Theory of Gravity），是地球表面上萬物不會從旋轉不停的地球飛出去的最佳解釋。

（2）預測（Prediction）

對尚未發生的事給予一種猜想，就叫預測。最明顯的例子就是每天電視上的天氣預報，從氣象圖中，播報根據其專業中的科學知識與工具，可以預測明天是天晴還下雨，還可預測颱風走向及風速大小。沒有現代科技知識，這是辦不到的。

（3）控制（Control）

操縱某些因素或條件，使其發生預期的變化，謂之控制。最能說明控制的，就是實驗室的科學實驗。例如化學中的 H_2O 是代表水，你只要在化學實驗室中，依一定的程序及份量，放入兩個氫（H）及一個氧（O），水就出來了。製造一氧化碳（CO）及二氧化碳（CO_2）也是一樣。這就是科學控制的結果。

爲『新餘高專學報』而作
1999 年 10 月 31 日客座于武大時完稿
原載『新餘高專學報』第 15 卷第 1 期（2000 年 2 月），頁 1—4

國父孫中山與林肯

　　五月二十四日，『聯合報』刊載，二次世界大戰期間美國所發行的一張郵票，將國父孫中山先生與美國第十六任總統林肯并列，有些人也許會覺得很奇怪，其實是不無道理的。因爲國父的三民主義，就是民族、民權、民生，其最終目的則爲民有、民治、民享，而其最後六字之理念，則係源自林肯總統在賓州蓋茨堡（Gettysburg）的一篇演說。

　　一八六三年七月一至三日，美國的南北戰爭，在蓋茨堡激戰三天，戰況之慘烈，爲內戰中所僅見，雙方的傷亡達五萬餘人。是年的十一月十九日，蓋茨堡舉行陣亡將士公墓奉獻典禮，林肯專程從華府前往主持，並發表演說。這篇演說詞全文僅二百六十七字，簡短有力，聽者動容，至今被譽爲舉世最偉大演說之一，其最后一句是：一個民有、民治、民享的政府，將不會從地球消失（... the government of the people, by the people, for the people, shall not perish from the earth.）。

　　二次大戰期間，中美兩國合作緊密，併肩對抗日本帝國主義。到了一九四二年，勝利已經在望，美國適時發行此一郵票，是含有深意的，一方面表示中、美兩位偉人政治理念的契合，同時也是對中國抗戰精神的一大鼓勵。

2000 年 5 月 30 日在『聯合報』一項座談會上的發言

美國總統選舉的可能結果

美國憲法規定，總統的任期為四年，所以每隔四年美國有一次總統選舉。投票日為選舉年的十一月第一個星期一后的星期二。依此推算，美國總統選舉的投票日，恒在十一月二日至八日之間，今年為十一月七日。

美國的總統選舉，名為間接，實為直接。說其為間接，因為依照憲法規定，總統不是由人民直接選舉，而是由各州人民選舉總統選舉人（Prenidential Electers），再由總統選舉人於大選年的十二月中旬（第二個星期三後的星期一，今年為十二月十八日），在各州首府集會，投票選舉總統。說其為直接，因為在政黨政治之下，各州的總統選舉人都是由政黨提名并印在選票上，由人民直接選舉，而選出的總統選舉人又是依黨籍投票，選舉其本黨的總統候選人。所以在選舉日人民投票的結果揭曉後，只須計算各黨提名的總統選舉人當選的總數，即可判定何黨的總統候人當選。

依據美國的現制，全國共有總統選舉人五百三十八人，即國會兩院參眾議員的總和（現有參議員一百人，眾議員四百三十五人），加上哥倫比亞特區（即首都華盛頓）的三人。凡得票過此總數之半者（二七〇），即當選為總統。今年民主共和兩黨候選人勢均力敵，最新的民意調查，高爾（現任副總統）與小布希（前任總統布希之子，現任德州州長）相差只約三個百分點，在統計學上誤差範圍之內。這樣的選舉，可能發生以下的結果：

（一）兩人得到的總統選舉人票相等，即高爾與布希各得二六九票。遇此情形，須由眾議院投票選舉總統。眾議員投票時，是以州為單位，每州算一票，凡得票過各州總數之半者（美國現有五十州，過半數為廿六州）當選為總統。這種情形在美國歷史上曾發生過一次。一八〇〇年的選舉，傑佛遜與布爾各得總統選舉人票七十三票，依憲法第二條第一項第二款的規定，由眾議院選舉總統，眾議院經過三十六次投票，始選出傑佛遜為第三任總統。

（二）產生票少當選的總統，即當選者所得的普選票，較落後者為少，但所得的總統選舉人票，却較落選者為多。所以會產生這樣的怪現象，是因為美國總統選舉投票係以州為單位。某黨總統候選人在一個州所得的普選票，只須較他黨候選人多一票，則該州的總統選舉人票，完全歸他所有，即所謂『勝者全得』（Winner take all）。在美國五十個州中，除緬因州與內布拉斯加州兩州外，其餘四十八州均採用這種選舉方式。其結果就可能產生下面的情形，試以數字（均是假定）說明之。

州名	甲黨總統候選人		乙黨總統候選人	
	總統選舉人票	普選票	總統選舉人票	普選票
加州	54	5,000,000	0	3,000,000
紐約	0	2,900,000	33	3,000,000
德州	0	2,800,000	32	2,900,000
總計	54	10,700,000	65	8,900,000

由上表可知，甲黨總統候選人在加州大勝，但在紐約與德州小輸，其普選票爲 10,700,000 票，但選舉人票僅有 54 票；而乙黨總統候選人在加州大敗，但在紐約與德州小勝，其普選票僅有 8,900,000 票，但總統選舉人票却有 65 票。

因『勝者全得』而產生票少當選的總統，在美國歷史上也有一次。一八八八年的總統選舉，共和黨的總統候選人哈里遜（第九任總統哈里遜的孫子）得普選票 5,445,269 票（47.8％），總統選舉人票 233 票；民主黨的總統候選人克利夫蘭得普選票 5,540,365 票（48.6％），總統選舉人票 168 票。克利夫蘭的普選票較哈里遜爲多，但總統選舉人票却較哈里遜少了 65 票，故哈里遜當選爲美國第二十三任總統。

今年高爾與小布希的選情緊綳，究以何種方式取勝，我們拭目以待。

2000 年 10 月 1 日在『美國總統選舉研討會』上的發言

透視我們當前的大學教育

臺大名譽教授　胡述兆

　　根據『教育部』最近發佈的資料，臺灣地區的大學院校（包含授予學士學位的獨立學院及大學）十年前只有五十多所，現已增至一百四十八所，加上已核准籌設的十五所，實際已有一百六十三所，在學的大學生，已自十年前的廿八萬人，增至現在的九十多萬人，佔適齡的大學人口（十八歲至二十一歲）百分之四二‧五一。

　　就數量而言，我們的大學已超過歐洲的先進國家，而與世界教育最進步的美國不相上下。英國有五千九百六十四萬人（據二〇〇一年統計，以下同），大學有一百七十一所；法國的人口為五千九百五十五萬，大學為一百八十六所；德國統一後，人口已增至八千三百一十五萬，大學共有三百五十五所。美國現有的人口為二億八千一百四十二萬，其經過認可的大學共有一千九百六十六所，平均每十四萬二千人有一所大學；我們的人口為二千三百萬，大學有一百六十三所，平均每十四萬一千人即有一所大學。

　　我們的大學所以發展如此迅速，乃是將大學教育從精英教育走向普及教育的結果。這些新成立的大學，十年前多係專科學校，『教育部』為順從『教育改革委員會』的意願，採取立竿見影的辦法，將這些專科學校迅速升級為大學，於是原來的專科學校，馬上搖身一變成為四年制的學院。其中有些條件較好或人脈暢通的，再過數年，又成了所謂大學。遂使我們的高等教育品質，一落千丈，不堪聞問。

　　一個良好大學的基本要件，必須具備優秀的師資、寬裕的教育資源，及豐富的圖書館。就師資而言，我們這些新成立的大學，多係原來專科學校的班底，不但擁有博士學位的教員絕無僅有，有些系甚至沒有一位夠格的教授，而長年未發表一篇像樣的專業著作者，更是所在多有。如此水準低落的教師，其教學效果及品質，可不待言。

　　就教育資源來說，根據臺大校長陳維昭教授所獲得的資料，日本東京大學每年每一學生得到的教育資源，高達新臺幣二百萬元；香港大學約有一百萬元；即使近年經濟不如我們的韓國，每年每一大學生的教育資源，也有新臺幣四十萬元。反觀我們臺灣，每年每一大學生可分配到的教育資源，只有新臺幣十四萬元，約多於南韓的三分之一，與東京大學相比，僅有其十四分之一。我們的教育當局，每以我們的大學數量直追歐美而沾沾自喜，對我們教育資源的貧乏，則視若無睹，其無責任感，莫此多甚。

　　再就圖書館的藏書而言，很多新成立的大學，均未超過十萬冊，有些甚至不及五萬冊，與西方國家的大學圖書館相比，真有霄壤之別。美國的大學圖書館，其藏書一般都很豐富。我們的臺大圖書館，為臺灣各大學圖書館之首，但以其目前二百萬冊的藏書，擺在美國的大學圖書館中也只能排在一百名以外。至於世界一流大學的圖書館，更無法與之相比。例如美國哈佛大學圖書館，現有藏書一千三百八十九萬餘冊，其學生為一萬九千六百餘人，平均每一學生有七百零九冊。又如耶魯大學圖書館，現有藏書一千零七十三萬多冊，而學生僅有一萬零七百多人，平均每一學生更高達八百九十八冊，就此而言，它在世界大學圖書館中排名第一。他如英國的牛津、劍橋，俄羅斯的莫斯科大學，其圖書館的藏書都在五百萬冊以上；法國與德國的著名大學，也都有三百萬冊左右；即如我們對岸的北京大學，其藏書也已超過四百五十萬冊。

不久前，我們的『教育部部長』說，預期十年后臺灣也有個哈佛大學。就筆者估計，這是一個遙不可及的願望。姑不論其他條件，即就圖書館而言，我們七個研究性大學（包括臺大、清大、交大、中央、陽明、成大、中山）圖書館藏書的總和，還不到一個哈佛大學圖書館藏書的一半，更不要說在歷年諾貝爾獎的得主中，哈佛的教授就占了幾十位，我們能夠相比嗎？作爲臺灣地區最高的教育行政首長，對我們的高等教育，不去脚踏實地，興利除弊，謀求改革，而竟昧於世界大學的現實與潮流，放言高論，誤導我們的學子，難怪我們的教改越改越亂了。

2002 年 3 月在『大學教育研討會』上的發言

賓拉丹與奧薩瑪

臺大名譽教授　胡述兆

　　自『9‧11』美國紐約雙子星摩天大樓及華府五角大廈慘劇發生后，阿拉伯恐怖分子 Osama bin Laden，頓時成爲全世界家喻户曉的人物。臺灣各大報對他的名字却出現了截然不同的翻譯。有的將其譯爲『奧薩瑪』（如『中國時報』），有的則將其譯爲『賓拉丹』（如『聯合報』及『聯合晚報』），或『賓拉登』（如『中時晚報』）。同一外國人名，却有各種不同的譯法，這可能是臺灣特有的怪現象，也使不懂英文的人，看起來『雲裏霧裏』，甚至以爲是幾個不同的人。造成這種譯名混亂的情形，原因不一。譯爲『奧薩瑪』的人，可能認爲阿拉伯人名的翻譯，係以人名爲準（多般係姓名的第一字），而譯作『賓拉丹』或『賓拉登』者，則係以其姓爲準（多半係其姓名中最后的字，亦即英文姓名中的所謂 last name）。而臺灣對外國名字的音譯，又因譯者對中文同音字的個人偏好，常有差異。故同一個名字，又有『賓拉丹』與『賓拉登』的不同。

　　其實，這種情形是可以避免的。解決之道，就是由『教育部國立編譯館』，編譯一本中文版的『外國人名大辭典』，凡原文爲英文的人名，均根據傳統的譯法，以其 last name 的音譯爲準，如卡特（Jimmy Carter）、雷根（Ronald Reagan）、邱吉爾（Winston Churchill）、布萊爾（Tony Blair）。對非英語國家的人名，則根據其英譯后的姓名，將其姓音譯。有些非英語國家的姓前，常有前置詞，如 Van Buren，必須一同音譯爲『范布倫』，本案 Bin laden 音譯爲『賓拉丹』，似乎也是由此而來。假如我們現在已有這麼一部外國人名辭典，並由政府通會全臺灣，遵照辦理，則『奧薩瑪』與『賓拉丹』的情形就不會發生了。

　　編譯這麼一部辭典，不是一件簡單的事，至少也得數年的時間。在其完成以前，不妨以『新聞局』的譯名爲準。卽遇着一個新的重要外國人名出現時，先由『新聞局』音譯爲中文，然后在各大媒體公佈，并通告全臺灣照辦，以免類似的混亂情形一再出現。

2005 年 4 月 3 日在『翻譯研討會』上的發言

"大學追求卓越"應從圖書館開始

臺大名譽教授　胡述兆

報載"教改行動方案曲高和寡",在我看來,豈只曲高和寡,有些方案還可以說不切實際。以"大學追求卓越方案"爲例,其目的是希望五年内,用一百三十億元的經費,支援學術研究,使其於五年后能躋身於國際學術研究地位之林。這樣的目的能否達到,大家心里有數,毋須多說。這里只談談卓越大學與圖書館的關係。

凡是受過大學教育的知識分子,大概都知道一句西方名言:"圖書館是一個大學的心臟。"(Library is the heart of a university.) 我們不必對這句話的含意多作解釋,只須用實例來加説明。在我所參觀過的世界著名大學中,哈佛大學圖書館的藏書已達一千三百萬册,耶魯大學已超過一千萬册,他如哥倫比亞大學、普林斯頓大學、康乃爾大學、柏克萊加州大學、伊利諾大學、密西根大學、洛杉磯加州大學、奥斯汀德州大學等其圖書館的藏書均早已超過五百萬册。美國以外國家的著名大學,如英國的牛津大學、劍橋大學,俄羅斯的莫斯科大學,加拿大的多倫多大學,日本的東京大學等,其圖書館藏書也都在五百萬册以上,即使是大陸的北京大學圖書館也快到五百萬册。這些事實使我得到一個結論:世界著名的大學都有一個著名的圖書館,没有第一流的圖書館不可能成爲第一流的大學。

返觀臺灣的大學圖書館,目前超過一百萬册的只有臺大、政大與臺灣師大三校,臺大號稱臺灣地位最大的圖書館,也没有超過二百萬册。二十年前我到臺大做客座教授時,曾對臺灣的大學圖書館做過一次調查,發現當時全臺灣各大學(指完全大學而言,廿年前還不到二十所)圖書館藏書的總和,還比不上哈佛大學圖書館的藏書量。其時哈佛大學的藏書已超過一千萬册也就是說,二十年前臺灣各大學圖書館藏書量的總和還不到一千萬册。二十年后的今天,哈佛大學的藏書已超過一千三百萬册,我們的完全大學也增加了一倍有餘,但這些大學的藏書加起來也還没有超過這個數目,换句話說我們所有大學的藏書只相當於哈佛大學圖書館的藏書量。看看別人,想想自己,又豈只慚愧而已!

這種現象何以致之?大學本身及『教育部』都有責任。有些大學校長不重視圖書館,不願將經費投入圖書館,很多行政會議或校務會議的成員没有體認到其重要性,總以爲給圖書館較多的錢是便宜了圖書館。至於『教育部』,似乎從來没有重視過圖書館,更遑論把圖書館視爲一個大學的主要構成要件。例如近年從專科改爲學院及從學院改爲大學的案件中,有些只有幾萬本書,就讓他們改制了。試問這樣的大學圖書館,如何能配合教學需要及支援學術研究?這些騰笑國際的所謂大學圖書館負責審查及批準改制的教育行政當局實難辭其咎。

教改的目的,就是追求卓越。但教改諸公似乎也没有對圖書館給予應有的重視。在皇皇大觀的『教育改革總咨議報告書』中,有關圖書館的部分,只有寥寥數語,而且在兩處提到圖書館的地方,都是以其他事項爲條件,而將圖書館包括在内,例如:『課程實施……包括圖書館……之運用』;『在終生學習方面,政府應建立學校内外的學習網路,包括圖書館』。似此心態又如何能使臺灣的圖書館水準提升?實則圖書館是大學追求卓越一個比較容易奏效的單元,例如教改行動方案中,能有一個加强大學圖書館的方案,并給予相當經費,使其購買教學與研究資料,則不出十年,臺灣大學圖書館的水準,必可大爲改觀。

青年從軍雜憶

　　我是一九四四年十月三十一日，在江西新喻簽名從軍的。同年十二月在縣訓所集中待命，翌年三月前往江西黎川報到，四月初正式入伍，編入青年軍二〇八師六二四團二營五連三排九班。一九四五年八月十四日抗戰勝利，我師奉命準備接收臺灣。雙十節前後自黎川樟村開拔，歷經閩西的泰寧、順昌、將樂、南平等縣，于十月底到達福州附近的尚幹。嗣因中樞改變初衷，調駐浙江訓練。十二月廿日離榕，道經福建的古田、建甌、水吉、浦城，及浙江的江山、衢縣、建德、桐廬，于一九四六年一月廿七日抵達離杭州不遠的臨安。二月下旬在該處接受預備幹部的教育，六月三日退伍復員。計自簽名到退伍，共歷一年又七個月。軍旅生活雖不長，可資回憶的事卻很多。限于篇幅，無法詳述，僅寫數則，聊資紀念。

一、熱血沸騰話簽名

　　江西省的新喻縣，地處贛西，位于南昌與萍鄉的中點，是一個頗為貧窮落後的地方。抗戰期間，境內只有三個初中，兩個私立，一個公立。一九四四年縣中開始辦高中，成為全縣的最高學府。我以江西中正中學（校址在宜春彬江，校長為蔣經國先生）初中二年半的同等學力，攷入該校第一班高一。

　　由于全縣是第一次辦高中，所以受到縣政府及地方士紳的特別重視，不惜重金禮聘我縣在外地執教的名士回來任教，例如校長鄧明達先生是國立中山大學的畢業生，國文老師黃學模和數學老師龔學甯，都是國立武漢大學出身的，英文老師章照則畢業于上海滬江大學，皆一時之選。家叔胡庸是職業軍人，畢業于陸軍官校洛陽分校，在部隊擔任連長、營長多年，其時適因病請假在家休養，也被縣紳徵召，出任縣中軍訓總教官。

　　十月三十一日是蔣中正總統誕辰，縣中的慶祝大會，與知識青年從軍簽名大會，合併舉行。家叔以總教官身份，擔任大會司儀。在校長簡短致詞後，即開始自由簽名。家叔為起帶頭作用，率先簽名。我在臺下看到叔父第一個簽名，不覺熱血沸騰，乃一個箭步跳上臺去，緊接叔父名字之後，簽上了自己的姓名。臺下數百人，看到我們叔侄雙雙簽名，一時全場歡呼，掌聲雷動。但見一個緊接一個，紛紛登臺簽名，不出半小時，簽名者已達百餘人。這次從軍運動我縣分到的名額為六十九名，光縣中一校，即超過了配額一倍，其踴躍的情形，可見一斑。

　　典禮完畢後，家叔叫我到他辦公室，表情嚴肅地問我：

　　你知道剛才簽名是什麼意義嗎？

　　從軍。

　　從軍是去幹什麼？

　　當兵。

　　當兵要做什麼？

　　打仗。

　　打仗可能有什麼結果？

陣亡。

你怕不怕死？

不怕。

他聽了我的回答，霍地從坐椅上站起來，欣然地說：『從軍就是準備爲國犧牲，你有此認識，我就放心了。』就這樣，我的簽名行爲，算是得到家長批准了。家叔因爲簽名從軍時，年齡已超過三十五歲，不合青年從軍的規定，故未正式入伍。但他以身作則的風範，至今仍爲我縣青年軍同學所樂道。

二、站夜哨的故事

放夜哨，是軍隊中的一件苦差事，特別是下半夜一點到五點班，更使人視爲畏途。我放夜哨有過幾次奇怪經驗，至今回憶，仍覺有趣。第一次是在黎川樟村，我們二營五連住的是一棟磚造民房，大門外鋪的是堅硬的鵝蛋石。有一個晚上我放二至三時的夜哨，天氣頗爲寒冷，我從被窩裏被叫起來值班，渾身牙關打抖。爲了驅去寒氣，只好用勁練習背槍動作，不想用力過猛，當右手緊握皮帶，槍身摔往後背時，竟把皮帶摔斷了，但聽哓嚓一聲，槍杆落在石塊地上，折爲兩截。當時嚇得魂不附體，蓋槍枝是軍人的第二生命，槍在人在，槍斷人亡。幸虧排長向來對我不錯，第二天偷偷拿到銅匠店去修好，瞞過了專愛找我麻煩的連長，才算逃過一刼。

第二次是在從福州到杭州的行軍途中。那天軍次浙江境內的廿八都，這是閩浙邊界的一個大鎮頭，離仙霞嶺不遠，地位衝要，據說前幾天還有土匪出沒。我們第五連住在該鎮靠山的邊緣，奉命加強戒備。那天我剛好代理副班長，負責巡查下半夜的崗哨，兩位哨兵分站離營地約半里路的一個墳場的兩頭。是晚月黑風高，伸手不見五指。我每隔廿分鐘，須穿過墳場一次，到兩邊查哨。有一次當我從東邊走到西邊時，却不見哨兵的踪影，正遲疑間，忽覺有一雙手捉住我的後腿，緊抱不放。我不信鬼，但此時此地，也不禁渾身發寒，毛骨悚然。原來我站的位置，正是一個大墓碑的旁邊，哨兵害怕，就躲在墓碑的後面。他以手捉我腿，是跟我打招呼，因附近有情況，哨兵奉命不得出聲也。

還有一次，是在浙江臨安接受預備幹部教育時。那時抗戰勝利不久，江浙一帶仍是一片昇平氣象。有一次我們第九班放夜哨時，大家貪睡偷懶，都沒有實際去值班。自一點至五點，時間過了四小時，放哨的槍枝僅在通鋪上換了四個位置，也就是值班者都在床鋪上交班，並未實際去站崗。不料好夢正甜，忽然槍聲大作，大家以爲有了情況，愴惶而起，隨着緊急集合號聲，奔向操場。原來那天連長突然心血來潮，夜起查哨，却見大門緊閉，無人看守。他一氣之下，抽出所佩手槍，望空連發三彈。是晚全連挨訓至天亮，我們九班的正副班長和四位哨兵，每人除記過外，並禁足二星期，以示薄懲。

三、抗命抽烟被關禁閉

我年輕時，就開始抽烟，從軍後抽得更多。有一天早集合前，我正坐在營房前石階上抽烟，忽然集合號起，我拿着烟即往操場跑。其時天尙未大亮，連長適跑在我的後面，看到我烟頭的火在空中飛舞，要我馬上丟掉。我沒立卽聽他的話，跑了一段才把烟蒂的火熄滅，並將留下的半截塞入袋中，以爲第二次過癮（因爲窮，買不起烟，所以一支烟要分幾次抽）。當時連長並未講話，只罵了一聲『混帳』，我知道要糟。因爲這位連長素來對我有成見，訓練過程中最難的動作（例如爬在地上匍匐前進、障礙賽跑等），經常要我出來表演，以示懲罰。早操過後連長叫我出列，提到剛才的事，說我沒有立刻把烟蒂丟掉，違抗了他的命令，要罰我做『兩腿半分彎』（即兩手高舉過頭，兩腿半彎作蹲下狀，是軍中對士兵一種很普通的處罰方式）。我本想把手舉起來，依令行事，但看到全連的一百多人的眼睛正凝視着我，覺得實在丟不了這個臉，乃立刻把兩手一摔，並大聲說：『我不要做，你槍斃我好了。』連長想不到我有此一招，不禁爲之一呆，但迅即憤怒地大吼一聲，『把他關起來。』事後想想，這是一個非常危險的動作，若是在前線，他可立即把我斃了。雖然沒被槍斃，可是也吃足了苦頭，關了一個禮拜，還要我背『步兵操典』，才把我放出來。我這種自大脾氣，使我這一輩子吃了許多虧。

原載『青年從軍50週年紀念特刊』（1995年），頁94—98

我與中正大學的一段回憶

　　1948 年 9 月，我入上海大夏大學（今華東師範大學的前身）化學系就讀。翌年（1949）1 月，我從上海回南昌過農曆年，並拜望我在嘉興青年中學時的老校長胡昌騏先生。胡校長是美國密西根大學的碩士，主修英國文學，説得一口流利的英文，曾任浙江大學、暨南大學等校教授，中正大學教授兼訓導長。他賦性溫和，待人親切，視學生如子女，在校時我即曾多次與他接觸，故頗熟識。那天他僅一個人在家，談得頗多，並留我共進午餐。席間他提到上海時局有點不穩，建議我轉到中正大學來就讀，因爲他在那里有很多老朋友，轉學的事應無問題。于是他立即寫了一封信，囑我面陳他的老友、時任中正大學教務長的郭慶芬教授。我持信去見郭教務長，他對我非常客氣，馬上請來教務處的一位先生，要他給我一次簡單的攷試，包括國文、英文及普通化學。過了幾天我就收到通知，説我錄取了，就這樣我進入了中正大學的化學系。

　　1949 年 7 月，我隨中正大學一批自青年軍退伍的同學到了臺灣，他們分別進入了當時臺灣的各大學校院的相關科系借讀（當時臺灣只有一所大學，即臺灣大學，其他僅是學院）。我因對化學没有興趣，也缺乏唸化學的細胞，所有没有去借讀。兩三年後，他們分別借讀完畢，也取得了中正大學的畢業文憑。後來這批人就成了臺灣地區中正大學校友會的骨幹。

　　大學畢業是我當時追求的目標，既不願借讀，就只有重攷了。我于 1953 年攷入臺灣大學法律系，不但改了行，而且成爲臺灣地區唯一没有中正大學文憑的中正大學校友。承這些老學長不棄，對我這位南昌中正大學最後一屆的『小學弟』一視同仁，並在我每次從美國回臺灣探親時，舉行盛大歡迎會，使我倍感溫暖。1983 年我應邀回臺大教書後，也經常參加校友會的活動，並曾當選過理監事。

　　新餘市中正大學/南昌大學校友會成立後，又把我納入了組織，並賦予我『榮譽會員』的榮銜，更使我受寵若驚。數年來對校友會愧無任何貢獻，深感歉疚，特在此對張迎祥會長，李超彬、肖佐堯兩位副會長及全體校友致以最深的敬意。

原載『中正大學校友通訊』（1999 年 12 月），頁 5—6

十年寒窗：臺大、政大

臺大名譽教授　新喻　胡述兆

一九四九年上半年，我在南昌縣望城崗，就讀於國立中正大學化學系一年級。是年四月一日，隨中正大學青年軍退伍同學三十多人，南下廣州，於七月一日到達臺灣。依照政府規定，原可向臺大化學系辦理借讀手續，完成學業。但我對化學沒有興趣，乃攷入一個外事機構，擔任英文編譯，直到重攷大學為止。

一九五三年九月，攷入臺灣大學讀法律。四年畢業後，又攷入政治大學政治研究所，讀了六年政治，前三年修碩士，後三年修博士。十年期間，半工半讀，生活辛苦，所以稱之為『十年苦讀』。

自一九四八年在大陸上大學，至一九五三年在臺灣重攷大學，整整浪費了五年，都是選錯系惹的禍。自少對英文極有興趣，這次沒有報攷外文系，却是有原因的，因為做了幾年英文編譯後，發覺對英國文學並無偏好。一個對文學興趣不高的人，勉強去讀外國文學系，是不會有什麼成就的。至于唸法律，雖非十分喜歡，但也並不討厭。

選擇臺大讀法律也是有原因的，因為當時臺大法學教授陣容，十分堅強，除了系主任梅仲協是民法權威外，他如林彬教授的刑法，陳樸生教授的刑事訴訟法，王伯琦教授的物權法，林紀東教授的行政法，曾繁康教授的憲法，雷崧生教授的國際公法，洪應灶教授的國際私法，陳顧遠教授的公司法，桂裕教授的海商法，在他們各自的領域內，均無人能出其右。

在此要特別提起一位教授，那就是曹文彥博士。曹先生早年畢業于中央大學政治系，歷經縣長攷試及外交官攷試及格，進入外交部後，被派往澳洲，擔任中國駐莫爾本（Melbourne）領事八年。其後赴美國進修，獲柏克萊加州大學法學博士（J. S. D.）。我進臺大時，也是他到臺大執教的第一年，擔任我們英文法學名著選讀的課程。所發講義，都是英文。因為做過編譯，我就把這些英文講義譯成中文，並請他修改。他看了以後，非常驚訝，對我的中、英文根柢，大加讚揚，並送交講義組印出來，分發同學參攷。因為講義上有『曹文彥博士原著，胡述兆試譯』的字樣，名字與博士並列，所以我在同班同學中的綽號，就叫『胡博士』。自此以後，我事實上就成了曹教授的助教兼秘書，不但改攷卷，還把他在美國的博士論文，譯成中文，分八次在『新思潮』發表。除此之外，我還寫了不少文章，以他的名字在各刊物發表。估計四年之中，替他譯的寫的，不下四十萬字。一九五四年，他到『教育部』擔任國際文教處處長，連續兩年的暑假，我都到他那邊去打工，負責審查每年暑假留美學生攷試的入學許可證（Admission），陳履安高中畢業留美的證件就是我審查的。像這樣親密的師生關係，一生只此一次，所以對曹老師特別懷念。

在生活方面，當時大家都很清苦，有家的同學情況較好，我們這些無家可歸的，每月只靠七十元新臺幣的清寒學生救濟金過活。因為這是我們唯一的正常收入，學生每月的伙食費，就定在這個數目。由於錢太少，每天只能吃最便宜的包心菜（又稱高麗菜）、空心菜、茄子等物，每月只能吃到一次紅燒肉，我們愛叫打牙祭。這樣的伙食，當然不能滿足經濟情況較好同學的需要，於是他們提議加到每月一百元，並用多數表決通過。我們堅決反對，並以第四宿舍（住此的都是法學院的學生）第三室的八位同學爲代表，在飯廳中與他們舉辦辯論。他們的主要論點，是本案已經多數通過，符合民主精神。我們的理由比他們充分，因爲每月收入就只七十元，他們若嫌伙食太壞，可以自己加菜。再說，牽涉生存權的問題，也不能以多數表決解決，比方說，三人中的兩人贊成把第三人殺掉，難道可以這樣做嗎？這些理由，使他們啞口無言，只好認輸，從此也不再談加伙食費的事了。

在臺大求學期間，除了每月七十元臺幣的清寒學生救濟金外，沒有任何其他正常的經濟來源。平時除了替曹文彥師寫點文章做點翻譯，賺取微薄的稿費外，爲了彌補日常的必要費用，我也偶爾擔任家庭教師，爲準備攷大學的高中生補習英文。我擔任家庭教師，有一個條件，就是決不進學生家門，而是要他們到臺大來，移樽就教，通常是在法學院第四宿舍飯廳中，爲他們上課。所以要這樣做，也有一個原因。有一次，同寢室室友許士軍兄（臺大經濟系畢業，後來擔任過臺大管理學院的首任院長。與他在大學同學九年，臺大三年，政大六年，是一生中最好的朋友之一）對我說，他擔任家庭教師的那一家，架子很大，每次去，只讓他在廁所旁邊的小門進出，不准走大門。聽了非常反感，發誓不到學生家裏去，爲他們補習。古人說，不願爲五斗米折腰，豈可向小門低頭！這種臭脾氣，使我這輩子失去了很多機會，但並不後悔。

臺大四年，過得很平淡，只有一次，幾乎把命送掉，至今回想，猶有餘悸。一九五四年冬天的一個上午，從第一宿舍（位於溫州街五十八巷附近，大一住大同中學，大二搬到此地，大三搬去法學院第四宿舍）騎腳踏車去校總區參加一堂攷試。車子剛上新生南路，左邊突然有輛汽車在面前呼嘯而過，把我撞倒在地。汽車司機看見撞倒人，一時驚慌，就把方向盤左歪，不料用力過度，急切間轉不過來，車子向左傾斜，一直沿路坡衝入堷公圳中。（當時的堷公圳，將新生南路隔爲南北兩翼，都是單行道，後來上面加蓋水泥，成爲今日新生南北路的六線大道。）我從地上爬起來，只見車頭已撞歪，手臂在流血，但只是皮肉之傷，並無大礙，因爲要去趕攷，也顧不得向落入圳中（水很淺）的汽車司機交涉，兩腿一夾，把腳踏車的前輪扶正，飛奔攷場。攷試成績，不說可知，但能留住一條性命，實屬大幸。攷試過後，我把此事的詳細情節，告訴同班好友林景超兄（他是臺大同班中第一個認識的同學，敦厚平和，樂于助人，數十年來，我們一直維持良好的關係，直到現在）。他就陪我一同騎腳踏車去現場察看。但見拖吊工作正在進行，圳的兩邊圍了很多人，有位目擊事件發生的觀衆告訴我，車子落水後不久，司機即從車內爬出來，周圍察看一遍後，即揚長而去，可見車內沒有其他乘客。我本來擔心車內可能有人受傷，至此才算放心。臨走時，向車牌望了一眼，原來是美國大使館的使字號車，怪不得開車橫衝直撞了。

一九五六年的夏天，我在臺大法律系唸完了三年級，就以過去工作幾年的資歷證明，去報攷高等攷試普通行政科。在報攷該科的三千多人中，錄取了七十多人，我名列第七。同年同榜的，還有經濟系的孫震、許士軍、于宗先，法律系的江偉道，政治系的俞寬賜。他們都是高一班的應屆畢業生，也都是好友。他們在榜上看到我的名字，都很意外，因爲我還沒有大學畢業（一般都是大學畢業後才攷高攷）。

一九五七年初，曹文彥師奉派爲駐美『大使館』首任文化參事，那時已自『教育部』國際文教處長轉往東吳法學院院長，我是不挂名機要秘書，一個星期去辦公室兩三次，爲他處理一些文稿及私人函件。有一天他問我願不願意跟他到華盛頓去，做駐美『大使館』文化參事處僱員。這是一個到美國去的好機會，很多人（包括自己）都是求之不得。但幾經攷慮後，還是拒絕了。我最重要的理由有二：第一，還差幾個月，我就要自臺大畢業，而大學畢業是多年來夢寐以求的事，我不能因爲一點急功近利，就影響求學的目標；第二，僱員不是正式外交官，而且地位極低，無法升遷，我不願把青春，埋葬在這樣的環境中。文師對我的說詞頗以爲然，帶我到美國去的事，也就不再提了。

一九五七年六月，我終於在臺大完成了學業，讀得了學士學位，多年的願望，得以實現，心中的喜悅，可不待言。畢業以後，我參加了兩次攷試，一次升學，一次就業。先說前者，對於升學，我有一種想法，原則上不攷本校研究所，至于科別，臺大這幾年下來，比較喜歡政治學，特別是國際政治。當時在臺灣的大學，除了臺大，只有政大有政治研究所，而且政大剛成立不久，具有新鮮感，所以決定報攷政大政治研究所，居然順利攷上了。至於就業，雖是法律系畢業，但不想做法官，因爲這個行業，整天面對的都是犯人，不願被他們影響我的情緒。也不想做律師，因爲律師常要替犯人辯護，分明是詐欺，要爲他辯爲無心之過，分明是蓄意殺人，要替他辯爲過失殺人，以圖減輕刑責，做這種事與個性不合。所以既沒有攷法官，也沒有攷律師。既然不願吃法律行業方面的飯，就只有另找出路。剛好在報上看到一則招攷國際問題研究員的廣告，而且註明月薪一千元臺幣，比當時中學教員待遇多了一倍。我對此很感興趣，就去報攷。有道是重賞之下必有勇夫，分明限定只錄取兩名，却有三百八十多人報攷，其中還有『外交部』與『新聞局』的專員級人員，因爲這樣的待遇相當於他們科長的月薪。攷試結果，我以第一名錄取。後來去到職後，主攷的一位處長告訴我，在攷試的國文、英文、中外史地及國際關係四科中，除了國文外，我的成績都最高，而且國際關係得了滿分，在三位閱卷委員中，有一位還給了一〇一分，因爲攷卷圖文並茂，除了說明與分析外，還畫出了相關的地圖，使他非常滿意。平時看國際新聞，向來有查攷地圖的習慣，不意這次竟用上了，也算是意外的收穫。

升學與工作的問題，同時解決了，心情特別輕鬆。剛好在此時，曹文彥師自美國託人轉給我一百美金，是他給我將其在美國的博士論文譯成中文的稿費。此時有錢又有閒，就利用政大尚未開學、『國防部』尚未通知上班的空檔，去中、南部參觀訪友。首先到臺中，拜訪新喻小同鄉及大哥胡若松的警校同學胡國堅先生。在張先生家我也會見了小同鄉何步基先生的太太（何先生已去美國留學，未見到），及他們的兒子何大一，也就是現在大名鼎鼎的治愛滋病專家，那時他才五、六歲。胡國堅先生算是老相識，在嘉興唸書時，曾到南京去住了一個禮拜，那時他和我大哥同在警校受訓，我們見過好幾次面。他們畢業後，一同分發到臺灣來服務，我們見面時他是臺中一個警察分局的分局長。談起大哥的事，不禁相對噓唏。在高雄拜訪了岡山農校校長宋國元先生，他也是小同鄉，承他招待在農校教員宿舍中住了一晚，相談甚歡。來臺灣八年了，這是第一次到高雄，要見的朋友非常多。當時的中油公司，更是臺大畢業同學的大本營，所以特地去參觀，和幾位臺大經濟系畢業的老友敍舊。他們一直在中油工作，等我自美回臺大教書時，他們有的已做到總經理，有的已做了總處長，真是士別三日，刮目相看。那次參觀中油後，因林景超兄的家就在中油附近，所以就在他家住了一晚，並見到了林伯伯與林伯母。

畢業後同時參加升學與就業的兩項攷試，就是希望兩者能兼顧。到了九月中旬，『國防部』上班的通知書尚未來，但政大已開學，所以先去政大報到。政治大學一九五四年在臺灣設校的，通常簡稱爲政大。政大前身是中央政治學校，抗戰勝利後，在南京改稱爲政治大學。一九五〇年代初期的臺灣，大學還很少，研究所更是鳳毛麟角。一九五三年張其昀先生接任『教育部』部長後，大力擴充高等教育，一方面增加大學數目，同時鼓勵各大學辦研究所。政大在臺灣設校，並先辦研究所，就是在這種政策下的產物。一九五四年政大開始招生時，只有政治、外交、新聞、教育四個研究所，沒有大學部。首任校長爲陳大齊先生，四個研究所所長分別爲：政治研究所所長浦薛鳳，外交研究所所長程天放，新聞研究所所長曾虛白，教育研究所所長吳兆棠，都是一時之選。我們政研所的教授陣容也非常堅強，除所長浦薛鳳教授是西洋政治思想史權威外，他如鄒文海教授（代議政治），張金鑑教授（行政學），薩孟武教授（比較政府），王雲五教授（現代公務管理），羅孟浩教授（各國國會制度），都是法政學界極負盛名的學者。

我們一九五七年攷進的，是政研所的第四屆，共有八位同學，除我外，其他七位是金耀基、劉佑知、張家洋、陳銃雄、方廷榴、陶建明、郭煥圭。我們八人以後各有際遇，而以金耀基的成就最大，他不但是香港中文大學講座教授、副校長，而且當選了『中央研究院』院士。劉佑知在英文方面造詣很深，曾擔任過光武工專副校長。張家洋與我同時進入政大博士班，他一直留校服務，擔任過政大政治系主任及研究所所長。陳銃雄曾任『交通部』主任秘書及『路政司司長』。方廷榴畢業後，攷取外交官，歷任韓國及菲律賓『公使』，可惜英年早逝。陶建明曾任『經濟部』駐外專員。郭煥圭畢業後即赴加拿大留學，早已失去聯絡。

『教育部』為了鼓勵大學畢業生，繼續到研究所深造，對研究生的待遇相當優厚。除了學費全免外，每個月還有三百元獎助金，繳了伙食費後，還可留下一點零用錢。住的雖是鐵皮屋，但每人一間，比起過去唸大學時的八人一間，自由多了。

『國防部』上班通知，十月初才收到，據說是因為工作地點有些機密文件，招聘的非軍職人員，必須經過嚴格的身家調查，認為沒有問題，才准去到職。上班後，才知道工作的單位是『駐外武官聯絡處』。最初的工作，是研究分析駐歐洲各國『大使館武官處』寄回的當地國情報告，並將研究結果，向上級提出簡報。後來發現我的英文不錯，就要我每天早晨為俞大維『部長』編英文簡報。當時辦公室已有電傳設備，並與美聯社、合眾國際社及路透社簽了約，每天將國際間的重大新聞，直接電傳到辦公室。我的任務是根據晚上十二點以後及早晨六點以前發來的新聞稿，選出其中最重要的幾條，加以濃縮，並加上簡短標題，於上午十點以前送俞『部長』參攷。由於此一工作有時間性，每天早上都急得要命，胃病就是這樣開始的。另一工作，是和兩位上校合譯一份機密文件，這是美國中央情報局每週呈給艾森豪總統的報告，據說是經由某種管道交換而來的。為此，上級主管特地叫我到他辦公室，非常嚴肅地說：『這是一份極為機密的報告，其他兩位都是高級軍官，我信得過他們，若是秘密洩漏出去，唯你這個老百姓是問！』當時我回答說：『報告長官，我也當過一年半青年軍。』他聽了不禁笑了起來。

一九五八年底，駐土耳其『大使館武官處』有一位文職人員出缺，上級徵求我的意見，是否願意去接任。當時一般人都喜歡出國，我也不例外，所以向他表示，願意攷慮。其時駐土耳其『大使』是邵毓麟先生。我知道他是曹文彥師的好朋友，於是寫信去問曹師。他立刻回信鼓勵我去，並說將給邵『大使』去信，請他多多照顧。事情就這樣決定下來。一方面辦相關手續，同時加緊研究土耳其史地及國情，就等派令下來，即可起程。不料在工作同仁的聖誕餐會中，一位廣西籍的唐寬宏中校，端詳了我一會後，突然對我說：『胡兄，你表面光輝，但運道不濟，這次土耳其的事，未必走得成。』當時以為他在開玩笑，心想，護照都拿到了，怎麼可能變卦？想不到幾天後，伊拉克發生政變，國王被殺，中東局勢一夕丕變。『國防部』為因應此一突發情勢，下令凍結中東各『使館武官處』人事，我去土耳其的事也就泡湯了。後來我問唐中校，為何算得這樣準？他說他也不知道，只是根據面相及命理推斷。此時才知道，唐中校對命相的確很有研究，『國防部』很多高級將領都曾請他算命看相，是不是像我這樣準，那就不得而知了。土耳其去不成，也改變了我的人生方向，從此決定走學術方面的路。

按照規定，帶職讀書者，每週只能上四小時課。所以我花了兩年，才能把政大的碩士學分修完。爲了早日完成學業，我決定辭去『國防部』的工作，並自一九五九年五月一日生效。此時我的課已修完，乃開始準備寫論文，並請王雲五師爲指導教授。我的論文題目是『美國參議院批准條約權之研究』。王老師看了論文題目後，先要我告訴他，這個題目在臺灣的圖書館有多少參攷資料。當時政大圖書館剛起步，很少這方面資料，我就到臺大圖書館、『中央圖書館』、『中央研究院』圖書館去找，甚至專程去拜訪臺大政治系的劉慶瑞教授，因爲他發表過美國締約權的文章。那時對圖書館還沒有任何概念，更不知道利用書目、索引等工具書（事實上那時的圖書館，旣不重視也很少收藏這些工具書），請圖書館員幫忙，也是一問三不知，一切都得靠自己的想像去摸索。斷斷續續花了幾十天的時間，才找到幾十種與這個題目有關的資料；劉慶瑞教授還慷慨地把他從美國帶回的一些資料，借給我參攷。劉教授是一位非常用功而又謙虛的學者，他的夫人就是以後做過『財政部部長』的郭婉容教授，現今臺灣財經界的知名學者劉憶如教授，就是他們的女兒，那時還很小，好像不會超過十歲。

　　王雲五師是政研所的兼任教授，那時他是『行政院副院長』，公務特別繁忙，有關論文的問題，需到他家里去請教。可是他老人家的習慣，向來是晚上九點就寢，清晨三點起床，每天自三時至八時，是他讀書寫作的時候。要去見他，需在早晨八時以前，因爲他八時以後要去上班，晚上又需早睡，均不方便。有一次，我照例搭第一班從木柵開往臺北的公共汽車，到他住在新生南路一段的家，去請教論文問題，到達時間七時左右。通常情形，如果老師沒有重要事情，照例是由司機來應門，然後延入大門後右邊書房，和他談話。那天大概老師有事，司機開門後，要我到客廳小等。我剛坐下不久，又有兩位先生相繼來到，一位是當時的『財政部部長』嚴家淦先生，另一位是『經濟部部長』楊繼曾先生，他們也像我一樣，被延入客廳等候，他們大概有緊急的事要辦，必須這麼早來和『副院長』商量。大約數分鐘後，王老師從書房走入客廳，先向兩位部長告罪，然後笑著對他們說：『這位胡同學是從木柵政大來，與我討論他的論文，我們很快就完，請兩位稍等。』那天我本有好幾個問題要向老師請教，但爲免兩位部長久候，只好趕緊草草結束。從這件小事上，可以看出王老師對學生愛護之深。有人說，做他的學生易，做他的部下難。我只做過他的學生，沒有做過他的部下，所以在我心目中，他永遠是一位慈祥可親的老師。

　　我辭職回政大專心寫碩士論文時，浦薛鳳師已辭去政研所的所長職務，去『教育部』擔任梅貽琦『部長』的『政務次長』，他們是數十年老友，在抗日戰爭前，梅先生擔任清華大學校長時，浦師是該校的政治系主任。浦師和師母陸佩玉都很愛護學生，在他擔任政研所所長期間，每年聖誕節，都會邀請全體同學到他家里去過節，吃的東西非常豐富，飯後還有禮物供摸彩，每人都有一份，使我們感到特別溫馨。他不做所長後，此一餐會並未中輟，所以每年到他家里去過聖誕節，大吃大喝一頓，成爲我們的共同期待。接任浦師爲政研所所長的，是張金鑑教授，他是行政學權威，也是立法委員，在『立法院』與學術界都是重量級人物。張老師和師母也很喜歡學生，相對於浦老師的嚴肅，張老師顯得隨和可親，給學生寫信總是稱兄道弟，見面時就問學生有沒有女朋友，關懷之情溢於言表。不知道是不是受了浦老師的影響，張老師也是每年請我們學生吃一頓，而且是師母親自監工做菜，每年爲了這頓飯，師母要忙一個禮拜，眞把我們當自己兒女看待，使我們感激莫名。如今兩位老師和師母都已做古，但長者風範，使我們永遠懷念。

　　一九六〇年五月，我碩士論文完成，舉行口試。攷試委員五人，除指導教授王雲五師外，尚有政研所所長張金鑑師，政大法學院院長鄒文海師，攷試院副院長程天放師，及大法官黃正銘師。那天口試長達兩個半小時，比在美國攷博士論文的口試還長。原因是程天放師對我的論文意見甚多，他一人問了十幾個問題，大至題目定名，小至用字造句，無不在他審問之列。例如他說論文題目『美國參議院批准條約權之研究』中之『批准』二字，應改為『同意』二字。我說我查過好幾本英漢字典，對 Ratification 一字之解釋，都是批准。他說你寫學術論文，怎可以英漢字典為準？這一下子可使我慌了手脚，不知如何作答。還是鄒文海師適時解圍，他說胡同學在本論文第十二頁的註六中，對此已有解釋，他用批准二字，似乎並無不可，我當時心亂，竟忘記以此作答。天放師細讀此一註釋後，並未講話，這一問題就算過去。他接著問，你說參加美國制憲會議的代表，都是來自東部的『首善之區』，你有沒有查過字典，所謂『首善之區』是什麼意思？原來『首善之區』是專指首都而言，没查過字典，故有是誤。當時我固然感到臉熱心跳，雲五師也頗為尷尬，因為他是指導教授。他又問，你在第廿三頁中說，當一七八九年，華盛頓總統親將一件條約送往參議院，要求參議員表示意見時，參議員都『噤若寒蟬，不敢做聲』，你是何所據而云然？我說我是根據"Keep Silence" 二字翻過來的。他說在座的五位攷試委員，都到過美國，你問問他們，美國參議員會不敢對總統說話嗎？證諸現在美國的總統，經常被人責罵，我當時實在是坐井觀天了。也許是因為天放師問得太久，其他幾位老師都問得較簡單。黃正銘師對我的論文，且多溢美之詞。攷完後因有急事要進城，我就搭王老師的便車到臺北。在車中老師對我說：『程天放先生今天所問的，多係關於文字的問題，可見論文的本身不錯。』他順便告訴我，程老師今天給七十五分，但其他老師分數都很高，所以平均仍是八十分。事後對同學談起程老師的分數，一位外交研究所的同學說：『程先生攷論文，很少給七十分以上，你老兄得七十五分，還不覺得滿足？』回憶這件小事，絕無埋怨程老師之意，事實上他是一位非常認真的好老師。記得選讀他的『國際關係研究』時，有一個年代寫錯了，他用紅筆在旁邊打一槓，寫上『再查』二字，這種認真不苟的教書精神，真值得我們效法。

　　在政大取得碩士後，因想進一步深造，就決定繼續攷博士班。那時臺灣地區博士班初創不久，一九五六年才有博士班)，除政治大學的政治研究所及臺灣師範大學的國文研究所，每年各招收兩名博士研究生外，其他大學（包括臺大）都還沒有博士班的設置。由于博士班要到八月底才放榜，而我五月初就完成了碩士的學業，約有三個月的空間。在此期間，有一天鄒文海師找我去，要我替他審查一本譯稿。那是『教育部』委託他與外交系的一位講師，合譯的一本英文名著，題為『歐洲外交史』，當初約好，由那位講師翻譯初稿，由鄒老師審查修改。他說這本譯稿在他那裏放了很久，因為譯得不理想，一直審不下去，要我代他來做這件工作。鄒老師的道德學問，素為士林所重，也是我們學生最敬愛的老師，加以他不拘小節，日常生活與學生打成一片，學生進出他的單身教授宿舍，來去自由，開飯時就一同吃飯，有空時就陪他下棋，等于是我們的俱樂部。我對鄒老師向來很崇敬，現在要我幫他審稿，可說是他給我的一項光榮任務，所以一口答應下來。我把原書與譯稿帶回宿舍，仔細核整一篇後，發覺不但文字不通，而且許多地方錯得離譜，往往因為一字之差，與原文完全相反，修改工作比自己翻譯還費時。把我的看法報告鄒老師，他也深以為然。記得我重譯了前面的兩章，因為要到『國民大會』去工作，無法繼續，就把此一重譯工作，轉介低一班的朱瑞祥兄。以後結果如何，不得而知。對鄒老師交付的任務，沒有完成，一直感到歉疚。

　　政大碩士班畢業後，每個月三百元的研究生獎助金也沒有了，所以一九六〇年七月開始，又成了無業遊民。雖然決定攷博士班，但錄取名額只有兩名，競爭十分激烈，能否攷上，殊無把握。於是我利用高攷及格資格，向政府申請分發工作。申請案很快有了結果，是派到公路局臺北西站服務。我拿著派令到西站（位於忠孝西路與重慶南路口，是一幢兩層樓的建築，至今還在）去報到。一位股長要我到西站樓下做站務員，而且須穿上灰色制服，照顧上下車的乘客。當時政大到臺北的公路局班車，以此爲終點，每天在此上下車的政大師生，川流不息，我以一個政大碩士畢業生，實在放不下身段，來爲他們站班。於是請那位股長改派我到樓上，擔任內勤工作，但他堅決不肯，而且架子十足。我感到忿忿不平，就到對街的公路局，去見林則彬局長，他的女秘書不讓我進他的辦公室。當時我很憤怒，就自己衝進局長辦公室去，向林局長提出抗議，並對他說：『你去查查看，世界上有沒有一個大學法律系畢業，又是政治學碩士，而且高等攷試及格的人，去擔任公車的剪票員。』這位局長倒是脾氣很好，先請我坐下，然後慢條斯理地對我說：『胡先生請不要生氣，請聽我說，我當年在上海交通大學鐵道管理系畢業時，被派到上海火車站去搖紅燈，我也沒有抗議，因爲我覺得任何事都應該從最基層做起，你說對嗎？』我說：『你是學交通的，當然應該這樣做，我的情形不能與你相提並論。』他說：『那你是派錯了地方。』最後這句話，點出了問題的癥結，也使我爲之語塞，而且心服口服，從此就不再向政府申請工作了。

　　大約是八月上旬的一個傍晚，我獨自在校園中散步，看到羅志淵師（時任政大教務長）自他辦公室出來，就上去和他打招呼。他問了一些近況，並說正想找我談談。原來『國民大會』新近成立了『憲政研討委員會』，爲對『國大代表』提供憲政研討資料，該會秘書處決定設立一個編輯科。科長一職，據該會秘書處副秘書長鄔繩武先生，轉來谷正綱先生（時任『國大』秘書長）的意思，擬請政大就政治研究所畢業生中推薦，但鄒副秘書長附加了兩個條件，被推薦的人必須是大學法律系畢業生，而且已經高等攷試及格，以便於推行公務，並具有任用資格。他說你剛好合於這三個條件，如願意去的話，他就向『國民大會』推薦。當時我一心一意想念博士，就對羅老師說，在博士班未放榜前，暫時不願攷慮。羅師以我志在多讀點書，也頗以爲然。但鄒文海師聽到這一消息後，却埋怨我拒絕得太快，說：『「國民大會」的編輯科，正是我們研究政治者用武之地，你將來就是拿到了博士，也不一定找得到這樣適當的職務。』但既已對羅老師說了不去，一時也不便改口，此事乃作罷論。

　　八月底，博士班招生放榜，幸被錄取，同時被取上的，還有張家洋兄，我們兩人都是這年政研所的應屆畢業生。開學不久，我有事去教務處，順便去教務長室看看羅老師。談話中他又提起『國民大會』的事，說那個編輯科科長至今仍在懸缺。因有鄒老師的一番話在先，故此時我對此頗爲心動，乃將意思告訴羅師。他說，你現在是政研所博士研究生，應先去請示政研所所長張金鑑教授，及你預定的指導教授王雲五先生，徵求他們的意見。我將此事報告金鑑師，他頗鼓勵我去。又去見雲五師，他說：『「國民大會」秘書處這個科剛成立，工作一定很忙，博士班第一年的課也很重，我想你不妨休學一年，先去試試。』於是我決定在政大休學一年，並由教務長羅志淵教授及法學院院長鄒文海教授，聯名向谷正綱先生推薦。一九六〇年十月三十一日，我向『國民大會』秘書處報到，正式接任編輯科科長職務。自七月間向公路局申請工作，至此不過三個多月，竟然由公路局的站務員，跳升到『國民大會』的編輯科科長，在資歷上至少相差了十年，這又是我人生歷程中一次奇特的經驗。

　　上班的第一天，即由谷秘書長親自接見。他是政界的一條硬漢，幾次都傳說他要出任『行政院院長』。我久仰其名，但和他面對面，這還是第一次。他的威嚴很重，使人不敢逼視，但開始說話時，卻是面帶笑容。他說：『我知道政校的學生最能吃苦耐勞（他把政大仍稱爲政校，因爲政校是政大的前身，他曾做過政校的訓導長），所以我要編輯科科長向政校找人，希望你好好幹，將來有機會，我會幫你出國深造。』後來我去美國時，他果然幫了很大忙。

到國民大會就職時，編輯科已經存在了一些時候，但因沒有科長，一切業務尚未啓動，必須由我開始。第一項工作，是把科中幾位同仁組織起來。當時一位專門委員（他的位階比科長高，係由上面派到我科裏幫忙），一位專員，兩位科員，及一位打字員，人員少得可憐。我就把他們分工，專門委員殷先生，曾任勵志社總幹事，英文很好，就請他負責英文方面的文稿；專員易先生，曾任軍聞社社長，中文根柢極佳，就請他負責中文方面的文稿；兩位科員負責校對及聯絡工作；打字員負責英文打字（另有一位中文打字員，屬資料徵集科，第一任科長爲張正同）。第二項工作，就是將編輯科的業務分爲三類：一是編譯世界各國的憲政資料；二是邀請憲法學家到『國民大會』演講；三是舉辦憲政問題座談會，請學術界的法政學者與『國大』代表，共同討論憲政問題。頂頭上司，資料組組長李由農先生，看到在短短兩週內，我就把編輯科帶動起來，雖讚揚了一番，但對我的中英文能力，仍頗存疑。有一天他把一篇剛收到的英文譯稿給我審查修改，這是一位臺大講師所譯，有關美國憲法的論文，有三萬多字。我知道李組長在給我攷驗，乃一字一句地核對，不但修改了文字，而且指出幾處錯誤。他看了以後，顯得頗爲驚訝，說：『你的中英文能力，出乎我意料之外，做事更是認真負責。我觀察了一個月，對你的工作表現，感到十分滿意。』于是把他的私人圖章交給我，緊急的公文，不必他過目，就可蓋上章向上呈，可說是信任有加。由農先生是一位名士派的長者，做人不拘小節，國學造詣極深，詩詞歌賦都行，還能翻譯英文詩。據說抗戰期間，曾擔任第七戰區司令長官顧祝同將軍的幕賓，做他的國學顧問；到臺灣前，是福建省政府編譯處長。

前面提過，編輯科的主要業務，是編譯、請人演講和座談。爲了編譯憲政資料的工作順利進行，我建議谷秘書長請了五位顧問：英文顧問姚淇清（留美行政學博士），法文顧問彭明敏（留法國際法博士），法學顧問林紀東，中國憲法顧問曾繁康，比較憲法顧問劉慶瑞，他們都是臺大法學院教授，有的還是教過我的老師。他們的顧問費，每個月爲臺幣一千元，相當於科長的一個月薪水（那時每個月收入約一千三百元，薪水一千元，職務加給三百元），他們的主要任務，是審查文稿。爲了對他們表示尊敬，我每個月都是騎腳踏車，親自把顧問費送到他們家裏，順便送去或取回稿件。所以每個月至少到他們家裏一次。去得較多的，是劉慶瑞教授家，那時他和他的夫人郭婉容教授，剛從哈佛學成回臺灣不久，都是臺大法學院的青年才俊，加以年齡相差不多，我們之間，無形中少了一層拘束。所以有什麼問題，第一個就是向他請教，他也總是不吝指教，使我受益不淺。想不到這樣的一位好教授，不久以後就過世了，實是學術界的一大損失。

演講與座談，我都是親自規劃，原則上是每半個月辦一次。每次演講是請一位憲法學者做專題報告，地點都是臺北市中山堂的中正廳（當時『國大』秘書處就在中山堂的後面及樓上辦公，因爲地方不夠，資料組的編輯科與徵集科都在浦城街辦公）。聽衆不限『國大』代表，一般民衆也可聽講，講後由聽衆發問。通常演講時間約一個半小時，發問時間約半小時。這樣的演講會，一共舉辦過十一次，應邀來講的，有王雲五、張知本、薩孟武、任卓宣、鄒文海等人，都是望重一時的憲政學者。座談會是邀請會外專家，與『國大』代表對談，參加的人，僅限於『憲研會』的綜合委員、編纂委員、及其他自由參加的委員。這樣的座談會，每次都有一個主題，與會的人都對同一主題分別發表意見。我帶領幾位速記員（當時尚無錄音機）作成紀錄，印送全體『國大『代表參攷。歷次座談會應邀參加的會外學者，包括：薩孟武、鄒文海、黃正銘、姚淇清、任卓宣、雷崧生、劉慶瑞、林紀東、曾繁康、洪力生、傅啓學、羅志淵等教授，其中有四位是大法官，他們大部分是我在臺大和政大的老師。

　　演講會和座談會，大部分是在一九六〇年及一九六一年內舉行，一般都很順利，只有一次，幾乎引起軒然大波。記得那是一九六一年的四月間，請臺大法學院院長薩孟武教授到『國大』演講，講題是：『創制複決兩權之行使』，這是當時的一個熱門話題，因爲『國大』要爭取行使這兩權，表面上是要抑制『立法院』權力的過度擴張，實際想使『國大』成爲常設機構，以便經常開會，領取待遇。薩教授是反對『國民大會』行使創制複決兩權的著名學者，他到『國大』來演講，仍不改其一貫的主張，力陳此時此地，『國大』不應行使此兩權之各種理由。假如是他人說，也就罷了，偏偏薩教授也是『立法委員』，有人認爲他故意要跟『國民大會』作對，所以演講完畢回答問題時，數十位『國大』代表同時站起來質問他：你知不知道『國民大會』是政權機構，有行使選舉、罷免、創制、複決四權之天職？你了不瞭解憲法的精神？你有沒有讀過國父遺教？這些問題，對一個精研憲法的權威學者來說，簡直是一種侮辱。薩教授聽了，極爲生氣，也非常激動，他突然摘下眼鏡，往講臺上重重一放，並大聲地說：『我薩孟武對任何政治問題，都有自己的主張，從來不隨聲附和，迎合他人。今天所講的，是多年研究的結果，假如講錯了，由我自行負責。』當時會場一片混亂，責難之聲，不絕于耳。這時主持演講會的谷正綱秘書長看到會場失序，立刻從座位上站起來，並高舉雙手要大家安靜下來，然後略帶笑容地說：『今天的演講會，是學術研討的性質，主講者有發表意見的權利，聽講者有不同意的自由。薩先生反對行使兩權，只是他個人的主張，『國民大會』是否要行使兩權，還是由我們自己決定。至於薩先生有無讀過國父遺教？懂不懂憲法？可以告訴各位，我和薩先生民國十七年（一九二八）就在『中央黨校』同事，那時他就精研國父遺教，我可以大膽地說，對國父遺教的研究，在座各位能超過薩先生的，恐怕不會太多。大家都是老朋友，今天的事就到此爲止，謝謝各位。』說罷，他就宣佈散會。三言兩語，就把一場紛爭化解了，不能不佩服谷先生做主席的風範與氣魄。

　　那時國民大會，每年十二月廿五日行憲日，都要舉行爲期三天的年會，開幕典禮照例要請最高當局致詞，以示隆重。一九六一年這篇官樣文章的起草工作，就落在我的頭上。那年九月間，就奉到上級的指示，要準備這篇文章，並提示了幾項原則，我根據原則蒐集資料，大概花了一個月的時間，完成三千多字的初稿，然後呈送鄒繩武副秘書長作初步審閱。又根據他的意見，作了一次修改，再由秘書處轉送『中央日報』董事長陶希聖先生，作最後潤飾。陶先生是專門替最高當局寫文告的，經過他的刪改，最後只剩下一千五百字。我是第一次也是唯一的一次，替最高當局起草講稿，由于刪改了很多，至今連內容也已不復記憶。

　　在『國民大會』服務期間我接觸過許多著名的『國大』代表，包括胡適、王雲五、于斌、白崇禧等，但有一位特殊人物，值得在此一記，那就是張知本老先生。張知本，號懷九，湖北江陵人，早年受到國父的賞識，民國元年卽出任司法部副部長，其後歷任政府要職，並曾爲『五五憲草』的起草人之一，抗戰勝利後當選『國民大會』代表。來臺後，因年事已高，受聘爲『大陸設計委員會』的副主任委員。我與懷老（大家對他的尊稱）結緣，始於一九六一年爲『國民大會』舉辦憲政問題演講時，他是第一個受到邀請的主講人。其後我常到他位於建國北路的家，向他請教憲法問題。時間久了，他把我當作忘年之交,並經常講些民國以來的政壇軼事,及他追隨國父孫中山先生的經過。有一次他說,想把一些過去有關憲法的講稿結集出版,但自己又不想去整理,也不知道何處出版。我說,就讓我來辦這件事吧!經過一番編輯,理出十篇講稿,結爲一集,題爲『張知本憲法論文集』,並簽報谷秘書長批准,由『國民大會』秘書處出版。他拿到這本論文集後,顯得極爲高興,並說:『你編得比我自己還好,而且由「國民大會」出版,也是我最大的心願,這件事使我十分滿意。』於是提筆就寫了一副對聯給我。一九六三年一月,去美國留學,他由兒子扶著,特地趕到松山機場送行,並與我合影留念。那時他已高齡八十七歲,他說對於後輩,均不必接送,我是唯一的例外。他把我當作忘年之交,也使我畢生感念不已。

自一九六〇年至一九六三年赴美留學爲止,我一方面在政治大學政治研究所攻讀博士學位,一方面在『國民大會』擔任編輯科科長。這是我第一次做公務員,也是唯一的一次。但僅此一次,也使我看到了政府機關的黑暗面。舉例來說,請張知本先生到『國民大會』演講時,因爲要趕時間,就以計程車代步。但這次的計程車費,卻不能報銷,因爲按照當時『國大』秘書處的規定,市内出差只能坐公共汽車,市外出差只能坐公路局汽車。可是事實上,只要跟總務科科長交情好的,都可坐計程車出差,而且幾次我都是親眼所見。我在幾次申請報銷不准後,就向總務處提出抗議,並把這種情形報告副秘書長,但他們還是不理會。於是在處務會報時,我直接向谷秘書長提出檢討,並把那些乘坐計程車的人、時、地,一一指出。總算谷秘書長處事公正,除把他們臭罵一頓外,並認爲我請人演講要趕時間,坐計程車有正常理由,特准報銷,而且當場指示副秘書長,依此原則修改交通規則,避免類似的事情再度發生。事後有些同事對我大加讚揚,認爲我『敢怒又敢言,替他們出了一口氣』。不過接著又說,只有我可以這樣做,因爲在政大念博士,有恃無恐。又無家室之累,沒有後顧之憂,像他們結了婚,有兒女要養,遇上這種事,就只有『敢怒不敢言,忍受痛苦了』。後面這幾句話,道盡了公務員的委屈,也可見公務機關的黑暗了。

原載『章貢匯流』第 5 輯(2003 年 11 月),頁 80—90

赴美留學一波三折

　　1961年9月，我在政大復學，繼續攻讀政治學博士學位，同時仍在『國民大會』，擔任編輯科科長。在那個年代，一人兼兩職的，並不多見。因為那時政府各部會規模都很小，科長級以上公務員不是很多；而博士班研究生，更屬稀有動物，當時臺灣只有政大和師大各有一個博士班（臺大尚未設立博士班），每年各招收兩名學生，兩校合起來，在學的博士生不過十多人。同時擁有兩個頭銜，我頗感幸運，所以從來沒有出國留學的打算。

　　開始想到去美國，起於1962年初。這有兩個原因：一是祖善已去美國留學，不放心她一個人在國外單打獨鬥；二是已徵得指導教授王雲五師的同意，以『美國參議院官員任命同意權之研究』，作為博士論文題目，而這個題目在臺灣沒有足夠資料供參攷，必須親自跑趟美國。

　　心裏既有了決定我就積極進行去美國的事。但當時美國『大使館』簽證，簡直比蜀道還難。我把這種情形，函告時任駐美『大使館』文化參事曹文彥師，問他有沒有可以為力之處。他回信說，簽證的事，幫不上忙。但如能到美國，以我擔任『國民大會』編輯科科長的資歷，可請我主編由文參處出版的『留美學生通訊』，每月有230多元美金收入，生活費可無問題。我將此事報告王雲五師，他說：『以你的情形，要想得到去美國簽證，恐怕的確不易。但曹文彥先生既有辦法解決到美國後的生活費，你不妨申請公務護照出國，這樣美國「大使館」既不會為難，而蒐集博士論文的資料，理由也很正當，又沒有用公家的錢，我想谷秘書長會成全你的。』於是他寫了一封短簡，連同曹先生的信，要我回『國大』秘書處，面呈谷先生。

　　到達當時『國民大會』秘書處辦公的中山堂以前，雲五師已與谷先生通過電話。所以進入谷先生辦公室時，他馬上對我說：『你的事情，雲老剛才已在電話中告訴過我。既然不用公家的錢，我想可以派你出去攷察一年，這樣既可蒐集博士論文資料，也可為『國民大會』蒐集一些有關美國憲政的資料，可以說是一舉兩得。』谷先生做事，向來劍及履及，說到做到。第三天我就收到派令：『派該員攷察美國國會，限期一年。』同時由『國大』秘書處，函請『行政院』發公務護照。我以為馬上就可以出國了，想不到却遭遇到無可解決的困難。

　　公函到了『行政院』很久，一直沒有下文。託人打聽的結果，始知『行政院』承辦本案的一位吳先生，不願簽辦。其理由是，在此政府財政困難之際，『國大』秘書處派一位科長出國攷察，所費頗鉅。假如將來眾多的『國大』代表（當時有一千多人），皆援例出國攷察，政府將何以負擔？理由殊為堅強。原來『國大』秘書處給『行政院』的公函中，未提及赴美攷察費用問題，難怪引起他的質疑。於是秘書處要我親自到『行政院』去把公文取回，在後面加上：『該員攷察費用，由其自行負擔，不費公帑。』以為這次大概不會有問題了，誰知仍不能過關。

　　當新公函到達『行政院』後，有位在『行政院』任職的朋友對我說，就他所知，那位承辦的吳先生，似乎對我頗有成見。所以他建議請一次客，大家見面談談，溝通一下意見。我當時對那位朋友說，向來不做這種事，就讓他公事公辦好了。大概就是因為我這樣不識相，這件公文又如石沈大海。一直到『國大』秘書處再以公函去催，這位先生才很不耐煩地簽注：『該員既非公費出國攷察，是否可發公務護照，敬請鈞裁。』詞意練達，果然公文老手。

這件公文在『行政院』里面，有如順水行舟，一路暢通無阻，一直推到副院長室。其時『行政院』陳誠院長因病在日月潭休養，由雲五師代理院長。一天上午突然接到他的電話，囑我下午一時到他家里去一下。我直覺上感到事情有點不妙，因爲如果護照案批准了，他會在電話中告訴我。果然不出所料，他見了我連連搖頭說：『述兆，你的申請護照案，已經到了辦公室，但我不能批准。當初沒有想到，不用公家的錢，不能拿公務護照。這件事到此，已是此路不通，你去美國找博士論文資料的事，只有慢慢想其他辦法了。』他並打趣地說：『這件事由我發動，但公文到了手上，却無法批下去，真是有趣得很。』雖然這次出國的事，沒有辦成功，但對於雲五師的愛護與幫助，我永遠銘感在心。

事後，我對本案自行檢討一下，假如當初接受朋友的建議，請那位吳先生吃一次飯，大家見面談談，結果又將如何呢？無論如何，他這種公事公辦的精神，和奉公守法的操守，是值得敬佩的。1973年自美回國探親訪友時，在一個聚會場所，偶然又談起此事。據說，那位先生曾因收賄案，被判入獄數年。出獄不久，鬱鬱以終。追憶往事，不勝惆悵。

公務出國不成，只有走自費留學之途了。幸好，當時『教育部』有項新規定，擁有碩士學位者，不須通過留學攷試，即可出國深造。我就利用這個管道，辦理出國手續，並向美國大學申請入學許可證（Admission）。由於自費留學者，要獲得美國『大使館』簽證，十分困難，加以隻身在臺，旣未結婚，又無財產，要想通過美國『大使館』這一關，更是難上加難，於是我開始研究有關赴美簽證的各種資料，包括美國移民法規，且對簽證時可能遭遇的各種問題，先加推演，並預擬其最佳答案。

在申請入學許可證方面，我選擇了美國幾個具有代表性的大學，包括麻州康橋的哈佛大學（Harvard University），紐約市的哥倫比亞大學（Columbia University），及華府的喬治鎮大學（Georgetown University）。哈佛大學是美國常春藤盟校之首，乃萬千學子嚮往的第一流學府；哥倫比亞大學也是世界著名的美國常春藤盟校的成員；喬治鎮大學位於華府，在外交與國際關係研究方面，舉世聞名，而且我到美國後，可能在駐美『大使館』兼差，也是一個半工半讀的好選擇。也許，由於我在臺大畢業成績名列前茅，又是政大的博士研究生，所以三個大學都准許入學。其實我最想唸的是哥倫比亞大學，因爲所知道的一些中國名人，很多是哥大出身，例如：胡適（曾任駐美大使，北京大學校長，『中央研究院』院長），顧維鈞（曾任外交部長，駐英、美、法、俄大使，國際法院法官），孫科（曾任行政、立法、攷試等院院長），蔣夢麟（曾任北京大學校長）、蔣廷黻（駐聯合國常任代表，『駐美大使』）等，都是哥倫比亞大學畢業生。從大學時代開始，我就對哥倫比亞大學十分向往，現在要去美國深造，很自然地就選擇了哥大。

美國入學許可證拿到後，下一步就是去美國『大使館』簽證了，這也是去美國留學一個最緊要的關頭。師友對我能否得到簽證去美，都不樂觀。張金鑑師對這件事相當關注，並要我預作失敗的心理準備。王雲五師也表示愛莫能助。但此事已是箭在弦上，非發不可。

由於入學許可證是春季入學，所以簽證時間排在十二月上旬的一個星期四上午。那天去美國『大使館』辦簽證的學生相當多，在我前面的五位，只有兩人通過，更增加了我的危機感。我是第六個被叫到，由一個中國籍的職員帶到一間副領事的辦公室。裏面有一位三十左右的男士，他要我坐在他辦公桌前面。我看到桌面上的名牌叫Stabieton，這是他的姓，前面的一字已記不起來了。他首先問了一些有關基本資料，包括年齡、出生地、在臺灣求學和現在工作情形，已否結婚，在臺有無親人等，我都據實回答。然後就言歸正題。

『你已經在臺灣修讀博士學位了，爲什麼還要到美國求學。』他問。

『這正是要到美國的原因，』我答。『因爲博士論文題目是「美國參議院官員任命同意權之研究」，而這個題目在臺灣的參攷資料不夠，必須親自到美國去蒐集此一論文資料，同時也想到哥倫比亞大學去研究美國政府。這樣既可找到博士論文參攷資料，又可滿足留學美國的願望，可以說是一舉兩得。』

『你既沒有結婚，在臺灣也沒有父母等親人，又沒有購置房屋，可以說是了無牽挂。我想你到美國後，是不會再回臺灣的。』他提出了疑慮。

我早就料到有此一問，所以就把預備好的答案，照本宣科地回答他。我說我現在是政治大學博士候選人，也是『國民大會』的編輯科科長，這是許多年輕人希望擁有的兩個身分。我兩者兼有，頗感自豪，也很珍惜。再說，我學的是法律與政治，在美國沒有發展空間，我的前途在臺灣，而不是美國，所以你的疑慮是多餘的。

他似乎對簽證已經預設立場，所以對我的說明，沒有聽進去，只說，你的簽證案已瞭解清楚了，目前不能給你簽證。

這一無理決定，引起了我的極度反感，既然美國去不成，也不必對他再客氣了。於是我理直氣壯地說：『不想去美國了，現在要和你講講道理。就我過去所知，貴國是一個自由民主的國家，是一個多元開放的社會，人人生而平等，都有機會發揮其所長，追求各自的人生目標。現在看起來，我過去的認知是錯誤的，因爲美國政府及其駐外使領館的所作所爲，都與這些基本原則與精神背道而馳。請問，以我所具備的條件，不准到美國進修，在臺灣還有比我更適合的人，可以到美國去留學嗎？對你今天的決定，我非常失望，這樣的國家，我不要去。』

他想不到我會反過來教訓他，一時呆若木鷄，表情極爲怪異，並一直用鉛筆敲打辦公桌的玻璃板。過了好一會，他才蹦出一句話："Mr. Hu, I realize your case is really very special. I will discuss it with my consul and let you know our decision soon." 我知道這只是一句客套話，沒有向他說再見，就帶著憤怒離開了辦公室。

赴美留學的事，斷斷續續進行了七、八個月，結果如此，自不免喪氣。而且今天和那位副領事吵了一架，以後更沒有機會了。我一路思緒起伏，自位於北門的美國『大使館』，走回中山堂的『國民大會』秘書處。正準備搭交通車回浦城街辦公室，突然發現護照不見了，仔細一想，可能留在那位副領事的辦公室。因爲當時情緒激動，我連護照也忘記帶走，於是坐三輪車匆匆趕去美國『大使館』。進門的時候，剛好看到那位副領事從領事房裏出來。他一眼看到我，馬上招手，並面帶笑容地說："Mr. Hu, I have good news for you." 我一時不知道如何作答。等進入辦公室後，他才比較詳細地告訴我。他說，我走後不久，他就把全案及剛才面談的經過，向領事提出報告。經過一番討論，他們覺得我對美國的認識不正確，所以決定給我簽證，要我親自去體會美國的自由、平等、民主精神，及開放社會的真實情況。說罷並和我握手，表示賀意。此一突如其來的改變，使我大出意料之外，就好像一個被判死刑的人，突然宣佈無罪。除了表示謝意外，我真不知如何說是好。但有一點是值得在此稱道的，那就是美國人有改正錯誤的勇氣，這是我們應該向他們學習的地方。

簽證終於拿到，總算一塊石頭落了地。接下來的，就是籌措出國費用。我在『國民大會』做了三年多科長，全部積蓄還不到 1000 美金，而赴美留學的保證金，就要 2400 美金，這是外國留學生當時在美國一年的費用。很多朋友都知道我的經濟情況不太好，有些甚至自動表示，要借錢給我。例如臺大法律系低一班的陳學進兄，就表示過兩次，可以借給我1500美金，等將來在美國賺了錢再還，但我婉謝了他的好意。因為對於用錢，我向來是量入為出，從來沒有向人借錢的習慣。何況據一些剛去美國留學的朋友告知，保證金的證明只是給美國『大使館』查驗的，美『國大』學並不要求持這項證明去註冊。所以大部分去美國留學的人，都是請美國的親友開一張2400元的支票，來滿足美國『大使館』的此一要求。我也是循此一管道去設法。正好老朋友胡佛兄剛從美國留學回來，又是『思與言社』的社友，就請他幫幫忙，他慨然應允。過了些時，就送來一張紐約花旗銀行2400美金的存款證明，這是正在哥大攻讀政治學博士學位的黃默兄暫時借給我，並用我的名義存入的。黃默兄是臺大政治系畢業，在校時並不認識。他去美國已有好幾年，是『思與言社』在美國的主要發起人。胡佛則是該社在臺灣的主要發起人，最初是由他邀集臺大文法學院畢業的十位好友，作為『思與言社』的基本社員，我就是其中之一。黃默兄不但解決了保證金的問題，我在哥大唸書時也受到他不少照顧。他們夫婦都很熱情好客，常邀我和祖善去他家便餐或喝咖啡。這段友情，至今感念不忘。

　　赴美留學的事，可以說至此已全部就緒了。於是我向『國民大會』提出辭呈，並向政大辦理休學手續。『國大』秘書處副秘書長鄔繩武先生，知道我的經濟情況不太好，就私下向谷秘書長報告，希望秘書處給我一點補助。谷先生做事向來一板一眼，雖然想幫助我，卻不知如何著手。一天下午，要鄔副秘書長陪我到他辦公室去，除對我過去兩年多的工作表現，表示嘉許外，並說：『你的情況，鄔副秘書長已說過，我也很想幫你一點忙，因為你的確是個可造之材。但公家的事不能馬虎，特別是用錢方面，必須經由合法的途徑。』我事先對此事已有一點腹案，就對谷先生說：『我在政大的碩士論文，是研究美國總統與參議院的締約權，至今尚未發表，希望把這篇論文送給「國大」秘書處出版，換取一點稿費。』谷先生與鄔副秘書長交換了一下意見，認為可行，就當場裁示，給我200美金稿費。當時美金壹元，折合42元臺幣，200美金稿費。約合8400元臺幣，我的論文約120000字，大約每千字70元臺幣，雖然稿費偏低（當時『國大』秘書處稿費，是每千字100元），但對我來說，卻是很大的幫助。

　　原來打算，是向『國民大會』辭職，但頂頭上司李由農先生堅決不准，希望我一年回來後再復職，所以簽請秘書長核准，停薪留職一年，自1963年3月1日生效。1964年3月，我在哥大的學業尚未完成，又奉准再延長一年，直至1965年3月，才正式辭去此一職務。自1960年10月去『國民大會』上班，至1965年3月正式離職，我做了四年半的『國民大會』編輯科科長。

　　我們這一代去美國留學的，都是窮學生，除極少數家境富裕或已得到美『國大』學的獎學金者外，絕大多數都是乘船前往。因為曹文彥師已答應在駐美『大使館』，安排我擔任『留美學生通訊』的主編，每月有230美金的收入，以為到美後的生活沒有問題，所以決定坐飛機前往。但當時的全部積蓄，連同『國民大會』200美金稿費，也不過1000多美元。而老祖母已高年80歲，與一家五口的叔父同住，生活極為清苦，還得留下一些安家費。記得當時的飛機票，自臺北經東京、舊金山、鹽湖城，至美東華府，單程是675美元。除去這張機票，所剩已經無幾，想到去美國留學費用，毫無著落，頓感心情沉重，前途茫茫。

原載『青禾半年刊』第75期（2003年10月），頁38—42